风险控制与财务管理

大型商业银行基于信息化平台的外部欺诈风险管控体系建设

中国工商银行股份有限公司

成果主创人：公司党委委员、纪委书记、执行董事刘立宪

中国工商银行股份有限公司(以下简称“工商银行”)成立于1984年，截至2013年12月31日，业务跨越六大洲，拥有17245家境内分支机构，覆盖了40个国家和地区的329家境外机构，以及网上银行、电话银行和自助银行等分销渠道，向437.5万公司客户和4.32亿个人客户提供广泛的金融产品和服务。2013年，工商银行总资产规模达18.9万亿元，净利润2629亿元，上缴利税720余亿元，全球雇员总数达44.1万人。名列英国《银行家》全球1000家大银行榜首，成为全球最大企业，并首次入选全球系统重要性银行。

一、大型商业银行基于信息化平台的外部欺诈风险管控体系建设背景

(一)保障客户资金安全、履行社会责任的需要

据不完全统计，国内银行业每年外部欺诈风险损失金额达百亿元之多。外部欺诈风险几乎涉及所有的银行业务条线，涵盖范围广，防控难度大，而且近年来单笔事件损失金额和总损失金额均呈逐年上升的趋势，风险形势十分严峻。以近年来最突出的电信诈骗犯罪为例，不法分子一般都通过银行资金清算渠道欺诈客户资金，该类欺诈事件约占侵害客户类的银行外部欺诈风险事件总量的95%以上，占全部银行外部欺诈风险事件的50%左右。严峻的外部环境对银行及其客户的资金人身安全形成巨大的压力与挑战。作为国际领先的大型商业银行，通过建设新型外部欺诈风险控制体系，协助客户防范外部欺诈的侵害势在必行。

(二)适应业务迅速发展、产品线日益丰富的需要

工商银行自2007年上市以来，资产总额由7.5万亿元增长至18.9万亿元，服务的个人客户由1.7亿户发展至4.32亿户、公司客户由241万户发展至473.5万户，境外机构由98家增至329家；业务品种由百余种发展至近3000种；服务渠道由原来的单一柜面人工服务拓展至包括柜面渠道、网上银行、电话银行、自助银行等，逐步形成了多样化、个性化的现代化银行渠道体系。与此相应的是，各类针对银行及客户、尤其是在新兴业务领域的欺诈犯罪和攻击行为也呈现快速增长态势。据工商银行统计，与2007年相比，全行外部欺诈风险事件数量增长率超过200%。同时，随着工商银行国际化的发展战略稳步推进，与国际同业的业务发展也日益成为投资者关注的焦点。其中，外部欺诈风险的暴

露水平和管理水平因直接影响银行资本占用，已经成为重要的同业可比性指标之一。目前国际先进同业如汇丰银行（HSBC）、花旗银行（CITIBANK）、加拿大皇家银行（RBC）等均已通过建立欺诈风险管理体系，在削减管理成本、抑制欺诈损失等方面取得了显著成效。工商银行也有必要通过提升欺诈风险管理水平节约风险管理成本，提升自身竞争力。

（三）适应商业银行欺诈犯罪新变化的需求

当前银行面临的外部欺诈犯罪具有科技含量高、手段隐蔽、组织严密、跨地区跨国、远程操纵、销赃迅速等特点，如使用木马、病毒等程序攻击电子银行、ATM，或以高仿技术伪造支票、汇票等，防范难度大，对传统的银行反欺诈技术构成严峻挑战。但与此形成鲜明对比的是，商业银行外部欺诈风险防控工作还处于传统的粗放式管理阶段，工作重点聚焦于事后处置，防控模式依赖人工识别，这种工作机制不仅有悖于风险防控前置化，风险管理信息化和风险监测计量化的管理科学体系，也难以适应和满足业务发展和风险管理需要，主要表现为：一是管理理念滞后。“防为上，救次之，诫为下”，但目前商业银行外部欺诈风险防控仍以事后被动处置和惩戒为主，事前预防和事中控制缺乏相应的措施和手段。二是管理效率低下，仍以手工操作为主，规范化、标准化程度较低，缺乏自动化和智能化的风险管理系统。三是管理手段单一乏力。缺乏有效的科技管理工具和管理策略，原有的外部欺诈风险管理手段以案件查处、风险提示、安全教育等为主，手段单一且效果有限。四是风险管理与业务发展脱节，未能发挥支持保障功能。由于缺乏高效的信息化平台和科学的管理方法，以商业银行目前的外部欺诈风险管理水平应对不断涌现的欺诈犯罪已显乏力，不足以为业务发展提供充足的支持保障。在此背景下，建立新型外部欺诈风险管控体系刻不容缓。

（四）社会法制与诚信体系逐步建立、信息化技术快速发展为建立新型风险管控体系奠定了基础

随着社会主义法制体系和社会信用体系建设不断深入推进，打击欺诈犯罪、惩治失信行为必将成为建设公正、公平社会环境的重要内容。在此背景下，商业银行通过构建新型外部欺诈风险防控体系，防范和协助打击各类欺诈行为，并在法律框架内通过业务禁入、限制等措施提高失信成本，对失信人员予以严厉惩戒，有利于营造诚实守信的社会氛围，有利于提升全社会的诚信意识和信用水平，符合社会主义法制体系和社会诚信体系建设的总体要求。同时，随着工商银行建设信息化银行工程的启动，以海量数据和信息的搜集、挖掘、整合和共享为基础，可以实现信息技术与经营管理的深度融合，建立新型外部欺诈防控体系。

公司安全保卫部靳晓鹏总经理与香港警务处黄英伟总警司洽谈合作

二、大型商业银行基于信息化平台的外部欺诈风险管控体系建设内涵及主要做法

工商银行以维护客户财产和银行业务安全为目标,以信息化、自动化、智能化、集约化的外部欺诈风险管理控制平台为基础和核心,以强有力的组织领导、科学统一的制度流程、专业高效的风险管理团队为保障支撑,打造覆盖全集团的集事前预警防范、事中精准控制、事后分析改进为一体的新型外部欺诈风险管控体系,取得了显著成效。主要做法如下:

(一)建立外部欺诈风险防控管理架构和组织体系

为加强对新型外部欺诈风险管控体系建设的组织领导,工商银行逐步形成了与自身经营管理理念和目标、业务性质和特点、管理条线分工以及监管要求相适应的欺诈风险管理组织体系架构。该架构遵循"三道防线"的原则搭建,即在集团董事会的领导下,高级管理层通过总行外部欺诈风险评估管理领导小组协调解决欺诈风险重大管理事项,各相关部门按照其管理职能分别承担"三道防线"职责,形成紧密衔接、相互制衡、科学、统一、高效的欺诈风险管理组织。

1. 从管理流程来看,董事会、高级管理层明确外部欺诈风险管理战略和目标、风险偏好,完善基本制度和管理系统、营造良好的风险文化氛围等,并委托总行外部欺诈风险评估管理领导小组具体实施。该小组由总行主管行长牵头,组织相关业务部门、全行各级机构、各岗位实施,形成自上而下的欺诈风险管理架构。与此同时,各业务条线、各级机构自下而上完成外部欺诈风险识别、评估、控制、监测、报告等具体工作,并逐级向高级管理层和董事会报告工作情况。

2. 从管理职能来看,总行各产品部门和各级营业机构(分支行)承担第一道防线职能,负责本业务条线和本区域内的外部欺诈风险管理;安全保卫部门负责外部欺诈风险的牵头管理,与运行管理、信息科技、渠道管理等专业管理部门一起,承担第二道防线职能;具有独立性(向董事会负责和报告)的内部审计部门承担第三道防线职能,负责对外部欺诈风险管理有效性的监督。

3. 从管理范围来看,工商银行在全球 40 个国家和地区建立了 300 余个分支和控股机构,境内外机构反欺诈管理政策将逐步统一化、标准化和流程化,集团将建立起境内外一体化的反欺诈管理体系。

(二)形成覆盖欺诈事件前、中、后的全流程管理体系

工商银行集事前防范、事中预警控制、事后统计分析为一体、覆盖风险前、中、后阶段的外部欺诈风险控制全流程体系(见图 1),内容包括:事前——广泛收集来自于银行内部和政府部门、社会单位、专业机构、银行同业提供的外部欺诈风险事件和信息数据并录入风险管理系统,建立系统与各业务管理系统的对接;风险管理专业团队和专家根据风险事件的特点确定防控要点(如账户特征和交易特征,风险行为人和易遭侵害客户的行为特征,风险高发时间、营业场所位置等),并据此建立风险预警模型和控制规则。事中——风险管理系统在业务办理过程中进行实时或准实时批量筛查,通过风险模型判断识别客户和业务是否存在欺诈风险。如符合模型特征即向业务经办人员提示预警。一般性风险由系统自动根据业务控制规则对业务作审批通过或拒绝交易;严重风险或符合

复杂规则的转人工处理。事后——综合事前、事中风险信息和处置结果，构建风险案例库，并对预警模型和控制规则进行评价修正；对于事中环节转来的待人工核查事件，由风险管理和业务团队分析后采取降低授信额度、调低客户服务等级或继续监测、报送公安部门和监管机构等措施。

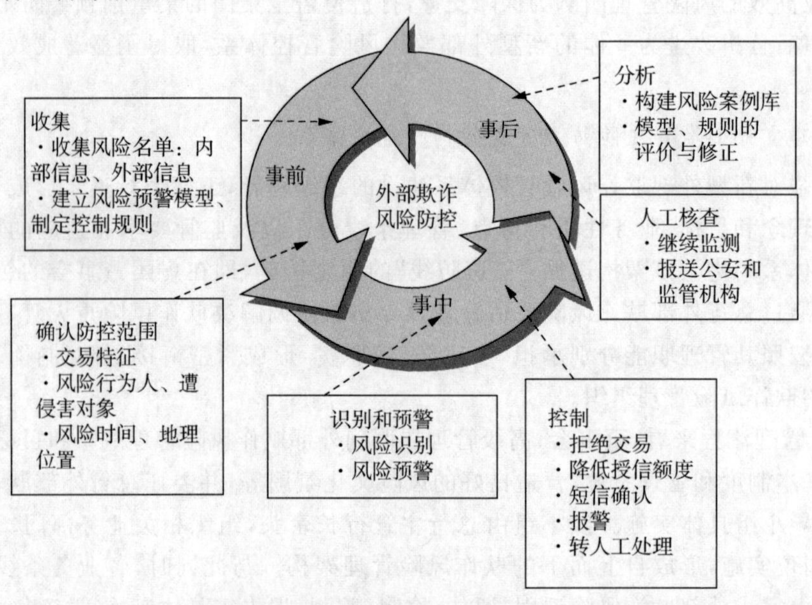

图 1　外部欺诈风险防控流程体系

(三)打造外部欺诈风险管控信息化平台

工商银行全功能外部欺诈风险管理控制平台遵循“事前——事中——事后”的全流程管理模式，对外部欺诈风险管理的逐个环节进行了创新与完善，具体做法如下：

1. 在事前预防环节，自动收集各类外部欺诈风险信息并分类、分级构建数据库，归纳风险特征，预设风险预警和控制模型提升管控措施的针对性。一是通过建立数据专线和采用内存式数据库，融合内存大数据技术，广泛收集存储来自于工商银行内部、银行同业、国家有关部门、国际组织的海量风险信息 700 余万条，建立了 20 余个分类分级子数据库，成为国内金融企业中建成最早、量级最大的欺诈风险数据库。如平台以“总部——总部”的专线对接方式与公安部、最高人民法院、最高人民检察院、海关总署、工商总局等，实现了违法违规企业/个人信息的共享和 T+0 更新(见图 2)，传输、获取刑事、经济犯罪嫌疑人，犯罪在逃人员、电信诈骗账户、失信被执行个人和企业、企业工商注册、涉嫌走私等信息，在国内银行业中尚属首次。平台中还首次收录了来自国内外银行同业、国际银行安全协会(IBSA)及国际反欺诈组织提供的风险数据。二是利用数据挖掘技术分类、分级建设风险数据库。工商银行利用该风险管控平台对外部风险信息数据(如风险人员姓名和身份证号码，企业名称、组织机构代码，涉嫌犯罪的账号、卡号等)的关联性进行深入挖掘，并根据自身业务需要建立信息分类、分级规则并入库作分级管理和分类应用。如根据最高人民法院失信被执行人的失信期限、情节等对其失信严重程度进行判断归类，在无需人工干预的前提下，相关信息将及时布控至工商银行的业务主机和相应业务

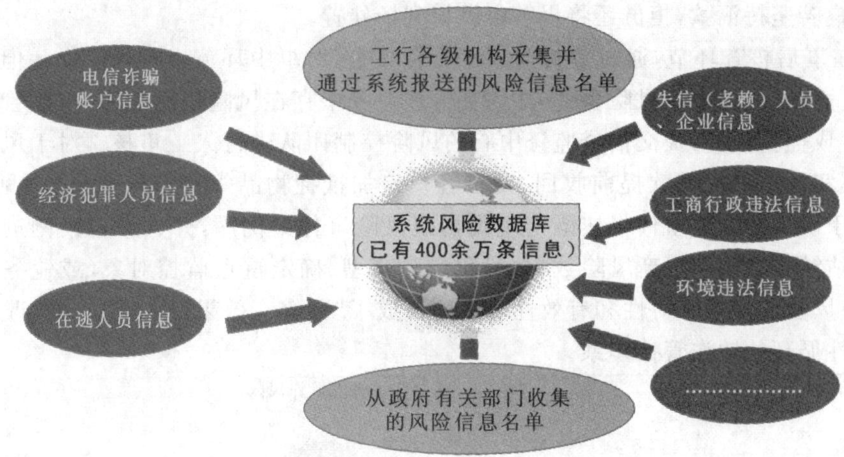

图2 平台风险信息数据收集整合

管理系统当中，为预警和控制风险提供支撑。三是在深入总结分析银行大量历史案件与典型风险事件的基础上，归纳风险事件发生时间、地点、环节和人员等特征，建立事件场景模型，强化了重点机构、重点人员、重点业务的目标监控，增强预防和控制的针对性。平台通过支持中国工商银行全球近2万家营业机构录入、审批和管理外部欺诈风险事件，建立起了集团外部欺诈风险事件智能分析平台，可自动化生成统计报表和分析图表，提供查询、分析、评估，并先后研发了数十个场景模型对电信诈骗、虚假开户、涉嫌套现、冒用证件办卡等风险隐患进行监控，大量风险行为被及时识别并被有效化解，做到了有的放矢地开展外部欺诈风险管理。

2. 在事中预警控制环节，通过将外部欺诈风险预警、防控措施嵌入各项业务流程，采用“黑(灰)名单布控”和神经网络与专家规则相结合的运算技术，对业务进行毫秒级实时匹配判断，以“精准打击”的事中风险预警模式代替传统的“撒网捕鱼”式模型监控风险预警，大幅提升欺诈判断准确性和控制有效性，在国内银行业中也尚属首次。一是以系统对接的方式实现对欺诈风险的实时、全方位预警。工商银行通过建立欺诈管控平台与主机交易系统(NOVA)、信用卡管理、信贷与投资管理、私人银行业务、业务运营管理、单证票据、个人金融客户星级评定、人力资源、集中采购等主要业务和管理系统的对接互联，实现了对相关业务的风险预警。目前该预警方式已经在工商银行各网点柜面、ATM及网上银行等业务全渠道实现。如个人金融业务产品客户营销中，利用外部欺诈风险平台对目标客户作风险过滤筛查，对存在风险记录的客户降低其客户质量星级，不再作为业务营销对象。满足了前台营销部门市场销售活动的需求，提升营销定位的精细度和准确度。二是处置结果及时作用于交易过程，对于平台预警提示，除根据业务规则作内部处置外，还将通过柜面人工或电话、短信、网络交易页面等多种渠道与客户核实或提示，对存在欺诈风险的交易及时阻断，对判明无欺诈风险的交易立即继续办理，在确保风险及时处理控制的同时也保障了业务办理效率。如电信诈骗受骗客户通过柜面向犯罪账户汇款时，如果该账号与平台数据库收录的电信诈骗风险账号匹配，系统将在业务画面弹出风险预警信息，提示柜员该账户涉嫌电信诈骗，柜员将提示客户账户有风险，建议中止汇款;客户若坚持汇款,柜员还将报警由民警到场处置。

3. 在事后核查环节,通过分析与人工后台核查,对事中环节出现预警提示但成因复杂、需进一步深入分析的风险事件,如信贷管理业务中存在风险信息的客户,该管控平台将自动生成监控任务,提交信贷监督中心的风险控制团队进行人工审核。对于风险较高的核查属实后将采取贷款提前收回、要求客户追加抵押物品等资产保全措施(见图 3)。同时,对于确认的风险事件将按既定规则构成风险事件案例库,并人工对案例进行持续评估,评估结果将用于更新风险数据、优化风险模型、确定重点监控对象(或业务操作环节),提升风险监控的针对性和有效性。由此形成了"预警有效果,核查有方向,改进有重点"的良性循环的欺诈管控体系。

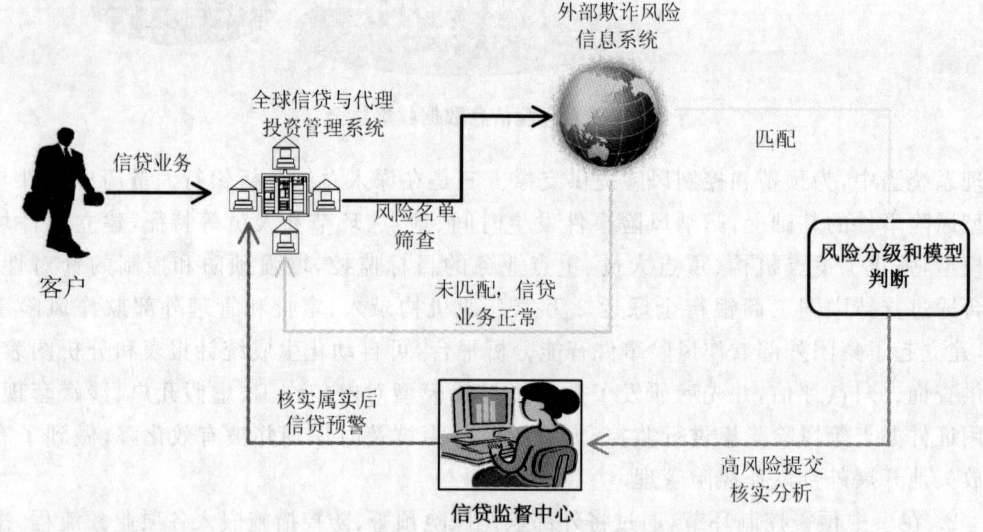

图 3　系统服务于后台业务风险管理的工作流程

(四)建立健全外部欺诈风险防控制度体系

工商银行制定出台了《外部欺诈风险管理办法》,将外部欺诈风险作为重要的风险类别进行专门化管理。《外部欺诈风险管理办法》是工商银行外部欺诈风险管理的纲领性文件,明确了外部欺诈风险的定义和各部门职责分工,明确了外部欺诈风险的全流程管理要求。在此基础上,配套制定了《外部欺诈风险评估实施细则》、《外部欺诈风险管控平台管理办法》、《刑事治安事件应急预案》等一系列管理办法,使各项外部欺诈风险管理工作有据可依、有章可循。其中,《外部欺诈风险评估实施细则》是指导全行开展外部欺诈风险评估的操作细则,是外部欺诈风险事前评估和防范重要举措;《外部欺诈风险管控平台操作规程》是外部欺诈风险管控平台管理和运行的规范性文件,是应用科技化管理工具防控外部欺诈风险的重要依据;《刑事治安事件应急预案》是处置各类刑事治安事件的依据。并逐步建立起涵盖境内外机构,包含事前预防、事中控制和事后救济完善的外部欺诈风险防控的制度体系。

(五)培养建立欺诈风险管理专业人才队伍

工商银行依托国家公共安全职能部门、境内外反欺诈领域专家资源和集团内部安全管理与相关业务人才资源，根据不同阶段或时期的业务经营风险防范需求、分支机构安全管理需求以及敏感地区或特殊时期安全运营保障要求，组建外部欺诈风险防控专业（顾问）团队，以便随时可以调动和启动对集团高发、高危、系统性、典型性外部欺诈风险的深入分析和研究，准确查找问题和风险，及时向有关业务部门发布风险提示，并有针对性的制定和完善预防、规避和控制措施。为了强化外部欺诈风险管理理论和业务实践的学习，为不同层面的管理人员举办各种持续培训项目，工商银行总、分行累计举办的面授、视频等多种形式的反欺诈业务培训班数百期，培训员工万余名；并先后举办针对省级、市级分行行长的专题培训班 33 期，培训行长 800 余名，各级行对新型外部欺诈风险管理工作的认识显著加深。同时，为实现外部欺诈风险管控平台的高效应用，工商银行还成立专职人员组成的系统管理团队，通过定期组织技术和业务培训、实施阶梯形员工培养计划，围绕大型商业银行外部欺诈风险管控业务重点，负责风险事件的监测、分析及对营业机构风险处置指导，确保外部欺诈风险事件能够分类、分级地予以及时、准确地处置。

（六）营造积极健康的外部欺诈风险管理文化

工商银行积极通过信息网络技术等措施开展提高内部员工风险意识和宣传社会公众参与反欺诈等工作，巩固业已形成的以“稳健、审慎”为核心理念的欺诈风险管理文化，着力打造“最安全银行”品牌形象。如，在内部安全文化建设方面，依托外部欺诈风险管控平台的实时定向风险提示功能，将系统中发现的典型案例、高发风险点及防控要点准确推送到各级机构和营业网点，第一时间部署防范应对。此外，外部欺诈风险管控平台还与网点多媒体系统、网络大学等教育宣传系统实现信息推送，从而使广大员工可以快捷、直观的进行学习、教育和培训。最后外部欺诈风险管控平台由于能够自动记录员工处置风险的全过程，因此可以及时有效的进行正面奖励激励和负面警示，有效营造出了全行重视、全员参与、全面覆盖、全程控制的外部欺诈风险管理文化，为促进全行各项业务的持续健康发展提供强大推动力。在积极引导金融消费者认识和防范金融欺诈方面，外部欺诈风险管控平台通过与公安部门的专线互动和合作，不仅实现了对电信诈骗等百姓反映强烈问题的有效防控，避免了客户资金损失，同时实现了对公众反欺诈意识和技能的宣传教育，使更多地人主动并能够参与到欺诈犯罪防范和打击工作中，营造良好的防控欺诈风险社会环境。

（七）以国际化视野开展风险管控交流合作

工商银行加入了国际银行安全协会（IBSA），与该协会 40 余会员单位建立互信、互利的沟通机制，通过参加协会年会、电话工作会议，以及会员日常通讯的形式，参与有关防范虚拟银行攻击、新型网络欺诈、反洗钱风险、金融信息窃取、恐怖主义融资等一系列交流与探讨，掌握大量第一手国际欺诈风险数据和金融安全信息咨讯，与国际同业在金融反欺诈领域开展卓有成效的交流和合作，开启工商银行外部欺诈管理工作与国际舞台接轨的新篇章。翻译引进《安全导论》、《风险分析与安全调查》等国际现代企业安全管理丛书，填补国内企业安全管理理论的空白。将全球成功实践与富有特色的本土经验、方法有机结合，形成对金融风险的独立判断以及适合自身实际的防控策略，建立起更加科学严密的风险管理体制。

三、大型商业银行基于信息化平台的外部欺诈风险管控体系建设效果

(一)突出保护客户利益,取得了良好的社会效应

自2013年10月欺诈风险防控平台与转账、汇款业务交易对接应用以来,通过对每一笔由工商银行柜面汇出的资金交易内容与外部欺诈风险信息库做比对筛查,至2014年9月末,共触发风险预警信息3600余次,经业务核查成功堵截电信诈骗事件近3000起,共为客户避免欺诈受损6800万元,并多次成功防堵涉案百万元以上的重大诈骗犯罪,引起社会热烈反响和赢得广泛赞誉。工商银行还通过建设外部欺诈风险管控体系积极参与建立完善社会诚信与失信惩戒体系。2013年最高人民法院建立失信被执行记录公布机制,工商银行通过外部欺诈风险管控平台收录该名单,并投入业务管理,对失信被执行人(企业)的金融业务进行限制。共限制1.4余万个人(企业)客户业务办理,涉及资金逾千亿元,有效地放大了失信惩戒效用,有力促使失信人员(企业)依法履行法律义务,受到最高人民法院和社会各界好评。

(二)节约风险管理成本,创造了显著的经济效益

工商银行外部欺诈风险管控体系成功改变了以往欺诈风险管理只是银行管理手段和成本负担的观念,树立了风险管理创造价值的范例。如利用该体系查实了个人、公司信贷客户中存在失信、违法犯罪记录的客户数千户,涉及贷款风险余额逾百亿元,及时启动了贷款监测、催收等,保障贷款资金安全;查实存在风险记录的个人客户信用卡8万余张,涉及资金17亿元,及时启动了透支余额清收和调减授信额度等操作。银行卡业务部门已据此排查和停用风险银行卡1.1万张,避免风险资金逾亿元,同时节约了信息资讯外购费用。

外部欺诈风险管控体系的建立为工商银行各主要业务领域提供实时的风险预警支持,完善客户精细化分级管理体系,节约了业务营销成本。如信用卡业务利用该体系累计识别预警风险客户近5万名,将其标识为非信用卡业务营销目标客户,从而为业务营销避免了大量资源浪费;筛查识别预警风险客户办理信用卡和调额申请2.1万笔,其中拒绝2.04万笔,外部欺诈风险信息应用和防堵综合率达95.14%,避免资金风险逾亿元;个人金融业务利用该体系对目标客户进行筛查,确定客户星级,建立了客户交易、产品持有、客户贡献等模型分析体系;私人银行业务运用该系统对存量客户进行筛查,发现风险客户信息数百条,及时采取客户退出等控制措施,提升客户服务分级的精细度和准确度。同时,工商银行还利用该体系加强内部控制管理能力建设,如在开展新入行员工招聘工作时,对万余份应聘者身份资料进行失信、犯罪信息的匹配筛查,加强入职环节的风险控制;在开展集中采购业务时,筛查了309家集中采购供应商行贿犯罪档案信息,确保入围供应商资质合法。

(三)起到了良好的推广示范效应

工商银行外部欺诈风险管控体系建设创新了大型商业银行欺诈风险管理模式,促进管理平台整合与资源共享,优化了管理流程。实现了对银行经营管理各类外部风险信息的集中共享和跨平台检索,提高信息的可用性、易用性,提升欺诈风险防控集中度和工作

效率。同时,外部欺诈风险管控体系优化了外部欺诈风险监测、核查、处置、报告、整改的完整工作流程,实现了对外部欺诈风险的实时发现、准确识别、精准核查、及时报告和有效制止,在国际同业中相关风险体系建设实践中居于领先地位。

该欺诈风险管控体系起到了良好的示范效应和推广价值。最高人民法院、公安部、银监会的领导均指示要以该管控体系为蓝本,研究加强犯罪防控与打击、完善失信被执行惩戒机制和强化银行业欺诈风险的研究、监测与控制。银监会还专门召开工商银行欺诈风险管控体系和平台建设经验交流会,推广有关经验做法,要求各商业银行以此为范本研究建立各行的反欺诈平台。国内主要商业银行,如建设银行、中国银行、农业银行等均组织来工行开展交流学习,国际银行安全协会(IBSA)也邀请工商银行在会员年会上就此作专题报告。

(成果创造人:刘立宪、靳晓鹏、朱菲菲、马旭东、黄克捷、宗　喆、王晓锦、徐　鑫、马　军、翟　亮、顾丹铭)

复杂环境下跨多国大型管道项目的筹融资管理

中石油中亚天然气管道有限公司

成果主创人：公司总经理曹亚明

中石油中亚天然气管道有限公司（以下简称“中亚管道公司”）于2007年成立，注册资本40亿元，是中国石油天然气集团公司的全资子公司，主要业务是对位于中亚地区的天然气管道进行投资、建设和运营。中亚天然气管道是我国第一条陆上跨多国天然气长输管道，是我国四大能源战略通道中的西北通道的重要组成部分。中亚天然气管道项目包括已投产的A/B线、在建的C线和哈南线，以及即将建设的D线。其中，A/B线西起土乌边境，经过乌兹别克斯坦、哈萨克斯坦，由新疆霍尔果斯进入中国境内，与西气东输二线相连。线路总长1833公里，管道设计输气能力为300亿方/年，总投资近100亿美元。

一、复杂环境下跨多国大型管道项目的筹融资管理背景

（一）项目融资面临诸多难题

一是项目投资大而资本金比例极低。中亚天然气管道在乌兹别克斯坦和哈萨克斯坦都属于过境管道，管道运输的上下游都由中国政府和集团公司控制，因此过境国政府和合作方不愿意承担责任和风险，导致合资公司资本金投入严重不足，乌国与哈国的股本投资均不到项目总投资的1%。与国际同类项目通常自有资本占项目总投资20%的比率相比较，中亚管道合资公司资本负债比严重偏离常规。而银行作为融资方，一般都会要求项目发起人进行合理比例的权益投资，不仅能降低项目的整体负债率，以表明发起人对项目的信心。股东投入的股本比例越大，贷款人就越有理由相信发起人对项目有越强的信心，而中亚天然气管道项目股本金严重不足，导致国际银行基本上没有融资意愿。

二是项目工期紧迫且运营期长。自20世纪90年代起，中方通过长期艰苦卓绝的努力，终于在政府间协议的基础上，于2007年7月与土库曼斯坦（气源国）签订产品分成和购气协议，中亚天然气管道项目正式启动。根据协议，项目必须在2009年12月底实现通气，此时距离规定投产日期已经不足28个月，要想按期完工，项目必须最晚在2008年7月开工。然而合资公司2008年初成立，工程建设、管线设备采购等相关的资金需求已迫在眉睫。同时，根据项目可行性研究报告，项目运营期长达30年，投资回收期也长达十余年，周期长带来的风险也为成功融资蒙上了阴影。

三是未来收益相关协议尚未签署。由于中亚天然气管道项目的完工期限要求非常

紧迫，融资、收益等商务谈判几乎需要与开工准备同时进行，在融资条件谈判期间，项目的上下游产业链尚未完全确定，对于贷款担保至关重要的未来收益保证尚未落实，成为项目融资成功实现的巨大障碍。

四是项目分国分段实施相互影响。中亚管道项目采用了“分段分国建设和运营”模式，形成两个合资主体负责各自段内的建设和运营。虽然中亚天然气管道项目被分段实施，但项目毕竟是一个整体，任何一段的建设或运营出现问题，都会影响对方的正常运作和还贷，这被贷款银行视为一个重要风险而降低了他们的贷款意愿。

(二)项目筹融资的外部环境不利

一是项目筹融资时恰逢金融危机。2007 年上半年美国次贷危机爆发，国际金融市场上产生了强烈的信贷收缩效应，国际金融机构普遍缩减对外贷款。如果前期融资工作滞后，将会直接影响项目的顺利开工和建设。合资公司尚未成立之时，集团公司和中亚管道公司组成的融资工作组就与国内外大银行展开了艰难的融资前沟通。大部分银行直接表示无法提供贷款，即使继续关注的，最多也只能提供几亿美元的小额贷款，根本无法实现巨额融资。

二是项目所在国法律约束。中亚管道项目所在国法律规定复杂、部分法律规范不明朗、变化性较大，对于外汇收支、兑换、资产质押等都有和国际法律不接轨的地方。例如，乌兹别克属于国际信用评级高风险国家，实行严格的外汇管制政策，其境内公司获得的所有外汇收入必须汇入乌国境内银行账户，并强制结汇 50%为当地币。尽管乌国官方承诺，对于乌境内公司货币兑换需求审批程序不会超过两周，但根据当地银行的实际操作情况提供的反馈意见，外币兑换所需要的审批时间有较大的不稳定因素，可能需要 2 周至 3 个月。如果合资公司外汇收入被强制结汇 50%，则剩余的 50%外汇收入远远不能满足还本付息的需要；而从已经被结汇为当地币的收入中兑换外汇支付贷款本息，一方面兑换手续所需时间不确定，无法保证按还款计划还本付息，将给贷款银行造成极大风险，另一方面将收入的外汇结汇为当地币，然后再兑换为外币支付本息，合资公司将遭受很大的兑换损失。如果需要以外汇偿还贷款本息或者对外支付，再向乌国中央银行申请兑换外币，而兑换操作的时间存在不确定性，为合资公司严格按照还款计划正常还本付息带来极大不确定性，存在巨大外汇风险的同时增加了融资难度。

成果主创人：公司总会计师张少峰

三是项目所跨多国不确定性因素多。由于中亚管道项目自土库曼斯坦起，途径乌兹别克斯坦、哈萨克斯坦进入中国，涉及诉求不同的多方利益，30 年运营期内的政治风险、法律风险以及经济风险使很多银行或对项目融资望而却步，或要求极高的担保。

(三)保证集团公司债信水平和中方利益的需要

中亚天然气管道运营期长，投资回收期长达十余年，且管线跨越多个国家，运行风险较大。因此，中方投资者承担着巨大的风险。如果按照传统融资方式，则需要集团公司进行长期贷款担保，这将大幅增加集团公司的担保负担，降低集团公司资产质量和信誉，增加集团公司的长期财务成本，从而无法实现保证集团公司债信水平的目标。另外，中外方股东在许多重大问题上，都存在着利益分歧。在错综复杂的利益交织下如何巧妙地平衡双方利益诉求、确保中方投资利益是项目筹融资工作的难点。中哈、中乌两个合资公司的股份分配均为50%：50%，在实际管理中，形成"点头不算摇头算"的决策僵局。因为中方和合作方的利益诉求不一致，可能导致合资公司管理决策困难、管理效率低下、合作方利益诉求无限膨胀。这就需要融资模式和融资方案的精心设计，从合理引入第三方的角度加大对合资公司的约束，控制当地股东无限操纵合资公司的可能性。

二、复杂环境下跨多国大型管道项目的筹融资管理的内涵和主要做法

中亚管道公司依据项目特点，在项目融资极端不利的情况下，发挥集团优势，安排过桥贷款，解决项目前期急需资金，提高项目资信，形成"小比例资本金＋过桥贷款资金＋项目融资贷款"的独特资金结构；同时，巧妙设计出集团公司提供建设期担保，以管线为抵押资产、运行期用照输不议输气协议抵押替换集团公司担保的项目资信增级方案，确保集团公司债信水平，引导合作伙伴共担风险；并利用融资协议，牵制外方利益，突破外方法律限制，实现跨多国各方风险和利益捆绑，提升项目管理水平和效率；科学预见项目成本超支及项目再融资需求，有效控制融资风险，取得了明显的成效。主要做法如下：

（一）紧密结合项目实际选，科学择融资模式

1. 明确选择项目融资模式的优势

一是项目投资巨大，资本金少，周期长，适合利用项目融资模式的高杠杆作用，付出较少资本金来完成项目；二是项目地处中亚地区，跨多国环境，且运营期长，不确定性较大，中方股东不宜独自承担融资风险，适合利用项目融资模式的有限追索特征和风险分担作用，合理控制中方股东风险，同时引导外方股东、贷款银行等相关各方共同承担风险；三是项目融资额巨大，融资期间长，中方集团公司虽具有比较高的资信水平，但如果按照传统方式进行融资，增加集团公司直接债务，将直接大幅提高集团公司的资产负债率，适合利用项目融资的表外融资特征，维护集团公司的资信质量；四是尽管融资谈判时项目的未来收益相关协议尚未签订，但借助中方集团公司较高资信，使贷款银行相信未来收益相关协议必将成功签订，作为未来现金流的保证，成为项目融资的基础。

2. 分析项目融资的极端特征

对项目融资的极端特征进行对比分析（见表1）。

表1　中亚天然气管道项目与一般项目融资相比的极端特征

	中亚天然气管道项目	一般项目融资项目
资本金比例	中哈、中乌合资公司股东出资均不到项目投资额的1%	发起人出资比例一般在20%至30%
融资基础	未来输气收益相关的协议尚未签署	项目资产和未来现金流量已有保证

	中亚天然气管道项目	一般项目融资项目
风险分担	外国投资方并不积极承担融资责任	项目相关各方共同承担责任
融资期限	工期要求异常紧迫,融资迫在眉睫	一般情况下融资时间充裕
外部环境	跨多国分段融资,导致各段环境不一并且各方关系更加复杂,而且恰逢金融危机	在一国内部,金融环境相对稳定;即使是跨国项目,投资人也一般只是中外双方的关系

(二)突破常规资金结构,增强项目资信

对于项目融资落实前的初期资金缺口,经过争取,中油财务有限责任公司和香港渣打银行向中亚天然气管道项目进行三批共 22.5 亿美元的过桥贷款,弥补中亚天然气管道工程融资的时间缺口,解决合资公司前期费用及采购预付款问题,确保工程的顺利开工和初期建设。过桥贷款确立突破常规的项目资金结构,保证工期紧迫要求下顺利实施项目的资金需求,对于保证项目按时完工的初期资金需求起到重要作用。

(三)巧妙设计担保结构和再融资制度安排

根据项目的融资条件,中亚管道公司巧妙设计,形成对集团公司有限追索、合作伙伴共担风险的融资担保结构,成功克服不利条件,在保障中方利益的基础上实现项目融资。

1. 采用无缝担保结构满足银行风险控制要求

在项目建设阶段,中方集团公司为过桥贷款担保和完工担保,直到项目机械完工、财务完工、法律完工(包括照输不议协议的签署)均实现后,完工担保才被释放。同时,各方股东需签订股东支持协议,承诺不会放弃项目;在项目运营阶段,合资公司提供照输不议协议抵押和资产抵押。建设期担保与运营期担保就此实现无缝衔接,避开融资谈判阶段中未来收益相关协议尚未签订的问题。

2. 采用有限担保责任保障集团利益

中方确定集团公司提供建设期担保,以管线为抵押资产、照输不议输气协议抵押为基本融资条件的模式,将集团公司的担保责任控制在有限范围内。担保责任期限为建设期,既能保障项目在建设期内获得较低的贷款利息,又能使项目建设完成后实现项目独立运营,独立承担还贷责任,大幅降低了集团公司的担保风险,保障了集团公司的长期资产质量;不会因为项目庞大的贷款直接增加集团公司资产负债率;避免巨额融资对集团公司的资信水平产生巨大负面影响。

3. 采用共同担保引导合作伙伴担责

中方合理引导对方共同承担保障项目顺利实施运营的责任,借助贷款银行的压力,迫使外国投资方同意相关担保条款,并签署股东支持协议,承诺对项目予以支持,不放弃项目;项目建成后形成资产和照输不议协议作为贷款抵押。

4. 科学预见项目成本超支及项目再融资需求

中亚管道公司突破一般完工担保的做法,通过与贷款银行协商,使银行在贷款合同中承诺按照增加后的项目预算作为融资额度,确保在增加预算获得国家批准后即可以放款，排除成本超支情况下的再次融资问题，保障项目建设的资金需求，减轻集团公司的完工担保风险，使建设过程中的融资风险得到控制。另外，中亚管道公司与贷款银行作出再融资约定。根据融资合同规定，在贷款银行拥有同等优先选择权的情况下，借款人在运营期内可以进行再融资安排。这一机制保障借款人拥有筹资灵活性，保留在运营期内可以获得相对更低成本资金的权利和操作空间。

（四）根据融资协议妥善处理合资各方利益关系

1. 借助融资协议约束外方股东行为

中亚管道公司通过融资合同提出完善的管理要求，全面且谨慎地监控项目工期、成本、资金安全、项目收益等重大管理政策，通过管理约束，保证项目及时建成并正常运营，按时归还贷款本息，以第三方的角度加大对合资公司的约束，控制当地股东操纵合资公司的可能性，使参与各方实现风险共担、利益共享。在现金流方面，项目取得收入后，需按照确定的先后次序进行现金流分配，基本顺序是：项目运营费用、政府税费、正常本息偿还及相关费用、还款储备账户资金、富裕先进高比例强制提前还款、然后是股东分红。其中高比例强制提前还款优先于股东分红的规定，有利于规范项目公司收入资金安排，控制股东早期分红的利益诉求，保障及时还本付息，从而降低项目公司资金成本。

2. 借助融资行为突破当地法律限制

通过英国法律师、当地法律师、中国法律师等多方律师参与，最大限度运用并结合各方智慧，预见并解决国际管理、英国法与所在国法律不接轨的问题，确保项目融资既符合当地法律程序，又保障合资公司利益。针对乌国法律中公司的50%外汇收入需强制结汇的规定，合资公司采取签署承诺书方式，承诺在第一条管线运营前，获得外汇收入强制结汇豁免。这一机制促使中外方股东共同积极努力，获得外汇收入强制结汇豁免总统令，降低了贷款银行回收贷款本息的风险，保障了项目融资的实现，同时也降低了项目的外汇风险。

3. 借助交叉违约条款实现相互牵制

中亚天然气管道公司采用“分段分国建设和运营”模式，形成两个合资主体负责各自段内的建设和运营。虽然中亚天然气管道项目被分段实施，但必须保证项目整体按时完工，分段项目的融资也必须同步到位。在中亚管道公司的引导下，乌、哈合资公司应贷款银行的要求，分别签署了交叉违约条款，即承诺另一国合资公司若发生违约，自己也将承担违约责任。这样通过合同条款的方式，实现过境国投资方之间的利益牵制，促使乌、哈投资方为了整体项目的顺利实施而共同担责和努力。

4. 引入第三方顾问保障项目管理水平和效率

中亚天然气管道公司引入专业机构协助项目管理。例如，引入法律顾问，监控法律风险，跟踪重大条款执行；引入技术顾问，监督建设计划，审批重大提款和支付；引入保险顾问，监控保险风险，督促重大保险安排；引入环保顾问，跟踪环保风险，检查重要环保要求落实等，提升项目的管理水平和管理效率。

三、复杂环境下跨多国大型管道项目的筹融资管理效果

(一)项目建设所需资金及时到位,为实现工期目标提供了保障

通过项目融资,由管线未来的现金流作为最强有力的资金还贷保证,通过担保模式设计增加项目资信,吸引了银行及金融机构对中亚管道项目的兴趣,组成银团对项目进行有限追索权贷款,解决了巨额建设资金来源问题,为项目工期目标实现提供了有力支持。

(二)降低了集团公司担保风险,实现了企业资产轻量化

限制了集团公司的担保期限为建设期,保障项目在建设期内获得较低的贷款利息,在项目建设完成以后实现项目独立运营,独立承担还贷责任,大幅降低了集团公司的担保风险,保障了集团公司的长期资产质量。集团公司为项目融资提供完工担保而不是直接融资,同时合资公司50%:50%的股比结构不会产生合并报表,因此不会因为项目庞大的贷款直接增加集团公司资产负债率;运营期内以照输不议输气协议替换完工担保,不会对集团公司债信产生影响。同时,通过严密巧妙的资本结构设计和融资担保设计,积极促进合资方之间共担风险,成功以小比例的资本金投入完成巨额项目融资,提高了资本收益率,实现企业的资产轻量化。

(三)有效协调了相关利益者关系,提高了项目的管理水平

通过项目融资模式,在建设期结束后,贷款期内,管线资产和输气协议抵押给贷款银行,并按照贷款银行的要求进行运营,通过贷款银行的约束,有效控制合资方无限扩大利益诉求的趋势,有力保障了中方投资方的利益。项目融资银行为保障资金安全,通过融资合同提出完善的管理要求,全面且谨慎地监控项目工期、成本、资金安全、项目收益等重大管理政策,并通过管理约束,保证项目及时建成并正常运营,按时归还贷款本息,从而以第三方的角度加大了对合资公司的约束。法律顾问、技术顾问、保险顾问、环保顾问等专业中介机构,对监控法律风险,跟踪重大条款执行,监督建设计划,审批重大提款和支付,监控保险风险,督促重大保险安排,跟踪环保风险,检查重要环保要求落实等起了重大作用,保障了项目成功建设和平稳运营。

(成果创造人:曹亚明、张少峰、罗　强、李　平、姜保军、张羽波、刘万余、余建录、胡纯钰、章　闪、尚　鑫、戚荣汉)

管道工程企业以项目建设为重点的内控测试管理

中国石油天然气管道局

管道局西气东输管道工程

中国石油天然气管道局(以下简称“管道局”)成立于1973年,是中国石油天然气集团公司下属的管道工程专业化公司,具有化工石油工程施工总承包特级资质,工程设计综合甲级资质,管道工程勘察、咨询、设计、监理甲级资质,通信工程总承包一级资质,通过质量、健康、安全、环保标准体系认证,具备EPC总承包管理、PMC项目管理能力。2000年至今,管道局累计在国内外主导和建设大型长输管道超过6万公里,建设国家和企业储备库2000万立方米。其中在国内参与了西气东输天然气管道、西气东输二线天然气管道、西气东输三线天然气管道等工程建设,发挥了管道建设国家队、主力军作用,并承担了中石油第一座地下洞库锦州石油战略储备库的建设任务;在国外,苏丹、利比亚、俄罗斯、伊拉克、肯尼亚等国家,承建了90多个油气管道、储罐项目,建设管道近2万公里,树立了“CPP”国际知名品牌。

一、管道工程企业以项目建设为重点的内控测试管理背景

(一)应对企业内外部环境急剧变化的需要

近年来,我国与俄罗斯、中亚、中东等国家和地区的能源合作不断深化,提供了广阔的油气储运设施和油田地面工程建设市场。国内经济、社会建设的加快推进,也拉动着石油天然气等能源需求不断上涨,国内油气管道建设市场持续处于高峰期。从管道局自身来看,还面临着许多潜在的风险因素,特别是少数潜在的颠覆性风险因素,如质量、安全、环保、经营、廉政、法律、舆情、防恐等这些风险如果不能有效防控就会影响企业发展,甚至带来灾难。尤其在推进国际化进程中,面对政治经济不稳定,社会动荡不安,法律环境复杂多变的国际市场,其风险更是不断凸显。企业必须要构建起一套能够有效防控各类风险、应对严峻的风险挑战、避免重大风险损失的全面风险管理体系,才能保障管道局持续稳定地发展。

(二)企业现行内控体系存在许多局限性

管道局内控体系是以中国石油内控体系框架为基础设计完成,由于中国石油的内控体系框架是以侧重油气田开发主营业务来设计,缺乏对管道工程建设业务的考虑,导致体系在运行过程中出现一些不适应的地方。尤其是内控体系中重要的监督手段——内控测试,难以实现对工程项目管理的监管。首先,现行的内控体系偏重财务风险管控,对

战略风险、经营风险和合规风险控制涉及较少，而且业务流程及风险点涉及工程项目管理比例不大，难以满足管道工程建设主营业务管理需要；其次，整体风险意识有待加强，近几年来各单位的关注点一直停留在对流程中设定的风险点和控制点的控制，缺乏整体的风险管控的理念，不易发现工程项目管理中存在的种种漏洞。内控体系管理急需向更有针对性、更适应管道局发展的风险管理方向改进。

（三）企业重大风险管控的需要

通过开展科学系统的风险评估，管道局重大风险在业务链上分布最广泛的是工程实施环节，共有5个重大风险，分别是工程质量风险、工程进度风险、成本控制风险、工程结算风险、工程分包风险，全部集中在施工环节。另外2个重大风险分别为工程关闭环节的工程结算风险，以及支持职能类别的廉政风险。管控重大风险，一是需要从管道局战略目标、经营目标、财务报告目标、合规性目标出发，找出影响企业四大目标实现的主要因素，收集以往主营业务中发生的风险事件，形成涵盖各个业务领域、各项管理活动的风险事件库，形成覆盖全面、重点突出的风险数据库，完成管道局全面风险评估基础；二是需要建立业务流程，全面防控风险。在集团公司内部控制体系框架下，依据管道局全面风险评估基础数据，组织相关业务主管部门有针对性的制定风险防范策略和风险管理措施，结合局实际业务内容，明确需要完善的业务流程目录，组织编制相关业务流程，将风险防范措施和风险管理策略融入业务流程中，做到各类风险事前有防范、事中有控制、事后有总结。特别是对“三重一大”事项，通过固化流程，将风险管理嵌入决策实施的全过程，切实提高科学决策能力。为了加强对上述重大风险的管控能力，抓住内控测试这个有力工具，开展有针对性的内控测试重构与实施，迫在眉睫。

二、管道工程企业以项目建设为重点的内控测试管理内涵和主要做法

管道局通过对企业面临各类风险的全面识别、科学评估，找出重大风险；在开展内部控制测试活动中，以管控重大风险为目的，有针对性地选取测试区间、测试内容和被测试单位；通过测试检查发现问题，通过问题整改和监督规范运营，全面提高企业管理水平。主要做法如下：

（一）健全组织机构，组建内控测试队伍

管道局首先优化组织和人员，主要从强化测试组织机构，选取高素质测试人员两方面进行。一是成立内控测试领导小组，由局主要领导任组长，局主管内控工作领导任副组长，各职能部门主要领导为内控测试领导小组成员，保证测试工作的权威性。内控测试领导小组负责内控测试的统一安排和重大事项的决策和指导。二是内控测试工作领导小组下设测试工作组，负责具体测试工作，汇总测试发现的问题并向领导小组汇报测试进展和完成情况。三是测试人员从局机关、所属单位

管道局施工的站场

抽调相关业务骨干人员组成，同时聘请一定数量的中介机构专业人员，保证测试工作顺利开展。

（二）设计测试流程，完善配套制度

经过反复研讨改进，确定以项目建设为重点的内控测试工作流程。一是在测试工作准备阶段，结合三年来的测试结果和年度风险管理报告，分析全局主要风险因素，确定测试目录；二是根据测试目录，结合局属单位业务内容，选择被测试单位；三是提前通过财务信息系统查询被测试单位账务，了解单位经营总体情况，确定测试计划，分派测试任务；四是每个测试员向主审报告例外事项时，需要对例外事项将会导致的风险作简要分析；五是主审在编写测试报告时，要对被测试单位总体情况做出风险判断，提示主要风险，并提出风险管控建议；六是被测试单位在接到问题整改通知书后，需要限期做出整改，在以后的工作中避免出现类似问题，并向局出具专项整改报告。

为强化对测试工作的制度保障，强调风险管控的重要性，专门组织对原有《中国石油天然气管道局内部控制运行评价考核管理暂行办法》和《中国石油天然气管道局内部控制运行考核评价暂行标准》进行修订完善。以风险管控理念为指导，针对所属单位高发、频发并且对企业经营影响较大的例外事项定义为管理缺陷，提高了对管理缺陷的处罚力度。尤其是连续两年出现同类别例外事项的，定义为重要风险因素，要求所属单位从管理体制上挖掘原因，杜绝此类隐患。同时，在《中国石油天然气管道局风险管理暂行办法》中，明确“风险管控措施执行效果”的评价以内控测试检查出的例外事项作为评价依据，使内控测试工作与重大风险管控相互结合，以内控测试促进风险管理水平提高得到落地。

（三）发现风险要点，确定测试范围

测试范围是测试涵盖的业务和涉及的测试单位，测试范围的选取对测试质量将产生直接影响。按照风险导向理念，测试范围选取考虑的因素有：一是中国石油集团公司每年组织各单位进行风险评估，编制风险评估报告。内控测试利用企业当年风险评估报告的成果，按照企业面临的重大风险和影响因素，分析可能产生风险的业务领域和业务流程，作为测试关注的重点领域。二是对以前年度例外事项进行整理分析，归纳形成管道局例外事项涉及业务流程、例外事项产生的原因和例外事项的风险影响因素情况表，按照分析结果整理出测试例外事项易发、高发业务领域及相关流程，作为测试关注的重点领域。三是对单位整体经营情况进行分析，进行具体风险分析，指导测试工作。测试前组织人员对被测试单位整体经营状况进行全面分析，了解了被测试单位的业务类型和业务开展情况，对财务数据异常事项进行记录。四是按照集团公司要求，每年至少进行一次自我测试，测试覆盖的所属单位数量不低于所属单位总数的50%，测试重要业务流程的数量不低于所属单位业务重要流程总数的70%，测试的关键控制点不低于所属单位关键控制点总数的90%。测试工作严格按照中石油集团公司的统一标准和测试规范的要求，这样一方面保证了测试工作质量，另一方面保证测试工作横向与纵向的可比，以利于后期的内控体系运行评价。

根据以上结果并考虑到单位具体情况，确定工程分包、物资采购、合同管理、供应商管理、招投标管理、工程结算、资金管理、存货管理、安全事故管理等业务领域作为测试重点，据此确定测试业务范围，形成测试业务流程目录。

（四）明确管控重点，做好测试重点工作

1. 甄选测试内容

按照风险管控重点选择的测试内容包括：一是公司层面控制测试，包括控制环境、控制活动、信息与沟通、监督及反舞弊程序五个方面，具体分为反舞弊程序与控制、经营活动分析、职业道德、高管基调、信访举报和违规处理、组织结构、权利和责任分配、培训、业绩考核、人力资源政策、信息与沟通、内部审计 12 个主题。二是业务活动层面测试，要对全部的重要流程和关键控制点进行测试。对业务活动层面所有重要流程设计和执行有效性进行跟单测试，对关键控制点抽取样本进行关键控制测试。三是信息系统测试，包括信息系统总体控制测试、信息系统应用控制测试和权限测试。信息系统总体控制测试主要涉及控制环境、信息安全、项目建设、项目变更、系统运行维护和最终用户操作六个方面。信息应用控制测试包括流程和控制点测试。权限测试对重要的应用系统的操作权限进行测试。

2. 判断业务总量，延伸测试期间

测试期间充分考虑风险因素。内控测试延伸了测试期间，由以往自年初开始至测试组进驻前一日为测试期间延伸为自测试期上一年的 12 月 1 日至测试组进驻被测试单位的前一日为测试期间。12 月是各单位业务处理较集中时期，特别是施工企业，年末结算量占全年结算量比重较大，非常规业务较多，其中蕴含着较大风险，测试期间如果不涵盖 12 月份，其重要业务活动将可能遗漏。

3. 预判风险领域，指导样本选取

编制重点领域内控测试业务指引，指导测试人员选取适宜的样本和测试方法。在测试前组织人员以以前年度内控测试发现例外事项和风险分析为基础，编制内控测试关注的重点领域及测试要点，分单位类型、分业务种类对重要业务事项在测试中如何选取样本，关注哪些问题，业务涉及部门等进行详细说明，指导测试工作开展。如在建设单位中工程分包业务测试要点：了解工程分包管理模式，抽取一个工程项目，分析工程项目中分包工程的工程量占合同工作量的比例，检查是否有专门业务部门进行分包管理，分包合同中供应商的选择、合同签订、合同审批操作是否规范，分包工程是否按照工程进度和合同条款的规定进行工程量的确认和结算，对分包工程是否进行过程管理，有无转包现象，是否对分包商进行考核和评价等。核实分包业务的真实性。测试全面覆盖项目部、计划部门、合同管理部门、财务部门等业务涉及部门。

（五）防控测试风险，完善保障机制

加强测试机制建设，对测试小组反映出来的问题，组织专门审核与讨论，确保例外事项确定准确、有含金量，从而保证测试工作的效率和效果。一是建立测试队伍内部制衡机制。每个测试小组设置组长（兼主审）、副组长和测试员。组长由聘请的中介机构注册会计师担任，负责掌握测试进度，监督指导现场工作，但不干预测试结果，对测试质量和结果负责，受副组长和测试员监督；副组长由财务资产部内控科人员组成，负责全面协调、报告测试情况，参与业务流程测试，监督组员业务进展情况；测试员由中介机构人员和各单位内控骨干组成，相互协作、相互监督。二是建立例外事项确认复核机制。每个单位现场测试结束时，全体测试人员与被测试单位进行现场沟通、签认，被测试单位内控主管领导和测试组主审共同签署确认测试结果，严禁与被测试单位单独沟通；对双方存在分歧的事项，全部上报财务资产部，由财务资产部与相关流程建设部门复核确认，测试组无权擅自协调处理。三是建立测试质量监督评价机制。制定管道局内控测试人员评价表，每个单位测试完毕后，组织被测试单位人员对测试组成员德、能、勤、廉4项考核指标进行"背对背"评价。评价结果作为评价测试人员的依据。四是建立测试效率提升机制，主要包括："测试日例会"。每天现场测试工作结束后，测试组主审负责组织召开测试例会。每名测试组成员要汇报当天测试情况，包括测试内容、测试思路、采取的测试方法和抽取样本等情况，同时要向主审汇报次日工作计划；测试组主审根据测试组成员汇报情况，对当日工作进行汇总和点评，对测试人员进行必要的指导，对次日工作进行总体安排；组长根据测试整体进度，加强与被测试单位的沟通和协调，确保测试工作顺利开展。"组间互动"。各单位业务具有一定关联度和相似度，测试组之间通过内部通讯录等沟通渠道，随时进行测试信息交换和经验共享。在一个单位发现的问题，及时传递到其他各组，作为参考；对测试中存在的疑难问题，各组成员根据专业特长，共同"出谋划策"，提出测试方法和思路。"督导审核"。为确保测试结果真实、完整、简洁、准确，推行"测试底稿督导审核"机制。财务资产部相关领导和人员组成督导组，需要对测试组工作底稿进行审核。审核内容包括例外事项涉及流程、控制点选择的准确性和合理性，例外事项描述准确性、完整性，例外事项类别、个数确定的准确性等方面。"专业对接"。测试结果按照专业部门进行归集汇总，抄送局业务主管部门进行专业对接，确保测试结果依据充分，客观公正；组织业务主管部门对各单位例外事项提出改进建议，并督促改进情况。

（六）分析风险漏洞，监督整改落实

全年测试工作完成之后，召集各测试组长集中讨论，分析测试工作中发现的例外事项，将出现频率较高、涉及金额较大的提取出来，从业务角度分析其中蕴含的风险因素。通过测试例外事项整体分析，总结风险因素如下：

一是执行建造合同不规范，形成外部审计风险。包括：①执行建造合同中企业自身管理导致的影响。在项目预计总收入、预计总成本预测和完工进度百分比确认存在管理归口部门及部门职责不明确、预测数据依据不充分甚至随意预测数据等现象，造成工程项目收入、成本的确认未严格按照建造合同执行。不能准确、及时、如实、系统地反映工程项目从开工到完工各个时期的盈利情况。②执行建造合同中外在环境导致的影响。由于业主、监理、设计的原因，对实际发生的变更、索赔，不能及时签认批复，造成变更依据不足，无法确定，无法变更，形成预测数据不准确。

二是物资材料收、发过程控制不到位，风险防范意识不强。包括：材料验收流于形式。没有按照物资管理的要求，对物资的数量、质量执行相应的验收程序，严格验收入库。可能导致假冒伪劣产品昏蒙过关、数量短缺等情况的发生。材料已经签收而未做入库或者入库滞后。导致账实不符，材料管理不受控。存在以领代耗现象。对已领的材料视同完全消耗而计入成本，对于剩余的材料，不做退库管理，从而造成“实领”即“实耗”的客观现实。这样造成虚增工程项目成本，影响项目经营成果，甚至会在目标成本等方面对企业的决策产生深远影响。这种现象还会造成无法对实物的监督，可能滋生私设小金库、私自占有企业资产等腐败。

三是机械设备管控不足，导致成本归集滞后以及租赁合同主体选择形成的潜在风险。主要包括：机械设备成本管控不到位。部分单位存在归口管理部门不确定或管理责任落实不明确现象，无法形成专项考核机制。导致的结果是机械设备成本管理报表没有编制、编制时间严重滞后以及关键信息缺失等，无法动态反应机械设备使用数量、台班、油耗、折旧、租赁费等成本信息，无法做到过程监管，进而导致机械设备成本无法及时准确归集，不能客观地反映当期经营状况。外部租入机械设备管理存在不足。相对于企业而言，个人作为出租方，其具备的履约能力和风险承受能力比较弱，为保证租赁合同出租方具有可靠的履约能力和风险承受能力，出租方的合同主体应当遵循以企业为首选的原则，同时还要从企业财力、经营状况等方面加强对合同主体的审查。

四是劳务派遣用工不规范，可能导致纠纷或处罚。劳动合同法及修正案规定劳务派遣一般在临时性、辅助性或者替代性的工作岗位上实施，部分单位突破“三性”岗位范围，在主营业务岗位和一般性工作岗位长期大量使用被派遣劳动者，这样就存在劳务派遣工同工同酬的诉求，甚至受到劳动行政部门、工商行政管理部门的处罚。

五是福利费管理存在不足，可能面临涉税风险。存在福利费列支超出规定范围、实际发生的福利费没有通过应付福利费科目核算直接进成本、实际发生的福利费超过计提标准情况，按照新企业所得税法规定，超标准计提福利费，一方面违反薪酬管理相关规定，另一方面超出计提标准部分的福利费是不能在税前扣除，如不能及时发现，做纳税调整，会造成涉税风险。

通过对上述风险因素总结分析，找到全局风险防控的薄弱环节，使风险管控更有着力点。在此基础上，一方面要求被测试单位开展整改工作：一是下发整改通知。对测试结果进行分析，按照测试例外事项情况，分单位下发整改通知。整改通知主要内容包括例外事项情况，具体整改意见和建议，例外事项整改期限，例外事项整改完成情况及上报整改报告的时间要求。二是对例外事项整改的跟踪。按照整改报告要求的时限，及时收集各单位的整改报告，对整改结果进行审核。必要进行选择部分单位进行内控改进测试，保证例外事项的整改质量。另一方面将全局发现的例外事项按照业务类型分别汇总整理，形成例外事项通知单，分送至局本部各业务主管部室，作为业务风险提示，以便使各部室更加了解基层业务执行状况，提高业务主管部门对基层执行政策情况的管控力度。

三、管道工程企业以项目建设为重点的内控测试管理效果

(一)保障了企业的稳定发展

一是主要经营指标圆满完成。全年中标市场合同额350亿元，实现收入323亿元、利润8亿元，超额完成中国石油集团公司下达的经营指标。二是重点工程优质高效建成。加强施工组织，科学配置资源，严格成本控制，强化风险管理，项目工期、质量、安全、

效益全面受控。全年承建重点工程 44 项，完成管道安装 7000 公里，中缅、中哈二期、西三线西段 1 标段、中贵联络线 6 标段、伊拉克马季努恩外输管道等 24 个项目全部按期优质建成投产，任务总量、建设里程、投产数量均创历史新高。三是质量安全平稳受控。“两全”工作扎实深入，有感领导、属地管理、直线责任、安全观察与沟通等管理方法与工具广泛应用，质量管理“十项举措”有效落实，群众性质量安全改进活动广泛开展，现场监督和问题整改力度不断加大，海外社会安全防恐体系有效运行，全员质量安全意识和行为能力持续增强。

（二）提高了企业的风险防控能力

一是通过在测试工作中强化重大风险管控的理念，相对以前年度，体现出了较大优势。其主要内容包括：使内控测试更有针对性，找到的问题更加一针见血；节省测试组入场后的准备时间，测试工作安排的更加合理有效；测试报告不再仅仅是反映个别的例外事项，更加突出企业经营管理活动中的风险因素；使测试和风险识别、风险评估工作联系起来，相互促进，共同提高。二是以项目建设为重点的内部控制测试体制既是内控测试的工作方法，又是先进的企业管理手段。通过建立健全以项目建设为重点的内部控制测试体制，控制的手段不仅体现在事中和事后的控制，更重要的是在事前制订目标时就充分考虑风险的存在。同时使内控测试内容更加丰富，不仅包括一般性的流程控制，还延伸至 KPI 指标分解、风险评估等，结合企业风险年报分析面临的重大风险和影响因素，使企业的主要经营行为的每个步骤和决策都处于受控状态，管理细化、重视细节，控制偏差、执行到位，使内控测试与风险管理有效结合，促进管道局经营管理水平的进一步提升。三是借助以项目建设为重点的内部控制测试不断培育风险管理意识，通过明确决策层、管理层和操作层在内控与风险管理体系中的角色和责任，将风险导向的理念渗透到企业生产经营的各个层级和各个环节，使员工不仅仅在内控测试以及日常工作中都居安思危，逐步形成风险管理文化氛围，为内控与风险管理工作顺利开展奠定良好基础。

（成果创造人：沈庚民、闵云鹤、钟国华、徐德才、王　喆、齐　蒙、刘瑞莲、燕朝鹏、任洪芳、殷蜀敏、张兆倩、王　磊）

大型钢铁企业立体式风险管理体系建设

河北钢铁集团有限公司

成果主创人:集团董事长于勇

河北钢铁集团有限公司(以下简称“河北钢铁集团”)是2008年6月30日由原唐钢集团和邯钢集团联合组建而成的特大型钢铁企业。集团现拥有直属子分公司17家,以钢铁为主业,主营钢铁、装备制造、金融服务、现代物流等业务,在册员工14万余人。集团组建以来,年钢产量由3108万吨增长到4478万吨;营业收入由1248亿元增长到2510亿元,总资产由1480亿元增长到3195亿元;连续五年跻身世界企业500强,并由2009年的375位前进到2013年的269位。河北钢铁集团以建设“国内领先、国际一流”钢铁企业为战略目标,加快产业升级和结构调整步伐,主体装备全部实现大型化、现代化。目前,集团钢铁主业具备5000万吨优质产能,以“精品板材、精品建材、精品特钢、钒钛制品”四大系列为主导产品,覆盖航空航天、军工、汽车、石油、铁路、桥梁、建筑、电力、交通、机械、造船、轻工、家电等20多个重要应用领域。

一、大型钢铁企业立体式风险管理体系建设的背景

(一)应对行业整体恶化的需要

由于金融危机的持续影响和近年来的产能快速扩张,钢铁市场竞争激烈,钢铁企业由以前的利润丰厚行业转变为微利甚至大面积亏损的行业,面临较高的行业风险。特别是2013年以来,随着经济整体放缓,钢铁产能持续增长和释放,钢铁企业市场竞争更加激烈,企业之间出现挑衅性价格竞争,钢铁行业利润率持续在低水平徘徊,产能过剩导致出现恶性价格竞争,钢铁企业风险进一步加大。同时,由于受国际铁矿石价格和国际经济形势的影响,钢铁行业呈现较强波动性,特别是2013年以来,钢铁价格下滑,幅度之大,超出预期。我国钢铁行业集中度低,前十大钢铁企业产量仅占行业总产量的30%,一大批产量低、产品档次不高的中小型企业占据了钢铁市场的大部分空间,也增加了行业风险。

(二)维护出资者权益、满足国资监管的需要

2013年河北省国资委发布《河北省国资委监管企业全面风险管理工作实施办法》,要求国资委监管企业要按照风险防范与管控的要求,通过风险分析辨识,制定和实施风险对策,建立和完善企业内控制度,建立健全全面风险管理体系,促进企业持续、稳定、健康发展。集团要在依法建立和完善法人治理结构,建立健全内部监督管理和风险控制制度

方面先行一步做出表率，维护出资者权益，满足国资监管的需要。

（三）提升集团整体管理水平的需要

企业风险管理涉及集团各个层级的活动，从战略和资源配置等企业层次的活动，到市场营销和人力资源等业务单元的活动，再到某个工序或某个岗位的具体工作流程。集团整体管理工作必须和风险管理工作紧密结合，把风险管理的各项要求融入企业管理和业务流程中，加强重大风险、重大事件的管理和主要流程的风险控制，升华管理理念、增强风险意识、强化基础管理，规范管控运作为重点，构建科学规范、合理有效、重点监控、全面预防的立体式风险管理体系，提升企业整体管理水平和综合竞争力。

二、大型钢铁企业立体式风险管理体系建设的内涵及主要做法

河北钢铁集团超前辨识、评估企业各项风险，突出抓好企业运营中“人”、“财”管理，以财务风险、权力运行风险、法律风险防范为重点，健全内控体系，建立起全面预防的立体式风险管理体系。主要做法如下：

（一）建立“辨识评估先行、分类层级管理、突出重点管控、内控体系保障”的风险管理原则

1．辨识评估先行原则

广泛、持续不断地收集影响企业实现目标的内外部风险信息，包括历史数据和未来预测，并把收集初始信息的职责分工落实到有关职能部门和业务单位，有效识别集团业务管理过程中的重大风险，建立风险识别机制、风险分析与评价机制。

2．分类层级管理原则

建立集团董事会、企管部、各职能部室及二级单位为基本框架的三级风险防范体系。并将企业面临的各类风险进行分类，落实责任单位。企业的战略、规划、资本运营等职能部门应承担战略风险的管理职能；市场、销售、采购等职能部门应承担市场风险的管理职能；财务、资本运营等职能部门应承担财务风险的管理职能；企业管理、人力资源、安全环保、信息管理等职能部门应承担运营风险的管理职能；法律、纪检监察等职能部门应承担法律风险、权力运行风险的管理职能。

3．突出重点管控原则

风险管理涉及企业的各个环节、各个领域。在实际风险防范中，结合集团发展实际，针对生产经营中的薄弱环节，突出重点，发现重大风险点，管理和控制集团重大风险、关键风险。在此基础上以点带面，形成全面风险管理机制。

4．内控体系保障原则

成立内控体系建设管理委员会。在业务流程梳理和风险应对措施制定的基础上，按照“规定与流程相结合，全面涵盖而又重点突出”的基本要求，建立起完整的、可操作性强的内部控制体系。

2180mm 冷轧生产线

（二）重点开展财务风险、权力运行风险、法律风险的防控

1. 加强企业负债管理，严控财务风险

第一，全面梳理业务流程，查找主要风险点。全面开展财务业务流程梳理，分析每个活动点存在的风险表现形式，不错漏每个节点。采取逐步推进的方式，以内部环境为基础，以控制活动类业务为核心，加强控制手段管理，对货币资金、采购与付款、销售与收款、存货与生产、对外投资与筹资等关键业务流程进行重点梳理，然后逐步对相关流程进行梳理。全面找出具体的风险控制点。

第二，科学运营控制方法，实现对风险的有效控制。通过综合运用不相容职务分离控制、授权审批控制、会计系统控制、财产保护控制、预算控制、运营分析控制和绩效考评控制等控制措施，针对确定的风险点，合理确定相关控制制度及措施，将各经营管理环节的风险降低至可接受水平。

第三，健全财务管理制度，实行刚性管理。按照“规定与流程相结合，全面涵盖而又重点突出”的原则，修订和完善各项管理制度，明确业务流程和相关部门风险管理职责和程序，做到制度无盲点。修订完善《河北钢铁集团有限公司理财管理办法》、《河北钢铁集团有限公司融资管理办法》、《河北钢铁集团有限公司托管承兑汇票管理办法》、《河北钢铁集团有限公司现金管理平台运行管理办法》等十余项财务管理制度。对集团经营状况和财务状况系统分析的基础上，制定具体控制财务风险措施。

一是严格控制融资总量增长。集团贯彻“现金为王”的理念，将现金流管理作为生产经营工作的主线，坚决扭转生产经营。明确提出全年经营环节“融资规模不增加、负债水平不上升、财务费用不升高”的总体要求，强化刚性管理。提升资金管理信息化水平，加强对融资和现金流的实时监控，加强对子公司的管控能力，在大额资金的筹措、使用、偿还等方面加大管理力度，确保资金链安全。二是千方百计盘活存量资产。推进资金集中管控，强化资金内部调剂和运转效率，提升存量资金使用效率。加大应收账款管理，严格控制应收账款增长，对存量应收账款按照其性质、账龄和账务人情况，分类管理，强化清收，加快资金回笼。组织开展存货的实地盘点，摸清各类存货的底数。削减库存资金占用，发挥资源共享优势，盘活存量资产。排查存货的数量和质量，对残损变质、积压呆滞的存货及时进行变现处置，最大限度发挥存量使用效率。对在建工程和固定资产资产状况进行梳理，清理无效、低效资产，改善和提高资产运行质量。全面清理长期股权投资，加快退出长期亏损、长期无分红、无发展前景的投资项目。三是优化资本结构和负债结构。提高直接融资的占比，降低对银行贷款的依赖程度，用足用好国家政策，在允许范围内多发行中票、短融、公司债、企业债、私募债等。提高中长期负债占比，优化债务期限结构，稳固资金链。通过融资租赁，结构化融资等多渠道融资，优化债务期限。发挥境外融资平台作用，使境内境外资本市场形成联动，优化融资结构，降低融资成本。研究利用创新金融产品，如资产证券化、票据类融资等进一步拓展低成本融资渠道。优化资本结构，变资产为资本，引进股权融资。做大香港国控公司，谋求境外上市；引入股权投资者，以现金、技术或股权互换等方式参股集团矿山、港口、物流等项目建设。四是搞好财务公司运作。加快推进资金归集。逐步实现可归集资金全部归集，提高资金归集率。争取政策支

持、拓宽业务范围。尽快争取信贷规模以及债券发行、承销、股权投资、有价证券投资、委托投资以及成员单位产品的消费信贷、买方信贷及融资租赁、资金市场同业拆借等业务的资格获批。随着信息技术以及人才队伍水平的不断提升,逐步赋予财务公司更多的集团资金管控职能,逐步发展成为集团资金运营中心。

2. 加强权力运行监控机制建设,有效防范决策失误、权力失控和行为失范

河北钢铁集团通过强化对权力运行事前、事中、事后全过程的监控,构建结构科学、配置合理、程序严密、运行公开、制约有效的权力运行机制,保证权力的正确行使,有效防范决策失误、权力失控和行为失范。第一,对重点职权目录进行梳理。确保做到将"三重一大"事项和涉及广大职工切身利益的重大决策事项全部列入职权目录、纳入权力运转监控范围。清理界定权力,编制职权目录。对集团领导层职权和各子分公司、各部室各项重要职权进行全面梳理,明确授权依据和责任主体,形成分类清晰、编制科学、定位准确、内容详尽的职权目录。第二,对重点权力运行流程进行优化。结合实际操作情况,对每一项重点权力运行的程序进行认真审核,修订和完善"流程图",努力做到各项重点权力的运行程序"科学、规范、高效、清晰、简捷"。第三,对廉政风险点及其等级进行评估。深入研究风险点的查找办法和风险分级定级办法,对每一项重点职权运行过程中的廉政风险点选定及其等级进行一次分析和论证,确保风险查找全面、等级制定科学,在此基础上,修订完善廉政风险等级目录。对廉政风险防范措施进行完善。按照落实防范责任、切实加强预警、防控和监督的要求,从加强前期预防、中期监控和后期管理三个层面考虑,进行修订和完善,力求风险管理更加到位,风险防范更加有效。全集团共梳理重点职权 1865 项,查找廉政风险点 2314 个,制定防范措施 1991 项。

3. 依法决策,依法生产经营,全面降低法律风险

河北钢铁集团以现有专业管理体系为基础,以法律风险防范为主线,优化组织架构,完善制度体系,全面系统识别、分析法律风险,统筹整体管控措施,创新法律工作考核机制,实施精细化管理,构建了决策层主导、总法律顾问牵头、企业法律顾问提供业务保障、全体员工共同参与的企业法律风险管理体系,做到"法律融入业务、风险全面受控",全过程、全方位防控风险,实现重大法律纠纷为零的目标。

第一,完善法人治理结构。集团推进规范董事会建设工作。突出集团战略管控职能,成立各专门委员会,逐步建立以国际著名专家构成的外部董事制度,健全董事会决策机制。在理清"决策层"和"经营层"责任分工的基础上,健全董事会、经理层、党委会工作细则和操作规范,就重大事项的科学、规范决策进行严格规定,制定并严格执行进一步贯彻落实"三重一大"决策制度的实施方案,细化"三重一大"决策范围、决策权限,明确决策程序,完善决策回避制度、决策评价制度、责任追究制度。集团内部就加强管控,财务、销售、采购、投资、规划等各项业务建立完善的运行管理流程,确保权力运行过程更加透明高效。

第二,健全法律风险防范体系。着力加强以"事前预防、事中控制为主、事后补救为辅"的法律风险防范机制建设。集团法律事务部积极开展法律风险防范体系课题研究工作,将企业法律风险划分为合同管理、知识产权、投融资、劳动用工、重大决策、外贸、金融

证券、职务风险等8个模块共10个课题,系统识别企业法律风险,提出具体防范措施,编制《河北钢铁集团法律风险防范指引》。同时,集团法律事务部承担的省级课题《钢铁企业知识产权风险防范战略研究》顺利通过课题组验收。这些标志着集团法律风险防范工作从事后补救向事前预防、由被动向主动、由事务型向管理型转变,集团决策层主导、总法律顾问牵头、企业法律顾问提供业务保障、全体员工共同参与的集团法律风险防范体系进一步完善。

第三,规范决策过程,预防决策风险。对重大决策议题论证制度、提交程序、决策程序逐步进行细化和完善。要求所有提交集团决策的议案,必须由提交单位进行详细论证,重大投资、资产处置等必须进行经济可行性分析,必须由集团法律事务部出具法律意见,否则不得提交审议;子公司提出的重大议题必须经过子公司相关权属机构决策后,连同法律意见书一并报集团决策或备案。根据公司章程规定,需报经省国资委批准的重大事项,经董事会决策后一律按照程序报批或者备案。各法律事务机构积极参与各子公司重大事项决策,努力拓展法律服务领域,探索法律服务新途径。

第四,依法最大限度维护集团合法权益。各法律事务机构积极完善诉讼管控体系,全力以赴抓好诉讼工作,多起重大案件取得突破性进展,群体性劳动争议纠纷得到妥善解决,为集团避免(挽回)巨额损失,维护了集团声誉和生产经营秩序,促进了集团的和谐稳定。

第五,加强制度规范化管理,做到有制必依。对集团现有的各类规章制度进行梳理,对需要进一步健全的规章制度进行修改,对管理不到位、存在管理盲点的地方督促有关部室制定新的规章制度,确保集团所有管理领域的工作都有相关制度统领,做到制度全覆盖,使各项工作的开展有章可循,有制可依,促进集团的基础管理工作程序化、规范化。对集团各项规章制度实行动态管理,及时新增、修改、删除规章制度条目,保持汇编的时效性。经常性的进行规章制度执行情况及效果监督检查,有效促进规章制度的执行力。

(三)加强内部控制体系建设工作

1. 健全内控体系建设组织架构

集团成立了内控体系建设管理委员会,组长为董事长,副组长为总经理,组员为公司董事、监事和高级管理人员以及子分公司主要领导。下设内控实施管理办公室、内控体系规范建设工作组、内控体系评价工作组。实施范围内的各子分公司同时成立相应机构。初步形成了决策层、执行层和全员参与的内控组织体系。聘请了会计师事务所及相关咨询专家,指导和协助公司完成此项工作。

2. 编制内部控制制度,固化控制流程和措施

在业务流程梳理和风险应对措施制定的基础上,按照"规定与流程相结合,全面涵盖而又重点突出"的原则,依据业务类型、重大风险等制定、细化制度,明确业务流程和相关部门风险管理职责和程序,从而形成完整的制度体系,做到制度无盲点。内控体系分为公司和业务两个层面,公司层面包括5项,分别是组织架构、发展战略、人力资源、社会责任和企业文化,以总部为基准,融合分公司的内容;业务层面包括15项,除规定的资金活动、采购业务、销售业务、资产管理等13项外,增加了关联交易、生产循环两项内容,以分公司为基准,结合总部的相关业务进行融合。内部控制体系由四部分组成,包括业务流

程图及控制、风险矩阵、岗位职责、内部控制制度，形成《内部控制操作手册》和《内部控制制度》制度汇编。

3. 全面组织内控实施，提升执行的有效性

首先对员工进行全面培训和辅导。通过举办培训班、公司OA系统发布学习辅导材料、组织知识竞赛等多种多样方式，来做好前期的培训和宣传工作，为内部控制全面实施营造良好的内部环境。同时将内部控制活动规范及手册的实施责任落实到具体部门、生产厂等二级单位，并要求各二级单位进一步分解落实到科室及岗位，形成"以岗位为核心，多级管理监控"的全员参与体系。其次是做好考核评价，提升内部控制的执行力。为了确保制度的有效执行，建立内控考核评价制度，将内控制度分解为各个部门的考核指标，并与绩效挂钩，提升内控制度的执行水平。

4. 开展内部监督检查，发现缺陷及时改进

以内部审计监察为核心，实施多方监控的内部检查，形成点面互补的、全覆盖的风险监控格局，为全面内控管理不断深入推进提供有力支撑。建立发现问题整改机制，有效促进"发现问题、加强整改、成果共享、普遍提高"目标的实现，从而有效促进内部控制体系的不断完善提升。进行运行效果自我评价和第三方独立评价，以促进体系的改进和完善工作。定期总结和分析所制定的内部控制的合理性和有效性，对不适当的管控措施进行及时修正或调整。

5. 培育特色的风险管理文化

将内部控制有效融合到企业文化理念当中，总结提炼风险管理文化内涵，在成熟的文化体系之下建立起独具特色的"风险管理文化"，并形成具有易于宣贯的风险管理口号。通过多种形式强化员工的风险意识并转化为自觉行为。首先，高管层在培育风险管理文化中起表率作用，强化自身的风险意识。其次，加大对职工开展风险管理培训的力度，通过定期举行会议、专题培训、在内部网络开辟全面风险管理专栏等方式，营造风险管理文化氛围，强化职工风险意识，促使职工自觉自愿地接受风险文化；最后，在实施风险管理过程中及时总结经验与教训，不断修正风险管理文化。

三、大型钢铁企业立体式风险管理体系建设的效果

（一）集团整体风险防控能力明显提高，综合管理水平再上台阶

河北钢铁集团通过在企业管理的各个环节和经营过程中执行风险管理的基本流程，建立健全风险管理体系，有力保障了集团经营活动的效率和效果，带动了企业整个管理水平的提高。通过风险识别、分析、评估、应对等工作，风险管理由局部化向整体化转变，由事后补救向事前防范转变，由事务型向管理型转变。2013年，全集团未出现重大风险事件，中级风险事件下降20%。企业综合竞争力和国际影响力持续增强，在世界企业500强中排名由2009年的375位前进到2013年的269位。

（二）集团财务管理日趋规范，财务风险得到有效控制

通过加强对子分公司经营财务、经济责任、投资项目和重大专项审计，强化事前防范、事中控制和事后问责，确保了各子分公司经营与投资活动高效运行、可防可控。通过

完善制度、健全机制，加强资金集中管控，合理压缩资金占用，提高了使用效率。强化资金的统一平衡与预算控制，利用信息化手段，加强在线实时管控，确保了资金链安全和生产经营稳健良性运行。统筹融资管控，拓宽融资渠道，资本结构和负债结构不断优化。2013 年在资金十分紧张、钢协会员企业银行借款同比增长 6.58%、财务费用同比上升 24.38%的情况下，集团保持了现金流稳定，融资总量、财务费用同比基本持平，确保了资金链安全。

（三）权力运行监控机制稳步推进，权力运行风险得到有效控制

开展权力运行监控机制建设有效预防了决策风险、廉政风险。通过对企业现有管理体系、管理制度和权力运行流程的梳理，建立了科学民主的权力运行决策机制、规范透明的权力运行执行机制、防控有效的权力运行监督机制，明确了职权运行涉及的环节，明晰了权力运行的流程。2013 年集团共查找廉政风险点 2314 个，制定防范措施 1991 项，修订完善规章制度 171 项。在此基础上进一步完善了企业董事会、党委常委会、监事会和经理层的管理体系，形成了科学民主决策，有效监督制衡的法人治理结构和权责明确、运转协调、制衡有效的治理机制，规范了领导班子和主要负责人的决策权限、决策程序，形成了正职领导、副职分管、集体决策、纪检监督的工作机制。

（四）有效控制法律风险，避免（挽回）巨额经济损失

河北钢铁集团通过构建法律风险管理体系，组织开展法律风险防范工作，将法律审核纳入规章制度、经济合同、重要决策的必经环节，实现了规章制度、经济合同、重要决策 100%法律审核把关，有效控制了企业生产经营中的法律风险，实现了集团重大法律纠纷为零的风险管控目标。随着法律风险管理能力的提高，河北钢铁集团诉讼、仲裁案件避免（挽回）损失逐年增长。集团各法律事务机构 2013 年全年共计完成重大事项审核 237 项，审核规章制度、合同文本等法律文件 2.65 万份，规范合同文本 168 项。各法律事务机构 2013 年全年共办理案件 197 件，涉案金额约 8 亿元，其中办结案件 115 件，避免（挽回）损失 1.5 亿元。

（成果创造人：于　勇、王洪仁、李毅仁、李红宴、张迎秋、刘志刚、谢文华、史晓斌、李鹏伟、冯　靖）

航空制造企业基于全价值链的目标价格管理

江西洪都航空工业集团有限责任公司

成果主创人:公司副总经理陈逢春

江西洪都航空工业集团有限责任公司(以下简称“洪都公司”)始建于1951年,隶属于中国航空工业集团公司(以下简称“中航工业”),自主研发了新中国第一架飞机和第一枚海防导弹,是我国航空工业唯一一家“厂所合一”、“机弹一体”的航空骨干企业和航空军贸产品的主要生产基地。洪都公司坚持自主创新,逐步形成以训效、攻击、打击为核心的军用航空产品谱系,以大客项目和转包生产为主体的民用航空产品谱系,以智能服务机器人、游艇为代表的非航空民品谱系,为我国的国防建设和军贸事业的发展做出了重大贡献。洪都公司主要产品有初教六、L7、K8、L15等多型教练机和N5B等通用飞机,是C919大型客机前机身和中后机身两大部件的唯一供应商,承担了波音747－8飞机尾段等转包生产项目,2013年资产总额达140亿元,收入规模突破50亿元。

一、航空制造企业基于全价值链的目标价格管理背景

(一)适应国际市场军贸产品竞争的需要

洪都公司生产的K8飞机在国际中低端市场上以“物美价廉”著称,占据了国际基础教练机近80%的市场份额。但目前,国内外中低端教练机市场趋于饱和,高端教练机市场蓬勃发展,国际教练机市场竞争日趋激烈,公司面临着生存和发展的巨大挑战。为了打入国际市场,洪都公司积极与潜在客户沟通,根据客户的需求对新型高级教练机进行改进,但是,近8年来,国内人民币升值过快,人工、土地、房产等资本要素出现较大涨幅,使原本在国际市场上具备竞争力的新型高级教练机失去价格优势。因此,洪都公司迫切需要构建市场导向的全价值链目标价格管理体系,即以市场为导向,正确分析目标市场需求,剖析类似竞争产品的优劣势,建立功能引领型产品系统模式,形成聚集产品核心价值理论,通过不断迭代优化,保持定价优势。

(二)适应国内航空产品采购体制改革的需要

近几年,国内客户不断探索采购体制的新模式,在航空产品采购方面通过引入竞争机制,鼓励民营企业参与竞争,按照分类、分层、分阶段竞争和一体化采购的要求,实行目标价格,鼓励企业控制产品成本,在保持产品先进性的同时,提高采购经费使用效益。新型高级教练机目前已被列为航空产品目标价格改革的首个试点产品。

(三)适应企业市场化改革和转型升级的需要

洪都公司生产的教练机属于竞争性航空产品，原有的单一产品制造销售模式在通货膨胀的压力下附加值不断降低，越来越难以支撑企业的可持续发展。近年来，洪都公司从单一产品生产商转型升级为“集训效方案设计、训效服务、产品供应、售后保障为一体的综合训效系统”的服务提供商，保持中国空军在未来战争中人员素质上的相对优势，提供包括军事飞行训练集成系统、空勤和维护训练设备、课堂教学、后勤保障、综合训练解决方案等全面训练服务，满足各国空军优化飞行员选择和训练体制，提高飞行员训练的效费比。随着商业模式的创新，价格管理对象由实体产品向系统服务延伸，必须运用系统思维，构建市场导向的全价值链目标价格管理体系，制订系统化定价策略。

二、航空制造企业基于全价值链的目标价格管理内涵和主要做法

洪都公司根据市场环境和企业战略的需要，分析企业产业链及产品的全寿命成本，将实体产品与系统服务分类定价，运用系统思维，多方法论证产品目标价格，以企业级即时报价信息系统为支撑，按产品构造分解目标价格，搭建价格控制网络，实行全产业链成本管控，从设计、工艺、生产、管理四个维度全面开展成本优化活动，不断延伸产品功能，引领客户需求，拓展定价领域，充分体现“产品＋服务”的价值增值。主要做法如下：

（一）运用系统思维，构建目标价格管理模型

洪都公司不断增强市场观念和竞争意识，打破传统定价理念，定价模式由“成本加成”的静态管理向“论证优化”的动态管理转变，秉用“系统集成”管理产品价格的理念，构建了新形势下目标价格管理模型，即以市场需求为牵引，建立目标价格管理体系，通过全价值链管理和全寿命周期管理，不断优化目标价格方案，形成充分体现客户价值的市场目标价格，具体模型如图 1 所示。

1. 开展目标市场与客户分析

建立专业化产品功能体验平台，采集目标市场和客户的需求信息，与专业化咨询机构合作，收集市场同类产品的成交信息，形成市场和客户数据库，通过分析客户分布、喜好、购买力、购买预期等信息，对目标产品的市场价格进行准确研判；不断萃取客户对产品的性能、质量、外观和布局的关注程度，形成“一机多型”的发展序列，根据不同的客户制定差异化的市场目标价格。

公司主打产品——L15 猎鹰高级教练机

2. 组织产品目标价格论证

组建跨部门、跨专业的目标价格管理团队，完善目标价格管理制度，落实企业价格管理信息系统的建设，实现价格信息系统与企业级 PDM、采购管控、物资库存管理、试验数据管理等系统的对接，借助信息化手段，综合运用参数法、工程法和类比法论证，制定产品的目标价格，并将目标价格基线转化为目标成本控制基线，将目标成本分解至可控的费用单元并实施成本控制。

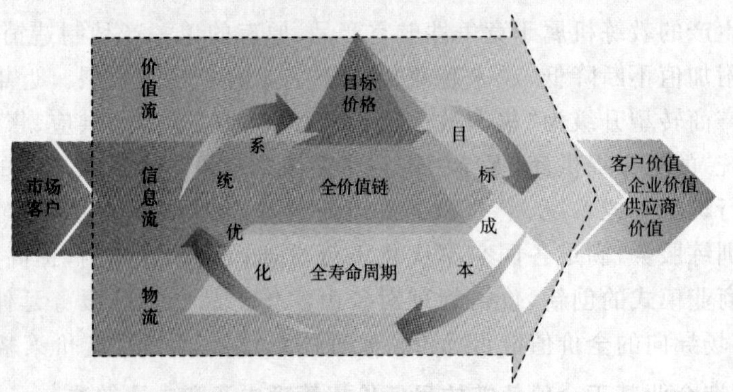

图 1　目标价格管理模型

3. 开展全寿命周期成本优化

一是在产品设计阶段，实行限价设计，依据外部市场环境和内部资源情况，研究确定限价设计工作目标，追求技术指标和经济指标的性价比；二是在产品制造阶段，追求加工工艺的经济性和技术成熟度，运用价值工程、专项成本优化等活动降低制造成本并科学确定最佳的生产批量，严格按照经济批量和工艺要求控制资本性投入；三是在产品服务保障阶段，利用"训效中心"平台，展示公司产品和服务体系，提升服务保障能力，提高客户的满意度；四是在产品维护和处置阶段，加强与专业的服务保障公司合作以降低成本。

4. 管控全价值链成本

将目标成本分解到内部价值链和外部价值链，通过对供应商、客户和公司实施全价值链一体化成本管控。在供应链价值链上，建立交易－伙伴－团队的复合型供应商模式，与成品配套企业建立"共同投资、共担风险、共享利益"的战略合作关系，各自自筹资金研制配套产品，共同开拓市场；与大型钢铁企业和铝材企业建立战略合作伙伴关系，采取"集中采购"和"阳光采购"等手段，获取更加合适的采购价以降低采购成本；在业务链价值链上，调整产品控制重心，紧抓设计论证管理；优选物流成本最低的配送体系，缩短仓储管理级次，采取降本工程、精益生产等手段狠抓产品制造、销售等过程成本控制；在客户链价值链上，通过分析客户需求，为客户提供多样化产品功能选择，引领客户消费，引入竞争机制，选择多家代理商以增强企业的议价能力等措施，收集、分析类似产品的销售价格，订制差异化定价策略。

（二）以市场为导向，多方法论证目标价格

洪都公司改变传统的管理方式，优化业务流程，以信息化管理为手段，通过研究分析，加强与客户、供应商的合作，建立"风险共担、利益共享"的战略合作伙伴关系，把外部价值链与内部价值链有机联接，形成一体化的价值链管理体系。通过分析、优化全价值链体系的各个价值增值点的成本支出，以顾客为导向，以顾客认可的功能、需要量等因素为出发点，论证产品的目标价格。洪都公司综合采用参数法、工程法和类比法三种方法，分析得出价格目标值。

1. 参数法估算

参数估算法的建模原理认为影响目标价格最为核心的因素是项目总体技术方案，它决定了产品的系统组成、总体结构、主要物理特征以及制造的难易程度、原材料和工时。洪都公司采用PRICE参数估算软件，将重量和技术复杂度作为影响目标价格的核心参数，计算出基础成本，用数量、进度等特征参数对核心成本进行调整，结合团队经验、熟练曲线等作进一步修正，根据工时费率、币值等经济参数调整得到最终的成本估算结果。

应用参数法估算目标价格的过程是以参数化估算模型为核心，将技术方案转化系统分解结构和费用单元输入参数，通过输入、计算、输出、校准的循环过程，得出最终的估算结果。决定参数法估算结果的最核心参数包括重量、体积、新设计比例和技术复杂度。重量和体积代表了该系统的制造规模，与原材料和工时的估算结果直接相关。新设计比例代表了系统对之前共组的继承性，新设计比例越高，说明可供借鉴的工作越少，工时会相应增加。技术复杂度也称成本密度，分为机械复杂度和电子复杂度，主要由原材料特性、工艺特性、生产率等因素决定，代表了项目设计、制造和生产的难度，可通过历史数据校准法、典型产品技术复杂度对比法和项目制造过程数据计算法三种方法获得。

根据参数估算软件工作环境分类标准，新型高级教练机工作环境定位为军用、航空类产品，通过咨询飞机的设计及论证人员，进一步确定了飞机系统的装配难度、制造重复度、工程人员经验值等参数，作为改型飞机目标价格估算的输入。

2. 工程法估算

根据现行军品定价管理办法，单位产品价格由定价成本5%的利润构成，定价成本包括制造成本和期间费用两部分，其中，制造成本包括直接材料、直接工资和其他直接支出、制造费用、军品专项费用。洪都公司根据新型高级教练机小批生产投入的金属、非金属、外购锻件、辅助材料等原材料以及外部协作件的具体数量和金额计算单机原材料费用；装机成品共计11个系统、961项、21548件，其中新研成品80项，改进成品161项，根据定型产品按定价计入，改进和新研产品根据承研承制单位上报数据估算的原则计算单机成品购置费；另外，根据新型高级教练机小批生产统计的工时，结合企业近三年的费用情况计算直接工资、制造费用和期间费用；根据新型高级教练机工装投入、专项试验、废品损失等费用计算军品专项费用。通过上述原则统计单机成本并考虑5%的利润率确定单机价格。

3. 类比法估算

部分国家用新型高级教练机取代老机型，以使航校的训练体系能够适应第三代、第四代军用作战飞机的发展。同时，这些先进的高教机兼具轻型战斗攻击机功能，必要时可改装成作战飞机以适应各国裁军撤编的形势，达到减员增效的目的。目前，世界上新研制的高教机，多数都属于这种类型，如俄罗斯的"雅克－130"、德国的"MAKO"等。通过参数对比分析，新型高级教练机与这些教练机性能相近，参考国外经验，采用购买力平价指数中的大汉堡指数4.44测算新高教的目标价格。

(三)搭建信息平台，完善产品报价机制

洪都公司基于多项目、多任务管理，充分集成内外部信息资源，梳理并固化36条业务流程，建立统一数据平台。全面部署实施采购管理、库存管理、配送管理等网络信息平台，打通产品预研、型号研制、生产制造和企业管理的信息通道，为价格管理提供了信息技术支撑。

1. 建立企业级即时报价机制，深度挖掘整合信息数据

洪都公司利用研发、设计、生产制造等信息系统资源，建立了企业级数据仓库，深度挖掘整

合价格信息数据，与企业级 PDM、采购管控、合同管理、库存管理、工时定额管理、试验数据管理等系统对接，收集企业价格数据信息、形成共享机制，将原材料、工时、外购成品、设备等基础价格信息压库管理，实现集成化的价格信息系统管理。在此基础上优化报价流程，制定编价策略，实现即时报价。例如：对批产某图号产品的报价，只要输入产品图号，系统自动向 PDM、工时定额、物资价格等关联信息库取数、自动计算生成报价单并进入审批流程。又如：建立企业价格档案，能够随时查询对不同客户（供应商）同一产品的报价与成交信息，随时掌握同一客户（供应商）的产品历史报价资料，提高企业在激烈市场竞争中的议价能力。另外，价格管理系统还具备即时询价功能，对停产多年的产品进行重新报价，首先检索工装、专测设备是否完备，对恢复生产所需费用予以评估，成品及配套设备由系统自动生成询价单并向配套单位发函，要求配套厂家对配套成品的现行售价、交货周期等信息予以回函确认，生成签约意向书，为企业对外报出合理、公允的价格提供了有力保障，降低了企业的报价风险。

2. 建立后评价机制，不断提高价格管理水平

建立产品价格后评价机制，即在某型产品生产之初，企业根据其技术状态、工艺方案等资料估算制定了产品的价格方案，在产品的试生产过程中，通过产品实际生产所耗用的原材料、工时等成本信息反馈，对比产品报价方案中的价格组成，查找差异，分析原因，总结经验，不断提高后续产品的报价水平。一是对实体产品报价的后评价。对外购（外协）费用的评估，通过对比原材料、外购件及配套成品的合同成交价与价格方案中的报价，找出差异；对生产性费用的评估，据实统计产品在科学投产实际过程中所消耗的工时、材料等成本项目并与报价的工时定额及材料定额进行比对，根据实际消耗建立不同生产批量下的定额修正系数，不断提高价格管理水平；二是对停产多年需重新投产的产品报价的后评价。统计恢复生产实际耗费，对比报价方案，拾遗补漏，汲取教训。三是对训效服务报价的后评价。通过统计企业在提供服务过程中所投入包括硬件折旧、系统开发、服务保障人员薪酬等实际成本，分析利润空间；通过对客户满意度的调查分析，实现服务带动实体产品的销售，使企业在激烈市场竞争中不断挖掘价值增值。

（四）分解目标价格，建立价格控制网络

在得出产品目标价格后，根据飞机详细设计方案和各系统分配的价格指标，筛选出影响飞机成本的关键因素，并结合组织分解结构形成关键控制域，进而建立目标价格控制网络。由于成本是价格的主要组成，而成本对于承研单位是更加直接的控制指标，因此将确定好的目标价格控制基线转换成目标成本控制基线，同时进一步分解，并根据关键程度分别制定控制措施。

1. 分解实体产品目标价格

按照飞机系统和生产组织结构，将机体分解为 8 个大部件、555 项成件，以此为基础，将实体产品的目标价格进行分解，将飞机系统、供应商和目标价格指标一一对应。

2. 建立目标价格控制网络

在建立飞机系统分解结构 EBS 和生产组织分解结构 OBS 的基础上，建立目标价格控制网络，关键系统或分系统单价很高的项目视为关键控制域，系统或分系统属于定型或改进成品，单价较高，但对飞机目标价格不会产生重大影响的项目视为重要控制域，系统或分系统属定型产品、且单价不高的项目视为一般控制域。确定关键控制域后，向系统承制单位发函，要

求各供应商将控制域中的系统结构和组织结构进一步分解，形成详细的系统目标价格控制网络。

（五）加强过程管控，有效降低目标成本

目标价格管理的核心是目标成本控制，洪都公司全面启动全价值链降本工作。围绕公司全价值链，以"战略规划、扎实行动、赶超先进"为方针，开展全方位、全过程、全员参与的降本活动。遵循市场机制，调整运营模式，更新设计理念，改革供应体系，推行精益生产，狠抓全价值链成本管控。

1. 推行限价设计，降低型号研制成本

根据体验平台收集的信息，考虑产品先进性的同时考虑客户的购买力，研究制定限价设计工作目标，开展成本效益分析，通过增加零部件的互换性，增加货架产品或完全竞争产品数量，选择通用性材料，推广仿真设计，在研制阶段提前做好与工艺匹配，减少生产过程中设计、工艺更改，将限价目标作为设计部门的一项关键类绩效考核指标。力争单机目标成本压缩20%，飞行员培养时间压缩1至2年，单架次起落总费用控制在现有三代同型教练机的1/5，使用寿命为现有三代战斗机的2倍。

2. 积极开展精益生产，实施成本优化项目

洪都公司以提升新型高级教练机等产品制造能力为主线，开展了一系列的精益管理工作，实施《应用成组加工技术，缩短L15飞机数控高速加工制造周期》等130个优秀精益项目，节约生产成本约300万元；针对新型高级教练机小批生产与目标价格严重倒挂问题，2013年，洪都公司围绕设计、工艺、生产、管理四个维度开展成本优化设计与管控，提出成本优化项目38个，节省单机成本约160万元，一次性费用近1200万元。

3. 大力推进"阳光采购"，加强采购供应管理

大力推进"阳光采购"，建立价格咨询平台、物资采购询价机制和物资价格数据库，严格按招标、比价程序执行采购，使采购价格公开、透明，目前，按照中航工业统一部署，开展钛材、航空油料、电梯空调、办公电脑、铝材、高温合金、刀具等七类物资集中采购，大大降低物资采购成本。实行材料配送制，逐步取消分厂二级材料库管理，加快物料流转，减少仓储成本及物流成本。推行套材下料，避免发放整料，从严执行限额领用，避免二级库材料积压，加快库存信息化管理，积压部位显性化，发现问题及时调整。持续创新工艺技术，合理规划工艺裁定，修正现行材料定额，运用新材料，降低产品产出单耗。

4. 科学统筹布局，控制固定成本占用

建立事前专家评审制度，科学决策，控制固定资产投资规模，杜绝重复建设能力过剩建设，凡不符合主营、核心业务，投资回报率低，或不能满足现有作业能力基本需要的项目，不立项、不批准、不投资；建立项目预算控制价机制，完善相互约束、相互监督的制衡机制，强化过程监控，严把验收关，防范管理失控风险；推行后评价机制，严格控制支出。

5. 推动精细化成本核算和成本预警

洪都公司以信息系统为依托，以作业为基础，将资源完整、准确地计量到成本对象

上,实现实体产品成本的精细化核算。洪都公司原按产品批架次进行成本核算,无法满足目标价格管理的需要,为此,对实体产品成本构成进行分析,将成本控制点落实到具体作业动因和资源动因上,以产品数据管理系统(EPDM 系统)、人力资源系统(EHR 系统)、生产制造执行辅助管理系统(MES 系统)等企业级管理信息系统为依托,新型高教机作业动因可以细分为设计、工艺、数控编程、加工等 22 项;资源动因细分为原材料、人工、折旧费、水电费、机物料消耗等 16 项。将成本核算编号按照作业进行下达,并据此归集作业成本,结合产品的配套关系,逐级核算零件、部件和整机成本,充分体现加工手段、人员、作业区域的不同对产品成本的影响。

洪都公司通过将企业价格管理系统与成本核算系统集成,将产品目标价格分解细化后的价格单元与之对应的成本显性化并实时进行比对、监控,建立预警机制,当出现某项零件或某项工序的成本高于目标价格时,及时分析原因并寻求解决方案。属于设计和工艺问题,在不影响产品总体性能的情况下,进行设计和工艺优化;属于非正常因素例如工人操作不当、浪费等造成的成本超支,责令相关当事人改正;属于管理问题,通过聘请专业咨询公司等方式进行问题诊断,通过流程再造、流程优化等方法进行改善。企业通过详细分析目标价格的影响因素,不断修复、改善成本控制薄弱环节,加强与供应商与客户的沟通,根据市场反应程度,不断优化产品的目标价格。

(六)适应产品向服务延伸,拓展定价领域

适应企业从单一产品生产商转型升级为"集训效方案设计、训效服务、产品供应、售后保障为一体的综合训效系统"的服务提供商。伴随着经营理念和经营模式的改变,目标价格管理对象也由实体产品向系统服务延伸。

1. 以服务收入最大化为定价目标,扩大经营规模

洪都公司针对训效系统一次性投入成本大、客户认知度不高等特点,积极采取较低的暂定价和灵活的促销手段,让更多潜在客户通过亲身体验接触、了解、认可洪都公司的产品和服务,并根据客户的需求不断丰富、升级、完善业务范围,最终达到扩大收入规模并摊薄成本投入的目的。

2. 根据市场需求状况采取差异化定价

根据需求定律和洪都公司产品交付的特点,接装飞机的同时会带来飞行员的接装培训,此段时间为训效服务的旺季,应适当提高价格以获取较多的利润;其他时间为销售淡季,应当采取降价措施以吸引客户,通过调价手段调节淡旺季的市场需求。

3. 合理预估成本,科学制定价格方案

在服务定价方面,洪都公司通过合理预估包括购置成本、运行成本及维护成本等成本费用,参考行业内同类服务的价格水平,制定各个模块的服务价格。以通用模拟座舱为例,其研制成本为 2688 万元(使用年限 10 年),场地建筑成本 3000 万元(使用年限 30 年),日工作时间 8 小时,按此计算固定成本为 0.18 万元/小时,此外,教官收费标准为 0.05 万元/小时、运行及维护成本 0.05 万元/小时,通用模拟座舱使用成本为 0.28 万元/小时,在此基础上增加合理的利润并参考行业同类服务价格水平确定通用模拟座舱的价格标准。洪都公司通过上述方法确定了各个体验平台的价格标准,客户可根据自身需要

自主选择服务项目,满足个性化的需求。

（七）加强队伍建设,打造目标价格管理团队

洪都公司加强对价格管理和工程技术人员的业务知识培训,打造跨领域、跨专业的项目管理团队,充实价格管理队伍,形成由型号主管部门牵头,财务和设计、工艺等部门共同协商制定目标价格的管理模式,建立型号会计师系统,满足目标价格改革的要求。

1. 加强业务知识培训

洪都公司要求价格管理人员转变工作方法,注重加强培训与自身的学习与提高,深入设计和生产一线,了解和学习设计、工艺技术知识,全过程跟踪产品的设计与制造,掌握产品研制过程中的各种技术状态。另外,加强工程技术人员的财务知识培训,增强成本意识,将成本控制贯穿到产品研制设计的全过程,力保设计的产品在价格上具备市场竞争力。

2. 打造项目管理团队

军品改革实行目标定价后,定价模式由“事后定价”向“事前控制”转变,供需双方进行目标价格测算的依据是产品的总体技术方案,此项工作需要工程技术人员第一时间反应并积极参与,对工程技术人员提出了更高的要求,为积极适应改革,洪都公司建立起由业务骨干组成的跨部门、跨专业的项目管理团队。

3. 建立型号总会计师系统

通过从组织架构、人员和业务上建立和完善型号总会计系统(见图 2),建立财务与业务联动机制。型号总会计师系统的人员按照矩阵管理模式对目标价格和目标成本在一个平面上一体化管控,同时,辅之以“走动式”管理,及时了解业务现状,根据因素变化修正目标价格和目标成本,使其更加贴近技术、工艺要求,做到技术、工艺、财务团队作战,科学制定目标价格、规范目标成本管控。

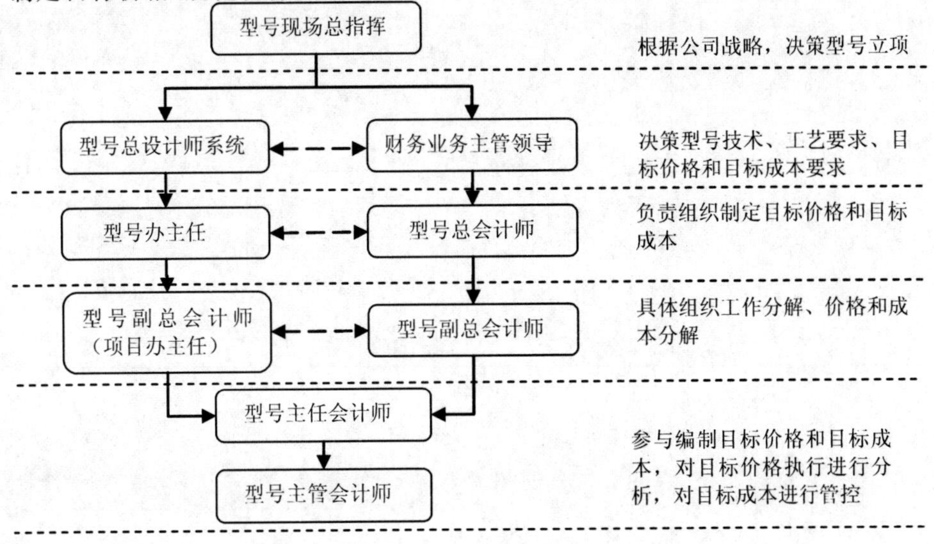

图 2 型号总会计师系统

三、航空制造企业基于全价值链的目标价格管理效果

(一)客户价值进一步提升

洪都公司以降低全寿命周期成本为设计理念,形成了从初级到高级的多谱系训效体系,新型高级教练机具有飞行寿命长、效费比高的良好的经济性,它以最低的成本复现三代机的作战性能和训练效果,替代了部分三代机的训练科目,减少三代机的损耗,降低训练体制中训练装备直接使用费用,极大地降低飞行员培养体系运作成本,客户认同感不断提升。预计高级教练机及拓展延伸产品约1000架份,累计可为客户节省采购成本10亿元,服役期间使用成本20亿元。

(二)企业的市场竞争力进一步增强

在满足国内装备的基础上,洪都公司为越来越多的国外客户提供高质量的训练装备,K8飞机具备很强的海外竞争力,从全球基础教练机外贸市场的交付量来看,公司生产的K8飞机占外贸总量的80%以上,迄今,海外用户已达13家,为国家创造外汇近15亿美元。随着新型高级教练机进入市场,洪都公司多谱系训效体系的建成,洪都公司将进一步扩大市场份额,2013年至2022年预计收入规模将达340亿元,较前10年翻1倍。

(三)企业的价值创造力和社会贡献进一步提升

随着企业的转型升级,洪都公司实施了制造技术振兴、质量提升、信息超越等一揽子精益化项目,覆盖了设计、工艺、制造、管理、售后等多个领域,建成了三条数字化装备生产线、六大加工中心,飞机总装下线周期压缩了60%。同时,2013年洪都公司营业收入创历史新高,2015年营业收入将突破百亿元大关,利税总额年均增幅达20%。

(成果创造人:陈逢春、胡焰辉、饶国辉、邱洪涛、王　訢、祝美霞、郑再光、李　劼、吴刚茂、易多奇、宋伟军、邱朝敏)

中外合资汽车企业供应链风险管理

神龙汽车有限公司

成果主创人：公司总经理邱现东

神龙汽车有限公司(简称神龙公司)是国家首批规划兴建的三大乘用车基地之一，由东风汽车公司与法国标致雪铁龙集团于1992年合资成立，各占50%股比，注册资本70亿元、总资产450亿元。神龙汽车总部位于湖北省武汉经济技术开发区，拥有武汉、襄阳两个生产基地、四大工厂、11个车型系列，主营业务包括整车生产、动力总成机加工、零部件制造、汽车装备等，涵盖冲压、焊装、涂装、总装、发动机、车桥、变速箱等工艺。2013年产销突破55万辆、销售收入突破640亿元，2014年产销规模有望跨越70万辆台阶。成立至今，累计产销整车超过360万辆，拥有“东风雪铁龙”、“东风标致”两大品牌，产品以舒适安全、欧系品质、性价比高等良好的口碑赢得客户青睐和喜爱。

一、中外合资汽车企业供应链风险管理背景

(一)适应汽车供应链全球化的需要

自2009年开始，中国连续5年成为世界第一大汽车市场，汽车工业的蓬勃发展进一步推动了汽车供应链的全球化，企业与企业的竞争转变成企业供应链之间的竞争。各大汽车公司纷纷实行全球采购、全球生产、全球合作开发和全球销售的全球经营策略，加快全球化进程。为了适应汽车工业发展和供应链全球化的需要，主动实施供应链风险管理显得迫切而重要。

(二)企业快速发展和应对外部环境变化的需要

目前，神龙公司正处于加速发展的黄金机遇期，企业产销量的迅速增长和新车加快投放都对供应链提出保障性高、响应速度快的要求。同时，自然灾害、国际形势变化等外部环境变化及相关法律法规的实施不断冲击着神龙公司供应链的有效运行。为加快企业发展步伐，神龙公司必须实施有效的供应链风险管理策略，打造高效、柔性、安全的供应链。

(三)提升汽车供应链风险管理水平的需要

神龙公司在供应链风险管理方面大多只集中在某些曾经发生过的特定风险，汽车供应链风险分析大多停留在定性方面，仅对供应链风险管理的某个阶段进行研究，仅重视对主机厂自身风险的管理等，建立以汽车企业为核心的供应链风险管理体系，提高全供应链风险管理能力，是神龙公司和其他主机厂提升供应链管理水平和企业竞争力的有效举措。

二、中外合资汽车企业供应链风险管理的内涵和主要做法

神龙公司坚持全供应链风险“主动防御”策略，围绕战略绩效目标，运用精益管理工

具,组建“金字塔”式风险管理委员会,实施“风险识别、风险评估、风险预警与防范、风险应对”四步骤,构建汽车企业供应链风险管理体系,形成“51 项风险集”和“18 项方案集”;同时将风险管理的边界向供应链上下游扩展,主导并推动供应商、物流商、经销商全价值链运行风险管理,持续培育风险管理文化,促进产、供、销协调,保障供应链的持续有效运行。主要做法如下:

(一)组建跨部门组织机构,确立风险管理原则

1. 建立“金字塔”式风险管理组织机构,组建跨部门工作团队

一是构建风险管理组织体系,形成“金字塔”式风险管理组织机构(见图 1)。公司审计与风险管理委员会负责制定公司风险管理目标和应对策略,审议公司风险管理重大事项和重大风险事项;部门风险管理委员会负责风险管理项目在部门内及不同部门间的策划、组织、协调;分部负责风险管理实务的日常推进。同时,推广和指导供应商和物流商成立“金字塔”式风险管理组织机构,在神龙公司报备风险组织机构图、人员名单和联络方式,并在企业内部运行风险管理,实施与主机厂分层对接。

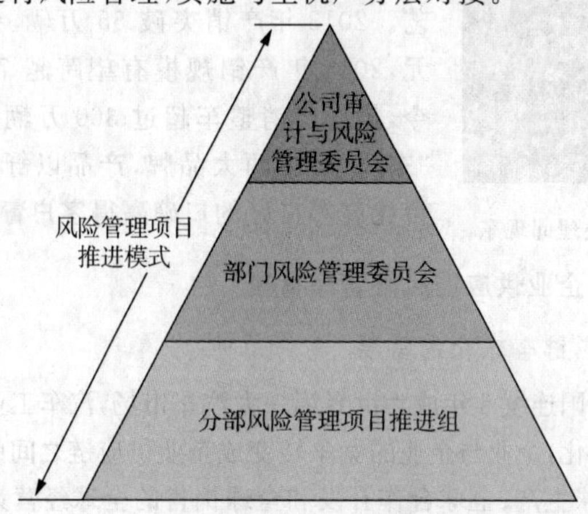

图 1 供应链风险管理组织机构

二是以跨部门形式组建联合工作组。第一级为应急管理工作领导小组,由公司总经理牵头,成员包括公司副总经理、工会主席、人力资源部部长、公关行政部部长、其他各部/厂长,主要负责审核向母公司、对外媒体的风险汇报材料,审议并决策重大事项;第二级为应急指挥部,由采购副总牵头,成员包括采购部、生产部、质量部、技术中心部长,主要负责风险事件的指挥、决策、方案生效;第三级为现场处理小组,根据风险事件的类型和性质,由采购部、生产部、质量部、技术中心分部主任牵头,成员包括采购部、生产部、质量部、技术中心专业室经理/主管、采购员、计划员、工

“全球新一代精益化绿色标杆工厂”武汉三厂投产

艺员、技术员，主要负责风险事件的组织协调、风险消除计划的制定与实施、现场处置、工作总结。其中应急管理办公室为秘书机构，常设在公关行政部，主要负责与母公司间的信息传递、对外媒体发布。

2. 确立供应链风险管理原则

一是分层管理原则。按公司、部门、分部三个层级管理风险，推动全员参与。分层各有侧重，协调推进，共同支撑整体目标的达成；二是权责对等原则。各部门将风险管理方法与日常岗位工作相结合，按岗位职责和权限识别、管理风险，并对风险后果负责；三是重点管控原则。供应链风险涉及多个企业、多个领域、多个层面，在实际运作中，应把握重点，管控重大风险，重大决策前按风险管理流程进行评估；四是管理融合原则。与部门已经开展的管理实践相融合，包括平衡计分卡(BSC)、管理提升活动(精益管理)等，将重大风险的管理纳入 BSC 进行考核，按里程碑跟踪和回顾改善效果；五是 PDCA 循环原则。风险管理是一项长期性的工作，不因某个重大风险的关闭或某项改善活动结束而结束，企业必须及时关注内外部环境变化，运行 PDCA 循环，持续开展风险管理。

(二)开展全供应链风险识别，制定二维评估标准

1. 风险识别

神龙公司与供应商、物流商一起，总结形成供应链风险源分析模式，将供应链风险分为三类：一是外部风险。自然环境风险；经济风险；政治与社会风险；文化风险；公关媒体风险等。二是内部风险。主要是指供应链各个主体(供应商、物流商、主机厂、经销商等)在企业生产经营活动中可能面临的各种不确定性因素，包括供应风险、需求风险、采购/质量/生产等流程风险。三是合作风险。主要是指供应链在运行过程中，各合作伙伴由于文化差异或经营管理理念的差异，导致信息沟通不顺畅，或对合作关系缺对长期的期望等。

通过该模式识别供应链风险，形成风险调查表，每年组织定期回顾和跟踪，不断完善“风险集”，确保重要风险得到识别和监控。以 2013 年风险调查为例，通过对历史风险案例的统计分析及对未来风险的预判，神龙公司生产、采购等跨部门团队共识别供应链风险 51 项，主要有：“人”：罢工、大量人员流失、劳资纠纷等；“机”：生产线产能不足、设备工装故障、工厂或生产线搬迁等；“料”：原材料供应短缺、物流中断等；“法”：批量质量事故、账实不符、信息系统故障、工艺方法不当等；“环”：地震、台风、火灾、暴雨等自然灾害、政治动乱、法律法规等。

2. 风险评估

建立供应链风险管理二维评估标准，从影响程度和发生几率两个维度进行定性、定量分析(见图 2)。一是风险影响程度：从经济层面、客户形象、法律层面、业务层面 4 个方面来评估风险可能对公司造成的影响。前三个方面侧重于定性分析，业务层面则是定量分析。神龙公司定义可能导致供应链中断时间超过 8 小时的风险是严重的，可能导致供应链中断时间在 4～8 小时之间的风险是危急的，可能导致供应链中断时间在 1～4 小时之间的是中等的，可能导致供应链中断时间在 1 小时以内的是微弱的，并分别赋值 4～1 分。

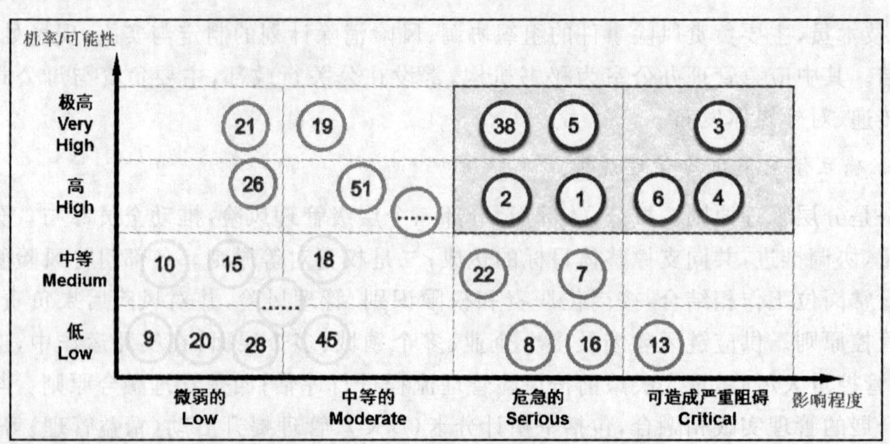

图 2　神龙公司供应链中断风险评估结果

二是风险发生几率：从风险源和风险在公司内部突然发生的期限两个方面评估。风险源侧重于定性分析，在公司内部突然发生的几率则是定量分析。神龙公司定义未来 1 个月内发生的风险几率是极高的，未来 1～3 个月内发生的风险几率是高的，未来 3～6 个月内发生的风险几率是中等的，未来 6～12 个月内发生的风险几率是低的，并分别赋值 4～1 分。神龙公司对 2013 年“风险调查表中”的 51 项风险进行打分，形成神龙公司供应链中断风险分布图，区分出各项风险的紧急程度，从而启动分级应对工作。

（三）启动三级风险预警，完善三层应急预案

1. 风险预警

神龙公司根据风险识别和风险评估结果，启动供应链风险三级预警机制。当风险可能导致公司供应链中断时间超过 8 小时，启动Ⅰ级报警，最高通报至应急管理工作领导小组，由公司总经理指挥决策；当风险可能导致公司供应链中断时间在 4～8 小时之间，启动Ⅱ级风险报警，最高通报至应急指挥部，由采购副总指挥决策；当风险可能导致公司停产时间在 4 小时以内，启动Ⅲ级风险报警，最高通报至现场处理小组牵头人，由专业分部主任牵头指挥决策。

2. 制定风险应急预案

通过对历史风险事件的总结及对未来可能发生的系统性风险事件的预判，神龙公司建立三层应急预案文件，明确应对措施，规范工作流程。第一层预案为《神龙公司供应链中断风险管理流程》，是供应链风险管理的总纲，规范各部门在风险管理活动中的主要职责和工作内容；第二层预案包括 4 项部门级工作流程，是生产部、采购部、质量部、技术中心为应对本领域重大风险而制定的应急管理办法；第三层预案包括 13 项应急管理岗位作业指导书，将风险管理责任落实到岗位，通过员工对岗位职责和流程进行梳理，识别潜在风险，并制定应急作业指导书，为应对突发风险提供指导和依据。

3. 建立风险监测指标

为了动态的监测各类风险发生的规律、周期，神龙公司和供应商、物流商共同建立各项风险预警指标，通过对一系列指标的滚动评价与监控，提前识别供应链长、中、短期风

险,变被动风险应对为主动风险防御。主要指标有:一是风险供应商数量。通过提前向供应商、物流商发布年度、月度滚动需求计划,要求供应商、物流商进行生产能力、物流能力、物料满足情况调查和分析,识别长期风险,从而提前干预和采取措施;二是安全库存不足报警率。设置合理的安全库存标准,每周监测供应商、物流商库存不足报警率,分析报警原因,识别中期风险,启动应急预案,降低风险;三是神龙公司厂内报警行数。每日跟踪神龙公司供应链运行过程中产生的急件报警行数,识别供应链运作中的异常情况,采取应急处置,消除延误,避免中断。

(四)整合企业资源,建立跨部门风险应对机制

1. 风险应对总体框架

神龙公司按照三个级别、四个步骤的总体框架推进风险处置和应对,既有专业牵头,又有跨部门合作。针对I级风险,各部门识别评估后上报至公司应急管理工作领导小组,由公司总经理牵头,成立作战指挥部进行总指挥和调度,并负责与母公司应急管理工作的衔接及对外媒体发布;同时授权应急指挥部启动应急管理工作;针对II级风险,各部门直接上报至应急指挥部,由采购副总牵头,统筹决策,启动应急指挥工作,并根据事件性质,指定各专业负责人组建现场处理小组;针对III级风险,根据风险类型及性质,由各专业部门分部主任牵头,如供应商产能风险由采购部牵头,物流风险由生产部牵头。牵头分部主任联合其他部门,组建现场处理小组,开展风险应对及事发现场应急工作。

2. 生产部门牵头全供应链资源盘点分配

首先,生产部门首先盘点资源。当生产部门主动识别到风险,或接收到供应商、物流商、其他部门通报的风险后,立即组织对全供应链资源进行盘点。其次,准确推算断点。生产部门结合供应链总资源、后续生产计划,推算供应链断点出现的时间,以及风险可能对生产中断造成的影响,形成风险唯一性清单,排列风险资源轻重缓急,滚动通报给跨部门工作组,指导各部门有序开展应急工作。再次,对供应链资源进行分配和调拨。生产部门会根据公司生产经营目标对现有供应链资源进行总体平衡和分配。最后,启动紧急物流。生产部门积极调度供应商、物流商,启动紧急物流,不断优化物流组织,尽可能保证资源衔接,降低风险。此外,必要时对生产计划临时调整。生产部门协调各工厂通过临时调整工作时间、临时调整车型结构等方式来规避或减轻风险。

3. 技术、质量部门牵头替代方案寻找、验证与实施

技术中心首先寻找替代方案:当风险短期无法消除或资源衔接有断点时,各部门会向技术中心提出替代方案需求,技术中心立即召集专业室进行研究,牵头寻找可能的替代方案,并给出反馈意见。其次制定替代方案的验证计划,落实替代方案的零件资源和到货计划,完成替代方案初步成本变化的沟通。然后协调各部门完成替代方案的材料验证、装配验证和预批量,将最终验证结果反馈给现场处理小组,给出替代方案可行性的最终答复。对于可行的替代方案,技术中心牵头各部门完成零件预批量申请、质量签级等程序性步骤。现场处理小组根据风险消除进展,对替代方案的生效进行决议,并确定替代方案上线计划。最后实施替代方案:组织发放投产文件(投产准备、投产通知书、生产投放令),安排替代件上线,技术中心和质量部跟踪零件上线进展,监控实施过程和结果。

4. 采购部门牵头全球资源调剂

采购部充分利用合资企业优势，发挥战略供应商联盟关系，进行全球资源调剂。首先寻找外部通用资源；其次协调外部资源；再次牵头评估替代资源供货的可行性，并给出结论；最后进行外部资源调剂及供货，并制定供货计划。

5. 现场处理小组应急处置

神龙公司生产、采购、质量、技术等部门组建现场处理小组，参与供应商内部应急处置工作，协助供应商妥善处理问题，尽快恢复供货。现场处理小组前往事发现场，主要了解风险现状、影响程度、及生产恢复期限，共同分析问题原因，提出合理解决途径，确定现场降级方案及风险应对措施，与供应商确定生产恢复计划、跟踪首批合格零件的交付数量及期限，在现场落实风险消除计划实施，直至风险解除。必要时，神龙公司将协助供应商请求当地政府或公共部门的协助，共同控制事态，保障尽早恢复供货。

6. 风险解除

神龙公司按照“谁启动，谁终止”的原则，由风险识别部门提出申请，经应急指挥部确认后，可宣布风险解除，报请结束应急处置工作。风险解除必须同时满足以下条件：第一，风险因素已经消除，风险现场得到控制，符合生产经营基本要求；第二，风险事件所造成的危害和影响已经消除，短时间内无继发可能；第三，风险消除计划已执行，主机厂、供应商、物流商生产和发运恢复正常水平，且后续资源衔接无断点；第四，风险零件在第三方仓库或自理仓库连续两周维持合理的安全库存水平。

（五）引导供应链上下游企业开展风险管理

1. 向上下游企业推介风险管理体系

神龙公司运用各种平台向供应商、物流商、经销商推介风险管理体系，将风险管理的模式、方法和工具介绍给供应商、物流商，鼓励上下游企业将实施风险管理的理论和方法融入核心业务。

2. 供应商风险管理现场辅导

神龙公司每年选取 10 家物流绩效较低的供应商开展风险管理现场审核和辅导，并组织同类供应商的经验交流会，分享风险管理实践案例，帮助上下游企业建立适合企业自身的风险管理体系。神龙公司对供应商的风险管理现场辅导过程为六个月，在“建立风险管理组织机构、风险识别与评估、制定风险管理策略、制定改善行动计划、监控与改进”五个步骤中参与供应商现场活动。以 2013 年为例，神龙公司与东风伟世通汽车饰件系统有限公司、成都航天模塑股份有限公司等 10 家供应商成立供应链风险管理推进小组，并召开启动会，通过风险识别、风险评估、改善行动计划制定、现场审核、实施效果跟踪，每家供应商识别重大风险 30 项左右，制定改善行动方案 5～7 项，10 家供应商的物流绩效总体提升 30%。

3. 建立上下游企业风险管理评价机制，确保持续运行

神龙公司从三个维度评价供应商、物流商、经销商运行风险管理的效果，建立上下游企业风险管理评价机制。首先，神龙公司定期验收上、下游企业在开展风险管理活动中

提交的交付物，确保风险管理活动按照统一模式、要求的节点和里程碑有序推进；其次，将风险管理纳入对供应商、物流商的基础管理项审核（PES 审核）中，在定期对上下游企业开展的现场审核活动中，通过对基础管理项进行达标评分，确保企业持续有效运行风险管理；最后，对上、下游企业物流绩效指标（如供应商导致主机厂停线时间、物流故障、包装缺陷等）进行季度评价，并将上、下游企业重大风险改善行动纳入月度例会中进行回顾，持续跟踪上下游企业开展风险管理的效果。

（六）培育风险管理文化，建立持续改进机制

1. 风险工作总结及案例存档

针对重大供应链风险进行工作总结并分类存档，对重大风险事件进行收录，同时，在日常工作中对新进员工进行案例教学，促进供应链风险管理经验的交流，完善供应链管理平台建设。

2. 更新“风险集”，完善“方案集”

在构建完整个供应链风险管理体系的基础上制定 PDCA 循环改进机制，每年定期更新“风险集”和“方案集”。

3. 衔接公司战略绩效管理，推动持续改善

将风险管理与已经开展的管理实践充分融合，将重大风险的管理纳入公司战略绩效管理体系，通过平衡计分卡进行跟踪，每年评估修订，建立长效改善机制。通过将风险管理与战略绩效管理有机结合，统一管理语言，保证企业各项管理活动目标一致，共同服务于企业总体经营目标。

三、中外合资汽车企业供应链风险管理效果

（一）建立了完整的供应链风险管理体系

神龙公司建立了符合主机厂、供应商、物流商的“金字塔”式供应链风险管理组织机构和“分层推进机制”、“二维风险评估标准”及“三级预警机制”。编制了 5 项公司级流程及应急预案、13 份岗位标准作业指导书，形成了“51 项风险集”和“18 项方案集”。

（二）成功应对了多起重大供货危机，确保了企业经营目标达成

通过实施主动的风险防御策略，成功应对了自身和上下游各种风险，确保了企业生产经营目标的达成。通过运行该机制，神龙公司每年成功处理重大供货危机 2～3 起，日常供货风险 50～60 起；协助或提供经验和方法给 500 多家供应商、物流商，成功帮助上下游企业应对了大大小小的供货风险。

（三）提升了供应链整体管理水平

风险管理模式将主机厂与上下游供应商、经销商、物流商紧密联合在一起，有效提升了供应链的整体运行绩效，缩减了物流成本。以 2013 年供应链物流绩效为例，主要表现在：由于供货不及时而导致的停线时间从 2012 年的 0.22 分钟/千辆份下降到了 2013 年的 0.198 分钟/千辆份，改善了 10%；供货风险供应商数量从 2012 年平均 8 起/月下降到 2013 年平均 6 起/月，改善了 25%；单车紧急物流成本 2013 年一季度高达 80 元/辆份，采

取有效措施后，二、三、四季度平均 18 元/辆份，改善了 77%。同时，通过运行供应链风险管理模式，神龙公司及上下游企业有效缩减了生产物流成本、整车销售物流成本、库存资金占用成本，产生了可观的降成本经济收益。主机厂及上下游供应商、经销商、物流商物流绩效的提升和物流成本的缩减，大大提高了供应链的整体竞争力，从而也带来了神龙公司整体竞争力的提升。

（成果创造人：邱现东、周晓伏、周永春、马磊民、程　丽、陈　凯、马俊杰、胡锐锋、韩昌宏、汤　婷）

电子企业基于信息技术的内部控制体系建设

安徽博微长安电子有限公司

成果主创人：公司党委书记、总经理余健

安徽博微长安电子有限公司（以下简称“博微长安”）1965 年建厂于岳西，现为中国电子科技集团公司第 38 研究所三大板块之一——装备供给板块。截至 2013 年年底，博微长安总资产 11.5 亿万元，销售额 11.8 亿万元，利润 8909.12 万元。现有加工设备、检测仪器仪表等各类设备 1500 台（套），具有较强的雷达整机、特种车辆及电子产品科研试制及批产能力，拥有精密机械加工等多种工艺手段。

一、电子企业基于信息技术的内部控制体系建设背景

博微长安在改制重组后，企业效益平均年增速达 29%，公司的经营业务规模不断增长，内部管理和内部控制已不能满足企业发展需要，迫切需要有与之协调的内部控制体系，保障公司的合法合规经营，提高经营效率和效果，促进公司实现战略目标。

（一）规范内部机构设计，明确岗位职责的迫切需求

在组织架构方面，内部机构设计不够完善、权责分配存在一定程度上的不合理，博微长安需要一个完善的内部控制体系来解决机构设计、权责分配等内部控制方面存在的问题，实现企业管理的有效性和可控性。

（二）完善企业管理制度，有效控制业务流程的需要

博微长安的规章制度存在漏、缺等现象，还有待完善，部分业务领域存在有制度、有任务，却没有完善的流程与之对应，领导自主分派任务和依靠老员工的工作经验处理事务，往往导致特定工作离不开某个员工，在这些领域缺乏完善的流程、系统化的制度来保障工作有效合规地开展和业务知识有序地积累沉淀。一旦工作任务完成率和时间节点未按要求进行，就很难进行问题追溯和经验教训总结。博微长安实际的业务流程与完善的内部控制体系要求存在差距，容易导致一定范围内的管理失控状态，企业管理和控制的难度有所增加。

（三）企业财务信息防错，资产安全增值的需要

内部控制体系不完善影响了财务信息的准确性和可靠性，博微长安迫切需要一个完善有效的管理制度体系和审批流程来有效地防范会计差错；也需要一个良好的内部控制体系来加强对外投资管理，降低投资风险，提高投资收益水平，以达到保证资产安全、增值的目的。

二、电子企业基于信息技术的内部控制体系建设的内涵和主要做法

利用信息化手段构建业务流程目录框架,建立流程信息共享中心,编制业务流程图;梳理多维度风险数据库,利用ERP系统等信息化系统建立一体化的风险管控体系;编制风险控制文档,固化风险点;建立权限指引表,明确各级机构权限和职责义务;明确业务流程与管理制度的对应关系。主要做法如下:

(一)强化内部控制管理意识,组建多层次多方位的工作组织

一是强化理念,建立多层次多方位的内部控制体系建设小组。博微长安通过每周例会,企业宣传栏,企业办公信息平台以及《博微长安报》等多种媒介和信息化手段,将内部控制体系建设的先进案例、理念,由上到下层层传递,实现内部控制体系的成功落地。二是成立以总经理为组长,副总经理兼财务总监为副组长,各主要核心高管作为领导成员的内部控制体系建设领导小组,以领导推动的方式展开对公司内部控制体系建设的布控工作,对内部控制体系建设工作进行总体筹划、组织和推进。参照IPD管理模式,通过建立跨职能团队的运作机制,成立内部控制体系建设工作小组。工作小组由财务部牵头,财务部主任担任组长,各主要相关部门抽调一名骨干作为内部控制工作小组成员,以点带面,以最小的人力成本来推进内部控制体系建设工作,让各部门在内部控制体系建设过程中逐步掌握内部控制体系的精髓和要领,以达到事半功倍之效。

(二)构建业务流程目录框架,编制业务流程图

1. 构建业务流程目录框架和流程信息共享中心

结合ERP系统,博微长安通过访谈、梳理、研究和分析等方式,编制具有博微长安业务自身特色流程目录框架,探索构建业务流程信息共享中心,促进业务信息共享。博微长安业务流程目录框架包括内部环境类、控制活动类、控制手段类共18个方面的控制活动。博微长安以业务流程目录框架为基础,利用ERP系统,对各业务流程按特点自动归类,形成业务流程信息共享中心,使得业务流程信息集约化、可视化,每个流程都处于可控的状态之下。

2. 编制业务流程图

在内部控制体系建设过程中,博微长安内部控制工作小组共梳理了20个一级流程目录,159个末级流程,113个流程图;同时,以ERP系统为依托,将业务流程图归类到各个流程目录之内,使得企业的业务流程化、可视化,利用ERP系统实现视窗化管理,并通过ERP系统对企业业务流程和管理过程进行优化,梳理出公司的业务风险点,根据企业特点和业务需要最终将规范化流程、风险和控制有机结合,构成了博微长安完善的业务流程体系。

成果主创人:公司财务总监兼副总经理章军

（三）梳理多维度风险数据库，建立一体化的风险管控体系

1. 梳理公司业务风险，建立多维度风险数据库

博微长安对业务风险进行收集、识别和评估，对风险级别进行优先归类，对发生概率较高、影响重大的风险优先考虑，建立适用于博微长安的风险决策判断标准，并根据风险严重程度和博微长安的风险承受程度采取不同决策。同时，博微长安在内部控制体系建设过程中根据设定的控制目标，持续、系统地收集信息，并结合企业实际情况，及时进行风险评估。建立战略风险、财务风险、运营风险、法律风险、市场风险等多种类的风险数据库，为下一步建立风险应对措施打下坚实的基础。

2. 利用信息化手段建立一体化的风险管控体系

利用ERP系统及金蝶EAS系统对博微长安各种经营风险进行管控，建立一体化的风险管控体系，对货币资金、采购与付款、销售与收款等进行管理和控制。在货币资金控制方面，严格实行和遵守不兼容岗位分离原则，建立货币资金岗位责任制和严格的授权批准制度。经办人员在职责范围内，按照审批人的批准意见办理货币资金业务。出纳作为独立的岗位，与稽核、会计档案保管和收入、支出、费用、债权债务账目的登记工作实行严格的分离。货币资金支付业务按照请款、审批、复核、支付的程序严格执行。博微长安严格按规定限额使用现金，库存现金每日盘点，月末在会计部人员监督下一起盘点现金，确保现金余额无误；实行定期核对银行账户的制度，编制银行余额调节表，并由财务部主管审核，确定银行存款账面余额与银行对账单余额是否调节相符。同时明确各种票据的购买、保管、领用、背书转让、注销等环节的职责权限和程序，并专设登记簿进行记录。

在采购与付款方面，实行总体控制，分工协作。请购与审批控制：博微长安产品的生产原料按照采购类型可以分为原材料、辅助材料、外协材料等，均通过金蝶EAS的物料管理系统加以管控，请购与审批人员均有地理的账号及权限。

供应商的确定：制定相关询价、议价制度，对重大采购事项建立招投标管理制度，对供应商的资质进行严格审查。

采购控制：在金蝶EAS中，物流中心根据制造分厂发出的采购请求，拟定采购合同，生成采购订单，物流中心据此主动跟催供应商按时发货。

验收控制：博微长安制定了严格的材料验收制度，对于采购来料，须经过质量管理部门对其品种、规格、质量等要素进行验收，出具验收单后才能入库。

付款控制：博微长安财务部根据采购合同上约定的付款条件办理付款业务时，对采购发票、结算凭证、验收证明等相关原始凭证的真实性、完整性、合法性及合规性进行严格审查。对预付款项进行严格的审批制度，由申请人在EAS中打印付款申请单，经部门主任审核、分管领导复核、财务总监审批后，方可交由财务部付款。

在销售与收款方面，博微长安下设市场发展部门和各领域分管部门，负责公司的销售与收款业务。同时，建立销售与收款的岗位责任制，明确相关部门和岗位的职责、权限，确保办理销售与收款业务的不兼容岗位互相分离、制约和监督。

(四)编制风险控制文档,固化风险点

1. 编制风险控制文档,实现风险应对

在博微长安集成产品研发(简称 IPD)系统中,对于每个节点都需要进行决策检查点会议(简称 DCP 会议),对项目风险进行罗列并进行讨论后,作出决策。博微长安在 IPD 系统的基础上,参照 IPD 中决策检查点(简称 DCP)会议的做法,将企业运营风险一一罗列,构建风险控制文档(简称"RCD"),对风险控制文档所涉及的"流程"进行纵向分级。业务流程最多可分为四级,上级流程包含其下级流程,具体级数视流程复杂程度而定。原则上,末级流程通过流程图和风险控制文档(简称"RCD")对具体业务流程进行描述,非末级流程仅展示为流程目录,以体现业务架构。

博微长安内部控制体系建设所涉及的"风险"主要描述业务流程中存在的战略风险、经营风险、财务风险、市场风险和法律风险点,"控制措施"则为应对主要风险点所采取的具体控制方法和手段,包括控制活动(采取的具体控制活动)、制度文件(控制活动涉及的制度文件)和控制实施证据(实施控制活动留下的相关表单等证据文件)三部分内容。

博微长安在内部控制体系建设中编制的风险控制文档将流程、风险、控制措施结合在一起,将控制措施分配给具体部门和岗位,明确何时做、做什么、形成什么证据文件等一系列举措文档化、常规化,有效实现风险应对,有序降低企业运营风险。

2. 结合风险控制文档,固化风险点

利用 ERP 系统、金蝶 EAS 系统以及办公 OA 系统将博微长安各业务流程进行归类,结合风险控制文档,在各相关系统中建立各业务流程风险控制图,业务流程风险控制图将业务流程、各节点、各风险点进行固化,各流程、节点以及风险点等在信息系统中都有固定的节点控制人,节点控制人拥有审批和审核的权限。

流程推进必须经过这些节点和潜在的风险点,各节点和风险点在有明确的完成证明之后,由各节点控制人进行审核和审批,经过当前节点控制人审批通过的流程才能才能进行下一步工作,进行到下一个流程节点和风险点,如此类推,直至工作顺利完成。各节点和风险点有节点控制人,节点控制人对进行到当前的业务流程进行审核和审批,一旦有一个风险点和节点未完成,流程则无法进行,直到节点处理好,并由节点控制人审批通过。以此达到风险固化,降低运营风险的目的。

(五)建立权限指引表,明确各级机构权限和职责义务

博微长安参照 IPD 管理模式,利用 ERP 系统及相关信息系统构建具有自身运营特色的权限指引表,明确各相关部门和人员的权限和职责,将博微长安的一级流程分解为若干个末级流程,每一级流程有一个责任部门。对于业务需要所涉及的外部主管单位,也应根据业务权限需要,相应描述其在末级流程中的权限及职责。对涉及到内部管理层的末级流程,在内部控制体系中也相应地描述总经理办公会权限及职责,涉及总经理一级,副总、总经理助理、副总工程师一级,直至部门主任一级,并相应地进行了权限和职责描述。对涉及到子公司(安徽长安专用汽车有限责任有限公司)的末级流程,也相应地描述了其权限以及职责。博微长安权限指引表将企业每个重要业务流程中涉及到的关键角色进行了权限梳理,有效地避免了部门职能交叉、岗位职责不清的情况出现,最大限度

地降低了推诿扯皮现象的出现。

（六）明确业务流程与管理制度的对应关系

在业务流程梳理过程中，结合博微长安现有的管理制度，有机地将两者结合在一起，形成业务流程与管理制度之间的对应关系，通过制度进行约束，逐步建立流程的威信；同时，管理制度的激励作用也促使企业员工适应流程，逐步使流程得到优化。通过制度和流程的一一对应，博微长安对现存制度进行大整理、大汇编，使企业制度得以规范化、系统化，使制度切实可行，切实保证了制度的落地。

在内部控制体系建设过程中，内部控制建设工作小组根据业务流程特点结合博微长安管理制度以及各部门、岗位职责，进行梳理并查漏补缺，找出相应的缺陷整改项，构建《业务流程问题及建议整改表》和《业务流程与制度对照整改表》。博微长安针对企业特点，从企业组织架构、社会责任、人力资源、军品业务管理、民品产业与业务管理、国际业务管理、科技业务管理等方面共整理了 56 条内控缺陷，在理清、划分和落实岗位职责的基础上，将整改工作责任落实到了部门以及相应的岗位，内控缺陷的整改使得企业风险防范能力得到大幅提升。

三、电子企业基于信息技术的内部控制体系建设效果

在组织构架和岗位职责方面，博微长安重构了组织机构，将资产管理、科研管理、生产管理以及综合管理等分类重新规划，进一步划定了相关岗位职责，有效地解决了责权利分配对等问题，解决了机构重叠、职能交叉等问题，有效地控制了企业运营风险。

在管理制度方面，根据企业特点和内部控制体系建设的需要，有目的地对有关公司治理、企业管理、财务管理以及人力资源等企业制度进行了修改和汇编。

在业务流程方面，博微长安以 IPD 业务流程为基础，完善了企业实际的业务流程，将企业制度与之对应，使管理制度显性化，业务流程制度化，有效地规避了企业的运营风险。在内部控制建设过程中，也对企业的相关数据和岗位操作知识进行了梳理和存储，使得岗位知识和重要数据得以积累和共享，有效地避免了岗位严重依赖个别员工的现象，有效地贯彻了一个流程对应一个制度的理念。

在财务管理等方面，制定了切实有效的管理制度和审批流程，有效地防范出现财务差错，降低了不必要的浪费行为，提高了公司财务信息的准确性和可靠性；针对企业投资方面，博微长安对非核心子公司进行剥离，对核心子公司进行完全控股，对资产进行了积极配置，提高了企业投资的效率，有效地保证了国有资产的保值增值。

（成果创造人：余　健、章　军、曹　生、吴在东、瞿　磊、熊五球、
邵　蕴、陈　琴、阳　玲、张胡周、孙兆民、刘俊英）

企业集团财务公司客户信用评级体系建设

中国石化财务有限责任公司

成果主创人:公司总经理、党委书记张保龙

中国石化财务有限责任公司(以下简称"石化财务公司")于1988年7月8日成立,是由中国银行业监督管理委员会直接监管的非银行金融机构。公司注册资本100亿元(含6000万美元),中国石油化工集团公司出资51%,中国石油化工股份有限公司出资49%。公司总部设在北京,设有上海、南京、广州、山东、郑州、武汉、成都、新疆、天津等9家分公司。可以办理《企业集团财务公司管理办法》中列举的所有本外币业务。作为国内首家非银行金融机构结售汇业务试点单位,还可以办理石化集团成员单位结售汇和外汇资金集中收付业务。2013年,公司实现营业收入19.51亿元,实现利润总额18.05亿元,年末资产总额1219.67亿元。

一、企业集团财务公司客户信用评级体系建设的背景

(一)发挥财务公司功能、服务中石化集团发展战略的需要

石化财务公司作为中石化集团境内唯一的"资金池"和内外部统一结算平台、筹融资平台、资金集中管理平台,石化财务公司肩负着为石化集团的改革发展提供信贷资金支持的重任。由于中石化集团在海外油气区块并购、国内油气增储上产、产业转型升级、节能减排等方面投入加大和日常生产经营过程中的流动资金缺口,中石化集团整体资金需求量大,而石化财务公司因集团成员单位存款较少造成可提供的信贷资金相对有限,无法同时满足上述需求,因此石化财务公司有必要建立一套全面的客户信用评价体系,将信贷资金优先支持自身质地优良、同时符合中石化集团发展战略的成员客户,从而充分发挥财务公司对所在企业集团的金融服务职能。

(二)加强信用风险管理、提高信贷风险防范能力的需要

石化财务公司作为中石化集团内部金融机构,虽然服务的信贷客户为集团成员单位,但依然有因经营不善导致信贷违约的风险。尤其是集团参股合资公司,生产经营管理不完全受中石化集团控制,而且相对于全资单位,合资公司普遍成立时间较短、产品结构较为单一、整体抗风险能力不强,总体上发生信用风险的概率更高。由于缺乏比较全面的信用风险量化评价体系,信贷人员在客户信用风险识别和评价标准上尺度把握各不相同,比较容易受自身能力、风险偏好和部门(分公司)利益影响,因此,石化财务公司有必要构建一个规范、统一评价标准的客户信用评级体系,准确、客观揭示客户信用风险大

小，提高公司信用风险的防范能力。

（三）提升信贷管理水平、适应市场化转型发展的需要

信贷业务作为石化财务公司服务石化集团及其成员单位的主要业务，2013 年全公司自营信贷资产日均规模达到 472.18 亿元。随着国内金融市场化改革特别是利率市场化改革进程的加快，石化财务公司需要引入信贷业务市场化定价和管理机制，在有效防范风险的基础上，全面提升信贷业务的管理水平。由于财务公司的特殊性，商业银行的评级体系不适用财务公司，迫切需要构建一个符合财务公司实际、具有石化行业特色的客户信用评级体系。

二、企业集团财务公司客户信用评级体系建设的内涵和主要做法

石化财务公司在兼顾实用性和成本效益的原则下，以客户的偿债能力和偿债意愿分析为重点，通过选取合适的信用评级方法、合理划分客户行业类别、选择信用等级影响因素、构建信用评级模型、建立相应管理制度等过程，构建了适应自身管理实际的客户信用评级体系，并以专门开发的信用评级信息系统为依托，实现对客户在一定期间内的经营和资信状况的综合分析和评判，最终确定客户信用等级，从而为信贷决策和风险管理提供重要依据。主要做法如下：

（一）明确构建客户信用评级体系的总体思路和目标

石化财务公司构建客户信用评级体系的总体思路是立足财务公司的功能定位和财务公司行业、中石化集团特点，以法人类信贷客户为评级对象，以行业划分为基础，选择合适评级指标，采用定性分析和定量分析相结合的评价方法，全面、客观量化客户的信用风险，同时遵循成本效益原则，匹配公司业务特点和规模，具有较低的构建成本和较好的适用性、实用性。其目标：一是有助于发挥财务公司的功能，便于有针对性的发展优质客户和战略客户，提高服务中石化集团的水平；二是有助于科学决策，为公司信贷决策提供全面、客观的量化依据，提高公司信贷管理水平，推动公司市场化转型；三是有助于加强公司信用风险管理水平，切实起到防范信贷业务风险的作用。

（二）选择合适的信用评级方法

石化财务公司选择以 5C 要素法为基础构建客户信用评级体系。主要是基于以下两点：一是全面、客观评价客户信用风险的需要。5C 要素法对客户的分析比较全面，囊括对客户的偿债能力分析和偿债意愿分析，分析框架完整，而且采用定性分析和定量分析相结合的方法，分析相对客观。并可以根据中石化集团成员企业的特点有目的地选择合适的具体评价指标，分析、评价客户的信用风险还可以具有较强的针对性。二是符合成本效益原则和公司管理实际。5C 要素法实施较为简单，实用性好，构建成本适中，不用非常高的

公司领导听取成果建设情况并部署下步工作

研发成本和数据积累成本。5C 要素法不仅符合石化财务公司管理实际，而且符合成本效益原则，投入产出比高。

(三)合理划分客户行业类别

中石化集团产业链条长，内部细分行业较多，成员企业彼此之间生产经营差异很大，对客户信用评级的前提是需要根据客户所处的行业进行科学分类，并建立不同的指标体系和权重分布。信用评级行业划分应以成员单位主营业务为主，尽量与中石化集团划分的板块保持一致，并兼顾未来业务发展；既能保证信贷客户之间互相可比，又可以明确区分各行业的经营和财务特性。石化财务公司将客户信用评级行业分为 11 类(见表 1)。

表 1 客户信用评级行业分类表

序号	行业名称	行业定义
1	总部和专业公司	中石化集团公司、股份公司和资产公司，以及集团直属专业公司
2	资源开发	从事原油、天然气、煤炭等资源的开采开发
3	炼油	从事以原油提炼汽、柴、煤油等基础能源产品
4	化工	从事化工产品的生产和开发
5	销售	从事石化成品油、化工产品、天然气等产品销售
6	辅助生产	提供化学产品生产所需的辅助产品生产
7	工程服务	从事工程设计或工程施工建设
8	公用服务	为石化企业提供水、电、气暖等矿区(社区)服务
9	物流仓储	提供石化相关的物流、运输、仓储、管输等配套服务
10	材料与机械制造	石化相关的材料和机械制造行业
11	其他	为石化企业提供租赁、信息等其他服务

(四)选择客户信用等级的影响因素

石化财务公司以 5C 要素法为信用评级方法，围绕客户的偿债能力和偿债意愿，将这些影响因素归纳为定性指标、定量指标和补充指标三大类，全面覆盖客户的经营和资信状况。

1. 定性指标

定性指标主要包括客户非财务状况方面的影响因素，由企业概况、经营情况、信用状况、石化关联情况等方面指标构成，主要用于分析和判断客户非财务状况方面的偿债能力与偿债意愿。在指标设计时，针对定性指标的特性，为尽量贴近客户实际情况，符合中石化集团产业背景，石化财务公司在参照 5C 要素法评价内容的基础上，同时结合公司内部《信贷调查工作规范》《参股合资公司信贷业务指引》等信贷管理制度，以上百家客户的信贷调查报告为依据，从中选取合适指标，使指标具有较强的代表性、实用性和差异化。其中，“企业概况”“经营情况”“信用状况”项下各具体指标具有普遍意义；而“石化关联情况”项下各具体指标带有石化特色，反映与石化主业的紧密程度，关联度大则风险相对较小，指标得分高，也体现公司服务集团主业的功能定位。

定性指标选取的具体做法：第一步，建立起一个内容较为全面的定性指标库，并根据经验分别制定各指标相应的评分标准、权重；第二步，选取有经验的不同评分人员对定性指标进行模拟评分，根据指标的易评性和模拟评分结果筛选和修正定性指标及其评分标准、权重；第三步，通过公司信贷部门人员对所有信贷客户进行试评级，进一步优化和完善指标体系，删除一些主观性强和不易量化的定性指标，并确定各项指标的评分标准和权重。

石化财务公司构建的定性指标体系包括四个指标大类、10个指标细类(见表2)，指标细类下又含有28个具体指标项。对于每个具体指标项，石化财务公司采取标准化的评分标准、差异化的得分选项、行业特征的权重比例和详尽的指标说明等方法，尽量消除初评人员的主观性，全面还原客户的真实情况，并体现公司支持集团主业发展的服务导向。

表2 定性指标组成表

指标大类	序号	指标细类
一、企业概况	1	基本情况
	2	合资方股东情况
	3	管理能力
二、经营情况	4	经营环境
	5	经营实力
	6	发展能力
三、信用状况	7	外部授信
	8	资信记录
四、石化关联情况	9	石化控制力
	10	业务相关性

2. 定量指标

定量指标由客户财务指标构成，主要包括偿债能力、营运能力、盈利能力和发展能力等系列指标，是基于客户提供的近期财务报告、运用数理统计模型对客户信用风险进行财务分析和评价的基础。定量指标标准统一、客观直接、针对性强，缺点是适用客户有一定限制、单个指标反应的情况有时过于片面等。针对定量指标的评价内容和特性，石化财务公司以相关信贷管理制度为基础，借鉴中石化集团经济活动分析和外部金融机构评级内容，并以积累的信贷客户近三年的财务和经营数据为依据，对指标结果进行分行业的筛选、归类和总结，从而遴选出合适的定量指标。具体做法：第一步，多种方式搜集各指标和指标均值；第二步，对样本的单项指标风险分值进行汇总平均，以样本的指标均值与社会行业均值进行比较，对分值均值偏离度高的指标项进行优化；第三步，对各行业单项指标的满意值和不允许值进行敏感度测试，进一步予以优化；第四步，用更丰富的财务数据进行验算。

通过以上做法，筛选掉对石化行业意义不是特别重大的指标和容易造成结果偏离的指标，确定好各指标的风险权重和各行业各指标的满意值、不允许值，最终确立的定量指标体系包括四个指标类别、15个具体指标(见表3)，并且规范了每个具体指标的计算公式。根据信用风险大小判断依据，石化财务公司赋予偿债能力、盈利能力各项具体指标更大权重，充分体现公司作为债权人对客户偿债能力的关注。

表3 定量指标组成表

指标类别	序号	具体指标
一、偿债能力	1	流动比率
	2	速动比率
	3	现金流动负债比率
	4	资产负债率
	5	带息负债比率
二、营运能力	6	应收账款周转率
	7	存货周转率
	8	总资产周转率
	9	销售现金比率
三、盈利能力	10	销售毛利率
	11	总资产报酬率
	12	净资产收益率
	13	成本费用利润率
四、发展能力	14	营业增长率
	15	总资产增长率

3. 补充指标

补充指标是独立于定性指标和定量指标之外的特殊指标，主要作用是在不影响反映客户真实经营和信用状况的前提下，将影响客户偿债能力和偿债意愿的特例事项反映到信用评级中。补充指标不宜过多，否则将影响最终信用等级的客观性和公正性。目前，石化财务公司共设有两个补充指标。一是设置了“收款方式”指标。中石化集团有着先进的财银总分账户资金集中管理模式，各成员单位在财务公司的资金归集状况能在一定程度上覆盖石化财务公司所承担的客户信用风险，因此“收款方式”是补充指标中的一个重要指标。二是设置了“直接融资渠道”指标。考虑到一个企业是否有直接融资渠道能从若干侧面反映了该企业的资信状况、管理水平、融资能力、经营实力等，所以“直接融资渠道”作为补充指标也可以很好的对客户信用等级做出合理校正。

（五）构建客户信用评级模型

石化财务公司客户信用评级模型架构设计以具有中石化集团特色的行业划分为基础，以客户等级的影响因素组成评分指标体系，引入风险分值、信用分值以量化评级结果，并最终对应到直观、简洁的信用等级。

1. 以行业划分为模型搭建基础

评级模型的架构以行业合理划分为支撑。客户所在行业不同，指标体系的组成和各指标的评分标准、权重也不同。如：定性指标中，适用化工企业的行业指标为28项，而适用销售企业的行业指标为27项，化工行业比销售行业多了“技术水平”一项，并且两个行业在“产品种类”“采购渠道”等指标上的权重也各有差异。

2. 将指标体系评价量化为风险分值

一是定性指标量化方面。定性指标量化采用综合分析判断法，得分通过评价单项指标风险分值和计算汇总风险分值确定。单项指标风险分值由各单位初评人员根据所掌握的客户相关信息直接进行评价计分。单项指标的风险等级划分为低风险、中低风险、中风险和高风险四个等级，对应分值分别为10分、8分、5分、2分。汇总风险分值由评级模型将各项单项指标风险分值按权重予以加总：

汇总风险分值＝∑单项指标风险分值×单项指标风险权重

其中单项指标风险权重为该单项指标在本行业定性指标中的风险权重。

二是定量指标量化方面。定量指标量化采用功效系数法，得分由评级模型通过计算定量指标单项指标风险分值和汇总风险分值确定。单项指标风险分值计算：

单项指标风险分值＝(指标值－不允许值)/(满意值－不允许值)

其中：指标值是评级模型根据客户提供的财务报告数据计算出的数据值，满意值为本行业中该单项指标的优秀值，不允许值为本行业中该单项指标的危险值。

满意值和不允许值统称为风险系数，评级行业不同，风险系数不同。汇总风险分值为各项单项指标风险分值按权重加总：

汇总风险分值＝∑单项指标风险分值×单项指标风险权重

其中单项指标风险权重为该单项指标在本行业定量指标中的风险权重。

三是补充指标量化方面。单项补充指标得分由各单位初评人员根据所掌握的客户相关信息对所列的补充指标直接进行评价和选择分值(目前两项指标最高分值分别为3分和2分)，然后由评级模型将各项单项补充指标分值直接予以加总：

补充指标得分＝∑单项补充指标分值

四是客户信用风值汇总计算。客户的定性指标、定量指标、补充指标分别量化后，评级模型按照如下公式计算客户的整体信用分值：

信用分值＝定性指标得分×定性指标风险权重＋定量指标得分×定量指标体系权重＋补充指标得分

其中定性指标风险权重、定量指标风险权重由公司统一设定。信用分值是一个有着良好的时间延续性的绝对数，可以很好的实现不同企业间的横向比较，以及同一企业的不同时间段内的纵向比较。同时，评级模型保留了定性指标体系得分、定量指标体系得分这两部分独立的风险分值得分情况，用于在某些特定业务或特殊情况下，更加细致的分析企业信用风险。

3. 划分客户信用等级标准

信用分值作为数值，没有简单的等级划分更为直观。在借鉴数家商业银行信用等级划分经验的基础上，根据石化财务公司客户风险分值的分布情况，将信贷客户的信用等级具体划分为八级(见表4)。每一个等级均明确对应相应的信用分值区间，并且对各等级进行了特征描述和核心定义。在核心定义中,对符合这一等级的客户信用状况进行了高度提炼,可以清楚的了解客户的整体信用风险状况,同时也可以反过来验证评级模型的正确性。

表 4　客户信用等级划分表

序号	信用等级	特征描述	信用分值	核心定义
1	AAA	极佳	95 以上	该类信贷客户在同行业中具有很强的竞争优势,发展前景很好,经营实力和财务实力雄厚,融资能力强,能够抵御和承受重大的内外部不利变化
2	AA	优秀	85～95	该类信贷客户在同行业中具有较强的竞争优势,发展前景良好,经营实力和财务实力强,融资能力较强,能抵御和承受较大的内外不利变化
3	A	良好	75～85	该类信贷客户在同行业中具有一定竞争优势,经营实力和财务实力强,能抵御一定的内外部不利变化,发展稳定,但有潜在的经营风险或财务风险
4	BBB	较好	70～75	该类信贷客户在同行业中竞争地位基本稳定,经营实力和财务实力中等偏上,发展稳定,但有潜在的经营风险或财务风险
5	BB	一般	60～70	该类信贷客户经营实力和财务实力一般,没有明显的竞争优势,具有较明显的经营风险或财务风险因素,发展前景一般
6	B	可接受	55～60	该类信贷客户经营实力和财务实力中等偏下,在市场中处于不利地位,难以承受一般的不利变化,抗风险能力较差,发展前景不稳定
7	C	关注	50～55	该类信贷客户经营实力和财务实力弱,经营风险或财务风险较大,发展前景不乐观,但存在一定的内外部有利因素支持企业生存发展
8	D	限制	小于 50	该类信贷客户经营实力和财务实力低下,财务状况恶化,现有债务的偿还已不能保证,经营风险或财务风险因素大,发展前景黯淡

(六)制订客户信用评级管理制度

石化财务公司在评级模型构建的同时,就已经着手制度的起草工作。经过反复斟酌,几轮征求公司领导、各相关部门和各分公司的意见和建议,最终形成公司《客户信用评级管理办法》。该办法主要明确了信用评级的对象、各级管理部门职责、评级程序等事项。

1. 明确评级对象

石化财务公司信用评级的对象是已经为其办理或有确定意向为其办理信贷业务的法人类中石化集团成员单位和买方信贷客户。有信贷业务关系的非法人客户,其信用等级按其上级法人单位的信用等级确定。

2. 落实各级管理部门职责

公司贷款审查委员会负责审定客户的最终信用等级；公司风险控制部作为公司信用评级工作的牵头管理部门，负责制定信用评级有关流程和评级模型、指导评级工作开展、审查客户初评结果等职能；公司信贷部、国际业务部和各分公司作为信用评级的初评单位，负责客户信用评级的尽职调查和初评等工作。

3. 制定评级程序

石化财务公司规定信用评级工作原则上每年年中集中开展一次，评级结果有效期一年，期间客户信用风险状况发生严重变化时需重新评定。对未在集中评定期间进行信用评级的客户，其信用等级评定工作原则上随时受理、按月集中评定。具体评定程序由初评、审查、终评三个步骤组成。初评由各单位初评人员针对评级对象的定性指标和补充指标进行评级前调查，撰写信用评级调查报告，并在公司客户信用评级信息系统中完成对客户的信用评级初评工作。审查由公司风险控制部根据客户信用评级的相关申报材料，对客户的初评结果进行审查，重点评估定性指标和补充指标初评结果的合理性。终评由公司贷款审查委员会对初评结果和审查意见进行审议，确定客户的最终信用等级。

（七）同步开发和实施客户信用评级信息系统

石化财务公司客户信用评级信息系统（以下简称“评级系统”）具有以下特点：一是具有高度的集成性。评级系统作为公司“信贷/客服业务管理系统”的一个子系统，与公司“信贷/客服业务管理系统”融为一体，两者之间通过数据接口实现了数据的互连互通。评级系统从“信贷/客服业务管理系统”中抓取客户信用评级所需的关键数据，评级完成后又将评级结果传回“信贷/客服业务管理系统”，为在该系统中进行业务处理提供参考和依据。二是具有灵活的可配置性。评级模型参数众多，行业分类、定性指标、定量指标、补充指标、风险系数、信用等级等均需在评级系统中进行维护。考虑到评级模型在实践中仍需不断完善，因此石化财务公司在设计中充分考虑了有新需求时评级系统的可配置性。三是具有快捷精确的信息处理能力。信用评级初评人员选择好客户的财务报表，并对定性指标客观评分完成后，评级系统立刻自动计算出客户的初评信用等级。

（八）评估和持续改进客户信用评级体系

1. 评估

对客户信用评级体系的评估主要分为两部分：一方面通过跟踪评级对象的公开资信数据，对比其他金融机构、专业评级机构、各方监管部门对其资信状况的评估结果，找差异并分析具体差异项，对客户信用评级体系进行横向评估；另一方面通过研究分析客户当前的评级结果和以往的历史评级结果，对比两个时间点的等级差异和客户经营情况，对变动的同向性和差异性问题进行判断与分析，从而对客户信用评级体系进行纵向评估。

2. 持续改进

根据评估结果，在对客户信用评级体系的持续改进上主要在两方面：一是紧密配合中石化集团产业变化，适应改革发展要求，对评级行业可能进行微调，必要时进行适度优化。二是随着评级基础数据和评级经验的积累，主要从评级指标、风险系数和指标权重三个维度对评级指标体系进行调整和完善，具体包括：剔除可比性差、受人为因素影响大的指标项，根据行业整体情况合理锐化风险系数，根据公司信贷政策和经营环境重新分配指标权重等。

三、企业集团财务公司客户信用评级体系建设效果

（一）构建了科学的客户评价体系，提高了服务水平

按照客户信用等级划分客户丰富了石化财务公司客户分类方式，在以往按照中石化集团全资、控股、参股的客户分类方式和按照客户所属业务板块的分类方式外，多了一种以客户信用等级高低的分类方式。通过评级体系的综合评定，使石化财务公司可以较为客观地把有限资源优先投入到符合集团主业发展和战略发展的客户，从而为中石化集团向“创建世界一流能源化工公司”的努力目标贡献自己的力量。

（二）降低了信贷管理成本，提高了管理效益

客户信用评级体系实施后，石化财务公司可以据此在控制风险和提高效率间找到较好的平衡点，有效提高了工作效率和服务质量，降低了公司管理成本。同时，客户信用评级体系的构建和运用，改进了石化财务公司的定价机制，提升了信贷资产的经济效益。按照评级结果普遍较低的参股合资企业贷款利率由于信用风险因素提升 0.5%测算，2013 年这部分贷款利息收入增加（参股合资企业日均自营贷款规模 * 提升利率）409 万元，2014 年上半年 257 万元，合计为石化财务公司增加经济效益 666 万元。通过定价机制的改进，石化财务公司信贷资产的经济效益得到明显提升，

（三）严控了信用风险，保证了信贷资产安全

首先，石化财务公司严把了客户准入关。避免了向不合格客户放款，从而避免了可能的资产损失。据不完全统计，仅从占用公司信贷规模和信贷资金的机会成本方面考虑，2013 年就避免产生关注类资产约 4 亿元、次级类资产约 1 亿元，2014 年上半年避免产生关注类资产约 3 亿元，按照关注类资产需计提 2%、次级类资产需计提 25%的损失准备，则为公司减少机会成本损失 2013 年 3300 万元、2014 年上半年 600 万元、合计共 3900 万元。其次，石化财务公司优化了客户分布结构。从目前的信贷客户中，占比最大的为 A 类客户，其次分别为 BB 类客户和 BBB 类客户，这三类客户合计占 76.72%，为公司主要客户群。在不同时期，石化财务公司可根据实际情况通过这三类客户比例的调节，实现公司资产安全和效益增长的双赢局面。最后，石化财务公司加强了贷后跟踪机制。信用评级体系为贷后跟踪提供了优质高效的策略工具，从信用等级状况的横向和纵向变化，可以快速比较该客户的行业地位变化和一段时期内的综合情况变化，从而在贷后跟踪过程中抓住重点问题，作出资产保全调整策略。

（成果创造人：张保龙、高中元、张育红、贾春亮、柴　颖、
张道权、张旭东、宋　雷、陈旭玲、侯文懿、王　进）

供电企业项目全过程精益预算管理

国网山东省电力公司

成果主创人:公司财务部副主任毛育冬

国网山东省电力公司(以下简称"山东电力")是国家电网公司的全资子公司,下属28家单位,管理98家县级供电公司。公司服务电力客户3620万,是全国最多的省份。2013年,售电量、资产规模、营业收入在国家电网公司系统均居第2位。截至2013年年底,山东电力拥有110千伏及以上变电站1881座、变电容量2.9亿千伏安,线路5.29万公里。

一、供电企业项目全过程精益预算管理的背景

(一)满足中央企业完善内部控制和国家电网公司管理精益化的客观要求

近年来,国资委积极推行央企完善企业内部控制管理,加快构建内部控制体系,切实提升资源配置效率,防范经营风险。国家电网公司大力推进"三集五大(人力集约化、财力集约化、物力集约化、大规划、大建设、大运行、大检修、大营销)"体系建设,财务管理迈入了全网一盘棋、资源集约调控的新阶段,预算管理工作的广度、深度、细度大大拓展,需要广大财务人员用新思路、新方法、新举措,适应和服务新阶段的发展要求。为此,电网企业必须将管理细度拓展到项目,加强项目预算精益管理势在必行。

(二)突破山东电力项目管理难点的需要

电网企业是资金、技术密集型企业。近年来,山东电力不断加大电网投资力度,每年资金总量都在300亿元以上,2013年项目总量达2.2万个,涉及17个专业、19个实施环节,影响项目实施的因素十分复杂。山东电网在项目管理上存在薄弱环节,如项目超支串项、甚至越权自行安排和实施项目,项目分类不规范、列支渠道不准确,项目预算执行进度滞后等。面对如此庞大的项目群、资金量,以及众多的实施主体和环节,如何能够促进项目科学安排、加快实施进度、实现闭环管理,成为项目管理中亟待解决的课题。

(三)加强电网企业项目自身管理的必然选择

电网企业所开展的建设、运行等生产经营活动按专业类型可分为:基建、大修、技改、零购、研发、信息等17类项目。在以往的项目实施过程中,存在"重建设、轻管理"的问题,经常出现以计划代替预算、项目信息过于分散、对项目实施过程缺乏有效跟踪、项目实施进度严重滞后等情况,一定程度上影响了"均衡支出、均衡投产"的实现。因此,有必要实施项目预算精益管理,实现从分散粗放向集约精益、从条块分割向全面统筹的转变,做到"编制有工具,过程有手段,结果有反馈,分析有方法"。

二、供电企业项目全过程精益预算管理的内涵和主要做法

山东电力从影响项目预算精益化管理的焦点、难点问题出发，以理念创新、方法创新和手段创新为重点，围绕项目“储备、编制、执行、考核”闭环流程主线，坚持价值链与业务链协同融合，充分发挥预算的计划、控制、反映、监督和考核职能，解析项目实施规律，强化项目储备管理，融合应用生产、基建两套标准成本体系，加强项目关键节点管控，以信息系统为支撑，着力构建适合电网企业特点的项目预算精益化管理体系，促进项目与资金一体化管控，提升预算管理效率和效益。主要做法如下：

（一）转变预算管理理念，对项目实施全链条进行细化、分解

1. 树立预算管理新理念

核心变化是预算管理方式由指标式转向项目化：一是预算管理由以往“年初分解、年中分析、年末控制”单纯指标式的管理条线，扩展到了指标式、项目化的“双控”管理方式，除继续开展指标管理外，将很大的精力放到项目管理上，不仅要将年初预算指标分解落实到具体的项目上，还要跟踪、关注项目的实施情况；二是由“资金定项目”转变为“项目定资金”，改变以往业务部门资金“条块分割”的局面，建立项目储备机制，严格项目可研评审，对通过评审的项目按“轻重缓急”程度进行排序，纳入项目储备库，编制年度预算时，统筹测算现有财务资源下可安排的投入规模限额，按序按需从储备库中提取项目，形成项目预算，纳入年度预算方案。

2. 项目实施全链条解构

“三集五大”体系建设重构公司组织架构、管理模式、业务流程，公司的管理向集约化、扁平化、专业化转型，特别是推行ERP管理、集中部署信息化平台和推行物资服务招投标以后，项目实施链条变长、执行环节增加，一部分操作是在市、县层面进行，另一部分操作是在总部、省公司两级招标平台上进行，这些职能、操作交织在一起，公司各层级都对项目实施发挥一定的作用，但又没有哪一个层级能够包办项目实施的全过程，从而在一定程度上造成管理和责任主体的虚置，进而影响到项目管理的深度和支出的进度。

山东电力将项目实施划分为19个环节（立项、可研、批复、计划、初步设计、项目创建、采购需求提报、审批、招标、采购订单、物资入库、发票校验、现金预算、出库、成本支出、资金支付、竣工、结算、决算）、6个阶段（计划下达阶段、物资提报阶段、招标阶段、履约阶段、领用阶段、结算阶段），进而确定每一个阶段、每一个环节的管理特点和责任主体。具体分析项目实施各环节，可以为每一个环节找到相应的责任主体：一是项目计划下达后、物料需求提报前：各市、县公司是责任主体，能否科学、准确编制项目预算，决定项目支

以项目全链条为核心的精益预算管理
助力电网建设提质提速

出的总体规模和结构；能否及早开展前期准备、及时提报物料需求，决定了这一环节所用时间的长短；二是物料需求提报后、物资合同签订前：国网公司、省公司物资部门是责任主体，能否将物料需求完整纳入招投标程序、能否通过开展有效的招标活动及时签约，决定这一环节能否在法律规定的框架内，尽量压缩实施时间；三是物资合同签订后、物资设备到货前：中标厂商是责任主体，能否在合同规定时间内生产出合格的物资，决定这一环节的运转效率；四是物资设备到货后、领用前：责任主体又回到市、县公司，能否将到货物资及时投放到对应的项目上，决定项目的入账金额。只有到这一环节，物料需求才能最终转化为具体的项目支出；五是项目结算、决算环节：各级建设、物资、财务部门是责任主体，工程建设质量是否达标、工程签证等结算资料是否齐全，决定结算进度和决算效率。以上环节环环相扣、紧密衔接，共同构建项目实施的整个链条。深入了解上述规律以后，为公司加强项目预算精益化管理指明了方向：抓源头管理，深化细化预算编制，提高项目预算的科学性；抓项目跟踪，加强关键节点的管控，加快项目预算的执行进度；抓后期评估，强化分析督导工作，实现项目预算的闭环管控。

（二）强化项目储备管理，完善项目预算精益管理制度

1. 制订项目经济性、合规性审查标准，确保项目预算的科学性

山东电力提出项目储备管理制度，建立项目储备库，覆盖基建、技改、大修、营销、科技、信息化、管理咨询、零购、教培项目等 17 个专业，实现了项目可研前移、评级排序和动态储备，项目预算的科学编制打下基础。

针对部分单位、部分项目可研深度不足、项目超支串项、分拆立项、分类不规范、列支渠道不准确、资本性与成本性支出混淆等问题，山东电力在《资本性支出与成本性支出划分标准》研究的基础上，遵循“标准可理解、评价可操作”的原则，研究制定《国网山东省电力公司储备项目经济性、合规性评价标准》，明确各类项目在项目储备阶段财务审核内容和审核要点，形成体系完备、内容全面、标准清晰的项目审核规则，为财务人员开展储备项目经济性、合规性审查提供了标准，减少财务人员在项目审查中的主观性。财务人员参与储备项目审核，主要从财务合规性、项目经济性以及资料完整性、实用性四个方面入手，从源头上解决投资估算不尽合理、取费标准不尽完善、项目资本和成本性支出混淆、项目分类交叉重叠等问题，为项目预算编制奠定基础。

财务合规性方面：主要从项目是否符合国家财经法规和公司财务管理规定、项目立项是否准确、项目支出内容和金额是否合理等三个方面综合审核项目合规性，针对各类项目，逐项提出清晰、具体的合规性审核标准。

项目经济性方面：因电网资产的特殊性，单体项目作为整个大电网资产一个组成部分，很难独立测算单体项目产出效益值，从而很难用常规的经济指标去评判该项目的经济可行性。山东电力主要从项目投入成本是否合理，是否具有比较优势来评审项目的经济性；同时，对能够进行效益测算的单体项目采用投入产出方面的经济指标评价项目的经济性。山东电力遵循“财务部门易操作、业务部门能认同”的原则，选取几个易操作经济性指标进行项目评审，同时分解指标计算所需业务参数，转换成业务部门可理解可填报的数据，如预计现金流入转换为增供电量与输配电价之积，预计现金流出为资产的后

续维护支出。主要指标有财务净现值、项目内部收益率(IRR)、项目静态回收期、总投资收益率等通过业务部门预测在资产寿命周期内现金流入、流出等数据计算的经济性指标。

实用性方面:财务部门参与项目前期审核的过程中结合项目预算编制工作,从实用性角度出发审核项目投资估算总额及内容是否符合转换成财务预算的条件,重点审核项目投资估算总额是否分建筑工程费、安装工程费、设备购置费、工程其他费用等四大类列示,项目投资和资金支出如果跨年度,是否提供跨年度的数据,财务部门在参与项目审核时同步解决项目预算编制问题。

资料的完整性方面:财务部门在审核项目合规性、经济性、实用性时,需要可行性研究报告具备相应的资料和信息,并且审核其资料和信息是否完整、是否充分描述与财务部门审核相关。

2. 建立项目财务审查机制,确保储备项目审查落到实处

纵向上,山东电力主要从审查职责着手,按照项目的重要性和来源,建立省、市、县三级储备项目评价审查机制。省公司层面:负责测算公司整体投资能力,合理确定和统筹平衡各类项目储备规模;组织各单位开展储备项目评审工作,并对工作开展情况进行指导监督;对重要储备项目、来源于公司本部项目资料完整性、经济性、合规性、实用性进行审查。市公司层面:组织本单位及所属县公司项目评审工作,并对所属县公司工作开展情况进行指导监督;审核本单位及所属县公司项目资料、确保资料完整,并负责对所属县公司储备项目开展经济性、合规性、实用性审查。县公司层面:组织开展本单位储备项目评审工作,确保项目资料完整,并对储备项目经济性、合规性、实用性进行初审。

横向上,理顺业务、计划和预算在项目管理上的关系,强化职能对接。各单位业务部门是项目经济性、合规性的责任部门,在经济性方面,应确保纳入储备的项目符合公司投入产出要求,兼顾社会效益和经济效益,项目投资效益指标评价客观合理;在合规性方面,应确保纳入储备的项目符合国家财经法规和公司财务制度要求,项目投资估算合理、取费标准和依据充分、设备材料价格公允、没有虚列成本现象等。计划部门着重抓好项目可行性审查,加强规划与计划衔接。同时,促请办公室出台规范公文管理的有关规定,明确所有项目可研(方案)批复文件必须会签本级财务部门,可研方案批复后方可纳入储备库和列入年度预算、计划,做实了项目储备环节的财务管理职能。

(三)整合生产和基建两套标准成本,为科学编制项目预算提供有效、实用的工具

1. 建立健全两套标准成本体系,实现对生产经营业务的全覆盖

在生产标准成本方面,按照划分管理单元、选取典型设备、建立标准作业库、规范信息采集和加强整理测算等步骤,建立覆盖变电、线路、营销、管理、调度通信等五大类的标准成本体系,建立财务成本与生产作业的直接关联,摸清生产经营活动的成本耗费需求,并以此为基础进行年度成本预算的分解落实。

在基建标准成本方面,以国网公司基建标准成本体系为基础,结合山东电力实际需要,将基建标准成本的覆盖范围,从国网公司版的110kV及以上的高电压等级,进一步扩展到35kV以下的低电压等级配网项目。根据35kV、10kV、400V配网工程的特点,结合

通用设计要求，设置各电压等级变电站（配电室）、配电线路的典型方案库，结合配网工程通用设备以及各地区的地形地貌特征，建立具有山东特点的配网标准成本，实现全电压覆盖，填补了国网公司版基建标准成本体系的空白。

2. 整合应用两套标准成本体系，开展标准成本动态修编工作

山东电力在充分研究生产、基建两套标准成本体系内在逻辑的基础上，打破原有两套标准成本"自成体系"、"相对固化"的特点，将两套标准成本整合为一套工具，通过系统内部耦合，建立起作业、标准和应用之间的逻辑架构关系，固化成本测算模型，构建完整的标准成本体系，整合并植入一个平台、开展统一应用，力争发挥最大效用。为防止出现由于物价指数变化、招标方式变化所带来的电网主要物资、设备价格大幅变化而导致的标准成本失真问题，山东电力建立对标准成本的动态修编机制，通过与物资招标平台进行集成对接，定期采集电网主要物资、设备的价格信息，动态绘制物资价格走势图，制定标准成本中的主要物资、设备价格数据一年一修编、附属物资、设备价格数据两年一修编、物资价格波动超过预期幅度时及时修编的工作机制，实现了物资价格和标准成本的高效对接，打破了标准成本长期固化的局面，确保了标准成本数据的真实性、准确性。

3. 有效应用标准成本研究成果，组织基层单位在线测算、编报项目预算

"标准成本＋成本动因"是项目预算编制的源头和基础。生产活动的成本动因主要有：投运的变电站数量、线路长度、营销表计轮换与抄核收活动、电网通信资产、各类人员数量等内容；建设活动的成本动因主要有：各电压等级变电站、线路、通信资产的建设、改造计划等内容。山东电力将两套标准成本数据贯入信息系统，并在后台做好取数逻辑、运算关系及参数配置等工作，向公司各级单位开放使用。编制项目预算时，由各单位根据项目实际情况，主动输入资产数量、营业客户、人员数量、主变形式、配电装置、导线型号等核心参数，后台自动匹配相应的标准成本方案并出具预算数据，实现各类项目预算的在线测算，同时也增强了各级财务人员对项目预算编制工作的参与度。

（四）开展项目实施全链条跟踪，精准管控每一个关键节点

1. 整合项目实施信息，实现全链条一体化管理

电网项目实行严格的专业化管理，项目信息过于分散，与项目有关的信息分布于计划、物资、基建、财务以及电子商务等若干专业系统，由不同业务部门分别管理，导致各类项目信息呈现割裂式、碎片式的状态，每一个部门都掌握一段信息，但没有哪一个部门能够掌握项目的全链条信息，因此不利于从整体上开展项目管理。山东电力以解构出的六个阶段 19 个环节为基础，深入分析项目执行信息的系统分布情况，研究开发全链条预算管控工具，将原本分散在六大系统的 53 项涉及项目管理的核心信息进行链条式串联并集中展示，打通项目信息的流转通道，实现对项目实施全过程信息的横向融合、纵向贯通。

2. 加强综合计划、集中招标等前置性工作的衔接

综合计划和集中招标属于项目实施的前置性工作，这两项工作若不能有效衔接、及时推进，将产生"一步慢、步步慢"的后果，给项目的后续实施带来很大被动。为此，山东电力改进了原有的综合计划下达模式，对于实施可能性较高、前期准备充分的项目，提前

到上年度的12月上旬进行预下达，从而使基层单位有较为充足的时间，完成项目创建和物料提报等前期工作，这就为项目的后续实施创造了条件。

3. 构建可视化的项目实施全链条跟踪监控体系

基于项目信息的全链条一体化贯通，山东电力积极探索对项目开展全过程跟踪的有效方法，自下而上进行数据收集、自上而下进行过程跟踪，实现按照单位、类别及单个项目多个维度，全景展示在项目创建、需求提报、集中招标、物资出入库以及资金结算等每一个关键节点的实施状态，定期形成业务预算执行情况通报，推动各级各类项目加快实施。按单位进行跟踪，重在反映各单位对本级次项目实施的总体情况，为定期开展调度和考评提供数据；按类别进行跟踪，重在反映各专业计划的实施情况，为开展部门间的横向协调提供依据；按单个项目进行跟踪，重在反映具体项目的实施情况，并视不同项目的具体情况，采取有针对性的督导策略。

（五）构建多视角、大纵深的项目预算分析模型，提升项目预算闭环管控水平

依托过程跟踪开展进度分析，准确定位项目进度滞后的关键环节，加强相关责任主体督导，加快推进项目建设进度。依托标准成本开展工程造价分析，深入分析工程项目的支出结构，增强广大财务人员对工程造价的分析把握能力。

开展项目进度分析，建立项目投产倒查机制，准确定位问题节点并采取改进措施。山东电力将项目实施相关节点的完成时间与里程碑计划进行比对，以“红绿灯”的方式对进度较慢的环节进行预警，准确定位问题所在和责任主体，建立项目督导与反馈机制，督促项目单位尽快查明原因并回复，推动业务部门更新里程碑计划，从而形成集纵向督导、横向协调于一体的项目推进督导新模式。同时，通过这种倒查分析，即使项目按里程碑计划暂时没有延期，项目管理部门也能够据此发现滞后节点，及时做好项目风险防范。

依托基建标准成本，开展工程造价分析，将分析深度向工程的明细支出项目进行拓展。以基建标准成本为参照，建立工程造价分析模型，在传统的投资总量分析及建筑、安装、设备、其他支出四大项分析的基础上，将已竣工的工程项目按照工程项目成本构成细分为150余项支出，进一步深入到工程项目的内部结构进行分析比较，快速定位支出偏差较大的项目，同时结合主要物资、设备的招标价格走势，准确定位项目支出增减变动的原因，有效增强财务人员开展工程造价分析的能力和深度。

（六）优化项目预算执行考评体系，一键式生成项目执行通报

1. 科学设计评价标准，提升考评效果

山东电力结合项目实施的客观规律，按照“导向清晰”的原则，对考评方式进行精心设计，按阶段设置考查重点，每个季度都有不同重点，督促各单位在正确的时间，做正确的事情。例如：一季度，项目管理的重点是项目创建、需求提报，相应的项目创建、需求提报考评占比较高，物资/服务出库、项目支出考评占比较低；二、三季度，相应减少项目创建考核占比，适当增加需求提报、物资/服务出库、项目支出考核占比；四季度，重点考核物资/服务出库、项目支出情况，不再考核项目创建情况。

2. 一键生成执行通报，提升督导工作效率

鉴于山东电力体量庞大、项目众多，每月梳理所有单位、所有项目数据的工作量较

大，影响了项目预算执行情况通报的实效性。山东电力在全链条预算管控工具中开发项目预算执行通报一键式生成功能，建立分析报告标准模板，对数据录入和标准字段进行界定，生成分析报告标准 word 版本后，对其中的总结、分析部分进行人工修正定稿。通过本功能，有效缩短了项目预算执行通报工作周期，财务人员可以集中精力开展问题诊断、分析督导，提高了督导工作效率效能。

三、供电企业项目全过程精益预算管理的效果

（一）提高了项目预算的精细化管理水平

通过可视化项目跟踪，实现对各单位、各专业项目执行情况的动态监控和在线排名，快速定位滞后项目及问题节点，加强责任主体落实和上下游业务协同，对于加快项目实施进度起到了重要的推动作用。2013 年以来，山东电力电网建设呈现出“提质、提速”的良好态势，工程进度同比出现较大提高，初步实现“均衡支出、均衡投产”的目标。

（二）提升了公司集团化预算管理水平

经过两年的推广应用，山东电力加强对公司所辖省、市、县三级 116 家供电单位，17 个专业类别，2.2 万个项目，300 多亿资金支出的预算管控，丰富完善“预算编制一过程跟踪一分析督导”三位一体的预算管控手段，初步解决电网企业项目数量多、业务链条长、实施进度慢的管理难题，实现对项目预算执行情况的全链条跟踪与监控，公司对预算项目的把握能力和控制水平大大增强，集团化管理水平得到有效提升。

（成果创造人：商其德、毛育冬、蒋文祥、王端瑞、孙希珍、潘树怡、姜传雷、马　林、程　畅、吕　鹏、佟瑞刚、王云霞）

能源企业提升市场竞争力的全产业链成本管理

中海石油气电集团有限责任公司

成果主创人:气电集团财务总监蒋鹏俊

中海石油气电集团有限责任公司(以下简称“气电集团”)是中国海洋石油总公司(以下简称“中国海油”)全资子公司,也是其第二大业务板块,2008年重组成立,注册资本156亿元。气电集团以引进清洁能源液化天然气(Liquefied Natural Gas,简称“LNG”)为主营业务,目前已经形成了从天然气(含非常规天然气)勘探开发、天然气液化、LNG贸易、LNG接收站、LNG液态分销、输气管道管网、燃气发电、LNG车船加注、城市燃气、LNG卫星站、LNG冷能综合利用等完整的产业链。控股的天然气发电装机规模稳居全国前茅,LNG引进合同规模居世界第三位,是国内最大的LNG供应商。截至2013年年底,资产总额突破1100亿元,经营天然气累计1000亿立方米,发电累计900亿度。

一、能源企业提升市场竞争力的全产业链成本管理背景

(一)贯彻国家和母公司清洁能源发展战略的需要

根据国家“走出去”的战略方针,中国海油在原国家计委的直接领导下,开展我国东南沿海四省一市引进LNG的调研和试点工作,拉开了我国引进国外LNG的帷幕。2008年中国海油LNG中长期合同总量已达1230万吨/年,成为全球排名第四的LNG主力买家。在市场治理、一体化治理和关系合同治理等三种交易成本治理结构中,一体化成本治理是最有效率的,可以有效控制系统整体成本和风险。在LNG产业链中,一体化成本治理的本质就是LNG产业链各环节全面合作、协同发展的成本管理模式。法国燃气、英国天然气、韩国燃气、东京瓦斯等国际LNG一流能源公司基本都采取了上中下游一体化成本治理模式。2008年,中国海油以国际LNG能源巨头为标杆,将上述三家相互独立的单位整合并组建了气电集团,开始实施上中下游纵向一体化的全产业链成本管理战略,以有效提升发展的速度和质量。

(二)应对国际采购成本上升和提升国内市场竞争力的需要

中国天然气的供需不平衡形势将日益严峻,中国大规模引进LNG却面临着亚太LNG采购价格大幅上涨的压力。亚太地区近年来的LNG贸易量约占世界的2/3,是全球最重要的LNG市场区域,也是LNG价格最高的区域。据供需的严重不平衡使亚太LNG市场完全变成了卖方市场,亚太LNG采购商之间面临着激烈的竞争。中国海油认

识到，仅靠某个环节的成本管理已不足以化解所面临的困境，必须发挥全产业链成本管理的整体效应，通过优化商务管理模式，在上游增加贸易定价话语权以降低采购费用，在中游优化基础设施投资组合并严格控制投资成本，在下游大力开发价格承受力较强的高端市场，强化上中下游的成本协同管理效应，提升市场竞争力，有效减轻外部环境带来的经营压力，创造更好的经济效益和社会效益。

（三）防控气电集团产业链整体运营风险的需要

根据与国际LNG能源巨头的对标分析，气电集团要想在2020年前进入国际一流清洁能源供应公司行列，既要大力开展基础设施建设，又要运营好一大批已建或即将建成的项目，二者需要同时兼顾，因此成本管控风险非常大。气电集团认识到，在LNG产业链上中下游各个环节是相辅相成的，并且工程建设与项目运营同步进行，成本管理不能顾此失彼。因此，需要构建涵盖上中下游的全产业链管控体系，既要打通产业链管理的各个关键环节，依托信息化和科技创新，加强产业链诊断，通过上中下游每一环节的全过程成本管控，形成产业链闭环成本管理模式；又要通过管理创新，依托财务资金直接创造价值、计划预算分类管理、精细化物流管理、集中采办管理、人工成本管理和考核机制等全方位的成本管控手段，降低资源采购、运营管理等各种成本并广开源路，以有效增强自身抵御产业链整体运营风险的能力。

二、能源企业提升市场竞争力的全产业链成本管理内涵及主要做法

气电集团紧紧围绕"建设国际一流清洁能源供应公司"的战略目标，立足集团产业链整体协调发展，以战略成本的视角，从宏观角度审视全产业链的成本构成和成本管理，认真分析各个链节的业务实质和成本性态，实施纵向业务链和横向全方位的交叉成本管理模式，执行产业链差异化的成本措施。通过实施"总买总卖"商务模式，建立"全员、全面、全过程"责任流成本管理模式，将成本管理渗透到LNG产业链的勘探、开发、液化、贸易、运输、供应、配送和销售各环节，打造上中下游一体化的全产业链成本管理体系，努力提高气电集团LNG资源的市场竞争力。主要做法如下：

（一）明确全产业链成本管理目标，健全成本管控体系

气电集团全产业链成本管理的目标是：充分发挥产业链整体规模效应，控本降耗，广开源路，有效降低运营过程中的成本压力，提升市场竞争力，为气电集团打造"国际一流清洁能源供应公司"保驾护航。围绕这一目标，气电集团建立"全员、全面、全过程"的横向和纵向交错的立体式全产业链成本管理体系，如图1所示。就是以商务运营模式优化为统领，以信息化和技术创新为抓手，并辅以产业链健康诊断机构的支撑，从上游资源获取、中游接收站及管道到下游电厂的产业链始终，充分发挥成本管理的产业链控制和产业链润滑的作用，保证资源、设施、市场的协同发展，规避因

气电集团LNG加注站（深圳）

产业链脱节带来的成本管理失控，维护集团全产业链的整体利益。一是对产业链上、中、下游的全过程纵向管控，针对不同的产业链环节，梳理对应的成本性态，确定各环节的主要成本控制点。二是加强了计划预算管理、集中采办管理、物流成本管理、人工成本管理等全方位的横向管控手段。三是以"员工绩效考核"为依托，将员工的工作绩效与个人奖惩、晋升联动，调动全体员工的工作热情，积极投入公司成本管理工作中，从项目建设的可研、招投标到项目建设，从采办、运输到销售，全方位地开展全员参与的成本管理工作，最终形成气电集团立体式全产业链成本管理模式。

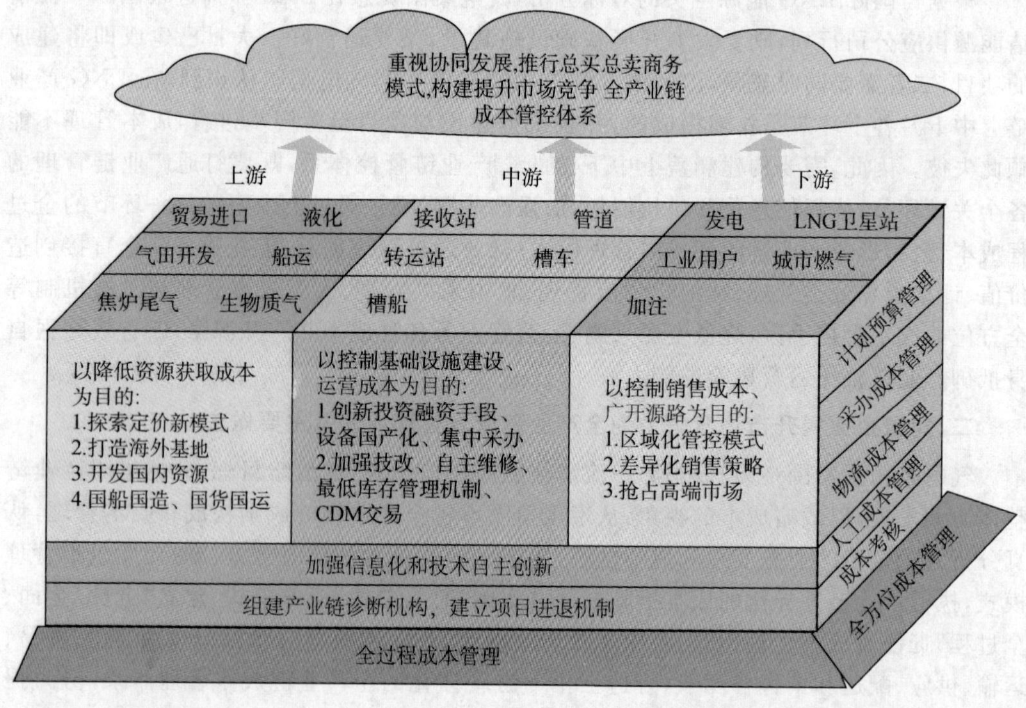

图 1　提升市场竞争力的全产业链成本管理体系

（二）组建产业链诊断机构，创新商务运营模式

1. 组建政策与经济研究室，建立项目进退机制

气电集团成立了专门的产业链发展和诊断机构——政策与经济研究室，及时获取行业最新信息，对气电集团的业务运营模式、产业布局、全产业链延伸提出专业分析和决策参考。一是定期编制内参《天然气市场信息》，专门收集 LNG 行业最新信息与情报，分析国内、国际 LNG 市场动态，获取目前的上游资源和下游市场价格信息以及趋势预测；二是对气电集团的发展战略及产业政策调整、管理体制与机制优化、行业布局与市场开拓进行研究并提出建议，对气电集团产业布局、市场拓展提供了科学的决策依据。三是加强对前期投资项目的市场前景、盈利能力进行经济性评价分析。对于符合集团发展战略、投资环境事宜，市场前景和盈利能力好的项目要尽快介入、加快发展；对于符合集团发展战略，但环境条件不具备的项目要适当降低发展速度，必要时可暂停投资行为；对于不符合集团发展战略的项目，要坚决退出。

2. 推行基础设施与资源、市场协同发展的管控模式

一是优化审批流程，根据“市场先行，资源落实，设施跟进”的三步走原则，加强投资项目审批控制。新项目必须保证下游市场落实，确定签约客户达到一定比例，同时上游已落实资源量能够满足市场需求，才能够考虑接收站、管道、电厂等基础设施建设能否开展，避免无效、低效投资支出。二是有效控制项目投资进度，合理安排投产时间。使基础设施投产进度与资源、市场开发进度相配套，合理有效配比成本费用和收入，平滑由于基础设施投产过快或过慢导致公司经营业绩的不正常波动，强化集团化管理成本对产业链的控制力度。

3. 探索并实施集团“总买总卖”模式

气电集团重组后优化商务运营模式，探索并实施了“总买总卖”的 LNG 贸易战略，“总买总卖”意即由统一的贸易主体统一负责 LNG 资源采购、销售以及运输，建立资源池；接收站设施仅作为贸易委托加工的基地；同时，形成统一的销售网络，以保障资源稳定供应以及不同地区市场的资源调节并平抑价格，形成统一的市场池。

（三）多举措降低上游 LNG 资源采购成本

1. 探索 LNG 采购定价新模式

亚太区域 LNG 定价模式基本是采用日本与原油直接挂钩的 JCC 价格，导致近年来亚太 LNG 价格被动跟随油价一路攀升。为了使 LNG 价格与油价脱钩，首先，探索把 JCC 定价直线公式改变为 S 曲线公式，通过设定斜率拐点的方式有效减弱了油价波动过大带来的价格风险，2010 年 3 月与 BG 集团的一揽子合作首次在长期合同中将 S 曲线价格引入亚洲市场；其次，探索部分与北美低廉气价挂钩的合同定价方式，2013 年与 BG 集团新签订 500 万吨 LNG/年的长期合同是亚洲首次采用油价、气价混合挂钩定价的合同，为亚太 LNG 价格与油价脱钩打开了缺口；同时，继续探索完全与北美气价挂钩的合同模式，2013 年与 GDF 苏伊士集团签订 100 万吨/年的 LNG 采购框架协议是国内首次采用 100%与美国 HH 天然气指数挂钩价格公式的采购合同。

2. 提出打造海外能源基地新战略，获取低成本长期资源

气电集团根据“全产业链合作”的对外合作新模式，提出了“打造海外 LNG 生产基地”的新战略，通过资产并购、权益购买、探矿权转让等方式积极参与上游天然气勘探开采、液化设施的投资和运营，与资源方结成利益共同体，增强了 LNG 安全保障水平，获得了具有价格竞争力的资源，降低 LNG 资源获取成本，实现全产业链成本管理的源头控制。

3. 积极开发国内资源，平抑进口资源成本

一般情况下，国内自产气由于省去了液化、海洋运输成本，与进口 LNG 相比价格竞争力更强。为平抑进口 LNG 价格，并降低资源对外依存度，气电集团加大了对国内煤层气利用、焦炉尾气制 LNG 等国内资源项目的开发力度。

4. 贯彻“国货国运、国船国造”战略，降低物流运输成本

LNG 运输不同于常规的海上运输，LNG 贸易供应链的自身特点决定了贸易商将

LNG 海上运输作为其贸易供应链中的一个管道来看待。中国海油联合国内造船公司，先后建造了服务于广东 LNG 项目的“大鹏昊”“大鹏月”“大鹏星”和服务于福建 LNG 项目的“闽榕号”“闽鹭号”等五艘大型 LNG 运输船舶，另外几条新船也即将下水。有了国内的运输船队，就可以根据成本分析，灵活运用 DES 和 FOB 运输方式，增强物流运输的成本控制力。

(四)强化中游基础设施建设和运营成本控制

1. 创新银团贷款模式，节约融资费用。

气电集团成立融资工作小组，创新银团贷款模式，除四大国有银行外，积极引入交通银行、进出口银行等其他优质银行资源，力推竞争机制，逐步打破银行间同业默契，增强企业议价能力；同时改变银团由企业指定的模式，赋予牵头银行适度组团权、份额分配权，建立良好的竞争互动机制。

2. 推出“标准化带动集中采办”的管理模式，大幅节约采办成本

通过加强规划引领和项目设计的标准化工作，气电集团推出了“标准化带动集中采办”的管理模式，对确定要开工的同类项目一起进行招标、采办工作，再根据各自项目进度在合同中规定好不同的交货时间，大大节约了设备和工程承包的招标、采办成本。

3. 加强项目建设过程控制，做好项目审计监督

一是建立健全质量管理体系，编制了达标创优方案，督促项目单位成立土建、机械、电气等质量检测小组。二是聘请专业公司对工程造价进行全过程控制咨询，确保各阶段费用在既定投资限额以内。三是通过过程审计和竣工决算审计相结合，加强投资费用监督管理，有效控制建设成本。四是建立承包商黑名单制度，把严重违反“五大控制”的承包商除了追究违约责任外，还要拉入承包商黑名单，禁止参与未来的投标工作。

4. 组建国内首支投产保运队伍，有效节约试生产成本

气电集团结合聘请国外的投产保运团队已成功运营三个大型 LNG 项目的经验，于 2012 年通过抽调内部专业人士，成立了国内首支 LNG 项目保运队伍，编制了投产保运管理办法和流程，并对浙江 LNG、珠海 LNG、天津 LNG、菏泽液化、营口液化等项目成功进行了投产保运工作，累计节约了保运成本约 2000 万元。

5. 多措并举降低检修费用，提高设备运行效率

2013 年，气电集团各生产单位通过自主维修、减少外委服务、优化检修周期和维修模式等多项举措，减少修理费用达 3086 万元。此外通过大力开展生产对标活动，充分分析和挖掘潜力，推进生产技术、操作和管理标准化，加强生产计划管理，加速产品库存周转，有效提升设备运行效率。

6. 创新库存管理手段，降低备品备件采购成本

气电集团借助信息化管理手段提高气电集团库存管理水平，推动物料管理更加科学化和透明化。要求生产单位强化库房管理，依据生产计划采办备品备件，降低库存水平，研究最低安全库存方案；严格执行备品备件采办、领用和报废程序；采用长期协议和集中采办等策略降低备品备件采办成本；充分利用可修复备品备件。

7. 推动 CDM 项目交易，获取国际碳交易收益

2013 年 7 月 31 日，气电集团“LNG 汽车加注方法学”获得联合国清洁发展机制执行理事会(EB)的审批，成为全球首个成功注册的 LNG 公交规划类项目。对于前期已在联合国注册成功的气电集团中山嘉明电厂、惠州电厂、莆田电厂等 CDM 项目，到 2013 年为止已获取国际碳交易收益约 3.7 亿元，有力地平抑 LNG 资源成本，提高气电集团 LNG 市场竞争力。

(五)高效推进下游市场开发工作

1. 推行区域化、专业化、集约化市场开发管控模式

气电集团按照“决策集中、资源集中、统筹协调、区域管理”的总体原则探索了大区制市场开发管理模式，先后成立了华东、华南、西南、华北、东北、华中销售大区，统一配置和协调大区内部的销售工作，并搭建了“贸易公司本部—地区销售大区—省级贸易分公司”三级集约化管理架构。根据车船加注市场的专业特殊性，专门成立了交通新能源事业部，并按照“完善本部，做强区域公司，精简优化加气公司(站)”的总体原则，搭建了“事业部本部—省级公司—地级公司”三级管理架构。同时，对于因内部竞争、业务重复导致效益不高的福建新能源、中闽海油燃气，中闽物流等三家所属单位进行战略重组，成立新的福建新能源公司。

2. 实施差异化销售策略

气电集团利用“总买总卖”商务模式的优势，在 LNG“照付不议”合同的框架下，实施“差异化发展”策略，重点对沿海天然气市场、燃气发电和车船加气用户进行开发，并有选择地发展城市燃气、分布式能源和其他大型工商业用户，实现对核心用户群长期的商务锁定和商务区隔，逐步建立起灵活、高效的天然气销售定价机制，形成具有基于地埋区域、用户类型、产品类型和技术类型，并可以有效配置及消纳资源、具备一定风险抵御能力的“市场池”。

3. 率先布局价格承受力较强的车船加注市场

车船加注市场对于 LNG 的价格承受力很高，与汽柴油相比，LNG 价格即使高价位销售仍然具有很强的竞争力。同时相对于管输销售又可以省去一大笔气化费用。有鉴于此，气电集团率先在国内开展了车船加注产业，并制定了“加快加注产业发展”的战略规划。

4. 增强保供能力，深度开发不可中断高端工业用户

气电集团通过打造多元化的资源池，加强管网、卫星储备站、槽车、船运等全方位保供体系的建设，为玻璃、陶瓷等要保持生产线连续作业的工业提供稳定的供应。获得了信义玻璃等一大批高端用户具有价格竞争力的供气合同。

(六)提升全产业链成本管理的软实力

1. 加强集团化财务成本管控

一是创新计划预算管控体系。气电集团创新“预算、资金、核算、考核”协同管理模

式，建立“预算引导型管控体系”。首先，在业务前端做出安排，有效平衡项目投产与项目试运行之间的关系，使基础设施投产进度与资源、市场开发进度相匹配，防止气电集团快速扩张过程中因投资膨胀、管理摊薄引起的财务管理混乱和成本失控的风险。其次，加强执行过程控制，在年度预算管理制度的基础上，又推出季度滚动计划预算制度，加大年度预算的整体监控。同时加大现场监督检查力度、强调计划预算执行考核导向作用等有效措施。二是提升财务直接创造价值的能力。气电集团实现财务管理由核算型向价值型转变提升价值创造能力。首先，推进海外税款筹划，节约税务支出效果明显。气电集团为了规避税务风险和有效控制项目成本，深入研究项目所在国税制，采用内外结合形式，内部细化税务操作流程，外部借助专业中介咨询机构力量，充分结合项目特点进行税务筹划。其次，强化资金管理，资金运作收益稳步增长。气电集团依托国际贸易业务背景，结合境内境外两个市场、两种利率、两种汇率的差别走势，通过对多种金融产品进行无缝组合运用，有效控制汇率风险的同时获得无风险收益。

2. 提升成本管控信息化水平

气电集团全产业链成本管理中还致力于提高信息化管理水平。一是打造共享中心，降低管理成本。气电集团成功上线加注板块北方财务共享服务中心，以 14 人配置完成 17 家成员单位的会计资金等业务，相对于原来一家单位一套“经理＋会计＋出纳”的分散式财务机构设置模式，直接降低 60％的财务人力资源管理成本。后又逐步将采办、人事等业务都纳入共享范围。二是建设资金信息化管理平台，降低资金运作成本。气电集团资金管理信息化系统功能涵盖 13 项资金管理业务，实现 264 个功能点，达到财务业务延伸至业务前端，形成全员财务、整体协同的效果，实现统一规章制度、统一账户管理、统一筹资安排、统一支付流程、统一信息平台。三是建设贸易平台，降低供销管理成本。通过贸易平台的支撑迅速获取全球行业信息，掌握能源贸易流向和动态，控制贸易风险，协同天然气采购、运输、仓储和分销，提供实时贸易和市场销售决策依据，有效执行气电集团天然气“总买总卖”的资源集中、销售集中和市场集中战略，有助于获取具有价格竞争力的上游资源，降低中游物流和下游市场销售成本。

3. 通过自主创新为成本管控提供科技支撑

气电集团组建国内首个企业 LNG 产业技术研发中心，深入推进 LNG 核心技术、重大装备技术、差异化产品技术的科研攻关，获得多项专利技术，并积极把技术优势转变为产业优势和市场竞争力，努力将更多的科研成果转化为实际项目技术的工程化应用，为中国海油引领国内 LNG 行业发展提供坚实的技术保障。如掌握 260 万吨大型液化技术，填补国内空白，大力降低了天然气液化厂项目的建设成本；关键设备国产化助力降本增效。气电集团成功研制国产 LNG 潜液泵、液力透平、大型罐内潜液泵、中间介质气化器等一批关键设备，并完全掌握 LNG 全容罐的核心技术，打破了国外技术垄断，也降低了投资成本。

4. 建立分板块的 KPI 对标管理体系，优化绩效考评机制

首先气电集团深化 Hyperion 预算系统的应用，形成集“中长期规划－预算编制－执行监控（资金、核算）－ KPI 对标分析 －绩效考核”的工作流程和数据流体系，并根据

SMART 原则在系统中完成财务 KPI 数据采集和分析。同时，继续根据不同板块业务特点细化 KPI 指标体系，建立包括生产类、财务类、人力资源类、质量安全类等统一的主要 KPI 指标收集模板。在单位绩效考核上，将 KPI 指标引入到绩效考核之中，根据单位业务性质划分利润中心考核和成本中心考核，考核结果与奖惩直接挂钩，引导单位向成本管控以及提高运营效率的方向努力。其次持续推进员工绩效考评机制，将公司绩效与员工个人薪酬相结合，有效推进贯彻全员成本管理原则的施行。

三、能源企业提升市场竞争力的全产业链成本管理效果

（一）降本增效成果突出，市场竞争力大幅提升

2008 年至 2013 年，亚太 LNG 采购价格增幅约 77%，气电集团的 LNG 单位成本费用增幅仅为 38%，而单位固定成本反而下降了 9%。在成本得到有效控制的基础上，经营效益屡创新高。与 2007 年年底相比，2013 年资产总额增加了 958 亿元，年平均增长率为 34.3%；营业收入增加了 382 亿元，年平均增长率为 35.8%；利润总额增加了 69 亿元，年平均增长率为 44.6%。气电集团员工人均创收由 2008 年的 512 万元增长到 2013 年的 724 万元。气电集团在全国天然气消费市场上的占有率从 2007 年的 7.2%上升到 2013 年的 12.5%。

（二）产业链规模高效扩充，行业影响力显著提升

气电集团通过全产业链成本管理，利用较少投入创造了一条规模庞大的产业链条。2008 年至 2013 年，母公司向气电集团累计拨付资金 214 亿元，气电集团利用 214 亿元，通过产业链每一环节的开源节流，创造了近千亿元(958 亿元)的总资产增加额，顺利拥有了一条总资产超过 1100 亿元并涵盖上、中、下游的完整产业链。气电集团在全球行业的影响力也得到了大幅提升，成功跃居全球第三大 LNG 买家。依靠自主研发使中国成为了全球第三个拥有大型液化技术的国家 2013 年，在第十四届全球 LNG 峰会中荣获全球 LNG 行业最重要的奖项——“2013 年度世界 LNG 行业杰出贡献奖”，成为首家获得该奖项的中国公司。

（三）有效贯彻国家清洁能源战略，社会和生态效益凸显

气电集团作为全国液化天然气标准化技术委员会的秘书处单位，气电集团牵头编制了二十多项 LNG 国家和行业标准，为国内 LNG 产业的蓬勃发展奠定了良好的基础。通过实施全产业链成本管控提升了整体运营效益，使气电集团引进清洁能源的能力大幅增强并大力开展控本降耗，在节能减排方面也创造了巨大的社会效益和生态环保效益。截至 2013 年年底，累计引进 LNG 总量达 5698 万吨，相当于 7009 万吨油当量，相当于替代了约 1 亿吨标准煤，与燃煤相比，实现二氧化碳减排 3313 万吨、二氧化硫减排 270 万吨，为东部主要市场地区降低温室气体排放、减轻雾霾、酸雨等大气污染方面做出了巨大贡献。

（成果创造人：蒋鹏俊、韩广忠、金淑萍、苗玉军、龙希强）

供电企业以提高运营效率为目标的流动资产精益管理

国网四川省电力公司广安供电公司

成果主创人：公司总经理何惧熊

国网四川省电力公司广安供电公司（以下简称“广安公司”）系国网四川省电力公司（以下简称“省公司”）分公司，成立于1998年，主要负责广安辖区电网建设运营及电力供应经营活动，是国有大一型企业，固定资23.22亿元，营业收入15.26亿元。目前，供电区域主要涉及广安市及重庆合川市部分地区，供电面积6344平方公里，供电户数61.35万户。广安公司现有员工969人，设置13个职能部门、7个业务支撑实施机构以及2个县级供电企业。

一、供电企业以提高运营效率为目标的流动资产精益管理的背景

（一）适应供电企业流动资产管理特性的需要

流动资产作为供电企业的“血液”，是企业生产经营和电网安全高效运营的重要保障，其管理具有鲜明的行业特点：由于电力产品不可储存，供电企业的存货主要是备品备件及低值易耗品；应收账款主要来自于电费滚动式拖欠；地市级供电企业实行“收支两条线”，需要在保证正常运营的前提下，尽量合理控制流动资产余额。因此，探索适用于供电企业的流动资产精益管理模式，对提高其财务管理水平有重要意义。

（二）贯彻中央企业全面提升管理的需要

在国资委组织的中央企业管理提升活动背景下，供电企业只有继续加大对包括流动资产在内的财务管理降本增效、创新管控的力度，才能适应“强基固本、控制风险，转型升级、保值增值，做强做优、科学发展”的企业管理新要求。广安公司以流动资产管理作为财务管理的基本模块，应在坚持对基础管理常抓不懈、主线不偏、力度不减的同时，引入精益管理理念，切实提高资金营运效果，有力促进企业转型升级。

（三）落实国网公司“三集五大”管理变革的需要

在国网公司推进“三集五大”（人力集约化、财力集约化、物力集约化，大规划、大建设、大运行、大检修、大营销）体系建设的战略要求下，地市级供电企业专业化管理更加明确，经济业务活动进一步细化，要求企业深入推进财务集约化工作，实现财务与业务的高度融合，提供坚实的财务保障。流动资产作为企业日常财务管理的重点，其精益管理水平直接影响财务集约化工作质量。建立集中统一、科学高效的流动资产精益管理体系是落实国网公司发展战略的迫切需要。

二、供电企业以提高运营效率为目标的流动资产精益管理的内涵和主要做法

广安公司以流动资产精益管理理念与原则为主线，以提高流动资产运营效率为目标，统一规划并系统推进月度现金流预算管理、往来款管理、存货管理和电费管理等四大核心业务模块的精益化，强化组织结构、人才队伍、控制指标、管理制度、工作标准、信息平台等六大基础管理业务，力求流动资产管理逐步实现科学化、定量化、精细化、标准化、严明化、信息化，全面提升该项业务的精益管理水平。主要做法如下：

（一）确立流动资产精益管理的理念、原则与工作思路

广安公司仔细分析流动资产管理现状，识别存在的诸多问题：一是月度现金流预算执行偏差率大、波动率高；二是往来款项清算不及时，预付款项目进度缓慢，呆坏账发生风险大；三是存货需求预测不准，月度波动较大；四是电费回收大量集中在月度下旬，月末欠费风险较大。基于此现状，广安公司运用价值思维对流动资产管理业务价值链的各个环节进行定义、分析、评估，确认各环节之间的管理关系，形成流动资产管理价值链模型，如图1所示。

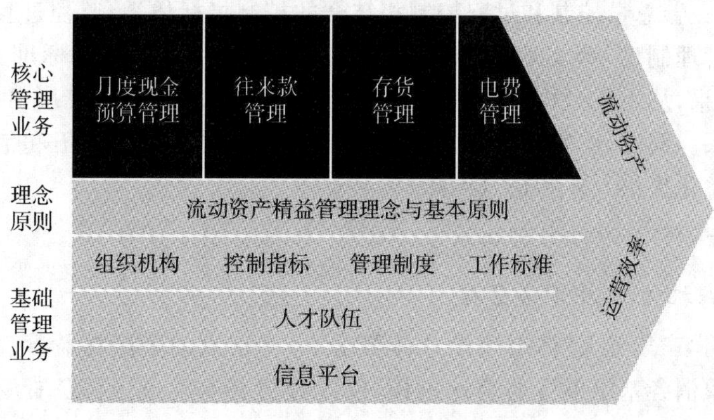

图1 流动资产管理价值链模型

1. 明确流动资产精益管理的基本理念和原则

广安公司流动资产精益管理坚持持续改善理念，按照“重点突破＋持续改善”的精益管理实施框架，针对流动资产管理中的重点、难点问题，组织专家团队，划拨专项资金予以重点解决。同时将精益思想融入流动资产日常管理，按照“标准固化＋改善提升”的精益改善路径，一步一个台阶地提升流动资产管理水平。

由总经理总会计师牵头的流动资产月度工作会议

广安公司流动资产精益管理坚持“六化”原则：①科学化，即立足实际、聚焦价值。注重公司整体运营效率最高、价值最大，不盲目追求单一目标最优。②定量化，即目标量化、责任量化。建立管理指标体系，明确目标、量化责任，加强核心环节管控力度。③精细化，即流程管精、标

准做细。从核心价值流入手，逐步深入、细化，覆盖业务全过程。④标准化，即管理有据、操作有依。固化持续改善成果，完善管理标准和操作规程。⑤严明化，即明确职责、严格考核。加强监督考核，确保已有标准贯彻落实。⑥信息化，即信息共享、业务贯通。建立纵向贯穿各层级、横向集成各业务的统一信息平台，全面支撑公司流动资产精益管理建设。

2. 设计工作思路

广安公司以流动资产精益管理理念和原则为指导，推行月度现金预算管理，严格现金流过程管控，优化流动资金配置；加强往来款项核算清理，规避呆坏账风险；创新存货风险控制模式，控制存货资金占用；建立电费回收钻石模型，完善客户信用管理体系和电费回收预警机制，确保电费颗粒归仓，从月度现金流预算管理、往来款管理、存货管理和电费管理等四大核心管理业务出发推进流动资产的精益化。

为保障核心业务模块的精益化，广安公司逐步推进财务集约化组织变革，实现集中财务管控；建立完善总量控制和过程控制相结合的控制指标体系，监控过程执行；完善各核心业务模块管理制度，落实职责分工；配套工作流程、业务规范和标准记录等工作标准，巩固管理成果，从组织机构、控制指标、管理制度、工作标准四大模块出发构建流动资产精益管理体系。同时，广安公司投入大量精力和资金建设人才队伍和信息平台，为实现流动资产精益化提供人才和信息保障。

（二）构建流动资产精益管理体系

1. 变革组织机构，集中财务管控

在国网公司“三集五大”体系建设总体要求下，基于流动资产精益管理“六化”原则，广安公司逐步取消各基层单位的会计机构，仅设置财务专管员岗位负责财务预算、报销等事宜。会计机构从 7 个精简到 1 个，人员从 26 人减少至 11 人，实现财务集约化组织变革，为流动资产管理创新提供组织保障。在集约化组织变革的基础上，对银行账户等财务资源控制节点进行集约清理，加强银行对账监管，将已开设账户从 60 个精简为 3 个，基本取消现金使用，应收取的款项由用户直接存入银行，降低库存现金，实现财务资金的全面集中和统一管控。

财务管理集约化后，因部分基层单位财务机构取消而仅设立报账员，导致财务一线监管力量薄弱，财务风险点增多，广安公司在精益管理原则的指导下，对报账员岗位进行调整并更名为财务专管员，纳入财务队伍管理，提升岗位职能定位，全面保障流动资产精益管理。

2. 设立控制指标，监控过程执行

以精细化、定量化原则为指导，逐步建立完善总量控制和过程控制相结合的流动资产管理控制指标体系，并以科学化、严明化原则为指导，做好指标的计划和责任的分解，强化指标执行情况分析和工作质量跟踪监控，及时发现执行过程中存在的问题并加以解决，严格执行结果考核，确保流动资产精益管理目标的实现，如表 1 所示。

表1　流动资产管理控制指标体系

<table>
<tr><th>控制模块</th><th>控制项目</th><th colspan="2">控制指标</th></tr>
<tr><td rowspan="5">流动资产基础管理</td><td>(一)财务标准体系</td><td colspan="2">财务标准体系完善率</td></tr>
<tr><td>(二)数据集成</td><td colspan="2">财务与业务数据集成率</td></tr>
<tr><td>(三)财务管理创新</td><td colspan="2">财务管理开拓创新情况</td></tr>
<tr><td>(四)信息系统应用</td><td colspan="2">财务信息化系统深化应用率</td></tr>
<tr><td>(五)综合指标</td><td colspan="2">流动资产年度余额、流动资产周转率、存货周转率、存货年末余额、呆坏账总额、预付账款额度、其他应收款额度与账龄分布等</td></tr>
<tr><td rowspan="12">月度现金流预算管理</td><td rowspan="2">(一)日常工作质量</td><td colspan="2">1、报送及时性</td></tr>
<tr><td colspan="2">2、材料准确性、完整性</td></tr>
<tr><td rowspan="7">(二)预算编制和执行</td><td colspan="2">1、预算编制基础资料</td></tr>
<tr><td colspan="2">2、预算数据准确、完整、表间钩稽一致</td></tr>
<tr><td rowspan="4">3、预算关键指标执行</td><td>(1)月度现金收入预算执行偏差率</td></tr>
<tr><td>(2)月度现金支出预算执行偏差率</td></tr>
<tr><td>(3)年度现金收入预算执行偏差率</td></tr>
<tr><td>(4)年度现金支出预算执行偏差率</td></tr>
<tr><td colspan="2">4、预算审批</td></tr>
<tr><td rowspan="3">(三)预算分析</td><td>1、月度分析</td><td rowspan="3">(1)上报及时性
(2)内容完整准确性</td></tr>
<tr><td>2、季度分析</td></tr>
<tr><td>3、年度分析</td></tr>
<tr><td rowspan="7">存货管理</td><td rowspan="2">(一)采购需求完成及配送</td><td colspan="2">1、物资需求计报送准确率、紧急计划评价指数、采购计划完成率、技术规范书合格率、协议库存物资采购计划完成率</td></tr>
<tr><td colspan="2">2、物资配送及时率</td></tr>
<tr><td rowspan="2">(二)领料、退料、废旧物资入库</td><td colspan="2">1、领料手续完整性与信息齐全性、办理退料、废旧物资入库手续的齐全性</td></tr>
<tr><td colspan="2">2、仓库管理规范率、运维物资库存周转率、库存金额降低率、库存资源盘活利库金额、平均库存物资金额</td></tr>
<tr><td rowspan="2">(三)存货盘点</td><td colspan="2">1、物资盘点准确性、及时性</td></tr>
<tr><td colspan="2">2、盘盈盘亏账务处理准确性、及时性</td></tr>
<tr><td>(四)物资报废</td><td colspan="2">物资报废手续的齐全性</td></tr>
</table>

控制模块	控制项目	控制指标
往来款管理	(一)定期对账	1、核对一致性、按月核对及时性
		2、往来款项分析报告编制规范性
	(二)核算	1、核算依据充分、手续完备、资料齐全性
		2、核算及时、准确性
	(三)核算系统往来对象管理	1、往来对象分类准确性
		2、往来对象信息完整、准确性
电费回收管理	(一)预付电费	1、预付电费时间分布
		2、核算准确性
		3、报表编制完整、准确性
		4、对账及时性;合同、协议完整性
		5、催收及时性
	(二)坐收电费	1、电费回收率
		2、每日收费清理盘点及时性
		3、核算准确性
		4、报表编制完整、准确、及时性
		5、对账及时性
		6、催收及时性
	(三)分片包干责任制	电费回收分片包干责任制落实情况

3. 完善管理制度,落实职责分工

以科学化、精细化、严明化原则为指导,针对流动资产基础管理、月度现金流预算管理、存货管理、往来款管理和电费回收管理,建立完善 16 项管理制度,明确部门职责,细化工作要求和监督考核标准,为流动资产精益管理模式顺畅运转提供保障。

4. 配套工作标准,巩固管理成果

推进流动资产精益管理标准体系建设,完善各类业务工作流程、业务规范和标准记录,针对核心业务细化至三级流程,提升流程的科学性和可用性,全面统一公司管理标准和业务标准,不断深化管理方式和手段,保证流动资产精益管理建设顺利推进。

(三)推行月度现金预算管理,优化流动资金配置

1. 严格现金流过程管控

广安公司坚持以责任网络划分、工作职责明确、预算管理制度、标准业务流程和 FMIS、SG186 等信息平台为保障,实行“年度预算、月度预算编报、预算下达和执行、预算分析考评”闭环管理,形成月度现金流预算过程管控体系,实现“落实年度预算,确保年度经营目标实现”“控制预算执行,确保执行过程可控在控”“强化预算管理责任,提升业务与预算紧耦合度”等三大关键目标。

一是事前计划和预控，确保月度现金流量预算编制及时、数据准确。①期间有序衔接。以年度预算为依据，分解细化预算项目和执行期间，合理安排月度现金流量，优化现金收支的时间序列分布，确保年度预算与月度预算有序衔接。②分层重点控制。实行各基层单位、本部各部门、广安公司三层重点控制，本部各部门负责按业务类别预测月度现金收支，财务资产部负责汇总公司月度现金收支并编报预算。③业务一体管控。按照实际业务需求与现金收支项目紧密衔接的原则，以年度预算、月度购售电量计划、工程投资支出需求、成本支出需求、上月资金盈余情况等为依据，统筹设计月度现金流量业务预算项目和现金收支预算报表，以财务信息化为依托，实现业务流与现金流的紧密融合。

二是事中控制和监督，确保月度现金预算执行有力、管控有效。①统一原则，分层监控。以业务项目现金支出为控制重点，按月、旬、周为控制周期，采取现金预算金额控制方式，实行本部各部门及基层单位、财务资产部、监察审计部三层监督控制。②严格执行，加强预警。严格执行月度现金流量预算确定的付款项目、额度和时间，利用信息平台实现对每笔支付按照年度总量、月度申报和分项目支出层层设控，无预算不安排现金支出，杜绝无预算、超预算支付；对可能发生超预算的项目进行预警控制，增强预算管控的主动性。③划分弹性，按需支出。将购电费、工资及附加、税金及其他有规定或约定付款期限的支出划定为刚性支出，其他需要在近期支付、但无具体时间约定或要求的项目划定为柔性支出。当出现资金紧张需要压缩支出规模时，优先保证刚性支出需求。

三是事后分析和考评，确保月度现金预算过程管控体系运转顺畅。①执行分析。财务部门每月对照月度现金流量预算安排，对资金的实际流入与流出情况进行分析，并将存在的问题与措施、建议与次月预算，一并上报省公司；各业务部门加强业务项目现金支出预算跟踪监控、执行分析，及时发现存在的问题并加以解决。②定性评价。对年度、月度现金流量预算编制质量、上报及时性、全面性，业务项目现金支出预算与项目预算衔接度、明细度，预算执行分析报告质量等进行全面评价，纳入预算管理工作的绩效评价体系。③定量考核。对月度现金收入、支出预算执行偏差，年度现金收入、支出预算执行偏差进行定量考核，纳入绩效评价体系。

2. 确定最佳现金持有量

根据实际经营情况确定现金最佳持有量，提高现金流的使用效率。对于现金规律流出和大额可预测流出按照与稳定规律性现金收入是否等额确定安排，小额不规则现金流出通过保留日常最佳现金流余额解决，日常最佳现金流余额按可预期费用调整月平均现金库存求得。

（四）加强往来款项核算清理，规避呆坏账目风险

广安公司往来债权中的应收账款、其他应收款和预付账款在流动资产中占较大比重，加强这三块资产的管理有利于提高公司流动资产的管理水平。本模块仅介绍预付账款和其它应收款的创新做法，应收账款将在电费管理模块中加以阐述。

1. 开展往来对象管理

广安公司严格按照省公司要求在成熟套装软件和财务管控系统中进行经济业务反映和记录，对核算系统往来对象进行规范管理。一是分类准确。针对具有国内独立法人

资格的往来单位，在系统中创建为一般性供应商、一般性客户；其中一般性供应商区分为国家电网公司系统内和系统外两类，一般性客户区分为电费类和非电费类两类。二是分工明确。严格往来对象创建审核，其中物资类往来对象由物资管理部门负责，员工往来对象由人力资源管理部门负责，财务类往来对象（即财务供应商和财务客户），以及其他需要作为往来对象管理的，由财务部门负责。三是信息完备。一般供应商须包含组织机构代码证、税务登记证、营业执照、身份证等信息；一般性客户须包含客户名称、税务登记号、组织机构代码、地址等信息。

2. 建立核算清理机制

一是确定专人负责往来款项的日常管理，定期与往来单位进行账目核对、沟通交流，确保信息沟通顺畅，随时掌握单位往来款的动态情况。设立登记往来账项的备查账，及时对债权、债务的发生和结算进行核对，开展账项分析性复核，严格审批呆账、坏账的处理，控制往来新增规模。二是制定往来款清理计划，按计划进度全面开展往来款项清理工作，强化催收责任：加强工程结算管理，及时结转在建工程；采用电话核对或函证形式，不定期与挂账方核实其他应收款余额；对其他应收款的账龄进行分析，重点回收余额大、挂账时间长的款项；加强客户信用管理，缩短资金回收周期，控制往来款项的新增；对于往来单位存在破产、注销、变更、债务人死亡、资料难以核实等情况的，通过法律途径予以解决等。

（五）构建存货风险控制模式，控制存货资金占用

供电企业的存货主要包括原材料、备品备件和低值易耗品等。广安公司从需求计划、采购入库、仓储保管、出库调用、盘点、处置、会计核算等七个环节加强存货风险管控，制定《存货业务内部控制矩阵》，明确控制目标、风险点、控制方法、监督方、频率及依据等控制要素，为电网安全、经济运行提供不可或缺的保障。

1. 动态选择存货订购模型

因计划不合理造成存货储备不足而影响生产或储备过高造成存货成本过大的风险是需求计划环节风险管控重点。广安公司综合考虑存货单价的高低、生产周期的长短、季节性生产特征等供货和造价特点，结合 ABC 库存控制法，根据存货的重要程度、流动速度及价值总量的高低比较，参考订购模型变量的参数标准，动态选择订货模型，合理制定存货策略。并通过层层审核、级级把关的计划申报审核机制，确保需求计划准确性、及时性和全面性，为源头控制存货提供保障。

2. 强化入库仓储出库控制

入库存货质量不合格、数量不正确导致的资产损失风险和与原始单据不符导致的财务风险是存货入库环节风险管控重点。广安公司仓储部门严格审核到货清单、产品交付清单及剩余存货的退料清单，与实物一一核对。设立物资履约及产品质量监督岗和仓储配送岗，负责物资催交催运、配送执行、移交验收、现场服务等工作，统一协调物资供需，确保存货入库尽量不在月末进行，减少跨月存货增量形成。

仓储保管环节风险管控重点为未对存货规范保管导致的资产损失风险。广安公司按照 ABC 控制法对存货分类保管；仓储部门负责人对存货按月检查并做好记录，及时处

理风险隐患；根据存货的库存收发情况及ERP系统生成的存货使用及结存情况报表，定期进行存货状态分析，对异常情况报警明示。

存货出库环节风险管控重点为存货多领、冒领、发货随意、发货数量未经确认等造成的资产损失风险和出库单据有误、未及时过账等造成的财务风险。建立存货领用审批制度，使用部门根据批准的需求计划开具领料单，仓储部门根据领用单位负责人签字确认的领料单发货并在物资信息系统中办理领料和出库，同时打印实发数量出库单，由领用人签字确认后交财务作为入账依据。

3. 规范盘点处置核算管理

存货盘点环节风险管控重点为账实不符风险。广安公司采用定期和不定期相结合的盘点方式，根据存货的品种按月分类盘点，将清查的结果与财务部门的账表数据核对，制作盘点表，由不相容部门监督考核，出具残次存货报告，对账实不符的存货情况查明原因，提出解决方案或处理意见，并对相关责任人进行考核。

存货处置环节风险管控重点为因处置不当导致的资产损失风险和未及时处置导致的财务核算风险。广安公司制定多种措施进行存货处置。例如对清查盘点中发现的盘盈、盘亏、毁损以及经过技术鉴定需报废的存货，按规定权限批准后处置并根据处置权限分别报省公司审批或备案。对无使用方向的闲置存货，由仓储、生产、财务、工程等部门组成的联合小组审核，分析造成闲置的原因，提出处置意见及防范措施，报省公司审批或备案后执行。

财务核算环节风险管控重点为原始单据不真实、会计核算不规范造成的财务风险。广安公司财务部门在进行财务核算时，严格审核退料清单、入库单和出库单等单据的真实性和准确性，校验ERP系统中发票的正确性；根据营销、基建、仓储部门提供的有关资料进行存货跌价准备分析，对存货处置的净损益及时进行账务处理，纳入当期损益。

（六）建立电费回收钻石模型，确保电费颗粒归仓

广安公司积极创新管理模式，完善电费回收的可控、在控机制，形成电费回收管理钻石模型，如图2所示。

1. 建立客户信用管理体系

为使电费回收管理重点突出，广安公司尝试建立客户信用等级评价体系，依据电费催缴时间、窃电情况、供用电合同及相关协议履约情况、客户经营情况四大指标，将客户信用等级划分为A、B、C三级，并以“动态降级，定期升级”为工作指引，由抄表、收费、运检、客服等业务骨干组成评价小组，结合计算机智能，对用户的企业类型和所在行业的发展前景、经营方式、缴费记录等进行综合评价，开展客户信用等级动态评定。客户信用等级评定以“动态降级，定期升级”为原则，建立一套完善的动态评价机制，并将抄表、收费、用检、客服等业务骨干组成评价小组，评价小组既要对用户的企业类型做出静态评价，也要对用户所在行业的发展前景、经营方式、缴费记录等进行动态评价，根据用户的信誉等级进行相应的风险管理。

2. 健全电费回收预警机制，完善电费回收应对措施

一是预警控制，有效化解电费回收风险。在完善用户信息收集、分析、评价的基础上，建立三级电费风险预警机制，依托客户信用等级评定系统，对客户开展电费回收风险评估，提前做好电费回收应急预案，超前研究、超前防范，全力化解电费回收风险。

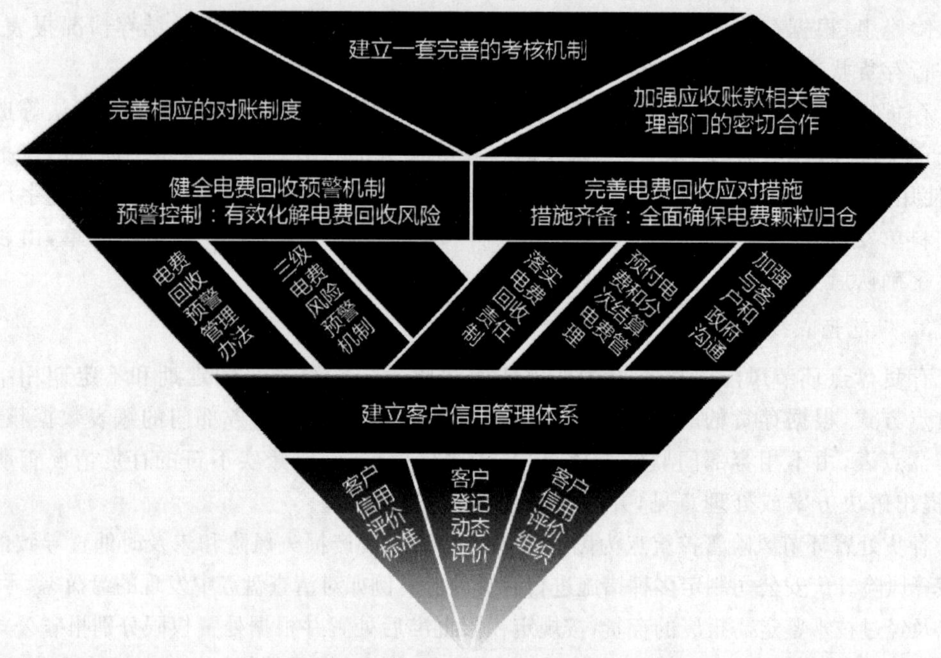

图2　电费回收管理钻石模型

二是措施齐备，确保电费足额回收。广安公司在客户信用管理体系和电费回收预警机制的基础上，陆续完善电费回收各项措施，主要包括：明确电费回收“一把手”工程，落实电费回收分片包干责任制，加强预付电费和分次结算电费的管理，加快新技术、新装备的应用，加强协调，争取当地政府对电费回收工作的支持，积极主动争取欠费客户上级主管部门的支持和理解，开展宣传活动，强化电是商品的意识。

(七)锻炼人才队伍，提高工作效能

1. 严格财会人员选聘，优化财会队伍结构

一是根据公司发展对财务专业的总体要求和各单位的实际人员情况，严把入口关，逐步解决财务人员“又多又少”的结构性矛盾；二是打破财务部门用人门槛，引进营销、工程等专业人员，丰富从业人员知识背景，鼓励财务人员调整知识结构，拓展知识领域，努力打造“复合型”专业团队。

2. 开展职业生涯管理，畅通多维发展通道

开展职业生涯管理工作，形成广安公司特色的自我规划与组织管理相结合职业生涯规划模式，建立多维职业生涯发展通道，帮助财会人员找准职业成长路径，使个人职业发展愿望与组织的人力资源需求相结合，最终实现组织和个人“双赢”的结果。

一是职业生涯规划阶段。广安公司根据公司的发展目标、现状、发展趋势，确定公司的职业发展通道、职位需求与人力资源需求。员工根据公司经营理念、人力资源策略、工作描述等，结合个人的能力和兴趣，设定自我发展目标和成长计划。二是职业生涯评估阶段。广安公司建立财会人员量化评价体系，对财会人员的基本情况、业绩表现、综合能力、教育培训等进行全面评估，同时，评估员工职业发展的可能性，确定其培养需要，建立

员工职业发展档案。员工不断自我学习、提高,同时及时评估公司内可选择的职业发展通道,找准个人成长路径。三是职业生涯发展阶段。以评估结果为依据,广安公司对员工开展有针对性的教育和培训,调整工作范围与工作内容,出台激励措施,同时建立财务系统人才储备库,适时提拔和推荐。员工根据评估结果,积极参与培训,在必要的时候调整职业发展目标和成长计划,谋求发展与晋升。

3. 营造氛围抓住契机,多渠道提升业务技能

营造内部氛围:一是职业道德教育。定期组织"职业道德大讲堂",提高财会人员的法律意识和思想道德品质。专业技能提升。定期组织财务管理标准宣贯会、交流会,组织财会专业技术比武,提升财务人员业务技能。信息平台建立。依托内部网络,建立集学习、考试、交流一体的综合学习平台,使财会人员不断补充业务知识。外派学习交流。选拔技术骨干赴先进单位交流学习、参加外部专业培训,增进与外部的沟通交流,引入实用的管理办法与方式。二是抓住外部契机:参加财务调考。以国家电网财务调考为契机,通过"以考代训""以教促学""模块培训"等全员培训方式,提升专业素质;参与职称评定。鼓励员工申请专业技术职称评定,参加省公司"财会知识大赛""精益带级评定"等活动,并将活动结果与评先评优、绩效考核等挂钩,调动财会人员自我提升的积极性。参加选拔培训。积极鼓励财会人员参加国网公司"双千人才"选拔与培养等活动,激励员工不断进取。利用高校资源。依托知名高等院校教育资源,分层次开展人才培训,增加高端人才储备。

(八)优化信息平台,提升运作效率

1. 加强财务业务协同,保障信息畅通

以信息化原则为指导,在省公司的统一部署下,不断优化应用各业务模块,逐步建成信息高度共享、业务流程贯通的统一信息系统,实现前端业务数据通过信息系统到财务系统自动传输。应用预算管理、往来账项追踪分析、物资存货决策支持、客户信用预警评级等专业子系统,配套设计统一标准的财务管控流程、核算与稽核规则,逐步强化信息平台建设和信息系统运维规范化管理,全面支撑公司流动资产精益化管理。

2. 开展系统软硬件优化,提升运行效率

在数据信息大容量、高密度的运行流转下,广安公司组织优化系统硬件配置,减少数据冗余,均衡系统负载,加强网络通道建设,确保数据传输安全、畅通、高效。严格执行容灾备份和历史数据存储管理,保证财务信息的可靠性水平。针对公司财务信息系统的运行特点,定期开展财务信息系统功能部署和调优工作,提升系统的易用性、稳定性和运行效率。

三、供电企业以提高运营效率为目标的流动资产精益管理效果

(一)流动资产占用不断降低,周转率逐年加快

成果实施以来,广安公司总体呈现营业收入增长、流动资产占用降低、月度余额受控的趋势。自 2011 年至 2013 年,流动资产年度余额从 660.80 万元降至 179.66 万元,资金占用不断降低,波动大幅减小;流动资产周转率从 156.28 次上升至 477.68 次,资金周转

能力稳步提升;营业收入从 11.82 亿元增长至 15.26 亿元,增长达 3.44 亿元。

(二)往来款回收加快,避免呆坏账发生

通过往来款精益管理,广安公司往来款项结构不断优化、回收不断加快,有效规避了部分呆坏账的发生。自 2011 年开始,往来款项逐年降低,其中预付账款控制为零,其他应收款从 2011 年的 626.28 万元减少为 2013 年的 134.7 万元,往来款的降低幅度达 491.58 万余元,成效显著。

(三)月度现金预算偏差率降低,存货积压与浪费减少

通过月度现金预算精益管理,广安公司实现业务与预算的动态衔接,明显提升了预算管理工作质量。自 2011 年统计以来,月度现金流预算执行偏差率年平均值从 2011 年的 7.8%降低至 2013 年的 3.9%,月度现金流预算准确性提升了 3.9%,波动性也得到了有效控制。通过存货精益化管理,广安公司存货结构得到了优化,重要的 A 类存货拥有最低安全库存,不重要易采购且流动速度慢的 C 类存货实现零库存,有效避免了存货积压、报废风险,减少了浪费。

(四)财务管理综合水平提升,促进公司可持续发展

随着精益管理理念的全面融入和精益化建设的深入推进,广安公司逐步实现了流动资产"六化"管理:完成集约化组织变革,建立控制指标体系,实现科学化、定量化;建立完善相关制度 16 项,明确工作要求和责任划分,严格绩效考核,实现严明化;改进、细化工作流程,制定各项职责标准、管理标准和业务标准 15 项,实现精细化、标准化;推进信息化建设,优化财务管控系统,实现多项业务集成、多部门数据共享及关键指标在线监控的信息化管理。

(成果创造人:何惧熊、谭书云、陈　艾、张维华、张燕平、张绍军、张　丹、朱　莎、胡　倩)

区域发电企业基于工程监理的监察审计

华电能源股份有限公司

成果主创人：公司总经理霍利

华电能源股份有限公司（以下简称“华电能源”）是由中国华电集团公司控股的上市公司，拥有总资产230亿元，管理龙江区域内九家运营电厂、两家煤炭生产企业、一家煤炭资源开发企业、两家工程技术企业。现火电总装机容量614.7万千瓦，约占黑龙江省直调火电装机容量的41%，年发电量约300亿千瓦时，占全省发电量的42%；公司总装机容量中80%为供热机组，总供热面积超过6000万平方米，是哈尔滨市、齐齐哈尔市、牡丹江市和佳木斯市等主要大中城市的供热主体，在龙江地区占据较大的发电、供热市场份额，具备较强的整体竞争优势。曾获得全国“五一”劳动奖状等奖励。

一、区域发电企业基于工程监理的监察审计背景

电力企业作为资金密集型企业，其工程项目全过程管控更应是内部监督的重点。但由于工程领域内部监督机制不健全，腐败多发，资金浪费严重和管理粗放等诸多问题不同程度存在。特别是近几年随着集团公司和区域性公司重大工程项目投资范围和投资力度的加大，管控难度更加突出，主要表现在：

（一）内部工程监督缺乏“主动性”和“服务性”

随着跨区域投资的增加，投资方管理垂直距离远，职能交叉，管理分散，工程的实际监督大多由项目单位内部监察、审计部门独立进行，而项目单位监督部门又大多存在人员少和专业单一等诸多因素限制，所以投资方监督基本处在被动状态，内部监督的作用发挥不出来，往往问题发生再介入，闭门监督、各自为政，监督的服务职能没有有效发挥出来。

（二）工程全过程监督不到位

工程全过程监督一直是公认有效的工程管控模式，但实际工程监督管理中，大多投资方还是把着力点放在事后监督上，主要关注工程决算和资金使用，缺乏工程管理全过程监督的意识和手段，达不到及时发现问题及时解决问题的目的。同时内部监察和审计作为监督职能部门，长期脱离工程现场，监督成果的转化难度大、针对性差，很难形成监督合力，产生管理实效。

（三）外聘中介的再监督“缺位”问题严重

由于人员和技术力量不足，一些投资方把工程监督的职能全部委托给社会中介机构，如聘用工程造价事务所、工程监理工程师和全过程跟踪审计事务所等，而社会中介机构的再监督问题一直没有解决，中介机构不作为现象时有发生。也有些外聘中介机构，独立性权威性差，提出的意见和建议项目方和施工方不能积极采纳，最终也只好随波逐流，监督管理效果得不到保证，最终造成资源的浪费。

二、区域发电企业基于工程监理的监察审计内涵和主要做法

华电能源公司利用内部控制理论，针对投资方监督缺位、再监督不到位和“权威性，专业性和服务性”难统一三大问题，结合工程监理的工作方法，通过管理职能和监督流程再造，整合投资方内部监察和内部审计的工程监督职能，以维护投资方利益和风险防控为出发点，以深入工程现场实施“全方位、全过程”监督服务为手段的管理活动，最终达到提高工程管理水平、防范管控风险的目的。主要做法有：

（一）基于工程监理的监察审计工作整体思路和定位

基于工程监理的监察审计是以维护投资方利益为出发点，以提高工程管理水平和管控风险为目的，华电能源公司下发《华电能源股份有限公司重大工程项目监察审计监理暂行办法》，做到监理工作三个明确：一是明确目标，监审监理履行投资方内部监察和审计职能，注重现场服务，突出事前、事中和事后全过程监察审计监督，为企业工程领域提升管理成效服务；二是明确定位，监审监理是“管理的再管理，监督的再监督”，其职能不替代其他各职能部门和外聘设计、工程监理和审计等单位的监督管理职能，其他各职能部门、中介机构依据现有规章制度、合同约定承担管理职责；三是明确职责，监审监理对施工准备到工程决算实施全过程监督服务，职责概括为“三监督二服务”。有效的职能整合，使监察和审计工作在工程管理中相得益彰，为工程监审监理工作取得实效提供了有力保障。

（二）基于工程监理的监察审计工作组织架构

华电能源公司实施“顶层部署”，整合了监察和审计的工程监督职能，明确公司重大工程项目的监审监理由公司统筹安排，监察审计部组织实施，同时考虑工程监审监理工作是技术性和专业性很强的工作，监理项目组成员采取“相对固定和临时补充”相结合原则，抽调了懂工程财经、工程管理和工程审计监察的人员，确定了可以根据需要聘用临时专家参与监审监理工作的原则。公司在管理层面分区域成立了哈尔滨区域、牡丹江区域和齐齐哈尔区域三个临时项目监理项目部，每个项目部成员 4 人，并可根据项目具体需要临时增加成员，各监理项目部负责的监理项目全部完工决算后，项目部自行解散，第二年再根据新的工程项目成立新项目部。项目部成员原则上实行“兼职且回避”原

公司办公楼

则，具体工作实行交叉监理，并将区域公司年度内哈三、牡二、富发、哈热、齐热、佳热和富热七个电厂 18 个投资金额 1000 万元以上的项目，纳入监审监理范围内，其中投资超 4000 万元以上的环保项目 7 项，涉及资金约 8.7 亿元。

（三）基于工程监理的监察审计工作主要内容

工程监审监理融工程全过程监督和全方位监督于一体，重点是要放大监察的威慑作用、审计的权威作用和专家的服务把关作用，因此在不同的工程阶段，工作内容也不同。

1. 项目前期阶段

一是了解项目基本情况，熟悉工程基本要求、施工图纸等。主要审查建设项目的审批文件是否齐全。项目建议书、可行性研究报告、环境影响评估报告、工程项目概算批复、建设用地批准、建设规划及施工许可、环保及消防批准、项目设计及设计图审核等文件是否完备，项目审批进展如何，是否存在未批先建现象。二是查看招标文件，招投标程序、评标人员及其中标结果是否合法、有效，各建设项目相关单位签订的合同条款是否合规、严谨、公允，内容是否完整、是否与招标文件和投标承诺一致。检查资金来源是否落实到位、是否合理，有无挪用生产或其他资金情况。三是征地或拆迁补偿费是否符合有关规定，有关评估、计价是否合规、合理。前期工程费用的真实性、合理性。是否严格执行集团公司及公司的相关制度，前期费用是否在集团公司和公司规定的预算限额内，列支内容是否符合规定，是否存在超范围、超标准情况。

2. 项目实施阶段

一是监审概算执行情况。是否存在执行概算外项目和单项超概算情况，有无随意购置自用固定资产、挤占或虚列工程成本现象，非生产性设施是否超规模、超标准建设等情况，基本预备费和风险储备金的使用是否报经审批。合同履行、变更、索赔、解除、终止和解决争议等活动的真实性、合法性，是否按照招标文件、投标文件及澄清文件内容与中标单位签订合同，合同条款是否合法、严谨、公允，工程合同有无使用主业汽水电的相关条款，有无违约责任条款，有无随意调整合同范围、合同价格、降低技术标准及修改商务条款的现象。二是监审工程管理内控制度建立、执行情况。是否建立、健全并执行各项内部控制制度，如招投标管理、合同管理、施工现场管理、隐蔽工程验收、计划管理、财务管理、设备材料采购和验收、工程废旧物资管理安全管理等内部控制制度是否健全并得到有力执行。是否按照集团公司、公司的有关要求开展招标工作，是否存在应招标的项目未招标或以各种方式规避招标现象，招标过程、评标结果是否公允合规，招标方案和招标结果是否按规定报公司及集团公司审批或核备。三是监审工程现场管理情况。施工材料的管理、工程设计变更、施工现场签证手续是否合法、合规、真实，设计变更是否按照集团公司及公司的有关制度进行，是否按规定上报批准，现场签证是否实行分级授权管理，现场签证人员的资格、责任和权限及签发的程序是否合规，有无不当签证，签证的相关资料（相应图纸，工程量核定、估算费用等结论报告书）是否完备，隐蔽工程是否摄像拍照，工程监理和项目单位工程管理人员是否到位负责等等。四是监审资金管理情况。资金的筹集是否符合规定，控制使用情况如何，有要求的是否专款专用，开户、工程付款及结算情况是否符合规定，有无长期未结转的预付款情况，工程付款是否审批程序合规，是否依据真实业务且发票使用规范，工程成本核算及账务处理是符合财务制度要求。基本预备费、项目法人管理费、生产准备费等费用支出情况。是否合法、合理、真实，是否控制在执行概算额度内，是否存在挪用和挤占现象，项目建设管理费中列支的工资、奖金、单项奖励及津贴等工资性支出是否纳入工资总额统一管理，是否存在超集团公司工资计划及计列工资未经批准的现象。五是监审工程结算情况。工程项目结算文件是否真实、完整和准确，结算文件编制依据是否合法、合规，资料是否真实、完整、齐全，结算时施工承包合同约定价款调整条件的是否依据合同确定调整价款，超批准执行概算的建安工程费用和相应基本预备费的项目是否经过审批，使用主业汽水电费用是否扣除，中介机构和监审监理意见是否落实。六是其他情况。项目管理人员和外聘中介机构在工程建设过程中履职尽责情况。各项法规政策的是否落实，关联交易是否符合集团公司和公司的有关规定等。

3. 项目竣工决算阶段

一是监审竣工决算编制工作及投资完成情况。竣工决算报告编制依据是否符合国家、集团公司和公司的有关规定，相关资料是否真实、完整，对遗留问题处理是否合规。工程实际投资额完成情况；工程项目概算执行是否真实、合法；工程项目概算调整是否真实、合法，包括概算调整的原因、各项调整系数、设计变更和估算增加费用等；工程项目建设费用超预算金额情况，分析原因并审查扩大规模、提高标准的情况，有无挤占、挪用建设资金的情况，资本化利息费用是否列支规范。二是监审工程项目建设支出及交付资产情况。建筑安装工程支出、设备投资支出、待摊投资支出、其他投资支出内容及长期待摊费用一次性摊销是否真实、合规、合法。交付使用的固定资产、流动资产是否真实、手续是否完备，无形资产的计价依据是否充分，递延资产的确认和计价是否真实、正确。三是监审工程建设项目未完工程情况。预留的尾工工程是否合理，是否属于概算中的项目，是否属项目需要的投资，有无新增工程内容，应预留尾工工程是否留足，预留尾工工程的投资是否真实、合理。四是监审工程项目竣工决算报表以及竣工财务决算说明书情况。竣工决算报表及财务决算说明书的编制是否真实、合法和完整。财务预付款、保证金、工程进度款等是否规范合理。工程监理意见、全过程跟踪审计意见和项目监审监理意见落实到位情况。五是监审编制项目竣工决算审计报告初稿，由华电能源公司监察审计部审定后，以正式文件下发，项目单位据此进行最终决算。参与对工程项目后评价工作，对工程管理、工程效益和外聘中介进行总体评价。

（四）基于工程监理的监察审计工作实施方法

监审监理工作主要采用抽查的方法，监理人员每月不少于一次现场工作，没有聘任全过程跟踪审计的项目，适当加大日常监理服务力度。现场监理主要采取查看监理单位对工程监理大纲和相关档案、监理报告等资料真实完整情况以及项目单位执行大纲情况；检查项目单位落实工程管理各项制度情况，必要的进行复核性测试；抽查审计已完工程结算、决算真实、准确情况和资金规范使用情况；检查项目变更、技术方案变更的规范审批程序情况；检查隐蔽工程的签证和影像资料是否齐全真实情况；调阅有关工程的各级会议记录、纪要、内外部各项检查和招标文件等文字材料，检查“三重一大”等民主决策程序；查验项目单位、中介机构等相关人员履职履责情况；公开监督举报电话，根据需要约谈有关人员了解工程管理方面相关情况等。有必要的，召开现场监审监理工作协调会，向项目单位、工程监理、跟踪审计和施工单位通报情况和对风险防控管理等方面提供现场咨询服务，并协商项目管理意见和建议。现场工作结束后，项目组结合交流意见，形成监理报告，下达监审监理通知书，并对上次监理意见落实和中介机构工作进行评价，重要问题和其他业务部门沟通，向公司总经理汇报反馈，实现了工程监审监理工作的闭环管理。

（五）基于工程监理的监察审计工作程序及要求

项目组成立后，监理人员提前收集项目相关资料，包括概预算、图纸、合同、文件、工程监理大纲、跟踪审计报告等，项目单位应及时完整提供相关资料。监理人员可根据需要随时进驻项目单位，项目单位应保证必要的工作、生活条件，并指定专门的联系单位和联系人。监理人员首次入驻项目单位需要召开见面会，项目单位、中介机构和重要施工现场负责人及部门相关人员应参加会议。监审项目经理根据项目实际情况组织编制监审监理大纲，监理大纲经主管领导批准后，下发到项目单位。项目单位对项目监理大纲有异议的，可在 3 个工作日内向监理人员提出，监理人员应向华电能源公司监察审计部反映，监察审计部会同公司有关部门协商后 3 日内答复并最终确定。监理人员在监理过程中可根据需要实际情况提出口头监理建议和书面监理建议或意见（监理建议书），提出书面监理建议或意见的，项目方应在 15 天内给予书面的回复，回复意见需要经项目单位负责人签字。

监理报告分为阶段报告和总体报告，阶段报告一般应包括项目基本情况、监理工作的主要内容及做法（前期阶段、实施阶段、决算阶段）和监理过程发现的问题及建议等。总体报告应包括监理大纲全部内容，对工程监理、全过程审计等中介机构尽职尽责和效果的评价，对项目单位工程管理情况的评价，项目审减额情况，监理过程中发现的问题和管理建议及意见。监理报告附件包括项目单位的反馈意见、用于支持报告的复印件和表格等。

三、区域发电企业基于工程监理的监察审计效果

（一）解决了重大工程监督不到位和再监督缺位问题

监察审计监理工作融合并拓展了投资方内部监察、审计工程监督的职能，缩短了区域公司监察、审计与工程建设管理工作的距离，避免了事后惩罚式监督的弊端，创新了对外聘中介机构的监督评价机制，找到了投资方内部监察、审计介入工程监督服务的着力点，真正把监督的“权威性、专业性和服务性”有机结合起来，监审监理人员下到施工现场，了解真实情况，掌握第一手资料，现场发现问题现场商议解决，重大问题及时反馈，提出的解决方案都是最直接、最有效的。同时也对项目单位管理部门和外聘中介机构履职情况进行现场督导评价，最大限度地调动和发挥了他们的作用。如对某外聘工程监理单位人员配备不到位，对某单位监理人员不到位考核的建议等，极大地改善了外聘工程监理的工作质量。

（二）创新了监督方法，保证了监督时效性和服务性

监审监理采取全过程、全方位介入施工管理方式，每月现场抽查现场办公，不以惩

罚、考核为目的，突出了管理服务和时效。现场工作结束后，召开监理工作协调会，即对发现问题进行沟通，倾听项目单位、外聘中介单位的意见，也加强对财经管理、规章制度、合同管理和工程管理知识进行现场讨论讲解。通过近一年的工作，在 18 个工程项目监理过程中，共下发监审监理通知书 21 份，提出整改问题 30 多条，提出监理建议 21 项，落实率达到 95%，节约工程资金近 1500 万元。

（三）廉洁工程建设效果显著

结合工程管理方面的廉洁工程建设，监审监理人员组织现场工程等相关管理人员集体廉洁谈话 5 次，个别谈话 3 次，编制工程管理案例 80 多项和政策问答 90 多条，通过深入现场宣传教育和监审监理督导，工程领域的廉洁意识、风险防控和自我规范意识大幅增强。

（成果创造人：霍　利、崔玉果、宁俊举、曹沛庆、于春潮、高　岩、孔祥增）

大型建筑企业项目施工成本管理优化

中石化第十建设有限公司

成果主创人：公司总经理、党委书记樊继贤

中石化第十建设有限公司（以下简称“十建公司”）是中国石化集团公司所属的大型综合性施工企业，主要承建石油化工、煤化工、油气储运等新建、改扩建、检维修工程。十建公司注册资本3.5亿元，设有15个机关部室、14个专业分公司，3个子公司，2个后方服务单位，年用工总数5000多人，运行项目80多个，年施工产值达到60亿元。自成立以来，累计建成数十项国家重点工程及国内外近千套大中型工业装置，所建工程获国家级和省部级荣誉百余项，其中鲁班奖4项，国家优质工程金质奖1项。

一、大型建筑企业项目施工成本管理优化背景

（一）企业降本增效的需要

近几年，随着市场开发力度加大，十建公司每年运行项目从20多个增加到80多个，管理幅度和难度随之增大。同时，受行业发展、社会资源、市场价格的制约，伴随人工成本的不断增长，企业利润空间减少，项目施工总成本占公司总成本达到85%～90%。这种情况下，只能通过优化和提升成本管控能力，才能实现降本增效。

（二）解决施工项目成本管理问题的需要

长期以来，十建公司施工项目重施工、轻管理，大部分项目成本管理职责和意识不到位，目标成本分解落实不积极，认为工期赶上了，项目利润就高，关注设备、材料、分包与企业的成本混摊等现象，致使企业快速发展与施工成本管控能力不相匹配。主要存在以下五个方面问题：一是施工项目缺少目标成本过程控制标准。项目部涉及成本管控等方面的内容较少，协作队伍也不能有效执行成本控制要求，成本管理过程中缺乏可操作的管理流程和统一的标准。二是施工项目成本管理控制程序不健全。部分项目部未建立目标成本分解归口管理的责任体系，基本没有编制成本预算，导致了成本核算只算进出收支平衡，搞不清项目的绝对成本。三是施工项目分包工程社会资源不足。建筑业市场劳动力老龄化日趋明显，人工成本不断增高。同时，大多数分包商管理力量及施工组织能力相对薄弱，致使分包商成本管理不到位。四是施工项目成本管理考核兑现不严格。项目实现效益好，承包兑现不能做到足额发放，存在打折扣的现象，实现效益不好甚至亏损时，缺少问责或处罚机制，成本管理考核流于形式。五是施工企业项目信息化建设不到位。施工企业项目管理信息化应用范围较窄，没有形成施工项目整体管理，很多都集

中在项目的某个阶段或某项工作，特别是成本控制方面的应用较少。针对这些问题，十建公司开始实施施工成本管理优化。

二、大型建筑企业项目施工成本管理优化内涵与主要做法

十建公司树立全员、全过程理念，把成本管理贯穿于施工项目投标、策划、组织、施工、结算、索赔的全过程．对全员参与成本管理提出硬性规定，同时采取再造成本管理流程，完善施工项目策划，改进施工组织设计，实施现场模块化施工，改进工程材料管理，明确项目规模划分标准等措施来优化成本管理，并构建一套成本管理制度，分级量化考核，提高信息化应用手段，实现公司的降本增效。主要做法如下：

（一）转变成本管理理念，理清施工成本管控思路

把保证施工质量作为控制成本的最重要因素，树立“没有工程返工就是最大的成本节约”的管理理念、“经营一元钱，节约一分钱”的经营理念，并理清了施工成本控制的思路，包括：优化组织流程、成本目标核定、成本管理过程；优化策划书编制内容、项目策划审批程序，强化施工成本控制；优化施工技术方案审核程序、现场垂直运输技术方案、现场施工焊接方法，采用低成本的施工资源；采用模块化施工、工厂化预制、大型设备吊装一体化、深度预制型模块安装，改进施工组织模式；优化工程材料预算管理、自购材料采购管理、项目材料发放管理，节约施工材料费用；优化项目管理费用核定、施工现场临时性费用控制，严格控制施工现场管理费用。同时，完善成本管理制度，实现成本分级量化考核机制，提供基础性保障。把成本管理行为细分为子流程、作业、任务，通过信息化手段实现网上审批、审核、监督、结算和付款，促使施工项目精细化和闭环管理。

（二）再造成本管理流程，落实成本管理责任

1. 项目成本由二级管理变为三级管理

以前，十建公司施工项目成本管理实行二级管理，即工程项目中标后，由经营部门负责中标项目目标成本的核定工作，直接将项目的目标成本计划下发给项目部执行，负责施工的专业公司不参与成本的核定和管理。二级管理模式导致两个问题：一是专业公司只重施工生产，不重施工成本，项目成本管理抓不实、抓不全，专业公司层面形成成本管理的真空；二是由公司直接抓项目成本管理，人员、精力有限，不能准确掌握近百个项目的成本情况，使得成本管理工作落实不到位。针对这方面问题，十建公司在成本管理的组织流程上进行优化，实行项目成本三级管理，将专业公司纳入到成本管理工作中，即项目中标后，由经营部门核定项目上交公司管理费后，将上交管理费指标下达给专业公司和项目部。专业公司按公司规定核定项目目标成本，并对项目部下达项目目标成本计划书，同时与项目经理签订项目经理责任书。项目部接到项目目标成本计划书后，按周期、分专业对

十建公司承建的青岛炼化 1000 万吨/年炼油装置

项目目标成本进行分解。项目成本三级管理，形成了完整的项目目标成本管理流程，专业公司不仅是施工生产的组织者，更是项目成本的管理者，有利于项目成本管理措施落到实处。

2. 改进项目目标成本核定

以前，十建公司核定项目目标成本的标准是企业内部定额，即：将中标项目的工程量重新套用企业内部定额，计算出的工程费作为项目的目标成本。由于企业内部定额老旧，目标成本核算周期长，导致项目目标成本与实际成本偏差较大，不能满足准确测算项目目标成本的需要。针对这方面问题，十建公司先后采取四项改进措施：一是改进目标成本的测算依据，制定新的测算标准，即采用全国统一安装工程预算定额山东省单位估价表，三类工程取费，总价降低10%后，作为项目的目标成本；二是结合市场成本价格水平，补充编制《安装工程综合单价表》，并随市场价格进行动态调整、补充完善，简化项目目标成本核定工作，核算周期由1个月降低到3天，节约核算管理费用；三是改进专业公司自行承揽系统外工程目标成本的核定，即公司收取中标项目施工费6%～8%的管理费后，剩余费用全部作为项目的目标成本，不再套用《安装工程综合单价》，使得系统外项目的目标成本核定更加简捷；四是改进自购工程主材的目标成本核定，规定项目投标时承揽的安装工程主材按2%收取公司经营管理费、合同执行过程中业主后续委托采购的安装工程主材按4%收取公司经营管理费，剩余主材费用作为项目目标成本。

3. 落实项目部内部目标成本

以前，公司对施工成本分析侧重归集和通报，对比剖析力度不够，项目部各部门只注重本部门的业务流程和工作标准，对成本管理职责重视不足。针对这方面问题，十建公司对施工成本管理过程进行改进：一是对施工成本的过程分析进行改进，首先由财务与经营部门按照同一口径对当月完成的施工费用进行分解，即按照人、材、机、现场管理费、临时设施费等方式进行分解，财务人员对应当月预算成本分解表进行成本归集，实现一一对应，便于发现成本出现偏差的根源，有针对性地进行纠错纠偏；二是成本过程分析落在“清占用、保效益”上，从上而下转变成本分析的目的，查找问题，解决问题。通过分析，各职能部门不仅是本业务的主管部门，也是本业务成本控制的主管部门，做好本业务系统的成本控制，按照成本分析的要求落实改进措施。通过落实项目部内部目标成本，施工成本管理措施更具针对性，由原来项目经理和成本主管部门管成本，变为全方位、全员、全过程的施工成本管理。

（三）改进施工项目策划，科学制定施工成本控制依据

1. 完善项目策划书编制内容

以前，十建公司施工项目侧重施工组织策划，由项目经理组织编写项目策划书，但是对项目成本策划重视不够，涉及的内容较少，导致项目策划书的编制只注重施工管理，忽视了成本管理。针对这方面问题，十建公司完善项目策划书的编制内容：一是将项目的成本策划纳入到项目策划书中，并作为重要的组成部分。把项目目标成本、临时设施费、项目管理费、参建专业公司及工程分包成本的策划都纳入到项目成本策划中，突出以成本管理为中心。二是进一步完善项目成本策划书内容，增加了项目成本控制措施表，成

本管控要素、措施、时间、责任部门和人员一一对应，为项目降本增效奠定了良好的基础。

2. 明确项目策划书分级审批要求

以前，十建公司所有项目均由主建专业公司审核批准，公司只进行策划备案，导致主建专业公司各自为政，成本策划内容审核不一致，公司指导作用弱化，内部施工任务不平衡，造成资源浪费。针对这方面问题，十建公司进一步严格大型以上项目成本策划的审批程序，规定大型以上项目由主建专业公司组织审核，总部项目管理部组织相关部门进行审定，总部主管领导批准，增加了由总部相关部门进行审定和主管领导批准的程序。通过严格实施大型以上项目的审批程序，使得项目策划书更具权威性。同时，切实发挥出项目部、专业公司和公司三个层次的成本管理作用。

(四)补充完善施工方案，合理节约施工成本

1. 补充施工技术方案审核内容

十建公司补充施工技术方案的审核内容，在原有审核程序的基础上，增加经营人员审核，补充与结算工作密切相关的技术措施、安全措施以及施工方法等内容更加清晰。例如不同地区、不同环境的冬季施工措施费，不同地质条件、不同天气地区的大型设备吊装场地平整费用，模块化安装和传统安装脚手架搭设费用等等，这样补充审核流程、审核内容后，施工项目施工方案审核更具可操作性，推进施工成本的严格控制。

2. 采取现场垂直运输技术方案

十建公司根据台班使用周期、运输距离和费用综合测算，能用垂直运输的不用吊车运输，在编制垂直运输方案时，必须经过经济指标对比分析，即对吊车吊装和塔式起重机吊装进行总费用对比，本着费用最低的原则，选用垂直运输方案，有效降低了机械费用的成本支出。

3. 采取多样的现场施工焊接方法

在保证施工质量的前提下，十建公司采用自动焊替代手工焊，对于大管径超壁厚管道焊接中采用自动焊和半自动焊焊接工艺、焊接效率提高 2～3 倍，材料消耗和劳动力需求得到有效降低，项目工程效益显著。对于不锈钢管道内膛保护，采用氮气替代氩气，大大降低了气体保护费用。

(五)开展现场模块化施工，提高施工项目工效

项目策划阶段，分析实施模块化施工所制约的外部因素，包括业主或总包的意愿、设计进度、材料采购进度、施工场地、合同费用以及装置拟将使用的大型吊装机械情况，确定可进行工厂化预制或模块化安装的单项工程及功能块区。结合工程进展情况，按照批复的策划内容，及时与业主、设计、采购等各方落实模块化施工的条件，最终确定模块化施工的部位、功能块区以及实施深度。根据施工总平面布置，确定各项模块化施工的时间顺序和场地布置，安排专人针对性的催交催要模块化施工的图纸和材料，提前编制相关施工技术方案。实施阶段，项目部成立模块化工作小组，反复论证每一道工序，采取强有力的组织，在最短的时间内实施完成，为下一模块化施工创造条件。

工厂化预制或模块化施工实施结束后，项目部及时进行总结，总结内容包括工时效

率分析、成本费用对比等相关内容，为下一步在同类装置中推广模块化施工提供借鉴经验。

(六)严控工程材料，节约施工材料费用

1. 精准编制工程材料预算

十建公司严格材料预算管理程序和要求，把项目经营人员纳入工程材料预算审核，同时精确编制要求，其中钢结构材料量按施工图纸净工程量加2%损耗做材料预算，料仓及储罐板材按排版图净量做材料预算，管廊管道按施工图纸净量加1%损耗，工艺管道按施工图纸净量加3%～5%损耗(管道量大的取低值)，以及甲供H钢采用定尺编制预算等一系列规定。通过严格工程材料预算，有效满足施工需要，减少材料浪费，杜绝设备转账的错误，实现降低施工成本的目的。

2. 多元采购自购主材

十建公司采取多元方式改善自购主材的采购管理，项目形成自购主材采购计划后，公司平衡后决定统一采购或委托项目部自行采购，对于大宗、批量、重要及特殊物资的采购由公司统一采购招标，形成规模采购效益，降低采购价格，对于采购数额小的材料，委托项目部通过电子商务平台进行采购，并根据网上报价结果与报价供应商进行洽谈后确定采购价格。对于采购频次高、能形成一定采购批量、供求市场相对稳定的焊材、气体等物资，实行框架协议采购。通过多元采购自购主材，保证大宗材料的采购质量和降低采购价格，实行框架协议后，物资供应渠道和价格较之前更加稳定，实现项目部材料不积压、不剩余，采购效益得到。

3. 严控施工材料发放

十建公司对材料发放管理提出严格要求，规定工艺管道材料的发放，严格按管段号、按试压包、按周施工计划进行发放，杜绝用错材料、丢失材料的现象，保证工程质量，节约工程材料费用。

(七)按两种施工费划分项目规模分别考核，严控施工现场管理费用

1. 合理核定项目管理费用

十建公司综合考虑月度施工费和施工费总额，按照月度平均施工费标准判定施工组织机构、管理人员配备数量、暂设规模等，规定按月度施工费划分的项目规模适用于项目的考核兑现，按合同施工费总额划分的项目规模适用于项目的其他管理。合理核定后项目规模划分表详见表1、表2。

表1 按月度施工费划分的项目规模表

序号	月度平均施工费(万元)	项目规模
1	月度平均施工费≥1000	特大型项目
2	800≤月度平均施工费<1000	大型项目
3	400≤月度平均施工费<800	中型项目
4	月度平均施工费<400	小型项目

表2　按合同施工费总额划分的项目规模表

序号	合同施工费(万元)	项目规模
1	合同施工费≥15000	特大型项目
2	10000≤合同施工费＜15000	大型项目
3	4000≤合同施工费＜10000	中型项目
4	合同施工费＜4000	小型项目

项目部组织机构根据项目规模和工程特点设置，特大型项目部一般设置工程管理部、安全管理部、经营部、物资设备部、综合办公室、调度室等职能部门，大、中型项目部一般不设置调度室，小型项目部仅保留工程管理部、安全管理部、综合办公室。项目部班子成员特大型项目控制在6人以内、大型项目控制在5人以内、中型项目控制在4人以内、小型项目控制在2人以内。同时，确定项目绩效考核依据，初始规模＝合同施工费/合同工期(月)，用于确定项目班子成员预支绩效奖；最终规模＝结算施工费/实际考核周期(月)，用于兑现项目班子成员最终考核绩效奖。

2. 控制施工现场临时性费用

十建公司加强临时性费用控制，一是严格控制临时性设施标准，明确项目临时设施范围，实行一次规划、分步实施，采用拆装式结构、移动式建筑建设临时设施，不仅利于组装拆卸，更便于重复利用，同时对临时设施进行建设与租用经济性分析，大幅度降低临时性费用；二是在纸张、空调、水电、电脑及耗材、车辆、修理、招待、差旅等方面，制定相应的控制措施，针对动车、高铁、飞机等交通工具印发新的标准，严格费用审批程序，杜绝浪费行为。

(八)完善配套制度与信息化建议，为成本管理提供保障和支持

1. 制定以事前策划、事中控制、事后考评为主要内容的成本管理制度

一是健全完善成本管理制度，实现有制度可依、依制度办事的成本控制。制订、修订《项目成本管理办法》《项目目标成本核定办法》《项目成本核算办法》等18项管理制度，基本实现项目管理、检查、评价等工作的标准化、流程化和表格化。通过完善成本管理制度，施工项目主建单位与项目部直接对接目标成本，根据管理要求把成本内容对接细分为：上交公司经营管理费；测算依据、额度、占施工费系数；临时设施费、现场管理费内容和计算原则；综合价水平；与参建单位结算规则以及成本管理要点等，并把交底范围明确为施工项目全体管理人员。实现项目经理有权控制专业公司在项目上成本支出，参建专业公司有权拒绝超出市场价格的分摊费用，采购价格严格执行公司物资采购程序实行会签制度，保证了施工成本与管理措施一一对应。二是抓准项目成本管控关键要素，制定切实可行的成本管理实施细则。总结、提炼适合自身特点的《全员成本管理实施细则》，明确18项成本管控关键要素、107条可具体操作的措施，使项目成本管理更加顺畅。在继续做好目标成本计划、分解、落实的基础上，重点对材料采购和租赁、租赁和和物资处理、分包结算控制、班组承包、车辆使用、劳务班使用管理、管理费用控制、基地维护管理

等进行规范和细化，明确项目施工成本管理按施工费考核的工程成本降低1%的目标。

2. 严格成本分级量化考核

一是分解项目成本相关目标，基本实现考核指标的量化操作。制定成本管理各项考核标准，形成《项目成本管理办法》，能够量化全部形成量化指标，不能量化的进行了定性描述；进一步明确管控责任落实，细化了主管部门、配合部门以及主要考评事项；做好降本减费增效措施计划的下达、分解落实和考核工作，确定分解计划目标值，定期统计考核。二是分层级明确成本指标要求，进一步完善成本量化考核机制。建立公司层、执行层、操作层三层指标考核体系，主要包括：以炼化工程板块全员成本目标管理指标为公司层面主要考核指标；以企业营运效率、项目管理效率等指标为专业公司和项目部执行层指标；以《安装工程消耗量指标》为班组施工操作层指标。

3. 积极推进信息化建设

构建符合施工企业管理需求的项目业务管理平台，把电子商务、人力资源、合同管理等纳入到信息化系统中，最终实现跨平台数据集成、共享、操作协同，全部通过网上操作，规范成本管理行为，减少效益流失。先后部署实施项目管理平台、计价平台等8项自有系统，配套开发202项审批流程，实现业务审批全过程闭环管理。

三、大型建筑企业项目施工成本管理优化效果

一是项目管理水平明显提升。通过实施项目施工成本管理的优化，施工项目工期明显缩短，施工工效显著提高，安全及工程质量保持平稳，连续两年杜绝重大安全质量事故，施工现场管理明显改善。二是降本增效成果突出。2013年，十建公司通过优化与实施施工项目成本管理，实现降本增效3382万元。三是企业经济运行质量进一步改善。公司各项经济技术指标显著提升，核心竞争优势等经济运行质量明显提高。2013年，公司实现利润7087万元。

（成果创造人：樊继贤、赵德源、董克学、赵厚安、曾兆伟、申建国、王任远、苏公良、李　群、李冬蕊）

大型施工企业内部控制体系构建

中交第四公路工程局有限公司

成果主创人：公司董事长兼总经理赵云

中交第四公路工程局有限公司（以下简称“四公局”）是隶属于世界500企业——中国交通建设股份有限公司（以下简称“中国交建”）的综合性大型施工企业。四公局以公路、桥梁、铁路、隧道、房屋建筑与装饰装修、市政、海外工程、房地产业务、投资业务和试验检测等为主业，以BT、BOT、房地产等为新的经济增长点，形成了公路、铁路、房屋建筑、装饰装修、房地产开发等产业组成的基本框架。工程遍布国内20多个省（市、自治区）和海外10多个国家，总部位于北京，现有员工4600余人，各类专业技术管理人员3500余人，注册资金6.85亿元。

一、大型施工企业内部控制体系构建背景

（一）应对环境不断变化的需要

目前，经济形势发生变化。国家经济总量位居世界前列，多数行业、多种产品出现供大于求，能源、材料、人力资源、环境资源等都不能支持企业按原有的方式发展；“转方式、调结构、走出去”成为当前经济工作的主旋律。经过国家大规模的投资建设，市场发生变化。国内交通基础设施得到极大改善，除铁路建设有较大的市场外，公路水运建设市场已趋饱和，拓展发展空间成为企业必由之路。随着市场经济的发展，大项目不仅由国家投资，企业参与投资的情况也越来越多，因而需要与多种形式组成的业主合作；国家交通基建投资总体放缓，地方融资能力受限，业主对企业的投融资能力、产业协调能力、全方位服务能力等方面有了很高的要求。因此，在当前国内外宏观环境和行业环境下，为谋求企业更好的发展，建立一套与施工行业特征相吻合的内部控制体系是施工企业实现自我提升、助推企业升级、应对国内外不断变化的环境的迫切需要。

（二）施工行业管理特性的需要

施工行业特性突出，管理复杂。一是回报期限长，要求企业建立长远的战略规划；二是管理纵深比较长，必须从设计、实施、评价等全过程构建内部控制体系；三是运营成本高，必须要保持较高管理效益水平。而施工企业管理又较为粗放，项目管理成本高；没有实行全面的绩效考核，制度执行不到位；应收账款居高不下，有息负债持续增加，经营现金流出现负数等现象较为普遍，已制约企业做强做大，影响长远发展。建立一套科学健全的内部控制体系，有效地权衡内部控制的设计、实施及效果，促进企业全面协调发展，成为企业摆脱发展困境，实现高效快速发展、转型升级的关键。

(三)践行“五商中交”、实现企业转型升级的需要

中国交建在分析面临的形势和“打造中国经济升级版”大背景下,提出了强化顶层设计、打造“五商中交”(即,全球知名的工程承包商、城市综合体开发运营商、特色房地产商、基础设施综合投资商、海洋重型装备与港口机械制造及系统集成总承包商)的战略定位。而四公局随着规模的逐渐扩大,管理中存在的问题日益凸显出来:传统业务占比过大(公路、房建),产业结构不合理;由于发展速度过快,规章制度还不健全,贯彻落实不到位,考核、考评不完善等;管理空缺大,管理效益不突出等;因而构建一套内部控制体系势在必行。

二、大型施工企业内部控制体系构建内涵和主要做法

四公局以企业发展目标为指导,通过完善组织机构,强化标准化、制度化建设,规范目标管理,务实基础管理,落实考评机制,开展内部控制评价,建立了一套从设计到实施、从目标制定到完成、从过程监督到落实激励约束全过程的内控体系,保障了企业平衡运行,促进了企业转型升级。主要做法如下:

(一)建立组织机构,推进内部控制体系构建

四公局成立内部控制领导小组,协调推进全局内部控制体系构建。内部控制领导小组下设办公室,办公室由企业发展部和审计监察部联合设立,主任由企业发展部总经理担任。内部控制领导小组负责内部控制体系的设计、实施及评价等全过程的组织领导和协调。内部控制领导小组办公室负责组织协调相关单位和部门,开展内部控制体系的设计;制定管理目标;组织对内部控制体系设计的实施;开展监督检查;落实预警、约谈、奖罚等激励约束机制;开展内部控制评价等。

(二)加强标准化、制度化建设,确保内部控制设计的有效性

1. 发布管理体系文件,推进标准化建设

四公局从内部控制的设计入手,梳理和确定统领各项业务经营管理全过程的路径、步骤、流程和序列,分析职能管理和业务管理活动,优化、再造工作流程,根据战略目标变化及适应性组织建设,结合多年的管理经验,总结提炼出一套内部控制管理体系文件,包括:《综合管理总手册》《部门工作手册》《项目管理手册》《危险源和环境因素辨识指南》《法律法规、标准和其他要求汇总表》。

2. 推行“235”综合考评理念,强化内部控制设计执行力

将整个管理单元划分为10分,其中建立科学的规章制度及战略目标占2分,执行规划及制度、采取相应的保障措施占3分,执行取得效果、达到预期目标占5分。基础管理检查中,首先看内部控制的设计如何,即“有没有”;再看内部控制设计的实施情况,即“做没做”;最后通过对

办公场所

工作目标完成情况进行综合评价，引导员工更加注重内部控制的执行效果，即"好不好"。

3. 加强检查力度，提升执行效果

一是重点检查日常管理中的原则性要求，新制度、执行不好的制度，专项检查发现的突出问题等方面。各单位的检查结束后，基础管理检查领导小组办公室7天内形成检查情况报告，报高管层分管成员及总经理审阅、通过后，以正式文件形式发布检查通报，各部门督促整改、并进行验证；检查结果作为年终考评依据，由基础管理检查领导小组办公室保存。二是开展管理体系内部审核。内部审核全部结束后，审核领导小组办公室组织内审员完成纠正措施的跟踪和验证。审核组组长7天内向管理者代表提交一份完整的内部审核报告，内部审核报告经管理者代表批准后，按要求分发。三是专项检查、个别抽查。基础管理检查领导小组办公室根据生产经营情况，对重点单位/项目、预警单位/项目或临时需要协调、帮扶的单位/项目进行检查。

（三）落实工作预警及考评机制，提升内部控制能力

1. 对照整顿"四风"，提出规范办事程序、开展管理预警要求

四公局对照整顿"四风"，查找短板，针对办事程序不规范、工作效率不高、管控力度不够、制度执行不力的问题，对各单位、各部门提出改进要求，发布《关于进一步规范办事程序、落实工作预警和考评机制有关要求的通知》。规范办事程序，对各单位、各部门从办事原则、流程、时限、相关要求等方面提出严格要求；落实工作预警和考评机制，从工作预警考评标准制定，预警发布、整改、验证，及约谈、奖罚考评机制等方面提出下一步工作要求。

2. 制定管理工作预警考评标准

制定《管理工作预警事项考评标准表》并将各项工作进行了细化、量化，明确对下属单位重点管控工作内容，科学制定衡量工作标准：设置了三色预警（红、黄、绿）考评标准，作为衡量各单位工作完成情况（严重不符合、轻微不符合、良好）的评价标准。

3. 管理预警发布、整改、验证及奖罚

每季度末预警发布主管部门对各部门提交的经主管领导签字确认，并进行汇总、整理，经高管层相关成员及总经理签字后，以正式文件发布。《工作预警表》载明了工作内容、预警颜色、预警原因、处罚方式、改进措施和要求完成时间等信息；各单位针对红色和黄色的预警项制定专项整改措施，就整改情况及时报主管部门；局总部主管部门对整改效果予以验证，验证通过后，该项业务的预警颜色重新回归绿色。《××年××季度对各单位奖励表》载明了工作内容、奖励原因、奖励方式等信息。

4. 考评结合，落实约谈和奖罚机制

一是预警与考评。每年底组织各部门，结合综合检查、内部审核、专项检查、日常检查及全年的预警情况对各单位业务开展情况进行考评。

二是考评原则。严格按照公平、公正、公开的原则，对日常业务工作和临时专项工作办理落实情况进行动态考评。

三是奖罚措施。落实奖罚按《奖罚管理办法（试行）》执行，主要分为经济奖罚、通报

表彰或批评；视严重程度分别约谈各单位部门负责人、主管领导、党政正职等。

四是红色黄色预警约谈。凡出现红色、黄色预警由局高管层业务分管领导和主管部门负责人视工作不符合程度及时约谈该单位有关人员，帮助单位查找问题、分析原因，对存在的问题提出明确的整改要求，限期整改完成，并跟踪整改结果。

五是预警与年终绩效考核挂钩。工作预警、工作约谈、工作处罚等作为对各单位年终考评的依据之一；各部门此项工作的开展情况作为部门年终绩效奖励发放的依据之一。

(四)开展内部控制评价形成“闭环式”管理，实现向管理要效益

1. 内部控制评价原则

全面性原则评价包括内部控制的设计与运行，涵盖各种业务和事项。重要性原则。在全面评价的基础上，坚持风险导向思路，着重关注高风险领域和风险点；坚持重点突出思路，着重关注重大业务事项、关键控制环节及重要业务单位。客观性原则。评价准确揭示经营管理的风险状况，如实反映内部控制设计与运行的有效性。

2. 内部控制评价职责分工

董事会对内部控制评价报告的真实性负责。监事会对内部控制评价报告进行审议，对建立与实施内部控制进行监督。高管层为内部控制评价方案提出重点关注业务或事项、并审定，听取内部控制评价报告，组织对发现的问题或报告的缺陷予以整改。内部控制领导小组负责内部控制评价的具体组织实施。

3. 内部控制评价工作流程

一是制订评价工作方案。内部控制领导小组办公室根据内部监督情况和管理要求，分析经营管理过程中的高风险领域和重要业务事项，确定检查评价方法，制定科学合理的评价工作方案，经董事会批准后实施。评价工作方案应明确评价范围、工作任务、人员组织、进度安排和费用预算等相关内容。二是组成评价工作组。内部控制领导小组办公室在内部控制领导小组领导下，根据内部控制评价方案，挑选各部门熟悉情况、参与日常监控、知晓内部控制专业知识的负责人或业务骨干组成评价工作组，具体承担内部控制检查评价任务。三是实施现场测试。评价工作组与被评价单位进行沟通，了解基本情况后，确定评价范围、检查重点和抽样数量，评价人员根据内部控制评价的内容及分工，综合运用各种评价方法，从内部环境、风险评估、控制活动、信息与沟通、内部监督等方面开展现场检查测试，充分收集被评价单位内部控制设计与运行是否有效的证据，记录测试相关情况，并对发现的内部控制缺陷进行初步认定。四是评价记录。评价工作组评价人员根据内部控制评价的内容、分工及现场测试评价情况，将内部环境、风险评估、控制活动、信息与沟通、内部监督等方面评价结果填入《内部控制评价表》。五是汇总评价结果、编制评价报告。评价工作组汇总评价人员的工作底稿，初步认定内部控制缺陷，形成现场评价报告，提交内部控制领导小组办公室。内部控制领导小组办公室对评价工作组的评价结果进行全面复核、分类汇总，对缺陷的成因、表现形式及风险程度进行定量或定性的综合分析，按照对控制目标的影响程度判定缺陷等级。六是形成内部控制评价报告。内部控制领导小组办公室以汇总的评价结果和认定的内部控制缺陷为基础，综合内部控

制工作整体情况，客观、公正、完整地编制内部控制评价报告，经内部控制领导小组及高管层、董事会、监事会通过后，形成单位总的内部控制评价结果。七是报告反馈和跟踪。对于认定的内部控制缺陷，内部控制领导小组办公室结合董事会和监事会要求，提出整改建议，要求责任单位及时整改，并跟踪整改落实情况，造成损失或负面影响的，根据相关办法追究相关人员的责任。

4. 形成“闭环式”管理

内部控制评价是内部控制领导小组对内部控制的有效性进行全面评价、形成评价结论、出具评价报告的全过程“闭环式”管理的最后一环。通过内部控制体系的构建，摒弃粗放生产型管理，向建设节约科学型企业及精细化管理迈进了一步，提升了内部控制能力，为打造升级版企业奠定了基础。

三、大型施工企业内部控制体系构建效果

（一）经营效益显著

四公局内部控制体系的构建促进了企业健康发展。2013 年，局资产规模 111.28 亿元，较 2012 年 81.53 亿元增长了 36.5%，资产总额在四个对标范围内排第一名，较上年同期名次上升二名，资产增速在四个企业中排名第一，达到了 36.5%。2013 年，四公局新签合同额 173.9 亿元，完成中国交建下达指标 90 亿元的 193%，是上年度的 157%；营业收入 97.5 亿元，完成中国交建下达指标 95.7 亿元的 102%，是上年度的 136%；利润总额 2.12 亿元，完成了中国交建下达指标 1.7 亿元的 125%，是上年度的 117%，各项主要经营指标再创历史新高。

（二）生态效益显著

四公局获得国家“AAA 级安全文明标准化工地”1 项；省级“安全文明工地”3 项；省级“平安工地”2 项；所参建的 4 个项目被交通部确定为“平安工程”；获“全国实施用户满意工程先进单位”，施工的“合肥新桥国际机场高速公路”同步获得“全国用户满意建筑工程”；“西宝高速公路 B-M06 标段废弃沥青再生回用工程”获“2013 年国家重点环境保护实用技术示范工程”，目前四公局国家环保示范工程数量达到 4 个。

（成果创造人：赵　云、杨　毅、毛昌锋、张丽芬、姚　熙）

地方国企以快速发展为目标的资本运作管理

福建漳龙实业有限公司

成果主创人：公司法人代表庄文海

福建漳龙实业有限公司（以下简称“漳龙实业”）成立于2001年7月，注册资本28亿元，是漳州市政府授权经营的国有独资企业。漳龙实业参与了厦漳跨海大桥、厦成高速等一批省市重点项目建设，通过成功资本运作，形成了“6＋1”产业格局：基础设施项目投资板块，水务与城市建设板块，贸易与物流管理板块，房地产综合开发建设板块，现代农业、休闲旅游与会展板块，生物科技开发生产板块，加金融发展产业链。

一、地方国企以快速发展为目标的资本运作管理背景

（一）抓住国家促进企业债发行政策机遇，促进企业快速发展的需要

2005年以后随着《国家发改委关于进一步改进和加强企业债券管理工作的通知》的颁布，企业债发行政策有了实质性调整，明显降低了债券发行门槛，越来越多的省会城市及地级市国企加入到发行企业债的行列。针对2008年国际金融海啸的影响，我国政府果断采取积极的财政政策，扩大投资规模，特别是为了支持地方政府加大基础设施投资，2009年3月中国人民银行联合银监会发布《关于进一步加强信贷结构调整促进国民经济平稳较快发展的指导意见》，提出“支持有条件的地方政府组建投融资平台，发行企业债等融资工具”。此外，国家发改委发布《关于推进企业债券市场发展、简化发行核准程序有关事项的通知》，将企业债由“批准制”简化为“核准制”，在天量基础设施建设资金需求和企业债发行制度开闸的共同作用下，地方性国有企业的企业债发行进入爆发式增长期。

（二）企业突破自身瓶颈、实现进一步发展的需要

多年来漳龙实业作为地方性国有企业，通过组建资产运营公司接手许多改制的小型国有企业，承担漳州市国企改制带来的历史遗留包袱。但由于漳龙实业自身实力不强，沉重的负担也造成自身现金流的严重不足，公司曾进入了“无主业、无盈利、无融资”的三无状态，2007年年底报表显示漳龙的现金流甚至为－1104.48万元，巨额银行贷款的还款压力几乎令漳龙实业不堪重负，无法争取到新的建设项目，甚至随时面临着脱轨的危险。除了在资金层面上面临困难，漳龙实业还在会计制度、资产质量及外部信用评级上处于一个较为不利的境地。彼时，由于所属各子公司的企业性质不尽相同，所采用的会计制度也各有差异，整体财务制度上没能统一规范起来，得不到金融机构的认可。另外

由于资产质量不高，没有得到任何信用评级机构的评级，漳龙也不具备参与资本运作的基础条件。

二、地方国企以快速发展为目标的资本运作管理内涵和主要做法

漳龙实业通过资产加减和股权重配来整合资源，提高公司资产的数量和质量；通过重组产业链条以激发协同效应，做大公司营业收入；通过自身管理调整，紧抓信用评级等关键因素的提升，解决公司难题；通过整合核心业务板块，打造企业在市场上的业务竞争力，反过来支持公司资本运作；通过树立"第一单"的业务精神，不断在融资市场上率先取得突破，搭建多元化融资渠道；通过打造专业团队，做实合作机构关系管理，为企业在资本运作领域的不断突破打下坚实基础。主要做法有：

（一）整合资源，全力突破直接融资渠道

1. 全方位争取资源，做大资产及营收水平

通过争取政府支持，将龙池经济开发区的漳州经济发展公司整个资产经评估之后注入漳龙实业，大大提升公司净资产，也获得信用评级公司的认可，跨过申报企业债的门槛。同时，源漳龙实业将控股企业漳州发展整合制水、售水、水务工程、污水处理等水务资产，成功组建水务集团，实现产业化经营，在做大规模的情况下有效地提升企业资产的盈利水平。并凭借着过去几年漳龙整合漳州市汽贸行业链条的成果，显著地提升集团现金流水平，为企业成功发行企业债打下坚实的基础。

2. 通过恰当的"加减法"整合资产结构，优化配置股权资源

一是漳龙实业通过将未来盈利前景不佳的业务从集团剥离，直接提升企业的盈利效率，同时获取支持更具发展潜力产业所需的资本。比如，其公路资产业绩贡献比重小，且未来几年将处于一个还贷高峰期，分红利益微薄，漳龙实业果断转让其所持有的厦漳高速 39.7%股权，收回 2.2 元亿资金，同时节约超过 500 万元的财务成本，既实现所投资产增值的目的，又优化公司财务结构，还获取进一步发展的动力。

二是漳龙实业非常注重将股权在需要优势互补的企业之间进行置换，通过互换股权来使公司股权得到优化，改善公司股本结构，发挥规模经济效应，降低运营成本。例如集团下属漳州发展控股子公司通达公司级漳信公司所辖的国道 324 线和 319 线收费路段面临大修，同时，漳诏、漳龙高速相继建成通车，通达公司及漳信公司面临成本上升，而通行费收入下降的压力；面对经营环境的重大变化，公司领导积极研究对策，通过漳龙、漳发展和福建省漳州建筑瓷厂三方签署《股权置换合同》，以通达公司 74.8%及漳信公司 75%的股权置换漳交开公司 90%的股权。由于漳交开持有漳诏高速 28.33%，及持有漳龙高速 32.03%的股权，从而实现了"以间接持有高速公路股权取代国道收费经营权"

集团本部所在地：漳州发展广场

的方式降低了公司经营风险。

三是获取企业发展的资金支持后，漳龙实业盘点所能争取到的国资资源，通过多元化布局，打造符合企业自身情况的主打产业，通过资产重新配置形成较为完整的“6＋1”产业链条：即基础设施项目投资板块，水务与城市建设板块，贸易与物流管理板块，房地产综合开发建设板块，现代农业、休闲旅游与会展板块，生物科技开发生产板块和金融发展产业链。

（二）突破制约因素，提升信用评价等级

1. 解决“政府融资平台名单”问题

根据银监会规定，银行不能为企业债提供担保，漳龙实业不能再利用银行作为增信手段，无法达到企业债发行的基础条件。漳龙实业通过争取资源，扩大自身资产总量，提升公司资产质量的方式重新得到评级机构的认可。另外，漳龙实业所属各子公司由于企业性质、历史遗留问题等原因采用不同的会计处理方式，漳龙实业集中对所有资产进行梳理，规范集团的计账模式，统一公司的财务制度。针对被划入“政府融资平台名单”的问题，漳龙实业以“回购应收账款质押”方式解决担保问题，并通过法律安排，完成回购项目已完工情况下特殊“BT”协议的法律意见书，解决担保、资产结构、信用等级等困难，并退出“政府融资平台名单”。

2. 提升信用评级水平

漳龙实业选择评级市场龙头公司联合资信作为长期合作机构，并在自身不断壮大的过程中调整管理体制以匹配评级公司对企业的考量标准。

公司在成功发行10亿元“09闽漳龙债”，并首次取得“AA－”的主体信用评级之后，不断提升公司资产数量，优化资产质量，提升业务经营水准，并不断同评级公司进行沟通协调，实现从“AA－”上升至“AA”，及从“AA”上调至“AA＋”的两次飞跃。

3. 以第一单”精神搭建多元化融资渠道

漳龙实业投注大量精力去搭建各类直接融资渠道，在各个金融领域做到“第一单”的突破。成功发行10亿元企业债，首开福建省非计划单列市企业发行企业债券先河，被评为当年漳州市“工业强市”十大事件；成功发行的中期票据，成为首家福建省非计划单列市企业发行中期票据的企业。漳龙实业还成功采用短期融资券、定向工具、中小企业私募债、黄金租赁、产业基金等金融工具进行融资，其中多项也是漳州市“第一单”。

（三）组建专业团队，搭建和合作机构的交流平台

1. 组建专业精英团队以应对迅速变化的金融市场

最早发行企业债时，漳龙实业主要靠各部门抽调人员成立工作小组，但随着金融市场的飞速发展，以及漳龙实业所运用的金融工具日益多样化，监管层的监管标准也不断在随着时代变化，公司越来越需要一支专业的队伍来开展金融领域的工作。漳龙实业从银行、券商广泛吸收一批愿意扎根企业，投身漳州市经济大发展的人才，组建集团金融发展部。

2. 加强同合作金融及中介机构关系管理工作

漳龙实业重视建立常规的材料、信息交流的渠道。漳龙实业高度重视来自银行、券商和评级公司的市场材料报刊,积极参与合作金融机构的相关培训,掌握金融市场业务和信息的变动。同时,漳龙实业也会定期将公司在项目及业务上的进展同合作金融机构及中介进行及时沟通,并通过漳龙报等刊物将公司信息传递给合作机构。

三、地方国企以快速发展为目标的资本运作管理效果

(一)企业通过资本运作迅速实现发展壮大

六年来,福建漳龙实业有限公司从一家注册资本为1亿元,从事专业经营的公司,成长为一个注册资本为28.28亿,控股上市公司的大型投资控股集团。漳龙实业资产总额从64亿元增长到250亿元;2014年半年营业收入突破46亿元,实现净利润5.8亿元。

(二)成为福建省国企资本运作的标杆企业

漳龙实业在资本运作上的成功为其他企业特别是国有企业起到了很好的示范作用,成为了漳州市甚至是福建省地方性国有企业资本运作的示范标杆企业,为其他国有企业通过整合重组,搭建直融渠道,提供了学习借鉴。

(三)线引国有企业社会责任,取得良好的社会效益

(成果创造人:庄文海、林奋勉、张毅宾、潘培红、周泽辉、吴坤洪、张广宇、谢志平)

人力资源与
企业绩效管理

网络化战略下按单聚散的人力资源管理

海尔集团公司

成果主创人：公司高级副总裁兼首席财务官
谭丽霞

海尔集团公司（以下简称“海尔集团”）创立于1984年，从开始单一生产冰箱起步，拓展到家电、通讯、IT数码产品、家居、物流、金融、房地产、生物制药等领域，成为全球领先的美好生活解决方案提供商。2013年，海尔全球营业额1803亿元，利润总额108亿元，继续保持利润增长二倍于收入增长。据消费市场权威调查机构欧睿国际（Euromonitor）的数据，2013年海尔品牌全球零售量份额为9.7%，连续五年蝉联全球白色家电第一品牌。

一、网络化战略下按单聚散的人力资源管理的背景

（一）适应互联网时代发展趋势要求

互联网时代传统管理模式正面临着巨大挑战，一方面，在互联网时代，用户拥有足够的信息掌握产品特点及价格，自主选择，带来了用户需求的个性化、碎片化。另一方面，传统经济时代赖以成功的金字塔组织阻碍信息传递的快速性和时效性。在互联网时代，爆炸式的信息是几何级速度传递，金字塔的组织已经不能满足信息的传递与共享；另外，根据“熵”理论，封闭的组织会随着运行“熵”不断增加，即无序化状态增加，不断积累“负能量”，需要通过打破组织边界，开放的引进“负熵”，不断消除内部的“熵”，保持组织的活力。因此，如何建立一个开放的、以用户为中心、扁平化的平台型组织，成为新时期人力资源管理面临的挑战。

（二）适应海尔战略的深入推进

从1984年创业至今，海尔集团经过了名牌战略发展阶段、多元化战略发展阶段、国际化战略发展阶段、全球化品牌战略发展阶段，目前进入网络化战略阶段。每个战略阶段的思路是一脉相承的，都是创造用户需求，为用户提供满意的体验。海尔的战略目标探索是从“规模型企业”到“平台型企业”，即打造成互联网时代全球领先的智慧生活解决方案平台。实现战略目标，需要相适应、相匹配的人力资源管理，对人力资源管理提出了新的要求。

(三)人力资源管理面临亟须解决的新课题

以自主经营体为基础的人单合一管理的探索在2011年取得了阶段性成果,构建了战略损益表模型,但在具体实施层面,落地到人的工具尚待完善;在组织方面,通过构建三类三级自主经营体,形成倒三角形自主经营网络,解决了传统金字塔组织机构臃肿、层级复杂、效率较低、官僚思想滋生等问题。但是,新的倒三角组织在执行中也暴露出一些突出问题,需要通过人力资源管理系统的不断变革来加以解决。例如,在组织沟通方面,出现的组织封闭、中间层阻碍问题;在激发员工创业创新方面,管理者从发号施令者变成资源提供者,员工从被动执行命令到主动创造用户需求,但在实施层面,尚存在差距;在人员管理方面,互联网时代强调"不为所有,但为所用"的人才观,而现有的自主经营体主要是针对在册员工的管理,需要建立新的人力资源配置的方式,围绕组织战略确保优秀人力资源的有效接入。

二、网络化战略下按单聚散的人力资源管理内涵和主要做法

海尔集团以"单"(即"来源于用户需求的市场目标")为核心,通过创新二维点阵管理工具,实现战略损益表的落地;打造平台型组织,实现与用户零距离;创新人力资源聚散模式,开放吸引全球一流人才与资源,实现世界就是我的人力资源库;建立"对赌酬"激励机制,激发员工的潜力与激情,实现员工与企业收益共享,风险共担;通过创业者孵化平台,鼓励员工创业创新,实现人人创客;建设承接战略的HR大数据增值服务系统,提高运营效率,为企业决策提供数据支持。主要做法如下:

(一)明确"按单聚散"的指导原则和思想

顺应互联网时代的"零距离""去中心化""分布式"发展趋势,海尔集团明确按单聚散人力资源管理的指导思想和原则是:开放、共享、共赢,即从一个封闭的科层制组织转型为一个开放的创业平台,搭建机会均等结果公平的游戏规则,呼唤利益攸关各方共建共享共赢。

(二)创建"二维点阵、对赌承诺"管理工具

在集团网络化战略下,员工直接面对市场,是自我驱动、自主创新、满足用户需求的主体。原来的自上而下逐层确定目标的方式必须颠覆,为了使战略损益表有效落地,海尔创建"二维点阵、对赌承诺"管理工具。

1. 二维点阵

"二维点阵"上接战略损益表,下连对赌承诺,是全流程闭环的单与绩效管理工具。二维点阵承接战略损益表的第Ⅰ象限(战略与目标)。二维点阵分纵横两个维度,横轴是企业价值(如收入、利润、平台交易额、市值等);纵轴是网络价值,是实现横轴竞争力的差异化路径,聚焦的不是短期而是长期的持续发展。二维点阵

生产现场

的创新性体现在四个方面：一是横轴目标设定：不是和自己比，比的是在行业中的竞争力。横轴分2、4、6、8、10五个分区，每个分区代表目标在行业中的竞争力。2区位表示行业水平，4区位表示行业1.2倍水平，6区位表示行业领先，8区位表示行业第一，10区位表示行业引领。即分区越高，说明目标在行业中的竞争力越强。二是纵横轴互为验证：纵轴是对横轴的校验，纵轴承接战略的因，产生横轴市场竞争力的果。横轴区位和纵轴区位相互匹配，例如横轴实现6区位的目标，纵轴不会达到8区位的水平。三是自主抢单：摒弃传统组织自上而下分配任务的模式，通过竞单上岗流程鼓励员工主动挖掘用户需求，抢更大的单。单是事前算赢的，每个员工都有事先算赢的三预，评价流程为公开透明，自报公议的方式。四是体系开放：单目标是开放的、动态优化的，体现的是行业竞争力水平。

2. 对赌承诺

承接二维点阵落地实施的载体是对赌承诺，对赌承诺承接战略损益表的第Ⅰ、Ⅲ、Ⅳ象限。对赌承诺包含到小微的小微对赌契约和到员工的人单合一双赢承诺（见图2）。小微对赌契约中明确了对赌的单、单目标、单达成时间、单达成对应的分享机制等。小微对赌契约明确之后，具体到不同类型的员工，也要有源自二维点阵的人单合一双赢承诺，每个人从不同维度承接二维点阵的纵横轴。比如小微主的人单合一双赢承诺要以用户流量切入，通过产品迭代和平台级产品的推出，不断提升用户黏度，优化用户体验，进而实现小微整体市场竞争力。小微对赌契约和员工人单合一双赢承诺既自成一体，又相互呼应，前者是后者的前提，后者是前者的承接，两者以二维点阵为桥梁，相互验证，互为因果。海尔集团在二维点阵的应用上，更强调用户，更强调与行业比。通过二维点阵的实践，推动“以企业为中心”的产品模式向“以用户为中心”解决方案模式的转型。

（三）打造新型微单元组织运营模式

海尔网络化战略的实施，可以归纳为三化，即：企业平台化、员工创客化、用户个性化。网络化战略下，海尔的组织再一次颠覆，转型为并联生态圈的平台型组织。网络化战略阶段下，零距离一体化、开放社会化、快速资源整合管理的组织核心竞争能力要求海尔“倒三角组织”必须再次变革，海尔进行以“小微”为基本运作单元的平台型组织的探索。海尔不再是一个大型集团公司，颠覆成一个可快速聚散（凝聚）内外部资源的生态圈，一个创业孵化平台。任何创客都可以在这个平台上创新、孵化、成长，成为自治小微公司，做大、做强。平台的主要职能是聚散资源交互价值，形成持续破坏性创新的生态圈，平台必须是开放的，能够让“一流资源无障碍的进入”以及“各方利益的最大化”。因为各方利益最大化，才可能吸引更好的人进来。平台的成立要能为小微和生态圈的繁荣提供增值，其成立须遵循四个原则：零基原则；增值原则；资源聚合；优于社会。否则，平台不能成立。

海尔平台型组织的基本单元是“小微”。小微是自主经营体的演进和升级，是由创客在海尔的孵化平台上自主注册而成的。小微是全流程的，能够直接创造用户资源、用户价值，能够自驱动、自优化、自演进，可以利用社会化的资源、社会化的资金来进行创业，小微自优化；小微成员开放自抢入，按单聚散，而不再是固定的组织、固定的人，从而最大化的保证组织架构的柔性化和灵活度。小微的终极目标是完全市场化的创业小微，现阶段小微分为三类：创业小微、转型小微和生态小微。

创业小微是在海尔平台生态圈里，聚焦新机会、新事业，完全市场化的自组织；例如，雷神、水路盒子等。转型小微是在海尔生态圈里，通过模式颠覆，完全市场化机制，实现从小到大的自组织或在海尔平台上，成长、成熟期的现有业务，自主经营、自负盈亏、市场化机制的自组织；例如：采购平台。生态小微是在海尔生态圈里，创造用户资源，交换价值，创造超利的自组织。例如，车小微。

小微与平台之间是同一目标下价值交换的市场关系，同一目标下的共赢共享关系。"小微"和平台之间是"市场结算"关系，平台报酬源自"小微"。海尔平台型组织生态圈创新点体现在三个方面：价值链、协作关系，资源配置，如表1所示。

表1　平台型组织转型

	原组织	平台组织	创新表现
价值链	直线串联	同步并联，闭环迭代优化	· 产品与服务结合，满足有效需求 · 公司价值链向社会价值链转变
协同关系	部门职能化	共享化、交易化、价值增值	· 全流程对最终结果负责的契约关系 · 员工创客，利润共享 · 市场交易化、价值化
资源配置	归口管理	平台 零距离 权责关联模式	· 无障碍快速反应资源支持 · 依据战略选择性投资

第一是价值链创新。常见的价值链是串联的，串联流程下，研发完了去制造，制造完了去营销，一环一环下来。这样总流程就会很长，无法实现快速满足用户需求的要求，所以海尔就将价值链转变成同步并联，迭代优化的，各个节点都共同面对用户的需求、共同响应用户需求、共享用户信息。从产品最初的设计开始，用户就参与，一直到最后销售结束，全流程的信息共享。

第二是协作关系创新。传统组织的组织单元（部门）之间是职能化的协作关系，平台型组织的组织单元（小微）间是共赢共享的市场交易关系。小微直接创造用户需求，平台为小微提供优于社会的资源支持，如果平台提供的资源满足不了小微的需求，小微还可以在生态平台上快速吸引选择更优的资源，不用内部资源平台提供的服务，小微有权选择任何最优的资源满足自己的需求。这样就会激励平台持续的追求卓越，提升自己的竞争力，平台也必须不断迭代优化。这样就促使小微和平台同步发展，共同进步。

第三是资源配置的创新。传统组织的资源配置是职能化归口管理，平台组织的资源配置是市场交易化的经济核算模式。职能化归口管理最大的问题就是资源不是按目标配置，资源管理部门成了市场的"隔热墙"，资源使用需要层层审批，不能快速响应市场需求，待资源审批下来以后，可能已经不是市场上需要的了，贻误市场机会。为了打破这种弊端，平台型组织的资源配置模式变成了市场交易化的经济核算模式，平台与小微之间也是交易对赌关系。小微一旦交互了解了用户需求，有了满足用户需求事先算赢投入产出的方案，便可以将资源投入使用，不再需要各节点的审批，能最快速的响应市场用户需求。而平台要做的就是不断优化生态圈资源，整合外部一流社会资源满足小微的需求，让小微愿意在它这个平台上进行运转，进而提高其存在的价值。这样，海尔的平台生态圈就不仅仅是企业内部的，而是整个社会资源形成的生态圈。

平台型组织的以上三个方面的创新，充分体现海尔的三化。员工创客化，从创新主体上看，海尔平台型组织的转型使内部员工、外部用户以及合作方都发生了角色上的变化，每个员工只要你有好的创意、好的点子，海尔就会给员工提供机会去路演、吸引风投，海尔就是一个平台；用户个性化，全流程参与交互、设计，并进行交互评价；外部合作方在海尔的并联平台上运转自优化。这些对海尔平台型组织发展既是机会也是挑战，海尔平台型组织也会承接战略的发展不断更新、迭代、优化。从组织创新的效果上看，组织追随战略，海尔平台型组织从管控组织到人人创客，自下而上为企业注入活力，激励每个人都是创新主体。从组织流程上看，从串联到并联，原来开发采购制造营销串联，现在并联系统取消中间层、隔热墙，提升效率。

以车小微为例。“车小微”隶属于海尔的日日顺平台，它是以加盟模式吸引各资源方主动进入，给加盟商订单，给他们运营系统、派工系统、结算系统等，从而搭建起送装一体化服务平台。每一辆配送车都是一个小微公司，符合条件的家电服务点、经销商，以及物流公司、个人等都可以加盟。通过车小微，日日顺平台成为一个“开放平台”。

以前，海尔的营销服务网，从省、市、县甚至到乡镇都要有专人负责，服务中心人员的主要职责是接到用户订单后，给网点派单，调度送货；原来负责物流配送的车辆和人员，此前的工作是被动地接受网点安排的派单送货。而随着互联网时代电商迅猛发展，用户对大家电物流送装的及时性和服务质量又提出新的要求。尤其是目前电商人造节日越来越多，海量订单如何短期消化，成为物流需要解决的难题。车小微模式，就是海尔在提升配送效率、提高用户满意度、降低配送成本，以强化最后一公里的配送，形成对整体物流体系的提升进行的新的探索。

车小微平台是开放的，不仅整合海尔原来的6000多家服务商的送装服务，还吸引数万社会车辆的加盟。通过互联网自主进入，自主抢单，服务评价来自用户，考核则靠信息系统。用户给每单的评价会影响车辆评级，评级则会影响抢单的优先级。通过这种方式，激励每辆车努力提升客户满意度。

转成车小微后，原来负责配送的司机们从被动接单变成主动抢单，有点类似于打车软件抢单。这些配送车辆既可以承接海尔的配送单，也可以承接阿里巴巴、京东或者其他任何品牌商的配送单。海尔原来的服务网则转型成为一个信息及支撑平台，为车小微们接大单、开发票、垫付车小微们支付不起的不良品退还资金占用等。车小微通过后台的大数据系统，对沉淀下来的消费数据进行大数据分析和订单的预测，为每辆车提供智能决策支持。同时车小微通过其GPS定位系统、POS机、定制的平板电脑等完成与后台数据的连接，通信管理系统可以按位置分配订单，保证快速送达体验，这样每辆车都拥有“大脑”。优化后的配送体系效果显著。双十一凌晨，济宁的一位用户00：05分在海尔天猫官方旗舰店完成下单，在征得用户同意后，00：25 分全自动洗衣机就送到用户家中，并为用户进行安装，这种超快的速度让用户惊讶到难以置信。

目前，海尔的配送系统已经吸引 9 万多个“车小微”、十几万人加盟创业，其中海尔 6000 家服务商转型而来的车小微约有 2 万个。现在，每个“车小微”的投资回报率平均接近 30%，而企业配送成本也降低了 5%。正是有了 9 万多个“车小微”，海尔才在全国 1500 多个区县做出“按约送达、超时免单”的承诺。

（四）构建以“单”为核心的人力资源聚散模式

按单聚散的目标是在开放的组织下，打破组织边界，让外部优秀的人和资源可以无障碍进入，相当于引入“负熵”，让组织保持持续活力。

按单聚散流程包括四个部分：第一部分，明确人力资源需求来源于战略和市场目标；第二部分，构建开放的人力资源交互平台，解决人力资源来源问题，这个交互平台可以快速挖掘和搜索各类社交网站、各类专业领域网站等，把上面的人和资源动态聚集在交互平台上，同时可以把这些人和资源进行“画像”，然后匹配战略和目标的需要，进行优先级排序，显示在平台上，小微可以自主用人，另外，这个平台可以实现资源、人和小微组织之间的实时动态交互；第三部分解决了人和资源如何进入到海尔平台上，主要通过自主申报、开放抢单、PK 三预竞单上岗、签订契约四个小流程来实现；第四部分是动态优化，人和资源进入平台以后，不是一劳永逸的，而是动态变化的，基本上可以分成三个情形：第一个情形，发展的趋势非常好，高单高酬；第二个情形，抢了市场目标，单是周期性的项目工作，完成这个单之后可以去抢其他的单，即人在企业内部，每个人都是节点，这个节点不是静态不动的，而是基于目标的需要聚散；第三个情形，抢单之后，发展趋势和竞单上岗时的目标承诺有差异并且不能限期关差，这时会启动“官兵互选”的机制。

通过按单聚散平台，解决三问题，第一，官兵互选让团队能够持续保持活力，并且让更优秀的人持续动态进入到海尔平台上；第二，PK 三预竞单上岗的机制，解决了员工主动抢大目标的问题，解决了员工快速发展的问题；第三，通过开放接入一流的资源，解决了现有人的能力和更大目标之间差距的问题。

（五）建立“对赌酬”激励机制

海尔实施以“小微”为基本运作单元的平台型组织转型后，员工成为创客，可以在海尔平台上创新、孵化、成立小微公司，小微与企业不局限于原来的劳动雇佣关系，还包括市场化的资源对赌关系。小微与海尔平台事前确定对赌承诺，承诺目标价值及分享空间，在达成对赌目标后，按约定分享对赌价值，并在小微内自主分配到小微成员，资源对赌、自挣自花。这种主体对等的价值分享模式以及小微拥有的高度自主经营权，有效地驱动小微的自演进和自发展，也进一步激发小微成员的积极性和主人翁意识。

在对赌酬模式下，针对创业小微、转型小微和生态小微差异化特点，实施差异化的对赌酬机制。一是创业小微对赌股权激励机制。网络化战略下，海尔鼓励员工转型创客，聚焦新机会、新事业，孵化小微公司，通过出资持股、期权、跟投等股权激励机制，与创业小微绑定，驱动创客从“打工”转变为小微的“主人”，实现收益共享、风险共担。二是生态小微市场交易机制。生态小微加入海尔平台和生态圈，创造用户资源，在生态圈里交换价值创造超利。具体来讲，事前与用户确定对赌协议，约定对赌的目标及超利分享的空间。以智能制造小微为例，事前与用户对赌交货量、产品质量、单台成本、交货期等，二者是委托加工关系，事后小微按照实际交货量结算加工费用，形成小微收入，作为小微自主分配、自主经营的资源空间，自主兑现到小微成员。三是转型小微对赌价值分享机制。对赌价值分享的核心是资源对赌、自挣自花，二者分别通过小微整体按单预算、到小微成员按单预酬两个机制实现落地。

按单预算机制，是转型小微与平台资源对赌的实施形式。按单预算以小微的竞争力目标为核心，预算人工成本资源并根据小微实际创造的价值配置人工成本资源。按单预算的核心不是预算"人工成本额"而是预算"人工成本效率"，人工成本效率是指投入的人工成本占所创造的价值的比例。小微按照人工成本效率自主分配、自主用人，自己的成本如何使用自己说了算。海尔人力将按单预算裂变为事前算赢、事中显示、事后闭环兑现三个前后衔接、流程闭环的活动：一是事前表现为下一年度的预算如何确定，主要遵循持续优化、高单高酬的原则，预算最终确定下来的人工成本效率，作为对赌目标，由小微按人工成本效率自挣成本资源，自主分配；应挣人工成本资源＝人工成本效率×竞争力目标预算(收入或利润等)。二是事中表现为人工成本效率的过程管理和动态显示，主要显示的是：应挣人工成本资源与实挣人工成本资源的差以及差距对小微的影响，根据此显示结果，小微采取措施、事中关差。实挣人工成本资源＝人工成本效率×实际实现的竞争力目标(收入或利润等)。三是事后表现在自主分配上，即小微在实挣人工成本资源范围内，自主决定如何分配使用，小微的自主权主要体现在对薪酬的自主分配和自主用人。

在按单预算机制的落地过程中，海尔人力主要是提供预算的方法与工具，作为小微的伙伴，起到帮赢的价值。按单预酬机制，则是小微在对赌资源空间内，按高单高酬原则自挣自花分配到人的落地形式。酬与员工所创造的价值相连，单酬联动，高单高酬。行业上有3P付薪的理念，在海尔，完全按照单的价值预酬；为什么叫预酬而不叫定薪，是因为预酬是根据单的目标价值确定。实际干到什么程度决定实际能拿到多少，而不是干好干差一个样，价值大小一个酬。

具体做法是每年基于年度单的目标竞争力，确定薪酬的项目和薪酬的竞争力，通过机制使承担高目标的员工，获得高竞争力的薪酬，激发员工的积极性与创造力；事后看事前约定的单(对什么负责)及目标(负责的目标值)是否达成，按实际创造价值兑现。例如，以研发人员为例，每年首先确定每个人的单，体现为二维点阵和对赌承诺，然后通过两个维度(见表2)，确定出每个人的价值大小；根据价值大小，对标行业薪酬市场竞争力，确定预酬结构和预酬水平，同时明确挣酬规则。

从人单酬升级到对赌酬的过程中，激励不再是简单的薪酬对标、薪酬核算和发放，而是将其作为一项机制，融入小微的运转当中，从事前算赢，事中显示，事后闭环兑现三个维度，实现与小微的零距离，为小微的自主经营提供全流程的工具和方法支持。

(六)形成支持创客"创新创业"的孵化机制

为了让每个员工成为创新创业的主体，海尔对标行业股权类、现金类激励机制，分析短期激励性、长期激励性和风险共担程度，以此为输入，结合海尔战略层面的小微定位、分类，针对不同类的小微，匹配个性化的激励模式，实现收益共享，风险共担，让每个员工变成企业的主人，站在股东的角度经营企业，激励每个员工创新创业，实现人人创客。

一是在创业机制方面，包括员工持股、对赌期权、跟投、虚拟股权等形式。员工享受创业机制的前提是需要对赌有竞争力的目标，拿出差异化的方案，通过竞争抢入小微，成为小微的主人，在享受权益的同时，承担相应的责任与风险。风险共担体现在小微跟投上面，收益共享体现在超利分享和资产增值分享上。

二是在创客大赛方面，自 2014 年 3 月份启动，已举办三季。有 100 多个团队参与，漏出 20 多个团队参与路演，10 多个团队获得认可，有投资意向。内部形成常态化的“创客咖啡”、“微课堂”等，接入外部一流资源，如著名 VC、企业孵化器、成功创业者等，为创客提供常态化的创业培训，培训覆盖上万人次。

三是在创客培训方面，海尔大学拥有 300 多位内部讲师，来自于优秀的样板小微，不断提升和发展的动态内部讲师管理体系；80 多位兼职教授，与 IMD、沃顿商学院、中欧、清华、北大、人大国内外高等院校建立师资合作关系；50 余家全球一流战略合作伙伴，开放整合并接口全球一流的学习资源，资源互换，建立战略合作伙伴，目前有宝洁、思科、IBM、HP、卡内基等一流外部合作伙伴。通过对创客的能力进行分解，创客培育项目最终聚焦创客精神、创业方案、互联网思维等三大类 11 小类能力（Maker 创新、创意交互、众筹模式、投资模式、商业企划、创业团队组建、资金管理、粉丝力量、虚网零距离交互、行业趋势等）进行培养。

（七）建设承接战略的 HR 大数据增值服务系统

海尔的平台型组织及按单聚散人力资源体系的运营，需要强大的信息化系统保障，对原 HR 信息化平台提出更大的挑战；小微的运营需要公开透明的，规避风险；小微负责人在进行决策时，需要有数据分析做依据、支持，另外，在海尔生态圈上孵化出来的创业小微，对 HR 运营流程及管理体系提出更为高效、简捷、个性化的需求。

基于以上用户需求，海尔集团 HR 平台搭建一个模块化、灵活、流程可以自由组合的 E—hr 信息化平台，该平台包含平台型组织管理、人才的按单聚散、薪酬体系管理、共享服务（劳动合同、五险一金、年金）等。

同时，E—hr 信息化平台还为小微提供各种增值服务，如人才雷达，支持小微对人才需求的全网搜索、评估、分析等；HR 大数据增值平台，通过对数据深度挖掘分析、可视化，为小微主决策提供数据支持，为员工提供各类自主服务（查看个人信息、绩效、薪酬数据显示，快捷的全方位信息化服务等），为 HR 提供全方位数据分析、解决方案。

三、网络化战略下按单聚散的人力资源管理效果

（一）初步探索出与互联网相适应的人力资源管理

按单聚散的人力资源管理，以自主经营的思路释放了小微的自主性、积极性和团队活力；以按价值付薪的方式激发了员工自主抢单、抢高单预高酬的主动意愿；基于小微作为激励分享的主体，变之前员工和企业之间的雇佣被动的劳动关系，为现在成员和小微之间的对等主体的对赌关系。激发了员工的创造力和积极性，2014 年较 2011 年，人均效率、人均效益倍速增幅，人力资源效率改善 36％，员工收入平均增幅 30％。

（二）促进企业实现战略目标

通过按单聚散的人力资源的管理，截至 2014 年 10 月，在海尔的平台上已经孕育和孵化出一百多个创客小微，既有海尔的在册员工离开企业进行的创业，也有社会上来海尔平台的在线创业者，支持了组织向平台型企业的转型。海尔集团连续取得了利润增幅二倍于收入增幅的业绩，2013 年海尔的全球收入达 1803 亿元，利润总额达到 108 亿元；现金流达 140 亿元，同比增长 60%，营运资金周转天数达到－10 天，行业是正的 30 天左右。

（三）激发了创客"创新创业"的激情

在企业转型中，海尔人力资源更多的角色属于战略人力资源，担负着引领战略方向，支持战略转型的任务，通过"机会均等、公开透明"的机制创新，激发了员工活力，挖掘员工潜力，员工自驱积极转型；同时，为创业者提供了自驱自主创新、创业的开放平台。通过开放的按单聚散的平台，外部资源、人才可以无障碍地抢入，直接带动社会创业，如以"车小微"为例，加入"车小微平台"的全国共有 9 万多辆车，每台车上包括司机、安装人员等至少 2 人，共计约 18 万人加盟在海尔平台上创业。

（成果创造人：谭丽霞、王筱楠、纪婷琪、宋尚义、任　华、张　颖、张俊玲、蔡　静、韩海良、贾春娟）

钢铁企业实现岗位、技能与绩效有机结合的薪酬体系构建与实施

鞍钢集团公司

成果主创人:公司董事长张广宁

鞍钢集团公司(以下简称“鞍钢集团”)是经国务院批准,于2010年5月由原鞍山钢铁集团公司(以下简称“鞍山集团”)和攀钢集团有限公司重组成立的特大型钢铁联合企业,2012年12月,鞍钢集团正式建立董事会,构建了规范的母子公司管理体制。现有鞍山钢铁集团公司、攀钢集团公司两个区域子公司和工程技术、综合实业、信息产业、国际贸易、金融、化工等六个非钢产业板块,共有岗位30717个,其中管理、技术岗位12393个,生产、服务岗位18324个,在岗职工182687人。目前已具有年产铁3712万吨、钢3604万吨、钢材3460万吨的综合生产能力,产品广泛应用于冶金、汽车、石油、化工、国防、家电等多个领域。2011年鞍钢集团成功跻身世界企业500强。2013年鞍钢集团资产总额2845.8亿元,年营业额1551.3亿元。

一、钢铁企业实现岗位、技能与绩效有机结合的薪酬体系构建与实施背景

(一)深化国有企业改革、完善现代企业制度的需要

近年来,鞍钢集团薪酬分配出现“一般岗位收入偏高,关键岗位收入仍然偏低,与市场劳动力价位偏离较大”的现象,同时,也存在着不同单位之间同类岗位收入差距较大的问题。主要原因:一是鞍钢集团没有开展系统的岗位价值评估,没有建立统一的岗位等级体系。二是薪酬结构尚不完善。鞍钢集团现行薪酬分配体系更注重薪酬分配的能增能减机制,对薪酬单元模块功能设计有所忽视,分类调控功能不强。三是对关键岗位的管理缺失。关键岗位人才中长期激励机制尚未建立,关键岗位管理制度本身也存在缺陷,关键岗位的条件、标准不明确,对关键岗位人才激励作用不强。因此,不断更新薪酬管理理念,持续探索适应现代企业发展要求的薪酬制度体系,是鞍钢集团实现健康发展的客观要求。

(二)实现集团多区域协同发展的需要

随着鞍钢多点布局战略的实施,地域之间、企业之间、岗位之间分配不平衡的矛盾日益突显,统一规范薪酬分配制度是实施集团有效管控、提高薪酬科学管理水平、调控各单位同类岗位收入水平、实现信息化管理的客观需要。目前,鞍钢集团现行薪酬分配体系不能适应这一要求。一是薪酬分配制度不统一、不完善、不规范。二是部分子企业职工薪酬分配制度还停留在十几年前的状态,遇到新情况就修修补补,亟须科学的薪酬分配

制度去提升薪酬管理水平。三是鞍钢集团统一的薪酬调控政策难以落实，调控缺乏针对性、有效性，单位之间、岗位之间收入不平衡的问题长期得不到解决。四是制约集团层面薪酬数据信息交换，影响管理效率提升。

（三）有效激励职工、提高劳动生产率的需要

通过薪酬制度改革，有效激励职工，提高劳动生产率是人力资源管理当务之急。主要表现：一是鞍钢集团联合重组后各子企业管理架构、岗位设置、业务流程不尽合理，劳动定员定额标准不统一、不规范，随着企业兼并重组及工艺装备水平的提升，劳动力挖潜空间还很大，这就需要有效的激励机制去推动这项工作的深入开展。二是从鞍钢职工技术等级分布情况看，高级工及以上的生产服务人员占生产服务人员总数的比例还很低，以 2010 年为例，仅为 23%，排在行业中等水平，职工技术业务素质提升空间很大，需要有效激励机制去推动职工自觉学习技术业务能力，促进职工整体素质提升，从而提高个人工作效率，实现企业整体劳动生产率的提高。

二、钢铁企业实现岗位、技能与绩效有机结合的薪酬体系构建与实施的内涵和主要做法

鞍钢集团以实现战略目标为导向，以劳动力市场价值为基础，以 3P 薪酬管理模型为方法论，按照效率优先、突出贡献、注重公平的原则，优化组织架构和岗位等级体系，健全职工技能素质评价体系，完善绩效考核体系，在薪酬分配上实现岗位、技能与绩效有机结合，形成总体平衡、适度灵活，具备国际水准及前瞻性的薪酬分配体系。主要做法如下：

（一）深入调查研究，明确薪酬分配制度改革的思路、原则和重点内容

1. 开展薪酬管理诊断，确定薪酬分配制度改革重点

一是开展外部薪酬调查，确定劳动力市场价位。继续以人力资源和社会保障部关于劳动力市场工资指导价位计算原理为指导，以细化的 10%分位值、25%分位值、中位值、75%分位值、90%分位值和平均值 6 个参数(分位值是指对工资调查样本由低到高排序，按比例确定样本点及对应的市场价位)。确定外部劳动力市场价位。采取抽样调查、重点调查、流失人才跟踪调查及通过外部专业机构咨询等方法，把握同行业工资水平及本地区劳动力市场工资指导价位，建立动态的劳动力市场价值分析体系。

二是开展鞍钢内部薪酬调查，评估岗位收入水平状况。规范岗位目录及代码，建立岗位收入统计分析系统，对鞍钢职工岗位收入进行分类统计分析，并与市场价位进行对比，分析评价岗位收入与劳动力市场价位的偏离程度。

鞍钢集团股份公司 260 吨转炉生产现场

三是采取问卷调查和专家访谈方式，对薪酬制度进行诊断。选择集团公司领导、部门负责人、部分管理专家及代表性企业负责人共 217 人进行访谈，从外部环境、战略规划、人才需求、员工发展、个人绩效管理、业务流程、管理架构、决策、信息和知

识流、报酬等方面进行访谈，对薪酬制度进行评估，接受访谈人员对鞍钢集团薪酬改革方向、薪酬结构、单元设计、绩效考核等方面提出建议。选择代表性单位中高层管理人员共 302 人进行网上综合问卷调查，调查内容包括战略规划、管控方式、组织结构、运作管理、人才选拔培训与素质、岗位体系、薪酬与福利体系、绩效管理体系。通过调查显示，鞍钢发展战略、高素质人才、薪酬分配是鞍钢面临的重要问题。选择代表性单位 1043 名职工开展网上员工满意度问卷调查，调查内容包括培训与组织、工作组织、工作与生活平衡、团队合作、品质与客户导向、领导力、直接领导、绩效管理、沟通、信息技术、公平感、工作参与、薪酬福利、驱动因素等内容。调查结果表明，职工对薪酬满意度偏低。根据综合问卷调查、员工满意度调查、专家访谈及内外部薪酬调查结果，形成人力资源管理综合诊断报告。

2. 确定薪酬制度改革的基本原则

鞍钢集团薪酬制度改革遵循的基本原则：一是统一规范原则。统一全集团职工薪酬分配制度，同类岗位人员执行统一的基本岗薪标准。二是市场化原则。各类岗位薪酬继续坚持以劳动力市场价值为基础确定，并随企业效益增减浮动。三是效率优先，突出贡献，注重公平的原则。建立鞍钢集团岗位等级体系，规范各类岗位之间分配关系，动态保持薪酬体系的内部公平性和外部竞争性。四是按岗位、能力和业绩付薪原则。进一步完善竞争上岗机制，以岗定薪，岗变薪变，突出关键绩效考核，业绩不同，绩效薪酬不同，引导职工提升能力，实现薪酬分配的有效激励与约束。

3. 策划薪酬分配制度改革的总体框架

以实现岗位、技能与绩效有机结合为目标，对企业内部各类岗位进行岗位澄清、分类评价，界定岗位相对价值，将岗位按其特点和价值取向划分为经营者岗位、研发岗位、采购销售岗位、管理、技术岗位、生产、服务岗位，对在鞍钢生产经营关键环节中起重要作用的岗位确定为关键岗位，建立鞍钢集团统一的岗位等级体系；以促进人才发展为核心，建立鞍钢集团统一的职工技能素质评价体系；以促进企业战略目标实现，分解设立岗位绩效目标，建立鞍钢集团统一的绩效评价体系。以此调整收入分配结构，确定岗位分配形式和薪酬标准，实现岗位最佳功能和效能。这一体系贯穿以劳动力市场价值为基础，按岗位付薪(Pay for position)、按技能付薪(Pay for person)和按绩效付薪(Pay for performance)的 3P 薪酬管理理念，使岗位、技能、绩效实现有机结合，并针对不同岗位特点，采用不同分配形式，使这一分配理念转化为具体激励手段，最大限度地激发职工的潜能和活力，保证企业战略目标的实现。这一体系具体包括四种薪酬分配形式，即对普通管理、技术、生产和服务岗位人员实行岗位绩效工资制；对经营者实行年薪制；对研发、一线技术、一线工人技师、采购销售"四支队伍"人员实行岗位等级序列薪酬分配办法；对关键人才实行期权奖励办法。

(二)完善岗位等级体系、技能评价体系和绩效管理体系，为薪酬分配制度改革奠定基础

1. 开展岗位评价，实现岗位价值与薪酬有机结合

一是岗位分析。岗位分析是岗位评价的基础，是实现以岗定薪的前提，通过梳理组织结构、规范岗位设置、明确岗位职责和任职条件、完善岗位说明书管理等一系列基础工作，建立岗位管理体制，编制组织机构图、岗位说明书等岗位评价基础性文件，保证评价

人员对被评价岗位的客观了解。

二是岗位评价。采用国际先进的职位评估工具 IPE(International Position Evaluation System),对各类岗位进行评价。IPE 采用的是要素评分法,选取"四因素、十维度",对每个维度赋予分数定义与权重,采取矩阵定位法,多维度准确定位岗位价值。四因素包括影响、沟通、创新和知识,影响因素包括组织规模、影响层次、贡献度三维度,沟通因素包括沟通性质、沟通情境两维度,创新因素包括创新要求、复杂度两维度,知识因素包括知识层次、团队、宽度三维度。在实际评价过程中,结合鞍钢特点,对评价标准进行细化,使其更具操作性。具体步骤:第一,成立岗位评价委员会。成立由集团公司及子企业领导、专家、职工代表组成的 46 人岗位评价委员会,具体负责对鞍钢集团标杆岗位进行评价。第二,确定标杆岗位。为保持全集团的平衡,集团公司组织各单位提供本单位代表性岗位,这些岗位能够代表单位生产特点,岗位重要程度分为高、中、低,一般推荐 3~5 个岗位,并提供岗位说明书。第三,组织评委对标杆岗位进行评价。评委根据所确定的评价标准,对标杆岗位进行评价。为减少样本统计偏差,对所有原始打分记录综合评分的均值 E 及标准差 σ 进行分析,将落在 $E+\sigma$ 范围外的样本剔除,再计算岗位评价得分。通过对代表性岗位评价,使不同区域、不同板块单位标杆岗位的相对价值可以在同一尺度上进行比较,有效建立岗位价值匹配关系。第四,对子企业其余岗位进行评价。根据以往各单位岗位评价成果,采用定量或因素比较法对单位所有岗位进行评价排序。第五,各单位将岗位评价结果与职工沟通,对岗位评价结果进行修正、微调。

三是岗位归级。根据岗位评价结果确定岗位职级。岗位职级是岗位之间相对价值的具体体现,通过在薪酬结构中设立基本岗薪,并按一定级差确定各岗位职级的基本岗薪标准,是 3P 薪酬管理模型中"按岗位付薪"的具体实现形式。鞍钢集团岗位职级从 40 级到 70 级,共 40 级,其中 40~48 级分 A、B 两级,管理岗位、专业技术岗位、生产服务岗位的岗位职级分别为 45A~70、45A~54、40B~50。

2. 建立技能素质评价模型,实现职工技能与薪酬有机结合

一是建立技能素质模型,对职工技能进行评价。经过对岗位成功要素的分析,依据访谈成果,选择学历、工龄、专业技术任职资格(职业技能等级)和从事本岗位工作年限四个因素作为影响岗位绩效关键要素,确定为职工技能素质评价指标。通过对各指标分别赋予相应分值及权重,计算技能评价得分。职工技能评价得分计算公式:

$$K=A\times F_1+B\times F_2+C\times F_3+D\times F_4。$$

其中:K—职工个人技能评价得分;A—学历。按职工取得的最高学历评分;F_1—学历权重;B—工龄。按职工参加工作年限分段评分;F_2—工龄权重;C—专业技术任职资格(职业技能等级)。管理、技术岗位按取得的最高专业技术职务任职资格评分;生产、服务岗位按取得的最高职业技能等级评分;F_3—专业技术任职资格(职业技能等级)权重;D—从事本岗位工作年限。按职工在现岗位任职年限分段评分;F_4—从事本岗位工作年限权重。

二是技能套档。薪档是处于同一岗位职级的职工可执行的、按一定档差确定的基本岗薪标准,每个职级设 9 个薪档,其中 1~5 档用于个人技能晋档,6~9 档用于奖励晋档。根据职工个人技能评价得分进行套档,也称"人岗匹配",即通过评价个人技能的方式确定相同职级职工应执行的薪档,是 3P 薪酬管理模型中"按技能付薪"的具体实现形式。

薪档由低到高体现职工胜任程度的提升，职工技能评分2分及以下、2分以上至4分、4分以上至6分、6分以上至8分、8以上分别对应1、2、3、4、5薪档。

3. 完善绩效管理体系，实现组织绩效、岗位绩效与薪酬有机结合

一是完善单元绩效考核体系。健全以工效挂钩考核为主要形式的单元绩效考核办法，将考核指标分为战略绩效指标和财务指标，战略绩效指标包括定量指标和里程碑事件；根据各子企业生产经营特点，对不同子企业选择不同的财务指标，对两个区域子公司实行工资总额与利润挂钩的考核办法，对非钢产业板块实行工资总额与利润、销售收入挂钩的考核办法，对直属费用单位实行工资总额与费用挂钩考核办法。同时实施经济增加值专项奖励、非钢企业外部市场创效专项奖励、铁精矿增产降本专项奖励、劳动生产率考核奖励、全员成本目标管理专项奖励等措施，有针对性的鼓励子企业提升发展和创效能力。通过实行职工工资与效益联动机制，建立收入凭贡献的单元绩效考核机制。

二是健全岗位绩效考核体系。针对不同性质岗位的特点对职工个人实行分类考核，结合单位生产经营目标，将定量指标与定性指标有机结合，确保考核内容具体、定量准确。对经营管理人员以考核履行领导干部管理职责为基础，注重企业当期效益和长远发展能力；对管理、技术人员以考核岗位职责为基础，注重岗位关键绩效指标考核；对生产操作人员以考核执行岗位作业标准为基础，注重成本费用指标考核。

三是绩效考核结果与职工绩效薪酬挂钩。在薪酬结构中设立绩效薪酬单元，绩效薪酬与绩效考核结果挂钩，是3P薪酬管理模型中“按绩效付薪”的具体实现形式。

(三)针对不同岗位特点，设计岗位、技能与绩效有机结合的薪酬分配体系

1. 以3P薪酬管理理念为导向，建立岗位绩效工资制

按照3P薪酬管理理念，对鞍钢集团普通管理、技术、生产和服务岗位实行由基本岗薪、年功工资、津补贴、绩效奖和期薪五个单元构成的岗位绩效工资制。

岗位绩效工资制是以职工所在岗位及个人技能为基础，以系统评价个人岗位绩效为依据的薪酬分配制度。职工薪酬是岗位职级、个人技能、岗位绩效三个变量的收入函数，即：

$$F=P(x,y)+Q\times G(x)\times K+b。$$

其中：F—职工当期收入；P(x,y)—基本岗薪；x—岗位职级；y—个人技能水平；Q—绩效奖基数；G(x)—绩效奖系数；K—个人绩效考核系数；b—职工本人年功工资＋政策性津补贴(常数)。

基本岗薪是岗位绩效工资制的主体单元，是按岗位与个人技能确定的薪酬，实现在薪酬分配中岗位与技能的有机结合，也是各类岗位人员薪酬分配办法的基础单元。通过设立基本岗薪单元，保证相同价值岗位在不同单位基础薪酬的一致性，在集团范围内各岗位的价值及薪酬水平具有可比性。基本岗薪标准共40级，每级分9个薪档，幅宽(每一个薪酬等级最低基本岗薪标准_1档与最高基本岗薪标准_9档的变化幅度)为25.76%，相邻岗位职级间基本岗薪标准大部分重叠。薪档设计体现企业薪酬管理文化。在企业岗位等级序列中，职位等级越高，职位的数量越少，呈金字塔型结构，职工基于职位的晋升空间也越来越小，时间也越长，相应地，基于职位等级晋升来提升薪酬的机会也就越小。设定较大的幅宽和薪酬重叠度，有利于鼓励职工在本职岗位上不断提升个人能力。

年功工资是岗位绩效工资制的补充单元,按职工工作年限计发,体现职工的积累贡献。

绩效奖是根据职工在一定周期内的工作业绩(即短期工作目标完成情况)支付的奖励性报酬,以岗位为基础体现单位效益和职工个人绩效差别。

绩效奖=绩效奖基数×绩效奖系数×个人绩效考核系数。

依据市场价位水平、收入差别合理性等因素,确定绩效奖系数,区间为1.0～12.2,每级对应一个系数区间,如岗位职级50级的绩效奖系数区间为3.4～3.6。绩效奖基数取决于单位效益和人工成本承受能力,随本单位效益动态调整。

2. 以效益最大化目标为导向,对经营者实行年薪制

针对企业经营管理人员岗位具有决策风险性等特点,在兼顾集团公司整体收入水平的同时,建立经营者收入与当期经营效果、任期经营业绩紧密挂钩的分配机制,对经营者实行"基薪+效益年薪+期薪"的分配办法,对经营者实行年度考核及任期考核,激励经营者在完成生产经营计划的基础上,追求效益最大化的目标。

基薪是经营者履行正常职责所获得的年度基本收入,标准按经营者基本岗薪标准确定。基本岗薪单元是经营者年薪制的基础单元,通过这一单元实现经营者岗位与技能有机结合。

效益年薪是经营者按经营业绩考核结果获得的基薪水平之上的年度收入,取决于年度经营业绩。依据各单位完成鞍钢集团下达考核指标程度,确定绩效评价等级为A、B、C、D、E五级,完成全部考核目标值为C级晋级点。年度经营业绩考核采取由鞍钢集团下达年度经营目标预算的方式进行。年度经营业绩考核指标包括战略指标和财务指标。战略指标包括财务、客户、内部流程、学习成长等方面指标,突出企业关键绩效指标;财务指标包括基本指标和分类指标。基本指标包括利润、经济增加值和费用等,突出资产经营效益;分类指标包括成本费用占主营业务收入的比重、流动资产周转率等,突出资产运用状况和管理成果。经营者年度经营业绩考核分计算公式为:

$$L=[G\times F_1+Q\times F_2]\times R$$

其中:L—经营者年度经营业绩考核分;G—战略指标考核分。按年度战略绩效考核分均值计算;F_1—战略指标考核分权重;Q—财务指标考核分;F_2—财务指标考核分权重;R—经营难度系数。根据企业资产总额、营业收入、利润总额、职工平均人数、经济增加值等因素加权计算确定。按企业经营效益最大化原则,制定效益年薪计发办法。经营者在完成集团公司下达的效益目标(考核结果为C级)时,效益年薪只能为基薪的2.5～3倍,当考核结果为A级时,效益年薪为基薪的3.5～4.5倍,当考核结果为E级时,效益年薪为0,并给予经营者降职或免职处理。效益年薪的70%于次年初按考核结果兑现,其余30%于任期结束后按任期考核结果兑现。

3. 以劳动力市场价值为导向,对"四支队伍"实行岗位等级序列薪酬分配制度

研发、一线技术、一线工人技师、采购销售"四支队伍"是对鞍钢集团发展战略起支撑作用的核心力量。鞍钢集团紧紧围绕更好实施人才强企战略,以实现管理人员职业化、技术人员专家化和操作技能人员专业化为目标,通过建立岗位等级序列,对"四支队伍"

实行以劳动力市场价值为导向的薪酬分配制度。四类人员薪酬分配办法均以基本岗薪为基础，同时与管理岗位薪酬水平保持相对应的关系，实现人才多通道发展。

工程技术岗位等级序列包括从事科研开发、技术、设计、质量管理、生产、设备等技术工作的岗位，从高到低依次为：首席专家、一级专家、二级专家、首席工程师、主任工程师、主管工程师。其岗位薪酬标准分别参照所在子公司正职、副职、所在基层单位正职、副职、作业区正职、副职薪酬水平确定。主要解决企业普遍存在的"重长轻师"问题，建立和畅通工程技术人员职业发展通道，拓展工程技术人员发展空间，调动工程技术人员的积极性和创造性。

高技能人才等级序列在各单位主营业务的主要工种建立，适用在生产操作岗位工作、具有高级工及以上职业资格的人员。按照从高到低依次为：首席技师、特级技师、一级技师、二级技师、三级技师。其中首席技师、特级技师月薪酬水平对应本人所在单位正职、副职的月薪酬水平；一级技师、二级技师月薪酬水平对应本人所在作业区（车间）正职、副职月薪酬水平；三级技师月薪酬水平对应本人所在作业区（车间）二级技师月薪酬水平的0.8倍。主要解决企业高技能人才职业发展通道问题，调动技能人才学技术、比贡献的积极性，激发技能人才的创新创造活力。

研发岗位等级序列在鞍钢集团所属各研发机构设立，适用各研发机构从事新产品、新技术等项目开发的人员。从高到低依次为：首席专家、一级专家、二级专家、特级研究员、研究员、副研究员、助理研究员。其中首席专家、一级专家、二级专家、特级研究员当年基本岗薪标准参照所在研发机构的上级企业正职、副职、所在研发机构正职、副职的水平确定；各级研究员、副研究员和助理研究员根据岗位价值确定基本岗薪标准。目标是畅通和拓展科技研发人员职业发展通道，为提升鞍钢集团创新引领能力和市场竞争力提供强有力的人才保障。

采购销售岗位等级序列包括从事物资采购、产品销售、客户服务等采购销售工作的岗位，从高到低依次为：采购（销售）总监、大客户经理、客户经理等层次。其岗位薪酬标准分别对应所在单位（部室）副职及以下管理层级岗位确定。目标是建立和畅通采购销售人员职业发展通道，调动广大采购销售人员提升业绩的积极性和主动性。

4. 以实现中长期激励目标为导向，实行关键人才期权激励制度

期权激励是中长期激励单元，是依据股票期权原理建立的中长期激励约束机制。实施关键人才期权奖励的目的，是建立关键人才薪酬分配激励约束机制，推进薪酬分配市场化。鞍钢集团实施的期权激励制度，是在现行薪酬分配办法基础上，对关键岗位人员以奖励形式另外增加一部分收入，作为期权延期兑现。

期权奖励额＝本人当期收入×提取比例。

提取比例按照本人实际贡献及市场价值确定。

关键岗位是指在鞍钢集团发展战略、产品研发、生产管理、技术质量、采购销售等关键环节起支撑作用的岗位，按照岗位责任、技术难度、改革创新、创效贡献等因素确定。严格期权奖励条件，将在关键岗位上发挥引领作用人员确定为期权奖励对象。对完成任期绩效考核目标的子企业经营者，根据任期绩效考核结果，按任期内兑现收入总额的一定比例给予期权奖励，任期考核结果为A级的为30%，B级为25%，C级为20%。对研

究员及以上层次的研发岗位等级序列人员，首席工程师及以上层次的工程技术岗位等级序列人员，特级技师及以上层次的高技能等级序列人员和采购（销售）总监，按其年度当期收入的20%给予期权奖励，对考核年度内取得重大科研成果等业绩突出人员，再增加10%的期权奖励。

期权奖励兑现体现中长期激励相结合，从职工获得期权奖励的第四年起，每工作满一年归属本人25%。获得期权奖励人员退休或经批准调离鞍钢集团，经离任审计或考核无违纪行为，尚未归属部分一次性全部归属本人；对因个人违法、违纪、违规或辞职，企业与其解除劳动合同的人员，尚未归属部分归属企业所有。鞍钢集团为获得期权奖励人员设立期权奖励账户，期权奖励资金委托专业机构进行账户和投资管理，实现保值增值。

（四）积极稳妥推进薪酬分配制度改革，实施岗位、技能与绩效有机结合的薪酬体系

1. 建立分级组织领导机构，保证改革顺利实施

鞍钢集团高度重视岗位、技能与绩效有机结合的薪酬分配体系构建与实施工作，建立分级组织领导机构，保证改革顺利实施。早在2007年10月就成立由鞍钢集团总经理任组长、分管副总经理任副组长的项目实施领导小组，负责研究解决项目实施中的重大问题。领导小组办公室由人力资源部部长任主任，相关部门领导参加，负责协调解决日常项目实施中遇到的问题；编制项目实施进度计划；定期召开项目例会，组织推进项目实施。领导小组下设集团管控和人力资源两个工作小组，由相关部门领导、专家、集团及基层单位业务骨干组成，集团管控工作小组负责集团公司与子企业及所属单位管控模式与组织架构优化、部门职责梳理工作；人力资源工作小组负责人力资本诊断，岗位体系优化，绩效体系和薪酬体现设计工作。子企业及各基层单位均成立由单位主要领导任组长的项目实施领导小组，并指定专人承接和全力配合项目实施工作，为项目顺利推进提供了组织保障。

2. 加强政策宣贯，提升职工的心理认同感

一是由集团项目实施领导小组专家对各单位主要领导、分管领导及部门负责人进行集中政策宣贯；二是通过《鞍钢日报》等企业内部媒体，以问答形式宣传改革政策，解答职工普遍关注的问题；三是人力资源工作小组专家深入各改革实施单位对机关部门、车间负责人及业务骨干进行政策宣讲和业务培训；四是根据基层单位反映情况，有针对性地对部分敏感岗位职工进行政策宣贯。

3. 按照“两低于”原则，动态确定工资总量及改革增量

坚持效益导向、市场化改革方向和集团公司总量调控与子企业自主分配相结合的原则，对子企业全面实行工资总额预算管理，按照“工资总额增长要低于经济效益的增长，职工人均工资收入增长要低于劳动生产率的提高”的原则，核定子企业工资总额预算，实现职工工资与效益联动，实现企业效益与职工个人岗位绩效相统一。在此基础上，根据改革实施需要和人工成本承受能力，按工资总额基数的5%核定改革工资增量，改革工资增量所增加成本通过挖潜增效加以消化。

4. 以试点单位改革为突破口，带动改革工作全面铺开

选择试点单位的基本原则：一是管理基础工作扎实，并已按要求完成组织机构优化；二

是主体岗位在鞍钢主业中具有代表性；三是试点经验能够起到以点带面的作用。2010 年 5 月，鞍钢集团选择股份公司冷轧厂、三钢轧厂、矿业公司齐大山铁矿、大孤山球团厂四个单位进行薪酬分配制度改革试点，试点单位改革取得成功。在总结试点经验的基础上，对薪酬分配制度改革方案进行多次修改完善，于 2011 年 3 月开始在其他子企业全面推行。

5. 深化人事用工制度改革，为薪酬改革奠定基础

一是建立完善领导人员竞争择优任用制度。规范领导人员退出机制，把从严管理贯彻落实到领导人员队伍建设的全过程，健全领导人员选拔任用体系、考核评价体系、管理监督体系和激励保障体系。二是进一步完善市场化用工机制。加强劳动组织和生产流程优化，通过与先进企业对标分析，制定劳动定员定额标准，优化岗位设置，压缩岗位定员，科学控制人工成本，促进劳动生产率稳步提高。三是实施全员竞争上岗。对实施薪酬分配制度改革的单位，在公开组织机构、公开岗位定员、公开岗位职级的基础上，实施全员竞争上岗，吸引优秀职工竞争更加重要岗位。四是在强化企业内部培训的同时，加大对关键岗位和后备人才的培养。每年选送优秀管理、技术人员攻读硕士和博士研究生，选拔优秀青年后备干部到北京科技大学系统学习现代企业管理知识，培养和造就高素质人才队伍。

6. 兼顾各群体利益，稳步推进薪酬分配制度改革

薪酬分配制度改革涉及职工切身利益，难度很大，部分在辅助后勤等岗位上工作的职工的利益受到很大冲击，为减少改革的阻力和保持企业稳定发展，兼顾各群体利益，鞍钢集团采取实行过渡期调控的办法，对于部分职工改革后收入水平下降部分予以保留，过渡期间，通过建立职工工资增长机制，以及职工的岗位由低端岗位向高端岗位变化而增加的工资对保留工资进行冲减。

(五)建立健全评估机制，不断完善薪酬分配体系

1. 定期开展薪酬调查，对薪酬分配状况进行评估

科学的薪酬分配制度体系应是继承基础上的不断创新。鞍钢集团将薪酬调查制度化，通过定期开展内外部薪酬调查，随时掌握各类人才外部市场价值的变化趋势、薪酬分配体系的运行效果和企业管理者及职工对薪酬分配制度体系的意见，通过评估论证，适时推进薪酬分配制度改革，形成继承基础上的薪酬分配制度体系持续创新机制。

2. 以有效激励为核心，对现有薪酬单元功能进行完善

一是建立职工基本岗薪奖励晋档制度，发挥基本岗薪的激励功能。根据单位效益状况及人工成本承受能力，每年按在岗职工的 10%～30%的比例实施奖励晋档，突出单位效益和岗位绩效。二是进一步完善职工技能素质评价办法。适时调整学历、工龄、专业技术任职资格(职业技能等级)和从事本岗位工作年限四个因素评分标准及权重，使职工技能评价能够更加真实的反映职工个人技能素质。

3. 根据企业发展需要，适时调整薪酬结构

岗位绩效工资制改变岗薪工资制结构中活的部分比重占职工收入 90%以上的单一结构模式。改革后，管理、技术高端岗位的固活比(固活比是指职工薪酬构成中固定部分

薪酬与绩效部分薪酬的比例关系)在 40∶60 左右,生产、服务低端岗位的固活比在 60∶40左右,使不同性质岗位的薪酬结构趋于合理,效率与公平兼顾。随着企业发展和薪酬水平的变化,通过适时调整基本岗薪、年功工资、生活补贴等固定部分薪酬标准,调整薪酬结构,更好地兼顾效率与公平。2013 年,鞍钢集团统一调整基本岗薪标准、生产服务人员夜班津贴标准和特殊岗位津贴标准,适应了企业发展的需要。

4. 加快人力资源管理信息系统建设,提升管理效率

鞍钢集团适时引进了 SAP 人力资源管理信息系统,为项目的平稳落地提供信息系统平台支撑。随着薪酬分配制度改革的全面实施,鞍钢集团将在信息共享、决策支持、集团管控、流程再造等方面进一步完善 SAP 人力资源管理信息系统功能,提升人力资源管理能力和效率。

三、钢铁企业实现岗位、技能与绩效有机结合的薪酬体系构建与实施的效果

(一)初步建立了一套科学有效的薪酬分配体系

通过推进薪酬分配制度改革,实施岗位、技能与绩效有机结合的薪酬分配体系,逐步建立了统一科学规范的岗位等级体系、技能评价体系和绩效管理体系,为进一步调整和优化薪酬分配关系、构建收入能增能减机制搭建了系统平台。使原有的不尽合理的薪酬分配关系得到进一步理顺,岗位价值在薪酬分配中得到充分体现,各类职工得到有效激励,促进了企业和谐发展。薪酬分配制度改革带动各项企业管理基础工作配套跟进,使企业管理的科学化、现代化水平提升到一个新的台阶。

(二)员工积极性和综合素质明显增强

职工个人技能水平在薪酬结构中得到充分体现,尤其是各岗位序列的建立,对各类人才的激励作用明显,对人才的吸引力明显增强。广大职工学习文化、钻研技术的积极性明显高涨,单从职业技能鉴定上,就可以看到职工观念的巨大转变,由过去要我去鉴定,变为现在我要去鉴定。三年来,鞍山区域高技能人才人数逐年递增,截至 2013 年年底,共有高级工以上技术等级技术工人 23900 人,其中高级技师 779 人,技师 4177 人,高级工 18944 人。分别比 2010 年增加 221 人、225 人、1865 人。高技能人才人数占生产服务人员总数的 29%,高于大型国企 18%的平均水平。劳动力整体素质得到提高,职工队伍结构得以改善。

(三)劳动生产率显著提高

面对冶金行业产能过剩,需求不足的严峻形势,鞍山区域在工资增量有限的前提下,通过实施岗位、技能与绩效有机结合的薪酬分配体系,改善了人工成本结构,大幅降低人工成本,建立了符合市场化要求的薪酬分配制度体系。2013 年鞍山区域劳动生产率比上年提高了 29.06%。劳动生产率的不断提高,也促进了企业效益的大幅提升,2013 年鞍山区域实现扭亏为盈,当年盈利 8.52 亿元,产生了良好的经济效益和社会效益。

(成果创造人:张广宁、张晓刚、于万源、孙光辉、王殿贺、刘　杰、计　岩、吕文福、张绪凯、李学佳、王家策、王　涛)

基于战略导向的效绩目标考核体系建设

中国北方机车车辆工业集团公司

成果主创人：集团总经理、股份公司董事长崔殿国

中国北方机车车辆工业集团公司（以下简称“中国北车集团公司”）是经国务院批准，由原中国铁路机车车辆工业总公司与铁道部脱钩，分立组建的国有独资大型企业（集团）。中国北车集团公司总部设在北京，注册资本119.9314亿元，是我国轨道交通装备的领军企业，已经成为全球最大的轨道交通装备制造商和解决方案供应商，占据着我国轨道交通装备市场一半以上的市场份额。

一、基于战略导向的效绩目标考核体系建设的背景

（一）适应中国铁路市场快速发展的需要

目前，我国铁路运营里程已经突破10万公里，其中，高速铁路营业里程突破1万公里，在建规模1.2万公里。根据调整后的《中长期铁路网规划》，到2015年，中国高速铁路运营里程将达1.9万公里；快速客运网基本覆盖省会及50万以上人口城市。“十三五”期间铁路投资仍将在高位运行。高铁客运专线密集开通，铁路既有线运输能力逐步释放，机车、客车、货车更新换代逐步加快，动车组需求将集中释放。铁路投融资体制改革将不断深化，通过推进铁路分类建设、设立铁路发展基金等途径，吸引社会资本投资铁路，拓宽铁路建设资金筹集渠道；铁路建设管理机制将不断完善，一批铁路建设任务将按期完成。铁路总公司坚持以市场为导向，进一步理顺总公司与铁路局两级企业法人的关系，深化客货运输改革，激励铁路局切实承担起经营责任，将运输方式、服务手段纳入市场化轨道，全面提升铁路市场竞争力。随着铁路改革不断深化，市场化程度进一步提高，迫切要求中国北车集团公司推行以战略为导向的效绩目标考核一体化的管理新机制，强化战略领引，瞄准战略目标，迎接铁路大变革、大发展带来的新挑战。

（二）承担“接轨世界，牵引未来”使命的需要

随着铁路进入高速时代，中国北车集团公司只面临一种选择，就是接轨世界、牵引未来。学习、借鉴世界领先企业的管理理念，接轨一流的机车、高速动车组等科学技术，接轨全球市场，打造国际品牌，在全球范围内寻求合作，以更加开放的视野面对世界铁路的发展，是中国北车集团公司责无旁贷的历史任务。要在激烈的市场竞争中立足，完成“接轨世界，牵引未来”的使命，必须迎接挑战、抓住机遇，积极建立以战略为导向的效绩目标考核体系，通过发挥战略导向的效绩目标考核一体化的管理机制的企业软实力作用，聚集人心，凝聚力量，促进企业快速、健康、和谐的发展。

(三)实现“三步走”发展战略目标的需要

中国北车集团公司作为轨道装备制造企业,面向新世纪快速发展的需要,提出了“三步走”的发展战略目标。第一步,到2011年,实现销售收入700亿元,培育发展出2～3家年销售收入达百亿元的子公司、4～6家销售收入达50亿元的子公司,实现三年再造一个北车。第二步,到2015年,销售收入比2008年翻两番,成为30～50家具有国际竞争力的中央企业之一。第三步,2020年前进入世界企业500强,各项指标达到轨道交通装备行业世界领先水平。目前第一步已经顺利实现,正向第二步目标迈进。完成这一目标,需要科学、系统的激励约束机制体系做保障。中国北车集团公司在从铁道部分离之前,开发新产品的投资主要靠铁道部划拨,不存在还款付息问题;而现在的技术改造投资要由企业自己筹集,所用资金都要在企业今后的经营利润中逐渐消化,增加了企业的经营难度。企业原有的效绩目标责任制管理办法所牵引的经营水平和效益水平已不能够满足大量改造资金对经营利润的需求,必须用新的办法引导企业、提升效益、增加利润,支持企业不断的投资改造和发展。同时,技术引进、产品升级、制造平台提升也需要有相应的管理手段和推进办法,建立一套高效的效绩考核目标管理体系已经成为企业发展地现实需要。

二、基于战略导向的效绩目标考核体系建设的内涵与主要做法

中国北车集团公司紧紧瞄准战略总目标来设置效绩考核的各项分目标,突出战略目标这个中心,进行纵向到边、横向到底的层层展开,并及时对企业的效绩目标进行调整、修正、补充和完善,使效绩目标考核体系能够及时反映企业的战略重点,充分调动所属各企业为实现总的战略目标出力献策的积极性,通过阶段性目标的如期兑现,确保长远战略目标的实现。使效绩目标考核成为确保战略实施的一种方向性明确、目标性明晰和激励性明显的工具,为实现企业的发展战略服务,为企业的发展战略落地提供体系化的支持。主要做法如下:

(一)突出效绩目标责任制考核在集团公司管控中的地位和战略导向作用

一是将每年战略重点、效益指标、重点工作内容纳入公司效绩目标责任制考核,进一步强化效绩目标责任制考核在集团公司管控中的地位,突出其战略导向作用。二是坚持针对所属企业经济效益和领导班子成员经营业绩实施效绩目标责任制考核,并以此作为推动企业科学发展的内在动力,促进集团公司各项工作目标的实现,促进国有资产的保值增值。三是围绕企业战略目标,坚持将效绩目标责任制考核、企业工效挂钩办法、经营者年薪制、企业领导班子进行四位一体考核。四是以价值创造为引导,加大核心指标考核权重,突出体现效益优先、推动企业持续发展的原则。同时,对战略目标的不同阶段的战略

成果主创人:集团党委书记、股份公司总裁奚国华

重点采取有针对性的目标牵引，确保集团阶段性重点目标的实现。

（二）不断完善考核体系设计，满足推进企业效益和规模持续提升的战略需求

中国北车集团公司每年将战略目标、战略重点等内容作为效绩目标责任制考核的精髓融入考核体系，进一步明确效绩目标责任制考核思想和导向，对考核体系和计分办法进行调整和完善。

2005 年，依据国资委 2004 年开始对中央企业负责人经营业绩实施考核的情况，为完成国资委对集团的考核指标，中国北车集团公司结合各子企业业务分布和规模特点，在效绩目标责任制考核体系中突出对净资产收益率、销售收入增长率等基本指标（得分指标）考核力度，将原来八大系列 43 项考评指标部分，简化为安全、质量、重点工作监控（扣分）指标，并根据集团公司年度战略重点工作每年下达重点工作考核指标。

中国北车集团公司根据产品分为机、客、货、配件等，各企业规模和业务单元发展不平衡的实际情况，为准确评价不同类型企业的工作和领导班子的经营（工作）业绩，准确核定各企业的考核目标，使之兼具挑战性与合理性，在实施分类考核、指标引导，以及在提高效绩目标责任制考核科学性等方面作了积极的探索。

针对企业的获利能力、净利润水平和销售收入规模的不同对企业进行分类考核，强化效益优先和“做强、做大、作精”的要求。例如：根据 2005 年的企业分类标准，A 类企业是指净资产收益率 3.5％以上且考核年度能够完成年销售收入在 15 亿元及以上，或考核年度能够实现净利润为 2000 万元及以上的企业。根据 2007 年战略重点的变化和企业发展对效益与规模目标提升的要求，中国北车集团公司将企业分类标准作了提升：A、B、C 类企业净资产收益率门槛分别提升为 5.5％、4.0％、3.0％，年销售收入门槛分别提升至 30 亿元、15 亿元、8 亿元；考核净利润门槛分别提升到 4000 万元、2000 万元、500 万元。

2010 年根据国资委在第三任期加大推动经济增加值考核的变化和 2009 年 12 月 29 日公司整体上市后成为上市公司的变化，结合中国北车集团公司开拓三大市场、实施四大战略、打造四大产业、实现三步走发展目标的发展战略目标，对效绩目标考核体系进行了大的修改。

2010 年开始实施的考核体系，由核心指标、发展指标、监控指标组成，核心指标、发展指标采用三级目标制和客观评价制。每年根据年度的工作重点变化对计分办法进行适当的调整和完善。2013 年又增加了收入增长指标和净利润增长指标，及时引导企业关注公司的战略目标和年度经营目标的实现，确保公司销售收入、净利润、经济增加值的连年持续增长，实现了国资委提出的保增长的目标。

现用的考核体系为，以运营资本 EVA 回报率为核心指标（权重 40 分）；以归属于母公司所有者净利润指标作为红线否决指标（确保经营目标），主营业务收入、主营业务收入增长、归属于母公司所有者净利润增长、市场签约额、出口成交额、对标考核等发展指标作为得分指标；以产品质量、安全生产、节能减排、重点管理工作考核等监控指标作为扣分指标的绩效目标考核体系。

（三）效绩目标考核体系建设及时、充分反映企业的战略导向和战略重点

近些年来，针对集团不同时期的工作重点，效绩目标考核体系每年都在重点工作上

进行必要的调整，充分体现企业的战略导向和重点。

一是为“建立国际业务的激励约束机制，打造统一品牌，全力拓展国际市场，并达到长期稳定占领国际市场”的战略重点，在效绩目标考核体系中，增设并实施出口销售收入和出口成交额指标的考核，有效地推进了出口业务的开展。

二是为推动在大功率电力机车、高速动车组等技术引进国产化项目实现突破，实现技术和市场地位的领先，制定《技术引进国产化项目责任制实施办法》，对技术引进国产化项目进行全面落实的责任专项考核。

三是为实施提高投资效益管控战略，加强固定资产投资项目的管理，降低固定资产投资风险，全面落实固定资产投资责任，确保技术引进产品制造平台升级等固定资产投资目标的实现，制定下发《固定资产投资项目责任制实施办法》。集团公司与企业签订固定资产投资项目责任书，引导企业更加关注投资的效益和效果。

四是为推进实施在技术引进消化吸收的基础上形成再创新能力战略目标，提升企业自主创新能力，增设专利申报数量任期考核指标。专利申报数量指考核期内每年申报专利的数量，其中发明专利不少于15％。

五是根据国家对节约能源的要求和集团公司提高能源利用效率的战略目标，2007年增设万元工业增加值综合能耗降低率任期考核指标，引导企业在发展过程中转变发展模式，更加注重提高效益和节约能源。

六是为牵引“形成轨道交通运输装备业务、相关多元化业务以及国际业务三业并举”的战略重点，制定城轨、地铁、多元经营业务的考核办法。

七是为全面推进企业提升经营效益和竞争力，及时推进企业实现均衡、稳定、持续经营业绩的目标要求，制订实施重点效绩指标动态监控与考核办法。对累计净利润、累计销售收入下达月度指标，实施月度动态考核，按月通报；对应考核结果设置了相应的加减分。

八是为有效推进机车、高速动车组及客车、铁路货车、电机等重要配件板块的业务发展，强化事业部建设，推出事业部成员企业的联挂考核办法。

（四）及时对新设企业实施战略管控

为落实设立的子公司的战略需求和功能定位，及时引导企业按战略目标方向努力，中国北车集团公司对新设立的子公司在遵循考核体系基本一致的前提下，突出重点，在统一效绩指标引导的同时，及时按照企业战略定位和主营业务等不同特点，以不同的分类指标，实行差异化考核。按类制定具有个性化的分类考核办法，下发《中国北车“非制造业”企业效绩目标考核管理办法》，考核对象涉及所属北车进出口有限公司、北京北车物流发展有限责任公司、北京北车中铁轨道交通装备有限公司、北车投资租赁有限公司、中国北车集团财务有限公司、北京清软英泰信息技术有限公司、北车海工公司、北车工程建设有限责任公司、北车地产有限公司9家子公司。对以研发为主的大连电牵公司下发《中国北车大连电力牵引研发中心工作目标考核办法》。向企业下发《天津电力机车有限公司效绩目标考核办法》，及时对新设企业实施战略管控和目标引领。在此基础上对子企业下设的三级公司特别是在异地设立的三级公司，及时制定经营目标指标或工作目标实施监控和考核，战略管控和责任考核实现了横向到边纵向到底，全面覆盖。

（五）对标一流、驱动增长，实施对标管理和对标考核

按照国资委的统一部署，中国北车集团公司开展为期两年的管理提升活动。在精益管理和精益生产、质量管理、提高技术创新体系建设、供应链电子平台建设、信息化建设等方面的管理得到了大幅度的提升，获得了国资委的表彰。

为构建长效机制，持续推进管理提升，驱动企业持续稳定增长，制定下发《中国北车推进对标管理和对标考核工作方案》（北车运营[2014]161号），引导企业对以做强做优、培育一流企业为愿景的发展战略实现管控，将管理提升与对标措施有机结合，战略与运营有机联结，使战略转化为有效的行动。通过对标管理和价值管理有机结合，不断改善管理，提升经营绩效。找准影响关键业务绩效提升的薄弱环节、“短板”因素，深入分析导致其指标先进的因果关系、途径措施，特别是差异的内在原因，根据实际情况确定优先改进提升领域，为有针对性地研究制定措施提供依据，推进技术和管理创新，不断突破“瓶颈”，以带动整体经营管理水平提升，实现战略目标。

对标管理指标包括：营业收入、利润、净资产收益率、营业毛利率等财务指标，可比产品制造成本等成本对标资料，劳产率、百元收入人工成本、职工人数、人均利润等劳资指标，安全、研发投入等其他经营方面指标。集团公司向所属各企业下发对标资料，使所属企业主要领导明确与先进标杆企业之间的差距，以便组织相关部门和人员查找管理薄弱环节和短板，进而明确下一年度的努力方向。集团公司在制定绩效考核目标及各企业下一年度经营绩效考核目标时，充分考虑和体现出发现对标差距后绩效应改进和提高的方面，使集团公司和所属企业经营绩效不断提高。

三、基于战略导向的效绩目标考核体系建设的效果

基于战略导向的效绩目标考核体系建设，为中国北车集团公司实现生产经营持续、快速、稳定增长的战略目标，实现国资委提出的保增长目标，全面完成国资委下达的经营业绩考核指标，提供了有力保证，有效地引导和推进了企业的快速发展。

在国资委的年度考核中，中国北车集团公司最近连续四年考核为A级；获得国资委2007—2009年任期考核“效益进步特别奖”和“科技创新特别奖”；在国资委2010～2012年任期考核中，考核结果为A级，并获得“业绩优秀企业奖”和“科技创新企业奖”。

（成果创造人：崔殿国、奚国华、张　臣、王　健、
那利明、赵光兴、孙　锴、高　志、魏　岩）

大型民营企业竞争与激励双驱动的人力资源开发管理

杭州娃哈哈集团有限公司

成果主创人:公司董事长兼总经理宗庆后

杭州娃哈哈集团有限公司(以下简称“娃哈哈”)创建于 1987 年,现已发展成为一家集产品研发、生产、销售为一体的大型食品饮料企业集团,为中国最大的饮料生产企业,产量位居世界前列,在中国 29 个省市自治区建有 70 多个生产基地、170 余家子公司,总资产 402 亿元。公司产品涉及含乳饮料、瓶装水、碳酸饮料、茶饮料、果汁饮料、罐头食品、医药保健品、休闲食品、婴儿奶粉、童装、白酒等 11 大类 150 多个品种,其中瓶装水、含乳饮料、八宝粥罐头多年来产销量一直位居全国第一。在饮料主业以外,娃哈哈还拥有精密机械及模具研发制造、香精、标签、瓶盖等多家相关多元企业和科技公司。2013 年全年集团公司实现营业收入 783 亿元,同比增长 23%,实现利税 139 亿元,上缴税金 62 亿元,同比增长 5%,位列 2013 年中国企业 500 强第 179 位、中国制造业 500 强第 83 位。在 2013 中国民营企业 500 强中娃哈哈营业收入居第 19 位。

一、大型民营企业竞争与激励双驱动的人力资源开发管理背景

(一)健全民营企业人力资源开发管理理念与机制的需要

改革开放以来,民营企业发展迅猛,但人才开发理念和机制上仍然比较滞后,有较多民营企业采取的仍是“亲信式管理”模式,可持续的人才培养与发展机制则普遍不健全。为此,必须扭转观念,着力健全人力资源开发理念与机制,确保能够为企业的可持续发展注入人才动力。娃哈哈作为改革开放浪潮中迅速成长起来的民营企业,在全国拥有较大影响力,更需要有前瞻意识,率先积极进行探索与实践,为我国民营企业突破人才瓶颈做出贡献。

(二)满足企业主营业务快速发展以及多元化产业布局的需要

娃哈哈成立以来,一直保持快速发展势头,特别是 2008 年以来,利用别人不敢发展、无力发展的机会逆势加速产销规模扩张,投资 100 多亿新建生产线达 200 多条,相当于 5 年里完成了前面 20 年的产能扩张。同时多元化战略布局开始加快,正式进军奶粉、装备制造业、白酒、商业领域。开始步入一个新的历史发展期,对人力资源的数量、质量及多样性的需求都达到了前所未有的水平。另一方面,娃哈哈坚持人才以内部开发为主,竞

争与激励机制双驱动的人力资源开发管理体系有助于提高人才开发的速度和成效。

(三)提高企业员工队伍活力的需要

二十多年高速发展过程中,人力资源开发工作相对滞后,人才发展工作缺乏体系支撑,随意性比较大,典型的比如员工能力评价无标准、级别晋升靠特批的职业发展问题,业绩好与业绩不好一个样、你好我好大家好的吃大锅饭问题,薪酬体系多轨制导致的分配不公的问题等等,这些问题影响员工队伍的活力,出现“公司没人用、员工没发展”的两难局面。另一方面娃哈哈员工总体知识层次比较高,大专及以上知识员工接近50%,且呈现年轻化的特点,拥有多元需求,不仅仅关注薪酬福利,更关心个人的成长与职业发展。因此,人才工作中必须更好地导入竞争和激励机制,才能激发员工队伍的活力。

二、大型民营企业竞争与激励双驱动的人力资源开发管理的内涵和主要做法

2009年开始,娃哈哈通过创造性地开展任职资格管理体系和人才培训培养平台的建设,对干部员工队伍进行能力评价提升以及推拉结合的立体化、持续性培养,构建以竞争与激励机制为核心的员工个体能力与组织能力双螺旋提升机制。通过构建岗位竞聘平台,实施以贡献为核心评价内容兼顾态度、以强制正态分布为主要方法兼顾柔性管理的绩效考核模式,选拔培养后备人才梯队,设计实施特色薪酬及福利保障体系,建立以事业平台、职业发展、薪酬福利为主的竞争与激励体系。以上各项工作方法和子系统,互为因果、互相支撑,共为一体,形成了以竞争与激励机制双驱动的人才开发管理新模式,营造既和谐又不失活力的人才生态体系。主要做法如下:

(一)量身定制高度集成的任职资格管理体系,实现对员工能力的有效管理

1. 重构拓宽员工职业发展通道

对公司岗位体系进行全面梳理和挖掘,按照职种归类的原则将外地员工、杭州员工、销售员工、行政干部等四套职位体系进行整合,形成1200多个岗位容量、适应当前人力资源队伍结构和未来发展需要的职业通道体系。该体系囊括管理、专业、技术工人、行政干部、营销等五类通道发展模式,每类通道按知识技能水平的高低和承担责任的大小分为若干等级,构成员工职业晋升通道(见图1)。晋升通道实现多元化,不同专业类型的员工可以平行发展,也可以通过专门的培训转向自己感兴趣的领域,打破了“管理独木桥”现象。

2. 制定任职资格标准并动态修订

以“按岗位、讲业绩、凭能力”为原则制定任职资格标准,首先进行岗位价值评估,对通道长短进行设计,例如设备工程师从专业五级到专业主管,SIDEL灌装机操作维修工是从五级技工到一级技工,理瓶机操作维修工则是从操作工到五级技工;其次,根据对不同职位级别的角色定义和要求,制定任职资格标准通用定义,

公司周年庆典大会之运动会全景

作为员工能力的总标尺和标准制定、修订、认证评审的统一指导框架；最后，以通用标准为纲，制定所有岗位的任职资格标准，包含岗位职责、绩效与贡献、专业技能、必备知识和基本任职条件五大模块，全面描述每类岗位不同能力级别人员应该知道什么、能做什么、应该如何做。每个职业通道不同职位级别的五个模块内容上都体现广度、深度和难度方面的差异，并且随着公司发展要求的变化和员工整体任职水平的提高而不断变化。因此，娃哈哈建立任职资格标准常态化修订制度，确保公司文化、战略目标以及管理要求及时转化为员工的职业化行为。

3. 建立能上能下的资质认证机制

每年集中开展认证，已经形成员工自评、部门/片区初评、人力资源部审核、集团业务线复评、公司审批、结果公示、反馈等在内的成熟流程和执行规范。2014 年，进一步强化任职资格管理理念的宣贯以及认证民主监督机制的建设，认证前开展巡回宣讲，认证中对部门/片区初评进行视频远程监督并在集团业务线复评环节首次引入“陪审员”机制，对现场评委的专业性和公正性、参评员工举证的真实性进行监督。

员工通过优秀的工作表现和业绩获取认证申请的机会，以实际做出的工作成果和经历的工作项目证明已掌握申报级别所要求的各项能力指标。通过认证，将有能力的员工晋升到更高级别，将不能胜任的员工降级，形成能上能下的级别动态管理机制。

4. 认证结果与薪酬紧密挂钩

员工职位分类分级与薪酬体系各组成部分直接对应，薪酬由岗位工资、薪级工资、绩效奖金、年终奖金、股份分红和其他福利构成，其中岗位工资、薪级工资、绩效奖金系数、持股额度都与职务级别严格挂钩。级别的升降直接触发薪酬的较大幅度变动，从而确保任职资格管理发挥牵引作用，激励员工不断提升能力，创造业绩。

(二)建立主管聘任机制，评聘分离，充分达成对核心技术人员的竞争和激励

娃哈哈对主管级以上的核心技术人才实施评价和聘任相分离的激励机制，以员工所具备的资质级别为竞聘资格，以任务目标和业绩贡献匹配相应待遇。成立集团级评审委员会，对各类核心技术人才的年度任务目标完成情况、技术水平提升幅度、下年度工作计划目标进行审议。对通过评议的员工，与其签订年度聘任协议，明确验收标准和激励机制，并按技术成果达成情况兑现激励措施；对于未通过评议员工，则不再聘任其担任原有职位。

(三)建立员工培训培养的平台，促进个体成长、事业发展及组织能力提升

1. 构建培训资源体系

一是建立丰富的课程资源库以及配套的课程开发更新系统。以“内部开发为主、外部适当引进”的原则，每年组织开展视频课程开发大赛，成立课程开发团队，对先进的操作方法、优秀的经验技巧进行总结；实行内部课程常规评审制度，鼓励内部培训师积极开发优秀课程；每年组织应知应会学习考核活动，对各岗位“一岗一手册”学习教材进行更新完善；定期组织业务线骨干进行定向开发，将公司当前发展急需的知识和技能向员工传播。目前集团级课程资源库拥有岗位教材 160 套、课程 600 门以及题库 1632 套，并已

实现分级分类管理。

二是建立一支优秀的兼职培训师队伍。实施“金种子”兼职培训师培养项目,通过部门子公司推荐、公司审核评定等程序选拔出专业能力强、具有一定授课能力的员工进入金种子预备讲师团,通过回杭集训、分片区巡讲等形式对其进行理念灌输和技能传授及资质考察认定,目前已经选拔培养集团级金种子培训师200余人,子公司级1000余人;策划举办“名师高徒”评选及结对子特色学习活动,通过徒弟推荐、子公司内部选荐、网络评选、集团评议等环节,选出业务骨干授予“娃哈哈名师奖”,接受集团总经理的亲自颁奖并享受出国旅游等奖励;每年对兼职培训师的业绩进行评定和奖励表彰,激发兼职培训师队伍的活力和责任心。

三是建立集E－Learning和培训管理于一身的定制化信息平台资源。该平台集在线学习考试、培训信息传播互动、培训计划跟踪管理等多项功能于一体。该平台作为公司原创知识的传播载体,通过“资源中心”更便捷高效地分享自主开发课程,员工可按需在线学习相应的课程并取得学分,亦可了解培训计划并在线报名,查询学分规划自主学习,查询业务技能认证资格。培训中心通过系统实现培训通知发布、报名信息整理、培训计划执行管理、课程资源管理、兼职培训师队伍管理、员工学习考试管理、持证信息管理等多项管理功能。

2. 构建培训运营管理平台

一是建立三级培训管理网络。针对下属子公司分布广泛的问题,建立了集团公司—片区管理中心—子公司的三级培训管理网络,明确各层级的培训管理职责,设立培训负责人。

二是建立培训管理制度和流程保障。颁布实施《职工培训管理制度》,对学习活动进行引导和管理,制定包括入职培训、新项目培训、外部送出培训、试用转正培训等系列标准化流程,确保培训实施的规范性以及成效。

三是建立培训计划滚动执行系统。年初制定培训计划,每月进行滚动管理,实施修正和监督,近3年集团级培训计划执行率均在98%以上。

四是建立月度、年度培训考评机制。集团人力资源部每月考核子公司培训开展情况,安排片区管理中心现场检查实施的规范性和成效。年中以及年底,成立大检查小组,通过技能测评、员工访谈等手段对子公司的培训工作成效进行现场验收。

3. 点面结合、有侧重地实施针对性、立体化的培训培养

一是基于任职资格标准和胜任力模型建立分层分类培训体系,保证培训内容和培训方式的针对性。例如,部厂级干部聚焦于领导力、工业工程、生产经营管理等方面的培训,以专题讲座、业务研讨、标杆参访、立项实践为主要形式;储备干部聚焦于基础管理理论、实用管理技术、通用素质、生产经营管理等方面的学习,以挂职锻炼、集中培训、导师帮带培养为主要形式;研发人员聚焦于行业前沿资讯及动态、本领域尖端技术、科研思路与方法、创新思维、研发与市场的匹配等方面的汲取,以学术论坛交流、专业期刊学习研讨、内部跨部门培训交流为主要形式。

培训组织实施过程中,强调体系性以及竞争与激励元素的导入,进行诸多实践创新,

例如，基于技能人才“一专多能”的培养目标以及其自我提升规划意识和能力相对薄弱的特点，建立内部岗位技能鉴定体系，分初、中、高三个等级，对应能力评价体系中的“掌握、熟练、精通”三种程度，构建一条明确的技能增长路径图。同时考虑公司生产线种类多、同一类设备的品牌及型号差异较大的现实，按设备品牌、型号去建立鉴定体系，经过4年的努力，目前该套体系已经覆盖71个岗位。每年组织开展一轮鉴定，对于通过鉴定的人员，以通报形式公示并表扬，对通过中级及以上人员给予一次性物质奖励，还与技能系数挂钩，将岗位技能鉴定体系与任职资格管理体系进行有效对接，将证书取得情况列为晋级认证的必要条件，实现持续激励。

二是全面恢复师徒帮带机制，将其确立为人才培养基本大法。以季度为周期组织部门子公司进行内部结对，制定激励政策，每季度对工作成效进行验收，推广优秀经验。推动基于业务线主管部门与子公司骨干之间以及分公司之间的“名师招徒”活动，促进知识、经验、技能的跨组织传承。2013年下半年至今已经共计结对超过1500对。

三是精心打造一批品牌培训项目。建立以“启航计划”、“星火计划”、“营销子弟兵计划”等为代表的新员工培训项目，以“管理大讲堂”、“管理大家谈”、清华大学工业工程研修班、生产管理干部周末学堂等为代表的管理培训项目，以全国营销教育实践基地、省级市场全国巡讲为代表的营销培训项目等等，提高了培训的效果，也扩大了培训工作的传播力和影响力。

(四)突出贡献，完善绩效考核模式

突出贡献，树立结果导向，关注态度，强调意志发挥，组织开展360度评议，客观评价员工的贡献与态度，同时柔性使用强制正态分布法，各部子公司按要求将同级别员工绩效考评结果分为A(优秀)、B(良好)、C(合格)、D(待改进)四档，奖优罚劣，打破大锅饭，又适当根据不同组织实际情况灰度处理一些评价的疑难杂症，克服方法上的局限性，保证考核的效度。结果经公司审核后通过EHR系统进行记录，目前已经形成包含近5年绩效结果的完整绩效档案，用来作为任职级别调整的直接依据，也作为员工评优、福利享受等方面的重要参考依据。

(五)传承创新岗位竞聘机制，激发干部员工队伍的活力

1. 建立管理干部胜任力模型

结合娃哈哈的战略目标和企业文化，对现任优秀管理干部进行大量的访谈、调查，提取出较为独特的胜任特征，编制《胜任力辞典》。通过分级对56个胜任特征进行定义，建立强度等级并形成行为描述，确定以执行力为核心，由能力、态度、作为三部分构成的娃哈哈管理干部胜任力素质模型。

2. 建立岗位竞聘机制

干部聘任坚持“唯德唯才，以德为先”、“公开选拔，择优任命”、“内部培养为主”、“以结果为导向、结果与过程相结合考核”，建立一整套严谨、完整的选聘流程，以竞争上岗、后备提拔等为主要手段，强调任用考核，试用期、月度、年度均有考核。每年开展竞争上岗，对于表现不合格的干部一律予以免职，在全公司范围内重新竞聘，督促现有干部努力工作，鼓励德才兼备的员工脱颖而出。2013年，娃哈哈在全公司范围内举行公开招标竞

岗，成功选拔17名分公司总经理。

（六）建立在战争中学习战争的后备人才梯队，激活潜在人才

1. 建立各级各类后备人才库并动态调整

2011～2012年间横向开展以培养后备管理干部为目标的“长青计划”、以实现外地子公司干部及技术骨干当地化为目标的“星火计划”、以激活一线工人队伍为目标的“一线技能人才池计划”。纵向通过“子公司推荐—片区选荐—集团公司评审并纳入人才库”三个层级递进选拔，逐渐形成“三横三纵”梯次分明的人才梯队及其选拔体系。

以“长青计划”为例，连续两年分别以“接力·传承”和“梦想·使命”为主题开展公开选拔，通过基本资质审核、业绩审核、业务知识考试、联席面试考察等环节层层选拔，累计选定311人纳入储备干部梯队人才库。对人才库采用年度检核机制进行动态管理，以储备人才的岗位知识技能水平、工作绩效表现为主要依据，结合奖惩贡献、上下级评价结果，进行360度评价，对其中成长表现欠佳的储备人才予以淘汰出库，表现优秀的人才则列入重点培养范围，并提供干部竞争上岗平台助力其职业发展。

2. 开展以挂职锻炼为主要方法的实效培养

建立一套“在战争中学习战争”的后备干部培养机制，以挂职锻炼、岗位轮动、项目实战等实效手段为主，结合集中培训、外部深造等手段进行全方位的培养，选拔任用干部时亦对其基层任职经历提出明确要求。2014年，选拔出12名省级经理助理、8名分公司总经理助理进行挂职锻炼，严格落实培养责任，针对知识技能的短板进行强化学习、任务锻炼，提高培养对象的复合管理能力；围绕实际管理问题开展项目攻关，充分锻炼并检验其解决问题的能力和创新能力；同时及时跟踪反馈培养进度，做好月度评估、培养访谈、实地考察，每月组织挂职人员进行成长交流，根据评估结果进行合理激励，取得良好成效。

（七）改革形成多元宽带、短长期结合的薪酬激励机制，充分调动员工的积极性

1. 开展薪酬改革，建立切合企业实际的多元化薪酬体系

全面分析各类人员的薪酬状况，基于相同的职位职级体系制定专业技术人员、管理人员、技术工人、行政干部及销售人员的薪资标准，改变原来若干套计薪标准各行其是的状况，建立由工资、奖金、年终奖、股份分红、突出贡献奖励等组成的薪酬结构，其中工资体现员工的基本待遇和年功累积，奖金体现员工的月度绩效，年终奖体现年度绩效及总体贡献，股份分红则体现各类骨干员工的长效激励。随着职位升高，年终奖、分红以及突出贡献奖的占比越高，其绩效收入和长期浮动收入的占比越高，固定收入占比则相应减小，通过调整各类薪酬的占比，有效体现岗位、绩效、能力三大薪酬要素，同时实现短期激励与长期激励相结合。

2. 拓宽同职位员工的薪酬带宽，实施契合公司扁平化组织架构的宽带薪酬体系

改革传统的窄阶梯式薪酬体系，在多元薪酬的基础上拓宽了薪酬带宽，构建同扁平化的组织架构相匹配的宽带薪酬体系。每个职位的薪酬都有充分的带宽，员工可以通过提升技能、提高绩效获得更高的薪酬。

3. 制定长期薪酬计划，积极稳妥进行薪酬体系调整，保持薪酬体系整体激励性

每年对收入状况进行分析，适时制定年度增资方案，调整薪资政策，推行关键岗位、大中专骨干员工增持股等举措，有效保持了整体薪酬体系的激励效果，员工收入获得较大幅度增长。

三、大型民营企业竞争与激励双驱动的人力资源开发管理的效果

（一）人才活力明显提高、人均产值大幅提升，取得显著人才与经济效益

随着员工培训培养体系、后备人才梯队选拔培养机制的建立及不断健全，企业人才成长速度明显加快，目前企业干部内部选拔比例达到95%以上，新晋干部胜任比率超过98%，5年来高级人才比例增长超过150%。通过实施系列改革措施，人才的活力得到充分激发，工作积极性明显提高，“收入凭贡献、岗位靠竞聘”的向上氛围逐步形成。营业收入大幅提高，2013年达到782亿元，较2008年增长高达138%，人均劳动生产率持续提升，2013年达到53.36万元，较2008年增长37%，在行业乃至制造业处于领先水平。

（二）员工满意度持续提升，企业劳动关系和谐向上，取得良好的社会效应

彻底改变了人才选聘、评价、激励、培训及开发工作没有基本纲要、整合规划和有效的实施方法的落后局面，营造了公正、公平、公开的组织环境，强化了基于心理契约的员工激励，员工满意度持续提升，2013年年终全集团满意度调查各项平均分达到8.7分，较2008年提高超过15%。员工忠诚度进一步提高，2013年集团职能部门知识员工流失率为1.56%，下属子公司关键岗位流失率为4.46%。企业劳动关系和谐向上，先后荣获“全国和谐劳动关系模范企业”“全国就业先进单位”“全国双爱双评先进单位”等全国级荣誉。

（成果创造人：宗庆后、李凤媛、刘卿琳、杨永彪、
林　剑、李祎晨、张晓峰、徐琪方）

大型石油企业面向国际化经营的人力资源管理

中国石油天然气股份有限公司海外勘探开发分公司

成果主创人:公司党委书记、工会主席、高级副总经理王仲才

中国石油天然气股份有限公司海外勘探开发分公司(以下简称“中石油海外”)是代表中国石油天然气集团公司(CNPC,以下简称“中国石油”)、中国石油天然气股份有限公司(PetroChina)负责海外油气投资业务的专业分公司,归口运营与管理中国石油海外勘探开发、长输管道、炼油化工、油库及加油站等海外投资项目。

一、大型石油企业面向国际化经营的人力资源管理的背景

(一)适应海外业务发展形势、支撑海外发展战略的需要

海外油气生产运营管理与国内相比,投资环境复杂,经营风险高,需要科学制定并实施发展战略,加强投资与运营管理,注重风险防控,在谋求较好投资回报的同时,实现与资源国、合作伙伴等利益相关者的互利共赢。中国石油国际化经营与西方大型油公司相比起步较晚,在人才、管理、技术等方面存在一定差距。面临的困难需要人去解决,存在的差距需要人去追赶,未来的油气发展趋势更需要人去把握和引领。国际油气业务的竞争归根结底是人才的竞争,未来发展更加迫切需要持续进行人力资源管理创新,建立更加有效的人才发现、培养和使用的机制体制。缺乏先进、实用的国际油气业务人力资源管理体系和具有国际化意识、胸怀,并且具备相应知识结构和专业能力的国际化人才,海外战略就难以实施。

(二)发挥中国石油雄厚人才优势、促进合作与融合的需要

通过人力资源管理创新推进多元文化背景下的特色文化建设,促进稳定融合的油气合作关系,在一定程度上决定着公司国际化经营发展的走向。海外业务的特点及其迅猛发展的速度规模,需要各个专业大批的成熟优秀人才,而且在新业务及新项目开发阶段,人才配备时间紧、素质能力要求高、专业配套,如果没有稳定可靠的人才来源是无法满足项目需要的。中国石油具有雄厚的人才优势,在多年的创业和发展过程中形成的以“爱国、创业、求实、奉献”为核心内容的大庆精神和铁人精神,正好与开拓海外业务对人才的精神境界和思想品质要求高度一致,是海外业务参与国际竞争突出的比较优势。中国石油立足集团内部,面向全球人才市场,不断加大对资源国人才的培养和员工本地化力度,逐步建立起了与业务发展相适应的多国、多肤色、多语言和多元文化的员工队伍和相应

的管理体系。

(三)持续推进国际化、建设世界水平综合性国际能源公司的需要

中国石油作为国有大型骨干企业,以保障国家能源安全为己任,积极参与国际油气市场竞争,并已提出了建设世界水平综合性国际能源公司的发展目标。实现这一目标,保证海外油气业务优质、高效、可持续发展是关键。中国石油的国际化,首先是人才和人力资源管理制度、体系的国际化。要在国际油气市场上抢占一席之地,建设世界水平的综合性国际能源公司,必须培养与国际化运作相匹配的高素质国际化人才队伍,着力构建能够充分吸引人才、培养人才和发挥人才能力与作用的人力资源管理体系。

二、大型石油企业面向国际化经营的人力资源管理的内涵和主要做法

中石油海外人力资源管理立足促进以海外项目为主体的国际油气投资合作,通过长期实践探索,将两者有效融合成一体,形成"两纵三横"的人力资源管理体系。同时,通过该体系的有效实施,强化中国石油对海外油气合作人力资源管理的支持保障作用,突出中石油海外在海外油气合作中作为投资者或股东的人力资源管理地位,构建全球薪酬福利激励体系和机制,打造国际合作中人力资源管理沟通与融合的有效平台,为海外油气业务的健康、持续发展提供坚实的人力资源保障。主要做法如下:

(一)构建"两纵三横"的人力资源管理体系框架

海外人力资源管理涉及中国石油天然气集团公司、海外勘探开发公司、海外地区公司、项目公司四个层级,在四个不同层面都需要处理好中方管理与国际规则的关系。

1."两纵三横"的人力资源管理体系框架

"两纵"是指在纵向上按照人力资源业务特点,将海外油气业务人力资源管理业务划分为中石油集团公司内部人事业务线(以下简称"集团内部业务线")与投资者和股东对外人力资源业务线(以下简称"投资者对外业务线")。集团内部业务线的重点是充分发挥中国石油的政策优势和人才优势,提高对海外项目的运营保障与支持能力;投资者对外业务线的重点是建立针对海外项目开发、交割、运营、关闭全生命周期的人力资源业务规范和流程,以提升我方对合资合作项目的影响力和话语权。"三横"是按照战略性人力资源管理的理念、思想和方法,在横向上构建海外油气业务专业化的职能专家中心、职业化的人力资源业务伙伴和标准化的人事共享服务三个管理层级,打造战略性人力资源管理的"金三角",以提高人力资源的战略引导能力和地区公司、项目公司的快速响应能力。

中国与苏丹合资建设的喀土穆炼油厂

两条纵向业务线相辅相成,既体现中国石油的自身特点,又满足国际业务发展的需要;同时,两条纵线上的人力资源业务通过以"三横"为主的人力资源组织职能优化得以实现。

2. 打造专业化的人力资源专家中心(COE)

中石油海外依托中国石油及社会成熟资源，通过信息技术等手段，将人力资源日常事务性工作及部分行政管理工作从公司本部人力资源中剥离出来，使人力资源部更集中于战略管控性工作，强化本部人力资源部的战略管理能力及制度、流程、标准和规范的研究制订与监督执行力度，努力打造职能专家型的本部机关人力资源部(Center of Excellence，COE)。人力资源部同时作为中国石油人事部的海外人事处，充分发挥对海外业务的专业优势和靠前优势，按照"汇总情况、提出建议、参与讨论、监督实施"的原则，为中国石油人事部对海外人事业务的管理与决策发挥积极的参谋作用。人力资源部对中国石油的国际化人才队伍建设进行深入研究，开发海外油气业务全球薪酬福利体系、基于税负平衡法的境外员工个税缴纳方案和双序列岗位管理体系等诸多创新成果。同时，作为海外油气业务人力资源的主管部门，全面参与到公司战略决策、发展规划、业务发展、核心能力培育、关键人才培养等战略管控性工作中，对海外油气业务的人力资源管理发挥专业化的决策管理和支持服务作用。

3. 强化职业化的人力资源业务伙伴(HRBP)

为提高海外地区公司、项目公司的工作响应能力，将在这两个层级外派的人力资源管理人员的业务指导和支持服务统一纳入本部人力资源部，并通过共享服务剥离其日常性及部分行政事务性工作，实现海外地区公司、项目公司的外派人力资源管理人员向人力资源业务伙伴(Human Resources Business Partner — HRBP)的成功转变。这些人员作为公司本部人力资源外派人员，既代表公司宣贯人力资源的各项制度、流程和标准，指导和监督地区公司、项目公司人力资源工作的开展；同时又作为在地区公司、项目公司的人力资源工作人员，围绕本地区、本项目的工作实际，向本部及时反馈其工作需求，使本部能够及时掌握各地区和各项目的实际情况，提供有针对性的支持和服务。

4. 加强标准化的共享服务体系建设(SSC)

为实现海外油气业务人力资源管理全部日常事务性和部分行政事务性工作的集成化、标准化、流程化管理，统一资源投入、统一政策标准，降低运营成本，公司大力推行人力资源共享服务体系建设(Shared Service Center，SSC)。目前已经建立涵盖人员招聘、培训、职称评审、交流轮换、薪酬福利、人事信息及档案管理等方面的共享服务，大大提高了工作效率。同时，利用在北京和天津注册成立的两个商务运作平台，实现人员派遣、资源国人员培训等人事业务的共享管理。通过海外后勤服务与保障体系建设实现对海外员工护照和签证的集中申办、出国接送站服务、国内外应急急救的共享服务以及海外员工家属援助、医疗体检、心理疏导、退休人员管理等业务的集中统一管理，切实解决海外员工的后顾之忧，落实温暖关爱文化。

以"三横"模式为主体的人力资源内部组织职能的优化，使海外油气业务人力资源管理层级更加清晰，战略引导能力进一步增强，地区公司、项目公司的响应能力大大提升，专业化的支持和服务效率也明显提高，极大地适应业务发展的需要，提高组织保障和人才支持水平。

(二)强化集团内部人事业务线对国际油气合作的支持保障作用

1. 以多元化用工模式为基础的人才保障平台

中国石油海外队伍建设经历了从中国石油所属国内单位抽调精兵强将组成海外项目运作团队的内部人员借聘阶段和以内部“对口支持”为主的多元化用工模式等发展阶段,从体制、机制等方面不断完善,逐步搭建海外油气业务的人才保障平台。目前,“对口支持”是中国石油内部保障海外人才需求的主要模式。在这一模式下,根据国内企业与海外项目在油气类型、油气藏地质特征、开发生产方式等方面的匹配程度,选择国内企业对口支持特定海外项目的人员需求。通过“对口支持”,海外油气业务建立一支高素质的基层管理和操作技能人才队伍;同时通过对口交流轮换,大大促进国内单位人才队伍的国际化建设水平。此外,通过中国石油内部借聘方式引进海外发展急需的中、高层技术及管理人才,面向国内外高端人才市场招聘引进高层次商务及紧缺专业成品人才,通过毕业生和留学生接收培养高潜力人才,通过第三方用工建立海外钻井及工程建设监督人才队伍。在此基础上,为帮助资源国石油工业发展,促进当地就业,积极推进员工本地化和国际化,培养一大批业务熟练、认同中国石油企业文化的本地雇员队伍和国际雇员队伍,有效保障了海外油气业务的用人所需。

为科学指导海外油气业务国际化人才的选拔培养工作,开发“五要素”国际化人才素质模型,包括思想素质好、业务能力强、外语水平高、环境适应快、身心状态佳等五个维度14 项具体评价指标。在此模型的基础上,分别针对成品人才和毕业生、留学生招聘开发设计规范的选拔及评价规程。

海外油气业务在多元化用工机制的基础上,着力从加强人才储备和建立国内外依托两个方面推动体制机制建设。完善后备人才长效保障机制,持续加强海外骨干后备人才的选拔培养。根据海外油气业务年度人员需求计划,由中国石油每年从国内油田炼化企业选拔部分管理与技术骨干人才进行培养,并将各国内企业对海外油气业务的人员支持纳入对国内企业主要领导人员的业绩考核指标体系,确保选拔人员的素质和上岗率。

构建分层负责、管理有序的员工交流轮换体系。在海外油气业务内部,以薪酬福利和晋级晋阶为杠杆建立员工在海外单位间、海外单位与公司本部及各海外合作支持机构间顺畅有序的轮换格局。同时在中国石油层面,统筹建立在集团机关、国内单位与海外单位间的人员交流轮换格局。合理有序的交流轮换机制,提高人力资源的配置效率,促进经验的交流、分享及员工队伍整体素质的提升;同时也有利于员工的身心健康和知识与技能的更新,激发员工的工作热情和创新活力。

2. 以差异化管理为核心的阶梯式用工关系管理模式

根据员工所学专业、工作经历、能力、海外适应性及外语语种的不同,制定差异化的员工外派方式,即将海外雇员分为全球派遣雇员、区域流动雇员和项目定向雇员,并对不同类型的员工采取差异化的管理模式。其中全球派遣雇员在海外油气业务范围内统一调配使用;区域流动雇员以在海外某一特定区域内调配为主;项目定向雇员是为指定海外项目定向招聘的员工。根据员工工作表现和实际业务需要,某一项目的定向招聘员工可以被纳入区域流动雇员管理范畴,而表现突出的单一区域的外派雇员也可以被纳入全球派遣雇员范围管理，形成阶梯式海外人才培养与交流机制。这一用工管理模式的建立，优化员工队伍结构，激发海外队伍活力，加速职业化海外员工队伍的培养。

3. 以模块化为重点的国际化人才培训

坚持“以用定训，训用结合”，开发形成“培训内容模块化、培训模块课程化、培训课程体系化”的培训设计原则。在设计培训项目时，首先以海外战略和员工职业生涯发展为指导，深入开展培训需求调查，再以需求为导向设计开发针对具体项目的培训模块；各培训模块以配套的培训课程为支撑；培训课程不断丰富完善形成针对特定培训项目的课程体系，单个课程体系固化为整体培训体系的有机组成部分；在与员工职业生涯发展、领导力素质评估等人力资源管理环节紧密匹配后，通过个人发展和组织能力建设的内在驱动，全面提高员工队伍的整体素质和能力。

为指导基础培训课程设计，根据海外油气业务特点，结合国际化人才素质要求，总结形成海外“5/4/2/4 基础培训”模块，包括五个方面、四个证书、两种能力和四项技能，共65门课程。五个方面即“团队合作、有效沟通、公众演讲、时间管理、压力管理”，是适应海外工作的基本要求；四个证书即项目管理(PMP)证书、非人力资源管理人员的人力资源管理证书、非财务管理人员的财务管理证书、非法律业务人员的法律知识证书，是在国际环境下管理运营项目的基础；两种能力即领导力和执行力，是培养海外组织能力的核心要求；四项技能是指外语沟通、人际交往、SOS应急急救和防恐反恐能力，是应对海外复杂环境的必备技能。

为加强训、用结合，公司结合员工职业发展，开发设计基于员工职业发展“助飞模型”的双序列岗位管理体系及与之配套的晋级晋阶课程体系，使学习培训变成员工个人职业发展和基层单位能力建设的自觉行为和必然要求，大大提高培训工作的内在驱动性。

(三)突出投资者对外人力资源管理业务线在国际油气合作中的重要地位

1. 以确保投资者利益为核心的投资者对外人力资源策略

投资者对外人力资源管理是从项目初期的人力资源尽职调查开始，通过对公司治理层和运营管理层的岗位分配和人员派出，实现投资者在联合公司的话语权、作业权、知情权，即“GE－SOK”策略，确保以投资者利益为基础的合作共赢。

在石油合同和人员派遣协议等各类谈判中，投资者对外人力资源管理通常会根据项目合同模式、股权结构、作业者地位、项目发展阶段、投资意图和投资回收方式等主要因素，针对联合公司治理管控层级，重点关注董事会或联管会的人员构成和表决方式，以充分行使投资者的话语权；当中石油海外控股并主导或独立作业时，着重加强联合公司组织机构与职能设计、关键岗位设置与分配以及中石油海外人员派遣等方面，以充分行使大股东的作业权；当中石油海外为小股东或非作业者时，通过谈判获取尽可能多的重要伙伴岗位，并向联合公司治理层及各专业委员会指派资深代表，以充分行使小股东的知情权和话语权。在伙伴岗位分配上，投资者人力资源管理着重关注计划、预算、资金、采办、人力资源等重点岗位以及能够发挥中石油海外的专业技术优势的岗位。

围绕加强软实力，以人力资源管理和服务措施树立合作共赢形象。在资源国本地雇员的管理上，投资者对外人力资源管理关注资源国的劳动法、工会法、劳动力市场价格、外籍劳工政策、社会保险政策以及涉及人工成本的税费政策等，通过人力资源尽职调查、法律援助等形式给予中石油海外外派人员工作指导，避免劳动争议和劳动纠纷。同时，投资者对外人力资源管理还为开展资源国本地雇员培训提供有偿支持和服务，从跨文化沟通和多元文化融合等方面展示中国石油的综合实力，促进中国石油在海外项目运营管理中掌握有说服力的话语权、沟通顺畅的作业权和及时准确的知情权。

2. 围绕项目“全生命周期”的团队组建和人员配备

针对向海外项目派驻人员的人工成本高、手续复杂繁多、安全风险大等特点，在多年的管理实践中，为不断优化海外项目和国内本部之间的工作协调与衔接，平衡人才培养储备、人工成本控制和安全风险防范等多方面因素，实现各团队间的高效合作和公司发展与员工职业发展的紧密结合，围绕“最强有力的项目支持”和“最精干的派出机构”两条主旨，逐步总结出一套与项目各发展阶段相匹配的“功能团队＋外派团队”组织管理模式。

充分发挥功能团队的跨专业协作优势，实现快速响应。项目开发团队、交割团队和关闭团队采取矩阵式管理，由本部主要业务部门牵头、相关业务部门协助，组成阶段性的项目小组(Task Team)。如项目开发团队以尽职调查和协议谈判为主要职责，一般由新项目开发人员牵头，联合法律、财务、人力资源等专业人员组成。当项目交易进入协议签署和实施交割阶段后，由项目开发团队和运营管理团队中的各专业负责人组成交割团队，最终完成交割条件确认和协议签署工作。在项目运营阶段，为支持运营管理团队对重大商务和技术问题的研究、决策并代表股东表决，在部门层面成立由相应专业部门牵头、相关业务部门和运营管理团队代表参加的工作支持团队。当决定关闭或退出项目时组建项目关闭团队，开展审计清算、法律援助和人员遣散等方面的工作。

3. 组建精干高效的外派团队

基于“GE－SOK”策略，根据股东权益、作业权限、运营特点等因素，设计不同形式的驻外机构，组建运营管理团队。对于中石油海外独立作业项目、勘探项目或具有绝对控股权的合资项目，运营管理团队与合作伙伴组建作业型联合机构，其中绝大多数部门的关键岗位均由中石油海外派遣员工担任。对于股东权益对等或多方联合作业的项目，运营管理团队与合作伙伴组建等权型联合机构。对于中石油海外不参与作业的小股东项目，组建非作业型海外机构，主要通过参加项目治理层的各种委员会和分委会参与决策，同时通过谈判获取少量的伙伴岗位参与日常管理。对于在同一地区同时管理多个项目的运营管理团队，组建共享管理型海外机构。

(四)构建全球薪酬福利激励体系和机制

根针对与BP、壳牌、道达尔等国际大型石油公司的多个海外油气合作项目，中石油海外开展全球外派人员政策的研究工作，并通过与国际知名咨询公司的合作，建立以“搭建一个平台、建立两个机制、涵盖三个方面”为核心的《中国石油海外油气业务全球薪酬福利体系》。通过构建基于国际规则的具有中国石油特色的外派人员政策，提升与国际石油公司的合作水平。

1. 搭建与国际接轨的外派岗位职级体系平台

引入国际石油行业通行的岗位评估方法，建立与国际同行业各层级岗位薪资水平相对应的中国石油外派岗位职级体系平台。把国际通行的外派人员薪酬福利架构和具有中国石油特色的有组织的海外生活方式及共享福利成本支付方式相融合，既建立与国际石油公司水平相当的人工成本管理标准，同时又满足中国石油“三大一统一”的外派人员特色管理模式需求，通过大后勤、大安保、大环境和统一组织领导与协调，充分适应中方员工在饮食习惯、组织观念等深层次文化传统上与西方员工的差异以及中国石油对海外安保与风险管理的特殊需要。

2. 建立薪酬福利谈判机制和动态运行调整机制

以《全球薪酬福利制度手册》为指导，通过向资源国及合作伙伴介绍国际咨询公司对中国石油外派人员薪酬福利体系框架的设计理念和工具、展示中国固有文化与传统对中国石油外派人员管理方式的影响，申明中国石油外派人员薪酬福利政策的合规性与合理性。同时，在薪酬福利的谈判过程中，按照中石油海外外派员工全球薪酬福利制度的基本结构和标准，根据不同资源国的自然环境、社会环境、安保形势及消费指数等因素制定国别方案，在保持体系一致性的前提下进行谈判。在日常管理中，链接各资源国的生活成本指数、住宿成本、艰苦程度指数、高危级别、行业薪酬水平等全球数据库，并与货币汇率变化、母国与派驻国的物价指数等挂钩，定期调整标准，形成动态运行调整机制。

3. 构建包含三个方面的广义薪酬福利体系

以全球油气公司普遍采用的岗位评价体系和划分方式建立针对直接外派人员的薪酬福利制度；同时以直接外派人员薪酬福利制度为基础，针对赴海外联合公司提供阶段性技术服务的人员费用，制定技术支持与服务人员人工费取费制度；针对为合资合作项目提供共享管理与服务的机构制定人工成本分摊制度。广义薪酬福利体系实现与国际同行做法的接轨，建立与国际同行进行人员岗位评价和薪酬福利比较的统一平台。

4. 创新建立全球外派员工税负平衡体系

在充分调研资源国和中国税法及跨国公司实践的基础上，提出了以国际通行的“税负平衡法”(Tax Equalization Plan)为基本方法、以“假设税”(Hypothetical Tax)标准为核心、以中方国内外岗位职级和工资对应体系为基础的中国石油全球外派员工国内个税缴纳体系，由企业承担员工因外派而增加收入部分的个人所得税，并通过全球税务抵扣避免重复缴税。

三、大型石油企业面向国际化经营的人力资源管理的效果

(一)建立了一套面向国际化经营的人力资源管理体系

通过创新建立“两纵三横”的网格化人力资源管理体系，公司形成了基于集团内部人事管理和投资者对外人力资源管理两套相对独立、相互补充、相互支撑的人力资源管理体系。人力资源管理对战略决策与战略执行的支撑能力明显提升，人力资源业务工作流程进一步规范，工作标准日趋统一，人员配置效率和工作效率显著提高。

(二)形成了人力资源国际合作融合的平台

在促进资源国石油工业发展的同时，真诚履行促进当地就业和对资源国人员的培训义务。海外油气业务整体员工当地化比例超过90%；累计为20多个国家培训当地员工8万余人次，培养留学生650多人。从中国石油海外项目输送出去的当地人才构成了资源国石油工业的重要力量。与埃克森美孚、壳牌、BP等数十家国际石油公司和国际化的国家石油公司开展合作，形成了良好的合作机制和平台。

(三)支撑了海外油气业务的优质高效可持续发展

公司国际化人力资源管理体系的搭建，有效支撑和保证了中国石油海外油气业务的发展。全球业务战略布点不断优化，业务规模跨入国际前列，发展速度领先国际同行，形成了从油气勘探开发、管道运营、炼油化工到油品销售的海外上中下游一体化发展的完整产业链；先后建成了中亚—俄罗斯、中东、非洲、美洲、亚太五个油气合作区；相继建设了围绕我国西北、东北、西南、东部海上的四大油气保障通道。截至2013年年底，中石油海外在全球30多个国家管理运作着80多个油气投资项目；海外项目总资产787亿美元，海外油气作业当量1.23亿吨，权益产量达到5900多万吨，油气输送能力分别达到6200万吨和412亿立方米，炼油能力1460万吨，中外籍员工总数51670人(其中中方员工4730人，外方员工46940人)。海外油气业务进入优质、高效、可持续发展阶段，为实现中国石油世界水平综合性国际能源公司建设目标奠定了坚实的基础。

(成果创造人：王仲才、武军利、戴瑞祥、李　杜、刘玉娟、张兆敏、
王滨成、朱泽徐、严　瑾、付智霄、孟　艳、唐厚昌)

供电企业促进员工职业发展的薪酬激励管理

国网湖南省电力公司

成果主创人、人资部主任谌家良巡考

国网湖南省电力公司(以下简称“湖南电力”)成立于1992年12月,是国家电网公司的全资子公司,前身为湖南省电力工业局,核心业务为电网建设和电网运营,担负着保障湖南省电力可靠供应的重大责任。公司员工总数近4万人。2013年,公司资产总额815.2亿元,售电量1005.4亿千瓦时,营业收入631.5亿元,利税39.6亿元,全员劳动生产率50.6万元/人年。

一、供电企业促进员工职业发展的薪酬激励管理的背景

(一)改变电网员工队伍现状已成为供电企业适应经济社会发展的突出瓶颈工程

一是用工总量大、存量老化。用工总量近8万人,平均年龄近43岁,人才当量密度0.8449,与先进企业差距较大。二是结构性缺员严重。在用工总量超员的情况下,部分艰苦偏远地区单位由于多种原因出现缺员且大学生招聘困难。部分单位运维、检修等主营业务缺员,辅助性岗位超员。三是懂经营擅管理的经营型人才缺乏,经营压力大,负债率高,盈利能力差。四是电网核心业务骨干明显不足。建设运营管理电网的人才不足,高层次专家人才40人,仅占员工总数的0.11%,特高压和智能电网人才尚在起步培养阶段。五是优质服务的水平不高。员工服务观念比较落后,主动服务意识不强,服务效率和质量不高,服务的系统性不够。

(二)员工素质不能适应电力工业快速发展的需要

一是员工学历层次不高,大学本科及以上学历员工占比仅为27.9%,中专、技校、职高、高中及以下学历员工占比36.9%。二是高技能人员比例偏小,技师及以上员工占比仅为8.5%。三是专业人员的技术水平不强,中级职称及以上员工占比仅为17%。四是既无职称又无技能等级的“双无”人员占比高达28.82%。这种员工队伍素质结构不能适应建设现代电网的发展要求。

(三)成长通道不畅和激励机制乏力影响员工的快速健康成长

一是员工用人机制不活,“能进不能出、能上不能下”情况突出。二是人才成长机制不畅。人才培养、选拔、考核、使用、待遇一体化机制不健全,员工职业发展局限于岗位晋升,出现“千军万马过独木桥”的现象,员工成才缓慢。三是绩效激励比例偏少。分配“大锅饭”现象比较普遍,员工个人待遇提高与能力提升挂钩不够。四是部分员工观念陈旧,

危机意识和竞争意识薄弱，自我学习提升的积极性、主动性不强。

二、供电企业促进员工职业发展的薪酬激励管理的内涵与主要做法

湖南电力贯彻“以人为本”的理念，运用“马斯洛需求层次理论”制定并实施《湖南省电力公司员工职业发展通道办法》和《湖南省电力公司岗位能效工资管理办法》（以下简称“两个办法”），以能力评价为突破口，以完善薪酬激励机制为保障，创新能力评价方法，构建全员职业发展的“岗位、能力”发展双通道，从总体上设计覆盖全体员工、横向和纵向可流动的职业发展通道，为员工建立可视化、可比较、可预期的职业发展蓝图，建立岗位、能力、绩效三位一体的薪酬制度实现企业和员工的和谐发展、持续健康发展。主要做法如下：

（一）建立并实施员工职业发展“岗位、能力”双通道

1. 创新电力员工职业能力发展通道

多年来，湖南电力员工的成长通道局限于岗位发展通道。为改变这种单一、狭窄的发展通道，拓宽员工成才道路，湖南电力创新设计了员工职业能力发展通道，与岗位发展通道并行，形成“双通道”。能力发展通道共设置五个职系，每个职系内分层分级，最高的设置四层九级；各个层级设置学历、专业技术资格（技能等级）、企业工龄、工作经历、工作成果等基本条件。员工能力层级通过本人申报、知识考试、能力评审、评价答辩等环节确定。

2. 新建电力员工职业能力发展通道的特点

覆盖全员。员工职业发展涵盖从供电企业到发电企业、再到科研、培训、信息通信、建设施工、物资供应、服务等不同类型企业的所有岗位和全部员工。从高级管理人员到普通员工，都可在职业发展通道体系中找到自己对应的能力坐标和自己努力的方向，职业发展通道为所有员工规划了清晰的职业发展蓝图。

动态管理。员工职业能力发展实行能升能降的动态管理。员工可以在一个职系中纵向发展，也可以由一个职系流动到另一个职系横向发展；2 年为晋升周期，让员工明确个人每一发展阶段任务和方向；当 5 年及以上时间员工能力停滞不前时，必须进行能力复测，复测不合格下降能力层级，促使员工不断追求发展。

以人为本。一是员工职业发展通道是围绕激发和调动人的主动性、积极性、创造性搭建的成才舞台，突出公司尊重知识、尊重能力、尊重人才的价值取向。二是员工的职业发展和企业发展应和谐统一，企业的发展战略决定员工发展的目标，员工的发展促进公司的发展，提升公司的竞争力。三是对离法定退休年龄 5 年及以内者出台照顾措施，可以免考直接评定助理层能级，以关爱员工。

公司所属地市供电公司营销专业理论考试现场

行业特征鲜明。能力发展五个职系

的界定完全根据供电企业的岗位特性划分确定。如技术管理职系是指运用电力相关知识和技术，负责企业各类生产经营活动及相关业务技术管理的岗位，其工作内容、对象及方法都具有明显的电力技术特征，包括输电技术、变电技术、电力调度技术、信息技术、配电技术、营销技术、电力交易、安全监察、科技环保和综合技术等。

导向明确。重视核心岗位和生产一线的员工职业发展。一是在能力通道的设置上，核心岗位和生产一线员工的职业发展层级比辅助服务的员工职业能力层级高得多，引导员工干主营业务、选核心岗位。二是规定技术（专业）管理职系流动到生产技能职系相近专业（工种）的能力层级直接上浮一级，鼓励员工下一线。三是班组长在能级申报时可以放宽一个条件申报，以重视生产一线骨干。四是原则限制45岁以下员工向辅助服务职系流动，45岁及以上员工流动到辅助服务职系的其能级按辅助服务职系管理，最高只能到一级事务员。

3. 大力推进员工职业能力评价

首先，建立职业能力评价标准。湖南电力组织制定专业管理、技术管理职系的职业能力评价大纲，共编制209个专业的能力评价指导大纲，近50万字。一是确立各能力层级界面划分的原则意见。助理层能正确理解和准确执行本岗位相关政策、法规和制度；主管层能分析现状，编制方案、制定制度，能处理工作中的问题；高级主管层对本专业工作有较深的研究，掌握本专业管理的政策和走向，能准确分析本专业管理中的问题，提出改进措施，能组织本专业工作并对基层专业工作进行指导和监督管理。二是高层级能力要求均覆盖低层级能力，能力层级越高，要求具备的能力越强，掌握的知识面越宽。三是按照能力种类分层级进行能力描述。能力种类包括员工应掌握的专业基础知识、相关专业知识、本专业知识。按照助理层、主管层、高级主管层分层描述各知识点的能力要求。如专业管理职系的资金管理专业，该专业能力等级标准界定的能力种类包括基础知识、相关专业知识、本专业知识三大类，其中基础知识能力项涵盖了计算机及办公应用系统、公文写作等五类；相关专业知识能力项涵盖会计核算、预算与财务分析等五类；本专业知识能力项涵盖了会计制度、国网公司资金安全备付管理办法等四类。

其次，建立职业能力评价题库。题库作为能力评价考试、员工日常培训和学习的资料库，包括选择、判断、填空、问答、计算、综合分析、答辩题等题型，并分别对各专业助理（作业员）、主管（作业师）、高级主管（高级作业师）对应的题量和难易程度做出明确要求。4年来，湖南电力2000人参与编制工作，编撰专业管理及技术管理职系各专业题库209套（本），共35万道题、3200万字；编撰生产技能职系各专业（工种）操作题库49套（本），约1000个操作试题，近100万字；生产技能职系各专业理论题库49套（本），近2万道题，约200万字。

再次，创新能力评价方法，做到“科学、准确、简便”。准确地评价员工专业知识、职业技能和专业工作经验，正确处理好“考试”和“干事”的关系，是湖南电力创新职业能力评价方法的出发点和落脚点。员工职业能力评价方法总体框架设计为“考试、评审、答辩”三个环节。一是考试考查员工的专业理论知识和专业技能水平。专业管理、技术管理职系由公司统一命题、统一考试、统一阅卷、统一监督；生产技能职系由各单位根据现场设施运行和检修的实际要求开展评价考试，能力评价以实际操作为主，实际操作考核占

80%,理论考试仅占20%;辅助服务职系员工不参加考试,直接参加评审。所有职系员工考试成绩由公司审定后统一确定参评能级。二是评审考查员工的工作态度、工作能力、工作业绩。专业管理、技术管理、生产技能职系能力评价因素主要有专业理论水平、专业工作经历、岗位资格、岗位重要程度、工作绩效、工作能力、工作成果等;辅助服务职系评价因素主要有岗位资格条件、岗位风险程度、工作绩效、执行能力、企业工龄等。三是答辩考查员工的现场表现能力。高级主管(作业师)层参评人员增加答辩环节,考查员工的工作经验、逻辑思维、应对反应、语言组织等能力。

最后,确立组织实施方式,按照公司统一组织、各单位具体实施的方式进行。湖南电力负责制定员工职业能力评价工作的年度工作安排、时间进度计划、能级比例方案等,组织申报情况审查,专业管理、技术管理职系的员工职业能力评价考试,能力评审情况督查和能级批复工作等。各单位负责员工能级申报、初审和职业能力评审工作,负责组织生产技能类员工职业能力评价考试。

4. 抓好能力评审的关键环节

一是确定好员工职业能力评审的工作要求。《员工职业能力评审指导意见》是公司为规范能力评审工作出台的管理性措施。意见从评审工作的组织、流程、要求、能力要素等方面提出具体要求。二是制定能级比例控制方案,确保评审结果与员工队伍的现状相符。能级比例根据各单位员工总数、人才当量密度、企业属性、申报人数等因素综合计算确定。三是开展360度能力评审,确保评审结果全面、客观、准确。360度能力评审由员工所在班组(部门)成员、三级单位(部门)负责人、专业部室有关人员、单位负责人共同参与,量化评价打分。

(二)完善薪酬激励机制

1. 建立岗位能效工资制度

设计的原则:一是坚持效率优先,强化业绩导向;二是坚持按劳分配,突出岗位价值;三是坚持“以人为本”,引导能力提升;四是坚持集约管控,统一分配制度。岗位能效工资由岗位工资、能级(职能)工资、绩效工资、辅助工资四个单元组成。

岗位工资主要体现岗位的价值差别,不同的岗位对应不同的薪酬,每一个岗级对应一个薪点数,岗级越高薪点标准越高。公司岗级共23级,薪点标准从550到4000封顶。

能级工资主要体现员工个人业务能力、劳动技能价值差别,共10个等级,每一等级分5个薪级。其中专业管理、生产技能职系适用2~9级;技术管理职系适用2~10级;辅助服务职系适用1~3级,依据员工个人能力层级对应确定。能级工资薪级依据同能力层级工作年限和考核结果确定。

绩效工资主要体现员工劳动成果价值差别。绩效工资薪点数为本人岗位工资薪点数与职能(能级)工资薪点数的平均值。公司根据《全员绩效管理实施细则》对员工绩效进行评价,评价应用发放绩效工资。

辅助工资包括年功工资、加班工资、特殊一次性奖励工资等。年功工资主要体现员工劳动积累的价值,按员工连续工龄分段累计;加班工资以员工岗位工资作为计算加班工资的基数;特殊一次性奖励工资依据公司有关奖励办法执行。

2. 岗位能效工资制度的特点

创新设置能力工资单元，将隐含在岗位因素中的能力因素分列出来，并按能力因素支付薪酬，在工资结构中增加能力工资单元。员工能力等级发生变化，则相应调整能力工资。通过利用薪酬的引导作用，激励促进员工不断学习，钻研技术，提升技能，提高自身能力，从机制上解决员工从"要我学"到"我要学"的转变，为激发员工的潜能提供制度保障。

创新设置浮动比例，加大考核力度，除绩效工资单元全部与绩效评价结果挂钩外，对岗位工资和能级工资设置浮动比例60%，即岗位和能级工资的60%部分与绩效工资一起考核发放，只有40%部分固定发放。强化绩效的导向作用，岗位再高、能力再强，没有好的业绩也拿不到高工资；岗位低、能力不强，只要做出好的业绩，也可以拿到较高工资，让真正能干事、干好事的员工得到实惠。

（三）推进员工职业发展和薪酬激励一体化

1. 强化业绩的导向作用

将岗位工资和能力工资的60%及以上部分，加上绩效工资单元一并纳入绩效考核，确保员工工资的考核部分达到员工总收入的70%，加大绩效的考核作用，实现"多劳多得、优绩优酬""业绩升、薪酬升，业绩降、薪酬降"目标。

2. 加强全员绩效管理

完善全员绩效考核。按照"分级分类，量化考核；统一规范，科学评价；以人为本，强化激励"的原则，建立企业负责人年度业绩考核、管理机关目标任务制考核和一线员工工作积分制三类量化考核体系。

企业负责人年度业绩考核内容包括关键业绩指标（标准分100分）、减项指标（最高减30分）和党组综合评价（±20分）三部分。企业负责人年度业绩考核结果，按同类企业单位得分顺序划分为A、B、C、D、E五个等级。考核结果既与被考核单位领导班子薪酬总额挂钩，也与被考核单位工资总额挂钩。

管理机关"目标任务制"考核内容包括目标任务指标、综合评价两部分。目标任务指标（80分）考核内容包括关键业绩指标和重点工作任务指标。综合评价（20分）考核内容包括考勤、工作态度、工作能力等内容。重点对管理创新、破解难题等方面的工作给予评价。部门主要负责人由本单位领导班子进行考核；部门员工由部门主要负责人（绩效经理人）进行考核。管理机关年度绩效考核结果，按得分顺序划分为A、B、C、D四个等级。原则上，A级占比25%、B级40%、C级30%、D级5%以内。

一线员工工作积分制考核内容包括工作任务指标、劳动纪律指标两部分。工作任务指标（80分），依据员工在考核期内完成工作的数量和质量进行量化积分。劳动纪律指标（20分），包括考勤、工作态度等内容。班组长由所在单位上级负责人考核；员工由班组长（绩效经理人）考核。

绩效考核结果与绩效工资挂钩。管理机关的绩效薪金采取月度考核、季度预发、年终考核总兑现方式；一线员工的绩效薪金采取月度考核预兑现（依据员工月度工作积分计发）、年度考核总兑现的方式。

3. 实现员工职业发展与薪酬激励一体化的常态化运行

一是建立员工职业能力的正常晋升机制。每年组织员工职业能力晋升考试和能力评审,同时设置正常晋升的基本条件。二是制定员工流动管理规则。相近专业工种流动后其能级不变,非相近专业工种的能级必须在2年内复测。三是为促进员工不断进取,防止惰性影响,对5年内能级仍不能晋升的员工实行能级复测制度,复测考试不合格的降低能级。四是在ERP及人资管控系统中增加工作成果、培训经历、能级信息相关模块,对员工历次能力评价的专业、岗位、岗级、能力层级、薪级、确认文号、评定时间等进行跟踪记载并定期维护,实现员工能级管理的在线和可控。五是建立员工职业能力评价大纲及题库的动态修订、发布机制,确保大纲和题库的适用性和公信度。

4. 明确员工职业发展与薪酬激励一体化机制的改进方向

推进员工职业发展与薪酬激励一体化是一个长期的、动态的过程,要按照"更公平、更科学、更高效"的原则持续改进提高。一是增加申报环节的审查,加强申报人员的资格核查;二是推进生产技能评价考试和职业技能等级鉴定考试的融合;三是提高职业能力评价考试的信息化水平,实现网络化考试和命题;四是持续提高能力评审质量,改进评审薄弱环节;五是不断夯实绩效管理,加强过程管控和绩效反馈,提高运行水平;六是不断优化薪酬分配机制,理顺各类人员收入分配关系,加大对关键人才的激励力度。积极构建"以岗位、能力为基础,以绩效为导向"的协同激励机制,使"两个办法"有效服务公司员工队伍建设,持续推动公司人才结构不断改善、人力资源素质不断提升。

三、供电企业促进员工职业发展的薪酬激励管理的效果

(一)优化"多劳多得、优绩优酬"的制度设计,实现员工"要我学"到"我要学"的转变

提升员工的能力价值。相同岗位上能级高、业绩优的员工收入得到大幅度提升。一级高级主管(一级高级作业师)接近科级干部的收入水平,生产一线班组长与副手的收入倍数达到1.5,相同岗位能级的人员由于绩效的影响,收入差距超过20%。以岗位、能力为基础、工作业绩为导向的薪酬分配制度初步形成,初步实现"多劳多得、优绩优酬"的制度设计,大大提高员工干事创业的积极性。

激发员工自我学习的积极性。由于薪酬激励作用大大增强,员工主动学习、自我提高的积极性迅速提高,纷纷要求参加公司实训班,工余也积极到实训基地参加技能实训。与以前相比,2013年参加技师、高级技师鉴定人数较2009年增长183.1%;申报中级及以上专业技术资格人数较2009年增加增长232.3%。

通过可视化的激励政策,调动不同地域、单位、类别员工的自学积极性,不断参与全员培训、业务素质提升、业务知识深造等活动,以获取能级晋升的资格条件,形成比拼理论知识、崇尚专业技能的良好氛围,在实现个人发展,有效盘活人力资源存量的同时,确保队伍的稳定。

(二)员工队伍建设全面加强

员工队伍素质全面改善。从2009年至今,公司人才当量密度增长6.85%,高级技师人数增长327%,技师人数增长30.3%,高级职称人数增长17.2%,中级职称人数增长

17.4%，既有专业技术资格又有技能等级的人数增长117%，双无人员数降低33.3%，智能电网和特高压人才达400多人，公司的人才结构得到明显改善。

科技创新能力快速提升。2009以来，公司荣获的省部级科技进步奖达38项，“电网大范围冰冻灾害预防与治理关键技术及成套装备”项目荣获2014年度国家科学技术进步一等奖，实现科技创新的大跨越。

技能竞赛成绩取得历史突破。2012年公司参加全国电力行业500kV线路带电作业竞赛获得团体第三名。参加国家电网公司直流换流站运维技能竞赛获团体三等奖。2013年参加国家电网公司变电检修技能竞赛获团体第一名。

专家人才队伍建设成效显著。目前公司拥有国家级专家人才1人，国家电网公司科技领军人才1人，国家电网公司专业领军人才人选22人，国家电网公司优秀专家人才72人，国家电网公司技术能手3人，全国电力行业技术能手15人。大批人才的涌现焕发着企业发展的勃勃生机。

（三）促进经济效益提升

湖南电力从2010年至今连续4年取得“安全年”的可喜成绩，杜绝人身伤亡事故和电网大面积停电事故。企业售电量从733.53亿千瓦时上升到1005.4亿千瓦时；利润总额从－15.19亿元提高到8.1亿元；全员劳动生产率从19.18万元/人·年上升到50.6万元/人·年，经济效益明显提升。

（成果创造人：李维建、谌家良、林　盾、文力红、刘成刚、唐剑东、莫松河、戴宏斌、唐　平、易　知、廖承友、成　彭）

供电企业以价值创造为核心的 EVA 计算与评价体系建设

广东电网有限责任公司中山供电局

广东电网有限责任公司中山供电局（以下简称“中山局”）是中国南方电网公司全资子公司——广东电网公司的地市级分公司，担负着中山市 24 个镇区的供电任务，供电面积 1800 平方公里，供电客户 108.68 万户，资产规模达 118 亿元，其中固定资产净值 102 亿元。中山局按照中山市未设县级政府的特有行政区划，设置 24 个供电分局，分别负责 24 个镇区的供电服务。

一、供电企业以价值创造为核心的 EVA 计算与评价体系建设背景

（一）积极响应主管部门要求的需要

自 2010 年开始，EVA 指标已经实质性纳入对央企负责人的年度经营业绩考核，并与央企负责人的薪酬和任命挂钩，年度 EVA 的指标得分会影响央企负责人的任期经营业绩考核综合得分，所以 EVA 业绩考核的导向性作用应该说力度空前。中山局作为中央企业的组成部分，深刻认识到开展 EVA 考核和企业价值创造能力提升的迫切要求，积极、主动探索价值管理的新举措。

（二）落实公司战略导向的要求

中国南方电网有限公司明确要求各级单位以价值为引领，提升企业的价值创造能力。广东电网公司明确要求各级预算责任单位自觉落实责任、提升价值创造能力。中山局以网、省公司发展战略为指导，围绕 EVA 指标不断探索、落实价值管理，提升企业的价值创造能力。

（三）提升内部管理的选择

中山局在价值管理方面还存在一定问题：一是难以准确反映价值创造过程。中山局本身作为一个 EVA 中心，广东电网公司下达的 EVA 指标是一个总金额。按照责任分工，该项指标由财务部负责跟进，而大部分的价值创造活动发生在其他职能部门和供电分局，如果不进一步分解、传递，那么 EVA 指标的责任部门与创造部门的不一致，导致无法准确反映出企业价值创造的过程。二是难以准确衡量各单位对价值创造的真实贡献。由于中山供电局对区域内各分局实施集中管理和统一会计核算，不能准确计算作为企业价值创造活动主体的各分局在价值创造过程中的真实贡献，很难准确把握其日常管理对全局 EVA 指标的影响。职能部门基于职责，只有费用发生，看不到直接的价值创造，难以把成本的控制目标与企业价值创造能力的提升紧密结合，未能使成本管理与企业价值产生过程和服务过程相匹配。

在 2011 年中山局提出在全局建设以价值创造为核心的 EVA 计算与评价体系，通过构建责任中心，识别业务价值，更加注重资源优化配置，提升企业效益。

二、供电企业以价值创造为核心的 EVA 计算与评价体系建设内涵与主要做法

中山局着眼于以传递考核压力为原则的组织绩效精益化管理和以 EVA 为核心的价值管理，探索性地构建以供电分局为单位的 EVA 中心和以职能部门（生产单位）为单位的成本/费用中心。在此基础上，中山局围绕 EVA 指标，以责任中心为边界，建立了 EVA 计算模型，科学、合理的衡量各责任单位的价值创造能力。同时，以责任会计理论为指导，将 EVA 指标有机融入企业内部的绩效评价体系，以评促管，扎实提升各单位的价值管理水平。主要做法如下：

（一）基于责任会计理论，明确 EVA 计算与评价思路

中山局围绕 EVA 这一核心指标，以价值链分析法，识别企业的价值活动：哪些作业在增加价值，哪些在损毁价值，哪些是价值创造的关键领域。结合企业的管理实践和业务特点，一是建立 EVA 中心，使每个供电分局相当于一个独立核算的分公司，这要求各分局领导运用能够拥有的权力，对本单位所掌握的资源进行调整和整合；二是职能部门（生产单位）为单位构建成本/费用中心，并按成本驱动因素而不以规模为成本分摊费用基础的管理模式，更好地反映各 EVA 中心和间接成本之间的因果关系，用于正确确定如何将各部门资产分摊到各 EVA 中心，以提高计算部门资本成本的精确度。

EVA 中心是指既对成本负责又对收入和利润/EVA 负责的责任中心，它有相对独立的收入和生产经营决策权。其特点为：一是有明确可分的收入和成本，包括资本成本，当从财务上定义 EVA 中心的价值结果时，能够方便地确认收入、成本（包括资本成本）和费用；二是有类市场的环境，EVA 中心与内部其他职能部门发生经济关系时，能够以类市场的方式进行。

成本/费用中心是指只对成本或费用负责的责任中心。成本中心的范围最广，只要有成本费用发生的地方，都可以建立成本中心，从而在企业形成逐级控制、层层负责的成本中心体系。成本/费用中心具有只考虑成本费用、只对可控成本承担责任、只对责任成本进行评价和控制的特点。其中，可控成本具备三个条件，即可以预计、可以计量和可以控制。

（二）分析价值链，科学划分责任中心

中山局下属共有 46 个二级单位，其中包括 24 个供电分局、18 个职能部门/中心和 4 个生产单位。如何对这些二级单位进行分类，成为建立 EVA 计算与评价体系的关键一步。中山局围绕 EVA 这一价值创造的核心指标，以价值链分析法，按照是否直接创造价值对上述单位进行划分。

首先，选择各供电分局作为 EVA 中心。各供电分局是直接的价值创造部门，因为其既能对成本负责又对收入和 EVA/利润负责，它具有相对独立的收入和生产经营决策权；并且，各供电分局作为二级 EVA 中心还满足以下条件：一是明确可分的收入和成本，包括资本成本：当从财务上定义 EVA 中心的价值结果时，能够方便地确认收入、成本（包括资本成本）和费用；二是类市场的环境：EVA 中心与内部其他职能部门发生经济关系时，能够以类市场的方式进行。

其次，内部的各职能部门（生产单位）属于服务支持部门，并不直接创造价值，主要依

据责任分工，为供电企业的最终“产品”——电力提供各项服务，在经营管理过程中属于成本/费用的发生部门，严控成本，增加效益，提升价值创造能力。基于上述分类，中山局结合责任中心管理的要求，把全部二级单位划分为 EVA 中心和成本/费用中心。

24 个供电分局分别按照中山市行政区划设置，例如小榄供电分局、火炬供电分局和港口供电分局等。供电分局主要负责所属区域的电力营销、供电服务、计量和电费收取等业务，是中山供电局营业收入和 EVA 的主要创造单位。

18 个职能部门/中心是供电企业按照专业属性设立的部门，如财务部、人力资源部、生产设备管理部、物流中心等。职能部门/中心主要承担着企业经营发展的管理职能和服务职能，并承担着部分生产运行工作，这些职能部门/中心不直接创造收入。

4 个生产单位分别为输电管理所、变电管理一、二所和试验检验所，其中输电管理所主要负责输电线路的运行和维护，变电管理一所、二所则是按照区域划分，对其所属的变电站进行日常管理和维护，试验检验所主要负责电网设备的试验检验工作，这 4 个生产单位属于成本费用主要耗用单位。

(三)依据经营管理活动特点，确定各类责任中心的核算方式

中山局根据划分的责任中心，分别确定两种核算方式：一是 EVA 中心的核算方式。EVA 中心实现的收入为售电收入，成本则区分为直接归属的成本和间接分摊的成本。中山局 EVA 中心的核算方式具体内容如图 1 所示。

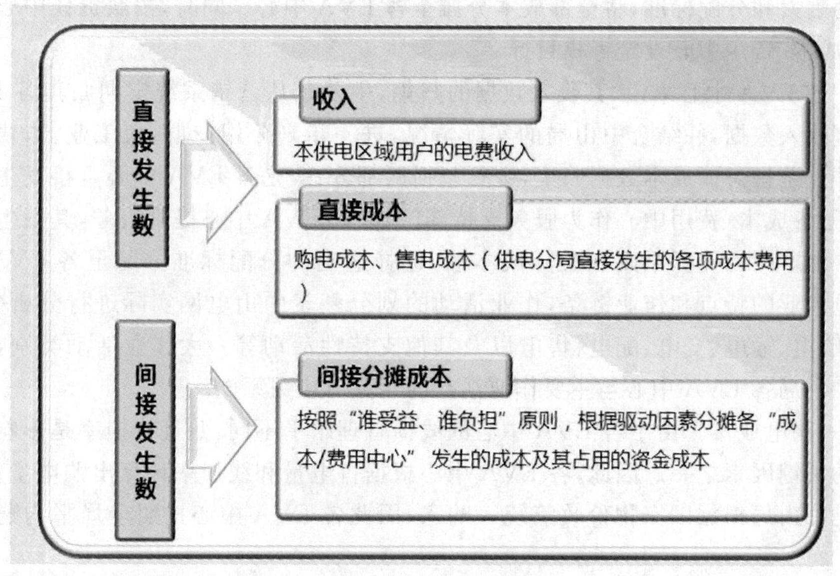

图 1 EVA 中心的核算方式

二是成本/费用中心的核算方式。生产单位主要是以电力产品生产为主线，根据属性按照输电、变电等流程进行全环节归集成本。职能部门/中心则按照责任归属将成本费用归集到成本/费用中心。中山局各成本/费用中心的核算方式具体内容如表 1 所示。

表1 成本/费用中心的核算方式具体内容表

成本/费用中心	核算内容
生产单位——输电管理所	人工成本、输电线路及配套资产折旧费、修理费、材料费及其他费用
生产单位——变电管理一、二所	人工成本、变电站及配套资产折旧费、修理费、材料费及其他费用
生产单位——试验检验所	人工成本、试验用资产折旧费、修理费、材料费及其他费用
职能部门/中心	归口管理或预算下达的其他费用

(四)依据实际成本法,确定内部转移价格

责任中心管理体系是以责任中心为核算和考核对象的。因此,各责任中心之间互相提供产品或服务时应当确定合理的内部转移价格。内部转移价格的类型主要有:实际成本法、成本加成法、标准成本法、市场价格法和协商价格法等。中山局在管理实践中,按照实际成本法确定内部转移价格,首先对各成本/费用中心的成本进行归集,之后选择合理的驱动因素和分配标准,将全部成本分摊至各 EVA 中心。同时,按照责任中心管理要求,针对成本/费用中心设定考核目标。

对于各 EVA 中心来说,其收入数据的归集,主要是从营销系统定期归集各 EVA 中心的售电收入数据,并结合中山局的实际情况,进一步划分用户群:大工业、非普、农业、商业、住宅、趸售。而成本数据归集,主要包括两部分:一是各 EVA 中心直接发生的成本数据;二是各成本/费用中心作为服务支持部门,向各 EVA 中心提供服务,其发生的成本按照"谁受益、谁负担"原则和实际成本法,选择适当的分配标准分配至各 EVA 中心。按照供电企业的特点和作业链条,作业活动的划分基于中山电网实际进行分析确定,主要分为:购电、输电、变电、配电、售电以及其他支持性活动等六大作业活动类别,并进一步明确中山局各 EVA 中心与主要作业活动的相互对应关系。

第一,购电成本。由于各 EVA 中心的线损管理水平不同,并且线损率是影响价值创造能力的关键因素之一。因此,各 EVA 中心根据售电量和线损率计算出购电量;由于购电单价是中山局根据国家物价政策统一购入,因此各 EVA 中心按照全局平均购电单价来计算。

第二,输、变电成本。根据输电线路、变电站与各 EVA 中心的实际关系,按照受益大小——电量进行分摊。在实践中,由于供电企业的主要成本发生在输、变电环节,那么与输、变电相关的资产成本的归集和分摊是整个成本分配工作的重点和难点。中山局总共拥有 2 座 500kV 变电站、18 座 220kV 变电站和 78 座 110kV 变电站,以及站与站(发电厂)之间相连的输电线路。但是由于这些变电站和输电线路按照电压等级与各 EVA 中心形成了较为复杂的网状结构。例如,220kV 旗乐变电站,既为板芙供电分局(EVA 中心)直接提供 10kV 电量;又为五桂山供电分局(EVA 中心)提供 10kV 电量。

一方面,输、变电资产的折旧以及为这些输变电资产充分发挥作用而投入的运维作业耗费了中山局的经济资源,产生了成本;另一方面,这些输、变电资产也为各 EVA 中心提供了中、低电压的电力产品。如何确定这些产品在该环节发生的成本——输变电资产的折旧费、修理费和材料费等,成为计算 EVA 中心数据的关键。

解决方法:一是按照实际成本法确定内部转移价格。二是准确统计各 EVA 中心与输变电资产之间的"交易"关系和"购电量"。下面以 2013 年数据计算为例进行说明:首先,对旗乐站在 2013 年发生的折旧费、材料费和修理费进行归集;其次,准确统计各旗乐站和五桂山站、板芙站之间的"交易"关系和"购电量";再次,各受益对象按照从旗乐站的"购电量",对旗乐站在 2013 年发生的资产成本——折旧费、修理费和材料费进行分配;最后,在归集五桂山站和板芙站自身的资产成本后,加上上述分配自旗乐站的资产成本,按照上述分配思路和内部转移价格,将变电环节的资产成本分摊至 EVA 中心——五桂山供电分局和板芙供电分局。

第三,配电成本。根据配电网与各 EVA 中心的实际关系,对于直接成本,则直接分配到各 EVA 中心,对于间接成本,则选择实际供电量作为分摊依据,在各 EVA 中心进行分摊。

第四,售电成本。无须分摊,直接归集即可。

第五,其他支持性成本。服务支持部门发生的成本费用不仅与 EVA 中心相关,而且还与其他部门相关,需要采取二次分摊的办法,这是分配的难点。根据成本核算内容,首先将其分摊至受益部门;再按照上述各作业环节成本分摊标准,分配至各 EVA 中心。

(五)依据固定资产净值,确定资产占用数据

EVA 相对于传统的利润指标,最大的优势在于考虑所有者投入资本的成本,凸显了经济组织价值创造的能力。但是,作为中山局的内部二级机构,各 EVA 中心无法准确确定各自占用的所有者投入资本。因此,中山局根据"资产=负债+所有者权益"这一会计学原理,同时考虑到供电企业资本密集型的特点,利用固定资产净值作为各 EVA 中心占用资本金额的替代。各 EVA 中心占用的固定资产净值,主要包括三类:一是各供电分局直接使用的配电网资产和办公用设备;二是输、变电资产;三是为全局供电服务的配套资产,例如中山局调度大楼等。

第一类资产,根据固定资产明细账中使用单位,直接确定所属供电分局。

第二类资产,参照上述输配电成本内部转移价格确定的思路,根据输电线路、变电站与各 EVA 中心的实际关系,按照受益大小——电量,对相关的输变电资产进行分摊。

第三类资产,这类资产为中山局对外提供电力产品提供了必要条件,但是无法准确确定各 EVA 中心从该类资产获得的受益量。因此,按照各 EVA 中心占用的第一、第二资产净值之和作为分配依据,确定第三类资产对各 EVA 中心的分配关系。

(六)计算各责任中心 EVA,开展针对性评价、改进

按照《中央企业负责人经营业绩考核暂行办法》规定的计算公式,经济增加值=税后净营业利润-资本成本,由于是内部二级机构,不考虑所得税影响,因此,计算公式可调整为:经济增加值=调整后营业利润-调整后资本×平均资本成本率。其中,调整后营

业利润＝售电收入－购电成本－供电成本＋调整项；调整后资本＝固定资产净值。

在确定各EVA中心的收入、成本和资产占用数据后，即可按照EVA的计算公式，定期计算各EVA中心的指标完成值。根据年初下达的EVA评价指标，对各EVA中心的完成情况进行分析、评价。差异分为两部分：一是各EVA中心管理的差异，二是各成本/费用中心管理的差异。在实际工作中，第一类差异需要由各EVA中心分析差异的原因，提出改进的计划和措施；第二类差异则不能由各EVA中心所控制，它是根据分配原则由各成本中心分配而来，这部分成本差异与各EVA中心评价无关，需要由各成本/费用中心负责寻找差异原因，提出改进计划和措施。

在考核评价时，中山局根据实际情况，将差异根据管理责任划分为可控差异和不可控差异，及由各EVA中心管理的差异和各成本/费用中心管理的差异。剔除不可控差异后，板芙供电分局2013年考核完成值为1557.95万元，完成率为114%。针对不可控差异，则根据成本项目的属性，确定相关成本/费用中心的考核责任，并由其详细分析差异原因，制定相应的改进计划和措施。

（七）实行EVA闭环管理，持续提升价值创造能力

建立EVA“目标设定—过程管理—定期报告—年终考核”的闭环管理，持续提升各责任中心价值创造能力。

1. 目标设定

在理解责任中心的概念和原则的基础上，对各供电分局上年度数据进行收集和整理，计算各个EVA中心上年度EVA实际完成值。根据省公司批复的年度预算，并结合上年度各个EVA中心的基础数据，计算下达本年度各EVA中心年度目标值，并将其纳入业绩考核责任书，使各责任中心承接量化的价值创造能力指标。

2. 过程管理

按照价值链管理要求，对企业作业流程进行分析，仔细识别价值创造的关键领域，各责任中心有针对性地围绕关键价值创造活动，实施价值管理。对于各成本/费用中心，紧紧围绕价值管理主题，制定降本增效工作方案，在成本管理细节上做文章，多措并举，降低管理成本和人力、物力的浪费，强化成本核算，把生产成本中每一项费用细化到单位生产成本中，从而确保降本增效有效落实；对于各EVA中心，不仅要降本增效，更要增供扩销，提高销售收入，提升价值创造能力。

3. 定期报告

根据各EVA中心业务执行情况，定期统计计算各EVA中心的EVA指标完成值（见下表），并对其中偏离较大的单位进行认真分析，查找偏离原因，并督促其制定应对预案。对于各成本/费用中心，主要是定期对各责任中心的成本进行归集、统计，并根据年初制定的目标成本对各成本中心进行对比分析，对其中的差异制定具体的改进计划和措施。

4. 年终考核

根据业绩考核责任书，由财务部在年度结束后，对各EVA中心年度目标的完成情况

进行分析、计算，提交由企管部进行考核并兑现奖惩。同时，中山局为了做好资源配置，加强预算安排，根据省公司下达的年度预算，建立"二次预算分解模型"，一次分解重业务，二次分解重效益，按照各 EVA 中心上年度考核指标的完成情况和业务需求的紧急程度，合理安排年度预算分解，实现成本控制和价值创造的平衡。

三、供电企业以价值创造为核心的 EVA 计算与评价体系建设效果

(一)实现了管理理念的转变

通过开展基于 EVA 的责任中心管理，将价值管理融入企业文化中，逐步培育了有利于促进企业可持续发展的企业文化，加快转变了管理观念。自全面推广责任中心管理以来，中山局各基层单位价值管理的观念发生了较大转变，基层单位成为企业价值创造的源泉，实现价值管理的全员参与、全程参与。通过 EVA 中心管理的全面推广，各基层单位的管理观念发生了较大的转变。在推广应用之后，面对 EVA 这个综合型指标，基层单位会对影响该指标完成的各相关指标(如售电量、售电净单价、线损、供电成本、资产占用成本等)进行通盘考虑，在某一指标无法完成的情况下，积极寻找其他的弥补措施，努力完成本责任中心 EVA 指标，最终确保全局该指标的完成。

(二)提升了价值管理水平，经济效益明显

首先，通过推行以价值创造为核心的 EVA 计算与评价体系，中山局的价值创造能力逐步提升。2013 年，24 个供电分局均较好地完成下达的 EVA 目标，进而确保了中山局圆满完成省公司下达的年度 EVA 值，按同口径计算，中山局 2013 年同比增长 14.47%。

其次，通过推行以价值创造为核心的 EVA 计算与评价体系，价值管理理念深入人心。自全面推广责任中心管理以来，中山局尤其重视电网投资的规模和使用效率，企业不但做大，更要做强，充分发挥价值管理在电网投资规划、电网建设和生产运维方面的作用，稳步提升电网资产的使用效率，提高企业的价值创造能力。在电网投资规划方面：按照"事前算赢"的管理要求，以固定资产报废净值率为抓手，杜绝投资规划的浪费行为，2013 年固定资产报废净值率同比下降 14.6 个百分点。在电网建设管理方面：开展基建的精益化管理，尽可能压缩工程建设成本和建设周期，尽早通电，增供扩销，提高电网投资的效益和企业的价值创造能力。2012 年和 2013 年新建配网建设，投资节约率分别为 5.66%和 1.94%，累计节约了工程建设成本 3855.04 万元，同时，也降低了资产占用规模。在电网资产运维方面：中山局以供电可靠性为推手不断推进价值管理，连续获得"全国供电可靠性 A 级企业"称号，供电可靠性的提高和停电时间的缩短，大大提高了资产的使用效率。2013 年和 2012 年，全口径用户平均停电时间分别为 1.40 小时和 3.45 小时，同比 2011 年减少 2.95 小时和 0.90 小时，累计多供电量 1585.20 万千瓦时，累计增加收入 1098.34 万元。

(成果创造人：欧安杰、邓智明、黄超嫦、叶华艺、杨　蓉、
孙红岩、刘　莉、刘义先、黄梅英、李国春)

工程公司海外雇员属地化管理

中国路桥工程有限责任公司

成果主创人:公司董事长、党委副书记文岗

中国路桥工程有限责任公司(以下简称"中国路桥")是中国交通建设股份有限公交的控股子公司,是中国交建海外业务的重要载体、窗口和平台。中国路桥前身是交通部援外办公室,从 1958 年走出国门,承担政府对外援助的项目建设,1979 年正式组建公司,进入国际工程承包市场,是中国最早进入国际工程市场的大型企业之一。目前,中国路桥主要从事道路、桥梁、港口、隧道等基础设施建设,在全球 50 多个国家和地区设立了驻外机构,形成了高效快捷的经营网络,承建了塔吉克一乌兹别克公路修复改造项目、巴基斯坦喀喇昆仑公路改扩建项目、毛里塔尼亚友谊港扩建工程等大量具有深远影响力的国际工程。中国路桥经济效益近三年稳居中国交建所属企业首位,2013 年,新签合同额 56.81 亿美元,完成营业额 205.39 亿元,实现利润总额 23.35 亿元。在商务部对外承包工程新签合同额和完成营业额双 50 强企业排名中,中国路桥位列第 11 位和第 9 位。

一、工程公司海外雇员属地化管理的背景

(一)"走出去"与"走进去"的国际化经营需求

中国企业逐渐从"走出去"向"走进去"延伸。所谓"走进去",是指企业通过在当地市场的经营开发,树立品牌形象,建立良好口碑,深深扎根所在国,最终实现企业的可持续发展。跨国公司的属地化经营绝不仅仅是聘请几个当地工程师或是尊重当地风俗传统的问题,而是跨国公司的海外管理者们在心理上与所在国的接近。海外雇员管理作为属地化管理的重要组成部分,是企业实现多元化"走出去",并深度"走进去"的重要手段,也是实现合作共赢,创建利益相关方和谐关系的重要纽带。

(二)适应复杂多变的海外市场的必然选择

对跨国经营企业而言,人力资源本土化既是外部竞争环境加剧的必然结果,也是企业拓展市场空间、适应复杂多变的海外市场、提高经济效益的内在要求。对于特大公路、桥梁、港口等项目,往往需要几千甚至上万工人,庞大的用工需求如果仅靠中国劳务输出不仅会增加项目成本,同时也会对项目管理提出更大的挑战。此外,由于地域、语言及历史影响,中外文化差异根深蒂固,难以彻底消除。对于在项目一线的中方人员,若不尊重当地习俗、不因地制宜地调整工作方式,会大大影响项目生产效率和进度,雇佣当地雇员则可以大大缓解上述问题。当地雇员具有先天的语言优势,深谙本地文化风俗和行为习

惯,信息渠道广、速度快,比中方人员更善于与当地居民、地方政府、业主、监理等进行有效沟通和交流,在市场开发和项目实施过程中提高效率,降低经营风险。

(三)与履行社会责任密不可分

随着全球经济一体化进程,我国与多国建立了广泛而良好的双边多边合作关系,不断加大对外援助项目资金,助推国内企业和行业标准"走出去"。中国路桥承建的一些国际工程正是基于政府框架协议应运而生。此类工程作为我国经济外交战略的一部分,承担着展现我国友好、真诚、诚信的大国形象的使命,对促进国家间友好往来、实现经济、社会、文化等领域均衡发展起到了推动作用。这些决定了在国际市场上,企业不再是单纯的利益追逐者,而是国家之间展开友好合作往来的桥梁和纽带。自 1979 年进入国际工程承包市场以来,中国路桥承建的工程项目大多是所在国重要的公共基础设施,对改善当地民生、增加就业等发挥着极其重要的作用。在项目建设过程中,积极雇佣当地雇员,加大当地用工比例,培养当地技术人才是企业履行社会责任的重要途径,也是展现友好而有担当的企业形象的重要窗口。

二、工程公司海外雇员属地化管理的内涵和主要做法

中国路桥按照所在国法律法规和惯例,运用科学的管理手段,建立健全的人事制度,综合利用工程所在地的人力资源、社会关系,选拔、培养和雇用所在国员工,与中方员工相互协作、相互配合,共同完成工程施工任务,实现有效降低工程成本,增加项目收益,树立"筑路架桥,奉献社会;以人为本,追求卓越"的企业精神。它是海外项目属地化进程的重要组成部分,也是海外项目属地化程度的重要指标之一。主要做法如下:

(一)遵守所在国法律法规,重视所在国工会组织诉求

依法管理所在国雇员,尊重当地工会组织诉求,是建立海外雇员属地化管理体系的基本原则。国外的工会组织在工人中间具有强大的号召力,在社会、政治生活中也具有相当的影响力。跨国经营中,如果低估甚至无视当地工会组织的作用往往要付出代价,尤其在非洲国家,由于劳资纠纷,以当地工会组织带头的罢工事件时有发生。

中国路桥认真研究所在国劳动法,严格按照当地法律法规以及工会薪酬协议执行劳资管理,按时交纳员工社保、医保、工会会费及个人所得税,保障当地雇员的合法权益。在日常用工中做到赏罚分明,以奖励为主,惩罚为辅。同时,根据所在国劳工法和与当地劳动部门签署的协议,严格执行工资、加班工时、假期等制度。以上措施,一方面可减少劳资纠纷,避免触及法律红线,另一方面也有助于树立跨国公司的良好外部形象。

(二)严把雇员招聘关口,做好雇用合同管理

搞好雇员管理必须从源头抓起,严格按照程序进行雇员招聘。招聘的雇员应具有合法可靠的身份、健康的体魄和与岗位要求相适应的文化知识、有进取心、最好具有类似岗位的工作经验。录用之初,双方应就岗位要求、岗位职责、权利和义

印度尼西亚泗水一马都拉大桥

务、试用期限及期间的权利和义务、薪酬福利、劳动保护、日常管理、合同终止、雇员辞退等达成协议，签订表现、出勤、工资发放、岗位培训、岗位晋升、奖励与处罚、合同终止与辞退等有关合同条款，对雇员进行动态跟踪管理。这样即使出现劳工纠纷，企业也能随时拿出证据，维护自身利益。

(三)保持高比例的当地员工人数，缓解所在国的就业困难问题

高比例的当地员工是人员属地化程度最基础和最直观的体现。对于非关键岗位及可替代工种，中国路桥一律录用当地员工，这样既避免中方人员调遣、休假造成的较长周期，又可降低人工成本。承建的肯尼亚内罗毕南环城路项目中外员工比例达到 1∶24，当地员工占 96%，所有基础工种、车辆司机和设备操作手均为当地员工，为当地提供 1500 多个工作岗位，在一定程度上缓解了当地政府的就业压力。

(四)规范雇员管理制度，实施系统化管理

在当地雇员管理方面，不论是雇员招聘、岗位晋升、解聘和辞退，都不能是随意为之，仅仅依据主管人员个人的主观印象、感情好恶，甚至一时的心情来判断一个雇员的工作好坏、决定其岗位晋升和奖惩。尤其对于国际工程公司的中方人员多实行轮休工作制，更应规避因更换中方管理人员造成的对当地雇员的负面影响。

凭借多年来对各驻在国文化的深入研究和海外管理经验，中国路桥建立一套全面的雇员招聘、录用、培训、晋升、奖惩、辞退等管理体系。这套体系包括：当地雇员的岗位设置和本土化进程计划；各岗位雇员的素质要求和基本条件；雇员招聘程序与录用考核程序、标准；标准的雇佣合同；雇佣合同及有关基础资料管理；雇员行为规范；雇员培训计划和内容；雇员绩效考核标准、程序与实施方案；雇员岗位晋升条件、考核程序与标准；雇员奖惩制度；解聘和辞退的条件、程序及补偿标准；劳工纠纷处理的原则与方法。通过实行上述行之有效的雇员管理制度，中国路桥在各驻在国拥有了较高的美誉度，当地百姓以能成为中国路桥的员工而感到自豪。

(五)完善员工福利机制，实行人性化管理模式

1. 建立合理的薪酬体系，增强公司人才吸引力

中国路桥针对海外雇员的薪酬管理，其工资每隔一定时期就适当上调，除了工资之外，设置工作量和业绩提成、奖金，以激发当地雇员的工作积极性。发放雇员工龄补贴，培养公司认同感。另外，赋予不同管理层的主管人员适当的奖金额度发放权，及时奖励那些在工作中有突出表现的雇员，助力雇员管理工作。

2. 完善中方员工与当地雇员的沟通机制，营造和谐的工作氛围

中国路桥要求中方员工同属地员工进行多方位的沟通，及时了解对方意愿。各工点的人员和班组较固定，有利于增进相互之间的感情，最大限度减少误会和矛盾。坚决不允许发生任何伤害属地员工人身及民族尊严的事件，尊重当地风俗习惯，平等对待当地雇员。在项目营地设立意见箱，及时听取和掌握员工工作、生活、思想、社会活动等各方面的信息，对属地员工在工作和生活中遇到的困难及时给出处理意见和解决办法。

3. 建立职业健康和安全管理体系，保障当地雇员的切身利益

中国路桥一直以来都十分注重职业病的防治工作，设立专项资金用来采购职业病防

护设施和防护用品,并发放给当地雇员。定期对工地进行职业病危害因素检测,为员工购置工伤保险。此外,定期为非洲员工安排艾滋病防治培训,设立艾滋病防治宣传栏。

4. 设立当地雇员应急保障基金,为员工排忧解难

即使有社会保障体系,一些当地员工仍会在生活中遇到各种难以预料的困难,如疾病,意外或家人离世,这是公司设置应急保障基金的初衷。员工需要先填写基金申请表,一旦被证明情况属实,便可获得相应帮助,通过无息借款、工资清算的方式帮助他们渡过难关。至今,已有超过50%的当地雇员享受到该基金的帮助。

5. 实行困难家庭补助计划,展现公司至诚至真的人文关怀

中国路桥得知有些当地雇员来自偏远的贫困地区,生活条件很差,有些雇员家庭成员较多,而且多数为无业者。对于此类面临实际家庭困难的员工,制定困难家庭补助计划,拟每年从申请名单中挑选一部分员工,对其家庭困难情况进行实地考察,一经确认,便会以现金或其他方式进行无偿帮助。

6. 完善医疗保障机制,给予员工医疗关怀

当地雇员因工受伤能享有医疗照顾和医疗费用报销的福利,若有人住院,公司驻在国办事处会派人探望,鼓励其早日康复。若有经济困难,其家人也可通过“困难家庭补助计划”得到适当补助。

(六)加强岗位技术培训,为驻在国培养和输送技术型人才

中国路桥从员工职业发展的角度出发,开设设备操作、实验、测量、设备维修以及项目管理等课程培训,建立专业技术级别定岗制度,激励当地员工掌握一技之长,引导他们规划职业发展,帮助其逐步成长为专业技术管理人员,实现自身职业增值。实际上,员工的职业生涯从试用期便已开启。一个新员工会被分配到适合的班组,接受技术经验丰富的主管指导,主管会按照其个人能力进行相应培训,大部分新员工在培训后都能有长足进步并迅速胜任工作。通过试用期考核的新员工将被聘为正式雇员,同时也意味着他们获得了一份不断增值的事业,在工作中能够不断获取新的技能、知识和理念。

(七)建立当地雇员提升通道,提供平等的竞争机会和多元的提升空间

在工资水平达到一定程度之后,满足雇员精神方面的追求就显得更为强烈,对雇员的激励也更为持久。有调查显示很多雇员将培训和职业发展列为雇主应该提供的两种最重要的东西,甚至超过薪水和福利。

培养并提拔部分当地员工参与到项目管理中来,是中国路桥属地化管理较高层次的体现。该模式能充分调动其工作积极性、责任感和归属感。通过向雇员提供专业技术、经营管理、企业文化等方面的培训,让雇员了解企业的发展目标,帮助雇员设计自己的职业发展规划,激发雇员的工作积极性、主动性和创造性,使个人成长与企业壮大和谐发展。这部分员工可成为中外员工间的信息纽带,让项目管理、施工部署更加合理高效,同时也能让员工更好地实现自我价值。

以土方施工为例,当地雇员入职后,中方管理人员会为他们提供三条发展通道:小工长发展为工长、链工发展为测工和机械辅助工发展为修理工。当地雇员可清晰地看到

发展通道，他们在工作中自觉掀起“比、学、超”的浓厚氛围，使他们和中方员工一样，树立“岗位成才”的价值观，在工作实践中锻炼自己，提高自己，争取早日升职。通过这样的方式，中国路桥拥有一批忠实企业、责任心强、有较好管理能力的工长。在有这种优势的前提下，采取“由本地人管本地人”的方式管理现场工人。项目各施工点一般只派一名中方管理人员下达任务指令并执行监督，其余均为属地员工，并按定额配置各类管理、操作人员，形成以工长为核心的分级管理制度。工长与工人之间相同的思维方式、工作程序和办事方法使得中方管理者的要求能够更好地传达下去，而相同的民族和宗教信仰也减少对立情绪，对提高属地员工的工作积极性，打击个别违纪行为有更大帮助。

(八)开展跨文化交流与合作培训，创建和谐雇佣关系

1. 开展跨文化培训

当地雇员管理是一种跨文化管理活动，这就要求中方人员必须了解所在国的文化习俗。对中方人员有针对性地进行不同国家之间文化差异和跨文化交流与合作方面的培训十分必要。中国路桥定期组织中方人员对驻在国历史文化、风土人情以及法律法规进行学习，减少因文化差异引起的矛盾，拉近中外方员工之间的距离，增强团队协作力和凝聚力，建立和谐、包容、积极向上的多元文化团队。

此外，在语言方面，中国路桥要求中外方员工必须能畅通无阻地交流，这是促进文化融合与包容的基本要求。为此，中国路桥在招聘中方员工时，除了专业技能，语言能力也是重要考量标准之一，目前99%中方员工能用流利英语与当地员工进行沟通。

2. 编制《员工手册》

中国路桥选择肯尼亚办事处作为试点，编制《员工手册》，其结合了肯尼亚法律和公司规定，涵盖了公司简介、公司理念、公司业绩、项目结构、人事制度、雇员福利、行为准则等内容。该手册是当地员工了解公司企业文化的渠道，同时也有利于避免劳资纠纷，建立和谐的劳动关系，对中国路桥在驻在国的可持续发展意义深远。

3. 积极履行社会责任

中国路桥在自身发展的同时，积极回馈当地社会，践行社会责任，藉此将公司对当地社会的关心与重视传递给属地员工，树立良好的企业形象，增进友谊，凝聚人心。在赤道几内亚、安哥拉等地义务帮助当地居民修建小学、修葺教堂；在肯尼亚向遭遇到严重旱灾的图尔卡纳捐献粮食，捐款92万肯先令；在刚果(布)为当地捐资、捐药、打井修路；在巴基斯坦、多哥、吉尔吉斯等地积极抢险救灾；全额资助150多名来自赤道几内亚、安哥拉、刚果(布)等国的学生来华读大学。

中国路桥充分肯定当地雇员价值，培养员工对企业的认同感和使命感。在驻外机构设立“资深员工奖”，表彰和感谢工作多年的外籍老员工。此举，在驻在国当地员工中，引起了强烈反响，极大增进员工对企业价值的认同，为中国路桥在人才市场树立良好的口碑，赢得了无形的竞争优势。如肯尼亚办事处设立“资深员工奖”，每两年颁发一次，表彰和激励为公司服务10年以上的优秀当地员工。目前已举办两次，共有146人获得此奖，其中司龄最长的超过了26年。

三、工程公司海外雇员属地化管理效果

（一）拓展了企业“走出去”的广度

中国路桥多年来通过构建海外雇员属地化管理体系，在国际市场积累了丰富的管理经验，树立了良好口碑，形成了辐射效应，推动中国路桥在基础设施建设领域不断扩大国际市场份额，带动国内设备、技术、能源等的输出，企业“走出去”的步伐更加坚定而有力。凭借不断凸显的竞争优势，中国路桥业务体量不断增大，业务升级成效显著，传统亚非市场根基更加稳固；拉美、欧洲新兴市场蓄势待发，在建的塞尔维亚泽蒙大桥项目成为中国路桥走进东欧的第一张名片；海外铁路领域取得可喜成绩，肯尼亚蒙巴萨至内罗毕铁路和莫桑比克铁路商务合同的成功签署，实现了中国路桥多年来在海外市场铁路项目上零的突破；通过积极贯彻区域联动开发思路，成功进入加纳和塞内加尔市场；着力转型升级，市场布局持续优化，业务结构更趋合理，为未来发展提供有力保障。

（二）挖掘了企业“走进去”的深度

多年来中国路桥秉承“筑路架桥、奉献社会、以人为本、追求卓越”的企业精神，在国际舞台上充分展现了现代中国企业的风采。赤道几内亚总统奥比昂在中国路桥成立三十周年之际亲笔题词“在赤道几内亚经济发展中，中国路桥是本国重点工程项目建设者中的出色代表者。”肯尼亚人民将中国路桥承建的贯通内罗毕和东非第一大港口蒙巴萨的A109国道，亲切地称为“中国路”，肯尼亚政府为此发行了“中国路”的主题邮票，以此向中肯友谊致敬。中国路桥承建的非洲第二大对外援助项目——毛里塔尼亚“友谊港”被非洲人民誉为“南南合作典范”。20世纪60年代承建的巴基斯坦喀喇昆仑公路被称为“世界第八大奇迹”。

（三）显著增强了企业的品牌实力

海外雇员属地化体系的构建，搭建了与驻在国的和谐关系，促进了企业的可持续发展。实现了企业的良性运营机制，打造了众多精品工程。承建的孟加拉达雷斯瓦里河莫克特普桥和印度尼西亚苏拉马都大桥荣获中国建设工程鲁班奖（境外工程）；赤道几内亚米格梅森－埃比贝因道路项目和安哥拉吉方刚多－加吉道路修复项目获得“国家优质工程银质奖”；被国家科技部评为“国家火炬计划重点高新技术企业”；先后荣获“中国对外承包工程企业社会责任金奖”、“中非友好贡献奖——感动非洲的十大中国企业”、“中国走进东盟十大成功企业”、“中国对外承包工程企业社会责任绩效评价领先型企业”；连续7年荣获中国交建“优秀企业奖”，连续5年荣获中国交建“经济效益最优奖”；多次荣获“全国优秀施工企业”称号；连续9年被中国对外承包工程商会评定为AAA级信用企业。

（成果创造人：文　岗、张建初、卢　山、申　展、
王　辉、张　瑢、莫　坤、李　菲、刘英祥）

供电企业以青工为主体的多维人才培养

国网河南省电力公司安阳供电公司

成果主创人：公司党委书记陈军

国网河南省电力公司安阳供电公司(以下简称“安阳供电”)是直属国网河南省电力公司的国家大型一类和一流供电企业，共有员工5100余人，直供客户210余万户，固定资产原值61.71亿元。安阳电网是河南电网乃至华中电网的北大门，是华北、华中两大区域电网联网的重要枢纽。拥有110千伏及以上变电站97座，容量15265.5兆伏安；有35千伏及以上架空输电线路309条，总长3203.7千米，已形成500千伏网络为电源支撑，220千伏市区双环网和110千伏环网接线为骨干通道的网架结构。近年来，先后荣获全国文明单位、全国“五一劳动奖状”等多项荣誉称号。

一、以青工为主体的多维人才培养的背景

(一)智能电网建设和运营管理对人才队伍提出了更高要求

2010年，国网安阳供电公司系统有员工5100余人，40岁以下青年员工2588人，占比50.7%。青年员工中具有中级及以上专业技术职称的326人、高级技师11人、技师147人、研究生14人、本科413人、大专306人。员工中符合智能电网建设和运营管理要求的高素质人才远远无法满足公司生产需要；科技创新、财务、法律等专项人才短缺；管理人员的管理理念、管理方式和知识更新速度等不能适应集约化管理和信息化建设等新形势的需求；生产技能人员的知识、技术和技能水平不能适应网架结构升级，新设备、新技术投入应用和快速更新。完善人才结构、提升员工素质任重道远。

(二)人力资源开发管理的要求

随着国家电网公司“三集五大”体系建设和智能化电网的深入推进，岗位分工越来越细，专业化与协作化程度越来越高，大量新技术、新工艺、新岗位不断涌现。从人力资源开发管理层面来讲，简单模仿和传统的“师带徒”模式已难以适应当前企业发展的需要。如何有效纠正长期以来形成的“头痛医头、脚痛医脚”的单一型人才培养模式，深化人力资源管理，尤其是强化对青年员工的开发和培养，全方位提高员工的综合能力和素质水平，是电网企业建设“一强三优”(电网坚强、资产优良、服务优质、业绩优秀)现代公司过程中的重要一环。

（三）创新人才培养机制的要求

一方面，青年员工处于人格定型的关键期、职业化的培育期、社会化的完善期和人生的学习期，迫切需要系统全面的人生指导和职业引导。生活经验、社会经验和工作经验的相对匮乏，客观上使他们成了企业人力资源的弱势群体和短板所在。另一方面，当前各企事业单位对青年员工的管理、培训较多沿袭传统方法，对新形势下青年员工的思想脉搏和实际需要把握不全面，在人才管理上多“放任自流”少“系统规范”，客观上不利于青年员工的发展进步。根据员工成长的基本规律，一名成熟的专业技术人员至少需要10年以上的培养培训和工作磨炼。因此，必须创新人才培训培养机制，通过加快青年员工的成长进步，打造企业可持续发展的高素质人才梯队，抢占人才高地，强化人才开发管理，提升人力资源核心竞争力。

二、以青工为主体的多维人才培养的内涵和主要做法

安阳供电实施多维人才培养体系作为以青年员工为主体的人力资源管理创新工程，以“三园建设”和快乐成长“6＋1”工程为载体，以5年内新入职的青年员工为工作主体，以围绕中心、服务大局、以人为本、全面提升、统筹安排、务求实效为基本原则，以加快青年员工进步，推动公司发展为工作目标。主要做法如下：

（一）制定工作原则和工作目标

2010年1～5月，国网安阳供电公司组织开展为期4个月的青年员工生活、工作现状调研。通过发放调研问卷、实地走访谈心、QQ网络交流和心理学专业量表测查等形式，对5年来新入职青年员工的分属单位、岗位分布、思想状况、工作表现、生活特点、实际需求、存在问题等进行全方位、多角度的细致排查和掌握。通过详细客观的调研和广泛论证，针对性制定多维人才培养体系的工作原则和工作目标。

一是坚持围绕中心，服务大局原则。体系建设着眼长远，紧紧围绕安全、发展、效益等工作主题，紧紧围绕生产经营与发展的中心工作，支持和促进生产、经营、管理各项工作，把出发点和落脚点放在提高经济效益、加快企业发展上，以广大青年员工的素质提升促进生产经营指标的提升和企业发展效率的提升。

二是坚持以人为本，全面提升原则。体系建设以提升青年员工综合素质，促进青年员工成长成才为工作重点。工作讲求系统全面，课程设计涵盖青年员工职业发展、社会交往和家庭生活等各个方面，努力做到三个注重：一是注重青年员工素质提升对企业发展的影响，二是注重青年员工素质提升对本人事业成长的影响，三是注重青年员工观念方法、思维思想等综合素质的全面提升，以此增强工程的吸引力和感召力，激发广大青年

500千伏洹安变电站成为连接华北、华中两大电网的重要枢纽

员工自我提高、自我完善的内在动力,实现企业发展和个人进步的协同推进。

三是坚持统筹安排,务求实效原则。根据生产经营实际和用人需求,统筹规划,全面安排,分步实施,整体推进。注意区分职业、岗位、学历、年龄等不同类别、不同层次的情况,各有侧重内容,合理设置载体。坚持针对性与实用性相统一,坚持理论学习与具体实践相结合,“干什么,学什么,缺什么、补什么”,分类指导,按需施教,科学可行,务求实效。

(二)合理规划,科学分工

安阳供电结合实际,科学制定项目立案、组织实施、优化提升的“三步走”战略,确保培养体系稳健有序导入。

一是健全组织,明确职责。为推进青年员工职业生涯规划与管理,国网安阳供电公司根据多维人才培养体系的工作原则和工作目标,以综合管理为基础,成立了由总经理、党委书记任组长,主管副总经理任副组长,各单位负责人为成员的工作领导小组。领导小组负责整个体系建设的组织领导,研究决定活动重大事项并就重要问题提出意见和建议。领导小组下设办公室,办公室负责对青年员工成长、成才进行组织协调,对主要培训内容的组织实施进行跟踪督导、监督检查。同时,建立健全了人、财、物保障机制,确保工作顺利推进。

二是细化措施,稳步实施。根据青年员工的实际需求,合理划分思想教育、职业素质、交流沟通、创新实践、道德素养和文体宣教等六个专业工作小组,各小组制定工作子目标。各部门结合子目标分工和部门实际,按照“规模适当、结构合理、素质优良、动态管理”的原则,制定翔实可行的子方案,细化工作责任,明确时间进度。各专业工作组按时间节点,定期组织讲课,定点开展培训,组织全面实施。

三是总结提升,固化于制。在实践中完善和改进工作措施,提升工作实效。概括提炼活动中一般性、规律性的做法与模式,将工作经验上升为理论表述并固化下来,逐步形成系统的工作思路、实践模块和管理规范、责任明确、保障有力、体制健全的标准化常态工作机制。

(三)积极探索,合理深化

1. 突出工作重点

培养体系实施以来,一方面结合以往员工入口管理存在盲目性、随意性,生产一线结构性缺员,高层次、高技能人才不足,复合型技术技能生产一线人才短缺等情况,按照国家电网公司统一要求,严格制定用工计划和录用标准,统一组织招聘考试,认真履行人员进入受理程序,进一步规范高校毕业生入口管理,不断提高接收高校毕业生的质量和水平,加大主专业和紧缺急需专业优秀毕业生的引进力度。另一方面加强在职员工培训,积极做好对专业技术人才和技能人才成长通道的疏通工作,保证各类专业人才能安心地从事专业工作。狠抓高层次人才队伍建设,从事业、考核、激励、宣传等多角度出发,围绕高层次人才的进一步成长做文章,保证高层次人才队伍的稳定健康发展。加强人才后备队伍建设,打造层次明晰、结构合理、可持续发展的高层次人才队伍。

2. 化解工作难点

在多维人才培养体系实施过程中,通过创新教学课程设计、因地制宜施教和合理利用时间解决工作中遇到的难点问题。

多维人才培养体系教学目标和课程大纲的设计直接影响到教学成果的优劣。各专业小组按照提升方案安排，从岗位需求出发，按照不同等级、不同类别建设覆盖各岗位的课程体系，将理论教学和实践教学有机结合，满足从“新进人员、技能人员、管理人员、高层管理人员”的培训需求。开发“企业公民”和“Z型技能”精品课程体系，满足目标愿景、最佳实践和复合型人才的培训需求。开展“价值链相关利益方”课程体系建设，满足政府、客户、发电单位、外协单位等利益相关方的培训需求。

在综合考虑工作和青年员工休息需求的基础上，利用每周五下午和部分周末时间的方式，较为合理的解决工作任务和学习之间的时间冲突矛盾。

由于人才培养主体95%以上为大中专院校毕业生，长期的求学生涯和新近参加工作的新鲜感使之不愿参加形式单一的教学培训；同时，青年人活泼好动的特性决定他们喜欢参与丰富多彩的户外活动而本能的排斥室内教学。培养体系针对这一特点，增加现场教学和实操培训课程，以赛代学、以赛代培。构建了涵括青年员工、中层干部（所在单位）、项目负责人（领导组织机构）三个层次纵横双向的管理体系，实施了“学分制”和绩效考核并重的考评手段来强化管理，确保实效。

（四）创新载体，丰富内涵

1. 思想引领，营造多维度青年员工“精神家园”

国网安阳供电公司尤其重视青年员工的思想教育培训工作，坚持把青年员工思想教育作为体系建设的重要内容，不断强化理想信念和思想品德教育，引导其树立正确的世界观、人生观和企业核心价值观。同时，不断强化“五统一”（统一价值理念、统一发展战略、统一企业标准、统一行为规范、统一公司品牌）企业文化建设和宣贯，以文化强素质、以文化聚人心、增强青年员工作为国家电网人的荣誉感、使命感和责任感，提升青年员工贯彻公司各项决策部署的自觉性和主动性。

国网安阳供电公司以内部心理咨询师百人核心团队为主体，以提升、优化青年员工心智模式，培育“坚韧、乐观、自信、上进”的高心理资本人格为目标，通过开展全方位的普及宣传、组织系统化的心理测查、搭建多渠道的咨询平台、实施针对性的群体疏导、培育高心理资本型团队等多种方式，及时发现青年员工带有共性的思想问题和心理问题，引导青年员工正视心理困惑、关注心理和谐、塑造健康人格。成立职工心理健康工作站，开通心理服务热线，建立“心灵驿站”专栏，并针对机构整合、迎峰度夏等特殊时期的不同专业岗位青年员工进行专题辅导，累计为2100多人次提供16场专题团队调适，有效增强青年员工运用心理技巧自我调适的能力，营造“激情工作、快乐生活”的良好氛围，提高青年员工工作效率和幸福指数。

为了提高公司青年员工文明素质和思想道德水平，国网安阳供电公司将“道德讲堂”建设与提升企业文化引领力相结合，不断创新方式方法，丰富内容载体，引导青年员工见贤思齐、崇德向善，自觉接受文明道德的洗礼，自觉成为文明道德的传播者和践行者，增强队伍的凝聚力和战斗力，营造“讲道德、做好人、树新风”的浓厚氛围，切实提高广大青年员工的思想道德修养和文明素质。累计举办“党的群众路线”“爱岗奉献”“孝老爱亲”“勤俭节约”“精准服务”等各类主题道德讲堂22场，举办网上“道德讲堂”4期，3100余人次受到教育。编辑出版《德、馨、行、广——道德讲堂事迹材料汇编》系列丛书，全面扩展典型宣传的覆盖面和影响力，引导青年员工从小事做起，善小常为，修身立德，激励青年员工尽心履职，甘于奉献。

健康丰富的文化生活能够帮助青年员工舒缓心情、塑造自尊自信、理性平和、积极向上的健康心态。体系建设以社会共同价值取向为导向，以培养良好生活习惯和情趣爱好为目标，广泛开展形式多样的文化体育活动，通过“读、健、讲、唱”等形式即开展青年员工读书、健身、“青年员工岗位成才故事会”演讲和业余演唱比赛等活动，发现和培养一批文体骨干，提倡健康的生活方式和高尚的精神追求，促进青年员工全面发展。

2. 强化培训，构建多层次青年员工“成长校园”

一是针对刚入职还不具备实际业务能力的新进青年员工，将课堂教学与现场培训相结合，不断提高员工的基础技术，促进新进青年员工尽快上岗、熟悉工作。二是针对工作两年以上并具有相当业务水平的青年员工，充分发挥工区、班组多层次的培训合力，通过组织有专业特长的高级工程师、管理人员和工人技师现场授课，指导青年员工进一步提升技能水平。三是针对专业技术过硬、综合发展潜力强的青年员工，大力开展QC竞赛和技术绝活评选，从专业技术培训转向技术创新能力培训，引导青年员工创新创效。

以促进学习提升和互助协作为目标，成立“鸿鹄”青年俱乐部。依托兴趣小组，积极组织开展各种理论培训实践活动，引导青年员工围绕中心工作和自身岗位特点开展学习，做到“工作学习化，学习工作化”，形成学以致用、用以促学的良性循环。展示真我风采、开展成果激励，有计划地选拔优秀青年员工到俱乐部管理岗位上经受锻炼，充分实现“自我教育、自我管理、自我服务”，进一步培养和提升青年员工的管理能力和综合素质。

针对青年员工专业技能水平不高、实际工作经验不足等特点，通过课堂教学、网络学习、自主互动和实操演练等方式，提高青年员工实际操作能力，构建培训、实践、创新、竞赛相衔接的工作机制，努力培养一支高素质的青年员工人才队伍。

3. 畅通渠道，激励创新，建立多平台青年员工“事业乐园”

为满足青年员工岗位需求、职业需求和事业需求，创新实施“三级连带”培育机制（公司领导带事业、中层干部带职业、技能专家带专业），在建设“一强三优”现代公司的具体实践中引导青年员工成长、成功、成才。

建立领导班子成员“1对N”事业培养机制。领导班子每季度进行一次定点联系活动，通过采取座谈、调研和听取汇报等多种形式深入了解青年员工工作情况、能力、性格、工作价值取向等信息，针对不同情况对青年员工进行工作、思想和心理辅导，引导青年员工树立良好事业愿景。

建立中层干部“1对N”职业培养机制。青年员工所在责任部门（单位）中层干部按照青年员工岗位规范和成长需求，制定年度培训方案，丰富青年员工知识层次、拓宽青年员工知识领域、夯实青年员工职业生涯发展的技能基础，从而有力地促进各专业青年员工不断取得提升，不断获得成就感，实现职业发展的良性循环。同时，通过每月开展一次活动，引导青年员工科学规划职业发展。

建立技能专家“1对1”专业培养机制。技术专家依托“师带徒”活动，为结对青年员工制定岗位学习计划和科目，规范学习时间和方式，常态化开展培训工作，帮助青年员工不断积累实践经验，提升青年员工专业技能水平。

在体系建设过程中，国网安阳供电公司积极鼓励和引导部分满足岗位任职要求、具备相关专业知识的青年员工，在不同专业类别岗位之间进行转换。如鼓励技术岗位青年员工向营销、管理等其他岗位进行转换；鼓励营销专业青年员工在不同的业务部门间进行转换；鼓励管理岗位青年员工向其他专业进行转换等，推动青年员工职业横向发展。

组织开展 QC 创新创效论文撰写、技术攻关、合理化建议和“五小”发明创造等活动，激发青年员工立足岗位、刻苦钻研、不断创新的工作热情，引导和激励广大青年员工加强理论创新、管理创新和技术创新，在实践中锻炼队伍，提高素质，形成“尊重劳动、尊重知识、尊重人才、尊重创造”的良好氛围，增强自主创新能力。

（五）建章立制，长效推进

1. 建立培养机制，强化育人氛围

培育新人，加快青年员工成长进步是多维人才培养体系的主要目标之一，而立足本职与生产实践相结合，是实现青年员工培育目标的基本途径。培养体系突出引导青年员工在本职岗位上积极投身于生产实践来实现育人目的。各专业工作组通过细化工作措施，创新载体形式，建立思想教育与专业培训相结合，集中培训与业余自学相结合，理论培训与实际操作相结合，业务素质和全面提升相结合的多元化培养模式。以有效的组织和考核为手段，把教育培训作为提升青年员工素质的强力助推器，根据员工工作岗位和发展意向的不同，通过针对性的培养培训措施，夯实青年员工职业发展的专业技能基础，从而有力地促进了各岗位青年员工不断取得提升，不断获得成就感，实现青年员工职业发展的良性循环。

2. 建立考评机制，强化动态管理

作为一所“人生大学”，培养体系的深入实施离不开科学严格的考核考评。国网安阳供电公司实施青年员工培训考试积分制，将岗位培训考试、职业素养提升、创新创效推广、专业竞赛调考等按照标准分值进行积分，并定期对青年员工学习培训成效和能力素质提升进行全面量化考核。青年员工每参加一次活动或课程，就累积一定分值。学分主要根据参加活动或培训的次数、时间、效果等分别计算。青年员工多学多积，年终兑现总评。对于年度学分排名前列的青年员工，分别授予“优秀班组长”、“优秀学员”、“青年之星”等荣誉称号，与劳动模范、优秀党员共同表彰，并给予物质和精神奖励。对学分较高及优秀的青年员工学员，可以不受工龄，年龄及相关条件限制，在工资晋级、技能评定、工作调整、提职提干等方面优先推荐。同时，建立成长档案，将之作为学分制的重要载体，如实记录青年员工素质成长情况，并在工作中适时的、针对性地改进、完善培训计划，推动工作不断向纵深发展。

3. 建立奖惩机制，强化正向激励

为确保活动的管理效果，多维人才培养工程体系先后制定了《工程管理办法》、《学分管理制度》、《岗位业务竞赛调考管理办法》等奖惩制度，根据培养目标和工作进度，将青年员工素质提升情况纳入绩效考核系统，建立健全科学合理的奖惩体系，以表扬先进，激励后进。根据培养体系奖惩制度有关规定，对于在国网公司、国网河南省电力公司和本单位竞赛中获奖的选手，在精神奖励的基础上给予一定的物质奖励。对于荣获国网河南省电力公司及以上级别技能竞赛前三名的选手，可破格推荐申报技师职业资格，并在第二年度中安排疗养一次，同时在评先评优、职务晋升等方面予以优先考虑。在具体操作中，注意刚性制定和认真落实，对取得突出成绩的青年员工及时兑现各类物质和精神奖励，确保激励效果“看得见、摸得着”。

三、以青工为主体的多维人才培养的效果

（一）激发了青年活力

多维人才培养体系为青年员工提供了展示自我、发展进步的广阔平台。工程实施以来，236 人被吸收入党，48 人竞聘到俱乐部管理岗位，397 人进行了岗位调整，86 人被提拔为市县公司中层干部；1297 人取得初级、中级技术职称，877 人取得中高级技能资格证；青年员工累计注册 QC 小组 312 个，发表学术论文 244 篇，申请专利 611 项，31 项“五小”创新成果通过省、市鉴定验收，12 项成果在国网河南省电力公司班组创新促节约劳动竞赛中获奖，1 项 QC 成果获得国优，实现零突破，迅速成长的青年员工和快速转化的科研成果，有力支撑了“三集五大”体系建设的人才需要。

（二）优化了能级结构

培养体系改善了员工队伍结构，拓展了员工职业发展通道，员工队伍整体结构和素质得到了较大改善。截至 2014 年 1 月，国网安阳供电公司系统具有中级及以上专业技术职称 630 人、高级技师 52 人、技师 628 人、高级工 1267 人、研究生 68 人、本科 1013 人、大专 1251 人，“三无”人员全面消除，企业人才当量密度从 2010 年度的 0.8132 提升至 0.8963，同比增长 8.31%，提前超额完成国网河南省电力公司下达的年度计划。

（三）促进了经营发展

2013 年，安阳供电售电量突破 182.15 亿千瓦时，同比增长 10.38%。同业对标荣获国网河南省电力公司系统综合对标第一、业绩对标第一、管理对标第二，蝉联国网河南省电力公司综合标杆、业绩标杆、管理标杆，获得财务、营销、检修、建设、人力资源、配套保障、物资、农电 8 项专业标杆。企业负责人业绩考核被国网河南省电力公司评为 A 级档次，评价总分全省第一。在 2013 年度国网河南省电力公司竞赛调考中，荣获了企业文化、财务、“十八项”反措、新能源调度运行、普法 5 个专业团体一等奖和仓储、变电检修、继电保护三个团体二等奖的好成绩，并代表国网河南省电力公司参加了国家电网公司变电检修、安全规程、继电保护等专业的调考竞赛，取得了优异成绩。截至 2014 年 6 月 30 日，实现连续安全生产突破 6500 天，位居国网河南省电力公司系统第二位。

（成果创造人：陈红军、陈　军、牛元立、李建国、常福顺、张　亮、姬中勋、张　飞、张　楠、张志平）

供电企业基于胜任力模型的少数民族员工双语培训管理

国网新疆电力公司

成果主创人:公司总经理刘劲松

国网新疆电力公司(以下简称“新疆电力”)是国家电网公司下属全资企业,是以经营新疆电网为核心业务的国有企业,是关系新疆维吾尔自治区社会安定乃至全国能源安全的国有重要骨干企业。新疆电力承载了全国1/6国土面积的电网建设、调度和管理,其电网建设覆盖新疆全部14个地州(市),为新疆2000万各民族客户提供供电服务。新疆电力先后荣获国家“五一劳动奖状”、国家“工人先锋号”、全国综合治理先进单位等荣誉称号。

一、供电企业基于胜任力模型的少数民族员工双语培训管理的背景

(一)实现新疆社会稳定、长治久安和经济发展的需要

自治区政府要求新疆电网一方面满足疆内社会稳定和长治久安的供电需求和经济发展,加快无电地区送电工程步伐,另一方面要加快建设电力外送通道,促进能源资源转化,服务自治区经济社会又好又快发展。目前,新疆电力少数民族员工占全部职工总数的1/3,其中南疆地区少数民族员工比例达到53%,大部分少数民族员工汉语工作能力薄弱,尚不能达到自治区及国网公司对新疆电力员工的素质要求。因此,按照自治区政府提出大力推进“双语”人才的培养与双语基础教育的要求,新疆电力开展少数民族员工双语培训,培养高素质的少数民族“民汉兼通”人才,显得尤为重要和紧要。

(二)实现新疆电力跨越式发展对人才的需要

随着建设特高压电网、“煤从空中走、电送全中国”宏伟目标的实现,新疆电力进入跨越式发展时期。一方面,新疆电力队伍整体素质改善较为缓慢,在结构层次上未形成衔接有序的人才梯队。尤其是少数民族员工比例较高的南疆偏远地区人才结构不合理、人才整体素质偏低,严重制约公司人才结构的优化和整体素质的提高。另一方面,各种新设备、新技术、新工艺、新知识、新系统不断出现,对少数民族员工的汉语工作能力、技术、技能提出了更高的要求。面对各类内外部挑战,迫切需要建设一支政治素质高、专业技能强、汉语水平优的少数民族员工队伍。

(三)实现少数民族员工职业发展的需要

新疆电力努力将员工个人职业发展融入企业发展当中,设计了管理人才、技术人才和技能人才三种职业通道,各族员工通过掌握相关专业知识,取得相应等级的职业资格

证和技能等级证实现职业发展。1996 年以来，各地州供电公司(局)资产及人员由地方自行管理逐步上划为由新疆电力统一管理，原地方供电单位大量学历较低的少数民族员工进入公司编制。目前，高中及以下学历的少数民族员工人数为 5300 人，占少数民族职工的 60%，主要集中在南疆的喀什地区、和田地区、阿克苏地区、克州和巴州。少数民族员工由于汉语水平较弱，加大了取得职业技能证书的难度，其岗位晋升和业务拓展受到影响，既影响个人职业发展，也影响新疆电力的人才储备，需要通过提升汉语水平和专业技能来实现少数民族员工的职业发展。

二、供电企业基于胜任力模型的少数民族员工双语培训管理的内涵与主要做法

新疆电力以科学发展观为指导，坚持以人为本，以培养高素质的“民汉兼通”的电力专业少数民族人才、打造一支适应新疆电力快速发展形势的少数民族员工队伍为目的，结合新疆实际，构建基于胜任力模型的新疆少数民族员工双语培训体系。该体系以能力建设为核心，遵循“以解决问题为导向”的原则，涵盖理论体系、目标体系、支撑体系、管控体系、考核体系五大子体系，为少数民族员工素质提升和绩效改善提供了全面支持和系统保障。主要做法如下：

(一)构建科学的理论体系

1. 开展基于胜任力的培训需求调研

新疆电力将胜任力理论引入双语培训领域，开发适用于少数民族员工的胜任力模型，通过特定工作情境的双语培训，提高少数民族员工的汉语能力，从而达到提升员工整体绩效的目的。新疆电力运用工作分析、关键事件访谈、成对关键事件访谈的系统方法，对一线少数民族员工的胜任力进行深入调研，提炼基于双语培训的胜任力关键要素。调研结果显示：组织层面希望提升一线少数民族员工电网安全运行、优质服务的实用性技能操作水平、加强思想文化教育、增强对国网企业文化的认知度、提高员工职业综合素养；业务层面及个人层面希望提高南疆地区员工的双语服务能力、提高员工两票等常用工作单的填写正确率及对 PMS 系统、ERP 系统、SG186 系统应用能力和对新设备新技术的应用能力以及提高现场安全学习能力。

2. 构建“4＋X”少数民族员工双语胜任力模型

结合三个层面的培训需求，分析少数民族员工应具备的汉语能力，构建“4＋X”少数民族员工双语胜任力模型，其中，“4”指四项基本胜任力，“X”指基于 4 项基本胜任力之外的更高层级的卓越能力。4 项基本胜任力包括：

成果主创人：公司副总经理赵青山

价值观胜任力：理解社会主义核心价值观、能通过案例理解国家电网公司“诚信、责任、创新、奉献”的核心价值观，能阐述自己工作上如何践行国网价值观。

专业知识胜任力：掌握并灵活运用常用供电专业知识。

专业技能胜任力：能熟练掌握一线常见作业的操作技巧，熟悉常用新设备、新技术、新工艺的操作。

语言沟通胜任力：能通过汉语言与企业内部人员和外部客户进行较为熟练的沟通，包括听、说、读、写四方面的能力。听：能听懂同事用汉语表述的工作任务布置、听懂汉语客户基本的服务需求；说：能用汉语与同事进行工作沟通，向上级进行工作请示和汇报，能与客户沟通并提供相应服务；读：能读懂工作现场的各种常见标识、能读懂公司各种常用信息系统的关键内容、能读懂常用的工作文件，如安全规程、安全通报等；写：能用汉语填写各类纸质工作单、登录信息系统进行相应工单操作、能参加汉语的技能鉴定等考试。

语言沟通是少数民族员工区别于其他普通员工胜任力的关键，是少数民族员工胜任力模型的关键，同时也是构建双语培训体系的关键，对其他三方面胜任力有约束性影响。

（二）确立清晰的目标体系

1. 建立三层次培训目标

依据“4＋X”胜任力模型，结合当前少数民族员工的汉语水平、汉语工作能力现状，确定“初、中、高”三层次汉语培训目标。根据三层次双语培训目标和少数民族员工汉语水平现状，制定五年培训规划，具体如下：

2012 年：经过双语培训，使达到汉语初级要求的少数民族员工人数占其总人数 50％；同时，达到汉语中级要求的占比 20％。

2013 年：经过双语培训，使达到汉语初级要求的少数民族员工人数占其总人数 80％；同时，达到汉语中级要求的占比 30％。

2014 年：经过双语培训，使达到汉语初级要求的少数民族员工人数占其总人数 100％；达到汉语中级要求的占比 50％，同时，达到汉语高级要求的占比 20％。

2015 年：经过双语培训，使达到汉语中级要求的少数民族员工人数占其总人数 70％；同时，达到汉语高级要求的占比 40％。

2016 年：经过双语培训，使达到汉语中级要求的少数民族员工人数占其总人数 100％；同时，达到汉语高级要求的占比 60％。

2. 制定阶段工作计划

为实现五年培训规划，新疆电力制定三阶段工作计划：

第一阶段：2010 年，进行前期研发。主要进行培训需求调研、规划制订、专用培训教材研发等。

第二阶段：2011 年，进行试点培训与总结。完善培训教材，制定标准化培训手册，为推广培训做准备。

第三阶段：2012—2016 年，全面推广培训实施。结合专业教材，运用各种培训方式全面开展双语培训。

（三）创建系统的支撑体系

1. 研发专用培训教材

根据胜任力模型提出的“特定工作情境”和“工作绩效相关”两个核心特征，结合“4＋

X”少数民族员工胜任力，新疆电力利用各种途径深入调研，邀请各类专业培训班中双语水平较高的一线少数民族员工和管理人员对收集到的工作情境和常用词汇进行分类和重要性排序，既保证了教材的广泛性，又做了科学的排序和取舍，为教材开发提供了优质的、切实可用的素材。

经过在实践中反复论证，不断完善和修订，突出内容情境化、知识专业化、学习渐进化的特点，最终完成《国网新疆电力公司少数民族员工双语培训教材》的研发。教材由基础篇、工作篇和企业文化篇三部分组成，基础篇针对胜任力模型中的汉语沟通能力进行设计，内容涉及汉语的语音、汉字笔画笔顺、语法、阅读理解和写作，这些内容采用的场景和单词均来自供电企业一线的实际工作；工作篇分为安全生产基础、营销服务基础、供电所信息化管理、居民安全用电和节约用电共 20 课，涵盖了基层供电所工作的最主要方面；企业文化篇为 6 个少数民族员工践行国网文化、服务客户的感人故事。

教材共收录汉字 1500 个，电力专业词汇 150 组，其中供电企业作业表单 12 个、安全标识 20 个，内容贴近工作场景、图文并茂，利于记忆，方便学员自主学习、自我提高，极大地增加了学员学习的积极性和学习热情，教材的实用性受到学员的认可。

2. 组建多元师资队伍

首先，组建专职双语培训师团队。专职双语培训师团队以省培训中心精通双语的教师为核心，吸收各地州优秀的双语培训师，组成一支涵盖语言、企业文化、专业技术知识三门课程的培训师队伍。

其次，组建兼职双语培训师队伍。懂双语的管理人员和技术人员是兼职双语培训师的最佳来源，新疆电力大力推行兼职培训师培养制度，多渠道、不间断的选拔懂双语的技术技能人才担任兼职培训师。例如，从技术技能岗位上挑选懂双语的人员承担专业知识和工作技能的课程，从企业文化岗位中挑选懂双语的人员承担企业文化课程。正因为兼职培训师来自一线岗位，使得在双语培训中实现了汉语言与工作内容的有效结合，激发学员学习兴趣，保障了学习效果，同时实现了就近培训，缓解了工学矛盾。

第三，组建兼职双语班组培训员。他们的工作主要是：在学员进行网络培训时进行一对一帮扶；在班组利用晨会、周安全例会、班前班后会等各种机会开展微培训时，为学员提供汉语言辅导；为学员学习后的练习和应用情况做记录，为培训管理提供基础支撑。

通过专职培训师、兼职培训师、班组兼职培训员的有效结合，既保证了教学质量，又提高了师资队伍的柔性，同时为多种教学方式的有效实施提供了师资保障。

3. 搭建网络教学平台

搭建网络教学硬件平台。2012 年，新疆电力成立网络培训学院，该学院具备强大的课程点播、网络直播、题库与在线考试、班级管理、信息交流等功能。全疆 13 个地州设有网络学院分站，网络覆盖各地州供电所，网络信息带宽达到视频教学要求，为全员自主学习搭建了良好的网络培训平台。基层单位配备计算机、摄像头、耳麦等设备通过公司内部网络接入直播课堂模块，实现远程视频授课、在线辅导，为网络教学平台的搭建提供了完备的硬件支撑。省培训中心作为主授课中心具有远程视频系统的控制权，利用视频会议实现师生双方即时对话。

建立网络知识库。新疆电力根据自主开发的培训教材内容，将 PPT 课件与授课视频同步处理，形成网络多媒体课件，为学员课程点播提供课程资源。为检验各阶段学习成效、评估教学质量，新疆电力结合少数民族员工学习特点，建立语言类、企业文化类、专业理论知识、情境演练类、系统操作类、现场作业类等多种类别的试题库。

依托先进的远程网络培训技术，利用网络教学平台，实现学员自主统筹学习计划、自主完成阶段性学习目标、自主进行网络学习评测，有效缓解工学矛盾。同时，通过网络教学平台的搭建，打破教与学的时间、空间限制，提高双语培训的灵活性和开放性，为双语培训的有效实施提供重要支撑作用。

4. 建设教学实施模式

第一，推行“预学、共学、延学”的课程学习方式。

预学：在培训之前，强调自主学习。学员根据培训教师布置的思考题阅读教材、点播学习网络课程，在了解课程内容、完成习题的同时也意识到自己在知识技能方面的薄弱点，进入“不愤不启、不悱不发”的积极求学的状态，为共学阶段的启发式教学奠定了良好的基础。

共学：实现员工与员工之间、员工与教师之间的协作学习。员工带着预学中记录的疑惑点，参加教师组织的讨论和学习，培训教师在整个教学过程中起着组织者、指导者、帮助者和促进者的作用，教师针对学员自学中的疑惑和薄弱点进行强化练习，通过创设情境使学员的语言学习接近工作中的实景，通过设计协作式学习任务使学员之间开展各种工作情境的强化语言训练，学员间的协作还表现在水平较高的学员对水平较低的学员进行随时的帮扶，培训教师还针对学员知识技能的掌握情况设计课后学习任务，指导学员进行延学。

延学：延学的实质是在工作情境中实现学以致用，并验证员工学习成效。员工按照教师布置的课后作业要求进行相应内容的呈现，由教师进行现场点评辅导，巩固强化学习效果。

第二，创建三种培训实施模式。

远程网络培训模式：本模式主要为网络学习，可充分应用公司远程教育网络平台进行自学与讨论学习，学习时间灵活、学习覆盖面广。在少数民族员工具备一定汉语基础、电脑数量充足的区域逐步推广。

强化面授培训模式：本模式采用教材自学、强化面授与部分作业现场实训的学习方式，具有三个特点：一是强化记忆汉语言基础知识；二是强化计算机系统操作应用；三是强化作业现场技能操作。主要用于少数民族员工超过 1/3、汉语基础条件较差、硬件设备较弱、不能大量使用电脑学习的地区。

“五位一体”复合培训模式：本模式集“网络自学、集中面授、远程辅导、阶段考试、实战演练”五种学习方式为一体，特点是：全面植入教练辅导，培训教师以教练方式激发员工学习潜能，全过程对员工学习情况进行跟踪、交流、辅导，员工学习扎实。适用于精品培训班和兼职内训师的培训。

(四)形成有效的管控体系

1. 做实学习过程跟踪记录

由各地州单位为每位参培学员建立个人学习档案，以县公司为单位进行学习动态跟踪并汇总记录;同时各单位实时对员工阶段性学习情况进行公开通报,并在员工学习结束后,由员工的直接领导对员工在工作中应用汉语的情况进行评价反馈。

2. 严格学习过程检查抽查

由公司人资部、省培训中心、培训分中心组成的督查小组,采用定期和不定期的方式对各单位员工的学习动态记录进行检查、抽查,对培训进度或质量进行跟进、分析,根据实际情况对培训模式进行调整,确保员工按进度完成学习。

(五)完善相关考核体系

1. 加强培训评估针对性

试题库是有效开展培训评估的基础,新疆电力从试题类别和汉语能力级别两方面深化细化试题库,根据“初、中、高”三层次培训目标,灵活组织测试题,形成差异化试题库。为保证学员自学测试和阶段考试的针对性与实效性,基于“4+X”胜任力模型的“特定工作情境”和“工作绩效相关”的核心要素,开发情境应用和微讲堂等四类题库,对即时实现行为评估进行有效的探索。

四类情境题库,一是情境演练题库。设定一些工作情境,让员工以小组形式进行全汉语演练。二是信息系统操作与维护题库。设定系统的操作情境,请员工进行现场登录操作、数据维护操作。三是现场作业试题库,以新设备现场作业实训情境为例,请员工用汉语清晰讲述具体的操作步骤与安全注意事项,并适当进行现场操作。四是微讲堂。选择企业文化案例为同事讲解其故事和体会。

2. 提升奖惩机制实效性

一是与各基层单位绩效关联,对年度内各单位完成少数民族员工双语培训情况进行年度指标考核。二是与供电所、班组绩效关联,将双语达标纳入供电所(班组)考核指标,对达标的供电所和班组予以奖励。三是与个人成长、绩效关联,员工获得不同层次的双语考核合格证后,将予以绩效方面的物质奖励,对于汉语高级水平考核合格的少数民族员工,优先纳入公司人才库和各类人才培养计划。

三、供电企业基于胜任力模型的少数民族员工双语培训管理的效果

(一)增强了少数民族员工综合素质

截至 2014 年 6 月,新疆电力公司已有 3510 名少数民族员工参加培训。每个基层班组平均增加了两名思想素质高、能用汉语开展工作的少数民族员工。员工队伍综合素质普遍得到提升,在专业技能与个人成长方面尤为突出。双语培训使以人为本的理念落到企业人才发展战略的实处。2010—2013 年,新疆电力人才当量密度由 0.77 提升到 0.865。员工专业能力方面,2011—2013 年间,公司少数民族员工取得技能等级资格证书人数累计新增 2308 余人,平均每年增加 710 余人,远超 2010 年,前的增速。在各级技能竞赛、调考中,少数民族员工获奖达 893 人次,新疆电力公司艾比布勒职工创新工作室获得“全国工人先锋号”荣誉,少数民族员工队伍整体素质有了大幅提升。员工职业发展方面,选拔提升至管理岗位的少数民族员工大幅增加,截至 2013 年年底,经过双语培训后提拔为班所长、站长的少数民族员工共有 287 人,尤其在喀什、和田、阿克苏地区,班所

长、站长中少数民族员工的比例达到41%，已成为企业基层管理的中坚力量。

（二）提升了企业经营业绩优质服务

通过双语培训，激发了少数民族员工对企业文化的认同感，激发了工作热情，提升了团队建设的凝聚力和战斗力，为公司战略实施提供了智力保障，实现了企业经营业绩的提升。其中，阿克苏电力公司售电量同比增加了32.36%，名列新疆公司第三名，2012年被国家授予"全国文明单位"。疆南电力公司售电量同比增加了26.33%，外力破坏电力设施案件比去年同期下降28起，获得了"全国各族青年团结进步奖"、"中国最美金牌供电所"等荣誉称号，形成了"抗灾抢险精神"、"维稳保电精神"，并得到了自治区政府的推广和宣传。和田电力公司售电量13.44亿千瓦时，同比增加了24.91%，先后荣获"全国企业文化优秀成果"、"自治区抗灾抢险工作先进集体"等荣誉称号。员工综合素质和工作能力的提高，有效提升了从公司本部到少数民族员工比例较大的南疆地区基层班组供电所的管理水平和工作效率，保证了公司业绩和服务水平的大幅提升，推进了公司战略的有效实施，彰显了新疆电力责任央企的良好形象。

（三）促进了地区民族团结文化融合

新疆电力双语培训是员工与员工、员工与企业、员工与社会之间进一步增进了解、增加交流、增长才干的过程，是为企业增加业绩、创造价值、培养人才的同时，也是为员工个人创造财富、积累知识、提升价值的过程。少数民族员工和汉族员工在培训中共同成长进步，共同增长知识、共同接受基于民族大团结的和谐社会等价值观熏陶，促进了少数民族员工和汉族员工间同舟共济的兄弟情义和文化融合。

（成果创造人：刘劲松、赵青山、温　刚、贾　涛、阎铁军、吾甫尔、
武晓龙、汤新虎、冯　蓓、开　塞、阿曼古丽）

供电企业基于岗位能级量化的人力资源优化配置

国网湖北省电力公司

成果主创人:公司总经理、
党委副书记尹正民

国网湖北省电力公司(以下简称“湖北电力”)是国家电网公司的全资子公司,以电网建设、管理和运营为核心业务,拥有32家直属单位。全省直供直管县级供电企业79个,代管县级供电企业2个。湖北电力属特大型国有企业,对省内电力市场实行输配售一体化经营,负责建设、管理、经营除三峡输变电工程和省间联络线以外的省内电网,经销相应的电力电量,并负责运作省级电力市场,是省内电力市场的骨干企业和主导力量,直接为地方经济发展和人民生活提供电力保障,直接为省内发电企业电力生产提供接入电网和经销电量服务。

湖北电网是一个全面承接特高压输送电能、以500千伏电网为骨干,以220千伏电网为主体,110千伏及以下电网覆盖全省城乡,供电人口达到6100多万的现代化大电网,是三峡外送的起点,西电东送的通道,南北互供的枢纽,全国联网的中心。

一、供电企业基于岗位能级量化的人力资源优化配置背景

(一)满足湖北电网快速发展的需要

截至2013年年底,湖北电网35千伏及以上变电站2280座,输电线路111422公里,根据湖北电网发展规划,2020年要建成35千伏及以上变电站2980座,输电线路146331公里,要完成900亿元投资,湖北电网的发展速度前所未有。随着特高压、智能电网建设,新技术、新设备应用越来越广,企业必须拥有大批掌握最新科技的复合型、创新型、高端紧缺人才,才能满足需要。湖北电力现有员工的思想素质和业务能力都难以胜任电网快速发展的需要,加之电网进人渠道单一,引进成熟专业人才较为困难。提高企业现有人力资源的配置效率,实施岗位能级量化,内部挖潜,盘活存量,优化结构,提升员工岗位胜任能力,是满足电网快速发展的必然选择。

(二)提高湖北电力服务水平的需要

随着湖北“两圈一带”、“一主两副”经济战略发展,对电力服务要求、服务质量、服务水平提出了新的、更高的要求。而湖北电网是电压等级高、系统规模大、资源配置能力强的交流、直流混合电网,专业性强、自动化程度高、安全责任大,优质服务难度增大,湖北电力坚持把优质服务作为一切工作的生命线,服务发电企业、服务电力客户、服务经济社会发展的宗旨,实施岗位能级量化,明确岗位能力素质要求,建立以客户为导向的绩效考

核机制，促进员工不断提升服务意识和服务技能，是服务湖北战略发展的迫切需要。

（三）适应企业管理方式变革的需要

随着湖北电力组织变革、主辅分离等工作的全面推进，湖北电力管理体制和运作机制进入改革深水期。尤其是2009年以来推进的“三集五大”（人、财、物集约化，大规划、大建设、大运行、大检修、大营销）体系建设，涉及劳动组织方式变革、机构优化整合、管理职责界定、岗位重新设置、人员高效配置和管理流程再造等一系列工作；企业管理方式的变革对员工队伍素质提出了新要求，要求员工融入改革，适应新岗位、新流程的变化。实施岗位能级量化，建立能岗匹配为导向的员工合理流动机制，提升员工立足岗位、岗位成才理念，是适应企业管理方式变革的重要依据。

二、供电企业基于岗位能级量化的人力资源优化配置的内涵和主要做法

供电企业岗位能级量化是指通过建立岗位能力素质模型，对岗位任职者在既定工作标准下完成工作所需能力的一种结构化、数量化描述，包括职业素养、管理能力/领导力及业务知识、业务技能四个方面。湖北电力坚持以岗位梳理为基础，科学量化岗位能级；以人员盘点为手段，全面测评人员能级；以测评结果为依据，合理调配人力资源；以能岗匹配为导向，加强员工队伍培训；以能级提升为目标，拓展员工发展通道，促进能岗匹配、人岗匹配和人事相宜，为湖北电力改革发展提供了坚强的组织保证和人力资源支撑。主要做法如下：

（一）供电企业基于岗位能级量化的人力资源优化配置总体思路

湖北电力通过全面梳理岗位，编制岗位“族谱”，科学构建岗位能力素质模型，开展岗位能力素质测评，明确岗位能力素质要求及员工岗位能力素质现状，优化人力资源配置，综合运用培训及拓展员工发展通道等多种手段，增强员工发展动力，从而达到人、岗的能级对应、动态匹配，促进公司持续健康发展。

（二）以岗位梳理为基础，科学量化岗位能级

1. 完善标准岗位名录，为量化能级提供依据

湖北电力以全面建设“三集五大”体系为契机，全口径、全方位梳理岗位，形成符合实际、便于操作、职责清晰、数量明确的岗位标准名录，编制独具“湖北电力特色”的全业务岗位“族谱”。

岗位“族谱”全覆盖。横向覆盖到主营业务外集体企业、综合单位（电力医院、疗养中心、酒店）；纵向贯通到省、地市、县等各层级单位，梳理优化到最基层乡镇供电所和班组岗位。截至2013年12月，全面完成涉及13个专业、所有单位4517个岗位“族谱”绘制工作，形成职责清晰、数量合理的岗位序列。

公司总经理、党委副书记尹正民（左二）在工作现场

岗位“族谱”规范化。按照国家电网公

司岗位管理要求,统一规范岗位名称,系统梳理岗位职责,并在 ERP 系统进行固化,保障了同一专业岗位“族谱”的一致性。根据从事工作性质,将岗位分为经营、管理、技术、技能和服务五类;根据工作重要程度,将岗位分为核心、常规、一般三类。厘清岗位变更、调整的一般流程,实现岗位配置与业务发展的整体联动。

岗位“族谱”差异化。湖北电力在编制各单位岗位“族谱”时,严格与定员挂钩,根据规范统一的原则,按规模档次细分“三六九等”,体现“高矮胖瘦”,做到一个单位一个“族谱”,体现“基因个体差异”,同类单位因定员不同,“族谱”不尽相同,实现“定员、定编、定岗”三者有效融合,为岗位能级量化提供了依据。

2. 建立岗位能力素质模型,为量化能级奠定基础

湖北电力以能力为导向,围绕岗位基础素质要求,量化岗位能力素质。建立岗位能力素质测评模型。将能力素质分为核心、通用、专业三大类别。参照评价标准,对能力素质因子进行评分,获取岗位能力素质分值。在对每个岗位进行 360 度测评的基础上,对岗位能力素质测评结果进行综合分析和统筹修正,确定岗位能力素质等级序列表。

湖北电力岗位能力素质模型主要由职业素养、管理能力/领导力、专业能力(业务知识、业务技能)三大部分构成。

职业素养设计。主要是通过访谈以及问卷调查对湖北电力的战略和核心价值观进行梳理,从而明确湖北电力对员工行为的要求。这一阶段共访谈中高层领导以及核心员工 132 人次,发放问卷 520 份。

管理能力/领导力设计。在管理能力/领导力模型的构建过程中共访谈高、中、基层管理者以及典型岗位员工 160 人次,发放调查问卷 720 份,通过归纳整理得到湖北电力管理能力/领导力能力素质具体内容,如表 1 所示。

表 1 国网湖北省电力公司职业素养具体内容

	自我管理	任务管理		人际管理	团队管理	平台管理			
综合管理能力	自我管理	计划	执行力	人际沟通	团队协作				
决策型领导力								科学决策	战略领会
开发型领导力						人才培养	影响感召		
支持型领导力		计划规划	执行力	沟通协调	团队管理				

专业能力设计。专业能力一共包括 13 个专业序列。专业能力的建立主要方法有关键行为事件访谈法,湖北电力共访谈典型岗位人员 330 人次,发放问卷 1100 份。

3. 应用岗位能力素质模型,开展岗位能级量化

根据岗位能力素质模型内容,分别对职业素养、管理能力、专业能力进行量化。

职业素养量化。职业素养适用于组织中所有的岗位,原则上一般员工职业素养要求都为第3级—展现优秀。

管理能力量化。管理能力从做人、做事、人际沟通以及团队管理四个方面来反映岗位对员工的要求。对于所有岗位来说,做人与做事都必须达到2级水平。团队管理能力适用于团队负责人,级别要求与团队建设的类型和要求有关。

领导力主要适用公司的领导岗位或后备干部岗位,起点级别为3级,最高级别为7级。高层领导岗位力主要是决策型领导力;中层领导岗位主要是开发型领导力;基层领导岗位主要是支持型领导力。

专业能力量化。专业能力素质主要是根据岗位的关键业务活动对能力的类型和级别的要求。

(三)以系统盘点为手段,全面测评人岗能级

1. 开展岗位盘点,评定岗位能级

根据《国家电网公司劳动定员标准》和湖北电力设备台账,测算各专业定员,将定员结果分解到各单位,并根据《岗位分类标准》《标准岗位名录》,按照"因事设岗、合理分工、明确责任、数量最少"的原则,核定经营、管理、技术、技能、服务岗位数量。

开展岗位能级评定。根据岗位能力素质模型的要求,对每个岗位的职业素养、管理能力/领导力、业务知识、业务技能四大维度进行评估。主要分为四个阶段:准备阶段、培训阶段、测评阶段、汇总阶段。对测评结果进行综合分析和统筹修正,确定岗位能力素质等级序列表。

2. 开展人员盘点,评价员工能级

采取查看资料、现场调研、走访的方式,切实摸清各单位人员在岗情况,理清人员现状。开展员工能级评定。对照岗位能力素质模型的要求,将测评结果及时准确地反馈给专家组,为下一步员工能力素质与岗位能力要求差异分析奠定基础。

(四)以测评结果为依据,合理调配人力资源

湖北电力以岗位能级量化为基础,以人员测评成果为依据,坚持"能级定位、优势定位、平衡定位、动态定位、补充定位"策略,合理调配人力资源。

1. 开展差异分析,制定人员配置计划

开展总量差异分析。将岗位设置与人员现状进行差异对比,统筹考虑电网设备资产现状和电网发展规划,开展人员配置分析,查找差距,合理制定人力资源配置计划。匹配度在70%以上的符合岗位能级要求,即超缺员率控制在±30%以内。例如,湖北荆州供电公司,其中,运行、检修、营销、经营与管理等六个专业超缺员率控制在±30%以内,符合要求;规划、建设、乡镇及农村配电、物业后勤等六个专业超缺员率超出±30%,不符合要求,下一步需进一步优化人力资源配置。

开展个体差异分析。将岗位能级与员工能级进行对比,对人员与岗位的适应度、匹

配度进行分析。匹配度在90%以上的符合岗位能级要求，例如，湖北荆州供电公司890名上岗人员能力素质差异控制在±10%以内，符合要求；420名上岗人员能力素质与岗位能力要求差异超出±10%，不符合要求，下一步需重点优化人力资源配置。

2. 坚持“能级定位”，把现有的人配置到匹配的岗位

湖北电力通过建立岗位能力素质模型，量化岗位能级，开展能力测评，实现能级匹配、人岗匹配。充分利用“三集五大”体系建设组织机构变革契机，分层级、分专业推行员工“全体起立，优化调配”。把每一个人都放到最适合的岗位，“岗位要求与个人能力相匹配、个人进步与企业发展相统一”，实现企业人力资源配置的最优化。以湖北荆州供电公司为例，90%的规划、建设人员人岗匹配度在90%以上。

3. 坚持“优势定位”，把优秀的人配置到重要的岗位

湖北电力坚持“公开平等、双向选择、择优聘用”的配置导向，针对各级本部管理以及核心岗位，实行“公开招聘、逢进必考”制度，让自身能级量值处于高位的员工，能晋升或竞聘到高层级岗位。近三年来，湖北电力省、地市、县三级公司本部采取公开招聘的方式，共选配1126人到各类管理岗位，同时，针对专业发展能力较强的员工，通过专业内轮岗、挂职、交流的方式，引导专业内员工岗位流动，促进专业内部资源合理配置。如，湖北孝感供电公司通过“13520”计划，即“每年1个专业，选拔3%的优秀员工到基层进行挂职锻炼，选拔5%优秀员工到上级专业部门交流，专业内部岗位轮换不低于20%”的方式引导专业内部流动，体现员工能级优势。

4. 坚持“平衡定位”，把富余的人配置到缺员的岗位

针对湖北电力人员结构性失衡矛盾，采取“平衡定位”，促进富余人员向生产一线岗位、边远山区岗位、主业缺员岗位流动。湖北电力1470名管理人员、2567名服务人员转岗到生产一线岗位。

5. 坚持“动态定位”，把合适的人配置到适合的岗位

湖北电力开展岗位动态测评，推行岗位动态管理，努力构筑“能者上，庸者下”的生动用人格局，完善“待岗、转岗、适岗”等相关配套制度，充分激发组织和员工的活力。

6. 坚持“补充定位”，把新进的人配置到急需的岗位

湖北电力引入基于岗位能级量化的招聘技术，以专业、职业能力考试为主、辅助性格能力测试，通过笔试、面试、情景模拟、小组讨论等技术对能级进行测试，选取可量化指标，如知识积累里的学历、专业水平、情绪能力因子、人际能力因子、自我发展能力因子、职业素养因子等进行衡量，根据招聘岗位匹配度择优录取。近三年来，湖北电力招聘高校毕业生2200余名，全部配置到企业急需岗位，并对其进行持续跟踪和积极引导，见习期后招聘人员平均岗位匹配度在91%以上。

(五)以能岗匹配为导向，加强员工队伍培训

1. 找准培训需求结合点，实施模块化培训

确定培训需求。应用量化能级结果，分析员工与岗位能力素质要求的差距和短板，从企业和员工两个方面分别确定培训需求，如新员工上岗前培训，转岗员工岗位适应性

培训，生产人员技能培训等。

开发标准化培训课程体系。湖北电力依托管理培训中心和技术培训中心，采用校企联合方式，按照“横向三类（管理、技术、技能）”分类启动培训课程体系开发项目，通过设计并匹配必要的培训课程，实现培训项目课程标准化。

实施模块化培训。企业按照不同岗位设计开发的培训课程分模块开展培训，培训采用积分制，员工在一定时间周期内通过所有模块培训课程并达到有效积分者视为培训合格，不合格者将延长培训周期直至合格，同时将培训结果与个人绩效考核等级评定和薪酬待遇结合。2013 年，湖北电力举办各级各类培训班 1649 期，员工参加培训 112817 人次。

2. 创新培训方式，提升员工岗位胜任能力

应用能级量化结果，按照员工素质能力与岗位要求不同，分类组织开展：适岗培训、强化培训、提升培训三种方式，全面提升员工岗位胜任能力。

3. 加强关键岗位定向培训，储备企业后备人才

湖北电力积极实施人才替代计划，储备关键岗位人才后备。如：开展典型岗位 A、B 角培养。另外，按照培养复合型人才需要，开展跨专业、跨层级、复合型人才培训，培养出一批熟悉电网企业生产经营全过程的后备人才。

（六）以能级提升为目标，拓展员工发展通道

1. 能力发展云梯

能力发展云梯是指在员工成长的不同阶段，通过不同措施，为员工成长制订阶梯式的发展方案，建立员工能力发展通道。主要包括能力雏形生成期、能力素质提升期、能力成效凸显期、能力建设成果期；根据各阶段的能力素质要求对员工进行考评，达到要求的员工进入下一阶段进行职业发展培养。

2. 职业生涯策划

湖北电力根据人才队伍建设规划及人才发展需求，以能力量化过程为导向，建立了经营管理、专业管理和技术技能多通道发展路径。明确职业生涯发展方向。公司对员工职业生涯的业绩、能力予以评价，为员工确立明确方向。公司引导员工在提高文化素养、提升业务技能、提拔自身层级等方面做文章，确定了提升层级、层次和进度，明确了自身发展途径、角色变换、能力转换以及发展目标与成功标准，对员工今后一段时期的成长给予指导。

湖北电力注重规划职业生涯发展路径和关职业生涯发展进程。通过职业生涯策划的实施和员工自身的不懈努力，三年来，湖北电力 235 名经营管理者成功跃升，529 名专业管理人员实现晋升，3855 名技术技能人员实现攀升，职业生涯策划在广大员工的职业发展中发挥了积极作用。

3. 工作进程辅导

湖北电力主要通过不同层级员工辅导途径的梳理，不同阶段员工辅导方式的确定，实现员工职业发展路径与企业战略目标的高度统一。

分层级界定范围。坚持分级、分类、分层辅导方式实施员工职业发展计划。公司层级以管理型人才、高端人才、领军人才、紧缺人才、一级和二级技能人员队伍建设为主，立足能力建设；地市公司层级以新工艺、新技术的应用，三、四级技能人员培养和技能等级晋级为主，保障人才储备；基层班组层级以新员工培养、现场培训为主，突出员工实际操作水平提升。

分阶段重点实施。能力雏形生长期以“跟班实习”为主要模式；能力素质提升期将“百家讲坛”作为重点业务学习形式，采用“五个一”的方式，采取一堂课程、一个问题、一页教案、一次互动、一场考试的方式，由员工轮流讲课、现场演练，从而锻炼并提高业务熟练度。能力成效凸显期通过设立“科技沙龙”方式，有助于将工作实践转化为理论研讨并予以深化运用。能力建设成果期通过“专家工作室”方式由专家通过授课、课题研究、工程项目等方式，带动团队整体能力的快速提升。

三、供电企业基于岗位能级量化的人力资源优化配置效果

（一）人力资源配置不断优化

通过实施基于能级量化的“能级定位、优势定位、平衡定位、动态定位、补充定位”策略，从第二轮员工能级评定结果看出，湖北荆州供电公司上岗人员能力素质与岗位能力要求差异全部控制在±10%以内，调整管理人员 6839 人，实际配置管理人员 5369 人，管理人员精简比例达 26.91%。精简的 1470 名管理人员中，全部转岗补充到生产技术和一线岗位，一定程度缓解了生产一线结构性缺员问题，减少管理成本约 725 万元。对照模型开展招聘，提高了招聘的有效性，一年减少招聘失误带来的损失和招聘成本 32 万元。

（二）员工能力素质全面发展

实施基于岗位能级量化的人力资源配置管理，湖北电力各级各类人才比例更趋合理，保证了关键、核心岗位人力资源的连续供应。公司中级及以上专业技术人员 9269 人，占长期职工的 18.91%；高级工及以上技能人员 20897 人，占长期职工的 42.63%；人才当量密度 0.89，比上年提高 4.1%。公司享受国务院特殊津贴 4 人、省政府特殊津贴 4 人，省突出贡献中青年专家 5 人，全国技术能手 2 人，全国电力行业技术能手 17 人，国网公司领军人才 21 人，国网公司优秀专家人才 63 人，公司优秀专家人才 108 人。同时，员工对企业的满意度不断提升，员工认为工作得到尊重占 85.8%，工作满意度达 74.5%，高素质员工流失率不断减少。

（三）企业经营质效显著提升

湖北电力整体工作稳步推进，工作效率和经济效益得到显著提升。全员劳动生产率增长 16.9%，人均营业收入增长 12.45%，人均资产总额增长 11.01%，人均售电量增长 7.17%。2013 年，测评人力资源专业对利润的贡献值约 1606 万元。

（成果创造人：尹正民、侯　春、郑　港、刘秋萍、樊玉萍、谢海红、高　梅、李　近、张　健、陈　程）

以员工职业能力开发为核心的任职资格体系建设

陕西宝成航空仪表有限责任公司

成果主创人：公司董事长、总经理龙平

陕西宝成航空仪表有限责任公司（以下简称“宝成公司”）隶属于中航工业集团的中航机载电子股份公司。宝成公司位于陕西省宝鸡市，占地面积60万平方米，生产科研面积15万平方米，资产总量16亿元，现有员工3100余人，2013年实现销售收入10.3亿元。主要从事四类系统（组合导航系统、飞行环境安全监视系统、客舱管理系统、智能纺织机械）、两类器件（惯性器件、精密传感器）、空调制冷设备、汽车零部件、轨道交通产品等军民两用型高科技产品研制生产，曾荣获国家级科技成果16项，省、部级科技成果奖和科学技术进步奖57项。公司近三年销售收入、利润、劳动生产率均已近20%的速度增长，步入军民融合跨越式发展时期，为国民经济发展做出了一定贡献。

一、以员工职业能力开发为核心的任职资格体系建设背景

（一）实现全面转型升级跨越式发展的需要

自2010年起，宝成公司为落实集团发展战略，全面实现转型升级的跨越式发展，制定了三个三年三步走的战略规划，稳步推进公司各项核心业务和能力提升。据此，员工能力要从机电式产品转为光学和电子类产品的加工装配调试；以岗位职责能力定位转为复合型岗位能力需求；价值创造由内部核算向行业和市场标准对标。到2020年宝成公司销售收入将增长280%，人均价值创造由30万元提升至85万元。

（二）对接业务流程梳理和组织适应性调整，快速满足客户和市场需要

近三年，按照主营业务进行组织机构适应性调整和跨部门业务流程对接，重新分配部门职能，将按行政机构设置的室主任岗位调整为按业务设置的业务主管岗位。新设置对员工职业能力提出了更高要求，需分析岗位能力的复合型要求，对接岗位职责与员工行为标准，不断开发和提升员工职业行为能力，快速满足市场和客户需求。

（三）公司新的战略和业务流程结构对人力资源能力提升和管理提升的需要

针对公司现有人员年龄、知识和专业结构不尽合理，人才短缺、人员富余，不能满足转型升级要求的状况，将人力资源顶层规划作为实现发展战略的重要布局谋篇，优化人才结构与提高人才素质相结合，并在战略指导下聚焦员工能力提升。

新形势下公司人力资源管理面临四个方面的问题，一是如何解决职业通道狭窄导致企业发展后劲不足；二是如何运用量化的行为标准和能力标准评价员工履职情况；三是

如何以工作量考核为主转向综合评价工作质量、效率提升和业绩贡献；四是如何解决员工结构和能力的动态调整与企业发展目标相匹配。

二、以员工职业能力开发为核心的任职资格体系建设的内涵和主要做法

2010 年，宝成公司进入转型升级快速发展阶段，进而对人力资源提出了更高需求，将人力资源转型升级作为突破点，与运营管理和职业生涯规划相结合，以任职资格标准的设计、开发为核心，以任职资格认证为评价手段，构建任职资格体系，借鉴业界优秀做法，归纳提炼企业优秀员工的成功行为，夯实岗位和能力基础，为员工能力水平提供评定标准和提升方向，反映员工职业化、专业化水平，实现人尽其才，才尽其用，用薪酬、绩效管理机制激活人才队伍，提升人力资源的核心竞争能力，为企业战略目标的实现打下坚实基础。主要做法如下：

（一）确定任职资格管理的基本思想和框架

任职资格系统设计以企业战略和文化为出发点，战略决定企业需要什么样的流程、组织及人才，为任职资格标准的建立提供依据。对照人才需求分析“现有人员差距在哪”，评估“现有人员进步如何”，探讨“如何促进这种进步”。主要工作包括建立任职资格标准；对现有人员进行任职资格定级评价；根据员工进步表现调整任职资格；通过培训、绩效考核、任命和薪酬等政策促进员工任职资格不断提升。对职位进行分析，按照一定的原则进行职位归类和分层分级，建立任职资格标准，明确在不同业务领域需要具备的能力标准和行为标准，并随着企业战略与文化的变化而及时调整。首先对员工进行现状评价，确定其初始等级；然后经过培训考核与业绩评价，定期进行能力和行为的动态评价，实现任职资格的升级、保级和降级。任职资格评价为培训、绩效考核、人员任用和员工薪酬提供前提基础，同时也通过这些员工切身利益牵引得以持续改进。当员工整体任职能力不断提高时，其岗位适应性和职业化程度也将提高，员工人数可以相对减少，组织结构、业务流程也可简化。任职资格管理将为企业战略的实现与企业文化的落地提供有力的制度保证。

（二）构建任职资格体系遵循的基本原则

任职资格是为了正确评估同一职种任职者的能力而设计，以结果为导向，与该职种高度相关的知识、技术、能力标准的集合。

公司大门

1. 与工作高度相关

任职资格标准是源自公司对岗位进行梳理和合理设置的前提下针对某职位的定位，和其工作紧密相关，必须以支撑公司业务为根本出发点，其管理、评价、提升均以职位需要为依据。

任职资格标准不同于岗位说明书中的任职资格，不是某一特定职位而是某一类职位的资格标准，是根据企业各类职业群体成长的规律总结出来的。比如，会计

员如果能够胜任甚至精通会计的业务，也还远不能成为财务专家。财务专家应该精通财务领域各个方面。因此，放在一起来考虑员工的职业发展问题更切合实际，比如会计员、成本管理员、财务分析员可以同属财务职种，职业发展是财务专业通道，目标是成为财务专家。这样的话，会计员不仅要熟悉本岗位业务，还要熟悉相关业务，才是满足成长要求。

2. 强调职业化理念

任职资格有一个重要理念，即知不等于能，能不等于行，行不等于一贯行。任职资格体系要求员工将标准作为一面镜子指导自己，一切向标准看齐，做职业化的员工。如果一个员工一贯坚持按照正确的要求行动，那就是公司标杆员工，具备职业化行为。这是任职资格的本质属性和存在理由。

企业任职资格标准更紧密地结合了企业的战略、文化、核心业务流程、成功经验与失败教训，与员工的工作行为联系更为紧密。国家职业资格标准是国家制定的某种职业所必须具备的专门知识和技能。

3. 打破论资排辈和终身制

很多企业长期以来对员工的能力评价被资历评价代替，如学历、所学专业和工作经验等，一些任职资格评定后变成终身制，只能评不能摘，只能上不能下。任职资格标准体系通过多要素评价，解决论资排辈和终身制的弊端，鼓励员工持续增长能力，不断提升业绩。

4. 实施动态调整

任职资格需动态调整，一是任职资格是衡量工作能力的重要标志，而员工能力是动态的；二是由于新技术迅猛发展和外界因素变化，对任职者的能力要求也是动态的；三是企业发展所需的岗位是动态的。

（三）以岗位为基础构建任职资格体系

宝成公司从建立员工职业发展通道、开发任职资格标准、员工资格等级认证和认证结果运用方面开展任职资格体系构建工作。

1. 建立员工职业发展通道

宝成公司领导主持十余次专项会议，研讨职类职种划分的原则、方案，确立五大类 44 个专业通道。主要步骤如下：

一是梳理流程，规范岗位。在优化业务流程的基础上，科学合理设置岗位。本着因事设岗的基本原则，以能力建设为基础，以 2015 年的业务规模为目标，贯彻“组织扁平化、职责归集化、能力复合化”的基本要求，将职责内容相似、任职资格要求相近的同类岗位合并。例如将职能部门的室主任全部变更为业务主管，强化业务职能。同时组织成立内部专家团队，对原有的 625 个岗位进行梳理，合并类似岗位，去除附加值低的岗位，减少了 160 个，最终确定了 465 个，并编制岗位说明书，达到了比例协调、结构优化、规范合理、精干高效的目标。

二是划分职类职种。职类职种是企业进行岗位分类的重要概念，职种是若干同类岗位的集合，要求任职者具备相同或相关的能力，承担的职责与职能相似。职类是若干同类职种的集合，是根据战略要求与业务系统划分形成的。划分职类职种需借鉴外部标杆，打造核心竞争力，注重对员工能力培养方向的牵引；打破组织框架；突出公司能力建设重点与特殊要求；体现业务成熟度与任职资格管理成本相适应；有利于员工职业发展和能力提升；体现工作内容相似性、素质能力近似性和各部门职能综合的全面性。

宝成公司将岗位划分为管理、市场、工程技术、业务支持、操作五大职类和研发设计、人力资源等 44 个职种。在职类职种划分的基础上细化级别、级等。级别划分的依据是同一职种人员承担职责大小、知识技能掌握程度、素质和行为标准的高低。基于公司人员结构和能力发展阶梯，考虑到员工能力分布情况和可区分度、岗位设置的分布情况，将五大类 44 个职种分别划分了若干个任职资格等级。其中管理类分为三级，工程技术类和操作类分为六级，市场类和业务支持类分为五级。不同等级标准有较大差异，每个等级内部又划分 ABCD 四个档，体现能力细微差异。

2. 设计任职资格标准

宝成公司通过建立任职资格标准，明确不同业务领域所需的知识与技能、素质与行为特征。它是任职资格体系中最核心的内容，也是最复杂、难度最大的部分。为了确保符合实际情况，组织了每个职种的骨干组成专家组在专家的培训和指导下开发本职种任职资格标准。

第一，项目组按照程序组织各类职种专家对任职资格标准进行开发。

首先定义级别角色，明确每个级别的角色和在工作中的地位与作用，在全公司范围内统一规范如见表 1 所示。

表 1　任职资格等级角色划分表

任职资格等级	角色	管理类	工程技术类	市场类	业务支持类	操作类
六	集团公司级专家	——	√			√
五	航电级专家	——	√	√	√	√
四	公司级专家	——	√	√	√	√
三	骨干	——	√	√	√	√
二	独立操作者	——	√	√	√	√
一	初学者	——	√	√	√	√

其次分析职责，划分行为域和行为模块，开发行为标准。行为标准是指完成某一业务范围的成功行为总和，强调任职者做了什么，以什么样的行为规范开展工作更容易获得高绩效，由行为模块、行为要项、行为标准等组成。在编写过程中如遇到与国家职业标准对接的问题。需参考国家现有的职业标准；同时还要结合企业自己的实际情况，适当拔高，本着牵引员工能力持续发展为原则。

再次对应职责要求分析每个任职资格等级应具备的知识技能和胜任素质。

最后分析每个任职资格等级的员工应当取得的业绩贡献、工作经验。

通过上述工作，可以清晰描述每个任职资格等级应当承担的职责和需要具备的任职条件，概括勾勒出某一个职种的通道全景，展现出能力发展的延续性。

第二，开发任职资格标准结构与内容。任职资格标准结构包括六个方面的内容：一是角色定义和主要职责；二是基本条件，包括学历、专业外语、相关工作经验、本企业经验、国家职称和资质证书、培训考核、业绩考核和成功经历等；三是贡献标准，包括项目成果、专利成果、人才培养、奖励、专业论文等；四是行为标准，该级别员工应当遵循的程序和流程，首先确定行为模块，由行为模块分解为行为要项，对每一行为要项进行具体工作行为的描述，从而确定行为标准；五是能力标准，包括通用类和专业类素质；六是知识标准，包括基本知识、专业知识、通用知识等。

在项目组和专家们的共同努力下，历经七个月的时间开发研发设计、财务管理等46个职种的《任职资格标准》，共88万余字。

(四)任职资格的认证评审

1. 明确任职资格等级认证与传统的能力评价方法的区别

一是任职资格认证是多要素认证，而非单一要素认证，需要考察相互关联的几个要素(能力、行为)，保证更全面地了解员工的能力水平。

二是更关注操作技能，而非认知技能，每位员工要获得某个级别的任职资格，必须提供日常工作中的事实证据来说明自己已经达到要求。

三是双向交流，而非单向判定，评审员不仅仅是裁判，更是教练，要向申请人说明优点和不足，讨论如何改进。

2. 强化组织领导

任职资格认证体系涉及全体员工，时间跨度大，宝成公司成立了总经理为负责人的任职资格认证评定委员会，确立任职资格评定的权威性。

为使员工正确认识构建任职资格体系的重要性和必要性，更深入了解内容、标准以及认证流程等重要环节，促进此项工作有效推进，编制了《员工任职资格导读》。

3. 开展任职资格的认证评审

员工专业经历千差万别，须先确定其任职资格初始等级，以确定职业发展起跑线。经过一年半的时间，对全公司各职类职种2100人进行了任职资格认证评审，总结起来主要有以下几点经验：

一是明确评审认证的内涵与目的。任职资格认证是证明申请人是否具有相应任职资格的鉴定活动。包括计划、取证、判断、反馈、记录结论等，是认证人与申请人充分合作并帮助其达到任职资格标准的过程。强调的是“能干什么”、“怎么干”、“结果如何”，而不是“知道什么”。目的不仅仅是为评判某个员工达到了哪个级别，更重要的是为管理者提供了系统分析与审视下属能力水平的工具，为员工提供与主管进行深入交流的机会，加强相互了解。通过任职资格认证帮助员工找到自己的不足，通过日常工作或培训来弥补，使员工的能力不断提升，进而实现职业化。在这个过程中，评审员对申请人负有指导责任，帮助申请人正确评价及达到对应标准。

二是搭建任职资格认证评审的专家队伍，落实到组织。首先，公司按职类组织各领域的专家、骨干，成立专业评审组，小组成员 3 至 5 人，尽可能保持稳定，人选必须是该业务的高层主管或业界资深人员，并辅以数十位返聘的老专家，同一类专业人员的评价由一个小组完成，以保证标准把握的一致性。小组职责包括深刻准确地理解任职资格标准及评价程序；客观公正地评价；向被评价人提出中肯的改进建议。

三是制定科学、严谨、专业、透明的认证流程，让相关人员成为主动参与者和真正的受益者，保证执行过程不走样，及时发现存在的问题。同时成立由工会、纪委等部门组成的监督小组，就认证过程中的公正性进行全程监督。

四是按照不同内容确定针对性的评议工具、方法。认证评审的主要工作任务是依据"知识标准、贡献标准、行为标准、能力标准"等要项内容和申请人所提交的《述职报告》及举证材料，通过多种方式方法，并按照《各职类专业小组的考评计分细则》及《评分标准》进行考评计分。基本条件的评审主要通过证书审查、背景调查等方式进行。知识标准的评审根据职种所要求的知识标准，通过闭卷考试的形式进行。能力标准的评审按照任职资格标准中通用能力和专业能力的标准要求进行综合考核，可采取笔试、实际操作、专题答辩、工作总结、360 度调查等方式进行。行为标准的评审是任职资格标准认证的核心部分，采取行为举证（工作结果样本、关键事件法、第三方证词）与评议会的方式进行。贡献标准的评审采取举证与评议会的形式。成果包括项目成果、专利成果、人才培养等。在一些关键岗位、掌握关键技术、能给公司带来一定贡献的特殊人才，建立一种特殊通道，对部分任职条件破格，确保公司长远发展。

4. 认证制度的建立和完善

建立任职资格认证制度，并规范化、常态化，动态衡量和调整员工工作能力、岗位任职要求，以适应企业发展变化。为此，宝成公司制定《任职资格管理办法》《员工任职资格认证评定办法》《任职资格认证评审实施细则》等系列管理制度，下发《关于下发＜定岗定编的原则＞和＜职类职种划分方案（试行）＞的通知》《关于开展首次任职资格认证评审工作的通知》等相关文件，确保认证工作的顺利开展。

5. 任职资格标准和模板的优化

基于各方面情况的变化，需要对任职资格标准与职业化工作模板进行修正，例如科技不断进步，员工任职资格水平不断提高，原来一些优秀的做法已经不再适用；现有员工有更加优秀的做法；宝成公司战略与核心价值观发生了重大的变化，人才标准相应调整；知识技能更新，企业产品开发，组织结构业务流程调整等。

（五）任职资格体系的应用

任职资格体系建立是人力资源管理平台建设完善的重要部分，对人才培养、考核、选用、薪酬激励等都可以提供明确依据，增强各系统模块的协调性、有机性。宝成公司把任职资格体系率先在薪酬激励、能力培养以及岗位适应性考核中进行结合应用。

1. 开展岗位适应性考核，实现岗能匹配

通过任职资格认证确定员工能力等级，员工能力与岗位职责是否相匹配，是否能发挥能动性，全面开展岗位适应性考核工作。考核顺序原则上先高后低，为员工提供充分的机会。成立基层考核小组，由小组考核和全体员工打分考核构成，其中小组成绩占

60%,全员互动打分成绩占40%。考核结果张榜公布,员工认可无误后上报公司。

通过对2100余人的考核,宝成公司对员工岗位胜任能力全面掌握,并形成制度化,每两年重新认证,连续两年绩效考核为优秀的员工直接晋级,不能满足岗位责任和任职资格要求的员工重新安排到辅助岗位或符合能力要求的空缺岗位,使员工流动更加规范有序,做到了"能上能下""能进能出",盘活了企业人力资源存量,增强了员工的岗位优患意识。

2. 系统构建员工能力培养体系

任职资格标准是员工能力评价的依据和培养的标准。针对每个任职资格等级的标准和职业发展阶段,都制定一套课程体系。当员工被评为最低一个级别后,就有相对比较明确的晋升通道,接受针对性的培训。掌握该级别的知识,通过考核并加以运用,取得一定的绩效,就可以获得等级的晋升。

3. 设计薪酬体系,建立激励机制

为体现对员工的系统激励,还从薪酬等员工切身利益方面进行设计。将旱涝保收的基础工资部分调整为能力工资,根据职种和任职资格等级差异确定,向核心职种和高级别等级倾斜。

在员工薪酬应用上:月度绩效考核结果与月度能力工资和岗位工资的发放挂钩,发放系数对应关系为:A:1.05,B:1.0;C:0.95;D:0.6。

年度绩效考核结果影响岗位和任职资格等级晋升:年度考核为A,能力薪档晋升1档;年度考核为D,能力薪档降低1档;连续两年考核为A,岗位薪档晋升1档;连续两年年度考核为C及以下的,岗位薪档降低1档;连续两年年度考核为D,退出岗位。

对岗位和职种进行评估,使岗位价值评定结果对接岗位工资单元,任职资格认证结果对接能力工资单元。能力工资和岗位工资约为1:1,激励员工重视岗位并关注自身能力发展。员工通过自身能力的提升可以获得薪酬晋升,有利于引导员工立足岗位、提升能力,做到收入的"能增能减"。

三、以员工职业能力开发为核心的任职资格体系建设的效果

(一)提升了人力资源管理的战略导向性,优化了人力资源结构

任职资格管理体系建设过程始终以战略为导向:一是逐步减少、淘汰不符合企业战略发展需要的岗位。二是对于体现企业核心能力的岗位,划分出独立职种,编写任职资格标准,而将类似的辅助类岗位,合并在一个职种中加以管理。三是各项任职资格标准的制定都以战略要求的能力为依据,具有一定的前瞻性,不仅仅描述现有工作要求。

(二)全面激活人力资本,为企业快速成长提供了保障

为各类员工开辟了职业发展通道,设立了分级分等的能力标准,牵引员工不断学习;完善了宝成公司的评价系统,关注结果和过程,关注员工业绩和能力提升,促进了业绩评价与能力评价的结合,员工能力发展、有了业绩贡献,就能得到激励;任职资格标准和绩效考核多维度的评价,引导员工关注自身能力提升,从内心焕发了主动成长意识、带队伍意识,尤其是骨干员工的观念发生了极大转变,表现出强烈的爱岗敬业意识,挖掘了内部

潜能，建立了良好的相互竞争相互促进氛围。

实现了员工的分层分类管理，进行人力资源质量、数量的盘点和规划，优化人力资源配置，厘清了岗位工作标准、员工能力标准，落实了战略目标、流程的要求，并有机结合培训、晋升、薪酬、考评等体系，从岗位管理向人员能力开发提升。也让优秀人才脱颖而出，一批技术专家、业务能手获得了相应的资格等级和报酬，成了业务中坚力量；明确要求团队管理能力，促使各级管理者逐渐树立正确的人力资源管理观念，更多地承担责任，。基于战略导向进行的人才梯队规划、人才培养开发体系，也为企业未来发展建立了良好的人力资源储备。

（三）实现人力资源合理配置，提升公司整体效益

通过任职资格体系构建，解决了人才短缺与人员富余并存，人员结构不尽合理，人才断档、员工通道狭窄等问题，盘活了企业人力资源存量，达到了员工业务能力与岗位相适应的需要。优化了岗位结构，业务主管（室主任）减少 30%，各生产单位综合管理人员减少 30%，市场营销人员增长 24%，技术人员增长 31%，人员结构向市场开发、研发设计人员倾斜，培养了 9 个专业的 17 名技术带头人，具有中高级职称人员占 30%。营销和技术人员年均收入增长 42%，充分调动市场开发和科研员工积极性，大幅提升市场开拓和核心技术与产品开发能力，为公司中长期战略目标的实现奠定了基础。

近三年来，宝成公司劳动生产率增长 23.2%，收入平均增长率为 18.3%，利润平均增长率为 16.6%，EVA 平均增长率为 9%，企业经济运营质量得到持续改善，实现了“两个三年两步走”第一阶段目标，初步实现了企业的转型升级，初步实现了员工职业能力的提升，促进了公司核心竞争力的形成。

（成果创造人：龙　平、亓世英、王宏兵、邢　雷、魏　亮、苏文忠、张有翼、梁金奎、张金英、陈名垣、黄敏津、霍启亮）

航修企业基于岗位胜任力的员工职业发展规划

中国人民解放军第五七二〇工厂

成果主创人：厂长袁先明

中国人民解放军第五七二〇工厂（以下简称“五七二〇工厂”）是国家投资、军队管理的航空装备修理保障性企业，坚持“以军为本，军民融合”和民品“做精做强”的发展思路，瞄准国内最先进军机维修保障需求，努力拓展民航飞机和国际军机修理市场。军品具备多种型号飞机修理、改装能力，累计大修、改装各型飞机2000余架。民品拥有国家发明等专利23项，已取得液压、气动等八类300余项民航部附件维修适航许可。先后获得全国“五一劳动奖状”、全国质量奖、全国技能型人才培养突出贡献奖、全军装备维修保障先进单位、空军装备部“装备建设特别贡献奖”等奖项百余项，拥有国家认定企业技术中心、博士后科研工作站和安徽省技能大师工作室，是安徽省百强、全国工业企业制造业500强企业。

一、航修企业基于岗位胜任力的员工职业发展规划的背景

（一）适应新形势下空军航修系统修理能力建设需要

当前空军建设正处于一个新的历史发展阶段，面临由机械化向信息化、由国土防空向攻防兼备的双重任务转型，空军武器装备不断升级。装备的技术性更强、精密度更高、结构更复杂，对人才的知识依赖加大，能力需求增高。

面对空军战略转型和新装备发展对人才能力素质提出的更高要求，以及行业人才竞争等新形势，按照加快形成以创新型科技人才和能工巧匠型高技能人才为重点的人才方阵，加快青年人才成长步伐的总体目标建设人才队伍，鼓励各航修工厂打破传统观念理念，以打通各类人才职业发展通道为突破口，加强技术、操作、管理等人才队伍建设，激励人才向基层流动，在基层创业。

（二）满足空军航修企业对员工“熟手上岗”的必然要求

人的因素在航空装备修理过程中起到至关重要的作用，也是影响产品质量的主要原因之一。五七二〇工厂自2009年推进人为差错预防管理，识别出与人为差错相关的人才培养机制、培训、资源、技能、设备、器材等23个过程，着力构建人为差错预防体系，虽取得一定的成效。但从装备修理安全实际情况来看，问题仍然突出，仍需花大力气解决。通过建立“熟手上岗”的职业发展通道等激励机制与平台，可以提升员工专业技能与素质，有效降低人为因素对航空装备产品的质量影响。

（三）解决制约企业与员工发展的瓶颈问题

一方面，受外部工业部门及优秀民营企业逐步进入的影响，人才竞争激烈，员工稳定性受到一定冲击，内部职业通道未有效打通，人才成长路径不清晰，缺乏技术领军型和技能大师型的高端人才，制约了五七二〇工厂的发展。另一方面，员工“官本位”思想较严重，专业发展的结构性矛盾较突出，不利于员工成长和专业能力均衡发展，需要加强岗位管理体系建设，明确各类人员职业发展路径。

二、航修企业基于岗位胜任力的员工职业发展规划的内涵与主要做法

五七二〇工厂基于岗位胜任力的员工职业发展规划是以飞机修理技术人员、生产操作人员、一般管理人员为主体，建立专业发展（技术、操作和管理）和行政发展相结合的双通道职业发展模式，通过分析支撑形成核心竞争能力的岗位胜任力要素，建立以岗位胜任力评估为核心的任职资格标准体系，实施责、权、利对等的职业发展管理机制，激励员工立足岗位，不断提升专业素质与能力水平。总体思路是从梳理分析岗位管理体系、设计职业发展通道与职位层级、开发以岗位胜任力为核心的任职资格评审标准体系、建立各层级人员管理机制等四个方面，建立员工职业发展规划体系。主要做法如下：

（一）坚持人才优先战略，确定员工职业发展规划建设基本原则

1. 搭建员工职业发展平台

坚持人才优先战略，形成“尊重知识、尊重人才”的共识，厂领导率先垂范，千方百计保证人才投入与建设，先后成立博士后科研工作站和安徽省技能大师工作室，逐步建成职工培训中心。每年开展职业技能竞赛，促进员工学技能、拼业绩。研究制定职业发展规划方案，以多种途径多种方式搭建“有多大能耐，就建多高踏板”的成长成才平台。

2. 明确员工职业发展规划建设基本原则

航空修理企业对人员的技能要求高，员工成长周期较长，在设计员工职业发展通道及任职资格标准时，确立了以下原则：一是以评估岗位胜任力为核心。空军航修产业质量风险高，不仅要考虑到岗位要素，更要考虑到能力特别是基于产品的技术能力与实际操作能力因素，对于一些质量风险较高的作业一般要求资格等级较高的员工完成，从而降低人为事故发生。因此必须紧紧围绕员工岗位胜任能力建立任职资格标准。二是设计以纵向发展为主，兼顾横向发展为辅的职业通道。基于员工成长周期特点及“熟手上岗”要求，倡导员工立足本岗位，成长为专业型能手或专家，因此其层级设计相对较多，同时也设立了多技能横向发展通道。

技术专家聘用现场

（二）加强岗位管理体系建设

1. 明确职类职种及岗位划分原则

五七二〇工厂根据自身实际情况，将岗位体系划分为职类、职种及岗位三个类

别。岗位是基础，是管理的对象，职类、职种是管理手段，通过职类职种的划分，将岗位进行分门别类的管理。划分时遵循以下原则：一是以企业战略为牵引，侧重专业的战略位置和重要性，而不是人数的多寡。二是基于大专业而非具体的工作内容，如一般通用技术人员中的信息技术、基建技术、理化技术等进行归并。三是区分度明显，职种之间一定要界定清晰，当出现某个岗位在两个职种之间难以界定时，通常要考虑到该职种设定的可行性。

2. 建设岗位管理体系

组织对现行的岗位设置进行优化，规范岗位名称，编制形成了《五七二〇厂岗位分类目录(2013 版)》，形成管理、技术、操作、辅助等四大职类和 46 个职种岗位体系。

(三)拓展员工职业发展通道

在合理划分岗位体系的基础上，基于人才成长模型和员工成长周期设计职业发展通道，同时基于实际情况和管理经验，对通道的层级进行细分。

1. 设计三类人才的发展通道

对刚进入社会的员工，由于知识、专业技能和经验都不足，能力处在阶段 1，随着知识技能的提升，逐步发展到阶段 3，再向下发展有三种趋势。一是能力主要向深度方向发展，即主要向 4、5、6 方向发展，指工作技能要求高，有其深度拓展空间，适用于一些技术类和操作类人员，称为 I 型人才。包括纵向专业发展的技术、操作、一般管理三类通道。二是能力主要向广度方向发展，指本领域的高端人才需要跨岗位的专业技能，主要是一些专业管理、高端的技术、技能人员，称之为 T 型人才。包括针对技术通道、操作通道、一般管理通道之间的横向发展通道。三是当员工能力达到一定深度，除了可以向专业深度和广度发展外，如具有较强的管理能力，可以转换通道，从专业化人才转向管理型人才，称之为 Π 型人才，即行政管理发展通道。通过双重发展通道的建立，不同能力特点的员工可以找到最适合自己的发展路径，企业方面也能及时认同员工的成长，予以相应的待遇。

结合实际情况，确定了技术、操作、一般管理三类专业发展通道和行政管理通道，其中，技术发展通道主要面向与飞机修理密切相关的技术员；操作发展通道主要面向飞机修理一线生产操作人员；管理发展通道主要面向一般管理人员。

2. 确立通道发展层级划分依据

五七二〇工厂主要基于员工成长周期及企业经验设计职业通道层级，通过分析员工的资历、经验、能力等条件，有效区分关键员工、骨干员工和一般员工。以划分生产操作通道层级为例进行说明：主要通过统计工时定额完成率等数据，分析新员工成长周期。根据员工成长分析模型(即员工成长折合人数＝相应工龄操作人员数×(1－相应工龄新员工顶岗程度)×出勤率×工时利用率)，以工龄为横轴，以员工顶岗程度为纵轴，绘制员工成长趋势图。

进一步统计分析工时及产品质量数据，工作 1～3 年的员工成长较快，但其维修的产品质量不稳定；工作 4～6 年的员工，一般在产品质量与定额工时完成方面均比较稳定，但技能方面较突出的员工基本工作在 8 年以上，因此，初步划定为“初、中、高”三个基本等级。为了保持一致性，对技术人员及一般管理人员也按照三个等级划分，同时为了细化职业发展通道层级，激励员工向专业纵深方向发展，每个等级再细分2个层级，每个通道具体分初、中、高3个等级6个层级。

3. 设置各通道人员发展具体层级

技术通道发展层级：现场技术员→产品工程师→专业工程师→系统工程师→主任工程师→技术专家。其中，现场技术员与产品工程师为初级；专业工程师、系统工程师为中级；主任工程师、技术专家为高级。

操作通道发展层级：初级操作工→中级操作工→一级特技能手→二级特技能手→三级特技能手→首席技师。其中，初级操作工、中级操作工为初级；一级特技能手、二级特技能手为中级；三级特技能手、首席技师为高级。

一般管理通道发展层级：业务助理→业务员→一级业务主管→二级业务主管→三级业务主管→首席主管。其中，业务助理、业务员为初级；一级业务主管、二级业务主管为中级；三级业务主管、首席主管为高级。

行政管理发展层级：工段长（班组长）→中层管理副职→中层管理正职（含专业总师）→副厂级领导→正厂级领导。

4. 编制通道内各层级人员指标

考虑到五七二〇工厂实际情况，对各层级的人员指标编制进行了规划限制。一是基于战略发展需要，总体上对技术与操作通道人员指标编制适当倾斜，压缩一般管理通道指标编制；二是考虑到员工晋升是基于能力素质提升基础上，按照人才梯队金字塔结构模式，严格控制中高层级人员数量；三是对低层级资格人员数量按照行业相关要求进行控制，新员工培训和试用合格后直接纳入发展通道。以技术通道人员为例，其编制依据及结果为：以专业划分为基础，以各专业均衡发展、适度倾斜为原则，根据人员数量现状及未来需求，编制各级技术人员指标。技术专家按照不超过现有飞机修理技术人员3%的比例控制，主任工程师、系统工程师与专业工程师按照不超过32%的比例控制，总体规模按不超过35%进行控制，产品工程师与现场技术员不设限制指标。经过实际测算，技术专家、主任工程师、系统工程师、专业工程师的比例配置为1∶2.4∶3.8∶5.4，人才梯次结构较合理。

（四）建设以岗位胜任力为核心的任职资格标准体系

1. 任职资格标准体系开发原则

任职资格标准开发过程是一个相对艰辛漫长的过程，怎样保持既要有理论上的前瞻性，又要具备实用性，五七二〇工厂在开发过程中把握以下原则：

一是紧紧围绕战略的原则，以培育核心竞争能力为目标，以评估岗位胜任力为落脚点，向下为员工指明岗位晋升所需的能力条件，向上支撑更好实现战略目标。

二是明确基本任职条件要求，通道内每个层级职位必须先满足这些基本条件。不同的通道间其任职资格考虑有差异，如生产操作通道强调产品质量的稳定可靠、技能娴熟，一般管理人员通道更强调员工的业务水平、管理经验、综合能力等，而技术通道则更强调员工的专业、研发能力、技术问题处理能力。

三是考虑现实性与挑战性相结合，既要归纳提炼内部优秀员工的成功标准，反映员工职业化的实际水平，体现任职资格标准的现实性；还应该分析行业内标杆企业先进员工的优秀做法和经验，体现一定的挑战性。

2. 构建基于岗位胜任力的任职资格标准体系

基本任职资格标准体系框架主要由基本任职条件、岗位胜任力、知识标准等组成，按照认定基本任职条件、评估员工岗位胜任能力、测试员工掌握知识标准三种方式，综合评估员工是否符合某一职业资格等级的任职标准。

基本任职条件是各通道人员的“入门或申报条件”，包括教育经历（学历、专业）、工作经验（工作年限、基层单位工作经历）、智力帮扶（师带徒），以及专业技术职称等。

岗位胜任力指员工胜任某层级职位需要具备的能够支撑企业核心竞争力的能力标准，通过分析五七二〇工厂战略与生产经营模式特点，构建了岗位胜任力概念模型：通过层层分析企业使命、价值观、核心竞争力，按照支撑企业核心竞争能力形成过程，找到每一类岗位的核心胜任力，如技术能力包括研发能力、工艺编写能力、技术问题处理能力等；操作能力包括实际操作能力、技能水平、产品质量等。

知识标准考察员工对专业知识、五七二〇工厂知识、相关周边知识的掌握程度。主要通过从业资格考试、周期性培训考试考核、知识文档或论文发表等形式进行评审。

3. 操作人员岗位胜任力评估范例

操作人员以产品为对象，其岗位胜任力主要基于产品修理进行设计，主要包括从事同类产品修理年限、修理产品的技术难度、产品质量风险程度、技能水平、关重特性产品所占比例、满足生产操作需求程度等六类能力或水平。

由于产品维修具有较大的不稳定性，难以建立一套可供参考的标准，因此采用评分排序的方式进行评估。

第一步是鉴定从事同类产品修理年限。由车间培训管理员根据员工产品操作合格证取证情况进行统计，对照从事同类产品年限分级打分。

第二步是评估修理产品的技术难度。一方面由车间工段长组织职工列出各自修理的产品明细，个人对自己的产品按修理难度从高到低进行排序。工段长、检验员、主管技术员、故检人员分别按产品的技术难度评定产品的技术难度等级（A、B、C、D 等级），由项目组召开会议讨论、确定最终产品技术难度等级。另一方面根据每项产品的单机定额工时，统计每名职工 A、B、C、D 各类产品的工时数，确定每类产品工时数占所有产品总工时的比重，再乘以各类产品对应的分值，计算出每名职工所修产品的技术难度评价得分。

第三步是评估产品质量风险程度。一方面由工段长提供人员产品明细，由职工个人、工段长、质管员、技术员分别按产品风险程度从高到低排序，项目组参照飞机制造厂的产品分类，对比车间所修各类产品的质量风险程度高低，从高到低划分为 A、B、C、D、E 五个等级。另一方面参照产品技术难度评分的办法，折算出每名职工所修产品质量风险程度的评价得分。

第四步是计算关重特性产品占所修产品比例。车间将梳理出的关重特性产品对应到所有的修理人员，统计每名生产操作人员修理关键产品的数量和所修产品的总数量，计算出关重特性产品占所修产品的比例，根据关重产品所占比例范围对应的分值给职工的该项目打分。

第五步对满足生产操作要求的程度进行评分。由工段长对照《职工能力评估表》中该项目的标准，根据职工满足生产操作要求的程度对职工进行打分，项目组对各工段对职工的打分情况再进行总体的权衡，最终确定每名职工该项目的得分。

第六步评估员工目前技能水平。工段（班组）长根据操作工在日常修理过程中的表现，先对职工的修理能力在内部排序并打分，再由项目组对所有职工的技能水平进行综合打分，最终确定每名职工目前技能水平的得分。

最后汇总员工岗位胜任力的评估得分。根据每名职工的分项打分情况，结合每个项目得分对应的权重，计算出各自能力评价总分，根据评价结果进行排序。

（五）完善各层级人员管理机制

为进一步加强各层级人员管理，解决在日常工作中中高级职业资格等级人员未有效履行职责的问题，专门成立了员工职业发展组织机构，建立了各层级人员对等的责、权、利管理机制。

1. 成立员工职业发展管理组织机构

员工职业发展管理组织机构主要由员工职业发展规划管理委员会、专业任职资格评审小组组成。

职业发展规划管理委员会主要由高层领导、相关部门负责人组成，负责提出员工职业发展规划管理总要求，审批各级人员指标编制，指导、监督各级评审组织工作，对工作推进中遇到的重大事项和疑难问题进行决策。

专业任职资格评审小组负责具体的资格评审事宜，下设中、高级职业资格评审小组和初级职业资格评审小组。由人力资源部门牵头组织成立各专业中、高级职业资格评审小组，并对过程实施监督控制。初级评审小组由各单位牵头组织成立，包括单位党政工团主要成员。

2. 设置各层级人员对等的责权

按照层级负责和逐级考核的原则，划分了各层级人员的专项职责，特别强化了中高级职业资格人员的职责；同时强调通道内对等的“专业”权威，赋予高级别人员在专业工作上的处置权和考核权，强化其专业权威。

以技术通道为例，在职责履行方面，各层级人员对科研项目的重要程度、分管专业的技术工作质量负责程度、现场疑难技术问题处理的复杂程度、帮扶低层级技术人员数量等按照“对等”的原则，纳入其职责；在专业权力方面，高层级技术人员具有对低层级人员技术工作的考核与专业范围内技术问题的处置权。

3. 设计基于能力绩效工资的薪酬模式

一是打破固有的单纯以津贴奖励为主的薪酬激励模式，充分结合员工绩效考核、岗位胜任力评估，加大激励与考核力度。实行岗位能力绩效工资的薪酬制度，即岗位能力绩效工资＝岗位工资＋能力工资＋绩效工资＋年功工资＋职业资格津贴。二是加强激励政策的柔性化和人性化设计，考虑到高层次职业等级人员的实际需求，增设了员工体检、疗养、送外培训学习、优先推荐申报外部人才评奖，增强中高级职业资格人员的荣誉感，强化个人履行职责的自觉性。

4. 实施人员能上能下的动态管理

为了加强对中高级职业资格人员的业务考核与工作行为的约束，按照能上能下的动态管理原则，对照履职要求与任职资格标准，在每个评审周期对通道内各层级人员实行动态更新。对触犯五七二〇工厂否决项的直接实行降到最低层级。

5. 职业资格等级评审流程

员工职业发展资格等级评审按照“申报”、“审核”、“测试(考试)”、“评审”、“审批”、“公示”六个步骤开展，实行一年一聘。以下发文件和召开聘用大会的形式聘用中、高级职业等级资格人员。跨通道发展的人员，原聘用等级自动终止，按新的职业发展通道参与评聘。

三、航修企业基于岗位胜任力的员工职业发展规划的效果

(一)人才成长激励机制进一步健全，推动了空军航修系统人才队伍建设

一是逐步培养了一支以“技术专家”“首席技师”等为代表的核心骨干人才队伍，逐步形成“四个新一代”(新一代创新体系、新一代管理体系、新一代人才队伍和新一代技术标准)发展特征，为航空修理系统人才队伍建设积累了宝贵经验，成为空军重点型号歼强机修理基地和骨干企业。二是进一步加大对高层次人才薪酬激励力度，真正实现“一流人才、一流成果、一流薪酬”的激励效果，营造尊重人才，创造无价的氛围，为持续推进科技进步和自主创新及人才队伍建设起到了积极推动作用。

(二)航空装备修理能力显著提高，增强了企业核心竞争能力

一是激发了员工创新热情，极大提升了企业自主创新能力，27 项具有一定核心竞争力的自主创新成果获得国防专利授权，成功引进 1 名博士后进站工作。同时，“国家认定企业技术中心”和 “省认定企业技术中心”分别通过了国家和省级年度考核评价，“民航气动/燃油附件维修技术研发试验平台”项目获得国家 500 余万元资金支持。二是有力促进了核心技术研发与关键修理能力形成，具备了激光熔敷、高能微弧火花沉积等再制造能力，掌握了飞机飞控系统等修理关键技术，三代机部附件自修率超过 95%。

(三)企业经营效果与员工能力素质明显提升，促进了企业与员工的共同发展

一是五七二〇工厂持续探索适合企业与员工发展的人才培养模式，促进了各类人员能力素质的提升。先后有 2 人分别获得国务院和安徽省特殊津贴，2 人获得全国技术能手称号，5 人获得省战略性新兴产业技术领军人才称号，多名技能人员连续多年获得省市技能竞赛大奖，员工充分展现了能力素质，实现了自身价值。二是有力促进了企业综合实力与经营发展。2013 年全年累计实现工业总产值 21.86 亿元、营业总收入 21.88 亿元，均完成年计划的 102%；实现利润 2.49 亿元，完成年计划的 125%。同时有效控制了产品质量风险，促进了产品质量的提升，如某生产部门废品经济损失率由 1.27%下降到 0.57%，操作技能性差错占人为差错率由 28.1%下降到 24.3%。

(成果创造人：袁先明、刘和侠、邓阳春、张家华、丁　冬、徐艺辉)

边远采油企业关爱员工管理

中国石油华北油田公司二连分公司

成果主创人：华北油田公司副总经理、二连分公司经理高贵民

中国石油华北油田公司二连分公司(以下简称“二连分公司”)隶属中国石油天然气集团公司华北油田公司，主要从事油田勘探开发和油气生产、集输及销售业务。勘探区域主要集中在二连盆地，总面积 10 万平方公里，经过 30 年的勘探开发建设，累计生产原油 2200 余万吨，上缴国家和地方各类税费 60 多亿元，但剩余石油资源仍然丰富，具有较为广阔的勘探开发前景和空间。公司先后获得全国环境保护先进企业、全国模范职工之家等 40 余项省部级和国家级荣誉，连续三次荣获“全国文明单位”称号。

一、边远采油企业关爱员工管理的背景

(一)适应企业现实生产作业条件的客观要求

二连油田地处塞外草原、边疆民族地区，工作性质具有鲜明的地域特点。一是塞外草原的特殊环境气候。地处高寒地区，冬季漫长而严寒，多沙尘暴和雪尘暴天气。点多线长面广，井站大多分散在人烟稀少的草原深处，社会依托差。二是二连分公司 85%的员工两地分居。远离家庭和亲人，承受着寂寞和相思之苦，有精神和情感层面需求的缺憾，还担负着无法更好孝敬父母长辈和教育孩子的生活压力。自然环境的地域特点和员工生活状况现实决定了二连分公司需要通过培育快乐、健康、和谐的企业文化，营造和谐舒心的环境，让广大干部员工感受到企业的人性化管理，并形成强大合力共同建设和谐企业，才能实现企业的可持续发展。

(二)稳定员工队伍，提高团队凝聚力的迫切需要

在经济社会和企业改革发展时期，社会矛盾和个性问题交错，员工的思想波动大。同时对员工知识更新的紧迫感、工作节奏的紧张感、文化背景的差异感和利益分配的不平等感较为强烈，给员工的身心带来了较大压力，每年都有一定的管理人员、专业技术人员和高技能人才流失。二连分公司如何从广大员工最关心、最直接、最现实的利益问题入手，引导员工把自身价值的实现与他人价值、企业价值的实现有机统一起来，让来自不同城市、不同文化背景、不同风俗习惯的员工和谐的工作、生活在一起，如何增进员工对油田的忠诚度和归属感，如何稳定员工队伍、提高团队的凝聚力，这些都成为二连分公司亟待解决的严峻问题。

(三)提升核心竞争力的必然途径

当前员工结构多元、价值多元、需求多元特征日益明显,劳动关系矛盾凸显,工作中常常出现各自为政、相互推诿扯皮、出现问题相互指责等状况。这些问题又会容易引发思想意识、工作习惯和生产方式的差异和碰撞,导致不少员工产生情绪波动,严重影响企业的执行力,降低劳动效率。在这种新形势下,二连分公司必须要实施关爱员工计划,在形式和内容上不断创新,以此来调动员工个人能动性,使员工切身感受到企业的温暖,在工作中实现自我价值,从而提升企业核心竞争力。

二、边远采油企业关爱员工管理的内涵与主要做法

二连分公司以科学发展观为指导,针对新形势下员工思想异常活跃、利益诉求多样化等新问题,以员工为中心,从“快乐、健康、和谐”三个方向分别采取“提升员工工作满意度、实施人文关怀和心理疏导、全面推行民主管理”这三项措施,培育特色企业文化。通过统筹推进配套制度建设,形成科学规范的管理流程和运行机制,为关爱员工计划的顺利实施提供保障,最终实现让每一位员工展示才华、收获希望、得到发展,不断提高员工队伍的凝聚力和向心力,持续提升企业的竞争力。主要做法如下:

(一)制定关爱员工计划,明确总体工作目标和思路

1. 开展调研工作,分析归纳热点问题

二连分公司成立由工会办公室和党群工作部共同组成的项目小组,在二连分公司范围内采取引导方式对员工展开“关爱员工计划”的一系列调研工作。问题汇总后,项目小组对统计结果进行对比分析,对各类问题进行信度和效度评价,由工作人员将汇总的问题按照关心人数排序,共筛选出10类问题。经过项目小组多次讨论,结合国内外关于关爱员工机制的研究和二连分公司员工的实际情况,最终确定了工作生活的快乐程度、身体心理的健康程度和劳动关系的和谐程度三个方向的热点问题。

2. 明确目标,制定总体工作思路

二连分公司确立坚持以人为本、“快乐工作、健康生活、劳动关系和谐”的关爱员工计划基本工作目标。总体工作思路是通过提升员工工作满意度、实施人文关怀和心理疏导、全面推行民主管理这三项措施解决调研中统计的三个方向的热点问题。发挥草原文化优势,培育“草原油情”企业文化,营造人本文化的氛围,引领员工在苦中创造快乐、感受温暖、激发干劲,用积极的心态去面对现实。计划的实施过程中重点把握“三个结合,三个转变”。“三个结合”就是把员工的实际需求、价值取向同企业发展规划相结合、对员工的刚性管理和柔性管理相结合、把关爱员工机制工作目标同企业文化建设相结合。“三个转变”就是把员工由过去的被动管理向自主管理转变、由过去单纯注重技能开发向挖掘员工潜能促进员工全面发展转变、企业由过去被动的解决劳动纠纷、向主动减少不和谐因素转变。

(二)提高员工满意度,营造快乐工作的氛围

1. 培养员工的工作兴趣,激发员工的工作热情

二连分公司为培养不同员工群体的工作兴趣和爱好,激发其工作热情,充分利用网

络平台、宣传橱窗、文化长廊、技术创新展牌、获奖喜报、大会宣传等诸多形式，加强对技术和管理创新的宣传。针对部分专业技术人员工作自主性、挑战性不强的现象，实施专业人员项目负责制，广泛开展QC技术攻关小组活动，围绕二连分公司生产经营管理中的缺陷、热点难点问题，选题立项征集解决方案，对可行的方案给予实施经费和自行组织成员的权利，成立课题小组，实行自主管理，极大激发了员工的工作热情。如淖尔作业区以采油班长刘大华名字命名的"大华创新工作室"2013年提出合理化建议、QC项目21个，取得科研成果14项，其中获得专利授权2个，获得华北油田创新成果奖3项。

2. 搭建员工风采展示舞台，提高员工的成就感

二连分公司完善激励制度，引导、激励员工提升自我、追求进步。如定期评选表彰"职业道德、社会公德、家庭美德"方面的先进人物或集体，开展群众性评选"生产一线奉献10年好夫妻、20年好员工""敬老孝老、助人为乐"双十模范等，并在每年"草原油情"文化节上进行隆重表彰和给予奖励性疗养待遇。开展找寻"快乐大使""快乐瞬间"活动，组织拍摄制作反映员工快乐工作生活的《找寻快乐大使》系列电视片，征集员工群众"快乐瞬间"照片，利用网络、电视媒体进行宣传。每年举办一次员工才艺博览会，征集员工工作生活中的才艺、绝招、绝技、绝活、窍门、文化艺术作品、手工艺品等，通过比赛、视频、图片、实物展示、宣传册等形式进行宣传展示。

3. 丰富文体娱乐活动，满足员工精神文化需求

常年异地的工作性质很容易造成精神文化生活的缺失，二连油田区别不同的工作阶段，因地制宜开展小型多样的文化娱乐活动。按照"主题突出，内容丰富，形式多样"的原则，集"知识性、欣赏性、趣味性、群众性"为一体，每年定期开展贯穿全年的"草原油情"文化节和"快乐之冬"系列文体活动，涵盖文学、美术、书法、体育、摄影等近20项活动，做到文体兼备，动静结合，老少皆宜。组织员工文艺骨干组建乌兰牧骑（蒙语原意为马背上的宣传队），定期深入一线开展"送欢乐到井站"慰问演出。大力加强业余协会、社团建设，成立了22个协会、社团，积极拓展社团服务新领域。

4. 系统开展全员职业技能培训，提升员工素质

二连分公司编制人才队伍建设五年规划，大力加强全员培训。引入学习型管理理念，建立"学习—工作—创新"新模式。定期召开技术座谈会、研讨会，举办油水井技术分析比赛，开展技术成果评比，不断更新和扩展技术人员的专业知识，提高专业技术人员实际工作能力和创新能力。以提升员工的岗位行为能力、安全保障能力、实践创新能力和应急处置能力等"四种能力"为重点加强操作人员培训；运用集中轮训、专题研讨、课题立项等多种培训方式，加强重点关键岗位和核心骨干人才的培养。创新人才培养机制，通过机关代培、挂职交流等形式，提高人才培养的针对性。完善培训激励机制，每三年开展技术专家和技术能手评选，并给予相应待遇。同时要求技术专家、能手与1～2人签订师徒协议，做好传、帮、带。

二连分公司非常重视对青年人才的培养，实施青年成才助推工程。深化青工职业生涯规划设计活动，健全完善青年人才信息库，发现和培养优秀青年人才。制定有利于青年成长成才的制度措施，抓好新分青年员工入厂教育，开展青年读书、以老带新、举办青

年才艺展、杰出青年素质管理特训营、"青年杯"主题演讲比赛、开设青年发展论坛等活动,助推成长,激励成才。

5. 建立公平的员工升迁制度,为员工发展提供机遇

完善和建立科学的选人用人机制,坚持民主、公开、竞争、择优原则,实行干部选拔公开竞聘,提高透明度、公信度和群众满意度。制定岗位任职条件,明确岗位质量责任,增设总工程师技术升迁路径,制定管理技术双线升迁路线。推进科级干部、基层班站长和关键岗位人员交流制度化;建立完善科级后备干部人才库,抓好技术创新型领军人才、重点领域关键人才和创新团队建设;推行基层操作岗位"轮岗交流"机制;完善中层管理人员管理模式和建立缺员岗位公开选用制等。

(三)实施人文关怀和心理疏导,满足员工的健康需求

二连分公司从员工安全、身体健康和生活工作环境改善三个方面实施人文关怀,开展共性引导与个性疏导相结合的心理疏导方式,整体满足员工的身体与心理两方面的健康需求。

1. 关怀员工安全需求

"安全"是人最基本的需求,二连分公司高度重视通过有效管理来满足员工的安全需求。一是注重工作环境安全,从强化人的安全行为入手,统一规范操作标准,完善安全管理制度,努力做到让员工行有所依、做有所据、干有所保;二是注重出行安全,改进客运方式,改善通勤条件,认真执行长途行车、恶劣天气出车审批制度,强化行车全过程 GPS 监控,确保员工出行安全;三是注重生产安全,每年自 9 月份开始组织各单位深入开展"冬季安全生产评估"工作,尤其是对冬季行车以及新、改、扩建项目作为重点评估,使每一位管理者、岗位员工都了解所在区域内的冬季安全生产的风险以及应对措施,确保二连分公司冬季生产安全平稳。

2. 关怀员工健康需求

二连分公司树立"关注员工健康从员工健康时开始"的理念,有针对性地开展多样化健康知识宣传普及活动,定期举办"关爱员工阳光心态知识讲座"、健康知识巡回讲座、编发《一线员工健康手册》等,提高职工群众的健康保护意识。建立边远站点员工突发疾病快速反应机制,选派医生常年进驻生产一线,为边远井站配备小药箱,加大一线井站医疗巡诊力度和频度,满足边远单位医疗服务需求。周密安排员工健康体检,分别制定职业健康体检和一般健康体检的工作计划、运行大表和实施方案,确保职工健康体检工作有计划、有安排、有组织、有实施;根据每名职工的体检结果分项逐类地建立健康档案,组织专业医疗人员定期深入站点实施健康干预,开展健康咨询、巡诊把脉、医疗指导,并积极开展健康问卷调查,发放健康宣传资料,使职工深入了解个人身体状况和患病诱因,做好疾病预防和健康保健,切实关注员工健康。

3. 关怀员工生产生活环境改善需求

加强矿区基础设施建设,实施小区改造和宿办楼维修,搞好站区矿区绿化美化,开通长途客运网上订票系统,不断改善员工生产生活条件。建立油区物业管理、综治、维稳、安全联

合联动社会管理模式，完善体系，整合资源，确保油田矿区平安稳定。精心组织锡林矿区集资房建设，积极协调边远站点住房回迁建设，重点实施改善房建设、社区综合楼建设等民生工程，解决了513户无房户和55户回迁户的住房需求。逐步推进"小绿地""小厨房""小练兵场""小活动室"以及"小药箱"建设，修缮一线生产操作间、办公住宿房屋，修缮阿尔善矿区道路、员工餐厅、浴池等，定期开展植树种花绿化活动，增强一线员工幸福感和归属感。

4. 开展共性引导和个性疏导，提升员工心理健康水平

开展形势任务教育，实现任务目标与员工心理疏导的有机结合。一是印发各类宣教材料，制作播发宣教视频，增加员工对单位的了解和支持，引导员工增强对企业的认同感，激发工作热情和创造力。二连分公司每年一季度通过宣讲会、网络视频、印发宣传卡片、宣传栏等多种形式，集中组织开展形势任务教育。二是普及心理健康知识，实现员工教育与心理疏导的有机结合。把心理健康教育贯穿到员工培训课程和团员青年的拓展训练中，帮助员工学会自我情绪管理，形成"人人都是疏导员"的参与型心理疏导局面。三是及时掌握员工队伍思想动态，建立员工心理干预机制，掌握重点不稳定人员，制定有针对性措施。提倡"一对一谈心谈话"。

（四）全面推行民主管理，建立和谐劳动关系

1. 建立员工待遇保障体系

一是建立休假制度，保证员工休息权。二公司建立并实施连续工作、集中休息办法，即连续工作36天，集中休息24天，全年休假天数144天。对远离二连分公司各生活基地的驻站点员工、一线生产单位的生产调度、夜巡人员实行连续工作一个月集中休息一个月的休假办法。二是建立工资支付保障机制和年度正常增长机制。根据企业经济效益情况及工资支付能力，结合公司各项经营指标的完成情况，形成工资支付保障机制和工资年度正常增长机制。同时引入风险和竞争机制，设立专项奖金，对在科研、管理、技术等方面有突出贡献的人员实施奖励。三是建立起多层次的"五险三金"保险福利保障体系。该体系不仅包括国家规定的五项法定社会保险以及住房公积金，还建立了企业年金制度和企业补充医疗保险基金，进一步提高员工的医疗和养老保障水平。

2. 完善以职代会为主渠道的源头参与机制

重点把握职工代表的产生、职代会工作流程和日常管理监督三个关键环节。积极推广职工代表直选，改善表决方式，着力提升职代会民主管理功效。制定专项职代会管理制度，规范工作流程，提高职代会的工作能力。同时在工资、资金、住房及其他涉及员工切身利益有关的重大问题上必须通过职代会讨论决策，有效落实了职工代表的知情权、参与权和监督权。职代会结束后，对提交的提案转呈领导批阅，对相关承办部门实行首问责任制、限期办结制和服务承诺制等制度，达到了提案件件有落实，事事有回音。

3. 强化以厂务公开为载体的民主监督机制

二连分公司从加强工作的针对性、规范性、广泛性和持续性入手，坚持"用公开凝聚人心，靠民主发展企业"的基本思路。一是不断加强制度化、规范化建设，进一步理顺"提出、审查、公开、议政、整改、督查"六个程序步骤，对实施的结果及时向员工反馈报告。二

是进一步拓展公开内容和公开领域，将改革发展的重点问题、生产经营的难点问题、干部管理的焦点问题、民生建设的热点问题及时向员工如实通告。三是持续推进厂务公开向基层队和基层班站的延伸拓展，建立完善从二连分公司到所属单位、基层队和基层班站的四级厂务公开工作体系。四是注重长效机制的建设，把民主管理工作融入党的群众路线教育实践活动中来，把民主管理与企业文化管理、专业管理有机结合起来，切实提高厂务公开的针对性、真实性和时效性。

4. 从民主考评入手建立科学的民主管理格局

二连分公司进一步完善民主推荐、民主测评、职代会民主评议制度，积极引导广大员工站在帮助干部、促进工作的角度上，客观公正的评价各级干部、各职能部门，并将民主评议的结果作为干部提拔、使用和各部门综合业绩考评的重要尺度，为干部队伍建设发挥了积极作用，形成上情下达、下情上知、上下通融的民主管理格局。

(五)培育"草原油情"特色文化，营造人本文化氛围

二连分公司面对新的形势和员工队伍日益增长的精神文化需求，注重培育企业文化，通过重新审视、梳理原有文化理念，综合以往建设成果，逐渐形成以"智慧油田、情感基地、精神家园"为发展目标的具有二连特色的"草原油情"文化体系，依靠文化营造人本理念氛围，增强员工归属感和凝聚力。

从 2003 年开始，二连油田每年举办一届文化节，每一届文化节历时近两个月，至今已连续举办 11 届。在保留传统文体项目的基础上，文化节还结合当前实际，开展各类主题教育活动，进一步培育、打造企业文化。"家园文化"是二连油田"草原油情"特色文化体系中的子文化。近年，二连分公司从和谐稳定的大局出发，着力于"家园文化"的建设和发展。在各采油站、驻站井点积极营造出"家"的氛围，在全体员工中建立起"家文化"的理念。面对艰苦的工作环境和寂寞的草原生活，二连分公司各级组织利用网络优势，创办以《文苑网报》为代表的一批优秀文化期刊，丰富员工业余生活，以文化的力量激发员工扎根草原、扎根边疆的热情和斗志。

(六)统筹推进配套制度建设，保障关爱员工计划顺利实施

为保障关爱员工计划的顺利实施，通过加强宣传，建立责任制和信息沟通机制等配套管理制度统筹推进，确保把好事办好。借助活动倡议书、内部网页、宣传栏和政策大讲堂等形式，宣传关爱员工计划管理，帮助员工树立对关爱员工计划的正确认识，取得支持，保障计划顺利实施。明确职责，建立考核制度，各单位的主要领导作为本单位建立关爱员工计划的第一责任人并接受考核。实行《二连分公司领导和二连分公司机关部室主要领导联系基层单位制度》，了解员工思想动态，帮助协调解决实际问题和困难，对联系的站点队伍稳定负一定责任，纳入年度干部考核内容。

构筑日常关怀制度体系，从 2010 年开始，依据职工基本信息电子档案，采取登门拜访、送慰问品、发贺卡、发贺信等形式全面推广落实"三清四访五祝贺"工作制度。成立青年志愿者服务队服务矿区困难员工家属。组织实施"重特病救助、金秋助学、送温暖"三大重点民心工程，实现职工"助困、助学、助医、助急"帮扶工作的规范化、制度化、常态化。

通过开办、编发内部报刊、手机信息发布网络、完善二连分公司、作业区(大队)、基层

班站三级恳谈会制度、和定期开展《员工满意度调查》活动，建立公司与员工双向交流的信息沟通与反馈机制，掌握情况，促进问题及时解决。

三、边远采油企业关爱员工管理的效果

(一)促进了油田生产经营与稳定发展，营造了浓厚的亲情氛围

边远地区关爱员工计划的设计与实施，最突出的成效就是增强了企业的向心力和凝聚力，提高了各项工作的渗透力，有效地促进了油田的生产经营工作。公司连年完成生产经营任务，原油产量保持稳定向上，2012 年，在持续十年平稳向上的基础上重上 80 万吨级油田行列。油田开发水平持续提升，自然递减、综合递减和含水上升率均保持华北油田先进水平。成本有效管控，员工收入稳步增长。在边远地区关爱员工计划的实施过程中，各级组织从细微深处关心关爱员工，用真诚感动员工，用亲情凝聚人心。“温馨岗位家园”、“员工爱心互助社”等一大批亲情式活动载体得到孕育和推广。与日俱增的归属感、认同感构筑起了全体员工“同在草原一家人，奉献石油一条心”的精神家园。无论是老员工，还是新分员工，无论是调回冀中的员工，还是来探亲的家属，说起二连油田，最大的感受、最难忘的记忆，就是二连大家庭般的浓浓亲情。

(二)员工队伍精神风貌得到转变、整体素质不断增强

关爱员工计划的实施大大增加了职工的工作参与程度和主人翁意识，工作效率得到提高，特别是各采油小站、边零驻站井点岗位员工的精神风貌发生了很大的转变，参与管理的主人翁意识明显增强。员工关心最多的由起初的生活福利等方面的问题逐渐转变为对生产经营方面问题的关注。员工提出的有关生活福利方面的问题由 60%降为 30%左右，而生产经营方面的合理化建议占了 70%左右。广大干部员工同心同德，共同进步，共同提高，共同发展，员工队伍实现了高度稳定。2013 年，二连分公司领导班子被油田公司评为优秀“四好”班子。全国“五一劳动奖章”获得者张丽霞、央企劳动模范李秀美、见义勇为不留名的 80 后青年员工刘超等先进典型不断涌现。公司大专以上文化水平员工比例达到 53%，操作员工中技能专家、高级技师、技师、高级工比例达到 56%，员工创新创效取得 144 项成果，其中 9 项获得国家专利，员工技术素质得到了显著提升。

(三)获得了社会的高度赞誉

二连分公司曾先后获得中国石油集团公司先进集体、河北省明星企业、内蒙古自治区环境友好企业、内蒙古自治区民族团结进步先进集体、全国环境保护先进企业、全国企业文化创建优秀单位、中国改革开放三十年企业文化先进单位、全国群众性体育先进单位等荣誉称号，并于 2005 年、2009 年和 2011 年荣膺中央文明办“全国文明单位”，成为“全国文明单位标兵”。2012 年，二连分公司在华北油田公司举办“草原油情”文化艺术巡展，广受好评，被评选为油田公司“十佳文化艺术活动”。先后获得锡林浩特市建市 30 年民族团结进步模范集体、锡林郭勒盟最具活力企业、内蒙古自治区最具社会责任感企业等荣誉称号。

(成果创造人：高贵民、孙学信、范志良、宝力道、薛继远、李　栋、
黄新本、常　红、周会得、刘　东、张　萍、周　洋)

成品油销售企业增强归属感的基层员工自主管理

中国石油化工股份有限公司浙江温州石油分公司

成果主创人:公司总经理冯东明

中国石油化工股份有限公司浙江温州石油分公司(以下简称“温州公司”)隶属于中国石化浙江公司,现为中国石化销售系统最大的地市级成品油销售企业之一。温州公司下辖8家县(市)公司和本级零售公司,拥有营业网点137座,其中加油站126座、海上网点11座;3座定位油库,总库容7.94万立方米。主营业务涉及汽油、柴油、煤油的储运和销售等,以及便利店、汽服等附加服务。从业人员2500余人。2013年成品油经营总量136万吨,营业收入124亿元,市场占有率近80%。其中零售量110万吨,单站销量8684吨(全国第一);易捷便利店126家,非油品销售额1.38亿元。

一、成品油销售企业增强归属感的基层员工自主管理的背景

(一)适应“点多分散”现状优化管理的需要

随着公司发展,经营网点数量日渐增多,内部管理趋向扁平化,导致管理半径大、精细化管理难。温州公司126座陆上加油站分散在11个县(市)区域,最南端的毗邻福建,最远的与公司距离约200公里。11个海上网点,其中7个在半岛上,3个在海岛上(最远约2小时船程),1条海上供应油轮。而温州市场经济极其活跃,各种诱惑时常影响员工的行为。传统自上而下的管理方式难以触及每一个网点,客观上要求只有充分发动基层员工提升自主管理意识,才能确保基层站点的规范有序管理。

(二)应对“用工荒”,稳定员工队伍的需要

随着“刘易斯拐点”的到来,以及新生代员工个人素养、择业观念、权益保护上的变化,近年来,招工难、“用工荒”等问题逐年突出,以温州市为例,2014年春节仅市区劳务普工缺口就达16871人。我国的成品油销售仍属劳动密集型产业,尤其加油站零售领域对劳务派遣用工的需求大。温州公司2060人中劳务工1950人,占94.6%。受外部环境和工作条件影响,过去几年劳务工队伍不稳定,2011年月平均流失率达3.83%,带来企业招工难,入职培训成本增加。另外,新员工由于操作不娴熟,出错率高也可能带来损失。为此,企业必须改进人力资源管理手段,增强基层员工的归属感,留住人、留好人。

(三)调动员工工作热情提升企业服务的需要

随着服务行业逐步放开,竞争加剧,公司先天优势日渐丧失,必须转变管理方式,提

升服务水平。提升服务水平很大程度上取决于一线员工的精神状态和工作热情。而传统管理模式主要靠自上而下指令式强力推行，缺乏与被管理者的互动。内部激励对象和手段单一、员工价值感知不足。对基层主要实施以量考核、物质激励，管理考核难以细化区分。先进、能手等评优以销量对标，受范围、数量局限，每年只激励少数人，多数人干好干坏差别不大，一定程度上挫伤了员工工作热情。基于上述原因，温州公司从 2012 年初开始实施了以归属感为基础的基层自主管理。

二、成品油销售企业增强归属感的基层员工自主管理的内涵和主要做法

温州公司主动了解员工的内心需求，分析比较员工期望与实际感知的差距，将可感知的自主管理体验活动纳入到经营管理工作中，通过强化“三个”建设（全员自主管理的思想建设、有效执行的制度建设、站务管理的组织建设），增强“两个”层次的自主管理意识（普通员工、站长），凝聚“一个”价值导向（自主管理理念），推进基层自主管理，实现企业与员工的价值趋同，增强员工归属感，激发工作积极性，提高企业运行效率，促进稳定发展。主要做法如下：

（一）确立全员自主管理理念，制定基层自主管理制度

1. 统一基层管理者思想，激发员工内在动力

首先，在基层管理者中形成思想共识，将以往“自上而下”的治理方式，转变为“自下而上”让全员参与、体验的管理过程。其次，基层管理者转变为“管事理人”。“管事”就是关注目标的实现及其过程，考核、分配和违规监控等由站务管理小组介入；“理人”则更多关注员工，发现工作、生活中的困难，让员工有“家”的体验。管理者不再是命令指挥者，而是问题的发现者、员工能力的提升者和工作推进的支持者。第三，让员工参与管理，意识到企业的发展与切身利益紧密关联。通过提升全员感知度，强化组织文化的认同度，使企业的核心理念能内化为每一个成员的价值观。通过全员参与的基层自主管理，让每一位员工的工作被企业认同，以此提升员工的成就感，触发内在动机、满足主导需求，激发内在潜力。

2. 全员参与制定制度，保障基层自主管理

在相关制度的制定中做到三点：一是必须要“接地气、易操作、可感知”；二是要主题明确，措施要相对强烈、持续、正面引导，如站务管理小组的主题是“员工当家做主、公平、公正、公开”，促销竞赛的主题是“冲刺”；三是要形成闭环，要有系统性和目标一致性。

在制度的制定与执行过程中，重点关注自下而上的全员参与，充分调研、吸收基层意见。如在薪酬分配方案的制定上，基本工资、现金津贴、奖励在内的近 20 项办法均由人力资源部与职能部门、管理者与基层员工多方参与讨论制定，使分配方

新建成的滨海加油站

案更具可操作性、更接地气。下发、解读和宣讲制度，在加油站周例会上学习，在宣传板上展示，相关标识在办公室、休息室、走道墙壁上有序张贴，通过细节对员工进行引导，增强自主管理的原动力。

（二）成立站务管理小组，明确基层自主管理权责

1. 民主选举站务管理小组，形成自主管理组织基础

站长牵头组织民主选举站务管理小组，协助站长做好站务公开、内部监督等。站务管理小组成员在不同的班组、岗位中推荐选举产生，总数 9 人以内且为奇数，每年换届并保证各代表人数均衡，确保普遍代表性和民主集中性。为了正确引领小组对不同管理层提出相应要求，油站层面，站长为小组定期设置目标，针对不同特点的人员安排不同任务；小组层面，鼓励大家自由表达，激发自主管理热情。两者形成互动保证有的放矢，将员工的事交由员工自己管理，站长与上级部门只负责方向引导，以此形成自主管理组织基础。

2. 充分赋权站务管理小组，行使自主管理权利

对站务管理小组充分赋权。一是考核分配制订权。小组自主制定加油站绩效考核、非油品返利分配等三级考核分配方案，并可据阶段性的目标变化或大部分员工的意见重新调整。二是绩效评优评议权。由小组确定不同层面和岗位员工的绩效考核、荣誉评定、先进人员推荐，确保公平公正，得到员工普遍认同。三是站内事务管理权。小组统一管理加油站集体奖励、活动资金及伙食费用开支等，防止个别管理者暗箱操作。四是经营管理监督权。遵照经营管理纪律监督加油站日常运营及站长、员工日常行为。对销售竞赛等做到过程有跟踪、数据有明细、结果有通报，推进站内事务公开，形成有效的内部监管。

3. 建立信息即时反馈渠道，保障基层自主管理

为保障基层自主管理的实施，温州公司通过开通经理热线和邮箱、设立经理接待日、每月下基层座谈走访等渠道，建立起经理室与基层一线的多种互通。鼓励员工积极对各项管理活动提出自己的意见和建议。对具有切实可操作性的建议，逐步予以鼓励、推广；对反映的违规问题，职能部门即时响应，限时查实，确实存在违规的，严格按规定处理，树立从严管理的局面。由此，员工成为真正的监督员，发扬主人翁精神，提高员工对工作环境和团队氛围的满意度。

（三）激发员工归属感，强化自主管理自觉性

实施员工成长计划，运用员工荣誉积分、团队荣誉塑造，激发员工团队荣誉感和忠诚度、归属感，促进员工自主管理的自觉性。

1. 启动员工成长计划，增强员工对企业的归属感

温州公司鼓励并引导员工参与制定《各类人才成长通道建设实施细则》，按照员工需求组织针对性培训，使培养计划与员工发展需求相匹配，将员工职业生涯规划与企业发展深度结合，进而提升员工对企业发展的使命感，同时扩宽晋升渠道，加强员工自主管理的自觉性。

根据实际情况以及员工个人意愿，对基层员工实行站内换岗体验。形成“开票员—便利店理货员—综合管理岗”及“加油员—领班—计量员—综合管理岗”两条晋升机制，

培养出一批“一岗精、两岗会、三岗通”人才。优秀员工作为培养对象纳入人才储备库，增加锻炼机会。从加油工到计量员、理货员，再到综合管理岗、后备站长，建立一定的储备人才，确保晋升渠道畅通。

2. 实施积分累计管理，培育员工对企业的忠诚度

实施员工荣誉积分累计管理，将日常表现通过积分形式量化，以积分获取晋升、评先或其他福利，逐渐培养员工忠诚度，降低劳务派遣工的流失率，强化自主管理。员工荣誉积分可以多维度兑现。一是积分兑物质奖励。汇总全区积分总数，核定虚拟积分预算，分公司统一采购不同价值标准的实物，作为荣誉激励主要兑换物品。站内积分累计前1～2名的员工获得先进提名奖，可享受次年80元/月的奖励。评选先进将获得次年100～300元/月的奖励外，还可得到晋升等福利，可推荐参加更高级别的奖项评选。二是积分兑换荣誉勋章。在每个季度片区颁发金、银、铜章后，采取铜章上墙、银章上身、金章上肩的形式，提高员工的精神激励。

在积分项目及覆盖层面的设置上，充分把握全覆盖、全方位立体型管理原则，分别从加油站、片区、分公司三个层面，根据不同的管理内容，设计积分并设置项目赋予分值，如在加油站层面，主要对综合管理岗、领班、安全员（或开票员）、加油员五类岗位分别设定岗位KPI细则。站内按季评选总分排名前20%的员工，授予一星级铜荣誉积分。片区，每季度可组织3次单项奖赛事，评奖比例分别为10%，授予一枚“一星银”；和1次综合奖赛事，项目前10%将授予一枚“二星银”。分公司单项奖评奖比例为5%，半年度授予“一星金”，年度授予“三星金”；综合奖竞赛项目以年度为周期，前5%将授予一枚“四星金”。

3. 开展团队荣誉塑造，培养员工对企业的认同感

开展基层团队荣誉塑造，通过公开、公平、公正的优秀团队评选，让员工在自我约束、自我激励和自我管理的过程中，逐步认同与接受企业价值观和管理要求，激发团队荣誉感和自主管理驱动力。

优秀基层团队评价将经营评价与管理评价结合，突出管理评价，重点考量员工自主管理对企业效益的贡献。比如，加油IC卡管理考评项目包括限车号卡加油情况，异常交易自查与套现情况，留存客户卡、发票情况，套发票情况，数据通信情况等7项，充分突出员工主动性，将其管理成效直接与团队荣誉结合。过程上注重全程公平。初评时，零售管理部根据零售经营考评以及各站全年考评平均分等确定入围加油站；中评由片区根据入围站名单，结合日常巡站考察结果，挑选最具优势50%入围站参加分公司最终评选；总评由人力资源部、零售管理部负责，吸收员工代表（含加油员及站长）组成评审小组，采取现场查看、突击暗访、管理部门座谈等方式，对各片区选送的名单，围绕站务、加油IC卡、非油品三项给予评分，累计排名。

奖励机制的设计坚持突出重点、有效激励除按油站规模区分等级，给予一定的物质奖励外，更注重精神奖励，突出团队荣誉。关键项达标的油站给予集体鼓励奖；为了突出优秀团队引领作用，取总分排名前10%的油站，根据规模大小分别给予不同程度的优秀站奖励，并按照考评周期及时公布《光荣榜》。

（四）加强站长队伍建设，夯实基层自主管理基础

在站长队伍建设上，扩宽选拔机制让员工看到前景，以星级更加全面、公平的评价站

长能力，建立站长能力培养长效机制，增强站长归属感，打好自主管理的基础。

1. 拓宽人才储备渠道，健全站长选拔机制

为吸收更多优秀人才充实到站长队伍，保证队伍的稳定，探索建立了完善的站长选拔机制。一是公开竞聘后备站长。温州公司制订由站长、员工共同参与确定的《后备站长竞聘管理办法》，原则上一个片区储备1～2名，大的片区3名。经过竞聘选拔，对入围的后备站长开展集中培训，通过工作及培训表现，确定具有站长岗位管理水平的后备人选。二是"加站长直通车培训计划"。与高职院校开展定向合作培养。确定1～2年时间，经过不同岗位历练和压担子，增强他们解决一线问题和应对急重难险事务的能力。三是内部员工成长计划。结合员工荣誉积分及日常工作表现，将优秀员工作为培养对象纳入人才储备库，增加锻炼机会。从加油工到计量员、理货员，再到综合管理岗、后备站长，建立一定的储备人才。当后备站长人数减少一定数额后，将启动新一轮竞聘，有效保证后备站长队伍健康可持续发展。

2. 创新星级评定管理，强化日常能力建设

建立站长星级档案，开展能力等级评定。将站长岗位薪酬分为规模工资和星级工资两部分，管理能力与星级工资挂钩。评定项目的设计上不限于单一的量化经营指标，充分融合个人品质、能力、状态等定性指标，片区经理逐月对站长进行KPI考评时须充分听取站务管理小组意见，力求客观公正、公开民主。

严格执行站长授星管理，做到一人一档。把握"两个才能"，一是在辖区内年度KPI累计分排名前50%，且月平均95分以上的站长才能晋级授星。二是对年度考核排名靠前且完成经营指标，站务管理小组操作规范，全年无安全管理事故，无媒体、员工投诉的站长才能参与能力等级评定。

在站长能力等级彰显上，设计了准星至三星职务臂章，将以往隐性考核转变为公示挂星。通过每季度员工授勋、每年度站长晋星，建立站长星级档案，按评定结果次年兑现星级工资。片区内KPI累计前1～2名作为分公司评优评先候选人。

3. 培训提升考核引导，推进长效机制建设

对后备站长加强日常的管理与引导。日常考核主要分个人的工作业绩和油站的贡献度（即对现任站长的协助能力），通过时时跟踪、月月考核，不断淘汰不适合的人选，筛选更具管理能力、适应需要、素质全面的后备人才队伍。因升迁、离岗、管理不善等造成岗位空缺的，按日常考核情况，打破区域界限，直接在后备站长队伍中择优任用。以此激发后备站长的工作热情，给现任站长们注入竞争意识。

对在任站长严格执行星级管理，除特殊情况外，站长不能享受越星薪酬。受处分的站长，可在同一级站内逐级降低星级，也可直接降到低级别站。不同规模级别站长互调，向下调任的星级工资保留原有星级，规模工资以就任站规模而定；向上调任的参照前款晋级标准。

针对站长的日常技能提升，逐渐形成了"金牌站长培训营"等拔高型的培训品牌。建立公正的晋升渠道，形成只有提升综合能力才能进入站长队伍的共识，从而提高站长队伍整体素质，形成一支素质高、会管理、肯服务的零售管理队伍。

(五)传承共同价值观,持续推进基层自主管理

开展“寻找身边的英雄”,发挥员工、团队的示范作用,让员工在寻找、感知身边先进中形成自我约束、自我激励和自我管理。搭建大事记平台刻录管理上经验和做法,从而延续基层自主管理。

1. 寻找“身边的英雄”,发挥示范引领作用

“身边的英雄”不仅是工作中爱岗敬业、认同度高的员工,也包括具有示范引导价值的团队,业绩突出,其经验和操作技法可借鉴、可复制、可推广,大到部门负责人、支公司经理,小到普通加油工、便利店理货员。采取多渠道、多形式推荐英雄的平台,如同事推荐、部门推荐、自我推荐等。公司每月设立“英雄提名”,年终通过全员网络投票确定“英雄奖”、“英雄提名奖”。另外,特别设置“慧眼奖”,颁发给推荐成功的员工。

温州公司充分利用内部报刊、微博微信、流动展板等进行宣传报道,发挥示范效应,形成全员学英雄、赶英雄的氛围。在年度大会表彰上,邀请英雄员工代表分享经验与成绩,对特别突出的,将他们的一些可借鉴、可复制的技法,以个人或团队的名字进行命名和推广,并将其事迹汇总编入《公司大事记——我身边的英雄》,让员工永远记住对公司做过贡献的人。

2. 引导员工自我体验,强化自主管理理念

为了引导员工自我提升,温州公司不仅在物质层面提供保障,比如建立小菜园、小食堂、小网吧、图书室等,解决加油站员工基本生活需求,更重要的是在精神层面给以引导。公司举办企业文化讲座和“我们的价值观”知识竞赛。在公司大楼创建中心图书馆,在基层站点建立“流动书箱”,引导大家爱读书、读好书,争做学习型员工。此外还组织相关活动,如户外拓展训练、参观红色根据地等,提升团队合作意识,树立爱岗敬业的价值观。

在温州公司引导的基础上,员工主动学习、自我提升的意识明显提高。连续三年,一线员工自编自导自演,先后拍摄《张能加油》《笑脸超人》《三基专题片》等数部微电影,用镜头关注一线员工,以微电影记载油站员工们恪尽职守、扎实工作的真实场景。如以损耗管理为主题的《三基专题片》,使员工更加直观地体会到在损耗管理上的措施和初衷,更加自觉地执行,为损耗管理根本性好转奠定了基础。

3. 搭建大事记平台,传承共同价值导向

为在更广范围内传承、推广自主管理,温州公司利用大事记的平台,归纳总结推进脉络和经验办法。针对公开民主管理措施,记录发挥监督作用达到规范管理,发挥员工集体智慧创收增效等方面的优秀经验;针对员工荣誉体系建设,记录爱岗敬业,积极贡献的事例;针对站长能力等级评定,树立基层管理者的先进典型;针对价值观引领工作,记录可借鉴、可复制的技法和团队管理经验,树立优秀员工、团队典型。通过大事记的梳理展示将成功的经验得以固化,记录公司的发展历程和重大事件,系统、扼要地阐述公司经营管理及发展变化情况,便于总结经验教训,不断改进工作。作为宣传教育的素材,培育广泛认同的价值观,在企业和员工中延续与传承。

三、成品油销售企业增强归属感的基层员工自主管理的效果

(一)激发了员工积极性,提升了企业经营业绩

整体业务置于更广范围的自主管理和全员监督之中,套现、虚开发票等违规现象得到有效控制,有效弥补了管理薄弱环节。员工自主参与使得各项措施得到了高效执行,零售业绩创新高,损耗管理取得显著效益。2012 年零售损耗下降了 0.17 个百分点,减少油品损耗 1805 吨,金额 1444 万元(每吨按 8000 元计算);2013 年在 2012 年的基础上又减少 305 吨,金额 244 万元。累计节省油品零售损耗 2110 吨,节省 1688 万元。

(二)提升了员工满意度,改善了企业运营效率

实施自主管理后,员工满意度增强。尽管加油站的劳务用工率逐年增加,且市场供不应求,但由于员工在物质、情感和文化上的体验不断提升,流失率逐年降低,满意度逐年提高,员工关系改善明显。自主管理不仅缓解了员工队伍不稳定给加油站管理带来的压力,也让岗位培训如释重负。从 2011—2013 年劳务工流失人数看,两年减少 367 人,按新员工需培训费用 1000 元/人(每人每天 50 元,一年 20 个工作日)测算,节约 36.7 万元。

(三)增强了员工归属感,支持了企业稳定发展

实施自主管理后,企业服务水平提升。员工把加油站作为自己的家,对外服务质量稳中有升,近两年加油站服务考评成绩均处于全省中上水平。在全省系统地市公司加油站员工满意度调查中,排名由后三名跃升到第一名。有效改善了人工成本。2014 年实际普加增资与自主管理激励成本合计约为 187 万元,相比其他企业预计增加人工成本 585 万元,节省劳务费 398 万元。2012 年初至今近三年来,温州公司经营管理成效得到了系统内外的充分认可,在中国石化销售系统综合竞争力排名稳步上升。获得了中国石化集团公司“岗位练兵先进单位”“‘三基’工作先进基层单位”等称号,被中国石化销售事业部评为“改善管理优秀地市公司”,多次获得温州市的“安全生产先进”“学习型组织”等荣誉。

(成果创造人:冯东明、李荣锋、杨昭桐、张慧琼、林晓彬、冯若曦)

出租车企业适应员工分散流动特点的班组建设

重庆市出租汽车有限责任公司

成果主创人、工会主席刘忠指导工作

重庆市出租汽车有限责任公司(以下简称“重庆市出租公司”)创建于1978年,是重庆市成立最早的国有出租车企业,现拥有出租汽车1712辆,员工4016人,年运送乘客6000多万人次,经营项目包括出租客运、汽车租赁、汽车修理等多个领域。2013年年底企业资产总额3.2亿元,年主营业务收入1.88亿元,年上缴税费1131万元。

一、出租车企业适应员工分散流动特点的班组建设的背景

(一)满足社会环境和发展形势对出租车企业管理的要求

作为一个城市的窗口和名片,出租车代表着所在城市的经济发展和社会进步水平,反映了城市的文明程度和精神风貌。但是,由于出租车的营运特点和出租车驾驶员素质参差不齐的现实状况,导致出租车的现实社会地位不高,行业管理难度大,出租车交通事故、服务投诉和负面消息时有发生。如何对出租车实行有效管理、强化企业对驾驶员的管控,提高出租车安全营运服务质量,增强驾驶员对企业的认同感和归属感,真正打造出一支具有职业素质且人员相对稳定的出租车驾驶员队伍,一直是出租车行业及社会期盼解决好的重点和难点问题。所以,基于社会环境和发展形势对出租车企业管理的要求,班组建设非常有必要。

(二)适应出租车行业发展的需要

2000年以前,开出租车还是让人羡慕的高收入职业。然而最近十多年来,随着各行业收入水平的提高,出租车驾驶员收入优势不再明显,驾驶员流失比较严重。同时,随着城市化进程的不断推进和出租车行业较低的准入门槛,近年来,大量重庆周边区县的进城务工人员加入到城市出租车客运行业中。据统计,如今重庆主城区出租车驾驶员结构呈现出“两个80%”的特点,一是驾驶员来源地域分布比例为主城区占20%、周边区县占80%;二是驾驶员学历分布比例为高中及以上占20%、初中及以下占80%。从2010年开始,由于全球经济形势下滑,在影响到出租车行业后,导致全国出租车行业出现从未有过的用工荒,企业面临严重挑战,经济损失惨重。在这一背景下,重庆市出租公司开展班组建设缓解了用工荒的冲击。

（三）进一步提升企业经营管理水平的需要

出租车营运生产具有单车作业、点多面广、无固定作业场所、无固定作业时间、人员分散、流动性大等特点。为解决行业管理无序的状况，建立企业和驾驶员紧密和谐的联系，提升驾驶员安全服务水平，增强驾驶员对企业的认同感和归属感，重庆市出租公司于2009年在全市出租车行业内率先提出了"适应出租车行业分散流动特点，以班组建设破解出租车管理难题，从而促进企业文化建设"的工作思路，并立即付诸实践。

二、出租车企业适应员工分散流动特点的班组建设的内涵与主要做法

重庆市出租公司以驾驶员居住区域划分班组，结合工会组织形式，以树立理念、建立制度、开展各类活动为班组建设的主要内容，以构建考评体系，提供平台支持保障为班组建设的有力促进，把班组打造为"职工之家"，构建企业和谐劳动关系，以期实现提升企业管理水平、国有资产保值增值和取得良好社会示范效应的三大目标。主要做法如下：

（一）明确出租车班组建设的工作思路和主要理念

班组建设的工作思路是，依据现代企业管理原理，为适应出租车行业分散流动性特点，采取划小管理单元、量化管理对象的方法，把出租车按照车组长（单车主驾）居住区域划分为若干个班组，使之成为企业基层组织管理序列，并形成企业与驾驶员之间的桥梁纽带。

班组建设紧扣"以人为本，从驾驶员出发"的工作理念。一方面，企业通过班组开展学习教育、劳动竞赛，提高驾驶员综合素质，强化安全营运管理措施在驾驶员中的执行和落实，从而实现企业管理目标。另一方面，通过班组组织开展驾驶员联谊、驾驶员慰问、帮贫扶困及各类社会公益活动，拉近相互距离，达成企业与员工的共识，形成合力和凝聚力，增强驾驶员对企业的认同感和归属感，并从中挖掘驾驶员潜能，充分展现驾驶员的工作能力水平，助其实现人生价值，与企业同心同德、共创共赢。

（二）建立组织架构与管理制度

1. 建立出租车班组建设组织架构与管理制度

重庆市出租公司把出租车班组定位为企业基层一线组织，纳入内部管理序列，并规定班组管理实行逐级负责制。重庆市出租公司总经理是企业班组管理的第一责任人；重庆市出租公司工会主席是企业班组管理的分管负责人；重庆市出租公司下属各客运分公司行政第一负责人是各客运分公司班组管理第一责任人，对所属分公司班组管理负全面领导责任；分工会主席受第一责任人委托，具体负责处理所属分公司日常班组工作；班组联络员（客运分公司管理人员）在其分管的工作中负责具体落实相关班组管理措施，沟通解决班组管理有关问题，承担班组管理直接责任。

公司营运中心

重庆市出租公司设立专门的出租车班组管理机构，负责对出租车班组的管理。具体为：重庆市出租公

司成立以总经理、党委书记为组长的出租车班组建设领导小组，加强对班组建设工作的领导。下属五个客运单位也相应成立工作小组，具体负责出租车班组日常工作。各客运单位以车组长居住区域划片区设立班组，每个班组规模一般在30辆车左右，可与邻近区域统筹划分。每个班组设班组联络员1名，由公司管理人员担任；设班组长1名，副班组长1名，安全服务监督员1名，均由所在班组的车组长（单车主驾）担任。最初，班组长和副班组长由公司在驾驶员中选择较优秀的人员担任，目前已经改为先由班组内部选拔出候选人，公司审核确定后再进行公开竞聘，以差额选举的民主方式产生。

重庆市出租公司经过几年来的摸索和实践，根据出租车行业客观生产规律和企业经营实际，制定《出租车班组建设实施意见》《进一步推进出租车班组建设工作的实施意见》《出租车班组管理办法》《出租车班组管理岗位职责》《出租车班组季度安全营运服务考核办法》《出租车班组管理人员绩效考核办法》《班组管理人员岗位责任》等一系列规章制度，明确了班组建制、班组管理、班组培训、班组竞赛、班组考评、班组奖励等具体工作要求，保证出租车班组建设工作有目标、有步骤、有方法、有结果，进而将出租车班组建设管理经验形成了一套书面的、规范的、成体系的系统机制。

2. 建立出租车班组例会制度

重庆市出租公司每季度召开一次班组管理专题工作会，研究和解决上季度班组管理工作中存在的问题，对下季度班组管理工作开展提出思路。下辖客运分公司每月召开一次班组长工作例会，收集、通报、总结、点评上月各班组工作开展情况，分析班组工作存在的问题，研究本月班组培训及活动内容并组织实施，对季度先进班组进行评比、表彰、推广。

3. 建立公司领导班子定期走访出租车班组制度

为切实了解掌握基层班组工作情况和驾驶员思想状况，更好地为基层员工办实事、解难事，重庆市出租公司要求总公司领导班子成员每季度必须实地到1～2个出租车班组参加班组活动，各客运分公司领导班子成员每月必须实地到1～2个出租车班组参加班组活动。活动内容包括：观摩指导班组学习，参加班组公益活动，与驾驶员互动交流，家访慰问等。通过实地走访，使企业领导层对班组建设的推进和各项工作的开展情况有更为清晰深入的了解，拉近了领导和驾驶员距离，体现了公司管理层对班组和驾驶员的关心和重视。

4. 保障培育及价值提升

重庆市出租公司通过对班组建设活动的坚持培育和不断保障，吸引广大驾驶员逐渐认同并积极参与班组活动。公司非常注重对先进班组和优秀班组长的表彰和宣传。2012～2013年，在下辖53个班组中选拔了10个先进班组申请创建重庆市总工会产业工会级“工人先锋号”，全部通过评审验收。目前公司已经有10名优秀班组长脱颖而出并转为无固定期职工，成为各客运分公司的管理骨干，他们的人生价值得到提升，在引领广大驾驶员树立正确的人生理想和价值追求方面，起到良好的示范作用。

（三）开展班组活动

1. 组织召开班组月度例会

具体做法为：由班组联络员和班组长通知所在班组成员，每月定期在班组所在区域召开安全服务工作会议，时间多在出租车交接班时和夜班下班后。会议内容及流程如下：一是班组联络员或班组长通报所在班组上月交通事故、交通违章、GPS超速、服务投诉等情况，对问题车辆进行批评，对先进车辆进行表扬。二是班组联络员传达行业和公司近期重要文件和会议精神，对本月安全服务工作提要求。三是班组成员一起分析交通事故案例、交流服务心得。四是班组联络员收集班组成员助人为乐、拾金不昧等先进事迹，了解班组成员思想动态及工作、生活上遇到的问题。组织驾驶员开展“一元爱心”互助金捐款等活动。

2. 开展班组学习

一是班组回公司集中学习。从2014年起重庆市出租公司实行分班组到公司进行集中学习和车检。就是在一个月中，固定每个班组回公司参加学习和车检的时间，班组回公司参加学习的同时，车辆统一摆放在指定场地，由公司管理人员对车辆进行安全及车容车貌检查。这种以班组为单位的学习和车检，实现驾驶员安全学习“小班式”教学，很好地解决了集中两三天学习模式存在的人车拥挤、会场纪律差、受教育效果差等问题，既有效提升驾驶员安全学习效果，又强化了车辆的安全服务检查。

二是公司到班组学习。为落实国家关于驾驶员学习的新规定，节约驾驶员宝贵的运营生产时间，重庆市出租公司充分利用出租车班组这一平台，除每月依旧在公司集中学习一次外，通过班组每月再组织一次驾驶员安全学习，由班组联络员去到班组进行签到授课，既免去了驾驶员参加学习的回来奔波，也符合了行业主管部门对出租车驾驶员安全学习的规定要求。

为进一步强化驾驶员的安全服务意识，班组联络员要负责对本班组成员开展面对面安全谈话，每月不少于5台车，每车不少于5分钟，安全谈话时间和地点由班组联络员和驾驶员自行约定，谈话内容主要为近期安全服务工作要求，驾驶员思想状况、生活情况等。

3. 开展各类社会公益活动

在公司的大力支持下，下辖各班组在2010－2013年间开展了“关爱留守儿童”“关爱老党员”“资助贫困学生”“慰问孤寡老人”“高考爱心直通车”“植树造林、保护环境”等一系列公益活动，得到了社会各界的一致好评。通过开展上述活动，增进了驾驶员间的沟通交流，加强了驾驶员的团结协作能力，陶冶了驾驶员的生活情操，提升了驾驶员的岗位服务意识和社会责任意识，同时也向公众展示了企业的良好形象。

（四）完善考核及评价体系

1. 开展出租车班组创先争优竞赛考核，提升营运车辆安全服务质量

重庆市出租公司结合全国“安康杯”竞赛及行业“星级车组”考评等安全服务竞赛要求，提出了对班组实行季度、年度安全服务质量考核的工作思路，制定《出租车班组创先争优考核办法》，考评内容涉及班组车辆安全事故、交通违章、GPS超速、服务投诉、公益活动、执行企业规章制度等方面。考核采取百分制，各客运分公司取季度考核成绩排名前两名的班组评为季度“先进班组”，每个班组奖励1000元，并授予“先进班组”流动红旗。年终，客运分公司根据下辖各班组四个季度的累计安全服务考核成绩，取总成绩的前两名评为年度“先进班组”，每个班组奖励5000元，并授予“年度先进班组”荣誉奖状。

2. 开展出租车班组组委绩效考核，调动提高班组管理人员的工作积极性和责任心

重庆市出租公司制定《出租车班组组委绩效考核办法》，采取班组组委成员缴纳安全服务风险保证金的形式，将上级下达的各客运分公司年度安全服务主要指标控制数按季度分解量化到每个班组，对完成考核指标的班组，按其所缴风险金 2 倍奖励，对指标实际完成情况突破控制目标值的，按制度规定半额或全额扣除其所缴风险金，转为公司班组建设经费，由公司统一保管使用。该《办法》实施后，各班组组委的工作积极性、责任心明显增强，班组各项活动开展的质量和效果大大提高。

3. 开展"一讲二评三公示活动"，提高驾驶员满意度

每年年初班组管理班子结合岗位职责确定公开承诺事项。班组每季度召开一次班组工作点评会，由班组管理班子每位成员讲述汇报自己上季度履行岗位责任、兑现承诺事项情况及参与活动的收获和体会、存在的差距和努力的方向等。所在班组客运分公司主管领导根据讲述汇报情况和承诺事项兑现情况，逐一进行点评、指出成绩和不足。班组最后将评比结果进行公示，接受组员和公司监督。

(五)支持保障与搭建平台

资金保障支持是出租车班组建设顺利开展的必要条件，为保证出租车班组建设取得实效，重庆市出租公司每年投入大量资金用于班组建设发展，并形成了班组经费保障支持的长效机制。为了用好管好班组经费，重庆市出租公司制定《出租车班组经费管理和财务公开办法》，规定下拨给各客运分公司的班组管理费用仅用于班组活动支出和按规定发放相关津贴及考核奖励。各客运分公司必须定期将班组建设经费及班组收支情况纳入厂务公开内容，向驾驶员进行公示，主动接受员工评议、监督和上级公司相关部门审核检查。

为持续探索出租车班组建设发展的新思路、新路径，公司鼓励下属各班组积极开动脑筋、想办法、出点子，创新班组工作形式，丰富班组建设内涵，但凡班组有什么新的意见和想法反馈到公司，公司出租车班组建设领导小组会及时对意见进行认真研究讨论，评估其可行性。凡有利于推进班组工作的想法和点子，公司都不遗余力，积极组织搭建工作平台，投入人力、物力、财力给予全力支持。

(六)注重人文关怀营造温馨和谐氛围

将出租车班组作为企业与驾驶员、驾驶员与驾驶员之间的沟通交流平台。为能更好地关心和帮助困难驾驶员，公司以出租车班组为平台，组织设立"一元爱心互助金"，由公司拿出 5 万元启动资金，号召各班组驾驶员每月捐出 1 元钱，奉献自己的爱心来帮助家庭困难的同事。"一元爱心基金"每半年进行一次帮扶，由参加爱心捐赠的、有困难的驾驶员提出申请，经班组组委和分工会家访、初审后报一元爱心基金理事会，经评审、公示等程序后给予帮扶。

三、出租车企业适应员工分散流动特点的班组建设的效果

(一)畅通了企业与驾驶员的沟通、联系渠道，构建了良好的企业氛围

实施班组管理后，上级总公司提出工作要求到客运分公司后，各客运分公司将工作内容布置落实到出租车班组，由班组联络员在班组安全学习、班组例会中对企业工作安

排和管理要求向驾驶员做传达，并将工作落实情况定期向客运分公司汇报。小范围、面对面地传达有利于驾驶员充分消化、理解企业的管理方针、意图，公司管理人员也能现场解答驾驶员的疑惑和问题，收集驾驶员工作、生活中的困难，沟通联系直接而有效，促进了企业和驾驶员间的相互了解。驾驶员遵纪守法、安全文明行车意识明显增强，驾驶员队伍职业素质明显提高，同时，由于班组成员间相互交流增多，驾驶员间有了更多的机会探讨安全、分析事故、调配驾驶员等。驾驶员在工作、生活中的具体困难也可以随时向班组联络员、班组长反映，大家群策群力，共同解决，构建了和谐的氛围。目前，班组管理体系已形成了一个良性循环机制，班组管理促进企业安全服务水平、凝聚力和向心力的提升，进而又为班组建设的进一步推进提供了良好的内、外部发展基础。

（二）取得较好经济效益

重庆市出租公司实施班组建设前营运车单车事故费用为4300元/台。实施班组建设后，2009年单车事故费用为2600元/台，较2008年减少1700元/台，下降39.53%；2010年单车事故费用3900元/台，较2008年减少400元/台，下降9.3%；2011年单车事故费用与2010年基本持平；2012年单位事故费用4500元/台，较2008年增加200元/台，上升4.65%；2013年单位事故费用3800元/台，较2008年减少500元/台，下降11.62%。从动态看，以2013年为时间节点，根据实施班组建设的前一年，2008年单车事故费用情况，按五年来每年自然增长率5%计算，换算出2008年的事故费用在2013年等同于5487元/台，而在实施班组建设后的2013年，事故费用为3800元/台，较2008年减少1687元/台，全公司事故费用较2008年减少188万元。从2009年开始实施班组建设后，公司营运服务质量显著提升，公司的安全服务水平在行业中已处于领先位置，按照重庆市政府的有关政策，取得了运营车辆的高额配标率，多配了出租车指标，增加了企业规模和效益。为企业带来良好的社会效益和经济效益。

（三）提高了公司社会形象，在行业中发挥示范作用

班组建设有效提升了营运车辆的安全服务质量，重庆市出租公司车辆的服务投诉率在重庆市同行业中一直处于最低水平，同时驾驶员职业素质提升更加明显，好人好事屡见报端，得到了社会各界的表扬和认可，“市租”品牌已在重庆乘客群体中形成了良好口碑。重庆市出租公司在2009～2013年先后获得了“全国出租汽车行业规范管理先进企业”“全国出租汽车行业和谐劳动关系创建活动先进集体”、重庆市“五一劳动奖状”、全国“五一劳动奖状”等荣誉；连续八年被授予全国“安康杯”竞赛优胜企业。涌现出了一批获得“全国文明出租汽车驾驶员”“全国道德模范”等荣誉称号的先进驾驶员。现今重庆市出租车行业中已有多家企业开始学习和仿效重庆市出租公司的班组建设模式，整个出租车行业各企业对营运车辆和驾驶员的管控力度大大增强，出租车事故率和服务投诉率也有大幅下降。全国西部地区部分省市出租汽车公司也相继到重庆市出租公司学习、交流出租车班组建设经验，西部地区出租车行业的管理水平得到了较大提升，缩小了与沿海东部发达地区出租车行业管理的差距。

（成果创造人：刘　忠、雷　霆、熊　劲、黄　云、宁应洪、童　樑）

以岗位品牌为特色的岗位精细化管理

黄陵矿业集团有限责任公司

成果主创人：陕西煤业化工集团公司董事、陕西煤业股份公司总经理宋老虎

黄陵矿业集团有限责任公司（以下简称“黄陵矿业”）是陕西煤业化工集团所属大型现代化核心企业。公司始建于 1989 年 9 月，现有员工 6400 余名，总资产 210 亿元，拥有煤、化、电、物流、建筑与建材、生态果蔬六大产业板块。

一、以岗位品牌为特色的岗位精细化管理的背景

（一）深层次的市场竞争要求煤炭生产管理更加精细

当前，宏观经济形势错综复杂，煤炭市场持续低迷，煤价下滑，焦炭价格下跌，安全投入、环保投入逐年加大，各项成本居高不下。面对激烈的竞争和煤炭市场的“寒冬”，煤炭企业进一步深挖潜力、精打细算、降低成本、杜绝浪费，提高资源利用率，延长矿井服务年限成为必然选择。

（二）煤炭企业的安全生产要求抓好抓实岗位管理

安全生产关系着职工幸福和社会稳定，关系着企业经营工作的成败和企业战略规划的实施，任何时候都必须摆在先于一切、重于一切、高于一切、影响一切的突出位置。抓好煤炭企业安全生产的关键在岗位，在员工。黄陵矿业也发生过安全事故，有过血的教训。这些教训表明，只有将安全管理细化到岗位，抓好岗位安全管理，规范岗位操作行为，把好岗位安全关口，每个岗位都安全了，本质安全型企业才能建成。

（三）企业现代化水平要求员工素质不断增强

近年来，随着煤炭企业科技含量不断提升，员工劳动强度大幅降低，生产所需人数逐渐下降，全员工效稳步提高，对员工的业务素质和工作能力提出了更高要求。要满足现代化、自动化、智能化生产的需要，适应社会和企业的快速发展，就必须走“精干高效”“人才兴企”的路子，必须通过科学有效的体制机制，激励员工不断提高自身业务素质和专业技能水平。

二、以岗位品牌为特色的岗位精细化管理的内涵与主要做法

黄陵矿业以国家相关法令、职业道德、企业制度和政策为导向，以企业文化为引领，以人为本精细化管理为基础，以岗位“五精”管理为基本要求，以岗位“五星”管理为岗位成长路径，建立一套以岗位品牌为特色的岗位价值精细化管理体系，实现企业管理水平整体提升，促进企业又好又快发展。主要做法如下：

(一)以企业文化为引领,打造岗位精细化管理的品牌特色

黄陵矿业确定"诚信敬业,追求卓越"的企业精神,明确"一切为了发展,一切为了员工"的企业宗旨,确定规划建设"三创六型"矿区(创新管理、创造财富、创建家园,本质安全型、规模效益型、科技主导型、循环经济型、文化示范型、富美和谐型)的目标愿景。在优秀企业文化引领下,以岗位员工为着力点,不断强化团队的管理基础、基层延展和基本功修炼,提升团队的凝聚力、亲和力、执行力、管控力、经营力、现场力、创新力、学习力和文化力,追求企业文化在岗位上的落地生根、开花结果,打造具有岗位文化特色的精英品牌。在企业发展过程中,形成岗位的品牌文化、行为文化和特质文化,经过培育提炼,在精英模范中塑造出更加突出的典型,成为企业各类岗位的精英品牌代表,并把实质性的价值发掘出来,以巧妙的名称概括其最突出的个性,使亮点成为知名度和美誉度的集中点,加强宣传、反复传播,扩大推广精英品牌效应,形成广泛的认知和认同,提高精英品牌的知名度和美誉度。运用岗位精英品牌作为文化符号的形象塑造和氛围营造,发挥精英品牌在企业内部带动示范的榜样作用,形成共同的价值观,为岗位精细化管理提供不竭的文化力。

(二)实施"123456"管控机制,夯实岗位精细化的管理基础

1. 推动干部走动式管理,强化岗位现场精细管控

一是对各级管理人员下基层检查的时间、线路、目标以及发现的问题,利用现场定位技术和信息化手段跟踪考核,确保安全管理责任落到实处;二是把干部走动式管理与安全质量标准化和精细化有机结合,使安全质量标准化工作由静态达标转变为动态管理,由结果控制转向过程控制;三是把干部走动式管理与现场安全管理相结合。要求管理干部和员工同时下井,同时升井,全过程监督、指挥工作面安全生产,确保生产现场作业安全。通过推行干部走动式管理,干部作风得到转变,杜绝员工习惯性违章、岗位误操作等不良现象,"三违"人数、设备故障率大幅下降,为矿井安全生产提供了保障。

2. 坚持"双述"活动,夯实岗位安全作业基础

黄陵矿业的"双述"即岗位描述和手指口述。岗位描述,就是职工通过对岗位工作的性质、范围、职责、标准、流程以及设备性能、技术要求、操作方法和危险源辨识等内容的理论描述,提升自身岗位技能和熟练程度;手指口述是针对重大操作环节复杂的特点,职工通过心想、眼看、口述、手指的指向性集中联动,不断提醒和确认的安全规范操作方法,强调的是第一次就做对,保证操作程序无差错、安全无隐患、质量无瑕疵。

黄陵矿业岗位精细化管理被评为
全国煤炭工业岗位管理文化品牌

近年来,黄陵矿业深度挖掘"岗位描述"在职工自主培训方面的强大功能,分行业分专业,分册分卷,编写 10 册《岗位

描述大全》以及《管理人员岗位描述大全》，为所有岗位提供了自主学习蓝本、岗位培训教材和岗位操作标准，并将“岗位描述”竞赛制度化、常态化，实现“岗位描述”全面普及，描述内容的深度和广度也不断增强，一大批既能干又能讲的岗位操作能手脱颖而出，员工的业务素质和安全操作能力全面提升。

3. 开展“三功两素”修炼，提高员工专业技能水平

黄陵矿业以提升全员素质为目的，以激发员工“立足岗位、自主学习”为主线，大力开展涵盖知识功底、作业功夫、专业功力、职业素养、身心素质的“三功两素”修炼。实施专业知识技能培训工程，通过课堂教育、远程教育、多媒体教育与“双述”活动相结合，将传统教育培训方式与现代教育手段相结合，将自主学习与课堂教学相结合，确保岗位员工知识功底扎实。实施职业技能帮带工程，通过“导师制”、“师带徒”、“结对子”、“传帮带”的阶梯形、立体式培训方式，理论与实践结合，让各个知识技能层面的职工作业水平得到提升。实施专业功力训练工程，以职工教育培训三级站、拓展训练基地、井下和地面实训基地为平台，开展专业功力和作业功夫训练，引导岗位员工掌握绝技、绝活、绝招，定期开展员工技能比武，营造“人人苦练技能，争当行家里手”的浓厚氛围。实施人才素质提升工程，开展传统文化教育和“四德”教育，教育引导员工自觉践行社会主义核心价值观，重奖通过自学取得专业对口学历的员工，形成“德才兼备、以德为先”的选人用人导向和“干什么学什么、缺什么补什么”的育人导向。通过“三功两素”修炼，开辟了以岗位为平台的员工成长通道，使员工思想从“要我学”向“我要学”转变，公司三支人才队伍素质显著提升，一批有文化、有知识、有能力的管理干部走上了领导岗位，成为引领矿区发展的核心力量；一大批业务精、作风硬、能力强的技术人员走上了专业管理岗位，成为推动矿区发展的骨干力量；一大批有技术、有经验的首席员工和五星级员工脱颖而出，成为支撑矿区发展的中坚力量。

4. 应用“四项技术”，打造岗位精细管理环境

定置、编码、标识、看板“四项”技术是黄陵矿业岗位管理文化的技术支撑。黄陵矿业按照“取用方便、科学合理、规范美观”的原则，对办公区域、作业现场的所有设备设施、工具材料进行定置摆放，统一编码，并对井下巷道、在建工程、作业区域、安全隐患进行编码管理，实现编码管理全覆盖；利用固定牌板对企业目标愿景、理念精神、发展战略、工作思路进行宣传，对岗位职责、工作流程、作业规程、现场危险源、劳保知识等内容予以提示；通过在井下大巷、工作面顺槽悬挂以安全警句、亲情叮嘱、事故案例为主要内容的牌板，大力营造安全文化氛围。

5. 落实 5E 全生命周期管理，推进管理升级

黄陵矿业建立健全 5E 全生命周期管理机制，明确 5E 全生命周期管理的目标，对生产要素实施每时、每处、每物、每事、每人的全过程、全生命周期跟踪和管理。一套设备，从进入矿区那一刻开始，就建立生命档案，不间断地跟踪它的安装、调试和运行，定期维护保养直至报废，确保“人、机、物、环”始终处于可控和在控状态，实现人机系统的优化，保证岗位作业的安全和质量。

6. 实施“6S”管理，规范岗位现场环境

“6S”，即整理、清洁、准时、标准化、安全和素养，是现代企业行之有效的现场管理理念和方法。6S的本质是一种注重执行力的文化，强调纪律性的文化。通过“6S”管理，减少浪费，提高效率，优化作业环境，保证安全生产，塑造企业形象。

（三）实施“五精”管理，全面提升岗位管理能力

1. 精准确认，强化岗位安全管理

一是坚持推行“三员联签”（安监员、瓦检员、质量验收员）安全开工确认制和“四位一体”（安监员、瓦检员、质量验收员、班长）施工过程安全生产负责制，做到不安全不生产。二是全面推行菜单式安全确认制。对交接班、开工前、施工过程中的人员、生产设备、工器具、作业环境进行菜单式安全确认，确保“人、机、物、环”处于安全可控状态。三是不断强化危险源辨识安全确认。为主要设备悬挂危险辨识牌，不能挂牌的地方，要求员工利用安全确认卡进行确认，每个岗位做到不确认不生产。四是大力推广“三三整理”工作法。要求员工在班前、班中、班后三次停止生产，整理作业环境、工作心情、生产设备和工器具，杜绝疲劳作业。

2. 精确操作，强化岗位作业管理

黄陵矿业利用实训基地、拓展训练基地，大力开展岗位员工知识功底、专业功力、技能功夫训练，尝试员工的身心素质、职业素养的修炼，在提高员工“三功两素”的基础上，认真推行以精确度、精密度、偏差度、误差度为主要指标的“毫米·秒·克·厘”精确管理。比如，在采掘队推行“毫米”管理，确保工程质量达到优良，尤其在巷道贯通时，更加强调精确度；在经营管理方面推行“厘”管理，精打细算，杜绝浪费和大手大脚现象；在服务区队推行“秒”管理，要求服务一线要准时；在装车方面推行“克”管理，保证装车不出现超吨亏吨现象。

3. 精细经营，实施岗位价值精细管理

黄陵矿业将企业管理由宏观向微观深化，把岗位作为最小核算单元，将精细化管理的各项要素融入岗位，形成以岗位增值、企业增效、员工增收、保证安全为目标的岗位价值精细管理体系。一是以全面预算管理为基础，以全员成本管理、全员安全管理、全员质量管理和全员现场管理为重点，将预算指标分解到岗位，使岗位作为内部市场经营主体，以订单合同为主线，建立内部价格结算体系。二是确立岗位交易规则，按照市场化运作原则，各上游单位以订单的方式向下游工序下达产品或服务订单，各经营主体依据公司核定的内部市场价格和订单，同上下游供货商结算，从而构成一个完整闭合的市场订单链和价值链，形成以岗位个体为市场核算单元的核算体系。三是依托信息化平台，精细核算岗位经营成果，通过岗位绩效考核准确测算每个岗位的支出收益，并进行合理的奖罚，实现损益和考核明细到岗，做到日清日结，体现当日岗位价值，使岗位的责权利有机统一，在企业内部形成“人人都是经营者，岗位都是利润源”的文化氛围，使员工的角色由被动管理向主动经营转变，充分调动员工立足岗位、增收创效的积极性。

4. 精益求精，推动员工岗位成才

为引导和帮助员工在岗位作业、岗位经营上精益求精，黄陵矿业持续开展“素质金字

塔”的磨炼行动、“精优作业法”的精炼行动、“创新成果”的锤炼行动和创纪录行动，按岗位、班组、区队(车间)、二级公司，分层级、分工种，认真总结精优作业法，并以员工名字命名，让员工有自豪感和成就感。编撰用以指导员工岗位增值的《六维三十六策》和《创新100例》，定期梳理、收集、总结员工创新成果，对有利于安全生产、节能提效的予以冠名、重奖、申报专利，激励员工岗位创新、岗位成才。同时，为不同的人才搭建不同的成长平台。

5. 精美管理，实现岗位和谐

精美管理的目标是事业成就美，重点强调岗位协调合作美、岗位作业环境美、员工语言行为美、自主管理艺术美、自主经营绩效美。近年来，在不断完善考核机制的同时，黄陵矿业大力开展针对岗位员工自主经营、自主管理的“卓越管理法”的历练行动、“精英品牌要素”的提炼行动、“权威首席员工”的修炼行动、“岗位安全卫士和形象大使”的选塑行动，推出一批岗位自主管理、自主经营的先进模范，成为全体员工学习的榜样。

(四)打造“五星”岗位，促进人企共同成长

1. 第一颗星：本质安全诚信岗

本质安全诚信岗是“五星”岗位评选的基本条件，以员工遵纪守法、按章操作和对国家、社会、企业、团队、同事、家人的诚信为考核重点，督促员工精细作业、精细操作，加强生产现场的自控、互控和他控，自觉不伤害别人，做到在安全上对他人诚信。

本质安全诚信岗具体考核三个方面内容。一是有没有触碰“二十条红线”。为增强全员安全责任意识，黄陵矿业制定安全管理“二十条红线”，无论谁，只要触碰其中一条，就会丢掉“饭碗”，从而形成杜绝重特大事故的高压态势。二是有没有“三违”现象或发生安全事故。为调动员工抓好安全工作的自觉性，黄陵矿业建立全员安全风险抵押金和安全账户制度，把安全考核权重放在岗位价值管理的第一位，同时，无论哪个岗位发生安全事故，相关的岗位、部门员工都会受到连带责任追究，工资收入都会受到影响。三是是否熟练掌握安全“双险双控”要领。安全“双险双控”是对所有生产系统、操作岗位的风险、危险进行有效管控和预控，即管理层注重生产系统风险防控，操作层注重岗位危险管控。通过推行“双险双控”工作，建立装备保障、技术支撑、业务保安、班组管理、安全监管、应急救援六大体系，可以全面掌握生产系统和操作岗位上存在的所有风险和危险源，从而将事故消灭在萌芽状态，堵塞安全管理漏洞，遏制零敲碎打事故，杜绝重特大事故，提升安全管理质量和水平，实现岗位安全自主管理和建设本质安全型企业的目标。同时，对于“三违”人员，各基层单位会组织专职家属协管员上门“帮教”，真正让不安全人没票子、没面子，甚至没位子，自觉从思想上由“要我安全”转变为“我要安全、我会安全、我能安全”。

2. 第二颗星：质量标准规范岗

质量标准是检验和评定产品(工作)质量的重要依据。建设质量标准规范岗，就是要求岗位员工必须严格按照作业规程和标准作业。其基本条件是：按时完成作业任务；设备检修、保养、维护到位；岗位作业环境管理全达标；作业质量全合格，强调岗位作业精准无误。这个岗次是评选后三个岗次的要件之一。

质量标准规范星具体考核要素如下:一是岗位员工执行企业规章制度情况;二是岗位员工遵守作业规程和按章操作情况;三是岗位员工完成作业(产品、工程、服务)结果的质量情况及交付下道工序的应用情况;四是岗位员工作业对标、升标情况。

3. 第三颗星:创新创效增值岗

这颗星要求员工经营岗位,员工在精细作业和精准作业的基础上,必须考虑企业对岗位的投入和产出,必须认真完成或超越企业给本岗位下达的经营目标,必须努力节支降耗,创新创效,最终实现岗位增值、企业增效、员工增收。创新创效增值岗是学习成长成才和快乐和美文明岗评选的一个关键条件。

创新创效增值岗具体考核三个方面内容:一是各个岗位价值精细管理的考核结果,主要包括岗位的生产经营成本、工效,以及和同岗位历史绩效相比较的增值情况;二是员工立足岗位小改小革情况;三是员工在本岗位的技术创新、管理创新及获得各级单位命名表彰的情况。

4. 第四颗星:学习成长成才岗

要求员工牢固树立终身学习理念,强化学习意识,拓宽知识面,增强文化素质。基本条件是:满足精细、精准、精确作业的条件下,不断提高专业技能水平和创新创效能力。通过这颗星的打造,树立人人成才意识,满足员工工作兴趣美、事业成就美的审美追求,实现精优作业和对岗位的精益管理。这个岗次重点考核员工技术水平、岗位管理经营能力提升情况和日常业务教育学习情况。

5. 第五颗星:快乐和美文明岗

除具备前四个岗次应具备的条件之外,这颗星重点考核的内容是:员工是否快乐工作,人与人、人与物、人与环境是否和谐。美,即精美中的"十美"(心灵美、语言美、行为美、环境美、工作兴趣美、管理艺术美、团队和谐美、人生价值美、事业成就美和岗位的形象品牌美)。其要旨是在企业赋予的条件之下,让员工快乐地工作,幸福的生活。

这五颗星,第一和第二是基础铺垫,第三颗星是关键,都是体现员工物质价值的实现,最后两颗星解决的是员工精神价值和个人成长的需求。

"5+5"岗位精细化管理推广以后,各基层单位严格按照月考核、季授星的原则,认真评选星级员工,并将员工的星次作为推荐各类先进、选拔班组长的重要依据。广大员工也积极将日常表现和《星级员工评选标准》相对照,按照标准要求,不断增强安全责任意识,规范岗位操作行为,提升专业技能水平,提高创新创效能力,增强自身综合素质,争当五星员工。截至目前,全公司已经涌现出200余名五星员工。

三、以岗位品牌为特色的岗位精细化管理的效果

(一)降本增效明显,经济效益再创新高

全面实现了企业工作流程规范化、岗位行为标准化、考核管理精细化、生产环境优美化、激励机制科学化。所有员工都能够把心思和精力放在岗位成才、钻研业务、降本增效和提升素质上,促使企业经营能力不断提高,生产成本明显下降,发展步伐更加强劲。

(二)员工素质普遍提高,岗位收入逐年增长

实现了企业由"个人利益导向"向"个人、部门与公司"共赢的转变,员工由被动管理

向自主管理的转变,员工工作的积极性大幅提高。同时,通过岗位价值精细管理,形成了科学有效的激励机制,营造了“比、学、赶、帮、超”的竞争氛围。在竞争氛围的熏陶下,员工自觉把工作中不断成长进步作为最大收获,把立足岗位、干事创业、实现价值作为最高追求,人人争当五星员工,争当劳动模范,争当最美员工。随着岗位创造价值的增加,人均收入也逐年提高。

（三）管理水平不断提高,本质安全型企业成型

实现了企业基础管理的规范化、科学化、智能化,综合管理水平大幅提升。同时,培养了一大批技术骨干和管理人才,积累了丰富的企业文化建设经验,成为支撑黄陵矿业建设“三创六型”矿区的无形资产。此外,通过探索实践岗位安全自主管理,促使员工主动参与安全管理,自觉接受安全文化约束,形成了安全为了自己、依靠自己、人人负责的安全管理格局,推动了企业安全、稳定和可持续发展。黄陵矿业连续多年实现了安全“零”死亡、瓦斯“零”超限、生产“零”伤害的“三零”目标,全员工效位居全国行业先进水平。

（成果创造人:宋老虎、范京道、师永贵、梅方义、房云锋、卫庆华）

铜加工企业提高执行力的班组管理

中色奥博特铜铝业有限公司

成果主创人：公司董事长刘占海

中色奥博特铜铝业有限公司（以下简称“中色奥博特”），隶属于中国有色集团，坐落于山东省临清市，成立于2001年9月，总资产80亿元，现有员工2300人，是集科研、开发、生产、销售于一体的大型铜加工企业，是中国铜管材十强企业、中国铜板带材十强企业，生产高精度内螺纹铜管、引线框架铜带、接插件电子铜带等产品，是电子通讯、航空航天、国防军工、船舶制造等高端领域急需的重要基础材料供应商。

一、铜加工企业提高执行力的班组管理的背景

（一）适应新形势下企业组织变革的需要

中色奥博特作为国内同行业位列前三的大型铜加工生产基地，现有班组152个，其中生产型班组136个、保障型班组7个、服务型班组9个。公司每一项决策的落实到位，需要经过党政联席会议、分管领导、相关部室、分公司领导、车间、工段、班组等环节才能付诸实施，中间层次多，工作效率低，经常出现导致决策执行过程中的“变味”或扭曲。因此，在企业中加强和创新班组建设和管理势在必行。

（二）提高企业执行力的需要

中色奥博特是一个具有生产高精铜管材、高精铜板带材两大系列上百个品种的大型铜加工企业。白班生产有各种管理部门、领导在管控，但晚上，领导、管理人员下班之后，有时在一个工序中带班长就是最高行政长官，需要他们全权处理生产过程中出现的紧急和重大问题。而班组管理水平和班组长的素质参差不齐，有时因一个问题处理不当，导致企业全线停产。因此，只有把班组建设抓好了，才能抓住整个企业管理的牛鼻子，提高执行力才不是一句空话。

（三）提升经济效益的需要

中色奥博特成立之初，部分基层管理者忙于抓生产任务，对企业班组管理重视程度不够，导致班组工作停留在表面。同时，由于对员工的专业技术培训不够，虽然生产经营指标上去了，但是消耗降幅缓慢。因此，进一步挖掘班组管理潜力，提升管理水平，实现降本增效，成为企业迫切需要解决的问题。

二、铜加工企业提高执行力的班组管理的内涵与主要做法

中色奥博特班组建设围绕“两条线”开展。一条线围绕人展开，另一条线围绕做事展

开，最终使全体员工确立五种追求：求“好”，要么不做，要做就做最好，比别人更尽心，超越每一项工作；求“严”，严格管理，认真检查，用心工作，从“无情曾是真管理”到“管理不能没有情”；求“细”，班组管理贵在抓细节，善于“小题大做”，“以小见大”；求“实”，实事求是，精益求精，抓反复，反复抓，务求实效；求“新”，善于学习，以变应变，勇于创新，不断发展。主要做法如下：

（一）加强制度建设，做到有章可循

中色奥博特结合企业实际，研究制定《班组建设活动实施方案》，建立“一把手”挂帅、工会牵头抓总、各党支部全力推动、党政工团齐抓共管的工作格局，并按照基础、提升、深化、达标四个阶段开展工作。先后整合《班组建设管理办法》《班组建设达标考评细则》《班组建设重点工作分工制度》等规范要求，在班组建设深化阶段制定《班组文化建设实施方案》《班组建设推进方案》《班组建设考核办法》及《班组长综合管理能力培训》等制度；各分公司在公司《班组建设管理办法》的基础上，结合各自实际，完善各项班组层面的规章制度，包括《班组岗位责任制度》《生产管理制度》《技术质量制度》《设备工具维护保养制度》《安全生产制度》《绩效考核制度》《交接班制度》《考勤制度》《民主管理制度》等，建立班组建设标准体系。通过管理规范的落实，逐级建立督导帮建常态机制，进一步强化班组建设过程管控，使班组建设工作不仅有人管、有人抓，而且要做到“管好”、“抓好”，为推动班组建设工作深入开展提供依据和保障。

（二）加强基础管理，强化管理“标准化”

中色奥博特实行“定置定位”管理，营造“五净五齐”环境（即：设备、工位器具、门窗、地面和墙壁洁净；物料、工具、用具、用品、资料摆放整齐有序）。按照“定置定位”标准，对各部室、工段、班组现场定置定位做出明确要求。有了“标准”，员工能够及时发现并及时改正不足，有效避免了现场卫生及物料摆放不达标的情况。同时，“定置定位”管理使接班员工都能够一目了然的发现自己的设备及工具的准备情况，减少了因为寻找合适的工具及物料造成的时间浪费，提高了员工的工作效率。

为让每位员工都能够及时了解本工段、班组的工作信息，中色奥博特在各个工段的生产现场都制作了标准化的看板，实施“数据公开”，强化生产现场的目视化管理。工段看板上的主要内容包括：本工序生产过程中易出现的质量缺陷及缺陷控制方法，本工段各个班组物料消耗情况，员工完成产量、质量、消耗、工作质量及工资信息，优秀班组、优秀员工的评选要求及评选结果。通过看板信息的及时更新，员工能准确掌握目前的工作情况，相互对比，以此调动员工主动工作的积极性。

铜管分公司生产现场

（三）推广“流程一口清”，实行“半军事化”管理

以往的作业指导书不便于员工记忆和消化。为此，中色奥博特要求每个班

组、机台根据自身的生产实际，制定相应工种的岗位职责“一口清”，在此基础上，编制《班组建设流程“一口清”汇编》，将各班组的岗位职责、工艺文件、操作流程、注意事项等统一标准、编制成册。对于班组员工来说，“一口清”是对各岗位工作内容和相应操作规范、工艺流程的概括，语言通俗易懂、简洁明了、便于记忆，使员工能够清晰地明白该如何操作，强化生产操作技能，让生产操作成为习惯本能，最终达到操作标准“一口清”，操作技能“一手精”。

中色奥博特在班组推行“半军事化”管理，既能加强企业的整体功能，也能更好地体现出企业的文化形象，同时使每个员工不断增强组织意识、纪律意识，提高执行力，打造一支拉得出、冲得上、打得赢的员工队伍。班组班前会时，员工统一列队，着装整齐，现场点名，高声背诵“一口清”，齐声喊出生产目标、班组口号，不但使“一口清”入脑入心，形成习惯，还营造了激情、向上、团结的班组氛围；班组交接班时，班长对班长、主操对主操、副操对副操实行一对一、面对面交接，把当班所有问题都交接清楚，给接班员工提供最真实的信息，杜绝因交接班不到位产生的不良影响。通过这种“半军事化”的方式，提振整个班组的精气神，增强员工的自信心，保证班组的凝聚力。

（四）提升班组整体素质，建设高效自主团队

1. 注重班组长队伍建设

通过技能水平、实践经验考评以及民主评议等方式，切实选拔出一批自身素质高、职工群众信得过的基层班组长，先后有50余名德才兼备的一线班组长走上了新岗位，在班组长队伍中真正营造了“有为才有位”“岗位靠竞争”的浓厚氛围。同时，在对班组长的培训上，打破传统的单一授课方式，把一些管理思想、理念与寓教于乐的活动结合起来。例如，通过班组之间开展技术比武、举办班组长综合管理能力提升活动、开展班组长远程培训等，促进班组长提升自身技能；按照《班组长综合管理能力培训方案》，进一步细化对班组长的培训目标、形式、计划、内容，并定期检查培训效果，督促班组长不断提高自身理论修养，不断超越自我。2014年上半年，铜管分公司组织80余名一线班组长开展述职活动，通过“自己找、领导提、职工评”的方式，进一步提高班组长在落实“自检互检”“双百活动”（每月每机台物资消耗降低100元、用电节约100度）中的积极性和主动性，为更好地开展各项工作夯实基础。

2. 注重职工队伍建设

积极推广现场培训、校企合作、名师带徒、技术问答、事故预想等新模式，先后制定出台公司《首席员工制度》《首席员工考核管理办法》《职工创新工作室制度》《职工创新工作室奖励办法》，成功举办首届首席员工评选活动，挂牌成立三个职工创新工作室，促使班组优秀技术工人脱颖而出的机制更加完善；每年组织“公司、车间、班组三级培训”，班组成员覆盖率达到100%；以技能竞赛为载体大力培养高技能人才，公司层面技能竞赛活动每年举办，总参赛人数占职工总数的95%以上。

3. 建立班组内部相互制衡机制

中色奥博特围绕班组管理能力提升，挖掘、吸收基层班组成熟的管理经验，经过提炼、总结，形成以班组长的组员人事决定权、工休假期决定权、工资收入分配权、劳动组织

调整权、分厂工段参政议政权和班组员工的班组长履职评议权、班组长违规弹劾权、班组管理建议权等为内容的自主管理法，实现班组高度自治和职工民主管理。通过授权自治管理，在班组长与职工之间形成“双向制衡”，建立责权利相统一的监督机制，实现班组从“被管理”到“自主管理”的转变。

（五）开展特色载体活动，深化班组建设管理实践

1. 开展“亮剑”行动

通过鼓励班组成员积极承担“急、难、重”任务，想在前、走在前、干在前，主动对设备管理、节能降耗、安全操作等进行监督检查，提出意见和建议，解决生产中的热点、难点问题，设备运行质量、机台工作效率、职工精神状态都有了新变化、新提高。铜管分公司积极开展“全员行动”，在控制成本、完善金属平衡、提高职工技能等方面互相配合、分工协作，并成立相应的专项检查小组，对相关问题进行持续性督导、解决。铜板带分公司从细节做起，开展“每周一问”活动，各班组每周提出一个生产中需要解决的问题，班组成员积极参与、献计献策，达到“员工提高一小步、公司提高一大步”的目的。热电公司针对现场出现的各种突发性设备缺陷及技术难题，成立科技创新攻关 QC 小组，锅炉、汽轮机、电气、热工等各班组人员均积极参与，锅炉方面的迷宫式耐高温金属膨胀节消除了锅炉放渣管喷风、风室漏渣的安全隐患，热工方面升级改造 DCS 控制系统，为公司节约资金近 40 万元。保卫处组织班组成员每周进行队列、技击、体能等方面的训练，还在“一口清”的基础上，将班组纪律“六条禁令、八个务必”编制成班组之歌，广泛传唱，班组业务能力、纪律意识、员工士气都得到大幅提升。

2. 开展“五比五争”竞赛

即以“比作风、比业绩、比质量、比技能、比奉献”和“争当安全星、效益星、节约星、学习星、创新星”为主题开展竞赛，全力打造“六型”班组。通过开展这项活动，员工的责任感、积极性、创造力不断提高，操作技能和工作质量大幅增强。铜管分公司针对机台操作中的关键点、难点问题每周开展形式灵活的专项竞赛，通过对班组成员操作的完成度、熟练度和产品产量、质量等要素的考核，评选出优秀人员进行考核奖励。铜板带分公司结合班组安全、质量、产量、成本、班组建设五个方面，开展班组竞赛，同时把安全工作、质量情况放在考核首位，对出现安全事故的班组实行一票否决；每周五进行班前会竞赛，从着装、队列、工作流程等各方面对各班组班前会情况严格评判。热电公司开展指标竞赛，最大限度地挖掘员工潜能，在保证安全的前提下，对每个班组的厂用电率、汽耗率、主汽温度等指标进行评比，对先进个人进行表彰奖励。

3. 开展“节能降耗我先行”活动

坚持“抓小、抓实、抓具体”，从节约“一度电”“一滴水”“一滴油”“一块布”“一克煤”“一张纸”的细微处入手，加强物料消耗、生产定额等各方面管理，分析目前在“降本增效”“节能降耗”中存在的问题和解决的办法，形成员工“我行动、我完善”的自觉性。全面开展“五小”活动（小发明、小革新、小改造、小设计、小建议），不断推进设备技改计划，提高设备的健康水平。同时，在全体职工中开展“我为节能降耗献一计”活动，先后收到节能降耗建议 200 余项，取得明显成效。各分公司检修班还设立“百宝箱”，即一个一尺见方

的木制箱子,箱子共分为若干小格子,每个格子中归类存放碎导线、螺丝、螺丝帽等废旧物资,便于回收再利用,节省购买新材料的开销。

4. 开展“合理化建议”活动

组织班组围绕企业生产经营中的重点、难点和关键问题,深入开展合理化建议、技术革新、QC 小组活动等创新实践活动,不断提高职工自主创新能力。近年来,共有 98 条合理化建议被采纳并推广应用。铜管公司熔铸工段甲班总结提炼出的拉坯操作法在全公司全面推广,年可节约模具费用 312 万元,铸坯产能提高 12%。

(六)强化两个导向,为班组建设管理实践提供正能量

1. 指标激励导向

推行内部市场化管理,全面引入市场机制,各工段、班组根据公司分解的产量、质量、材料、电耗、消耗、工作质量等指标,按照不同岗位设计个性化的考核方案和指标,使考核更具可操作性和针对性,形成环环相扣的考核链条。按照日清日结的要求,公司把每月下达的各项任务指标,层层分解到班组个人,每道工序都制定了价格,每名员工都有定额,工段日清日结,班组班清班结,干多少活,拿多少钱,一目了然,实现用市场化管人、约束人、激励人,激发员工的工作热情。

2. 标杆示范导向

首先按照基础管理、安全管理、过程控制、现场培训、技术创新等各方面“规范化”条件确定标杆班组,然后确定标杆机台、机台标兵,形成一个强有力的标杆群,并对各类标杆实行动态管理,每月的标杆均在各自班组、机台悬挂“标杆红旗”、“党员示范岗”,把标杆亮出来,带动其他班组“对照先进、查错纠弊、持续改善、不断超越”。目前,15 个“党员示范岗”形成了公司的标杆群,其中,“赵亮的水平连铸”、“丁长涛的六辊精轧机”、“贾生洋的 DCS 控制”等一大批“党员示范岗”已经成为全公司的学习标杆,比学赶帮超的浓厚氛围已经形成。

(七)建立三级保证体系,注重三个强化

1. 三级保证体系

第一,厂部保证体系。一是决策保证。中色奥博特成立班组建设创新管理工作领导小组,明确由党政工齐抓共管,职能部门分工负责,全厂上下互相配合。领导班子多次召开会议,专题研究班组管理,明确工作职责,形成由所在车间直接抓,业务科室对口抓,工会主动配合抓的局面,并制定总体目标和阶段性任务。二是措施保证。每年专门抽出时间,组织全厂职工集中培训,接受系统教育。厂领导亲自授课,同时组织闭卷考试,成绩不合格者,岗位工资降一档,补考不合格者,暂不能上正岗。树立先进,典型引路。2012 年组织全厂职工学习和推广铜管分公司抓班组管理的先进经验,并坚持开展定期观摩。2013 年 9 月,在中国有色集团召开的班组建设现场经验交流会上,中色奥博特作了题为“操作规范化 ,流程一口清,强化班组建设 ,夯实发展基础”的专题经验介绍,受到与会人员的高度评价。

第二,车间保证体系。一是人员保证。搞好班组建设,选好班组长是关键。车间采

取民主选举、公开招聘和竞争上岗等方式公开选拔班组长，使一批善管理、懂专业、觉悟高的班组长脱颖而出。同时，淘汰那些拉不起（经教育无起色）、推不动（工作中指挥不动）、上不去（岗位竞争上不去）的班组长，为搞好班组管理提供了组织保证。二是财力保证。车间根据班组的任务轻重和管理难易程度，分别制订出各班组长的考核细则，把班组完成各类指标情况与班组长工资收入挂钩，奖勤罚懒、及时兑现。同时，设立专款奖励班组长，用经济杠杆调动班组长的积极性和创造性。

第三，班组保证体系。一是组织保证。成立班组长协会，让班组长自己管理自己，经常组织“学习沙龙”，定期交流经验。通过学习交流，提高班组长的素质，做到“三个必须”：必须严格要求自己，以身作则，坚持公正，把班组工作抓好；必须加大考核力度，及时表扬成绩，纠正问题，保证工作扎扎实实；必须善于总结、敢于创新、坚持不懈、常抓常新。二是学习保证。班组长虽然工作在基层一线，任务重、时间紧，仍放弃节假日和业余时间，克服工作与学习的矛盾，挤出更多时间，主动创造学习条件，确保有足够的时间和精力参加各类业务技术培训和现代企业管理知识的教育，有些班组长还参加业余教育大专班的学习，自身综合素质得到提高。

2. 三个强化

一是强化“亲情文化”。通过“进百家门、知百家情、解百家难”，建立职工跟踪服务机制，积极为班组职工办实事、做好事、解难事；坚持把思想政治工作做到班组、做到现场，做到“三必访”、“三必谈”（即：员工生病、住院、红白喜事，相关领导、班组长必须家访，帮助解决问题；员工思想情绪波动、岗位变动、受到奖惩，相关领导、班组长必须与员工谈心）；建立班组文化阵地，包括“一墙一点一记录”（即：班组文化墙、班组联系点、员工成长记录）和工会简报班组天地专版。

二是强化指标量化。中色奥博特公司要求所有生产工艺中可以量化的指标都要量化，杜绝“差不多”现象。一系列量化的数据有效杜绝了员工操作的“随意性”。热电公司还专门开展指标竞赛活动，明确各项指标数据，根据各班组完成指标的情况，进行综合评比，提升班组“达标”积极性，为实现班组绩效考核，提供了有力的保障。

三是强化团队建设。一方面，每月召开两次以班组为单位的教育培训会议、安全活动会议和民主管理会议，让每位员工都能参与到班组管理中，为公司的发展出谋划策，既增强班组的活力，又提高班组成员的积极性。另一方面，树立典型，对各方面表现突出的班组长、组员给予提薪晋职，让还在对前途感到迷茫的职工看到希望；制定工会工作人员每周至少两次下车间了解职工心声的长效机制，积极为广大职工畅通上情下达、下情上传的渠道，确保广大职工话有处讲，情有处倾，难有处求，使工作心情和生活情趣始终处于愉悦状态；适时组织以班组为单位的劳动竞赛、文体活动等，进一步增强班组成员的凝聚力，形成团结协作、和谐向上的氛围。

三、铜加工企业提高执行力的班组管理的效果

（一）企业“精气神”空前高涨

通过企业班组建设管理实践，职工的思想认识发生了大变化，绩效考核排名靠前的员工不敢掉以轻心，排名靠后的员工主动自找不足，奋起直追，企业内形成了“先进更先

进、后进赶先进”的工作氛围，员工的责任意识和团队精神得到增强，班组的凝聚力、战斗力显著提升，公司上下的“精气神”空前高涨，生产创造性得到较大发挥。

(二)“管理提升”见到成效

通过企业班组建设管理实践，2011 年 7 月至 2014 年 6 月，中色奥博特累计节约生产成本 3741.5 万元，其中 2013 年节约生产成本 1712 万元，2014 年上半年节约生产成本 1516 万元；班组员工取得创新成果 117 项；铜管综合成品率同比提高 6.87 个百分点，板带综合成品率同比提高 5.6 个百分点；2013 年铜材加工产量、利润分别同比增长 19.46％、19.95％，2014 年上半年铜材加工产量、利润分别同比增长 6.26％和 4.01％。

(三)社会影响力显著增强

2013 年 9 月，中国有色集团在中色奥博特召开了班组建设现场经验交流会。2013 年 10 月，临清市政府多次组织全市规模以上企业对中色奥博特公司班组管理创新经验进行观摩学习。中色奥博特先后荣获“国家技能人才培育工作突出贡献单位”“山东省创新型企业”“山东省管理创新优秀企业”等荣誉称号。

(成果创造人：刘占海、时玉华、王士杰、马云才、
田秀山、张建华、陈　宾、赵艳秋)

施工企业基于招标的劳务分包全过程管理

中交四公局第一工程有限公司

成果主创人：公司董事长兼总经理冷铁松

中交四公局第一工程有限公司(以下简称“第一工程公司”)是隶属于中国交通建设股份有限公司二级子公司中交第四公路工程局有限公司的国有综合性大型施工企业。主要业务涉及公路(含特大桥梁和隧道)、铁路、交通、市政、房建、养护项目的技术咨询、施工、项目管理及总承包、投融资等业务。致力于提供交通基础设施建设和管理领域的一体化服务，通过了ISO9001、ISO14001、GB/T28001质量、环境、职业健康、安全管理体系认证，具有施工总承包一级，路基、路面、桥涵专业承包一级资质，是路桥领域新升起的一颗新星。

一、施工企业基于招标的劳务分包全过程管理背景

(一)遵守国家法律法规，顺应社会经济发展进程的需要

2005年建设部发布了《关于建立和完善劳务分包制度发展建筑劳务企业的意见》，明确要求用3年时间取消“包工头”承揽分包工程模式；在全国建立基本规范的建筑劳务分包制度。此后劳务分包企业迅猛发展、市场逐步形成并规范化，但是由于我国尚未有健全的、统一的管理制度，很多地方尚未将此纳入市场监管和服务范围；并缺乏明确的、强制性的法律法规对“包工头”进行违法定义。导致目前的情形是“包工头”与劳务分包企业共存，并衍生出劳务资质挂靠等违法行为，无法有效管理，不能保证农民工的合法权益。身为国有企业更应当遵守国家法律、法规，带头推行劳务分包制度，以自身的影响力推广此项制度，加快劳务分包市场的变革，积极履行社会责任，充分发挥“排头兵”作用。

(二)确保公平、公正、公开选择劳务分包企业的需要

在2008年国家扩大内需、促进经济增长一系列举措实施的情况下，各地区的基础设施迎来了新的建设高潮，工程项目不断增多，带动了劳务分包企业的快速发展；但法律、法规中对总承包企业如何选择劳务分包企业尚未有具体的规定，处于一个无序的、不规范的境地，而且又缺乏有效的监管机制，导致收受贿赂、暗箱操作、领导亲属插手工程、劳务分包企业恶意低价竞标等腐败、违法问题日益凸显。第一工程公司从2011年开始实施劳务分包招投标制度，确保公平、公正、公开选择出综合实力强的劳务分包企业，杜绝人为干预，从源头上消灭腐败，使企业能够健康可持续发展。

(三)确保工程质量和安全的需要

随着社会竞争的不断加剧、人工成本不断攀升，施工承包企业为了降低成本，大多都

采取劳务分包管理，放弃了直接用工的管理模式。但是部分施工企业的管理水平并没有随之提升，与现场施工发生脱节。为了争取利益最大化，一个现场技术人员管理着实际上需要几个甚至十几个技术人员管理的工区，无法对每个环节进行指导、监控；配备外聘人员，人员的数量、专业素养、责任心均不能满足需要，不能及时发现、制止影响安全、质量的行为；甚至有些企业为了降低自身风险，将安全生产、质量义务均转嫁给了劳务分包企业，出现“以包代管”这类违法违规的现象。最终发生质量、安全事故，造成不可挽回的损失，造成不良的社会影响。在安全、质量问题频发的今天，有必要提高施工企业的现场管理水平，提升对安全、质量的重视程度，保证工程高质、高效、无安全事故的完成。

二、施工企业基于招标的劳务分包全过程管理内涵和主要做法

第一工程公司借鉴国内施工企业的经验，完善劳务分包招投标管理，加强合同管理，强化考核评价，建立优胜劣汰机制，形成一套有自身特色的劳务分包管理办法，杜绝不公平竞争，确保了工程建设安全的、高质量地完成和各相关方的权益，促进劳务分包市场健康、有序、可持续的发展，得到了社会认可。主要做法如下：

（一）完善劳务分包招投标管理，杜绝不公平竞争

1. 成立劳务分包招投标管理领导小组，明确相关职责与权限

第一工程公司成立劳务分包招投标管理领导小组：总经理为组长，纪委书记、生产副总经理和总经济师任副组长，其他领导和相关部门经理参与，对全公司劳务分包招投标管理工作实行统一领导。领导小组是责任主体，总经理第一责任人。小组负责宣传、贯彻国家有关法规、政策；制定管理制度、办法，并对全公司劳务分包招投标管理工作进行指导、服务、监督。

项目经理部成立劳务分包招投标管理领导小组：项目经理为组长，项目书记和总经济师为副组长，其他领导和部门负责人参与，负责本项目劳务分包招投标管理工作。项目日常劳务分包招投标管理工作由项目经营部门负责。领导小组是责任主体，项目经理为第一责任人。

2. 制定合理招标价，杜绝恶意竞标

承建工程项目后，依托积累的全国各地信息数据及母公司共享的信息数据，结合当地劳务用工价格调查结果，指定专业造价人员负责劳务分包价格测算工作。要充分考虑劳务分包企业的利润和各项合理费用以及当地自然环境、气候、工期、社会环境等。经营部门保证价格测算原始数据的完整性、可追溯性。工程部、财务部、人力部等对所属部门相关的业务内容有责任和义务进行审核，保证测算价格的真实性、客观性、合理性。设定一个界限，界限以内测算价格各部门审核通过即可实行；超过界限的则需要通过第一工程公司高管层进行再一轮审核。最终审核通过的测算价格作为合理招标价进行招标，中标企业以此作

工作会议现场

为签约价。

3. 严格把关劳务分包企业投标资格，确保中标企业实力满足施工要求

第一工程公司制定“诚信合作人”及“合作人黑名单”制度。劳务招标时提前运用网络平台、QQ、短信、口头邀请等多种途径发布招标公告，吸引足够的劳务分包企业进行投标，这些有投标意向的企业必须提前成为诚信合作人，而对于进入合作人黑名单的不予考虑，直接取消其投标资格。

对申报诚信合作人的劳务分包企业的资质、业绩、人员配备、机械配备、施工经历做出硬性要求，核查其资料的真实性，了解以前客户评价，保证列入名册企业的高质量。名册保持随时更新，保证其可用性、严肃性，对于三年内未进行任何合作的企业将其从名单中剔除，如再有意向进行合作则需重新申报。对于发生“合作人黑名单”制度规定中任何一种情形的单位，直接将其纳入黑名单，不留任何余地，取消其日后合作的机会。

严格把关劳务分包企业资格，直接将“包工头”排除在考虑范围之外，使其没有立足之地。同时能够选择到有较好信誉、较强施工能力的劳务分包企业，服从管理和指挥，顺利配合高效、高质的完成工程建设施工。

4. 抽号选取中标候选人，杜绝人为干预

进入开标环节后，首先对符合要求的投标人进行排序，然后投标人按照确定好的先后顺序依次抽取代表本方的代码号，由第一工程公司指定人员进行中标候选人抽选工作，根据投标人代码号抽取出的先后顺序确定中标候选人排序，第一轮抽出的代码号所代表的投标人即为第一中标候选人，以此类推。

开标全过程要求项目部与第一工程公司进行视频连线，第一工程公司领导进行视频监督，确保公平、公正，防止内外勾结、弄虚作假。项目部全程录像，保存完整的影像资料；同时要求做好纸质开标记录，全体参与人员签字确认。影像资料与纸质资料妥善保存，保证开标过程具有可追溯性。这种开标办法，保证结果的随机性，降低了人为操作的可能性，可以有效地杜绝个别领导内外勾结、暗箱操作，切断招投标过程中的腐败利益链条，净化劳务分包招投标市场。

(二)加强劳务分包合同管理，杜绝滥签、滥插合同

第一工程公司起步阶段由于相关管理制度不完善，部分领导对合同风险缺乏防范意识，合同管理人员素质不高、经验不足造成两个突出的问题：一是合同不规范，内容不完整、条款不严密、存在法律风险。给一些劳务分包企业钻了漏洞，推脱自己应承担的工作内容，影响施工进度，甚至进行恶意索赔。二是滥签、滥插合同，未经审批，私自签订合同并插号处理，逃避公司监管。给内部一些不法人员钻了空子，签订虚假合同，套取国家建设资金。

为了从源头上预防法律风险，对劳务分包合同进行统一化、规范化管理。要求所属各项目签订劳务分包合同必须遵守国家法律、法规和政策，应遵循平等互利、协商一致的原则。不许与招标文件有实质性的变动，严格执行第一工程公司劳务分包合同范本，未经同意不得擅自修改，做到内容详尽、明确。确保合同内容不存在遗漏，明确规定工程范围、工作内容、合同清单及单价、履约方式、队伍投入的人员及设备等可变条款并签订安

全环保、廉政、承诺书等文件作为合同的附件。

实行合同计划、审批、编号备案制度，强化监管流程，堵塞合同管理漏洞。项目进场后公司经营管理部、项目管理部与项目经理部共同对劳务分包合同进行规划。对于不在规划内的合同，项目必须补报合同规划，并将规划外的合同上报第一工程公司进行审批，审核通过后，项目方可进行此类合同的流转审批。

建立合同二级审批制度，起草完毕后需经过项目各部门和领导班子进行一级评审，通过之后上报第一工程公司进行二级评审。审批完成，项目部方可签订合同，实现对合同的二级监管机制。合同签订完成后，统一由第一工程公司根据签订时间顺序进行流水编号，编号必须连续，不得断开、插号。格式为：项目名称（如：平榆项目，PYXM）－工程类别（如：工程劳务合同，GCLWHT）－合同编号（如：签订年份及流水号，2012－119）。编号在合同原件第一页的右上角，加盖合同归档章。

在签订合同的过程中，增加各部门对合同的评审程序，可以完善合同内容，形成了一个制约机制，保证合同内容的透明化、公开化。防止个别领导人员利用手中权力，徇私舞弊。

（三）加强合同执行过程管控，确保各方权益

1. 建立安质内控体系，确保工程质量安全

项目建立自身安全质量管理体系，有效地进行施工过程自控。确定项目经理和总工程师为主要责任人，项目总工程师为督促项目安全质量管理工作流程正常运行及安质工作人员工作的具体管理者。明确相关人员的责任义务范围，各司其职，各尽其责，避免工作中互相推诿；确保不同岗位之间相互制约，减少人为因素而发生的错误。施工工序上实行三级检查制度，加强内部制约，防止蛮干、瞎干。实行旁站制度，出现问题可以及时进行解决，确保施工过程中不发生技术、安全问题。强力推行专职安全员制度，实行安全一票否决制。项目部定期对相关管理人员进行检查、指导、考核，奖优罚劣，对存在的问题进行总结改进，确保问题不重复发生。做到发现问题、解决问题、反馈问题，形成一个完整的内控闭合体系。

工程施工中一道工序完成后经过技术员、安质人员、监理工程师三级检查，前一级检查没有通过的情况下，无法进行下一级检查，监理工程师最终检查合格通过后才可以进行下一道工序。对工程建设中的重点、关键部位及隐蔽工程等工序的作业过程，要求必须进行施工技术人员全程旁站监控，特殊工程要求项目领导进行旁站。旁站人员对所旁站工程安全、质量负责，对存在问题要有明确的处理意见，发出口头或书面指示、指令、要求等，并记录好处理的结果。不能解决的立即停止施工，及时汇报，由项目部领导出面解决或采取其他应急措施。专职安全员全过程对施工部位及作业环境进行日常巡查，以保证操作人员、设备器具、工程实体及作业环境的安全。

通过以上内部质检体系的建立，使项目内部质量检验流程明确，记录齐全，落实相关技术管理人员的质量责任。强化现场技术管理人员的质量责任，提高其质量意识，保证工程施工质量，保障安全生产。

实行公司委派项目安质总监制，安质总监对公司负责，代表公司对项目实施过程中

的质量安全工作进行监察、监督。安质总监要监督项目安全质量管理体系是否按照程序进行,针对总体施工组织设计和专项施工方案提出合理化建议,参与并监督项目施工安全技术交底工作,同时了解掌握工程控制要点及难点。定期巡查施工现场,对一般质量安全隐患,将信息反馈至项目经营班子;对于较大隐患,除将信息反馈至项目经营班子外,同时上报第一工程公司,下发整改通知单,情节严重时下发停工通知单。安质总监对施工阶段的各个环节进行细致的检查,发现问题及隐患,留下影像资料,填写《项目安质情况报告》,定期报至第一工程公司,从而让高管层对项目实施的动态过程了如指掌,时时处在可控状态。

为了使安质总监工作更加切合实际,能够完全履行职责,对在职安质总监定期组织集中培训。从理清工作内容,明确工作落脚点,认清责任,改善与相关部门的沟通,提高工作方式方法的角度着手,将所有安质总监集中至在建项目现场交流学习,总结出各工序监控要点、监控方法,在实践中提高业务技能。

安质总监不负责执行项目的具体业务,只负责监督、指导、督促质量安全工作,向项目领导班子和公司反馈存在的问题。不听命于项目经理,相当于独立于项目之外的独立监督体系,可以保持工作态度的客观性,充分发挥其监督职能,实现公司对项目的监控。

对重点工程建立远程视频监控系统,进行监督检查。对桥梁、隧道等风险较高施工项目,因为地域的距离,往往导致公司本部无法获取第一手资料;同时考虑到现场管理人员技术、经验不足的情况,实施无人值守的 24 小时不间断远程视频监控,对项目进行监督、指导。第一工程公司本部与现场视频监控系统进行远程连接,随时调取任意项目的任何一处监控的即时画面及历史画面,同时影像资料储存于网络硬盘之中,以便随时查看。

远程监控系统可以及时发现施工中的违章操作及违规行为,及早排除安全质量隐患;防止项目在质量、安全工作上产生懈怠,避免发生事故时项目存在隐报、瞒报的情况。

2. 建立劳务分包企业成本核算体系,保证劳务分包企业利益

各项目经理部设置专职成本核算员,负责收集下属各劳务分包企业的日常生产、生活、管理费用及人员薪资情况,每月进行汇总统计,同时将生产成本与实际产值进行对比,对于存在亏损的深入分析原因,积极帮助其改进管理、加快施工进度。做好生产成本记录工作,对于由于不可抗力原因造成亏损或者是各种外部因素造成原有单价过低无法包住成本的,计算其亏损金额,适当补偿,保证劳务分包企业的经济效益。

3. 将劳务人员薪资、保险等纳入项目管理,确保劳务人员合法权益

目前,大部分劳务分包企业雇佣的劳务人员均为农民工,自于自身知识的贫乏和对于法律的无知,虽然对我国的现代化建设做出了重大贡献,但自己的合法权益却无法得到保障。

第一工程公司将劳务人员薪资、劳保、安全、保险统一纳入项目部管理,对劳务人员逐一登记,进行考勤记录。由项目部统一购买保险,并代付工人工资,发生费用从工程款中扣除。定期对劳务人员进行免费的安全、技能培训,发放劳保用品。确保不拖欠劳务人员工资,保障其应有的福利待遇。

(四)加强内部结算管理,控制企业成本

各部门互相配合、互相监督完成工程结算与付款,严格执行"合同不编号,项目不结算;结算不编号,财务不支付"基本原则。打破以往缺乏沟通与写作,各自为战的工作模式。

做好合同交底工作,劳务分包企业进场前,经营部组织对项目部各部门进行合同交底,明确我方与分包方的责任义务,确定分包方的工作内容,与结算方式。现场技术人员根据合同规定对验收完成的工作内容进行工程量签认工作,对合同中未规定的项目严禁私自开据工程量签认单。经营部门负责复核、并编制结算,确认结算工程量真实性,防止虚开、超开,同时做好结算台账保证没有重复结算、结算金额不超合同额;最终结算时必须对分包队伍的材料使用情况进行超量分析,对于超出规范允许损耗范围之外的材料在工程结算中扣除超用的材料费用。其他部门负责提供本部门的相关债权债务手续交由经营部,确保结算资料没有遗漏。

劳务结算单签字齐全后,报第一工程公司进行审批、备案,结算单除了要计算准确、附件齐全,还应有必要的影像资料、证明材料、结算过程,另外电费、水费、调拨材料等各种单据要齐全并清晰整洁。

第一工程公司对项目结算单进行审核后,填写审核表,如结算不合格或错误,将结算意见发回项目,项目部进行改正重新报批。公司对于审核合格的结算单进行统一编号,编号格式为:备案合同号+结算编号项目名称(如:PYXM-GCLWHT-2012-119-JS01)。编号在结算单原件第一页的右上角,加盖结算归档章,按照结算编号的顺序进行归档并登记台帐。

财务部门严禁无依据付款,必须结算签字完全并备案编号后进行付款,付款金额不许超结算金额。

(五)强化考核评价,建立优胜劣汰机制

进行月度检查评价。项目经营部负责组织和实施每月对劳务单位检查工作,各部门负责人及项目领导班子成员均需参与。检查完成后收集各部室每月的综合检查评比得分情况和项目领导班子的综合评价得分,填写《诚信合作人信誉评价表》。考核评价包括项目工程部、安质部、经营部、人事部的月度检查得分(满分 70 分,占总分 70%)和项目领导班子的综合评价(满分 30 分,占总分 30%)。评价内容为施工进度、现场协作、施工质量、安全环保、合同履约、工人权益保障情况。对不满足要求的地方要求劳务分包企业进行整改,引导其优化管理体制,规范化发展,坚决清退以挂靠等方式取得劳务分包资格的单位或个人,预防经营风险。根据检查结果进行打分评价,保证评价的客观性、真实性,并对评分结果进行记录。

进行考核奖罚建立信用档案记录。每季度根据劳务单位月度得分的平均分进行评价,标准如下:

A 级:90 分≤X≤100 分,信用好。

B 级:80 分≤X<90 分,信用一般。

C 级:70 分≤X<80 分,信用较差。

D 级:X<70 分,信用差。

建立奖惩管理办法,对于评价好的劳务单位进行奖励,鼓励其再接再厉;对于评价不好的单位,进行适当惩罚,以督促查找不足,改进工作。奖罚标准如表 1 所示。

表 1 劳务分包企业奖惩标准

<table>
<tr><th>序号</th><th>评价</th><th colspan="2">奖惩标准</th></tr>
<tr><td>1</td><td>A</td><td>给予本季度产值总额的 2%～8%的奖励，最高限额 20 万元</td><td rowspan="4">出现质量、安全事故及无理闹事情形的劳务单位实行一票否决制，并给予本季度产值总额的 1%～3%的罚款</td></tr>
<tr><td>2</td><td>B</td><td>不进行奖励</td></tr>
<tr><td>3</td><td>C</td><td>给予本季度产值总额的 1%的罚款，最高限额 5 万元</td></tr>
<tr><td>4</td><td>D</td><td>给予本季度产值总额的 3%的罚款，最高限额 10 万元</td></tr>
</table>

每年底对各劳务单位的月度考核评价得分进行汇总平均，小于 70 分，评价为 D 的在下一年工作中要进行重点监督，并且要谨慎发包给其新的劳务工程。对于连续两年评价为 D 的劳务单位直接将其列入公司黑名单，取消其以后与公司进行合作的机会。在后续招标中同等条件下，首先考虑评价为“A”的企业，在单价上给与其一定比例的优惠，保证高素质、高能力劳务分包企业的顺利发展。

三、施工企业基于招标的劳务分包全过程管理效果

(一)维护了企业经济利益，让企业自身满意

第一工程公司建立了一个全方位、全立体劳务分包管理体系，在各个环节加强了内部监督，自实施以来，没有发生一起与劳务分包相关的腐败案件，有效的预防了腐败行为的发生，在公司内部形成一股廉洁奉公的风气。避免了一些不必要的成本损失，直接影响并降低了总体经营成本，总成本占总产值比例呈现逐年下降的趋势，为实现公司整体盈利做出了贡献，做到了让企业自身满意。

(二)保证了工程安全质量，让业主满意

在施工过程中，提升了企业自身安全质量控制能力，对施工的各道工序，关键部位等进行检验检查，及时消除安全质量隐患，杜绝安全质量事故发生，确保安全质量各项指标达到相关要求。在已完工项目中，安全责任事故发生比例为 0，质量验收合格率 100%，工程质量评分均在 90 分以上，顺利完成交工验收。得到了广大业主的一致好评，做到了让广大业主满意。

(三)保证了劳务企业经济利益，让劳务分包企业满意

保证了各劳务分包企业之间进行公平竞争，各投标企业对历次开标结果均进行签字确认表达了一致认同，没有发生一起违法违纪事件。各在建项目、完工项目与劳务分包企业合作中均未发生法律、经济纠纷，各合作分包企业均实现了较好的经济效益，在合作完成后，均表达了继续进行合作的意向。第一工程公司由成立之初没有一家诚信合作劳务分包企业，发展到现在已经有 136 家。

（成果创造人：冷铁松、曹雪燕、毛选龙、孙晓娟、王浩然、付　研、张淑恩、毛昌锋、张丽芬、姚　熙）

企业文化建设与社会责任管理

国有大型企业集团基于统一平台的企业文化建设

中国建筑工程总公司

成果主创人：公司党组成员、纪检组长、工会主席刘杰

中国建筑工程总公司（以下简称“中国建筑”）于 1982 年在原国家建工总局企事业管理职能及直属单位的基础上合并组建而成，是中国专业化经营历史最久、市场化经营最早、一体化程度最高的建筑地产综合企业集团之一，主营业务包括房屋建筑工程、国际工程承包、房地产开发与投资、基础设施建设与投资以及设计勘察五大领域。2007 年 12 月 10 日，中国建筑工程总公司通过改革重组，创立中国建筑股份有限公司，并于 2009 年 7 月实现整体上市。2014 年，中国建筑位居《财富》世界 500 强第 52 位。

一、国有大型企业集团基于统一平台的企业文化建设背景

（一）支撑企业战略目标、瞄准国际竞争的发展需要

“十二五”期间，中国建筑确立了“一最两跨”的战略目标（即建设最具国际竞争力建筑地产综合企业集团；2015 年前跨入世界 500 强前 100 强，跨入全球建筑地产综合企业集团前三强），并细化为专业化、区域化、标准化、信息化、国际化等五大战略。要实现这一战略目标，落实“五化”战略，核心就是资源的集中配置和优化组合，以发挥最大的效能。需要全集团具有大局意识、战略观念和包容心态，需要全体员工具有一致的核心价值追求，需要统一文化平台的强力支撑。由于历史原因，中国建筑多法人、多层级、多业务、跨区域的现状，与建设具有核心竞争力的国际一流企业的目标相比、与国际一流的跨国集团相比，存在着大而不强的问题，文化建设滞后是重要原因之一。

加强集团统一文化平台建设，培育与国际社会共享的价值观，并通过生产效率、经营行为、管理水平、产品质量和员工行为等要素进行价值传播，传递统一的价值追求、全球责任、和平理念、共赢思想，用文化的力量、文化的艺术，消除国际社会对国有企业的误解和恶意攻击，促进与社会公众的价值沟通与互动，树立良好的企业品牌形象，是中国建筑“走出去”最为现实的需求。

（二）强化集团管控、解决“集而不团”的现实需要

在长期的历史发展过程中，集团公司对子企业的管控模式主要以财务管控为主，战略管控模式尚未成型，支撑战略管控的集团统一的文化建设平台没有形成，不同的管理层级、不同的单位对未来的发展方向和发展思路虽然基本认可，但在实际的工作中及具体落实上却有着不同的解读，从而形成深层次管理认知的矛盾与冲突，这些矛盾和冲突

背后的文化问题成为掣肘战略落地的关键。这些问题的文化归因，在于缺乏集团文化的统领和全集团文化体系的融合贯通，导致企业发展中表现出以下几方面的问题和矛盾：一是集团公司寻求精效的“品质发展”与子企业强烈的市场意识之间的不协调；二是集团公司推进结构调整与子企业从既得利益出发，阻碍资源整合之间的不协调；三是集团公司推进产业一体化布局，增强各业务板块协调联动与子企业自力更生、自主发展的惯性之间的不协调；四是集团公司需要通过有效的文化管控、战略管控、财务管控引领发展方向与子企业占用各项资源、特立独行之间的不协调等。

这种现象表现在全集团各企业在文化的认同和自我认知上存在差异与失衡，各子公司在对接集团总部时，过于强调自身文化与管理上的个性。各三级公司也倾向于展现自我的鲜明特色。因此，迫切需要集团加强统一文化平台建设，积极转换业已形成的文化惯性，提升企业管控能力，真正实现全集团“一条心”、“一股劲”和“一盘棋”。

(三)传承优秀历史文化、增强“软实力”的迫切需要

文化软实力是一个企业最根本、最核心、最难替代的竞争优势。虽然中国建筑在发展过程中，历史文化积淀深厚，一直以高度的社会责任感，传承建筑行业文化精髓，引领中国建筑行业文化的发展方向。市场意识、诚信履约、绩效文化、质量意识、争先创优精神、铁军精神等文化因素深刻影响企业的发展，但并未系统梳理一脉传承的优秀企业文化基因以及行之有效的经营管理思想，尚未形成由基因驱动型企业文化向战略驱动型企业文化的转变，因此，建设集团统一的文化平台成为当务之急。

基于如上原因，2011 年，中国建筑启动全集团企业文化统一平台建设，以《中建信条》为统领，推进核心理念、视觉形象、行为规范的统一和企业文化建设工作的统一，促进母子公司文化对接融合。

二、国有大型企业集团基于统一平台的企业文化建设内涵与主要做法

中国建筑在深入调研、梳理历史文化积淀、明确未来文化发展方向的基础上，发布《中建信条》，统一企业文化核心理念，推进全集团核心文化理念的统一；通过明确母子文化的关系，使各子公司在核心价值理念上保持一致，以此为基础赋予各级单位在基层文化定位和实施策略等方面一定的自由度，建设各具特色的基层企业文化；通过完善企业文化管理体系，使全集团的企业文化建设有章可循；通过提升各级管理者的文化管理技能，将文化与管理紧密统合，以文化支撑战略实施，构建企业文化建设的长效机制，持续推动企业组织变革和创新发展。主要做法如下：

中国建筑企业文化论坛

(一)开展系统调研和科学诊断，明确企业文化建设的思路

1. 组织大规模调研，摸清集团文化现状

2011 年 8 月，中国建筑成立集团文化融合项目组，开展全集团的企业文化现状

诊断。通过访谈和调查,厘清中国建筑历史文化积淀。在建筑行业发展初期,中国建筑以铁军精神诠释建筑业“服从大局、坚决执行”的文化特征;在成长时期,中国建筑的“品质文化”和“绩效文化”成为建筑行业中的文化典范;在转型时期,中国建筑剖析自身文化,引领中国建筑行业转型发展。中国建筑经历几十年的艰苦奋斗所形成的深厚的文化积淀有:市场意识、诚信履约、绩效文化、质量意识、争先创优精神、铁军精神。所有这些文化要素的三大文化基石就是“铁军文化”、“品质文化”和“绩效文化”。

同时,摸清企业文化现状。中国建筑采取 Quinn 的组织文化评估量表(Organizational Culture Assessment Instrument,简称 OCAI)进行文化现状分析。中国建筑的文化现状呈现出强烈的人本支持导向和目标绩效导向,当前中国建筑主要是通过人本文化与绩效文化的互动推进企业发展。这与调研得出的引领中国建筑发展的三大关键成功要素(人的因素、积极参与市场竞争、注重品质)十分吻合,也反映出在传承优秀文化因素的同时,中国建筑在未来发展和国际化过程中,企业文化建设必须更加注重规范化管理、创新发展、价值创造、与国际竞争相适应的价值导向,以及发挥内部资源的最佳效率、避免无序竞争等。

2. 深刻分析当前企业文化存在的冲突和矛盾

一是寻求精效的“品质发展”与强调业绩的“规模为王”之间存在矛盾。一方面,中国建筑已成功上市,利益相关方尤其是股东,要求企业不断增强利益回报,防控经营风险,实现健康、可持续发展。公司总部也明确提出品质保障、价值创造的理念,关注高品质发展,注重企业的高效率、高效益。另一方面,有些子企业以强烈的市场意识不断开疆拓土,实际工作中注重企业规模的快速扩张,形成以业务扩展、规模增量为主的绩效文化。

二是“促生增量”的定位与“整合存量”的认知之间存在矛盾。一方面,企业的发展关键在于培养增量,着重发展高利润、高附加值业务,培育和促进新实体快速发展;通过创新管理,减少效率损耗,提升企业专业化、规范化水平,增强综合竞争力和区域影响力。另一方面,企业的发展需要整合现有存量资源,对组织结构、业务构成、资源规模进行调整、合并与重组;存量整合是以企业战略为方向,以管理势能为媒介,对现有既得利益重新分割,重新谋篇布局。

三是“狼群战略”与“群狼战术”之间存在冲突。一方面,中国建筑在“十二五”期间,推进“大建筑业务”的产业一体化布局,增强各业务板块协调联动;从“群狼战术”向“狼群战略”转换,发挥全产业链优势,做到目标清晰、纪律严明、团队协作。另一方面,为提升市场生存能力,调动各级公司的积极性,中国建筑强调市场拓展,秉承“群狼战术”;各子公司在生产经营管理中,自力更生、艰苦创业,突破各种束缚,形成自主发展的惯性。

四是“作为资源的占有主体”与“作为资源的占用主体”之间的错位。一方面,公司总部代表整体利益,是资源的实际占有者,具有各项资源使用、管理和调配的较高权力;公司总部需要通过有效的文化管控、战略管控、财务管控等,承载管理意志,引领发展方向。另一方面,各子公司实际管理着各自单位,占用着各项资源,掌握着区域关系,支撑着各子公司的经营发展;长期外部竞争和内部管理的历练,使各子公司实际上聚合了各项优质资源,积累了独特运营经验。

五是基于现有多级法人治理结构所形成的不同自我认知之间的矛盾。在中国建筑内部,由于公司总部、各子公司等都是法人实体,都具备独立市场运营资格,必然存在着各自利益的一致性和差异性。公司总部，代表着各级公司的集体利益，在文化上是精神代表，在战略上是方向代表，也是中国建筑各级企业资源的实际拥有者；各子公司，在对接公司总部时，强调自身文化与管理上的个性，在管理三级公司时，强调方向、业务、资源投入总体上的统一；各三级公司，由于发展历程、所属公司、业务领域和文化倡导上的差异，倾向于展现自我的鲜明特色。因此，多级法人结构的现实存在，形成不同的自我认知，阻碍企业思想共识的形成。

3. 明确企业文化建设的基本思路

中国建筑自上而下地树立“统一的企业文化”，以文化增强对各级单位的凝聚力和向心力，实现文化的融合。中国建筑企业文化建设的基本思路是：有效强化各级单位的文化共识，形成统一的企业文化理念，树立明确的母子文化关系，遵循完善的文化管理体系，形成系统的文化建设布局，最终构筑并夯实“统一的企业文化”。目标是形成中国建筑“文化星系”，共同打造中国建筑的大平台，分三个阶段推进。

第一阶段，“文化聚合，特色发展”。形成坚定的“恒星”（集团）是“中建星系”构建的基础。通过“恒星”巨大的吸引力，将不规则的“行星”（子企业）紧紧吸纳进自己的星系之中，并实现有序排列，围绕“恒星”沿着既定轨道发展。围绕统一的中国建筑企业文化平台，各子公司保持在核心文化上与总部的高度统一，遵守统一的价值倡导，以此形成“公转”轨道；同时，允许各子公司的特色文化存在，结合自身特色在统一的文化平台上向各区域、行业延伸，以此形成“自转”轨迹。

第二阶段，“有序运转，最优分布”。建立专业纵深的有序体系，是“中建星系”中期的预想。围绕统一的“恒星”核心，基于行业、职能、人员的差异化，将潜在的散点状文化整合成矩阵式文化，实现“星系”最优分布。以中国建筑统一文化平台为核心，实现平台的全面贯通。首先发展不同业务板块文化，贯通板块条线，依据行业进行聚合发展；随后深植专题文化，贯通职能条线，实现文化的纵向深入；然后树立行为文化，鼓励员工的行为实践。

第三阶段，“积蓄势能，融合扩张”。文化促进变革，实现质量效益型发展，集团以资本、技术等资源为纽带引领方向，是“中建星系”的大势所趋。通过文化的持续、深入发展，中国建筑将实现从主要掌控实物资料的规模集团发展成为以相关专业资本、技术、运作等为核心竞争力的综合性国际化集团，带动各核心业务群的整体发展，同时提升各核心业务群的自我发展能力。最终，以“共生”引领“自生”、“自生”支撑“共生”，形成波澜壮阔的“中建星系”。

为共同营造好这个大平台，奠定未来发展的坚实基础，中国建筑提出实施文化建设的“四同”路径，即同心、同向、同体、同进。同心，是指统一企业文化核心内容，包括企业使命、企业愿景、核心价值观、企业精神。同向，是指确立母子公司文化的关系，母子公司在核心价值理念上必须保持一致，同时赋予各级单位在基层文化建设方面一定的自由度。同体，是指保持企业文化管理体系的畅通，包括建渠道、立规矩、定标准、推考核、调人事等内容。同进，是指共同发展事业，提升各级管理者的文化管理技能。

（二）总结提炼，建立共同的核心文化理念

1. 发布《中建信条》

文化融合项目组整合中国建筑一脉相承的优秀文化基因，以及行之有效的经营管理思想。在此基础上，发布中国建筑企业文化手册——《中建信条》。《中建信条》是中国建筑坚信并奉行的价值核心，是中国建筑为利益相关方所信任并委以重托的依据。《中建信条》在系统溯源中国建筑繁荣文化的基础上，清晰阐明中国建筑的企业使命——拓展幸福空间，企业愿景——最具国际竞争力的建筑地产综合企业集团，核心价值观——品质保障和价值创造，企业精神——诚信、创新、超越、共赢，并详细解释各项内容的丰富内涵。这是中国建筑文化建设的纲，全集团各级企业必须在“企业使命”、“企业愿景”、“核心价值观”、“企业精神”等核心理念上保持高度一致，无论在国际市场上做强做优，还是在国内市场上群雄逐鹿，必须坚守和践行统一的企业文化核心理念，以此为统领建设各具特色的子文化。

2. 加强宣贯，开展母子公司文化对接

为促进《中建信条》在全集团的认同，中国建筑开展全系统的文化宣贯和深植工作，梳理出各自企业的历史发展脉络、关键成功要素、现状及期望文化类型、现存管理问题、未来发展的文化诉求，有针对性地提出各单位的母子文化对接、文化融合的建议，与主要领导沟通，达成共识；与班子成员座谈，统一经营管理模式认知；与职能部门人员研讨，寻求母子文化对接融合的思路观点和实现路径，还通过调研分析，提供解决文化统一以及实际管理问题的思路。文化宣贯在全集团引起极大反响，逐步转变了各级企业的文化认知，得到各子企业主要领导的支持和认可。

3. 组织专题培训，增进企业文化的认知认同

全集团广泛开展以《中建信条》为核心内容的培训，促进认知认同。培训中，对中国建筑的核心文化理念进行深入诠释和解读，让广大员工深刻体会到《中建信条》源于中国建筑自身历史，并将服务于中国建筑未来发展；让广大员工体悟到统一中国建筑核心文化理念对发展方向的指引、支撑“五化”战略的现实意义，符合中国建筑战略对文化的诉求，从而激发每个员工作为中国建筑人的自豪感和基本的价值追求，使《中建信条》更加深入人心。

（三）明确规范，厘清母子公司企业文化关系

1. 明晰各级企业的文化定位。

集团公司总部重点设计顶层和建设统一平台，引领企业文化。依据企业运营管理实际需求，公司总部要确立全集团文化方向，指引文化建设，发布文化信号，进行文化决策，编制文化规划，制定实施方案，明确文化内容，引领文化活动。

二级子企业深化企业文化，建设特色子文化。遵照中国建筑企业文化建设指引，依据各单位实际发展需求，对接总体文化，深化特色文化，指引所属三级及以下单位开展文化建设，推进文化与管理相结合。

三级及以下单位重在文化践行，探索特色的文化载体和践行路径。遵照中国建筑企业文化建设指引及主管二级单位特色文化建设要求，不断创新文化载体，落实文化决策，参与文化活动，实施文化深植，探索、总结与推广各板块、各专业项目文化。

2. 梳理各二级子企业文化手册

为顺应文化融合要求，要求相关子企业对以文化手册为主的文化产品进行全面梳

理，明确各二级单位文化手册和三级单位执行手册改版内容及其他具体要求，对充分利用内部报纸、刊物、网站及各种媒体深入持久宣传中国建筑核心文化理念提出严格要求。对文化手册编制进行严格的审核与指导。过去，大部分子企业和一些三级企业都存在独立的企业文化体系，愿景、核心价值观、企业精神等一应俱全。在清晰文化定位后，以《中建信条》为统领，各子企业重新梳理自身的特色文化，保持全集团核心文化理念不变，在做好特色上下功夫。比如中建三局的争先文化，经过重新梳理，在核心理念的框架下，提出“敢为天下先，永远争第一”的企业品格，形成《中建信条·争先文化》手册，在企业内部宣贯。集团内部三级及以下企业，以文化践行手册引导企业文化建设。中建一局建设发展公司以“专业·可信赖”的价值导向，拓展各种载体，践行《中建信条》。

3. 开展主题文化活动

中国建筑开展全系统企业文化知识竞赛、企业文化示范单位评选等员工参与性强的主题活动，带动各单位开展形式各样的企业文化主题活动，打造出全领域、多层次、立体化的传播载体。文化知识竞赛、青年文化论坛、专题培训、演讲比赛、晨读会等专题活动风生水起，各单位充分利用文化故事集、画册、板报、学习卡、电话铃声设置、桌牌、橱窗等载体，宣传《中建信条》，传唱司歌《幸福空间》，让中国建筑的核心价值得到广泛传播和认可。

(四)发布行为规范，保障文化落地

1. 深度调研分析员工行为

2013 年，在宣贯《中建信条》的基础上，中国建筑再次开展企业文化深度调研，分析企业和员工的行为特点，为把核心理念落实到具体职业行为，启动行为规范的梳理工作。调研包括员工行为特征分析、行业标杆对比、战略文化要求、宏观环境趋势四个方面。调研采用企业行为模型，从经济—实用维度、伦理—社会维度、情感—发展维度，分析中国建筑企业和员工的行为要点，进而发展和完善行为规范体系。

2. 编制发布中国建筑行为规范手册《十典九章》

2014 年，中国建筑编制发布企业行为规范手册《十典九章》，包括行为十典和礼仪九章两大部分。“行为十典”是对管理行为和员工习惯的倡导和要求。其中，“组织行为”关注企业商业伦理，对如何营造良好组织环境、提高企业文化执行力提出明确要求；“个人行为”注重细节阐述，对中国建筑全体员工的日常行为进行重点引领和倡导；“反对行为”明确底线规范，对背离中国建筑文化倡导的行为进行高压警示。“礼仪九章”是中国建筑员工的礼仪规范，按照国际化公司的标准，阐述员工在商务社交场合应注意的礼仪及行为细节，是中国建筑员工提高职业修养、提升人际沟通技能、全面树立个人和企业形象的礼仪标准。

在行为规范梳理过程中，注重组织行为和个人行为并重、底线行为和文化倡导并重、商业伦理和管理导向并重，力求在理论层面实现文化倡导真正落实到组织、员工的行为中。尤其是旗帜鲜明地提出“反对行为”，在中国建筑系统内建立行为底线，使大家深恶痛绝的行为能够通过行为规范梳理过程和随后的行为落实得以遏制。行为规范从企业发展中存在的实际问题出发，更接地气，更具有可操作性。比如，“行为十典”中的“持续创新”,“组织行为”要求:保持创业心态;超前五年想,提前三年做;鼓励创新、包容失败。“个人行为”要求:欣赏身边的好想法;敢于挑战权威;每天刷新自己;常想更好是什么。“反对行为”包括:枪打出头鸟;多一事不如少一事;当一天和尚撞一天钟;保守自闭,视野狭隘。通俗易懂,简洁明了,便于执行和考核。

3. 加强行为规范的宣贯和落地

中国建筑广泛开展《十典九章》的宣贯,建立起上下联动的宣贯培训系统、媒体宣传系统、活动系统和提升改进系统。通过四个系统的相互运作,使行为规范入脑、入心、入髓、见行。全集团把《十典九章》的宣贯作为企业文化建设的重点,采用视频讲解、电子书、口袋书等形式推进全员覆盖,同时,各自企业结合实际,开展书法、漫画比赛、创意图片征集、微电影创作、摄影等活动,进行人格化、具体化、形象化宣传,便于广大员工理解和践行。集团公司及各子公司成立相应的“十典九章”文明礼仪服务队,以实际行动宣传、践行企业行为规范。

4. 将员工行为规范纳入从业资格和岗位职责考核

依照《十典九章》,中国建筑建立各级企业领导与员工的能力素质模型,根据不同的管理层级、不同的岗位建立健全行为体系要求,并纳入从业资格和岗位职责考核,作为员工选、用、育、留的标准之一,企业和员工的绩效涵盖价值观考核和行为考核内容,直接触动利益分配,使正确的行为得到鼓励、错误的行为受到惩戒。这些举措使《十典九章》中的每个行为要求得以落地,真正起到约束和激励员工行为的作用。

(五)完善管理制度和激励约束机制,建立全集团统一的文化管理体系

1. 以品牌为载体,实现与公众的有效沟通

充分利用企业内部报刊、年报、社会责任报告、宣传片、企业文化丛书、企业歌曲等书面图文材料和企业信息平台,作为文化的传播工具,高效展示企业品牌。一是利用重点工程传播中国建筑品牌形象和企业文化,依托重点工程,塑造出“强大的实力、高超的技术、规范的管理、精良的品质和真诚的服务”的品牌形象。二是应用事件营销树立良好社会形象。比如玉树援建,体现出中国建筑责任援建、绿色援建、人文援建的文化理念。三是依托“走出去”战略提高品牌国际影响力。比如在横跨东西580公里的刚果(布)国家1号公路项目一期施工中,中国建筑打通了半个世纪无人涉足的马永贝原始森林,被当地民众誉为“劈山的人”。

2. 以制度为根本,建设文化管理体系

一是“建渠道”:健全企业文化管理组织架构。按照标准化要求,基于价值链分析,明确中国建筑企业文化管理的组织架构,建立集团公司总部、各子公司、各三级企业及以下单位等三级文化管理组织结构,明确各级组织在企业文化管理中的职能定位、主要职责与相关权限。三级法人企业基本明确企业文化部们职能及岗位要求,满足企业文化建设的需求。

二是“立规矩”:完善企业文化管理制度规范。依据中国建筑企业文化管理需求,重新梳理制度规范和文化发展规划,明确企业文化组织管理、理念管理、制度管理、物质管

理等规范内容，并依据规范进行企业文化管理的组织实施、制度检查和督导管理。各级企业完善企业文化建设规划和相关配套制度。

三是“定标准”：建立企业文化管理标准体系。为实现企业文化发展总体目标，以《中国建筑股份有限公司企业文化建设管理规定》《中国建筑企业文化示范单位命名标准》《中国建筑 CI 管理标准》等构建企业文化管理标准体系，明确文化建设与文化管理所需达到的相关标准。

四是“推考核”：依据管理标准进行评估与考核。基于企业文化管理标准体系，组织、督导各级单位实施企业文化对标管理，综合运用自我评价与上级评价相结合的形式，对企业文化工作效果进行定期的、系统的评估。中国建筑对日常企业文化管理实施季度评估，并依据评估结果对各级单位及相关主要领导进行绩效考核，查找差距、发现问题，全面动员、有效激励。同时，结合企业战略实施，在企业绩效考核中，增设战略性指标，推动价值观的考核。如中建一局把“诚信”价值理念落实为 4 类品格指标、8 类能力指标、9 类执行力指标，一共 21 类指标维度对经营单位和主要领导实施价值考核。

五是“调人力”：基于考评结果进行企业文化工作的人力资源调整。基于中国建筑企业文化发展目标的指引，将企业文化管理工作的相关内容纳入各级单位的关键业绩指标，并依据综合考评结果进行文化主管人员的人力资源调整。其中，各子公司具有评估权、提名权和复议权，公司总部具有考核权、审定权和任命权。

（六）协同提升，系统推进文化建设与经营管理的结合

中国建筑将文化与管理紧密统合，以文化支撑战略实施，构建企业文化建设的统一大平台，贯通企业文化行为条线、专题条线、板块条线，将潜在的散点状文化整合成矩阵式文化，实现文化发展的全员参与，不断提升文化管理的效能。

1. 加强企业价值观管理和转化

一是各级领导人员的主导作用和广大员工的主体作用紧密结合。建设“书香中建”，创建学习型组织，为员工搭建多元化的学习平台，营造有助于职工终身学习的氛围，使学习成为企业的一种文化和机制，持续不断地对员工宣传企业文化，有针对性做好企业文化建设的各种教育和培训。

二是文化理念与制度流程紧密结合。一方面是“文化制度化”。把文化理念植入到企业的各项制度流程中，使企业的各项管理制度和服务流程能够充分体现企业的文化理念与核心价值观。另一方面是“制度文化化”。通过管理制度的约束和保障作用，使文化理念能够切实转换为企业和员工的实践行为，渗透到企业转型升级的过程中。通过总部制度的标准化建设，不断修缮和改进那些已经制约和羁绊转型业务发展的制度、规章和流程，使企业的竞争策略、服务方式、管理和流程等都能支撑和体现转型期需要倍加关注的客户价值理念、便捷高效理念、诚信经营理念、以人为本理念、绿色环保理念、价值创造理念等，努力使制度和流程与企业文化理念相匹配、相适应。

三是企业品牌形象与员工文化素养的紧密结合。以职业发展要求为方向，推进实施国际化、职业化、专业化策略，“3＋2”人才培养战略，7 类重点人才培养计划，复合型人才培养方案，重点在员工思维和视野拓展、员工心智模式转变、员工心态调整、职业道德修

养、文化传承方面下功夫，体现出专业的职业素质和富有内涵的文化素养，体现出与众不同的、独特的企业气质。

2. 丰富文化建设内涵

一是开展专题文化建设。在全系统内深入开展品质文化、创新文化、规范文化、服务文化、人本文化、安全文化、廉洁文化的文化建设，将文化与各职能管理条线紧密结合，构建纵向深入的专题文化网络。二是丰富板块文化，支撑“大建筑业务”的产业一体化布局，着重建设房建施工板块文化、勘察设计板块文化、房地产板块文化、基础设施板块文化、海外业务板块文化，将文化与各板块、各专业紧密结合，构建横向拓展的板块文化网络。

3. 构建长效机制

一是长期持续开展文化培训，提高文化的执行力。借鉴先进企业文化建设的经验，引入 workshop、workout 等方式，改善以往指令性管理的行为和习惯，提升领导力和员工的行为能力，提升企业领导和相关人员的文化管理技能。

二是及时激励考评，增添文化建设的持久动力。经常性总结企业文化建设的经验，及时引导和高度关注各级企业的文化建设。对集团策划的每项文化建设工作、每次主题活动、每个工作节点，进行及时考评与激励，提高员工参与热度。及时对企业文化示范单位进行命名和表彰。

三是确定文化管理的重点，发挥内部文化资源的作用。定期邀请有关领导开展系列文化建设讨论活动，确定文化管理的方向和当下文化管理的重点，提高文化建设的针对性。

四是建立企业文化交流平台。促进企业文化专题活动、中央企业之间的文化交流活动，以及以“拓展幸福空间”为主要内容的社会公益活动的开展，打通企业文化建设信息交流和沟通渠道，为二级单位整合资源服务，做实二级单位的文化管理平台，发挥重要子企业文化建设的示范带头作用，最终搭建起整个集团沟通和整合资源的平台。

三、国有大型企业集团基于统一平台的企业文化建设效果

（一）集团文化认同度显著提高

一是员工敬业度有明显提升，尤其是在员工奉献层面提升最为明显，表明员工为企业发展贡献才智的意愿有所提高，组织氛围更具活力。二是核心价值观和企业文化理念体系认同度提升至 95%，促进了《中建信条》核心理念在广大员工中的广泛认同，逐渐发挥文化引领作用。三是中国建筑资源整合、优化产业布局的经营策略初见成效，充分显现统一文化平台的支撑作用。

（二）有效支撑了战略落地，助推企业发展

在核心价值的统一导向下，在资源整合、优化布局中，协同联动的效应得到有效发挥，集团整体运行质量显著提升。资源整合和专业公司的重组升级工作顺利推进，中建安装、中建钢构、中建装饰、中建西部建设等专业公司发展成为行业领军企业。“五化”战略在全集团纵深推进，集团经营业绩增长强劲。同 2011 年相比，2013 年全年建筑业务新

签合同额12748亿元，增长48.8%；地产业务实现销售额1426亿元，增长59.3%；实现营业收入6810亿元，增长38.6%；归属上市公司股东净利润204.0亿元，增长42.9%。

中国建筑社会形象和品牌价值得到进一步提升。中国建筑以价值、品质、诚信、共赢等理念与社会各界建立全新的合作关系；以“差异化”发展拓宽产业链上下游业务，奠定“大建筑一体化”的格局；坚持“有所为有所不为”，不与中小企业争利，积极寻找发展的新蓝海。中国建筑正逐步由单纯的“建筑承包商”向“投资建设与环保资源整合商”的全新企业形象转变。

(三)得到集团内外的高度认可和充分肯定

通过集团文化体系建设，各子企业结合自身业务特点和文化特色，在中国建筑企业文化的大体系中都找到适合自己的位置。《中建信条》成为各子企业的文化核心，各子企业在践行中形成各自的文化特色，深刻影响到企业发展战略、人力资源管理、品牌管理等各方面，以责任的境界、文化的力量赢得市场。

中国建筑企业文化建设经验得到相关部门和媒体的高度评价。曾两次在中央企业文化建设座谈会和经验交流会上作典型发言，分别在人民网、新华网、国务院国资委网站、《中外企业文化》杂志、《中国建筑报》等媒体刊载推广，影响广泛，极大提升了中国建筑的品牌形象。

(成果创造人：刘　杰、陈　莹、郭景阳、丁文龙)

新能源电池企业以可持续发展为目标的环境、健康、安全一体化管理

天能集团

成果主创人：集团董事局主席张天任

天能集团成立于1986年，经过28年的发展，现已发展成为以电动车环保动力电池制造为主，集锂离子电池，风能、太阳能储能电池以及再生铅资源回收、循环利用等新能源的研发、生产、销售为一体的实业集团。2007年，天能动力以中国动力电池第一股在香港主板成功上市。天能集团现拥有25家国内全资子公司，3家境外公司，拥有浙、苏、皖、豫四省八大生产基地，总资产近70亿元，并在香港设立管理总部。天能集团综合实力位居中国民营企业500强第32位、中国电池工业十强第一位、全球新能源企业500强第36位、世界环保与新能源产业中国影响力企业100强，是中国新能源电池龙头企业。2013年，实现销售收入成功突破500亿元，解决就业职工20000余人，成为推动地方经济建设的骨干力量。

一、新能源电池企业以可持续发展为目标的环境、健康、安全一体化管理背景

（一）建设生态文明和美丽中国的必然要求

社会的进步，科技的发展，越来越多的工业化生产给生态环境、人类健康、安全生产带来巨大威胁。随着我国关于环境、职业健康、安全的法制化、规范化管理步入正轨，企业必须对自身生产经营过程中存在的环境污染、职业病危害、安全隐患与缺陷等承担法律和道德责任。作为中国新能源电池龙头企业的天能集团有责任有义务做好环境、职业健康、安全工作，切实履行保护环境、关爱员工职业健康、安全生产的社会责任，探索出一条科学有效的环境、职业健康、安全管理新模式，这将对国家建设生态文明，建设美丽中国具有十分重要的引领示范作用。

（二）促进行业健康发展、接轨国际标准的新要求

针对铅酸蓄电池的生产和回收过程中涉及的环境和职业健康及安全问题，政府和社会对企业实行安全、环境保护规范管理非常重视。我国积极推进相关立法和监管制度，出台了一系列针对铅污染问题的国家环境标准，2012年工信部、环保部联合发布《铅蓄电池行业准入条件》，对我国铅酸蓄电池企业“三废”排放、废电池回收、新建企业的工艺装备要求、职业健康和安全生产等都作出了明确规定。对于行业龙头的天能集团而言，积极提高产业的技术水平、工艺装备水平、检测能力等，建立环境、职业健康、安全自查自检的长效机制，将推动整个行业的环境、职业健康、安全管理达到新高度，接轨国际标准

新要求，进一步强化企业社会责任和提升行业的可持续发展能力。

（三）企业转型升级实现可持续发展的内生动力

天能集团自1986年创业以来，从一家村办的蓄电池厂起家，在20世纪90年代紧抓电动车动力电池的发展机遇，驶入发展快车道，实现了企业壮大发展。然而随着行业的产能扩张迅速，环保安全问题、产能过剩问题突出，市场竞争日趋激烈，传统的动力电池产业已成为“夕阳产业”。如何改造提升传统产业，将“夕阳产业”变为“朝阳产业”，是摆在铅酸蓄电池企业面前的重大挑战。

自2011年起，天能集团致力于从传统的安全管理模式向现代企业环境、健康、安全一体化管理体系转型，坚定不移地走科技含量高、资源消耗低、环境污染少的新型工业化道路，大力实施“绿色经营、安全生产”战略。

二、新能源电池企业以可持续发展为目标的环境、健康、安全一体化管理内涵和主要做法

环境、健康、安全一体化管理体系是融环境管理体系（EMS）与职业健康安全管理体系（OHSMS）于一体的管理体系（EHS，Environment、Health and Safety management system）。天能集团制定以EHS为核心内容的发展战略——制定EHS方针、兑现EHS承诺、建立EHS管理架构，从而保障EHS管理一体化实施有据可依；建立并完善评估事故隐患和应急预案体系——识别EHS核心风险、制定EHS管理绩效、评价风险管理，为EHS一体化有效实施提供保障；构建价值链伙伴EHS文化体系——EHS培训、EHS宣传、EHS责任关怀，提升EHS一体化管理实施能力；发展以EHS体系为基础的可持续发展经济——绿色生产、绿色科研、绿色投资，为天能集团的可持续发展指明方向；建立基于EHS标准化的评审和绩效考核体系——EHS换位监督、绩效考核，促进EHS一体化管理持续实施。主要做法如下：

（一）理念驱动，制定以EHS为核心内容的发展战略

1. 制定EHS方针和战略目标

天能集团在生产运营过程中，把环境保护、职业健康、安全生产当作“带电高压线”来严肃对待，坚持“安全为天，科学管理；以人为本，健康至上；保护环境，追求卓越”的EHS管理方针，制定符合企业发展要求的《EHS管理手册》，作为企业EHS管理体系纲领性文件，对企业EHS管理思想进行全面描述，建立职能管理与业务管理相结合的、符合企业实际的EHS管理模式总体框架和运转流程，明确企业EHS管理主要内容、管理程序和运行方式，阐述近中远期企业EHS实施规划与目标，指明企业未来EHS管理发展方向和战略规划。

一线工人在宽敞明亮的锂电车间工作

天能EHS管理体系是以环境管理体系（EMS）和职业健康安全管理体系（OHSMS）两体系为基础，融合社会责任体系相关标准建立，以PDCA循环为管理模式，将整个企业的工作人员、工作流程

都纳入到管理体系中，通过绩效考核，层层落实，最终实现管理目标。规划明确提出确保生产产生的废弃物品、垃圾被及时回收处理，废气、废水、固体废物、噪声污染等环境事故为零；确保年火灾事故零发生、全年安全事故零发生、全年安全生产高效有序进行，同时加强对特种设备的备案管理。方针和战略目标是天能集团对其在 EHS 管理方面的意向和原则声明，指明公司在环境、职业健康、安全方面的努力方向，提供规范行为的准则，为企业实施“绿色经营、安全生产”打好基础。

2. 自上而下的 EHS 承诺

秉承“绿色能源驱动世界”的企业使命，天能集团明确其“绿色经营、安全生产”宗旨，以“追求持续增长、肩负社会责任”为价值追求。天能集团高层管理者充分理解实施 EHS 管理体系对公司的组织管理功能、经济效益、品牌价值的促进作用，进而引起全员对 EHS 重视。天能集团的高层管理者给予高度重视和支持，多次明确指出：EHS 的实施是天能集团发展战略的需要，各级部门一把手要亲自抓，环保、职业健康、安全管理部门要当成头等大事具体抓。通过高层管理者对 EHS 管理的承诺，天能集团为建立 EHS 管理体系及有关活动提供支持，将 EHS 纳入到公司日常经营管理的优先事项，保证 EHS 体系有效运行，明确管理者承担 EHS 管理的责任和义务，并将其作为企业文化建设的重要组成部分。

另外，天能集团以高度的社会责任感和使命感，积极实践和推动环保公益事业发展，每年斥巨资与企业所在村进行村企共建，使新农村面貌日新月异，生活环境清新优美，村民生活水平超小康。参与央视“寻找浙江可游泳的河” 大型公益活动，与绿色组织“绿眼睛”社团进行合作，开展各类环保公益活动，并在企业内部开展“绿色环保，低碳出行”青年志愿者、“让地球多一抹绿”植树等活动。

3. 建立 EHS 管理机构

大能为持续提升公司 EHS 管埋水平和优化资源利用，遵照 EHS 管理体系要求，任命常务副总裁为 EHS 管理者代表，并任命一名总监主持 EHS 管理部的日常工作，同时结合该职能部门的运行特点，分别设置 EHS 体系部、EHS 技术部、EHS 运行部等二级管理部门，二级部门下设专业小组人员开展具体工作，如图 1 所示。

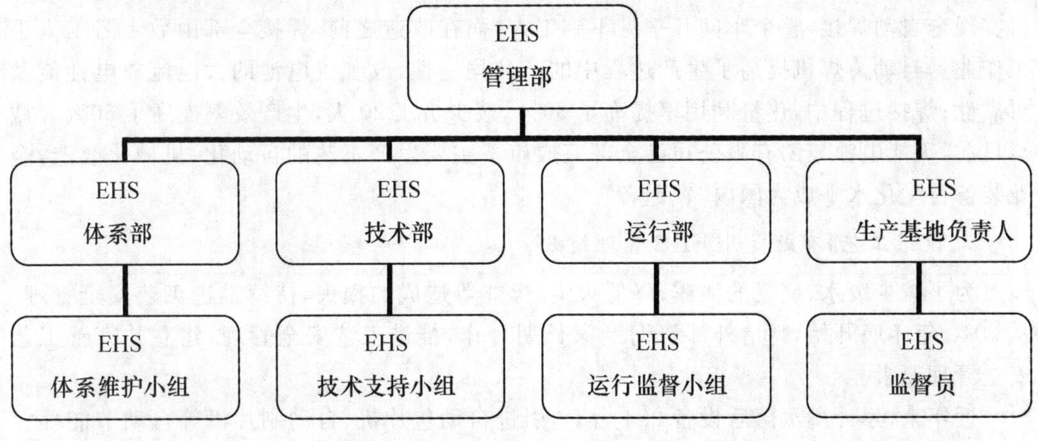

图 1 天能集团 EHS 管理机构图

实施EHS管理体系，需要花费大量的人力、物力和财力，为保证EHS的顺利推行，各生产基地设立专职EHS监督员，自上而下形成网络化的管理机制，为EHS管理体系的实施提供有力的组织保证。同时，从EHS岗位职责入手，逐级分解EHS目标与指标，控制岗位重大风险。公司各职能与业务部门根据公司目标明确自身EHS目标与衡量指标，以支撑公司级目标指标全面实现；各级员工按岗位职责要求，逐级分解部门级EHS指标，以确保公司EHS目标得到逐级分解、支撑并最终实现，最终促进EHS一体化管理体系融入公司经营战略和日常经营。

(二)从末端治理到源头控制，建立并完善评估事故隐患和应急预案体系

1. 设计评价和风险管理方法

评价现场EHS风险是EHS管理体系的一项基础工作，能分辨出企业在运行过程中EHS可能产生的危害，并对以往的EHS管理进行总结，为下一个循环提供建设性意见和措施。天能集团各生产基地针对关键装置、要害部位的安全，按照EHS实施程序，每季度组织工程技术人员逐个车间、逐台设备、逐个岗位进行安全检查，编制出检查技术报告后输入安全监控中心，并针对事故隐患，打造应急管理体系，进一步梳理修编和完善综合应急预案、专项应急预案、应急处置方案，开展应急演练和救援队伍建设，提高员工的安全防范意识和应对突发事件的处置能力，使每个岗位职工对本岗位的事故应急预案以及预防措施都做到心中有数，有效强化事故预防工作。

2. 识别核心风险，提高执行力，落实隐患治理

危害识别与风险评估是整个EHS管理体系的核心部分，天能集团自2009年开始对所有运作、生产活动进行岗位操作危害辨识和风险评估，涵盖工程、管理部门及研发中心等。根据评估的风险，在2011年开始建立EHS目标指标和管理方案，与EHS方针持续改进承诺相一致。自2011年开始推行HAZOP(危险与可操作性研究)评价方法，分级完成全公司所有产品HAZOP工作。

消除事故隐患是风险评估的落脚点，近年来，大力实施技术改造，淘汰落后生产设备，通过“机器换人”提升企业装备自动水平，取得明显成效。在现场可以看到，自动铸焊机实现全自动焊接，整个车间几乎见不到工人；而在改造之前，焊接全部由数十名工人手工作业。自动铸焊机提高了生产过程中的产品均一性，改善了电池的大电流放电性能及可靠性；焊接过程中，热量利用率提高了30%，减少员工20人，生产效率提高了60%。截至目前，天能电池集团有限公司已全部完成旗下主要生产工艺的自动化、机械化改造，企业装备自动化水平成为国内“领跑者”。

3. 改进工艺，有效提升EHS管理绩效

为了减少废水、废气的泄露；降低火灾、爆炸等造成的损失，持续推进工艺安全管理。从2010年年底开始，聘请外部咨询专家长期合作，推进工艺安全管理，建立并完善工艺安全管理要素。

近年来，累计淘汰落后设备294台套，引进自动包片机、自动刷片机等自动节能环保型设备140台套，组建6条自动化蓄电池装配流水线，劳动用工减少30%共约150人，单班产能增加30%；产品一次性合格率提升1.4个百分点，环保、安全、职业卫生防控水平

明显提升。

还投资建设天能循环经济产业园,先后实施年产 600 万 kVAh 动力储能用密封铅酸电池项目,铸焊 A1 车间拆建及装配 B、C 车间生产线整治提升项目和再生铅资源回收、循环利用等项目。同时,购置先进的中水高压渗透处理系统等自动节能环保型设备等,企业蓄电池资源回收再生利用技术达到国内顶尖水平。目前,已全部完成旗下主要生产工艺的自动化、机械化改造。

(三)有效监督考核,建立基于 EHS 标准化的评审和绩效考核体系

1. 转变安全生产监管机制,实施 EHS 换位监督

天能集团转变安全生产监管机制,在集团内部成立独立于各个生产基地之外的专业化的 EHS 监督组,精选有技术水平、工作责任心强的 20 名员工担任 EHS 监督员,以公司派驻方式,对下属生产基地的各项生产作业进行全过程、全方位的独立监督管理。这种换位监督机制,打破过去传统的监督方法,与《安全生产法》的要求和 EHS 管理体系相适应,加快了与国际接轨的步伐,对安全生产起到了良好的促进作用。

2. 严格监督考核,确保 EHS 管理体系运行

为保证 EHS 管理体系的有效实施运行,天能集团建立严格的考核制度,制定《EHS 管理考核细则》,列出被考核内容共 16 个方面,分类分项制定出考核评分标准,变定性考核为定量考核,实行目标控制、量化管理,形成一套符合企业惯例的内审与管理评审运转机制,可用于常规安全检查、专项检查和综合审查,为企业 EHS 绩效考核提供支撑与考核依据,最终形成程序化、规范化管理的良好局面,极大地促进了安全管理水平的提高。

3. 建立以安全计划与绩效回顾为特色的绩效考核模式

首先,天能集团建立集团公司级和业务部门/子公司级安全计划。通过两级安全计划的制定,明确全年 EHS 管理工作思路、方向与重点,将 EHS 目标定量为年度管理指标与绩效指标。安全管理部门和关键业务部门/子公司则依据公司计划制定本部门年度 EHS 计划,包括年度达成指标与年度重点工作等内容。其次,建立一套有效的绩效回顾与考核运行方式:年初制定集团级和部门/子公司级重点安全工作计划,分解目标到部门并落实到月度安全工作计划,量化考核指标;针对部门/子公司指标完成与重点工作行动方案里程碑计划完成情况,组织部门级月度 EHS 绩效回顾;召开集团季度绩效回顾会并进行现场全要素审核,各部门/子公司向总经理汇报,形成公司季度 EHS 报告;制定集团全年安全检查组织计划,各部门/子公司制定覆盖有关要素的检查计划并组织按计划检查,检查与改进结果作为季度与年度回顾考评依据之一。

(四)强化教育培训和宣传推广,构建价值链伙伴 EHS 文化体系

1. EHS 内培外训

在日常管理中,天能集团在环境保护、职业健康、安全生产方面积极开展“自查自纠”和相关培训,努力向国际化标准看齐。天能集团为形成全员的 EHS 文化,多次邀请有关的专家、机构到公司为高层管理人员讲授 EHS 管理知识及相关安全法制知识。针对安全环保管理人员,专门举办“企业 EHS 管理培训班”,并把 EHS 一体化管理经验推广给

供应链上的更多客户。

在此基础上，天能集团还采取外出培训和聘请专家到公司讲课相结合、集中培训和分层次办班相结合、重点岗位培训和对全员宣传教育相结合的方法，在全体员工中开展EHS培训活动。2012年以来，天能集团举办多期EHS培训班，培训各级领导和生产管理人员1586人。

2. EHS宣贯和看板管理

安全环保部门专门组织有关人员建立多种看板和资料对员工进行宣传培训。在公司各个办公、生产、休息等区域配备消防器材，张贴安全警示牌，加大环境保护、职业健康及安全生产知识的宣传普及，有效提高职工的EHS意识。

3. EHS价值链责任关怀

天能集团众多的价值链企业均为当地的中小企业，其健康发展不仅影响当地经济的正常发展，更关系到天能集团的健康、稳定发展，因此，天能集团启动价值链伙伴企业责任关怀项目，以“责任关怀”为工具、以“EHS关怀”为重点、以“责任关怀基金”为保障，引导并帮助价值链上中下游企业建立EHS管理体系。

通过这种模式有效带动了价值链上下游的中小企业重视EHS，提升了这些企业的社会责任管理水平、可持续竞争力，促进电池行业的可持续发展。

（五）集成创新，发展以EHS体系为基础的可持续发展经济

天能集团在企业转型升级过程中，推动集成创新，大力发展以EHS体系为内核竞争力的循环经济，采用全自动化、封闭式、无害化的回收过程，改变废旧电池“野蛮回收利用”现象，打造纯绿色的闭环，进一步提升行业的绿色高效程度。

1. 创新绿色生产经营理念，引领行业发展方向

天能集团严格执行环境影响评价制度，加强环境监测和应急体系建设，依法实施清洁生产，努力从根本上消除造成污染的根源，实现集约、高效、无废、无害、无污染的绿色工业生产，将“三废”消灭在工艺过程之中。天能集团严格按照相关法律法规要求，聘请有资质的单位进行设计和安装环保在线监控系统，邀请德国清洁生产审核专家和国内节能减排专家，对企业生产过程进行节能减排分析，采用先进的清洁生产技术，对生产过程进行节能减排改造，致力打造行业“环境友好型、资源节约型企业”标杆。

2. 延长产业链，实现废旧电池绿色重生

天能循环经济产业园引进世界最先进的全自动机械破碎、水力分选工艺技术和全湿法新技术，结合自主创新的纯氧助燃、精炼保锑、专利合金配制、废烟气处理等废旧铅蓄电池封闭式环保化回收处理技术，使废旧铅蓄电池资源化再生利用达到最大化。

相对于传统工艺的低回收、高能耗、高排放，天能集团再生铅项目的金属回收率提高10%，可达98%以上；降低能耗30%以上，节约增效约2835万元；残酸回收率达100%，塑料回收率达99%。废气彻底治理，余热、废水100%循环利用，实现“零”排放，均优于国家标准。

3. 培植发展新兴产业，开发绿色科研成果

天能集团自主研发的“纳米材料改性铅酸蓄电池项目”，是针对蓄电池深循环放电频

繁、使用寿命短的弊端，成功研发出的高比能量的新型环保动力、储能型电池新产品，拥有多项国家发明专利。产品采用纳米材料、稀土多元铅基合金，对铅膏配方进行有效改进，大大提高了循环使用寿命和活性物质的利用率，产品具有优良的充放电性能和容量恢复性能，能适应多种环境，且容量大、能量高、内部压力小、内阻低、适合高倍率放电、无环境污染，广泛应用在低速电动汽车、电动叉车、电动自行车、太阳能风能储能以及备用电源等领域。这项技术不仅优化和改进电池制造技术和生产工艺，减轻了工人的劳动强度，改善了生产环境，有效节约了生产成本，提高了产品质量和性能，是成功打造企业核心增长极的重要支撑点，确保了天能的可持续发展。

4. 强化 EHS 投资，持续改进改善 EHS 管理

天能集团总计投入超过 20 亿元用于建造污染控制设施。最近三年，每年的环保专项费用都在 8000 万元以上，用于运行费用及新增加的环境保护设施等。

在过去的 5 年里，共投资 36500 万元用于改进健康和安全管理。这些投资包括设备改造、防泄露设施、消防、应急响应设施、日常维护、安全评价、咨询、有害气体探测器、呼吸保护装置、员工体检、健康安全培训、职业健康和安全检测、危害信息传达和标识等。其中，2011 年至 2013 年，共计投资近 9000 万元用于改进健康和安全管理。

三、新能源电池企业以可持续发展为目标的环境、健康、安全一体化管理效果

天能集团坚定不移地走科技含量高、资源消耗低、环境污染少的新型工业化道路，坚持推进实施包括绿色环保节能减排、重金属污染防治、职业健康、安全生产在内的 EHS 一体化管理体系，坚持走绿色发展、循环发展、低碳发展道路，实现了经济效益、环境效益、社会效益的“三赢”。

(一)为企业的可持续发展奠定了坚实基础

天能集团全面开展 EHS 一体化管理，成为浙江省环保厅首批通过环境整治的企业和浙江省清洁生产试点企业，为天能集团后续快速发展奠定了良好基础。在 EHS 一体化体系的保障和指导下，天能集团不断创新研发绿色产品，环保电池、新能源电池已经成为天能集团产品的主力军。多年来，集团主业保持稳健增长，盈利能力在行业遥遥领先，创下主导产品销售连续十七年保持全国第一的同行业记录，被评为浙商转型升级的典型样本和浙江省转型升级引领示范企业。近两年，天能集团销售额每年保持 50%以上增长率，在中国民营企业 500 强排行榜上，排名第 32 位，高居行业第一。

(二)为行业健康持续发展树立了标杆

天能集团不仅自身实施 EHS 一体化建设，而且积极履行社会责任带动和指导供应商等合作伙伴开展 EHS 体系建设，打造全价值链 EHS 体系建设格局。投入 18 亿元打造循环经济产业园，不仅解决自身产品的循环利用问题，更为社会解决了大量废电池回收利用，极大避免因铅污染。天能集团高起点、高标准、高投入发展循环经济，致力于生态文明建设的举措和成就成为行业的典范，引领了行业的发展，得到了利益相关方的高度评价。

(三)为生态文明建设做出了新贡献

天能集团自实施 EHS 一体化管理体系以来，将绿色、安全、健康等 EHS 理念方针融

入公司发展战略和经营中，致力于实现经营绿色化、产品绿色化、工厂绿色化。立足环境保护和职业健康安全，每年可规模化、无害化回收处理 25 多万吨废铅蓄电池，整个过程废水、余热 100%循环利用，真正实现经济、环境和社会效益的协调统一。在环境保护、职业健康、安全生产方面，已经超过欧州标准，设备先进性领先行业至少三到五年。2012～2013 年，实现节约能源 1.7 万吨标准煤，万元产业能耗降低为 0.022 吨，实现全员体检，从未发生职业病，安全事故发生率为零，真正成为了资源节约型、环境友好型、本质安全性企业。天能集团作为中国新能源行业的领导者，通过管理创新，为电池行业解决了长期存在的管理体系一体化难题，摸索出了一条切实可行并卓有成效的一体化管理之路，也为生态文明建设做出表率、做出新贡献。

（成果创造人：张天任、陈敏如、周建中、李百英、蒋玉良、李明钧、张旭东）

城市商业银行员工“五有”价值观的推进体系建设

重庆银行股份有限公司

成果主创人：公司董事长甘为民为重庆银行香港上市敲钟

重庆银行股份有限公司（以下简称“重庆银行”）前身是1996年在原重庆城市信用社基础上设立的重庆城市合作银行，1998年更名为重庆市商业银行，2007年8月更名为重庆银行，于2013年11月6日在港交所挂牌上市，成为全国146家城商行中第一家在港交所主板成功上市的内地城商行。重庆银行现下设116家分支机构，员工总数达3300余人。2013年，重庆银行资产总额达到2068亿元，存款总额达1488亿元。重庆银行在英国《银行家》公布的全球银行业1000强中综合排名513位，名列国际评级公司标准普尔在北京发布的“中国50大银行”之一，2012年被《亚洲周刊》评为亚洲10大股东权益回报率最高银行，连续四年被银监会评为国家二类银行（目前银行业评级最高级别，尚无一类行）。

一、城市商业银行员工“五有”价值观的推进体系建设背景

（一）应对当前社会环境挑战的需要

金融业作为现代经济的核心和枢纽，广泛地参与到社会生产的各个环节，种种浮躁风气，对金融企业员工的思想观念、价值取向、行为方式，都产生巨大影响。同时，企业内部如何处理好公平与效率的关系，对企业思想文化建设提出新的课题。此外，金融企业员工的工作和生活压力不断加大，对精神和心理形成考验，一旦承受能力不强而心理失衡，将影响工作积极性，进而影响企业的经营管理。在市场竞争日趋激烈的情况下，许多企业倾向于把主要精力放在抓业务发展和经济效益上，对员工价值取向引导等思想文化工作的必要性、紧迫性认识不足，对企业的长远发展非常不利。

（二）应对员工结构新变化的需要

随着企业的发展，新生代员工逐渐成为员工队伍中一支不可忽视的生力军。目前在重庆银行的3000多名员工中，35岁以下的青年员工占到了员工总数的80%左右，且大多数是独生子女。青年员工对新技术、新观念的学习能力强、掌握快，具有较强的创新意识，优势明显。但青年员工也存在合作意识相对较差，抗压能力较弱，价值观具有明显的多元化和多层次性的问题。他们的思想观念和价值取向都与企业的发展价值观存在一定差异，员工队伍思想多元化的情况，给企业管理带来了更大的挑战。

(三)应对企业竞争力提升的需要

2010年以来,我国利率市场化步伐加快,银行业息差水平进一步被压缩。同时,随着我国资本市场的快速发展,证券市场的建设日趋完备,直接融资在全国融资总额中的比重不断提升,银行业的媒介作用趋于萎缩。各类金融机构将面临更大挑战。从重庆银行自身看,由于建行时间短,区域特点明显,自身整体实力不够强,抵御风险能力较弱,各方面短板将暴露得更快,问题和矛盾或许也更为集中。特别是新巴塞尔监管体系的实施,传统的靠"垒大户"方式实现银行发展的模式已难以为继,促使作为地方银行的重庆银行在市场分化格局中寻求适合自身的差异化和特色化发展道路。在这种复杂的经济金融环境下,重庆银行要生存、要发展,就必须增强自身的竞争力,而竞争力的提升,离不开企业文化建设,离不开员工价值观的培育。重庆银行必须积极引导塑造员工价值观,打造高素质的员工队伍,通过错位竞争以及批量化、标准化、流程化、集约化的信贷策略,降低企业风险,实现企业的可持续发展。

二、城市商业银行员工"五有"价值观的推进体系建设内涵与主要做法

重庆银行积极应对当前浮躁社会环境、员工结构新变化等带来的挑战,以"金融国企、上市标杆"的战略愿景为目标,通过提出全行员工"有梦想、有精神、有爱心、有原则、有担当"五位一体的价值观及其具体要求,在全行开展多种形式的塑造活动,企业精神面貌得到全面改观,显著增强了重庆银行的竞争力,为企业的可持续发展打下坚实的基础。主要做法如下:

(一)提炼员工"五有"价值观,构建推进组织、制度和宣贯体系

1. 总结提炼"五有"价值观

重庆银行"五有"员工价值观从提出到最终形成,主要经历三个阶段。

第一,酝酿阶段。重庆银行领导2011年年底赴三峡库区和渝东南地区边远区县支行开展密集调研,召开片区支行工作会期间发现,远郊支行员工的工作热情和动力不足,各项业务增长完全依靠劳动竞赛、单项奖励等物质刺激完成。对此,重庆银行领导在片区工作会上首次提出,重庆银行员工要"有梦想",要有宏伟的目标和远大抱负,不能一味只看到眼前的物质利益。

第二,讨论阶段。2012年新年伊始,重庆银行在全行召开干部员工座谈会,发起全员大讨论,一致认为重庆银行员工在"有梦想"和"有精神"之外,还应具备三方面的重要价值取向:爱心、原则和担当。

第三,形成阶段。2012年3月,重庆银行正式在全行提出要大力培育和塑造"有梦想、有精神、有爱心、有原则、有担当"五位一体的"五有"员工价值观。出台《重庆银行"五有"建设年活动细则》,将"五有"价值观与企业的经营管理和业务工作有机融合,从组织架构、制度保障、文

"我的重庆银行梦"演讲比赛

化宣贯等方面着手，采取一系列推进措施，让其真正落地。

2. 构建自上而下、内外结合的组织推进体系

在总行层面，专门设置“推进‘五有’员工价值观工作领导小组”，下设推进办公室，由专门设立的“企业文化与公共关系部”具体负责。企业文化与公共关系部由董事会直接领导，整合党群部、人力资源管理部、办公室、发展研究部、风险管理部等多个部门的职能，该部门同时也是重庆银行党委领导下的党委宣传部，实行“一套班子，两块牌子”，负责“五有”价值观的推进落地。在部室和分支行层面，设置“五有”推进工作小组，负责“五有”的具体推进落实。在外部，设立“五有”推进工作专家组，聘请企业文化专家、高校教授、企业资深管理专家，为“五有”推进工作提供咨询指导，构建有效的组织推进体系。

3. 构建制度体系，确保“五有”价值观推进的长期化、常态化

重庆银行本着前瞻性、融合性、实用性、系统性、全面性的原则，制定体系化的配套制度，将“五有”价值观融入企业的制度体系，将“五有”的理念和要求体现在企业日常业务和经营管理各项制度中，有效推进“五有”价值观在企业落地。一方面制定若干专项制度，如《重庆银行全面推进“五有”价值观的实施意见》《重庆银行全面推进“五有”价值观员工手册》等；另一方面，将历年规章制度进行梳理，通过修订、补充，将“五有”员工价值观融入企业的各项管理制度（标准）中，如《劳动竞赛管理办法》《重庆银行中长期存款计划管理办法》等，形成包括25个文件的“五有”制度体系，从制度入手，切实将“五有”落实到全行。

4. 构建包括宣传、培训、活动在内的文化宣贯平台

重庆银行整合全行宣传资源和部门职能，通过构建宣传平台、培训平台和活动平台，搭建起了全方位、多层次的“宣贯”平台。通过宣传平台，在全行营造“五有”氛围；通过培训平台，树立“五有”理念；通过活动平台，推进“五有”建设。三大平台的建立，潜移默化地推动“五有”在员工心中生根发芽，变成他们真心接受、自学践行的员工价值观。

（二）树立梦想，让员工做“有梦想”的人

重庆银行积极鼓励全行员工努力追求个人职业成长、素质提升、职场竞争力增强、收入和福利提升等个人梦想，以“树立梦想，实现梦想”来引导和激励全行干部员工追求卓越，志在超越。

1. 树立重庆银行发展梦

重庆银行通过开展形式多样、寓意深刻、生动活泼的活动，如举办“重庆银行梦·我的梦”演讲和征文比赛、“奋斗的青春最美丽、我为有梦想新青年代言”等主题活动，制作《重庆银行对外宣传画册》《重庆银行形象宣传片》，集中展现重庆银行的经营理念、发展历程、发展成就、特色亮点和未来愿景，在全行上下牢固树立“金融国企、上市标杆”的重庆银行梦，激励全行干部员工奋发有为，拼搏进取，形成共同实现重庆银行梦的强大合力。

2. 树立部门及机构发展梦

重庆银行总行各部室和分支机构在日常工作中，结合相应工作职能，提出部门和机

构的发展梦想，分阶段制定工作目标和实施计划，有步骤地推进实现梦想。实现部门、机构梦想的过程，也是全体员工在激烈的市场竞争中不断实现自我超越，自我突破，再上台阶的过程。如建北支行以争创全国百佳支行为梦想，增设涉外窗口及残障爱心窗口，为特殊人群提供双语，手语服务；开设夜间银行，为有需求的客户提供夜间错时服务。个人银行部客户服务中心以“创文明窗口，获满意评价”为梦想，用“将心比心，以心换心”的态度对待客户的每一通电话，竭力为每位客户提供最好的解决方案，被评选为“金耳唛杯”中国最佳呼叫中心，一名中心坐席被评为呼入坐席员标杆奖。

3. 树立员工发展梦

通过宣贯倡导和制度约束，重庆银行要求全体员工结合重庆银行梦，以及本部门和机构的发展梦想，制定个人梦想计划，提出努力方向，把个人的梦想与企业的梦想有机地融合起来，让每一名干部员工都成为“有梦想”的重庆银行人。如西安分行金融同业部员工景达，曾为加快业务推进，与部门领导连续工作达 40 余小时，曾高烧四十度依然坚守岗位，近三年出差在外的飞行里程已突破十万公里，他始终将自己的人生梦想牢牢地与重庆银行梦结合在一起，荣获 2013 年度“全国优秀共青团员”荣誉称号。

（三）培育精神，让员工做“有精神”的人

重庆银行着力培育和提升员工的精神力量，在全行营造气势昂扬、生机勃发的崭新气象。通过精神培育，为促进重庆银行持续健康发展提供强大的精神动力。

1. 培育学习进取的超越精神

重庆银行向全行员工大力倡导学习进取精神，建设学习型总行、学习型部室和机构。第一，行领导带头学习。重庆银行领导班子以身作则，坚持每月一次中心组（扩大）学习制度，以及每季度召开班子务虚会，学理论、议大事、谋全局、出思路，提高领导班子参与决策的针对性和实效性。同时，在《重庆银行人》行报上专门开辟“好书推荐”板块，每位行领导每年至少向全行员工推荐一本经典好书，并写明推荐理由；每位员工每年至少完成 12 本书籍的阅读。总行、各部门、各分支机构每半年组织一次读书交流会，员工结合自身工作实际，交流读书的收获和感悟。第二，举办专项学习活动。定期组织举办“经济金融大讲坛”，邀请全国及重庆市内知名专家学者主讲，为全行干部员工讲授当前经济金融、经营管理等热点问题，已成功举办 13 期，全行中高层管理人员、管理岗位后备人选和业务骨干 6000 人次参加。第三，与高校合作办学。重庆银行与重庆大学联办管理人员 MBA 培训班，组织中高级管理人员学习国际一流银行的先进经营管理经验。与重庆工商大学合作开设“金融人才实验班”，依托高校开展人才定制，共同培养符合银行业需要的专业人才，发现、培养和储备一些有学习进取精神的人才。第四，加强日常培训。自主组织编写员工培训教材，并建立在线学习平台，实现员工在线学习、在线考试、培训课程管理、培训档案管理、培训数据统计等功能，使员工培训渠道和培训手段更加丰富。目前，重庆银行在线学习人次达 49956 人次，学习时长达 18697 小时。在全行“比学赶帮超”的大环境下，1767 人次获得专业资格证书，100 人次获得本科学历或学位证书，75 人次获得研究生学历或硕士学位证。

2. 培育改革创新的探索精神

重庆银行一直倡导“业务探讨无禁区”，提倡“敢为人先”，建立共享创新成果的利益分配机制，调动全行员工推动创新的积极性。第一，鼓励创新。在总行管理层设立业务创新委员会，研究推进创新项目。在组织架构、风险管理、运行机制等多个领域进行一系列创新探索，通过头脑风暴、集思广益，陆续研发、推出一系列深受客户喜爱的金融产品和服务。同时，完善“金点子”征集制度，鼓励个人参与创新，要求每位员工每年向总行提出至少 1 条合理化建议，并对优秀建议进行表彰奖励，在全行营造勇于创新的氛围。第二，深化改革。制定出台《重庆银行深化改革加快发展的决定》，明确提出推进五大领域的改革：组织架构改革、资源市场化配置改革、绩效考核与人事管理改革、管理运行机制改革、企业文化建设改革。同时在总行成立全面深化改革领导小组，下设企业文化建设、资源市场化配置等 5 个专项小组，制定任务分解表，明确 130 多项改革任务，召开改革动员大会，把深化改革作为贯穿全行各项工作的主线。改革领导小组每月召开工作会议，督促检查改革任务的贯彻落实，在重庆银行掀起深化改革的热潮。

3. 培育团结协作的团队精神

重庆银行本着“大成功靠团队，小成功靠个人的理念，在全行大力倡导团队精神，形成工作合力。第一，建立沟通机制。编印《重庆银行每周动态》《每日新闻简报》等，让全行上下了解行领导、总行部室、分支机构的工作动态，了解新闻媒体对重庆银行的相关报道，增进相互理解和协作支持。第二，建立激励机制。每年在全行组织评选最佳协作个人和最佳协作团队，大力宣传获奖者的协作精神和工作成效，激励和培育全行团结协作意识。第三，建立约束机制。实施工作首问负责制和限时办结制，分条线制定办结时限并严格推行。完善重点工作督办机制，实行“台账”管理和“销号制”。设立部室工作投诉外网邮箱，按期公布投诉情况，促进总行部室转变工作作风，提升协作理念。重庆银行通过“三大机制”的建立，有效促进全行的团结协作，形成“协调配合、协作共赢”的团队精神。

(四)强化责任，让员工做“有爱心”的人

重庆银行在全行大力倡导爱心理念，责任理念，奉献理念。对外以身作则，积极履行社会责任，更好地回报社会；对内真诚关心干部员工，热心帮助急需帮助的人群，增强重庆银行人的爱心意识。

1. 履行社会责任

第一，热心捐资助学。重庆银行与重庆市总工会共同主办“金秋助学、让爱传递”助学金发放仪式，现场发放共计 100 万元的爱心助学金，帮助困难学生。2014 年，重庆银行无偿为重庆市教育发展基金会开发“在线捐赠”系统，为个人和企业通过网上银行向重庆市教育发展基金会进行捐赠提供便捷渠道。第二，参与敬老与慈幼工程。开展关爱留守儿童捐书献爱心活动，牵手重庆儿童救助基金会，启动“慈幼共创助医工程”，捐赠书籍数千册，在分支机构建立青年志愿者站，设立爱心募捐箱，长期为儿童献爱心。其中，重庆银行总行营业部在营业厅安排专人为老年客户服务，按照为老服务的标准流程，文明礼貌、态度和蔼、热情主动接待老年客户，提供温馨的服务，连续两届获评全国“敬老文明号”。第三，扶持就业。重庆银行与重庆团市委合作开展“阳光行动”青年创业贷款项目，发放贷款已累计突破1500笔、13亿元，带动就业创业10万余人。

2. 打造阳光家园

第一，建立员工家访制度。重庆银行各部门、分支行从关心员工、理解员工、尊重员工出发，做到“五个必访”：职工生病住院必访，前往探望；逢婚事、丧事必访，由组织出面帮助料理；遇天灾人祸必访，动员捐款，送去爱心；职工不明原因缺勤必访，了解情况，帮助解决问题；职工情绪出现不稳定必访，倾听诉说，疏通思想。同时，领导层主动关心员工8小时以外的生活，经常和员工谈心，了解员工家庭情况和思想动态。第二，关心员工心理。倡导健康生活快乐工作理念，高度重视员工的情绪管理，每年组织新入行员工、新提拔干部、客户经理、柜员岗人员等各层面、各部门职工召开座谈会，倾听员工心声。总行每年组织1次青年员工思想状况问卷调查，分析研究员工思想动态，向管理层及时提交工作报告，制定出符合员工特点的心理压力疏导工作方案。与专业心理咨询中心合作，定期举办员工心理巡回辅导咨询，并对有个别需求的员工进行针对性辅导治疗。第三，关注员工需求。重庆银行注意改善员工工作生活条件，在新网点装修过程中力争做到“三个一”：一扇窗即解决网点通风问题，一张床即解决员工午休问题，一餐饭即解决员工的午餐问题。

3. 搭建爱心平台

重庆银行在全行发起设立“重庆银行爱心基金”，制定形成《重庆银行爱心公益基金管理暂行办法》，以每天一元为标准，倡导“一天一元钱，天天献爱心”的自愿捐助活动，大力加强对困难人群的帮扶资助工作，搭建起属于重庆银行人的爱心平台，帮助行内外遭遇重大困难的家庭。在全行员工的积极响应下，共募集捐款62万余元，参与捐款员工超过员工总数的80%，极大地增强了员工的凝聚力、向心力和爱心意识。

(五)坚守底线，让员工做“有原则”的人

重庆银行要求全体员工始终保持清醒的意识，脑中时刻要有一盏“红绿灯”，把握好为人做事的底线，做到公私分明、廉洁自律、合规经营，时时处处以自己的言行，维护重庆银行良好的公众形象，推动全行员工争做“有原则”的重庆银行人。

1. 树立风险合规意识

重庆银行大力倡导风险文化、合规文化。第一，重庆银行各部门、分支行每季度坚持至少进行一次合规文化教育，宣贯“合规人人有责、自己主动合规、拒绝被动违规”的理念，有效降低全行操作风险。第二，开展“控制操作风险，构建合规文化”主题活动，组织内部控制管理、案件专项治理、操作风险防控检查，牢固树立“铁账本、铁算盘、铁规章”形象，纠正凭感觉、按习惯、靠感情操作等不当行为，在全行营造领导带头合规、员工主动合规、全员不想违规的氛围，有效提高各项内控管理制度的贯彻执行力。

2. 加强廉洁守法教育

第一，持续开展廉洁从业教育，召开反腐倡廉暨内控案防安保工作会议，邀请市人民检察院检察官作警示教育，邀请资深金融风险管理专家举办案防暨操作风险管理专题培训，下载《廉洁从业公益广告》(视频类)在各楼层连续滚动播放，并及时把银行业案防安保等学习教育材料分发至各部室、各分支机构，督促组织学习，在思想上筑牢固反腐倡廉和案防工作的防线。第二，建立完善规章制度，全面落实党风廉政建设责任制和“一岗双责”。制订重庆银行《集中采购操作规程》等制度，成立采购中心、招标中心和工程管理中心，建立“管采分离”机制，将大额采购、工程建设均委托招标代理公司，同时加强对集中采购的风险管理和对职低权实人员的管控，在信贷领域推行营销条线和风管条线平行作业、交叉作业等方式，做到风险关口前移。第三，开设《重庆银行廉洁从业之窗》，介绍上级纪委的要求、重庆银行的规定、廉洁从业知识以及反腐倡廉的典型案例，打造重庆银行廉洁文化的窗口。第四，开展“四个一”活动。通过读一本反腐倡廉好书，看一部反腐倡廉视频教材，听一次反腐倡廉党课，参加一次监狱警示教育活动，进一步强化员工廉洁意识。第五，加大对违规行为的严格查处，全面审理修订《员工违规行为处理暂行办法》，对案件零容忍，做到有案必查，确保全年“零案件”控制目标实现。通过廉政教育和制度预防，营造全员不能违规、不敢违规的氛围。

3. 培养良好的工作作风

重庆银行把开展群众路线教育实践活动，作为全行“有原则”重庆银行人塑造的重要内容，着力改进工作作风。第一。领导干部带头示范，建立行领导干部联系点制度，10名班子成员根据分管工作分片联系基层单位，负责督促检查。党员领导干部在教育实践活动中做到“五带头”，带头学习理论，带头征求意见，带头指导工作，带头边查边改，带头整改突出问题。第二，创新载体，设立群众意见箱，实行“行长担任大堂经理制”，完善便民服务，争创全国服务“千佳”示范单位。重庆银行教育实践活动的开展，对促进全行作风转变产生突出效果，全行会议同比下降20%，文件简报刊物同比下降22%，公务接待费用同比下降33.1%，重庆银行人的世界观、人生观、价值观、权力观、地位观、政绩观得到校正，进一步坚定理想信念、强化宗旨意识，增强群众观点。重庆银行获得重庆市委群众路线教育实践活动先进表彰。

(六)鼓励作为，让员工做“有担当”的人

重庆银行要求全体员工对重庆银行的发展和未来要有强烈的使命感、危机感和责任感，积极鼓励员工敢于任事，勇挑重担，遇矛盾不回避，遇工作不推诿，遇困难不退缩，勇于攻坚克难，积极作为，成为“有担当”的重庆银行人。

1. 开展典型激励

重庆银行在全行发掘树立先进典型，大力开展典型激励，带动全行积极塑造“有担当”的价值观。第一，专门设立“重庆银行金杯奖”，对各条线做出突出成绩和贡献的集体和个人进行年度表彰，并将先进事迹材料印制成书，印发全行，同时利用重庆银行报、文化墙等载体，广泛宣传获奖者的感人事迹。第二，设立“感动重庆银行人物奖”，每年定期表彰在工作或生活中有“担当”，做出突出感人事迹的员工，传递正能量，倡导好风尚，激励全行员工自觉践行“有担当”的员工价值观。第三，在全行开展创建“五个好”党支部活动，建立践行“五有”核心价值示范岗150余个、先锋岗96个、责任区234个，发挥中高层经营管理人员践行“有担当”价值观的带头作用。

2. 开展用人激励

重庆银行大胆推进考核激励和人事制度改革。第一，实行“干部能上能下、员工能进能出”的用人机制，让干事创业者有动力，让偷工怠劳者有压力。第二，建立优秀人才后备人才库和末位淘汰制，一批年轻有为的管理岗位后备干部成为中层领导，在全行形成公开、公平、公正的激励、约束和问责制度。第三，按照“效率优先、业绩说话”的导向调整完善薪酬制度，建立符合员工个人能力贡献的薪酬体系，形成梯次合理，激励有效，在同区域、同行业内具有市场竞争力的薪酬体系，使员工工作更有尊严，生活更有体面，价值更有体现。

3. 开展宣传激励

一方面，积极打造传统媒体宣传平台。一是将内部重要载体《重庆银行报》改版为更具有亲和力的《重庆银行人》，设置“焦点动态”、“机构风采”、“热点关注”、“员工天地”四大板块，集中展现重庆银行人“有担当”的风采。同时利用《行报》中缝空间，刊登每月过生日的干部员工名单，送上生日祝福，让员工切实感受到重庆银行和谐温馨的大家庭氛围。二是编印《“五有”典范》《重行先锋》等书籍，收集整理国内外优秀企业、个人的典型案例，激励和感召全行员工学习借鉴，勇挑重担。另一方面，充分利用互联网、手机微信等新型传播工具，打造新兴媒体宣传平台。一是建立“青春重银”微信公众平台，构建全行青年员工了解员工价值观的窗口。二是建立微信群、QQ群、微博等青年人偏好的现代传播平台，每天向全行员工发布重庆银行的最新发展动态、管理创新、文化建设等，增强员工的自豪感和凝聚力，树立勇于攻坚克难、积极作为的信心。

(七)强化机制，形成推进“五有”的长效保障

为确保“五有”价值观的持续推进，重庆银行编制切实可行的推进计划，并以正式文件发布(见表1)。

表1 重庆银行“五有”价值观推进计划表

序号	项目	主要内容和基本要求	主要责任者	计划时间
1	明确“五有”价值观具体内容	“五有”价值观具体内容：有梦想、有精神、有爱心、有原则、有担当	领导小组	30天
2	编写宣贯资料	编写“五有”价值观的宣贯资料(包括编写文字资料和制作多媒体光盘)。要求：通俗易懂、图文并茂	企业文化与公共关系部	60天
3	组织宣贯	分层分批培训，利用信息网络、企业专刊、新兴传播媒体等多种方式宣贯	人力资源部、党群工作部	常态化
3.1	向高、中层管理者宣贯	由企业一把手组织高、中层管理者学习，使其成为向各部门(分支机构)员工宣贯的导师	企业一把手	常态化

（续）

序号	项目	主要内容和基本要求	主要责任者	计划时间
3.2	向全体员工宣贯	企业中层管理者是本部门（分支机构）向员工宣贯的导师。组织本部门（分支机构）员工深入学习领会其精神实质	部门（分支机构）负责人	常态化
4	考核评价和激励约束	建立践行“五有”的考核评价制度和以激励为主约束为辅的激励机制，进行定期或不定期考评	人力资源部和企业文化与公共关系部	每年两次
5	总结完善持续改进	按半年和一年的周期进行阶段性总结，形成持续推进的长效机制	领导小组、人力资源部和企业文化与公共关系部	每年两次

说明：在“组织宣贯”中，一是采用“领导表率和树立典型”的方法，即企业高管成为推进“五有”的表率，各部门树推进“五有”的典型，在此基础上树企业的典型，以增强宣贯效果；二是采用“互动交流”的方法，即组织各部门（单位）相互交流学习和践行体会，以达到取长补短的效果。

同时，建立以“激励为主、约束为辅”的“五有”考核评价机制，对部门（分支机构）和员工进行定期或不定期考评（见表2）。

表2　“五有”价值观考核评价指标体系表

序号	员工考核		部门（分支机构）		标准分
	指标（项目）	考评标准	指标（项目）	考评标准	
1	理想与追求（梦想）	制订与企业共成长，促其持续发展的职业生涯成长规划	业务拓展和创新	根据企业经营计划，制定可行的业务拓展和创新规划	20
2	热情、上进（精神）	爱岗敬业，对岗位和承担的工作充满热情；有不断追求上进的精神	工作的热情、水平和能力	引导员工爱岗敬业，对工作充满热情；不断提高工作水平和能力	20
3	关爱（爱心）	对家人、亲友、同事和周围的人和事充满爱心，助人为乐	团结友爱、协同工作	负责人引导员工形成团结友爱的工作氛围，打造一支协同高效的工作团队	20
4	坚持原则（原则）	遵纪守法，廉洁做人；守住法纪和道德底线，维护集体、企业和国家利益；敢于向坏人坏事做斗争	坚持原则	遵纪守法，守住法纪和道德底线，维护集体、企业和国家利益；敢于向不良行为做斗争	20

（续）

序号	员工考核		部门（分支机构）		标准分
	指标（项目）	考评标准	指标（项目）	考评标准	
5	承担责任（担当）	为人做事有担当，敢于承担责任，不回避、不推诿	履行责任	认真履行责任，不回避、不推诿	20
合计					100

说明：(1)反映"五有"的5个1级指标具有同等重要性，因此是等权重的，标准分都是20分。(2)对5个1级指标分别制定其评分细则，按其细则将标准20分进行不等权重分解。(3)由董事会授权领导小组对各部门(分支机构)进行考评；由人力资源部门在企业文化与公共关系部的配合下，组织各部门(分支机构)对其岗位人员进行考评。同时考评者按其实际考评得分对被考评者做出客观公正的书面评述，录入电脑，归档被查。(4)考评周期为半年和一年，在考评周期内，考评者按《重庆银行全面推进"五有"价值观的考核评价管理办法》，做好规范的检查记录。

推进"五有"价值观是重庆银行长期性和常态化的工作。每个考评周期结束后，考评者按考评管理的规定发布其考评信息，并对考核结果进行有效运用。一是对被考评者进行奖励或对其约谈；二是每年初召开企业总结表彰大会，对上年度表现突出的部门(分支机构)给予物质和精神奖励；三是按重庆银行的有关规定，将履职一年以上被考评人的职务(或岗位)升迁和薪酬与其考评结果挂钩。四是该考评指标体系随企业持续发展不断改进完善，形成推进"五有"价值观的长效机制，保障推进的常态化。

三、城市商业银行员工"五有"价值观的推进体系建设效果

(一)全行员工的"五有"价值观基本形成

重庆银行员工对"五有"价值观高度认可，认真践行，将其内化于心、外化于行，体现在业务工作中，员工的精神面貌发生显著变化，企业的工作风气和氛围得到很大改善，出现人人争当"五有"新人的生动景象。一是青年员工敬业意识和爱岗奉献意识明显提高，对外界浮躁社会环境影响的抵御能力显著提升，增强了对重庆银行的忠诚度和凝聚力。二是涌现了一批践行"五有"的先进机构和先进个人。实施员工"五有"价值观以来，全行分支机构中新增了10家省级(市级)"青年文明号"，2家全国"青年文明号"，6家"委级文明单位"。全行共6家分支机构入选中银协评选的"中国银行业文明规范服务千佳示范单位"。三是激发了员工潜能，努力做好各项工作。员工对客户的服务态度明显改善，成果实施期间，客户满意度从77.51%提升到87.40%。

(二)全行员工的综合素质大幅提升

一是员工的主动学习意识明显增强。员工每年参加培训的次数从2011年的2次提升到2013年的7.2次。近两年来，获得银行、基金、证券等金融行业从业资格证书人员增加642人次，其中，73人获得AFP(金融理财师)资格。二是高素质员工比重不断提升，项目实施以来，新增高级专业技术职称12人、中级专业技术职称93人；有42名后备经营管理人选成长为中层经营管理人员；目前，具备监管核准任职资格的各级管理人员

有148人,新增39人。三是员工素质提高有力促进了劳动生产率的提升。重庆银行人均创利从成果实施前约63万元大幅提升至72.7万元。

(三)企业竞争力的明显提升

一是区域竞争力显著提升,形成“立足重庆,辐射周边”的战略布局。在重庆辖区内,逐渐将网点延伸到边远区县,实现全市所有区县全覆盖,成为全市第四家,也是直辖以后唯一一家实现所有区县网点全覆盖的银行。同时,在成都、贵阳、西安设立3家异地分行,在贵州兴义发起设立1家村镇银行,成为西部第一家实现跨区域经营的城商行。

二是产品竞争力显著提升,陆续创新推出一系列在全国领先的金融产品。新开发直销银行、电子银行、小微企业网上银行、微企通、易捷贷、金翅膀、启动力等独具特色的新产品,其中,为小微企业提供的创新产品“微企通”创业扶持贷款荣获中国银监会“全国银行业金融机构小微企业金融服务特色产品”称号,“启动力”创业贷款荣获中国银行业协会“2013年服务小微企业二十佳金融产品”荣誉称号,这些产品也得到广大客户的高度赞扬。

三是市场竞争力显著提升,步入良性发展轨道。从资产规模看,资产总额从2011年的1273亿元上升到2013年的2068亿元,列重庆第5位。从存贷款来看,存款余额在重庆居第5位,贷款余额居重庆第6位。从盈利水平看,实现净利润从2011年的14.88亿元提升到2013年的23亿元,年增长21%,增幅在中资上市同业中处于前列。每股盈利1.1元,税前利润30.57亿元,同比增长21.5%。公司税前利润和净利润同比均达到20%以上增长水准。从资产质量看,近几年不良贷款率一直保持在0.4以内,比全国平均水平低0.5个百分点。2013年不良贷款率继续保持在0.39%的低位。2014年5月,重庆银行H股成为全国城商行中首家也是迄今唯一一家被成功纳入MSCI全球小型指数(中国指数)成分股,同时也是目前唯一被纳入该指数的中资银行股,极大地提升了重庆银行在国际资本市场的影响力,标志着重庆银行受到国际资本市场的深度关注与充分认可。

同时,重庆银行员工“五有”价值观的塑造还得到社会各界的肯定。2014年8月14日,《人民日报》以《塑造“五有“员工,助力企业腾飞》为题,对重庆银行员工价值观塑造进行了大幅专题报道。重庆市委宣传部在《重庆精神文明建设》上也专刊进行了报道。

(成果创造人:甘为民、冉海陵、黄常胜、陈继红、朱　英、
黄　宁、丁　晓、张　天、秦　菁、邓艳明、周伟锋)

海洋石油企业支撑可持续发展的矿权经营与管理

中国海洋石油总公司

成果主创人:中国海油总地质师、有限公司执行副总裁兼勘探部总经理朱伟林

中国海洋石油总公司(以下简称“中国海油”)是国务院直属特大型国有企业,是中国最大的海上油气生产商。自1982年成立以来,由单纯从事油气勘探开发的上游公司,逐渐发展成为主业突出、产业链完整的国际能源公司。油气年产量持续稳定在5000万吨油当量。在世界石油公司排名中,位列第32位。2014年,在“世界500强企业”中排名为第79位。

一、海洋石油企业支撑可持续发展的矿权经营与管理背景

(一)维护我国海洋权益的战略需要

20世纪70年代有研究指出南海具有丰富的油气资源。此后,围绕中国所主张管辖海域的领土争端逐渐增多。截至2010年年底,周边国家在我国九段线内已累计生产石油2.27×10^8吨,天然气6110×10^8方。1982年,中国海油成立,截至2005年年底,依法在中国海域登记矿权139万平方公里,全海域矿权格局基本定型。中国海油70%矿权面积属于敏感区。中国海油一方面按照国家政策积极推进敏感区自营勘探,另一方面,利用国家给予的“对外合作专营权”政策,积极开展对外合作,推进敏感区合作勘探,维护海洋权益。21世纪以来周边形势日趋复杂,如何在新形势下,针对矿权政治敏感度、矿权地质特点,制定不同的海洋油气资源发展规划及对策,实行敏感区矿权动态管理,在维护国家海洋权益的同时促进公司可持续发展是中国海油矿权经营与管理的首要任务之一。

(二)遵守国家矿权法律法规的客观要求

1997—1998年国家先后颁布《中华人民共和国矿产资源法》及三个配套法律法规,标志矿权管理步入法制的轨道。2003年以来国家出台“勘查实施方案与专家审查制度”、“年度计划预算与区块退出(25%)”、矿权“竞争出让、商业跟进、快速突破”等一系列法律法规和管理政策,旨在规范矿权、强化区块退出机制、加强监督管理。国家法律法规的不断发展,要求矿权管理已不再是单纯的登记使用管理,必须要转变管理思路,在海域矿权分布大格局不变的背景下,确立动态经营的理念,盘活矿权资产。同时在满足国家法律法规和政策要求的基础上,有效防控经营与管理中各种风险,保障企业健康可持续发展。因此,有必要建立一套完整、规范、动态的矿权管理体系,紧跟国家政策变化调整管理策

略，有效识别、预警及科学评估矿权经营与管理的风险，达到既满足国家政策需求又符合公司全面风险管控要求的双重目标。

（三）实现企业发展战略及可持续发展的根本需要

矿权经营与管理必须以企业发展战略及可持续发展目标为导向，担负起矿权经营与管理的重任。一是必须确实保证油气矿权稳中有升。国内油气矿权分布格局基本确定，中国海油拓展新的油气矿权空间很小，如何在国家实施“矿权退出机制”的框架下，保持现有优质和潜力矿权、拓展新矿权是矿权经营与管理的挑战之一，因此要对矿权资源潜力进行科学评估并分类管理，及时制定应对策略。二是必须深度挖潜现有矿权价值。虽然中国海油近几年针对技术难题已进行大量投入和技术攻关，但总体上仍面临产能提高难度大、投入开发门槛高、陆地技术移植难、开发经济效益低等难题。必须充分利用管理体制机制创新，合理设置矿权，为有效的引进资金和先进技术，突破技术瓶颈，加快推进这些矿权资源的勘探开发进程创造基本条件。三是建立沟通交流平台实现和谐用海。近几年中国海域用海局面日趋紧张。仅以渤海为例，80％的矿权面积与军事、渔业、自然保护区和地方规划区有重叠区域，需要与各用海方协调好勘探开发的作业时间。因此，必须建立沟通协调机制，实现信息共享，协调各方资源，推动海洋资源的综合利用，保证各方利益，和谐用海。

二、海洋石油企业支撑可持续发展的矿权经营与管理内涵和主要做法

将矿权作为中国海油最根本的资产，以有效保障支持企业可持续发展的矿权资源为目标，通过构建三级组织架构、完善制度体系、优化管理流程，实现统一规划、分级管理，提高工作效率及抗风险能力；建立健全四位一体的矿权经营管理的动态管理机制，探索多种矿权形式，实现矿权资产的优化组合，实现全层级、全过程、全种类矿权的经营与管理。主要做法如下：

（一）明确矿权经营与管理的思路、原则和主要框架

1. 明确思路

矿权经营与管理的目标：持续提高矿权经营与管理能力，为实现企业战略目标提供矿权资源保障。

矿权经营与管理的指导思想：树立矿权经营的理念，积极开发蓝色国土、维护国家海洋权益；严格践行国家矿权管理的法律法规，提升履行矿权义务的能力；加强矿权经营与管理，为企业可持续发展提供矿权资源保障。

成果主创人：中国海油矿管办主任、有限公司勘探部副总经理蔡东升

2. 确定基本原则

一是过程管控、合规运营。依据国家矿权管理的政策及法律法规，确保企业合规运营；根据企业管理制度，严格执行各

项管理要求，实现矿权评价、获取、勘探开发实施及矿权退出全过程的风险管理。

二是重点突出、分类管理。在国内海上油气、陆上油气及非常规油气矿权、陆上非油气矿权，海外油气及非常规油气矿权中，重点突出国内海上油气矿权管理，努力拓展非常规油气矿权；按照国内油气及非常规油气矿权、国内非油气矿权、海外矿权三个维度对现有矿权实行分类管理，不断优化矿权资源的结构。

三是动态经营、经济有效。按照矿权规划与勘探部署相结合、自营矿权与合作矿权相结合、潜力矿权与优质矿权相结合的原则，动态管理矿权设置、矿权获取与退出，保障矿权资源经济有效。

3. 明晰核心内容

第一，强化潜力研究。跟踪国家政策、全国勘探开发形势及国家区域调查结果，研究国家能源规划及中国海油发展战略，优化矿权资源组合，确保优质矿权、保护潜力矿权、扩展新领域矿权、有策略退出无潜力矿权，实现矿权资产的有效增值。

第二，科学获取矿权。建立完善的制度体系和流程，在矿权的获取及退出决策中实现风险管理。

第三，有效经营与管理。以矿权规划与分类为依据进行现有矿权的优化组合；合理设置自营矿权和合作矿权，引进资金和技术，实现矿权动态管理，矿权资源的合理置换。

4. 确定基本框架

支撑企业可持续发展的矿权经营与管理体系包括组织体系、制度体系、管理流程、管理机制和管理工具五大核心内容。通过构建组织体系、完善制度体系和梳理管理流程实现矿权高效管理及全面风险控制；通过建立矿权评价预案、决策支持、沟通协调及特殊海域动态管理的四位一体新机制，有效提升矿权管理能力及抗风险能力；通过将矿权信息管理系统工具贯穿管理的全过程，实现矿权管理流程制度化、管理方法科学化、管理内容精细化和管理效率最大化。

（二）完善矿权经营与管理的组织架构、制度体系和管理流程

1. 构建领导、协调管理和执行三级管理的组织体系，落实管理责任

组织体系分为管理层（企业领导层）、协调管理层（矿管办及有关部门）及执行层（所属单位分（子）公司）三个层级，由矿权管理队伍和矿权研究队伍组成。其中，所属单位分（子）公司是矿权管理的执行者，负责本单位管辖矿权的日常管理，提出矿权的规划及矿权管理建议；矿管办作为协调管理部门，负责全公司矿权的统筹规划、资源分配、风险监控及协调支持等工作；公司领导层负责决策、监控考核及国家层面协调工作。矿权管理队伍由各层级管理人员组成，矿权研究人员由所属单位分（子）公司研究院、研究总院、专家及风险委三大评估决策队伍组成，是矿权管理的技术支撑。

该组织体系构建三级组织架构和两套队伍，明确各层级的职责分工，实现了矿权的分级管理；两套队伍交叉管理，充分体现管理与技术有机组合，同时突出风险评估决策的功能。

2. 完善管理办法、管理细则和操作细则三级制度体系，促进管理制度化

建立管理办法、管理细则和操作细则三级管理制度，形成矿权管理制度体系。其中

总公司负责归口管理油气矿权，备案监管非油气矿权及海外矿权；有限公司及二级所属单位统筹管理（有限勘探部和开发部分别管理油气探矿权和采矿权）油气及非常规油气矿权，三级单位负责具体实施。

3. 优化突出风险控制点及关键决策点的管理流程，推进管理精细化

矿权经营与管理分为日常管理、重大事项管理、纠纷协调管理三个方面30个管理流程，主要阐述各项工作、各个单位、各个岗位之间的协调、管理、责任和标准，明确各项工作的风险控制点和关键决策点，明确责任人的职责和权限，明确各项工作的决策控制程序，实现了全过程的风险监控。

4. 建立矿权管理信息化平台，实现管理精准化

矿权管理信息系统是矿权经营与管理的技术支撑，该信息系统囊括探矿权、采矿权、对外合作三大部分的信息，实现矿权信息全面整合。除具有数据库的常用功能外，重点开发矿权方案设置、矿权管理预警、空白区与重叠区风险评估、矿权规范命名及历史跟踪等特有功能以及矿权规划决策支持功能。同时，该系统与国土资源部数据库兼容，实现信息资源共享。该系统为全面推进矿权动态经营与管理提供技术支撑和工具，实现矿权信息动态的实时跟踪、数据统计分析、预案编制及风险评估预警等功能，使矿权经营与管理更加精准化、科学化和制度化。

（三）健全四位一体的矿权经营与管理动态机制

在管理体系逐步建立和完善的基础上，围绕矿权经营与管理，健全矿权评价预案、评估决策、沟通协调及动态管理四位一体的管理机制，形成矿权研究评价—矿权设置与获取—矿权管理与监督—矿权潜力再评价的动态管理闭合流程，利用沟通协调机制建立公共关系交流平台，强化沟通协调功能。每个机制功能明确，独具运行特色而又相互支持，体现矿权经营与管理的动态性、灵活性，强化对关键决策点的环节控制，实现对矿权的科学有效管理。

1. 矿权评价预案机制

建立研究目标制定与调整—矿权分类规划—制定预案—跟踪评估的闭合流程，对每个流程环节的目标进行划定，形成一套完整的、常态化的评价预案机制，不断升级有价值矿权的级别，扩展新领域矿权，剔除无潜力矿权，为矿权资产的有效置换提供科学依据。分为四个步骤：

第一步，确定研究目标。按照公司发展战略制定矿权评价目标及工作计划，即对现有矿权的勘探潜力和前景分析、有潜力空白区矿权的前期可行性研究、无潜力矿权的再评价。

第二步，制定矿权分类标准、合理分类。制定和完善“矿权地理”、“矿权勘探地质风险”和“含油气系统”三种矿权分类标准。根据分类标准对每个矿权的地理位置及其敏感性、勘探潜力和前景进行动态分析和评价，对矿权的潜力进行排队及筛选。

第三步，合理提出矿权设置预案。在充分调查研究的基础上，结合实际提出年度矿权变更延续方案；制定矿权退出预案；提出矿权新立预案和合作矿权设置方案。

第四步，跟踪评估预案调整目标。每年按照矿权与勘探项目、勘探部署一体化管理

思路，充分考虑勘探整体部署、区域评价和勘探进程，兼顾勘探投入，在矿权变更延续时，对所有矿权设置及预案进行再评估，确定下一年度研究目标。

2. 矿权决策支持机制

决策支持机制是矿权经营与管理的关键，从工作流程及关键点控制都有明确的要求和标准，在确保为决策提供科学有效依据的同时，防止决策风险的发生，实现全过程的风险控制。

一是多层次的分级评估模式。分为预案编制、分公司自查、研究总院复查、矿管办核查、专家评估及领导决策六个环节。

二是两级审查——集体决策制。油气矿权登记申请书及勘查实施方案采取两级审查方式。分公司负责登记申请书及勘查实施方案的编写和初审，矿管办根据情况组织专家进行复审。油气矿权退出和新立方案采取两级审查——集体决策制。由分公司提出建议，研究总院评价，矿管办组织专家审核，在年度合作矿管会上提交风险委及与会代表讨论，确定矿权退出和新立方案后报领导审批。陆地油气及非常规矿权新立方案采取两级审查——集体决策制。由矿管办提出建议，研究总院组织研究评价制定方案，矿管办组织专家审核，确定方案报主管领导审批。

3. 特殊海域矿权动态管理机制

特殊海域动态管理机制是指利用国家"南海、东海协调机制"和"特殊海域矿权政策"，以维护国家主权和保障公司利益为目标，从自营勘探和合作勘探两个方面，有效推进特殊海域矿权的勘探进程，使勘探部署和维护海洋权益有机结合。主要做法如下：

一是通过适时勘探维护国家主权。实时跟踪周边国家勘探开发动态及国际形势，贯彻两个"协调机制"方针，落实"特殊海域"矿权政策，配合国家外交策略，适时勘探，维护国家主权。二是通过自营勘探保障公司利益。按照国家统一部署，遵循"一事一报、择机勘探"的原则实施自营勘探作业。三是通过对外合作创造勘探条件。推进与周边国家和地区的联合研究，有效扩大可勘探面积，保证中国海油中长期规划的顺利实施。

4. 矿权沟通协调机制

一是建立纵、横向的立体沟通协调网络，保障沟通渠道通畅。系统梳理矿管办对内、对外的各种工作联络关系，制定工作关系图表。建立多层次多方位的沟通网络：建立内部的沟通网络，即总公司（矿管办及相关部门）、所属二级单位、基层单位（矿权管理的三级单位）三级纵向工作交流渠道；以评估决策支持为主线的基层单位（矿权管理的三级单位）、研究总院、专家组等横向沟通渠道；建立外部沟通渠道，包括与国家部委及地方企业、中石油等油公司及各评估与咨询机构等多方位的沟通渠道。二是建立培训、会议及交流为一体的沟通交流机制，提升经营与管理能力。按照联络关系图，对外以培训、会议（年检会及督查会）及矿权信息化平台（矿权申报）等形式定期与国土资源部地勘司、国土资源部油气中心及其他公司进行定期沟通交流；对内以会议、内部培训等形式进行工作沟通交流。三是建立多渠道多层次的外部沟通交流机制，及时了解政策动态。以解决矿权的重大决策问题及矿权纠纷问题为目标。分层级建立高层、中层及工作层的点对点沟通渠道，及时了解政策动态，有针对性的解决矿权管理中的现实问题。四是建立矿权纠纷、和谐用海沟通协调机制,保障用海权益。矿权纠纷协调采用多部门联合协作的机制,由矿管办总协调,工程项目单位为措施与解决方案的应对单位,各分/子公司为评估单位。在各部门共同制定出应对措施与解决方案后,报公司主管领导及法人代表,获得批准后,由矿管办负责与纠纷单位谈判协调,签订用海协议。

(四)探索多种形式的国内矿权设置新模式

1. 首创深浅层分开的立体矿权

立体矿权设立模式改变以往从上到下设置单一矿权的做法,而以勘探层系、储层品位及技术难度为依据,将矿权纵向上分层系设置多个探矿权,这在我国油气勘查探矿权的设置史上还属首次尝试。通过实施这种管理模式,有效提高勘探效率。该模式已在渤海成功应用,积极推动渤海深层勘探,使矿权勘探空间扩大一倍,更为今后探索灵活的对外合作模式和矿权设置提供了经验。

2. 实现采矿权转探矿权的自动转换

采矿权转探矿权的自动转换模式是指采矿权到期注销时,矿权人根据需求可以保留采矿权范围内其他目的层系勘查的权力,并在采矿权注销同时,申请转为探矿权。在南海陆丰 22－1 采矿权到期注销的同时,即自动变更转为探矿权,这一矿权设置转换模式也是我国油气矿权设置的首创。

3. 设置多种灵活的合作矿权

在合作矿权的设置中,按照矿权分类与规划成果,突破传统的石油合同模式,依据勘探层系、合作目标及合作方式等多种形式的、灵活的“1＋6”合作模式,如浅层自营、深层合作的合作模式;“单个含油气构造”合作模式;“中方当作业者”模式;“海内外互动”模式。在此基础上针对勘探整体部署的需求及区块的特点,依据合作与自营勘探并举的原则,合理设置合作矿权,引进技术和资金,加强我国海上油气勘探力度,有效降低中国海油的勘探投入风险。

4. 实施特殊海域矿权动态管理

紧密跟踪外交政策和勘探开发现状,深度推进对外合作,探索对外合作矿权的设置模式,对于两岸关系推出“台阳”模式、跨界构造推出“LG36－1”模式,争议区推出中韩松散联合研究、中韩渔业协定、中日共同开发区、中越一体化协议及中菲越协议区,这些模式的推出,积极推动特殊海域勘探开发进程,积累了特殊海域动态管理的经验,同时维护了国家主权。例如“台阳”合作模式,为了促进两岸的经济合作,在 1996 年中国海油与台湾石油及投资股份有限公司签署《台南盆地和潮汕凹陷部分海域协议区物探协议》基础上,2013 年提出双方以签订石油合同形式合作,为解决台湾中油在投资比例上面对的困难,提出在新的合作项目上引入第三方,降低双方在开发期的出资和权益比例。此种合作模式为今后两岸推动其他合作区块的勘探具有示范意义。

三、海洋石油企业支撑可持续发展的矿权经营与管理效果

(一)提高矿权经营与管理的科学化水平,有效防范管理风险

在组织管理上,建立三级组织构架,将管理与技术有机结合,有效地提高管理与决策

的科学性；在制度体系上，制定三级管理制度体系，实现分级管理的目标；在管理流程上，明确关键决策点和风险控制点，实现全过程风险管控；在管理机制上，建立四位一体的管理机制，实现矿权的动态经营管理和管理的精准化。矿权的持续、科学的优化，为支持中国海油快速发展提供资源保障。矿权管理体系的实施在提高管理效率、降低管理成本方面都取得显著的成果。矿权经营的理念和动态管理机制也为其他能源企业提供了借鉴。

在风险管理方面，制度体系及管理流程充分体现分级管理与统筹协调相结合的职能，做到分级、分类和集中管理各类风险，在矿权重大问题的决策中实现全过程防控，矿权管理的抗风险能力显著增长，为持续健康发展打下坚实基础。

（二）实现矿权经营的跨越式发展，有力保障企业可持续发展

一是拓展勘探新空间。矿权模式的创新使矿权动态管理更具有灵活性、可操作性，在“确保优质矿权、保护潜力矿权”方面取得显著效果。在国家“区块退出”政策日趋严格的大环境下（2008 年以来全国退出矿权面积 29 万平方公里），通过设置深浅层立体矿权等多种矿权，新增矿权面积 1.0 万平方公里，获得新的勘探发现。截至 2013 年，国内油气探矿权突破 142 万平方公里，海上稳定在 139 万平方公里左右，陆上新增 3 万平方公里，国内矿权面积持续保持全国第二、海上第一的地位。海上生产油田的数量每年递增，探一采一探矿权转换进入良性轨道。二是实现了常规油气矿权向非常规油气矿权的跨越。按照中国海油发展战略的产业布局规划，矿权资源谋取及管理也取得了质与量的突破，形成以油气矿权资源为主体，煤层气、页岩气、页岩油矿权（区块）等非油气矿权快速发展的格局。2010 年安徽页岩气探矿权获取实现非常规油气矿权的突破，2011 年与中联煤公司的合作填补了中国海油在国内煤层气勘探开发的空白，为煤层气上中下游一体化发展奠定了基础。同时海外煤层气、页岩气业务的拓展，为中国海油非常规油气业务发展起到促进作用，也拓展了上中下游互动的新平台，为中国海油向国际一流能源公司发展提供矿权及资源保障。

（三）推动我国海上勘探技术的进步，切实维护国家海洋权益

一是有效推动我国海上勘探技术进步。通过合理设置合作矿权引进资金和技术，形成海洋地球物理勘探、钻探井技术、海上边际油气田开发、海上稠油开发在内的中国特有的海上油气开发技术体系，建造海洋石油 981 及配套船，实现 3000 米水深的钻探能力，为进军深水和维护海洋权利提供技术和装备基础；通过配套特殊海域矿权减免费的专项资金，开展科学探索井、深海及特殊海域专项勘探投资、稠油热采试验、低孔低渗研究等项目，取得较好的勘探地质成果。

二是切实维护国家海洋权益。多次向国家部委提交特殊海域的油气勘探开发自营、对外合作、共同开发及划界等方面的建议并获得采纳，拓展国家海上维权的手段与方式。积极探索争议海域的合作模式，在敏感海域共签订 18.8 万平方公里协议，促进与韩国和越南等国家及海峡两岸的海上油气合作勘探开发，提高海上争议区与敏感区的资源开发效率，切实维护我国海洋权益。

（四）显著提升企业经济和社会效益

一是显著提升经济效益。2010 年以来，油气产量突破并持续稳产 5000 万吨油当量；

截至 2013 年，累计探明地质储量较 2007 年增长近 26 倍，新增开采油田 34 个，油气年产量增长 1.7 倍；累计吸引外资直接勘探投入达 171 亿元人民币。

二是树立良好的社会形象。社会地位稳步上升，中国海油在央企考核中综合排名第一，世界排名逐年上升，有效的矿权经营与管理为实现中国海油的社会地位的提升起到支撑与基础保障作用。

中国海油矿权经营与管理水平及履行矿权人义务能力不断提升，获得有关部委高度认可。在矿权经营与管理体系实践中，矿权设置的创新与试点，为国家进一步完善矿法及其配套法律法规提供素材和试点经验，特别是分层系设立矿权模式和采矿权转探矿权模式，为国家在矿权设置改革中提供示范作用；"特殊海域矿权"的概念作为矿权的补充定义，为国土资源部对敏感海域的矿权管理提供了理论依据和实践示范作用，其特殊海域矿权动态管理的实施维护了国家海洋权益，为进一步开发蓝色国土提供了矿权资源保障。

（成果创造人：朱伟林、蔡东升、王　彦、韦子亮、许　红、董本松、黄志洁、牛林田、王理荣、陆　清、胡　斐、邓汉南）

乳品企业基于可持续发展的奶源管理

内蒙古蒙牛乳业(集团)股份有限公司

成果主创人:公司总裁孙伊萍

内蒙古蒙牛乳业(集团)股份有限公司(以下简称“蒙牛乳业”)成立于1999年8月,总部设在内蒙古自治区呼和浩特市和林格尔盛乐经济园区,是国家农业产业化重点龙头企业、乳制品行业龙头企业。已经建成集奶源建设、乳品生产、销售、研发为一体的大型乳及乳制品产业链,规模化、集约化牧场奶源达94%以上,居行业领先。在全国20多个省区市建立了31个生产基地、50多个工厂,年产能超过770万吨,年销售额超过430亿元。蒙牛乳业着力整合全球优势资源,先后与丹麦Arla、法国Danone(达能)、美国White Wave、新西兰AsureQuality(安硕)达成战略合作,并联合君乐宝、雅士利、现代牧业、原生态牧业等国内优秀伙伴,快速与国际乳业先进水平接轨,为消费者提供营养健康的食品。2009年7月,中国最大的粮油食品企业中粮集团入股蒙牛乳业,成为“中国蒙牛”第一大股东,有效推动了蒙牛乳业“食品安全更趋国际化,战略资源配置更趋全球化,原料到产品更趋一体化”进程。

一、乳品企业基于可持续发展的奶源管理背景

(一)推动我国奶源行业转型升级的需要

畜牧业的发展程度是一个国家农业发展水平的重要标志。中国经济的蓬勃发展,推动了奶牛养殖业的繁荣,2012年我国牛奶产量达到3743.6万吨,位居世界第三位。但与此同时,产业水平依然处于较低的农户阶段。2008年我国仅有19.5%的奶牛是规模化牧场养殖,2012年达到了35%,但与发达国家几乎100%的牧场养殖水平相比,仍存在巨大的差距。基于可持续发展的奶源管理为应对这一挑战提供了新视角和新方法,可以帮助乳业企业形成更具创新性的管理解决方案,为奶源行业转型升级奠定管理基础。

(二)重塑消费者对国产乳品信心的需要

自2008年牛奶事件后,消费者对国产牛奶安全性的信任跌至谷底,奶源的安全问题也受到社会的关注。我国尚未建立起第三方原奶质量检测机制,原奶质量检测工作由乳品企业承担,消费者对原奶质量的信任度仍需提升。基于可持续发展的奶源管理就是要正视乳品企业与消费者之间的关联,推动乳品企业以更加透明、公开的方式推进奶源管理,统筹兼顾奶源、消费者等利益相关方的诉求,凝聚发展合力,在增进消费者对乳品信心的同时,实现企业的可持续发展。

（三）乳品企业增强企业竞争力的内生需要

乳业产业链较长，从奶源、生产、加工到运输销售，如何保障乳品质量成为乳品企业面临的一个重要挑战。一是乳品消费和原奶供应具有周期性，奶源供给量的高峰与乳制品的消费高峰不同。如果没有稳定的奶源供应，乳品企业的生产将会受到很大影响，同样非高峰期的过剩的供给则会造成库存压力。二是随着我国牛奶饮品消费量的增加，原奶供给在总量上逐渐出现缺口。原奶的短缺，推动原奶收购价格的上涨，对乳品企业造成不小的原料成本压力。因此，蒙牛乳业不断加大对奶源管理的重视程度，以基于可持续发展的奶源管理整合奶源供应链资源，加强奶源供应链质量管理，为奶源提供资金、技术全方位支持，全面提升奶源管理运营水平，通过不断提高责任竞争力，为企业发展赢得持久的竞争优势。

二、乳品企业基于可持续发展的奶源管理内涵和主要做法

蒙牛乳业以实现产业的可持续发展为目标，建立内部协调机制，打通部门之间的协作渠道，全力推动奶源转型升级。针对奶源牧场分散的特点，将与奶源相关的供应链企业集合在一起，整合奶源供应链资源，为牧场提供整合平台服务。加强对奶源的质量管理，通过严格的规章以及技术帮扶，跨界协作，提升原奶质量，增强蒙牛乳业产品竞争力。开展惠牧计划、标准牧场建设计划等项目，建成现代化、集约化牧场，实现牧场建设的升级转型。同时，开展多种渠道的融资服务，为牧场提供资金支持，解决牧场主的后顾之忧。通过开展牧场主大学等项目，为牧场主提供牧场运营、奶牛养殖、疫病防治等课程，提高牧场主的管理水平和技术水平，通过全方位帮扶，促进牧场实现产业升级。主要做法如下：

（一）确立基于可持续发展的奶源管理的目标和工作思路

基于可持续发展的奶源管理，一是要从奶源管理的执行主体出发，提升牧场主的可持续发展意识，为基于可持续发展的奶源管理奠定理念基础；二是注重资源共享与整合，为基于可持续发展的奶源管理凝聚发展合力；三是从消费者关注的重点出发，加强供应链质量管理，为基于可持续发展的奶源管理抓住发展根基；四是充分发挥蒙牛乳业技术、资金等资源优势，为基于可持续发展的奶源管理做好支撑；五是通过项目制的管理方法，为基于可持续发展的奶源管理注入发展活力。

（二）建立基于可持续发展的奶源管理的组织保障

蒙牛牧场主大学讲师在实践课上做指导

蒙牛乳业依托公司社会责任委员会，将基于可持续发展的奶源管理纳入社会责任委员会管理范畴，由公司总裁任委员会主任，各系统负责人任副主任，以奶源管理系统、质量安全系统、研发管理系统为主要执行主体，密切与其他单位协调配合，并邀请专业合作伙伴作为外部顾问，实现公司内外跨系统、跨领域的协力

合作。

（三）整合奶源供应链资源，提供跨平台服务

牧场运营的供应商数量巨大、服务水平参差不齐。为进一步提高奶源供应质量，蒙牛乳业积极推进奶源供应链资源整合，推动奶源产业发展。

1. 建设奶源供应链信息平台

蒙牛乳业建立奶源供应链信息共享平台，推动信息在牧场、供应商、城市经理人等合作伙伴以及蒙牛乳业之间的无缝共享，更好实现跨界协作。一是解决奶源地理分布分散的问题，使信息的传播及时有效；二是及时向牧场、供应商、城市经理人反馈奶源信息，方便合作伙伴科学有效组织管理和生产；三是帮助牧场主掌握国家相关法律发挥、产业政策和技术标准，为有效保障奶源的安全提供信息技术支撑。

蒙牛乳业供应链信息共享平台，包括国家产业政策、畜牧业相关法律法规、原价价格库和专家库等主要组成部分，面向牧场、供应商、城市经理人等合作伙伴开发，由蒙牛乳业定期收集更新相关信息，帮助牧场提高管理能力，提升运营水平。

2. 建立集中采购机制

为保障牧场产品的质量，降低牧场采购成本，蒙牛乳业推进标准化采购，引进优秀的牧场物资厂家，通过与中标厂家的大力合作，切实为供方、奶户降低采购成本，给供方带来收益的同时有效降低原奶质量风险。同时，在具体采购过程中，赋予牧场主在入库供应商中自由选择的权力，从制度上保障牧场主的权益。

一是集中招标。选择国际、国内领先的牧场设备供应商、饲料供应商等奶源供应商，由蒙牛乳业牵头，联合牧场开展集中谈判，建立起牧场与优秀供应商的交易平台，牧场可以自由的选择供应商与之签约。供应商可以实现大规模的批量销售，一定程度上提高牧场的议价能力，供应商也愿意以优惠的价格，提供大批量的产品，实现供应商与牧场双赢的局面，有助于减低牧场的谈判、采购成本，提高运营效率。

二是自由选择。通过集中招标，一大批质优价廉的供应商进入蒙牛乳业的供应商系统，牧场主在采购相关物料过程中，对于纳入供应商库的合格供应商可以充分自由选择。通过自由选择的方式，既保障牧场相关生产资料的质量和价格，又给牧场主充分的自主权，保障牧场主的权益。

（四）加强奶源供应链质量管理，确保奶源供方质量可靠

1. 严格奶源供应商准入门槛

为将奶源帮扶落到实处，蒙牛乳业从供货保障、质量保证、价格执行等三个层面对供应商资质和服务水平做出明确的规定，制订严格的供应商准入制度，确保供应商提供优质服务。供应商必须在销售产品的同时，配套相应的售后服务体系，同时发挥自身的技术优势为供方提供具体解决方案，包括设备安装、验收及操作人员培养、提供相应的技术服务、组织开展技术知识普及培训、融资服务等。

2. 完善奶源供应商质量管理体系

蒙牛乳业奶源供应商涉及品类多，将供应商分成战略、重点、一般、日常供应商，对不

同级别的供应商从资源投入、培养管理、研发、技术等层面进行不同程度的支持。

蒙牛乳业质量安全管理系统供应商评审办专门负责供应商质量的审核,研发人员也参与供应商质量评审的管理,进行工艺的评审,避免不合格的、有风险的产品供应。结合自身技术资源,制定供应商帮扶计划,帮助供应商提升工艺水平、降本增效。以持续优化质量安全管理标准、技术标准为基础,建立优化风险管理体系,完善质量评价机制,实现信息化管理,使蒙牛乳业质量管理体系逐步接轨国际管理。

源头方面,建立标准化牧场,实现原奶结果安全化,提高奶源供奶合格率;通过对供应商实施评估准入制度、日常分级管理等,逐步提高原辅料到厂合格率。生产方面,运行质量安全管理体系,持续进行技术改进和 QC 改善活动,应用先进的过程管理工具,提升生产过程的质量准确度和稳定性。

蒙牛乳业以国家法律法规、标准为基础,严格遵守国内外质量安全标准,通过ISO9001、ISO14001、OHSAS18001、GMP、HACCP 等七大质量认证,确保食品安全合法合规。参与食品、乳品方面国家标准的起草、国际标准的采标工作等,提高企业食品质量管控标准,引领乳品行业食品质量标准的持续改进。

蒙牛乳业加强风险的前瞻性管理,研判未来质量风险。在国家质量法规标准基础上,在对现有质量风险进行实时跟踪、及时消除的同时,从奶源、供应商、生产过程、法律法规等方面全面梳理质量风险点,加大对未来可能发生的质量安全风险的研判和预测。

针对奶源的质量问题,蒙牛乳业进一步细化奶源质量管理系统,形成"区域风险管控、源头供应商管理、奶牛健康改善、供方车间化运营、化验室能力提升、不合格奶追踪、供方规范管理"为核心的质量技术管理体系,其具体内容如表 1 所示。

表 1 蒙牛乳业质量管理主要内容

管理项目	管理内容
区域风险管控	聚焦区域性季节性风险项目
源头供应商管理	聚焦饲料、兽药、设备、易耗品供应商管理
奶牛健康改善	聚焦奶牛热应激改善、冷应激改善、SCC 控制
供方车间化运营	聚焦挤奶、清洗、贮存 SOP 落地
化验室能力提升	聚焦饲料、奶牛、原奶常规检测
不合格奶追踪	聚焦不合格去向、原因及整改
供方规范管理	聚焦供方准入、分级、计价

(五)提供资金、技术全方位支持,建设集约化牧场

1. 实施家庭牧场计划

蒙牛乳业对牧场进行严格的管理,只有符合准入制度的牧场才能成为蒙乳业奶源的供应商。家庭农场的规模要求是 300～3000 头规模,在牧场设计上牛舍空间充足,能够保证奶牛较为舒适的生活环境。

集约化牧场是现代化牧场发展的趋势。蒙牛乳业发挥自身在资金和技术方面的优势,帮助合作牧场升级发展,积极承担起促进牧业产业升级的责任。建立稳定的奶源供

给，提高公司前向一体化的整合控制能力。

鼓励家庭农场的建设，实施家庭农场计划（FM 计划），对符合条件的家庭农场提供从资金到技术的全方位支持。从设计阶段就对家庭农场进行把控指导，确保牧场在设计阶段就能实现环保和动物福利。在牧场建设环节，加强与牧场建设的沟通交流，提供有针对性的指导、服务。

2. 实施牧场标准化管理

蒙牛乳业引进国际先进的丹麦乳业巨头爱氏晨曦 Arla Garden 牧场管理体系，施行标准、科学化管理，减少牧场管理对人员的依赖。整合国内外资源，完善原奶生产机制，在种植、养殖、初加工三个环节严格执行国际先进牧场管理标准，全心培育更营养的牧草、养殖更健康的奶牛、采集更优质的原奶。

牧草种植阶段。与国际权威的营养师、畜牧专家和一流的牧草管理团队合作，开展草种筛选、环境优化、田间管理等重要牧草种植流程的标准化管理，为奶牛提供优质营养口粮。

奶牛养殖阶段。引进 Arla Garden 牧场管理体系，实现牧场集约化、科学化、高效化管理。成立专门奶牛育种公司，引进新西兰高品质荷斯坦奶牛，因地制宜繁育适合我国环境生长的良种奶牛。

加强奶源“前管理”。将对奶牛的管理前伸到种植环节、用药环节、育种环节，实现统一准入、统一饲料、统一兽药、统一评估。饲料和兽药受控率达 100%。

提高牧场规模化水平。专门成立富源牧业公司，全面加强自有牧场的建设和实施。目前，蒙牛乳业规模化牧场占比已达到 93%。

加速掌控优质奶源。加强对优质奶源质量和数量的保障，更好发挥高品质奶源的优势。加大对优质牧场的投入和建设力度，建立起更稳定更安全的乳品全产业链，为消费者提供更加营养、健康的乳制品。

3. 提供多渠道融资支持和服务

蒙牛乳业开拓融资渠道，丰富金融支持，为牧场建设提供坚实的资金保障。与政府、银行、合作供应商等多方开展合作，拓宽融资渠道。一是政府补贴。收集各级政府农业扶持政策及政府补贴信息，协调各级政府资源争取资源分配，重点针对供方改扩建，设备、饲草饲料采购等方面争取政府补贴，助力奶源建设。二是拓展银行融资。与银行、农村信用社等金融机构战略合作，为奶源建设量体裁衣，设计独特的金融产品，打造奶源融资的“信贷工厂”。三是分期付款政策。与蒙牛乳业合作的供应商，提供融资合作模式或供方采购物资可以分期付款，打造诚信市场，有效缓解供方资金压力。四是公司资金支持。满足奶源供方特色化需求，向供方提供预支奶款、中期贷款、发改委配套款、特殊资金、代扣款业务等支持，推动奶源产业升级。

参加家庭牧场项目的牧场主，在符合 300～3000 头奶牛养殖规模，牧场建设规划符合蒙牛乳业相关标准的情况下，即可获得蒙牛乳业提供的资金支持计划，对需要新建或扩建的家庭农场，蒙牛乳业为牧场主提供 1/3 的无息贷款，并提供担保服务，为牧场主提供 1/3 的商业贷款担保，牧场主只需负担 1/3 的项目资金，即可实现牧场的升级与扩建，大大提高了牧场主新建、扩建牧场的积极性。

(六)提高牧场人员素质,助力牧场主提升奶源管理水平

1. 开设牧场主大学

在蒙牛乳业看来,基于可持续发展的牧场主,必须坚守可持续发展管理与科学管理并重,这是新一代的牧场主,也是中国乳业未来的进步方向。为此,启动牧场主大学项目,通过培训重塑牧场主价值观,使其自觉遵守牧场主社会责任守则。开展多层次的牧场管理、养殖技术培训,提高牧场主牧场运营管理能力。

牧场主大学十分重视重塑牧场主的价值观,每次开班前,都会进行牧场主社会责任手册的宣讲工作,为牧场主详细解释每条守则的含义,并倡导牧场主自愿签署遵守承诺书。首批100名学员已全部签署。

蒙牛乳业参考国际可持续发展管理经验,结合中国诚信、利人的传统商业文化,制订牧场主社会责任守则。

2. 建设荷斯坦卫星课堂

蒙牛乳业与荷斯坦卫星课堂结成联盟,为每一位牧场主安装卫星接收系统,使牧场主在牧场就可以收看到国际最先进的奶牛养殖、牧场管理相关课程。与荷斯坦卫星课堂达成协议,学员可针对牧场管理、奶牛养殖、疫病防治、饲草搭配等专业问题提出培训需求,安排相关专家进行专题讲解,增强培训的针对性和有效性。

选取运营管理水平较高的牧场,以标准化的管理方法和流程,建设成示范牧场,作为牧场主大学的实践基地,由专家示范操作,实现一对一的示范操作,现场解决学员的问题。

联合中国农业大学、荷斯坦大讲堂等提供师资和技术支持,首批项目中,就有12位国际奶牛技术体系专家和40位荷斯坦奶牛俱乐部专家参与到教学和技术帮扶中。同时,内部成立虚拟化的项目小组,奶源、质量、公关多系统协同工作,为牧场主提供规范化管理、产业资金帮扶,将牧场主大学建成全面的产业升级平台。

3. 聘请国际专家现场指导

自2014年3月启动牧场主大学的实践课以来,来自丹麦等国的专家先后抵达康泰仑牧场,从细节着手帮助提升养牛技术与管理水平。国际专家还对奶牛的喂养系统提出建议,提倡“TMR全混合日粮喂养系统”,对引进的包括新西兰菊苣草、以色列黑麦草等多品种优质牧草进行科学配比,从而实现奶牛的营养均衡,从源头确保品质。

三、乳品企业基于可持续发展的奶源管理效果

(一)促进我国奶源产业升级

蒙牛乳业不断为伙伴牧场提供最新的技术服务,帮助伙伴牧场实现了三次产业升级。第一次产业升级实现了奶源采集的机械化。机械化挤奶在全封闭的环境下,避免人为操作可能造成的原奶污染,大幅提升了原奶的采集质量。第二次产业升级实现了牧场养殖的工业化,集约化牧场取代个体奶户的供奶,实现了牧业产业的规模化经营,牧业生产由小农生产的自然经济迈入工业化生产。第三次产业升级实现了牧场养殖的现代化。

蒙牛乳业在伙伴牧场推广全混合日粮(TMR)技术,奶牛单产可实现30%的提升。TMR实现了产业发展由粗放型向集约型的转变,奶牛养殖业由工业化向现代化转变,建成现代化牧场。蒙牛乳业的合作牧场约2000家,通过对牧场的升级帮扶,能够有效促进产业技术的外溢,提高产业技术水平。

(二)消费者对蒙牛乳业产品信心稳步提高

通过加强奶源供应链的管理,蒙牛乳业的产品质量有了更有力的保障。出厂产品合格率达到100%,衡量牛奶质量更高级的标准——体细胞数量合格[①]率也获得了大幅度的提升,项目实施以来奶源整体60万体细胞合格率较同期提升17%,40万体细胞合格率提升19%。消费者对蒙牛乳业的产品的信心逐渐恢复,从蒙牛乳业营业收入显示,2008年之后,产品销售收入没有明显的起伏,依然保持稳步增长的局面。2013年,销售收入达到433.57亿元,相较2008年,增长了80%。公司市值更反映投资者对蒙牛乳业的信心,2013年,蒙牛乳业市值达到675亿新港币,相较2008年增长了3倍。

(三)提升蒙牛乳业核心竞争力

奶源是乳品企业核心的竞争优势之一,蒙牛乳业集约化牧场的比例达到了96%,而目前行业的平均水平只有50%左右。牧场的优质资源为蒙牛乳业塑造了极大的核心竞争力,运营效率有了大幅的提高,2013年营业利润为16.51亿元,相较2012年的12.94亿元增加了27%。这得益于蒙牛乳业重视综合价值的创造,突破了过去重视经济价值的工作方式,使工作创造的价值更加多元化,有助于各利益相关方共享蒙牛乳业工作价值,创造多赢的协作方式。蒙牛乳业成为价值的创造者和传递者,而不是价值的分割者,实现了可持续生态圈的建立,通过发挥奶源、供应商、政府的优势,实现了奶源发展与蒙牛乳业发展的共赢局面。

(成果创造人:孙伊萍、白　瑛、郭小岑、王艳松、翟　嵋、付旺盛、
尹艳霞、吴福顺、田　茂、周国学、于晓庆、刘高飞)

① 体细胞数量的高低与奶牛健康程度呈反比,体细胞数量越低,奶牛的健康程度越好,产奶质量越高。体细胞合格率是蒙牛乳业对牛奶质量更高的要求,体细胞率不合格,不代表牛奶质量不合格。目前,蒙牛乳业的牛奶出厂质量合格率为100%。

海外中资公司以"三联机制"为依托的社会责任管理

中国石油拉美(厄瓜多尔)公司

成果主创人:中国石油拉美公司党委书记、副总经理,安第斯石油公司总经理张兴

中国石油拉美(厄瓜多尔)公司是负责中国石油在厄瓜多尔油气投资业务管理的机构,隶属于中国石油拉美公司。2005年8月,中国石油和中国石化共同出资14.2亿美元(出资比例分别为55%和45%)收购加拿大Encana厄瓜多尔公司(包括位于奥连特盆地油气富集带的Tarapoa区块、14区块和17区块等勘探开发区块,以及OCP管道的部分权益),成立安第斯石油有限公司(以下简称"安第斯公司"),由中国石油拉美(厄瓜多尔)公司负责管理。2013年,安第斯公司员工总数为706人(中方员工40人,当地雇员650人,第三国雇员16人),年生产油气当量272.2万吨,完成合同总收入17亿美元,利润总额2.2亿美元,是厄瓜多尔最大的外资石油公司。2012年获"全国五一劳动奖状"。

一、海外中资公司以"三联机制"为依托的社会责任管理背景

由于政治制度、经济体制、历史、文化、民族、宗教、社会等方面存在巨大差异,海外经营环境异常复杂和特殊,跨国购并存在极大经营管理风险。2006年2月,安第斯公司接管Encana公司在厄瓜多尔全部资产后,拉美兴起石油国有化浪潮,厄瓜多尔对外资企业政策越来越苛刻。当地省长曾提出:"我们要为自己的利益而斗争,要为自己的主权站着死而非坐着生"。在当地政府个别人员的支持和蛊惑下,劳工、社区、非法工会等借机提出各种不当利益诉求,并以社区闹事、冲击油区、占领设施、盗抢物资、绑架员工甚至暴力袭击相要挟。安第斯公司接管初期,这类事件年均发生40多起。能否化解风险、应对挑战,成为企业生存与发展的头号问题。海外中资公司在社会责任管理上,必须比西方国家的石油公司做得更好,才能提升中国企业的国际竞争力和影响力。

践行中国石油"奉献能源、创造和谐"的企业宗旨,落实安全生产、健康发展、建设海外"和谐油区"的目标,必须融入当地社会,与油区居民和睦相处,亲密合作,才能实现企业和社区的长治久安、互利共赢、可持续发展。

二、海外中资公司以"三联机制"为依托的社会责任管理内涵和主要做法

坚持"平等合作、互利共赢"的发展理念,基于联管会、联席会、联谊会三个管理平台建立社会责任管理机制(三联机制),构建互利双赢的战略联盟;开展公共关系管理营造良好的经营环境,维护企业根本利益;共同建设油田社区形成"好邻居"关系,构筑和睦共处的作业

环境；建设和谐文化践行以人为本，打造同舟共济、精诚合作的国际化团队；基于 ERP 系统提升风险管理、HSE 管理、推进公司与人、资源、环境协调发展，实现和谐融洽的油社关系，平安有序的治安环境，蓬勃发展的油区经济，令人称赞的环境保护，引以为傲的经营业绩，把奥连特油区建设成为"政府赞赏，社区认可，员工满意"的和谐油区。主要做法如下：

（一）融合中华文化和企业宗旨，确立企业社会责任管理理念和思路

深入剖析西方企业与当地社会冲突的根源。一些西方跨国石油公司在厄瓜多尔经营多年，不是被迫撤离，就是被驱逐出南美市场。这是信奉资本主义利润至上的必然结果。前 Encana 厄瓜多尔公司的总经理等高管既不在厄瓜多尔居住，也很少同当地人交往。将自己游离于当地社会之外，曾长期遭受殖民奴役的厄瓜多尔居民，自然要防备、排斥甚至敌视他们。

树立基于中华优秀文化的企业社会责任观。融合儒家义、利、观和"奉献能源、创造和谐"的企业宗旨，明确企业社会责任观为：在互利共赢的基础上，守卫基本的法律和道德底线、遵循中间标准、追求最高标准。将企业的命运与资源国的发展结合起来；将企业的财富与当地居民共同富裕结合起来；将企业的业务与当地繁荣联系起来；将遵守市场法则与发扬社会主义道德结合起来，建设海外和谐油区。

（二）运用利益相关方风险矩阵分析，确定企业社会责任管理的重点和方向

1. 用专家诊断法识别主要风险源

采用头脑风暴方式的专家意见模型，结合历史经验，识别出资源国存在 50 多种风险。依次排序为政治、经济、HSE、法律等 8 种，权重百分比分别为 100、80 至 25。采用专家诊断法，识别出 11 大类利益相关方。依次排序为股东/总部、中央政府机构、地方政府、媒体、劳工、社区、非政府组织（NGO）、承包商等，权重百分比分别为 100、90 至 0。

2. 建立利益相关方影响权重模型

运用多变量矩阵主因子分析，确定利益相关方与风险之间的关系。对每一风险因素与利益相关方通过强相关、弱相关、不相关赋值进行矩阵式量化，获得排序。横向乘积累加，以百分比表示基于风险的利益相关方重要性排序。

3. 确定公司社会责任管理的重点和方向

通过权重模型分析认为，政府（包括中央政府机构和地方政府）、社区和劳工是对企业影响最大的三个利益相关者；这三者与企业利益诉求冲突的核心，是公平分配石油开采带来的巨大利益。

EHS 部社区工作人员向当地原著民讲解企业的合作理念和用工政策

一是税收政策导致中央和地方利益分配不公。厄国增值税由中央政府统一收缴和支配，地方政府所得较少，社区更是一无所获。巨大的石油开采收益都被中央政府拿走，地方政府和社区更加不满，只能向石油公司发泄和施压。

二是西方石油公司漠视当地社区利益。西方某些人认为，土著居民“不勤奋”、产品质量“无保障”。前 Encana 厄瓜多尔公司雇佣几千人的作业队伍，当地劳工不到 200 人。厄瓜多尔失业率高达 40%，不能不引起社区居民的不满。

三是法律不稳定引发劳工问题。厄瓜多尔新《石油法》《第三方外雇劳工法》和第 8 号宪法令都有石油公司应拿出一定比例税前利润，给当地员工分红的规定。但哪些劳工可以享受分红，却比较含糊。一些别有用心的律师借机煽动存在分红争议的第三方服务公司间接劳工，向石油公司索要分红。劳工部一些既得利益者则冒着法律风险，给同一情况的第三方间接劳工出示不同标准的分红决议，从而制造出多起严重的罢工和闹事。

四是工会非法活动放大与企业的冲突。一些工会组织利用不满情绪，煽动劳工罢工闹事，向企业提出大幅增加工资、历史性赔偿、强制性就业、非正常物资供应等不合理诉求，甚至网罗亲友，冒名签署文件成立工会。宣布“一切归工会所有”，非法变卖企业资产，套取资金，欺辱员工，窃取他人财物和福利待遇等。这类非法工会当地每年都会冒出 60 多个。

（三）创建联管会、联谊会、联席会管理平台，建立全新社会责任管理机制

针对政府、社区、劳工（包括工会）三个主要利益相关者，探索搭建联管会、联谊会、联席会三个平台，平衡不同利益群体的不同利益诉求，维护合理的利益诉求，制约漫天要价和违法诉求。构建起沟通诉求、协调行为、求同存异、化解风险和冲突的管理机制，将企业发展与政府、社区、劳工的利益紧紧捆绑在一起，形成互利共赢的战略联盟。

1. 设立联管会，构建公司与政府的命运共同体

成立由厄国矿产石油部国家油气总署和企业各三名代表组成的安第斯石油项目联管会，取代产品分成合同下的作业委员会。安第斯石油公司总经理担任联管会主席，拥有在投票表决无法形成简单多数时的决策权。其宗旨是保证合同执行、作业审批、技术论证等重大事项正常运行，协调解决环境保护、社区寻衅滋事、非法组织干扰油田生产作业等重大事件。联管会为企业管理层与厄瓜多尔政府提供常态化、制度化的沟通协调机制，使双方能够及时了解对方的利益诉求和关切，及时协商解决项目执行中出现的新问题，维护双方的重大利益。

2. 创建联谊会，建立公司与社区互利双赢机制

厄瓜多尔社区相当于中国的村镇。南部油区有 99 个社区，多为土著居民。发生冲突的主要是北部油区的 39 个外来移民社区。解决社区冲突的根本出路，在于坚持平等合作，加强沟通协调，推进互利双赢，实现共同发展。通过与油区南北两大社区多次协商，成立用工、工资、招投标、物资供应、纠纷处理、环境保护、健康安全等七个“办公桌”的社区联谊会。其宗旨是：促进发展，改善社区基础设施；促进就业，给社区参与甲乙方招聘更多的机会；促进竞标，给社区参与公司物资采购更多机会；促进教育，改善青少年学习条件；促进医疗，提高妇幼健康保护水平；促进环保，改善生态环境；促进旅游，改善经济发展和就业环境。各“办公桌”均由企业 EHS 部社区工作者、政府派出的社会工作者和社区代表组成。

3. 举办联席会，培养忠诚于企业的员工团队

为提高员工思想道德素质，增强凝聚力和对企业的忠诚度，设立法律论坛和讲习会，为员工提供法律咨询；开展英语、西班牙语培训；提供心理学、社会学咨询等等；帮助员工了解纳税计算，身体保健，引导员工树立爱家、爱厂、爱国的价值观，使员工理解和认同企业，把企业当作自己的第二家园，培养与企业同舟共济、共同成长的忠诚感，抵制“非法工会”的煽动和挑唆。

4. 完善公司治理，实行分级授权

建立董事会和总裁权责明确、相互制衡、协调运转的治理结构，设立技术经济发展、费用授权等多个委员会和特别工作小组，实行委员会决策制，形成公开、透明，“管理严、部署实、执行细”的作业公司国际化生产经营管理模式。成立顾问委员会，聘请熟知社区风土人情、当地作业规则和政府事务的5位资深法律、税务等高级专家，10多位著名律师为处理与政府、社区、员工利益关系提供法律和政策咨询。

(四)加强公共关系管理，营造良好的经营环境

1. 开展公关活动，宣示企业社会责任理念

一是主动融入社会，广交各界朋友。成立公关及媒体委员会，制订对外宣传和公关策略，参与社会活动，支持慈善事业，与社会团体和公共媒体建立和保持良好的合作关系。二是宣示企业理念，彰显企业宗旨。利用各种场合，向员工、社区居民、政府官员及媒体记者等，介绍中国石油“奉献能源、创造和谐”的宗旨和来厄瓜多尔合作开发油气资源的目的，说明中国企业不同于某些西方国家的石油公司。三是传播中华文化，增进相互理解。近年，厄瓜多尔经济不景气，一些员工抱怨国家和自己所处的时代，打算到国外谋生。安第斯公司组织员工大会，以“子不嫌母丑”为主题，讲解“天下兴亡，匹夫有责”的道理，引导员工明白只有热爱祖国、建设祖国，大家才会有美好的未来。

2. 通过联管会机制，推进“命运共同体”建设

2007年，提出厄瓜多尔政府和外国石油公司之间是“利益共同体”的理念，阐述企业社会责任观和对厄的经济和社区贡献，提出中国公司愿意与厄合作扩大石油勘探开发和建设炼厂项目的意愿。在我使馆的支持下，推动厄瓜多尔国家石油公司与中国石油签署战略合作联盟协议，获得厄瓜多尔总统和政府高层的认可和支持。

3. 坚持合规经营，依法维护企业根本利益

一是依法抗争强征石油“暴利税”。2007年10月，厄瓜多尔政府颁布关于强征“超额利润税”的662号政府令，规定对“基础油”油价超过13美元/桶的公司收益，一律征收99%的“暴利税”使所有油公司都面临倒闭的境地。安第斯公司依据当地法律上诉到厄瓜多尔法院，据理力争。经厄大法官裁决，使企业免征“暴利税”，成为厄瓜多尔唯一获得“豁免”99%超额利润税的石油公司。

二是依法抗争强征附加分红款。2006年至2008年间，厄瓜多尔陆续修改劳工法，导致劳工部和法院对第三方外包服务公司的员工是否有权参与企业分红产生争议。2009年年初，上百名第三方员工到企业门前绝食静坐索要分红达80天。安第斯公司一方面

呼吁维护法律尊严；通过联席会机制，稳定员工队伍和生产经营；通过联管会，请内政部、警察总署、驻军部队帮助公司保护员工人身和作业安全。另一方面，依法向厄宪法法院提出复议申请。2009 年 4 月，宪法法院的终审判决认定，安第斯公司已经完全履行了法律义务，不需额外缴纳。

三是在合同转制中维护企业权益。2010 年 7 月，厄瓜多尔政府第三次发布实质是实行国有化的石油法修正案。安第斯公司组织综合谈判团队，做好国际仲裁和与厄政府谈判两手准备，利用联管会机制展开高层斡旋。经过多轮谈判，与厄政府达成协议并签署新的服务合同模本，中方作业权得以保留，还获得合理的服务费。合同延期 10～20 年，区块面积扩大 2500 平方公里。

（五）推进油田社区建设，构筑和睦共处的作业环境

联席会成立后，通过“办公桌”由三方协商解决涉及企业与社区关系的所有事务。

1. 积极帮助社区解决民生问题

七个“办公桌”都是半常设性质，有事一起商量，协商好就处理。社区要求帮助解决居民就业难，联席会协商决定，安第斯公司协助政府建设“就业数据库”，建立就业档案，帮助培训就业技能，将企业及相关承包商的人员招聘纳入劳务“办公桌”统筹管理，遇有用工需求予以优先安排。社区反映居民就医难，安第斯公司就在两个社区各建一所医院，社区居民就诊免费，药费自负；政府实行药费补助。社区提出学生上学交通不便，安第斯公司立即出资购置校车接送学生。

2. 签署公司与社区支持和发展协议

2006 年 7 月，南部油区发生非法切断水源，与军警对抗的骚乱，安第斯公司通过联管会机制，在厄瓜多尔政府和军警的支持和斡旋下，很快平息了骚乱。通过联谊会机制，深入南、北社区，与社区负责人和居民代表洽谈、反复协商，终于先后与南、北社区分别签署《安第斯石油公司与社区支持和发展协议》。中国驻厄瓜多尔大使，厄矿产石油部长、内政部长、国家武装力量司令、总统办公室主任和当地省长、市长等政要都出席签字仪式。当地居民称赞中国公司是厄瓜多尔石油工业史上“第一个亲临社区传播真诚友谊的企业”。社区承诺将中国公司当作永远的朋友和兄弟，支持和帮助中国公司维护正常生产经营秩序。结束了与社区冲突和纠纷的历史，被社区居民称为“永久和平”协议。

（六）践行以人为本，建设同舟共济的国际化团队

1. 弘扬大庆铁人精神，发挥中方员工的“三队”作用

中方员工是员工队伍的核心，绝大部分中方员工担任公司部门经理以上的高级管理岗位。加强中方员工的责任意识、使命意识和担当意识的教育，以保障海外国有资产保值增值为己任，传承和发扬大庆铁人精神，注重团队融合，发挥表率作用，成为员工队伍的先锋队、宣传队和领军队，培育熟悉国际经营准则，精于海外生产业务，熟知资源国经济法律体系的中方员工队伍。先锋队，就是肩负着党和国家的重托，承载百万石油人的梦想，率先踏上国际化进程，在厄瓜多尔开拓一片新天地，开创一番新事业；宣传队，就是身体力行中国石油的企业宗旨和优良传统，言传身教传播中华民族的“和谐文化”和中国

石油的先进技术;领军队,就是顾大局,讲奉献,发扬艰苦奋斗、改革创新精神,带领公司团队开拓进取,实现国际油气合作有质量、有效益、可持续发展。

2. 搭建人才建设平台,推动本土员工国际化

本土员工占员工总数的92.6%,是员工队伍的主体。通过联谊会机制,以制度管理为手段,以文化和情感融合当地员工。实施“跨国、精英、拓展、定位、考核、激励”十二字方针,创新员工职业生涯设计体系和薪酬定位体系,建立以业绩为导向的全员绩效考核体系,完善核心与骨干员工综合激励体系;每年选派优秀当地员工赴中国考察学习,感知认同中国文化。搭建事业留住人、体制吸引人、技术激励人、文化鼓舞人的人才建设平台。注重建设跨国人才、复合人才队伍,重视培育技术精英、特别顾问人才队伍,着力推进当地员工国际化。

3. 发挥国外智力优势,推进国际员工当地化

来自加拿大、墨西哥、智利、阿根廷等10个国家的第三国员工,在勘探开发、钻井工程和工程建设等重要技术管理岗位工作,具有丰富的国际合作经验和较高的专业技术水平。以员工劳动合同为基础,鼓励第三国雇员积极融入企业多元文化,融入厄瓜多尔社会,热爱资源国、热爱企业,推进国际员工当地化;注重发挥他们的经验和技术优势,扎根企业奉献自己的智慧,在决策中充分听取他们的意见和建议。

4. 加强文化融合,培育和谐企业文化

在员工队伍建设中营造“相互欣赏、快乐工作”的氛围。坚持学习当地人,与本地雇员和土著居民交朋友,学习当地语言,了解当地风俗习惯;尊重当地人,恪守资源国法律法规,尊重当地宗教和民族传统,主动融入所在社区;依靠当地人,通过联谊会、联席会,密切与当地社区和群体的联系,协商解决出现的问题;扶持当地人,以人为本,以企业为家,同舟共济,共同发展。

(七)基于ERP系统提升风险管理和HSE管理,推进企业与人、资源和环境协调发展

1. 创新ERP系统,强化风险管理

构建“项目规划－经济评价－优化调控－大小标－AFE费用授权－后评估”6大闭合流程的战略发展及成本控制(ADAPS)体系,对所有项目实行市场公开招标机制。以ERP系统为内控风险管理机制,涵盖战略发展、核心业务和支持体系3个领域、75个分支、334个独立的行为规范,运用9大工具监测实施,对人、财、物及油田生产的动态数据实行实时监控处理和分析,形成管理、发展、内控、作业、效益等科学化、流程化、规范化的管理模式。

2. 严格依法合规经营,保护生态环境

践行“环保优先,安全第一,质量至上,以人为本”的HSE理念,建设覆盖面广、运行高效、执行严格的HSE管理体系。

奥连特盆地位于亚马逊丛林上游环保敏感地带,北部油田Tarapoa有56.2%的面积在Cuyabeno自然保护区内,南部油田也有一半多位于Yasuni国家公园内,是公众关注点和社区问题焦点。安第斯公司将保护生态环境作为立足热带雨林、实现可持续发展的

首要社会责任。聘请国际知名环境咨询服务商进行环境摸底调查;开展社区和利益相关方咨询与宣讲;制定社区认可的环境管理计划和社区关系计划。采用项目管理方法管控环境许可申请的153个步骤,并跟踪“环境管理计划”执行情况。

在ERP系统中,执行在线甲乙方工作许可、在线事故报告与跟踪管理,对承包商实行科学准入,大力支持,全面管控,实现甲乙双方HSE统一升级管理,从源头规避环保风险。坚持做好土壤、水质、气体排放和空气质量监测,定期开展环境计划检查、环境审计和不安全状态报告;陆续对南部油区老井场进行环境升级建设,先后建成南北油区“综合环境管理中心”,实现所有固体废弃物回收、分拣和再利用,以及所有液体废弃物回收再利用和回注;有计划地推进历史污染治理和环境恢复。

3. 实施健康风险管理,确保员工健康安全

采用岗位风险问卷法,逐岗识别员工可能遭受的机械、物理、社会心理学、重大事故等7大类健康风险,与岗位关键人员或工作性质相似的群体分析研讨,群体识别特定岗位存在的安全与健康风险。对313个岗位,辨识出60项风险(其中机械风险18项),实现“安全风险明了,防护措施到位”。

通过职业健康体检,识别岗位潜在风险。根据员工职业健康体检结果,对健康状况不适合特定岗位的员工,提请对换岗,作为重点进行跟踪管理。对风险集中的工作、部门展开详尽风险分析。对油田现场库房和维护部风险最多、风险量度最高的岗位,由安全人员做深入的认知与控制。

按照“按需培训、分级管理、突出现场、优先作业”的原则,结合资源国的法律要求及企业管理实际,加强HSE培训需求识别与计划编制,实现安全文化提升和本质安全。2006年至2013年,安第斯公司未发生任何重大伤害事故,LTA指标多次创区域性历史最佳纪录,百万工时误工伤害率由3.4降到1.75。

4. 利用现代信息技术,全天候保障油区和员工平安

厄瓜多尔属于国际安保组织和企业认定的“社会安全高风险国家”,北部油区与哥伦比亚边界最近距离仅25公里,安保风险不言而喻。

充分利用现代信息技术,对油区所有关键设施、台站、出入口安装全天候电视监控装置,设立现场、基多联网监控与应急指挥中心。所有车辆配备GPS监控与跟踪装置,所有设施和台站配备座机、手机、车载或手持无线电对讲机,并备份卫星通讯,保证信息全覆盖、全通畅。与当地驻军协调,派出50名军人常年驻扎油区,确保发生突发事件时能获得强力保护,高危时期有军队护送和巡逻保护。

加大安保管理制度建设和执行力度。信息预警系统每天更新,根据前一天的安保形势,确定次日的警戒级别;执行严格的门禁制度,现场出行在早6点前,晚6点后,需经现场经理批准,并经安保调度中心授权、协调并监控;警戒级别高或危险时,采取特别安保措施,如由保安或军队护送。

三、海外中资公司以”三联机制”为依托的社会责任管理效果

经过8年不懈的努力,初步建成“政府赞赏,社区认可,员工满意”的和谐油区,发展环境显著改善,预定目标基本实现。

（一）社会效益显著，对政府、员工和社会的贡献高于收购前的公司

8年来，累计给厄瓜多尔政府带来120亿美元的收入，上缴利税近70亿美元；员工人均年收入（含利润分成）由2006年的4.65万美元提高到2013年的5.26万美元，增长13％；本地采购合同累计金额27.3亿美元，其中，与当地承包商签署合同1962项、金额22.32亿美元，本地物资采购金额4.75亿美元，签署本地生活服务协议32项、价值2560万美元；为当地社区创造就业岗位2542个；在南北两个油区分别开通两路校车，建立2所社区医院，为当地居民累计免费提供门诊及治疗服务8万多人次，寄生虫病防治服务6300余次；培植可可园1个，扶植种植园10多个；资助贫困少年儿童就学2000多名和9个慈善机构。

（二）公众形象改变，企业和国家声誉大幅提升

油区治安得到根本改善，企业、社区和政府的利益得到维护。获得社区、厄瓜多尔政府和业界一致好评。当地居民先后发来感谢信千余封，政府机构和社区给企业颁发致谢牌匾。安第斯公司在厄瓜多尔权威机构或知名媒体组织的企业年度排名中始终名列前茅。由于中国公司美誉度持续提高，2013年6月，中石油与厄瓜多尔政府共同签署千万吨“海岸上下游一体化项目框架协议”。

（三）经济效益良好，生产经营持续发展，投资回报超过预期

8年来，累计新增石油地质储量1亿吨，生产原油2400万吨，基本保持年均300万吨稳产水平，产量、资产、利润、税收四项指标在厄瓜多尔外资企业中连年保持第一位，提前2年回收全部投资，实现海外国有资产保值增值。

（成果创造人：张　兴、赵新军、何　彬、赵　颖、陆如泉、郝卫东、曾务升、纪春库、汪长永、胡　泉、崔　勇、曹民权）

基于城市大气污染防治的能源清洁化发展战略实施

北京能源投资(集团)有限公司

北京能源投资(集团)有限公司(以下简称“京能集团”)合并重组于2004年12月8日。注册资本200亿元,主业为能源投资、热力生产和供应、房地产开发经营,是北京市国资委监管的大型骨干企业;是北京地区供热量、发电量最大的企业;是全国地方电力公司的龙头企业和会长单位。2013年,资产总额1501亿元(其中能源业务占比56%,热力业务占比22%,房地产业务占比8%,节能环保及金融业务占比14%);控制电力装机容量1500万千瓦;供热面积2.36亿平方米。拥有全资、控股企业151家;拥有京能电力、京能置业、京能清洁能源三家上市公司;全资控股财务公司、融资租赁公司两家非银行金融机构;参股农业银行、光大银行、北京银行、广发银行、成都商业银行、大唐国际、国电电力等知名企业。

一、基于城市大气污染防治的能源清洁化发展战略实施背景

(一)改善首都大气环境质量的需要

2008年奥运会结束后,北京市提出建设“绿色北京”“世界城市”目标,先后发布《“绿色北京”行动计划(2010—2012年)》,《北京市2013—2017年清洁空气行动计划》,北京将以防治PM2.5污染为重点,实施八大污染减排工程。针对全市四大用煤领域,北京在全国率先明确清洁能源改造和环保升级时间表,提出用四年时间全面关停北京地区电厂燃煤机组,加快建设天然气、电力、新能源三大清洁能源设施工程,力争全市优质能源消费比重提高到90%以上。京能集团作为北京地区最大的发电、供热企业,能否克服时间紧、任务重、资金需求大、企业效益下滑等困难,顺利完成燃煤全部压减、供热清洁化改造、污染物排放降低等重任,为改善首都大气环境质量贡献力量,是企业新时期面临的新挑战。

(二)确保首都供电供热安全可靠和经济便利的需要

北京市电网基于系统安全考虑,要求必须保证必要的本地电源支撑规模,担负应急、调峰、调压等任务。北京地区冬季寒冷,供暖季长达四个多月,供热面积年均新增4500万平方米,相当于每年新增160台普通20蒸吨供热小锅炉的供热面积。由于热量长距离传输损失较大,要满足日益增长的供暖需求,只能在热负荷中心新建热源点。若仍采用传统的供热锅炉房供热,不仅能源利用效率低,而且面临燃煤总量、污染物排放持续增加等问题。面对北京市用电、用热“双约束”难题,经过充分研究论证,在负荷中心建设可实现能源梯级利用的燃气一蒸汽联合循环热电联产机组最具经济性,是确保首都供电供热安全可靠最为有效的能源供给方式。

(三)实现企业可持续发展的需要

京能集团作为北京市的大型国有企业,以北京地区为重点是天经地义、责无旁贷的。面对金融危机严重影响,京能集团依据发展环境的新变化,确立“能源为主、适度多元、产融

结合、协同发展”的战略定位、“五个坚定不移”的战略原则和“稳字为首、北京为重、资源为先、效益为本”的“四为导向”，提出“做京、做精、做实、做强”的“八字工作方针”：一是依托北京、发挥优势、抢占先机、促进发展；二是加大投资项目建设的管理力度，力争把投资项目建设成精品工程，增强投资项目的市场竞争力；三是着力把企业管理工作做得扎扎实实，把历史包袱问题解决掉，一步一个脚印，一年一个台阶，努力向国内一流管理水平迈进；四是充分利用集团产融结合的“双轮驱动”优势，着力实现股权融资的突破，加快集团发展，真正实现集团做强目标。如何在满足首都大气污染防治、热电安全可靠供应的基础上，实现企业可持续发展和效益增长，加快首都能源结构调整，不断突破增量、改善和优化存量谋发展，京能集团制定大气污染防治的清洁化发展战略，并加快推进实施，确保取得实效。

二、基于城市大气污染防治的能源清洁化发展战略实施内涵和主要做法

京能集团以改善首都大气环境质量为目标，以企业能源生产供应清洁化发展战略为驱动，明确清洁化发展战略目标和实施路径，以重点项目为依托大力发展增量清洁能源替代，大力推进存量项目清洁化改造替代，加快推动科技创新和新技术应用，积极采用合同能源管理新模式推进节能减排，强化资金筹措和项目全过程管理，通过突破增量、改善和优化存量，实现电力、热力的清洁化生产和供应，确保首都用电、用热安全稳定供应，为首都蓝天工程、清洁空气行动计划做贡献。主要做法如下：

（一）明确清洁化发展战略目标和实施路径

1. 科学制定清洁化发展战略和发展目标

京能集团认真研究能源行业发展趋势及北京市“十二五”能源建设、燃气、电网、热网等发展规划，结合首都电网架构、燃气管线、供热管网分布特点及自身优势，科学制定企业大气污染防治的清洁化发展战略。

清洁化发展战略的指导思想：以加快清洁能源发展为导向，以“双替代”（即增量清洁能源替代、存量清洁化改造替代）为核心内容，以科技创新和新技术应用为主要抓手，积极采用合同能源管理新模式推进节能减排，通过突破增量、改善和优化存量谋求清洁化发展，为首都蓝天工程、清洁空气行动计划做贡献。

清洁化发展战略的目标：到 2015 年年底，企业清洁能源电力控制装机占比超过 50%，成为“绿色环保”的能源投资经营集团；在北京地区累计新增清洁能源电力装机 300 万千瓦，压减北京地区燃煤 1000 万吨，北京地区清洁能源电力装机占北京市电力总装机比例超过 50%；全面完成城六区燃煤锅炉房“清洁化”改造，实现集团供热“无煤化”；整合集团系统清洁能源项目，早日实现清洁能源公司香港上市。

2. 明确清洁化发展的实施路径

在实施路径上重点做好四方面的工作：一是强化规划指引，全力配合北京市相关规划的编制，以规划为龙头统领各项工作；二是建立专门工作组，加强与项目所在地政府和居民的沟通、协调，争取各方面的理解和支持，加快征地拆迁和项目建设进度，争取早建成、早受益；三是加大科技创新、管理创新力度，开创节能减排新模式；四是多措并举，积极筹措项目发展资金，强化项目全过程管理，确保北京市能源供应安全可靠。

(二)以重点项目为依托大力发展增量清洁能源替代

1. 大力发展燃气热电联产,确保城市供电、供热安全稳定

2009 年以来,京能集团先后投资 300 亿元,开工建设"四大燃气热电中心"、多个区域能源中心及其配套管网工程,目前东南、西南、西北燃气热电中心、未来城区域能源项目已投产运营,东北热电中心即将投产发电,上述项目累计压减北京地区燃煤量 920 万吨,占北京市燃煤总量的 43%;新增供热面积 1 亿平方米,占北京市集中供热面积的 50%。海淀上庄热电、亦庄新城、首都新机场、昌平科技商务区、丽泽金融商务区等区域能源项目前期工作也取得重大突破,京能集团在京燃气发电装机已占北京市燃气发电总装机的 60%。

突破传统思维,在北京人口相对稠密的区域建设电厂,开创具有京能集团特色的燃气电厂建设管理之路。在征地拆迁方面,坚持项目开发与惠及周边相结合、行政力量与群众力量相结合的"双结合"原则,积极协调、联合推进、重点突破,较好地完成"四大燃气热电中心"及其配套管网征地拆迁工作。在厂区噪音治理方面,选用噪声较低的机力通风塔风机,燃气轮机、蒸汽轮机等主要设备除自身采用隔声罩或消声器等降噪措施外,厂房内墙体、门窗、进排风口均采用隔吸声处理,确保厂界噪声达到国家一类标准,即白天 55 分贝、夜晚 45 分贝。在景观融合方面,在全国率先提出"花园式工厂"理念,在全厂建筑设计上融合首都北京的文化传统,把电厂定位于大型公用建筑群,淡化电厂特征。通过附属建筑群立面色彩的变化、屋顶起坡等建筑手法来丰富外立面,使电厂与周边城市环境很好的融合。实现"两季有果、三季有花、四季常绿"的城市中心生态文明、绿色和谐热电厂。在污染物排放方面,选用先进燃气轮机,采用干式低 NOx 燃烧器和余热锅炉脱氮技术,烟囱排放无烟尘、无 SO_2,氮氧化物排放量仅为同规模燃煤机组的几百分之一,CO_2 排放量仅为同规模燃煤机组的 1/2。

2. 加快发展风力发电

官厅风电一期(4.95 万千瓦)是落实《申奥报告》的绿色能源项目,为兑现"绿色奥运"做出积极贡献。奥运会结束后,利用现有场地,开展气象观测和风速测量,对现有风机进行加密,开展风光互补项目开发,将全部风机分布在风资源最丰富的官厅水库南岸东西长 10 公里、南北宽 1 公里的狭长范围内,使风电场电力装机增加至 15 万千瓦。国家能源局将官厅风电场后五期项目列入"十二五"第三批风电项目核准计划。官厅风电场作为北京地区最大的风电项目,八期全部建成后,电力装机将达 40 万千瓦,年发电量超过 9 亿千瓦时,年 CO_2 减排量超过 90 万吨。

3. 创新发展光伏发电

光伏发电是"第三次工业革命"的主要能源供应形式,特别是屋顶光伏分布式发电未来将得到广泛应用。为了加大光伏项目开发力度,培养"下一代"节能环保意识,京能集团利用世界银行贷款,采用合同能源管理新模式,在北京市 1000 所大、中、小学校园实施"金太阳"工程,为各学校提供清洁电力能源。截至 2013 年年底,八一中学等 61 所共 5 兆瓦的校园光伏项目已全部建成发电。目前,正抓紧二期项目各项前期准备工作,确保示范项目建设进度、工程质量和示范效果。积极开展地面大型光伏发电项目开发工作,在延庆县八达岭地区,投资建设北京市最大的 30MWp 级太阳能综合试点工程,并在光伏电

站阵列间进行农业种植，将太阳能发电、农业种植和科技展示及旅游观光相结合，既有电能产出，又有农产品产出，还能提供旅游观光，且不改变土地使用性质，充分发挥土地价值，成为光伏农业观光的典型示范项目。

(三)攻坚克难，大力推进存量项目清洁化改造替代

在克服资金紧张、施工难度大、供热成本增加等困难，大力推进燃煤锅炉房“煤改气”清洁化改造、老旧小区供热管网设施改造，加大更新和改造供热大网及区域供热管网力度，提前实现京能集团所有供热厂“无煤化”供热，使北京市燃气供热面积占比，由2008年的56%提高到2013年的75%；燃煤供热面积占比，由2008年的44%下降至2013年的25%。

1. 供热领域清洁化改造

一是提前完成燃煤锅炉房“煤改气”清洁化改造。积极响应市政府号召，统筹协调、攻坚克难，拆除原有锅炉、煤库、烟囱、输煤廊等设施，解决运煤、运渣车辆进出社区带来的噪声、扬尘等污染问题，提前完成西马、松榆里等60余座燃煤锅炉房“煤改气”清洁化改造。

二是采用合同能源新模式开展供热节能。采用合同能源管理新模式，率先完成双榆树供热厂烟气余热回收利用及热力站节能改造，每年节煤7万吨。开展供热锅炉、热力站、供热管网、风机水泵、电气设备的节能改造，累计节煤30万吨。

三是积极推进热计量改造。按照“先易后难、先公建后民用”的思路，在全国率先开展公共建筑热计量改造和计量收费，开展蒸汽热力站公建用户智能卡用热控制装置改造，目前已有1154座公建热力站实现热计量收费，涉及供热面积7000万平方米，占北京市集中供热面积的35%，京能集团成为全国供热行业热计量收费面积最大的供热企业。

2. 发电领域清洁化改造

一是提前完成燃气电厂脱硝改造。2012年，北京市发布《固定式燃气轮机大气污染物排放标准》，将燃气轮机氮氧化物排放标准由原来的100mg/Nm^{3}调整为30mg/Nm^3。京能集团组织专业力量，投资2000余万元，在不改变现有余热锅炉结构的情况下，创造性地开展京丰燃气机组(2006年投产)脱硝改造，并提前半年完成燃气机组脱硝工程改造，实现机组氮氧化物排量控制在20mg/Nm^{3}以内、氨逃逸率2.5mg/Nm^{3}以下的目标，年氮氧化物减排放量达280吨。

二是实施燃煤电厂全方位节能改造。石景山热电厂是保证北京市西部安全供电的电源支撑点和基本负荷热源。2009年以来，累计投资10亿元进行全方位的节能改造，机组SO_2排放浓度达到25mg/Nm^3，NO_X排放浓度达到65mg/Nm^3，烟尘浓度达到6mg/Nm^3，远远低于北京市地方标准要求。为落实市政府全面关停北京地区燃煤机组号召，2014年年底关停石景山热电厂，可压减北京地区燃煤330万吨，占北京市2013—2015年燃煤压减总量的40%。

(四)加快推动科技创新和新技术应用

1. 依托新建项目开展科技创新和新技术应用

对每个新建燃气热电项目都进行科技创新和新技术应用推广。西南热电中心，采用国内首创的“汽轮机高中压转子与低压缸转子之间加装3S离合器及设置汽机大旁路”的装机方案，实现汽轮机背压及全切供热运行，热电联产热效率最高达88.3%；西北热电中心，采用国际最

先进的低氮燃烧技术，烟气中氮氧化物仅10毫克/立方米，年减排氮氧化物823吨；东北热电中心，采用大数据三维仿真技术，在全国率先构建全厂建筑结构、工艺管道、系统阀门三维模型，建成互联互通、多元异构信息平台，实现了电厂三维数字化、现场总线控制、机组一键启停等功能，成为国内“数字化电厂”的典范；未来燃气热电项目，采用集中供热和土壤源热泵相结合、常规供热与烟气深度利用相结合、常规用户末端和大温差换热末端相结合的新模式，实现“源、网、站”统一投资建设、一站式运营管理，成为我国区域能源示范项目。

2. 产学研结合，全面推广吸收式换热新技术

2010年，出资3000万元与清华大学成立合资公司，研发出“基于吸收式换热的热电联产集中供热”专利技术。该技术应用于电厂、化工及冶金等行业的余热回收利用，在扩大供热能力的同时，可最大限度节约能源、减少排放。2011年，在石景山热电厂进行示范推广，通过增加10台吸收式热泵并整合机组原有抽汽系统后，增加供热面积170万平方米，每年节约标煤3.4万吨，整个采暖季可减少冷却水塔蒸发损失21万吨。目前，该项技术正在太阳宫燃气热电厂等推广应用。

3. 主动承担节能减排科技研发任务

近年来，承担50余项科技部、北京市科研及示范课题任务，年均科技费用投入超过1亿元。已取得智能热网构建、电厂噪音治理、烟气余热回收、余热利用、软稳电除尘、热计量改造、绿色照明改造等100余项专利授权。主持开发“基于吸收式换热的热电联产集中供热技术”“防腐高效烟气冷凝热能回收装置与烟气余热深度利用技术及产业化”2项成果获得“北京市科学技术奖一等奖”，燃煤电厂氮氧化物控制综合技术获得“北京市科学技术奖三等奖”。

（五）积极采用合同能源管理新模式推进节能减排

1. 积极拓展北京地区节能服务市场

利用合同能源管理这种新模式，开展蟹岛园区冷热电三联供，蓟门饭店水源热泵改造，白云时代大厦供热、供冷改造，天湖会议中心节能改造，东坝人保家园集中供热改造，颐和园供暖系统节能改造，北京东方化工厂冷凝水系统节能技术改造，北京东方化工厂火炬气回收利用等百余个节能、环保示范项目，累计为用能方节煤120万吨。

2. 开创企业节能减排新模式

充分发挥融资租赁公司优势，利用低成本的杠杆融资资金，与京能集团源深公司协同发展，以节能环保设备租赁、电力能源设备融资租赁为重点，以电厂烟气脱硝、余热利用等节能环保设备租赁项目为突破口，积极支持集团所属的漳山电厂、钰湖电力、华源热力等企业发展，实现当年开业、当年盈利超千万、年化净资产收益率超7%的目标，开创“技术＋资本＋服务”的节能减排商业新模式。

（六）强化资金筹措和项目全过程管理

1. 有效拓宽融资渠道，积极筹措项目发展资金

面对资金需求压力，充分发挥产融结合优势，不断拓展融资渠道，在社会资金高度紧张的情况下，保障项目发展的资金需要，实现低成本融资，大大降低项目财务成本。截至2013

年年底，证券化资产市值389亿元，资产证券化率达到75%，位居市属国有企业前列。

一是清洁能源打包上市。成立京能清洁能源公司，将燃气发电、风力发电、水力发电、太阳能发电等清洁能源资产进行整合、重组、上市。清洁能源公司的成功上市，标志着企业成功进入海外资本市场，已累计募集资金72亿元。2010年，成功引入北京国有资本经营管理中心等六家外部战略投资者，获得资金12.5亿元；清洁能源公司于2011年12月，在香港交易所主板正式挂牌上市，募集资金20亿港元；2012年，成功发行3年期24亿元和5年期12亿元公司债，每年节约财务费用1.98亿元；2013年，在香港主板定向增发3.27亿股，募集资金超过9亿港元。

二是发行各种债券筹措发展资金。由于历史原因，企业从银行直接贷款受到一定限制。积极拓展各种债券融资渠道，2009年以来通过发行企业债、公司债、私募债、短期融资券、中期票据、美元债等多种债券，累计融资300亿元，有效缓解资金紧张状况。特别是成功发行境外美元债，每年节约3000多万元的财务费用支出，进一步提升在国际市场的知名度和影响力，为后续融资奠定基础。

三是有效利用国有资本经营预算资金。紧抓北京市建立国有资本经营预算资金"投入—退出—调整—再投入"资金运作新模式机遇，发挥北京地区清洁能源项目节能减排优势，积极向市国资委、财政局申请国有资本经营预算资金。近年来，累计获得市国有资本经营预算资金超4亿元，将这些资金转增为注册资本后，发挥财务杠杆作用，可实现银行新增贷款16亿元，有效缓解项目资金需求。

2. 建立项目全过程标准化管理体系

坚持"科学优化设计、统筹项目进度、合理控制造价、保障施工安全、建设优良工程、奠定长周期运行基础"的基本方针，发挥各级责任主体的积极性，编制项目前期、安全、设计、招标、合同、质量、造价控制、进度、竣工和建设目标考核等十余项管理标准，建立项目全过程管理体系，开展新建项目全过程跟踪审计和法律服务，有效提升项目建设管理水平。在物资统一管理与成本节约方面，编制项目物资招标、集中采购、联合储备等管理标准，建立物资采购和流转统一管理平台，进一步提高集团物资集采率，整体采购成本下降近10%。通过成立联合体的方式，与西门子、通用等国际公司洽谈燃机长期检修维护服务合同，每年节约机组检修费用近千万元。

3. 建立项目后评价管理机制

遵循"客观、独立、科学、公正、实用"的原则，编制《投资项目后评价管理办法》，牵头完成七个发电项目的后评价工作。在项目通过竣工验收、经过一段时间生产运营后，对项目前期工作、实施过程及运营情况进行系统、全面、全过程综合评价。通过与项目投资决策时的目标以及技术、经济、环境、社会等指标进行分析对比，找出差别和变化原因，总结经验及教训，改进投资决策和管理，提高投资效益。对于设立项目总体目标考核奖的投资项目，将项目降造和安全、质量、工期奖励总额的20%在项目竣工决算后预留，根据投资项目后评价的结论意见和成功度评价结果，决定是否发放及发放比率，充分调动项目参与者的积极性，提升项目投资决策管理水平。

三、基于城市大气污染防治的能源清洁化发展战略实施效果

(一)为首都大气污染防治做出积极贡献

优质能源在能源消费结构中的比重,由2008年的66%提高至2013年的77%,提高11个百分点,远超国内其他大都市;北京市清洁能源电力装机已由2008年的50%提高至2013年的60%,提高10个百分点,到2014年将达到80%,2015年将达90%,接近纽约、东京、伦敦等世界城市平均水平。

2014年上半年,北京市各项大气主要污染物浓度均有所下降,PM2.5平均浓度91.6微克/立方米,同比下降11.2%,空气重污染天数同比减少15天。若不实施大气污染防治的清洁化发展战略,仍然采用传统的供能方式,要满足北京市基本的供电、供热需求,北京市每年需新增燃煤量1000万吨,将增加北京地区二氧化碳排放1200万吨,二氧化硫排放8200吨,氮氧化物排放1.3万吨。2013年12月28日,习近平总书记亲临京能集团京桥燃气热电厂视察,对企业在首都大气污染防治方面取得的成果及在清洁能源利用、节能减排等方面的工作给予充分肯定。

(二)确保首都供电供热安全可靠

五年来,累计供电1500亿千瓦时,供热10亿吉焦,确保首都重要节假日、重要会议和重大活动期间供电供热安全可靠。直供北京地区的控制电力装机占北京市平均用电负荷比重,由2008年的40%提高至2013年的70%,供热面积占北京市总供热面积比例,由2008年的25%提高至2013年的30%。在北京市本地市场上,京能集团热电供应量稳居第一。

(三)为企业可持续发展奠定坚实基础

通过五年持续的努力,京能集团可持续发展能力得到不断增强。资产总额、净资产、营业收入等主要规模指标平均增长1.5倍,累计实现利润总额150亿元,年均实现30亿元,位列市属国企前列。京能集团电力控制装机容量占全国电力总装机规模比例,已由2008年的0.88%提高至2013年的1.2%,增长40%。清洁能源电力装机占总装机比例达43%,处于国内领先水平。在中国企业500强中排名已由2008年的500位,上升至2013年的330位,上升170位。

(成果创造人:陆海军、郭明星、孟文涛、唐鑫炳、葛青峰、张 玫、王永志)

充分利用清洁能源的电能交易管理

国网重庆市电力公司

成果主创人、公司总经理孟庆强组织召开提升清洁能源利用效率会议

国网重庆市电力公司(以下简称“国网重庆电力”)是国家电网公司全资子公司,1997 年随重庆直辖而成立。以投资、建设和运营电网为核心业务,经营区域覆盖全市 38 个区县,供电面积 7.9 万平方公里,占全市面积 96%,供电服务人口约 3000 万人。重庆电网已形成 500 千伏“日”字形双回路环网,拥有 500 千伏变电站 12 座(含 1 座串补站)、220 千伏变电站 79 座。2013 年,实现售电量 629.18 亿千瓦时,营业收入 384.91 亿元,资产总额达 551.37 亿元。

一、充分利用清洁能源的电能交易管理背景

(一)优化电力资源和电能结构,实现节能减排的需要

我国生产力水平与一次能源布局呈逆向分布,能源供应能力提升受到制约。一方面,能源资源分布不均衡,东中部能源资源较为稀少、火电利用小时居高不下,西部资源丰富、弃水弃风情况严重;另一方面,各地区经济发展不均衡,东中部经济相对发达,能源需求量较大,而西部经济总量较小,对能源的需求量也相对较小。过去,电力供应长期以煤电就地平衡为主,西部和三北地区清洁能源就地消纳困难,东中部地区环境不堪重负,经济增长难以为继。

推进节能减排、治理雾霾天气,根本出路是能源发展转方式、调结构,重点是降低煤炭消费比重,大力发展清洁能源、优化电源结构和布局,实现我国能源从以化石能源为主、清洁能源为辅,向以清洁能源为主、化石能源为辅的战略转型。电能交易管理是电网企业实施能源发展方式转变的第一环节和重要环节,以优化电力资源和电能结构为核心的电能交易管理创新已刻不容缓。

(二)减轻环境压力,促进地方经济发展的需要

重庆在促进区域协调发展和推进改革开放大局中具有重要战略地位,已进入经济发展快车道。经济快速发展离不开电力和能源的有力保障,“十一五”以来,用电需求年平均增速高达 14%左右,2013 年达到 16.5%,增速长期高于全国同期水平。

重庆火电装机占比 60%,年火电发电耗标煤 1584 万吨,按照脱硫脱硝措施全部到位估算,年排放二氧化硫 9 万吨、氮氧化物 8 万吨、烟尘 2 万吨。按照重庆“十二五”发展规划,到 2015 年,单位地区生产总值能耗比 2010 年下降 16%,单位工业增加值能耗下降

18%，化学需氧量和氨氮排放总量比 2010 年分别减少 7.2%、8.8%，SO_2 和氮氧化物排放总量分别减少 7.1%、6.9%。如果仅通过新建火电、输煤入渝、多发火电满足电力供应需求，将给环境承载能力带来极大压力，节能减排压力凸显。唯有创新电能交易模式，提升清洁能源占比、减轻全市环境压力，才能促进地方经济发展。

（三）推进能源战略调整，实现企业可持续发展的需要

对企业来说，节能减排不仅仅是节约成本的手段，更是考量企业能否立足长远、可持续发展的基本准则。作为国家能源战略布局的重要组成部分和能源产业链的重要环节，电网企业更应充分发挥电网功能，积极推进能源战略调整，主动实施电能交易管理创新，保障更安全、更经济、更清洁、可持续的电力供应，促使发展更加健康、社会更加和谐、生活更加美好是电网公司的神圣使命，为重庆电网自身可持续发展创造条件。与此同时，国家电网"一特四大"战略也为电能交易创新提供渠道和通道支撑。全国"一张网"的形成，既落实国家"西电东送、南北互供"的能源政策，也实现更大范围的电能优化配置，也为重庆电能交易走出"川渝"模式、突破"华中"范畴、纳入全国统筹创造条件，更为重庆电能交易管理创新提供物理通道和资源保障支撑。

二、充分利用清洁能源的电能交易管理内涵和主要做法

国网重庆电力在国家大力推进节能减排关键时期，以"大范围优化电力资源和电能结构促节能减排"为指导思想，通过产业链协同方式，依托特高压输电网络和全国电力交易平台，将重庆电力平衡纳入全国范围，开发外购电转让、丰枯置换、水电应急外送、在役机组发电权等多种市场化交易模式，从宏观战略与微观战术层面实施以"一保障（电力）、三优先（节能、环保、效益）、两协调（内外电、水火电）①"原则为核心的电能交易管理，彻底改变传统"就地平衡""过度依赖火电"的电能配置方式，大幅提升清洁能源在电能结构中的占比，减少电煤消耗和污染物排放总量。主要做法如下：

（一）确定电能交易指导思想和实施方案

1. 确定电能交易管理指导思想

以保障电力供应、服务经济发展、促进节能减排为目标，依托特高压输电和统一市场平台，充分发挥大电网互联和集团化运作优势，在全国范围优化电力资源和电能结构，借助市场化交易手段，加大清洁能源消纳力度，从电力供应源头创新电能交易管理。

2. 建立三层面组织保障体系

政府层面成立电力保障、资源综合利用小组及办公室。成立重庆市电力保障和资源综合利用工作领导小组，市府主管领导任组长，市发改委、财政局、经信委、环保局、物价局、电力公司、发电企业等单位的负责人为小组成员。领导小组办公室设在市经信委，主任由市经信委副主任兼任，负责日常工作及电力保障、购电组织、电煤组织、能耗排放考核等工作的实施。

企业层面成立电能交易管理工作领导小组及办公室。国网重庆电力成立由总经理、

① "一三二"原则是指在以保障电力供应为第一要务的前提下，在电能交易组织中优先考虑电力资源的节能、环保、效益因素，以市场化交易方式提升内外电、水火电协调运作能力，实现最大限度消纳省内外清洁能源的目标。

主管副总经理为正、副组长，相关部门主任、发电企业领导为成员的重庆市电力公司电能交易工作小组。指导相关部门开展电能结构优化和“动态级差差别电量计划管理”“网对网”“火电全年统筹安排”等电能交易创新工作，监督购电工作实施进展，负责电力组织、购电结构优化、节能减排等重大事项的决策、协调工作。

部门层面成立电能管理实施小组。设立不同的电能管理实施小组，将任务落实到岗、落实到人。比如年度交易计划编制小组、火电发电全年统筹协调小组、水库优化调度小组、清洁能源购电小组、外购电协调小组、网厂协调工作小组等，是电能交易管理具体实施的中坚力量。

3. 确立电能交易管理原则

一是坚持保障电力供应为第一要务的原则，满足地方经济发展对电力的需求；二是坚持节能优先、环保优先、效益优先的“三优先”原则，满足节能减排要求；三是坚持大范围优化电力资源和电能结构的原则，扩大电能交易半径，提高重庆电网清洁能源占比；四是执行火电发电安排全年统筹原则，提升火电机组整体发电效能；五是执行内（发）外（购）电、水火电“双协调”原则，确保电网安全运行；六是坚持市场化方式“不动摇”原则，和谐政企、网厂关系；七是坚持跨区跨省交易原则，规范外购电交易行为。

4. 制定电能交易实施方案

一是编制年度分月电力、电量平衡分析报告，明确优化电能交易目标；二是采用多品种多周期交易融合方式，实现更大范围的清洁能源优化配置。三是编制年度电能交易优化方案。四是制定并滚动调整分月电力交易实施方案，以基本满足火电企业经营效益目标。五是提前并滚动发布火电机组分月电能交易预案，为火电企业生产组织、检修安排及参与市场化交易提供决策依据。六是建立灵活的外购电交易模式，应对供需形势变化、气候及来水异常导致的电力供应和电网运行风险，确保电能交易管理顺利实施；七是以年度购电交易方案为指导，开展月度、日前电能交易组织工作，结合电力供需、环境指标变化，动态调整水、火及外购电成分，并实时向市场成员发布信息，实现电力供应和节能减排双重目标。

（二）发挥企业优势，构建新型电力交易管理链

1. 发挥电网企业主导电能交易优势

电网企业除了在输配电环节做好节能降耗减排工作外，还应切实承担起引导产业链上下游和全社会节约能源、保护环境的特殊使命。在电能组织环节，由于电网企业在电力供应产业链中的特殊地位，上联电能产品供应商——发电企业和市外售电商，下联电能产品消费——主体电力用户，横向联系政府主管部门，加之全国统一电力市场平台的强力支撑，造就电网企业在行业中的领头羊地位，并自然具备充当创新链主的资源优势和核心能力。

2. 构建新型电能交易管理链

生态环境治理、大气污染防治是当前及今后较长一段时期全民关注的焦点问题，节能减排已经是全社会的共同行动。电网企业以全社会“同呼吸、共奋斗”、齐心协力防治

大气污染为契机，改变过去环境治理中发电企业和电网公司各自为战的方式，发挥自身行业领头羊优势，结合政府主管部门下达的电力保障、能耗排放等指标要求，通过大范围资源优化配置方式，实施兼顾电力供应、节能减排及经济效益的电能交易管理创新，践行“四个服务”的企业宗旨。

(三)基于电力供需、能耗排放、经济效益“三要素”分析模型，编制年度电能交易方案

按照环境治理、大气污染防治的要求，确立“节能、环保、效益”三优先电能交易原则，搭建电力供需、能耗排放、经济效益“三要素”分析模型，为网厂((电网、电厂)、政企(电力行业、政府)共同参与大气污染治理提供坚实基础。

1. 建立“三要素”供需平衡分析模型

在交易运营系统上开发电力供、需分析模块功能，每年9月开始，提前启动次年度电力电量平衡分析工作。

依据政府提供的全市经济增长预测数据，结合电力需求走势，公司发展、营销、调度及交易部门开展电力需求预测，预测次年分月最大电力负荷Pi及电量需求Qi。根据气象部门提供的气温及降雨预报信息，编制网内主要水电站发电计划Qsi。

编制节能减排最小方式下的年度电力电量供需平衡方案一：依据网内火电机组分月检修计划预安排及机组出力受阻容量，编制不考虑节能减排因素下的网内火电机组发电计划Qhi1。综合水电发电计划Qsi和火电机组发电计划Qhi1，确定网内分月可调能力及可发电量Qni1，叠加国家指令性外购电计划后，计算分月电力、电量余缺额。依据分月电力、电量供需分析数据，计算以保障电力供应为单一目标的新增外购电计划，并以此编制最小节能减排方式下的年度电力电量供需平衡方案和节能减排仿真分析报告。

编制节能减排效益最大方式下的年度电力电量供需平衡方案二：依据调度提供的年度分月火电最小开机方式和发电量，参考全国电力市场供需分析，按照外购电通道、外购电渠道最大能力测算，以满足电力供应为基础，以火电发电空间最小为目标，预测网内火电机组发电计划Qhi2。综合水电发电计划Qsi和火电机组发电计划Qhi2，确定网内分月可调能力及可发电量Qni2，叠加国家指令性外购电计划后，编制最大节能减排方式下的年度电力电量供需平衡方案和节能减排仿真分析报告。

在上述分析数据的基础上，每年9月30日前，编制完成年度电力平衡、能耗排放、经济效益分析报告，并向市场相关各方发布“三要素”供需平衡分析方案。受现有体制、机制制约，政府最后下达的火电年度发电空间是介于上述两方案中的Qhi1和Qhi2之间，年度节能减排总效益也介于两个方案之间，但其总体效率远优于方案一。

2. 编制“三要素”和动态级差原则下的火电年度发电预案

按照“三优先”原则，以有效控制火电发电总量为目标，开展火电年度发电预案编制工作。在新的电能交易管理中，出于节能减排、环境污染治理考虑，政府认同“改输煤为输电”能源供应理念。对发电企业而言，由于污染排放指标监控、考核、惩罚压力日益加重，失去了盲目追求发电总量的内在动力和外部环境，更加重视通过发电负荷率、供电煤耗、发电效能等指标的提升实现企业效益最大化。编制火电年度发电预案时，根据政府主管部门反馈意见，结合环保部门下达的火电年月排放总量及实时排放指标，测算电煤

消耗计划、火电发电空间和发电利用小时数；根据水电来水预计及外购电通道余度，测算火电最小发电空间；上述两种测算方式比较，辅以外购电时空置换交易手段，更多体现电能交易“清洁能源优先、发电效能为重”原则，计算各火电企业分月发电空间。在各火电厂电量分配时，按照动态级差分配原则，依据火电机组装机容量、煤耗、排放指标不同优先级系数，计算不同火电机组的年度和分月发电计划，以提升大容量、高参数、低排放机组的发电效率，实现微观层面的电能结构优化。每年 10 月 30 日前，按照重庆市“十二五”节能减排要求，以年度能耗排放指标为依据，编制火电年度发电预案，并上报政府主管部门，向网内各火电企业发布。

在管理实施阶段，结合供需形势变化情况，动态编制火电分月发电预案，并滚动发布后续月份火电发电预安排，既为发电企业全年生产组织、电煤储备、检修安排提供重要指导，也为发电企业参与发电权、外送电等市场化交易以进一步提升节能减排效果提供参考。

3. 扩大电能交易半径，实现大范围清洁能源消纳

发挥信息化系统提供的全国供、需信息互通优势，利用特高压互联电网提供的通道支撑，以“大范围消纳清洁能源、优化电力资源和电能结构”为指导，创新电能交易管理模式，充分发挥外购电在电能保障、环境治理中的支撑作用。在外购电组织中，由于周边电力市场形势是影响外购电组织的重要因素，随着特高压输电网络的日益完善，重庆外购电输电通道能力及渠道不断扩展，为优化电能交易创造有利条件。利用国网系统年度计划制定的有利时机，及时掌握四川外送能力及西北电网电力供需形势，主动了解几大能源基地外送能力安排，准确预测次年外购电市场走势。结合上述分月电力电量平衡及外购电需求分析，编制水火互济、时空关联的外购电交易方案。

当前重庆电网外购电交易和清洁能源消纳呈现以下特点：

一是外购电交易半径大幅扩展。目前，外购电交易对象，除传统的四川、河南、湖北电网外，还新增江西、湖南、山西、陕西、甘肃、宁夏、新疆电网。

二是争取外购电政策倾斜力度大。积极争取国家发改委、国网公司加大在跨区跨省电能交易组织中对重庆的政策倾斜，确保重庆电网顺利开展大范围消纳清洁能源的电力交易管理。目前，已争取“十二五”三峡送渝调增 20 亿千瓦时计划、丰水期川电外送“通道、资源双优先”、枯水期西北外送电优先满足重庆、三峡官地电送渝“丰枯置换”交易、德宝电参与重庆调峰等外购电政策倾斜，为大范围消纳清洁能源提供坚实基础。

三是开发交易新品种多。打破常规、突破瓶颈、创新思路和方法，市外机组唯我所用的“借机发电”、送煤上门的“以煤换电”、补贴买煤的“点对网”送电、请人代理的“网对网”输电、三峡电丰枯调剂、无计划的调控用电、川渝通道“夏电冬用”等交易品种应运而生。

四是外购电交易灵活性增强。在外购电交易中引入可中断交易合同、增购川电合同转让、购售电方式灵活转换等交易模式，增强外购电交易灵活性，既提升电网应对电力供需形势变化的能力，又最大限度发挥外购电优化电力资源和电能结构的功能。

五是外购清洁能源规模显著提升。除传统的丰水期四川水电入渝外，枯水期的江苏锦官电、新疆风电、甘肃宁夏大火电等清洁能源也源源不断输到重庆，消纳市外清洁能源规模显著增长。

4. 制定电能交易优化实施方案

提前制定并公布火电最小开机方式，为丰水期最大限度消纳水电、川电等清洁能源和电网安全运行做好准备。按照90%最大负荷平衡原则组织中长期外购电，充分体现购电交易环节“三优先”原则，实现节能减排最大化；通过外购电“长短结合”的灵活交易机制，确保内外电、水火电的协调运作，兼顾电力保障、节能减排及经济效益的目标；结合年度分月电力供需平衡情况，针对丰水期可能出现的极端降雨水、凉爽天气导致网内水电富裕、消纳困难问题，建立水电应急外送交易机制，与区域电网内的河南、湖北、江西及区外的华北电网签订水电应急外送意向协议，解决大范围消纳清洁能源与网内极端情况下的水电消纳矛盾。每年12月20日前，编制“时、点、量、价”综合最优的年度购电交易方案，为公司年度电能交易管理提供依据。

5. 程序化、规范化实施电能交易流程管理

每年11月，全面启动次年电能交易组织工作。以年度电能交易方案为指导，从政府、企业领导、部门主任、主管处长等四个层面，横向联合发电企业、省外售电商，纵向联系国网交易中心、华中交易中心，以“一三二”原则为指导，以年度电能交易优化实施方案为指导，按照日、周、月为周期开展电能交易的组织、追踪分析、动态发布和评估分析。争取国网公司各层级交易机构和兄弟省网交易机构支持，邀请政府、电监机构、发电企业参与电能交易管理实施，形成行业相关各方共同管理、共同参与、分头组织、分工负责的创新链协同运作模式，实现大范围清洁能源消纳促节能减排目标。

(四)完善电能交易市场机制，实现多种市场交易模式

充分发挥市场在资源配置中的决定性作用，以市场化方式解决创新管理过程中出现的参与方利益调整、小机组退出市场等问题和矛盾，确保交易各方和谐共赢，最大限度促进节能减排工作。项目实施过程中，不断推出不违背市场规则的电力市场交易模式。电能交易管理小组打破常规、突破瓶颈、创新思路和方法，全额消纳清洁能源的“以水定电”、最小开机方式下的川电入渝“双优先”、极端运行方式下的“水电应急外送”和川电“合同转让”、火电机组间的动态级差年度差别电量计划和“以大代小”发电权、官地“丰枯置换”、市外电厂“点对网”送电、“网对网”输电等交易品种应运而生，大幅提升“一三二”电能交易管理可操作性和灵活性。下面简要介绍部分市场化交易的模式：

外购电转让交易：通过外购电合同转让方式，将购入的外购电转由第三方消纳，规避电力供需市场变化导致的电网运行风险，尽量减少外购电合同履约风险。

水电应急外送交易：通过建立水电外送应急交易机制，发挥区域电网协调运作优势，本着平等自愿的原则，组织网内弃水电量应急外送，最大限度减少水电弃水风险，确保网内水电收益。

官地“丰枯置换”交易：充分发挥大电网资源优化配置优势，通过在枯水期提前使用江苏的官地电、丰水期返还的方式，既可以缓解重庆电网枯水期电力供需矛盾，也可提升丰水期电网消纳水电、川电能力，还可提升应对外部环境变化的能力。

在役机组发电权交易：火电机组装机容量、投运时间、发电效率不同导致的能耗、排放指标差异悬殊，火电机组全年不同季节、时段的发电特性不一，同一机组不同负荷率状

况下的能耗排放指标和经济效益指标差异较大，火电机组参与“以大代小”发电权交易意愿强烈。即小机组将其发电权指标转让给大机组，大机组利用其单位发电获利能力强、发电效率高的优势，用其获得的部分收益支付小机组指标转让费，在确保小机组经济效益不受损的情况下，实现降低能耗和排放的目标。地处主城区的重庆电厂采用发电权交易的方式，使减发、关停问题得到解决。

（五）构建基于横向、纵向互联的电能交易管理信息系统

通过与调度生产、财务管控、营销管理、发展规划等系统的横向集成，获取电能交易组织所需相关实时运行数据、效益数据、安全校核等信息，实现电能交易年、月、日无缝衔接，确保年度电能交易优化方案的有效实施；通过与国网公司、华中公司及其他省网公司系统的纵向贯通，实时掌握全国范围电力市场供需形势变化、清洁能源消纳和外送情况等信息，为重庆电网大范围消纳清洁能源提供翔实的基础数据。

搭建电力供需平衡和能耗排放分析模型，自动编制完成电力供需形势、能耗排放分析预测报告，准实时跟踪、发布电能交易情况，为电能管理促节能减排提供有力支撑；以三级电力市场纵向贯通及横向互联功能为支撑，全国电力市场信息自动共享，实时掌控市内及周边市场动态变化；支持灵活设置能耗排放指标、火电最小开机方式、水电汛期水位、供电煤耗、外购电周期、外购电半径、价格等各类参数；根据本地市场需求、环境治理要求、水电水情预测、周边市场形势和外购电通道情况自动编制电能交易优化策略，有效化解电力需求日益增长和资源环境承载力失衡的矛盾。

（六）建立完善的长效保障机制

1. 建立电能交易相关的管理制度和办法

出台电力保障、优化购电工作目标管理考核办法，制定详细的目标时间考核节点，采用日常考核加年终考核方式，将电力公司优化电能结构、外购电完成与财政补贴挂钩。由市电保办实行购电交易执行周报制度、市政府实行月督察制度、市政府应急办实行专报制度，确保购电管理可控、再控。

出台购电交易优化决策管理办法，建立重庆电网一体化购电交易决策分析工作机制。开展购电交易优化决策和购电量、节能减排指标、购电均价等指标的统计分析工作，设立合同履约率、电能结构优化度、外购电计划完成率、节能减排完成率等统计考核指标。

出台年度购电计划、跨区跨省外购电管理、规范跨区跨省外购电管理、电力电量平衡管理等方法，明确相关部门在电能交易管理中的职责，规范跨区跨省外购电交易行为，理顺外购电管理流程。

出台火电动态级差管理办法，在火电机组年度计划编制阶段，加大大机组分配电量系数，减少小机组发电利用小时数。出台在役火电机组“以大代小”发电权交易办法，在发电计划执行阶段，通过市场方式组织 60 万千瓦大机组替代小机组发电，实现“优化电能结构、促进节能减排”目标。

2. 建立多级交易市场协调运作，水火电、内外电“双协调”等电能交易机制

建立重庆电网发购电交易“双协调”运作机制，制定“水电与火电”、“发电与购电”协

调机制和工作流程，实现节能减排的综合效益，为实施基于“一三二”策略的电能交易管理提供有力的后续保障。

建立电交易和电力调控日、周、月、年会商机制。市主要领导多次听取工作汇报，积极协调增加内发、外购电。提前预测、落实次日电力供应缺口及外购电需求，确保最大限度购入外电。

三、充分利用清洁能源的电能交易管理效果

（一）为全国网省公司电能交易管理探索出一条新路

省级电网企业充分利用清洁能源的电能交易管理，使其电能交易运营水平得到大幅提升。顺利完成电力保障和节能减排目标；实现企业生产经营目标；兼顾了厂网、厂厂、企业与政府间的和谐共赢。

（二）清洁能源占比大幅提升，节能减排成效显著

2011 年，重庆电网清洁能源占比为 47 个百分点，2012 年占比为 58 个百分点，2013 年占比为 54 个百分点（比 2012 年降低的主要原因是 2013 年重庆水电来水特枯）。合计减少市内标准煤消耗 487.87 万吨，减少污染物排放 1273.6 万吨，减排 CO_2 1268.5 万吨，减排 SO_2 2.6 吨，减排氮氧化合物 1.9 万吨，减排烟尘 0.6 万吨。

（三）减轻环境压力，促进地方经济发展贡献大

在“以水定电”“川电优先”“外购电收放自如”等一系列清洁能源消纳政策的有力支撑下，水电、川电发电量创历史新高，为经济发展提供坚强的电力保障，2013 年重庆 GDP 增速跃居全国第一。实现新增外购电 142.67 亿千瓦时，增加全市工业产值 3995 亿元，为全市 GDP 贡献 2140 亿元，增加税收 199 亿元。

（四）促进管理效能提升，企业经济效益明显

两年半时间，合计降低企业购电成本和争取外购电补贴 11.89 亿元；执行火电机组动态级差差别电量和在役火电机组“以大代小”发电权交易管理，减少发电企业购煤成本 5.94 亿元。为全国电力行业的电能交易管理探索出一条新途径，目前已在其他兄弟省网公司推广应用。

（成果创造人：孟庆强、吕跃春、马　超、王俊梅、郭　琳、赵志强、汤洪海、张文哲、赵　蕾、蒋振涌、田　京、徐　亮）

石化企业以信息化为手段的 HSE 管理体系建设

中国石油化工股份有限公司青岛安全工程研究院

成果主创人:安工院副院长牟善军

中国石油化工股份有限公司青岛安全工程研究院(以下简称“安工院”)前身是成立于 1979 年的化学工业部化工劳动保护研究所,1999 年整体进入中国石油化工集团公司,是中国石化 HSE 科技创新、技术进步及推广应用的研发基地。现有人员 420 余人,其中高级研究人员 200 余人。具有国家注册执业资格人员 190 余人,享受国家特殊津贴专家 7 人,国家安全生产专家 5 人,公安部等省部级专家 27 人,中国石化学术技术带头人 18 人。固定资产近 7 亿元,年科研经费 1.5 亿元,技术服务收入 2.6 亿元。依托安工院设立的国家安全生产监督管理总局化学品登记中心是国家危险化学品安全监督管理的主要技术支撑单位。

一、石化企业以信息化为手段的 HSE 管理体系建设背景

(一)实施 HSE 管理体系是石化企业的通行做法

石油化工行业是人类活动的重要基础行业,但是由于其生产工艺复杂连续,装置大型化、控制集约化,且原料、产品、介质多为危险化学品,易燃易爆,有毒有害,是高危生产行业。由于安全、环境与健康的管理在实际工作过程中有着密不可分的联系,因此把安全、健康和环境形成一个整体的 HSE 管理体系,是现代石化企业发展的必然趋势。我国石油化工行业自 20 世纪 90 年代开始引入国际化的 HSE 管理体系,结合自身特点,通过不断融合、完善,逐渐形成自己的 HSE 管理体系。1997 年后,国内三大油公司中石油、中海油和中石化相继根据公司本身的特色,发布了自己的 HSE 管理标准及实施指南。由于安全、健康和环境问题三者内在规律的相似性,在石化企业执行过程中逐渐形成了一个整体的需求,向着一体化的专业领域发展,因此实行 HSE 管理体系成为石化行业基于自身高危特性而选择的一种通行做法。

(二)解决 HSE 管理体系运行有效性是企业面临的难题

通过实施 HSE 管理体系,企业采取积极的预防措施对生产运行实行全面的整体控制。但在多年建设和推广 HSE 管理体系过程中,逐渐发现提高体系运行的有效性是企业面临的难题,有效性问题在体系运行中的主要表现是:企业点长面广,同一操作和规定,标准执行不统一、体系运行过程不能有效控制;企业工艺多样、复杂,管理、操作、维护、后勤保障岗位多、交叉多、人员多,各岗位职责不是很清晰,管理、操作和保障责任落

实不到位；监管责任、管理职责、检查指导缺乏合适的手段；HSE 信息无法全方位、实时、准确采集，上传下达不畅，信息资源无法进行全面准确分析统计，HSE 数据支持不到位，决策针对性不强，管理不到位，指导不到位；体系运行情况的监控与完善缺乏定量工具和数据支撑。这些问题很大程度上制约了 HSE 管理体系的应用效果，而信息化手段是解决这些问题的有效选择。

（三）信息化技术是石化企业 HSE 管理体系有效运行的手段

世界各国石化企业对 HSE 管理的重视程度普遍提高，信息技术逐渐成为石化企业有效运行和完善 HSE 管理体系的重要手段。建立并运行以 HSE 管理体系为基础的 HSE 管理信息系统，通过信息化技术为 HSE 管理体系运行提供专业的载体和平台，实现统一规范的管理流程，使 HSE 管理全过程透明化，提高 HSE 管理的执行力，简化 HSE 工作程序，增强企业 HSE 管理的决策力，可以较好地解决目前体系实施和运行过程中所遇到的典型问题。

二、石化企业以信息化为手段的 HSE 管理体系建设内涵与主要做法

安工院结合先进的计算机与网络等信息技术，基于 HSE 管理体系思想准则，将体系核心要素提炼和分解，并封装成不同的信息化模块，研发石化企业 HSE 管理信息系统；建设集团级石化企业全覆盖的 HSE 数据支撑平台，使得 HSE 管理体系运行中信息上传下达通畅，并采用多种采集手段以保证进行全方位的 HSE 数据准确采集；推广石化企业 HSE 管理信息系统促进 HSE 管理体系有效运行，使得体系按照规范的工作流程运行、落实管理职责。主要做法如下：

（一）明确以信息化为手段的石化企业 HSE 管理体系建设的目标和工作思路

建立石化企业 HSE 管理体系，包含十大要素：一是领导承诺、方针目标和责任；二是组织机构、职责、资源和文件控制；三是风险评价和隐患治理；四是承包商和供应商管理；五是装置（设施）设计和建设；六是运行和维修；七是变更管理和应急管理；八是检查和监督；九是事故处理和预防；十是审核、评审和持续改进。十大要素之间关系紧密，相互联系，循序渐进，遵守 PDCA 循环模式。

以信息化为手段的 HSE 管理体系建设目标是：基于 HSE 管理体系建立信息系统即 HSE 管理信息系统，覆盖石化企业总部决策层、企业管理层、操作层及各业务板块，建成标准统一、职责明晰的 HSE 管理体系运行模式，确保总部有效监管企业，企业落实管理责任，操作层 HSE 职责履行到位，为企业“坚持安全发展，践行绿色低碳，努力打造世界一流 HSE 业绩”提供有力的支撑。其工作思路是：一是基于各石化企业已全面推行的 HSE 管理体系，梳理业务并制定信息化解决方案，进行体系信息化的准备和设计；二是根据设计方

团队开展方案讨论

案，搭建HSE管理信息系统架构，采用先进的开发管理模式进行系统的开发建设；三是运用科学的推广策略，将HSE管理信息系统在覆盖油田、炼化、销售和工程公司四大板块的各石化企业进行推广应用；四是借助信息系统和获取的量化数据，进一步完善和提升信息化的HSE体系运行。

（二）搭建石化企业HSE管理信息系统

1. 开展HSE管理体系运行现状调研

安工院制定调研方案，组成5个调研团队，分区域赴企业进行分组调研。调研内容包括：岗位职责落实、风险控制、体系执行标准、体系运行监管、体系运行效率、日常工作、提交的业务数据等。调研后发现HSE管理体系在实施与运行中在有效性方面存在着不少问题，如未能完全落实"干什么，谁来干，怎么干；管什么，谁来管，怎么管"的安全管理理念；体系执行标准的差异很大，体系运行执行不到位；体系运行缺乏有效的监控载体；缺乏对HSE信息进行快速的统计分析方法，不能为管理决策提供有效支持等。这些问题成为安工院设计HSE管理信息系统考虑的重点。聘请20名油田、炼化和销售等板块企业HSE管理专家组成联合工作组对调研情况进行梳理，形成覆盖油田、炼化、销售和工程公司的《石化企业HSE管理信息系统可行性研究报告》。

2. 构建HSE管理体系核心要素信息化框架

安工院基于长期从事HSE科研、HSE技术服务方面的经验与实践，结合企业调研内容，以HSE管理体系10个要素作为设计依据，从"事前、事中和事后"三方面入手，总结石化企业HSE管理经验，建立适合石化企业特色的HSE管理体系核心要素信息化框架，如图1所示。

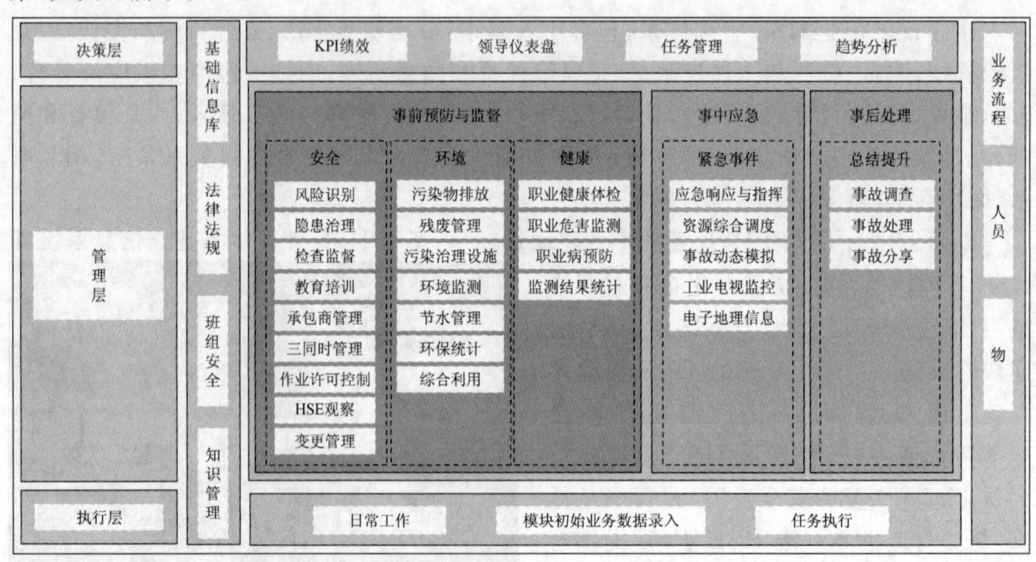

图1 HSE管理体系核心要素信息化框架

3. 运用迭代式方法开发HSE管理信息系统

安工院基于HSE管理体系核心要素信息化框架，运用迭代式开发方法开展HSE管理信息系统的开发工作。开发工作根据 HSE 管理信息系统的模块划分为不同的子项目，如教育培训、风险管理、隐患治理、承包商管理、承运商管理、三同时管理等，同时对各个子项进行周期划分，每个子项目按需求分析、设计、开发与测试进行开发，从而不断向前迭代。系统采用 B/S 三层架构，采用先进成熟的企业级 .Net 技术框架，遵循统一软件开发过程管理规范，在开发过程中遵循国际标准(ISA S95)。系统开发中引入工作流技术，能够为实现某个业务目标，在多个参与者之间，利用计算机，按某种预定规则自动传递文档、信息或者任务，通过计算机技术的支持去定义、执行和管理工作流。所开发的石化企业 HSE 管理信息系统功能模块分为总部和企业两个层面：各企业分别实行日常 HSE 管理；总部对自身进行日常 HSE 管理，对各下属企业进行监管。

(三)建设总部级石化企业全覆盖的 HSE 数据支撑平台

1. 部署石化企业统一的 HSE 数据支撑平台

HSE 管理信息系统开发完毕后，部署支持系统运行的 HSE 数据支撑平台是系统成功推广应用的关键。在“六统一”(统一规划、统一标准、统一设计、统一投资、统一建设、统一管理)原则的指导下，按照总部、公司、厂、车间和班组五个级别进行部署，覆盖企业各级单位，建设并部署运行总部级 HSE 管理信息系统的数据支撑平台，解决信息上传下达不通畅的问题。

2. 使用多样化手段全方位采集 HSE 信息数据

安工院根据 HSE 信息的来源和特点，采用多种手段进行全方位的 HSE 信息数据采集。对于需要人工参与的数据，提供标准的表单化模板进行采集；对于职业危害监测或生产状况等的实时数据，主要通过数据库集成技术，将所属其他系统如 LIMS、MES 中的 HSE 相关数据进行自动提取和传输采集；对于生产现场作业的过程控制数据，通过研制的防爆移动终端进行现场采集；对于重大危险源或关键装置/要害部位的现场状况，通过工业电视进行实时监控和视频传输采集。通过多样化的数据采集手段，能够采集 HSE 业务、在线监测数据、现场作业数据、视频监控数据等大量信息，克服以往 HSE 数据难以全方位、实时准确获取的困难。

(四)实施推广石化企业 HSE 管理信息系统

1. 制定 HSE 管理体系核心要素的规范化工作流程

将 HSE 管理体系核心要素凝练形成 21 个 HSE 业务梳理和 311 个标准化工作流程模板，规范工作流程 844 项。首先明确各 HSE 业务的目标及关键成功因素，然后对 HSE 业务进行流程化描述，进而梳理出关键的控制环节并确立各环节的规范，明确从基层单位、二(三)级单位、企业到企业总部各参与组织和参与者的职责，最后在 HSE 管理信息系统中使用工作流引擎技术将 HSE 业务过程固化成信息工作流程，并设置工作流程中的关键控制节点。

2. 建立 HSE 管理职责权限矩阵

在实施推广信息系统过程中，根据石化企业不同板块的特色以及相应的 HSE 管理业务执行要求，对参与 HSE 管理体系运行的不同用户按照岗位类别进行梳理，其中管理岗位 46 个、操作岗位 155 个。根据 HSE 管理体系，在信息系统中对管理要素、管理单元、管理人员进行角色分配，有相应的职责则从信息系统中配置相应的权限，给相应的人员配置与其岗位、职责对应的工作和菜单，解决岗位职责不清晰，管理责任无法准确落实的难题。

3. 动态监管 HSE 管理体系运行情况

安工院将 HSE 管理信息系统在石化企业成功推广应用后，在信息系统中运行的 HSE 管理体系以结构化形式存储，业务信息全部实行实时管理，系统运行的即时信息处于动态传递状态，各单位的业务管理情况可以实时查看，监管工作从被动管理转变为主动管理，并能根据管理要求及时对相应执行人员进行提醒或发出预警，改变以往非信息化条件下，体系中运行信息的存储形式为纸张或电子文档、信息存取无法快捷和准确的情况。

4. 制定 HSE 管理信息数据标准

安工院根据石化企业信息分类编码标准、软件开发标准、HSE 相关业务标准等对 HSE 管理体系所涉及的相关信息进行标准化，以满足石化企业总部以及各个油田、炼化、销售和工程企业 HSE 相关业务部门对 HSE 管理信息系统的使用。在石化企业信息化总体规划的指导下，基于企业总部统一确定的标准化管理规范，根据多年科研成果和技术积累，完成 HSE 管理信息系统的信息标准化工作。根据基础标准、数据标准及应用标准三个层次结构，对业务流程、数据指标、信息代码、图形规范、接口、扩展开发、信息安全等方面进行标准化编码工作。

对于目前标准代码没有覆盖的新增编码，基于石化企业信息分类编码标准体系分类，新建安全、环保、职业卫生、应急管理共 4 个中类、35 个小类，主数据条目总计 1024 个。HSE 数据指标依据生产层面数据指标总体框架中“23 安全环保健康”主题编号，新建安全、环保、职业卫生、绩效管理 4 个一级子主题、14 个二级子主题，数据指标条目 222 个。

(五)持续提升以信息化为手段的石化企业 HSE 管理体系

1. 建立 HSE 管理信息系统运行反馈机制

根据信息化项目的管理要求，借鉴国外石化集团企业推行 HSE 方面管理系统经验，结合石化企业的管理现状，制定适合石化企业 HSE 管理信息系统的运行反馈机制。一是缺陷管理，分为缺陷提出、缺陷确认、缺陷整改、整改验证和企业确认五个步骤。在一家实施企业中发现缺陷，及时地进行通报和纠正，在企业中避免同类问题的再次发生。二是提问交流管理。通过建立 HSE 管理信息系统交流网站，企业用户可通过该网站将使用中发现的疑问或问题进行在线提交，形成疑问提出、疑问归类、疑问回答、回答评分的提问交流管理过程，使最终用户的疑问或问题能够及时得到解决。三是追踪回访机制，主要是定期到企业进行回访，集中收集企业各级用户意见。

2. 监督 HSE 管理信息系统运行并优化参数设置

HSE 管理体系的要素在运行时，通过信息系统将要素的运行情况转化为了数据，为评判效果设置多种判断阈值或参数，这些阈值或参数的设置是否合理、是否符合生产实际和管理需要，是保证评判结果正确的必要条件。在 HSE 管理信息系统的应用过程中，可通过系统输出的结果与实际情况进行反复比较，从而对阈值或参数进行调优，以符合管理需要。

如 HSE 管理体系中的风险管理要素，识别出风险后，按照国际惯例是使用风险矩阵评估计算出定量的风险值(即风险发生的可能性和后果的严重程度乘积)。安工院根据石化企业使用 HSE 管理信息系统内置风险矩阵经验基础上，参考当前国外风险可接受水平普遍采用的 ALARP 风险判据原则，结合中国石化企业经济和技术现状，对风险矩阵参数进行调优：将风险后果设置为人员伤害、财产损失、环境影响和声誉影响四种分类，每类后果按照其严重性分为严重高风险、高风险、中风险和低风险四个等级；将后果发生的可能性按照事故发生频率从低到高依次分为 6 个等级。通过 HSE 管理信息系统不断检验和参数优化，该风险矩阵已经成为石化企业通用的标准风险矩阵，被广泛应用于石化企业过程危险分析、保护层分析与保护层设计、安全仪表功能的安全完整性等级评估、隐患的风险分级与管理等方面。研究院最终基于此风险矩阵制定企业标准《Q/SH 0560－2013 HSE 风险矩阵标准》。

3. 建立基于数据的 HSE 管理体系运行监控与完善机制

采用关键指标(KPIs)建模方法，按照总部、事业部/专业公司、直属企业 3 个级别，设置 13 个专业类别、34 个细项的领导安全生产问责指标；设置 16 个专业类别、50 个一级指标、121 个二级指标，形成总部监管直属企业、直属企业监管二级单位、二级单位监管基层单位的上下一体的多级分层监控 HSE 体系运行的指标集。指标集从 HSE 管理信息系统中获取数据并自动计算，能够对 HSE 三大核心业务进行可视化多层次的监控，实现多级分层次的 HSE 体系运行绩效量化考核。另外，各级单位基于量化的 HSE 绩效得分，一方面掌握本单位的 HSE 总体情况，同时也能够确定本单位的薄弱环节，从而有针对性地改进和完善 HSE 体系运行。

4. 推动 HSE 科技研发机制建立

随着 HSE 管理信息系统的深入应用，通过系统反映的 HSE 共性问题或热点问题，指导 HSE 管理学科研究和管理技术创新。研究院针对系统中的运行数据，通过立项进行一系列的课题研究，如《炼化工程项目 HSE 管理》《隐患评估与管理技术研究》《炼化企业检维修承包商管理》《移动作业许可管理系统及手持移动终端的研发》等。针对不安全行为的数据研究与分析，开发适合石化企业特色的行为安全管理成套技术—HSE 观察技术，从行为取样、现场交流、分析报告几个方面，主动观察作业人员在作业过程中的行为表现、设备设施和工具的状态等，确认已有的制度、要求是否得到有效执行，同时寻找可以改进的方面，并通过有效沟通来提高安全意识，并由此推动《HSE 观察管理规定》的出台。

5. 提升企业安全生产资源配置能力

资源配置的科学性是石化企业 HSE 管理体系要素重要的组成部分，随着 HSE 管理信息系统的稳定运行和推广应用，安工院积累大量的专业信息数据，这些数据是在业务流程进行的过程中产生的，数据积累到一定程度不仅仅作为记录备查，还可对这些数据进行挖掘分析，找出规律和重点风险部位，提高石化企业安全生产费用投资的针对性，指导企业优化安全生产资源的配置，增强企业 HSE 决策能力。

作业许可制度是国际石化企业对非常规和高风险作业活动进行控制的通行做法。作业许可管理作为 HSE 管理体系的重要组成部分，通过 HSE 管理信息系统的运行积累一系列作业许可证的电子化和结构化的数据。对用火作业许可证进行数据分析，可提出设备设施及管线的选材选型建议，可消减企业用火作业数量，有效控制现场作业风险。安工院对沿海石化企业 2013 年各级别的用火作业证数据进行分析，发现处于沿海区域的石化企业检维修动火作业中公用工程系统和安全防护设施的用火量最大，其原因一方面是由于炼化企业规模不断扩大，配套的公用工程设施填平补齐项目不断增加，国内石化企业所采用 CFB 锅炉飞灰、底渣、石灰石等固体粒料输送系统材质不合理所造成的；另一方面是由于石化企业的安全防护设施多为花纹钢板，沿海由于潮湿和含盐量高，腐蚀严重从而导致补焊动火量增大。针对这些数据分析结论，安工院提出 CFB 锅炉管线材质升级改造和安全防护设施由花纹钢板替换为格栅板的控制措施，通过这两项措施可有效降低沿海炼化企业的用火作业数量。

三、石化企业以信息化为手段的 HSE 管理体系建设效果

(一)提升了石化企业 HSE 管理水平

基于信息技术的石化企业 HSE 管理体系建设，在石化行业中具有较强代表性，具备一定的试验意义、示范作用和推广价值，能够引导石化高危行业提高信息化水平，促进生产本质安全，HSE 管理信息系统在 2011 年被国家工信部列为首批“两化融合促进安全生产示范工程项目”，并在 2014 年 6 月份通过由中国工程院院士及国家安监总局主管领导等专家组成的鉴定委员会的科技鉴定。促成石化企业 HSE 管理的“四个转变”，即由传统管理模式到信息化管理的转变，由结果管理到过程管理的转变，由粗放管理到精细管理的转变，由局部管理到全员管理的转变。

(二)促进了安全法规的补充与完善

分析研究 HSE 管理信息系统采集的数据信息发现短板与盲点，针对这些问题，安工院参与修订《危险化学品安全管理条例》《危险化学品登记管理办法》；起草《化学品物理危险性鉴定与分类管理办法》《首批重点监管的危险化工工艺目录》等；编制《化学品危险性评价通则》《化学品安全技术说明书内容和项目顺序》《化学品安全标签编写规定》《危险化学品从业单位安全标准化通用规范》，促进相关法规的完善。

(三)引领行业内外的 HSE 管理体系完善与提升

安工院在 HSE 管理信息化专业方向以及重大项目 HSE 管理咨询方面具有丰富的经验、较强的技术实力，多年来相继为许多大型石化企业如中化集团、大唐集团、中石油、中石化以及行业外的许多著名企业(如青岛海尔、烟台万华、上海华谊等)长期提供 HSE 管理信息化及咨询服务，服务企业超过 100 家，用户超过数 10 万户，引领行业内外的 HSE 管理体系完善与提升。

（成果创造人：牟善军、王廷春、王秀香、蒋　涛、穆　波、施红勋、张亚丽、李千登、董平军、常庆涛、吴瑞青、刘华炜）

咨询投资企业促进绿色发展的服务创新管理

中国通用咨询投资有限公司

成果主创人:公司总经理刘昆

中国通用咨询投资有限公司(以下简称"通用咨询投资公司")成立于2007年,是"全球500强企业"——中国通用技术集团所属子公司。在中国通用技术集团转型升级战略的引领下,通用咨询投资公司自成立以来,坚持绿色发展战略方向,锐意进取,奋发有为,大力推进企业转型调整,持续创新,聚焦节能环保产业、基础设施建设领域以及国家重点工程和重大项目,以咨询业务、商务服务、项目管理和投融资管理等智力和资金支持,为客户提供绿色发展整体解决方案,在创造可喜的经济效益的同时,对我国绿色发展、科学发展起到积极的促进作用。

一、促进绿色发展的服务创新管理背景

(一)抓住我国绿色发展机遇的需要

改革开放以来,我国经济建设和社会发展取得举世瞩目的成就。但粗放发展方式带来的空气污染和生态环境恶化引起了政府、社会和人民群众的高度关注。党的十八大以来,绿色发展、可持续发展上升为国家战略。

以环境保护、节能减排和生态建设等为代表的绿色产业发展方兴未艾,蕴含无限商机。包括环境产业咨询机构在内的生产性服务企业总体上处于成长初期,所提供的服务种类及功能等难以满足市场需要;而国外同类企业对国内市场熟悉程度尚不足,本地化服务还不到位。可见,绿色发展为国内生产性服务业带来巨大市场,为企业快速发展造就良机。

(二)落实集团发展战略的需要

2007年以来,中国通用技术集团实施转型升级战略,推进产业化转型和商业模式重构,打造包括"技术服务与咨询业"在内的五大产业板块,建设具有国际竞争力的科工贸一体化的企业集团。通用咨询投资公司定位于生产性服务业,服务绿色发展的转型方向契合集团转型升级战略。

2011年中国通用技术集团批复"公司转型调整方案",支持通用咨询投资公司创新服务、转型发展,在内部资源配置等方面给予倾斜,要求通用咨询投资公司落实集团总体战略,加快拓展与绿色发展相关的咨询、投融资等业务,努力打造国际知名、国内一流的知识型、智慧型招标和咨询服务商。

(三)创新企业发展模式、探索生产性服务企业持续健康发展道路的需要

通用咨询投资公司成立之初,主要从事水务咨询,即为全国各地水厂市场化股权改造提供招商引资咨询服务,进而将业务拓展至包括污水处理、流域治理、固废处置等在内的环境产业咨询,迅速成长为环境产业咨询领域国有主力军。

2011年以来,实施转型调整,企业名称冠以"中国"字头,变更为现名,注册资本金增加至5亿元,成为集团非金融板块唯一获投资功能的二级公司,同时经集团授权,履行对相关公司内部一体化管理的职能,有实力促进绿色发展,持续创新,积极探索生产性服务企业健康发展道路。

二、促进绿色发展的服务创新管理内涵和主要做法

通用咨询投资公司确立服务创新的基本思路和实施路径,明确绿色发展战略方向,打造咨询业务、商务服务、项目管理、投融资管理4大战略业务单元,以咨询、投资双轮驱动,积极拓展国际化经营,持续服务创新;优化组织结构,加强团队建设,弘扬企业文化,大力加强能力建设,为包括各级、各地政府部门以及国内外企业在内的客户,提供智力和资金支持,服务地方环境治理、节能减排、生态建设,促进我国绿色发展。主要做法如下:

(一)确定服务创新的基本思路和实施路径

1. 科学决策,把握企业发展主动权

通用咨询投资公司的业务基础源于传统招标采购代理服务——通过招标采购方式利用包括国际金融组织、外国政府等提供的贷款,为全国数十家水厂建设引进先进技术设备。在此过程中,招标团队积累了丰富的客户资源与行业经验。随着我国公用事业与市政基础设施市场化改革的深化,各地水厂推进股权改造、招商引资,通用咨询投资公司招标团队敏锐地把握这一市场商机,为水厂股权多元化提供咨询服务。2007年,创立专门从事水务咨询等创新业务的专业公司(通用咨询顾问有限责任公司——通用咨询投资公司的前身),业务范围由单体水厂迅速拓展至流域治理、固废处理、土壤修复等多领域咨询,实现从市政基础设施到环境产业咨询的拓展。2009年,通用(北京)投资基金管理有限公司正式设立,由中国通用技术集团控股,通用咨询投资公司代行管理职责。

2. 明确企业愿景和战略定位

将"打造国际知名、国内一流的知识型、智慧型招标和咨询服务商"作为企业愿景,定位于"绿色发展整体解决方案提供者",在以往招标代理单一服务手段的基础上,持续服务创新,加强能力建设,为促进绿色发展做出积极贡献。

三明产业园招商推介会

市政基础设施建设相关业务与环境产业密切相关,供水与污水处理、垃圾处理(固废处置)等因此也被视为环境子产业;而环境产业又是绿色产业的重要组成部分,定位"绿色发展"这个大方向是企业

正确的战略选择。

3. 打造四大战略业务单元

把握客户需求变化，持续创新服务，培育四大战略业务单元，提供价值链全过程服务，助力地方绿色发展。咨询业务是绿色发展整体解决方案服务链条上的先导型业务，发挥重要的引领作用，同时也起到“催化剂”和“黏合剂”的作用。咨询业务种类不断拓展，其中环境产业咨询、节能减排/生态文明建设类咨询、绿色园区规划极具代表性，凸显绿色发展主题。商务服务以招标代理业务为主，业务重点领域包括轨道交通、基础设施及能源、医药卫生、邮电通信、科教文卫。项目管理积极培育节能环保产品代理和合同能源管理、合同环境管理等服务，提供系统解决方案。投融资管理为项目的启动和运行提供资金“血液”，构建沟通产业与资本市场的桥梁，并对其他三类业务发挥重要的支撑作用。投资业务聚焦于节能环保、新材料、高端装备制造、新医药等领域。四大战略业务单元互动互补、协同协调；咨询与投资双轮驱动，与商务服务、项目管理共同提供价值链全过程服务，形成绿色发展全面解决方案。

4. 加强战略合作

开展战略合作高度契合公司四大战略业务特点，具有鲜明的通用咨询投资公司特色，有利于高起点介入和把握市场资源，充分体现“大市场、大客户、大项目”市场开发理念，进一步丰富客户渠道和市场网络。目前，已签署战略合作协议百余份；战略合作伙伴涵盖政府部门、大型国有企业、股份制及民营企业、外国政府及企业等。

（二）开展咨询业务引领绿色服务

1. 环境产业咨询彰显绿色发展理念

通用咨询投资公司在全国各地完成数十项水务和固废特许经营咨询项目，在促进绿色发展方面积累扎实的业绩。近年来，完成的典型案例之一是受北京水务投资中心委托为南水北调配套工程——北京通州水厂项目提供社会化融资方案。经过前期调查、专家会论证、商业模式设计和财务模型建立，为通州水厂设计出不同的财务方案，成功为该项目争取到良好的融资条件和建设条件。咨询成果获得北京水务投资中心和通州区政府的高度肯定。通用咨询投资公司还将为其他 10 个配套水厂提供“量身定制”咨询，实现为同一目标客户的持续服务。

西安阎良国家航空高技术产业基地管理委员会（简称管委会）污水处理厂咨询及招标服务项目，是颇具代表性的水务咨询项目。该污水处理厂是航空基地和阎良区共享的城市污水处理厂，管委会拟将一期中水回用提标改造工程，采用委托运营方式，二期工程采用 BOT 方式，以打捆方式选择投资人，进行市场化运作。通用咨询投资公司成功中标该咨询服务项目。

2. 节能减排、生态文明建设类咨询彰显绿色发展主基调

开展节能减排、生态文明建设相关咨询，担当地方政府环境治理、节能减排、生态文明建设的“智囊团”，树立和提升企业品牌与行业影响力，不断延伸服务链条。

2013 年，受荆门市政府委托，为该市编制《荆门市节能减排财政政策综合示范总体实

施方案》及六个子方案。方案涵盖产业低碳化、交通清洁化、建筑绿色化、服务集约化、主要污染物排放减量化和可再生能源利用规模化六大领域，涉及项目投资总额达 300 亿元。经过三级评审，该市成为国家第二批节能减排十个示范城市之一。

受延安市委托，协助编制《延安市生态文明先行示范区建设实施方案》，拟在生态环境建设、产业转型、中心城市发展、体制机制创新等方面实施一批亮点工程或重大项目。方案已经通过延安市、陕西省和国家三个层面的专家评审和答辩，获得广泛的认可。

3. 绿色园区规划业务快速成长

通过承担青岛中德生态园发展规划及产业定位咨询项目，落实中德两国政府签署的共同支持建立中德生态园谅解备忘录，服务地方绿色发展，加深中德两国在生态园领域的企业间合作。天津武清开发区（四期）产业规划项目为开发区提供产业发展最新趋势，提出与区域发展需求相匹配的产业战略发展建议，将园区打造成为绿色、生态、环保、可持续的示范区，实现区域产业逐步升级。通过珠海保税区产业规划论证和中山总部集聚区开发模式研究等一批咨询项目，推动地方园区和区域经济发展。

（三）开发投资业务为绿色服务提供有力支撑

1. 绿色投融资业务促进地方绿色发展

发起国内第一支环境产业基金，推动节能环保等领域基金投资。如与地方政府合作设立区域性基金——中山通用基金，该基金 2013 年成功投资北京华通热力公司；设立新能源专项基金，投资于风力发电；2013 年设立珠海产业基金，专注重点领域，扩展投资地域。2014 年获证监会核发的“私募基金管理人登记证书”，跻身国内获得正式认可的首批阳光私募机构之列。

投资节能环保、新材料、高端装备制造、新医药等绿色发展相关领域，如参股“中纺凯泰”，专业从事纺织企业生产废水中有机物回收与利用；参股“中国汽研”，专业从事汽车检测、电力汽车研发等。拓展城市轨道交通建设业务领域，如 2012 年成功协助某直辖市轨道交通集团完成该市轨道交通结构性融资，助力地方绿色交通，也为企业自身带来良好业务收益。

2. 通用产业园建设取得实质性突破

在开展园区规划类咨询业务的基础上，2012 年以来，积极推进具有产业引领和区域特色的“通用发展产业园”业务模式，谋求以产业园为平台的咨询、投资一体化发展，进一步带动传统招标业务等商务服务模式，引领绿色产业发展。已签署或达成意向的产业园包括长春长德新区、珠海横琴、福建三明、牡丹江等产业园。如通用三明高端针织工业园建设已迈出关键步伐，联合中国纺织科学研究院与福建省三明市、永安市人民政府建立战略合作伙伴关系并签署相关协议，设立园区管理公司，立足纺织产业，积极向装备制造业等领域拓展，借助央企的资源优势，在三明（永安）市构建国内一流的高端针织、高端装备示范园区。

（四）推动国际合作提升绿色服务深度和广度

1. 开展绿色主题国际交流与合作

积极开展绿色发展相关的国际交流与合作，主办或与政府有关部门、单位共同举办绿色发展高层论坛、研讨会等。继2010年成功承办首届“中国绿色产业和绿色经济高科技国际博览会”后，近年来先后为以色列水务、农业技术等企业进入中国组织开展企业对接会；共同主办中欧城市发展论坛；组织水面光伏技术中外研讨会，将拥有该项技术的外方企业与国内相关企业对接，探讨进一步打造国内最大的水面光伏电站开发平台。

2. 技术引进助力绿色发展

巩固、创新、发展传统招标业务，代理招标采购引进先进技术，累计招标金额约2万亿元，为我国产业升级、节能环保和生态文明建设做出贡献。以轨道交通业务为例，近年来，承担的铁路项目包括铁路动车组、大型养路机械、高速检测列车、客运专线四电集成等；承担的城市轨道交通项目涉及北京、重庆、武汉等13个城市。在做好引进的同时，积极推动技术国产化，如为苏州高新区有轨电车工程配套关键机电设备国产化进行专题调研和方案制订等。

新型代理业务是2012年以来拓展的又一新业务模式，围绕国家环保产业政策方向和市场热点，持续追踪相关技术和产品，累计获得包括俄罗斯“利特紫外消毒设备”等多项产品的代理权，初步形成以水处理、污泥处理和节能减排为服务重心的产品序列。

不断追踪节能减排国际先进技术，保持行业领先优势。如被动房(Passive house)技术是德国技术企业研发拥有的理念领先的建筑节能技术。通用咨询投资公司与技术发明人签署独家代理协议，做好顶层设计和基础研究，推动绿色建筑技术标准的制定，加大市场开发力度，加快形成建筑节能整体解决方案，努力抢占国内绿色建筑市场先机。

3. 推动绿色发展“走出去”

开展跨境与境外咨询项目，努力将绿色发展与国家“走出去”战略有机结合。2013年为二连浩特市提供国家级境外经贸合作区发展战略及项目立项审批咨询。2014年进一步协助该市完善制定“二连浩特国家重点开发开放实验区申报方案”，获得国务院批准，中央财政将给予专项资金扶持。目前，已成功中标成为“二连浩特国家重点开发开放实验区总体规划”咨询服务商。

Mae Sod地区所在的Tak省是位于泰缅边境的贸易重镇，也是泰国在印度洋的门户，处于泰国东西经济走廊(EWEC)上，具有很高的经济、工业、农业和旅游业的发展潜力。该特别经济区拟包含一站式服务系统、物流中心、仓储库房等功能区域和第二泰缅大桥等基础设施建设。与中国通用技术集团兄弟公司合作，共同为该特别经济区编制总体规划，作为经济区建设的指导性方案。两家公司还共同开发印尼西爪哇省印尼大万隆地区发展规划咨询项目，规划拟涵盖交通运输、远程通信、能源、污水治理、污染治理、可饮用水等领域。上述泰国与印尼项目均列入我国商务部、进出口银行支持的服务贸易项目。

(五)加强服务能力建设

1. 组织结构优化

遵循“组织跟随战略”这一企业战略管理基本理念，推行“前店(市场开发)后厂(后台技术支持)”运营与管控新模式，使企业组织架构有效配合转型创新战略实施；与之相配套，设立“战略发展和执行委员会”，由多位市场总监担任委员，发挥承上启下作用，协助管理层组织落实企业战略意图，推动转型创新业务开展。

在组建跨部门的“北排”项目组并取得成功运作经验的基础上，聚焦大客户、突出专业化经营，设立“大客户部”“轨道交通事业部”“中间金融服务项目组”三个专业化经营单元，实行矩阵式管理，调动全部业务资源，综合运用四个战略业务单元专业能力，推动转型发展。

2. 人才队伍建设

为适应企业转型发展对专业人才的需要，实施人才强企战略，制订并实施“青年英才”专项计划，培养青年骨干；推行“技术职称”系列，为专业人才职业发展拓宽通道。在维护、更新已有招标专家库的基础上，开发建设咨询专家库，囊括咨询和投资重点业务领域的顶级专家，对业务开展形成强有力支撑，成为企业宝贵的无形资产，提升企业竞争优势。

选派优秀职工参加外部专业技能与职业培训，创办“咨询学堂”，围绕绿色发展、基金与投资等主题开展内部培训；鼓励、支持员工考取“招标师”“咨询师”“造价师”“金融分析师”等职（执）业资格。

3. 企业文化建设

企业文化是企业核心竞争力的重要组成部分和企业软实力的集中体现。创办“绿色足迹”专刊，以生动活泼的形式广泛宣传企业理念，使“根植国计民生领域，专业服务创造价值，企业发展员工幸福”的企业使命等核心理念深入人心，并转化为广大员工共同的“通用咨询梦”。

三、促进绿色发展的服务创新管理效果

（一）绿色服务业务迅速发展，企业快速成长

通用咨询投资公司最初主要从事水务、固废处理等环境产业咨询业务，随着市场环境的变化和自身能力的提升，企业服务领域不断扩展，延伸至环境企业战略咨询、园区与产业规划咨询等，发起设立产业投资基金，扩展投融资咨询与投资，逐步形成咨询投资双轮驱动、四大战略业务协同发展的业务格局。2012 年营业收入和利润总额指标比 2008 年分别增长约 5.6 倍和 1.5 倍。

（二）有效服务各地发展方式转变和绿色产业发展，社会效益显著

参与国家重点工程和重大基础设施建设和节能环保等项目，获得地方政府的认同，担任十多个省、市政府的智囊，直接为地方政府提供绿色发展相关咨询、投资服务。积极投身绿色发展公益事业，出席“东部陆海丝绸之路经济带与央企对接会”，积极探讨与大型中央企业/战略合作伙伴携手在资源整合、产业园区规划、电子商务平台建设、农业产业化以及打造标准化的农产品交易机制等领域开展合作，取得显著成效。

（三）探索出一条绿色服务企业持续健康发展的道路，得到社会各界的肯定

在传统招标业务基础上，适应市场变化、满足客户多元需求，积极开展水务咨询业务，迅速进入环境产业咨询领域，以加强能力建设为有力支撑，打造四大战略业务单元。绿色发展创新业务有效应对传统招标业务快速下滑的不利局面，保持传统业务经营规模和利润水平总体平稳，为未来实现跨越式发展奠定基础，探索出传统企业转型升级、持续健康发展的道路。

在行业年度评选等活动中，2013 年，连续九年荣获“中国水业专业服务领域最具责任感的综合环境咨询机构”称号；2014 年，下属招标公司在第九届招标采购行业年度评选活动中分别获得“招标代理机构十大品牌”“十大诚信招标代理机构”等荣誉称号，企业知名度和影响力得到进一步提高。

（成果创造人：刘　昆、张　建、周　庆、邵　林、李　宏、贾　宏、陈胜清）

民营化纤企业基于物联网的节能减排管理

浙江红剑集团有限公司

成果主创人:公司董事长兼总裁周凤剑

浙江红剑集团有限公司(以下简称“红剑集团”),成立于1999年,占地面积达40万平方米,2013年总资产超30亿元,实现销售收入近60亿元,员工近2600人,现有全资和控股子公司七家,具备参与国内外竞争的综合实力。15年来,红剑集团秉承“坚持产业报国,实体经营为主旨,以卓越的生产服务贡献社会”的神圣使命,产业涉及化纤、节能环保两个领域,已跻身“中国化纤企业50强”,“红化”商标荣膺“中国驰名商标”和“全国用户满意度产品”。

一、民营化纤企业基于物联网的节能减排管理背景

(一)适应国家转变经济发展方式的需要

我国从2006年开始,强调“节能减排”是企业节能增效、落实科学发展观的重要措施和手段,并要求“十二五”期间将单位国内生产总值(GDP)能耗在2010年的基础上下降16%,并规定节能总目标为:到2020年单位国内生产总值(GDP)能耗在2005年基础上下降40%~45%。目前,红剑集团的单位产品能耗值为96.65 kgce/t,与《聚酯涤纶单位产品能源消耗限额》中的“聚酯产品生产主要工序单位产品能耗先进值≤100 kgce/t”标准相比,暂时处于领先水平。然而,从长远来看,现有设备在经过十几年运作,已相继出现老化,已不能完全满足现有生产的需求,同时,几年来企业规模扩张式发展造成用能系统布置零散,不利于资源共享,浪费较为严重。

(二)应对化纤行业产能过剩竞争的需要

在中国经济高速增长、国内外纺织市场需求快速扩大的形势下,化纤企业连续7年出现了近20%的高速增长,取得了举世瞩目的巨大成就,为我国纺织工业和国民经济发展做出了突出贡献。从我国纺织工业看,化纤行业属于高耗能、大群体、机械化生产、劳动密集型的行业。设备落后的化纤企业,电、水、气和旧设备的消耗已占到企业收入的5%左右,还有的甚至更高,同时随着市场价格的上涨、消耗成本的提高,使企业利润几乎为零。随着国内投资主体的多元化,国内化纤企业间的竞争态势日益激烈,化纤行业已成高度竞争性行业,面对小企业的倒闭,下游客户的萎缩,担保风险的增大,特别是江浙地区作为国内化纤行业的生产基地,占全国85%以上的产能,红剑集团要想保持与扩大市场份额,必须使用最先进的技术,建立企业综合能源管理平台,有效地提高企业能源管理效率。

(三)推进企业实现可持续发展的需要

红剑集团从1999年成立以来,逐步发展扩大,每阶段都经历着扩大经营、积累资本、降低成本与效益最大的历程。特别近几年,随着国家安全、环保工作的重视程度加紧,企业能源规划也提高到了战略高度。因此,能源系统升级改造成为势在必行的工程,同时基于企业的二次发展需要,基于化纤企业用能情况,红剑集团领导高度重视,强化节能技术方面的研究与实施,考虑到用气、用水等能耗已占企业制造成本的15%以上(除原料成本以外),故而提出将集团内部原有的公共用能设施进行整合,淘汰低效能设备,引进高效能设备,提高能源利用效率,实现资源充分利用,智能优化控制,能耗实时监测,及时发现用能盲区,达到节能减排的目的。

二、民营化纤企业基于物联网的节能减排管理内涵和主要做法

红剑集团以战略为指引,发动员工技术革新,利用网络技术、自动化技术、软件技术、数据库技术等手段,通过接受不同地点、不同距离的多个用能单位的用能数据,解决用电、用水、用气过程中海量数据的采集、传输、储存和计算,通过对现有资源进行整合优化、数据分析来实现对用能盲区和常规用能的监控,优化用能区域的运行控制,优化能源调度和平衡指挥系统,从而充分使用能源,最终实现节能减排和改善环境的目的。主要做法如下:

(一)明确能源战略,确定节能减排工作思路

1. 明确能源战略

2013年,红剑集团将能源作为企业“二十规划”中重要的一项,通过智能化控制、资源共享与优化,实现能源系统的物联化运作,满足长远发展,运用精细化管理,完善生产模式,将节能技改放在核心位置。重点研究与实施红剑集团当前能源结构,调节有限的用能空间,改变现有能源管理模式,提高能源利用率,使运行用能达到最佳状态。

2. 建立和完善能源管理组织机构

红剑集团于2013年2月份组建集团能源管理组织机构,能源领导小组由董事长亲自领导,主要职责包括制定审议、决定能源技改的重大事项;确立能源规划,组织年度工作的实施,对能源技改工作进行指导、监督和考核。由能源管理专业人才组建技术组、运行组、安装组,负责能源技改项目的实施。技术委员会由集团内外技术顾问组成,为项目提供技术分析和支持。财务核算组由集团财务会计组成,负责能源项目的预、决算与费用管控。办公室负责能源系统运行管理的日常秘书性工作。

集团行政大楼

3. 确定节能减排工作思路

根据集团能源系统战略,明确近三年工作目标,确立以用气与用水的智能化系

统作为红剑集团智能化系统改造的新起点。通过智能感知、智能控制、网络互联、智能优化等四个步骤，配置完善的流体、压力、温度等智能传感器，经自动化仪表控制系统，对设备压力、流量、温度及用电情况等数据信息进行采集，同时在无人干预的情况下，对采集到的数据进行综合运算分析、处理和平衡，自主驱动智能控制设备，实现对控制目标（客户终端）的自动控制。在此基础上，应用有线或无线通讯方式，将多个单体物联网组成分散集中控制系统，通过微处理器集成智能技术系统，从而优化运行控制，达到节能降耗的最大效益值。

（二）运用物联网技术建立与优化用气系统

1. 系统分析原用气区域，确立耗能盲区

红剑集团化纤生产流程中，需要大量用气，主要由离心机、活塞机等两种空压机供气。基于历年来对用气基础数据的收集、分析，在形成能耗分析报告同时，结合离心机、空压机、活塞机空压设备的使用年限、使用环境、存在问题进行系统分析，梳理影响能耗的几方面盲区。一是现有活塞机电单耗偏高，目前集团供气站有16台活塞机、7台离心机，负责日常供气，但现有活塞机使用已10年以上，电单耗高达140kWh/kNm^3，偏离健康运行工况（120 kWh/kNm^3）。二是微热干燥机耗能较大，离心机使用微热干燥机，不但耗费7%气量，而且平均需要180kWh电量。三是用气端压力等级需求繁多，目前集团内部车间需求气压分布在0.1 MPa以下、0.15～0.25 MPa、0.3～0.4 MPa、0.4 MPa、0.6 MPa、0.9 MPa等6种类型，而实际上供气站只有0.67 MPa、0.5 MPa、0.9 MPa三种类型，只能通过减压给各车间供气，因此浪费压力能。特别是输送给不同性质车间的气压降，有的需要两次减压才能达到要求，造成能源的极大浪费。

2. 运用物联网技术，形成与优化用气系统

结合能耗分析报告与设备使用情况，形成设备改造、优化控制及用电管理系统的方案，通过加装智能流量阀、变频优化控制以及网络互联技术解决目前存在的三大用能盲区，形成用气系统的物联网，合力解决集中供气带来的不合理现象。一是智能感知——加装智能流量控制，有效获取不同区域的气量使用情况，开展故障排查以及精细化的数据分析，解决之前因气量不足导致的能源浪费问题。二是智能控制——空压机变频优化控制改造。针对低效能用气，红剑集团对供气压力进行高效分级改造，主要对现有管网末端完全分级改造，尽量减少降压过程，根据生产需求分别设置不同的，从0.3 MPa、0.4 MPa、到0.9 MPa不等，实现分级供气。同时，根据现有的生产规模以及设备运行状态，实现变频优化稳压控制。通过系统控制空压机组运行状态，实现管网的恒压变流量供气。在设备运行时，将模拟信息转成为数据信号，获得最佳控制参数，自动调整空压机组高效运行。三是网络互联——能源管理系统搭建。通过引进的空压系统智能群控技术，在线收集压缩空气压力、流量、温度、压力露点、压缩机功率和电机频率等各项运转数据，优化调度，在低用气需求时自动强迫电机卸载或停机，并依各压缩机的性能曲线，启动适合的压缩机进行供气，实现压缩机组的节能优化运行。同时结合系统管控，实现压缩空气系统智能管控一体化，达到节能降耗目的。四是实施用气系统的智能优化。用高效离心机（240Nm^3/min）替代现有活塞机（100Nm^3/min），节能率约为28.6%。

(三)运用物联网技术建立与优化用水系统

1. 积极优化原用水系统,追根管路问题

红剑集团用水系统面临着种种弊端,一是布局零散,资源得不到有效利用;二是缺少系统规划,虽然现有的循环泵组与冷却系统能满足生产的需求,但是从长远发展来看,两大系统在节能与运行效率方面,已不符合现有节能降耗的要求。

2. 利用输配平衡等技术,建立新的用水系统

采用智慧阀门、泵阀一体化智能节能技术、泵高效运行技术、高效智能冷却技术、能效分析与智慧管控技术,建立新型用水物联网集成控制系统。该系统在确保用户动态水力和热力平衡的前提下,自适应地对循环水系统中的水泵、管网阀门、工艺终端冷却设备和冷却塔等单元,进行优化控制,优化终端用户的冷却温限,从而提高工业循环水的系统能效,实现节能减排,达到智能化控制目的。一是应用智慧阀门,实现智能感知。新系统能实现压力、流量、压差、温度、温差、能量等管道流体参数的智能测量、智能控制和网络通信集成功能,解决由于远近水流不能合理分配,水力失调导致的问题,同时解决人员配置问题。二是应用泵阀一体化智能节能技术,实现智能控制。在智慧阀门基础上,项目小组又根据工艺需求,采用泵阀一体化智能节能 ZETA 技术,把管网阻尼降到最低,保证管网为最节能管网,运用高效智能冷却系统,根据回水温度及环境温度,合理控制冷却塔风机开停台数,实现冷却效率最大化。三是应用泵高效运行技术实现网络互联。通过能效分析与智慧管控技术实时监测循环水系统各个节点参数,建立循环水系统能效模型,实现系统能效分析与运行优化,基于物联网、通信和控制技术,实现系统运行的远程监控。四是实施用水系统的智能优化。通过水泵整合提高使用效率,实现资源利用最大化,结合公司实时生产的需求,根据不同的季度,调整水泵运行时间,实现水泵效能差异化控制。

(四)运用物联网技术建立与优化制冷系统

1. 基于现有系统的问题剖析,确立改进方案

聚酯生产过程中会产生大量的余热蒸汽,通常做法都是直接排放,未能合理的使用。针对这种现象,2010 年,技术人员提出余热蒸汽再利用课题,将聚酯车间生产过程中产生的大量余热蒸汽,作为蒸汽溴化锂制冷机的动力,制造冷冻水供给其他车间使用。供应区域范围有限,不能很好的服务到各个车间及动力部门,不能自动调节需求量。

2013 年前,红剑集团使用的都是传统的蒸汽溴化锂制冷机,制冷方面存在以下问题:一是蒸汽溴化锂机组能效较低;二是冷冻水系统均为手动阀门,导致输配能耗较大;三是进出制冷机组的冷冻水温差偏小;四是水系统存在旁通问题;五是冷冻水系统阀门开度不同导致冷冻水分配不均;六是没有对系统实施群控措施,系统综合能效较低。

2. 利用物联网形成新的冷冻水系统

项目小组结合当前的制冷技术,从末端设备的需求入手,结合智慧输配技术和智慧能源技术,将电制冷系统和蒸汽溴化锂制冷系统有机结合,通过管路的有效整合,利用智慧控制系统改造,实现各小系统的整合,打通整个集团的制冷系统环节,将能量进行转

换，动态调节，实现资源共享。一是实现智能感知。通过加装智慧阀门，解决冷冻站手动阀门调节时，产生的输配能耗增加问题。同时，通过智慧阀门和制冷机组的联锁控制，缩短能源输送和控制的相互调节、相互反馈时间，解决能源过剩问题。二是实现智能控制及网络互联。第一，采用的输配系统管网水力平衡智能控制技术，实现实时控制智慧阀门的开度，达到按需分配和智能平衡，防止出现动态水力失调，提高输配能效；第二，采用冷冻水系统泵阀一体化智慧节能技术，根据相应的变频策略改变冷冻水泵的转速，并配以管网阀门开度的变化来提升水泵的运行效率；第三，采用冷热源高效匹配集成智造技术，根据末端负荷优化分配冷冻水流量，避免出现水系统的旁通问题，改变主机负荷率，使主机能效最佳；最后，基于已有的物联网技术，实现系统运行的远程监控。三是开展智能优化。基于上述用电、用气与用水系统，实时通过中控室与终端等设备监控管网系统的运行能效，并根据内嵌的系统能效优化控制算法，确保系统以最低的能耗运行。

（五）基于物联网实现循环经济

红剑集团加强废弃物资源化利用，通过中水循环利用和聚化蒸汽热能回收利用，实现内部资源的再利用，减少消费性资源的使用。以 ERP 能源管理系统为平台，在各子公司、车间开展和设立三级能源管理，将小系统变大系统，形成能源系统物联网，将独立控制变成智能群控，提升能源供应中心的用能效率管理，实现资源共享。积极引导内部人员实施技术创新工程，变废为宝，不断深化，引进先进技术，逐步推进再生资源回收与利用，在新一轮经济科技的竞争中，选择绿色低碳循环发展道路。

红剑集团通过“内激外引”，设立各项技术激励政策，内部挖掘技术创新点，截至 2013 年共收 600 余条建议，涉及经营、文化、管理、生产、行政后勤等创新点，在技术改造及技术推广、设备更新、工艺技术引进等方面，已产生效益近 7000 万元。

搭建节能技改的平台，员工积极性和热情极大调动，在运行过程中收到和采纳许多行之有效的改良建议。以制冷系统由原开式循环改为闭式循环为例：冷冻水经用户后返回开放式水池循环利用，会损失静压能，将水池改造为封闭式管路系统，将减少静压能损失；同时，水泵的运行工况发生相应的变化（静压能储存导致泵进口压力变大，可降泵扬程），在此基础上更换水泵叶轮（减小叶轮口径），水泵相应的流量调节范围变宽，即可在运行电流 170～210A 范围内调节，在出水流量与压力保持基本相同的工况下水泵运行电流降低 50A，功率下降约 25kW/h。尤其到制冷用量下降时，运行水泵的节能量更为明显，可达 35kW/h 左右，同时电机运行工况也得到保证。

三、民营化纤企业基于物联网的节能减排管理效果

（一）实现了能源系统的高效运作

通过已有的计量仪表，对空压系统的能源消耗（包括用电量、用气量）进行监测、记录、分析、指导。实时监控各种能源的详细使用情况，为节能降耗提供直观科学的依据，大大的提高了工作效率与成果。从现阶段运行情况来看，一是可以帮助车间对每条生产线、每个工作班组以及主要耗能设备进行实时考核，每天核对成本，有效杜绝浪费；二是可以通过能耗使用情况，帮助车间优化产品工艺，以降低单位能耗成本；三是通过各区域智能化控制阀的合理、有效使用，及时发现隐患，从用能方面控制“跑、冒、滴、漏”现象，真

正实现节能减排。

（二）取得了显著经济效益

在红剑集团，空压系统、水循环系统和制冷系统三大系统的主要用能为用电、用水和用汽，通过对三个集中供能系统的智能感知、智能控制、网络互联、智能优化四个步骤的优化、升级改造，形成了红剑集团能源系统物联网。2013年这三大系统占总电能耗的38.51%、总用水能耗56.6%、总蒸汽消耗97.47%，在集团公司的能源结构中，费用支出比例为40.16%。2014年5月与2013年5月同期相比，空压系统、水循环系统和制冷系统的电耗下降9.0%、水耗下降6.5%、蒸汽用能下降95.8%。据统计，全年节约电量约1491万度，年节电效益约1044万元。

（三）获得社会认可

通过能源系统物联网的应用、节能技术改造，促进了企业的节能减排工程。省、市、区相关部门和企业负责人曾多次到红剑集团开展智慧节能技术现场推广会，学习能源系统物联网管理的先进经验。

（成果创造人：周凤剑、朱金潮、徐少白、华伟芬、俞晓晶、俞生君）

奥运公园区域被拆迁人员安置体系建设

北京新奥集团有限公司

北京奥林匹克公园中心区

北京新奥集团有限公司(以下简称"新奥集团")于 2003 年 12 月 12 日注册成立,受北京市人民政府委托,从事奥运场馆中心区土地一级开发和整体市政基础设施建设,负责赛前项目建设和比赛期间运营管理的服务保障工作。

一、奥运公园区域被拆迁人员安置体系建设背景

奥运公园区域拆迁工作完成后,为了妥善安置征地范围内的农民,确保奥林匹克公园建设工程的顺利实施,北京市人民政府于 2002 年 7 月 26 日印发《奥运公园建设区征用土地农转居安置补助办法》(京政函[2002]56 号),对安置人员范围、安置原则、安置方式等做出了明确规定。为了对新产生的大量农转居劳动力进行妥善安置,北京新奥集团于 2004 年组织成立北京市新奥物业管理有限公司(以下简称"新奥物业")。

拆迁范围内共需安置农业人口 1405 名,其中共有劳动力 877 名,符合安置条件的有 824 名。这 824 名农转工人员主要从事奥运公园中绿化养护、保洁、社区服务等工作。这些居民之前多以种地为生,大多缺乏参加城市工作的必要技能,如不能实现再就业,生活稳定就得不到保障,进而成为影响社会和谐稳定的不稳定因素。因此,必须为其提供学习知识和技能的机会,并从心理上正确引导,从而保证农转工人员能够及时就业,获得稳定的收入,保持家庭生活稳定,并促进其生活水平不断提升。把政府从输血式负责到底的服务方式中解脱出来,开发被拆迁人员自身的价值,依靠自身能力解决问题。

然而,当时在全国范围内,完整、细致的拆迁安置规范文件少之又少,能在全国范围内推广的成功案例几乎没有。因此,结合实际情况,总结研究出一套切实可行,且能复制、可推广的安置体系是十分必要的。因此,从开始拆迁至 2013 年,新奥物业对 824 名农转工人员实施"终身成长性安置",将拆迁的失地农民逐步转变为城市居民,将只会种地的农民成功培养成技术和管理人才。

二、奥运公园区域被拆迁人员安置体系建设内涵和主要做法

新奥物业将被拆迁人员的终身幸福作为终极目标,对有工作能力的被拆迁人员进行"成长性安置",为其安排工作,搭建就业管理平台,提升其生存技能和文化素质,促进农业人员转变成能依靠自己的能力获得稳定收入的城市居民和企业职工。主要做法如下:

(一)明确安置目标,筹划安置工作安排

"成长性安置"坚持实事求是、服务大局、保障民生、政府引导、社会消化的原则,以社

会稳定为指导思想，以保障农转工人员生活为基础，将被拆迁人员的终身幸福作为终极目标，以政府扶持与参与市场竞争相结合，协助农转工人员适应新的环境，实现“五转变”（身份关系转变、组织形式转变、经济来源转变、生存技能转变、文化素质转变），逐渐使农转工人员的管理从政府为主转变为企业和市场为主。同时，新奥物业也逐渐从一个以安置农转工人员为目的小企业转变为独立参与市场竞争的中型企业，为农转工人员的独立和全面发展提供坚实的平台。“成长性安置”分为三个阶段进行：一是前期筹备阶段，二是安置主体运行过渡阶段，三是安置主体巩固完善阶段。

1. 前期筹备阶段

由北京奥运场馆土地一级开发指挥部和新奥集团负责前期人员的确定、人员筛选、分类安置、身份转化、信息采集和确认等工作。针对实际情况，根据农转工人员的构成，筹备安置主体——新奥物业的设立。安置主体的设立不仅符合一般经济实体的要求，还要根据其特殊的使命在组织机构、管理方式、经营目标、企业文化等方面做出特殊规定。

2. 安置主体运行过渡阶段

针对安置进来的农转工人员的身份、培训、组织管理，制定一系列的过渡性暂行办法，通过科学的管理，将农转工人员转变为符合社会需求的专业人才，为社会服务。

3. 安置主体巩固完善阶段

在实践中不断改进完善过渡性的规范和方法，最终形成科学的现代化企业管理制度，促进农转工人员转变成现代企业的优秀员工。新奥物业不再将农转工人员的安置作为企业的主要目标，而是严格按照市场主体的标准提升自身管理水平，最终变成具有市场竞争力的企业。

（二）转变被拆迁人员身份

转变劳动方式。新奥物业针对农转工人员的实际情况建立阶梯式的用工合同，逐步将农转工人员转变为企业职工，最终签订正式的企业劳动合同。

丰富政治生活。新奥物业针对奥林匹克公园中心区的特殊地位和农转工人员的特殊情况，制定完善的政治学习、政治培养、政治参与的制度体系。农转工人员通过培训学习，充分认识到自己的政治权利和义务，并从农转工人员中择优选出区人大代表参与管理。他们作为农转工群体的代表，通过合理的渠道发出农转工群体的诉求和声音，保障农转工人员的各项权利得以实现。

北京奥运会夜景

保障合法权益。建立制度明确农转工人员的各项权利和义务，明确企业与个人的责任。针对农转工人员在短时间内面对身份、财富、环境等一系列变化，设计一套完整的法律法规手册，重点标记出其在工作和生活中遇到的法律问题，明确其权利义务以及如何利用法律手段维护自己的合法权益。通过此方式将农转工人员培养成知法、懂法、守法、用法的劳动者。

(三)转变被拆迁人员的管理组织形式

奥运公园区域拆迁涉及安置农业人口1405名。农转居人员被拆迁后由农民变成了居民,原来的村和大队被撤销,农转居人员归街道居委会管理。农转工人员在生活中归街道居委会管理,在工作中归企业管理。

1. 完善档案管理制度

一是健全档案记录。农转工人员在进入新奥物业之前没有档案,对其各项情况无从了解。为此,新奥物业建立一套严格的筛选体系,通过考试、面试、试用等多种渠道,为每个农转工人员建立详尽的档案。由于农转工人员集中居住的较多,亲友关系复杂,在安置问题上处理不慎,就有可能引发群体上访,影响社会稳定。考虑到农转工人员的特殊性,每个农转工人员的档案不仅有个人的详细情况,并附带有家庭的基本情况。对农转工人员的管理不仅仅是针对个人的管理,而是涉及整个家庭的管理和服务。

二是实施过程化的档案管理。将档案的搜集过程、搜集方式作为档案的一部分进行管理,使得档案不仅是目前的结果状态,而是体现为一部档案的生成过程。

三是分类管理不同种类的档案。针对农转工人员的待岗、培训、自谋生路、内退等情况建立有针对性的档案分类管理制度。针对自谋生路的职工,制定《挂编存档管理暂行办法》,规定职工需要与企业内部签订挂编存档协议,属于新奥物业正式在册职工,享受与其他正式职工一样的权利,履行与其他正式职工一样的义务。同时在条件上做出约束,需有自我谋生能力。

2. 设计两种方式管理农转工人员

为了更好地对农转工人员进行管理,加快农转工人员的市场化转化,新奥物业采取双管齐下的管理模式。一方面考虑到农转工人员原有的生产生活特点,采取村民自我管理模式,将原来村里从事村民服务管理工作的村干部,安排到管理岗位。采用现代管理方式对农转工干部进行管理,通过农转工干部对农转工人员科学引导,及时发现农转工人员在工作和生活中出现的问题,及时给予解决。另一方面将通过市场招聘的专业人员与农转工人员交叉混合管理,发挥专业人员示范效应,带动农转工人员行为的转变。

3. 充分发挥党组织的带头作用

根据农转工人员的具体情况,新奥物业发挥党员在农转工人员管理和服务中的先锋模范作用,逐渐发展农转工党员,发挥其示范作用,逐步完善基层党组织,将农转工人员培养成一批作风优良、素质过硬、技能专业的党员队伍。

(四)提供经济保障

为了保证农转工人员的生活安定,减少社会不稳定因素,新奥物业从政府辅助资金管理、提供稳定工作、做好社会保障体系三个方面确保农转工人员经济基础平稳转变。

1. 规范使用基本生活费和安置资金

政府为了缓解农转工人员的生活压力,一次性拨付农转工人员安置费。为保障农转工人员的长远利益,确保安置费安全使用并保值增值,新奥物业制定农转工人员安置资金的使用办法,对使用范围、使用管理、投资条件、收益管理、审计方式、责任界定等方面都做出具体规定。

2. 提供稳定工作

新奥物业与全部 824 名农转工人员签订无固定期劳动合同,为其提供稳定的保障。职工可以要求保留编制和人事工资关系,在外单位工作,企业不再支付其工资。存档期间,企业负责缴纳个人及企业部分的保险费用。

在奥运场馆建设期,可安置的岗位有限,新奥物业与水立方、鸟巢等中心区单位协商合作,寻找安置途径,创造条件安置农转工人员负责安保、保洁、绿化养护等工作。在奥运赛事保障工作中,选拔素质较好的农转工人员参与保障工作。

3. 建立完备的保障体系

为农转工人员补交基本养老保险费用;补足基本医疗保险费用以及其他社会保险费用,确保农转工人员达到国家规定的退休年龄,可以享受到养老和医疗保险待遇,从而为农转工人员的养老、医疗解决后顾之忧。

(五)培育生存技能

一方面制定鼓励政策,充分发挥农转工人员自身技能,为其创造条件让农转工人员自谋生路;另一方面建立完善的培训体系,帮助农转工人员学习生存技能,在市场或者新奥物业找到适合的岗位。对于农转工人员的技能提高和培养不局限于本企业的需求,以保证农转工人员立足社会、自力更生为基本出发点,以最大限度满足农转工人员的利益为原则,以满足社会的需求为目标。

采取扶持保护措施,多渠道、多层次、多种形式为员工提供自我发展的机会。根据农转工人员的实际情况,制定五个“出口”政策,即解除合同买断工龄、待岗、内退、培训学习、自谋职业,为农转工人员提供更多的选择空间,同时也有效缓解安置工作的压力。

一是针对具有专业技能但在中心区没有合适岗位且愿意自谋职业的人员,针对农转工人员工作能力、专业技能和本身素质、工作兴趣等特点,制定扶持帮助办法,经公证后,根据年龄大小给予一次性奖励金,并为其提供帮助。一方面完善提高专业技能,另一方面为其联系接收单位或者创造条件经营实体。

二是根据《员工内部退休暂行规定》,距法定退休年龄不满 5 年的员工,即男年满 55 周岁,女年满 45 周岁,经本人申请办理内部退休手续,享受退休待遇。

三是鼓励年轻人员深造学习,提高知识水平,增强就业能力,拓宽就业渠道。男 40 岁以下,女 35 岁以下,本人申请经文化课考试合格,可参加文化进修和培训。学习费用由本人垫付,取得毕业证书或者官方认可的专业技术后报销。

四是对留在岗的农转工人员,根据其特长安排工作,有技术并取得相关资格证书的农转工人员(电工、水管工、维修工)安排到技术岗位;妇女安排到保洁、绿化养护等工作强度不大但需要耐心的细致工作。技能培养分为两个方面,一方面定期的专门培训,不仅包括法规、安全、技术方面的培训,还包括正确理财、心理健康、生活规划等专门针对农转工人员容易出现问题的培训,确保农转工人员在工作和生活全方面平稳过渡。另一方面是在平时的工作中培养能力。新奥物业从市场招聘技术和管理人才作为部门和专业的负责人和带头人，带领农转工人员工作，帮助其在实际操作中学习管理能力和技术能力。

五是根据农转工人员的意愿，愿意待岗的暂时安排其待岗，按照制度规定享受一定的待遇。建立待岗人员培训制度，确保待岗人员具备上岗就业的能力。待岗人员根据公司业务的拓展和自身能力、意愿，可以按规定陆续上岗，执行新奥物业工资标准。

（六）提升文化素质，依托企业文化凝聚人心

新奥物业利用多媒体、员工考核、比赛评比等多种形式培养学习风气，有目的、有计划、有组织地培养企业每一位员工的学习和知识更新能力、积极进取精神，打造学习型企业。注重企业文化建设。将爱国爱家、自强自尊、爱岗敬业、自力更生、乐于奉献，作为企业的核心价值观，领导以身作则，发挥表率作用，各项工作处处提倡核心价值观的培养，营造核心价值观的氛围，对坚持核心价值观并在行为上做出表率的企业员工给予相应奖励。引导农转工人员树立新观念，勇于创新企业发展之道，培育创新文化；鼓励农转工人员尊重知识、尊重技术、尊重他人、尊重自己、懂得赞赏，培育尊重文化；保持奥运的奉献精神，不计较个人得失，始终将社会大局、公共利益放在第一位，培育奉献精神；灌输家园意识，培养归属情感，激发对这片土地和企业的热爱，时刻铭记这是祖祖辈辈生活的家园，从而自觉建设家园，热爱家园，培育家园文化。

（七）推动企业的市场化转变

新奥物业的设立主要是为了安置农转工人员，因此与完全的市场主体存在一定差距。从设立之初，新奥物业就建立企业与员工共同成长的长效机制，一方面注重对农转工人员的安置培养，另一方面注重企业自身的成长，逐渐完善现代化的企业制度，增强企业竞争力。通过引进人才、培养人才、吸引资金、引进技术、与其他成功物业企业合作、借鉴科学管理经验等方式将新奥物业转变成一个具有市场竞争力的现代化的市场主体，为农转工人员终身成长提供一个良好的平台。

三、奥运公园区域被拆迁人员安置体系建设效果

（一）拆迁人员得到妥善安置，为奥运建设和保障做出贡献

通过成果的实施，克服了诸多困难，妥善安置农转工人员，确保奥运工程建设的顺利完成，为 2008 年奥运会的成功举办做出突出贡献。在奥运会和残奥会召开阶段负责赛事的安保、保洁、绿化等服务工作，圆满完成了政府交办的任务。2008 年新奥物业被北京市委市政府授予“奥运工程建设先进集体”的光荣称号。奥运会后，对奥林匹克公园中心区进行科学的管理，确保奥运遗产的保值增值。

（二）推动了农转工人员的成长与成才

通过多年的努力，成功将农转工人员培养成专业人才，从最初的保安、绿化和保洁三个工种拓展到计算机、工程、财会、商业管理、房地产经济师、古建修复、制冷设备维修等 6 大类 20 余种专业工种。农转工人员中已有 377 人获得专业执业资格证书，现任公司副总经理以上职务的 2 人，任中层以上职务的 24 人，其余人员大部分就职专业技术岗位，成为企业发展的主要力量。农转工人员在新奥物业的管理下，逐渐脱离对政府帮助的依

赖,在参与市场竞争中不断成长,屡创佳绩。

(三)企业获得稳定发展,职工待遇不断改善

新奥物业从成立之初(2004 年)的年营业收入仅 47 万元、亏损 38 万元的小企业,逐步成长,到 2013 年营业收入 1.23 亿万元,净利润 382 万元。职工的平均工资也随之逐年增加,2013 年达到 42613 元/年。

(成果创造人:郭再斌、赵 劲、王晓伟、邓秀云、方 凯、
那国强、暴 伟、高柳海、李子洪、张 华)

高速公路建设运营企业提高员工素质的和谐劳动关系管理

北京市首都公路发展集团有限公司

微笑天使

北京市首都公路发展集团有限公司(以下简称“首发集团”)于1999年9月成立,负责北京高速公路建设、运营管理、筹融资和相关产业经营,集团注册资本305.78亿元。目前,总资产943.18亿元,员工1.28万人,下设15家分子公司,负责管理高速公路约800公里,初步实现首都高速公路放射线加环线的网络化格局。产业经营围绕高速公路主业,初步形成交通工程、智能交通、物流枢纽、园林绿化等多元式集团化经营。

一、高速公路建设运营企业提高员工素质的和谐劳动关系管理背景

(一)满足首发集团持续健康发展的需要

和谐的劳动关系是企业和谐、社会和谐的基础,而员工又是企业最重要的竞争力,最宝贵的财富。只有劳动关系和谐了,员工的合法权益得到有效保障,员工的积极性、创造性才能被调动起来,企业的发展才能获得持久的动力。构建和谐劳动关系单位,有助于推动首发集团落实以人为本的发展理念,激励企业尊重员工,维护员工权益,激发员工的创造活力和工作动力,进而推动首发集团持续健康和谐发展。

(二)完成首发集团各项工作任务的需要

首发集团业务板块主要涉及建设筹融资、运营管理、产业经营及科技研发四个方面,其中人员比重较大的运营服务板块实行区域化布局,规模化管理,下设4家分公司负责收费运营和路产管理工作。在产业经营上,下设10家子公司围绕高速公路主业,负责高速公路养护、绿化、服务区、智能科技、交通工程、物流枢纽等业务经营管理工作。随着各分子公司的发展,对于营造和谐劳动关系实现企业和员工共赢发展有着积极要求。同时结合各分子公司人员数量、结构、分布等不同特点,对构建和谐劳动关系有着不同的需求。这促使首发集团在推进集团整体和谐劳动关系工作时必须关注各分子公司实际情况,在实施方式、内容等多方面进行创新与实践,以适应完成各项业务工作的实际需求。

(三)满足首发集团规范劳动用工管理,化解劳资矛盾的需要

现阶段我国正处在经济体制转轨和社会转型时期,经济关系和劳动关系日益市场化、复杂化。特别是近年来劳务派遣用工方式被越来越多的企业所使用,虽然对于劳动力市场来说,劳务派遣作为一种雇用和使用相分离的就业制度,有利于提高劳动力资源

的有效配置，但是劳动关系由两方变为三方后，其复杂性明显上升，对于三方劳动关系提出了更高的要求。一些劳务派遣机构资质薄弱，管理松散，仅顾眼前的经济利益而没有协调三方劳动关系的专业经验，以至于将用工过程中产生的矛盾和问题推向社会，造成恶劣的影响。首发集团2011年所属15家分子公司中，使用劳务派遣和业务外包单位几十家，涉及保安员、保洁员、绿化工、服务员等多个岗位约3000余人。经调查了解，部分劳务派遣和业务外包单位劳动管理不规范、人员稳定性差，存在用工风险。需要各分子公司提高对劳务外包用工的重视程度，明确监管责任，加大监管力度，需要首发集团完善监督监管办法，有效规避企业用工风险。

同时，随着近年来劳动管理新法律法规出台，员工维权意识不断提高，员工的利益诉求日渐多样化，从原来争取基本劳动权益，向提高工资待遇、改善劳动条件、实现体面劳动转变。劳动争议重点从传统的解除劳动合同，逐渐扩大到工资福利、社会保险、工伤赔偿、经济补偿、同工同酬等权利性纠纷，劳动关系利益调处难度明显加大。随着首发集团的发展，员工队伍日益壮大，员工通过各种途径反映劳动用工管理问题及与企业的劳动争议也有所增加。劳动关系问题已经成为企业不可避免且必须正视的问题，这对健全员工诉求表达和矛盾调处机制，提升劳动争议处理能力提出了更高要求。因此只有构建和谐劳动关系，妥善处理劳动关系出现的新情况新问题，将影响员工利益的突出矛盾与冲突最大限度的化解在企业内部，才能确保首发集团员工队伍的和谐稳定。

二、高速公路建设运营企业提高员工素质的和谐劳动关系管理内涵和主要做法

首发集团围绕“一个目标”、做好“七个抓”、坚持“三个结合”，通过集团和所属单位两个层面，融合内部人力资源系统形成顺畅有效的构建体系；设立构建机构，明确构建要求和工作规范，让构建工作有章可循；构建工作与人力资源工作、各项业务工作紧密结合，相互促进相互提升；以先进带落后，由部分推整体，不急进，稳步打造集团系统和谐。主要做法如下：

（一）明确提高员工素质的和谐劳动关系管理的工作思路

首发集团始终围绕“一个目标”，做好“七个抓”、坚持“三个结合”，开展和谐劳动关系建设，即围绕“构建劳动关系和谐企业”的目标；做好“抓宣传、抓认识、抓构建、抓检查、抓整改、抓典型、抓自身”；要结合首发集团各项工作任务和工作职责要求，特别要结合人力资源工作任务和工作职责要求；要结合各项管理制度建设，特别要结合各项人力资源管理制度建设；要结合首发集团管理水平的提高和全员素质的提升，特别要结合人力资源管理水平的提高和人力资源管理工作人员素质的提升。以制度构建和谐，以创新推动和谐，以稳定保证和谐，以文化孕育和谐，以服务促进和谐，不断完善健全各种用工机制，大力营造首

女员工心理辅导讲座

发集团劳动关系和谐氛围。

为确保构建工作取得实效，推动企业与员工互动，全员参与，构建和谐氛围；集团与分子公司上下互动，自查与检查相结合；集团内部分子公司之间互动，相互检查与交流学习相结合；集团与劳务外包单位内外互动，向外延伸。

（二）建立和谐劳动关系组织保障

首发集团所属各单位成立提高员工素质的和谐劳动关系管理工作领导小组，并制定构建工作的实施意见，领导班子高度重视，不断深化构建和谐劳动关系对本单位对首发集团持续健康发展重要性的认识。首发集团通过集团和所属单位两个层面，融合内部人力资源系统形成顺畅有效的构建体系。设立构建机构，机构具体工作办公室在各单位人力资源部门。明确构建要求和工作规范，让构建工作有章可循。构建工作与人力资源工作、各项业务工作紧密结合，相互促进相互提升。在所属各单位人力资源管理从业人员中加强宣传构建工作的目标和意义，积极营造在构建工作中比学赶帮超的浓烈氛围。同时，通过政策讲解、专题座谈、印发宣传材料、网站或报刊宣传等多渠道、多角度的宣传，加强对劳动法律、法规政策宣传培训力度，让广大员工知法守法，让单位经营管理人员与人力资源管理工作人员准确掌握法律、法规政策内容，依法妥善处理劳动关系有关问题。

（三）强化工作检查

1. 细化检查方案，不断完善检查方式

在组织构建工作检查上，首发集团坚持周密计划、精心部署，结合在日常工作中所暴露出来的突出问题以及容易被忽略的细枝末节细化检查方案，以求做到具有更强的针对性和实效性。

在检查方式上，采取书面审查与实地核查相结合的方式对各单位进行全面检查。实地核查前，各单位先上报“书面审查表”和“自查报告”，集团总部人力资源部进行初审；实地核查时，检查人员根据检查内容，分组核查相关原始资料，了解各项工作执行情况；实地核查后，各检查小组结合检查情况提出检查意见，对于问题较突出的单位，情况汇总后进行专题反馈。

在检查小组成员构成方面，由总部人力资源部工作人员和获评“北京市和谐劳动关系单位”的部分人力资源业务骨干组成，检查人员基本固定，保证对每家单位的检查评分客观公正。在检查时间安排方面，本着结合实际情况灵活掌握的原则，每周检查1～2天，每天检查1～2家单位，保证在检查细致的基础上不影响其他工作。

在被检单位范围方面，由一开始的重点抽查，升级为对首发集团所属所有分子公司进行统一检查，统一评分。有利于全面了解各单位劳动用工情况，有利于各单位在业务方面互相交流，有利于在所有单位之间进行横向对比，有利于提高各单位的重视程度，营造活动良好氛围。

2. 加强监管力度，逐步实现对下属单位和劳务外包单位的检查监督全覆盖

针对内部下属单位，分别从组织开展构建工作情况，人力资源管理制度的建立健全执行，劳动合同管理，薪酬管理，工时制度及休息休假制度的执行，五险二金的建立和缴纳，员工教育培训，劳动保护和女工保护，专业技术人员职称管理、人力资源管理信息系统应用、员

工档案管理及统计报表等基础工作这九大方面进行检查。力求做到面面俱到，不留死角。要求检查小组的每个成员都要对不足之处细查到底，找到问题的根源所在，绝不放过一处违法违规的行为。一旦查出类似问题，就要求立即整改，最大可能的规避工作失误所带来的劳动纠纷以及其他法律风险。同时，在检查过程中，着重对各单位历次检查所暴露的问题进行复查，力求通过建立健全制度，规范劳动关系，优化工作程序，夯实基础工作来促进人力资源工作整体水平的提高。

针对外部劳务外包单位，分别从经营资质、劳动合同、薪酬发放、工作时间、五险一金、教育培训、规章制度及其他用工管理等八个方面进行检查。从源头入手，不断学习、认识、总结这种新型用工方式的特点，细致研究在用工过程中可能出现的问题，力求做到更强的计划性和针对性，统筹安排监督检查各项工作。一是收集各单位使用劳务和外包人员的基本情况，要求各单位提供《劳务派遣和外包单位基本情况表》和《劳务派遣和外包人员花名册》，全面掌握劳务派遣和外包单位的名称、经营地址、注册地址、企业法人、联系方式等，全面了解劳务派遣和外包人员的数量、姓名、年龄、性别、学历、招聘来源、户口所在地和户口性质等，为下一步工作的开展奠定良好的基础。二是针对收集上来的信息，对人员结构进行深入分析，初步了解各工种的工作内容，按照工作岗位和工作性质的相似度进行区分并归类整理，研究哪些工种在哪些环节可能存在哪些问题，通过调查、走访、查阅资料等方式了解各工种的市场平均薪酬待遇、社会保险缴纳情况、工作时间及排班方法等，为下一步制定具体方案提供更加翔实的依据。三是结合实际情况，拟定针对劳务派遣和外包单位的监督检查计划。首先是确定检查的时间、方式和范围，在相同工种中选择有代表性的劳务派遣和外包单位进行重点检查，其他单位进行自查，每周检查1～2天，总共持续3个月左右；然后是根据被查单位的地理位置，确定具体哪天检查哪家单位，提前联系要求其准备好相应的备检资料；最后是考虑到绝大多数劳务派遣和外包单位基础管理很薄弱，很多方面不到位，因此明确“先依法合规再完善健全”的检查原则，分清检查内容的主次，进一步提高检查效率。通过近年来的摸索和深入，目前已经实地走访劳务派遣和外包单位共计29家；用工使用单位涉及下属分子公司共计11家；用工涉及人数超过3500人，对劳务外包单位监督检查基本实现全覆盖。

（四）以反馈结果为导向实现“机制健全化，用工规范化，监管常态化”

首发集团针对构建工作检查中发现的各单位存在的问题和不足之处，明确要求各单位及时制定整改措施，并尽快予以解决。对于各单位整改完成情况集团总部人力资源部还将适时进行核查。在日常工作中，对各单位改正的问题持续关注，做到构建和谐劳动关系常态化，以和谐促工作，以工作保和谐，使两者在互融互促中真正得到提高。同时，通过开展构建工作，树立典型，交流经验。将构建检查评选出的较优秀的单位进行“北京市和谐劳动关系单位”申报，以此树立典型，注重沟通和交流。在检查过程中安排管理基础薄弱单位的人力资源从业人员参与进来，向经验多、业务熟、管理强的单位多学习技巧，多交流经验，多弥补不足，从而达到互帮互助，互促共进的目标。

通过不断加强对各项人力资源法律法规的宣传力度，健全各种用工机制；提高各单位对构建和谐劳动关系工作的重视程度，特别是针对劳务外包用工行为的监管力度；通过细致的了解、严谨的检查，建立完善针对所属各单位和劳务外包单位用工检查常态化机制，形成计划宣传—提高重视—开展自查—统一检查—反馈整改—计划宣传的闭环工作机制，逐步实现"机制健全化，用工规范化，监管常态化"的目标。

（五）打造一支素质高、业务精、懂政策、善管理的人力资源精英队伍

首发集团以完善机制和强化服务为宗旨，力图培养人力资源从业人员的服务理念。一是观念上要增强服务的主动性，要主动为员工服务，解决困难和矛盾；二是内容上要增强服务的紧密性，不紧密就会造成脱节，员工就有可能产生新矛盾新意见；三是方法上要增强服务的创新性，工作中要讲究技巧，开动脑筋，要用改革创新的办法去解决工作中遇到的问题；四是落实上要增强服务的实效性，为员工服务不能拖沓，要立竿见影，想员工之所想急员工之所急。

通过开展构建工作，以查代学，学以致用，在工作中注重人力资源从业人员七大能力的全面提高，包括敏锐的观察能力，快速的反应能力，娴熟的业务能力，良好的沟通能力，环境的适应能力，健康的心理能力，有序的管理能力。通过不断提高人力资源从业人员的素质推进人力资源各项工作的开展，通过先进的人力资源管理理念和专业的人力资源管理方法，进一步提高人岗匹配度，设计更加合理的兼具效率与公平的薪酬激励方案，有力有礼有节地协调劳动关系，制定更加公平科学的绩效考核措施，用专业知识和职业态度肩负起构建和谐劳动关系的重要任务。

（六）构建员工与企业和谐发展的企业氛围

一是坚持推进厂务公开，让员工参与到企业经营活动中来，进一步落实员工的民主权利，激发员工的主人翁责任感，逐步实现员工民主管理。二是适时给予员工生活上、心理上的关怀，帮助员工解决实际困难，让员工感受到企业的关怀与温暖，全身心投入到工作中。三是进一步改善员工工作和住宿环境，提高饮食质量，部分单位设立理发室，方便员工生活；进一步提高员工补充医疗报销水平，减轻员工就医负担；进一步丰富员工业余活动，大力开展员工喜闻乐见的文艺和体育比赛，以及才艺展示等活动。秉承"集团与社会和谐发展，员工与企业共同进步"的愿景，积极营造"宽松、宽容、宽阔"的和谐人文环境。

三、高速公路建设运营企业提高员工素质的和谐劳动关系管理效果

（一）为打造"百年首发"奠定和谐稳定的劳动关系基础

近年来运营生产员工离职率不断下降，逐步稳定在合理的水平；管理、专业技术和技能三支队伍人员数量平稳增长，年龄结构、学历结构、专业技术职称和技术等级结构不断优化，员工参加培训学习积极踊跃，没有员工群体性事件出现，极个别劳动争议案件得到妥善处理，员工队伍稳定性得到了进一步提升，为首发集团健康安全发展注入了强大的动力和活力。

增强了员工对首发集团的认同感和归属感。和谐的劳动关系强有力的支撑起了首发集团优秀的企业文化建设，也在一定程度上增强了首发集团的社会公信力，展现了首发集团作为窗口行业的良好形象，提升了社会公信力。2008 年，首发集团下属 4 家分公司被评为"北京市和谐劳动关系单位"。2009 年、2010 年，首发集团下属 3 家子公司先后被评为"北京市和谐劳动关系先进单位"。2013 年，首发集团被评为"北京市构建和谐劳

动关系先进单位”。

(二)提升人力资源工作水平,促进各项工作任务的完成

人力资源制度建立健全,薪酬管理不断加强,薪酬水平逐年提高。近年来,首发集团全员人均工资平均增长率约9%,一线员工人均工资平均增长率约15%,进一步调动了职工工作积极性。各单位严格执行国家、北京市和首发集团有关薪酬福利的规定,并依据本单位薪酬、考核及福利制度,按时足额支付员工劳动报酬和相关福利费,无拖欠员工工资行为。2006年至2012年期间,北京市人力资源和社会保障局先后8次对首发集团及所属单位进行“社会保险缴纳专项审计”,均顺利通过。

(三)增强了各单位经营管理者和员工法律意识,缓解劳资矛盾

2006年至2013年,首发集团总部及所属15家单位万余名员工中仅发生17起劳动争议案件,没有用人单位败诉的劳动争议案件。通过检查规范各单位经营行为,避免违法违规用工的发生。在劳动合同方面,各单位逐步规范、细化劳动合同文本内容,员工劳动合同签订率达到100%;在薪酬管理方面,各单位按时足额支付员工劳动报酬和相关福利费,无拖欠员工工资行为;在社会保险方面,各单位能够为全体员工按规定比例按时足额缴纳各项社会保险。实现了单位与员工互相监督互相约束的良好效果,减少了由于信息不对称而发生的劳动争议和摩擦。

(四)劳务外包用工日益规范,确保员工队伍的稳定

通过近年来对劳务外包单位的检查,一是明确了相关协议的性质,即用工单位与劳务外包单位之间为民事法律关系,签订的相关协议属于民事合同,受民法调整,劳务外包单位所使用的员工与其之间为劳动关系,受劳动法和劳动合同法调整;二是完善了相关协议的具体内容,即相关协议的内容必须依法合规;三是要求劳务外包单位必须为劳动者依法合规缴纳社会保险,必须按时足额支付劳动者工资及延时加班工资,高危作业必须与劳务外包单位签订安全生产责任书等;四是集团所属各单位对所使用的劳务外包单位的监督管理情况纳入到每年人力资源工作检查之中,各单位定期对所使用的劳务外包单位进行调查走访,遇到违法违规用工的现象及时制止,并限期整改,逐步形成了“机制健全化,用工规范化,监管常态化”的劳务派遣和外包用工管理良好局面,确保了员工队伍的稳定。

(成果创造人:张恒利、徐术通、谷　卫、王京竹、谢　宇)

与环境和谐共生的绿色工厂建设与管理

浙江中烟工业有限责任公司杭州卷烟厂

成果主创人：厂长倪雄军

浙江中烟工业有限责任公司杭州卷烟厂（以下简称“杭州卷烟厂”），1949 年 10 月创建于杭州西子湖畔，2011 年，工厂整体搬迁至之江国家旅游度假区内。经过 60 多年的发展，杭州卷烟厂已经成为全国卷烟行业具有一定影响力的卷烟工厂。1999 年被中国卷烟总公司确定为七家“管理示范联系点”之一，工厂现有在职职工 1300 余人，年生产卷烟能力 500 亿支，主骨干产品为“利群”品牌。“利群”品牌是中国卷烟行业纯一、二类烟销量第一的品牌，2013 年批发市值达到 809.4 亿元。

一、绿色工厂建设与管理的背景

绿色建筑是指在建筑的全寿命周期内，最大限度地节约资源、保护环境和减少污染，为人们提供健康、适用和高效的使用空间，与自然和谐共生的建筑。杭州卷烟厂是烟草行业首个完全按照国家“三星级”（最高等级）绿色工房标准建设和管理的绿色工厂企业。

（一）与自然生态系统和谐共存的需要

建筑活动是人类对自然资源和环境影响最大的活动之一。建筑活动使用了自然资源和能源总量的 40%，所产生的建筑垃圾也占人类活动产生的垃圾总量的 40%。面对世界人口的急剧增加，自然资源的日渐枯竭等危机，绿色建筑的概念应运而生。绿色建筑是实现“以人为本”“人－建筑－自然”三者和谐统一的重要途径，是当今世界建筑的研究热点和必然发展趋势，也是我国实施 21 世纪可持续发展战略的重要组成部分。在民用建筑领域，国家已颁布了《绿色建筑评价标准》（GB/T 50378－2006），该标准结合了我国基本国情，从人与自然和谐发展，节约能源，有效利用资源和保护环境等方面，提出了绿色建筑技术评价的理念和具体要求，但不适用绿色工厂建设。杭州卷烟厂要成为资源节约型、环境友好型工厂，必须要研究、建立适合于工厂的绿色工房评价标准，推进绿色工厂建设，实现与自然生态系统和谐共存。

（二）企业发展与社会环境保护协调一致的要求

杭州卷烟厂新厂区坐落在杭州之江国家旅游度假区内。政府要求控制城市污染和建设项目对城市环境的影响，以保护旅游资源，促进杭州观光度假型旅游产业的持续发展。因此，杭州卷烟厂在新工厂建设中必须符合杭州市城市发展总体规划和之江旅游度假区的要求，注重环境保护，突出人文思想，淡化企业工业化特征，体现内涵丰富的企业文化底蕴，树立企业积极、健康、极具亲和力的社会形象，与当地的自然景观和人文景观融合协调。

（三）实现企业自身可持续发展的必然选择

近年来，烟草行业积极响应国家号召，“把建设资源节约型、环境友好型社会放在工业化、现代化发展的突出位置”，创新提出“绿色工房”建设概念，首次将绿色建筑理念引入工业建筑，将节能、节材、节地、节水和环保的“四节一环保”理念应用到规划、设计、施工、运营之中，构建“责任烟草、和谐烟草”。杭州卷烟厂作为卷烟行业的重点工厂，要建成国内一流卷烟制造基地，实现企业自身可持续发展，必然要身体力行，努力建成烟草行业首个绿色工厂。

二、绿色工厂建设与管理的内涵和主要做法

杭州卷烟厂追求人与环境、社会的和谐共处，积极探索绿色工厂的建设途径，以“资源节约、清洁生产、环境友好”为基准，基于建筑生命周期理论，将“四节一环保”的理念从运营阶段前移到规划设计阶段，对引进的每一项技术在规划设计前期就进行技术可行性、经济合理性分析，合理运用高科技手段，力争建筑总节能率达15%以上，有效实现绿色工厂的经济价值与生态价值。主要做法如下：

（一）明确绿色工厂建设与管理的整体流程

杭州卷烟厂绿色工厂的建设流程可以归纳为“一个理念、五个阶段”。“一个理念”是指作为绿色建筑的分支，杭州卷烟厂绿色工厂的建设围绕“四节一环保”这一理念。“五个阶段”是指基于项目生命周期，绿色工厂的建设分为五个阶段，即：预判阶段，通过资料收集、经济社会可行性分析等，确定工厂创建的星级目标；策划阶段，比对现有的绿色标准，制定适合的暂行标准进行工作策划；设计阶段，将绿色理念、相关适宜技术等融合于建筑设计中；施工阶段，根据设计图纸、暂行标准要求对施工进行检查、评估及纠正；运营阶段，建立相应的制度、体系，监测设备技术运行情况，及时进行相应的参数修改、设备维保，保障设备技术的高效运行。

（二）开展绿色工厂建设与管理的系统设计

1. 实施因地制宜、系统协同的设计原则

杭州卷烟厂绿色工厂的设计始终遵循“因地制宜、系统协同”的原则。“因地制宜”原则要求设计时根据当地的地理气候条件、资源条件和人文特质，同时考虑行业特性，通过技术可行性、经济合理性等多维度分析，选取确定最适合的技术开展具体设计。“系统协同”原则要求设计时充分考虑其与自然环境的和谐统一，同时考虑各项绿色技术之间、绿色技术与卷烟工艺之间的系统协同一致，共同实现高

杭州卷烟厂联合工房

效、可持续、最优化的实施和运营。

2. 明确以“四节一环保”为理念的设计思路

以“四节一环保”为理念，对可再生资源的应用、余（废）热的综合利用、环境保护及信息化建设等 20 多项关键技术进行专项课题研究，为绿色工厂建设成功实施打下坚实的基础，同时也为今后的技术、能力提升留有发展余地。

第一，有效利用可再生资源。采用多项技术，最大限度实现可再生资源的直接利用与转化运用。在自然光源的引入上，主要结合生产区域内的照明进行模拟分析，在保证生产工艺的需求基础上，在企业的两大生产车间内都采用自然光采光技术。设计 1400 多方的天窗，确保卷包车间吊顶内的管道及设备维护检修拥有足够的照明亮度。设计 183 根光导管，直接将室外自然光引入，既可有效满足卷烟生产工艺的要求，同时也能实现照明采光的节能效果。采用冬天的自然冷源，实现冬季冷却塔的自然供冷系统。根据对用能需求及太阳能资源的综合分析，在主要建筑物楼顶设计太阳能热水系统，为工艺设备的清洗、员工的生产生活提供足够的热水供应。同时，在厂区内设计采用 100 多台套的太阳能光伏路灯，有效利用太阳光能源。

第二，充分利用余（废）热。通过能源平衡法，对设备的余（废）热源进行现状调研，识别出多项余（废）热资源，遵循技术引进与自我开发并举的原则，系统集成多项余（废）热回收利用技术。例如，制丝的工艺排风系统有一定的异味污染，但同时排出的大量热能具有很大的回收利用潜力。通过加强对除异味系统和热回收系统的研究，结合制丝工艺排风特点，将异味处理与余热回收两方面因素合二为一，积极开展具体的构造设计，使原本没有直接经济价值的异味处理实现一定的经济价值。在锅炉烟气余热回收方面，锅炉烟气出口温度一般都在 200℃ 以上，存在大量的余热资源。通过在锅炉排烟管道上装设两级节能器，用来加热锅炉的给水，有效回收锅炉烟气的余热资源。在蒸汽凝结水回收方面，锅炉输出的蒸汽大部分用于工艺及空调加热，存在大量的蒸汽凝结水，具有很大的余热回收潜力。通过设计采用闭式凝结水回收系统，100%回收加热蒸汽形成的凝结水，有效利用蒸汽凝结水的热量。

第三，综合利用水资源。遵循“尽可能多用中水、合理补充雨水和河水、少用自来水”的原则，对全厂的用水需求进行分析，严格分质分区供应，减少自来水用量、降低污（废）水排放量。在中水利用上，设计建设厂区污水处理站集中处理生产生活污水，通过深度工艺处理，使各项指标达到绿化灌溉、景观用水级别的要求，用于整个厂区的绿化灌溉、景观用水及道路浇洒用水等，做到尽可能多的利用，降低污废水排放量。在用水管理上，按不同用水的水质、水压需求，在管道系统设计上，对生产工艺用水、锅炉用水、冷却塔补水、厂区生活用水等进行划区域、分系统供应，达到节能节水要求。

第四，合理运用信息技术，为绿色工厂的建设和运营提供数据支撑。在环境监测上，从保障员工的身心健康及消除企业生产对周边环境的负面影响出发，采用实时监测方式，在室内外设计布置各种监测探头，对生产期间产生的废气、废水、粉尘、噪声、异味等污染物进行实时监测，严格控制污染物排放。在能源管理上，设计 100%的三级能源计量设备配备率，实现能耗分项、分部门计量。设计建设能源管理系统，运用多种先进的能耗分析手段，及时了解相关设备的能源转换效率，实现能源从生产、供应、输配全过程的实时监控，及时发现节能潜力，为运营管理提供数据支撑。

第五，构建和谐绿色的工厂环境。坚持“以人为本”的理念，本着因地制宜、经济适宜和彰显企业特色的原则，合理规划布局，采用适宜技术，充分打造和谐的室内外环境。在厂区室外环境上，以创建自然与建筑和谐共生为目的，依托当地地理环境，将山水地貌引入工厂，发挥其最大园林效益。从集约化着手，见缝插针式对厂区绿化进行总体规划，在建筑屋面、露台、内庭院等区域打造休闲式绿地公园，提高绿地占用面积，提升员工生产生活的舒适度。对厂区室内环境，以改善员工工作环境为目的，综合分析生产工艺产生的噪声、粉尘等污染问题，设计采用多种主动控制措施。在车间的噪声控制方面，对源头、材料等都进行设计改造，对生产设备原有的隔声结构进行重新设计，将单层透明盖壳改为双层中空有机玻璃板。在车间墙面、吊顶板、窗户玻璃等位置采用多种降噪方案，使生产现场噪音低于国家标准。

（三）精心实施，确保执行

1. 制定绿色工房暂行评价标准

卷烟制造的工艺要求决定了卷烟制造工厂的建筑不同于一般的民用建筑，因此，杭州卷烟厂绿色工厂建设不能照搬现行民用绿色建筑标准，必须建立起适用于卷烟行业特性的绿色评价标准。

杭州卷烟厂通过对《绿色建筑评价标准》(GB/T 50378－2006)的学习，从主体框架、标准内容、评价体系、申报流程等多方面进行比对分析，积极征询《绿色建筑评价标准》(GB/T 50378－2006)编制的专家意见，提取适用于烟草行业绿色工房的评价条款，并综合考虑工厂地理环境、卷烟生产工艺特点、技术实现可行性等诸多因素，形成《杭州卷烟厂绿色建筑（工房）评价标准》，为烟草行业实施绿色工房建设提供理论及具体实施的依据。

《杭州卷烟厂绿色建筑（工房）评价标准》由节地与室外环境、节能与能源利用、节水与水资源利用、节材与材料资源利用、室内环境质量和运营管理六类指标组成，每类指标包含控制项、一般项、优选项。如表1所示。

表1　绿色工房等级要求

等级	控制项	一般项数(共36项)						优选项数
		节地与室外环境	节能与能源利用	节水与水资源利用	节材与材料资源利用	室内环境质量	运营管理	
	共25项	共6项	共9项	共5项	共6项	共4项	共6项	共13项
★	25	3	3	2	3	2	3	—
★★	25	4	5	3	4	2	4	5
★★★	25	5	7	4	5	3	5	9

注：达到三星级标准必须满足62项技术条款要求，其中控制项25项、一般项28项、优选项9项。

2. 建立绿色工厂建设团队组织及运行机制

杭州卷烟厂成立绿色工厂建设领导小组和实施小组。领导小组承担绿色工厂顶层设计，把握绿色工厂整体规划、总体目标及计划的制定、重大工作的决策。实施小组具体负责建设实施工作，按进度组建绿色工厂建设团队，统一协调各方利益，推进绿色工厂建设的进度。

绿色工厂建设团队包括杭州卷烟厂的实施小组以及设计、咨询、项目管理、监理、施工、运营等参建单位的实施团队。实施小组负责组织协调各方关系，通过分工协作、明确责任、协调管理、稳步推进，发挥总体协调作用。项目管理单位负责绿色工厂建设总体控制及确保技术实施、目标实现，咨询、监理、施工、运营等单位共同承担绿色工厂的建设与管理。绿色工厂建设团队各方鼎力合作，在充分了解绿色工厂建设目标的前提下，积极协调，保证绿色工厂的合理规划和稳步实施。

3. 构建多方协同实施模式和工作流程

建立多方协同实施模式及工作流程（见图 1），有效凝聚各单位和部门在总体框架下互相配合、共同努力，实现绿色工厂建设与管理的各项目标。

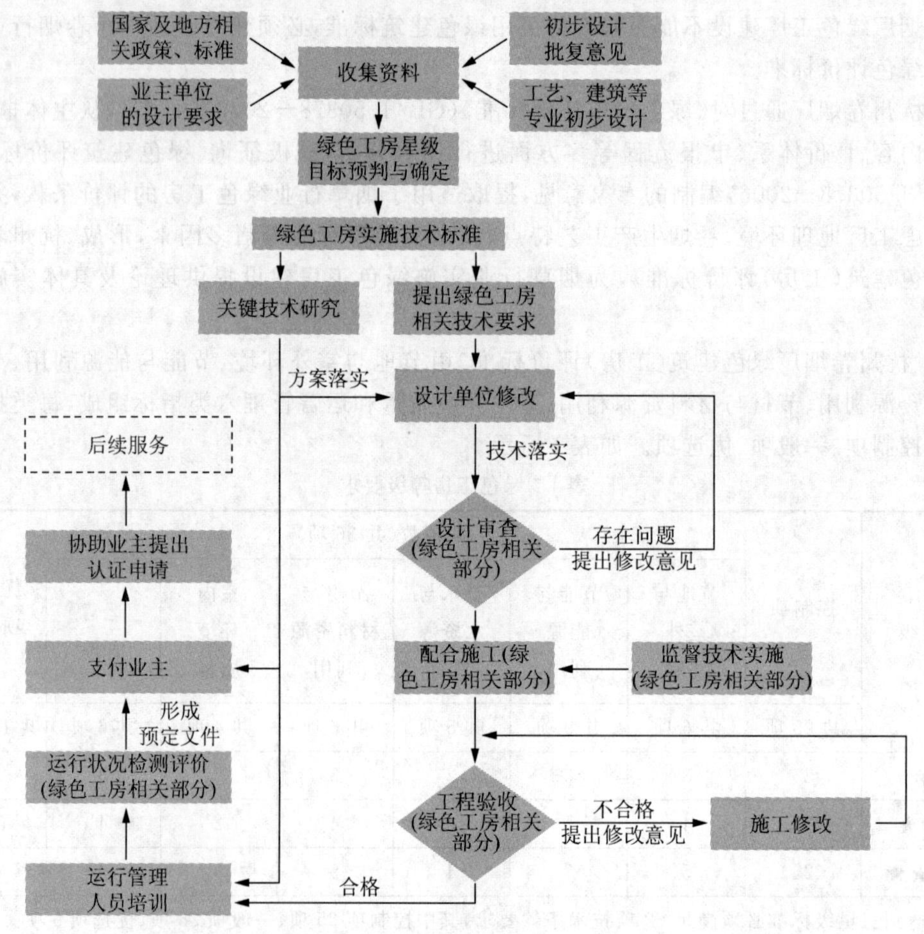

图 1　多方协同实施模式和工作流程

（四）确保绿色工厂建设与管理的精细运营

1. 建立绿色工厂运营管理机制

一是建立由企业高级管理层、中级管理层、车间班组组成的三级绿色工厂运营管理组织架构，明确各层级的主要工作职责，保障各项运营工作层层落实。二是完善绿色工厂绿色运营管理制度，如对《杭州卷烟厂能源绩效监视测量和评价管理办法》、《杭州卷烟厂污水、噪声、烟尘、废气排放控制程序》等制度进行修订，确定绿色工厂运营管理的各项工作，明确各部门的具体职责。三是健全绿色运营管理考核体系，将相关指标层层分解并纳入各部门年度 KPI 业绩考核，指标与各部门绩效奖金挂钩。依托绿色工厂运营管理信息平台，每季度对各部门进行考核评价，指标完成较好的给予奖励。

2. 进行常态化绿色运营

坚持"常改常新"运营管理思路，充分考虑技术可行性、经济合理性等因素，积极鼓励各种创新改进活动，通过寻找—分析—论证—实施—验证的模式，对已有的设备系统进行改造提升。如通过对能耗数据进行分析，对第一能源消耗大户空调系统中最主要的能耗环节——加湿方式进行改进，通过多方案比较实践，确定高压微雾加湿方式，推广改造 58 台空调，实现年节约耗蒸汽量 6600 多吨，直接经济收益将近 300 万元。

3. 打造全员绿色发展文化

杭州卷烟厂非常注重绿色发展文化的建设，积极组织开展多种形式的企业绿色文化宣传活动，如一年一度的绿色节能主题教育活动、节能节水宣传周、绿色指标操作比武等活动，大力营造全员参与的绿色节能氛围，树立企业绿色发展的理念。通过企业全体员工的共同努力，绿色发展文化取得了较好的认同，与红色的军旅文化、蓝色的拼搏文化一起成为杭州卷烟厂的"三色"文化。

三、绿色工厂建设与管理效果

（一）形成并验证行业绿色工房的评价标准

杭州卷烟厂制定的绿色工房的评价标准已形成并得到了验证，不仅涵盖了《绿色建筑评价标准》的"四节一环保"要素，而且增加了工业领域所必需的职业健康要求，体现了卷烟制造工艺特点，适用于卷烟行业安全生产的需求。在此基础上，形成了《烟草行业绿色工房评价标准》（YC/T396－2011），得到了住房和城乡建设部的高度评价，为其他工业领域推动绿色建设起到了良好的示范作用。

（二）绿色工厂建设与管理的价值效应初步显现

一是经济价值得到实现。杭州卷烟厂通过"节能、节地、节水、节材"等技术措施及相应的管理制度保障，节能效果显著。通过综合分析设计到运营管理过程中采取的节能手段，降低了总建筑能耗 21.23％，2013 年节约运行电费 552.7 万元。在综合水资源利用方面，2013 年回收各种非传统水资源多达 9 万多吨，直接经济收益将近 40 万元。

二是生态价值逐步凸显。在大气环境方面，通过各种污染物回收利用、异味处理，每年减少 CO_2 排放 5357.9 吨。在水环境方面，经过厂区污水站出来后再排放，每年可减少化学需氧量（CODcr）42.5 吨、悬浮物（SS）74.2 吨。在固体废弃物回收利用方面，屋面设计中采用了添加废弃物骨料的太空板等，消纳了部分固体废弃物，减轻了环境压力。

三是创造宜人工作的环境。杭州卷烟厂有效地控制了生产车间的噪声、粉尘及有机物等污染，生产现场的噪声分贝数远低于国家标准，室内粉尘也得到有效控制，PM2.5浓度低于1.8毫克/立方米水平。在建筑屋面、露台、内庭院等打造休闲式绿地公园，其中屋顶绿化面积达4.2万平方米，提高绿地占用面积，提升员工生产生活的舒适度。

(三)树立了卷烟行业绿色工厂建设的标杆

杭州卷烟厂通过绿色工厂的建设与管理，形成了一批具有自主知识产权的成果，其中发明专利6项(如《一种卷烟工业厂房光导照明系统的光导管连接器》等)，实用新型专利25项(如《卷烟厂工艺排风的余热回收与污染处理系统》等)，软件著作权4项(如《能源管理信息系统》等)，卷烟行业标准1项(《卷烟行业绿色工房评价标准》)，为提高企业的自主创新打下基础，提高了企业的竞争力。

杭州卷烟厂绿色工厂的建设与管理得到了国家、省市政府的高度肯定，被列入为国家级绿色建筑和低能耗建筑“双百”示范工程，及浙江省重点建设项目等。同时，绿色工厂的建设也得到了行业内的高度认可，《烟草行业绿色工房评价标准》获得第三届“中国烟草总公司标准创新贡献奖”二等奖，为其他烟厂绿色工厂的建设与管理提供借鉴。

(成果创造人：倪雄军、张思荣、汪炎平、楼卫东、黄卫忠、
朱立明、喻允迅、叶文军、王荣文、郎春叶)

煤炭企业的绿色矿山建设与管理

内蒙古平庄能源股份有限公司西露天煤矿

成果主创人：矿长张学

内蒙古平庄能源股份有限公司西露天煤矿（以下简称“西露天煤矿”）是隶属于中国国电集团平庄能源股份有限公司的大型国有露天煤炭企业，始建于1958年，是我国自行设计和建设的第一个山坡—凹陷相结合的露天煤矿，设计能力150万吨/年，2012年核定生产能力220万吨/年。

一、煤炭企业的绿色矿山建设与管理背景

（一）国内矿产资源建设的需要

改革开放以来，我国矿业发展成效明显，特别是煤炭企业发展迅猛。但是，煤炭资源快速开发利用的同时，存在着资源利用粗放、开发秩序欠规范、安全事故频发、环境破坏严重、闲置土地增加等突出问题，发展绿色矿业，建设绿色矿山，已成当务之急。这是转变经济发展方式，加强煤炭资源开发管理，保护环境，保障民生，促进科学发展、和谐发展，建立“资源节约型、环境友好型社会”的必然要求，是实现资源开发的经济效益、生态效益、资源效益和社会效益协调统一的现实途径，是充分调动矿山企业积极性，落实企业责任，促进矿山企业依法办矿，规范管理，加强科技创新，建设企业文化，保证健康发展的重要手段。

（二）西露天煤矿自身发展的需要

露天矿原生产工艺为单斗电铲采装，准轨铁道电机车运输，电铲排土。该工艺存在矿床赋存条件较设计资料恶化，运输环节、洗煤环节能力不配套等“先天不足”，企业亏损严重。1986年开始实施“632”方案，随着时间的推移，服务年限的临近，各种矛盾显现，影响企业可持续发展：

一是露天矿境界内资源量不足与从业人员多的矛盾。按“632”方案设计，至2006年年末，境界内可采地质储量750万吨，只能服务到2012年。至2006年年末，西露天矿正式职工4186人，40～50岁年龄段的占60%，文化素质较低，其中有60%在铁路运输系统从事机务、站务、乘务及铁路、架线、信号、通讯等维修工作。对新工艺设备的有关知识、技术知之甚少，再就业能力较差。这部分员工转岗十分困难。

二是设备老化，主要工艺设备超期服役。采掘及运输设备均在1985年之前投入使用，检修费用、运转成本较高，能耗高，可靠性、安全性较差，对环境污染严重。

三是铁路运输系统有130多公里、20多个车站，外排土场排土的平均运距达21公里，系统庞大而复杂，维护、维修困难。另外，排土场占用土地多，与现代企业的要求不适

宜。为此，只有优化生产工艺，在露天矿深部开采中进行技术创新，才能为老矿找到出路，才能解决这些矛盾。

（三）安全发展的需要

随着矿山工程的发展，露天矿边坡逐年趋于高、大、陡，是矿山安全管理的最大危险源。边坡服务期限越来越长，滑坡灾害损失及影响生产时间呈上升趋势，2005 年以前共发生滑坡 66 次。西露天煤矿采用全站仪进行人工量测，监测周期约 3 天至 1 个月，然后手工输入形成累积位移历时曲线进行边坡稳定性状态分析。受人为因素、仪器系统误差、气候变化等的影响，监测数据经过人工处理分析，降低了边坡稳态预测预报的及时性，原有监测手段和方式已无法满足需要，给正常生产造成很大的安全隐患。

二、煤炭企业的绿色矿山建设与管理内涵与主要做法

西露天煤矿面对资源量不足、服务期限临近的现实情况，2005 年提出“以绿色矿山建设为核心，实现企业持续发展”的管理理念，改变生产工艺方式，创新开采技术，实现煤炭资源的高效开采；通过实施“科技兴安”，逐步形成安全管理网络，实现安全技术和安全管理的标准化、科学化；通过科学利用伴生矿产资源，推动循环经济发展，实现“低投入、低消耗、低排放、高效率”的发展模式；坚持“动用一定地质储量，实现销售收入最大化”的管理理念，贯彻生产、加工、销售一条龙服务的经营思路，实现煤炭资源的高效利用；通过对外排土场及采场的植被复垦，树立矿山环保意识，实现人与自然的和谐；通过创新“家园·舞台·梦”的企业愿景，体现“以人为本”的企业文化精神，实现企业发展与矿区和谐的双赢局面。主要做法如下：

（一）转变发展理念，明确工作思路

1. 绿色矿山是矿产资源开发利用与企业可持续发展相和谐的矿山

为推进绿色矿山的建设，西露天煤矿明确工作思路，认识到绿色矿山建设不仅仅是煤矿资源开发方式的创新，同时也是对多年形成的矿山传统开发方式的变革。为使这项工作取得实效，首先要从树立新观念入手，形成矿山企业创建绿色矿山的内在动力。西露天煤矿利用各种方式，宣传绿色矿山建设的重要意义，把转变思想观念、规范化管理企业作为创建绿色矿山的“方向盘”，使广大职工了解绿色矿山建设对企业可持续发展的重要作用。

2. 建立健全规章制度，实现企业规范化管理

采场南区横采内排现状及非工作帮治理区

西露天煤矿按照《矿产资源法》《矿产资源开发利用方案》《矿山地质环境保护与治理恢复方案》《土地复垦方案》等法律法规的要求，及时办理各种证照，足额及时缴纳矿山自然生态环境治理备用金，确保履行闭坑矿区的复垦复绿义务。对无偿取得的采矿权进行有偿处置，同时制订《矿山自然生态环境治理备用金收取管理

办法》《矿山生态环境保护与治理工程验收办法》等管理办法，设计《内蒙古平庄能源股份有限公司西露天煤矿矿山地质环境保护与恢复治理方案》和《内蒙古平庄能源股份有限公司西露天煤矿土地复垦方案报告书》，根据设计方案进行土地复垦绿化。

为保证绿色矿山建设的全面推进与开展，西露天煤矿成立组织机构，完善运行机制。一是组织到位。成立由矿长任组长、总工程师为副组长、相关部门负责人为成员的领导小组，全面负责绿色矿山建设的设计与规划。二是人员精干。从各部门抽调多名素质高、专业强的工作人员组成绿色矿山建设办公室，对工作人员定期进行培训。三是责任到位。建立以目标管理责任制为主的各项工作制度，按照绿色矿山规划的时间表，细化工作任务，责任落实到人、考核到人。四是明确思路，完善机制。将建设绿色矿山作为企业健康可持续发展的重要抓手，坚持统筹规划，整体推进，以绿色矿山建设为核心，促进各项工作的全面提升。根据自身特点，制定和完善生产、安全、机电、环保等规章制度，做到有章可循、有章可依。五是目标明确。按照绿色矿山的总体要求，从2005年开始，用三年时间进行绿色矿山建设的宣传与总体规划。到2008年，逐步实施科学化开采、高效化利用资源、正规化管理企业，使生产工艺环保化、安全设施标准化、矿山环境生态化，在2015年之前成为国家级绿色矿山试点单位。

（二）优化生产工艺，创新开采技术

随着开采深度的增加，铁道运输越来越不适应企业发展的需求，严重制约企业的发展。为此，西露天煤矿成立技术攻关领导小组，把优化生产工艺、创新开采技术作为创建绿色矿山的“驱动轮”，先后与辽宁工程技术大学、中国矿业大学、煤科总院等科研院所合作，于2008年提出生产工艺优化方案。方案实施后，设备作业效率及效益大幅提升，每年可节约成本3048万元。

西露天煤矿针对企业自身特点和问题，积极寻求稳定发展的出路，提出深部陡帮横采内排开采技术方案。同时，与辽宁工程技术大学、中国矿业大学（北京）合作进行“滑坡灾害与边坡应力远程智能检测系统研制及应用研究”、“陡帮开采关键技术研究”，经过实践，提出确定露天矿深部最终帮坡角的类四维法，重新优化该矿的深部开采境界，进行“平庄西露天矿深部陡帮横采内排工程设计”，深部最终帮坡角由纵采的28.5度，提高到横采的40～50度，开采深度增加了41～68米，增加露天矿可采煤量1200万吨，延长服务年限8年。解决了3400名职工的持续就业和生活保障问题，有效的回收了煤炭资源。

露天矿选煤系统原为机械动筛跳汰机，噪音大、效率低、煤矸混杂严重，销售效果不理想。2010年通过实施技术改造，改为液压动筛跳汰机，作业时机械噪音低于80分贝，小时作业效率提高到400吨/小时，选后煤含矸率低于3%，矸石含煤率低于2%，选煤效果大幅提升，销售价格提高了30%。

原来生产的煤炭全部运到地面选煤厂进行洗选加工，对周边环境造成了影响，同时，也降低了设备作业效率。按照“动用一定地质储量，实现销售收入最大化”及建设“环境友好型”企业的理念，在采掘场安装600吨/小时处理能力的筛分系统，部分煤炭不用出采场就被加工为成品，根据用户不同需求，加工不同粒度的品种煤炭，既提高了销售价格，又保护了环境，节约了成本。

（三）提高安全管理水平，构建本质安全化矿山

西露天煤矿针对安全周期较长，职工思想容易麻痹松懈的情况，加强安全生产管理，围绕“人、机、环、管”四个关键要素，开展隐患排查及整改工作。坚持“每周安全生产例会”“每月安全生产办公会”制度，按照全面、动态和常态达标要求，开展安全质量标准化评比竞赛活动。由于生产工艺的改变，陡帮横采内排方案的实施为西露天煤矿安全技术管理提出了更高要求，高陡边坡始终是生产过程中的重大危险源。为掌握边坡动态，在边坡工程活动的全过程中，建立由时间、空间和职能等边坡信息合成的边坡工程管理信息系统。该系统通过采用现代的信息技术来研究边坡工程活动和管理过程中的信息动态，进而揭示各影响因素间的内在联系和边坡稳态的变化规律，实现边坡工程的优化决策并实施控制。边坡工程管理信息系统必须与边坡管理层次相适应，使信息与管理同步，管理与工程活动同步。所以，边坡管理体系由人、自然、互动、信息传递等要素构成。相应的管理有三个层次：战略管理层的工作由决策支持系统完成，战术管理层工作由管理系统完成，作业管理层的工作由数据处理系统完成。西露天煤矿制定管理办法，落实各项工作的具体责任，通过生产部门、技术部门、科研单位与露天矿现场边坡动态之间的信息传输和反馈，使矿山工程发展与边坡管理有机结合，实现边坡动态的有效控制。

西露天煤矿以企业内部专业技术人员和业内部分专家为核心、以网络技术为平台构建边坡管理专家系统。首先以矿床地质模型、工程地质模型和数据库为基础建立专家网络平台；现场的工程技术人员实时把边坡应力、位移、水文气象数据及现场踏勘的图片等资料输入该平台，并按时进行现场测绘写实，更新现况模型和工程地质数据库，使分析模型和数据与现场相符，同时列出需临时解决的问题和科研项目；专家系统人员可以直接进入网络平台，进行分析研究，提出专家评价意见或研究成果；现场工程技术人员可以在网络平台上与专家交流或获取专家指导意见，为现场疑难问题的解决或重大项目决策提供方便快捷的途径和高水平的咨询。网络平台为专家远程指导服务创造条件，提高决策水平，使露天矿边坡得到优化。

2013 年 4 月 17 日，采场南区发生大型深层滑坡，滑体平面投影面积约 9 万平方米，平均深度约 30 米，体积约 270 万立方米，通过应用边坡监测技术，提前 4 天发布边坡滑坡预警预报，将人员和设备提前撤离危险区，没有造成人员及设备的伤害。

（四）综合利用伴生矿产资源、生产废水

西露天煤矿有计划地将煤矸石、辉绿岩、玄武岩分别存放在手选厂矸石线及岩石储存场，将发热量较高的部分矸石加工后满足电厂需求，部分矸石加工制砖，使矸石利用率达到 85%；建成年加工能力 30 万立方米的石渣厂，使年产岩石利用率达 70%以上，取得一定的经济效益。

选煤厂在洗选加工煤炭过程中，每天会产生 1000 多立方米废水，以前是将废水经沉淀后排到附近河中，虽然没有污染，但却浪费了水资源。西露天煤矿经过技术改造，铺设 2000 多米管路，在矿坑建设废水储水池，将废水排到储水池，经沉淀后为洒水车供水源，用于矿山公路洒水降尘。

（五）实施节能减排，实现排土场复垦

1. 改进作业方法

西露天煤矿 2003 年前采取 24 小时不间断作业法，设备的维修、线路移设等杂业工

程与矿山生产混杂在一起，相互影响，相互制约，工程不能按期完工，生产计划不能兑现，各环节事故频发，设备作业效率低下。经过多方考察论证，西露天煤矿根据生产实际特点，实施上午停产整备作业法、有利时间作业法及有利季节作业法。

上午停产整备作业法就是利用上午7:30～11:30这一时间段，全矿所有设备都停止作业，对设备进行维护、保养、检修工作，修整运输道路，相互影响的杂业工程集中在此段时间完成，确保设备在剩余的20小时内无故障，同时也躲开上午用电峰期。

有利时间作业法就是根据实际工作特点，在与生产不发生矛盾的时候，选煤厂、采掘、穿孔等大型用电设备躲避用电峰期，利用供电谷期集中生产，每年节电4000多万度，有效利用电力资源。

有利季节作业法就是根据本地区气候特点，在每年一、二月份气温较低、设备故障率较高、不利于设备作业的时段对剥离设备进行停产检修，既不影响生产，又维护了设备，节约了生产成本。

2. 土地复垦，实现土地再利用

西露天煤矿本着“谁破坏，谁治理”的基本原则，聘请资质部门规划设计《西露天煤矿土地复垦方案》，实施土地复垦。对工业场地中废弃建筑设施压占、毁损的土地进行及时治理。

(六)夯实企业文化，建设和谐矿区

西露天煤矿始终贯彻中国国电“严格、高效、正义、和谐、永无止境、创造一流”的企业核心价值观；做好“五篇文章”，打造“五个国电”，即效益国电、绿色国电、创新国电、廉洁国电、幸福国电，本着“内融于心、外化于形”的主题构思，重点突出“软硬并举、突出主题、提炼精髓、文化铸魂”的宣贯举措。

西露天煤矿矿党委充分利用理论中心组、党员干部大会、员工班前传达等学习阵地，向广大员工宣传创建绿色矿山的深刻内涵及深远意义。强化员工对创建绿色矿山理念内涵的深刻理解和认识，增强员工对创建绿色矿山理念的认同感、归属感和荣誉感。西露天煤矿以社区和谐地企共建为契机，紧紧抓住老百姓最关心和最敏感的问题，投资260万元对地区公路进行彻底大修。筹措资金200多万元，建成集篮球场、羽毛球场和休闲娱乐场于一体的、总面积达1万多平方米的综合性文化广场。

西露天煤矿把积极推进矿区和谐建设，为员工群众排忧解难，作为重要的思想政治工作。先后投资800余万元，对职工浴池进行修缮；先后走访356户困难家庭。矿领导与困难职工结成“一对一”扶贫对子，在解决好困难群体实际困难的同时，还特别注重维护职工合法权益，先后组织省部级以上劳动模范进行健康疗养；为工伤致残的职工调整相应的工作。坚持优化、整合、提升的总体思路，开展全矿性的技术比武和岗位练兵活动，每年培训员工达400余人，并在培训后进行全面的技术考核。开展六五普法活动，规范职工的行为，不断加强职工的道德、品德建设。教育职工严格执行《安全生产管理制度汇编》和《安全生产岗位责任制手册》的要求，认真贯彻落实《安全生产法》等国家颁布的一系列法律法规，不断提高职工的综合素质，提升企业的整体形象。积极开展各种文化娱乐活动，提升全矿职工的文化品位，丰富职工的业余文化生活。

三、煤炭企业的绿色矿山建设与管理效果

(一)企业管理理念得到创新

西露天煤矿逐步形成"以绿色矿山建设为核心,实现企业持续发展"的管理理念。通过多年的摸索与实践,把转变思想观念、规范化管理企业作为创建绿色矿山的"方向盘",把优化生产工艺、创新开采技术作为创建绿色矿山的"驱动轮",把提高安全管理水平、构建本质安全化矿山作为创建绿色矿山的"控制器",把伴生矿产、生产废水的综合利用作为创建绿色矿山的"从动轮",把节能减排、实现排土场复垦作为创建绿色矿山的"动力源",把夯实企业文化、建设和谐矿区作为创建绿色矿山"发动机",实现了由"黑色"向"绿色"的转变。

通过绿色矿山建设的不断深入,西露天煤矿实时打造企业文化,增强员工的敬业意识、效益意识和整体意识,使职工对企业愿景有了强烈的认同感。建立的困难职工帮扶站、全员健康体检、班中餐制度,惠及职工的养老、医疗保险、住房公积金和企业年金等福利制度,使职工工作热情大幅提升,并涌现出多名全国劳动模范等先进典型,矿区和谐稳定,企业发展蒸蒸日上。

(二)企业实现安全生产

西露天煤矿采用的新工艺,年节约成本 3049 万元;建立的锚索远程应力监测系统、岩移自动监测系统及意大利边坡监测雷达预警装置,构建了立体式边坡监测网络,为职工创造了安全的工作环境,连续十年未发生原煤死亡事故,安全质量标准化始终保持行业一级水平,实现了矿井的本质安全。

(三)企业经济与社会效益显著

一是经济效益显著。西露天煤矿在煤炭产销形势严峻的情况下,较好的完成生产任务,2013 年原煤产量 219.6 万吨,实现利润 5873 万元,原煤单位制造成本由 2011 年的 127.93 元/吨下降到 116.24 元/吨。采煤机械化程度达到 100%,原煤生产效率达到 25.91 吨/工。人均年收入由 2007 年的 1.97 万元/人提高到 2013 年的 6.377 万元/人,与企业发展同步递增。百万吨死亡率连续十年为零。

二是社会效益显著,改变了煤炭企业的"黑色"面貌。2014 年西露天煤矿被确定为国家级绿色矿山试点单位。"陡帮横采内排控制开采技术"在国内处于领先水平,填补了倾斜煤层深部开采技术的空白。对排土场及采场环境治理投放资金近亿元,形成了一片绿洲。与高等院校及科研院所合作,实施技术创新,先后开展了边坡稳定验算、滑落区清理方案设计、F3 断层稳定研究等科研工作,对国内类似露天矿的生产具有借鉴意义。

三是生态效益显著。在采场内建设水泵站、储能池,生产废水循环利用,缓解了企业用水压力。建设了年加工 30 万立方米的废石加工线及内部排土场,做到废石不外排并得到合理利用。实施横采内排开采技术,通过内排土压脚,降低了边坡的高度和高陡边坡的服务期,改善了边坡的稳定条件,减少了因滑坡可能造成的环境灾害。

(成果创造人:张　学、陈凤阳、张　志、杨向斌、赵　宏、徐晓惠、
于清波、赵晓东、苗　国、贾相生、张相林、田　宇)

采油厂以源头消减和全程控制为主的清洁生产管理

中国石油辽河油田曙光采油厂

成果主创人：厂长张波（左）

中国石油辽河油田曙光采油厂（以下简称“曙光采油厂”）地处辽宁省辽河下游绕阳河畔，辖区面积约400平方公里。1975年投入开发，截至2013年，全厂共投产油井3602口，开井2087口，共有采油站129座，热注站76台，联合站4座。投入开发38年来，曙光采油厂累计为国家生产原油7796.21万吨，目前年产能力200万吨，是典型的地质构造复杂、油品种类多、开采难度大、稳产难度高的采油厂。

一、以源头消减和全程控制为主的清洁生产管理背景

（一）建设环境友好型社会的需要

环境友好型社会是一种人与自然和谐共生的社会形态，上世纪70年代以来，由于我国经济快速发展，忽视了对工业污染的防治，生态环境受到严重破坏，致使环境污染问题日益严重，社会反映非常强烈。目前，我国已将清洁生产纳入国家相关法律法规和条例中，先后颁布和修订《中华人民共和国大气污染防治法》《中华人民共和国水污染防治法》《中华人民共和国固体废物污染防治法》等，其中《清洁生产促进法》明确指出要从源头消减污染，使清洁生产工作走上法制化的轨道。为实现环境与经济的协调发展，油田企业必须制定环保战略，减少污染物产生量和排放量，改善环境质量。

（二）油田企业可持续发展的需要

随着国家对环保的重视力度不断加强，给油田企业发展提出了更高的要求，如何实现增产不增耗、增产不增污，为企业发展提供宽余的环境容量，是石油企业面临的又一新的挑战。曙光采油厂地处辽河下游、亚洲第一大苇田、自然保护区，环境脆弱，油田生产过程中产生的废弃物将给环境造成极大的伤害。特别是进入开采后期，三次采油比例增大，采油污水回注的出路受到限制，随着生产规模的扩大和发展，势必造成污染治理装置的压力增大，原本不容乐观的环保形势面临着更为严峻的考验。因而，全面推行清洁生产管理，进行生产全过程控制，使污染物减量化以至最小化，把污染物最大限度地消除在生产过程中，对于曙光采油厂的可持续发展具有重要意义。

（三）改进提升现有生产管理水平的需要

曙光油田是一个开发30多年、以超稠油开采为主的老油田，高峰时年产量达到287万吨，目前正处于快速递减阶段，年产量维持在200万吨左右。现有开发方式下，保持油

田规模产量与经济效益和环境保护的矛盾将越来越突出，给清洁生产提出了更高的要求。然而，油田生产中存在一定不足，难以满足环保要求，主要表现在以下几个方面：

第一，清洁生产意识淡薄，一味地追求产量而忽略了生产过程中的能源消耗及对环境造成的污染，存在思想认识不到位、组织体系和机制不健全的问题。第二，曙光采油厂目前的生产系统存在设备老化、工艺技术落后、自动化程度低、生产设备效率低等问题，存在能耗高、物耗高、污染严重的现象。第三，为了保持规模产量，全厂每年要新增100口左右的水井、复产井和新井，需相应增加电机、电加热等辅助配套设备160台左右，随着钻井、作业、注汽等工作量的增多，导致电力、天然气和燃料油等能源消耗量居高不下。这些问题的存在要求企业从源头做起，对生产全过程实施严密控制，从而实现清洁生产。

二、以源头消减和全程控制为主的清洁生产管理内涵和主要做法

曙光采油厂综合考虑油田生产经营管理中的各项要素，梳理采油生产工艺流程，找出能耗高、物耗高、污染严重的原因，开展全程控制，从源头削减污染，通过提高技术创新能力，改造、升级生产设备和工艺，淘汰低效高耗设备，引进、创新先进节能技术和产品，降低能源消耗，从生产过程的源头减少污染物的产生和排放，以最小的环境影响、最少的资源和能源使用，实现节能、降耗、减污、增效的清洁生产目的，建立资源节约型环境友好型采油厂，实现油田可持续发展。主要做法如下：

（一）明确清洁生产指导思想和思路，确定清洁生产目标

指导思想：坚持能源开发与节约并重的方针，以全程控制和源头削减为主，通过大力推进技术进步，优化工艺流程，在生产过程的各个环节，加强用能管理，减少污染物排放，建立资源节约型环境友好型采油厂，实现曙光采油厂的持续、稳定、有效发展。

思路：在用能管理方面，强化能效对标管理，建立能效对标程序、对标制度体系和对标管理方法，在各生产系统深入推进能效水平对标工作。通过横向对比，确立标杆班站，找到影响能效水平的影响因素，并制定有效措施，促进能效水平的整体提高。在污染物治理方面，改变过去末端治理对策，通过提高技术创新能力，优化生产工艺，从油田生产的源头削减污染物的产生，减少污染物排放，建立资源节约型环境友好型的生产和消耗模式。

清洁生产目标：全面完成上级部门下达的节能减排和环境保护指标；降低单位油气综合能耗，能耗设备运行效率提高2%以上；提升清洁生产管理水平，生产工作环境得到改善。

（二）建立健全组织机构和管理制度

1. 建立和完善清洁生产组织体系

建立精干化、层次化的清洁生产领导小组，厂长亲自出任组长，相关科室负责人和基层单位一把手为组员，形成涵盖决策、管理和操作多层次的清洁生产职能体系，依照各层的管理职能，明确各层次工作责任和工作内容，以保证清洁生产工作顺利开展（见图1）。操作层各生产单位将能源消耗数据、生产设备及工艺现状、污

新疆油田到火驱注空气现场调研

染等情况上报管理层对应科室；管理层根据现场生产实际，分析找出能耗高和污染的原因，从技术和管理两方面制定清洁生产方案，上报决策层；决策层审查方案后，下达实施意见，再由操作层实施，管理层进行监督指导及考核。

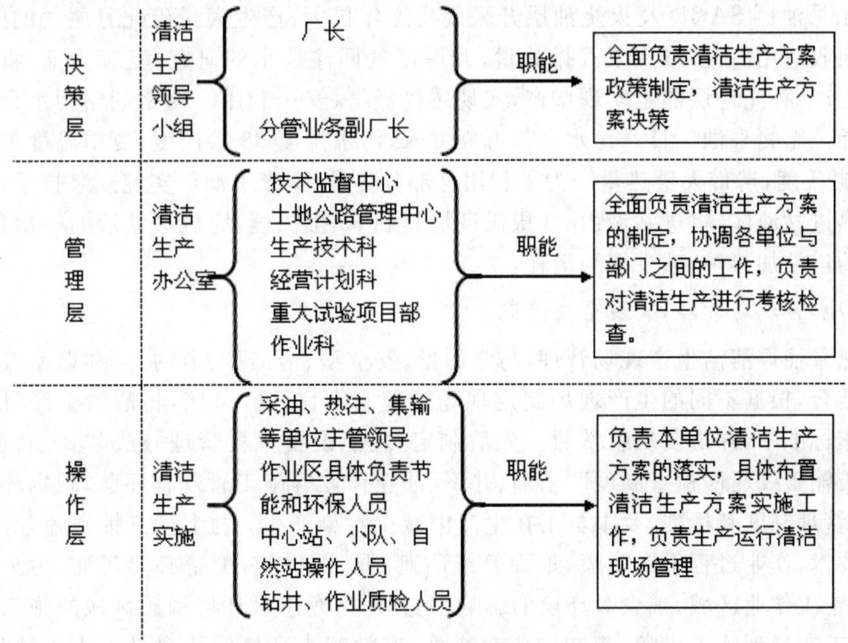

图 1 曙光采油厂清洁生产组织体系图

2. 健全清洁生产管理制度

曙光采油厂清洁生产办公室建立相应的清洁生产管理制度，根据各部门生产情况，设置不同单位、不同级别的清洁生产管理目标，做到层层负责，责任到人。制定曙光采油厂清洁生产管理办法、环境保护管理程序、环境因素识别与评价管理程序、井下作业专业管理程序、用水用电管理办法、节能管理程序、污水处理对标管理实施方案等规章制度，从能源的使用、污染物的控制到生产过程中的环境保护，都制定详细的规定。结合生产实际，实行装置运行达标管理，避免无效耗能发生，尽可能减少污染物的产生和排放，避免由于管理不善而出现“跑、冒、滴、漏”，造成环境污染。

(三)优化采油生产过程，提高能源利用效率

对耗能设备运行现状和生产系统用能状况进行调查监测分析，实施采油区块综合治理改造工程、集输系统节能改造工程、注水系统优化改造工程、热注系统优化改造工程、电力系统降损工程等，优化生产流程，提高设备运行效率，提高能源利用效率。

以科技为先，围绕采油生产中的油、气、水、电四个方面，引进先进的节能技术，从举升系统、传动系统、动力系统、集输系统、辅助设施五个环节着手，引进配套的科技产品及新技术，实施节能节水技术措施，改进采油生产工艺流程，替换老化设备，提高设备运行效率，整体加强采油生产各环节的衔接和配合，减少生产过程中能源消耗。

(四)加强技术攻关，从源头削减污染产生和排放

一是开展技术创新，转换开发方式，改变过去注蒸汽方式，大胆尝试注空气火驱生

产，将以往的注汽锅炉搬至地下，减少热量在输送过程的流失，减少生产蒸汽的燃料消耗。火驱开发具有热效率高、节能环保的独特优点，实现了降耗增效。二是对出水井进行潜力排查，针对部分高含水油井，实施有效措施，治理油井出水，减少水量采出。三是针对曙光采油厂SAGD及火烧油层开采规模逐年扩大，产生大量硫化氢尾气的问题，加强尾气回收应用研究，减少废气排放量，开展尾气回注技术的研究，变废为宝，将尾气用于油田生产，补充地层能量实现增产，实现尾气经济、安全利用。四是利用污水余热减少能源消耗。曙光采油厂日产污水1.5万立方米，污水温度88摄氏度，夏季温度最高达到91～94摄氏度，携带大量热量。为了利用这部分热量，曙光采油厂实施热泵技术，用污水热量加热进站液体，将进站液由53摄氏度加热到85摄氏度，完成进站液的一次加热，代替原有的进站加热炉，减少能源消耗。

（五）加强现场管理，实现全程控制

曙光采油厂清洁生产现场管理，与学习型、安全型、清洁型、节约型、和谐型五型班组建设相结合，根据不同的生产现场制定现场管理制度、标准、条例，将清洁生产目标融入员工操作标准中，并下发班组学习。先后制定“耗能设备单耗管理办法”“长停、报废、边远井及长输管线巡回检查制度”“采油、井下、油建作业等施工管理程序”、“现场环保交接制度”等管理制度和标准，要求员工在生产中减少污染产生。推行“三铺一盖”等防污染措施和技术，作业过程采取防喷，地面管线防刺、漏、溢措施，配备必要污油、污水回收设施，控制施工作业区域，减少对环境的影响；尤其严格潮感区环境敏感区域的施工作业管理，从施工布局到施工步骤，都制定应急措施，有效减少环境污染事件发生。同时，各生产单位成立清洁生产检查小组，专人负责现场监督检查，对违反现场管理制度纳入考核，并网上通报，下发整改通知，限期整改复查。

（六）大力推进数字化建设，增强清洁生产的实时监控

强化节能减排、清洁生产信息化和油田数字化建设，先后开展“锅炉微机自控系统”“计量系统优化与油田数字化”“班组信息一体化系统”“数据采集与监控系统”“油井综合监测系统”“节能减排分析系统”和“节能监测系统管理”等信息平台建设与应用，加强信息化与清洁生产的融合，将生产参数、能源消耗、污染监控等信息，准确、快速、高效的以多媒体形式生动、具体地展现出来，实现生产数据自动采集、生产过程自动控制，大力提升清洁生产、节能减排工作的时效性。

例如，曙光采油厂采油作业六区12#计量接转站，于2011年实施数字化改造，作为辽河油田第一家数字化采油接转站，按照“标准化设计、模块化建设、市场化运作、信息化管理”的运行模式，不断促进数字化管理，在站内实现对加热炉、掺水罐、外输缓冲罐、高架罐、外输泵、采暖泵、掺水泵、分离器、空冷器、脱硫装置、回油汇管、集气汇管、可燃气体和硫化氢有毒气体浓度等生产参数的实时采集、展示，并报警联动。站外实现对48口油井的油温、油压、电机电流、位移、载荷等参数的实时采集，异常报警，以及6个平台的翻斗计量，实现远程数据监测。将设备最佳运行参数设定为能耗标准值，超过设备能耗标准值，自动报警提示，工作人员在值班室第一时间就可以发现问题、解决问题。

（七）建立激励约束机制，调动全员清洁生产积极性

建立以清洁生产目标责任制为前提、以绩效考核制度为手段、以激励约束制度为核心的清

洁生产激励约束管理制度。通过制定清洁生产工作计划、与基层各单位签订清洁生产目标责任状，将清洁生产作为刚性任务、一把手工程，把用电、用水、用气、污染物排放指标层层分解落实到站，做到人人身上有指标，千斤重担人人挑，强化基层各单位的责任意识。每季度末，组织相关科室统一对各基层单位清洁生产完成情况进行打分、考核，并与季度奖金挂钩，保证清洁生产工作计划的有效落实。同时，在资金投入、评优选先、职称晋升等诸多方面，推行经济效益与清洁生产挂钩，以调动全体员工参与清洁生产的积极性。

三、以源头消减和全程控制为主的清洁生产管理效果

(一)节能减排效果显著

2013 年曙光采油厂单位油气综合能耗由 2010 年的 252.97 千克标煤/吨，下降至 239.82 千克标煤/吨，抽油机系统效率提高了 2.8%、加热炉热效率提高了 2.35%、注汽锅炉热效率提高 1.9%，连续 3 年超额完成节能减排任务，多次被评为辽河油田公司“节能节水管理先进单位”“盘锦市清洁生产先进单位”；采油 31 号站、81 号站分别被评为集团公司“节能节水示范区站”“十一五节能节水先进单位”“油公司节能示范区站”；2013 年，成功承办了“辽河油田能效对标第二推进阶段现场交流”，分享了曙光采油厂的节能管理经验。

(二)清洁生产管理水平大幅提升

曙光采油厂在生产规模不断扩大的情况下，通过实施以源头消减和全程控制为主的清洁生产管理，健全了清洁生产制度和标准，明确了职责与分工，员工在工作中只需按标准执行，即可实现生产现场规范整洁，杜绝落地油、工业和生活垃圾等“跑、冒、漏、滴”现象。把污染最大限度地从源头削减，将污染物减量至最小化，降低处理成本，成功实现了增产不增耗、增产不增污，为企业发展提供宽余的环境容量，为可持续发展打下坚实基础。

(三)取得了显著的社会效益和经济效益

通过成果的实施，增强了全员“节能、降耗、减污、增效”的清洁生产意识，达到了清洁生产的目的，建设项目环评和“三同时”执行率达到 100%，污染物排放总量控制在油田下达的指标内，污染治理设施完好率、运行时率达 100%，实现了污水零排放。

2011 年至 2013 年，全厂累计减排 CO_2 42.6 万吨、SO_2 1382 吨、氮氧化物 1203 吨，节约能量 16.3 万吨标准煤，累计节电 1974 万千瓦时，节油 10.36 万吨，节天然气 609 万立方米，节水 734 万立方米，实现节能创效 22477 万元，为建设资源节约型、环境友好型社会做出了积极贡献。

（成果创造人：张　波、武俊宪、许林祥、柳庆新、许　艳、赵万君、尚　兵、韩　杰、刘晶洁、许　鑫、窦继红、于海娇）

促进钢铁企业健康发展的廉洁文化建设

攀钢集团有限公司

成果主创人、公司党委副书记、纪委书记胡乃民(前左三),纪委副书记、监察部部长李波(前左四)与参创人合影

攀钢集团有限公司(以下简称“攀钢”)是依托攀西地区丰富的钒钛磁铁矿资源,依靠自主创新建设发展起来的特大型钒钛钢铁企业集团。经过40多年的建设发展,已成为我国最大、世界第二的产钒企业,我国最大的钛加工企业,我国重要的铁路用钢、无缝钢管、特殊钢生产基地。

一、促进钢铁企业健康发展的廉洁文化建设背景

(一)加强廉洁文化建设是党和国家对国有企业反腐倡廉的政治要求

党的十八大站在全面提高党的建设科学化水平的战略高度,对反腐倡廉做了总体部署。习近平总书记明确提出:“反腐败问题解决不好会导致亡党亡国”。国有企业是社会主义公有制主体,是国民经济支柱,是国家财政收入的主要来源。当前,国有企业存在的腐败行为,不仅使国有资产被不法侵吞,造成国有资产大量流失,动摇国有经济的物质基础,而且扰乱社会主义市场经济的运行规则和秩序,阻碍国民经济健康发展。加强企业廉洁文化建设,是新形势下深入推进反腐倡廉工作的迫切要求。

(二)加强廉洁文化建设是提升企业核心竞争力的客观要求

加强企业廉洁文化建设的出发点和落脚点,要归结到维护企业改革发展稳定大局上来,真正发挥好服务和保障作用。企业最本质的属性在于提升企业竞争力,获取经济效益最大化。攀钢在扭亏增效、转型升级过程中,也面临一系列新情况、新矛盾,特别是面对社会上腐败消极文化的影响,也出现了一些腐败现象,造成了国有资产的流失,影响了企业改革发展进程;同时,制度不落实,流程不规范,管理不严格,执行不到位的问题在一些单位还比较严重,“出血点”较多,跑冒滴漏比较严重,把“权力关进制度的笼子里”路还很长。这些管理漏洞问题,归根结底是人的问题,确切地说是管理者的问题。因此,大力加强廉洁文化建设,巩固廉洁文化在构建惩防体系中的基础地位,发挥廉政文化的政治优势,净化企业发展的人文环境,从而不断提升企业品牌形象,最终转化成企业竞争力。

(三)加强廉洁文化建设,是构建和谐企业的现实要求

加强企业廉洁文化建设,是企业反对腐败、倡导廉洁的关键所在。国有企业的腐败

问题，是中国社会腐败问题的一个重要方面，也是广大干部职工最关心的热点问题之一。攀钢一些基层单位党风廉政建设责任制的落实和作用的发挥还有待加强。特别是近几年发生的利用职务之便为亲属提供便利，造成国有资产流失等大案要案，不仅严重侵害了企业的利益，还在职工中造成极为恶劣的影响。这些案件令人深思，发人警醒，同时也反映出企业对领导人员、关键重要岗位人员的教育管理监督还不够，党风廉政建设责任制还没有落实到位，廉洁从业理念还没深入人心。需要企业创新不同廉洁文化载体，发挥“文化反腐”作用，营造良好的企业廉洁氛围，增强职工对企业管理的认同感，在思想上筑起不敢腐的“防火墙”，构建和谐的企业内部发展环境。

二、促进钢铁企业健康发展的廉洁文化建设内涵和主要做法

2013 年，攀钢深入践行“六种发展理念，奋力推进控亏扭亏增效”中心工作，结合党风廉政建设和反腐败工作新情况，把廉洁文化建设作为惩防体系建设的基础工程和企业文化建设的重要组成部分，创新廉洁文化教育平台，探索监督管理新模式，拓展监督渠道，强化典型示范引领。通过领导树廉、学习促廉、文艺颂廉、家庭助廉、媒体督廉、制度保廉等形式，使“干净·干事”廉洁文化理念进机关、进厂矿、进车间、进班组，营造了“干净，诚信守法创世界品牌；干事，廉洁从业建和谐攀钢”的廉洁从业氛围。主要做法如下：

（一）明确廉洁文化建设的领导组织体系和指导思想

攀钢廉洁文化建设始终坚持以马克思列宁主义、毛泽东思想、邓小平理论、“三个代表”重要思想、科学发展观为指导思想，深入贯彻习近平总书记系列重要讲话精神，坚持标本兼治、综合治理、惩防并举、注重预防的方针，深入践行“六种发展理念”，围绕中心，服务大局，牢固树立“干净，诚信守法创世界品牌；干事，廉洁从业建和谐攀钢”的廉洁从业理念，提高企业员工思想道德素质，增强“以廉为荣，以贪为耻”廉洁意识，建立崇尚廉洁、鄙弃贪腐的正确价值取向。

成立由攀钢党委书记为组长的攀钢廉洁文化建设领导小组，统一领导和组织实施廉洁文化工作。各厂矿单位成立党委主要领导人员为负责人，相关部门参加的领导小组。两级党委把廉洁文化建设纳入企业总体规划，与攀钢改革发展、扭亏增效、转型升级同谋划、同部署、同落实。攀钢纪委有计划、分步骤制定廉洁文化建设管理创新方案，明确集团机关职能部门和各二级单位纪委责任目标和考核细则。

攀枝花市及周边地区重要的反腐倡廉教育基地——攀钢勤政树廉馆

（二）建立廉洁文化教育平台，完善“不想腐”的廉洁机制

1. 开通廉洁攀钢信息网，及时反映反腐倡廉新动态

2013 年 6 月 13 日，攀钢开通“廉洁攀钢信息网”，设置工作信息、主题实践、廉洁文化、监督检查、制度建设、案件查办、廉洁在线、电子展馆、审计工作、群众路线

12 个栏目，充分发挥融入和促进中心工作、传播正能量、凝聚人心、鼓舞士气、信息交流与理论教育平台五个功能，力争打破信息“孤岛”，促进攀钢信息化建设，成为攀钢党风和反腐倡廉建设的信息交流阵地。网站开通以来，赢得基层单位领导人员、党员和职工群众的广泛好评，信息网首次将党风廉政建设工作从会议室、文件等传统形式转变为攀钢全体岗位人员都能够参与的学习交流平台，打破信息传递盲区，架起信息高速公路，让职工更直观、更及时地了解到攀钢的生产经营、改革发展、党风建设、反腐倡廉等工作信息。特别是职工对发布的案件通报表示出极大的关注，通过“廉洁攀钢”信息网通报案件查办情况，减少信息流转环节，能够更直观、及时地了解攀钢反腐倡廉新动向，有利于树立正气，遏制歪风邪气，营造风清气正、干事创业的氛围。一年来，网站建设可谓有声有色、有静有动，吸引了各级岗位员工上网浏览学习。至 2014 年 8 月，已上传廉洁攀钢网站各类信息 600 余条，累积点击 5 万余次。

2. 建成攀钢勤政树廉馆，发挥教育基地作用

为推动关口前移，强化事前教育和预防，根据鞍钢集团公司党委关于在鞍、攀两地建立反腐倡廉教育展览馆的指示精神，按照精心、精品、精彩的建设要求，攀钢通过盘活闲置资产，对主厂区旧仓库进行改造，建成具有鞍钢元素、攀钢特点的攀钢勤政树廉馆。攀钢勤政树廉馆结合攀钢党风廉政建设实际，展示开展理想信念教育、党性宗旨教育、党风党纪教育、优良作风教育、法规制度教育、案例警示教育等经验与成效，旨在引导党员、领导人员干事干净、廉洁自律、勤奋敬业，筑牢拒腐防变思想道德防线，为践行“六种发展理念”，推动党风廉政建设，实现攀钢生产经营目标提供有力的保障。展馆由光辉的历程、鞍钢的经验、攀钢的实践、腐败的悲剧、榜样的力量、纪律的要求六个部分组成，主要系统展示具有鞍钢元素、攀钢特点的反腐倡廉特色做法和取得的新成效、新经验，充分发挥正面典型的示范引领作用和反面案例警示教育作用。展览馆内设廉洁从业知识测试室、个人事项申报室、签订党风廉政建设责任书及廉洁承诺书室、功能报告厅五个功能区。

2013 年 11 月 30 日开馆以来，已接待 66 批、5300 人次参观学习。建成电子展馆，到成都、江油、西昌地区组织 297 名副处级以上党员领导人员观看攀钢勤政树廉馆电子展。由攀钢集团公司纪委负责人围绕反腐倡廉建设、形势任务教育、典型案例剖析、强化企业管理等，分别为集团公司机关、供应公司、矿业公司、钛业公司、廉洁攀钢研究会会员、党风廉政监督员、攀钢共青团干部、新入厂大学生代表等开展专题讲座 16 次，收到较好的效果。为把展馆打造成精益、经典、经久的廉洁文化教育基地，攀钢纪委制定对新任职领导人员进行廉洁谈话等 20 项“勤政树廉馆活动计划”。

3. 组建廉洁攀钢研究会，加强廉洁文化理论研究

认真践行“六种发展理念”，落实鞍钢集团公司“讲党性廉洁从业、强作风扭亏增效”干部大会精神，攀钢纪委在吸纳集团公司机关各部室，子、分公司建议并取得支持的基础上，经研究成立由攀钢董事长为会长，攀钢纪委委员、基层单位党政纪领导、劳模、技术带头人、攀钢机关部门负责人等 49 人为成员的廉洁攀钢研究会。制定“廉洁攀钢”研究会章程，明确“廉洁攀钢”研究会是在攀钢党委、纪委领导下，从事反腐倡廉建设、纪检监察、审计、监事会监督等理论创新、理论与实践相结合、实践创造的学术组织。2014 年 4 月，

结合攀钢各个阶段党风廉政建设和反腐倡廉工作重点，针对生产经营、改革发展、扭亏增效、管理提升等方面的难点，开展“加强党风廉政建设，打胜‘两大攻坚战’建言献策”研讨活动，确定如何坚决落实“九个两手抓”，如何规范权力运行、把“权力关进制度的笼子里”等八个课题，征集到建言献策 77 条。

(三)探索监督管理新模式，建立“不能腐”的制约机制

1. 加强惩防体系建设，注重腐败风险防范

攀钢始终把廉洁文化融入企业全面风险管理、企业管理功能再造、企业社会责任和可持续发展体系以及反腐倡廉专项工作，拓展企业廉洁文化建设工作领域。建立廉洁风险防控体系，制定《廉洁风险防范管理实施办法》《攀钢违纪违法行为主体管理办法(试行)》等相关制度。落实“两个责任”，制定攀钢党委主体责任、纪委监督责任实施意见，落实责任，传达压力。加强和改进监督体系建设，探索建立监督委员会和专门委员会。落实“三重一大”决策制度，制定集团公司，子、分公司等层面重大决策事项、重要人事任免、重大项目安排、大额度资金运作集体决策制度。探索建立“三早”预警机制，通过信访监督、效能监察、过程审计和监事会检查等途径，力求对敏感问题早发现、早提醒、早纠正。认真落实《党政机关厉行节约反对浪费条例》，健全完善攀钢集团公司企业负责人履职待遇、业务支出管理办法，细化因公出国(境)、公务接待、公务用车等管理办法。建立健全议事规则和管理制度，建立重大决策终身责任追究制度及责任倒查机制。

2. 融入企业经营管理中心工作，深入开展监督检查

2013 年以来，攀钢建立起纪检监察、审计、上市公司监事会“三位一体”监督机制和有攀钢特色的“制度＋体制＋科技＋执行”的惩防腐败体系，增强监督的威慑力；先后开展不合理中间商清理、转供能源专项清查、土地及房屋建(构)筑物监察、企业“小法人”专项清理、“三项活动”监督检查等，向效能监察要管理秩序、经济秩序和经济效益。

一是开展不合理中间商清理，清退 688 家不合理中间商，年采购费 7 亿元，节约资金约 5000 余万元，明确 2014 年实现中间商供货量减少 90％以上，不合理中间商家减少 80％以上的目标。目前，不合理中间商供货量减少 94％，不合理中间商家减少了 86％，节约采购资金 4 亿元。

二是开展转供能源专项清查，查出欠费主体 5400 家，欠费金额 4500 万元，追回欠费 889 万元，印发《攀钢集团公司外供能源专项治理工作方案》，并纳入集团公司绩效考核；制定《外转供能源价格调整方案》。目前，无偿供能减亏 369 万元，外转供能源调价增效 1286 万元，外转供能源欠费清欠 587 万元。

三是开展土地、房屋建(构)筑物监察，查明房屋及建(构)筑物 985 万平方米，其中出租 59 万平方米、被占用 11.2 万平方米。存量土地 10 万亩，其中出租 1500 亩、被占用 3100 亩，同时收回 1113 万元租金。

3. 加大惩治腐败力度，完善案件办理流程和制度

廉洁文化建设是惩治和预防体系建设的重要内容和基础性工程。攀钢始终坚持把廉洁文化建设融入查办案全过程，注意分析案发特点和规律，以案施教、以案促改、以惩促防，积极发挥办案在源头治本中的建设性作用。建立“集团公司纪委组织、上级纪委主

导、司法机关主办”的办案模式。在查办“太阳湾”表外矿被盗采案中，积极争取上级党委、纪委和公检法机关的支持，得到四川省纪委领导高度重视，做出“支持攀钢纪委的要求，维护央企权益”的批示，最大限度挽回“太阳湾”案给攀钢造成的损失；建立“七个两促进”办案机制，发挥查办案件治本功能；制定实施《攀钢集团公司纪委关于反映问题线索管理规定》《攀钢纪检监察机构协助公检法纪查办案件暂行实施办法》。

适时对发案单位、信访问题居高不下单位、党风廉政建设责任制还落实不好的单位开展约谈，及时约谈党政纪主要领导，落实责任，防止腐败问题发生。畅通信访监督、民主监督、过程审计、制度检查等信息沟通渠道，健全和完善任职谈话、诫勉谈话、信访监督、党纪条规考试等制度，建立反腐倡廉网络舆情收集和研判处理机制。完善检企联合预防职务犯罪机制，加强与公检法纪机关的协作，加大打击侵害攀钢利益违法犯罪行为的力度。探索破解腐败形成机制的有效做法，建立重大案件分析和通报制度、不法供应商“黑名单”制度、侵害企业利益职工解除劳动合同制度等，形成有腐必反、有贪必肃的惩治腐败高压态势。

(四)拓展民主监督渠道，强化群众监督和典型示范引领

1. 聘请党风廉政监督员

为进一步拓宽民主监督渠道，了解广大职工群众对攀钢集团公司党风和反腐倡廉建设工作的意见和建议，进一步加强对攀钢集团公司全体党员、各级领导人员、管理人员，以及纪检监察、审计、监事会等从事监督工作人员的监督，推进攀钢党风和反腐倡廉建设工作不断深入，集团公司纪委在攀钢先进模范、技术拔尖人才、优秀共产党员、纪检监察等人员中选聘 134 名攀钢集团党风廉政监督员；制定《攀钢集团公司党风监督员管理办法》，明确监督员的权利和义务；多次召开党风廉政监督员反腐倡廉建设工作专题报告会，提高党风监督员履职思想认识，增强使命感和责任感。加强民主监督，推行民主评议、厂务公开、党务公开等制度，做到决策公开、执行公开、管理公开、服务公开、结果公开。

2. 建立舆论宣传工作机制和制度

通过组织参加案件庭审，编写《伤企者，必害已毁家》《混合所有制企业也要依法经营》等案例剖析材料，专题开展案例剖析学习讨论活动，使党员、领导人员、有处置权岗位人员自觉从思想上抵制腐败。做好反腐倡廉宣传和舆论引导，建立健全舆论宣传工作机制和制度，利用电台、网站、报纸等办好反腐倡廉专栏专题，编发读书思廉材料，每年更新印发《攀钢集团公司新任职领导人员廉洁勤政纲要》，营造“以廉为荣、以贪为耻”的良好氛围。通过基层党委推荐、公推公选公示、组织审查、攀钢党委常委扩大会讨论批准等程序，从 61 名候选人中，优中选优树立 24 名攻坚克难、无私奉献，廉洁从业、干净干事的典型人物，通过攀钢勤廉兼优典型倡议活动、典型系列报道、编写专刊等形式，树立美形象、传播好声音、传递正能量发挥正面典型引领示范作用。

三、促进钢铁企业健康发展的廉洁文化建设效果

(一)促进作风转变，党员、领导人员整体素质进一步提高

攀钢以开展群众路线教育实践活动，贯彻落实“八项规定”精神，反对“四风”活动为

契机，创新廉洁文化建设，加强监督检查，拓展监督渠道，强化典型示范引领作用，促使党员、领导人员更加牢固地树立正确的权力观、政绩观、地位观和利益观，从思想上、行动上自觉筑起抵制不正之风侵蚀的城墙。2013 年，54 人次上缴礼品礼金，价值 42 余万元。攀钢集团公司领导班子成员带头廉洁承诺，807 名副处及以上领导人员签订《廉洁承诺书》，以报刊、廉洁攀钢网站、承诺上墙等载体公开廉洁承诺内容，主动接受监督。各级领导人员勤政敬业精神明显提高，主动想事，廉洁干事，率先垂范，受到职工群众认可，党风廉政建设社会满意度测评比 2012 年同期提高了 10%。

（二）促进企业扭亏增效，提升了企业经营管理水平

通过探索审计新模式，仅督促钛业公司对审计发现的问题进行整改，就挽回损失 70 万元，处理责任人 12 人；强化上市公司监事会职能，在攀钢发电厂 2×300M 瓦发电机组技改项目招标中发现问题，改由攀钢内部组织招标，节省投资 1.5 亿元。通过开展效能监察和查办案件挽回经济损失 7065.17 万元，避免经济损失 6.4787 亿元。2013 年圆满完成鞍钢集团下达的控亏目标，同比减亏 61.7 亿元，2014 年 1～4 月同比减亏 5.5 亿元。

（成果创造人：胡乃民、李　波、汤永祥、陈　勇、付渝军、王　闯、王化南、刘晗光、荣　涛）

水电工程建设的生态环保管理

华能澜沧江水电有限公司乌弄龙·里底水电工程建设管理局

成果主创人:建管局局长沈洁

华能澜沧江水电有限公司乌弄龙·里底水电工程建设管理局(以下简称"建管局"),是中国华能集团澜沧江水电有限公司(简称澜沧江公司)"一级法人、分级管理"体制的水电建设项目管理机构,负责云南澜沧江乌弄龙水电站(装机容量990MW)、云南澜沧江里底水电站(装机容量420MW)、云南迪庆州维德二级公路沿江段改建工程(140km)。

乌弄龙水电站从2010年4月开始前期工程,计划2017年投产发电。里底水电站从2009年12月开始前期工程,计划2017年投产发电。维德二级沿江公路改建工程于2009年12月开工,2012年7月已建成通车。

一、水电工程建设的生态环保管理背景

(一)认真贯彻国家环保政策,确保"三江并流"腹地生态环保安全的迫切需要

生态安全是国家安全的重要组成部分,环境保护是我国的一项基本国策。乌弄龙、里底水电站所处的云南"三江并流"腹地,是我国目前面积最大的国家级风景名胜区和世界自然遗产地,地质地貌多样,生物物种和生态系统丰富,风景景观和人文文化独特,其生态环境保护受到联合国教科文组织和我国政府的高度重视。

要实现对生态环境的有效保护,仅靠水电项目运行期的管理是不够的,必须从项目前期、工程建设各个环节进行严格管理。通过创新管理模式,在乌弄龙、里底水电站施工建设过程中加强环境治理和保护力度,实施环境友好型生态电站建设,是认真贯彻落实国家环保政策,确保"三江并流"腹地生态环保安全的迫切需要。

(二)科学、依法开发跨国界河流水电资源,树立良好大国形象的必然要求

澜沧江一湄公河干流长4880公里,流经中、老、缅、泰、柬、越等6个国家,属跨国界河流,生态环境问题异常敏感。外媒时有评论称,中国在澜沧江上游建造大坝可能对下游国家的环境和水质造成影响;下游国家个别领导人也曾认为,湄公河水情波动与中国建设水电有关。因此,保护好澜沧江水生生物资源和水体,保护好两岸生态植被,提高两岸环境整体质量,有效保持澜沧江优良水质,是减轻下游各国疑虑和担忧,推动与下游国家和平友好相处的必然选择。对中国赢得下游国家的信任和尊重,树立良好的大国形象,具有重大战略意义。因此,高度重视生态环境保护,通过创新管理方法,科学、依法开发澜沧江水电资源,以更高的标准更加有效地实施各项环水保综合措施,成了乌弄龙、里

底水电站建设中的必然要求。

(三)贯彻上级单位发展理念,落实有关要求的重要举措

近年来,澜沧江公司围绕"绿色发展"目标,确立了发展绿色水电产业的战略方向,树立了"构建和谐电站,奉献绿色能源"的发展理念和"高起点、敢创新、严管理、重效益"的管理理念,要求在水电开发建设过程中,不断创新管理手段,一方面以企业文化为支撑,构建和谐的内部环境;另一方面以电站建设带动和辐射地方建设,促进电站与周边地方关系和谐、人文和谐、经济和谐,建设经济与社会、效益与生态兼顾的和谐电站。因此,通过管理创新,有效加强施工建设过程中的生态环保管理,是建管局在工程开发过程中积极贯彻澜沧江公司发展理念,实现建设和谐电站目标的重要举措。

因此,建管局在总结以往水电建设环保管理有关经验的基础上,从 2010 年初工程建设伊始系统性地实施生态环保管理,以实现对生态环境的有效保护。

二、水电工程建设的生态环保管理内涵和主要做法

乌弄龙、里底水电工程建设以来,建管局以先进的生态文明理念指导环保管理工作,在已有的水电施工建设模式基础上,结合自身实际,创造并实施水电工程建设"JFLMT"(J:降尘、降噪、降扰、降污、节能、减排、监测;F:防止水土流失和生态破坏;L:绿化;M:美化;T:提高环境和生态质量)生态环保管理,既严格执行各项环保政策规定,又贴合项目特点,制定针对性环保技术方案,同时加强组织协调,抓紧抓好文明施工,加强宣传教育,坚持在开发中保护,在保护中开发,使水电工程建设与环境建设同步推进,实现水电项目建设过程中的环保和谐。主要做法如下:

(一)创新发展理念,明确生态环保管理的指导思想、工作思路、工作目标

1. 按照华能集团公司《绿色发展行动计划》,制定绿色发展战略目标

建管局遵循华能"三色"公司使命和澜沧江公司"建设一座电站,带动一方经济,保护一片环境,造福一方百姓,共建一方和谐"的"五个一"理念。明确"构建和谐水电,奉献绿色能源"的发展理念和"绿色电力,水能兴邦"的企业宗旨,弘扬"艰苦创业、超越自我,追求卓越、争创一流"的企业精神,高度重视环水保工作,按照华能集团公司《绿色发展行动计划》,制定企业绿色发展战略目标,改变传统的经济增长方式,走更加积极的、以人为本的可持续发展之路,从生态开发转变为生态建设,有效利用环境和生物技术,提高环境治理能力,努力为国家实施"西部大开发"、"西电东送"宏观战略和经济社会发展做出贡献。

乌弄龙里底建管局办公大楼

2. 明确绿色发展的指导思想

制定并明确"以科学发展观为指导,倡导并履行生态、环保、文明、低碳的生产、生活方式,坚定地走绿色发展之路,大力推进节能减排和环境保护,建设循环经

济，实现环境建设与工程建设同步推进，人与自然和谐发展”的指导思想。

3．明确生态环保管理工作目标

明确“按照《绿色发展行动计划》，立志水能兴邦，为社会创造价值，为国民经济发展提供清洁优质能源。决心把乌弄龙、里底水电站打造成集华能集团公司‘三色’文化、澜沧江公司水电文化、迪庆高原藏民族文化为一体的资源节约型、环境友好型生态和谐水电站”的管理目标。

（二）制定水电工程建设“JFLMT”生态环保管理方法

为把乌弄龙、里底水电站工程环保管理提高到一个新的水平，为我国在高海拔少数民族地区建设环境友好型生态和谐水电积累经验，建管局从项目规划伊始就着手归纳整理已有的水电施工建设环保做法，通过系统整合，梳理分类，并结合项目自身特点，创建水电工程建设“JFLMT”生态环保管理方法。其中：

“J”表示做好降尘、降噪、降扰、降污、节能、减排，加强监管和监测等工作，杜绝环境污染。在工程建设中采取各种管理措施降低扬尘，减少机器噪声，尽量减少对原始地貌的扰动，降低工程建设对环境的污染，做好节能减排工作，加强环保的监理和监测。在土石方开挖中给钻探设备安装吸尘器，采用湿钻法和喷雾洒水，严禁扬尘；选择低噪声节能设备，安装消音器以减小噪音；对损坏的零部件和废油进行回收；对废水沉淀后循环利用，引进第三方进行环境监理监测等。

“F”表示做好防止水土流失，防止石渣、沙土下江，防止生产、生活废水超标排放等工作，防止破坏生态。认真执行“预防为主、保护优先、全面规划、综合治理、因地制宜、突出重点、科学管理、注重效益”的水保工作方针，坚持开发与保护并重的原则，落实水土保持方案报告书及批复文件明确的各项措施和要求。制定并认真执行水保管理考核办法、工程渣场使用审批管理规定、环水保措施管理办法、环水保违约处罚规定等管理制度，并保障各项管理制度得到有效执行。每年与施工单位签订水保协议，明确管理目标与责任。对工程开挖区及时实施支护、档护措施，建设截、排水设施。对施工弃渣挡护、排水、施工废水等进行严格管控。在渣场建造浆砌石挡渣墙、钢筋笼护坡，建造排水洞和箱涵等截排水系统，及时进行边坡绿化。在砂石骨料筛分系统建设污水处理装置，在生活区建设污水处理厂等。

“L”表示绿化管理。与工程建设同步实施生态恢复，对具备绿化条件的施工迹地及时开展场地整治、覆土、绿化工作，恢复植被。对两个电站的施工道路和进厂道路边坡坡面防护采用网格植草和三维塑料网植草护坡；在道路两旁种植适宜当地气候和土壤生长的植物如黄杨、黑麦草、高羊茅、紫花苜蓿等，提高各类绿化植物的成活率；在施工区及时剥离、收集种植土，对施工场地进行平整覆土后第一时间进行植草、植树或园林改造；超前开展渣场建设，避免灰渣临时性堆放，在渣场设置箱涵、排水渠、截水沟和拦渣坝等。堆渣功能完成后，对渣场进行平整后覆盖腐殖土壤，建设成优质的农业用地。

“M”表示美化管理。建管局本着科学务实的原则，委托云南省林业设计院、昆明园林公司等专业机构对电站整体立体美化工程进行统一规划设计和实施，以避免盲目栽培可能导致的植物成活率不高等问题。通过专业机构的研究，在大坝和跨江大桥两侧、业主及承包商营地种植茶花、映山红等植物，并采取分片承包的方式，将园林维护责任分解到各承包商和建管局各部室，要求精心养护。通过美化管理，电站范围内的一草一木蓬勃生长，使电站景观与“三江并流”腹地自然环境融为一体。

“T”表示提高电站周边环境质量，实行标准化、规范化管理。除绿化、美化外，建成乌弄龙水电站左岸观景台，里底水电站右岸观景台，左、右岸景观花园。通过专业机构的科学设计，在沿江公路原有自然植被基础上进行补充栽培保养，提高沿江公路环境质量，完成业主营地、乌弄龙、里底电站承包商营地绿化园林工程。在水电站两岸种植香樟、松柏、爬山虎等植物，采用乔、灌、草结合的立体绿化、美化方法提高电站周边环境质量，创建花园式电站。

（三）加强组织协调，强制执行各项环保政策规定

1. 建立健全严格的环保管理体系和制度，加强责任追究

建立和完善环保管理体系，有效落实环水保“三同时”制度（同时设计、同时施工、同时验收投运）。成立由业主、设计、监理、承包商等参建各方组成的工程环境保护委员会，明确委员会职责，工作目标。制定并实施《乌弄龙、里底水电站环水保工作方案》，方案明确规定环水保管理指导思想、工作目标、工作内容、实施步骤、检查考核、奖励与处罚等。与各施工单位签订环水保合同，在合同中明确和细化管理目标与环保责任。加强领导责任，规定建管局和参建单位主要领导在管好安全、进度、质量工作的同时，也要管好环保工作，对环保工作中出现的问题要承担具体责任。同时要求各参建单位明确一名分管领导主管环保工作，设置环保专职管理部门，配置环保专业管理人员。

建立健全各种环保管理制度。在强制执行国家、云南省、华能集团、澜沧江公司有关环保方针、政策、规定的基础上，建管局先后制定一系列环保管理规章制度，建立突发环境事件应急预案，建立健全目标管理体系、考核办法、奖惩机制，加强环境监管和责任追究等。加强制度执行情况督查频率，由长江委、省环保厅每年进行一次环水保检查督查、华能集团每半年进行一次检查考核、澜沧江公司每个季度组织开展一次环保专项整治活动，建管局建立月度督查机制，每月组织各参建单位开展环保检查、考核、评比工作，对不达标的单位除责令按期进行整改外，另要追加经济处罚；对违规单位和个人除进行经济处罚外，还要黄牌警告，进行公开曝光；黄牌警告累计一定次数后，违规单位和个人还将受到红牌的处罚——停工、停业整改反省，期间经济损失由违规单位和个人承担。通过加大督查频率，及时发现问题，及时督促整改，切实减轻违规行为对生态环境的有害影响。

2. 积极落实各项环水保措施

根据《乌弄龙水电站环境影响报告书》《乌弄龙水电站水土保持方案》《里底水电站环境影响报告书》《里底水电站水土保持方案》，对工程施工、移民安置区域、不稳定库岸地带实施水土保持，建设环水保工程设施，消除工程建设产生的土壤侵蚀现象。根据施工对水土流失可能产生的影响程度，将枢纽工程区、渣场区、交通道路区、料场区、库区确定为水土流失防治的重点区域，采取管理、技术、保护、植物种植等综合配套措施，把电站工程建设对环境的影响降到最低。

为防止水流冲刷破坏，建管局对导流洞进出口围堰迎水面进一步采取钢筋石笼防护措施。大坝左右岸边坡、引水发电系统等工程在开挖过程中实施集渣平台和钢筋石笼挡护等临时拦挡措施，边坡周边及时实施截排水设施，开挖后及时实施喷锚支护、砼护坡及网格梁等工程措施。最后，在导流洞进口边坡等边坡框格梁内覆土撒草或砌筑种植池栽种攀岩植物进行绿化。

3. 加强环境监测、监理，主动配合外部监督管理

组织权威部门、咨询单位等对乌弄龙、里底水电站环水保定期进行监测和常年监理。按期完成监测、监理工作并提交季、年度监测、监理报告，认真开展环境保护、水土保持、生态管控，指导、提升电站的环水保工作。

积极配合环水保相关部门定期或不定期到电站检查督查，根据检查意见，限期完成整改，定期向各级环水保主管部门报送工作开展情况报告。

(四)针对项目特点，制定针对性环保技术方案

1. 积极保护澜沧江鱼类资源

为做好澜沧江水生物和鱼类资源的修复和保护工作，保护珍稀土著鱼类资源，维护澜沧江生物多样性及水生生态安全，促进澜沧江渔业可持续健康发展，建管局除采用常规手段，在乌弄龙、里底水电站建设鱼类过坝设施以保护鱼类资源外，还联合云南省渔业科学研究院建立鱼类繁殖科研基地，进行光唇裂腹鱼繁育保护科研攻关。在相关研究论证的支持下，建管局牵头发起以“保护澜沧江水生生物，促进人与自然和谐相处”为主题的澜沧江水电站光唇裂腹鱼放流活动，每年向澜沧江放流光唇裂腹鱼等原生鱼种。仅2013 年便放流光唇裂腹鱼 2 万余尾，其中带标志的 2000 尾。

2. 保护库区珍稀植物

建管局严格落实环评报告及批复意见要求，将里底电站水库淹没区内的 300 多从珍稀植物金荞麦移栽至业主营地内的珍稀植物园进行保护。此外，邀请专家，组织工程设计、监理、管养单位进行里底水电站珍稀植物金荞麦移栽保护联合验收，开展培育、繁殖等科研活动。

3. 利用先进技术快速恢复硬质边坡植被

硬质边坡的植被恢复过去是一个难点，依靠科技进步，实施“团粒喷播植被恢复与环境的生态性修复”技术，加强管理，对电站硬质边坡植被进行恢复性试验并获得成功。通过反复进行试验论证，通过硬质边坡砌筑截水沟，开凿植生孔，孔内填土，铺设金属网，团粒喷播施工和养护等技术，采用专业的喷播设备在硬质坡面上制造出具有优异性能的“土壤培养基”，喷播刺槐、臭椿、黑荆、黄花决明、高羊茅、黑麦草等乔灌木，使边坡快速形成理想的植物群落。人工制造出适于植物生长的土壤培养基，这种“人工土壤”具有稳定的类似于“蜂巢”的团粒结构，既有保水保肥性，又有透水透气性，还能有效抵抗雨蚀和风蚀，防止水土流失。

4. 综合利用生产、生活废水，实现污水零排放

在推进电站工程建设的同时，同步建成生产、生活废水处理厂，对生产、生活废水进

行综合利用，实现污废水零排放。按照标准设计并建设生活污水处理厂，对生活废水进行收集经科学处理后用于绿化和路面洒水。目前，已建成投运业主营地、乌弄龙承包商营地、里底承包商营地等三座生活污水处理厂。建成一流的倮打塘砂石骨料系统、里底电站混凝土拌和系统两座生产废水处理厂，对生产废水经科学处理后实现循环利用。倮打塘砂石加工废水处理系统采用“预沉淀＋GMS 高效澄清器、DH 高效净化器并联净化”处理工艺，处理能力达到 $550m^3/h$·。

5. 分期实施生态修复提升工程

有序推进工程建设的同时，高度重视施工期环境保护和水土保持措施的落实。结合施工进度，在电站“三区(里底水电站枢纽区、业主及承包商营地区、乌弄龙水电站枢纽区)一线(沿江公路)”分期开展生态修复提升工程，打造集植物景观、文化景观、建筑景观、库区自然景观为一体的区域绿色景观。

(五)抓紧抓好文明施工，实现水电项目建设过程中的环保和谐

1. 落实大气环境保护措施，保证空气质量

实施工区道路硬化，及时清扫施工场地及工区道路，控制工程车辆车速以减少扬尘，配置洒水车定期对施工区道路进行洒水降尘；钻孔作业时采用湿法作业以降低粉尘；洞室作业配置通风设备加强做好洞内通风散烟工作；加强职业防护和定时体检，保护从业人员免受粉尘危害。

2. 落实声环境保护措施，防止噪声超标

选择低噪声设备，加强设备的维修保养，对厂内空压机等设备设置消声器。开挖作业控制好爆破用药量。设置汽车禁鸣标志等减少或控制噪声。合理安排施工时段，降低噪声干扰。

3. 落实废物回收措施，对垃圾进行无害化处理

携手地方政府治理环境卫生，对垃圾进行分类回收处理。组织青年团员和志愿者利用星期天、节假日，开展“整治环境卫生，共建文明环境”、“爱护公共卫生人人有责个个受益”活动，对所在地街道、市场环境卫生进行整治，对散落在街道两旁的塑料袋、饮料瓶、废纸等进行回收，促进乡镇文明，共建企地和谐。

4. 做好“三定期三促进”职工健康保护措施

定期对食堂饮食、环境卫生进行检查，通报结果，促进环境卫生；定期对饮用水进行化验，公布结果，促进水质达标；定期安排职工进行体检，预防和控制病源，促进身体健康。

(六)加强宣传教育，增强全体建设者的环保意识

加强宣传教育，营造爱护生态环境良好氛围。积极开展全国环境日、环保专题教育等活动，增强建设者节约意识、环保意识、生态意识、文明意识，营造爱护生态环境的良好风气。例如，组织开展环境保护知识竞赛、“六·五”环境日主题签名、环水保讲座、观看《中国环保之路》环保宣传片、发放《环境保护 100 问》《低碳生活 50 问》等环保知识读本和手册等活动。在营地场所张贴、悬挂宣传横幅、标语，进行广泛宣传，唱响“共建生态文

明，共享绿色未来”主旋律，提倡“环保我行动、低碳新生活”，使环保、低碳文化深入人心。不断坚定人人热爱环保、支持环保、参与环保的信念。

三、水电工程建设的生态环保管理效果

（一）乌弄龙、里底水电项目得到当地政府和人民群众的充分肯定

建管局在乌弄龙、里底水电项目施工建设过程中，通过实施以“JFLMT”法为核心的生态环保管理，大大降低了施工过程中的噪音、扬尘和污染排放等对生态环境的不利影响，在水电站施工建设期间，实现了周边居民的零投诉，既保证工程建设的质量和进度，又兼顾了生态和环境保护。受到了当地政府和群众的充分肯定。由于在环境保护方面成绩突出，近年来建管局先后荣获迪庆州“文明示范窗口单位”“文明单位”等荣誉称号，被迪庆州人民誉为“环境友好型生态水电站”、“云南三江并流腹地的璀璨明珠”。

（二）各项环水保计划和项目全部落实，建成花园式电站

通过几年持续不断地绿化、美化，各项环境治理计划得到全部落实，共完成绿化美化面积约43万多平方米，种植乔木、花灌木、藤本类等植物达20多万株，实现了涵养水源、保持水土、减少噪声、调节气候等目标，不仅美化了环境，更提高了生态品质。

目前，电站别具一格的园林美景与周边青山绿水相映成景，空气清新，群众安居乐业，生产生活环境比过去明显提高。经过多年持续不断地实施“JFLMT”生态环保管理，花园式电站的雏形已经充分展现。

（三）得到下游国家和联合国教科文组织专家的肯定，产生了良好的国际影响

2013年4月22日，联合国教科文组织世界自然保护联盟（IUCN）专家到乌弄龙、里底水电站进行“三江并流”世界自然遗产地反应性监测考察，对乌弄龙、里底水电站工程建设中大力保护自然生态环境给予了积极的评价。

近年来，澜沧江下游国家如老挝、柬埔寨、缅甸等国家政府领导人、电力部门的专家多次到澜沧江公司参观访问，对澜沧江水电开发中的环保工作给予充分肯定。

（四）促进了企业健康发展，为今后工程建设的生态环保管理积累了成功经验

我国水电资源丰富，水电资源的开发利用工作也在有序推进。“JFLMT”生态环保管理，对于今后我国各流域水电开发施工建设过程中进一步做好环水保管理，保护生态环境，减少水土流失，具有很好的推广价值和示范意义。同时，水电工程建设“JFLMT”生态环保管理，实现了企业与环境、企业与社会的和谐共处，促进了企业健康发展，为今后工程建设的生态环保管理积累了成功经验。

（成果创造人：沈　洁、段立新、邵国辉、毛　华、杨　壹、丁世华、葛晓飞）

交通建设项目业主主导的民工工资管理

江西赣粤高速公路股份有限公司

成果主创人：公司总经理谭生光

江西赣粤高速公路股份有限公司（以下简称“赣粤高速”）是江西省内唯一一家公路上市公司，总资产287亿元，净资产突破百亿元。拥有控股子公司10家，参股公司6家，经营管理昌九、昌樟、昌泰、九景、温厚、彭湖、昌铜等800公里高速公路，连续八年入选“中国服务业企业500强”、连续八年获“江西省优秀企业”荣誉称号。

一、交通建设项目业主主导的民工工资管理背景

（一）维护民工合法权益的需要

近年来，我国交通建设的快速发展解决了相当一部分劳动力的就业问题，提高了人民群众的生活水平和质量。但随着交通建设工程行业的不断扩大和发展，工程建设劳务市场秩序混乱，很大一部分民工在非正式市场寻找就业机会，从事“脏、累、粗、险”的工作，民工劳动权益屡遭侵害，社会保险和福利待遇、文化生活没有保障，克扣和无故拖欠工资问题开始变得十分严重，严重侵害了交通建设工程行业民工的合法权益。《2013年全国农民工监测调查报告》数据显示，2012年外出农民工被拖欠工资比重为0.5%，2013年达0.8%。比例虽小，但乘以2.7亿农民工的总数，意味着有200万农民工的工资被不同程度拖欠。《国务院关于解决农民工问题的若干意见》明确规定农民工是产业工人的重要组成部分。既然是产业工人，民工在法律上就应该跟其他产业工人享有一样的权益。

（二）维护社会稳定的迫切需要

解决拖欠民工工资问题，直接关系到广大人民群众的切身利益，关系到良好党群关系、干群关系的建立，也关系着党和政府的形象。民工是中国特殊时期出现的特殊群体，对社会经济发展做出了积极而巨大的贡献。各种欠薪问题扰乱正常的社会秩序，严重影响社会和谐平安。这些问题存在的主要根源在于民工工资管理理念陈旧，管理制度缺失，承建商法制意识淡薄，执法力度不够，农民工自我保护意识不强、投诉渠道不畅等。若不从根本上解决民工工资拖欠等突出问题，必然影响社会安定团结的局面及构建和谐社会的进程。

（三）保障项目顺利建设的需要

据统计，江西省交通系统投入工程项目建设的民工常年保持在10万人次以上，高峰时曾达40余万人次。过去，施工单位拖欠民工工资问题频发，不时引发民工怠工罢工、

越级上访、封门堵路等群体性事件,很大程度上影响了项目的建设进度、质量和安全。

基于上述原因,赣粤高速在交通建设项目民工工资管理中创新八项管理机制,确立项目业主主导的民工工资管理模式,从 2012 开始,以昌樟改扩建项目为试点,探索、实施本成果。

二、交通建设项目业主主导的民工工资管理内涵和主要做法

赣粤高速创新管理机制,以信息平台为重要载体,建立民工权益保障制度、记录档案和责任追究体系,识别民工身份和确认民工权益,引入现代制度管理、信用管理和法制管理方法,实现民工工资动态评价监测预警,就地化解矛盾,从源头上解决农民工工资拖欠问题。主要做法如下:

(一)明确民工工资管理的理念和指导思想

赣粤高速从建设和谐社会的高度统一思想认识,“确保劳有所得”,从源头解决民工工资拖欠问题,遵循上为党和政府分忧,下为民工兄弟解愁的原则,在“零拖欠、零上访、零投诉”的目标导向下,进一步确定交通建设工程民工工资管理的思路。一是创新管理机制,民工欠薪问题,制度缺失是根本,创新民工工资管理,完善制度是关键。二是与时俱进,创新民工工资支付方式和形式,堵住传统现金支付的管理漏洞。三是充分运用信息手段,实现民工工资动态管理和实时监控。四是运用法律手段,将民工工资管理与社会治理相结合。五是建立信用考核管理体系,融入省公路水运建设市场从业单位信用管理。六是畅通民工投诉渠道,做到“有诉必查、件件有结果、件件有反馈”。

(二)完善制度设计,构建民工工资预防保障机制

1. 创建八项预防保障措施

一是将保障民工工资作为专门条款列入建设工程承包合同。在工程项目承包合同确认过程中,依照《中华人民共和国劳动合同法》规定,将保障民工工资作为专门条款列入建设工程承包合同。由建设单位统一制作劳动用工合同,凡聘用民工,必须签订用工合同,明确双方责权利。

二是实行民工信息登记注册制。施工单位在聘用民工时,必须将民工个人相关信息、身份证及近期免冠照片等电子扫描件录入《江西省交通建设工程民工工资管理信息系统》,建设单位统一制发民工上岗证,所有民工持证上岗务工。

成果主创人:公司昌樟管理处总经理刘木根

三是将施工单位计量工程款的 12% 作为民工工资预存款。施工单位按计量工程款的 12% 作为民工工资保证金,分期存入建设管理单位指定的银行,并由建设管理单位负责监管。凡拖欠民工工资的,建设管理单位有权从施工单位存入银行的保证金中直接支付。

四是实行民工工资核算制。月末,由施工单位核算本月民工工作量及劳动报

酬,并制作民工工资核算明细表。核算明细表经民工签字确认并张榜公示,由监理单位审查确认,报送建设单位审核后,按时送达银行。

五是施工单位以实名制为所有民工办理银行工资卡(折),银行根据施工单位上报的月度核算明细表将民工工资存入民工工资银行卡(折)内,民工凭银行卡(折)便可直接到银行领取工资。

六是实行民工工资监管制。建设管理单位定期对民工工资支付情况进行专项检查,若施工单位存在拖欠民工工资等问题,立即责令其整改,并跟踪督办到位。

七是实行违规责任查究制。若施工单位存在拖欠民工工资问题,经建设管理单位查证属实的,则取消其在工程建设中的评先资格,并按照合同约定给予相应的处罚。如拖欠一次民工工资的,追加 2% 民工工资保证金;拖欠两次以上的,根据拖欠数量,由建设管理单位依据合同文件或相关规定处以 2 万元至 10 万元罚款,并责成工程中标单位更换项目经理。

八是实行信用记录建档制。对存在民工工资拖欠问题的施工单位,由建设管理单位上报省交通运输厅,并录入建设企业不良信用档案。同时,书面告知人民银行将其录入银行诚信系统,不予为其办理贷款。

2. 制订专项规章管理制度

不断完善民工工资管理规章制度,逐步建立民工工资管理长效机制。以《中华人民共和国劳动法》《中华人民共和国劳动合同法》《劳动保障监察条例》《建设领域民工工资支付管理暂行办法》等法律、法规为依据,制订《昌樟高速改扩建项目预防拖欠民工工资管理办法》《昌樟高速改扩建项目民工工资管理信用评价暂行办法》等,从制度上明确工程项目建设单位、监理单位、施工单位在民工工资管理方面的职责、任务以及工作内容、工作程序、工作标准、工作时限和工作要求等。同时,联合省综治办将成功经验进行推广,促进省交通运输厅出台《江西省交通建设工程民工工资管理工作规程》,把各种法治手段写入工程招标文件、工程承包合同、劳务用工合同,通过合同的形式强化行业管理。

(三)合理设计民工工资支付方式,畅通投诉保障渠道

1. 改进民工工资支付管理方式

赣粤高速认真分析现金工资发放带来的风险和管理上存在的弊端,改变传统民工工资从“包工头”以现金方式发放到民工手中的管理方式,再造民工工资支付流程,采取让民工直接从银行领取工资的新型民工工资发放方式。

2. 成立各级民工工资专职管理机构

一是成立项目民工工资管理领导小组。领导小组由项目办领导班子、各施工和监理单位的负责人共同组成,负责民工工资管理推进工作。二是建设管理单位成立劳安处,具体负责对各参建单位民工工资的监管、宣传、协调和问题查处等工作。三是各监理单位成立民工工资管理小组将民工工资管理内容纳入到日常监理范围。四是各施工单位成立民工工资管理领导小组按照“谁承包,谁负责”的原则,各施工单位负责自身及下属劳务分包队伍民工工资管理工作的具体落实,负责对劳务队伍的内部检查督促与考核。以上工作职责,都以签订民工工资管理承诺书的形式加以明确。

3. 建立民工工资监管处罚机制

一是民工通过信访办公室、举报电话、投诉信箱进行投诉和意见反馈，各级民工工资管理领导小组进行核查，做到有诉必查，件件有结果，件件有反馈，切实保护民工的合法权益。

二是项目建设管理单位对民工工资管理执行情况进行巡查，对未能及时支付民工工资造成严重影响的，对施工单位进行整改、经济处罚并采取有效治理措施，如启用该施工企业的民工工资保证金支付被拖欠的民工工资，提高该企业的民工工资保证金缴纳比例等等。

三是对民工用工管理不规范、不及时解决劳务费拖欠问题并造成严重后果的建设施工单位，记入信用档案，将违规事实上报省交通运输厅，并向主管部门提出处罚建议，对其采取限期整改、停工、限制招投标等行政处罚措施。

4. 普及权益知识

一是全体动员。在项目开工之初，昌樟高速改扩建项目办召开动员大会，对民工工资管理改进开展全体动员和部署。

二是组织学习。组织各参建单位项目经理、驻地监理工程师、民工工资管理经办人等相关人员，学习《劳动法》《劳动合同法》等有关法律法规，共同研讨《八项机制》《民工工资管理办法》《民工工资管理信用评价管理办法》等制度具体落实办法。

三是模拟演练。开展模拟实战演练活动，使每一位经办人都能娴熟操作《民工工资管理信息系统》。

四是提高民工维权意识。发放《给民工兄弟的公开信》《民工维权手册》等宣传资料，让务工人员知晓所应享有的基本权利、应承担的义务，并提醒他们为了维护合法权益不受侵害，按时足额领取民工工资，必须积极配合做好电子信息注册、依法签订劳动合同，及时与用人单位进行工资结算，注意保留欠薪维权相关证据，通过正当途径和程序维护权益等。

(四)结合项目管理，完善民工工资管理保障机制

1. 强化民工工资制度管理

一是加强三级合同管理。按照《劳动法》等有关法规的规定，赣粤高速不断加强三级合同的管理(即项目办与施工单位的合同管理、施工单位与劳务队伍的合同管理、劳务队伍与民工用工合同的管理)，并将民工的用工形式、结算方式、结算单价及支付期限等事项作为合同内容的重要条款，充分体现民工劳动力资源的价值，为保障、依法维护民工的合法权益提供强有力依据。二是民工工资发放与工程计量挂钩。在工程计量中，明确规定“民工工资按月支付”作为工程计量的前提，民工工资核算、工资支付银行转账明细单等相关资料提供不全不予计量。三是民工工资管理与项目施工监督管理做到“五同时”，即同时计划、同时布置、同时检查、同时总结、同时评比。

2. 推进民工工资信用管理

一是三方审核考评。每月的民工工资管理考评要经过施工单位自评、监理单位复评

和建设管理单位审核,按权重最终确定各施工方民工工资管理的考评分数和结果。二是确定信用等级。信用等级划分为信用优秀、信用良好、信用较好、信用一般、信用较差、信用差六个等级。其中,信用优秀为AAA,信用良好为AA、信用较好为A、信用一般为B、信用较差为C、信用差为D。三是严格奖惩措施。信用等级连续两个月被评为AAA级的施工单位,进行通报表扬,授予“创新民工工资管理先进单位”并给予奖励;信用等级评为C、D级的施工单位,给予黄牌警告,列为重点监管单位;连续两个月被评为D级的施工单位,下达整改指令,进行通报批评和经济惩罚,并将民工工资保证金比例提高两个百分点;如逾期未改,将向施工单位的上级法人发整改函、约谈法人直至责令更换项目经理。

3. 加强民工工资法治管理

一是将民工工资管理通过各种法治手段写入具有法律效力的工程招标文件、工程承包合同、劳务用工合同中,通过合同的形式强化民工工资法制管理。二是根据《江西省交通建设工程民工工资管理工作规程》,对严重存在民工工资拖欠问题的施工单位,上报省交通运输厅,按照《江西省公路水运建设市场从业单位信用管理暂行办法》进行处理,并录入建设企业不良信用档案。

(五)搭建信息管理平台,开展实时动态管理

1. 自主研发民工工资管理信息系统

在省综治办和省交通运输厅的指导下,赣粤高速与江西省交通运输技术创新中心联合,运用先进的计算机信息技术,先后自主研发电脑版和手机版的民工工资管理信息系统,有效解决民工工资管理环节多、监管难的难题。

江西省交通建设工程民工工资管理信息系统,属国内首创的工程项目民工工资管理网络信息平台。该系统包括合同管理、信息注册、工资预存、工资核算、工资支付、工资监管、投诉记录、信用建档、综合评估九个功能模块,涵盖民工工资八项管理机制,贯穿民工工资从劳务合同签订到工资审核再到工资发放的全过程。

2. 建立基础信息数据库

赣粤高速紧密围绕施工企业、劳务队伍、参建民工三者之间的责、权、利的关系,加强民工规范化管理,进行民工信息注册备份,为民工工资信息化管理提供数据支持。民工注册信息包括民工个人身份照片、姓名、年龄、家庭住址、身份证号码、联系电话等基本情况。此外,依据项目建设的特点,增设技术工种、当前所在的施工单位、作业工区、劳务负责人姓名、工资发放标准、本人进场时间及离开日期等内容。

3. 实施实时预警监控管理

民工工资实时预警监控管理包括民工工资时效预警管理和监控预警管理。民工工资时效预警管理以各方规定的时间节点为基准点,以实际工资发放流程的各时间点为考评点;民工工资监控预警管理根据合同、信息注册等各保障措施的重要程度确定权重分值,以实际完成情况对施工单位进行评分。预警管理分红、黄、绿三种色谱信号,分别对应“整改、关注、正常”三种状态,赣粤高速根据不同的预警显示状态,采取不同的对策对

民工工资进行实时管理。

三、交通建设项目业主主导的民工工资管理效果

成果的实施将民工工资管理纳入制度化、规范化和智能化管理轨道，有效弥补了民工工资管理漏洞，化解了劳资矛盾，使民工权益得到充分保障。例如，2012 年昌樟高速改扩建项目开工以来，涉及民工 7000 多名，发放民工工资 1.2 亿多元，真正实现了农民工工资“零拖欠”“零上访”和“零投诉”，并促进了省交通运输厅出台《江西省交通建设工程民工工资管理工作规程》。

成果的实施获得了社会的广泛认可。中央综治办工作组在听取赣粤高速创新民工工资管理的做法后，把其列为创新综治工作先进典型做法，并给予了高度评价。在 2013 年江西省创新民工工资管理机制推进会上，赣粤高速民工工资管理也得到充分肯定，并在全省推广。

（成果创造人：谭生光、刘木根、牛志明、刘水生、张伟联、孙福刚、唐志强）

以住宅产业化为导向的国家级绿色康居示范小区开发建设

新疆华源实业(集团)有限公司

成果主创人:集团董事长、总裁李俊

新疆华源实业(集团)有限公司(以下简称"新疆华源集团")创建于1994年,是以房产开发、生物制药、城市供热、建安施工、物业管理、幼儿教育六大板块为主业的民营企业,具备国家城市房地产综合开发一级资质。2012年,被住建部批准成为西北地区第一家房地产开发类型的国家住宅产业化示范基地。多年来,新疆华源集团以住宅产业化为导向,牢固树立"打造百年建筑,走住宅产业化之路"的思想理念,自2000年开始,在新疆天山南北开发建设10个绿色、低碳、生态、环保的国家级绿色康居示范住宅小区,累计建筑面积达394万平方米,申报面积位列全国第一。目前,新疆华源集团是新疆第一家获得国家绿色建筑运行标识的企业。

一、以住宅产业化为导向的国家级绿色康居示范小区开发建设背景

(一)实现资源节约、环境友好型社会的需要

在我国,建筑能耗居各种能耗首位,走住宅产业化道路,改变传统建筑模式,开展建筑节能减排和环境保护工作已经成为我国产业升级、经济结构转型的重中之重,也是实现资源节约型目标的根本要求。为加速推进住宅产业化工作,国家住建部早在1999年就提出大力开发建设国家级绿色康居示范小区的开发建设工作,但因国家级示范小区较普通小区成本难以控制、项目评审严格、管理严谨等情况,新疆乃至西北地区始终没有一家房产企业持续开展此项工作。在这种情况下,新疆华源集团作为一家有责任感的企业,必须要为促进住宅产业化发展、实现资源节约型社会目标而积极承担社会责任。

(二)改善西北边陲各族人民住房生活的需要

随着住宅产业化的发展,边疆各族人民对住房消费观念、住房的质量和居住环境的需求有了翻天覆地的变化。从过去有房子住就满足,到越来越多的要求住宅更加舒适,居住环境更加美好。主要体现在要求住宅供给、功能、空间更加合理,对于住宅的保温、隔热、隔声、通风、采光、日照等物理性以及对居住环境和配套设施水平的要求。因此,为提高边疆地区住宅建设水平,促进地方经济建设发展,改善人居环境、提高生活质量,必须要开发建设高品质的国家级绿色康居生态小区。

(三)实现企业做大做强、可持续发展的需要

房地产市场竞争日趋激烈,建材价格以及运费、人工成本等不断攀升,房地产行业利润空间普遍压缩,很多房企为单纯追求赢利而对住宅品质进行粗放型管理。为此,国家号召企业要大力发展住宅产业化,住宅建设、管理要标准化。节能、减排、低碳、环保已经成为国家住宅产业发展的核心政策要求。在这种形势下,新疆华源集团要做大做强,实现企业的可持续发展,特别是在近年来国家对房地产行业实行严格的宏观调控政策下,必须要顺应国策,树立独特的品牌优势,开发高品质的国家级绿色康居生态小区。

二、以住宅产业化为导向的国家级绿色康居示范小区开发建设内涵和主要做法

新疆华源集团以住宅产业化为导向,明确战略目标,确定集团未来战略方向为开发建设节能、环保、生态、文明的国家级绿色康居示范项目,同时研究制定出国家级示范小区开发管理体系,强化组织体系,理顺国家级示范小区管理流程;开展国家级示范项目可行性研究,有计划地实施管理;建立技术平台,开展技术攻关,搭建国家级示范小区技术体系,提高工程质量;依靠住宅产业链,通过规模化建设和资源极大化集成,构建关联产业联盟;加强成本控制,提高国家级示范小区运营管理水平。主要做法如下:

(一)明确发展目标,确定国家级绿色康居示范项目发展方向

新疆华源集团坚持以住宅产业化为导向,以符合当今建筑节能发展要求、国家住建部推行的节能、环保、生态、文明的国家级绿色康居示范小区为载体,以推进住宅产业现代化为总体目标,通过示范工程小区引路,提高新疆华源集团住宅建设水平,并带动区域住宅建设总体水平发展。

确定开发建设国家级示范小区的总体思路。一是加强学习,仔细研究国家级示范小区申报体系,研究制定新疆华源集团开发国家级示范小区管理体系,将开发管理过程分为启动、计划、实施、控制、收尾五大项,严格把控好项目可研、管理计划、指标控制、培训学习、技术交底、质量控制、指标优化、成本控制、运营管理、政策研究等十项重要环节,有效确保国家级示范小区的全面达标和成功验收。二是要加强创新,结合西北地区实际情况进行技术创新,不断摸索总结,最终创新出具有西北地区特色的国家级示范小区管理经验。为此,确定三大重点常项机制。第一,每五年实施一次战略规划,以五年为跨度对如何贯彻落实住宅产业化政策要求、实现“绿色发展”目标进行研究,不断将国家级示范小区的开发管理推向新的发展高度。2011 年新疆华源集团制定第三个五年规划,提出打造百年产业集团的发展愿景,绿色建筑的引领者、低碳经济的实践者的发展定位,以及成功申报国家住宅产业化基地、全国示范小区面积及品质达到全国第一的发展目标。同时实行“三步走”战略,实现产值五年翻三番,到

中国房地产业协会刘志峰会长(左三)
参观华源 · 博雅馨园小区

期末成为多元化百亿产值的大型上市公司。第二，每年实施“主题年”战略活动，集中在每个年度不断总结国家级示范小区的管理经验，改善管理薄弱环节。第三，总结提炼出“华源绿色康居文化”理念，激励全体员工投入到国家级示范小区的开发建设和管理中。

（二）制定建设国家级示范小区制度流程，强化组织保障

1. 创新国家级示范小区内部管理体系

建立住宅产业标准化、系统化的管理体系。以新疆华源集团总裁为核心的国家级示范工程领导小组为战略决策层，决策国家级绿色康居示范项目战略规划和发展方向，审定重大技术科研课题等关键问题，监督推动国家级示范项目管理创新，总结和评估国家级示范项目创新成果与成效。小组下设国家级示范工程项目指挥部，以工程技术部为管理中心，华源建筑研究中心提供技术支持；集团办公室、财务部门等对合同管理、投资控制、预决算及前期工作进行全程监督控制，严格成本管控及资金管理；集团下属建筑公司负责施工建设；集团营销分公司负责销售，下属物业公司进行后续服务管理。其中工程技术部全面负责国家示范小区的总体开发建设和管理工作，通过集团内部 OA 系统，整合各方资源，协调和处理国家级示范小区项目在开发建设和管理过程中的相关问题，直接对集团总裁负责，下设规划组、施工组、景观组、设备组和资料组。

2. 创新国家级示范小区制度流程建设

新疆华源集团以住宅产业化为导向，结合企业实际，在管理过程中通过制度落实管理标准。制定完善《住宅产业标准化管理制度》，包括规划设计标准、施工管理办法、档案资料管理规定等具体内容。同时按照“计划是核心，分析是基础，信息是保证”的原则，建立日常沟通协调制度、例会制度、月报制度、内部评审验收制度、重要事项报告制度、技术保密等制度，促使项目管理所涉及的计划工作和决策工作进入“交互优化”的良性循环状态，实现基础管理工作的程序化、标准化、数据化和信息化。

管控平台建立后，细化管理流程，将国家级示范工程的实施从纵向划分为计划管理、分析管理、信息管理、技术管理、成本管理、生产经营管理六个领域，各有侧重并相互联系制约；从横向方面，将项目实施分为战略管理、前期调研、规划设计、生产制造、施工组织和检查、资金管理、技术管理、热力供暖、工程交工、物业接管十个阶段。在项目实施的不同阶段，对国家绿色康居示范项目管理的远景目标与现状间差距进行分析，提出改善的途径和方法建议。同时新疆华源集团按照“权责对等、分级落实、规范高效、注重协同”的原则，对内部资金管理流程、工程管理信息沟通流程等都进行梳理，使各管理层级的流程有机衔接，形成完整的资金、信息管理链条，理顺资源高度集中条件下不同管理层级的权责关系，使得具体业务的发起、审批、执行与资金计划、监控、结算、核算通过一套流程有效完成，渗透到项目管理的全过程。

（三）开展项目可行性研究，实施计划管理

新疆华源集团在项目规划阶段集中整合各类资源，编制项目可行性研究报告。主要用于：一是项目市场调查和分析，对拟开发的国家级绿色康居示范小区市场需求及市场供给状况进行科学的分析，并做出客观的预测，包括开发成本、市场售价、销售对象及开发周期、销售周期等；二是规划设计方案的优选，对国家级绿色康居示范小区申报体系中

的控制项、一般项、优选项指标进行分析，因地制宜在满足国家级示范小区标准的情况下制定出最优的技术集成应用方案；三是开发进度安排，对开发进度进行合理的时间安排，按照前期工程、主体工程、附属工程、竣工验收等阶段安排好开发项目的进度；四是项目资金筹集方案及筹资成本估算，根据项目的投资估算和投资进度安排，合理估算资金需求量，拟订筹资方案，并对筹资成本进行计算和分析。根据详尽的项目可研报告分析，新疆华源集团各管理机构实施计划管理，制定国家级示范小区项目的前期计划、设计管理计划、施工管理计划、成本管理概算、资金管理计划、销售管理计划、质量管理计划、景观配套建设计划、资料管理标准、材料设备供应计划、招投标管理计划。

（四）开展技术攻关，提高工程质量

1. 创新国家级示范小区技术自主创新平台

新疆华源集团为充分整合优势资源，建立产业化技术平台——华源建筑研究中心，并申报成为住建部的国家住宅产业示范基地。通过华源建筑研究中心，借助于示范基地，为集团技术人员研究技术创新和实践提供广阔的平台。在此平台上，新疆华源集团开展“三百人才队伍建设”，即努力打造出一百个工程师、一百个经济师、一百个管理骨干，以及“五小创新技术活动”，完成并发布《实施建筑节能提升住宅品质——从国家康居示范工程华美·文轩家园看节能建筑发展》《世行乌市博瑞新村GEF示范工程供热计量经验分享》《太阳能光电建筑一体化技术在国家绿色建筑示范工程中的应用》等一系列技术论文，具有很强的示范性和可推广性。

2. 结合西北区域情况，建立国家级示范项目技术体系

新疆华源集团建立“七大成套技术”和“四节一环保一运营”国家级绿色康居技术指标体系。七大成套技术体系主要为住宅建筑与结构技术、节能与新能源开发利用技术、住宅厨卫成套技术、住宅管线成套技术、住宅智能化技术、居住区及其保障技术、住宅施工建造技术。“四节一环保一运营”主要为节地与室外环境、节能与能源利用、节水与水资源利用、节材与材料资源利用、室内环境质量、运营管理。通过认真研究国家级绿色康居生态小区的各项技术体系和管理内涵，开展技术研发工作，特别是对切实适合新疆西北地区的新技术、新材料、新工艺、新设备等进行引进、消化、吸收、再创新，创新出适合在西北严寒地区进行推广的绿色康居生态技术体系。

3. 强化施工建设，确保国家级示范项目的安全和品质

在施工建设管理过程中，新疆华源集团制定统一的技术管理标准，应用流程控制将施工建设过程中的技术误差减少到最低，保证国家绿色康居示范项目各项技术指标和管理目标全面实现。流程控制包括现场检查流程，现场质量检查控制程序，五方竣工验收、消防、人防验收管理流程，设施设备验收流程，物业移交流程，工程保修期内回访流程，甲供材料现场交接流程，监理工作流程等。项目建设期间，新疆华源集团发挥设计、监理、施工等各方面作用，对项目中可能影响工程质量的具体工作进行相关准备与落实，制定严谨的工作流程计划，下发工程质量管理程序，工艺质量要求，重要节点控制工期，工程奖惩办法等措施。加强现场施工质量巡视跟踪监管，对节能环保施工关键质量控制点和供需进行重点预控，并有针对性地成立设计、安装、技术三个专项小组，滚动式地深入现

场进行质量专项检查，在每周的工程例会上通报检查及整改情况，落实并追踪，实行闭环管理。在项目实施阶段，对施工单位的工期、质量、工程文件的执行情况进行不间断跟踪检查，确保整个项目过程始终处于受控状态。

（五）依靠住宅产业链，构建关联产业联盟

1. 以规划设计为龙头，确定国家级绿色康居示范小区总体方案

新疆华源集团在国家绿色康居示范小区规划设计阶段，依照国家绿色康居示范小区的评审标准，坚持“绿色、生态、节能、环保”的住宅理念，总结以往建设国家级示范小区经验，严格考虑与住宅建设有关的地理环境、建筑结构、城市规划等各个元素，集成国家级示范项目要求的住宅产业化成套技术应用体系，整合规划、建筑、结构、设备、园林等各专业技术，深入分析住宅建筑自身特点以及所建区域的气候特点、城市自然环境和人文环境，因地制宜确定设计方案，使得规划布局、公共设施配套、建筑布局、户型及单体设计、技术指标、景观绿化等均符合国家级绿色康居示范小区设计理念和标准。

2. 实施住宅产业联盟，创新国家级绿色康居示范小区管理方式

新疆华源集团在开发建设示范小区过程中，通过建立产业联盟的方式，使得管理的各环节安全、可控，有效破解管理难题。首先从股权结构调整入手，加大产业整合力度，同多家企业建立紧密型联盟、利益同盟。其次从战略合作角度出发与 40 多家优质品牌建材企业结为联盟，由此构建起开发、规划、建设、技术、监理、材料采购等强大的国家示范项目组织体系。目前与七家企业建立紧密型战略联盟，有效确保各个环节中各产业联盟自觉履行管理任务，减少对外协调环节，大大降低管理成本。

3. 实施住宅部品集成，保证住宅建材品质的同时大大降低成本

新疆华源集团依照住宅产品的标准化原则，极大地整合资源，选择与众多国内建筑材料行业排头兵企业合作，签订长期战略合作协议。

一是采用建筑节能维护结构集成部品。在墙体保温、屋面保温中，与业内领先的新疆金普捷节能建材有限公司、新疆通立达科技有限公司、新疆中油型材有限公司、乌鲁木齐鑫天山门窗有限公司四家企业共同合作，对新型建筑保温产品合理匹配，采用性能优良的轻质新型材料及中空双层玻璃窗、保温门，整体减少围护结构的散热，提高供热系统的热效率；绿化浇灌、供水、供暖方面，通过与上海恒晔生物科技有限公司、上海东方泵业（集团）有限公司等大型设备企业联合，全面实现了小区内绿化浇灌、供水、供暖变频自动控制。

二是采用室内热环境集成部品。为配合项目建设中供热分户计量、室内南北向分控、管网压差控制、换热站气候补偿联动等技术，新疆华源集团与住建部指定的具有品质保障的大型建筑材料企业新疆德力西电器成套设备有限公司、西安旌旗电子有限公司新疆销售分公司、新疆迪森热能设备有限公司、新疆创腾工贸有限公司联合，项目配套兰吉尔超声波热量表、小松鼠燃气壁挂炉等优质部品部件，提高建筑的热舒适度，达到既节约环保又降低房屋使用成本的目的。

三是其他必备集成部品部件。通过实施部品联合，新疆华源集团与特变电股份有限公司、新疆东大环境工程有限公司、新疆盛泰智能建筑工程有限公司、新疆紫光科技有限公司、浙江锐亿工贸有限公司等一批精品部品生产企业建立战略合作关系，获得“三省二

高”(省时、省力、省消耗与高品质、高质量)效能。

(六)加强成本控制,提高运营管理水平

一是建立起规模化、产业化的采购、招投标管理平台,以诚信为基础,进行公开、公正、公平的竞争,通过大规模项目建设合理控制工程的工程造价。二是进行政策研究,进行国家级绿色康居示范项目政策的研究,掌握国家、省、市地区对绿色建筑示范项目的支持政策,利用好政策资源进行规划指标、设计指标的优化,建立科研课题,争取国家和地方的科技资金支持,减免项目基础建设配套费和部分企业所得税。

物业管理是国家级示范小区运营阶段的关键,为了进一步提升运营管理水平,新疆华源集团依托旗下的物业管理板块,在项目建设阶段要求物业管理公司提前介入,建立国家级示范小区管理规章制度,制定绿色建筑运营管理标准。在项目交付后,按照国家级示范小区运营管理制度标准进行管理,新疆华源集团为物业公司提供项目运营管理培训指导,定期交流,实现绿色指标规划、绿色指标设计、绿色指标监理、绿色指标施工、绿色物业指标管理,将行为节能和技术节能相融合。通过管理多个国家绿色康居示范工程,创新管理方法,形成绿色康居示范小区、成熟小区及外区域小区管理模式,正式发布《绿色物业示范小区运营管理体系》《华源物业公司安全生产管理手册》《华源物业公司党建体系》,搭建完善的管理平台,为新疆华源集团国家级绿色康居示范小区的有效运营提供强力的保障。

三、以住宅产业化为导向的国家级绿色康居示范小区开发建设效果

(一)开发建设了一批生态、环保的绿色康居示范小区

多年来,新疆华源集团以住宅产业化为导向,先后在新疆天山南北如乌鲁木齐市、五家渠市、库尔勒市、阜康市、奎屯市等开发建设了 10 个国家级绿色康居示范小区,累计开发示范面积达 394 万平方米,分别占全国申报住宅项目(60 余项)及面积(3380 万平方米)的 1/7 和 1/9,居全国之首,示范成果显著。“华源 · 国秀家园”、“华源 · 博瑞新村”、“华源 · 博雅馨园”更是精品小区的延续,分别通过住建部 2A 级住宅性能认定并获得“中国广厦奖”。2013 年 9 月,“华源 · 博瑞新村”和“华源 · 博雅馨园”成为新疆首批获得国家绿色建筑“运行标识”的小区,填补了新疆绿色建筑房开发的空白,实现新疆绿色建筑“运行标识”零的突破。目前新疆华源投资集团拥有绿色建筑运行标识小区 2 个,示范面积 60 万平方米,占全国已发放住宅绿色建筑运行标识数(21 个)近 1/10,示范面积(381 万平方米)的 1/6。

(二)实现企业稳步发展,取得良好的社会效益、经济效益和生态效益

新疆华源集团通过在天山南北建造国家级绿色康居生态小区,将绿色康居理念传递到了千家万户,得到社会各界的认可。按照新疆华源集团现有十大国家绿色康居生态示范小区、总建筑面积达 394 万平方米计算,每平方米耗煤量由 50% 建筑节能标准的 17.5 千克下降到 65% 建筑节能标准的 11.8 千克标煤,每年可节约 2.25 万吨标煤。利用太阳能产热量(总目标安装量 4 万台),每年可节省天然气 572.7 万立方米或省电 5860.46 万度。通过中水回用,建筑全生命周期 50 年内可节约水资源 3888 万吨。太阳能光伏发电,仅以新疆华源集团库尔勒项目华源 · 圣地欣城小区为例,年平均上网电量 97.78 万

千瓦时。按新疆华源集团现有10大国家绿色康居生态示范小区、总建筑面积达394万平方米计算，平均绿地率达40.2%，绿化面积为158.4万平方米，每年可固碳1.98万吨，随着植物生长，年数的增加，绿化乔木、灌木覆盖面积越来越大，远期的固碳量会有几倍几十倍的增长，生态环境效益显著。

（成果创造人：李　俊、彭　军、黄　磊、夏岚亭、齐保才、张洪涛、白云峰、李　洁、于　朋）

建筑施工企业以"超英精神"为核心的廉洁文化建设

中国建筑第五工程局有限公司

成果主创人：公司党委书记周勇

中国建筑第五工程局有限公司（以下简称"中建五局"）是"世界500强企业"中国建筑总公司的全资子公司，主营房屋建筑施工、基础设施建设、房地产与投资等三大业务板块，以科学管理、技术密集、资金密集为主要经营特征的现代化企业集团。近50年来转战南北、角逐海外，在超高层建筑、大型公共建筑、深基础施工、大面积砼无缝施工、大跨度桥梁、超长隧道、高速公路、节能环保、绿色建筑等领域形成了明显技术优势。现有下属二级单位20家，三级单位32家，职工1.8万余人，其中各类中高级技术人员8000余人，国家级注册建造师1200余人，年生产经营规模已达1300亿元以上。

陈超英同志是中建五局土木公司原党委副书记、纪委书记、工会主席。2011年6月13日，超英同志在慰问职工家属返回途中不幸遭遇车祸，以身殉职，年仅53岁。陈超英同志生前先进事迹，被中央纪委精炼为"忠诚敬业、公而忘私、执纪严明、关爱群众"的"超英精神"，具体表现在六个方面：忠诚不渝的信念；公而忘私的情操；是非分明的品格；以苦为乐的境界；言行一致的作风；关爱群众的美德。中建五局作为"超英精神"的诞生地，为促进企业的健康持续发展，明确将"超英廉洁文化示范点"作为学习宣传"超英精神"的长效载体，并于2011年年底在中建系统率先开展了提升企业文化建设的创新活动。

一、以"超英精神"为核心的廉洁文化建设背景

（一）建筑行业进行廉洁文化教育的需要

由于中国传统文化中重人治、轻法制，重人情、轻制度等历史遗留的影响，加上当今社会陋习、潜规则等陈腐文化的滋生，"关系能搞定一切""有钱能使鬼推磨"等陈腐思想严重影响着建筑行业的健康发展。同时，在大发展中，建筑行业的结构发生了重大变化，有国营、央企、民营，有大集团公司、众多乡镇企业和个体企业，并相继催生了各种各样的施工队伍，施工企业间的竞争越来越激烈，引发了行业内的不正当竞争。围绕着承接工程与工程造价，施工企业各施手段。建筑企业在深化改革、反腐倡廉、转型升级的新形势下，必须开拓企业文化建设的新内容、新形式、新途径，以提高企业防治腐败的能力。

（二）建筑企业员工人生观、价值观教育的需要

随着建筑企业的大发展，"80后"、"90后"青年员工正越来越成为企业建设的主力

军。这些年轻人成长于特定的社会环境和时代背景下，大部分为独生子女，他们热情奔放、具有较强的创新精神，但是有相当部分人的道德观念、纪律观念、法制观念淡薄，自我约束力差，享乐主义、利益观念比较强，急功近利。他们面对金钱、利益等的诱惑，廉洁从业意识淡化，甚至缺失，人生观、价值观容易发生扭曲，做出损公肥私、利用职务之便谋取私利等违纪违规事情。这种情况在中建五局也时有发生，必须强化员工的人生观、价值观教育，以利于员工和企业的健康发展。

二、以“超英精神”为核心的廉洁文化建设内涵和主要做法

中建五局通过全面、持久地学习、宣传“超英精神”，对照身边楷模，照镜子、正衣冠，在员工中大力弘扬社会主义核心价值观，树立“忠诚敬业、公而忘私、执纪严明、关爱群众”的价值取向；通过廉洁文化“四进”活动的具体形式，即廉洁文化“进班子”“进项目”“进岗位”“进家庭”，从“四个维度”推动廉洁文化建设，着力倡导廉洁从业的理念，营造风清气正的廉洁氛围，促进廉洁企业的建设；通过全面实施“超英廉洁文化示范点”建设，以点带面、抓好重点、内外联动、联合监督、严格惩罚，促进人才队伍建设、生产经营管理，进一步提升五局文化软实力、工作执行力、综合竞争力。主要做法如下：

（一）全面持续学习、宣传“超英精神”，比照楷模，照镜子、正衣冠，培育和践行社会主义核心价值观

2011 年下半年以来，中建五局相继出台《关于开展向陈超英同志学习的决定》《关于深入开展“我向超英学什么”活动的通知》等文件，要求围绕“‘超英精神’是什么”、“我比超英差什么”“我向超英学什么”“学习超英做什么”，结合“十二五”时期打造“全新五局”的目标，推进陈超英同志先进事迹的学习宣传，总结提炼出正确处理公与私、是与非、言与行、苦与乐的“四组关系”，提倡大公无私、是非分明、以苦为乐、言出必行，做到先公后私、是非明白、先苦后乐、少说多做，批评公私不分、是非模糊、计较享乐、只说不做，反对损公肥私、是非颠倒、贪图享受、言行不一；旗帜鲜明地反对“七小”，即小圈子、小心眼、小聪明、小享受、小政治家思维、小市民习气、小我主义；倡导“七不”，即脑不昏、眼不空、口不吃、肩不滑、腿不曲、脚不虚、手不松；常记“七学”，即学而习、学而思、学而用、学而传、学而修、学而果。同时充分利用领导班子民主生活会、党委中心组学习、“三会一课”、工程例会等制度，在全局范围内弘扬“超英精神”，着力培育和践行社会主义核心价值观。要求各级领导干部及关键岗位人员以“超英精神”为榜样，严以修身、严以用权、严以律己，做到“守住底线、不踩红线”，争做践行“超英精神”的楷模。

五局投资公司株洲航空服饰东部新城项目创建“超英廉洁文化示范点”揭牌

中建五局坚持把“找准镜子、深学超英”作为深入开展党的群众路线教育实践活动的主线，按照“照镜子、正衣冠、洗洗澡、治治病”总要求，重点解决党员干部“四风”突出问题。中建五局领导班子带头进行“学超英 · 联项目 · 做表率”专题

活动,26名局副总师级以上领导"放下身段、扑下身子",在联点的29个高大精特难项目里与项目员工同工作、同学习、同生活,白天组织现场施工,晚上开展学习培训、谈心沟通,以"超英精神"为镜,通过调研座谈、听取意见,在施工一线"五晒五亮"(晒境界、亮思想,晒本色、亮党性,晒廉洁、亮作风,晒民心、亮品德,晒能力、亮业绩),力求解决"四风"问题早行动、早见效,为局属二、三级领导班子做榜样,使其他党员干部受教育,让职工群众、业主、分供方满意。

中建五局还组织开展"学习超英好榜样"演讲比赛、打造"超英式的好领导"、寻找"我身边的超英"等活动,发掘身边的"超英",用典型示范来推进学习宣传活动的常态化、长效化。通过几年培育,成效很快显现,涌现出"超英式的好领导"易志忠、中建总公司劳模刘畋、"中国黑人"魏乐荣、优秀青年团队"梁山好汉"、"全国最美青工"许宁等一大批先进人物。中建五局安装公司董事长易志忠身患重病,深夜在病房内坚持工作,带领企业连续10年快速发展,公司2014年荣获全国五一劳动奖状。总承包公司80后的研究生、项目女总工许宁,扎根项目一线7年,带领技术团队荣获多项国家专利、省部级工法,被授予"全国最美青工""全国五一巾帼标兵""全国三八红旗手"等称号。

(二)通过"四进"的具体途径,从"四个维度"创新廉洁文化建设,营造企业风清气正的廉洁氛围与内生环境

1."进班子"的廉洁作业指导书

廉洁文化"进班子",是进局属各公司、分公司、项目三级领导班子,实施主体为公司纪检监察部、党委工作部或行政办公室。根据国务院国资委《关于推进中央企业廉洁文化建设的指导意见》《中国共产党党员领导干部廉洁从政若干准则》《国有企业领导人员廉洁从业若干规定》,签订集体及个人廉洁从业承诺书,并按时填报个人重大事项报告表。"廉洁从业承诺书"主要从行为层面要求企业领导人员做好分管部门和分管线条人员的廉洁从业教育,带头遵守廉洁从业各项规定和企业各项规章制度,做到不接受下属单位和个人礼金、礼券、消费卡等财物及提供的高消费娱乐活动;不在下属单位领取任何报酬或报销任何费用;不利用企业名义和职务上的便利私自从事经营活动并将所得据为己有;不相互请托,违反规定为亲友或特定关系人在就业、分配、调动等方面寻求特殊照顾,为本人或他人谋取不正当利益等;要做到率先垂范,廉洁自律,并做出承诺,接受全体员工的监督。"个人重大事项报告表"是领导人员向组织如实填写报告本人及配偶、子女留学途径及经费来源、私人在国外经商办企业、参与房地产开发、承揽建设工程、购买或承租公有住房、被司法机关追究刑事责任、是否出国(境)定居等情况。各级领导班子成员应树立廉洁奉公的观念,履行"一岗双责"(既要抓好分管的业务工作,又要以同等的注意力抓好分管部门的党风廉政建设),因地制宜地开展下列活动:规范"三重一大"(重大事项、重要人事任免、重大项目安排及大额资金使用)事项议事程序,参加党委中心组学习、领导班子民主生活会,读廉政书籍,观看反腐倡廉警示教育片及参观警示场所。

2."进项目"的廉洁作业指导书

廉洁文化"进项目"主要针对项目班子及项目管理人员的廉洁从业,把控好项目运营过程中的重要环节,基本步骤为:召开超英廉洁文化"进项目"启动会,签订项目班子成员

及关键岗位廉洁承诺书、党风廉政建设责任状、政企共建、检企共建廉洁协议书及揭牌仪式等，悬挂廉洁文化展板，开展廉洁从业教育活动，关键岗位风险排查，强化重要环节及流程的监管，实现“工程优质、干部优秀”的目标。如隧道公司雀儿山隧道项目，是世界上海拔最高的超特长公路隧道，海拔4377米，全长7公里，项目员工平均年龄28岁。自工程开工建设，便开展外学“焦裕禄”、内学“陈超英”，诚信履约，攻坚克难，战胜了高海拔超特长隧道施工的三大世界级的挑战（一是供氧不足，氧气含量仅地面的30%，紫外线辐射强、昼夜温差大；二是高海拔超特长隧道施工的技术难题在世界范围内尚无经验可循；三是地处藏区，民族关系、民风民俗复杂），在工程安全、质量、进度、文明施工等方面屡获业主及关联单位的嘉奖。

3.“进岗位”的廉洁作业指导书

廉洁文化“进岗位”主要针对关键岗位人员的廉洁从业。将项目劳务招标、材料采购与验收、分包结算、资金支付、废旧物资处理等生产经营环节掌握有签字审批权的关键部门、关键岗位作为廉洁风险排查重点，做好廉洁风险识别和排查，按照发生概率、危害程度、风险等级进行评估，并根据评估结果，做好风险预控。以部室为单位，各部室负责对照本室行政职能和岗位职责，梳理本部室权利事项，并对照岗位廉洁风险点，把控制廉洁风险的各项措施融入岗位职责中，完善各类岗位责任制，结合岗位廉洁风险特点有针对性地制定岗位廉洁从业承诺书，在单位网页和本部室办公室醒目位置进行公示，接受公众的监督。

4.“进家庭”的廉洁作业指导书

廉洁文化“进家庭”，主要针对各级领导班子及关键岗位的配偶，实施单位为其所在的单位党组织、工会及女工委。通过向其配偶发放廉洁从业倡议书，从筑牢防腐拒变的思想防线，严格遵守各项制度规定，加强自我约束等三方面入手，倡导家庭助廉。在启动会议上宣读廉洁从业誓词（遵守党纪国法，按规照章办事，依法行使职权，诚实守信做人，带头廉洁自律，弘扬清风正气。树立廉洁家庭意识，发扬勤俭持家优良传统，筑牢家庭拒腐防线，努力构建和谐家庭，自觉支持家属、配偶严于律己，奉公守法，互勉互励，携手共进，共创平安温馨、幸福美好家庭），签订家庭助廉承诺书，赠送廉洁从业读物，观看廉政电教片，参观警示场所，宣讲廉政课，召开廉洁从业座谈会，引导领导班子及关键岗位员工家属树立“廉荣腐耻”的价值观，当好廉内助，长吹廉洁“枕边风”，长念家庭“廉洁经”，筑起家庭助廉的防护墙，促进企业健康平稳发展，员工家庭幸福和谐。

（三）通过全面实施“超英廉洁文化示范点”建设，提升企业文化软实力

1. 以点带面

2011年年底至2013年，两年多来，中建五局共有在建项目1000多个，确定其中35个项目（单位）为创建“超英廉洁文化示范点”；2012年年底经过局考核小组的考评验收，其中有25个项目（单位）荣获“超英廉洁文化示范点”称号，并在2013年初的党委全会上进行表彰和授牌。2013年，中建五局加大“超英廉洁文化示范点”创建力度，其项目增加到86个，涵盖海外重点项目。至此，创建工作覆盖到了全局所有20家二级单位。在此基础上，要求在每个区域打造1～2个亮点突出、成效显著的示范项目，以点带面，扩大内外影响。

2. 抓好重点

坚持以"抓典型、抓短板"为示范点建设立项的重点。一手抓体量大、影响广、管理基础好的局重点项目，一手抓履约和盈利较弱的风险项目，狠抓"两头"，促"中间"。中建五局在各区域重点打造1～2个建点典型，做好示范引领，典型引路。对于风险项目给予重点关注，做好风险识别、排查及过程监督、防范，力促扭亏为盈。

3. 内外联动

中建五局注重与当地政府、业主、关联方的联动联建，把政府、业主、关联方纳入到"超英廉洁文化示范点"建设中来，共同弘扬"超英精神"，营造廉洁氛围，预防腐败。

4. 联合监督

"超英廉洁文化示范点"建设是中建五局纪委及监察室一项抓手性工作，在其创建工作中，运用好中建总公司及兄弟单位的优势资源，充分发挥中建五局及二级单位两级职能部门的监督功能，注重立项监督和过程监督，确保创建工作落到实处。一是立项监督。找准创建工作切入点，科学立项。坚持以"抓典型、抓短板"为示范点建设立项的重点。二是过程监督。在具体组织实施过程中，坚持工作联动，分类别、分层级推进。根据各单位实际情况，强化中建五局及各二级单位职能部门工作联动机制，加强抽查、督导。针对局属直营公司(非法人单位)"超英廉洁文化示范点"创建工作相对比较薄弱的现状，局纪委、监察室加强重点帮扶，加强培训，协助和指导其开展工作；针对局属子公司(法人单位)，人员配置比较健全，业务能力较强，创建工作相对成熟，中建五局主要加强实施过程督促、检查和成果验收。在投资类项目监督方面，重点放在"三重一大"事项决策机制和风险防控上，如二级土地开发商合作、产业项目落地、行政中心置换、工程项目开工、施工单位选择、材料设备采购等，严格执行局有关规定，明确投资管控程序，规范投资管理行为，提高投资决策的科学性和民主性，从源头上防范投资风险。

5. 严格惩罚

中建五局从基层着手，拓宽信访举报渠道，设立举报电话和信息举报平台，充分发挥全局大监督的联动机制；在制度检查、审计监督、法务诉讼、效能监察等诸多成果中，实施全方位"扫描"，从中捕捉案件线索；并加强与地方各级纪检监察机关和司法机关的沟通协调，与地方纪委及司法机关联动办案，重点关注案件多发、易发环节，坚持有案必查，有腐必惩，绝不姑息。2013年，局和各二级单位效能监察工作针对亏损、风险项目和管理薄弱环节组织效能监察77项，并开展"十大亏损项目""十大风险项目"的"双十项目"效能监察。亏损项目责任追究66人，其中，政纪处分57人，职业禁入9人，行政降级3人，罚款55.7万元，并在局工作会上通报。自2011年至2013年的三年中，通过对亏损项目开展效能监察，共有163名相关人员受到责任追究，共计罚款217.2万元。最近，中建五局处罚违纪违规105人次，其中，政纪处分102人，职业禁入9人，行政降级5人，开除8人，四级以上(行政级别相对于正科)领导21人，项目经理18人，项目关键岗位26人，共计罚款135万元。

6. 建立验收考核标准

对于创建"超英廉洁文化示范点"的项目(单位)，都要进行六个方面的验收考核。

第一，看策划，基本要素是否完整。创建“超英廉洁文化示范点”的项目(单位)，按照作业指导书制定活动策划书，其中列出指导思想，实施时间、内容，工作目标，设立组织机构，明确领导小组和工作执行小组及具体工作时间安排表。活动策划书须通过直管上级领导审核通过，以文件形式下发至实施单位，在实施单位公示栏中进行公示，并在活动启动会议上宣读。这样使得示范点建设的实施者、参与者及直管上级领导都清楚“做什么”“怎么做”“哪些人来做”“做得怎么样”。

第二，看氛围，视觉覆盖是否到位。建点单位统一制作悬挂“超英廉洁文化示范点”特色展板、“超英精神”宣传展板、企业文化宣传展板、“超英语录”及“超英式”领导及员工光荣榜。在项目施工现场，设置廉洁文化墙、廉洁文化走廊、廉洁警示镜、宣传橱窗、意见箱；在办公区域，设置员工廉洁格言桌牌、电脑廉洁页面及廉洁文化台历，悬挂廉洁从业承诺书。

第三，看宣教，廉洁文化是否宣贯。运用民主生活会、党委中心组学习、部门例会、支部大会及工程例会的形式，有计划、有重点、有步骤地组织管理人员对上级精神、“超英精神”及廉洁从业相关规定进行学习，组织对领导班子成员及关键岗位人员开展正反两方面案例、党性党风党纪、作风建设教育等。

第四，看监督，制度执行是否落地。创建单位必须落实党风廉政建设责任制，签订党风廉政建设责任书，开展廉洁承诺、廉洁公约、聘请廉洁监督员等活动，严格执行劳务分包队伍选择，物资采购、现场材料管理、使用及盘点，用工计量、工程分包决算，工程款支付等一系列规章制度，并在其网站及公示栏进行公示，接受社会及员工的监督。对于关键岗位人员，健全廉洁教育工作制度、廉洁从业规定及员工行为规范手册，开展廉洁风险点识别和排查活动，建立预控措施，坚持每季度对岗位廉政风险和制定执行情况进行分析检查，并组织考评。

第五，看效果，“三大效益”是否明显。在“超英廉洁文化示范点”验收考核中较大分值比重体现在效果上。这主要是考核创建项目是否取得明显的经济效益、社会效益和品牌效益。创建项目开展廉洁文化建设与施工生产相得益彰，做到工程建设廉洁、高效、优质，促进施工生产安全、质量、工期、成本、效益的协调统一；并与业主及关联方联创共建“超英廉洁文化示范点”，共同宣传弘扬了“超英精神”，并圆满完成主合同要求及《项目目标责任状》，做到“四个满意”，即业主满意，企业满意，员工满意和关联方满意。

第六，看亮点，做法经验是否有特色。中建五局验收考核“超英廉洁文化示范点”创建工作，注重创建项目在廉洁文化建设方面亮点和特色，固化形成的优秀经验和做法，在全局范围推广，力促“超英廉洁文化示范点”品牌化和长效化，并将“超英廉洁文化示范点”推出中建，走向社会。如中建五局投资公司仰天湖项目联创共建“超英廉洁文化示范点”，把当地政府、投资方、施工单位及分供方融为一体，共铸预防腐败坚固堡垒，实现了多方共赢局面。这也为“超英廉洁文化示范点”建设提供了崭新模式，并于 2013 年在中建五局投资类、房地产类工程上全面推广。

三、以“超英精神”为核心的廉洁文化建设效果

中建五局全面实施“超英廉洁文化示范点”建设两年多来，促进了班子廉洁，岗位廉洁，项目廉洁，家庭廉洁，营造“人人思廉，人人保廉，人人倡廉”的企业管理氛围及对违纪

违规违法事件不想为、不敢为、不能为的管理环境。2013 年中建五局“作风建设年”暨廉政文化建设调查问卷显示，局属各单位在精简会议、业务接待及“文风”“会风”的转变上效果明显。有 93%的参与问卷调查员工认为公务接待中铺张浪费、大吃大喝现象得到遏制，迎来送往工作简化；有 88.45%参会者觉得会议精简高效，领导干部倡导少开会、开短会，会上官话、套话、场面话较少，办公费及业务招待费用大幅减少。在精简压缩会议方面，中建五局采取合并相关会议、视频会议的形式大幅精简压缩会议数量、会议时间和参会人员；在控制经费预算和支出方面，修订并压缩 2013 年总部预算方案，各部门强化经费管理，全局办公费、业务招待费、差旅费等综合业务费总额较同期下降 9.54%，局总部办公费及业务招待费比同期下降了 19.1%。

（成果创造人：周　勇、江　森、肖运文、赵伯足、刘晓春）

企业内部诊断与精益管理

大型企业集团内部诊断服务管理

中国石油化工股份有限公司

成果主创人：公司副总裁兼齐鲁石化总经理、党委书记凌逸群

中国石油化工股份有限公司（以下简称“中国石化”）是国内最大的石油炼制商、石油产品生产商和油品供应商，拥有资产总额13829.16亿元，员工总数37万人，2013年营业收入29451亿元，实现利润1148亿元，上缴利税3363亿元。炼油业务一次加工能力2.79亿吨/年，列世界第二位，综合配套能力2.53亿吨/年，炼厂平均规模821万吨/年，拥有长输原油管道7361公里；所辖炼油分（子）公司35家及管道、润滑油、炼油销售等3家专业公司，主要分布于华南、华东、华中和华北等中国经济最活跃、最发达的地区，形成环渤海湾、长江三角洲、沿江企业带、泛珠江三角洲等四大产业集群，主要炼油工艺技术位居世界先进水平或同步水平。

一、大型企业集团内部诊断服务管理的背景

（一）加快缩小与世界一流差距的需要

经济全球化形势下，作为国内骨干企业，中国石化提出2020年实现世界一流的奋斗目标，作为中国石化的“长板”，炼油有多年打下的深厚基础，有较突出的竞争优势，具有较完整的自有技术和较强的技术创新能力，具有一程大型化、二程管道化的现代化物流体系和较高的精细化管理水平，因此提出炼油作为突破口“率先”实现世界一流。要求公司层面统筹资源和市场，优化产业布局、完善配套设施，以存量支撑增量，以增量带动存量，把低成本、低消耗、高效率、高附加值落实到生产加工的每一个环节、每一道流程、每一个产品，确保2015年中国石化炼油主要技术经济指标达到世界先进水平，千万吨级炼油厂技术经济指标达到世界先进水平，前三名炼油厂技术经济指标达到世界领先水平；2020年全面达到世界一流水平。实现一流是整体实现一流，虽然目前部分炼油企业已经接近，但局部好不代表整体好，局部一流不代表整体一流，中国石化炼油业务与国外先进相比差距逐年缩小，但在成本效益、资源供应、清洁生产、产品质量、能源消耗等体现核心竞争力、衡量企业可持续发展的指标与世界一流比差距依然较大。缩小差距需要公司上下联动、协力推进，共同对标找差距、定措施、抓落实，尤其是公司层面统筹规划、科学指导非常重要。

（二）持续提高企业精细管理水平的需要

多年来，我国炼油产业长期面临严峻的经营形势，炼油企业间的发展差距不断扩大，管理中暴露出诸多的矛盾和问题：一是所属企业经营差距呈扩大趋势。有的企业变市场压力为动力，着力优化挖潜，始终保持了系统内领先水平；有的企业扎实推进精细管理，经营管理水平取得跨越式进步，但也有一些企业管理水平和竞争能力出现较明显的滑坡。更有管理经营上有差距，生产运营优化和推进精细管理不平衡问题比较突出。二是中国石化所属企业自身存在一些亟待解决的问题。随着公司体制机制改革不断深入，责任主体更加明确，炼油企业是成本中心，事实上的利润中心，有效调动增产增效的积极性，但受效益驱动，企业层面存在重“自身”轻“全局”的现象，上中下游一体化优势和企业间资源优化互供潜力以及企业内部全流程优化潜力未能得到充分发挥，如炼油化工之间的轻烃资源、氢气资源，油田炼油之间的天然气资源等，综合利用潜力很大，迫切需要在总部层面加强组织、协调和推进。另外，随着体制机制改革不断深入，企业的组织结构、队伍结构发生很大变化，一线工程技术骨干和高技能操作人员比例较低，如炼油板块高级技师平均占比 1.2%，技师 5.7%，40 岁以上岗位操作人员占 50%以上。加上国内外企业高薪、高福利政策的诱惑，部分懂管理、懂技术的综合性人才和熟悉炼油业务的高技能人才流失。三是长期积累的特色管理方法缺乏系统推广和共享。炼油企业在传承精细管理、开展运行优化、推进绿色低碳发展等方面积累许多好的管理方法。在推进精细管理的过程中，各企业也逐步培养一批具有较高素质和业务能力的装置专家、工艺专家、设备专家、经营专家和管理专家。但这些好的管理方法多数缺乏在全系统推广，优秀专家人才的技术优势也缺乏有效整合和充分发挥。另外在工艺技术领域，中国石化炼油业务自主开发许多运营优化的实用技术和管理手段，由于缺乏必要的交流、推广和集成，企业层面不断尝试进行重复性开发，增加探索成本。

（三）发挥整体优势提升盈利能力的需要

中国石化是集团化管控、层次化管理的大型企业集团，经过多年改革，培育形成了产业一体、资金集管、技术支撑、集群发展、人才整合、资源统配等优势。公司层面是战略决策中心、投资决策中心、资源配置中心、风险管控中心、协调服务中心；各企业为利润中心、成本中心和管理中心，是股份公司增收创效的主力。炼油板块是中国石化优势产业和核心业务，也是公司履行经济责任、社会责任的主力和保证。作为典型的加工型产业，推进炼油全方位、全过程挖潜增效，实现经济效益最大化需要把握三个方面。一是充分发挥产业结构调整的创效优势。中国石化炼油企业数量多、分布广，布局比较分散，加工路线和流程各有特点，特别是近年来，基于市场保供、降低成本和推进产品质量、环境保护升级的需要，多数炼油企业实施扩能改造、材质升级，加工能力、加工适应性、装置结构、工艺流

炼油事业部组织专家赴北海炼化公司开展技术服务

程、产品分布等都发生着巨大变化。结构调整带动炼油发展质量逐步提高，发挥好劣质化加工能力提高、加工适应性增强、加工路线选择多样化、增产增效高附加值产品等优势是炼油创效的重要方向。二是充分挖掘不同加工过程、加工路线的创效潜力。炼油作为传统加工型产业，原油种类和产品相对固定，但伴随着产业结构的变化，物料流向复杂，加工过程可选择的工艺路线越来越多，无论是单装置、单系列还是全流程乃至企业之间都蕴含着较大的优化增效潜力，选择一条高效益、低成本、低消耗的加工路线是提高业务发展质量的关键。三是充分把握外部环境变化带来的创效机遇。在当今全球化经济形势下，国际原油价格动荡起伏，带来很大的经营风险，如近几年油价高时达到 140 美元/桶，低时降至 50 美元/桶。国内经济和社会需求处于转型期，多品种、多牌号、差异化的供需状况带来产品价格差异，如近年来，汽油、柴油、液化气、石油焦、硫黄、沥青等炼油主要产品高低价差分别达到 1040 元/吨、944 元/吨、1610 元/吨、158 元/吨、374 元/吨和 402 元/吨。更好地贴近资源市场和产品市场，细致分析、主动参与，灵活把握市场机遇，做到市场发展态势上行时“大盈利”、市场态势下行时“少亏损”是增强炼油盈利能力、检验企业管理水平的核心环节。

随着全球经济持续低迷和能源产业结构性调整，炼油行业已进入高油价、微毛利时代，面对较大幅度的外部环境变化、内在结构变化，能否适时把握上述三个方面，需要各企业时刻保持生产经营组织的动态性和灵活性，迅速提出抢抓机遇的应对措施，也更需要中国石化发挥集管优势和整体功能提供更多的人力、资金、技术和市场信息的支持，实现整体效益最大化。

二、大型企业集团内部诊断服务管理的内涵和主要做法

2004 年以来，中国石化针对内部成员企业数量多、分布广、经营管理水平差距逐渐扩大、整体优势未有效发挥的现状，在科学分析公司管理体制、机制、职能、资源等优势，并充分考虑各企业经营现状的基础上，以市场为导向、以效益为中心、以精细管理为支撑、以提质提效为根本，采取建立诊断服务指导思想、构建诊断服务组织体系、科学有据选定诊断服务对象、应用先进软件模型定量测算诊断服务效果、矩阵式推进现场诊断服务以及建立健全诊断服务保障制度等措施，帮扶企业全方位、全过程挖掘优化增效潜力，加快推进实现世界一流步伐。主要做法如下：

(一)建立诊断服务指导思想和原则

中国石化内部诊断服务管理的指导思想是，贯彻落实科学发展观，充分发挥公司集团化管控、层次化管理的优势，转变机关工作作风，强化总部服务功能，把内部诊断服务作为“播种机、推进器”，凝聚系统内高技能人才、各类专家的智慧，传递先进的管理理念、管理方法和实用技术，全面提升企业核心竞争力盈利水平。主要目的是帮助企业查找问题、分析问题、解决问题，做到原料成本最低、加工过程最优、产品价值最高，努力追求滴油淘金；做到公司整体管理水平提高，力求消除差距；发挥整体优势提高资源综合利用水平，获取最大效益；把企业个体行为转化为共享成果，实现经验共享。

明确内部诊断服务管理的工作原则：一是注重全局性。坚持由“小优化”向“大优化”转变，由“局部优化”向“全局优化”转变，由单装置、单系列优化向全过程、全流程、产业链

优化转变，注重诊断服务工作的系统性，提高整体经济效益和竞争力。二是注重动态性，密切关注和跟踪市场环境、产品价值、炼厂结构、工艺流程、技术进步、工艺指标的变化而动态开展，增强服务工作的针对性、有效性，及时捕捉机遇开辟新的效益增长点。三是注重持续性，建立长效机制，持之以恒常态化开展。四是注重关键性，贴近“高油价”时代背景，践行绿色低碳战略，注重节能减排、降损降耗、提质提效，着力构建资源节约型企业。五是注重先进性，诊断服务充分吸收借鉴国外公司先进的方法、工具、理念，实现与国外公司的同步接轨。

（二）构建诊断服务组织体系

1. 成立专门的组织机构

中国石化基于2007年在负责炼油生产经营和改革发展工作的炼油事业部成立“管理诊断服务持续推进领导小组”，组长由中国石化副总裁担任，成员由事业部负责人组成，每月召开一次会议，主要负责议定诊断服务的企业，审定选派的专家，结合企业特点确定诊断服务的形式和重大举措等。为更好地执行领导小组确定的诊断服务工作计划，在炼油事业部成立“管理诊断服务持续推进工作小组”，专门增设优化处为牵头部门，计划、技术、设备、财务、企管等专业部门负责人参加，主要负责提出诊断服务对象建议、专家团队组成建议、炼油企业绩效全方位评价、全流程优化模型建设推广、管理诊断服务组织、跟踪督促服务措施落实。工作组下设专业管理诊断服务组、总流程运行优化诊断组、单装置运行优化诊断组、节能减排诊断组、设备运行诊断组和RSIM模型测算校正组。

2. 组建全专业专家团队

中国石化在研发、设计单位和35家炼油企业已经拥有雄厚的专家资源，相继建立不同专业、各个层面的专家库，逐步培养组建一支能力强、业务精、懂管理、懂技术、能吃苦的专家队伍。专家选派突出五方面特点，一是高，素质高、职称高，多数为高级以上专业职称，具有较高的专业素养。二是精，业务精、能力强，具有丰富的实践经验。三是尖，掌握独门绝技，熟悉顶尖应用技术，在对应领域具有较高的造诣。四是全，专家资源覆盖工艺、设备、运行、销售等各个专业领域，特别是全流程优化专家，既熟悉工艺又掌握软件应用。五是变，专家选派上充分考虑企业的装置构成、加工特点和炼厂特性针对性选拔。

（三）建立完善诊断服务流程

中国石化形成依靠覆盖生产经营各个环节的绩效评价体系科学有据选定服务对象，汇集各专业专家资源针对性的组建服务团队，开发模型软件定量实时测算诊断服务效果，管理与技术并举并行的矩阵式推进机制，以及实时效果评估及跟踪的制度保障体系确保长效开展等较为科学的诊断服务流程，如图1所示。

（四）开发工具技术实现诊断定量评估

内部诊断服务推行的初期阶段，中国石化采用“专家经验＋成熟技术＋部分定量计算”模式，诊断方案是从炼厂局部提出，措施效果很大程度上依赖于专家经验，往往出现诊断服务措施预期效果较好，但实际执行后并不理想，甚至出现“局部增效”但“全局并不增效”的怪现象，导致许多诊断方案说服力不够。2008年，中国石化引进国际咨询公司全流程优化技术(RSIM 模型),并在内部诊断服务中推广应用。RSIM 模型是通过软件严格模拟一个炼油厂的主要单元操作,在考虑装置原料和工艺操作参数、产品质量指标的前提下,按物流上下游关系连接而搭建成的代表炼厂当前生产和操作工况的动力学机理模型,该模型在特定的价格体系下可测算和评估炼厂决策层、执行层和操作层提出的优化方案,达到量化、细化生产经营决策、生产方案优化执行和操作优化管理的目的。

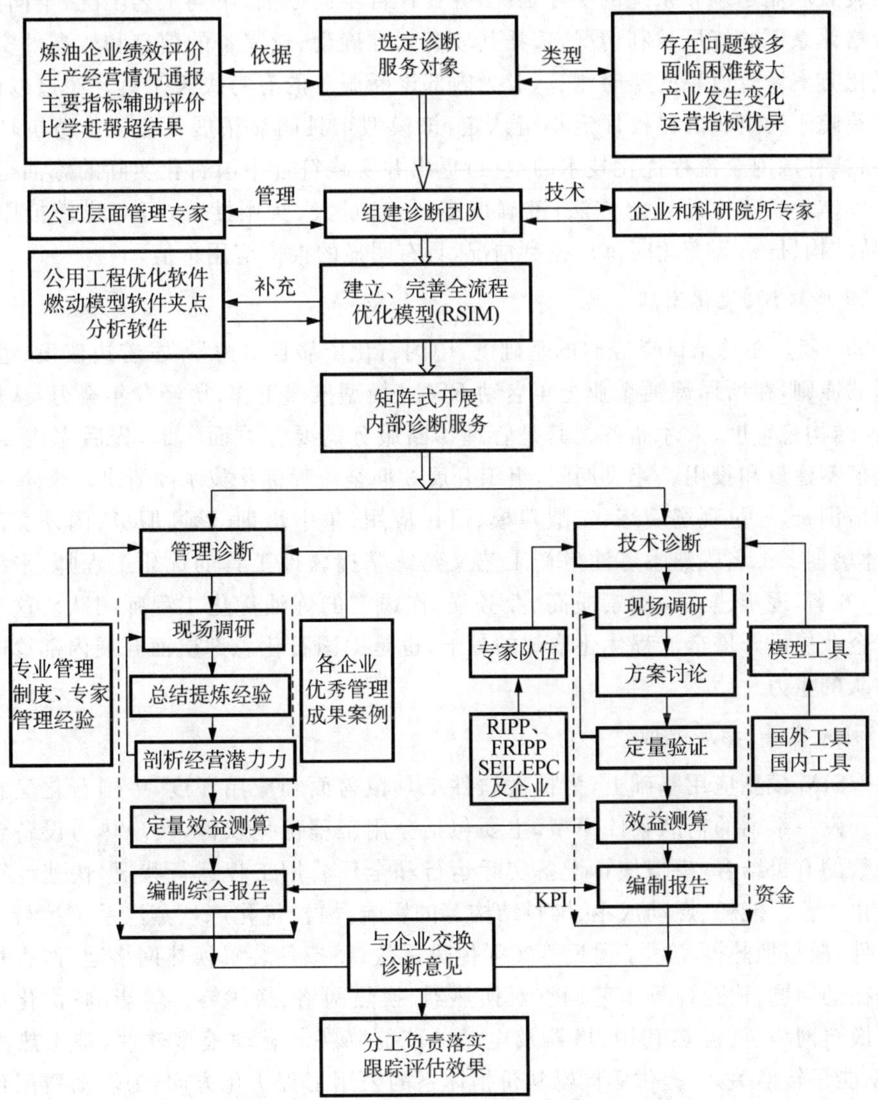

图 1　中国石化面向所属企业的内部诊断服务流程

1. 消化吸收、试点应用

2006 年,中国石化投入 1100 万美元与国外咨询公司合作,在燕山石化、镇海炼化两家加工流程具有代表性的炼厂试点实施炼油绩效提升(PIP)项目,利用模型测算和发掘不需投资即可实施的优化增效机会。期间股份公司委派专人,在消化吸收国外咨询公司先进理念和优化工具的同时,组织相关工程技术人员全程参与和培训,初步掌握 RSIM

模型的建设、使用方法，为今后自行开展炼油全流程优化奠定基础。

2. 自行开发、提升功能

2008年以来，在引进吸收全流程优化技术的基础上，中国石化充分考虑国情、企情，依靠自身技术力量自行创建并不断完善RSIM模型功能。通过该模型离线模拟炼厂所有工艺装置和储运调和系统的实际工况，寻找评价不同原油、不同工艺工况、不同产品结构和价格体系下的炼厂盈利情况，依托其较高的准确度、较完备的信息和较高的实用性，实现优化方案增效成果的实时测算，成为内部诊断服务的有力决策工具。经过以两名中国工程院院士为组长的科技评定小组认定，该模型工具明显拓展优化工作范围，提升优化功能；填补国内全流程优化技术的空白；提出并实践符合中国石化实际的炼油全厂、单装置和单体设备建模的系统方法；准确度高、信息量大、实用性强，可离线模拟原油、工艺、产品结构、价格等变化时炼厂盈利情况，具有明显的推广应用价值。

3. 开展培训、优化团队

2009年起，在总结试点经验的基础上，中国石化依靠自身力量，本着边建设、边培训、边应用的原则，在所属炼油企业全年启动RSIM模型推广工作，历经5年努力，从规模大小、装置结构稳定度、人才储备尤其是管理诊断服务需要等方面考虑，先后完成29家炼油企业模型建设和投用。建设期间，组织开展3期全流程优化技术高研班，5期炼厂建模工程师培训班，通过现场演练、实战建模、研讨应用、集中培训、诊断服务、国外交流等形式，累计培训271名既熟悉炼油生产工艺又熟练掌握软件工具的优化工程师，平均每家企业5～6名，逐步建立一支素质高、业务强、作风实的炼油优化工程师团队。这一团队不仅是企业层面开展全流程优化增效的骨干，也是中国石化总部层面开展内部诊断服务专家团队的主力。

4. 补充完善、拓展范围

在RSIM模型应用基础上，为扩大软件工具覆盖面和应用深度，中国石化又相继配套自主开发一系列的辅助软件模型，主要包括公用工程优化软件，实现热力设备参数与蒸汽函数的有机结合，模拟核算设备实际运行和全厂公用工程运行状况，快速计算公用工程变化对全厂能耗、燃动成本、燃料结构等的影响，模拟优化炼厂蒸汽系统运行。夹点分析软件，模拟换热器实际工况反算实际传热系数；模拟各装置换热网络运行，查找换热网络存在的问题；快速计算工艺调整对换热器、换热网络、换热终温等影响；优化单装置或全厂换热网络、低温热利用、塔器及电站的节能降耗。燃动模型软件，基于热力学原理，根据能量转换关系，提供不同燃料价格体系的公用工程优化方向，为燃动费用预算提供技术支撑。

RSIM以及辅助模型软件的推广应用，使优化工作摆脱粗放模式，加快优化理念的更新和优化水平的提高，有效提升中国石化炼油绩效，不完全统计，2010年以来各企业累计测算生产优化方案1700多个，实施960多项，创效近45亿元。自2010年该模型软件在中国石化内部诊断服务管理中应用以来，先后完成14家企业17次服务累计170多项诊断方案的测算，形成内部诊断服务特有的“经验＋技术＋实践＋炼厂优化模型定量测算”的工作模式，显著提升诊断服务效果。

（五）完善评价体系、科学选定诊断服务对象

中国石化以企业之间、竞争对手之间以及与国外先进企业之间存在的“差距”分析为基础，从三个层面、五个维度、八个方面搭建涵盖生产经营各个环节的企业绩效分析平台。三个层面分别是股份公司、生产企业、主要装置；五个维度分别是盈利能力、运营能力、质量水平、环保水平、安全水平；八个方面分别是生产任务、利润费用、原油采购、产品销售、能源消耗、加工损失、储运损失、质量环保等。绩效分析及评价包括常设评价、核心评价和辅助评价。

一是常规评价。2003 年，组织实施《月度炼油生产经营管理情况通报》，主要从所属企业生产组织、安全生产、装置运行、产品结构、专业达标、利润费用等方面，按月定期通报企业经营业绩的完成情况、排名排序、存在问题及整改建议，适时通报各企业生产经营管理中的典型经验和做法，并以此为基础开展全系统“比学赶帮超”活动。月度评价结果作为年对绩效评价的重要依据和参考。

二是核心评价。2004 年，引入国外先进理念和指标评价体系，组织实施《炼油企业绩效分析评价》，主要利用丰富的统计类型和样式，如散点图、趋势图、气泡图、瀑布图等，展示评价分析结果；利用排序、四象限、雷达图等全方位、多角度分析企业竞争能力和运营效率；利用评价参数数据库、测算价格体系数据库、企业基础数据库、国外标杆值数据库等开展对标，在充分考虑产业实际的前提下，兼顾差距、潜力、措施，逐家企业分析其竞争能力、技经指标、运营指标等重要环节的发展趋势、经营差距、发展潜力、努力方向和工作建议。

三是专题评价。在月度通报和年度绩效分析的基础上。统筹考虑生产经营的各个环节，2007 年以来，补充建立以“安全清洁生产、原油采购降本、成本利润费用、自销产品经营、炼油专业达标、设备运行管理”等专题评价，主要侧重于逐家企业分析生产经营关键环节的差距、潜力及存在的主要问题以及需要改进的建议和措施。

评价体系的建立为“对谁诊断服务”提供的参考，做到对象选择有理有据。依据评价分析结果，充分考虑企业实际和需求，围绕提升运营指标、提高经济效益、增强企业竞争力，中国石化内部诊断服务侧重选定流程结构发生较大变化、生产经营存在较多困难、生产经营存在较多问题、运营水平比较好的四种类型的企业开展管理诊断服务，如表 1 所示。

表 1　内部诊断服务主要对象

侧重类型	主要特点	诊断服务目的
流程结构发生较大变化企业（挖潜力）	进行了炼油新建、改扩建或加工适应性改造，装置结构、工艺流程、产品分布、加工能力等发生较大变化，在运行优化、节能减排、降本增效方面存在较大潜力	结合变化，运用先进的优化模型软件，优化生产组织、产品结构、物料平衡、工艺路线等，提升运行水平和效率
生产经营存在较多困难企业（做帮扶）	区域经济发展欠发达，市场空间和容量有限，客观条件相对较差；加工能力、装置结构、组织结构相对稳定	探讨如何调整发展思路、转变增长方式，在做精、做优上下功夫，走特色化、功能化、高端化道路，提升企业竞争能力

（续）

侧重类型	主要特点	诊断服务目的
生产经营存在较多问题企业（改问题）	安全生产问题突出，经营管理问题较多，达标指标完成较差，竞争力指标不先进，绩效综合评价排名靠后或退步比较明显，在管理和优化运营方面有很大潜力	帮助企业分析查找不足，堵塞管理漏洞，提升精细化管理水平，并辅之生产经营全流程优化，提高炼厂运营水平和效率
运营水平比较好的企业（强推广）	各项评价指标处于系统内领先水平；积累了许多好的管理经验和方法；培养了一批业务素质和能力较高的专家	总结提炼好的管理经验和方法，在其他企业推广，实现经验共享；探讨新的优化增效点

（六）高效开展内部诊断服务

为提高诊断服务效果、化解不同专业之间的矛盾，中国石化采取矩阵式推进的方法：管理与技术协调推进、并驾齐驱，技术诊断先行、管理诊断统筹；各专业领域和生产单元全方位、多元化推进，集中系统内研究院、设计院和炼厂专家开展交互式诊断服务；深入现场接地气，服务对象直接反馈工程设计和生产运行上存在的瓶颈，各专家现场传授成功的实践经验、管理方法和操作技巧；个性与共性兼顾，除了帮助解决企业存在的个性问题外，还问题与经验并举，积累梳理企业好的管理方法和实用技术，在后续企业的诊断服务中予以借鉴推广，同时总结归纳影响炼油发展质量和效益的共性问题，发挥资金管控优势集中开展综合治理。

1. 突出潜力的技术诊断服务

根据选定企业的特点和难点，对专家团队分组分工，明确组织机构、工作职责、工作标准和进度安排。技术诊断服务重点从总流程、重油系统、临氢系统、节能减排、公用工程，以及常减压、催化、焦化、加氢等主要炼油装置和关键机组设备的运行优化入手，以“整体效益最大化”为原则，先单装置、单系列分工开展，后全流程、全系统统筹兼顾的工作流程有序推进。技术诊断服务注重强化四个环节、突出五个重点。

强化四个环节。一是现场调研分析，各专家深入现场调查运行数据，了解运行工况，查找运行问题和潜力，掌握诊断服务的第一手资料。二是优化方案研讨，针对企业生产运营存在的突出问题，结合专家自身掌握的技术和经验，提出解决问题的办法和优化调整的思路，企业与专家团队共同研讨，本着路线最优、效益最佳的原则确定整体优化思路，此环节重在避免局部优化但全厂不优化、局部增效但全流程不增效的矛盾。三是定量测算验证，依托 RSIM 模型，对专家组提出的优化方案进行验证，重在判定诊断方案、改进措施的可行性和经济性。四是效益测算，依据现有的价格体系，充分考虑约束条件和运行瓶颈的前提下，利用软件工具测算诊断方案实施后的增效成果。

突出五个重点。一是总流程优化，这是炼厂生产优化的基础和核心，对全厂运营指标提升有决定性的作用，重在解决适应原油品质多样性、加工路线调整灵活性和最大限度利用原油资源的问题，主要包括炼厂原油采购和加工优化、加工路线优化、产品调和优化、燃料系统优化和氢气系统优化等。总流程优化重点突出通过定性定量评估找出炼厂在不同加工路线上的优化空间；找出炼厂在轻烃、氢气和燃料气等资源综合利用的优化空间；找出炼厂在原油采购和加工、产品调和方面的优化空间；从收率和产品质量角度分析炼厂的加工流程，解决局部优化与整体优化的矛盾。二是节能减排，采取上下游结合、点面结合、装置与公用工程结合分层递进式进行，利用 ProSteam 和 SuperTarget 等工具软件优化测算，从管理、操作、少量投资及技术改造方面提出全厂性用能优化措施。三是单装置优化，目的是优化产品分布，提高高价值产品收率，降低装置生产成本和能源消耗，此环节为优化管理诊断服务的基础。四是公用工程优化，包括蒸汽系统（中压、低压和 0.35MPa）、水系统（新鲜水、循环水、除盐水、除氧水、凝结水和含硫污水及净化水）、氮气系统和风系统（仪表风和工业风），以满足装置在不同工况下的需求为第一要务，重点提高系统的运行效率和能源利用效率。五是设备运行优化，主要分析动静设备、大型燃料机组工况，推广离心压缩机防喘振精确控制技术，往复压缩机无极气量调节系统或余隙调解技术，泵叶轮切削、抽级或三元流转子改造，永磁调速或液力耦合技术、风机大风量叶片改造技术等。

2. 突出问题的管理诊断服务

优化管理服务进展到一定阶段组成综合管理服务团队，重在分析企业生产经营管理中存在的漏洞和潜力，提出挖潜增效、降本减费、精细管理的建议和措施。综合管理服务注重强化五个环节、突出十项要点。需要强化的五个环节：一是对标评价，结合"比学赶帮超"活动排名，对比分析服务对象与系统内标杆企业间的差距、潜力，从指标对比上寻找存在的管理问题。二是现场调研，通过查台账、看记录，实地了解企业生产经营管理现状。三是发现问题，结合现场调研情况，对比先进企业的管理方法，寻找存在的问题、管理的漏洞和效益流失点，依据股份公司管理标准和专家积累的管理经验提出改进的建议措施。四是定量测算，对专家提出的整改建议进行评价，测算其在降低成本、提升指标、控制费用、增产增效方面的定量效果。五是提炼经验，总结企业管理方面个性化的成功案例，提出不断完善的建议措施，形成在系统内推广实施的管理方法。综合管理服务需要突出十项要点的内容如表 2 所示。

表 2　管理诊断服务工作要点

要点	侧重内容
生产组织	生产任务完成、生产组织优化、原油调和管理、产品调和管理、物料移动管理、统配产品销售及污油、污水、废气、废渣、清罐管理
装置运行	主要装置运行、非计划停工管理、运行考核机制、安全隐患排查及治理、安全环保事故管理、应急预案体系
资源采购	原油采购决策、品种及价格跟踪分析、采购原油性价比评估、外购原料油管理、加工潜力分析及发挥等
结构调整	调整制约因素、物料平衡管理、资源综合利用、加工负荷优化、原油结构优化、深加工装置运行优化、生产瓶颈分析等

（续）

要点	侧重内容
专业达标	技术经济指标完成分析、加工损失管理、节能降耗措施、工艺技术管理、新技术应用、润滑油及沥青专业管理、化工辅材管理
设备管理	修理费使用、装置检修管理、长周期运行、动静设备管理、关键机组管理、仪表管理、计量管理、物资采购、备品配件等
质量管理	产品实物质量、全过程质量监控、质量事故管理、分析检验管理、检验设施情况、出厂产品质量管理等
产品营销	产供销量价存管理、大宗客户管理、销售评价考核、竞争对手分析、市场开拓及产品研发、内部关联交易、自销产品出口等
利润费用	经营情况评价、利润费用情况、企业会计核算、盘盈盘亏管理、库存风险控制、库存物资管理、降本减费措施、应收账款清欠、投资收益核查、全面预算管理等提出问题的整改落实
实现一流	企业层面实现世界一流的主要目标、中长期规划、具体措施、面临的困难和问题等

（七）充分交换意见基础上提出和落实改进措施

为确保诊断服务取得实际效果，本着实事求是对接研讨的原则，在技术诊断服务组与企业工程技术人员、管理诊断服务组与企业经营管理人员充分交流意见的基础上，最终形成诊断服务工作报告，召开诊断服务意见交流会，专家组与企业领导班子、中层管理人员、一线工程技术骨干等共同研讨，逐条方案对接，最终确定诊断措施实施的可行性和经济性，提出问题整改措施。

为确保诊断服务措施落到实处、见到实效，整改措施的落实中建立企业和公司总部两个层面上下互动、分工负责的机制。企业层面，重在对服务措施进行梳理分类，细化目标分解，明确责任到人，安排工作进度；对不需投入的措施加快组织实施，需资金投入的措施按轻重缓急、回报率有序推进，投入少、见效快的限下投资项目加快组织实施，尽早取得成效。每季度反馈措施落实和问题整改进展情况以及需要协调解决的问题。另外诊断措施的提出源于贴近市场、贴近效益，随着市场不断变化，建立在价格机制上的优化创效措施企业经与专家团队充分沟通后适时、动态调整，力求实现效益最佳。

中国石化总部层面按专业明确责任人，做好跟踪、检查、督促和指导，用好公司层面资源、资金、专家、科技等集管优势，提供全方位支持，及时帮助企业解决存在问题。投资权限内外的投资项目，协调相关部门予以支持，涉及上中下游的措施本着“整体效益最大化”的原则，协调总部相关部门和企业共同组织实施。诊断服务措施执行情况、落实情况、实际效果在中国石化月度经济活动分析会上定期通报。

（八）建立健全内部诊断服务长效机制

1. 规范标准诊断服务流程

中国石化总结多年来的实践经验，按专业编制《管理诊断服务标准模板》，规范管理诊断服务工作流程，从总流程、单装置、节能减排、专业管理等方面，细化诊断服务的重点和关键环节。如管理诊断中，生产组织管理重点诊断 15 个环节，装置运行管理重点诊断 11 个环节，资源采购诊断 8 个环节，财务管理诊断 13 个环节等。技术诊断服务编制 10 类调查表，涉及装置及全流程的各个环节、各个控制点。

2. 完善作风保障制度

中国石化专门制订《赴企业开展管理诊断服务暂行办法》，通过制度约束规范服务流程，严谨服务作风，提升服务效果。规范团队服务行为，严格执行“六要六禁”，诊断服务要坚持“贴近效益、贴近市场、贴近企业”的原则；要注重深入车间一线全面了解情况；要坚持成绩与问题、经验与教训、建议与措施并举；要做到有提纲、有报告、有反馈；要严守组织纪律；要严守工作纪律。

3. 建立效果评估机制

每年组织专家组对上年开展的内部诊断服务开展一次集中分析，在统筹考虑市场环境变化和产品价值量调整的前提下，评估措施实施情况，是否达到预期效果，达到预期目标的进一步巩固提升，未达到预期目的的分析原因、再次核算，作为调整诊断服务方法的依据和参考。措施效果在每年 11 月份开展的与企业利润费用对接中体现，并纳入考核评估体系。

4. 建立党政纪检协作机制

企业是相对独立的经营实体，既是生产商也是下游产业的供应商，加上多年来深化改革，与企业生产经营发生关联的单位形形色色，有国有企业、民营企业，也有自身衍生出来的改制和清理整顿企业，关联交易行为较多。由于事业部没有纪检监察权限，为此对内部诊断服务中发现的类似违纪违法问题与纪委、审计、政工等部门沟通协商，视情节轻重采取相应的措施，利于增强内部诊断服务的权威。

5. 固化成果形成指导意见

结合诊断服务中发现的共性问题，总结成熟可靠的治理措施形成系统内推广执行的指导意见。近年来，陆续制定编发《降低硫黄装置 SO_2 排放浓度指导意见》《炼油工艺防腐管理实施细则》《汽油后处理装置长周期运行指导意见》等十多项固化成果。指导意见不仅成为企业日常生产运营优化调整的参考，也成为企业新建、改扩建装置或脱瓶颈改造必须考虑并强制推行的依据，避免新建装置开工之日起就存在较大的优化潜力。

三、大型企业集团内部诊断服务管理的效果

(一)缩小了与世界先进企业间的差距

从炼油业务整体看，按国际通用评价体系，2013 年与 2012 年相比，中国石化确定的五个维度 11 项世界一流评价指标中，除因质量升级及环保投入加大、改扩建装置较多等因素影响导致总占用资本回报率略有下降外，其他指标均取得长足进步，其中净现金利润同比提高 122 元/吨；能耗水平 EII 同比降低 2.99 个单位，并继续保持世界先进水平；加工损失率同比降低 0.01 个百分点；国Ⅳ、国Ⅴ油品生产比例同比提高 24 个百分点。股份公司确定的“4 大思路、14 个方面、34 项专题工作”的创一流方案，有 20 项专题工作取得阶段性成果，14 项专题启动方案编制，炼油业务率先实现世界一流初战告捷。

(二)促进了精细化管理水平提升

一是摸清了一些制约业务发展的共性问题。近年来,先后在全系统组织实施了40多项专题措施,进一步夯实了炼油发展的基础,提高了炼油发展的质量和效益。运营水平提升上,推广实施了常减压深拔操作优化;启动了焦化年活动,提高焦化负荷和运营效率,3亿元投入取得增效7亿元的效果。节能减排上,实施了氢资源综合利用、管道压烧原油、低温余热利用等专项节能措施;开展机泵业轮切削等六大类设备节能专项措施累计节电数亿度;开展节能减排专项5年来累计节水4427万吨,减排污水3482万吨。目前正在推行的轻烃资源综合利用,可利用资源总量1260万吨,年增效60亿元。二是实现了系统内管理经验和优化措施的共享推广。通过总结提炼、宣传推广各企业好的管理方法和成熟优化技术,推动了企业间相互学习、相互借鉴、共同提高。如推行了镇海炼化的全面预算滚动管理、装置运行管理和"最差设备"动态管理方法;天津、广州的"TnPM全员标准化生产管理"方法;茂名、燕山等企业的节能经验等。同时,推行实践了服务组专家所掌握的优化技术、独到技术,实现了经验共享,加快了炼油技术优势向效益优势转变。三是培养了一批具有较高素质和业务能力的管理诊断专家。特别是在企业层面,通过传帮带,开展总流程优化专业培训,培养了一批素质较高、能力较强的专家人才队伍,为持续、动态开展诊断服务和优化创效工作提供了人才保障。四是带动了企业形成浓厚的优化创效氛围。许多企业在公司诊断服务的基础上,成立专门的管理机构和优化团队,开展优化创效活动。2013年,通过RSIM模型测算,仅生产方案优化调整就增效10多亿元;2014年1~6月,炼油企业累计测算优化方案364项,实施195项,增效5.98亿元。

(三)取得了显著地经济效益和社会效益

近年来,中国石化先后组织专家到系统内20多家企业开展了管理诊断服务,累计提出管理和技术服务措施2500多项,年增效益75.5亿元,其中不需投资的服务措施1436项,目前实施1162项;需投入的服务措施1058项,投入35.2亿元;管理措施665项,实施634项。2013年服务北海、长岭、金陵等6家企业,提出优化增效措施231项,提升管理措施100余项,年增效益15.4亿元,其中不需投资的措施120项,年增效9.3亿元;需投入的措施111项,年增效6亿元。

在社会效益方面,通过管理诊断服务,与推进节能减排、提高能源利用效率等相关的炼油综合能耗、加工损失、储运损失等大幅降低,社会效益显著,如开展诊断服务后,广州、燕山、高桥、九江、武汉等企业综合能耗分别大幅下降了12.1、11.5、8.7、11.6、6.02千克标油/吨。以近五年指标变化为例,2013年中国石化炼油加工损失率达到0.46%,下降0.19个百分点,累计减少损失12.28万吨;原油储运损失率0.11%,下降0.07个百分点,累计减少原油损失7.46万吨;炼油综合能耗57.16千克标油/吨,降低4.19个单位,累计节油77.21万吨,减排二氧化碳582.7万吨;综合商品率94.84%,提高0.31百分点,累计增加商品量57.13万吨。

(成果创造人:凌逸群、叶晓东、李　涛、赵晓敏、郑文刚、
谢小华、王建军、曹东学、伊光明、任　刚)

提升核心制造能力的示范工厂模型构建与实施

四川长虹电子集团有限公司

成果主创人：公司副总工程师阳丹

四川长虹电子集团有限公司（以下简称“长虹”）成立于1958年，前身国营长虹机器厂是国家“一五”期间的156项重点工程之一，是当时国内唯一的机载火控雷达生产基地。历经多年的发展，长虹完成由单一的军品生产到军民结合的战略转变，成为集电视、空调、冰箱、IT、通讯、芯片、能源、商用电子、电子产品、生活家电及新型平板显示器件等产业研发、生产、销售、服务为一体的多元化、综合型跨国企业集团。2013年，长虹实现销售规模915.62亿元，名列川企百强第一位；彩电和冰箱销量均保持良性增长，继续保持行业第一集团军地位；冰箱压缩机销量突破3400万台，实现“全球第一大”的战略目标。2014年第十一届《中国500最具价值品牌》排行榜中，长虹以1016.86亿元的品牌价值入围中国品牌千亿元阵营。

一、提升核心制造能力的示范工厂模型构建与实施背景

（一）全面提升长虹工厂制造能力水平的需要

目前长虹旗下具有制造性质的业务主要分布在四个产业：多媒体产业、家用电器产业、军工产业、零部件产业。四大产业下属工厂数量近70家，由于各工厂生产的产品不同，加工方式也存在很大的差异。另外，工厂分布遍及全国，主要集中在绵阳、广元、中山、合肥、景德镇等区域，海外如捷克、印尼、巴塞罗那等地，不同的区域内外部生产配套环境迥然不同，使得工厂呈现出复杂性和多样性，工厂之间的制造能力参差不齐。因此，长虹迫切需要全面提升不同产品线、不同区域制造工厂的能力水平。

（二）适应长虹向高端制造转型的需要

长虹在完成产业价值链方向、产业形态方向和商业模式方向的“三坐标”产业布局后，又提出“三转型”的发展思路，其中之一就是“从装配型制造业向高端制造业转型”。长虹必须深入研究企业的制造管理策略，构建有效的管理方法、工具，提升长虹核心制造能力，推动长虹转型升级，在价值链高端赢得新的发展机会。

（三）长虹内部供应链全面提升的需要

21世纪的竞争不再是企业与企业之间的竞争，而是供应链与供应链之间的竞争。长虹在发展过程中，形成了从上游零部件到终端整机产品的相对完整的供应链条，但因缺乏市场竞争

的洗礼，且受内部传统思想约束，内部供应链效率相对低于行业水平。另外，长虹较为分散的生产基地，内部供应链的充分协同不够。因此，长虹要实现内部供应链上的系统协同发展，就需要构建一套统一的制造管理方法、工具，用于评估工厂管理水平，指导工厂制造能力的提升。

二、提升核心制造能力的示范工厂模型构建与实施内涵和主要做法

长虹基于"精益、规范和标杆管理"工厂管理理念，梳理工厂"人、机、料、法、环"的各个管理要素，从专业角度梳理企业内部标杆工厂管理要素标准化与精细化的流程、管理标准和工作标准，量化评价工厂管理要素的指标体系，构建形成示范工厂模型。通过推广和应用示范工厂模型，以定性与定量相结合的方式对工厂的管理状态进行系统评价，发现工厂管理短板，一方面指导工厂按照模型标准化的管理标准进行改善提升，另一方面通过模型工具化的应用推广，培育工厂自我改善、自我提升的持续改进能力，从而达到全面提升工厂制造能力与水平的目的。主要做法如下：

（一）明确示范工厂模型构建与实施的总体思路

长虹在开展示范工厂模型构建与实施工作之初，充分调动全员广泛参与、集思广益，确定"标准化、工具化、日常化"三化的指导思想，按照"基于实际、指标量化、滚动完善、适度领先"的建模原则，实施示范工厂模型构建与实施工作。

1. 明确指导思想

为了切实有效的提升工厂能力，确定"标准化、工具化、日常化"三化的指导思想，即：以标准化为基础，构建示范工厂模型工具，指导工厂达标、提升；以工具化的管理理念，培育工厂"自我发现、自我提高"持续改进能力；以日常化的工作思路，按照项目管理的方式，匹配长效运行机制，深入推进示范工厂模型工作，全面提升工厂能力水平。

2. 确定模型的构建与实施原则

示范工厂模型建设遵循"基于实际、指标量化、滚动完善、适度领先"的原则。

3. 设计总体推进方式

示范工厂模型构建与实施的工作方式以项目管理为载体，推进日常工作。采用"公司级＋工厂级"项目管理相结合的方式，在每个改善周期，制定示范工厂模型构建与实施工作的具体年度实施方案，明确项目对象、能力提升目标，主要内容和实施计划，保证工作的规范化、日常化。

示范工厂模型构建与实施采取"先试点、后扩大"的方式。建设初期，长虹选取电视、空调、军工（民品）以及前端配套共9家工厂作为构建示范工厂模型的试点，形成标准化模板后再向其他工厂推广普及。

（二）科学设计示范工厂模型整体框架

从集团内选拔一批工厂管理经验丰富、制造专业技术知识扎实的专业人士，

长虹科博会展厅

组建建模团队。划分职能，将工厂管理划分为六个管理维度：效率(P)、质量(Q)、成本(C)、柔性制造与交期(D)、安全现场(S)及士气(M)，并结合目标管理的需求，增加目标(T)管理维度，构建示范工厂模型七大管理领域，如表1所示。

表1 示范工厂模型领域划分

工厂管理领域(域)	定义
目标(T)	指工厂各业务的目标制订、分解、宣贯、落实工作
效率(P)	指工厂人效、物效的管理提升工作
质量(Q)	指工厂产品质量的管理工作
成本(C)	指工厂制造成本的管理工作
柔性制造与交期(D)	指工厂生产组织(包含物料配套)方式与交期管理工作
安全现场(S)	指工厂安全生产与现场作业环境管理工作
士气(M)	指工厂提升员工士气，开展的人力资源、员工关系和文化建设工作

在此基础上，按照戴明循环(PDCA)的管理提升思路：标准计划(P)、实施控制(D)、效果评价(C)、改善提升(A)，梳理每个域的具体业务内容，形成每个域的衡量指标，如表2所示。

表2 示范工厂模型各领域指标组(示意)

工厂管理领域(域)	域的衡量指标(组)	定义
目标(T)	1.1 目标制订及分解	指制订工厂各业务的经营目标，并分解、落实工作目标
	1.2 目标宣贯	指目标在工厂范围内的宣传、贯彻工作
	1.3 目标的检查、公示	指目标执行情况的跟进、检查和公示情况
效率(P)	2.1 效率管理机制	指效率管理工作的资源配置和标准制度
	2.2 效率提升计划	指工厂提升效率，分析、制订的工作计划和主要技术手段
	2.3 效率评价指标	指工厂效率提升效果的评价指标及评价值
	2.4 效率改善	指工厂效率提升的持续改善方式、方法

建模团队对目前工厂所处的能力水平状态大致为三个等级：一般水平指目前长虹大部分工厂能力水平的普遍状态；内部标杆水平指工厂能力水平处于长虹内部的标杆位置，相对行业领先水平仍存在一定的差距，但在内部能起到一定示范带头作用；领先水平指工厂能力水平已跻身达到行业领先水平。建模团队按照工厂所处的不同等级，设定示范工厂模型成熟度等级“初级、示范级、领先级”。

(三)确定示范工厂模型标准、指标体系及应用表单

1. 构建示范工厂模型标准、指标体系

长虹示范工厂建模团队，根据建模原则，按照模型标准或指标体系编写方法，编制示范工厂日常管理的七大“域”各指标组在各级(成熟度)上的标准或量化的指标体系内容，如表3所示。

表3 示范工厂模型标准或指标体系编写方法及要点

域	组	编写方法	要点
T、P、Q、C、D、S、M（七大领域）	管理机制(P)	建立业务的管理组织、管理人员、管理标准与标准制度，形成标准化的管理机制	1. 各指标组的标准或指标内容，在不同级(成熟度)上，以管控的不同程度地进行体现 2. 在标准内容编制过程中要将制度、流程、标准、方法融为一体，同时融合当下行业的先进管理理念、工业技术、信息技术、管理经验等 3. 评价指标编制要尽可能量化的经济指标，标准值重点关注改善提升值
	实施控制(D)	与业务的流程相结合，建立业务的工作标准及主要技术手段，提升业务管理能力	
	效果评价(C)	建立量化的经济指标体系，评价业务的管理成效	
	改善提升(A)	建立业务改善的方式、方法以及形成持续改善的机制，培育自我改善的能力	

2. 设计示范工厂模型的应用表单和评价规则

对示范工厂模型的三个级(成熟度)，每个级满分为1分，每个级中的各评价点的评分颗粒度为0.1分，每个组对应三个级的满分为3分。通过匹配相应的分值，设计成规范应用表单——模型应用评分表。

设计示范工厂模型应用评价表的评价规则，每个组、每个域、总得分均为3分制，域得分=(分组1得分+分组2得分+……+分组L得分)/L，总得分=(域A得分+域B得分+……+域N得分)/N。通过运用模型评分表，实现对工厂进行模型的审核应用，根据最终评价得分的情况，确定工厂能力水平的提升和工厂的成熟度，找到短板，帮助工厂有针对性的改善提升，消灭工厂能力水平差距。0.1～1.5、1.5～2.5、2.5～3.0评估得分所对应的成熟状态分别为初级、示范级、领先级。

(四)校验与动态调整示范工厂模型

1. 校验模型

长虹组织试点工厂各领域的管理人员，集中进行模型的培训学习。同时建模团队负责将模型的具体标准和指标，匹配相应的分值，设计成规范应用的表单(模型评分表)，比照模型中标准及指标对工厂进行审核试用，经过多轮试用检验、模型修订，逐步积累建设、试用、修订的建模经验，并最终固化阶段性应用的示范工厂模型。

2. 动态调整模型

为了保持示范工厂模型的适用性及先进性，及时对模型标准及指标内容进行动态调整。

调整原则：每年基于长虹新的管理诉求和上年度模型的实际应用情况，进行模型局部适应性调整。每隔三年基于工厂改善所达到的新的能力水平和模型发现的工厂最佳实践，结合外部最新先进理念和经验，进行模型的“指导性、先进性”调整。

调整方式：由示范工厂模型专家团队，按照规定的年限，动态调整示范工厂模型，将修订后的模型及时报批发布并推广应用。长虹示范工厂模型自2010年建立以来，已进行两次局部适应性调整和一次整体上能力水平的“领先性”调整。

（五）推广和应用示范工厂模型

1. 组建模型应用专家团队

从长虹内部专业平台部门、制造系统，在生产管理、质量管理、成本管理、安全现场、效率改善等专业领域选拔示范工厂模型七个域的专家人员，专家人员要求专业知识扎实、管理经验丰富（至少从事该领域技术、管理工作达五年以上且成果突出）。每个域选拔 2 名左右专家，共 15 名左右组建成示范工厂模型应用专家团队，

2. 实施示范工厂模型应用评价

示范工厂模型应用专家团队组织工厂管理人员进行模型前期培训学习，然后对工厂实施模型应用评价。模型应用评价主要通过现场审核的形式开展，一个改善周期内实施两次，分初期评价、期末复评两个阶段实施。

3. 应用模型指导工厂改善提升

工厂根据示范工厂模型应用评价过程中梳理出的问题清单，按照问题点的业务归口，指定相应负责人，牵头对照模型标准和指标要求及做法，制订改进计划，实施改善提升。在关键节点，组织全体成员向长虹上级组织汇报阶段进展情况，及时听取上级领导关于下一阶段工作方向、重点的指示。一个改善周期结束，通过模型复评，查找新的问题点，按照“PDCA”管理提升方式，指导工厂进入下一个能力提升周期，通过反复的应用示范工厂模型，达到提升工厂能力水平的目的。

4. 培育工厂自我提升能力

针对在模型专家团队的指导下，已完整应用模型一个改善周期以上，且能力水平成熟度已达到领先级或示范级的工厂，采用“完善”类推广方式：指导工厂组建自己的模型应用团队，参照“初评＋复评”的方式进行自我评价，自我发现工厂问题，自我制订改进计划，自我改善；过程中关键节点向公司报备，重要阶段要进行汇报，听取有关建议和要求，逐渐培养工厂自我应用模型，自我改进的能力。

针对新加入模型推广工作的工厂或已完整应用模型一个改善周期以上，但能力水平成熟度未达到领先级的工厂，采用“监督”类推广方式：由长虹示范工厂模型专家团队按照标准流程，推广应用模型，指导工厂改善提升。先后培育 12 家工厂进入“完善”类推广方式，这些工厂已具备独立运用模型自我提升的能力。

（六）开展最佳实践推广，持续改进示范工厂模型

长虹运用工厂示范模型，从内部工厂发掘工厂长处和亮点，按照改善的三大方向：管理进步、技术创新，模式变革，梳理出具体案例和案列的改善类别及改善所运应的先进理念、先进方法、先进工具等，形成工厂最佳实践。在月度例会上进行交流与共享，同时搭建长虹最佳实践信息共享平台，进行发布共享。

（七）建立示范工厂模型推广应用的长效机制

1. 确保组织保障

专门成立长虹公司级的示范工厂模型构建与实施工作组织，负责示范工厂模型构建

与实施工作的领导与执行工作。成立以总经理为组长、副总工程师为副组长，参与单位负责人为成员的领导小组，下设以发展管理部为组长单位、工程技术中心为副组长单位，参与单位为成员的示范工厂模型构建与实施执行小组，负责示范工厂模型构建与实施工作领导与执行工作。

2. 实施专业化能力的支撑

在示范工厂模型构建与实施执行小组下，从长虹内部抽调管理工作经验丰富、专业技术扎实的专业人士组建跨部门的专家团队，为整个示范工厂模型的构建与实施工作提供强有力的专业技术保障。

3. 开展外出学习交流

坚持学习先进的理念，多次组织工厂厂长、生产管理、技术骨干“走出去”，学习外部的先进制造理念如精益制造，全供应链 IE 管理；学习外部先进的制造方法、工具如生产线综合效率分析(OEE)、六西格玛(6δ)、价值流(VSM)、全员生产维护(TPM)、快速换产(SMED)等，并到外部先进企业制造工厂进行学习、交流，开阔眼界，通过感官认知学习先进做法，启发自身改善。

4. 设立公司级专项激励

长虹将示范工厂模型构建与实施工作纳入公司级重大专项管理与激励，对于建设过程中成绩突出的给予多种形式激励。根据年度制定的量化经济指标目标完成情况，结合项目实施过程，工厂管理团队重视程度与参与积极性和模型评价的工厂能力水平提升情况，进行综合评价，设置“综合示范工厂”、“专项改善工厂”等专项激励。

三、提升核心制造能力的示范工厂模型构建与实施效果

(一)全面提升了长虹工厂制造能力水平

截至目前，长虹示范工厂模型构建与实施工作已涵盖全部制造型产业，覆盖电视、空调、冰箱、显示器，模塑、器件、冲压件、电源、线缆、电池、包装等产品制造工厂，累计工厂数量达 54 个。通过模型的推广应用，各工厂围绕示范工厂模型七大领域持续开展改善，使得各领域指标显著改善，全面改善长虹旗下工厂制造能力水平。通过模型评价，90％以上工厂经过开展模型的应用工作后，工厂能力水平成熟度都取得了明显提升。

同时，通过“监督”“完善”的迭代推进方式，先后涌现了 14 家工厂能力水平成熟度达到长虹示范级或以上水准的工厂。在过程中产生了许多优秀的最佳实践，其中产生实用新型专利 2 项，技术诀窍 45 项，创造性提出了多阶混联柔性生产模式(相对传统提效 30％以上)并已广泛推广建立了 6 个工厂示范线体(广元分混联电视生产线、绵阳空调分站式柔性线、中山空调分站式柔性线、广元模塑单机连线生产线、绵阳技佳连线生产示范线、广虹 Cell 线)。

(二)促进长虹向高端制造转型

通过示范工厂模型的七大专业领域 T(目标)、P(效率)、Q(质量)、C(成本)、D(柔性制造与交期)、S(安全现场)、M(士气)牵引，开展了针对性的实施改善。例如，利用 IE、IT 技术开发了精准高效的 SCP、MES 等建立了高效的生产运营体系，提高了生产柔性和敏捷性;推进全面质量管理,强化过程控制,打造了精品化品质保障能力;实施精细化物料管控,有效控制和降低产品的生产制造成本;开展安全现场标准化达标建设,顺利通过各级安全部门验收认可;秉承"员工满意、顾客满意、股东满意"核心价值理念,开展员工关系建设,营造了稳定和谐的氛围。长虹工厂核心制造能力大大提升,也产生了显著的经济效益。截至2013年年底,实现推广工厂人均劳动生产效率平均提升20%以上,月度用工合计减少1500人左右,推动工厂人工、能耗、生产辅料、物流场地等降本约2亿元,为企业制造向高端转型奠定了基础。

(三)全面促进企业内部供应链的协同发展

截至2013年年底,长虹内部供应链上的上游零部件制造工厂产品交货及时率平均达到99.9%以上,产品质量合格率平均达到99.2%以上,大大保证了下游制造工厂的供货能力、产品质量和快速响应。同时,上下游制造工厂的协同发展,推动了内部供应链上产品制造成本大幅下降,2010年到2013年长虹的产品制造加工费(包含人工、能耗、生产辅料、物流场地等)累计降本30%以上。

(成果创造人:阳　丹、寇化梦、潘晓勇、何心坦、田晓刚、汤宇峰、赖　冬、王国峰、况龙威、邹佩良、贺　羽、朱建华)

大型钢铁企业能源精益化管理

马鞍山钢铁股份有限公司

成果主创人:公司董事长丁毅

马鞍山钢铁股份有限公司(以下简称“马钢”)是中国特大型钢铁联合企业,现具备1800万吨钢配套生产规模,总资产898亿元,员工5万人。主营业务为黑色金属冶炼及其压延加工与产品销售、钢铁产品延工、矿产品采选、建筑、设计、钢结构、设备制造及安装、技术咨询及劳务服务等,其中钢铁生产业务集中于马鞍山钢铁股份有限公司。马钢现拥有世界一流的冷热轧薄板、镀锌板、彩涂板等生产线,主体装备实现大型化和现代化,70%的工艺装备达到世界先进水平,形成了独具特色的“板、型、线、轮”产品结构。产品出口到50多个国家和地区,广泛应用于航空、铁路、海洋、汽车、家电、造船、建筑、机械制造等领域及国家重点工程,其中H型钢、车轮产品为“中国名牌”产品。

一、大型钢铁企业能源精益化管理背景

(一)构建“资源节约型、环境友好型”企业的需要

钢铁制造是典型的流程工业,上靠天然资源,下系周边环境,对资源、能源和环境的影响举足轻重;中国钢铁工业能源消耗量约占全国17%,水资源消耗约占全国工业耗水10%,主要温室气体CO_2排放量约占全国11%。如果延续传统钢铁工业粗放型的发展模式,资源、能源将难以为继,环境污染负荷将不堪重负,我国钢铁工业的可持续发展和竞争力将受到严重制约,最终影响我国国民经济的健康发展。

因此,构建“资源节约型、环境友好型”的企业发展新模式,实施钢铁企业能源精益化管理,是提高大型钢铁企业经济质量,落实低碳经济、实现节能减排任务重要举措,符合政策发展要求,也是践行社会责任、提高企业社会责任竞争能力的需要。

(二)提高企业整体竞争力的需要

钢铁行业已进入高产能、高成本、低利润的微利时代。2013年重点大中型钢铁企业销售利润率仅为0.62%,在全部工业行业中处于最低水平,如果剔除投资收益和营业外收支净额等,钢铁主业基本是盈亏持平。典型长流程钢铁企业能源成本占制造成本比例在26%左右,其中能源消耗量的40%来源于生产过程中产生的二次能源。以能源精益化经济运行为突破口,推动全流程能源系统经济运行,进而带动、联动和促动每个环节的经济运行,有利于提升钢铁企业整体竞争力,是改善钢铁行业发展现状的迫切需要。

(三)马钢在能源精益化管理方面具有良好基础

马钢从“九五”开始,尤其经过“十五”“十一五”两轮大规模结构调整,通过淘汰落后、调整结构,全面推广成熟节能新技术、新工艺等措施,装备水平大幅提升,建成了一大批具有代表性的先进生产工艺与装备,重点节能减排项目与技术,如干熄焦、煤气发电、余热(压)发电、煤气回收等,关键与共性节能减排技术在马钢基本得到应用。马钢技术研发实力强,有国家级技术中心,尤其是配套建成国家“两化融合”示范性项目新区能源管理中心,并后续建成老区能源中心,能源精益化管理基础较好;同时自2010年以来,马钢通过推行能源系统经济运行,在能源管理、技术、思维等方面有了很大的提高。马钢承担的“大型钢铁企业综合能源优化与管理控制应用示范”列入国家“十二五”科技支撑计划课题,为马钢推动能源精益化管理提供了良好的机遇。

二、大型钢铁企业能源精益化管理内涵及主要做法

马钢提出以系统高效运行为基础,以价值流为导向,协同推进物质流和能量流的高效运行的“三流一态”总体思路,统筹规划,创新管理,在对大型钢铁生产流程能源高效转换功能进行研究的基础上,通过能源精益化管理及技术攻关,进一步提高钢铁企业能源高效转换与余热余能高效利用水平;通过推进物质流顺行管理、铁钢比优化管理、能量流优化管理、物质流能量流协同优化管理等,实现价值最大化运行,形成较为完善的大型钢铁企业能源精益化管理体系,并通过建立能源精益化综合管控平台实现精益化管理,节能降本,提高企业的竞争力。主要做法如下:

(一)统筹规划,明确能源精益化管理思路与目标

1. 提出“三流一态”能源精益化管理思路

能源精益化管理是钢铁生产过程中能源消耗的过程管理,马钢经过多年实践研究,认为其核心内容就是物质流、能量流、价值流和系统运行状态四者的有机融合,为此提出“三流一态”能源精益化管理思路。“三流一态”的内涵是以价值流为导向,以系统高效运行为基础,提高能量流意识,协同优化物质流、能量流两种资源,实现整体效益最大化。其本质就是研究物质流、能量流、价值流和系统运行状态的各自变化以及相互影响的规律。根据这些变化规律对系统实施优化,从而达到能源精益化管理的目的。

2. 实施能源精益化管理“三个转变”

在能源精益化管理工作中,注重实现“三个转变”。一是从单体设备、工序节能向企业系统节能方向转变;二是从经验管理向建立能源管理模型,推进量化分析,定性与定量相结合的科学管理方向转变;三是从单一的能源部门纵向管理向能源、计划、生产、财务、技术、原燃料供应、设备、质量等部门协力推进,实现集中与分工协作相结合的方向转变。

马钢厂区外景

3. 明确能源精益化管理工作目标

健全组织机构，完善能源计划、指标、

评价与考核体系等，进一步强化能源精益化基础管理工作；通过加大管理与技术攻关，以提高大型燃气蒸汽联合循环发电（CCPP）机组利用效率和稳定运行为重点，作为刚性用户进行管理并突破热值瓶颈，提高运行效率，延长运行寿命，从根本上提高马钢能源转换效率；结合余热余能利用状况，重点解决相关余热余能利用技术应用及提升，提高余热余能利用水平；通过物质流顺行管理模式、铁钢比优化管理模式等研究及实施，并以价值流为导向，协同优化物流、能流两种资源，促进能源价值最大化运行；在此基础上，充分利用能源中心功能及实施国家科技支撑计划项目契机，打造形成能源精益化综合管控平台，最终实现马钢能源精益化管理，助推企业经济运行。

（二）完善能源精益化管理基础工作

1. 加强组织领导

2007年马钢专门成立节能减排管理委员会和能源环保部，明确节能减排工作任务与责任，各厂相应设立能环室，形成三级节能的管理网络，明确规定各单位主要领导是本单位节能减排工作的第一责任人，分管领导是主要责任人，能源环保机构是具体牵头责任部门的责任体系，为能源精益化管理提供保障。

2. 实现计划用能严肃性和刚性

能量流是资源，资源就要优化配置。马钢通过建立“用能申报与评审”制度，以提高用能计划的执行力和用能结构的刚性和严肃性，促进产、供、用平衡。能源加工转换单位充分发挥自身贴近生产优势，合理安排机组运行方式，做好能源介质在线实时调整工作和事故异常状态下的应急响应，做到高效产能、平衡供能、科学用能。各生产单位在安排生产计划、检修计划时，能源主管部门也从能源合理利用角度参与评审。

3. 完善能源指标体系、评价体系和考核体系

围绕吨钢综合能耗，分解各工序能耗指标和能源利用指标，再将各指标细化分解到生产线、作业区和生产岗位；建立周分析、月评价制度，从生产组织、设备状态、工艺纪律、岗位操作等方面对能源精益化运行开展系统综合评价，并把能源成本和能耗之间关系作为重点内容进行重点分析，通过两者之间对应关系探索节能降本途径，针对性制定马钢和各总厂工序、产线能源经济运行改进措施及对策建议，提交月度能源经济运行评价报告，为马钢决策提供支撑，并按照目标与责任的要求，纳入生产绩效管理体系进行激励与约束。

4. 完善计量管理

马钢是国家首批“一级计量合格企业”，安徽省能源资源计量示范单位。近年来，结合自身情况制定内部计量实施方案，加大力度完善工序间和主要用能设备的能源计量，并依托ERP资源，进一步完善内部计量，确保能源数据真实、准确、及时，深化、细化能源消耗考核与真实成本分析，为能源精益化管理打下基础。

(三)加大管理与技术攻关,提高能源转换利用效率与余热余能利用水平

1. 实现 CCPP 机组高效运行

实施 CCPP 机组高效运行管理。首先,根据设备特点,剔除不必要的跳机保护测点,强化关键参数的监测,使得机组非计划停机次数 9 次锐减到 1 次,为机组长周期稳定运行奠定基础。第二,关注煤气品质,根据焦炉煤气质量,确保焦化工序焦炉煤气脱硫、脱萘的效果,减少焦炉煤气中硫化氢和萘的含量,提高机组运行稳定性和高温热部件的运行周期。第三,在实践中研究 CCPP 机组在不同负荷下的发电效率的变化,实际运行管理中将 CCPP 发电机组由煤气缓冲用户定位为刚性用户的管理策略,从根本上确保机组始终处于满负荷运行状态。第四,是优化检修模型,实施状态维修。通过对机组的运行状态,煤气品质、内窥镜检测高温热部件表面镀层和上一次检修报告等分析对比,在国内率先提出了冶金企业 CCPP 机组实行状态维修的理念,提出自己的检修模型。2010 年 5 月、2012 年 4 月和 2014 年 3 月马钢在 CCPP 机组运行 25000 小时后(相当于 OEM 建议的 2 倍检修周期)分别组织第二、三、四次大修,充分发挥 CCPP 机组的最佳效益。

开展 CCPP 机组高效运行技术攻关。一是突破燃料热值瓶颈,实现纯高炉煤气燃烧发电。在 2010 年 5 月机组第二次大修期间技术改造付诸实施并一次性获得成功,基本上克服焦炉煤气供应的波动性对机组长周期稳定运行产生的不利影响,同比之下损失电量及损失发电收益均减少约 50%。马钢 CCPP 机组成为国内首台可以长时间采用纯高炉煤气运行的联合循环发电机组。二是开发机组急速降负荷新技术,确保系统运行稳定。马钢 CCPP 机组开发机组急速降负荷的功能,机组可按 78 MW/min 的速率急降负荷,达到维持最低 40MW 负荷运行,等待外界煤气供应恢复正常。不仅节省停机冷却时间,避免重新暖管启机等工作,还在一定程度上减轻管网、气柜在异常工况下的压力,保障气柜安全,并延长机组整体寿命。

2. 提高余热余能高效利用水平

马钢通过集成创新,近年来在余热余能高效利用方面先后实施烧结余热发电、饱和蒸汽发电、高炉鼓风脱湿、焦化乏汽回收及蒸汽冷凝水、锅炉排污水回收利用等项目,比较有特色的有:一是借鉴 300 平方米烧结余热发电的成熟应用,推进 360 平方米烧结机余热发电创新。二是转炉余热蒸汽回收用于 RH 精炼。首次采用 300 吨转炉汽化蒸汽应用于 RH 精炼生产,取得成功,实现自产转炉汽化蒸汽高效利用,该项目实施后,年利用转炉汽化蒸汽 18 万吉焦,节能 8000 吨标准煤。此外,马钢还实施其他余热余能利用技术,结合原有饱和蒸汽发电、高炉鼓风脱湿、CDQ、TRT、CMC 等,形成马钢较为系统的余热余能高效转换利用体系。

(四)协同优化物质流和能量流,促进系统高效和价值最大化运行

钢铁企业的物质流和能量流的耦合运行是非常重要的。通过能源精益化管理,促进物质流和能流协同优化,进而带动每个环节的经济运行,是钢铁企业的经济运行的一个很有力的切入点。

1. 实施物质流顺行管理,实现物流优化

物质流顺行是能源精益化运行的基础,高炉工序由于在钢铁流程中的地位显得尤为

突出，其主要受铁水流性与流量的影响、高炉原料流性的影响、焦炭流性的影响等，不仅影响本系统节能，对上游烧结和下游钢轧工序影响很大，马钢通过强化高炉长周期顺行管理，取得较好的效果。

通过控制原料品质、优化操作、监视设备状态并及时维修，在 3600 立方米高炉实施国内第一套转底炉脱锌项目并实施一系列创新，使锌富集得到较好的控制，使高炉的状态保持稳定与顺行。

物流顺行在高炉生产中表现特别突出，高炉生产的能源精益化管理必须充分优化物质流的流量与流性，正确处理成本、产量、消耗、能耗、稳定之间的关系，同时高炉顺行对上道烧结工序和下道钢轧工序顺行也产生直接影响。

2. 实施铁钢比优化管理，实现结构优化

降低铁钢比是钢铁企业降低能耗的重要手段，用废钢生产 1 吨钢综合能耗减少约 580kgce，减排 CO_2 1.4 吨；科学的铁钢比能够降低钢铁企业产品的成本，提高产品竞争力；降低铁钢比有助于释放装备产能，充分利用铁水显热；降低铁钢比有助于减少污染物的排放，有利于环境保护。

马钢通过对铁钢比对吨钢综合能耗、成本影响因素分析，初步得出铁钢比对物流成本、综合能耗成本及转炉及钢后固定成本变化的影响，在组产中予以优化。

3. 实施能量流优化管理，发挥管理节能综合效应

马钢按月制定能源经济运行系统设计工作计划，从系统层面设计关键绩效指标如吨钢综合能耗、重点工序能耗，重点开展煤气系统、蒸汽系统、氧氮系统运行方式优化和重点措施推进等方面工作，指导和约束各单位开展工作，促进能量流优化管理。

在煤气使用方面，马钢坚持“高质高用”的科学用能原则，通过采用蓄热燃烧技术，加热炉和钢包采用低热值的高炉煤气加热等，节约或置换出高热值焦炉煤气用于制氢、发电等；在煤气输送方面，通过优化用户布局，适当提高管网压力等措施减少输送成本，如在马钢北区实现无加压站输送年节电达 2.4×10^7 kwh。

在蒸汽利用方面，马钢采取的主要措施是：按照“温度对口、压力匹配”原则实现最优配置(蒸汽“零”放散)，就地使用、集中使用；强化保温，疏水顺畅；增设蓄热器；开辟蒸汽新用户，减少非生产性用户，引入蒸汽制冷、饱和蒸汽发电技术等。

在氧气、氮气利用方面，马钢主要采取的措施：利用内部结算价格杠杆导向作用，优化调峰，减少氮气消耗；通过合理控制转炉溅渣护炉时间，减少氮气消耗；开展技术攻关，利用其他富裕资源(如蒸汽)替代氮气，如将转炉氧枪氮封改为蒸汽封；优化高炉烟煤喷吹工艺，在煤粉输送过程采用压缩空气替代氮气，减少氮气消耗；采用洁净压缩空气替代氮气作为仪表气源，减少氮气消耗等，实现合理的氧氮平衡。

4. 推进物质流能量流协同优化管理，促进能源价值最大化运行

在钢铁制造流程中，物质流和能量流都是资源，要统筹考虑，协同优化。

在生产组织优化方面，如轧钢工序根据订单等安排“规模组产、集中组产、错峰组产”，并制定和完善不同负荷状态下的运行方式。如副产煤气资源分配方面，马钢按照物质流能量流协同优化与经济运行的原则，优化煤气资源的分配，在实际运行中煤气供应

的顺序按照:热轧→球团→CCPP→石灰→锅炉供热(发电)→转底炉,甚至可能是CCPP→热轧→球团→锅炉供热(发电)→石灰→转底炉等顺序;针对电力供应在不同时段外购电成本差异,峰时煤气资源向发电倾斜,尤其是向CCPP高效发电机组倾斜,在热轧生产方面安排一些耗电小的厚规格品种;谷时煤气资源向热轧生产倾斜,适当减少发电机组出力,多用外购电,而热轧则安排耗电相对大的薄规格品种等。

在检修组织的细化安排方面,马钢不仅从本工序考虑,还统筹考虑相关工序,最大限度地优化物质流和能量流两种资源,推进能源精益化运行。

在工艺技术优化方面,如在大H型钢生产线实施轧后超快速冷却工艺,不仅显著地提高钢材综合力学性能、使用性能,还大大降低能源成本。

在工艺流程优化方面,如针对CSP生产冷轧无取向硅钢基料(电工钢)两种生产路线,即:BOF－RH－LF－CSP(双联)和BOF－RH－CSP(单联),采用单联方式,直接降低能耗成本24.39元/吨钢。

在工艺参数优化方面,如针对氮气使用粗放,常常造成氧氮使用不平衡问题,通过优化仪表的维护、核对设计工艺参数与实际工艺参数,在满足工艺要求下,取使用量的下限;优化溅渣护炉工艺、蒸汽封替代氮封等冶炼手段,使工序氮气消耗大幅下降。

在此基础上,马钢还通过推进界面衔接技术管理模式、电力需求侧优化运行管理模式、制氧机组优化运行管理模式、能源介质优化配置管理模式、焦炭全干熄配置管理模式、设备长寿化管理模式等并实施一系列创新和应用,以能源价值最大化为抓手,实现企业整体经济水平提升,形成马钢特色、较为系统完善的、符合大型长流程钢铁企业的能源精益化管理体系。

(五)构建"三流一态"能源精益化综合管控平台

1. 解决信息孤岛

马钢通过基础数据管理,将"信息孤岛"统一采集,解决数据异构性、分布性、自治性,并在此基础上,对ERP、LES、EMS等业务系统的应用集成实现各分部系统之间相互通信,进无缝对接,有机集成,通过消息通信总线、数据映射、消息路由和事件驱动机制等技术,实现全面的数据共享。

2. 完善监控运行

马钢对各分散系统进行重新整合,分别实现煤气在线监视、氧氮氩在线监视、电力系统在线监视、水系统在线监视、动力在线监视,并切入生产、设备调度系统,全面掌握生产运行,形成马钢统一的集能源调度、运行管理综合监控系统,为能源动态在线调控提供支撑。

3. 建立"三流一态"能源精益化管控系统架构

根据马钢生产流程(主工序＋辅助工序),利用信息与控制技术,从物理层、模型层、应用层以及标准规范等层次构建面向钢铁企业节能减排信息支撑框架。

4. 构建能源精益化综合管控系统平台

马钢能源精益化综合管理与控制系统,将能源管理的专业要求融于企业生产、设备、成本等专业管理环节，通过对"三流一态"的信息化整合，以价值流为导向，物质流和能量流协同推进构建形成集优化分析、能耗管理和决策支持为一体的能源精益化运行综合管理平台。利用马钢原有2个能源中心，并进行功能拓展，建立由过程工作站、服务工作站、基础自动化和现场DCS等多级组成的能源精益化运行网络平台，主要功能有：对各种能源介质数据进行采集、抽取和整理，取得能源生产运行的实绩数据，同时提取ERP系统的生产计划、生产实绩、各种燃料消耗、原料量、工业总产值等信息，对各个生产单元的能耗及成本情况进行统计和分析，以实现能源实绩管理、能源计划管理、能耗对标、能源成本管理、能源平衡、能源调度、重点设备能耗管理等功能。

依据能源优化数学模型，开发适合大型钢铁企业生产和用能状况的能源管理软件，实现能源的集中管理、均衡用能、优化调度以及能源系统的计划检修，提升能源系统事故处理能力和能源管理水平，从而实现节能、减排、环保的目标。

三、大型钢铁企业能源精益化管理效果

（一）助推企业整体经济运行，提升了企业的竞争力

通过模型构建、系统开发等，马钢实现了2个能源管理中心功能完善和集成，构建了具备EMS和ERP等无缝对接、能源精益化运行支撑系统和能源管控等新功能的综合能源优化管控系统平台，实现能源管理科学化、控制动态化，推进工业化与信息化的深入融合。提出了CCPP为煤气刚性用户的运行管理模式，实现机组满负荷运行，在国内首次开发并应用CCPP机组低热值纯高炉煤气燃烧技术等，CCPP高效运行管理与技术攻关，年节约维修费用3000万元，增加自发电量1亿千瓦时，减少外购电费用6000万元。

2013年通过能源精益化运行管理，马钢能源价值最大化成效显著，结构进一步优化，二次能源利用、自发电水平等稳步提升，能源成本占生产制造成本比例下降3.8个百分点，经济效益显著，为推动整体经济运行水平提升起到了强有力支撑，提升了企业的竞争力。

（二）能源精益化管理取得良好的社会效益，具有显著的示范效应

通过能源精益化运行管理，2013年同比实现节能42万吨标准煤，碳减排约100万吨，社会效益十分显著。马钢先后荣获国家"两化融合"试点企业、安徽省"节能先进单位"等荣誉称号；在大型钢铁企业能源精益化管理研究与创新方面的软课题，2013年获国家能源局软课题优秀成果二等奖；围绕创新课题在国内外刊物发表论文十余篇；CCPP机组创新管理成果低热值高效燃烧发明专利获国家专利局受理；基于能源精益化管理的"十二五"国家科技支撑计划课题"大型钢铁企业集团综合能源优化管理与控制应用示范"2013年通过国家科技部组织的验收，在行业内起到显著的示范效应，促进了钢铁行业的可持续发展。

（成果创造人：丁　毅、严　华、王卫东、史德明、曹曲泉、田　俊、罗武龙、李　博、许　石、程黄根）

大型企业集团总部职能的质量管理体系建设

中国中化集团公司

成果主创人:公司党组书记、董事长刘德树

中国中化集团公司(以下简称“中化集团”)成立于1950年,前身为中国化工进出口总公司,历史上曾为中国最大的外贸企业,现为国务院国资委监管的国有重要骨干企业。主业分布在能源、农业、化工、地产、金融五大领域,是中国四大国家石油公司之一;最大的农业投入品(化肥、种子、农药)一体化经营企业;领先的化工产品综合服务商,并在高端地产酒店和非银行金融领域具有较强的影响力。2013 年年,中化集团实现营业收入 4669 亿元,利润总额 108.7 亿元,盈利连续三年稳定在百亿之上;截至 2013 年年底资产总额 3178 亿元,净资产 1135 亿元。中化集团是最早入围《财富》全球 500 强的中国企业之一,迄今已 24 次入围,2014 年名列第 107 位。

一、大型企业集团总部职能的质量管理体系建设背景

(一)适应大型多元化企业集团管控特点的需要

中化集团大力推动企业战略转型,逐步由过去业务单一体制僵化的老外贸企业,成长为一家具备较强活力的市场化新国企。但随着业务规模不断扩大、涉足领域逐步拓宽,原有的管理模式已不适应新的发展形势和管理需求,逐渐暴露出一系列亟须解决的新问题:如何适应多元化企业的特点,恰当界定总部、二级单位、各级企业间的权责边界,建立起授权受控、张弛有度的纵向管理格局;如何适应资产规模和下属机构数量的不断扩张,建立起高效有序的多层级决策体系,在确保决策流程合法合规的前提下最大限度提高决策效率;如何适应各板块特点,实行兼顾不同行业的集团管控方式。为有效应对上述挑战,中化集团必须借助更加科学的管理手段,进一步明确和优化集团总部职能管理的功能定位、职责划分及管理流程。

(二)提高总部职能管理水平的需要

经过多年努力,中化集团建立起了与业务发展相匹配的一整套总部管控系统,但管理水平特别是管理精细化程度仍有明显欠缺,影响了管理的实际效果:一是缺乏对职能管理的“过程控制”;二是缺乏针对具体事项的清晰流程和操作方法;三是缺乏重视管理质量的内部氛围。要解决这些问题,依靠原有手段难以实现根本突破,必须为总部职能管理实施一次彻底的“变革”,从根本上提高管理水平。

(三)推动企业战略转型和长远发展的需要

经历了 1998 年之前的“第一次创业”、1998 年至 2009 年的“第二次创业”后,中化集

团于 2010 年年初正式启动“第三次创业”，计划用十年左右时间，实现利润总额翻两番，全面提升主营业务的产业地位和国际竞争力。

中化集团认识到，开展总部职能质量管理体系建设，夯实总部管理基础、提高总部管理水平，对于中化集团的战略转型和长远发展具有不可替代的重要意义；中化集团从 2012 年下半年开始在总部职能管理层面系统开展质量管理体系建设。

二、大型企业集团总部职能的质量管理体系建设内涵和主要做法

中化集团开展的总部职能质量管理体系建设，将先进管理工具与企业自身实际相结合，把国际通行的 ISO9000 质量管理体系针对产品质量管理一系列行之有效的做法引入到总部职能管理层面，利用 PDCA 循环不断改善管理质量、提高管理效率，提升总部职能管理水平；从顶层设计的高度对总部在功能定位、职责划分、部门间协作关系等方面存在的问题加以完善；全面梳理工作事项、优化管理流程、建立操作规范，并通过“三层五类”结构的质量管理体系文件将其固化为明确的制度依据，全面贯彻实施；出台一系列措施促进体系发挥实效，并以定期开展的自查、内审等为手段，推动总部职能管理建立起持续改进的长效机制。主要做法如下：

（一）明确体系建设的目标、原则和部署

1. 明确体系建设目标

建设总部职能质量管理体系，旨在促进总部职能管理实现“责任明晰化、工作流程化、操作规范化、绩效可量化”的目标，为业务发展提供更加坚实的保障。

2. 明确体系建设原则

中化集团确定开展体系建设的四大原则：一是全员参与，全面覆盖；二是化繁为简，务实高效；三是内外结合，以我为主；四是协调配合，有机衔接。

3. 明确体系建设部署

根据质量管理 PDCA 循环的理念，总部职能质量管理体系建设是一个集“策划－实施－检查－改进”于一体的闭环过程。为此，中化集团建立“领导小组—工作小组—部门一把手—分管负责人—联络员—全体员工”的工作链条，把集团总部 19 个职能部门、300 余名员工全部涵盖其中，做到体系建设人人动手、体系运行人人参与、体系成果人人分享。根据进度安排，体系建设于 2012 年 8 月正式拉开帷幕；2013 年 3 月，以整套质量管理体系文件的发布为标志，实施阶段各项工作初步完成，体系投入运行；截至 2014 年 9 月，体系已顺利运行一年半。

公司总部：北京凯晨世贸中心

（二）完善总部功能定位、职责划分，理顺部门间协作关系

1. 进一步明确总部功能定位和分级审批权限

总部职能质量管理体系建设正值中化集团深入开展内控体系优化工作之际。中化集团将两项工作有机结合，首先对总

部功能定位予以进一步明确:总部定位于集团总体战略的制定者、推动者和控制者,对战略规划的实施结果进行监控、评估和考核,并以集团整体利益最大化为原则在各二级单位间合理配置资源。围绕战略管理、人力资源管理、预算管理、投资管理、资金管理、风险管理、绩效评估、审计稽核八大职能管理程序及精益管理、制度流程、信息系统三大管理保障程序,总部与二级单位合理分权、授权受控,在各自权限范围内进行决策和管理。

工作小组还针对总部职能管理涉及的18大类、61小类决策事项的发起、会签、审议、审核、审批程序进行汇总和梳理,编制《中化集团授权审批表》。《中化集团授权审批表》对集团领导班子成员的权限作出规定,要求集团领导须严格在该权限范围内进行审批,不得越级、越权审批。

2. 调整职能部门设置和职责划分

在明确总部功能定位和分级审批权限的基础上,中化集团对职能部门设置及职责划分进行调整,具有代表性的调整内容包括:一是将投资发展部整体并入战略规划部,明确由后者统一牵头负责投资管理体系的建设完善、投资项目的审核监督及总部重大并购项目的具体执行。二是在办公厅增设品牌管理部,将以前分别由科技管理部(商标管理)、战略规划部(商号管理)、信息技术部(域名管理)、办公厅(VI管理和品牌推广)等部门分管的品牌工作予以集中,从品牌整体规划和发展的角度进行统筹,加强全集团品牌管理。三是在《职能部门功能定位及职责划分》清单中统一明确企业与上级主管部门和社会机构的联络分工,避免过去多头联络、重复联络的现象。经过这轮调整,中化集团总部职能部门总数由20个减为19个,并与8个专业委员会(行使辅助决策职能)共同组成总部管理架构。

3. 调整各岗位工作职责

人力资源部牵头组织各职能部门按照新的《岗位说明书》模板修订岗位职责说明,将部门职责进一步拆解到岗位层面。从"岗位"而非"人"的角度来界定和描述岗位职责,规避以前"因人设岗""因人定责"的现象,使《岗位说明书》权威性进一步加强。

4. 强化协作,统筹信息

中化集团对各职能部门提出要求:配合其他部门开展的固定工作事项,须列入职能部门职责之中;对于重大跨部门事项(如总部牵头的重大并购项目),对配合参与部门追加特别费用预算;通过360度评价体系,对各部门配合参与其他部门工作时的质量和效率进行匿名评价并计入年终绩效,以形成督促。

中化集团在体系建设中还明确:推行内部信息的标准化,将各部门常态化信息需求予以归纳,实现一份材料、一套数据的多部门共享;建立总部信息共享平台,扩大信息共享范围,减少重复索要。

(三)优化管理流程,建立操作规范

1. 梳理三级工作事项,细化拆分职能管理工作

中化集团体在体系建设中,工作小组组织各部门按照《工作事项及规章制度梳理表》将自身每项职责对应的工作内容细分为一级、二级、三级工作事项,并明确每个事项的承办内设部门、承办岗位和协作部门。最终19个职能部门共梳理出一级事项63项、二级

事项 135 项、三级事项 427 项，为后续开展的流程优化等工作奠定了基础。

2. 优化总部职能管理流程

工作小组组织各部门对各工作事项对应的管理流程进行逐一检查，固化必要环节、清理冗余环节、整合审批环节，优化总部职能管理流程：一是将跨部门事项（由多个不同部门参与）和部门内事项（主要由单一部门完成）区别开来，对跨部门事项以“部门”为单位进行流程设计，对其部门内部的流转予以整合，以精简管理环节。二是特别明确跨部门事项的主责部门和配合部门，以减少部门间的推诿扯皮现象。三是针对审批环节中的“不通过”情况，在流程中明确其返回至前期哪一个环节，避免出现一个环节打回、前期环节全部重来的现象，提高审批效率。按照上述要求，各部门最终梳理出跨部门流程 211 个、部门内流程 319 个。

3. 建立操作规范，加强对管理质量的过程控制和事后检验

中化集团建立起一套符合总部职能管理特点的操作规范，加强对管理质量的过程控制和事后检验：一是针对每个环节分别建立操作规范；二是以多种方式实现对职能管理的过程控制；三是强调“工作记录受控管理”的理念，通过工作记录的规范保存，为职能管理的事后检验提供依据。

（四）设计“三层五类”的体系文件结构，编写发布质量管理体系文件

1. 设计“三层五类”的体系文件结构

中化集团设计出集规章制度与操作规范于一体的“三层五类”体系文件结构。第一层管理手册对质量管理体系的整体情况和总体要求进行概述，是体系的纲领性文件；第二层规章制度类文件对企业各项经营管理行为的管理要求进行阐述（其中管理规定为基本制度，管理办法为具体制度），相当于企业的“实体法”；第三层操作规范类文件对职能管理流程和操作规范进行阐述（其中管理程序针对跨部门事项，工作指导书针对部门内事项），相当于企业的“程序法”。规章制度和操作规范两类文件内容密切相关但定位不同、分工不同，与管理手册一道构成整个质量管理体系文件。

2. 组织体系文件编写

在确定“三层五类”文件结构基础上，工作小组专门制定《体系文件编写要求》《体系文件编写格式说明》《流程图绘制说明》等一系列编写规范，从文件编号、相关文件列示、工作记录列示等方面保证文件体例符合规范要求。最终各部门共编写管理规定 32 个、管理办法 199 个、管理程序 106 个、工作指导书 241 个。

3. 发布体系文件，启动体系运行

2013 年 3 月 15 日，中化集团以废除原有规章制度年度集册印刷的纸质化发布形式，把内网办公平台的“质量管理体系文件”模块作为唯一有效发布渠道，所有新增和修订体系文件均于该平台电子化发布，一方面方便各级企业员工查询使用，另一方面提高文件发布和更新的时效性，加强体系文件的受控管理。

（五）多管齐下保障体系顺利运行，构建科学量化的评价指标体系

1. 制定质量管理方针，加强内部宣贯

中化集团结合多年来塑造的管理文化，确定以“责任清晰，高效有序；永不满足，持续

改进”作为总部质量管理方针。围绕上述方针,中化集团组织一系列内部宣贯活动,帮助员工理解体系内涵、落实体系要求:一是强化质量管理理念,树立起重视“质量”的企业共识。二是传授质量管理方法,培养起重视规范的良好习惯。三是强调“无边界管理”思想,营造出重视合作的工作氛围。在体系运行过程中,工作小组通过报纸、网站等内宣平台向员工强化“无边界管理”思想,并在制度设计、考核约束等方面予以配合,进一步营造出重视合作、精诚团结的总部工作氛围。

2. 建立与“工作流”相匹配的“制度流”

工作小组将不同阶段、不同部门负责的体系文件加以整合,建立起与“工作流”相匹配的“制度流”,为各级单位查询使用体系文件、遵照文件要求开展工作提供便利。以投资管理为例,针对投资项目的全周期过程,工作小组对“决策—建设—运营—处置”四大阶段的各项体系文件加以统筹,将相应的规定、办法、程序、指导书进行汇编,使投资管理每个环节对应的制度依据更加清晰,方便全集团贯彻实施。

3. 制定质量管理目标,构建科学量化的评价指标

针对职能管理工作难以量化评价的难题,中化集团组织制定总部及部门质量管理目标,构建科学量化的评价指标。总部质量管理目标是从质量、效率、成本等 10 个维度出发,对全体职能部门提出的共性要求,是各项工作均应努力达成的总体目标。部门质量管理目标是从部门定位与职责出发,针对具体工作提出的细化目标。部门质量管理目标的完成情况是体系运行自查、内审的重要检查项目之一。

在制定部门质量管理目标的过程中,工作小组要求各部门根据自身实际特点,采取不同方式设置判定指标:一是针对公文管理、档案管理、财务单据管理等较为基础的事务性工作,侧重于从差错率角度设置判定指标,检验时以抽样检测为主。二是针对战略规划和预算制定、政策研究、干部队伍管理等综合性较强、事关公司全局的工作,判定指标侧重于检查是否出现明显缺陷、是否产生不良影响。三是针对工程管理、HSE 管理等专业化程度较高的工作,侧重于从行业规范的专业角度设置判定指标,检验时主要对照国家有关法律法规进行抽查。

(六)组织自查、内审,建立体系运行长效机制

1. 组织体系运行自查

自查是各职能部门按照质量管理的要求,对本部门工作开展情况进行的自我检查,每年开展一次(一般安排在年中),内容主要包括:一是检查体系文件有效性。二是检查操作规范性。三是检查质量管理目标完成情况。自 2013 年 3 月体系正式投入运行以来,中化集团已于 2013 年 6 月和 2014 年 5 月开展两次自查,共计查找出不符合事项 310 个。

2. 组织体系运行内审

内部审核(简称“内审”)每年开展一次(一般安排在 9、10 月)。内审检查内容与自查基本一致,但是由专门组建的内审评价小组(从各部门抽调骨干员工组成)实施,是对各部门体系运行情况、工作开展情况的综合性检查。内审工作主要流程。

自2013年3月体系正式投入运行以来，中化集团已于2013年10月开展一次内审，共计查出不符合事项53项。2014年度内审工作计划于2014年10月前后组织实施。

3. 将内审评分应用于职能部门绩效评价

针对职能部门绩效评价难以量化的问题，中化集团调整职能部门绩效评价的分值结构，降低主管领导评分权重，将内审得分引入到评分项目中、占10%权重，一方面提高绩效评价的客观性，另一方面也提高各职能部门对质量管理的重视程度。

4. 针对自查、内审结果组织全面整改

对于自查、内审中发现的问题，中化集团要求各部门根据问题的性质和严重程度组织有针对性的整改，发挥质量管理体系的持续改进能力：一是针对体系文件设置或内容存在的缺陷，通过体系文件修订加以完善，共修订管理规定、管理办法和管理程序类体系文件136个，并新增5个、废止3个。二是针对不规范操作的现象和未完成质量管理目标的问题，要求各部门相关责任人和分管领导制定整改计划，并严格按照该计划限期完成整改。

三、大型企业集团总部职能的质量管理体系建设效果

（一）建立起有效的总部职能质量管理体系

体系投入运行一年多来，推动总部职能管理初步实现"责任明晰化、工作流程化、操作规范化、绩效可量化"的目标：一是初步实现责任明晰化。各部门因责任不清所导致的推诿扯皮现象大幅减少，各跨部门事项均在明确的主责部门牵头、配合部门参与下得到顺利开展。二是初步实现工作流程化。特别是投资管理、全面风险管理、全面预算管理等较为复杂的管理事项均在信息化工具的辅助下实现流程化管理，较体系建设前有明显进步。三是初步实现操作规范化。操作规范类体系文件得到广泛使用，一年多来各项管理程序、工作指导书在体系文件发布信息平台上被查询下载上万次，全体员工逐步形成按规范操作的良好习惯。四是初步实现绩效可量化。

（二）切实改善总部职能管理质量和效率，提高服务一线的能力

中化集团分别于2013年6月和2014年5月组织过两次体系运行自查。各部门不符合事项数量总数从2013年的192个下降到2014年的118个。总部各类决策的质量也得到改善。在投资管理方面，2013年共有4个合计金额64.1亿元的投资项目因安全隐患、市场前景、配套条件等原因被总部及时叫停，避免了项目盲目上马可能造成的潜在损失；在业务整合方面，2014年上半年总部决策实施了农药业务的内部重组，将主要农药业务划入上市公司平台统一经营，取得较好经济效益。体系的建立和运行有效提高了总部职能管理效率。报请集团领导的审批事项数量由2012年的716项下降至2013年的645项；公文会签速度显著提高，流程时间超过10个工作日的公文较体系运行前下降约80%。

有效增强了总部服务一线的能力。根据优化后的风险预警流程，2013年总部风险管理部门及时发布风险预警65次，在复杂多变的经营环境下帮助各经营单位有效避免了重大经营风险事故的出现；总部安全生产管理部门编制可供全集团各板块通用的危险作

业安全管理标准，有效提高了一线生产企业的安全生产管理水平，确保全集团未出现重大安全生产事故。在2014年中开展的职能部门满意度调查中，各经营单位对19个职能部门的满意度平均分由上一年的85.1分上升至86.3分，体现出其对总部服务改善的认可。

（三）提升集团整体管控能力，保障各项主营业务健康发展

提升了整个集团公司的管控能力，保障各项主营业务健康、稳定、可持续发展。继连续三年盈利稳定在百亿之上后，2014年上半年中化集团营业收入、利润总额分别完成进度预算的114%和107%，在中央商贸企业中继续保持领先；标普、惠誉、穆迪等国际三大信用评级机构也相继于2013年年底2014年初将中化集团信用评级由BBB+上调至A一。在2014年中央企业负责人年度经营业绩考核中，中化集团圆满完成各项考核指标，成为自2004年开始该项考核以来仅有11家“十连A”的中央企业之一。

（成果创造人：刘德树、韩根生、杨　林、李　强、张兴华、姚利明、江　霈、张宝红、宋玉增、陈爱华、邓小军）

以建设质量效益一流铁矿山为目标的精益管理

鞍钢集团矿业公司齐大山铁矿

成果主创人：矿长王志忠

鞍钢集团矿业公司齐大山铁矿(以下简称“齐矿”)位于辽宁省鞍山市东郊，隶属于鞍钢集团矿业公司，是鞍钢集团的重要原料生产基地之一。前身是1916年建成的樱桃园铁矿。1993年，国家投资对其进行了改扩建，使其成为我国目前唯一集采、选、电、蒸汽生产于一体的现代化大型铁矿企业。主要产品有铁矿石、铁精矿、电、蒸汽四种，年设计生产能力为采剥总量5100万吨、铁矿石1700万吨、铁精矿300万吨、发电量1.8亿千瓦时、蒸汽140万吉焦。现有职工1980人，固定资产原值55亿元。

一、以建设质量效益一流铁矿山为目标的精益管理背景

(一)提升自有矿山竞争力的需要

齐矿所在的鞍山东部矿区，铁矿石储量总计有173亿多吨。作为国家于“八五”期间投资40多亿元建成的采选联合企业，但其在完成改扩建后的投产初期，由于依然受着计划经济时期的思想观念影响，片面追求产量指标，结果导致铁精矿成本一度明显高出进口矿的到岸价，不仅影响到了企业的投资回收期，并进而影响到企业产量规模的提升。这使齐矿认识到，企业要发展，不仅要达产，而且要达效，必须走质量效益型的道路，提升矿产品竞争优势，打破国际矿业巨头对铁矿石市场的垄断操控。

(二)服务鞍钢集团整体战略的需要

掌握着丰富的铁矿石资源是鞍钢得天独厚的优势，矿业是鞍钢发展的重要支柱。在推进转型升级的过程中，鞍钢对鞍钢矿业及其所属的各厂矿提出了新的要求，要同步实施资源保障战略和低成本战略，不仅要发挥原料基地的作用，还要积极承担利润中心的责任，坚持把鞍钢的资源优势转化为产业优势、竞争优势和发展优势。按照新形势的要求，齐矿必须把经营管理重心放到提质增效升级上来，通过改善内部管理，提高科学管理水平，在为鞍钢集团稳定铁矿石自给率方面做出贡献的同时，切实提高产品供应质量和企业运营效益。

(三)发挥保障国家战略资源安全示范作用的需要

国家于“十二五”期间明确提出要建立我国铁矿石资源保障体系。这是摆在铁矿行业面前的一个重大的历史性课题。“十二五”以来，从构筑鞍钢资源优势，发挥保障国家战

略资源安全示范作用的高度出发，鞍钢矿业制定并实施了与国际矿业巨头进行长期竞争的总体发展战略，明确提出了"打造世界级铁矿企业"的目标，决心将自身的规模由目前年产铁精矿 1800 万吨，提高到年产铁精矿 3000 万吨以上，并将矿产品成本明显降至进口矿到岸价以下。齐矿承担着全公司近 1/3 的产量任务。目前正在进行二期扩建，扩建完成后保有资源储量将达到 6.1 亿吨，其中铁矿石 1700 万吨规模的稳产期将达到 25 年，生产规模即采剥总量将达到 8200 万吨/年，这是鞍钢矿业打造世界级铁矿企业的重点项目之一。齐矿必须全力创新管理，大力提升企业发展的质量效益，在鞍钢矿业打造世界级铁矿企业的进程中发挥排头兵作用。

二、以建设质量效益一流铁矿山为目标的精益管理内涵和主要做法

齐矿以精益管理理念为引领，以实现高质量、高效率、低成本为主线，以优化生产管理、设备管理、成本管理和管理平台为重点，以推行全员对标管理为支撑，力求用越来越少的投入而获得越来越多的效益所实施的一系列管理措施及其所形成的管理体系。主要做法如下：

（一）确立精益管理的理念、思路和重点

精益管理的根基在于精益文化。齐矿结合精益思想和企业实际，对企业精神和理念进行了重塑，提出要把"开采有限矿石、创造无限价值"作为本企业的价值观，以引领精益管理的深化与发展。齐矿还提出把矿业公司要求的"精细、严格、到位"作为本企业的管理理念，把"事事求更好、天天讲进步"作为本企业员工的工作理念。

在确立精益管理理念的同时，齐矿确定"两高一低"的精益管理思路。所谓"两高"，一是提高铁精矿质量（品位），确保其达到 67%以上；二是提高主体设备效率和劳动生产率，确保其达到同行业领先水平。"一低"是降低成本，确保铁精矿的单位完全成本明显低于进口矿的到岸价，在与进口矿的竞争中具备成本优势。

（二）以"四无"为目标推进铁矿山准时化生产管理

精益管理最突出的特征是强调准时化生产。齐矿制定《准时化生产管理办法》，提出"四无"（各工序生产衔接无耽误、设备调动配置无失误、生产运行无虚耗、生产组织指挥无差错）的准时化生产目标，推动采矿生产管理实现精益化。

1. 推行工序作业标准时间管理

齐矿推进铁矿山准时化生产管理，关键环节是实施标准化作业，建立以工序作业标准时间管理为内容的准时化生产模型；运作这一模型，强化在工序衔接上的动态匹配能力，实现低成本高效率的动态平衡生产组织。

生产现场

2. 推行精准生产组织模式

近年来，齐矿所在的鞍钢矿业在国内同行业中率先开展提铁降硅（杂）攻关，使

我国自产矿在质量(品位)上一举超过进口矿,这被誉为我国铁矿行业的一次技术革命。提铁降硅(杂)的需要以及避免无效投入和资源浪费,齐矿在采矿方面又推行精准生产组织模式。这一模式包括:精准探矿、精准爆破、精准配车、精准采掘四个"精准",保证采矿生产的采出品位,也满足"少投入、多产出"的目标要求。

3. 推进生产管控手段的完善

推行精准生产组织模式,前提是生产管控手段的完善。为此,齐矿在生产管控上实施信息管控、动态管控,在线管控三个项目。实施准时化生产以来,齐矿采矿系统各工序每天中午 12:00 点准时转车,实现集中供矿、破矿,准时化生产执行率达到 90%以上,日均增加生产作业时间 2 小时,电铲效率提高 50 万吨/台年,汽车效率提高 21 万吨公里/台年,破碎效率提高 300 吨/小时,日均增产 1.5 万吨。

(三)以"四五"为内容实施设备提升工程

近年来,齐矿以参与国家层面开展的 TnPM"五阶六维"入阶评审活动为契机,大力实施以"四五"为内容的设备提升工程。"四五"中的"四"指设备运行零故障、设备维护零缺陷、设备操作零失误、生产现场零泄漏。"五"是指设备综合效率提高 5 个百分点。

1. 建立健全组织责任体系。

齐矿在矿级层面成立由主任、副主任、代表组成的 TnPM 管理委员会和由专职人员组成的 TnPM 推进办公室,在下属作业区层面和班组层面成立作业区 TnPM 领导小组和班组 TnPM 小组,在各部门、各作业区配备 TnPM 联络员,由此形成比较完善的 TnPM 组织体系。在此基础上,齐矿详细规定有关机构和人员的 TnPM 管理职责。齐矿还制定 TnPM 职责矩阵表,促进各项责任的落实,保证 TnPM 管理的顺利推进。

2. 规范管理流程

齐矿构建以设备运行管理模块为中心,以设备点检管理模块为主线,以设备检修管理模块为手段,以设备效率管理模块为目标,以绩效管理模块为驱动的"五位一体"的精益设备管理模型,五个管理模块构成的设备管理模型在实践中发挥着重要的功能。

3. 规范管理体系

齐矿在实施设备管理体系提升工程过程中,建立比较规范严密的三大体系:一是建立点检管理体系。通过下发《齐大山铁矿点检定修管理办法》《齐大山铁矿设备点检员管理办法》和《齐大山铁矿精密点检实施办法》,明确"三级"点检的职责、权利、业务范围、绩效评价等内容。二是建立检修维修体系。主要是以"精干高效、策略精细"为目标,推行检修模板化、集中化模式。三是建立技术标准体系。主要是进一步完善和修订设备"三大规程"和"四项标准"。

4. 优化生产现场管理

齐矿依据生产现场零泄露,即现场所有风、水、油、尘、矿的泄漏点为零的要求,按照打造具有示范和引领作用的国际一流生产现场的标准,制定详细的现场管理推进计划和时间表,并明确了各个工序的工作标准。在采矿现场管理上,首先固化"修路胜于修车"的思想,把修好采场公路放在首要位置来抓,确保公路管理达到一流标准。制定穿爆、采矿、汽运、破碎、修路各工序的文明生产标准模型，通过优化管理，齐矿实现一流的生产现场工作环境。

(四)推行精细化的目标成本管理

齐矿着手建立以提升企业质量效益为中心，以贯彻“精细、严格、到位”管理理念为要求，以工序标准成本分析管控平台为工具的目标成本管理机制。

1. 细化成本核算单元

职责细化。横向以专业部室为主体，从负责人到专业岗位，强调专业管理与专业相关成本管控的统一结合；纵向以各级成本中心为主体，即从作业区到机台(班组)直至岗位(人员)实行分级管理，将岗位操作与作业成本直接联系起来，特别突出操作岗位作为成本控制第一线的地位。

指标细化。项目确定是将与成本费用有着较强逻辑性和关联度的产量指标、质量指标、技术经济指标均纳入全员目标值管理项目。

核算细化。将成本核算延伸到班组、机台、岗位，设立物资定额消耗统计台账，核算项目由齐研的100项细化到作业区的288项。

2. 确立和分解成本目标值

科学制定成本目标值。层层分解成本目标值。同时，制定《齐大山铁矿推进全员成本目标值管理实施方案》，将成本目标值管理纳入考核，与绩效挂钩，极大地调动员工完成目标成本的积极性、主动性和创造性。

3. 建立工序标准成本差异分析管控平台

齐矿结合实际生产特点，确定工序标准成本差异的构成。工序标准成本差异＝工序标准成本－工序实际成本，差异额＞0表示成本降低，差异额＜0表示成本超支。工序标准成本差异分析从定额价格、定额耗量、作业量变化、固定费用开支等四个方面进行，对差异率超出5%的单个项目要进行分析，对差异率超出10%的单个项目要进行重点分析。主要目的是层层分析成本动因，找出主要矛盾，落实改进责任，不断降低成本。

(五)运用信息技术提升精益管理水平

1. 加快“数字矿山”建设

在构筑信息化管理平台上，齐矿首先加快“数字矿山”建设，推进企业经营管理的全面数字化。实现劳动对象数字化，劳动工具数字化，劳动手段数字化。其中与即时通软件相关联的“公文管理系统”，能处理承接公司及矿内外部公文53种，实现全覆盖和远程办公。

2. 推进“智慧矿山”建设

齐矿按照鞍钢矿业的总体要求推进“智慧矿山”建设，以实现由“数字矿山”到“智慧矿山”的跨越，形成更加完整卓越的信息管理平台。

“智慧矿山”是“数字矿山”的升级，其是运用信息和通信技术手段感测、分析、整合矿山运行核心系统的各项关键信息，对生产、安全、技术和后勤保障等进行主动感知、智能响应、自动分析、快速处理。智慧矿山将使企业的变革创新能力、协同制造能力、低碳生产能力、企业管控能力、科学发展能力、文化素养水平等各个方面得到极大提高。一是构建“智慧人本管理”平台。主要以流程管理系统为核心，突出管理者的管理作用，重点是建立了管控一体化体系。二是构建“智慧生产执行”平台。齐矿打造了国内首创的生产数据采集及集成平台。三是构建“智慧设备管控”平台。建立设备管理信息化系统。该体系由小神探点检系统、物耗管控系统、ERP系统三个系统组成，以设备在线监控为核心，依据数学模型分析，运用设备感知技术，实时掌握设备状态。

(六)围绕持续改进和创新实施全员对标管理

1. 实施全员对标管理

齐矿采取有力措施，大力实施全员对标管理。主要包括：层层对标，全面对标，规范对标；齐矿强调，对标不仅要坚持学习与创新，还要注重超越与领先，以实现主要技术经济指标在同行业中处于全面领先的地位。

2. 建立对标指标体系

为强化对标管理，齐矿建立起“两个二”的对标指标体系。“两个二”：即两大方面和两个级别。两大方面，一是工序标准成本对标，这是由财务部门主管的以改善成本管理为核心的管理对标；二是主要技术经济指标对标，这是由生产技术部门主管的以改进工艺技术为重点的技术对标。两个级别，一是A级对标指标，二是B级对标指标。A级对标指标是指矿业公司所确定的对标指标，为汽车效率、电铲效率、牙轮效率、爆破效率、炸药单耗、柴油单耗等6项；选矿的A级对标指标为磨机效率、磨机作业率、尾矿品位、钢球单耗、衬板单耗、电力单耗等6项。B级对标指标是指除A级对标指标所涉及的作业区之外，在其它作业区选定指标组成的齐矿对标指标体系。

在建立对标指标体系的基础上，齐矿把对标指标层层分解到各部门、各作业区、各班组和有关责任人，保证全员对标管理的常态化和实效性。

3. 完善对标综合评价体系

齐矿完善对标综合评价体系。这一体系的主要特点是：体现对标评价既要关注指标改善，又要关注指标先进这一原则。例如，在工序成本对标方面，齐矿是从比上年同期实际指标改善幅度值和比标准指标改善幅度值两个方面，对各单位的工序成本对标工作进行综合评价。比上年同期实际指标改善幅度值排名得分权重占30%，比标准指标改善幅度值排名得分权重占70%。其计算公式为：指标改善幅度值=[(上年同期实际指标－实际指标)/上年同期实际指标]×30%+[(标准指标－实际指标)/标准指标]×70%。计算结果为“+”时表明该项工序成本指标好于上年同期实际指标或标准指标，为“－”时表明该项指标未达到上年同期实际指标或标准指标。按照上述办法，齐矿每个季度对各单位进行一次评价，年度进行总评，并将其作为主要内容纳入绩效管理，进行奖罚。

三、以建设质量效益一流铁矿山为目标的精益管理效果

(一)经济技术指标显著改善

推行精益管理以来，齐矿的主要产品质量指标即铁精矿品位达到67.63%，比进口矿品位平均高出2.5～4.5个百分点。采矿回采率达到99.71%，位居国内同行业第一。作

为水耗大户，齐矿选矿新水单耗为 0.13 立方米/吨，居于国内同行业领先水平。选矿劳动生产率由 2010 年的 16630 吨/人年，提高到 2013 年的 20835 吨/人年，位居国内同行业前两名。两大产品中，铁矿石单位成本由 2010 年的 65.39 元/吨降至 2013 年的 49.74 元/吨；铁精矿单位成本由 2010 年的 533 元/吨降至 2013 年的 440 元/吨。其中，铁精矿单位成本降幅达到 17.4%。这一成本水平，明显低于进口矿 2013 年平均 770 元/吨左右的到岸价水平。

（二）为鞍钢发展做出了贡献

在没有增加主体设备的条件下，齐矿于 2010—2013 年呈现出铁矿石产量持续超设计、铁精矿产量连续创新高、利润指标逐年提升、成本指标逐年降低的良好态势。铁矿石年产量由 2010 年的 1500 万吨提高到 2013 年的 1820 万吨，每年均处于超设计水平；铁精矿年产量由 2010 年的 303 万吨提高到 2013 年的 385 万吨，连续创历史新高。实现利润由 2010 年的 6.3 亿元提高到 2013 年的 14.23 亿元，成为对鞍钢集团利润贡献率最高的一个厂矿。同时，齐矿坚持实施的“提铁降硅（杂）”举措，也使鞍钢炼铁高炉的利用系数明显提升，焦比明显改善，能耗和成本明显下降，使鞍钢近年来每年收到 6 亿多元的效益。

（三）企业管理水平不断提高

在主体设备的效率指标上，齐矿的电铲效率达到 485 万吨/台年，大型生产汽车效率达到 355 万吨·公里/台年，均居国内同行业第一名。在设备管理指标上，齐矿的主体设备完好率由 2010 年的 95.09%上升到 2013 年的 98.76%；主体设备故障率由 2010 年的 2.78%下降到 2013 年的 1.03%，其中，选矿主体设备已实现零故障运行。在文明生产管理、现场管理方面，齐矿已实现了由执行标准向输出标准的跨越，采场公路管理、选矿现场作业环境达到了国际一流水平。2012 年，齐矿在 TnPM 入阶评审活动中通过了中国机械工程学会设备与维修工程分会的 TnPM“三阶”认证，成为目前全国进入 TnPM 三阶的 10 家企业之一，并被命名为“国家级 TnPM 示范基地”。

（成果创造人：邵安林、王志忠、李之奇、刘炳宇、吕凤柱、张丽珍、秦文博、王永增、崔维刚、许洪刚、梁　军、陶贵立）

航空科研院所适应技术和业务发展要求的流程优化管理

中国直升机设计研究所

成果主创人：直升机所副所长禹彬彬

中国直升机设计研究所（以下简称“直升机所”），隶属于中国航空工业集团公司，创建于1969年，是我国唯一的以直升机型号研制和技术预先研究为使命的大型综合性科研单位，现有职工2800余人，其中专业技术人员2000余人，国家级和省部级专家20余人，是国家硕士、博士学位授予单位，设有博士后科研工作站。中国直升机设计研究所是直8、直9、直10、直11、直15、AC310、AC311、AC313等多个型号系列的总设计师单位及直升机预先课题研究的抓总单位，是国家直升机产业发展的龙头，有两个直升机生产基地中航工业哈飞和昌飞与之配套。

一、航空科研院所适应技术和业务发展要求的流程优化管理背景

（一）直升机新技术的迅猛发展对企业管理提出了新要求

直升机产业属于典型的高技术复杂产品研发。高技术复杂产品研发的技术专业分工细致，工程数据量巨大，业务类别繁杂，技术协调面广，各项工作进度匹配严格和质量要求苛刻，新技术的产生和使用层出不穷。高效三维变化翼型、全新型复合材料桨叶和球柔性或无轴承桨毂等旋翼设计技术，复合材料在机体结构中的应用技术，综合航电、综合隐身技术、光传飞控、综合飞行/火力/发动机控制技术和高速新构型技术等为代表的一大批新技术应用日趋成熟，传统的基于职能的企业管理已经越来越难以适应技术发展的需求。

（二）直升机业务的快速发展对企业管理提出了新挑战

国家低空空域改革和开放步伐的正在加快，市场对直升机的需求十分迫切，在警用航空、森林消防、海上救助、紧急医疗救护和电力作业等直升机主要应用领域，需求将大幅提升，直升机研发任务量迅猛增长。经统计，到2015年或2020年，世界直升机市场需求量估计7000架，我国直升机需求量估计1800架，这既给直升机所带来快速的发展机遇，也直面严峻挑战。现在平均每年就有十几个直升机研发项目同时推进，对于企业管理体系和能力提出了越来越高的要求。同时随着技术进步和发展，直升机所的对外合作项目越来越多，企业管理体系和模式不仅要被合作方认可和接受，能对直升机市场需求快速响应，而且还要形成统一、规范的运营管理体系作为管理标准输出。因此，直升机业务的快速发展对现有企业管理体系和模式都提出了更高的要求。

(三)现代信息技术的快速发展和广泛应用为企业管理创新提供了手段

现代社会已经进入信息化社会,信息技术的快速发展和广泛应用使得人们的工作生活面貌焕然一新。一方面,数字化设计、并行工程设计、基于对象的三维 MBD 设计、仿真设计、仿真试验等新技术的产生,为全面打通设计、分析、试验、工艺和制造等数字化协同研发流程体系提供了支撑。另一方面,平衡计分卡、ARIS 流程梳理工具、项目全生命周期管理、供应链管理等先进管理理念、方法以及相应的管理信息化实现技术为现代企业管理创新创造了条件。企业管理的未来发展必然是管理和信息化相互融合、相互促进的过程,通过建立高效、标准、融合的企业管理信息平台,克服传统基于职能的企业管理弊端,逐步实现企业管理的流程化、精细化、标准化,实现管理创新成果的固化、落地。

二、航空科研院所适应技术和业务发展要求的流程优化管理内涵及主要做法

直升机所参考流程管理等理论,结合自身发展实际需求,确定企业流程优化管理的目标——通过规范业务流程、理清职责边界,实现业务流程管理的可视化、规范化和标准化,通过流程梳理、流程扫描和诊断,流程优化几个阶段建立企业管理流程体系。初步实现由职能型管理向流程型管理的转变,大为提升企业的运行效率,直升机研发能力显著增强。主要做法如下:

(一)明确流程优化的基本思路和实施方案

流程管理的核心是流程,本质是构造卓越的流程。直升机所确定流程梳理的两个层次,依次开展流程结构梳理和流程内容梳理,形成直升机所流程网络全景图、业务流程图、流程说明书,实现业务流程的显性化和统一规范性描述。在此基础上,将业务流程按照分为战略类流程、核心类流程和支持类流程三类,进行扫描评估,发现问题和改进方向。并根据业务流程扫描的结果进行系统优化,从流程内容和流程环境等各方面,综合考虑于业务流程的执行、控制、考核等环节,对于影响业务流程运行质量的部门职责、岗位职责、规章制度、信息化规范等内容进行优化,全面提升直升机所流程体系运行效率。

直升机所成立了流程管理优化工作领导小组,办公室设在管理创新办。推进团队组成员包括各职能部门领导、推进单位、管理专家等,具体开展由管理创新办负责组织协调推进检查。直升机所正式下发工作实施方案,明确各职能部门的工作责任和工作要求,制定工作计划节点,按照计划节点推进整个企业流程优化工作。

(二)开展流程梳理,为流程优化奠定基础

1. 流程结构的梳理

管理创新研讨会

直升机所将业务流程按照其逻辑层次进行逐层细分梳理,制定出流程结构梳理表,以构建整个直升机所的业务流程网络全景图。直升机所业务流程框架分为 9 大业务域,包括 45 条 1 级流程,91 条 2 级流程,704 条 3 级流程。为整个流程梳理和优化确定整体目标和方向。最终形成

流程结构梳理表。

2. 流程内容的梳理

流程内容的要素一般包括输入、活动、活动结构、输出结果、表单、工具、客户、知识经验和风险等。根据流程内容要素，制定下发流程描述表，进行流程情况调查，了解末端流程的详细情况。

3. 流程建模

在前期梳理流程结构和内容的基础上，进而运用专用高效的流程管理工具（ARIS 软件平台）组织开展业务流程建模工作，绘制流程图，完成业务流程初步梳理工作。

按照“易于理解、便于实施、快速查找、实时纠错”的原则，在绘制流程图的同时，对流程所涉及的规章制度、工作表单、工作岗位、考核标准、风险控制、知识点等进行详细描述和说明，形成该业务流程说明书，分基本信息和内容信息两个方面，反映业务流程的工作全貌。

4. 整理汇编形成流程手册

直升机所用近一年的时间，梳理流程体系中流程条目的数量为 1828 条。研发流程条目数量为 1124 条，完成流程建模的研发流程为 310 条。其中管理流程条目的数量为 704 条，完成流程建模的管理流程为 316 条。通过流程梳理，形成系统清晰的业务流程体系结构，编制内容比较全面完善的流程说明书，按照部门分类整理汇编形成流程手册。

（三）评估流程现状，明确流程优化的重点和方向

1. 业务流程分类

战略类流程：直升机所的战略管理流程和内控监督管理流程就属于这类流程，流程服务对象是管理层、社会、公众与政府部门等。

核心运营类流程：直升机所的核心运营类流程包括研发流程、科研管理流程、质量管理流程就。流程服务对象是市场与客户。

支持类流程：直升机所的支持类流程包括人力资源管理流程、财务管理流程、行政管理流程、党群管理流程、后勤保障管理流程。流程服务对象是企业内部业务部门和管理部门。

2. 流程扫描和评估

战略类流程。战略性流程关注的是涉及企业长期发展命题及企业运营管理的流程，在内容上，既包括中长期战略的制定、分解，市场战略与营销计划的制定，以及存在于全所各个业务角落的风险的识别、评估、应对与考核，也包括对领导干部、部门负责人、经营运行情况等进行内控与监督管理。

核心运营类流程。核心运营流程是直升机所价值增值过程的直接体现，也是直升机所业务模式的重要表现形式，更是流程管理关注、分析乃至逐步改进的重要环节。

支持类流程。支持类流程是保障直升机研制工作顺利进行、战略落地执行的重要基础工作，流程整体情况呈现业务较为分散、参与单位多。

3. 流程诊断

流程与组织的匹配性分析。直升机所跨部门的流程有 306 条，建议进行组织机构的

设置调整，通过机构设置优化和部门职能调整。

流程与岗位的匹配性分析。需要所领导参与决策的流程有117条，所领导参与决策的业务比重达37.03%。其中需要所领导群决策的流程有38条，需要所长直接决策的流程有68条，比重达58.12%，由于领导包揽较多决策责任，有可能导致错过决策的最佳时机。建议明确各审批岗位决策职责，去掉不必要的审批环节。部分岗位职责较为模糊：对直升机所12个核心管理部门职责和岗位职责进行系统梳理。分析结果显示20.4%岗位的职责尚未给出明确定义，17.2%的岗位没有可参与执行的流程，岗位职责应当进一步优化调整。

流程与制度的匹配性分析。业务流程与制度关联性不足：发现制度体系与业务流程之间存在较多的空白区域，没有形成紧密的呼应关系，其中有93个业务流程缺乏制度支撑。表单应用不够规范：业务流程在采集数据源过程中，约39.58%数据是用工作表单进行记载的，大部分数据的记录还是使用随意性较大的文档，缺乏一定的规范性。

流程与IT系统的匹配性分析。业务流程自动化程度低，有业务系统支持的业务流程不超过30%，绝大数流程仍在手工流转。但各系统流程之间缺乏高效集成和数据接口，难以实现数据共享和流程对接，使得业务流程的执行容易产生系统断点。

（四）开展流程优化和组织结构、职能调整，修订规章制度体系

直升机所的流程优化主要分为两个部分，一是业务流程体系内部的优化，对于业务流程的执行、控制、考核等环节进行优化；二是指业务流程环境的优化，对于业务流程运行有很大影响的部门职责、岗位职责、规章制度进行优化。

1. 根据流程管理优化的要求进行组织机构调整

直升机所对不适应流程顺畅运行的部门，按照“业务理顺、做实、运行高效”的原则进行调整、重组和整合，对相关部门的职责进行系统修订，修订部门职责205条，从组织设置和职能清晰上为业务流程高效运行奠定基础。成立采购管理部、航空产品部、技术支援部和运行保障部，明确流程和职责。

2. 根据流程管理优化的要求对于岗位体系进行完善

从流程管理的视角审视岗位的职责，包括岗位参与执行的流程，在执行流程过程中使用的制度、工作表单、支持业务开展的信息系统等，从而形成流程岗位视图，并根据流程运行需要对岗位说明书内容进行适应性修订。

3. 根据流程管理优化调整组织修订制度

直升机所对流程优化不适应的规章制度体系进行修订完善，历时1年最终完成规章制度体系修订、发布工作，制度数量由梳理前约400个减少到233个，制度体系与业务流程体系实现紧密相关，并将制度体系完善为制度、办法和实施细则三个层面，实施细则重点说明具体详细的业务流程，为业务流程顺畅高效运行奠定坚实的制度保障。

（五）推进核心管理业务信息化，固化流程优化成果

直升机所通过企业管理业务流程优化，筛选出适合信息化的管理业务流程，制定完善管理信息系统工作计划，按照流程优化的结果积极推动流程“固化＋优化＋信息化”工

作，全面推进包括项目管理、决策支持管理、质量管理等核心业务管理流程的信息化工作，极大地提升直升机所管理业务的工作效率，并保障流程执行刚性，为全面完成繁重的直升机所科研生产任务提供可靠的信息平台支撑。

一是项目管理系统升级，完善计划管理、人力资源管理、计划考核等部分功能，实现对所有科研计划的下达、分解、执行和监控，达到对项目的范围、时间、质量等方面的有效管理。

二是决策支持系统，实现对人、财、物、项目计划管理等相关数据的统计、分析与展示。开展数据分析处理，对多种决策方案进行优选，能及时形成较为全面的管理数据报表，根据统计学原理进行数据挖掘和分析预测，为单位提供有力的决策支持。

三是质量管理系统，实现对流程、体系文件、质量问题等管理功能，实现质量体系业务流程信息化、统计分析自动化。

四是经费管控一体化平台，构建集成网上报销、资金计划、预算管理、合同管理四大模块为一体的、高效协同的经费管控一体化平台，实现经费管理集中、反应及时、过程可控和风险预警目标。

五是固定资产管理信息系统，实现资产申报、审批、调拨、报废、资产盘点等业务流程的信息化。提供与财务、计量、试验数据、人力资源系统、门户等管理信息系统的应用接口，实现相关数据系统的资源整合和共享及资产信息集中、分层管理，为全所资产利用、开发与管理提供决策支持。

六是 IBSC 战略管控平台，构建从平衡计分卡的形成到绩效展现的全程管控平台，实现作为战略与行动计划桥梁的考核指标，以及指标重要性程度、考核时间、考核责任部门等要素信息间的深度融合。

(六)强化培训和完善考评机制，为流程优化管理提供有力保障

直升机所重视对于流程管理理念的导入，分三个层次对于所领导、中层干部和班组长进行针对性的流程管理理论和方法培训，对流程建模人员进行实际操作培训，保证相关人员从思维上和工具方法上向流程管理转变。

同时针对流程优化管理建立考核评价机制，每年定期对各业务流程进行流程成熟度评价，从流程设计、流程执行、流程信息化、流程负责人、流程客户、流程支撑等几个方面进行评估，发现流程缺陷和改进意见，建立流程优化管理的长效工作机制。

三、适应现代直升机业务发展要求的企业流程优化管理实施效果

(一)初步实现从职能型管理向流程型管理转型

直升机所通过实施企业流程优化，直升机所构建了比较完善的业务流程体系框架，形成清晰的业务流程逻辑结构和相适应的信息系统架构，通过实施流程扫描诊断发现了流程缺陷，针对性地进行了修订完善。据统计，超过 80%的业务流程的内容进行了不同程度的修订完善，其中重大内容修订超过 30%。直升机所编制了系统化、内容丰富的流程图和流程说明书，形成了流程工作手册，把岗位职责、组织机构、工作标准、知识经验和风险防范进行了有效集成。

（二）提升了业务运作效率和管理效益，直升机研发实力明显增强

直升机研发实力明显增强，为所承担的繁重型号研制任务提供了坚实保障。采用相关因素合成计算法（PCP），产生的直接经济效益在2329万元以上。通过企业管理业务流程优化，完善预算控制体系，资金效益显著，采用单项因素直接测定法（MTP），成果应用后，较实施前获得资金收益400多万元。实现资产信息化管理，资源配置持续优化，实现1.18万余项、22.8亿元固定资产的信息化管理，并首次规范了低值耐用品台帐的建立。对全所的固定资产和低值耐用品分类调剂办公自动化设备100多台套，调配盘盈办公桌近200多套，采用单项因素直接测定法（MTP），成果应用后，较实施前节约资金244余万元。

系统构建直升机所价格控制体系，多管齐下降本显成效。其中，创新审价管理模式，核定产品供货最高单价，对日常采购项目实行定点供应商管理。首次以制度形式明确标前会工作机制，强力推进合理低价评标方法的应用。价格控制体系的构建，采用单项因素直接测定法（MTP），成果应用后，较实施前降低或节约成本约1838余万元。通过评估、优化科研管理流程，推进质量管理、条件保障、科研决策和项目管理等业务系统，实现了从单纯计划管理向综合考虑质量、成本、风险、人力等诸多要素的现代管理模式的转变，资源统筹和风险预判能力显著增强。型号设计、试验前的准备周期缩短约17%，数据审签与发放周期缩短30%。

（三）促进了直升机业务的拓展和企业发展

通过实施企业业务流程优化管理，直升机所业务得到了进一步拓展，行业龙头地位进一步增强。民机业务蓬勃发展。AC311完成5架机客户化改装和3架机交付。AC313顺利通过中国民航局航空器评审组（AEG）最终评审，为该型机进入市场扫清了最后障碍。无人机项目对外签订亿元大单。2013年，直升机所航空产品实现产值近5.47亿元，比上年增加15%。

（成果创造人：禹彬彬、江云飞、洪　蛟、赵伟华、李文星、戚春明、周景翔、韩志忠、夏薇萍、欧阳圣旺、艾晓玲、王胜军）

基于世界级制造理论的食品工厂管理变革

光明乳业股份有限公司

成果主创人：公司总裁郭本恒

光明乳业股份有限公司（以下简称"光明乳业"）成立于1996年，主要从事乳品和乳制品的开发、生产和销售，奶牛和公牛的饲养、培育，物流配送，营养保健食品的开发、生产和销售。资产规模60亿元，拥有世界一流的乳品研究院、乳品加工设备以及先进的乳品加工工艺，形成了保鲜奶、酸奶、超高温灭菌奶等系列产品，2014年销售额150亿元，是目前国内最大规模的乳制品生产、销售企业之一。光明乳业股份有限公司在全国共有20家乳品生产工厂。乳品八厂是国内专业生产各类酸奶制品工厂中规模最大的一家，工厂共有22台灌装设备，主要生产莫斯利安酸奶、光明畅优系列产品、光明键能等产品，最大日产能610吨，共生产约140个单品。

一、基于世界级制造理论的食品工厂管理变革背景

（一）适应食品行业安全的严峻形势的需要

当前公众对食品安全的关注与要求提高到了前所未有的高度，有关食品质量的报道也一直在挑战民众的神经，如何保证不生产出不合格产品，从源头、从生产过程中控制产品的质量一直是光明乳业在思考的问题。国外先进设备的引进及国内设备生产商的逐步成熟，食品行业在硬件方面得到了高速发展，但传统的管理理念仍无法适应光明乳业的战略发展目标，必须引入更高的管理方法才能找出并解决质量问题，才能达成光明乳业"产品质量零不良"的战略发展目标。

（二）应对成本压力、提高竞争力的需要

能否获得利润也是企业存亡的关键，而国内食品行业的现状是行业间的竞争越来越激烈，不仅售价无法提高而且还尽量采取促销的手段以便占领市场。同时原材料的短缺与争夺也使成本越来越高，严重压缩了企业利润空间。想获得利润，不得不重视修炼内功，从内部削减运营成本，从管理上要利润。光明乳业从引进5S管理、西格玛管理，以及与其他公司合作OCR项目，都在进行尝试创新管理。总结以往的经验教训，光明乳业高层也在思考，有没有一种方法，能够从上层设计、从企业系统的各个方面用科学的方法了解自我与分析自我，找出损失点挽回损失。为此，光明乳业通过考察引进世界级制造，即WCM（World Class Manufacturing），并作为公司战略决策之一，以达成公司有关成本的战略目标—零损失。

（三）提升企业管理水平的需求

传统的管理办法存在很多的不足，一是有系统的数据收集及分析习惯，有时虽然感觉企业

经营存在问题，但因为没有诊断工具，企业依然无法知道从何处下手，另外缺乏数据也会使改善工作抓不到重点，投入产出比不协调；二是传统的管理办法没有系统的把企业绩效与员工绩效紧密地联系在一起；再者是传统的管理方式总是在出现了问题之后才去分析解决问题，而没有一种管理思路在生产或设计之初便把问题解决从而防止问题的发生；最后是工厂传统的部门分科管理增加了部门间的沟通成本与效率，而 WCM 的方法正能够弥补传统管理方式的不足，引入创新的管理方式为光明乳业的生存与发展之道。

二、基于世界级制造理论的食品工厂管理变革内涵和主要做法

光明乳业借鉴世界级制造理论，在其乳品生产工厂内调动全员参与管理改进，推动乳品制造单元的生产工艺、设备的管理提升，降低由于生产系统可靠性及运营低下导致的时间和资源浪费，改善生产效率、减少故障和提升质量的全面系统，力争实现零不良、零损失、零事故、零短停、零故障的目标。主要做法如下：

（一）制定组织结构、总体方针和目标

1. 明确世界级制造工厂的实施路线

WCM（世界级制造）是以 TPM（全员生产保全管理）为基础，融合供应链管理、全面质量管理、战略成本管理、精益生产等管理要素，汇聚而成的一套系统实用、富有成效的先进管理技术集成，其目的就是帮助企业打造“世界级制造商”。WCM 提出的五个零的目标，即零不良、零损失、零事故、零短停、零故障，这些目标契合光明乳业的战略目标。光明乳业在 2010 年制定乳品八厂先行，然后再在全国 20 家乳品生产工厂推广，即“八厂先行，全国燎原”的 WCM 实施路线。

2. 搭建 WCM 的整体组织架构

光明乳业在乳品生产工厂内成立 WCM 的推进组织，WCM 推进组织是一个对项目进程进行规划、计划、决策、推动的机构，决策后的执行仍然由原来各专业部门执行。成立 WCM 推进组织旨在打破部门间的隔阂与障碍，组织的各个层级由不同部门的人员混合组成。根据 WCM 的规划，推进组织有指导委员会（由工厂厂长、WCM 项目经理及部门经理或骨干等成员组成）、5 个核心支柱（由各部门经理或核心骨干人员混合组成）及项目小组（由各部门主管、领班等现场领导干部及操作人员混合组成）三个层级组成。其中，5 个核心支柱分别是个别改善支柱（FI）、自主维护支柱（AM）、计划维护支柱（PM）、教育培训支柱（E&T）、安全卫生与环境支柱（S. H. E）。整个推进组织架构的最高管理决策机构是 WCM 指导委员会，工厂 WCM 的开展是从厂长至一线操作员，自上而下全员参与的活动。

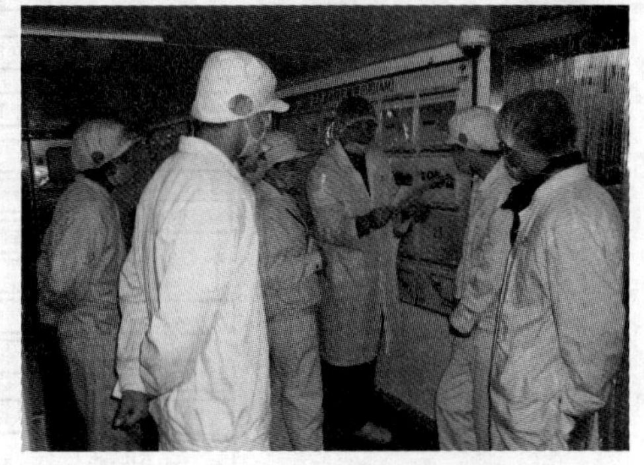

项目骨干基层员工培训 WCM 基础知识

WCM 指导委员会根据光明乳业长短期计划，对 TPM 活动做总体规划，同时负责对各个支柱的活动情况进行监督，定期进行现场视察、指导改善计划等，支援各个支柱的活动展开，并确保所有的改进成果的取得都使用正确的方法和路径。每个支柱的职责则是根据目标计划、目标和当前值之间差距制定相应的改

善任务，并落实各个小组开展改善活动，所有的 WCM 活动都是通过组建小组来展开。

乳品生产工厂推行 WCM 活动共经历四个阶段：准备阶段、试点阶段、扩展阶段和稳定阶段，每个阶段通过每月的 WCM 指导委员会例会，各支柱根据详细报告各改善小组活动开展的进度及指标达成状况，同时亦提出推动困难点寻求支持，使得整个组织能紧密结合、有条不紊的推动各项活动的开展，及时解决发生的问题。

3. 分析内外生存环境，制定方针

WCM 指导委员会通过对工厂内外部的调查，首先分析工厂内部的优势是：自动化程度高，团队能力强；同时也分析得出工厂内部的劣势是：小批量产品多、造成人员与物流的浪费、设备型号复杂、老员工的变革意愿低等。外部环境给工厂的机会有：光明品牌深得人心、市场潜力巨大。而外部劣势方面主要有：市场竞争激烈造成成本压力增大、产品同质化严重、食品安全事件频发、劳动力紧缺。结合分析的结果和中长期目标，制定 WCM 活动方针有以下几条：一是全员参与，提升效率，提高生产力。二是全面提升产品质量，满足客户需求。三是削减损失，降低成本，提升经营业绩。四是改善人的体质，培养一流人才。五是创建愉快的、安全的工作环境。

4. 通过分析方针及相关指标与 WCM 支柱的关联性，制定关键业绩指标

WCM 管理委员会找出 WCM 活动方针与 KMI（公司关键管理目标）、KPI（工厂关键绩效指标）以及 KAI（具体课题的活动指标）之间的关联性，将 5 个方针及其相关的各项指标落实到 WCM 的各个支柱（见图 1），与工厂的各职能部门能够紧密结合，并明确各个支柱的改善目标。支柱的成立打破部门间的藩篱，通过支柱的规划与行政部门的执行来达成公司的总体战略目标。

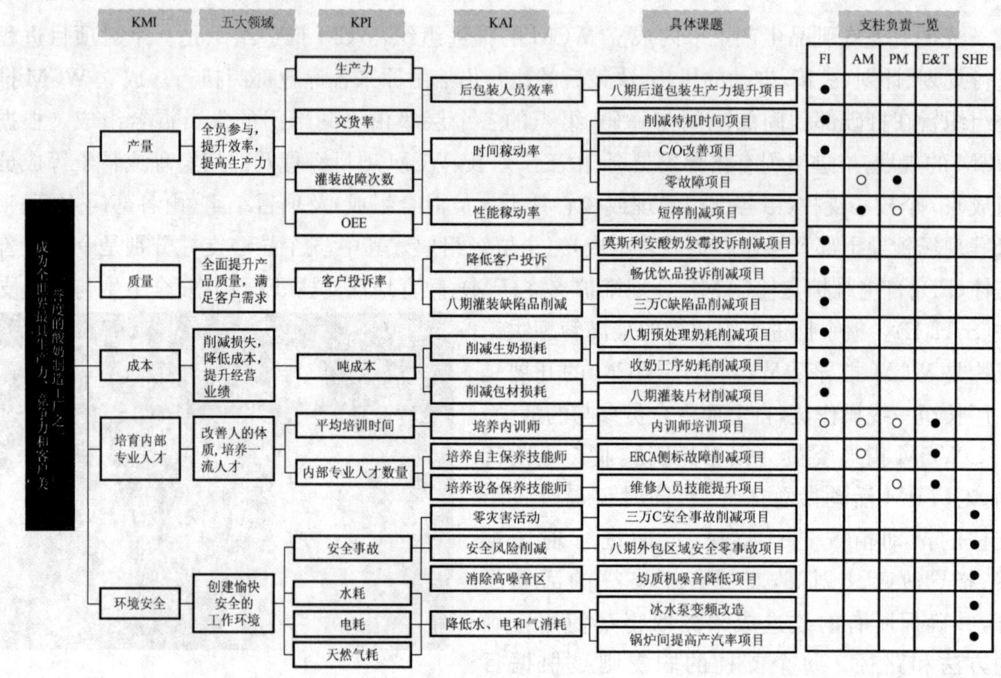

图 1 方针及相关指标与 WCM 与各个支柱的关联

乳品八厂制定12个关键业绩指标 KPI 的目标值,如表1所示。

表1 乳品八厂 WCM 活动目标

种类	项目指标	单位	2012年目标	备注
效率	OEE(综合效率)	%	136%	提升36%
效率	灌装故障次数	件/年	49.9%	下降50%
效率	生产力	吨/人/天	115%	提升15%
质量	客户投诉率	件/十万	82%	下降18%
成本	吨成本	元/吨	90%	下降10%
成本	水耗	吨/吨	90%	下降10%
成本	电耗	度/吨产	91%	下降9%
成本	天然气耗	立方米/吨	84%	下降16%
交货	交货率	%	105%	提高5%
安全	安全事故	次数	0%	零事故
士气	人均培训时间	小时/人/月	600%	提升了60倍
士气	内部专业人才数量	名	361%	提升361倍

(三)个别改善支柱(FI)

个别改善支柱的主要任务是识别损失、找出损失、消灭损失。支柱根据工厂的绩效指标对全工厂的数据进行分析从而找到改善工作的重点,针对改善重点成立改善小组完成改善并把成果通过各个支柱在工厂进行推广,形成改善机制。支柱主要改善目标是提升工厂设备生产效率,降低运营成本及降低客户投诉率。配合工厂持续改善的政策,通过损失数据收集识别损失、统计、分析找到损失及改善活动推动展开。

1. 明确个别改善支柱活动目标

一是降低生产成本。提高设备生产效率。通过消除 OEE 损失,并进行持续改善以提升设备的综合效率,达到提升设备产能的目标。二是降低产品原单位效率化损失。通过分析原单位效率化损失结构,找到最大损失,消除损失,并进行持续改善降低成本。三是提高客户满意度。通过削减客户投诉及削减生产中缺陷品,并持续改善降低客户投诉率,达到提高客户满意度的目标。

2. 根据目标,找到重点损失、消除损失

一是定义工厂损失结构。为了清晰了解工厂的损失,制定工厂损失结构图。从人、设备、成本上,定义16种损失,共分四大类,第一类:妨害设备效率的七大损失;第二类:妨害设备操作率的损失;第三类:妨害人员效率化的五大损失;第四类:妨害产品原单位效率化损失。二是找到损失重点。通过对十六大损失分析,找到重点损失,确定改善优先级别,个别改善支柱主要关注的是妨害设备效率的损失和妨害产品原单位效率的损失。三是形成重点损失成本矩阵。为了确定重点损失与成本及工厂 KPI 之间的关系,制定重点损失、成本以及工厂 KPI 的矩阵。由于客户投诉率是工厂考核的重要指标,故将其列入重点损失中，加以关注改善。四是将成本、重点损失与工序关联找到重点损失存在的工序，将重点损失和工厂的生产工序进行关联，并将分析结果分解给各个部门。五是成立改善小组。经过以上的关联，就可以找到重点损失的工序，可以成立改善小组。如莫斯利安酸奶投诉削减项目。灌装处截断蒸汽通入无菌空气，降低阀的温度，产品焦粒子投诉下降为零畅优饮品投诉削减93.55%，莫斯利安酸奶投诉削减86.76%。

(四)自主维护支柱(AM)

1. 明确自主维护支柱目标

自主维护活动是WCM活动中最重要与最困难的活动之一。通过自主维护活动，提高员工的职业素养与职业技能，使员工成为保养设备的主人翁。在活动过程中提升设备状态，改善生产现场环境，最终使员工能够具备自己的设备自己保养，并具备发现异常、维持和改善的能力。使操作工懂操作、懂设备工艺、懂设备原理、懂质量控制。

2. 制定自主维护的七大步骤

自主维护采用七个步骤。七个步骤也分为三个阶段。第一阶段是步骤一到步骤三，分别是:步骤一，初期清扫，清扫即点检，训练员工发现问题的能力；步骤二，点检发现的问题需被解决，如无法解决，再次进入第二步，消除发生源与困难部位，主要训练员工解决问题的能力；步骤三，发生源与困难部位基本解决后设备应该有一个比较大的改变，这时应制定暂行基准，用以维持两个步骤的成果。第二阶段是步骤四到步骤五，分别是:步骤四，总点检；步骤五，自主点检，用以提升员工的技能，改变员工的态度。第三阶段是步骤六到步骤七:步骤六，标准化；步骤七，自主管理的彻底实施，用以达到自主保养的状态，彻底改变生产现场。

在自主维护活动中主要运用以下三种工具:一是小集团会议:依赖小组会议进行双向沟通，也是分享与培训的平台。二是单点教程(OPL):重点对设备的六大系统的知识进行整理与教授。包括了基本知识、问题点与改善案例。三是活动看板:同样是双向沟通学习的平台，是领导给予指导或给予教育的平台。

3. 制定审核系统

同时为了确保活动开展的有效性和正确性，制定三级审核系统，分为小组自我审核和支柱审核(中阶审核)，及指导委员会审核(高阶审核)。只有通过指导委员会审核才可以进入下一步骤活动。具体的活动过程如下:

第一步初次清洁。初次清洁的目的是通过清扫发现问题，恢复设备的基本状态。通过初次清洁提高操作员发现问题的技能。同时找出设备上的问题，汇总污染源和困难点。通过解决问题建立临时标准。

第二步消除污染源和困难点。分析造成污染源和难清洁的根本原因，与PM协作一起找出改善对策。改善相关问题，并且根据改善现状修正CIL标准。对于污染源和困难点的改进，工作的重点是找到产生问题的根源，开展活动来解决。

第三步建立和维护清洁检查标准。找出所有的润滑点，简化润滑系统，制定初步的润滑标准，确保润滑的有效性。做到既能改善设备又能提供工作效率。

第四步总点检。这一步的目的是提高员工解决问题的能力。通过培训了解设备构造、功能、原理与应有的状态，学习构成设备的主要功能、零件的点检技能，尝试改善点检的困难点，尝试自己进行复原，减少物流损失及停机损失。

第五步自主检查。优化前面步骤的所有标准，建立一个有效和可靠的检查标准。在这个步骤中通过培训操作员，将相关技能传授给操作员，最终达到操作工自主维护的目标。在这个阶段原来由维修工做的点检工作会逐步转移到操作工手里，使清洁、点检、润滑的时间大大削减，从而提高了效率。

(五)计划维护支柱(PM)

计划维护支柱的根本目的就是使设备达到零故障并控制维护成本。为达成这个目标，则需依靠建立计划维护体系。计划维护支柱主要四方面的工作：

一是建立计划维护运行系统。工厂的设备非常多，但并不是所有的设备均采用相同的维护策略。否则即找不到工作重点也无法达成既定目标，对一些不重要设备的过度维护还造成浪费。光明乳业从安全、质量、设备使用率、产量影响程度、可维护性、故障发生的频繁程度的影响6个方面，并按ABC分类树，对工厂277台设备进行ABC分类。其中A类设备43台，占全厂设备的15%。设备A、B、C分类后光明乳业制定相应的维护策略，如A类设备采用的维护策略是定时维护(TBM)、状态维护(CBM)、改善维护(CM)、故障维护(BM)。当维护策略制定之后，计划维护支柱(PM)和自主维护支柱(AM)又共同制定计划维护系统，在系统中明确了各自的职责、沟通流程和沟通方式。然后根据维护策略及维护系统，制定设备维护作业基准书。通过以上活动，设备维护方式以及各种维护方式的时间比已经发生了显著变化，维护方式逐步向计划维护迈进。

二是开展零故障活动。计划维护(PM)零故障四阶段、七步骤的活动路径如下：第一阶段减少故障间隔的变异，包括第一步骤把握现状、第二步骤复原、第三步骤遵守标准；第二阶段延长寿命，包括第四步骤改良保全；第三阶段定期的复原劣化，包括第五步骤TBM确立；第四阶段预知寿命，包括第六步骤CBM确立和第七步骤提高保全效率。零故障活动除基本的及时恢复零件基本状态外，主要解决关键零部件的平均故障间隔(MTBF)。

三是对自主维护支柱(AM)进行支持。支持自主维护支柱(AM)的工作是计划维护支柱(PM)的一项重要工作。PM从AM的第一步到第五步全程给予大力支持，从解决难清洁污染源开始到培训操作工技能，目的是逐步提高AM人员的自主维护水平。

四是降低维护成本。主要从三个方面出发：一是提高维修工技能，缩短平均故障修复时间(MTTR)，降低人工成本。二是通过延长故障间隔(MTBF)，减少故障，缩减备件费用。在未实行改良维护之前，从定时维护的角度来看，备件费用可能有事提高，但采用改良维护后，易发生故障的点减少，备件的MTBF提高，可以大大缩减备件费用。三是控制库存备件金额。工厂成立库备金额削减小组，从5S做起，消除不必要及无用的备件，减少库存。之后，对备件进行ABC分类，把使用频繁，价格贵的备件作为A类备件，制定备件控制表。对A类备件的库存数量、订货周期、最佳采购点、订货价格进行计算与控制，从而达到下降库存金额的目的。

(六)教育和培训支柱(E&T)

1. 明确支柱目标

工厂的教育培训支柱的任务是将培训与工厂的损失和绩效相联系，规划系统性的培训和培训方法，建立技能差距培训评估体系，建立内训师队伍，针对员工的技能差距开发相应的培训课程。

2. 建立高效的教育培训系统

经过整理历年来公司、工厂的培训课程内容并结合实际情况，最终制定出教育训练体系，其内容包括：基础知识、专业知识、改善手法、安全知识，以达到教育训练的完整性及有效性，这些内容均与工厂的绩效紧密相连。并为根据不同层别制定不同的培训优先级，根据培训系统将 AM、PM 支柱及小组的发展及与员工技能提升的培训定为一级有限培训。为进一步提高操作人员和维修人员的技能水平，支柱针对自主维护人士制定识别技能差距组织内部技能培训系统，主要是通过技能矩阵表来制作相应的雷达图，并结合 5 级的评估系统来识别技能差距，从而找到培训的目标。

3. 组建内部培训师团队

为有效推进教育培训工作，制定内训师的培养制度。内训师的选拔和培训将是成功的关键所在。为此，根据掌握 TPM 基础知识、参加过 TPM 项目小组、积极，认真有提高和发展意愿的原则，通过考核选拔出内部培训师团队，并聘请国内专业老师多次举办针对内部培训师的培训课程，提高其教材编写和培训授课的技巧和能力。

4. 建立专业培训室

建立 WCM 培训室，培训室主要分生产用的基础知识培训室和技能操作培训室。很多生产设备上的零部件实物，以及由于维护不当而产生的损坏零件实物样品，主要用于开展各类培训所需。为保证培训效果，还需做好培训后的有效评估和跟踪。如通过培训及效果跟踪，发现工厂维修工的故障维修时间已从初始的每次 1.03 小时缩短为每次 0.41 小时，维修时间降低了 60.1%。

(七)安全、卫生与环境支柱(SHE)

1. 创建安全的生产环境活动。

结合 OHSAS18001 系统建立安全管理系统。安全管理系统通过 3 个方面对工厂的安全风险实行监控：一是现场的不安全事件进行纠正与预防，特别针对休业事件进行分析、纠正、预防；二是日常的安全巡检与岗位风险进行风险评估，并予以纠正；三是对未遂事件进行分析统计并做出预防措施。通过风险值区间来确定该设备或动作的风险等级，制定出风险地图(见表 2)并做出对策及控制建议，以消除高风险的红色区域，最终所有区域变成蓝色的低风险或绿色的可接受状况。

表 2 风险等级定义及对策

风险等级应对对策及控制建议表

风险等级	风险程度	相应对策/控制建议	风险值	颜色等级	措施
1	高风险	立即检讨现行防护措施，加强应对能力并执行作业控制	≥46	红色	改善
2	中高风险	优先执行进一步评估后决定是否改善	25～45	橙色	改善

（续）

风险等级应对对策及控制建议表

风险等级	风险程度	相应对策/控制建议	风险值	颜色等级	措施
3	中风险	暂时可接受，但考虑采取改善措施	11～24	黄色	改善
4	低风险	暂时可接受，但需注意持续以现有方式监控	6～10	蓝色	培训
5	可接受状况	可接受	0～5	绿色	培训

2. 改善环境

首先是能耗的削减。支柱通过对高能耗区域的调查分析，开展改善小组。共开展5个能耗削减小组，每年为工厂节约金额142.26万元。另外，通过遵循ISO14001，对空气、水、废、有毒有害物质、噪音进行控制。

3. 关注健康与卫生

支柱关注员工的身体与心理的健康。听取员工的意见，对工厂现场的环境进行改善。不仅创建一个舒适的工作环境，还根据每年员工的体检报告追踪员工的体质指标变化，以便支柱及时做出一些行动或活动，如对食堂餐饮结构的调整，对工厂锻炼设施的调整等。

三、基于世界级制造理论的食品工厂管理变革效果

作为光明乳业WCM先行的乳品八厂利用三年的时间首先挑战第一阶段的第一个奖项——于2012年审核获得TPM优秀级。给工厂的绩效带来了显著进步。改善食品安全隐患点217处。产品质量评估的重要指标工厂客户投诉率正逐步下降，到2012年9月为止工厂客户投诉率为0.76件/十万，与2009年客户投诉率相比下降幅度为24.75%。工厂的交货率始终保持100%完成。由于开展TPM活动所获得的成果，产量持续提升，2012年的产量为149936吨。改善成果持续增加，累计改善点达783处，改善节约金额2387万元。乳品八厂的吨成本在逐步削减，年累计节约人民币2697万元。通过TPM活动的开展，逐步营造愉快、安全健康的工作环境。重大工伤事故一直为零，休业事件从2012年2月份开始未发生。培养出84名内部专业人才。

（成果创造人：郭本恒、孙克杰、陆　洪、陆骏飞、谢朋军、李伟刚、龚良军、史晶晶、刘彩妹）

大型铁矿山企业以提质增效为中心的管理提升

河北钢铁集团矿业有限公司

成果主创人:公司董事长、党委书记黄笃学

河北钢铁集团矿业有限公司(以下简称"矿业公司"),是河北钢铁集团的全资子公司总部位于河北省唐山市。2008 年 9 月由原唐钢集团和邯钢集团所属矿山整合组建而成,是以铁矿石采选加工为主业,辅以有色金属、矿建、矿机等产业的国有大型冶金矿山企业。主导产品有铁精粉、钼精粉、白云石粉、火工品、铁合金等。现有在册职工 12872 人,其中专业技术和管理人员 1611 人。直属公司、矿山 23 个,分布在全省 6 个城市及内蒙古自治区。

一、大型铁矿山企业以提质增效为中心的管理提升背景

(一)应对钢铁行业亏损的需要

据中钢协统计,2012 年全国重点钢铁企业亏损 12.7 亿元,2013 年销售利润率仅为 0.62%。在钢铁行业亏损的背景下,作为钢铁产业链重要组成部分——铁矿山如何提质增效的问题日益凸显。矿业公司认真总结经验,认为铁矿山企业提质增效管理是应对国外矿山巨头挑战的重要选择,是维护我国钢铁、矿山产业安全的重要举措。

(二)促进矿山行业发展的需要

多年来矿山行业不景气,矿业处于亏损的境地,被看作是钢铁企业的包袱;2003 年以来,又迎来铁矿石价格猛涨。这"冰火两重天"的境遇屏蔽了矿山的管理问题——长期亏损,不受重视;利润暴涨,成为钢铁企业主要利润来源,就是进行粗放管理也能带来利润。等到价格回归理性或是持续低位运行,企业处于微利或是亏损的边缘,才开始重视竞争力建设,提升企业的生存发展能力。通过对标发现,矿业公司成本偏高的根本原因是矿山各项技术经济指标与国内外先进水平比仍有较大差距,特别是矿山劳动生产率及大部分技术经济指标低。因此,实施提质增效管理是应对市场跌价风险、与国外矿山抗衡、促进矿山发展的有效途径。

(三)适应河钢战略发展及企业自我发展的现实需要

河北钢铁集团组建后,明确提出建设"国内领先,国际一流"钢铁企业集团的战略目标。河北钢铁集团铁精矿自给率不足 8%,抵御资源市场的风险能力严重偏弱,很大程度上制约和限制了集团的发展。从矿业公司实际看,部分矿山因资源枯竭目前已进入后期开采;原来开采条件好、成本低的露天矿开始逐步转入地下开采,减利因素增多。由于新

矿山建设投资大、建设周期长，自有资金不能满足新项目建设的需要，融资强度较大，使得生产经营和项目建设压力巨大，发展面临严峻挑战。因此，实施提质增效管理，提升市场竞争力是矿山生存发展的需要。

二、大型铁矿山企业以提质增效为中心的管理提升内涵和主要做法

矿业公司运用价值链理论，规模经济与范围经济理论，优化管理流程，结合铁矿山企业实际，制定以提质增效为核心的规划管理，以全产业链管理、降本增效管理、技术质量设备管理为着力点，全面推进以流程优化为中心的运营管理，突出以优化发展品质为重点的新建矿山项目管理，以提升管理效率为聚焦点、提高经济效益为落脚点，创建以提质增效为中心的管理提升，打造现代新型铁矿山。主要做法如下：

（一）制定以提质增效为核心的规划管理，强化组织和工作机制

1. 加强规划管理

确立管理愿景，以铁矿石采选加工为主体，高效率推进现代新型矿山建设与发展，加快非矿产业的发展步伐，实现多种经营创效的战略转变，不断提高公司经济效益。到“十三五”末，实现铁精矿产能 2000 万吨目标，全员劳动生产率 1500 吨/人·年（精粉）以上，单位人工成本降到 80 元/吨以下，打造具有“持续盈利能力和长远竞争能力”的一流矿业基地。

明确实现途径，按着现代新型矿山标准，打造本质安全、资源高效利用、采选技术经济指标一流、自动化水平一流、全员劳动生产率一流的矿山企业；按着“效益为先、多元融资”的原则，进一步优化矿山建设方案和老矿山的技术改造方案，加快项目建设速度，实现新项目按期建成并达产达效。确立现代新型矿山标准是建设“安全、高效、智能、数字化、绿色矿山”。

2. 强化组织领导

2010 年年初，矿业公司成立以董事长、总经理和党委书记为组长，班子其他成员为副组长、各部门主要负责人、各矿山主要领导为成员的领导小组。负责总体推进工作，编制攻关方案、定期组织召开工作例会，下设产量质量、成本利润、管理优化、工程建设、设计优化、资源整合、项目前期、人力资源、排岩造地、企业文化等 10 个攻关队，全面参与提质增效管理的构建与推进工作。

公司外景

3. 完善工作机制

建立日早会、周例会制度。利用视频形式，检查、督导各攻关队及各矿山、机关部室每天、每周的工作进度，协调解决工作中存在的问题，制定次日、次周工作计划。

月度推进会制度。每月召开一次推进会，通报生

产、项目建设、成本利润、重点工作等“质量、品质、效率、效益”的完成情况。矿业公司主要领导、分管领导、各部室、矿山领导参加，协调工作进度，解决当月工作重点、难点问题，制定下步工作计划。

建立月度考核机制。成立专业的考核小组，对各矿山、部室、攻关队的提质增效工作完成情况，进行月度考核奖罚；根据上年度提质增效管理完成情况及下步重点，组织汇总次年度重点工作，列入矿业公司整体经济责任制考核。逐步建立起一套行之有效的管理考核办法。

(二)强化以铁精粉为主的全产业链管理

1. 抓好铁精粉主业的生产质量管理

以稳定产品质量、服务钢铁主业为出发点，努力提升铁精粉品位。统筹谋划提铁降硅和提铁降钛工作，明确把“SiO_2 含量不超过 5%”作为新建矿山选矿工艺选择的重要参考指标。2013 年司家营铁矿选矿五系列完成提铁降硅工艺改造，运行良好；庙沟铁矿完成提铁降硅方案设计。近年来，矿业公司主业铁精粉品位一直保持在投入产出比的合理区间，为炼铁工序提供质量稳定的原料，实现钢铁系统效益最大化。针对各矿山的不同特点，坚持一矿一策，狠抓关键环节，强力推进一批短平快增产增效措施，延续矿山稳产高产的良好局面。

2. 强化矿山全产业链建设

矿业公司初步构建“ 1+6”产业格局，即在做好铁精粉主业的基础上，适度相关多元发展，搞活做优铜锌钼等有色资源、白云石、铁合金、火工品、矿机矿建、商业化造地 6 个板块。强化全产业链建设，充分挖掘系统优化的潜力，有力地保障生产经营的稳定顺行。化工分公司积极谋划炸药产能提升，严格安全、质量和配送管理，有效保障矿山生产和项目建设需要；矿建公司抓住公司发展的有利时机，快速拓展矿机矿建业务，承揽庙沟露天转地下开采、近北庄西段地下开采和柏泉采选扩能改造等项目；仅 2013 年实现辅业产值 5.8 亿元，辅业创效 850 万元。

(三)推进以对标优化为重点的降本增效管理

矿业公司本着对标民营、对标外矿、对标一流的“三对标”原则，继续深入开展“三标”活动。建立三个层面的对标体系：第一个层面为矿级对标，由资产财务部牵头，各矿在做好与自身历史最好水平、年度指标设计水平进行对标的同时，选择行业内比较先进的类似矿山分工序进行成本对标、费用对标；第二个层面为专业对标，由生产经营部和机动供应部牵头，对采、选主要技术经济指标进行对标，重点是围绕降低损失率、贫化率，提高采出矿石品位；围绕降低综合尾矿品位，提高金属回收率，力争产量最大化；第三个层面为专项对标，对影响生产经营的主要环节、重要工序及重点物料消耗等进行专题对标。

创新发展邯钢经验，紧紧围绕“降本增效”中心，创立“对标挖潜，指标创优和目标升级”(三标)抓手，形成具有冶金矿山特色的成本管控体系。对影响矿山成本利润的元素进行横向和纵向的分解，以“65 张表格、1192 项指标”搭建起科学、规范、具有矿山特点的成本指标体系。根据指标体系，层层分解落实，形成由公司到矿山，矿山到车间，直至班组、个人的“千斤重担众人挑，人人肩上有指标”的目标成本责任体系。并建立起一套比较规范的矿山企业成本指标考核体系。

强化财务管理,创新成本利润管理方法。改革成本利润指标控制方法,实施横向、纵向交叉管理,牢固树立起既管结果、更关注过程的成本利润管理理念。强化攻关措施落实,严把资产负债、现金流量、资产变动、资产减值准备及重大财务质量关。强化资产运行质量管理,系统清理债权债务,收回清算资金。集中组织结转固定资产,增加自有资金。

(四)强化以技术创效和点检定修制为重点的技术设备管理

1. 加强技术质量研究攻关

深化与设计科研单位的战略合作,为矿山建设提供技术支持,通过开展在建矿山水文地质调查研究,优化充填系统方案,研制新型充填材料等技术攻关,不断解决影响矿山行业发展的重大关键技术,填补国内特大型地下铁矿开采技术空白,实现新建矿山的数字化、信息化和自动化。进行规划系列研究,自主研发设计的井下安全避险六大系统在内部矿山得以推广。与多家科研机构和企业合作,在石人沟铁矿进行新型充填胶结材料实验,探索降低充填成本和实现充填材料产业化的可行性路径等。

2. 加强科技与知识产权管理

制定完善《科技项目考核办法》《科技成果管理办法》《专家攻关课题考核办法》。强化知识产权工作,顺利通过河北省知识产权规范试点企业现场检查验收。截至目前,已有 26 项专利获得国家知识产权局授权,7 项计算机软件获得国家版权保护中心计算机软件著作权登记。建立技术信息平台,紧跟行业发展,已累计发布业界新闻、前沿资讯、矿山装备、知识产权等方面的技术信息 200 多条,促进公司技术交流。突出科技课题攻关的引领作用,召开矿业公司科技大会,表彰近年来在科技创效方面做出重要贡献的先进单位、课题组及个人。根据生产建设需要,拟定攻关课题,一方面组织力量进行课题研究应用,另一方面明确题目,在矿业公司范围内进行公开摘牌,调动科技人员的积极性。启动涉及当前及未来的重要课题研究。

3. 强化设备管理

以设备计划检修和设备大修为抓手,进一步完善设备的点巡检制度,优化设备检修网络计划,加强设备基础管理,提高设备作业率。坚持设备管理和节能降耗视频例会制度,严格经济责任制考核,并将考核结果落实到人。拓展在线承包、零库存、战略协议、二次议价等业务模式,降低采购费用。拓展信息化成果,有针对性地开发适用公司的软件系统,努力打造数字化矿山。实施矿车燃油跟踪系统、自主开发物料跟踪系统、设备台效统计分析系统;严格物资采购计划审批环节管理,优化招标采购程序;加速推进进口备件国产化,巩固节能节水措施等。加强固定资产调拨、报废及废旧物资回收管理,盘活闲置资产。完善 OA 系统,实施公文流转无纸化办公,完善整体视频会议及生产监控系统功能,实现视频会议系统及生产监控系统在矿业公司生产和建设单位的全覆盖。

(五)推进以流程优化为中心的运营管理

1. 调整优化专业化流程管理

组建企管部,加强企业管理、现场管理、考核管理,仅 2013 年上半年通过强化企业管理，查找出相关问题153项，针对存在问题制定整改措施，有效提高管理效率；成立工程管理部，进一步加强工程现场管理，破解制约工程建设的难题，大力推进在建项目提速提量，确保实现早出矿、早见效的目标。仅2013年地下矿累计完成掘进进尺2.64万米，总开凿方量达到58.15万立方米。同比提高93%以上。组建自动化中心、设立机电检修公司，进一步加强和深化对司家营矿区机械、电气、自动化、检修等业务的整合，优化资源配置，培养专业队伍，提高机电检修对内对外的服务能力和创效能力。组建矿山事业发展公司，进一步加大非矿产业发展力度，在自动化，造地，尾矿、排土场综合利用，及相关产业不断拓宽矿业公司产业链条，打造新的效益增长点，有效规避了经营风险。

2. 推进区域系统协同发展

未来3～5年，司家营矿区将形成1750万吨的铁精粉产能，占矿业公司总体产能的75%以上，分布着司家营、研山、田兴、大贾庄、常峪等主体矿山及化工分公司、司曹铁路、造地公司和设计研究院等辅助产业；矿业公司针对矿山集中分布的特点，开发好国内这块为数不多的整装资源带，整合区域内地测、检修、动力、综合利用、岩土外运、民爆、后勤系统，培育改革红利。

3. 深化劳动人事分配制度改革

一是以降低人工成本、提高劳动效率、激发员工活力为目的，深化“劳动、人事、分配”三项制度改革。健全完善人才培养激励机制，出台《专家管理办法》、《公开选拔竞聘上岗管理办法》。

二是完善并强化激励约束机制，激发干事创业活力。完善经济责任制考核，以目标管理为主线，以经营业绩考核为导向，真正做到业绩升、薪酬升，业绩降、薪酬降。制定实施《矿(处)级领导班子和领导干部绩效管理考核办法》，通过绩效结果与薪酬分配和组织措施双挂钩，加大考核奖惩力度，进一步增强领导班子和干部队伍的责任压力、工作动力和创新活力。在大学毕业生中实施“金种子计划”，以战略眼光着力发现和培养矿业公司发展需要的优秀后备人才。建立高技能人才管理办法，以技能论英雄，凭业绩定薪酬，为操作技能人才搭建展示才华的平台和成长发展的通道。

三是继续完善“五个培训平台”(经营管理培训平台、专业技术培训平台、操作培训平台、业务培训平台、全员培训平台)体系建设，促进员工素质的整体提升。新进管理岗、新提任科级干部，全部实行公开竞聘上岗，为优秀人才脱颖而出营造良好环境。

4. 全面推进信息化数字化矿山建设

通过井下安全监测技术、无人值守技术、现代安全防护技术的综合运用，实现矿山本质安全。建设数字化矿山生产设备大型智能化，远程遥控自动化采矿，电机车无人驾驶，作业面无人装矿；选矿自动化控制，减少劳动定员，降低人工成本。构建网络化、可视化、集成化管理系统，形成采选智能管理模块。通过智能供配矿技术、常温捕收药剂技术、废石资源化技术、充填采矿技术的综合运用，实现无尾矿库、无地表塌陷的无废、无害开采。通过采用矿石预选、尾矿再选、废石资源化利用等新技术，实现资源高效利用。继续扩大零库存范围，推进备件超市建设，减少库存资金占用。实施供应商关系管理系统，实现网络招投标管理，提高采购效率。

(六)突出以优化发展品质为重点的项目建设管理

1. 进一步优化新建、扩建铁矿山项目

一是高标准进行新建矿山建设及老矿山的改造。新建矿山是矿业公司提质增效的重要支撑。列入国务院《钢铁产业振兴发展规划》的司家营二期采选工程一、二系列建成投产,创造18个月建成,3个月达产的全国最好水平。对新建矿山,每吨铁精矿成本不高于85美元为红线,对项目设计给定的铁精矿成本构成要素进行全面剖析,查找成本构成要素中可挖潜的项目,进行设计方案的优化,挖掘成本潜力。矿业公司对庙沟铁矿、龙烟铁矿、石人沟铁矿、黑山铁矿、柏泉铁矿等老矿山进行扩能改造或露天转井下,提高矿山服务年限,提升盈利能力。

二是优化调整方案设计,实现各项目成本构成要素及指标的改进,实现每一个矿山项目设计产品成本均低于85美元/吨,为矿山建成投产后,具有市场竞争力奠定基础。按照“工程不完,优化不止”的总要求,从开拓方案、采矿方法、充填系统、矿山自动化、设备选型、选矿工艺选择与配置等方面进行全方位设计优化,形成研山铁矿选厂球磨机“3对2”配置优化和常峪铁矿开拓系统优化等一批成果,减少概算投资近10亿元。组织各类招投标87项,通过招投标及商务谈判共节省投资1.23亿元,比概算额降低15.37%。通过论证与优化,进一步完善工程网络进度计划,明确各重点项目关键工程线路、关键工期节点和工期目标。建立实施维简项目跟踪评价考核机制,确保项目科学性、合理性。

三是加强项目前期工作,制定手续跑办流程图,挂图作战,定期调度推进。积极协调地方关系,努力消除制约工程进展的环境障碍,为项目顺利实施创造条件。获得国土资源部关于司家营北区、马城铁矿、常峪铁矿等矿区范围划定的批复。正式取得木吉村铜矿探矿权,积极推进可行性研究,资源补充勘探工作进一步优化。重新梳理独山城整合思路和大湾多金属利用方案,多途径推进资源整合和项目开发。

2. 积极推进以涞源有色、承德钒钛为主的有色资源板块建设

加快对涞源有色金属资源和承德钒钛磁铁矿资源的整合开发步伐,标志着矿业公司开始由黑色金属开采向有色金属开发延伸,由单一铁矿石生产向多矿种综合开发利用的战略转变。积极推进大湾锌钼矿和木吉村铜钼矿、承德黑山钒钛资源的整合开发进度,在此基础上,进一步加大周边地区锌、钼、铜矿资源的整合掌控能力,增加有色金属矿产品原料供应量。承德钒钛和涞源有色两个基地的建设,将为河北钢铁集团建设“国内领先、国际一流”钢铁强企提供资源支撑和储备,成为矿业公司的有力两翼。

3. 组织多元化股份融资招商合作

树立风险意识,建立风险防范制度体系。严格控制投资规模。建立风险防范制度体系。科学论证投资项目,严格控制投资规模与投资成本,新建矿山铁精粉全成本坚决控制在85美元之内。先后与光大、中信、农行、中钢、五矿、中国黄金等公司接触,与五矿集团邯邢矿山局签署战略合作协议,就实质性合作开展磋商。利用中国国际矿业大会和铁矿石发展高端论坛机会,进行项目推介,寻求合作伙伴,进一步深入推进H股上市工作。

三、大型铁矿山企业以提质增效为中心的管理提升效果

（一）管理水平显著提升

成果实施 3 年来，管理水平不断提升，主要采矿、选矿技术经济指标明显优化，项目建设提速提量，矿山全成本有了大幅度降低，干部职工队伍凝聚力、战斗力进一步增强，应对市场跌价风险能力进一步增强。据冶金矿山协会通报，2013 年矿业公司资产总额、净资产增长率、成本降低率等主要经济指标列冶金矿山行业前列。司家营铁矿被授予全国首批金属类“矿产节约与综合利用先进适用技术推广应用示范矿山”、“全国绿色矿山学习观摩基地”荣誉称号。黑山铁矿、柏泉铁矿被评为第三批“国家级绿色矿山试点单位”。石人沟铁矿采矿车间 281 台车青年掘进组荣获“全国工人先锋号”荣誉称号，司家营铁矿地采车间提升班组荣获“全国五一巾帼标兵岗”荣誉称号。

（二）为河钢发展提供了重要保障

2011—2013 年成果实施以来生产铁精粉 2000 多万吨，在每吨铁精粉价格比下滑近百元的情况下，累计实现利润 45 亿元。在创造大量利润的同时，为钢铁市场弱势运行下的河钢集团提供重要的生产所需原材料。截至 2013 年年底，总资产达到 271.80 亿元，比 2012 年年底增长 33.01 亿元，增长幅度为 13.82%；所有者权益达到 109.23 亿元，比 2012 年年底增长 8.62 亿元，增长幅度为 8.57%，继续保持着国有资产大幅度增值的态势。

（三）优化了发展品质，增强了内生动力

目前，矿业公司田兴铁矿、常峪铁矿、中关铁矿、大贾庄铁矿等一大批新建及老矿山扩能改造项目本着“做优存量、做精增量”的原则陆续投产达产，进一步优化了矿山的发展品质，降低了吨矿全成本，提升了企业竞争力。产业结构日趋完善，形成以铁矿石采选加工为主业，以铁精矿为主，以白云石、铁合金、炸药、钢球、矿山机加工和矿建、现代物流、商业化造地、矿山设计等产品和服务为辅的产业结构，走出了一条跨地区、跨矿种、跨所有制的整合发展之路，内生动力不断增强。矿业公司所属矿山先后获得全国冶金矿山“十佳厂矿”“国家级绿色矿山”试点单位、2013 年全国“五一劳动奖章”。

（成果创造人：黄笃学、张永坤、齐国志、田志云、朱华明、胡志魁、陈　忠、邹正勤、刘炳智、康　杰、李学峰、王宏剑）

航空主机所提高生产研发效率的精益计划管理

中国航空工业集团公司成都飞机设计研究所

成果主创人:所长季晓光

中国航空工业集团公司成都飞机设计研究所(以下简称"成都所")建于1970年,是我国航空武器研制的重要基地。主要从事飞行器总体设计和航空航天多学科综合研究,学科范围覆盖飞行器设计主要领域,设有总体气动、结构强度等11个研究部共120余种专业。现有员工2100多人,是国家硕士、博士学位授予单位,设有博士后科研工作站。成都所圆满完成多项国家级重点型号任务,共获得国家、部省级科技成果400多项。自主研制的歼十飞机,实现了我国空军主战装备和航空工业自主研发能力的双跨越,先后荣获国防科学技术奖特等奖、国防科技工业武器装备型号研制金奖、国家科学技术进步奖特等奖。

一、航空主机所提高生产研发效率的精益计划管理背景

(一)多项目并行的任务态势,对计划管理提出更高要求

成都所近年来承担的科研生产任务的数量、项目重要度、技术复杂性等日益增长,连续数年呈现出多项目高度并行的科研生产态势。在研究所任务增加、经济增长、技术进步的同时,人力资源的增长幅度却严重落后。在资源有限的情况下,资源利用率是研究所持续发展的重要指标。而计划管理"排兵布阵"的职能是人力资源利用与开发的重要源头,确保计划活动的有益和有效,保障计划活动效率与效益成为提高资源利用率的关键。

(二)研制项目综合与协同的特点,对计划管理提出更高要求

成都所承担的多型武器装备,飞机系统研发综合与集成特点十分突出,对研发的组织形式、工作流程,以及研制过程各阶段的评价、控制和决策提出新的要求。综合与协同技术的应用使得研制流程发生了革命性的变化,研发流程由传统的串行开发模式逐渐演变为高度交叉并行。这种模式下,往往是上一个研制阶段尚未结束,下一研制阶段已经启动,研制阶段的接口关系十分复杂,管理难度大幅增加,急需重新规范定义可检查、可度量、可跟踪、可考核的管理的关键点和控制点。

(三)工程技术管理与项目管理存在信息孤岛,管理效率待提升

近年来,成都所数字化研发体系建设已初具规模,数字化设计/制造技术广泛应用在飞机系统集成、隐身技术、电子系统、先进制造工艺,包括设计/仿真集成、多学科概念设

计、分析知识工程等方面。与全三维数字化技术配套的产品数据管理系统,实现了工程研发对象设计、审签等流程的信息化运行。工程技术管理对象分布在不同的产品数据管理平台,管理信息精细而丰富。但由于项目管理体系与工程技术管理体系的信息隔离,使得项目计划进展等方面的管理信息的采集仍然依靠人工,大大增加了执行层与管理层的管理负担,也不利于管理数据及时分析、统计,不能为决策层提供信息支持,一定程度上阻碍了决策效率的提高。

二、航空主机所提高生产研发效率的精益计划管理内涵和主要做法

成都所以系统工程与项目管理理论为指导,以国内外最佳实践为参照,提升精益计划管理能力。通过加强项目策划,提高项目计划的准确与有效性;通过项目管理与数字化技术管理体系的融合,提高过程控制和量化考核的精细与深入程度,提高科研生产研发效率。主要做法如下:

(一)开展项目策划,定义技术与管理对象

项目策划是精益计划管理的重要基础。成都所将项目策划作为指导项目计划和内部沟通的管理工具。通过项目策划对科研计划进行顶层规划,实现项目整体目标、年度目标、年度里程碑节点与交付要求的无缝衔接,确保总体目标与年度计划的一致性和连贯性。

1. 开展整体有序的项目策划

项目策划书作为策划工作的载体,规范、统一规范化的项目策划,覆盖项目总目标、年度研制阶段安排,以及研制过程、计划范围、进度安排、完成标准等主要管理要素。成都所要求凡是纳入科研管理范畴的所有项目,均按照项目策划书标准要求编制。

逐层扩展与细化。从项目策划到专业计划再到资源计划逐层细化与扩展,与成都所采用的四级计划管理体系形成有机衔接。项目级策划是一级计划。根据项目总体安排,结合用户要求、项目的资金、总工期等确定项目重要里程碑点。部门计划是二级计划。依靠项目策划书的指导,由负责计划管理的归口单位按照飞机研制程序和计划要求分解到项目的各个研制阶段,分配责任单位和一级交付物,形成部门级计划。专业计划是三级计划。专业计划是由设计研究部在部门计划基础上分解到研究室。资源计划(也称作业计划)是四级计划,是专业计划的细化。由研究室主任将专业计划工作包继续详细分解到作业,分配资源,形成资源(作业)计划,并关联专业计划分配的一级交付物或自行添加二级交付物。资源(作业)计划可度量、可跟踪、可检查点,是计划分解的最小单元,代表日常执行计划的细致水平。

成果主创人:副所长许泽

2. 定义技术与管理对象

交付物是方案实施的焦点。成都所采用产品分解结构和工作分解结构相结合的交付物分解方法,同时

基于飞机研制程序和多年多型号研制档案数据制定交付物分解规范与模板，落实责任与监督考核，满足项目范围管理、进度管理和产品数据管理的不同需求。

通过产品分解结构(PBS)，定义技术管理对象。基于产品的分解，利用了产品分解结构不重复、不遗漏、可追溯的特点，交付物的定义与技术管理系统结合，可管理、可监控、可检查。产品分解结构定义最终的产品及产品组成单元，确定产品应包含的功能和结构，是产品逻辑和功能的分解，是产品设计对象，数字化研发模式下，成都所的每个项目都需要根据研制需求生成产品分解结构，作为技术管理的对象。

通过工作分解结构(WBS)，定义项目管理对象。工作分解结构是以产品为中心的层次结构，由硬件、软件、服务、资料和设施组成，是产品分解结构的扩延，在产品分解结构产品单元的基础上继续补充通用单元如全机级系统综合、集成验证、项目管理、软件、系统工程等节点，使项目管理对象更为完整研发的特点。成都所参照国外规范 MIL－STD－881C，在项目 PBS(产品单元)基础上，扩延到工作分解结构(WBS)直到交付物。

基于多型飞机研发经验，形成交付物分解规范与模板。成都所为规范化从 PBS 到 WBS 的分解方法，基于多型飞机研发经验，编制交付物分解相关规范要求，形成典型有人机和典型无人机交付物模板，定义研制阶段、责任人(研究部/研究室)、项目主管、主管总师、进度要求等交付物管理属性。成都所按照“PBS(产品分解结构)—WBS(工作分解结构)—交付物”的分解路径，定义交付结果和管理对象，使产品研制过程中的设计对象以交付物的形式纳入到项目管理范畴，实现技术视图向管理视图的转换，保证产品数据的完整性，又确保研制过程管理控制的及时性。

3. 项目策划与交付要求结合

成都所的项目策划，一是按照“项目策划—专业计划—资源计划”的路线定义飞机产品研发活动的内容，二是按照“产品分解结构(PBS)—工作分解结构(WBS)—具体交付物”的路线，定义科研活动应产生的必要交付物，形成重点突出的交付物清单，即计划完成要求的策划结果。

通过层层推进的计划活动分解，明确项目在不同研制阶段的工作范围，需要开展的技术活动及技术活动之间的关系，又通过基于产品分解的方式定义技术与项目管理的对象。这两种策划结果有机衔接，相互映射，交叉检查，在策划中体现交付要求，在交付中反查计划条目，通过交付物对应的活动项，检查计划活动分解合理性。交互检查和验证，便于管理者迅速发现问题，及时调整，确保活动计划与交付计划的完整和统一，扭转以往科研计划粗放、工作目标不清晰、完成要求不明确的局面，管理层与执行层对计划要求理解一致，提高了协调和执行效率。

(二)提高过程监控能力

1. 及时更新指令信息，提高管控基线有效性

成都所执行的是型号行政指挥系统和设计师技术指挥系统(简称“两总系统”)相结合的组织指挥模式。行政指挥线以各级行政部门主管领导为首，以计划及其调度系统为主；技术指挥线侧重于技术方案和技术实施。两条线既有明确分工，又相互交叉。随着型号工程研制工作的开展，项目运行过程中，不断产生各种任务要求和指令信息，如来自

于行政指挥线的型号工程年会、型号行政指挥会等的管理要求信息，来自于技术指挥线的各种专题技术会、成品协调会等的技术要求信息。成都所及时将这些要求补充、调整、更新到项目策划书、里程碑计划和资源计划中，使项目策划书定义的项目总体目标，与主计划的年度里程碑重点计划保持高度一致，并落实到资源计划中，使各种管理与技术指令与策划书、主计划、资源计划融为一体，从而实现计划基线文件的规范管理和执行过程的有效管控。

2. 以交付物进展为重点，加强计划活动监控

项目执行过程中的监控内容主要包括：资源计划与实际占用量、计划活动的进展、交付物的状态。执行监控所需要的信息是通过研究部的反馈，具体执行任务的设计员在资源计划中反馈。成都所在计划执行过程中，对照计划管理基线，在工作内容完整、工作目标明确的前提下，报告进展信息，及时反映存在问题，督促计划完成。

3. 集成数据管理系统，提高交付物反馈效率与精度

随着数字化研发模式广泛运用，成都所建立起以飞机产品需求管理、飞机产品技术状态管理、飞机故障问题管理等为代表的一系列应用系统，科研生产技术活动中产生的交付物分别存放在不同的数字化产品管理系统中。一是在 Windchill 平台发放的数模及技术文件；二是在软件工程管理系统中管理的交付物，如软件源代码、测试报告、试验数据等；三是试制、试飞、外场技术支持，计算机、情报档案保障等配合性工作编写的工作总结报告在档案部归档的文件；四是成品类交付物如成品协议书、成品协调单等在成品管理系统中。成都所从事型号项目设计研发活动的一线设计员，日常工作更多依赖技术活动应用系统，因此应用系统中交付物信息状态是实时精准的。

为减少设计员反馈负担，提高管理信息反馈的精准度，成都所以交付物为纽带，将计划管理平台与其他存放交付物的管理系统建立关联，确保计划作业反馈的准确性和有效性，并提高计划作业反馈的效率。信息集成技术使各交付物存放的不同系统，与项目管理系统建立关联。通过自动提取各产品数据管理系统反馈的交付物的状态信息，提高反馈效率与反馈数据的真实性，实现型号研发应用系统与计划管理系统的紧密集成，实现交付物状态自动反馈，保证了信息的准确性。

计划管理系统与产品数据管理系统紧密集成的关键在于交付物从分配到反馈的三个过程，这三个过程产生的交付物定义与编码支持信息系统的集成。

交付物反馈时，由计划作业负责人将“作业预计交付物”与存放在型号各研发应用系统中的工作成果进行关联。关联是双向模式，可以从计划管理系统中进入型号研发应用系统选择工作成果进行关联，也可以在型号研发应用系统中提交工作成果的同时选择计划作业交付物进行关联。若作业下的交付物确认全部完成后，作业将自动确认完成。型号研发应用系统中的交付物审签状态严格按照质量管理要求，分为八个步骤，“编写－提交校对－专业会签－审核－审定－标审－工艺会签－批准”。

4. 打造监控信息平台，动态多维直观显示

计划监控是计划管理的重要保障。准确、迅速、灵活计划管理执行数据监控平台是进行计划监控的有效手段。计划监控平台需要做到动态采集、及时、准确与共享来自不

同管理系统的交付物信息，从项目维度（项目群/项目/子项目）、组织架构维度（研究部、研究室、资源）和责任人维度收集分析型号研发进展情况。成都所在门户首页显要位置定制开发科研进展监控展示平台。

一是注重监控广度。在定义展示维度时充分考虑交付物的项目、组织、责任人三个核心要素。基于项目要素，定义“系列”维度。基于组织要素，定义“部门”维度。基于责任人要素，定义“部门”、“主管总师”和“项目主管”三个维度。同时还从型号技术状态管理角度定义了“产品分解结构（PBS）”、“文件类型”维度。充分实现监控的广度。

二是强化监控深度。通过对重点维度的多层钻取来实现监控的深度，每个维度都可逐级向下钻取到数据详情列表，用户可查看任意维度对应的组合节点项下的数据详情列表。交付物数据详情列表的属性包括编号、名称、进展状态、当前状态责任人、当前状态起始时间和存储位置等共计 22 项。

三是实时的多维度统计分析报表。所有报表数据实时提取，通过报表信息检查计划执行过程，及时发现问题和风险并督促解决。

计划看板将策划基准、计划作业进展、交付物进展组合分析，通过多维度灵活组合、形象展示，实现对型号研发进展的精确掌握，大幅提升计划监控的水平和效率。

成都所日常计划监控主要通过逐日查看管理平台数据，掌握计划活动进展数据、交付物状态，每周、每月召开总师会、总师扩大会；每季度召开季度计划分析会，面向所领导、部门领导、计划员、财务和质量主管以及相关职能机关，将各工作项目、相应交付物逐项清理，并与计划考核结合，督促计划完成。

（三）实施精细、透明的量化评估，提升考核的深度与精度

成都所建立科学的考核指标体系，包括项目进度指标、成本控制指标、质量控制指标。其中项目进度指标赋值最高。进度指标由两个维度组成。一是任务量，二是完成率。任务量指的是各项目任务中投入的实际人力资源数量。计划执行结果的完成率，指项目计划在完成时，设计方案、图纸等技术文档的完成率。交付物完成率可以细分为“编写－提交校对－专业会签－审核－审定－标审－工艺会签－批准”等不同状态，完成率数据真实、透明，体现公平性。由于交付物进展状态来自产品数据管理系统反馈，完成状态信息更为真实。

成都所每年初根据上年全所设计研究部门人员收入总数、本年度科研任务饱满程度等因素，制订各设计研究部门绩效工资总量计划数；再根据计划管理平台统计出的各设计研究部门全年任务包括型号研制、产品研制、技术改造、科研保障和专业技术发展等项目计划作业数、工时数，分解测算各部门年度绩效工资总量计划数，并分解到各季度，形成各研究部对应的各项目计划考核奖励方案；管理部门按月对型号、专项任务、课题等执行情况进行跟踪和监控，检查执行情况、确认重大进展，对计划执行情况进行统计和考核，内容包括交付物完成率、研究部在各项目任务中投入的实际人力资源数量等；每个季度末，根据计划管理平台统计的各设计研究部计划完成率和工时数，形成计划考核奖发放方案，报所领导批准发放。设计研究部门员工绩效工资由各设计研究部根据员工本人当季任务交付物完成率及工时数的考核结果进行发放。

三、航空主机所提高生产研发效率的精益计划管理效果

（一）管理过程清晰可控，管理能力显著提升

成都所基于产品分解的工作范围分解，将产品设计对象转换为项目管理对象，基于技术活动、质量控制活动的研发活动交付物体系，工作分解到具体的交付物，明确了计划活动完成标准，使管理结果不重复、不遗漏、可追溯，可检查、可测量、可考核。

成都所结合实际，构建适合中国国防武器装备数字化研发环境。多项目精益计划管理平台的构建，一方面改变了以往繁琐填报、多人核对等重复劳动，节省了时间，保证了信息的准确性；另一方面，使往年繁重的信息统计工作变得方便快捷。这一系统为全所的任务部署、资源分布、任务执行等信息统计提供了有力支持，大幅提升了管理层的快速反应能力和计划监控效率。研发与管理人员的有效时间转化为隐性的经济效益。

各级管理层可以实时、有效、动态、多维、深入、精准的掌握计划执行信息。计划看板强化了管理职责，使人人参与管理活动形成企业文化，使决策层随时了解计划执行信息，又为科研任务量化评价与绩效考核提供有价值的信息。精细量化考核按照“任务导向型”、“结果导向型”区别开展，交付物完成率按照审签步骤实时提取。真正做到科学、有效、公平激励。为加快工程进度、提高研发质量和效益提供了保证。

（二）精益计划管理，促进整体效益增长

精益计划管理能力提升为成都所的技术进步、规范化的项目管理提供了有力的数据支撑。成都所作为飞机研发的龙头单位，新型飞机顺利研制，跨域项目实现新突破、外贸枭龙势头强劲、翼龙外贸无人机增加新用户、无人机研发形成系列、预研项目不断拓展，研究所效益突飞猛进的同时，也极大提升了航空工业的形象，为国防建设做出了突出贡献。

（成果创造人：季晓光、许　泽、傅　刚、陈裕兰、许媛媛、周　永、周四磊、李　沛、何俊林、李嘉骏、周　钰、彭　刚）

制造企业项目化的精益改善管理

湖北三环锻造有限公司

成果主创人、公司总经理张运军(右)向湖北省委领导介绍管理创新情况

湖北三环锻造有限公司(以下简称“三环锻造”)是采用模锻工艺生产钢质模锻件的专业化企业,是国内最大的中、重型汽车转向节生产厂家。三环锻造现有总资产9.8亿元,员工1600余人,各类专业技术人员400余人,具备年产锻件8万吨,转向节200万件的生产能力,年产销规模达10亿元。三环锻造现拥有1500多个产品资源,围绕“百年锻造”的发展目标,产品逐步实施由中低端向高端的重大战略性转移,大力开发重吨位车、豪华客车零部件产品;做大做强工程机械、铁路、船舶等汽车零部件以外锻件市场;积极拓展国际业务;将逐步形成“三个三分之一”(即汽车零部件市场、汽车零部件以外市场、国际市场各占到1/3)的市场格局。汽车产品覆盖重、中、轻、客、轿车各个系列,同国内东风车桥、陕西重汽、重庆重汽等20多个主机厂建立了长期稳固的配套关系。汽车以外同三一重工、中联重科、徐州重工、太原京丰铁路等结为战略合作伙伴。同时产品出口到美国、韩国、意大利、印度等国家和台湾地区。

一、制造企业项目化的精益改善管理背景

(一)提高企业快速应对市场能力、满足客户个性化需求的需要

三环锻造拥有重要客户30余家,一般及零星客户达到200余家,拥有1500多个品种资源。品种多、批量小、要货急,是当前面临的较大经营压力。同时,为实现可持续发展,每年为主要客户以及拓展新市场开发的新产品达200种以上。市场机遇稍纵即逝,持续提升产能、缩短生产周期、提高产品研发能力,快速应对市场,满足客户个性化市场需求,需要持续加大精益改善力度。

(二)降本增效、提高产品性价比,适应激烈市场竞争的需要

三环锻造产品主要集中在中重卡领域。从行业形势分析来看,从2000年至2012年是重型卡车发展的大跃进、大扩张时期,2009年以来我国的汽车产销量跃居世界第一。随着汽车产能进一步扩充,从2013年至2014年是重型卡车的竞争较为激烈时期,优胜劣汰的竞争在2014年才刚刚展开,产能过剩矛盾凸显,市场竞争加剧,客户对产品质量要求更加苛刻,市场索赔大幅度上升;产品降价压力越来越大,三环锻造近两年来产品综合降价幅度每年达到3%～4%,每年降价损失在3000万元以上。要做大做强,在逆境中实现发展,必须大力改善产品质量;持续降低生产成本、挖潜增效,提高产品的性价比。

（三）优化资源配置、切实有效解决企业发展中突出问题的需要

三环锻造精益改善涉及生产经营全过程，很多难度较大的改善需要多个部门配合完成，需要投入一定的人力、物力、财力。采用项目化精益改善的管理方法，有利于组建跨职能跨部门的综合性团队，发挥专业人员特长，集中优势资源，对项目进行高效率的计划、组织、实施，使精益改善达到最佳的预期效果。三环锻造从 2013 年时候开始实施项目化的精益改善管理。

二、制造企业项目化的精益改善管理内涵和主要做法

三环锻造围绕公司战略目标和年度预算，立足解决企业发展中的突出问题对日常精益改善运用项目化的管理方法，进行高效率的计划、组织、指导和控制，以实现精益改善全过程的动态管理和改善目标的综合协调与优化，从而更好更快地实现精益改善预期效果，促进三环锻造综合实力提升。主要做法如下：

（一）加强项目化精益改善的组织管理，确定工作制度和流程

2013 年年初三环锻造成立项目管理评审委员会和项目化管理办公室，下发《项目化精益善管理办法》，明确工作制度和流程。项目管理评审委员会主任由总经理担任，副主任由总会计师担任，主要负责牵头、协调日常工作。项目管理评审委员会成员主要由三环锻造高管、部门负责人以及业务技术骨干组成。具体到每个项目评审时，评审委员由项目管理办公室根据项目实际情况从以上人员中产生，原则上由涉及的主管领导、部门负责人和专业技术工程人员参与评审，特殊情况下（出差或其他原因），由部门其他领导或业务骨干参加。

明确项目管理评审委员会主要职责，包括组织协调推进项目管理，审批项目改进过程中发生的资金；项目立项评审、确定项目负责人；项目评估验收；审批验收项目奖励，对验收项目进行成果展示、推广应用和标准化。

精益生产办和企管办组成项目化精益改善管理联合办公室（以下简称“项目管理办公室”），在管理评审委员会的指导下，开展项目日常管理工作，主要负责《精益改善管理办法》的编制、发放、更改和管理；负责收集各部门精益改善项目，组织精益改善项目的立项评审；负责跟踪项目进度；负责把项目管理纳入高管层和部门考核，对项目协调推进不力、或弄虚作假的进行严格考核；组织项目验收评审，根据完成项目的评审情况进行奖金申报工作；定期在三环锻造内部宣传和通报精益改善项目开展情况，进行成果展示；督促项目负责人和相关责任单位制定推广应用方案，对推广应用成功的项目可追加奖励，参与年度精益改善成果发布大会，并督促相关部门制定标准化内容。

张运军总经理（右七）颁发项目管理奖

（二）积极组织精益改善项目申报和立项评审

1. 做好基层人员的宣传动员，促进精益改善项目积极申报

2013、2014 年年初三环锻造分别召开项目化精益改善管理启动大会，同时下发《关于积极申报 2013/2014 年精益改善项目的通知》。通知要求各车间、部室认真

按照《精益改善项目化管理办法》的要求，依据年度经营计划和预算目标，结合本部门实际存在的问题或矛盾，积极申报精益改善项目。项目的申报过程也是各部门问题或矛盾的查摆过程，要充分把当前存在的主要问题、不合理地方或存浪费现象查找出来，三环锻造将集中资源优势（包括人力、财力、技术等方面）成立项目小组攻关解决问题。基层人员对现场和实际生产经营过程都非常了解，充分动员基层人员拿出提案，争取做到人人有提案、人人有项目，形成内部改善的浓厚氛围。

2. 以部门为单位进行项目申报

各部门通过初步可行性分析，确定申报项目。申报部门认真填写《项目改善提案》，申报时要对当前状态或问题进行详细描述，明确改进的预期效果。每年 1～2 月份各部门及时向项目管理办公室申报新一年度精益改善项目。在生产经营过程中发现其他需要立项攻关项目时，可以随时向项目管理办公室申报。三环锻造鼓励各部门积极申报精益改善项目，一经确定立项，对项目提案人给予适当奖励，项目实施后，对预期效果显著的，对提案人可加大奖励力度。

3. 积极组织立项评审

项目管理办公室汇总各部门申报项目后，向项目管理评审委员会汇报，并积极组织管理评审委员会（包括企业高管人员）相关人员进行立项评审，项目管理办公室负责做好评审记录。评审小组在评审过程中，根据项目实施参与部门范围、难易程度，预期收益情况对评审项目进行评比。项目立项主要是根据企业当前发展中的关键事项、急需解决的问题进行立项攻关。确定立项后，拟定项目负责人和主管领导，项目负责人一般由具有实践经验的技术工程人员、生产骨干或其他企业管理人员等担任。

三环锻造 2014 年一季度共收集各部门上报第一批提案 350 个。经过六次项目评审会的紧张评审（完毕），其中获提案奖提案 47 个（占提案总数 13%），确定立项项目 150 个（占提案总数 43%）。并对以上 197 年有效提案分别颁发提案奖和立项奖。

（三）合理配置资源，严控项目实施

1. 优化资源配置，组建专业团队，制定最佳实施方案

由管理评审委员会指定的项目负责人组建项目小组专业团队。项目小组一般由专业技术人员、生产一线人员和管理人员构成。在组建过程中，涉及的相关部门要抽调精兵强将给予大力支持。

项目小组成立后，积极召开小组启动会议，定期召开项目碰头会。深入进行调查研究，集思广益做好项目规划设计和推进方案，使项目在掌控中精准推进，不留烂尾。

项目方案要站在全厂角度，进行最佳资源配置，确定最优实施方案。管理评审委员会指导项目实施。对需要设备厂家参与或需要专家院士提供技术辅导支持（三环锻造与华中科技大学、北京机电研究所等科研机构建立多年合作关系，2014 年 6 月与中科院院士建立专家工作站）的项目，由管理评审委员会出面帮助协调。

对项目推进过程中需要投入一定成本费用时，经管理评审委员会审批后，即可通过相关部门执行。实施方案确定后，项目小组及时填写《项目推进计划表》，经实施部门负责人、项目主管领导签字确认，报项目管理办公室备案。

2. 加强项目过程控制,确保项目按计划进度完成

一是加强项目小组内部沟通协调,按计划推进项目实施。项目小组负责人加强小组内部沟通协调,定期召开碰头会,积极按计划推进项目实施。对不积极配合项目推进的单位或个人报企管办进行考核。项目小组严格按照项目管理要求,控制好精益改善项目时间进度、质量和成本费用。项目管理委员会审批项目推进过程中发生的成本费用。

二是项目管理办公室跟踪检查项目进度和质量。项目管理办公室负责按照各项目的《项目改善推进表》跟踪实施情况。每月组织 1～2 次项目的专项检查,填写《项目改善检查表》,每月向项目管理评审委员会汇报项目进展情况,并在相关会议上通报,不定期开展项目交流评审活动。

三是严格项目变更。在项目实施过程中,如因市场、技术、资金等原因,需对项目进行变更的,由项目负责人提出变更申请,填写《项目变更申请表》,经项目管理办公室确认后,上报管理评审委员会变更,必要时重新进行立项评审。

四是合理终止项目。在项目实施过程中,受外部环境影响,项目无法正常开展;开展一定工作后发现以往认识发生重大变化,根据目前所掌握的资料,无进一步工作价值或目标任务无法实现,项目负责人可提出项目终止申请,经项目管理办公室确认后,报管理评审委员会终止。

(四)项目小组进行成果汇报,管理验收小组进行评估验收

1. 完工项目小组负责人汇报项目成果

项目完成后,项目小组负责人向项目管理办公室和管理评审委员会进行成果汇报。小组负责人在项目小组的协助下,完成《项目改善报告 PPT》,包括实施的工作回顾,成功的工作经验以及存在不足的方面。改善报告要做到图文并茂,数据真实,有改善前后对比图表对比,表达意思清晰连贯,改善后的收益效果等内容。

2. 管理评审小组对项目进行评估验收

项目管理办公室根据具体项目内容,组织涉及到的高管、使用部门、实施部门、财务部等相关部门负责人或业务骨干组成项目管理验收小组,对完工项目进行验收。主要从以下几个方面进行验收:一是项目是否实施了较为明显地改善,是否具有较好的推广价值。二是项目实施的难易程度。包括项目组织难易程度(参与部门多少)和技术方面难易程度(技术含量高低)。三是项目预计收益期限长短、受益面大小和当期受益受益情况。财务部和企管办对项目实施前后数据进行审计和复核,确认项目当期实际受益程度及预期效果。项目管理办公室根据评估验收情况填写《项目改善验收表》备案。

(五)实施项目奖惩,展示突出成果,推广应用

1. 对验收合格项目进行奖励

对已评估验收的项目,由项目管理办公室向项目管理评审委员申请项目奖励。项目的奖励采用项目承包方式,奖励金额按评估验收时确定的项目组织实施和技术攻关难易程度、项目受益期长短、受益面大小以及当期受益金额等方面综合因素确定奖励基准。三环锻造将拿出项目预期收益的 15％～40％对项目小组成员进奖励,项目管理办公室初

步核算项目实际奖励金额，报项目管理评审委员会审批后进行奖励。

项目小组负责人对小组成员奖励分配享有建议权。对三环锻造未来发展具有重大意义的精益改善项目，经评审委员会讨论通过后，可参与年度精益改善成果发布大会，并向集团公司申报奖励。

2. 对半途而废项目进行责任追究

在验收时，对半途而废项目(属人为责任导致的)，除追究项目负责人管理责任外，取消并追缴项目推进近过程中对项目小组进行的前期相关奖励，并在三环锻造全公司进行通报批评。

3. 对实施效果突出的项目进行成果展示

项目化管理办公室定期在三环锻造公司内部通报精益改善项目开展情况，对实施效果突出的项目通过内部网、公司橱窗等形式进行宣传报道和成果展示。

4. 推广应用，促进重大精益改善标准化

对具有较大推广应运价值的精益改善项目或效果突出的重大精益改善项目，经过反复验证成效后，进行推广应用。相关职能部门和项目小组制定推广应用方案，并制定标准化内容。主要包括：一是对员工进行项目成果展示宣传，组织培训相关技能或方法；二是对设备进行相关改造；三是制定相关技术质量等相关标准，操作规范或制度；四是按实施改善后效果进行考核。

三、制造企业项目化的精益改善管理效果

(一)调动了员工积极参与企业管理的积极性，提高了企业经营管理水平

三环锻造 2013 年开始推进项目化精益改善管理，2014 年定为“项目化精益改善管理年”，进行大力推进。通过近两年来积极开展，各部门累计上报提案 573 个，评审立项 260 多个，参与项目改善 2100 多人次，人均提案 0.36 个，人均参与项目 1.31 个。员工参与企业管理积极性进一步增强，干部员工聪明才智通过精益项目化管理得到进一步发挥，为企业健康良性发展注入了生机和活力。

三环锻造整体管理水平得到了较大提高，管理更加精益化、科学化、规范化，产品质量持续提升，降本增效效果明显，快速应对市场能力不断提高，企业市场综合竞争力得到进一步增强，经营质量显著改善。

(二)劳动效率大幅度提升

推行精益项目管理以来，通过生产组织变革，管理优化工艺优化进行减员增效，物流改进等一系列具体精益改善项目的实施推进，使全员劳动效率大幅度提升，2013 年人均销售同比增长 32%，2014 年上半年人均销售同比增长 13%。实现了员工人均收入增长，企业产品单位人工成本下降的良好效果。2013 年劳动效率提升节约成本 1020 余万元。

(三)成本得到有效控制，产品交货期改善明显、产品质量显著提升

2014 年上半年制造成本费用与上年同比、与本年预算目标比，均节约近千万元，降幅达到 4%，精益改善项目管理积极有效推进，取得了较好的实际效益。2013、2014 年通过盘活积压产品、积压物资，加快制品周转等一系列提高营运能力项目，使三环锻造库存物

资、库存商品营运能力得到持续提升。资金占用近几年来下降明显，有效降低资金成本230多万元。

产品平均交货期天数2012年以来下降幅度明显，产品质量显著提升。2014年上半年平均交货期19.88天，比2012年缩短了5天，压缩在制品资金占用1000多万元。2014年上半年工废率0.47%，比2012年的0.79%下降了41%。

（成果创造人：张运军、杨诗江、蒋德超、常继成、梁文奎、杨　娟、沈道理、胡月帮、彭雪峰）

民营企业提升盈利能力的轻管理

东营嘉扬精密金属有限公司

成果主创人:公司管理顾问丁雪峰(左)
与公司原总经理吕福通

东营嘉扬精密金属有限公司(以下简称"嘉扬公司")位于黄河三角洲,地处环渤海经济圈,成立于2000年,生产经营不锈钢、耐热钢、碳钢等材质的各类高档次精密铸件及其深加工产品,是中国商用精铸领域的领先制造商和世界知名供应商,2010年被评为中国"铸造百强"企业。2013年销售额已突破2.3亿元,利润3351万元。

一、民营企业提升盈利能力的轻管理背景

(一)适应工程机械行业竞争压力的需要

嘉扬公司一直主动响应政府号召,实业报国。在困难时期,嘉扬公司以管理创新为突破口,不断加强管理理念、机制、制度和方法创新,引进最先进的管理理论和方法,主动提升企业管理能力和市场竞争力,大力推进企业战略转型升级和管理系统优化升级,以适应经济全球化、工业化、信息化和市场化的发展要求。在倒逼机制作用下,嘉扬公司迎难而上,向管理要效益,依托"轻管理"理论,进一步明确管理重点,集中优势资源,改变过去管理眉毛胡子一把抓的低效管理局面,实现管理的重点突破,通过管理升级和管理创新加快向高端升级转型。

(二)增强盈利能力降低经营成本的需要

嘉扬公司20多年的历史积累了厚实的技术实力,研发和生产制造能力很强,2008年金融风暴前一直处于坐等上门供不应求的状态。近些年来,国内精铸企业发展势头很猛,具有一定规模的精铸企业已发展到300多家,市场竞争更加激烈。企业外部环境变化,此时只有主动求变,才能突破企业发展瓶颈,打造企业的长期发展核心能力。为此,嘉扬公司组建高层创新管理团队,打造适合企业发展阶段的轻管理模式。通过精益的、突出重点的轻管理,降低企业经营成本和生产成本,提升企业效益。

(三)在国际市场上提升"中国精铸"品牌的需要

嘉扬公司从创业伊始,就坚持"精益求精,精密无止境"的企业宗旨,孜孜以求并不断身体力行地主动进行管理创新和产品升级,为在国际市场上为"中国精铸"赢得更多的国际信誉而不懈努力。要光大"中国精铸"品牌,必须具有国际化的管理水平和技术水平,才能保证在国际市场上的竞争优势。嘉扬公司为合资经营企业,境内投资人是由公司主

要经营者组成的出资团队,因此在体制上兼具民营与合资的属性。规范的公司体制和卓越的领导团队造就了嘉扬公司富有活力的经营模式和科学的经营理念。但作为正处于转型中的中小企业,嘉扬公司遇到了经营管理与发展"天花板"。而这个"天花板"靠原有思维、模式和人才难以突破,就需要进行转型升级。

二、民营企业提升盈利能力的轻管理内涵与主要做法

嘉扬公司着力打造以提升企业内生性盈利能力为目标,以治理企业散、乱、慢为切入点,以全员一致性市场主体运营模式建设为主平台,以运营管理经验智慧输出和租赁经理人模式为工作手段,建立盈利能力自主建设与自主优化机制,快速提升企业存量资源的盈利水平的全套"轻管理"模式。主要做法如下:

(一)应用轻管理模型分析现状,明确管理改进重点需求

嘉扬公司根据轻管理模型,总结出企业不同管理需求层次具有不同的管理逻辑起点。在企业初创阶段,管理起点是提高个人劳动生产率;在企业发展阶段,管理起点是提高组织效率;在企业成熟阶段,管理起点是推进组织创新。基于3个不同的管理起点,定位嘉扬公司在当前快速转型升级阶段,管理的逻辑起点是提升组织效率和推进组织创新。

管理起点的明确定位让嘉扬公司的管理起点变"轻",即嘉扬公司当下最主要的管理方式是从规范管理向文化管理改进升级,便于选择合适的管理方法和管理工具。具体讲,一是根据轻管理不同企业发展阶段管理需求层次不同的结论,得出嘉扬公司处在由成长阶段第二层次的尊敬需求向企业成熟阶段最高层次基业长青需求的管理需求层次提升过程中的结论。二是通过定位嘉扬公司当前的管理需求层次,使嘉扬公司当前的管理重点变"轻"。三是根据轻管理企业不同发展阶段管理需求3层次形成管理的山坡的结论,通过管理的山坡模型的3个层次对应高效管理、规范管理、文化管理等3类不同的管理方式的思路,明确嘉扬公司当前转型阶段要以规范化、标准化作为管理系统的主要提升方向,让管理方式的选择变"轻";根据轻管理企业3个不同发展阶段管理方式对应3层次不同管理方法的结论,使嘉扬公司选择当前转型阶段的管理方法变"轻",形成全新的嘉扬公司轻管理运行机制。

嘉扬公司基于轻管理理论进行管理改进的整体思路是,首先根据轻管理思想布局资源,追求资源综合效益最大化的管理探索,着重挖掘提升企业盈利能力的对内操控策略和对外选择策略,优化管理流程,明确管理重点。组建运营指挥调度系统;完善工资奖金制度;全面推开绩效考评;搭建全面预算的基础;筹备ERP资源管理信息化平台立项工作;把提高机台效率方法和管理模式研究作为IE课题的突破口;实施技术等领域人力资源开发和储备计划。

公司办公楼

在轻管理思想指导下，嘉扬公司确立全员订单经营思想，进一步从产品经营的阶段向订单经营的阶段转型，同时附加技术制导的市场开发与销售模式予以强化，最终定型为全公司的思想与模式。

嘉扬公司针对不同市场确立市场开发模式，明确开发工作的基本原则：突出重点市场，循序渐进、由简入难、不断深化。同时启动市场调研，结合嘉扬公司 2013—2015 年技术规划，细分市场、细分行业、细分客户，采用 4 大战略。一是大客户战略（包括培养战略级大客户、为大客户提供差异化服务、技术服务等，以大为先、大小通吃）；二是多品种小批量战略；三是技术营销战略（致力于为客户提供全面技术解决方案）；四是新订单战略，针对细分市场、细分行业和细分客户，策划对应的营销策略。在各种营销活动中，以四大战略为导引，贯彻落实营销策略，并在实践中不断完善、调整、策划并实施、完善快速响应的报价方式，以增强竞争力。

（二）根据企业发展目标，制定改进工作计划的轻管理措施

一是在营销方面，改变过去只靠营销部门推销产品的传统方法，实行全员营销，营销部门牵头，工程部门配合。二是内部挖潜方面，通过轻管理方法找到管理重点后，制造部、工程部等各部门在生产流程、原材料采购、新产品开发、重点项目攻关等方面实行部门协作、日清日高的精益管理。三是在员工保健因素方面，以设备能源部和生资部为主对员工的生产车间环境进行改造，提供更好的休息环境和工作环境，让员工工作时心情更加舒畅。四是在员工成长方面，人事行政部以"提效、增利、涨奖金、奔发展"为目标，对企业薪酬机制、绩效考核机制进行改革完善，实行奖优罚劣，重奖高绩效员工的新管理办法。五是加大技术创新投入，实施 2013—2015 年嘉扬公司技术发展规划，由工程部牵头，加大技术创新的投入。六是以轻管理为指导，强化管理基础。由人事行政部和财务部为主，在全面预算管理和运营管理、ERP 管理方面，实行管理优化和提升。七是积极寻找企业新的经济增长点。以工程部为主导，寻求和开拓新的项目和领域。

（三）变革组织架构和工作模式，打造规范的轻管理系统

在嘉扬公司当前企业转型阶段，管理重点是实现规范管理。嘉扬公司在组织架构上改变传统的直线职能制机构模式，创新性的采用类似"矩阵制"组织架构模式。此模式最大的特点是双道命令系统。比如，营销部门相关的市场开发活动，更多的要与组织的经营战略结合起来，此类业务侧重于由总经理、副总经理领导为主，其相关的订单处理及客户关系维护等方面的活动，也就是与产品实现强相关的活动，则将接受运营中心的指挥调度；类似还有工程部门的工艺设计活动、采购部门的物料采购及外包、外协活动、质量管理部门的产品检验及质量管控活动以及在获审批前提下的财务、人事行政部门相关的资金、人力资源及后勤保障活动。生产管理及产品制造部门因完全与产品实现相关，故其相关活动也应接受运营中心的指挥调度。企业管理活动难免有交叉之处，为了确保战略执行，保证政令统一，经营活动整体协调一致，运营中心主任需要紧密围绕在公司总经理、副总经理周围，参与公司高层相关管理活动，以便准确把握正确的工作方向，落实好公司各项政令，实现组织的经营目标，在总经理、副总经理的直接领导下开展从"计划到结果"的过程管理。

为落实全员订单经营思想，嘉扬公司在经营质量与经营成本的深化工作方面探索建立三维模型，一是业务部门作业：决策并组织实施工作计划、考核管理内部工作；二是支持部门配合：资源、技术、标准服务与管理；三是运营指挥调度中心管控：监控作业 & 支持指标、指令作业 & 支持工作、裁决作业 & 支持纠纷、考核作业 & 支持进度。在工作模式上，嘉扬公司实行总经理和副总经理团队集体目标责任制，对所有的经济技术指标和战略主题共同负责。工作方式为集体决策，共同行动，领域侧重，分进合击。总经理和副总经理领导业务链条领域工作，在各相关部门关联的业务模块工作方面发挥决策、服务、督导、激励功能作用。副总经理薪酬不与部门业绩挂钩，只与业务链条领域业绩弱挂钩，与嘉扬公司全部主控经济技术指标和战略主题强挂钩。副总经理无暇顾及本人领导的业务链条领域工作时，其他副总经理有义务跟进补位，协助解决，事不过夜。副总经理专职化，原则不纵向错位兼职部门职务，特殊必要时可短时间“临时代管”部门，代管的副总经理负责在 3 至 6 个月配置好人力，脱离代管。在总经理、副总经理与部门对应关系的界定上，嘉扬公司采取以下措施：链式管理与部门职能制是一个立交关系，一条链串联许多部门，一个部门的不同种类业务模块分别按不同链的要求开展。由过去的一个领导对应部门全部工作的模式转变为领导团队集体对应部门的模式。总经理、副总经理按领域划分侧重对应部门的相关职能模块，不再是一个领导对应一个部门所有的事情。

（四）把营销、采购作为流程管理重点，实行关键点管理

基于轻管理思想，嘉扬公司将公司重点流程都寻找出关键节点，实行关键点管理。在具体营销措施上从 3 个关键点进行突破。一是采取突破常规的营销策略和营销政策，主动营销，抓单增量。营销策略上细分市场、细分行业、细分客户，采取不同对策。二是欧洲、北美和亚太三大区域市场营销团队独立担纲，竞争前行。实现欧洲市场销量稳定增长、亚太市场销量快速扩大、北美市场销量大幅提升，推进市场结构优化。三是思想“大客户战略”与“多品种小批量战略”协调促进。实现快速响应的报价方式、较短的量产周期和更顺畅快捷的订单执行，增强获取订单和稳定客户的能力。

在原材料采购方面，嘉扬公司的轻管理改进策略是建立供应商战略联盟。通过采购流程和客户的关键点梳理，把信誉低、产品差的供应商优化出供应商队伍，选择出优质供应商，建立战略合作联盟，保证原材料供应的稳定性和高质量。嘉扬公司通过和供应商建立长期供货标准合同，实现及时供货和零库存的目标。

（五）突出技术创新的引领作用，提升企业核心竞争力

嘉扬公司对研发周期短、客户有特殊进度要求的产品，采用快速原型工艺，在一周内便可完成样品的制造。能够参与客户产品的先期策划和设计开发，具备独立完成客户产品二次开发设计的能力。拥有企业内部实验室，能够独立进行精铸原材料入厂验收以及精铸新材料、新工艺的试验和研究。在轻管理模型指导下，嘉扬公司通过轻管理分层理论，确立与企业发展战略相匹配的核心技术发展阶段任务，细化制定近期、中期、远期企业技术攻关目标和详细方案，并大力落实《2013～2015 年公司技术发展规划》。

为推动技术创新，嘉扬公司确立五个重要节点。一是产品构思节点。嘉扬公司针对市场潜在需求，主动挖掘，自主研发，由工程部和营销部双重管理的市场开发技术团队进

行构思，工程部研发团队进行配合，在管理中，主要抓对这两个部门的考核。二是实物设计节点，要求构思设计向结构功能设计转换，以此节点作为流程起点进行设计，由工程部研发团队配合市场开发技术团队进行设计。三是产品制造工艺设计节点，要求产品功能设计向产品批量实现的方法设计转换，以此节点作为流程起点进行制造工艺设计，由工程部研发团队配合车间工艺管理技术团队、品管团队负责。四是产品试制节点，要求产品实现方法验证和完善，由工程部和车间双重管理的车间工艺管理技术团队配合工程部研发团队负责。五是产品批量生产节点，要求完成开发到产品实现的转换过程，由生产作业团队及车间工艺管理技术团队配合工程部研发团队、品管团队完成。嘉扬公司采购行为的发生与新产品开发的过程创新性的并行进行，采购部门可以尽早了解新品开发对供应商的需求，并相应地做出反应，这样可以大大缩短新品上市时间，技术部门可以利用采购经理相关领域的行业知识和对供应市场的了解，利于新品开发质量的提高，同时实现技术与采购部门间的互相监督。

为落实产品开发流程，嘉扬公司创造性的实行三段式轻管理技术管理模式。一是技术制导的市场营销和产品开发过程管理。其核心思想为技术制导是市场营销与市场产品开发的支点。为用户提供全面技术解决方案是嘉扬公司市场营销的战略方向。管理工作要点包括：建立技术导向的市场工作模式，为用户提供快速有效的技术优化方案，提高产品的技术性能和降低用户的应用成本；发现市场商机，转化为产品构思，为公司提供产品或产业发展信息与灵感。通过技术制导的市场营销和产品开发过程管理提高新产品研发效果，确保新产品量产时的质量合格、低成本、高效率。二是产品制造工艺研发过程管理。其核心思想是以全面的产品制造工艺为研发和管理内容。管理工作要点包括：提升设计过程的资源水平和组织能力，完善工厂工艺流程（宏观 IE）、产品施工工艺流程和产品制程的工艺定额工作流程（微观 IE）的设计方案。开展技术攻关和技术改进。提升铸件一检成品率，提升新老产品工艺出品率，解决严重影响产品制造效率和成本的技术难题。三是技术制导的产品制造过程管理。其核心思想是对产品（含样品）实现的技术解决过程进行管理。管理工作要点包括：建立技术制导的产品实现保障模式，对工艺控制过程进行管理；对攻克制造中技术难点的技术攻关与指导工作进行管理。

（六）创造良好的企业文化和工作环境，为管理改进提供保障

1. 开展团队自我“轻管理”

为鼓励企业创新，嘉扬公司建立平等、开放、协作的去管控化创新团队。嘉扬公司对于内部的“破坏性创新”组织高度放权，让其负责人自主决定其研发过程，并要尽量简化管理流程，压缩管理层级，实行扁平化管理。嘉扬公司主要监控破坏性创新的主要方向和关键节点，通过设定目标，选择关键人员，并建立几个关键点进行干预，而不是通过完善细致的管理系统进行控制。

2. 建立创新的企业文化

在企业内部建立频繁的、非正式的、流畅的、建设性的沟通机制，是嘉扬公司建立创新文化的核心。嘉扬公司上百名管理技术层干部中，半数具备本科及以上学历。同时，嘉扬公司非常注重人才培养和培训，每年都选送员工去清华大学等教育培训机构进行

长、中、短期培训,持续夯实嘉扬公司的人力资源优势。

3. 创建"提效、增利、涨奖金、奔发展"的员工成长文化与机制

嘉扬公司人力资源管理基本方针是"双增双提":增加有价值的工作,增加必需的人员,提高工作效率,提高员工小时工资收入水平。在生产车间进行操作工职业通道和技能薪酬试点,不仅提高了操作工收入水平,还使操作工有强烈的归属感。在提升效率和兼顾股东、员工、国家三者利益协同的前提下,继续加大对员工工资福利和知识培训技能发展的投入。同时嘉扬公司积极改善劳动条件,建设安全健康工作环境。

三、民营企业提升盈利能力的轻管理效果

(一)企业利润和员工收入持续增加

2012 年至 2013 年订单持续上量,产能日趋饱和,2013 年 7 月份交期符合率直线上升,订单实现效率极大提高,客户满意度达到历史最好水平。这期间,嘉扬公司企业利税与员工工资均保持增长。销售产品增加值连续两年超过了一个亿,股东、员工和国家三者利益得到体现。

(二)生产运营组织效果明显好转

调整生产运营组织方式,建立生产线物流配送体系,加强现场 5S 管理,质量目标管理水平稳中有升。2012 年交期符合率 90%,比 2011 年提高 5 个百分点,2013 年年底至 2014 年交期符合率稳定在 95%左右。

(三)三段式轻管理技术管理模式成效显现

技术团队对公司经营全方位技术支撑意识和作用进一步拓展,2012 年仅核价数量就达到 7983 项,同比增加 19.65%,2013 年稳定在这个水平之上,助推市场开发和订单实现。同时,新品开发创出历史新高,达到 1179 个,同比增加 22.43%。

(成果创造人:丁雪峰、吕福通、戴建峰)

以增值型内部审计为目标的审计整改跟进体系建设

中国移动通信集团北京有限公司

成果创造团队

中国移动通信集团北京有限公司(以下简称"中国移动北京公司")隶属于中国移动通信集团公司,于1999年8月28日成立,2000年12月18日在香港和纽约上市,主要经营移动话音、数据、IP电话和多媒体业务,拥有"全球通""神州行""动感地带"等品牌。经过几年的跨越式发展,中国移动北京公司已经建成一个覆盖范围广、通信质量高、业务品种丰富、服务水平一流的综合信息服务网络,为全面建设"人文北京、科技北京、绿色北京"、为助力首都"世界城市"发展目标的达成积极贡献力量。

一、以增值型内部审计为目标的审计整改跟进体系建设的背景

(一)集团的总体战略要求审计整改跟进体系有效支撑

2012年,审计署对中国移动通信集团公司有关审计所发现的问题中,大多数问题在之前的内部审计项目中已经报告并警示。针对这些问题,中国移动通信集团公司领导多次批示、三令五申,但仍未引起相关责任单位的足够重视,问题未得到整改或未联动整改,屡查屡犯。鉴于此,集团领导在集团公司司务会上指示,要充分发挥审计的作用,推动审计整改和问责闭环管理流程的建立健全,进一步推动落实涵盖监督检查、整改纠正、问责处罚、制度优化等环节的闭环管理体系。

(二)增值型内审转型需以审计整改跟进体系为保障

审计质量是一个系统工程,构建增值型内部审计要求深刻把握公司战略,科学订立审计项目,充分运用审计技术,严格控制审计质量,建立审计整改跟进体系,提高公司运作效率和价值。在这个系统工程中,建立审计整改跟进体系,有效推动审计问题整改,无疑是最为重要的环节,是连接审计实施与审计成果之间的桥梁,也是实现审计问题从内部审计层面到公司发展层面质的飞跃的关键环节,关乎审计发现问题是否最终为公司带来价值,审计成果是否转化为管理成果。

(三)公司审计整改现状迫切需要完善整改跟进体系

中国移动北京公司历任领导都对审计整改和跟进工作高度重视,多次强调要健全审计整改问责机制,促进中国移动北京公司整体管理水平提升。要强化审计检查的前瞻性和深入性,主动防范经营风险,推进问题整改。鉴于审计整改跟进的管理需求十分迫切,

中国移动北京公司在2011—2012年期间着手进行相关尝试和准备工作。

基于如上原因，中国移动北京公司从2012年年中规划设计，构建“五位一体”闭环审计整改跟进体系，到2013年年初全面应用推广。

二、以增值型内部审计为目标的审计整改跟进体系建设的内涵与主要做法

“五位一体”闭环审计整改跟进体系建立广义的持续审计管理新模式，创造性地提出组织、机制、流程、系统、问责五方面协调运转、利用系统开展审计跟进、体系覆盖审计整改跟进全生命周期的全新模式，实现重要风险的闭环管理，确保审计成果转化为公司实实在在的管理成果。主要做法如下：

（一）明确体系中的组织角色，界定职责分工

在“五位一体”审计整改跟进体系中，组织是首位的。为了保证审计整改跟进工作得到有效的计划、组织、协调和控制，加强各部门之间的横向沟通协作，中国移动北京公司在制度办法中明确审计项目、审计整改、审计跟进、审计问责流程中涉及的组织及其职责，主要包括领导小组、工作小组、牵头部门、配合部门；发起部门、职能管理部门、被审计单位；审计部门和整改部门各层级人员；问责实施部门等角色。通过组织定位，达到角色明确、职责清晰、分工协作、促进整改的作用。

（二）完善审计整改跟进机制，提供制度保障

为保证“五位一体”闭环审计整改跟进体系中各层面环环相扣、高效运转，制度是不可或缺的。为此，中国移动北京公司制定《审计整改跟进管理办法》，从审计整改跟进的原则、要求、组织、执行流程以及评估考核等各方面进行规范，作为审计整改跟进的执法标准。制定《审计整改跟进实施细则》，从审计整改启动、整改计划制定、整改工作实施、整改证据审核到系统关单等全流程，规范操作要求，明确操作时限。制定《审计整改关单审核评价标准》，建立一套科学、统一的整改效果评价标准。制定《审计整改跟进考核管理办法》和《审计整改及问责实施细则》，建立科学全面的考核与整改问责体系，对整改责任部门的整改情况进行评分、考核和问责。制定《考核指标及评分方法》，建立量化的考核指标，明确每个指标的定义、计算公式和统计含义。在以上一系列管理办法的基础上，中国移动北京公司构建一套全面、科学、层次化的审计整改跟进工作机制，为审计整改及跟进工作的有效开展提供制度保障。

（三）规范整改跟进流程，细化操作要求

专项审计项目结束（出具审计报告）的一个月内，项目经理将审计发现问题按照固定的模板导入持续审计管理平台，经审批通过后，正式启动审计发现问题的整改跟进工作。从审计整改的启动、整改计划的制定与审核、整改工作的实施、整改结果和证据的提交与审核，直至最终整改效果评估和关单处理，中国移动北京公司

成果创造团队

对于整改跟进流程各个环节均进行科学细致的规范，

审计整改跟进流程涉及的部门和人员众多，各项步骤复杂。为提高流程运转效率，中国移动北京公司对整改计划制定、阶段整改结果和最终整改结果提交等重要时间点进行明确规定，系统自动触发工作待办，并发送短信提醒给待办负责人。

对于不同的问题设定不同的整改方式，重大问题设置阶段里程碑。确保小问题及时改、大问题按照既有的时间节点扎实有序推进。如涉及系统改造的问题，《审计整改及问责实施细则》中要求整改期限是 12 个月，但为避免时间过长，中国移动北京公司要求被审计单位在 6 个月设置里程碑式的阶段整改目标，并按时提交阶段整改成果。通过设置里程碑，确保整改周期长的重大问题按时、保质完成。

审计整改跟进的全流程中，每季度统计整改状态和结果，并发布公司通报，督促审计整改的进度和效率，实现审计整改跟进的闭环管理。对于未按时整改的，实施绩效考核扣分，必要时对相关责任人启动审计问责。

（四）构建跟进平台，系统支撑持续监控

2012 年年底，为实现“五位一体”闭环审计整改跟进体系中的“系统”功能，代替人工整改跟进，中国移动北京公司在公司持续审计系统中增加审计整改跟进模块，将审计整改流程固化到系统中，流程包括：从审计部启动整改申请到提出整改要求，到整改责任部门制定整改计划，到审计部确认整改计划，到整改责任部门执行整改、提交整改成果，到审计部开展整改跟进，直至最终关闭问题。整个整改跟进流程全部在系统中实施，各项任务定时触发、及时提醒，通过系统监控并定期发布通报，整改跟进工作科学推进。

除整改跟进功能之外，系统中还增加统计分析功能。通过将历年审计发现的问题导入系统，系统自动统计出历年审计项目的整改完成率以及各项目的整改完成率明细，不同年度之间实现自动比对，避免人为输入项目参数、手工测算带来的弊端。

同时，系统根据审计发现问题覆盖的领域，以散点图的形式自动展示分布情况，为下一年度审计计划的制定以及审计项目的立项提供参考。系统展示审计整改跟进现状，随意便捷，一览无遗。

（五）加大通报、考核和问责，保障整改效果

1. 加大监督和通报力度

每季度发布审计整改跟进情况通报，从部门和问题两个维度出发，对“整改计划的按时提交率”“整改计划的一次通过率”“阶段整改成果按时提交率”“最终整改结果一次通过率”“审计问题到期整改率”五个指标进行综合统计，通报所有问题的整改情况。通过公司通报，抄送公司级领导，引起整改责任部门的重视，积极推进问题整改，实现风险的闭环管理。在审计发现问题的整改过程中，很多问题不能依靠单一部门的力量彻底解决，因此，针对跨部门整改议题，中国移动北京公司通过监督联席会等跨部门联动机制推动问题整改。

2. 建立考核体系，明确赏罚标准

在中国移动北京公司绩效考核管理办法中明确“对于外部审计发现的内部控制重大

问题，或者内部审计发现的重大问题、未按要求进行审计整改的重大事项，公司将通过KPI考核扣分进行约束”。在《审计整改跟进考核管理办法》中明确考核指标及评分标准，从审计整改的过程、结果和效果三个维度八项指标进行考核。赏罚分明，有效推动审计整改跟进工作的落地执行。

3. 建立健全审计整改问责机制

制定《中国移动北京公司审计整改及问责管理办法》，明确问责事项和启动问责流程的条件，如内外部及上级审计中要求问责的事项；内外部及上级审计中发现重大问题，重大损失或风险；内外部及上级审计中发现违反公司规定，弄虚作假，损害公司利益；未在规定时间内完成审计整改或同类问题屡查屡犯；拒绝或故意拖延提供审计数据、资料等，提供虚假资料、阻碍审计检查，拒不执行审计结论等。有效保障审计整改的时间进度要求和整改的质量效果。

为宣贯审计问责机制的重要性，并逐步引导公司各部门配合审计整改问责体系落地实施，最终推动“五位一体”闭环审计整改跟进体系的有效运转，中国移动北京公司施行以下措施。

第一，科学、合理、公正地界定问责主体、客体以及主从责任。树立审计整改跟进过程中不同组织角色的责任意识，夯实问责制度的思想基础。立足宣传教育，加大问责机制的宣贯，发挥问责制度治本作用，增强责任意识，降低责任事故。

第二，整合问责主体，力求形成问责合力。充分发挥外部监督、上层监督、审计监督、群众监督的四合一体效力。充分利用审计问责模式和审计监督的有效结合。进一步提高审计结果的透明度，充分利用审计结果，把审计监督作为一项综合性、高层次的监督活动，使监督成果具有广泛的利用价值。

第三，扩展问责内容，拓宽问责领域。明确问责内容和事项，建立相应的问责程序，明确何时启动问责，何时公布整改结果。将问责机制以科学化、标准化的手段固定下来。

第四，实行信息公开，建立公众投诉体系。重大问题的处理，要依靠多角度多维度的问责内容。因此，在问责工作开展中中国移动北京公司建立多渠道、高效率的公众投诉体系。进一步加强不同问责主体间的沟通协调，形成审计整改跟进监督检查合力。

三、以增值型内部审计为目标的审计整改跟进体系建设的效果

（一）审计跟进有序推进

“五位一体”闭环审计整改跟进体系应用推广以来，整改完成率持续提升，平均整改时间有效缩短。成果应用前，以2009—2011年9个审计项目的95项审计问题为例，审计人员历经平均13个月的人工跟进，最终完成75项问题的整改，整改完成率为79%。2013年“五位一体”闭环审计整改跟进体系应用后，以2012年8个审计项目的79项审计问题为例，审计人员通过持续审计管理系统仅仅经过平均5个月的时间，就完成了73项问题的整改，整改完成率达到了92%。创新成果应用后，整改完成率较之前提高了13%，平均整改时间缩短了8个月，整改效果显著提高。

(二)操作效率全面提升,人力资源充分释放

一是在整改要求发送与接收环节,人工跟进通过发送邮件或公文,通知到位耗时长,每个问题至少需要3～5天;通过系统跟进,自动发送,平均每个问题只需要15分钟。

二是在整改计划制定环节,人工跟进,每个问题平均需要1个月的时间,并且质量无法有效保证。通过系统跟进,时间限定在10个工作日内,并逐级审核,系统留痕,确保整改计划的质量。

三是整改结果、证据提交与审核环节,人工跟进需要反复催促,时间无法保证;证据质量不高,也无法有效保证整改效果。通过系统跟进,明确整改时限,系统自动发送到期提醒;文档的充分性和可信度经逐级审核,并在系统中留痕,确保整改质量。

四是问题整改效果层面,人工跟进整改率低;不可避免地存在"屡查屡犯"问题。通过系统跟进,将审计整改跟进与持续审计相结合,对于"屡查屡犯"类问题持续跟进,定期触发报告和通报,有效保证整改效果的持续性。

(三)成本效益双丰收,促进公司节流增效

中国移动北京公司利用"五位一体"闭环审计整改跟进体系的应用,显著提升了管理效益,同时带来了显著的经济效益,2013年至今带来的经济效益超过1.44亿元。以2013年应用效果为例:2013年通过对2012年8个专项审计项目79项重要审计问题的系统跟进,最终实现73个问题的整改完成和系统关单,涉及金额3.2亿元。同时,通过问题整改,2013年全年累计完善制度8个,改进流程10项,改造IT系统3项,纠正错误或强化执行12个,有效减少了收入损失,提高了经济效益,节约了成本,规避了风险。管理效益层面,审计发现问题的跟进频率提高为系统实时监控。通过系统监控,节省了审计单位和被审计单位的人力资源。以每年跟进10个审计项目为例测算,2013年至今节约的管理费用为94.5万元。

(成果创造人:陈晓曦、杨晓范、夏　军、张之娴、屈　虹、张　蕾、于清阳、顾怀恩)

中小合资企业打造核心竞争力的精益管理

神马博列麦(平顶山)气囊丝制造有限公司

成果主创人:公司总经理王安乐

神马博列麦(平顶山)气囊丝制造有限公司(以下简称"神马气囊丝公司")是国内第一家安全气囊丝制造企业,成立于2006年7月,由中国平煤神马集团神马股份与德国博列麦纤维有限公司(简称"PHP公司")共同投资组建的合资公司,由神马股份控股。神马气囊丝公司现有三条气囊丝生产线,拥有446HRT系列产品,年生产能力1.1万吨。神马气囊丝公司通过了国际权威认证机构英国BSI审核的ISO9001:2000质量管理体系、ISO14001:2004环境管理体系和OHSAS18001:1999职业健康安全管理体系认证,主要产品应用在大众、通用、现代、起亚和丰田等知名的汽车品牌。2013年年末企业资产总额4.46亿元,销售收入2.26亿元,职工248人。

一、中小合资企业打造核心竞争力的精益管理背景

(一)应对全球行业激烈竞争的需要

近年来,随着汽车工业不断向亚洲转移,全球安全气囊丝市场也加快转向亚洲市场,特别是我国汽车市场正在处于高速增长期。目前国际上能够批量生产气囊丝的企业主要集中在西方发达国家,生产技术由美国英威达公司、德国PHP公司、日本旭化成等少数企业掌握。作为国内气囊丝产业的先行者和拓荒者,神马气囊丝公司从诞生之日起,就面临着全球行业巨头的激烈竞争:2007年,美国英威达公司在上海布局建设产能约2万吨的尼龙66纱线工厂,2009年项目建成投产;日本旭化成、韩国晓星等企业也逐步扩大气囊丝产品的生产份额。神马气囊丝公司必须结合自身特点,以精益管理为切入点,在产品质量、经营机制、管理模式等方面不懈探索创新,形成企业的核心竞争优势,才能够在全球市场竞争中占有一席之地。

(二)实现企业进一步发展的需要

2008年10月,神马气囊丝公司投产之时,恰逢国际金融危机全面爆发,世界经济进入衰退期。神马气囊丝公司一期项目建成后,仅有一条生产线,年产能力约3000吨气囊丝。企业处于生产运行磨合期,产能规模小、产品质量不稳定、经营资金短缺等问题严重困扰和制约着企业发展。在企业最困难时期,年3000吨的气囊丝产能每月销量不足50吨,2008年、2009年公司连续出现亏损。为提升运营效率效益,彻底扭转亏损局面,神马气囊丝公司决定以精益管理为依托,向内使劲,内涵挖潜,激发内生动力活力,推动企业长期稳定发展。

(三)保障产品质量安全的需要

专业统计数据显示,在发生交通事故时,汽车安全气囊配合安全带可使事故死亡率降低68%以上,气囊丝产品质量与人的生命安全息息相关。在国际行业领域内,对气囊丝产品的生产精度、质量标准和市场准入都有着极其严格的要求,主要表现为:一是生产精度高,用于制造安全气囊的丝线,是由100多根的超细纤维纺制形成的,每根超细纤维粗细约为人类发丝粗细的1/10;二是质量标准高,在气囊丝产品纺制的过程中,要求毛丝产生的个数控制在平均20万米仅允许2个,同时,对气囊丝产品的断裂强度、断裂伸长等十多个指标均有严格的控制标准;三是进入门槛高,凡是进入市场的气囊产品,都需要经过国际第三方企业和下游客户企业严格的产品认证。这些决定了生产气囊丝的企业,在管理上必须打破传统的模糊生产控制,组织规范的精益化生产,形成以质量技术为主要内容的企业竞争力。

二、中小合资企业打造核心竞争力的精益管理内涵与主要做法

神马气囊丝公司以精益管理思想为核心,以市场为导向,以全面预算为基础,以生产现场管理为抓手,以质量、效率、效益提升为目标,围绕"管理科学、流程规范、过程受控、成本最优、利润最大"五个管理重点,通过对企业全面预算管理、客户关系管理、生产控制过程、工艺技术等环节进行全方位的细化提升,打造形成富有企业特色的核心竞争力,产品质量、工作质量和服务质量得到显著提高,劳动效率大幅提升,企业盈利能力和抵御风险的能力不断增强。主要做法如下:

(一)树立精益理念,构建保障机制

1. 明确管理目标,理清精益思路

神马气囊丝公司以打造中国第一、国际一流的气囊丝生产企业为目标,紧紧围绕科学组织生产、提高产品质量、强化内部管理、提升市场美誉度等关键环节,全面实施精益管理项目,对组织机构、人才保障、生产运营、市场培育、内部管理等工作开展细化优化;系统提出"全员精益共识",建立形成以精益管理为核心的企业文化体系和价值观。把"员工、产品、市场"三个主体有机结合,突出四项基本行为准则:一是质量标准人人掌握;二是产品质量对终极客户负责;三是质量成本视角;四是人对质量的影响。神马气囊丝公司通过编写印制气囊丝生产专用培训教材,邀请国外专家和下游客户授课座谈,组织生产技术骨干到德国PHP、AUTOLIV、韩国MOBIS等著名企业生产现场考察学习,开展"班组长日记"实践创新活动等多种途径,致力于员工素质的培养和提升,为实施精益管理项目提供智力保障。

公司厂区

2. 精简组织机构,提升管理效率

神马气囊丝公司的生产经营组织机构简单,高层管理人员仅有3人(副总经

理由外方股东委派,不直接参与公司管理),根据主要职能设置制造厂、设备动力维修厂、品质技术部、物流部、财务部、行政事务部 6 个部门。按照“精兵简政”的原则,神马气囊丝公司一期投产时,在册职工人数 138 人,到三期项目建成后,产能翻了近两番,人员只增加 80%,管理人员仅增加 2 名。

3. 完善绩效考核,激活机制动力

神马气囊丝公司实行全员考核机制,考核方案主要从管理责任、规范管理、工作态度和工作责任、团队精神、成本指标和质量指标、特殊奖励和处罚等 6 个维度进行,考核指标共计 20 项。考核以百分制计算,完成目标任务得到基本分,根据完成质量的好坏考核奖惩,考核结果以奖金的形式兑现。对各部门经理也从安全、管理责任、质量、生产稳定性、协作、重点工作完成情况、特殊贡献、管理报表管理等方面进行双重考核,曾有部门经理因为报表漏报被扣奖金 500 元,从此报表漏报情况得到有效扼制。

(二)实施全面预算,强化精益控制

1. 建立生产预算模型,科学指导生产

神马气囊丝公司具有精益管理特色的全面预算模式,主要涵盖产量和生产能力折算、产量与消耗分析、成本利润分析、分品种的边际收益分析、不同品种的边际利润比较分析等“五大分析模型”;神马气囊丝公司利用“五大分析模型”进行推算,可以准确快捷地测算出当年度的产量成本利润、分品种产量等控制指标。同时,通过模型把生产计划精细到小生产周期(月或周或日)、设备台位,对成本费用细分到品种、生产天数、合格品率等因子,一旦出现市场波动,只需把增加或减少的突发变量代入分析模型,就可重新对生产要素进行排列组合,对生产计划进行快速调整,最终保证预算目标实现,确保企业利润。神马气囊丝公司二期、三期项目建设都是在原有基础上,新增一条生产线,产能增加一倍,根据预算分析模型,有效控制定员数量,制定出合理的生产方案,减少了更换品种的频率,保证二期、三期项目当月投产当月实现盈利。

2. 建立资金预算模型,提高资金效率

围绕资金管理,神马气囊丝公司在基本财务报表之外,建立包括资金预算表、每周银行账户余额表、销售回款记录和预测等多项具体明细表,形成严谨周密、准确翔实的财务报表体系。在资金预算方面,神马气囊丝公司定期制定三个月的资金预算,细化一个月的现金流预算,同时对每周现金流动进行严格管理和控制,切实做到公司账目心中有数。在应付款项方面,以资金盘存表为依据,按照轻、重、缓、急制定付款计划,合理安排本周资金支出,对生产等紧急项目保证及时支付,能够用商业票据结算的项目,一律采用商业票据结算。在应收账款方面,神马气囊丝公司与客户达成付款协议,设定付款期限,保证每笔货款在两月内到账,确保不发生呆坏账。在防范汇兑风险方面,神马气囊丝公司坚持每天跟踪欧元汇率变化情况,在合适的时间和价格采购远期欧元锁定切片成本,基本上做到在支付货款欧元时是一段时间的相对低点。

3. 建立供销、库存模型,实现最优资源配置

神马气囊丝公司根据市场需求的季节性特点,在确保给客户及时供货的同时合理安

排生产调度，减少库存占用流动资金。主要的方式是根据客户需求制作未来三个月销售计划表和近一个月的发货排序，保证合理库存。在原辅材料和备品备件采购管理方面，按照月需求量、采购数量、采购金额，现有库存、安全库存、采购部门等内容，根据不同物品的交货期确定采购计划，通过模型计算，实现产供销数据对接、平衡控制，确保库存合理。2013 年，神马气囊丝公司全年生产气囊丝 7466 吨，销售气囊丝 7503 吨，大部分月份的库存都在 150 吨以下，气囊丝共有 10 个品种(进口切片和神马切片各 5 种)，平均每个品种库存不到 15 吨。

(三)以市场为导向，精益需求管理

1. 需求带动，产销无缝对接

神马气囊丝公司坚持以销定产，由销售部门根据市场情况预测未来三个月的需求计划，并制定下一个月的详细销售计划，根据销售计划组织不同品种的生产，及时向客户提供所需要的产品。所有流程都坚持客户导向，客户需要什么，企业就及时调整相应的生产计划、质量控制方案和采购计划等。例如，在了解客户使用气囊丝 A1(经纱)和 A2(纬纱)存在一定比例以及使用 A1 替代 A2 更利于保证质量的要求后，神马气囊丝公司主动调整生产、质量控制和考核方案，把过去单一的合格品率考核细化为 A1、A2 两项合格品率考核，调整后虽然产品生产难度增大，但 A1 产品比率提升，获得了客户的认可和赞誉，为公司赢得更多的市场。

神马气囊丝公司建立快速反应机制，向客户提供差异化的产品，做到“三个协调运作”，即研发和市场协调运作，生产和市场协调运作，质量管理、技术服务与市场协调运作。由于气囊丝产品客户相对稳定，品质技术部建立翔实的客户档案，对各个客户的产品型号、用量、个性化要求，一一记录在案。从品质技术部获得客户需求，到调整工艺、制定生产方案，最终提供产品样品，神马气囊丝公司一般不超过一个月的时间，就能够满足客户的不同需求，快速为客户提供差异化定制产品，为企业抢占国内外市场赢得先机。几年来，神马气囊丝公司先后生产开发出专用油剂生产气囊丝、447～470dtex 气囊丝等高附加值、高技术含量产品 800 多吨，不仅增加效益，提高产品的市场占有率，也提高企业在业内的影响力。

2. 用心服务，筑牢共赢关系

客户为根，服务为本。神马气囊丝公司高度重视服务客户工作，高度关注客户需求变化，实时科学合理调整营销方案，一是建立客户质量回访制度。在向客户出售产品的同时，对客户反馈的质量信息及时处理、给予答复解决，做到事事有回音、件件有落实。二是提供个性化销售服务。根据不同的客户对产品的关注重点不同，灵活调整发货，尽可能满足客户的不同需求和特殊偏好。有的客户要求使用同一条生产线的产品，就把某一条生产线生产的产品组合发货。三是与客户进行深度融合，建立良好合作关系。通过销售对供应、生产对使用、质检对技术，把产品、技术、质量服务直接与客户沟通配套。

神马气囊丝公司赢得了客户的信赖和忠诚，有客户将其确定为唯一的原料供应商，相互建立起共生共赢的战略合作伙伴。神马气囊丝公司二期 3000 吨和三期 5000 吨项目能够提前向客户输送试制样品，进行产品认证，保证项目投产后产品能够迅速进入市场、创造效益，与客户共同取得双赢的结果。

（四）以质量为中心，精益生产管理

1. 精细流程，标准化推动质量提升

神马气囊丝公司以生产现场为核心严格把控生产过程，提出"物料、人员、信息"的现场管理三要素，以现场管理标准化、操作标准化和信息标准化的"三元一体"综合提升，实现质量效率效益提升。

一是现场5S精益管理。神马气囊丝公司自2009年开始，全面推行现场5S管理，综合应用目视管理和管理看板等方法和工具，借鉴德国、美国气囊丝工厂的人性化现场管理经验，形成适合企业实际的现场管理方法。如在危险部位采用软性材料设置警示标志；在生产现场安装自动门，既保证车间温湿度，又便于职工持物推车通过等，从更加人性化的角度不断完善现场管理。在此基础上，标准化管理也从目视层面转入管理层面，现场管理的重点逐步转移到员工素质的培养和现场管理机制的完善，使每个现场工作人员都能从质量的视角去关注现场、去维护现场。持续的现场标准化管理和员工现场意识提升，对提高产品质量发挥积极影响，神马气囊丝公司的产品外观疵点比率由2012年1.79%，降到2013年的0.96%。

二是生产作业标准化管理。神马气囊丝公司在操作规程的基础上，对从干燥到纺丝、卷绕、分级包装的生产工序进行操作细化优化，明确生产中的每个活动、内容、顺序、时间控制和结果等工作细节，逐步形成标准化操作模式。同时，选择各岗位最佳操作员工，按标准化生产流程进行操作录像，配以标准化操作语音讲解，制作成专题视频资料，进行员工操作标准化培训。特别是随着项目的陆续投产，标准化的操作培训对员工尽快准确地掌握操作技能起到良好的效果。在解决客户反馈的筒子整经长短不一问题时，通过排查丝筒抽吸过程，最终形成定位、定压、定时、定个数的标准化筒子抽吸模式。通过对客户进行质量跟踪，丝筒整经相差由原来的3000～4000米，缩小到现在的1000米以内，得到客户的肯定。

三是工业信息化全程控制。神马气囊丝公司生产信息流主要依靠生产数据采集系统（PDA系统）、控制系统、工作传票三种方式进行传递，实现全员生产流程信息覆盖。其中，控制系统负责生产操作信息的记录、采集；PDA系统可以完整记录每一个丝筒从下机到出库的全部信息；控制系统与PDA系统在卷绕工序实现对接，工作传票则用于制造人员与维修人员的对接。公司管理者、技术人员、各岗位操作工可根据不同的职权进入系统进行信息查阅、处理。

2. 双轨并行，完善质量缺陷预防

神马气囊丝公司把质量作为核心竞争力的主要内容，建立一套日常缺陷预防和问题处理的双轨并行质量管理机制。

一方面，建立以"两表两会"为主体的缺陷预防机制，预防缺陷和差错产生。"两表"是指利用科学的统计分析方法对质量指标进行把控，根据物检化验结果进行SPC和CPK分析，形成SPC和CPK两份数据分析表，确保产品质量稳定在标准范围以内。"两会"即坚持每日生产例会制度和月度质量分析会制度，实时掌握生产情况和产品质量状况，及时实施质量改进，确保生产平稳。“两表两会”工作制是神马气囊丝公司对产品质量事中控制阶段的有效控制手段，也是注重完善日常质量管理的集中体现。

另一方面，建立以客户满意为重点的问题处理机制。以质量攻关小组的形式，集中气囊丝公司工艺技术生产骨干，快速有效地解决客户投诉和抱怨等问题。2012 年 4 月份，接到最大客户关于大批量产品外观存在黄点的抱怨，神马气囊丝公司立即成立黄点丝攻关小组，确定产生黄点问题的主要原因是由于包装用牛皮纸板有色斑渗透造成的，于是迅速改牛皮纸板为白纸板，杜绝了黄点丝的产生，得到客户的高度认可。2012 年以来，神马气囊丝公司充分发挥问题处理机制的作用，持续对工艺设备的运行参数、工艺操作方法和控制方法等进行改进和提升，先后完成质量改进项目 13 项，解决客户反应较大重点问题 6 项，重新修订完善技术文件 6 项，取得显著效果。

3. 技术创新，持续改进生产工艺

神马气囊丝公司坚持以工艺技术创新持续改进生产工艺，在使用国产尼龙 66 切片原料替代进口原料和气囊丝纺丝增速工艺技术方面取得突破性的进展。神马气囊丝公司从德国引进的技术方案，只适用于含水率较小的高粘尼龙 66 切片，对此，马神气囊丝公司依靠自身技术力量，独立进行气囊丝原材料的国产化探索研究。成立专题科研小组，通过大量的探索和科研试验，对聚合工艺进行细化优化，对切片干燥时间等 10 余项工艺指标逐项细化，最终确定国产湿切片的干燥工艺，一举实现国产切片替代进口切片，每年可节约切片成本约 1000 多万元。该项技术应用的突破，不仅使气囊丝产品实现完全国产化，而且将国产切片的合格率由原来不足 60%提升到 88%以上，大大降低生产成本。同时，通过该项目研发，也打造出一支技术过硬、专业化的人才队伍，为推动气囊丝纺丝技术发展积蓄力量。

神马气囊丝公司还对影响生产稳定、造成质量波动的多项工艺和设备进行自主开发调整。2012 年以来，神马气囊丝公司围绕质量开展的技术创新、产品创新等项目 12 项，同时承担 2012 年度河南省科技厅高新技术产业化项目，还成功开发专用油剂生产的特种气囊丝产品。

4. 循环认证，对标国际最高控制要求

神马气囊丝公司严格按照国际标准建立质量管理体系，在质量管理体系的实际运行中，还参照目前国际上最为严格的 TS16949 汽车行业零配件供应商质量标准和瑞典 Autoliv 公司的 AS2 标准（汽车行业安全系统重要管理标准）。执行国际先进的质量控制标准 APQP（产品质量先期策划）、PPAP（生产件批准程序）、PFMEA（潜在失效模式及后果分析）、CP（控制计划）等。日常落实每周一次的体系检查；每年定期进行一次体系内审和过程内审，根据生产情况每年进行 2～4 次产品内审，定期接受第三方和客户方的审核认证。对标 TS16949 和 AS2 标准的要求，不断完善过程控制，坚持持续改进，循环提升，坚持循环认证，在历次的验证和换证审核中始终保持证书有效性。神马气囊丝公司连续 7 年通过国际权威认证机构 BSI 审核的 ISO9001：2000 质量体系认证。持续取得认证，对神马气囊丝产品全面进入国际市场发挥着至关重要的作用。

三、中小合资企业打造核心竞争力的精益管理效果

（一）产品质量显著提升，企业核心竞争力明显增强

一是产品填补国内空白，生产稳定性大幅提高，质量显著提升。特别是通过实施精益管理，气囊丝产品合格品率从最初的 50％左右，提升到 88％～89％，与国际同类型企业挑出率基本相当。二是推动国内聚酰胺纤维制造技术显著提升。神马气囊丝公司自主开发完成的国产低粘尼龙 66 切片纺制气囊丝工艺技术研究成果，实现了气囊丝生产原材料的国产化，目前 90％以上的原材料采用国产尼龙 66 切片生产，而且对于使用国产切片纺制其他聚酰胺纤维积累了非常宝贵的技术储备。三是为国际大汽车商提供配套产品的服务能力显著提高，从最初的一两个品种，到为大客户开发新产品，实施定制服务，2013 年年底统计，神马气囊丝的国内市场占有率达到 35％左右，行业排名第一。四是适应市场变化、抵御市场波动的能力明显增强。2012 年到 2013 年间，神马气囊丝通过管理创新成功化解气囊丝产品每吨售价下调 4000 元的不利因素，保持了企业销售收入和利润双增长。

（二）实现经济效益持续增长

神马气囊丝公司自 2007 年 10 月第一条生产线 3000 吨建成投产至今，产能逐步扩大到 1.1 万吨，增加了近 3 倍，企业资产总额从 2.2 亿增加到 4.4 亿元，利润从 2009 年亏损 2126 万元、2010 年亏损 1283 万元，到 2011 年盈利 150 万元、2012 年盈利 225 万元、2013 年净利润 772 万元，可计算直接经济效益 7062 万元。与经济大环境相比，走出了一条“减亏、脱困、盈利、增利”的逆势上扬强力发展之路。

（三）规范行业产品标准，保障人民生命安全

作为国内气囊丝行业的领跑者，神马气囊丝公司起草完成了《FZ/T 54023－2009 聚酰胺 66 气囊用工业长丝行业标准》的制定。这不仅是神马气囊丝公司在标准化道路上的重要里程碑，为了奠定神马气囊丝公司在行业中的领头羊地位具有重要意义，更为重要的是对整个气囊丝行业和产品进行规范，从行业层面更好的规范市场，保障了全国人民的生命安全。

（成果创造人：马　源、王安乐、李树安、乔　琨、李发阳、董天升、摆向宇、贾四朋、王生健、武　冰、王　凌、田麓莉）

家电配套企业基于流程优化的生产管理提升

四川长虹模塑科技有限公司

成果主创人：公司董事长郑光清（左）与总经理李修平

四川长虹模塑科技有限公司（以下简称“长虹模塑公司”）是集工业设计、塑料模具设计制造、注塑加工、喷涂和技术服务于一体的综合性模塑企业，属于国家高新技术企业。长虹模塑公司总部位于四川省绵阳市高新技术产业开发区，注册资金1.2亿元，厂房面积11万余平方米，员工3500余人。长虹模塑公司目前拥有绵阳、广元、中山、合肥、青岛和景德镇6个生产基地，为长虹、美菱、海尔、美的、海信等家电企业提供专业零部件配套，业务范围涉及电视、空调、冰箱、洗衣机等成套塑料模具开发制造和塑料制品加工。

一、家电配套企业基于流程优化的生产管理提升背景

（一）适应市场竞争，满足客户需求的需要

随着市场竞争越来越激烈，家电配套企业面临的市场环境也发生了很大的变化，主要体现在：一是家电企业生产方式由少品种、大批量，转变为多品种、小批量模式。作为家电配套企业，生产的品种数和批量数完全按市场的需求决定，市场需求变化，则批量和品种就需要相应发生变化。二是家电产品更新周期越来越短。比如，电视机产品更新周期缩短到6～8个月时间，这就要求配套企业快速反应，缩短产品的开模时间、新产品的爬坡时间等，满足配套需求。三是家电企业对配套企业的配送要求基于JIT的按需配送方式。在零件没有使用前，零件仍然属于配套企业。配套企业不但要承受库存压力，还要承受产品可能不用的报废压力。家电配套企业必须进行生产管理模式革新，提高生产运行的效率和创造价值的能力，建立一套保证质量、快速满足市场需要的生产制造模式。

（二）降低制造成本，提高企业效益的需要

家电企业由于产品同质化严重，竞争激烈，企业已进入微利时代。家电配套企业面临产品价格不断下降的压力。因此家电配套企业一项很重要的工作就是“节流”，提供物美价廉的产品。而面对上游原材料价格降低的程度的有限，不可能一直下降，由于产品品质的要求，可供选择的供应商有限，因此通过原材料价格的下降降低成本不可持续，也难以实施。通过对长虹模塑公司从原材料采购到出货整个过程的流程分析，发现生产运作过程中各环节不增值时间占比在95%以上，而只有5%以内的时间是在创造价值，因此改善空间巨大，需要应用科学的方法对整个生产制造流程进行分析、优化，挖掘影响企业运营效率的问题并加以改善，从而提高企业整体的运营效率，降低制造成本。

(三)提升企业管理水平,促进企业转型升级的需要

长虹模塑公司经过多年的发展,规模不断扩大,但同时也存在以下几个主要管理问题:一是由于各生产基地所处环境和建立时间不同,管理水平参差不齐。长虹模塑公司在总部的生产管理经验难以在分子公司得到快速复制。二是由于市场变化快,生产均衡性差,使长虹模塑公司原材料和产品存货数量高。2011 年每月平均存货 1.2 亿左右,资金压力大。三是注塑设备 24 小时连续运转,员工以倒班的方式作业,工作强度大,面临招工难、员工流失率大的问题,生产一线操作工中新员工占比最高达到 40%以上,影响了生产效率和产品品质的稳定性。四是劳动力成本每年都在不断上升,一方面需要保证每个员工的收入不断地得到提升,另一方面需要控制人力总成本的增长速度。这些问题,使长虹模塑公司原有的生产管理模式已经难以适应企业发展的要求,长虹模塑公司必须要转型升级。

二、家电配套企业基于流程优化的生产管理提升内涵和主要做法

长虹模塑公司通过对整个生产运作过程的信息流、实物流进行分析,将产品生产环节通过全流程分析图的方式表达出来,形象化、量化地描述企业运作过程中的实物流、信息流,明确生产制造过程的增值环节和非增值环节,系统性诊断企业生产运作流程,发现存在浪费的根源;运用流程分析技术、快速切换技术、时间测定技术等工业工程技术和供应链管理技术,并融合信息技术和自动化技术逐一对非增值环节进行改善,减少过程中的浪费,缩短制造周期,提高反应速度。对改进效果进行检查和完善、再标准化,并持续以 PDCA 循环的方式改善流程,促进生产管理各环节效率的持续提高。主要做法如下:

(一)针对企业生产运营特点,确立生产管理提升的整体思路与目标

1. 明确生产管理提升的整体思路

长虹模塑公司以精益思想为指导思想,以对整个生产运作流程分析为方法,通过对整个生产流程的信息流和实物流进行系统性的分析,发现影响生产管理的主要问题点,站在整个系统在角度上,对生产管理进行优化提升。

同时,鉴于长虹模塑公司在全国有 6 个生产基地,但是由于所处环境具有一定的差异,各生产基地管理基础不同;因此,明确采取"整体规划,分步实施,突出重点,试点先行,再全面推广"的推进思路。首先,选取样板工厂,对样板工厂推动过程中的成效和难点,定期总结和交流;然后,再向其他工厂推广,使其他工厂在推进时提高推动效率。

注塑模具加工现场

2. 确立生产管理提升的目标

长虹模塑生产管理提升目标主要为:生产管理提升以建设快速反应的生产制造体系、及时满足客户需求,为客户提供品质好,价格具有优势的产品,

提升企业的市场竞争能力和企业创造价值的能力;同时通过此项目的开展,促进建设精益型生产制造企业战略的落地和促进建设四好工厂的方针目标的实现。

(二)对整个生产制造环节进行流程分析,制定改善方案

通过对生产过程的调查,对生产过程中的信息流和实物流进行图形化的表达和量化分析,发现生产运营流程中潜在的、非增值的浪费活动。通过对生产制造全流程的分析,发现存在以下问题:一是生产过程中信息流传递效率低,二是工序之间信息传递不畅,形成孤岛作业。三是从注塑、到喷涂和部件,工序之间存在零件多次的搬运、入库、包装、检验浪费,不但增加成本,也降低效率。四是采购是按月预测进行采购备料,而月预测与实际生产存在较大偏差,使原材料库存增加,有些物料甚至长期积压。五是产品切换时间长、废品多。根据对生产制造全流程的问题梳理和分析,确定了以下重点方向:一是采用信息化技术,提升信息传递效率,提升业务处理效率;二是优化采购、计划管理等业务流程;三是优化工艺排布、产品切换、作业方法等作业流程,减少在制品库存,减少生产过程中的各种浪费,提高生产效率和产品品质。

(三)建立生产管理信息化系统,实现信息的快速传递和共享

长虹模塑公司从2006年开始先后完成ERP采购模块、销售模块、财务模块、生产计划模块和成本模块的上线和SRM(供应商管理系统)的上线,在企业计划层的信息化系统已经比较完善,而对于车间层的信息化还比较缺乏,车间的底层数据不能快速传递和共享,车间的运作情况不能实时了解。因此需要通过车间层信息化生产管理系统的建设,对车间进行实时的数据采集和监控,把企业计划层与过程控制层连接起来,建立起企业的3层控制管理体系,包括过程级的自动化设备、生产级的MES、企业级的ERP。

通过对生产业务流程的调研和分析,长虹模塑公司确定车间生产管理信息系统的基本框架和功能,建立生产管理控制一体化硬件和软件平台,对生产设备工艺数据进行实时采集和保存,实现注塑车间的生产运行状况和生产现场的实时集中监视,为生产计划和异常应急处理提供通信、指挥和决策工具,为生产工艺过程的跟踪和分析,异常原因查找提供数据分析工具,提高了车间的生产管理水平。

(四)完善物流管理,实行拉动式排产

1. 优化工程塑料采购流程,提升物料计划传递效率

长虹模塑公司从梳理整个原材料采购流程入手,通过分析原材料供应链的实物流和信息流,发现主要存在客户需求经常变动,原材料采购提前期较长,安全库存设置不合理等,长虹模塑公司从了解客户需求,缩短采购提前期等方面进行改善,具体如下:一是编制《主要原材料交货周期信息表》,明确交货提前期,方便物料计划人员了解原物料交货所需时间,有效防止断线。二是制定《工程塑料需求计划控制管理办法》,建立工程塑料需求预测模型,对主要物料增加旬滚动预测计划并传递至采购,采购以旬需求展开备料,如此使采购计划与生产计划匹配,防止原材料库存积压和产线短线,同时利用ERP系统进行物料需求的计算,提高工作效率。三是利用车间管理系统的日资源计划管理,根据计划的派工单,自动计算每日的物料需求,对工厂进行JIT方式的物料供应。四是针对

专用物料制定明确的安全库存管理规定，明确专用物料的安全库存管理。

2. 运用拉动式排产模型缩短生产周期

以前，长虹模塑公司在制订生产计划时，各工序都是各自进行计划安排，形成信息孤岛。在客户计划变动时，因每个工序之间的联系不够紧密，库存也很难适应这种变化。为此，长虹模塑公司引入拉动式排产模型。长虹模塑公司将拉动式排产模型与实际的生产情况相结合，制订了适应自身的生产排产方法。具体做法如下：一是生产提前期计算方式统一，各工序根据提前期标准进行生产安排；二是编制部件、油漆、注塑周滚动计划表，后工序根据前工序的需求进行生产即采用拉动式的排产方式，减少凭经验造成的提前期拉长；三是每月对所生产产品的提前期进行检查、并改进，提升办法的可执行性。

3. 采用安全库存模型提升库存控制水平

对于制造企业，如何既能满足客户的需求，又能使库存处于一个合理可控的范围，是一个亟须解决的问题。鉴于此，长虹模塑公司做出四项举措：一是规范财务日清日结报表，为库存分析报表提供准确的数据；二是对客户生产计划的变动率进行统计，分析客户计划变动的原因；三是拟制库存分析报表，统一库存上、下限算法，即库存上限＝MAX((客户日需求－日产量)，0)×[ABS(计划量－已配送量－库存量)/客户日需求]＋3×日产量，库存下限＝MAX((客户日需求－日产量)，0)×[ABS(计划量－已配送量－库存量)/客户日需求]；四是每日对在产品库存进行分析，对库存过高的产品及时给出处理意见。并通过库存分析报表，各级管理人员可以及时清楚了解库存情况，且便于计划人员进行每日分析，及时处理存在的问题，实施库存控制。

(五)改进作业流程和工艺，推广自动化生产

1. 改进生产工艺流程，减少在制品库存

长虹模塑公司在分析改进现有流程时，采用五项优化手段：一是应用并行工程原理将串行操作改为并行操作以缩短流程周期；二是运用时间管理理论中网络图的关键路径分析原理，确定消耗时间最长的流程关键路径，并设法改进其上的工序或将其上某些工序的部分工作拆分到流程非关键路径上的工序上以缩短流程周期；三是运用运筹学中路径优化的相关理论，使流程关键路径上所有流程的距离总和最小，以减少流程关键路径上的时间也即减少流程总的周期时间；四是通过工作的拆分等手段尽量使各工序的生产节拍一致，以减少因库存积压而引起的等待时间。如果无法做到节拍一致，那么以节拍最长的工序为参照，其他节拍较短的工序不追求100%的利用率，以免造成库存积压；五是以及其他管理学和运筹学的优化方法。

2. 优化换模流程，减少切换时间

长虹模塑公司采用快速换模技术及理念，梳理现有产品换线流程。通过区分内部作业及外部作业、内部作业转换为外部作业、内外部作业共同优化三个步骤，优化现有产品换型流程和技术以及推行标准化工作，减少产品换型时间，缩短制造周期，同时，为保证此项工作的长期有效的执行，建立各机床吨位的换模时间标准，通过每周IE人员现场的测试，发现问题，把问题反馈给相关部门，不断优化，同时通过现场的测试，对换模按流程

执行进行督促和宣贯，并在每月把测试检查情况进行通报。

3. 优化恢复生产流程，减少调试时间

换模流程做到最优是产品实现快速切换的必要因素，在开展快速换模的同时，通过开展恢复生产流程优化的项目，减少调试时间。

项目组联合计划、调模组、加料组、生产班组、工艺通过多次讨论，制定出标准化恢复生产流程，对设备参数在设备上按规则命名和保存，确保在模具架上设备后，原材料准时到位，设备参数快速调试完成，恢复生产时间由以前的平均 80 分钟，减少到现在的平均 47 分钟，减少 41%。

4. 采用自动化技术，提高生产效率和产品品质

长虹模塑公司按照产品规划、工艺分析、自动化技术应用、模具保证、设备保证和现场改善六个方面，对工厂的自动化进行统一规划，使工厂自动化推进系统性的进行，并确保后续的可持续性。从 2009 年开始推行工厂自动化，先后投入 300 多台机械手，实现生产车间的注塑机的自动取件；自行开发自动剪浇口、自动覆膜、自动丝印、自动装嵌件、模内切等自动化工装设备，从模具设计开始考虑自动化生产，使模具适应自动化生产，并推行模具无毛边计划，减少模具本身问题影响自动化生产，在设备管理方面推行 TPM，提升设备的稳定性，降低设备故障率，在产品包装方面进行简化，在现场推行可视化和定置化管理。通过以上工作，减少后处理时间，降低员工工作强度，达到省力、省人和提高产品品质的目的，同时推进自动化连线生产，把产品通过皮带线传输到空调隔房，员工在隔房里面主要进行产品的简单处理工作，员工工作环境得到了较大提升。

通过对注塑车间进行自动化连线生产，实现注塑车间无操作工，员工统一在安装有空调的操作间进行简单的后处理加工；同时，通过在注塑机边利用自动化丝印、自动化覆膜和自动剪浇口、嵌件自动化安装等自动化设备和模具无毛边计划推行、产品包装简化，极大地减少后处理的工作量，实现对操作员工的需求量减少 20%以上，同时员工工作环境得到较大改善，员工流失率减少，员工收入也得到了提升，产品质量得到提升。

(六)提供组织和制度保障，促进生产管理持续提升

1. 建立组织保障

长虹模塑公司进行充分规划，成立以总经理为组长，技术质量、财务、采购、生产计划、运营管理和工厂各部门负责人及骨干为成员的推动组织，在全公司范围进行生产管理提升项目的组织推动和最佳实践交流与推广。长虹模塑公司建立精益制造推进小组，作为生产管理提升项目的日常推动单位，负责推动公司的现场改善、流程优化、库存降低、效率提升工作，推进长虹模塑公司生产制造水平的持续提升。

2. 开展提高专业技能的培训活动

在借助外部资源和能力的基础上，长虹模塑公司精心选取素材，共同规划培训教材，并选拔项目参与相关单位人员进行专业知识培训，也通过购买学习资料，发放给各部门，组织自学。同时，项目组还采用外派学习交流和聘请外部专家进行培训的方式对采购、生产计划、技术等人员进行生产计划管理、供应链管理、TPM、精益生产等相关培训，进一

步提升参与人员的知识和技能水平，为项目推动提供专业化的支持。

3. 流程的标准化和固化

长虹模塑公司结合流程分析技术改善的要求以及企业实际情况，对生产计划管理、物料采购、产品切换、信息传递进行进一步规范，并形成管理规范，修订发布《生产计划管理办法》，规范车间级计划安排；修订发布新的《工程塑料采购管理办法》，对生产计划下达、采购需求、采购计划下达到供应商送货的操作方法进行规范；修订发布《产品切换生产管理办法》和《模具与注塑机接口标准化》，规定产品切换的流程和标准，同时利用信息化系统提高流程效率，并对流程固化和标准化。

三、家电配套企业基于流程优化的生产管理提升效果

（一）降低成本，提高经济效益

2012 年，长虹模塑公司实现降低成本 1700 多万元，存货周转率（出库口径）提升 10%以上。在车间形成连续流生产模式，在制品库存减少 97.8%。人均销售收入从 2009 年的 24.56 万元提升到 2013 年的 43.23 万元，5 年时间提升了 76%，每年保持 10%以上提升幅度，尤其是在 2013 年，人均销售收入同比增长 22.41%；长虹模塑公司销售额和利润增长速度均在 10%以上，2011 年至 2013 年，3 年累计增长达到 40%以上，整体经济效益得到明显提高。2013 年，长虹模塑公司获集团公司人效提升优秀单位，获产业集团优秀经营奖。

（二）缩短生产周期，更好地满足了市场需要

作业流程的优化、产品的快速切换和信息化技术的应用，使产品信息传递效率和实物流程得到优化，长虹模塑公司主要产品的生产周期得到有效缩短，由以前的 8 天左右缩短到 5 天左右，物料采购周期平均缩短 7 天以上，产品换模时间由 2～3 个小时缩短到 1 个小时以内，对客户订单的响应速度和需求变化的应对能力都有了较大提升，客户满意度得到提升，建立良好的企业形象。

（三）基础管理提升，为企业持续发展和转型升级奠定了基础

长虹模塑公司通过生产管理提升工作的开展，对生产运作流程系统性的分析和梳理，借助“IT＋IE”技术挖掘影响公司发展的问题并进行改善，信息流和实物流分析技术得以顺利运用，进一步提高基础管理水平，并且建立持续改善机制，为在管理方式上持续创新、推动持续健康发展提供了强大的理论支持和动力源泉。

（成果创造人：郑光清、李修平、靳卫卫、宋宏春、张生建、沈宏玲、潘秋华、杜旭东、杨　红、巫　江、周　萍、邹佩良）

煤炭企业以降本增效为目标的标杆管理

新汶矿业集团有限责任公司

成果主创人：公司董事长、党委书记、总经理张文

新汶矿业集团有限责任公司（以下简称“新矿集团”）是一家以国有资产为主体、多种所有制并存的大型企业集团，前身为新汶矿务局，1956 年建企，是山东省第一家千万吨矿务局，1998 年 3 月改制成立新矿集团，2011 年 3 月重组为山东能源集团有限公司重要的权属企业。近年来，新矿集团建立了煤炭、煤化工、装备制造、现代服务业共同发展的产业格局，拥有煤炭资源储量 250.1 亿吨，设计年产能 1.12 亿吨。先后荣获全国资源综合利用先进单位、全国循环经济工作先进单位、全国五一劳动奖状等荣誉称号。2013 年集团完成原煤产量 4665 万吨，实现营业收入 724 亿元，利税 70.8 亿元。

一、煤炭企业以降本增效为目标的标杆管理的背景

（一）实施标杆管理是企业科学发展的需要

近年来，新矿集团改革发展取得显著成绩，规模实力、经济效益、发展质量都有了很大提升，但仍存在战略制定与战略执行之间的矛盾、快速发展与有效管控之间的矛盾、人力成本居高不下与人力资源开发不足的矛盾、升级转型的高端要求同传统发展方式的矛盾，要解决自身矛盾，提高管理能力，提升整体效益，实现科学发展，必须进一步解放思想，开拓视野，通过实施标杆管理，找准发展短板，优化改进管理方式和管理手段，提升自身管理水平。

（二）实施标杆管理是企业应对竞争的需要

2012 年以来，新矿集团面临的市场竞争越来越激烈，多数矿井普遍存在资产大、人员多、成本高等问题，“大而不强、大而不优”的问题日渐突出，效益呈现明显下滑趋势，营利空间缩水。要在市场竞争中生存和发展，必须开展降本增效活动，必须紧密结合岗位职责和业务流程，改进生产工艺和流程，杜绝各种浪费现象。而煤矿属于资源采掘业，基于煤层赋存条件的不可预见性、生产工艺的复杂性以及安全等方面的要求，导致企业在成本管理上存在诸多困难。传统的成本管理以事后的统计和分析为主要手段，难以发现差距和问题。通过实施标杆管理，对煤炭成本定额、实物消耗等指标加以纵向、横向的对比分析，可以改进生产工艺和流程，降低消耗，提高效率，继而取得市场竞争优势。

基于如上原因，新矿集团自 2013 年 1 月开始，以降本增强竞争力、增效实现科学发展为目标，自上而下全面开展标杆管理。

二、煤炭企业以降本增效为目标的标杆管理的内涵与主要做法

新矿集团以降本增效为目标，通过在集团公司之间、集团公司权属单位之间全面开展标杆管理工作，以可量化的指标为内容，以过程控制和优化流程为手段，以组织建设和考核机制为保障，实施全方位、多层次标杆管理，形成“六级多维”对标体系，找寻自身差距，制定和落实追赶先进的战略方案和措施，促使产业结构进一步调整和优化，增强可持续发展能力，实现集团公司及权属单位经济快速增长。主要做法如下：

（一）明确标杆管理的工作目标和原则，设计标杆管理的工作流程

1. 明确工作目标与原则

工作目标是要通过标杆管理，对各类指标进行全面梳理，找出影响新矿集团生产效率、运行质量、经济效益的主要因素，分析本企业与竞争对手在成本管理方面的差距，解决企业新矿集团瓶颈问题，激发和推进各权属单位、部门和员工积极参与标杆管理工作，明确成本管理的目标和责任，优化成本管理工作的各个环节，提高成本管理的执行力与执行效果，实现降本增效，促进管理提升。

在实施过程中，遵循以下工作原则：一是全面对标和重点对标相结合。根据经营现状和管理水平，围绕影响企业发展、制约职能发挥的重点环节和关键因素，按照轻重缓急的顺序，开展全面对标和阶段性重点对标。二是结果对标和过程对标相结合。借鉴标杆企业的经验做法，既在体现经营结果的绩效指标上与先进企业对标，更深入分析造成经营结果差距的各种因素，并结合实际制定具体改进措施。三是外部对标与内部对标相结合。既把优秀企业作为学习赶超的标杆企业，学习外部企业的基础管理、资本运营、战略规划，也在企业内部选树标杆进行对标，学习内部单位的成本控制、效率提升方式，逐步建立起适合自身发展的标杆管理机制。四是横向对标与纵向对标相结合。对成本、物耗、效率、质量等指标，不仅与现阶段水平横向对标，也与历史最好水平纵向对标。五是学习借鉴和自主创新相结合。把标杆管理作为持续改进方式，建立动态比较模式，不断更新对标企业及对标指标。同时，注意将不同标杆企业的做法进行融合，在对标过程中努力实现创新和突破。

2. 明确工作流程

第一，准确分析现状。对生产经营情况进行深入分析，对各项经营管理指标进行评估，梳理找准制约发展的关键要素和短板，以解决自身突出问题为目标，从制约发展的突出问题入手，选择先进性强、可比性强、针对性强的标杆。

新矿集团年产 1000 万吨现代化综采工作面

第二，明确实施方案。合理确定对标目标，将成本作为一项重点指标，综合考虑矿井赋存条件、生产环境等现实情况，全面剖析各成本要素，认真分析标杆单位的优势，针对某项指标分析目前的差距，存在问题及原因，提出改进方案和措施，

制定追赶、跨越的路线图和时间表。

第三，以实践看实效。根据实施方案、路线图和时间表，将各项措施和目标分解至相关部门或个人，明确对标责任。充分借鉴、学习标杆的有效方法和措施，结合自身实际，创新管理方法，改进生产工艺流程，实现企业流程再造，以推进对标工作顺利进行，取得实际效果。

第四，常分析促改进。结合对标目标的完成情况，进行阶段性的分析评估，总结实践过程中取得的效果和存在问题，修订完善有关措施和方案，促进对标工作持续改进和提高。在每个对标循环结束后，重新检查对标管理的目标，在进入下一循环前，根据自身发展完善的情况，不断调整设定标杆，以更高的标准谋取更大的发展，实现循环提高。

第五，严考核重推广。设计反馈机制，即评估考核奖惩。年度结束时，一是对标杆工作进行全面总结，主要内容包括基础管理、日常工作、实施效果以及标杆管理经验总结和管理建议等，拟定考核奖惩措施，提出下一年度本单位对标工作的总体思路和工作重点；二是对标杆管理的课题成果进行推广应用，让课题成果在推广应用中实现价值，不断为企业带来效益。

（二）明确标杆管理专业组织

标杆管理工作按照层级管理的原则实施分级管理，即集团公司负责管理到二级单位，各二级单位负责管理到所属三级单位，各三级单位负责管理到所属区队或班组。

1. 建立集团公司层面组织

新矿集团成立标杆管理领导小组，董事长、总经理任领导小组组长，各分管副总经理任副组长，成员由有关部室负责人组成。标杆管理工作领导小组主要负责对集团公司开展标杆管理工作把关定向，组织、指导所属各公司开展标杆管理工作；负责组织审定开展标杆管理工作的实施方案、考评奖惩机制及评价结果；组织调度标杆管理工作开展情况，平衡解决在标杆管理工作中出现的重大问题等。成立标杆管理工作小组，分管副总经理任工作小组组长，分管副总师任工作小组副组长，成员由相关部室骨干人员组成，负责标杆管理的具体实施，督导二级单位工作开展。设立标杆管理办公室，负责对集团公司及权属二级单位开展标杆管理工作情况的调度、督导、反馈、考评等日常业务，同时协助单位搜集指标、标准。

2. 建立二级单位层面组织

新矿集团权属二级单位，按照新矿集团要求，建立标杆管理领导小组和工作小组，领导小组组长由二级单位负责人担任，相应业务部门负责人任成员；工作小组由分管负责人任组长，小组成员全面落实到人，确保标杆管理工作有组织、有领导、有方案、有措施。

（三）完善标杆管理制度

1. 制定标杆管理例会制度，实施过程控制

新矿集团利用标杆管理信息化平台或通过组织会议的方式，每季召开一次标杆管理工作例会，检查工作完成情况，解决存在的问题，推广先进经验。

2. 制定标杆管理通报制度，鼓励创优争先

新矿集团每季度编制、下发《生产矿井主要指标手册》，在对所有生产矿井本年和去

年同期的全员效率、原煤生产效率、单位综合成本等主要生产经营指标完成情况进行排序的基础上，对老区、新区又分别辅以图表进行比对。同时，为表彰先进，鞭策后进，每季度对综合排名前 5 名和后 5 名的单位，分别给予通报表扬和批评。

3. 制定标杆管理宣传制度，促进全员对标

一是制定定期开展标杆管理培训交流制度。定期召开辅导讲座进行宣贯，每季度一次讲座，每次一个专题，聘请内外部专家，通过一讲一问、一问多答的"沙龙"模式，让宣传教育入脑入心；二级单位层面，制定定期实施二级单位间互动交流的工作机制，通过集团主动协调、二级单位间自主协商，查问题、找先进，让标杆管理工作融入学习交流的过程。二是制定动态管理宣传制度。新矿集团专门下发正式文件，明确标杆管理的专业部门、专职人员，要求其利用报纸、电视、网络等各类媒介，发稿件、写短评、树典型，通过广泛宣传，充分开拓干部员工实施标杆管理的工作思路，全面调动干部员工参与标杆管理工作的积极性，并从数量、质量和影响度等方面进行考核。

4. 制定标杆管理考核制度，严格考核奖惩

新矿集团以取得考核工作实效为目的，从基础管理、日常工作和实施效果三个方面进行评分考核。日常考核重点为单位日常工作完成情况，共计 50 分，包括宣传、培训和标杆管理人员队伍建设，标杆互动平台应用情况，课题研究情况等，日常考核采取季度评分的方式。定期考核重点为标杆基础管理和实施效果，共计 50 分，其中，基础管理包括标杆指标体系建设和信息化建设，计 30 分；实施效果包括标杆管理助力治亏创效和经营业绩考核目标实现情况，计 20 分。定期考核采取年末评分的方式，加分项分别考核单位参与新矿集团活动情况及标杆成果在集团推广情况，计 20 分，并根据得分高低对单位负责人进行奖罚。

(四)建立"六级多维"指标体系，明确标杆指标

1. 建立指标参考体系

以"降本增效"为目标，通过在集团范围内的全面梳理，以自下而上申报，自上而下调研、审核的方式，建立"六级多维"对标参考指标体系("六级"是指集团、二级单位、专业、区队、班组和岗位 6 个层级；"多维"是指安全生产、经营管理、科技创新、人才建设及企业文化等多个方面)。新矿集团将参考指标下发二级单位，供各层级选取使用。

集团公司层面的指标，涉及盈利能力、资产质量、债务风险、经营增长及其他等 5 个方面的 28 项指标。二级单位层面的指标，涉及经营管理、安全生产、科技创新、人才建设、节能环保及企业文化等 6 个方面的 68 项指标。专业层面的指标，涉及工作量、安全、效率及成本等 4 个方面的 13 项指标。区队层面的指标，涉及安全、效率及成本等 3 个方面 8 项指标。班组层面的指标，涉及安全和成本两个方面的 8 项指标。岗位层面的指标，为工效、岗位工序标准化、出勤率、三违率、事故时间及停止作用等 6 项指标。

2. 明确标杆指标

各层级通过自我分析，按照量力而行、循序渐进、适度超前的思路，科学选定标杆指标值。一是参考国资委财务监督与考核评价局制定的企业纯净评价标准值的优秀值或

良好值；二是参考类型相近、有可比性的集团、矿井、专业、区队、班组、岗位层面的优秀指标；三是参考自身的历史最优指标。

（五）分级对标，分析差距持续改进

1. 分级对标，确定差距

2013 年，新矿集团各层级均制定各自的实施方案，组织开展对标活动。集团层面集团公司领导亲自带队，先后组织机关相关部室负责人和省内 13 个矿井主要负责人赴山东能源集团权属企业龙矿集团、淄矿集团及新泰地方煤矿现场对标，对比寻找问题和差距。通过分析发现，与其他矿井相比，新矿集团多数单位存在资产大、人员多、成本高、效率低等问题。针对以上问题，新矿集团各专业部室和二级单位，结合部室职能和各自的行业特点，在集团顶层设计下进行自我诊断，改进提升。

2. 分析差距，提升管理

推行“要素对标”，强调创标建模。新矿集团强调对标不仅要找出与标杆单位的差距，更要找出差距背后的管理原因、制度原因，必须制定解决问题的措施并付诸实践，还要将最佳实践制度化。新矿集团推广应用陈泓冰的“要素建模法”，将标杆管理引向深入，解决问题背后的问题。同时，对标杆管理成果进行固化，形成制度，实现管理提升。

开展课题研究，助推深度对标。新矿集团通过开展“深度对标，助力企业治亏创效”主题年活动，标杆管理进基层，先行导入标杆思维，从自我否定开始，通过关键问题“课题化”方式探寻企业各方面的问题根源和解决途径，优化生产工艺、堵塞管理漏洞，提高工作效率，让全体员工身体力行，参与到对标活动中，共同享受对标成果。确立标杆管理课题的标准，以解决实际问题为出发点的，只有对日常工作进行改善并且与现有业务密切融合的课题才能通过申报；以总结最佳实践并推广为出发点的，鼓励全员参与创标建模。具体工作流程为：第一，自我诊断。全面调研，自我否定、找准差距。第二，选定课题。课题立项与岗位工作和业务流程相结合。第三，提供模板。集团公司、二级单位分别组织不同层级的课题辅导活动，引导思路，提供模板。第四，及时评审。每季对结题的课题成果进行效益评审，对具备推广价值的成果及时推广，对课题完成人员及时进行精神奖励。

（六）完善相关保障支持措施

1. 建立标杆数据库，实现信息共享

数据资源的获取是影响标杆管理的关键因素之一，数据信息的收集是否准确、及时、完整将直接影响对标工作进展。新矿集团建立标杆管理数据库，将获取的各类基础数据适时下发各权属单位，实现标杆管理信息共享。一是数据收集。为了保障定量分析的准确性和可行性，新矿集团积极配置数据收集系统，完善数据库，定期更新数据，管理初级数据以及次级数据。收集数据主要有：各矿井单位的基本信息，各级单位和职能部门各期的耗费，与成本相关的其他信息等。二是数据分析。新矿集团建立相应的数据系统，配备统计分析处理软件和科学的数学模型，对收集来的各项数据，进行整理、加工、分析等处理，进而从现有数据中发现规律，辅助经营者的决策。三是数据沉淀。主要是通过记录对标成果，包含指标库、案例库、最佳实践库等，为今后的工作提供数据支持，也实现企业的知识沉淀。

2. 建成互动平台，实现良性互动

新矿集团为进一步提高标杆工作效率，建立标杆管理交流群供各单位标杆管理人员学习交流，标杆管理办公室不定期在群内发布标杆管理方面的学习资料和有关通知，要求新矿集团各权属单位、部室标杆管理联系人随时关注群内动态，及时下载、组织学习相关资料。同时，要求各单位根据各自条件，相应建立内部交流平台，加强学习、交流、应用、创新，促进形成“处处立标杆、时时对标杆、人人创标杆”的全员对标。

3. 实施业务培训，提高工作效率

一是组织相关人员参加业界广为使用、享有盛誉的陈泓冰“一环四法”标杆管理培训，开阔对标思路。二是以“标杆兴企”为主题，以有实战经验的机关部室和权属单位对标管理分管领导及具体负责人为主要授课老师，到各权属企业进行现场培训，并指导对标实践。三是专门编制印刷《标杆管理指导手册》，重复进行观念灌输，树立“对标无处不在”，以及“处处立标杆、时时对标杆、人人创标杆”的对标理念。

三、煤炭企业以降本增效为目标的标杆管理的效果

(一)实现煤矿生产成本降低

新矿集团原煤综合成本由 2012 年 513.98 元/吨，下降到 2013 年 439.69 元/吨，同比下降 74.29 元/吨，降幅 14.45%。经计算，2013 年原煤综合成本总额比 2012 年降低 70608.28 万元。21 对生产矿井中，20 对矿井原煤成本同比下降，其中 12 对矿井吨煤成本降低 100 元以上。

(二)实现原煤生产效率提高

新矿集团生产矿井全员效率由 2012 年 1452.25 吨/人·年提高到 2013 年的 1704.92 吨/人·年，同比提高 17.39%。18 对矿井全员效率同比提高，其中 14 对矿井全员效率提高 15%以上。

(三)实现企业管理提升

2013 年，通过开展标杆管理，新矿集团新增制定工作标准 185 项；业务流程优化 670 项；发表省级以上科技论文 159 篇，专利 115 项；新增高级技师、技师 287 人，高级技师、技师占技术工人比例由 2012 年的 4.32%上升到 4.69%；建立对标指标库，收录对标指标使用说明书 275 项，每个工作指标都有具体的实施方案和生产技术、管理、资源、协调及考核方面的保障支持，提高了完成这些工作标准的成功概率。

(成果创造人：张　文、葛茂新、朱　昊、王　涛、张丽华、
巩克朋、薛允华、张　磊、谭永新、顾　超)

大型玻纤企业"增收、节支、降耗"项目制管理

巨石集团有限公司

巨石集团桐乡年产 60 万吨玻纤生产基地

巨石集团有限公司(以下简称"巨石集团")是中国建筑材料集团有限公司旗下的中国玻纤股份有限公司的全资子公司,是全球最大的玻璃纤维专业制造商。巨石成立于 1993 年,总部位于浙江省桐乡市经济开发区。经过 20 年发展,巨石已在无碱玻纤、中碱玻纤、高强玻纤三大领域,拥有世界一流的自主核心技术,玻璃纤维年产能超过 100 万吨,在国内拥有浙江桐乡、江西九江、四川成都三个生产基地,国外拥有埃及和南非两个生产基地,并设立巨石韩国、意大利、西班牙等 14 家贸易型海外控股子公司。产品主要应用于风电设备、汽车工业、环保设施、各类型材、管道、压力容器、化工贮罐等各个领域。2013 年年底,巨石集团资产总额 187.38 亿元,销售收入 48.56 亿元,利润总额 61588.9 万元。

一、大型玻纤企业"增收、节支、降耗"项目制管理背景

(一)有效应对国际金融危机冲击的需要

2008 年,金融危机席卷全球,全球玻纤市场形势发生突变,许多国内中小玻纤企业因为成本压力和外部需求增长放缓而减产、停产甚至倒闭。巨石集团也不能独善其身,库存积压,资金链紧张,在发展的过程中遇到了前所未有的困难。巨石集团管理层认识到,要有效应对金融危机,唯有通过增收、节支、降耗来降低成本、强化创新、夯实管理、增加效益、渡过难关。

(二)培育差异化竞争优势,实现企业可持续发展的需要

后金融危机时代,国际经济环境复杂多变,巨石集团发展面临更多的不确定因素。巨石集团针对玻纤企业同质化经营带来竞争加剧的局面,分析出中国玻纤企业普遍存在效率较低、自主知识产权缺乏、管理粗放、成本居高不下、恶性竞争激烈等弊端,及时提出"差异化、多样化、高端化"的产品竞争战略。通过"增收节支降耗",依靠科技进步,创造自主知识产权,赢得市场话语权;依靠精细化管理,提高工作效率,减少费用开支;依靠节能减排,降低能源物资消耗,实现经济效益和社会效益的和谐双赢。

(三)建立科学方法,实现"增收节支降耗"管理常态化、制度化的需要

随着全球经济的迅速发展,市场竞争日益激烈,玻纤市场复杂多变,玻纤企业要想在激烈的市场竞争中赢得主动权,并做大、做强、做优,就必须依靠自身创新能力,形成一整

套系统性强、操作简便、效益明显，且符合企业自身发展的全面创新管理方法，从根本上打破玻纤企业固有的粗放、零散的创新管理方式。巨石集团建立“以科技求发展，重品牌拓市场，抓管理促效益，靠人才增后劲”的管理方针，成为“增收节支降耗”项目制管理法的指导思想。

二、大型玻纤企业“增收、节支、降耗”项目制管理内涵和主要做法

巨石集团紧紧瞄准世界复合材料工业的发展进步，加快企业的技术改造、技术创新、产品研发、管理创新，扩大企业自主知识产权，环比降低生产成本，提升产品的科技含量，扩大产品的运用领域，提升产品的性价比，夯实企业的管理基础，提高企业的整体经营水平和核心竞争力，从而使企业处于持续发展的良性循环，使巨石在行业中始终处于示范引领作用。主要做法如下：

（一）明确思路，完善工作体系

巨石集团将“增收节支降耗”工作列为与工作目标、经济责任制考核同等重要的三大核心管理工作之一，通过公开通报、奖励的形式加以引导，并把“增收节支降耗”工作定位为广大员工实现个人价值的舞台。

巨石将“增收节支降耗”落实到制度中，并不断丰富“增收节支降耗”制度化管理的内容，在“增收节支降耗”机制、环境、能力建设方面开展大量工作，建立起适合企业发展战略需要的“增收节支降耗”管理体系。

为了规范“增收节支降耗”的管理过程，巨石集团制定项目申报流程图，设立规范的申报表，所报项目必须详细阐明项目名称、实施范围、实施措施、经济效益计算方法等，明确项目责任人。随着广大员工的积极参与，目前，独立的项目责任人也可由技术员、班组长、工段长等项目主要实施人担任。

（二）科学立项，防范风险

为进一步提高“增收节支降耗”工作机构的专业化水平，提高其权威性，并不断完善项目申报、立项、验收和考评水平及方法的规范性，激发员工的创新和参与意识，推动技术进步，巨石集团成立立项评审小组和考评小组，确定科技管理部和体系管理部为管理的职能部门。

各申报单位根据自身实际情况，对“增收节支降耗”项目的经济性和技术性进行严格的论证，并将数据及实施方法等资料交至科技管理部，由科技管理部组织，由巨石集团高管、厂部级负责人、技术人员组成的“增收节支降耗”立项评审专家组，每月专门召开立项评审会，对项目的技术可行性进行审核，评审小组根据项目是否和巨石集团的方针目标相符，是否具有首创性，是否与之前的项目重合，项目与项目之前是否有冲突，局部利益和整理利益是否有冲突，长期利益和短期利益是否有冲

检装车间机械手

突，是否具有可借鉴性、可推广性，是否符合环保、安全、质量的要求等方面进行评审。

评审小组从经济效益、社会效益、劳动强度、降低能耗、提升效率等方面综合评估所报项目的质量、安全、环保和设备等风险，平衡局部和整体利益，短期和长期的利益。对影响环境、安全和质量，回报期长、回报率低的项目一票否决。审核同意后立即实施即列入考核。为了避免立项风险，这一过程中需要正确认识、正确处理降低成本与确保质量、与提高技术先进性之间的关系。巨石集团规定，当成本降低和质量相冲突时，坚决服从质量的要求；当降低成本与提高技术水平相冲突时，坚决以提高技术水平为重。

评审小组将评审意见反馈给各个厂部级单位，由各个厂部级单位组织全体干部员工召开动员大会，提出"增收节支降耗"的目标，分重大科技创新、一般创新与改进、合理化建议等三种类别提出各自完成目标的各项验收要求。年底，巨石集团专门组织年终评审会议，对完成的好坏按照规定进行奖惩。同时，在年终的党政工联席会议上，集团根据"增收节支降耗"项目的分类，评选出年度科技创新大奖、成本管理标杆、节能减排标杆，对在"增收节支降耗"过程中涌现出来的先进集体和个人进行奖励。

(三)注重过程管理，确保"增收节支降耗"项目有效推进

1. 日常管理

确定日常考核管理的工作职责由科技管理部负责，并明确相关辅助考核单位的工作职责，辅助考核单位以"相互制约、相互监督，第三方考核"为原则，主要包括巨石集团财务、物流仓储、统计、销售采购等职能管理部门。按要求凡是项目责任单位的，均不得作为本项目的辅助考核单位，必须由第三方作为辅助考核单位，提供项目日常考核所需的原始资料和凭证。辅助考核单位必须按时、按规范、统一的口径统计上报项目日常考核资料，要求责任到人，准确填报。以此保证项目日常考核管理的客观性、公正性和公平性。

2. 监督反馈

项目责任单位密切关注"增收节支降耗"的日常考核工作，对项目申报、资料提供和考核中存在的问题和错误每半年反馈科技管理部一次。对于在项目申报中存在的金额差异情况，申报单位可重新测算后再行申报，重新申报的程序参照新项目申报的流程执行。对于考核中存在的数据来源错误、原始数据不准确等问题，项目责任单位须提供具有效力的第三方数据，并以书面形式提交科技管理部，在复核确认后下次考核时进行调整。

科技管理部在12月份考核结束后，及时向项目责任单位公布考核结果。项目责任单位对考核结果有异议的，要求在3天内提出书面报告，科技管理部审核并提出意见后报送董事长批准，并严格按董事长审批意见执行。科技管理部每季度对项目进行核查和调整，巨石集团内部审计部门每年对项目开展专项审计。

(四)加强推广应用，充分发挥典型项目的示范作用

生产玻璃纤维的生产设备、工艺、管理等有很强的相似性。因此，不同生产单位的增收节支降耗项目、经验可以相互借鉴学习或改进应用。多年来，巨石集团积累的"增收节支降耗项目"及项目实施中的经验，在新技术、新设备、新工艺的引进应用中也有变通出

新的可能。巨石集团积极通过“增收节支降耗”座谈会、经验介绍会等形式加以推动，还积极利用内部通报，有针对性地对一些有推广价值的“增收节支降耗”项目进行详细介绍，提出推广借鉴建议。这种方式对于巨石集团的九江基地和成都基地而言，起到非常有效的推动作用。数据表明，2005 年，巨石九江公司实际增收节支降耗金额为 68.03 万元，在学习、总结借鉴巨石集团本部的一些项目经验后，2006 年，九江公司申报 23 个项目，项目目标金额达 164 万元。2009 年，九江项目达到 58 项，目标金额达到 1256 万元。

对于一些新颖性、实用性、创造性的“增收节支降耗”项目，巨石集团积极申报国家专利。2009 年以来，每年都有超 50 项专利申请，截至 2013 年年底，巨石集团已申报国内外专利 463 项，其中国家发明专 96 利项，国外专利 11 项；实用新型专利 356 项。获得授权专利 330 项，其中发明专利 35 项，实用新型专利 295 项，截至 2013 年年底，巨石集团有效专利权 282 项，其中发明专利 35 项，实用新型专利项 247 项。拥有玻璃纤维工业的重大核心技术，开创多项技术为世界首创。

（五）完善奖惩机制，培育全员改进、创新意识

1. 物质奖励

严格按照项目考核结果以及制度规定的奖惩细则进行公平公正地奖惩兑现，对成绩显著的坚决予以重奖，对项目完成未达到要求的给予适当处罚。贯彻奖励为主，处罚为辅的主导思想，实际操作中，对一些处罚金额较大的，采取分期处罚或缓期处罚，以下年度增收节支降耗的业绩弥补上年处罚金额的方式处理，以鼓励为主，促进科学、合理申报。

对计划完成率达到巨石集团规定的项目责任人及相关人员实施奖励。奖励计算的依据为项目全年实际完成金额，奖励金额的组成部分包括基础奖、提成奖、科技含量奖、难度奖几个部分。

2. 精神奖励

制订下发《技术职务评聘实施办法》《员工岗位技能等级评审制度》，从而建立起完整的职业晋升通道。每年年终，在“增收节支降耗”过程中有突出贡献的个人会被评为三十佳明星员工、二十佳班组长、最佳中层干部，有突出贡献的团队被评为科技创新突出贡献大奖、增收节支降耗标杆单位等，巨石集团通过工作会议、颁奖盛典等进行表彰。2009 年以来，每年都有 1000 多人获得技术职称的评聘。

3. 全员参与

通过报纸、杂志、电视以及内部通报、文件通知等形式对“增收节支降耗”的相关管理政策、对在“增收节支降耗”过程中涌现出来的先进人物和事迹进行大力宣传，使“增收节支降耗”的参加范围从最初的仅限于中层干部，逐渐发展到班组长、普通员工，“增收节支降耗”的参与范围最终覆盖到全体员工。他们有的以合理化建议的形式将个人独创性的成果反馈给相关的职能部门；有的联合其他部门组建创新改进项目小组、QC 质量改进小组、技术攻关小组等，整合创新资源，从而提高全员创新绩效。广大员工都自觉参与到为“增收节支降耗”的工作上来。在巨石集团员工中“增收节支降耗，就在身边”已经形成广泛共识。

三、大型玻纤企业“增收、节支、降耗”项目制管理效果

(一)加快转型升级,实现平稳健康发展

实施“增收节支降耗”项目制管理法以来,巨石集团各方面工作都取得了长足的发展,实现了健康、平稳的发展。销售收入从2009年的30.29亿元,增加到2013年的48.56亿元;利税总额从2009年的18770.28万元增加到2013年的99757.80万元。

(二)夯实管理基础,提升核心竞争优势

通过实施“增收节支降耗”项目制管理法,每一项工作任务明确,责任到人,全员创新,上至集团高管,下至一线员工,全员都参与到“增收节支降耗”工作中去,极大提高了巨石集团创新能力和工作效率,在扩大规模、实施产品结构调整、提高高端产品比例、提高市场占有率、增强竞争力等方面取得了明显进步,行业地位和影响力显著提升,成为全球玻纤行业的领军企业。近三年巨石有效实施研发过程,取得了31项研发成果,开发新产品44个。2013年,高端产品比例占到产品比例的49%,为公司顺利实现产品高端化战略提供了技术支撑。

(三)环境效益明显,得到社会认可

从能源使用来看,巨石使用纯氧燃烧技术以替代污染重、能耗高、低效率的重油燃烧。纯氧燃烧技术,具有节能、环保、提高熔化能力、提高玻璃液质量等优点,同时可以使玻璃窑炉的综合能耗节约60%以上,废气排放量减少了80%,不仅促进了玻璃纤维产业的节能环保,还对其他相关产业起到了很好的借鉴作用。从废气排放来看。巨石采用的治理工艺是利用干法和湿法相结合的方式去除气态污染物的工艺,将化学有害物质固化,最终以石膏的形式存在作为水泥的生产原料,变废为宝。从废水处理来看,巨石实现了污水零排放,并通过采用美国先进技术,将工业产生的废水经过处理,回用于生产。从废渣处理来看,巨石经过长期的技术攻关,发明了一种将玻纤硬废100%回收利用的新技术,彻底解决了玻纤硬废丝处理的世界级难题。

(成果创造人:张毓强、周森林、杨国明、曹国荣、陈纪明、廖信林、顾桂江)

以提高执行力为目标的制度管理长效机制建设

中国北车集团沈阳机车车辆有限责任公司

成果主创人：公司董事长、总经理房志坚

中国北车集团沈阳机车车辆有限责任公司（以下简称“沈车公司”）系中国北车股份有限公司全资子公司，是中国铁路装备制造的重要基地，辽宁省重点骨干企业。沈车公司始建于1925年，现有员工4913人，形成铁路货车制造、货车修理、配件制造“三足鼎立”的产品格局，在设计制造、检修各种铁路货车、特种专用铁路车辆及各种轨道车辆配件方面具有突出优势。年销售收入达38.7亿元、净利润达1.01亿元。

一、以提高执行力为目标的制度管理长效机制建设的背景

（一）构建以制度建设为基础的系统管理长效机制是企业持续健康发展的战略需要

2008年到2011年上半年，沈车公司采取基础管理整顿、专案改善、精益生产、集中招采、“双挂提”绩效考核等多种方式全面推进管理提升，取得初步成果。但是，企业管理波动较大，出现了违反制度规定造成修竣出厂的铁路货车颠覆、货车检修点火试验爆炸等典型管理责任事故，现场管理、质量管理出现明显的局部滑坡。沈车公司组织了深层次原因分析：一是强化管理工作没有提高到企业发展战略高度实现顶层设计、顶层管理，管理氛围和力度亟待提升；二是受传统职能式管理模式和思维方式影响，企业内部各职能部门扁平设置，各自为政，考虑专业管理多，兼顾全局和协调横向管理少，造成管理边界过于清晰，出现局部管理空白且推诿扯皮，降低了管理效率；三是以质量活动月、百日安全竞赛、基础管理整顿等运动式、短期化管理方式谋求加强管理，没有形成系统的持续改善管理的机制，缺乏改进管理的系统思考、控制、协调和统一组织，导致整体管控水平难以持续提高。基于以上原因，沈车公司认为，必须运用系统性思维解决企业管理机制本身存在的问题，迫切需要从发展战略角度思考如何构建以制度建设为基础的系统管理长效机制，为沈车公司发展提供长期的管理支撑。

（二）实现切实有效的管理过程控制是提高执行力的必然选择

沈车公司管理制度、操作规程比较健全，主要问题是制度执行不到位、制度与执行严重脱节；过程控制缺失，有章不循现象时有发生，难以在过程中及时发现、制止并实施改进，往往是出现事故才亡羊补牢，导致制度执行力严重不足，管理水平波动较大。分析原因主要有两点：一是制度不能有效执行，在沈车公司各管理层级没有建立一个常态化的日常检查考核机制，造成执行不执行无所谓，没有把制度是否有效执行与各单位、各岗位

责任考核挂钩；二是制度的可操作性差，多年来延续下来的国有企业管理制度，基本是以章节条款形式用文字堆砌构成，加之起草制度人员水平所限，很多制度看了几遍也很难发现操作要点，造成制度既不易操作者执行、又难以让管理人员检查考核是否执行到位。为此，加强管理过程控制必须作为提高制度执行力的主攻方向进行大胆创新和探索。

（三）创建严格管理的权威和氛围是切实有效提升执行力的必要手段

过去，在沈车公司内部，严格管理意识没有成为各级管理人员的自觉行动，从高管到一般管理人员、从一般管理人员到现场操作者，由于各层级均没有切实有效的过程监控和责任追究，必然形成实际工作中重生产、轻管理，重指标、轻控制，重完成、轻规范的情况，必然造成沈车公司层面系统性的管理控制缺失，必然造成管理工作相对薄弱，严重制约企业经营管理的效益和效率。在国有企业体制下，只有通过制度管理变革创建一系列有效的严格管理平台和载体，通过严格的过程控制及配套考核机制，树立严格管理的权威和氛围，促进各级管理人员及操作者的严格管理意识，逐步形成自我管理的良好习惯，才能切实有效持续提升沈车公司管理水平。

二、以提高执行力为目标的制度管理长效机制建设的内涵与主要做法

沈车公司大胆实践，实现四个创新：一是管理机构创新，在沈车公司内部各职能部门之上建立更高层级的统一管理机构，由企业最高管理者直接分管，实现企业管理的系统化统一领导；二是制度管理创新，实现制度管理的顶层设计，创造并推行制度项点化管理办法和制度评审改进办法，以制度建设为突破口，将无形制度通过创建管理项点，实现制度的有形管理，为制度执行和监督奠定基础；三是管控模式创新，建立管理过程监督改进的长效机制，以推进问题管理模式为突破口，形成公司级、管理部门级和生产单位三级制度监督检查的系统管理机制，建立促进严格管理氛围形成的平台和载体；四是管理手段创新，实现制度项点化、项点表单化、表单信息化，提高制度的可操作性和可监控性。主要做法如下：

（一）从战略视角重新审视现有管理机制弊端及根源，明确管理变革的思路和要求

为解决缺乏管理权威和执行力低下，直线职能式管理对象单一、组织结构松散、管理合力不足、系统管理薄弱等问题，2011 年 9 月下旬至年底，沈车公司广泛发动、全员参与，实现管理思想的重大转变。利用节假日组织全体中层以上管理人员，结合沈车公司管理实际，集中研讨如何提升管理水平。在沈车公司报纸、广播及各种宣传媒介上广泛开展全体员工参与的学习大讨论，统一各级管理人员及全体员工对沈车公司强化管理重要性的认识，决定把改进管理工作提高到沈车公司发展战略的高度，纳入重点工作计划全面组织推进。通过以上措施，在充分借鉴国内外先进管理经验和管理理论的基础上，运用系统思维全面确定管理变革的总体思路和原则。

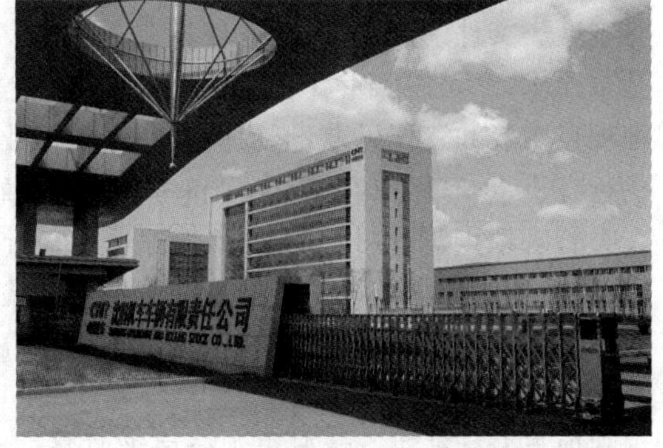

公司正门

一是要从企业发展战略高度，实现管理观念的转变，注重发挥管理资源的全局

性、系统性效能,确立企业管理在企业运营中的权威和地位,持续实现管理的整体改进和提升。二是要以制度建设为突破口,创新制度管理机制、内容和方法,通过提高制度的科学性、实践性、操作性和监控性,促进员工管理意识提高,逐步形成自觉管理的良好管理氛围。三是要创新管理手段,充分利用流程、表单及电脑等现代管理工具,实现无形管理向有形操作、复杂管理向简单管理的转变,大幅度提高管理效率。

(二)建立全新层级的管理机构和管理机制,形成高度统一有序的管理控制体系

2012年初,针对传统的职能式管理机构设置存在的单一管理、平级管理、管控效力不高的弊端,结合多年管理实践及经验教训,沈车公司研究决定,在企业原有职能部门之上,高出一个管理层级,设立一个名为管理中心的综合管理机构,由沈车公司总经理、党委书记直接领导,作为以制度建设为中心全面负责企业管理工作的顶层管理部门,负责制定管理规则、监督执行、总体协调并组织持续改进,实现对沈车公司各项管理系统的统一组织及全方位监控和管理。为提高这个管理部门的权威和效力,管理中心部门级别和管理权限高于所有职能部门,管理中心负责人比照沈车公司副总经理待遇。新机构通过全员招聘快速组建,立即投入工作。这次管理机构改革,是沈车公司管理机制上的一次重大创新,管理权威和管理意识大幅度提升,促进了整体管理功能的有效发挥。一是把管理提升工作直接提高到沈车公司最高管理者层面来组织领导,改变过去由副职分管、难以对其他副职管理工作施加影响的传统习惯,对包括沈车公司副职领导在内的各级管理人员实现全方位管理监控,大幅度提高管理权威和管理效率;二是在各职能部门之上设立顶层管理机构,统一组织制度类文件的制定、颁布、评审、检查、考核及改进,统一组织管理提升,统一组织协调职能管理形成的各种管理问题,改变过去职能式管理、部门平级、推诿扯皮的单一管理模式,管理问题能够快速得到协调解决,管理效能明显提高,系统化管理作用得到充分体现;三是管理中心重点组织制度执行情况的全方位监督,统一对各职能部门和各生产单位工作进行周月季的反复监督和考核,实现更高层级的、更加系统的管理及监控,各级管理人员的管理意识明显增强。

(三)创造并推行制度项点化管理办法,实现制度的有形管理

为解决制度不易操作、不易督办、不易检查的问题,方便员工执行制度,便于管理人员对制度执行情况的检查、控制和考核,沈车公司管理团队研究创造对所有管理制度、操作规程等制度类文件实行管理项点提炼、分类、检查、考核及改进办法。管理项点提炼是将制度类文件中流程清晰、操作性强、管理标准明确的项点提炼出来,方便执行和检查。基本要求:一是按照重要程度确定管理类别,关键为A、重要为B、一般为C,明确各类管理项点内容和管理标准,形成简洁实用的作业指导书,作为制度的附件,使制度类文件的执行有重点、有标准,便于执行和考核,为全面实现基础管理标准化奠定基础;二是按照A类管理项点实行周监控、B类管理项点实行月监控、C类管理项点实行季监控的总体控制要求,组织沈车公司各管理层级的经常性检查、考核及改进;三是管理项点检查考核必须按照各单位制定的《基础管理检查考核实施细则》进行规范化管理,要求充分利用项点、表单在管理过程中的控制作用。沈车公司总部由管理中心负责对主管部室及各单位管理项点及标准执行情况组织公司级监督抽查,每季度要对A类完成一轮次抽查,每半年对B类完成一轮次抽查,每年对C类完成一轮次抽查。各级项点检查,按管理项点类

别及监控周期，分类汇总分析监控中发现的失控问题或制度缺陷，分析原因，制定整改措施，及时组织整改；对整改不好或重复发生的问题，将纳入日常考核。

沈车公司组织各单位对制度类文件管理项点进行提炼，确定分类、监控周期、管理标准、涉及单位及配套检查考核办法。完成全部制度类文件的项点提炼、分类及标准制定，共提炼管理项点3629个，其中A类236个、B类1127个、C类2266个，完成项点标准的全部编审及发布，作为制度附件一同下发实施。管理中心定期组织对管理项点及分类进行评审、完善，保证更切合沈车公司管理实际需要。

（四）建立制度评审、完善办法，保证制度汇编的即时性、科学性

沈车公司根据新的管理思路和机构模式，重新编制《公司制度管理规则》，明确制度制定、修订、培训、检查、评审及考核管理流程及标准，建立公司、主管部室及基层各单位三级制度管理模式，全面保证制度的科学、合理、适用、有效。以制度形式固化制度管理，重点实现三个突破：一是实现统一性，制度类文件统一由管理中心负责组织编制、评审、发布、修订及持续完善，沈车公司统一编制制度汇编，实现系统管理；二是实现即时性，通过制度评审、发布的过程控制，通过沈车公司办公自动化系统随时发布电子书《沈车公司制度汇编》，保证任何时点，制度都是最新有效的；三是定期和即时组织制度评审，以突出实效为目标，持续改进完善制度，达到更加科学、有效。定期评审，由管理中心统一组织，每年对制度及制度项点进行一轮次全覆盖评审，根据评审中发现的问题及时组织修订；即时评审，管理中心组织的公司三级检查发现问题，属于制度本身的问题将立即组织修订，建立申请修订流程；延期评审，定期评审没有任何问题的制度，规定延期评审，减少评审工作量。制度本身的质量通过日常化、定期化的评审完善，形成制度管理PDCA循环，保证制度建设的基础工作更加扎实有效。

（五）实现管理过程监控机制创新，建立两个基础管理三级检查机制

为实现管理工作的持续提升，沈车公司建立“大、小”两个基础管理三级检查机制：“大三级”以管理中心组织的公司级外部检查、主管部室组织的职能部门级外部检查和所属各单位组织的内部自查为主要内容的公司三级制度检查考核机制；“小三级”为各分厂组织的内部三级检查机制。一是各单位内部自查是基层各分厂、部室组织的，对本单位内部各级组织和全体员工执行公司制度及本单位实施管理细则情况的日常检查。各单位要按A、B、C类管理要素监控周期的要求，制定内部制度检查计划，逐项检查执行情况。各分厂按照分厂联合检查、职能人员专检、班组检查形成内部“小三级”检查。各基层单位内部各单位充分发挥本单位管理督察组的作用，对内部检查发现的问题立即组织整改，严格考核，推进管理改善。二是主管职能部室外部检查，是主管部室按照制度管理项点要求制定制度外部检查计划，明确制度或规程名称、主要检查内容、受检单位、存在问题、完成时间及责任人，根据检查情况如实填写《制度检查表》。制度检查发现问题下达整改通知限期整改，并跟踪检查整改情况，纳入公司月度绩效考核。三是管理中心外部检查是管理中心每月制定制度外部检查计划，依据制度外部检查计划对主管部室及各基层单位管理情况进行监督抽查。管理中心履行管理职责，深入实际，大胆管理，对制度主管部室和各单位工作不到位、存在较大管理问题的严格考核，问题严重的提出加重处罚的意见，提出通报

批评并纳入沈车公司月度绩效考核，指导督促改进。

（六）推行问题管理模式，建立问题曝光平台和载体

为促进管理问题得到及时改进、持续提升管理，公司大力推进问题管理模式。通过发现问题、考核问责、分析原因、制定措施、组织改进，形成问题管理闭环，以问题为切入点实现管理明显提升。

1. 日常检查发现问题推进管理

通过两个三级检查发现问题，及时下达整改或考核处罚通知，同时，配套建立每周管理例会制度，管理效果非常显著。管理例会由沈车公司管理中心组织，沈车公司领导班子全体成员及所属各单位行政正职参加，通报前一阶段基础管理工作进展情况、存在问题及工作要求，通过问题管理模式暴露问题、分析问题、解决问题，逐步推进管理提升。同时，沈车还专门建立基础管理工作简报，及时部署工作、通报问题、推广经验。实施以来共召开管理例会 78 次，下发《公司基础管理工作通报》合计 58 期。

2. 通过专题分析发现深层次管理问题，组织改进提升

沈车公司明确规定，各单位每季度必须提出一项以上管理改进专题分析，即深度挖掘管理潜力、降本增效专题改进活动。要求运用瓶颈理论、木桶理论等各种方法，逐次查找本单位本系统或全公司最关键的管理问题，进行深层次原因剖析，制定详细改进措施。这项工作由管理中心负责统一组织、协调、检查及评价。如设备配件、工具深度挖掘项目，发现各单位多年从沈车公司库房领出后存在大量生产过程中的分厂库存，经过深度挖掘立项，确定全面改进措施，查出结余设备配件、工具库存达 729 万元，沈车公司研究分类统计并进行账务处理，创造了可观的经济效益。

3. 加大对一把手的管理影响力是提升执行力的关键

充分利用管理例会公司领导班子全体成员和各单位一把手参加这个平台，通过暴露问题，现场问责，对一把手施加管理影响，增强责任意识，大幅度提高管理权威和管理效果，促进问题的快速解决，增强管理氛围，促进管理提升。

（七）全面推进管理手段创新，推行现有制度表单化和信息化

沈车公司全面设计实施，逐步推进制度建设“四化”，即管理制度化、制度项点化、项点表单化、表单信息化，实现人控与机控的有机结合。制度表单化及信息化是将管理流程清晰、时间节点确定和工作标准明确的制度内容转化成表单的形式加以落实，使无形的制度内容变得有形可操作，并应用管理流程控制系统，通过信息化控制，实现人控与机控的有机结合，更有效促进管理制度得到有效落实的一种现代管理手段。沈车公司研究确定制度项点化、流程表单化、表单信息化具体实施办法，对各单位领导和主要管理人员进行专题培训，组织各部室对现有主管制度进行分析，将流程清晰、适宜表单化管理的制度纳入表单化修订计划，按照流程化和表单化实施办法要求进行修订完善。为此，沈车公司还搭建管理控制平台——管理流程控制系统，经过设计、安装、编程及试运行，于 2012 年 10 月份正式实施，全部利用办公网实现表单管理，依靠电脑及短信跟催来实现表单控制。例如具有代表性的招议标、合同管理、采购管理、物资仓储管理及财务结算等制度管理内容设计成一个完整采购流程纳入电脑控制系统，并配套实行短信跟催考核措

施，实施效果较好。沈车公司大部分管理流程开始逐渐纳入管理流程控制系统，实现信息化管理。

三、以提高执行力为目标的制度管理长效机制建设的效果

（一）管理权威提高，管理氛围浓厚

长效机制的建立和实施，在沈车公司内部形成持续改进管理的动力机制，促进各项管理工作的不断提升。成立管理中心对管理工作实行统一领导，党政一把手亲自组织，利用每周管理例会通报上期三级检查发现的问题，所有三级检查结果纳入月度绩效考核，这一系列措施，使各单位第一管理者的管理意识大幅度提高，并带动各级管理人员的管理效率，各级管理权威明显提高，管理氛围更加浓厚，为持续提升管理奠定基础。

（二）管理过程受控，管理效果显著

制度项点化管理和三级检查机制的配套实施，大幅度提升了管理过程控制效果。过去公司制度规定形同虚设，没有可操作性的执行标准，执行不执行也无人问津，现在，所有可操作性的管理项点，操作者都要按项点标准执行和自检，基层生产单位内部都要实行三级内部检查，主管部室和管理中心都要组织两级外部稽查，使很多管理问题得到暴露、分析和整改，尤其通过完善制度建设基础工作，保证过程的有效受控。由于过去的制度无人监管，造成制度本身漏洞多、不易操作，现在各单位主动提出修订制度和管理项点，使规章制度更加完善、有效，促进管理水平的提升。近三年来，共修订管理制度 155 个次、新增 42 个、废止 60 个，修订项点 879 个；外部检查累计发现并整改问题 4360 个，管理改善不断深入。

（三）提升管控水平，经营成果突出

管理力度的加大和管理氛围的形成，大大激发各级管理者改进管理的热情，主动创新管理、改善管理蔚然成风，过程控制明显加强，既促进管理水平持续提升，又促进经济效益的显著增长。沈车公司厂修货车毛利水平逐年提高，2011 年厂修货车毛利额 3566 元/辆，2012 年厂修货车毛利额 7730 元/辆，2013 年厂修货车毛利额 11905 元/辆，2014 年 7 月底厂修货车毛利额 15039 元/辆，按年修货车 11000 辆，与 2011 年数据相比增加货车厂修毛利额 12620.3 万元；新造货车的毛利水平也有 10％以上的提高，2011 年新造货车毛利额 35562 元/辆，2013 年新造货车毛利额 40520 元/辆，按 2013 年新造货车 3414 辆计算，年新造货车毛利额增加 1692.66 万元。

（成果创造人：房志坚、孙英俊、于长胜、张　平、刘文俊、魏学刚、王翠华、刘宝斌、徐　健、王　飞）

钢铁企业提升价值创造能力的管理诊断

宝钢集团新疆八一钢铁有限公司

成果主创人：公司总经理肖国栋

宝钢集团新疆八一钢铁有限公司（以下简称“八钢”）始建于1951年9月，是当年王震将军率领驻疆解放军指战员和新疆各族群众艰苦奋斗、节衣缩食创建起来的，为自治区的经济和社会发展做出重要贡献。2007年4月与宝钢集团增资重组，成为宝钢集团控股的子公司，自治区持有八钢15%的股权。八钢现有在职职工3万人，总资产468亿元，具有从矿山、选矿、烧结、焦化、炼铁、炼钢到轧钢完整的生产工艺流程。

一、钢铁企业提升价值创造能力的管理诊断背景

（一）开展管理提升活动的需要

2012年国资委要求中央企业围绕“稳增长、调结构、促发展”，以健全风险管控体系，增强保值增值管理能力为重点的管理提升要求；八钢也面临快速发展过程中不断出现诸多内外部风险困扰和基础管理疾病缠身的“健康”问题，如何适时的准确诊断出“致命”的“健康问题”，以便及时且更好地去疾除病，消除潜在的经营风险，化危机为契机，强健管理能力，保持企业持续健康的发展动力，是摆在企业面前的重大课题。为此，八钢在保持管理体系运行基础上，选择开展管理诊断方法以驱动价值创造能力的管理提升。

（二）企业由工厂化管理转变为公司化管理的需要

企业从产品生产者转变为公司管理者的过程中，面临业务拓展、获取资源控制权的投融资、参股和资本运营决策，决定资金的来源和投向，涉猎多行业寻求发展机会后的“水土不服”，跨区域延伸业务链和设立多级子公司面临异地管控的时空难度，以及不同类型子公司分级授权管理模式的探索，都要求八钢把体系管理能力提升作为当务之急，关键是依靠决策程序化体系管理解决未来价值增值和收益最大化的命题。

（三）转变发现改进机会方式的需要

企业原有管理能力保持和管理提升是以上级要求和下级报告方式为主，运行结果往往是上级不满意、下级报喜不报忧现象严重，尤其是企业快速发展过程中，在营销、采购、制造、安全、环保、人力、物流等多方面问题频发，暴露出的问题呈点多、面散、不系统，给改进决策蒙上阴影，导致管理体系自我完善体制机制的作用失力。

二、钢铁企业提升价值创造能力的管理诊断内涵和主要做法

八钢系统性策划管理诊断方法以驱动价值创造能力的管理提升的实施方案和主要过程，为及时把握并深入分析国内外形势变化，提高八钢对经营环境变化的敏锐性和对发展趋势的预判能力，重点防控企业面临的现金流风险、健康安全环保风险、投资风险、市场风险和信用风险，认真总结近期八钢内外部发生的各类重大风险损失事件和典型案例，分析风险成因，汲取经验教训，事前采取有效的改进措施和预控措施，以增强抗风险管理能力，预防类似事件的发生。主要做法如下：

（一）确定管理诊断的总体思路

1. 制定管理诊断原则，明确诊断内容

确定管理诊断原则：一是健康标准原则，即体系制度和运行机制是否建立或健全、制度执行和业务管是否一致或绩效输出是否有效。二是实证调查原则，即言行果相一致。听其言、观其行、察其果，客观记录制度有没有，执行做没做，绩效成没成。三是问题辨别原则，即问题界定归类。四类问题层级不同，改进的资源需求不同，问题只有界定准确，解决才能事半功倍。四是动态跟踪原则，即改进验证和后评价。诊断促动改进，跟踪推进变化，变化引领提升。

管理诊断内容主要包括两个方面：一是管理体系建设的成熟度，包括体系是否健全以及制度是否完善，如组织体系、公司治理、合规经营、内控管理、授权管理、安全管理、环境管理、人力资源、信息化建设管理等。二是业务管理的成熟度及其执行绩效情况，包括业务管理与制度执行的一致性以及执行有效性和结果达成率情况，如创新生产工艺技术、提高资源利用效率、提高经济技术指标、降低系统物流费用等内容。

2. 制定管理提升规划

八钢及其各单位按照管理提升方案策划和实施过程的要求，成立管理提升课题工作小组，在2009—2011三年能力提升计划实践的基础上，拟定2012～2015年营销、采购、制造、人力、预算、成本、安全、能源环保等管理提升计划（行动方案），明确存在的主要问题、管理对标、管理提升目标（总目标和年度标志性目标）、管理能力提升计划、工作机制和对策措施，以期系统性解决子公司异地管控、分级授权不受控、关键业务管控缺失和不规范管理、业务实施延期和管理低效、关键不兼容岗位未分离等管理短板和业务瓶颈。工作组以季度推进、年度小结方式用PDCA方法持续检查行动计划执行和管理提升活动的成效，有效促进整体体系能力管理提升。

成果主创人：公司运营改善部部长李兴隆

工作组确定和评价管理提升计划和目标，以管理诊断为切入点，采用专项诊断、专题诊断、运营诊断等方式，对诊断对象做系统性“健康体检”，坚持“统一策划、统一推进、统一运行、统一评价”的原则，遵循“思想认识到位、诊断组织到位、问题查找到位、基层落实到位、整改封闭到位”

的要求，按照“战略目标审视——定位管控模式——梳理优化核心流程——关键资源提供——完善体系制度——持续改进体系运行质量”的基本流程，统一部署管理提升工作，使输出的管理诊断报告成为驱动价值创造的动力。

3. 确定管理诊断和后评价方法

管理诊断报告在与诊断对象充分沟通后正式输出。以诊断策划的维度进行系统评价，兼以树图或雷达图的方式展示评价内容和相对应的体系管理能力。管理诊断报告坚持问题导向，把发现的问题进行归类和具体表述，同时提供解决问题的改进建议，而且不局限于解决具体问题，而是提供解决问题的系统方法。

按照“职责明确、流程优化、高效顺畅”的目标要求，应用CCAPD(沟通、检查、改进、策划、实施)审核流程和PDCA持续改进方法，见证和评价改进后管理体制机制的稳健性和问题改进后能力提升的程度，从诊断对象的外部视角观察其管理水平的变化和评价其管理能力提升的结果，为持续改进和完善预防机制提供有价信息，持续实现增值服务的目的。

(二)明确管理诊断项目，设计评价指标

管理诊断信息来源与项目甄别。根据八钢重点工作、子公司管理需求和负面事件输出结果，工作组2013年度策划如下项目：一是产品延伸加工子公司管控业务的诊断项目；二是异地子公司体系建设和能力提升诊断项目；三是原料采购流程风险控制诊断项目；四是制造系统能力提升诊断项目；五是营销体系能力提升诊断项目等，并按预期计划实施管理诊断项目。

根据甄别确定的管理诊断项目，工作组策划确定了管理诊断项目覆盖的范围、诊断评价指标和重点内容，确定管理诊断实施计划。诊断思路的设计依据诊断项目的业务流程和特殊特性，分别输出相应的评价指标。一是产品延伸加工子公司管控体系，按照6个一级指标，27个二级指标，89个三级指标于2013年11月进行诊断和评价，2013年12月出具综合评价结果。二是异地子公司体系建设和能力提升诊断项目，按照8个一级指标(人力资源管理、工程消缺管理、信息沟通管理、制度建设管理、职业卫生管理、能源环保管理、档案管理、协力管理)，39个二级指标，102个三级指标于2013年9月进行诊断和评价，2013年10月出具综合评价结果。三是原料采购流程风险控制诊断项目，按照5个一级指标，22个二级指标，57个三级指标于2013年7月进行诊断和评价，2013年8月出具综合评价结果。四是制造系统能力提升诊断项目，按照6个一级指标，35个二级指标，88个三级指标于2013年8月进行评价和诊断，2013年9月出具综合评价结果。五是营销体系能力提升诊断项目，按照7个一级指标(规划管理、资源及合同管理、品牌管理、用户管理、绩效管理、体系管理、信息化管理)，31个二级指标，109个三级指标于2013年12月进行评价和诊断，2013年12月出具综合评价结果。

在管理诊断计划实施过程，针对确定的诊断评价指标和重点内容，对诊断对象开展有的放矢的调查研究，按照宏观看体系、展开查过程、执行诊管理、合规辩行为、违规判隐患、结果评能力六个方面评定优势，揭示问题，在问题归纳中界定问题类别，对具体问题提出相应的改进建议，为诊断对象实施后续改进提供指南。诊断对象按照改进计划要求，在自我改进实施完成并提交管理提升项目改进报告后，工作组启动后评价。

（三）系统推进管理诊断项目实施

管理诊断项目确定之后，通过计划制定、资源准备和实施方案拟定，进入诊断对象现场实施诊断活动，在一系列观察交流、沟通和确认中完成诊断活动（含提供管理诊断报告）。诊断对象采用边诊断边改进和系统性改进方式完成管理提升项目，工作组持续跟踪改进和开展后评价。

以产品延伸加工子公司业务管控管理诊断为例，该公司旗下覆盖有9个子公司，其中异地管控3个，4个直属单元。诊断发现：公司法人治理和子公司管控模式不统一、业务的系统授权不受控；在一些关键管控要素存在制度缺失，部分管控环节也未形成规范有效的管理；管理制度更新修订滞后，实际执行与现行制度不符合；子公司内经营合同管控要素缺失；个别部门和部分主要工作未明确管理职责，导致业务实施的延期和管理低效；合同未分类管理，合同（仓储、租赁、委外加工、劳务分包、质押、保安等）的评审、授权签订、执行监管、跟踪评价等未明确控制流程和具体要求；子公司生产经营中不同程度的存在信用风险、资金周转风险、应收账款风险、生产安全作业风险、产品委托加工质量风险等；缺少对子公司下达计划的执行跟踪、数据收集和评价过程，核心业务目标不聚焦，缺少营销业务的KPI指标。根据诊断发现的90个具体诊断的界定归类，形成四类问题列表和相应的改进建议，如表1所示。

表1　诊断问题汇总表

问题归类	序号	具体问题描述	改进建议	问题归类定义
体系性	1	公司治理结构和管控模式不统一	建立和完善内控管理制度	管理体系功能上的缺乏和不足称为体系性问题
	2	授权不受控	健全制度，规范合同审批，明确流程权限及授权范围	
结构性	3	缺少物流中心职责	明确物流中心职责	管理的基本功能没有通过制度和流程实现有效管控的，称为结构性问题
	4	生产安全存在重大风险	制定和实施2014年安全管理措施	
导向性	5	缺少对绩效跟踪、数据收集和评价过程	建立绩效跟踪、数据收集和评价的KPI要求	组织的指导性或方向性偏差称为导向性问题
合规性	6	协力管理不规范	梳理制度，规范协力管理流程和协力绩效评价	未严格按照国家法定要求及公司内部制度执行的问题，统称为合规性问题

三、钢铁企业提升价值创造能力的管理诊断效果

五年以来，八钢采用管理提升计划和管理诊断方法，聚焦基础管理和降本增效改进重点，快速提升系统性管理能力，以管理诊断驱动价值创造能力和防范经营风险的实践

探索，被诊断对象和上级组织普遍认可和点赞，管理能力提升程度可评价、可测量，驱动价值创造的成效显著，如表2所示。

表2　降本增效成效

序号	降本增效改进类别	2013年累计额度/万元
1	工艺技术管理创新	4056.4
2	资源循环利用管理创新	5749.2
3	提高过程效率管理创新	2506.2
4	优化资源使用管理创新	32333
	小计	44644.8

（成果创造人：肖国栋、李兴隆、张　云、唐珲娟、王玉红、邢　晶、宁向军、王爱民、薛录雨、曹志刚、杜小文、肖新春）

县级供电企业基于智能电网的营配调管理优化

国网浙江宁波市鄞州区供电公司

成果主创人：公司总经理葛军凯

国网浙江宁波市鄞州区供电公司（以下简称“鄞州供电”）是国家电网公司一流县级供电企业，担负着鄞州和东钱湖旅游区域的供电、运行和检修任务。2013 年，鄞州供电总的供电量达到 75.86 亿千瓦时，最高负荷 157.9 万千瓦，供电量和最高负荷位居浙江省第三；总资产 14.66 亿元，营业额 47.796 亿元，综合实力位居浙江省 64 个县级供电企业前列。先后荣获国家电网公司科技进步先进县供电企业、中国电力科学技术二等奖、中国机械工业科学技术三等奖等一系列荣誉。

一、县级供电企业基于智能电网的营配调管理优化的背景

（一）完成县级电网智能化试点工程建设的需要

2010 年初国家电网公司提出县级电网智能化试点工程建设计划，旨在逐步实现县级电网的智能化。为此，在全国选取三家县级供电企业作为试点单位，鄞州供电成为代表沿海发达地区的唯一综合试点单位。在国家电网公司的指导下，鄞州供电投入 3000 万元，建设了配电自动化、智能变压器监测系统、用电信息采集系统和营销生产数据统一平台；同时基于上述电网智能化技术平台，同步探索鄞州电网在营销服务、配网运维和电网调控（以下简称营配调）的管理优化。智能电网对传统电网系统的营配调管理带来了新的要求，需要进一步对核心业务进行优化，更好地契合智能电网的运营管理需求。经过 1 年多的工程建设，2011 年，鄞州供电顺利完成所承担的全部试点任务，并高质量通过了国家电网公司的验收。

（二）应对电网智能化新挑战的需要

智能电网的建成改变了多年以来依靠人工操作的工作内容和方式方法，出现了大量依靠信息技术、自动化技术的工作，企业运营的集约化越来越明显，导致组织机构的工作量和工作方法发生了变化，为确保电网智能化带来的工作效率的提高，需要对组织机构进行一定的变革，实现机构和技术的融合。原先通过人工采集电网信息数据、再经过不同部门人员的审核、批准的流程已经不适应现有智能电网的模式，需要对营销服务、配网运维、电网调控等多个业务流程进行再造，使业务流程与智能技术相适应。

随着智能电网的建成，大量新技术和新设备的广泛应用，以及随之产生的精益化管

理、新组织机构和业务流程、严格的考核评价体系，必然对广大员工的工作能力、业务技能提出更高的要求，需要为员工创造好的培训和培养氛围，同时也必须加强文化建设，提高员工的凝聚力。智能电网建成使原先只能定期人工采集的运营指标，现在可以实时自动采集，为实现全过程、全方位的指标监测提供了可能，为建立更加完善的考核评价体系创造了条件。

（三）服务地方社会经济、满足客户多样化需求的需要

鄞州区是计划单列市宁波的最大市辖区，经济发达。鄞州领先全省领跑全市的发展定位，对电力有着超前的需求，对供电服务有着更高的要求。一是对供电质量的要求很高。鄞州区内像雅戈尔、杉杉、奥克斯这样的知名企业较多，已有高压电力用户7179家，工业用电量大，高新技术企业密集，无论是企业还是居民生活用电，都对供电质量提出很高要求。二是对服务水平的要求很高。鄞州作为宁波市的南部新城，中心城区内既有十大功能区块和城乡的八大产业基地，也有宁波大学园，既有像南部商务区、万达商业区这样的大型商贸区，也有像创新128这样的2.5产业集聚区，人民群众文化水平普遍较高，环保和维权意识很强，对提供更为安全、经济、快捷的用电服务要求更高。三是对坚强电网的要求很高。鄞州城政府要求中心城区80平方公里范围内实现电网无杆化和配网手拉手多电源供电，加上土地资源日益稀缺，旧村改造、新村建设等政府重点工作的推进，以及政府提出建设智慧城区五年行动，建设坚强的智能化电网，实现更优的供电服务，始终是政府和人民关注的重点。

二、县级供电企业基于智能电网的营配调管理优化的内涵与主要做法

鄞州供电为充分发挥智能电网的技术先进性对管理的促进作用，适时提出对营配调管理模式进行优化，努力提高管理效率和企业业绩。通过进一步优化组织机构和业务流程，实施精益化运营管理，提升人员素质，完善考核评价体系，有效提高企业的运营管理效率和优质服务水平，最终实现电网坚强、资产优良、服务优质、业绩优秀的发展目标。主要做法如下：

（一）优化供电组织机构

1. 组建电网调控运行新机构

传统电网调度机构只负责对电网运行的调度指挥，没有电网的监视、控制权限。基于智能化电网，鄞州供电利用调度自动化和配电自动化系统，实现鄞州电网35千伏及以下电网的运行信息采集和远方遥控功能，对电网调度和监控的管理模式进行改革。

成果主创人：公司副总经理王吉庆

一是对电网调度管理进行内部整合。通过应用配电自动化系统，具备电网的运行信息采集和远方遥控、自动故障判断、恢复供电等功能，解决传统电网调度的

“盲调”问题。在此基础上，调控中心对内部机构进行调整，把原先的调度班和配调班合并为调度班，实现整个电网调度业务的内部整合。

二是对调度和监控管理进行优化。从 2011 年开始，在调度自动化和配电自动化系统的支持下，把电网监控权限从变电运行工区移交到调控中心，实现电网调度、监控岗位融和电网调度、监控统一管理，提高电网调控效率。

2. 打造“调抢合一”的抢修组织架构

利用调度自动化、配电自动化系统、智能变压器监测系统和 GIS 地理信息系统等多种智能化系统以及国家电网公司 95598 系统，具备电网运行、变压器运行、设备地理等综合信息和事故抢修服务功能。鄞州供电把原先检修（建设）工区的抢修指挥班纳入调控中心管理，并与电网调控班合署办公，打造调控、抢修服务合一的抢修模式，使得供电抢修水平有效提高。

3. 成立自动抄表核算管理部门

为加强自动抄表的管理、维护、应用，鄞州供电成立客户服务中心业务管理室，作为自动抄表核算管理部门，负责电费核算、电量统计、电能计量设备维护、客户互动应用等业务的技术指导和综合管理，从而提高自动抄表后大量数据的有效处理和应用水平，并沟通客户了解需求，实现智能化电网的客户互动需求。

4. 成立供电服务稽查中心

随着营销业务信息化的建成，营销业务中的每一个流程均实现营销实际数据与信息系统的对应。鄞州供电抽调精干人员组建供电服务稽查中心，对公司营销业务业扩时限、服务态度、电价电费认定、反窃电监控等各项业务进行实时监控，并对供电服务满意度进行随机调查，提高供电服务质量。

5. 采用中低压电网集中管理的“大所制”管理模式

2013 年，鄞州供电正式实行“大所制”管理，改变以前供电所只负责 10 千伏电网的运行维护、供电所小而散的局面。“大所制”实行后，供电所不仅负责所辖区域内的 10 千伏和 0.4 千伏电网设备运维和故障抢修工作，还负责开展辖区内各类客户的业扩、抄表催费、装表接电、用电检查等工作。

（二）再造营配调业务流程

1. 实行统一的抢修指挥流程

电网调度、监控、抢修指挥岗位融合后，调控大厅实行当值调控长统一管理调控、抢修指挥业务，把客户事故反馈信息、电网运行信息、变压器运行信息和用电信息采集相结合，利用调控人员全面掌握电网信息的优势和调控人员事故处理的业务能力，全面精确地判断事故发生原因和地点，合理调度运行单位的抢修力量，并提前告知抢修人员大致的故障范围和故障类型，有助于抢修人员的物资准备和人员配置，改变以前长时间查找故障再准备抢修的情况，极大地提高事故抢修的效率，缩短了停电时间。另外，还充分利用客户信息系统和 95598 系统，及时通知停电客户并做好解释工作，消除停电客户的不满情绪，提高客户服务水平。

2. 开展10千伏电网调度延伸管理

依托配电自动化系统、地理信息系统、智能变压器监测系统、电网调度图形系统，鄞州供电对10千伏电网线路管理进行规范，再造电网系统图的修改、配网计划申请、停役申请填报等流程，已实现鄞州全部10千伏电网纳入调度管辖范围，提高10千伏电网设备调度安全管理水平。

3. 建立基于地理信息系统的客户新装自动业扩流程

根据客户业扩申报要求，以地理信息系统电网数据为基础，建立"自动业扩"管理方式，实现营销人员直接在现场通过营销应用系统直接确定客户用电的线路供电方案，改变以前需生产、调度、营销多方现场查勘、后台计算，汇总出具设计方案、最终现场确认等繁琐的流程，有效提高工作效率，简化办理手续，减少客户往返次数，缩短报装时间。

4. 建立基于自动抄表和自动核算的电费缴费流程

鄞州供电在自动抄表、电费自动核算的基础上，改变原来人工抄表的模式，自动对全区63万余用户进行集中抄表，自动计算电量和电费出账，电费数据自动同步到营业厅、银行、自助缴费终端等多种缴费方式结算系统上，实现抄表收费模式大跨越，同时给客户提供更快捷、方便、有效的电费缴费方式，提高供电服务水平、客户满意度和供电企业电费回收率。

5. 建立配变台区运行优化流程

配变台区是电网中最小的一个供电区域，指的是某台变压器供电的线路和用户。以往对配变台区管理方式是基于事故抢修的被动粗放式。智能变压器监测系统建成后，实现对鄞州全部变压器运行信息的实时监测，鄞州供电建立配变台区运行优化工作流程，成立变压器超载、过载、低电压整治小组，定期对智能变压器监测系统的各类报表进行分析，并开展辅助决策和综合指标优化管理工作，将业务的开展和数据的流转贯通，实现各项配网运行指标的综合优化管理。

(三)提升全员业务素质

一是积极开展员工技术培训和创新。建立智能电网职工教学站，安排年度培训计划开展培训。从2011年开始，每位职工培训时间均在40课时以上，培训率为100%。开办电力职工书吧，引导员工在休息之余，积极学习智能电网知识。另外，积极搭建员工创新平台，大力开展质量管理(QC)及合理化建议活动。经过几年培养，鄞州供电已有2名省级劳动模范、3名宁波市首席工人、12名宁波市职业技能人才，6名员工被国网宁波供电公司评为优秀技能人才。

二是积极开展管理人员进班组活动。组织管理人员下生产一线，与智能电网建设和设备运行维护班组面对面进行技术交流，宣贯智能电网项目建设的重要性和必要性，讲解智能电网技术要点，促进基层工作人员智能电网技术的提高。

三是组建智能电网技术创新虚拟团队。为加强科技创新人才队伍建设，解决科技创新人才零散分布现状，实现人才跨部门联合，专门成立智能电网技术创新虚拟团队，开展各类电网科技创新工作。几年来，先后获得国家电网公司、浙江省电力公司和宁波市多项科技成果荣誉。同时,科技人才队伍不断壮大,为智能电网奠定坚实的人才基础。

四是积极开展企业文化提升。坚持以社会主义核心价值体系为指导,利用企业文化展示厅,学习企业文化和先进典型,实现"一强三优"的"强企梦"。同时,以写作、球类、太极拳等12个文体协会为依托,鼓励广大员工利用业余时间广泛参加各类文体活动。

(四)实施运营精益化管理

1. 开展电网抢修指挥精益化管理

通过抢修指挥平台,自动读取抢修人员接单、到达现场及具体抢修时限,并完成分析评价。在分析评价的同时,预先设定每一个工作环节的精益化要求,如抢修人员的接单和派单时间、抢修人员到达现场的时间、抢修完成平均时间等工作指标,把各个指标完成情况进行分析,实现抢修指挥全过程的精益化管理。

2. 开展营销服务精益化管理

通过用电信息采集系统的数据分析,建成营销业务综合稽查平台,供电服务稽查中心建立以"每日预警、一周统计、月度分析"为核心的监控体系;针对各项业务指标,通过预警分析平台,设置预警限值,自动向相关人员推送预警、告警信息,促进营销服务精益化管理。

3. 开展基于智能变压器监测系统的电网精益化管理

一是建立智能变压器监测系统运维体系。鄞州供电制定智能变压器监测系统运行维护管理实施细则,明确职责分工,规定工作内容和流程,还将变压器的负载情况、电压合格率列入月度考核。同时,安排专人对智能变压器监测系统进行24小时监视,并要求运行部门结合日常巡视定期对智能变压器监测系统现场设备进行巡视。

二是开展变压器经济运行分析。利用智能变压器监测系统,可对使用中的变压器合理安排负荷,尽量按经济负载运行,不但有效避免因超过载而引起的变压器烧毁所带来的经济损失和停电引起投诉的社会风险,也降低轻载、低载变压器所带来的空载损耗。

三是开展0.4千伏电网电能质量管控。0.4千伏低压电网处于电网末端,其电能质量的好坏将直接决定客户满意度。利用智能变压器监测系统可以全面监测变压器侧的三相电压、功率因数、谐波污染和三相负载平衡情况,有针对性地开展电网的检修,对亚健康运行的设备进行维护和更换,调控客户负荷,从而减小电能损耗。同时,提升电能质量,为客户提供更加清洁高效的电能服务。

四是开展0.4千伏电网线损管理。智能变压器监测系统与用电信息采集系统分别对供电变压器和对应的客户的电量进行远程自动同步采集,再通过营销生产数据统一平台,计算出每台变压器的日线损,使线损计算更加准确、便捷。对线损波动明显的供电区域,有针对性地开展用电检查工作,检查是否存在漏电、计量装置故障、客户窃电等情况,并根据检查情况开展有针对性的治理措施。

(五)建立多方位的电网运营考核评价机制

1. 建立电网抢修考核制度

为进一步规范配网故障抢修工作,提高故障抢修效率,提高优质服务水平和用户满意度，鄞州供电制定抢修实施细则，以抢修人员接单和派单时间、抢修人员到达现场时间、抢修完成平均时间等指标为考核依据，对各单位的抢修工作进行奖惩与考核，以月度为单位对抢修单位进行考核，并进行月度、年度排名。

2. 建立营销业务综合指标评定体系

营销业务报表系统，集中营销业务运作中的各个数据需求，所有数据均从各业务系统同步，自动计算，并通过前台可视化，清晰的展现在业务人员面前，从而提高各项指标管控能力。营销部充分利用自动统计出来的业扩流程时限、自动抄表率、电费差错率、电费回收率等指标建立营销业务综合指标评定体系，通过评定系统的评定结果对各单位的营销业务进行考核评价。

3. 建立电网运行指标监测评定体系

传统的配网运行指标的采集手段费工费时，获得的数据覆盖面小、结论可信度低，既不能反映全面真实情况，也不能有效解决实际问题。智能变压器监测系统的投入运行，为电网的运行管理提供自动化的监测评定手段，通过与用电信息采集系统的有机结合，能够促进供电企业经济效益的提高。

鄞州供电通过应用配网运行自动化评价指标，建立电网过程控制和量化的评价体系，进一步提升企业的管理绩效。同时，有针对性地制定与绩效考核办法相适应的电网运行精益计分考核办法，用智能变压器监测系统所提供的运行指标来客观准确及时地评价各单位的工作绩效，形成有效的激励与约束机制，改进工作质量，提高电网运行水平。

三、县级供电企业基于智能电网的营配调管理优化的效果

(一)企业业务运营水平大幅提升

一是供电可靠率逐年上升，客户停电时间明显下降。2011 年到 2013 年的供电可靠率分别为：99.80%、99.92%和 99.9552%；2013 年客户停电时间缩短至 3.91 小时/户，同比 2012 年减少了 6.88 小时/户。二是变压器烧毁与故障率逐年下降，变压器的运行寿命延长。2011 年到 2013 年的变压器烧毁率分别为 0.41%、0%和 0%，变压器故障率分别为：0.79%、0.23%和 0.08%。三是变压器电压合格率逐年上升，企业客户产品质量上升。2011 年到 2013 年，变压器电压合格率分别为：99.817%、99.872%和 99.96%，保证了精密制造企业产品质量稳步提高。四是线损逐年下降，企业节能水平进一步提高。2011 年到 2013 年的电网线损率分别为 5.79%、4.13%和 3.98%。五是月人均可抄表数量显著增加，抄表效率得到极大提高。抄表人员抄表能力由 2100 表/人/月提升至 5000 表/人/月。六是人员效率显著提升。通过电网调控机构重组，电网调度人员从 11 人减少到 9 人；电网监控人员从 24 人减少到 8 人。抄表人员也由 285 人下降至 126 人，主要工作也由抄表转为表计维护、周期核抄和催缴电费。2011 年到 2013 年的全员劳动生产率分别为 103.81 万元/人·年、120 万元/人·年、124.74 万元/人·年。

(二)企业服务能力逐步提升

一是提升了电网运行性能，提高了供电可靠性。配电自动化系统、用电信息采集系统、智能变压器监测系统和 95598 系统有机地整合互动，实现迅速锁定故障类型和具体

方位，缩小停电范围、缩短停电时间、减少停电次数，并能在第一时间告知客户停送电信息。二是对全区 63 万客户实施自动集中抄表，系统自动计算电量和电费出账，实现了抄表、核算、收费模式升级换代，有效减少了电费差错率；积极拓宽电费缴纳渠道，全面推广一卡通，支付宝、自助缴费终端等多种非现金缴纳方式，为客户提供更方便、快捷、灵活的电费缴纳方式，提高了供电企业电费回收率。三是积极创新业扩新模式，采用“主动服务、全程管控、协同办公、简化审批”思路，形成一套流程高效、手续简便、资料简洁、配套完善的业扩流程，大大加快了业扩流程的实施，平均可缩短 10 个工作日的流程处理时间。四是为客户提供了良好的用电环境，提高了供电企业的社会形象，客户投诉量逐年下降，到 2013 年下降为 0 起。客户满意度逐年提高，2013 年客户满意率达到 96.19%，远高于 2011 年的 91.94%。

（三）智能电网建设效益正在发挥

根据运行数据推算，由于供电可靠性提高，2013 年多供电 267 万千瓦时，每度电利润为 0.101 元，实现企业利润增益 26.967 万元，按照每千瓦时电量创造的生产总值估算，相当于为鄞州增加 4327 万元的社会财富。因防窃电和防违约用电能力提高，2013 年共发现 7 起窃电和 4 起违约用电，挽回经济损失 73 万元；因业扩时限缩短实现提前送电，2013 年增加售电量 2256 万千瓦时，同比增加利润达 227.9 万元。鄞州供电作为国内率先建成并应用智能电网的试点企业，积累的成功经验为在国内全面推广和深化应用提供了宝贵的第一手资料，发挥了社会示范效应。

（成果创造人：葛军凯、王吉庆、王　谊、李光军、吴设军、燕俞波、陈小平、郑坤力、周　俊、俞沛宙、王　超、袁　丹）

港口物流企业提高战略执行力的精益管理

珠海港控股集团有限公司

成果主创人：公司董事长、党委书记、总经理欧辉生

珠海港控股集团有限公司(以下简称“珠海港集团”)是2008年7月25日成立的国有独资企业，主要从事港口及其配套设施的开发、建设、管理和经营；旗下有全资、控股、参股企业28家，其中控股的珠海港股份有限公司(简称珠海港股份)是下辖46家全资、控股、参股企业的上市公司。截至2013年，珠海港集团资产总额为124.28亿元，净资产为53.41亿元，2013年，珠海港全港总吞吐能力达到1.49亿吨，完成货物吞吐量10022.98万吨，完成集装箱吞吐量88.11万标箱。

一、港口物流企业提高战略执行力的精益管理背景

(一)引领企业战略目标落实的需要

珠海港集团成立之初，被珠海市政府赋予了以港立市的历史使命，力争把珠海港打造成“一港(集装箱干线港)、二中心(华南地区大宗散货、油气化学品集散中心和区域物流中心)、一门户(我国内地对外开放的门户)”的港口发展战略，并制定至2015年实现港口吞吐量超亿吨，把珠海港集团打造成为国内一流港口营运商的战略目标。到2011年，珠海港集团码头设施硬件建设实现了突飞猛进，工作重心急需从“建设港口”向“建设和经营管理并重”的阶段转变。珠海港集团认识到，如不进行管理变革，提升管理水平，战略执行力就得不到提升，珠海港集团就无法承担起以港立市的历史使命。

(二)提高企业竞争力，打造品牌吸引力的需要

珠海港集团成立时，珠海港作为后发的地级市港口，竞争压力巨大；珠海市直接腹地经济相对滞后，受本地经济总量制约，2010年珠海市区内集装箱生成量不足100万标箱，对港口的发展支撑不足；珠海港货物吞吐量、集装箱吞吐量分别仅占珠海市全港的34.92％、61.29％。为提高企业的竞争力，打造优质、高效的管理品牌，推行精益六西格玛管理，优化企业内部管理成了一项重要的举措。

(三)建立企业持续改进机制，打造持续改进能力的需要

随着珠海港集团近几年的快速发展，客户意识、价值意识和流程思想淡薄，管理方法老旧，效率低，成本高，竞争力不强，珠海港集团下属成员企业行业众多，核心层企业规模偏小，管理理念不统一，缺乏项目管理和持续改进能力等问题成为制约企业深度发展与变革的瓶颈。珠海港集团决定通过应用先进的精益管理理念、管理方法，苦练内功，有效提升生产效率与质量，降低成本，解决经营发展存在的问题，打造管理方面的核心竞争

力，为股东、社会和员工做出更大的贡献。

二、港口物流企业提高战略执行力的精益管理内涵与主要做法

珠海港集团围绕企业愿景、使命、战略目标；面向财务、流程、顾客、员工学习成长四个层面，集团及各成员企业运用精益六西格玛方法聚焦战略 KPI，选取短、中、长期项目，由易及难，由精益至六西格玛，以精益六西格玛项目管理的模式解决问题，创造符合物流行业特点的精益六西格玛带级认证体系，推动企业持续改进，确保战略落地。主要做法如下：

（一）制定整体推进规划，建立组织架构

2011 年 9 月，珠海港集团借助外脑，引入精益六西格玛管理，拉开持续改进系统建设的序幕，制定精益六西格玛持续改进的两期推进规划。

珠海港集团成立层次高、成员涵盖面广的精益六西格玛持续改进机构：珠海港集团精益六西格玛持续改进指导委员会（简称“集团持改委”）、珠海港集团持续改进办公室（简称“集团持改办”），成员企业持续改进办公室（简称“企业持改办”）。集团持改委由一把手挂帅，成员涵盖经营班子、部门负责人和成员企业一把手，集团持改办由企业管理部有关人员兼任，成员企业持改办则由总经理出任主任。精益六西格玛持续改进机构按照不同层级分别履行战略规划、重大决策、政策审批、资源配置、有关事项审批、有关事项审核、日常事务管理等职能，形成层次分明、职责清晰的决策、管理机构。

（二）从精益改进入手，开展示范项目、自主项目

2011 年，珠海港集团鉴于刚开始精益六西格玛管理活动，采取示范项目与自主项目相结合的方式开展精益项目，对选取出的示范项目进行重点推进，树立示范区，同时推动在试点范围内全面开展自主精益项目，扩大覆盖范围，并通过评优活动对优秀项目和团队进行奖励。为了规范精益项目的做法，珠海港集团制定《精益六西格玛持续改进项目管理制度》，规范项目选择、项目审批、项目实施、项目评审、指标跟踪、效果验证、固化推广的工作流程。

高栏港务码头集装箱装卸现场

1. 设立 4 个示范项目起到示范、标杆作用

示范项目由顾问全程辅导，项目团队遇到的困难和问题可以及时得到顾问的帮助。实施的方法分为项目选择、诊断评估、方案设计与实施、固化推广四个阶段，如表 1 所示。

表 1 示范项目工作说明表

阶段	主要工作	工作说明	工作交付物
1	现场评估选择示范项目	深入现场进行访谈和评估，在物流板块下的各单位选取试点区作为后续开展示范项目的载体	示范项目立项书

阶段	主要工作	工作说明	工作交付物
2	问题诊断	对示范区从5S、目视化、标准化、价值流、防错等角度进行深入的问题诊断，收集数据验证问题的严重程度，从而得出诊断报告	诊断报告
3	改善方案的设计和实施	依据诊断出来的问题结合现场的实际情况设计解决方案，主要采取精益理念和工具，通过改善周的方式推动措施的落实执行	改善方案和初步成果总结
4	成果固化和推广	对改善成果进行标准化，起草各类管理制度和流程文件以保证改善成果的长期有效，同时确定可能的推广机会以取得更大成效	成果汇总

选取4家成员企业作为示范企业，每一家示范企业选取一个关键问题作为“示范项目”，示范项目的实施起到带头和标杆的作用。4个示范项目的改进点分别是：高栏港务的《优化集装箱操作流程提高效率》项目的改进点是集装箱装卸效率；珠海港泰管道燃气有限公司的《客户服务流程的梳理及优化》项目的改进点是精益求精持续改进、提升客服质量与效率；珠海港物流发展有限公司的《高栏集装箱流程优化》项目的改进点一个是“自有车单车产值”，另一个是“项目管理人员集装箱人均产值（包含外协车辆）”；另外，珠海外代开展的示范项目《业务流程整体优化》项目，全面覆盖了班轮部、货运部、船务部和报关部，项目指标主要是“降低班轮部单证差错率”，货运部“缩短货物舱位确认时间”，船务部与报关部分别对各自部门的流程进行梳理优化，并成功创建船货同代流程。

2. 开展54个自主项目，普及精益六西格玛理念、工具和方法

珠海港集团在多家企业开展54个自主项目。自主项目主要针对现场管理标准化，成本节约，消除工作流程中的浪费等问题进行改善，主要解决本岗位和本部门内的一些具体问题，通过项目实施达到普及精益理念和方法的目的。所有成员企业都要根据珠海港集团总部持续改进办公室下发的工作计划选派人员，参加培训，开展立项和实施等工作，4个月后由总部统一组织自主项目的评比和评优工作，对于优秀的项目和企业进行表彰和奖励。

2012年1月项目立项后，珠海港信息技术有限公司开展《优化弱电项目采购流程》项目，在全体员工的紧密配合下，通过优化采购流程管理，优化采购审批流程，提高服务质量，降低项目成本，创造企业效益。通过会议讨论、客户需求分析、工作流程图分析、因果图等精益管理工具，对问题进行分类整理、诊断分析、方案设计、实施推广。

珠海港达供应链管理有限公司开展《货物出库分拣效率提升》项目，针对客户对JIT配送及时性的高要求高标准，提高港达供应链仓储作业效率，进一步完善出入库作业流程。通过精益管理学习，物流课全员把持改活动列入工作日程中，每次部门召开会议，都要对现有的作业流程进行了深入的梳理及分析，发现在库货物摆放不合理、分工方式与出货需求不兼容等问题。在经过深入讨论及实地论证后，物流课采取重新划分库位、调

整分工等改善措施，逐步落实改善各个流程细节，提高货物出库分拣效率。

（三）建立精益六西格玛带级认证体系框架，开展分级培训

珠海港精益六西格玛带级系统参照国际惯例，根据珠海港集团的情况，按照循序渐进、稳步推进的原则，将人员按照能力分为绿带、绿带内训师、黑带、黑带内训师、黑带大师五个级别。

珠海港集团为了系统推进精益六西格玛带级认证体系，制定《珠海港集团精益人才认证制度》，其核心内容包括：带级培训、带级项目、带级考试、带级认证和激励办法。珠海港集团在精益六西格玛第二年推行精益六西格玛绿带的培训、项目开展和认证工作。

2012 年 6 月，顾问公司针对珠海港集团领导开展《如何让精益管理真正融入企业》的领导培训，使领导了解并接受精益六西格玛绿带，为精益六西格玛绿带的培养提供良好的高层支持氛围。2012 年 7 月，珠海港集团持改办在各成员企业挑选绿带候选人开展了第一次绿带培训。2012 年 12 月，为改善企业精益六西格玛绿带候选人在本企业推行精益六西格玛的工作环境，珠海港集团针对各企业中高层和绿带候选人开展精益六西格玛高阶培训。2012 年 7 月至 2013 年 12 月，各成员企业累计开展精益六西格玛绿带工具专题培训达 10 次。2013 年 11 月，在 413 名已经接受精益六西格玛绿带培训的人员里面挑选 60 人做为珠海港内部讲师的培养对象，并邀请顾问公司对其进行针对性的培训指导。

通过带级人才培养系统为企业培养一批精英团队，使他们成为传播精益六西格玛思想、工具和方法的“种子选手”，独立带领团队完成精益项目，变项目找人做为人找项目做，推动项目持续改进，这些“种子选手”做为珠海港精益六西格玛的骨干力量，推动精益六西格玛管理的持续发展。

（四）务实筛选精益六西格玛绿带项目

珠海港集团精益六西格玛的第二年推行绿带项目，主要有两个目标，一是希望各级企业围绕本企业重点工作和主题，以精益带级项目为载体和抓手，推动落实各项重点工作，对珠海港集团整体战略目标进行支撑，以获得精益管理的实际成效。二是希望通过绿带项目的开展，给予绿带学员一个实践的平台，让培训与项目相结合，围绕“精益人才培养”这一中心培养珠海港精益六西格玛人才队伍。珠海港集团从以下三个层面筛选绿带项目：

第一，必要性。一是项目与珠海港集团中长期战略的相关性和重要度；二是项目年财务收益不低于 30 万元或有显著的社会效益；三是项目与珠海港集团内部的绩效考核指标挂钩；四是项目在珠海港集团内部或各成员企业间的示范性，可复制性等影响力；五是领导重点关注的工作内容，提升客户满意度有关问题，政策和社会影响力相关问题。

第二，可行性。一是所需投资。基本无须或仅需少量额外软硬件投资，需要软硬件投入，但已有预算或预期肯定能解决。二是不可控因素。无明显外部不可控因素（市场、政策、人员变化），可能有不可控因素发生，但是有应对方案。三是寻找原因的挑战性。原因不知道但是预计能够找到，具有挑战性，经过努力有可能找到。

第三，否决性。一是已经确定要实施的技改项目；二是属于新上装置且处于试生产阶段；三是预计停产或不能持续运行的装置上的项目；四是涉及的问题已有解决方案；五

是使用传统管理方法或不需使用精益六西格玛方法就能解决的问题。

根据上述评审标准，持改委最终评审通过了22个绿带项目。22个绿带项目年财务收益都高于30万元或有显著的社会效益。

(五)运用DMAIC循环，科学合理推进绿带项目

绿带项目按照严谨的精益六西格玛管理方法，分为DMAIC(定义、测量、分析、改进、控制)五个阶段逐步推进。

D阶段(定义阶段)：主要任务是确定项目方向。通过识别战略需求、客户需求、立标、对标等来明确需要解决的问题。所需要被解决的问题的影响、相关流程范围、现有水平和目标水平都将需要被填入《珠海港精益六西格玛持续改进项目立项书》中，并报各级持改办审核，持改委审批完成。

M阶段(测量阶段)：主要任务是了解现状。改善都必须是基于现状的改善，只有对现状了如指掌之后，才能洞察问题的症结所在。这阶段项目组运用流程图、跨职能流程图、物理流图(面条图)、合理化判定等定性分析方法，同时也运用数据采集、统计分析等定量分析的方法重新多角度审视各自的工作流程。

A阶段(分析阶段)：主要任务是确定关键影响因子，对初级原因进行分析，找出潜在原因，识别根本原因。避免纯经验式的解决方案，挖掘对问题症结根因的系统管控措施是本阶段核心工作。解决措施主要有两类：一是预防性的措施能尽可能避免问题的发生，从根源上杜绝风险机会；二是查侦性的措施能帮助及时发现流程变异的发生，及时做出反应。这轮工作将首先邀请流程专家(包括一线操作者)和逻辑专家结合专业能力、经验、系统能力和逻辑能力，运用头脑激荡、失效树结构、5个why、防错、FMEA等管理工具开展广泛的讨论，梳理因果关系，尽量多的盘点可能原因。然后依据讨论的结论到现场确认并适当收集数据验证根本原因，确认影响的严重度、根因的发生频率和对根因的当前控制措施的有效性，以决定这次项目的攻关方向。

I阶段(改进阶段)：主要任务是执行上一阶段制定的管控措施，并验证对策的有效性。一是项目组将被要求提出综合性的系统解决方案，而非单一经验式的对策。如此能避免陷入无谓的争论，原因和系统解决方案都呈现在纸上，能使参与者清晰认清问题的核心。二是召开项目评审会议。会议邀请相关领导和流程相关部门共同就项目所寻找的根因和对策进行评审，以便取得共识。同时，恰当地争取各级领导的支持。三是协同各部门开展对策的实施。四是持续监控相关可量化数据，随时验证对策的有效性。或者采用二次FMEA评分与一次FMEA评分对比，从问题发生的频率和风险识别能力上判断对策的有效性。五是如果在本阶段确实发现有效对策，也可以尽快安排推广复制。

C阶段(控制阶段)：最后这一阶段的主要任务是对改善成果进行监控、固化及推广。一是完善数据统计系统，以便持续监控流程的变异和效果的变化。二是标准化最优的操作流程。三是完整执行风险控制措施。四是对关键岗位或环节开展必要的点检。五是把成功经验推广到项目开展企业类似的流程和设备上。六是由珠海港集团组织成功经验分享会，把有效对策和项目管理的成功经验推广到其他成员企业。

(六)完善配套措施，提供保障支持

一是组建精益六西格玛指导委员会，明确委员会职责，制订《珠海港精益六西格玛持

续改进指导委员会、精益六西格玛持续改进办公室和各部室的工作职责》。二是制定并执行《珠海港精益六西格玛三年规划》，形成精益六西格玛管理战略。三是建立精益六西格玛管理相关制度，包括：《珠海港精益六西格玛带级人才认证体系》、《珠海港精益六西格玛项目管理制度》、《珠海港精益六西格玛持续改进标志使用规范》、《珠海港5S管理制度》、《珠海港对标管理制度》、《珠海港提案管理制度》、《珠海港本部提案工作实施细则》和《珠海港提案奖励办法》。四是合理安排预算，为推行精益六西格玛提供必要的培训支持和对标学习支持。五是持续改进文化，为了建立起珠海港精益六西格玛持续改进文化，珠海港集团制订并推行精益文化宣传总体方案，开展精益口号的征集活动，发行《精益扬帆》、《精益周刊》，专门编印一期内部刊物《港·通天下》的精益六西格玛专刊，并在《港·通天下》开辟精益六西格玛专栏，还在总部和各成员企业通过门户网站、电子屏、板报、易拉宝、海报等多种形式进行宣传。通过这些宣传活动，精益六西格玛的理念、方法、理论得以普及，先进人物及带级人才的事迹得以宣扬，带级项目的经验得以传播，珠海港精益六西格玛持续改进文化逐步建立起来。六是隆重举行优秀绿带项目表彰及绿带人员颁证会议，珠海港集团隆重举行会议，对优秀绿带项目分为金奖、银奖和铜奖进行表彰，给首批29名绿带人员颁发董事长亲笔签名的珠海港精益六西格玛绿带证书和徽章。七是对带级人员进行系列激励，实施的激励措施主要包括：颁发项目奖金，每年核拨一定的项目经费，更多的学习和培训机会，年终绩效考评时给予相应的加分，薪资提高等。八是形成持续改善运营体系，持续围绕战略目标和客户需求开展绿带项目，切实形成持续改善运营体系。

三、港口物流企业提高战略执行力的精益管理效果

（一）全面提高了企业基础管理水平，保证了企业的战略执行

在码头操作流程方面，高栏港务推行的绿带项目《优化集装箱操作流程提高效率》实施改善之后，集装箱装卸效率提升一倍有余，大型固定设备如龙门吊，场地吊等设备完好率达99%，流动装卸设备如堆高机、叉车等设备完好率达94%，同时码头的营运水平获得了大幅的提高。在物流仓储操作方面，港物流项目实施后，仓库单包切片装卸效率由平均70秒每包提升至30秒每包，单车装卸效率由平均35分钟每车提升至15分钟，装卸效率已得到显著的改善，优化仓储管理流程，规范仓储作业模式，提高作业效率。

珠海外轮理货有限公司《集装箱理货作业流程优化》项目实施改善之后，2013年1～12月集装箱船舶理货准确率由95.8%升至98.34%。项目完成初定指标的改善，不仅提高了外理公司的服务质量，降低了差错率，同时也为客户提供更精准的计量、盘点服务。中国珠海外轮代理有限公司实施的项目《缩短船舶在港时间，提高船舶代理服务效率》，为客户缩短船舶在港时间，节省船舶滞期费：外贸船（集装箱船除外）USD1750/船次，按每年144船次算，年收益达USD252000；内贸船（拖、驳船除外）USD100/船次，按每年168船次算，年收益达USD16800，合计能节省USD268800费用。珠海港集团精益六西格玛管理为外部客户增加收益约3510万元。

（二）为企业培养了一批精益六西格玛带级人才

珠海港集团以绿带培训教材为基础，结合部分实际案例，编制了首次绿带试题，组织

了闭卷的绿带考试。这次考试共有29名参考人员合格。这是珠海港集团首批绿带人员，他们来自各个行业，有基层管理者，也有中层干部。珠海港第一批绿带人员的诞生，为珠海港集团精益六西格玛的长期稳定发展打下了重要基础。

（三）促进企业发展，创造了经济效益

2013年，珠海港集团货物吞吐量完成4668万吨，比2012年增长43.9%，远远高于全国9.2%、广东省11.1%、珠海市29.3%的增幅。集装箱吞吐量完成79万TEU，比2012年增长22.2%，远远高于全国7.2%、广东省4.0%、珠海市8.4%的增幅。2013年，珠海港集团实现营业收入17.38亿元，比上年增加7.6亿元，增长78%。从2011年9月至2013年12月，珠海港集团共开展58个精益项目、22个绿带项目，其中4个精益示范项目创造的可量化年总收益为238万元，54个精益自主项目创造的可量化年总收益为808万元，22个绿带项目共产生可量化的年总收益达1772.57万元。2012年10月至2013年12月，珠海港集团收取公司各部门及成员企业提案共232条，直接为公司创造757.08万元的年总收益。珠海港集团精益六西格玛项目及提案可量化的总收益达3575.65万元。

（成果创造人：欧辉生、梁学敏、杨廷安、李少汕、
黄文峰、高春光、王　朔、陈泽敏）

生产运营与供应链管理

综合能源企业基于信息化平台的煤炭产运销一体化调运管理

神华集团有限责任公司

成果主创人：神华集团副总经理、中国神华高级副总裁郝贵

神华集团有限责任公司（以下简称“神华集团”）是中央直管国有重要骨干企业，是以煤为基础，电力、铁路、港口、航运、煤制油与煤化工为延伸，产运销一体化运营的特大型综合能源企业，是我国规模最大、现代化程度最高的煤炭企业和世界上最大的煤炭经销商。截至2013年年底，神华集团共有全资和控股子公司21家、生产矿井70个、自营铁路1765公里、自有港口吞吐能力2.63亿吨、自有船舶数量30艘、自有电厂总装机容量6566万千瓦。2014年，神华集团在《财富》杂志公布的“世界500强排行榜”中名列第165位。

一、综合能源企业基于信息化平台的煤炭产运销一体化调运管理的背景

（一）适应煤炭市场变化，完成调运管理转型的需要

随着我国煤炭市场供大于求的形势日渐显现，以及神华集团煤炭调运的规模扩张和内在协同要求的不断提升，煤炭跨地区、跨板块的一体化调运面临着诸多现实困难。一方面，煤炭调运方案的制定较为粗放，仅以数量的匹配来解决当前产运销能力间存在的不平衡问题，未能充分考虑煤种、成本、利润、时间等调运过程中的关键要素，从而使调运方案常常偏离企业整体效益最大化目标。因此，煤炭调运面临着从数量匹配向实现整体效益最大化转变的困难。另一方面，我国煤炭行业正在逐渐步入买方市场，下游煤炭销量的不确定性和煤炭调运需求的多变性日益增强，导致传统的以产量驱动为主导的调运方式在新的市场形势下很难有效发挥作用，最终造成煤炭调运过程的频繁波动和运营效率的巨大损失。因此，煤炭调运面临着从产量驱动向需求驱动转变的困难，需要尽快以销售为导向提升煤炭调运的精细化管理水平，满足不同需求条件下的一体化优化调运。

（二）顺应信息化建设趋势，改进调运管理方法的需要

神华集团煤炭产运销一体化调运涉及十几个煤炭生产单位和收购单位、数十个装车站点和几十个煤种，铁路运输系统包括自有铁路、国有铁路和地方铁路，煤炭销售网络包括北方七港以及数以百计的铁路沿线直达站点。因此，该煤炭调运网络无论在物理结构上还是在内部业务流程及交易关系上都非常复杂。虽然各个二级单位都建有不同水平的信息系统，但是这些系统之间由于种种原因彼此难以有效交互。而且，总部在指挥和

协调煤炭调运的过程中一直未能与这些分散的子系统建立起高效的信息通道，大量运营信息都主要依靠人工进行收集和处理。当煤炭调运受到各类因素影响和干扰时，各单位都难以从一体化全局层面及时、高效、协同地予以应对，导致调运过程中各自为政、相互掣肘的局面时有发生。与此同时，在新的煤炭市场形势下，经营分析在煤炭调运过程中发挥的作用日渐显著，但与此相关的许多经营信息却仍未实现标准化，加之缺乏信息集成平台，人工收集、甄别、处理的工作不仅费时费力而且根本无法满足现实生产运营快速发展的需要。因此，神华集团急需借助信息化平台来重点加强调运管理方法的全面改进。

（三）提升企业管理水平，满足长远发展的需要

2012 年，神华集团提出"五年再翻番，建设具有国际竞争力的世界一流综合能源企业"的宏伟目标。但从 2012 年年初开始，我国煤炭市场出现了持续下行趋势，神华集团的煤炭销售工作陷入艰难困境，煤炭调运经受了严峻考验。在此形势下，单纯依靠增加销售量实现五年再翻番显然是不够的。要建设具有国际竞争力的世界一流综合能源企业，需积极转变发展方式，通过优化煤炭调运路径、减少中间流通成本等方式来切实提升神华集团的核心竞争力。

因此，推进以精细化、信息化为核心的调运管理提升，是神华集团战略决策能力和战略管理水平取得重大完善与提高的根本途径。以年计划的编制为例，其一直面临着计算依据、手段、方法和信息化平台等诸多基础条件的局限，编制过程往往被压高产量指标，导致年计划在执行过程中刚性太强很难做到适时、适度的动态修正，甚至出现计划的不闭合。在煤炭供大于求的市场形势下，既有的年计划编制和管理水平使其自身的准确性、可执行性和权威性等都面临着极大的挑战。受此影响，神华集团全面预算管理的实施也很难做到细化和深化。因此，只有立足于煤炭调运能力的不断提升，战略决策的制定包括年计划的编制才能具备更加科学、有效的管理手段和辅助决策依据，才能更加贴近生产运营实际、更加符合整体效益最大化原则，最终成为企业长远发展目标得以实现的内在动力和根本保障。

2011 年 7 月，为实现以整体经济效益最大化为目标的煤炭精细化调运，神华集团正式推动基于信息化平台的煤炭产运销一体化调运管理，使得调度指挥效率和价值创造能力都得到显著改善。

二、综合能源企业基于信息化平台的煤炭产运销一体化调运管理的内涵和主要做法

神华集团为适应煤炭市场变化和调运管理转型、改变落后的煤炭调运管理方法、提升企业管理水平，通过建设调运信息化平台尤其是构建煤炭调运优化模型，全面推进管理变革，实现煤炭调运管理能力和盈利能力的不断增强。主要做法如下：

黄骅港是神华自营的最大煤炭中转港

(一)确立煤炭产运销一体化调运管理提升目标与指导思想

1. 明确煤炭产运销一体化调运管理提升目标

一是煤炭调运能够快速适应市场变化。煤炭市场供需关系的变化决定着神华集团煤炭调运的决策重心在生产端、运输端和销售端之间的转换，因此神华集团需具备根据调运决策重心的不同而使用更加灵活、更具弹性的调运方法的能力，从而更好地适应市场变化。

二是煤炭调运能够落实管理精细化。着重做到主要运营信息的快速提取、高效处理和全面共享，实现不同调运需求条件下分煤源、分煤种、分流向、分客户的优化调运，并且整个调运过程可监控、可评价、可追溯。

三是煤炭调运能够实现经济效益最大化。以经济效益最大化为目标，通过调运优化模型的计算来编制和动态修正煤炭产运销一体化调运优化方案的能力，并对不同调运方案进行比选、排序等应用分析，确保产运销各板块、各单位之间矛盾与冲突快速协调，进而使优化方案得以高效执行。

2. 确定煤炭产运销一体化调运管理提升指导思想

一是完善信息化手段促进煤炭调运管理精细化。煤炭调运管理的主要职能由五部分组成，包括计划管理职能、调度指挥职能、运营执行监控职能、经营分析与考核职能以及安全监测与应急指挥职能。在实际生产运营中，煤炭调运管理各项职能的效率高低都直接取决于对来自不同板块、不同单位、不同层级的生产、运行、检修、经营、安全等运营信息的集成能力和处理水平。其中，煤炭产运销一体化调运优化方案的计算和比选已经成为资源优化配置和高效利用的决定因素。同时，外部市场环境的变化和内部生产运营规模的扩张，也使煤炭调运在运营信息的颗粒度、准确度和时效性等方面的要求变得越来越高。

二是信息化建设与调运管理提升相辅相成、互为条件。信息化建设是推进煤炭调运管理提升的先决条件，是最终实现调运管理现代化、精细化的重要基础。但是，调运管理的实际能力也在直接影响信息化建设的质量和效果。煤炭调运信息化水平的提高，需要在组织结构、管理制度、业务流程等各个方面进行相应的变革和调整。

(二)建设信息化平台，为煤炭产运销一体化调运提供支撑平台

1. 统筹兼顾，确定系统设计原则

煤炭调运信息化平台的建设应坚持以下基本原则：一是全面集成原则。该信息化平台要与其他系统如ERP、销售管理系统等集成，要与既有的信息化调运手段集成，全面实现数据交互与共享。二是模块化原则。系统设计要采用模块化构建，各功能模块间可联合运行、相互支撑，也可独立运行、互不干扰。三是协同处理原则。系统考虑各单位、各煤种的固定和变动生产成本、外购成本、运输成本、销售成本、销售收入以及各类产运销约束条件，对包括生产、检修、运输、销售等在内的所有数据进行综合优化，从而得出神华集团整体效益最大化的调运优化方案。四是可扩展性原则。系统在设计上既要满足当前的使用要求，又须面向未来的发展需要，可不断扩展升级。五是可靠性及分级管理原则。系统设计要符合可靠性原则，尽量降低系统故障率，以免影响调运业务工作的正常

运行。系统管理要分权限，针对每个角色分配不同的使用权限。

2. 合理规划，构建煤炭调运优化模型

基于信息化平台的煤炭产运销一体化调运管理关键要构建高效、实用的调运优化数学模型。根据对业务全流程的梳理，最终确定的建模基本要素包括50处煤炭装车站点、13个销售区域、22个煤种、3类销售客户、3条自有铁路以及9个运力限制点等。

构建模型所需的运营信息包括：各装车站点的自产煤种、各站点自产煤吨煤完全车板成本、各装车站点预计发运自产煤总量；各装车站点外购煤种、各煤种外购量及外购吨煤完全车板成本、外购总量；各铁路主要运能限制节点通过能力上限；各段铁路的长度、单位运价、单位成本；各港口不同类型客户的需求煤种、需求量、销售价格、港杂费、吨煤调进成本及港口接卸能力；各直达销售区域不同类型客户的需求煤种、需求量、销售价格、接卸能力等等。

煤炭调运优化重在回答"应由各个装车站点装载哪种煤，装运多少吨，经由哪条铁路运输到哪个销售区域，销售给哪类客户"这一核心问题。而这包含着三个方面的决策要素：一是单位调运周期内各煤炭生产单位对自产煤和外购煤各煤种的供给量；二是单位调运周期内对各销售区域中各类销售客户的不同煤种的销售量；三是单位调运周期内经自有运输网络将煤炭由生产单位运输到各个销售区域的运输方案。煤炭调运优化模型必须综合考虑以上三个方面的决策因素、科学设计相关的决策变量。

煤炭调运优化模型的构成原理如下：根据神华集团煤炭产运销一体化调运的业务网络结构、煤种结构以及客户分类结构来确定调运优化决策变量；根据神华集团煤炭产运销一体化调运所关注的运营需求确立神华集团效益最大化优化目标；根据煤炭产运销一体化调运网络结构，各个核心业务环节的生产经营特性、需求和能力等要素，以及调运业务操作要求等来建立约束条件；煤炭调运优化模型为整数规划模型，采用"分支定界法"对其进行求解，其特点在于快速、有效。为解决各二级单位运营需求之间的冲突即模型中约束条件之间的冲突，并最终获得最优调运方案，进一步改进模型，使其能够根据既定的冲突消解原则计算获得冲突消解方案，进而获得最优调运方案。冲突消解原则依次为：国家和社会的特殊调运需求优先保障，长协客户的销售需求优先满足，尽量满足销售总量需求，尽量满足各单位提出的需求，尽量不改变铁路运能，尽量不改变煤源单位的生产计划等等。

3. 逻辑清晰，构建层次化的软件体系架构

煤炭调运信息化平台采取层次化的逻辑架构，由基础支撑层、基础资源层、应用服务层以及应用环境层组成。各层次在逻辑上相对独立，在功能上统一完整。整体采用C/S的技术实现架构，由数据服务器提供数据支持，由计算服务器仿真计算调运方案并根据请求对数据库进行相应的操作。

基础支撑层构建在硬件平台基础之上，为整个系统提供基础的运行支持，包括操作系统、数据库管理系统以及基本的系统管理等。基础资源层主要用于存放系统用到的各类资源，由产运销基础数据库、调运方案库及模型库组成。应用服务层主要包括基础信息服务（由基础信息子系统提供）、模型计算服务（由优化模型计算子系统提供）、网络图

形绘制服务(由 EDrawing 引擎提供)、数据分析服务(由数据分析开发包提供)等。应用环境层通过友好的人机交互界面与用户直接交互,提供信息采集管理、调运路径管理、调运方案编辑、方案分析评估以及系统综合管理等功能。

4. 结构合理,分五个独立子系统实现平台功能

煤炭调运信息化平台的设计坚持模块化原则,由五个子系统组成,分别为调运信息采集子系统、调运路径管理子系统、优化方案计算子系统、优化方案分析子系统和系统管理子系统。各系统之间可以联合运行、相互支撑,也能独立运行、互不干扰。

调运信息采集系统主要实现生产、运输和销售及其他相关信息的采集和数据管理功能,各类信息由相关单位按要求填报,平台设计中规范的数据结构可使其方便地与神华集团其他相关系统对接。调运路径管理子系统主要实现优化方案所涉及可行运输线路的数据管理功能,包括调运路线编辑、运输路线管理和利润计算器三个模块。优化方案计算子系统主要实现优化模型的设置和后台计算功能。优化方案分析子系统提供对于各次优化方案解算结果可视化、多角度、多维度的分析,可以对煤源单位、装车站、转运路径、销售区域、客户类别和煤种六项因素进行随意组合分析,完成对优化方案不同层次的数据挖掘。系统管理子系统主要实现系统的配置管理、用户管理等功能,针对不同使用者分配不同的使用权限,以确保系统的安全可靠运行。

(三)变革组织结构,明确业务分工与职责

神华集团总部设立"一个中心、五个管理部门"负责生产运营系统,即生产指挥中心和煤炭生产部、电力管理部、煤制油化工部、运输管理部、销售管理部。其中,生产指挥中心立足全局开展日常调度指挥工作,其他五个职能管理部门主要负责各板块的专业技术管理等工作。

1. 优化调运权力配置,合理确定业务职责

将生产指挥中心的权力层级提高至其他职能管理部门之上,统一和集中煤炭产运销一体化调运管理的权力。在此基础上,重新界定生产指挥中心和其他各职能管理部门之间、以及上述相关职能管理部门与各个二级单位之间的职责划分(见表1),在横向和纵向两个维度上对煤炭调运管理权进行全面优化。

表1 煤炭调运管理业务分工及职责

业务领域	生产指挥中心职责	集团专业管理部门职责	二级单位职责
计划制定	·分解年度生产经营计划到每月 ·编制产运销平衡的月度产运销计划,并进行必要的调整 ·每周滚动制定双周调运计划 ·每日制定日调运计划	·战略规划部提供年度生产经营计划 ·在计划编制的各个周期提出专业管理要求	·提供预报的需求计划、供应计划、最大能力、库存状况等信息 ·将日调运计划分解为日内作业计划(班次计划) ·及时反馈计划完成情况

业务领域	生产指挥中心职责	集团专业管理部门职责	二级单位职责
计划执行与监控	·对产运销执行全过程进行监控 ·协调解决执行过程中出现的问题 ·记录计划外事件并进行分析	·了解专业要求的执行情况 ·向生产指挥中心提出临时性的紧急专业管理要求	·按照日内作业计划的进行作业 ·上报执行过程中发生的可能影响调运计划完成的问题,并参与解决方案讨论 ·执行生产指挥中心的调度指令
安全管理	·监督二级单位安全调度执行情况 ·按照规定组织进行事故接警并开展应急处理	·安监部制定安全管理制度	·制定细化的安全管理规程 ·进行现场安全监控和问题处理 ·按照规定上报安全事故
经营分析	·搭建并维护经营分析指标体系 ·总体管理本部门负责的数据质量 ·对生产运营方案中的关键因素进行分析与预测 ·对关键指标完成情况进行评价与考核	·提出经营分析需求	·按照集团要求及时上报数据 ·接受集团的评价与考核
综合管理	·负责组织搭建并维护产运销协同调度系统	·完善与产运销协同调度系统接口	·配合集团建立系统接口

2. 成立铁路调度组织,增强专业管理能力

2013 年 7 月,神华集团成立铁路运输调度室,主要职能是全面提升铁路板块内部的运输效率以及运输与生产、销售之间的全面协调能力。铁路运输调度室隶属于运输管理部,但其业务接受生产指挥中心的统一指挥。铁路运输调度室配备从基层铁路公司选拔的各类铁路专业人才。同时,铁路运输调度室在贯彻生产指挥中心工作安排的前提下,有效匹配好上游装车、下游卸车、车辆检修等工作,处理好神华集团各自有铁路公司之间的内部协调问题、以及集团自有铁路与国有铁路、地方铁路之间的合作关系等。

3. 成立安全监测组织,强化调运安全保障

2012 年 1 月,生产指挥中心专门成立安全监测处,主要职能是全天候实时在线掌握一体化调运过程中产运销各板块的安全运行状况。安全监测处负责将重要的安全监测信息第一时间汇报至安监局和集团主管领导,并协同相关部门共同开展后续的调查、处置等工作。同时,安全监测处负责对经常存在的瞒报、迟报、误报等现象进行有效管理,逐步建立起涉及各板块、各类型安全问题的多级应急预案。在实际运行中,安全监测处与调度值班室实行合署办公,使得安全监测信息和调度信息能够被及时整合。

(四)夯实计划管理基础,提高一体化协同效率

1. 提升计划编制水平,健全调运计划体系

伴随调运信息化平台的落地,生产指挥中心明确调运优化方案在计划编制中的主体地位,同时,在煤炭调运计划系列中新增周计划,形成以日保周、以周保月、以月保年的内在机制,即依靠信息化平台及其调运优化功能,生产指挥中心制定出全集团基于煤源、市场、检修等情况且经过优化计算的各单位月计划、周计划,再参考周计划,借助信息化平台采集销售单位分区域、分客户、分煤种的需求、价格、请批车信息,以及生产运输单位的生产及检修信息、成本信息等,通过优化计算来编制、下达次日各单位分煤源、分煤种、分流向的日计划。通过以上措施,贯彻落实生产指挥中心确定的"以销定运,以运定产,提前预控,运营安全,效益最优"和"以神朔铁路和包神南线运力最大化"等一系列调运原则。

2. 完善计划管理制度,增强计划协调能力

一是加强会议协商制度。生产指挥中心确立总部主管领导、产运销各相关部门、重点二级单位共同参加的一体化调运情况分析早会,对神华集团内外部面临的最新变化情况及其对煤炭调运的影响进行充分沟通、协商并制定相应对策。此外,生产指挥中心每日增开安全调度例会、每周三增开电力板块调度专门汇报会等,并详细制定通过视频会议形式开展计划协调的相关制度。

二是规范部门合作制度。生产指挥中心全程参与并共同研究战略规划部主持的年计划编制工作、运输管理部主持的新列车运行图编制工作等,相关职能部门也要参与并共同研究生产指挥中心主持的月计划编制工作。

三是完善各种管理办法。基于调运计划执行过程中面临的各种突发事件,生产指挥中心专门研究制定"铁路防冻车管理办法"、"煤炭调运应急预案"等一系列针对性的管理办法,有效保障煤炭调运的顺畅与平稳。

四是消除关键制度缺位。全面启动关于月计划的全面预算管理制度及奖惩激励制度的相关研究,其中月计划考核与奖惩激励制度已从2013年开始试行。

3. 合理选择管控模式,改进计划管理流程

神华集团在区分业务协同程度差异的前提下,根据不同发展阶段中协同水平的差异大小将二级单位划分为两大类,并对其分别施以不同的管控模式。

一是紧密协同型单位的集成型管控。所谓紧密协同型单位是指在产运销一体化范围内,与神华集团其他业务相互依赖关系非常紧密且业务间存在作业级协同关系的单位。而集成型管控则是指神华集团总部平衡确定调运计划,各二级单位负责分解执行,即神华集团战略规划部负责年计划的制定,生产指挥中心负责将年计划分解为月、周、日计划并落实到各二级单位,而各二级单位再根据生产指挥中心下达的计划进一步分解为生产作业计划并执行。

二是次级协同型单位的指导型管控。所谓次级协同型单位是指在产运销一体化范围外,与神华集团其他业务不存在作业级协同关系的单位。而指导型计划管控则是指神华集团总部负责总量目标和运营原则的确定,二级单位负责计划制定与执行。即神华集

团战略规划部负责年计划的制定，生产指挥中心负责月计划的制定并对跨板块之间的矛盾和问题进行协调，而二级单位自己负责计划平衡与作业执行。当次级协同型单位逐渐发展为紧密协同型单位时，将其纳入集成型管控。

(五)实施调度标准化，增强调运计划执行能力

1. 全面覆盖调度体系，确立标准化目标

以三级调度体系为对象，以神华集团各类、各级调度的客观工作条件和具体业务特性为依据，进一步明确上述调度之间的权利边界和责任边界，最终实现煤炭调运各环节、各单位、各部门、各岗位的调度工作都有相应的标准可依、可查和可评。

实施以“优质、准时、经济”为目标导向的调度标准化工作。其中，“优质”是指通过标准化保障煤炭、电力和油化产品、销售服务等不同板块中一系列产品的质量优良与可靠；“准时”是指通过标准化保障集团产运销一体化运营时间的高度准确；“经济”是指通过标准化保障集团产运销各环节中生产成本、管理成本及信息成本等的全面节约。

2. 充分结合调度实际，明确标准化内容

一是制度标准化。参照神华集团制度管理的相关要求，制定和完善与流程相配套的制度以确保实际业务和作业能严格按照流程来执行，具体包括原则类、实施类和执行类。其中，原则类制度包括战略、方针等，实施类制度包括办法、规定、规范、细则等，执行类制度包括作业指南、作业规程等。

二是流程标准化。针对调运过程中的每个岗位，按照其分工和职责对其相关业务流程、作业流程及其管理流程进行梳理和优化。

三是表单和指令标准化。主要针对日常调运管理工作中涉及的常用表单和调度指令等，对其格式和结构进行规范化、统一化、合理化设置。

四是统计报表和指标体系标准化。针对日常调运管理工作的内容，对计划、生产、经营、安全等各类统计报表的内容和格式进行规范和统一，并对以上相关领域的指标体系包括指标名称、统计口径、计算方法、上报方式、上报时间等予以明确和规范。

五是工作指引标准化。针对日常调运管理工作中好的经验和方法等，进行全面的收集、梳理、总结和归类，并结合关联案例最终形成煤炭调运系统中的业务知识库。

(六)完善相关支持系统，提高调运管理水平

与煤炭调运信息化平台相配套，推进产运销一体化运营监测系统的建设，将产运销一体化各板块、各单位、各关键节点和环节的实时运营信息进行有效集成，自动整合分析，通过报警的形式显示出各二级单位存在的问题，如计划完成进度、产能平衡状况等。同时，支持横向和纵向的信息共享，并与所有生产井工矿的安全监测系统、矿井人员定位系统、各二级单位工业视频联网等，进行综合的可视化展示。由此，实现“全面监测”、“智能预警”、“高效督办”、“全景展示”四大功能，为煤炭调运过程中的调度决策和过程管控提供充分依据和手段。

此外，建成神华集团所属 11 家煤炭子(分)公司级调度场所音频、视频及调度电话的记录系统，并更新完善调度通信系统和报表系统。基于此，生产指挥中心能够从一体化全局角度及时为各单位提供运营决策支持，并能保障调运优化方案在煤炭调运过程中得

到有效落实。

三、综合能源企业基于信息化平台的煤炭产运销一体化调运管理的效果

(一)切实提升了煤炭产运销一体化调运管理能力

成果的实施显著增强了产运销一体化调运各环节运营信息的透明度和经营状况的明晰度,完善了一体化月、周、日计划管控体系,进一步提高了调度指挥的精准度和执行力。同时,调运计划的编制也越来越贴近生产运营实际,准确性、科学性迅速提高。2013年,神华集团商品煤量和煤炭销售量的月计划兑现率达到98%~103%,铁路运量月计划兑现率达到98%~104%。2013年与2012年相比,在煤炭市场转为买方市场且价格严重下滑的形势下,神华集团商品煤总量同比增长了8.9%,自有铁路运输量同比增长了16.0%(其中,包神南线装车量同比增长了23.4%,神池南交重同比增长了21.3%),下水煤量增长了15.9%(其中,自有港口下水煤量增长了31.6%),商品煤销售量增长了8.7%,发电量增长了16.1%。

(二)有效助推了集团总部与产运销各单位的信息化进程

煤炭调运信息化平台的建设始终和神华集团的计划全面预算系统、决策支持系统、ERP系统等36个项目保持了交互,为神华集团的信息化建设提供了技术支撑,并带动了战略规划部的管理驾驶舱系统、企业管理部的企业绩效管理系统等一批信息化项目相继建设并投入运行。

(三)促进了企业的稳定增长

神华集团产运销各板块都全面树立起了“转变发展方式,以效益最大化为目标来组织生产运营”的基本理念。2013年,神华集团营业收入同比增长11.5%,利润总额同比增长2.4%。其中,2013年煤、电、油、运各板块的利润占比分别为49%、28%、3%、19%,而2012年分别为66%、17%、1%、15%。煤炭调运的经济效益由煤炭一枝独大向煤、电、油、运多板块共同驱动的结构调整。

(成果创造人:郝　贵、金志刚、马　军、解春生、刘长春、兰　力、李　宁、白志军、马　俊、徐化雨、李韩英、张　强)

家电制造企业基于综合信息平台的生产物料闭环管理

珠海格力电器股份有限公司

成果主创人:集团公司董事长、股份有限公司董事长兼总裁董明珠

珠海格力电器股份有限公司(以下简称"格力电器")是目前全球最大的集研发、生产、销售、服务于一体的国有控股专业化空调企业,2013年实现营业总收入1200.43亿元,净利润108.71亿元,纳税超过102.70亿元,是中国首家净利润、纳税双双超过百亿的家电企业,连续12年上榜美国《财富》杂志"中国上市公司100强"。在全球拥有珠海、重庆、巴西、巴基斯坦等9大生产基地、7万多名员工,业务遍及全球100多个国家和地区。累计获得国家专利12000多项,其中发明专利近4000项,拥有1赫兹变频技术、双级变频压缩机技术、光伏直驱变频技术等一系列国际领先技术成果。

一、家电制造企业基于综合信息平台的生产物料闭环管理的背景

(一)适应日益激烈的家电行业竞争、降低成本的需要

大宗原材料价格高企,人工成本不断上升,能效标准逐步提高等,都使得家电行业的竞争环境更加恶劣,客户愈加追求质优价廉的产品,企业利润越来越薄,部分企业甚至处在亏损和倒闭的边缘。格力电器一方面需要继续面对日益激烈的市场竞争,另一方面还要持续高速发展,打造百年企业。为实现这一目标,格力电器不仅要在科技上不断创新,掌握核心科技;更要深挖企业内部管理存在的问题,实施管理创新,大力缩减公司各项成本,向管理要效益。

格力电器经过多年持续高速发展,生产规模不断扩大,家用空调年产能达6000万台(套),商用空调年产能达550万台(套),空调产品涵盖20个大类、400个系列、12700多个品种规格,需要外购的物料达30多万种,产销规模以每年20%以上的速度高速增长。2011年格力空调原材料成本达625.8亿,占到公司营业总收入的75.2%,生产物料成本占企业成本比例高达83.3%,其管理水平决定了格力电器的经营业绩。

(二)企业高速发展亟须提升物料管理水平

随着格力电器生产规模的不断扩大,为满足客户的需求,所生产机型的种类和数量大幅增加,每天要生产300多个订单,200多种机型,用到的物料多达5万多种,每个机型用到的物料种类达几百种。由于物料种类多、数量庞大,又缺乏信息化手段,仓库的库存

信息、物料的质量状态、物料的库存位置无法准确掌握，粗犷的物料管理模式已经无法适应企业的高速发展，严重影响到生产管理水平的提升。

在计划排产方面，缺乏有效的管理手段对所需物料的状态进行全面检查，生产计划部下达生产计划时仅可检查到如压缩机、电机、芯片等核心物料的生产满足情况，风险排产大量存在。生产计划下发后又依靠物资供应单位反馈的缺料信息再调整计划，往往临近计划上线生产或生产过程中才发现缺少某种物料，造成计划调整或被动停线。根据生产计划部统计，2011 年因缺料造成的停线合计 13.2 万个工时，折合产值损失超过 3.5 亿元。

在物料配送方面，物流配送环节多，多次在不同单位间周转、交接，管理责任不清晰，出现物料异常时往往由于责任的判定耗费大量的管理资源。另外，由于缺少系统控制手段，生产分厂仅凭员工手工领料单按“需”领料，需求多少，领用多少，物流中心在发料时无法判断分厂提供的物料需求是否准确，完全根据分厂的领用数量发料，存在物料多发、少发、漏发、错发的问题，物料的领用、发放数量不受控。另外，物料标识采用手写的标签，填写的信息不规范，不能有效指导物料配送，物料配送过程中容易出现配送种类错误、地点错误、数量不准、时间不准等问题。

在物料使用方面，格力电器生产分厂所用物料均需从物流中心仓库领用，生产分厂领多少，物流仓库发多少。由于当时物料管理责任划分不清晰，只要领、发料单据准确，生产分厂与物流中心管理看似没有问题。但是由于物料标识不规范，又缺乏信息化监控手段，生产过程中普遍存在未严格按照订单定额使用物料的情况，物料混用、串用、人为损坏、丢失的问题长期得不到解决，物料实际耗用与标准耗用差异大。据 2011 年盘点统计数据，2011 年生产物料实际耗用与标准耗用的差异金额达 3.3 亿元，金额差异率 0.99%。

在物料结算方面，格力电器对长线物料，按照物资仓库收货数量与供应商结算；而生产周期短、送货距离近的 JIT 物料，按照生产车间的领用数量与供应商进行结算。此种采购结算方式一方面变相引导供应商仓库储备大量库存保证货源充足，送货时尽可能提前送货或超计划送货，多结货款；另一方面生产车间也可能临时储备订单需求以外的物料以备不时之需，若因市场变化导致生产计划紧急变更，最终导致企业和供应商大量的库存无法消耗，物料成本增加。据统计，2011 年物料呆料金额同比 2010 年增加 39.6%，且存在逐年上升的趋势。

（三）企业具备良好的信息基础，为实施物料闭环管理提供了保障

格力电器生产组织管理过程除了 8 大总装分厂和 6 大配套分厂，还涉及生产部、采购中心、物流中心、技术部、工艺部、质控部等多个单位，涉及物料采购、存储、转运和生产等环节，生产过程信息交互量大，对信息化系统要求非常高。格力电器是国内最早实施信息化管理的制造企业之一，在 1999 年就已经开始建设总部的 ERP 系统，并将其拓展到下属所有的空调

格力电器公司全景

基地及非空调制造基地。ERP 系统稳定运行以后，2008 年引进 MES 系统，并借用 MES 软件基础平台，重新开发了“GREE_MES”系统，以此来适应外部环境变化和满足自身发展的需要。通过 ERP 系统和 MES 系统的应用，格力电器具备信息化管理的一定基础，能够在系统上实现计划排产、物资采购、收货发货、生产控制等基本功能，为进一步构建信息化平台，实施物料闭环管理提供了支撑。在系统开发人员储备方面，格力电器多年来十分重视信息队伍建设，逐年加强信息人才队伍建设的规划、指导和投入，为综合信息化平台的不断深化和完善提供了有力的技术保障。

从 2011 年年底开始，格力电器借助信息化手段对原有粗放的生产物料管理方式进行全面改革，推进物料闭环管理，使整个生产物料管理过程系统化、透明化、规范化，杜绝人为干预；另外通过生产物料综合信息化平台的闭环管理，使物料管理漏洞充分暴露出来，并督促改善，降低各种浪费，向管理要效益。

二、家电制造企业基于综合信息平台的生产物料闭环管理的内涵及主要做法

格力电器以确保物料使用数量与成品产出数量一一对应为核心思想，以系统工程理论为指导，借鉴精益生产的管理方式，利用信息化手段构建综合信息管理平台，对生产物料流动全过程实施信息化跟踪管理，从齐套排产、定额配送和反冲结算三个核心环节进行流程重组，细化生产过程物料管理，降低生产过程的物料损耗和浪费，达到成品入库数量与物料消耗数量“零差异”的目标，实现生产物料闭环管理。主要做法如下：

（一）树立物料管理新理念，设计物料闭环管理新思路

格力电器通过对原来的生产物料管理方式的分析，认为要解决生产物料管理方面存在的问题，必须树立物料管理新理念，围绕物料管理的需求种类、需求数量、需求时间和需求地点四个关键属性进行改善，实现物料的种类正确、数量准确、时间准时、地点明确。

在物料管理新理念的指导下，以实现成品和物料一一对应的生产物料闭环管理为核心思想，以原有的 ERP 系统、MES 系统为基础，借助自主开发的信息化平台系统，围绕齐套排产、定额配送和反冲结算三个核心环节，达到生产物料全流程的系统化、规范化、高效化的管理。

（二）自主开发综合信息系统平台，不断完善信息系统功能

为提升公司信息化管理水平，格力电器一直在寻找一个多元化综合信息系统平台，能够与 ERP 系统、MES 系统实现无缝对接，实现采购、检验、生产、销售等多环节顺畅连接，提高产品生产效率。综合信息系统既要符合企业自身的实际情况与理念，又要适应企业未来中长期发展需要，还要考虑到后期二次开发及维护成本，经格力电器管理层研究决定，自主开发具有自身特色的综合信息系统平台。综合信息平台既要在 30 分钟内完成 300 万项的物料需求齐套检查运算和拣选指令生成，又要能够支持生产现场 2000 个节点的实时数据采集并动态生成配送看板，数据量极大，且交互频繁。

在系统开发过程中，计算机中心采用敏捷开发模式，在业务逻辑层和数据层采用多线程并行运算和分布式事务处理，提高开发效率。在数据处理方面，采用多分布式事务处理方式，确保系统稳定、高效运行。在系统可靠性运行方面，建立系统监控平台，实时监控网络、数据库、消息队列、服务器资源，并制定各项应急预案，建立信息系统双机热备

份机制，一旦主系统遇到故障或受到攻击导致不能正常运行，备用系统能及时替换主系统保证生产正常进行。

在 ERP 系统、MES 系统的基础上，围绕格力电器生产业务流程，开发“供应商库存管理系统”、“齐套检查系统”、“SAM 系统”、“电子拣选系统”、“退补料系统”、“生产进度看板系统”、“落地反冲系统”，形成全流程的综合信息系统平台，支撑起齐套排产、定额配送、反冲结算三个核心环节各项措施的有效实施，如图 1 所示。

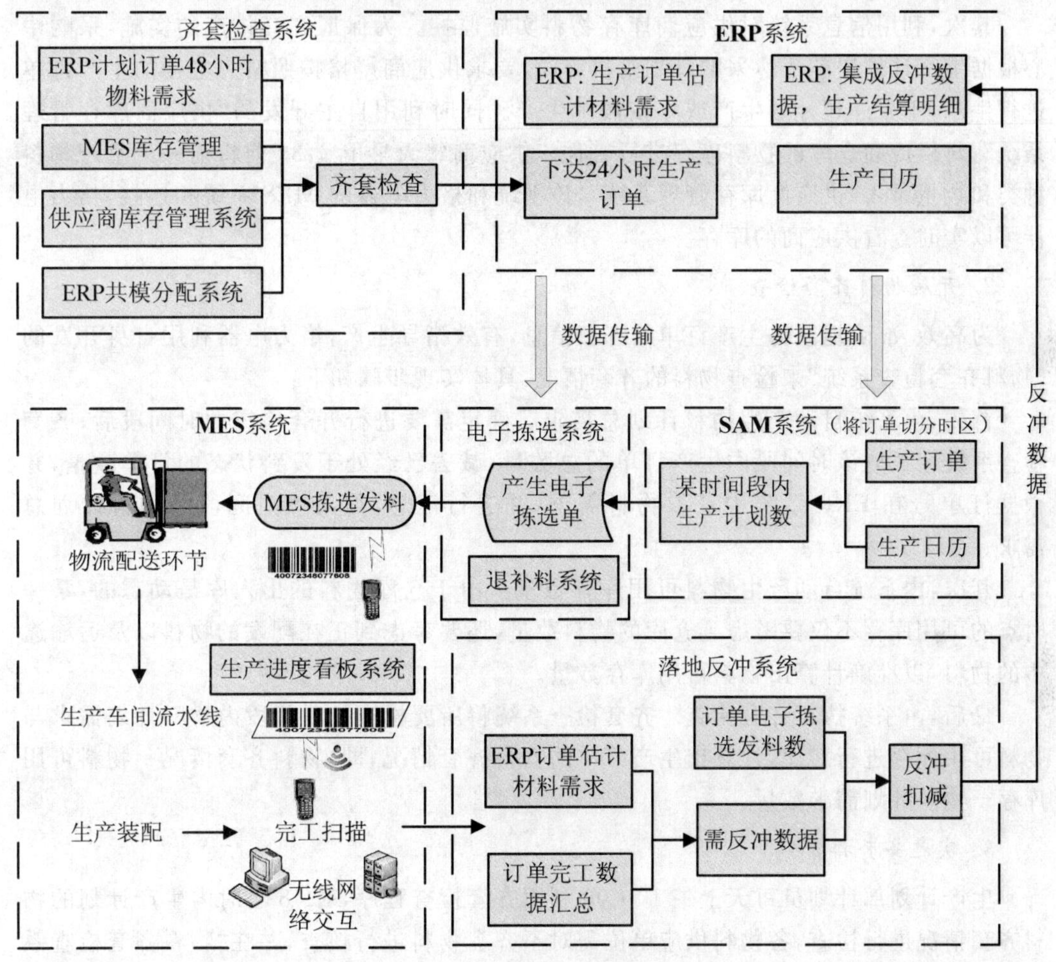

图 1　综合信息管理平台示意图

（三）以齐套排产为龙头，确保生产过程顺畅运行

格力电器应用自主开发的齐套检查系统，排产前对生产订单的齐套情况进行检查，根据检查结果进行排产，不齐套不排产，从计划源头进行改善，避免缺料停线，保障生产过程顺畅运行。

1. 精准管理物料库存

首先，对内部库存物料实施条码化管理。之前，格力电器仓库采用普通的纸质标识，主要依靠人工来核实物料的数量、质量及生产日期，过程管理不受控，且无法满足仓库管理快速、准确、实时的要求。为此，格力电器将每种物料用系统产生的电子条码加以识别。供应商送货时，利用 MES 系统按照物料数量一对一创建物料批次条码，从源头实现不同托盘物料批次信息的唯一性，仓库收货时根据 MES 条码信息进行收货、检验、入库。物料库存实施条码化管理后，物流人员可以随时随地从 MES 系统查询到仓库物料库存信息，能迅速准确的辨别物料状态，包括物料的生产时间、入库时间、质量状况等信息，为后续的物流配送工作提供坚实基础。

其次，利用信息系统对供应商库存物料实施监控。为保证齐套排产的实施，采购中心根据生产计划提前下达采购计划给供应商，要求供应商严格按照格力电器的生产订单进行生产，不允许超计划生产或不按需求生产。同时利用自主开发的“供应商库存管理系统”，对供应商仓库的物料库存进行管理。供应商每天早上 9:30 前将前一天生产物料种类和数量录入“供应商库存管理系统”，该系统和格力电器的 MES 系统相连接，格力电器可以实时查看供应商的库存。

2. 开展物料齐套检查

为高效、准确地获得生产订单的齐套信息，有效指导生产，格力电器利用自身开发的“物料齐套检查系统”来检查物料的齐套情况，具体实现步骤如下：

首先，由系统自动产生物料计划总需求。确定需要进行齐套检查的时间段后，齐套检查系统会抓取该时间段内生产订单的总数量，减去已经处于发料状态的订单数量，并根据订单号在 ERP 系统中获取物料需求，并进行汇总，得出该时间段的物料计划总需求。

其次，由系统自动产生物料可用库存数量。由于仓库物料的出入库是动态的，某一时点的可用库存不仅要考虑到仓库的物料数量，还要考虑到正在配发的物料以及运输途中的物料，以准确计算出物料可用库存数量。

最后，由系统执行齐套检查。齐套检查系统将所要检查的时间段内物料计划需求与物料可用库存进行对比，计算出生产订单的物料齐套情况，即：物料齐套情况＝物料可用库存－物料计划需求数量。

3. 实施齐套排产

生产计划部计划员每天上午 10：00 利用齐套检查程序，对 48 小时内生产计划的物料齐套情况进行检查，各物料供应单位需对不齐套物料进行核查，并在“物料齐套检查系统”中对缺料信息进行维护。各物料供应单位在每天下午 15：00 前维护完毕，生产部计划员每天下午 16：00 前按照齐套结果下发总装次日 24 小时的确认计划，严格按照齐套数量进行排产，不齐套不排产。总装 24 小时确认计划一经下发须严格执行，不允许调整。为保障齐套排产的顺利实施，企管部对各个物料供应单位制定考核指标和目标，每天通报数据，每周进行考评。

利用齐套检查系统，生产部计划员可以清楚掌握每个生产订单的物料齐套信息，并根据检查结果实施齐套排产，保证生产计划的稳定性，生产系统各环节的操作更加顺畅。

（四）整合物流环节，定额拣选配送物料

格力电器珠海总部有 8 大总装分厂、6 大配套分厂，物流中心和机动车队共同参与物流转运。物料转运由物流中心仓管员、机动车队叉车司机、分厂转料员三个环节组成，周转环节多，物料交接频繁，领料效率低。以前由分厂计划员做物料需求计划，分厂领料员根据需求计划去仓库领料，由于物资仓库的仓管员缺乏有效的监控手段，很难核实分厂领用的物料是否与计划匹配，超前、超定额领料的情况较为普遍。车间储备大量的物料库存，不仅占用分厂有限的生产场地，还容易造成物料的损坏、丢失，造成成本浪费。为解决格力电器内部物流存在的难点问题，格力电器采取了如下措施：

1. 整合物流环节，改“领料”为“送料”

为优化物流流程，提高物流效率，首先整合物流环节，将分厂的领料员、计划员等物流人员统一划拨归物流配送中心管理，共整合总装分厂、配套分厂、机动车队等 15 个单位合计 400 多名物流人员。人员整合后，将以前由多个单位共同完成的物料配送工作统一由物流配送中心一个单位完成，由以前的分厂“领料”改为物流配送中心“配送”物料，不但减少中间过程的交接工作、提高工作效率，而且实现减员 194 人。

2. 生产计划分时区管理，缩短物料配送周期

生产车间的物料由分厂计划员根据生产计划编制物料需求计划，以天为周期进行领料，由于时间跨度长，物料进度与流水线实际生产进度差异较大，超前、超定额领料的情况较为普遍，导致大量的物料堆积在生产现场。为解决该问题，格力电器利用 SAM 系统，即订单调整管理系统（Schedule Adjustment Management），根据物料运输距离、物流方式、物流配送频率将每天划分为 A、B、C、D 四个时间段，并按照 ERP 系统订单计划量和工作日历将 ERP 里所有订单同步到四个时间段里，用来指导后续的拣选配送工作。

物资仓库计划员根据从 SAM 系统中导出的订单生产进度，按照时间节点配发物料。每天 A 时区发放当天 B 时区（07：30～13：30）的订单需求物料；B 时区发放当天 C 时区（13：30～19：30）的订单需求物料，C 时区发放当天 D 时区（19：30～01：30）的订单需求物料，D 时区发放第二天 A 时区（01：70～07：30）的订单需求物料。每个时区又分为三个小时段，前 2 个小时物资仓库仓管员根据配送计划拣选物料，中间 2 个小时物资仓库配送员负责将物料配送至分厂缓冲区，后 2 个小时分厂将物料按线体需求进行拆分上线。

3. 严格根据电子拣选系统定额拣选物料

由于所生产的机型复杂，尤其是出口机涉及的物料认证类型多、客户要求严格、部分客户要求使用指定厂家物料等特殊要求生产。分厂领料时要看生产文件、客户文件、CDF 认证信息才能领回正确的物料，领料工作复杂，效率低，且使用手工领料单存在领料数量不受控、领错物料等问题。为此，格力电器采用电子拣选单替代原来的手工领料单进行配发物料。物流中心作业人员按照每天 4 个时区，定时在电子拣选系统触发完成相应的操作，电子拣选系统会将生产订单的物料需求信息、属性信息提取出来，生成电子拣选单。

生成的拣选单里包含物料的需求日期、时区、分厂、产线组、供应商、分厂物料交接点、目标库位、需求数量以及仓库存储的区域、对应的仓管员等信息，有助于配送员快速拣选物料，并将物料配送到使用处。物流中心仓管员在发料过程使用 PDA 扫描电子拣

选单以及对应物料 MES 条码，相关信息依靠系统逻辑自动核对配发物料的数量与质量，完全采用系统的指令定额配送物料。

4. 创建信息化物料配送看板，实现准时送料

为解决手写物料标识不规范、不准确、不清晰的问题，计算机中心在“电子拣选系统”中增加信息化物料配送看板功能。其实现的步骤主要包括：步骤一，物流中心仓管员在配发物料时，仓管员使用手持 PDA 扫描电子拣选单号，显示出电子拣选单上的物料信息；步骤二，仓管员在 PDA 上选择拣选单上未拣选配发的物料，PDA 操作界面上会显示出待配发物料的工作中心、物料数量、物料批次等信息；步骤三，仓管员对需要配发的物料条码进行扫描，系统自动核对物料条码信息和拣选单上的信息无误后，确认发料。

仓管员扫描完对应的物料实物条码后，系统会自动产生信息化物料配送看板，实现物料批次和订单的一一对应关系，并通过连接的蓝牙打印机实时打印。物流配送看板上包含物料接收点、物料名称、物料批次号、物料编码、对应的订单号、工作中心，需求时间等十多项生产需要的基础信息。配送员将系统产生的物料配送看板粘贴到物料上，并根据配送看板上的信息将物料配送到需求车间使用。

5. 逆向物流实施“先退后补”，利用系统手段控制退补料数据一致

为控制逆向物流过程中物料退料、补料数量的一致性，保证物料的定额使用，格力电器改变原来的“先补后退”流程，采用“先退后补”的操作方式。车间产生不合格品后，根据该物料对应的物料编码、订单号、拣选单号在“退补料系统”上创建退料单，然后将物料退到仓库，仓库收到物料后在系统上进行确认，系统根据退料的种类和数量自动产生拣选补料单，仓库再根据补料单配发物料到分厂。

(五)实施反冲结算，实现生产物料闭环管理

1. 严格按订单使用物料，为反冲数据准确提供基本保障

反冲结算的核心思想就是根据成品机的入库数量与该产品使用的物料进行反冲，一台空调产品有几百种零件组成，而每个零件又由多家供应商提供物料，因此成品机入库后能够准确找到每种物料对应的供应商才能保证反冲准确。物料从仓库发出时通过电子拣选扫描，系统自动记录每个物料对应的订单，并在物料上粘贴配送看板，看板注明该物料所对应的订单信息，实现按订单配发物料，因此车间使用时严格按照看板的订单信息使用，保证反冲的准确性。

为达到以上要求，企管部对车间执行环节提出“100%按订单使用物料”的严格要求，并定期进行监督检查。物料使用前，操作员工用 PDA 进行扫描订单条码和物料条码，“物料防错扫描系统”会自动将该数据和 BAAN 系统里的订单物料明细进行核对，借用系统的工具进行判别，物料和订单不符的，系统会提示错误。

2. 成品入库实施 MES 扫描，实现物料反冲扣减

为确保物料反冲扣减的数据准确，必须确保每台成品机均被实时录入系统。每台产品都有一个唯一的 MES 条码(订单条码)，该条码在生产首工序被贴在产品上面，随着产品一起经过流水线上的各个装配工序，当完成所有的生产工序且成品被检验合格后，会

采用 PDA 对成品上的 MES 条码进行完工扫描。产品被扫描后，MES 系统会提取该条码上的生产订单信息，并将数据上传到“落地反冲系统”，系统会根据该订单的物料明细定额对通过电子拣选配发的物料种类和数量进行反冲扣减。“落地反冲系统”会按照物料编码、物料供货方、物料批次、扣减数量等信息进行汇总，并定时将汇总后的数据上传到 ERP 系统，作为采购结算依据。

3. 实时反馈反冲数据，实现闭环管理

为监控反冲异常数据，检验改善效果，格力电器利用反冲系统中的“收卡反冲查询”和“发料查询反冲”两个进程，随时查询反冲数据。当“已反冲数量”等于“需反冲数量”时，说明系统数据反冲正常，可以用于结算；当“已反冲数量”和“需反冲数量”不相等时，反冲数据异常，说明某个操作环节存在问题，需要分析原因，进行改善。生产部安排每天从系统导出反冲数据，组织各单位对各自产生的异常数据进行分析，找到导致数据异常的根本原因，并制定措施组织改善，再次应用反冲数据对各单位的改善效果进行检验，形成优化内部管理的闭环系统。

通过系统暴露管理问题，物料闭环管理的整个执行过程可以概括为“5 个 100%”的落地执行，即 100%齐套排产、100%拣选配发物料、100%创建物流配送看板、100%按订单使用物料、100%反冲结算，只有严格按照“5 个 100%”的要求执行，才可以保证最终的反冲数据正常。

4. 改变结算方式，助推供应商改善供货管理

物料生产完毕后，供应商根据送货计划及“JIT 物料送货看板系统”的指令，按照生产订单的先后顺序将物料送到格力电器使用。车间生产完毕后，根据成品完工数据反冲物料数据，并严格按照“落地反冲系统”的反冲数据进行结算，未反冲完毕的数据系统进行冻结，待下个月订单生产完毕后再进行结算，供应商通过供应链平台查看每个月的送货数据和反冲数据，双方都以系统数据为准，数据准确可靠，且易于追溯。

三、家电制造企业基于综合信息平台的生产物料闭环管理的效果

(一)物料管理水平大幅提升，经济效益显著

在计划排产方面，生产计划部借助“物料齐套检查系统”，在排产时可以快速准确检查到订单所需物料的齐套情况，并对不齐套的物料进行跟踪，实施齐套排产，确保 24 小时生产计划的准确性，从计划源头杜绝风险排产，从根本上杜绝缺料导致的停线异常。2013 年格力电器缺料停线同比 2011 年下降 95862 个人工时，下降幅度达 72.5%，折合增加产值 2.5 亿元。缺料停线的大幅下降使生产更加顺畅，人均产值大幅提升，员工的收入也随之有明显提高，士气不断提高，2013 年在生产人数下降的情况下，相比 2011 年同期，人均产值提升 51.9%。

在物料采购环节，采购中心严格按照生产订单来下达采购计划，按照车间生产进度分时段送货，物料仓储面积不断减少。根据成品入库数量反冲发料数量，并根据反冲结果与供应商结算货款，从源头上控制了供应商超计划送货的问题，有效减少了呆料的产生。经统计，在生产基数不断增加的情况下，2013 年物料仓储面积比 2011 年减少了 2 万平方米，呆料金额比 2011 年下降了 45.8%。

在物料配送环节,通过物流环节整合实现减员 194 人,物资仓库严格按生产订单定额拣选配发物料,同时对异常物料实施了先退后补,并通过“退补料系统”控制补料数量和退料数量一致,实现定额补料。在物料使用环节,分厂严格按照订单使用物料,对于分厂损坏、丢失或由于质量问题导致的补料,由责任单位进行整改,降低物料损耗;对明细定额不准造成的物料领用异常由工艺部及时更改,保证明细定额和现场使用情况一致。据统计,2013 年物料实际耗用与标准耗用金额差异率为 0.10%,较 2011 年下降了 89.9%,达到行业领先水平。

生产物料闭环管理的实施,对格力电器之前不规范、不合理的生产管理系统进行了改革与创新,不仅解决了企业存在的各种成本浪费问题,同时还建立了可以及时暴露问题和验证改善效果的综合信息平台,提升了格力电器的生产管理水平,为公司经营效益增长做出了重大贡献。2013 年格力电器净利润达到 108 亿,净利润率达 9.1%,同比 2011 年分别增长了 105% 和 45.2%,达到历史最佳水平,同时创造了家电行业的最好业绩。

（二）全面实现了物料管理信息化

格力电器利用自身的资源对原有的 ERP 系统和 MES 系统进行了深度整合和二次开发,并围绕公司物料管理流程自主开发了一系列的信息系统,包括“供应商库存管理系统”、“物料齐套检查系统”、“JIT 物料送货看板系统”、“电子拣选系统”、“生产进度看板系统”、“退补料系统”、“落地反冲系统”等。这些信息系统的开发应用,实现了从仓库管理、计划排产、物流配送、生产过程监控、成品管理等全流程的物料管理信息化,杜绝人工干预,管理方式更加规范,信息传递更加准确,提高了工作效率,提升了管理水平。

（三）促进了供应链上的多方合作共赢

生产物料闭环管理的实施不仅对格力电器内部管理问题进行了改善,也促使供应链管理进行了一系列改善,提升了管理水平,实现了供应链各方合作共赢。供应商严格按照格力电器下达的订单数量组织生产,减少了供应商物料的库存积压和物料损失,提高了经营效益;物料送货需求以信息化系统为基础,信息直观、准确,物料送到公司货场后,能够快速配送到生产分厂使用,提高了物料周转效率;供应商和公司的结算严格按照“落地反冲系统”的反冲数据进行结算,数据更加准确,不但提高了效率,而且减少了不必要的争议,实现了多方共赢。

（成果创造人:董明珠、张　伟、黄　辉、杨　升、王　博、张俊杰、董红英、徐海鹏、李润静、杨　曦、李　静）

现代钢铁企业"三流一态"能源价值管理

宝山钢铁股份有限公司

成果主创人：公司能源环保部部长助理、高级工程师桂其林

宝山钢铁股份有限公司（以下简称"宝钢"）是中国最现代化的特大型钢铁联合企业，专业生产高技术含量、高附加值的碳钢薄板、厚板与钢管等钢铁精品，是世界500强宝钢集团的核心企业。2013年宝钢实现粗钢产量2200万吨，营业总收入1900.3亿元，实现利润80.1亿元，经营绩效持续保持业界最优；标准普尔、穆迪、惠誉三家评级机构给予宝钢全球钢铁行业最高信用评级。

一、现代钢铁企业"三流一态"能源价值管理的背景

（一）实现能源管理有效融入并支撑宝钢环境经营战略的迫切需要

钢铁行业长期以来被认为是高能耗、高污染的企业，宝钢集团于2009年率先提出环境经营战略，作为引领企业未来发展、实现二次创业目标的驱动力。环境经营战略包括绿色制造、绿色产品和绿色产业等三部分，覆盖产业开发、产品设计、产品制造等企业运营全过程。能源管理绩效直接影响着宝钢环境经营战略中的节能减排战略目标及绿色制造具体指标的完成。长期以来，钢铁企业能源生产和管理的主要目的是为企业生产提供安全稳定的能源供应，能源管理属于从工程技术视角出发的专业管理范畴；能源管理专业的管理意见难以融入企业生产运营管理主流中，也无法从企业管理者和各专业管理部门获得足够的资源和支撑，能源管理职责与作用发挥相对受限，难以协调生产、设备等平级部门，无法实现能源管理与企业环境经营战略有效融合。现代企业"三流一态"（制造流、能源流、价值流和设备状态的简称）能源价值管理通过融合并发挥能源专业管理和成本管理的优势，将能源管理的范围和深度进一步拓展，提高能源利用效率，降低能源消耗，提升能源价值，能有效支撑宝钢环境经营战略的实施。

（二）应对钢铁行业产能过剩，引领钢铁行业转型升级的迫切需要

金融危机以来，钢铁行业面临的内外部环境发生了很大变化，钢铁产品供大于求，利润率不断下降甚至亏损，在此背景下，宝钢降低生产成本、实现单位GDP能耗的最小化，从源头上降低能源的消耗和污染物的排放，是提高竞争力实现行业转型升级的有效手段之一。针对钢铁行业能源消耗强度高、环境负荷大的行业特性，宝钢率先提出环境经营战略，实现单位GDP能耗的最小化，从源头上降低能源的消耗和污染物的排放，提高了企业竞争力。

（三）克服传统能源管理的不足，实现现代企业能源管理变革和突破的迫切需要

随着外部节能和污染物减排要求的提高、能源价格的上升，宝钢面临的节能环保指标压力和能源成本压力逐年增加。传统的能源管理方式方法无法满足日益提升的内外部要求。主要表现在：节能目标难以受控，能源指标体系不能满足管理精细化需求，生产、成本、设备、能源等专业管理目标不能实现协同甚至相互矛盾，能源计量和统计准确度不能满足管理需求，用能岗位的节能措施不具体且动力不足，节能技术应用进程缓慢，缺乏能源成本和能源价值管理的流程和方法等。为克服企业传统能源管理方式方法的不足和局限性，迫切需要建立一套以信息通信技术为支撑的大型钢铁企业现代能源管理模式，以实现现代企业能源管理的突破和变革。

二、现代钢铁企业“三流一态”能源价值管理的内涵与主要做法

宝钢的能源价值管理以“三流一态”四维管理为核心，以提升能源价值、降低能源成本为方向，以节能项目管理与能源专业审核为手段，以能源计量、统计、数据分析与能源中心 EMS 系统等信息通信技术为基础保障，逐级辨识各环节和岗位中的能源使用及影响因素和节能潜力，并对其能源管理绩效实施 PDCA 管理，持续实现宝钢的“增效”与“节能”，打通了宝钢能源管理从“能源数量—质量—效率—成本—价值—战略决策”的内部经络，使能源成为管理决策的依据与重要组成，有力地支撑了宝钢环境经营战略的实施和领先优势的确立，为钢铁行业转型升级、建设生态文明和可持续发展提供了企业实践层面的微观基础。主要做法如下：

（一）创建以“能源价值”为核心的目标指标体系与分析模型

多年来钢铁行业形成了一套以能源平衡表为载体的四级能源管理指标体系。这一指标体系具有很大的局限性，主要体现在：能源管理无法有效融入企业生产管理流程，不能体现不同能源介质价值量的差异，未能涵盖影响能源成本的所有因素等，无法满足能源管理精细化的要求，也无法体现能源管理全员、全方位、全流程的特性。

针对上述局限性，现代企业“三流一态”能源价值管理构建以能源成本与能源价值为导向的指标体系，以能源购入、存储、加工、输配、使用、回收等所有环节为分析对象，设定能源价值管理的分级指标，综合考虑影响能源价值的相关因素，确定各级指标之间的对应关系和分析方法，以综合统计分析能源介质消耗量、能源成本的变化。

能源价值管理指标体系以能源中心 EMS 系统、数据仓库等宝钢能源管理信息系统为基础，开发五个不同层级能源总成本计算模型。即公司能源总成本（TCE）、能源介质总成本（TCEM）、工序能源总成本（TCEP）、生产线能源总成本（TCEL）和成本中心能源总成本（TCEC）。理论上各级能源成本的总和应该相等。能源价值管理指标体系同原有指标体系的对比如表 1 所示。

能源管制中心

表 1 能源价值管理指标体系和原有指标体系对比

项目	能源价值管理指标体系	能源管理指标体系	主要区别
第 1 级	能源总成本、吨钢能源成本、电力成本等	耗能总量、吨钢综合能耗、吨钢电耗等	1. 价值管理指标计算中增加了非能源的因素成本，比如设备、人员、税费等 2. 价值管理指标中价格是不断变化的，而能源折算系数是相对固定的
第 2 级	能源介质成本，工序能源成本	工序能耗	
第 3 级	工序能源介质成本、能源回收成本	工序能源介质单耗，能源回收率	
第 4 级	重点用能设施或产线能源成本	重点用能设施或者产线能耗	
第 5 级	成本中心能源介质成本		

同时，根据每级能源成本和能源价值管理的特性、所属的管理职责，开发能源总成本五因素分析模型、能源介质总成本五因素分析模型和工序、生产线、成本中心能源总成本三因素分析等模型，定量计算各因素对能源成本差异的影响，并根据这些因素所属的管理职责分工进行分析和评价，以满足不同层级管理者对于能源价值管理的需求。能源价值管理系统及计算分析模型如图 1 所示。

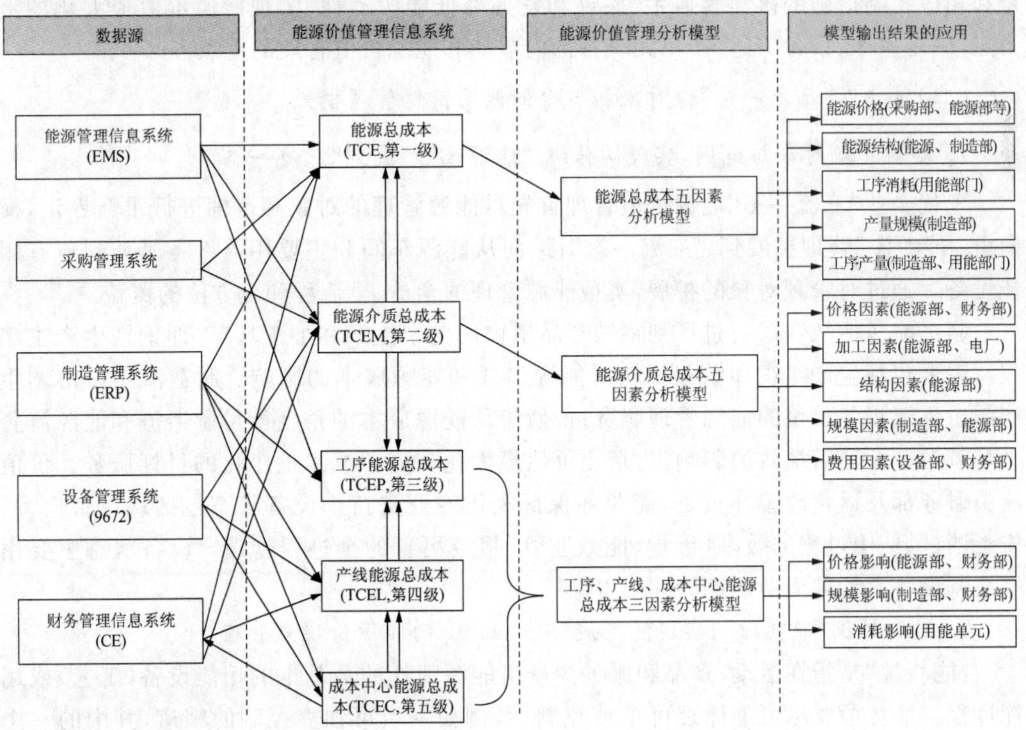

图 1 能源价值管理信息系统及计算分析模型

宝钢能源价值管理指标体系及计算分析模型已成为"三流一态"能源价值管理的平台和工具。通过上述指标体系及计算分析模型对能源成本数据的逐级挖掘，将最顶层宝钢能源总成本的变化与最小用能单位成本中心介质单耗的变化直接、显性地联系和计算出来，为"三流一态"能源价值管理指标的分析、评价、考核和改进等能源成本精细化管理提供依据，满足不同层级管理者对于能源价值的管理需求。

能源介质总成本五因素分析模型可以从宝钢整体层面高度定量分析各种能源介质成本变化情况，为领导了解企业能源成本变化和能源管理职能部门领导分析掌握各种能源介质对宝钢能源成本变化情况提供依据。工序能源成本三因素分析模型可以从工序层面的高度定量分析其能源成本的变化，为各二级厂部领导了解各工序能源成本变化和各工序能源管理者分析掌握能源成本变化情况提供依据。

通过构建以"三流一态"为核心的能源价值管理体系，实现能源专业管理与经营决策之间的融合，将能源价值管理纳入宝钢构筑共享价值的这一价值管理主流中，同时，对能源价值管理的组织、协调与分工协作机制进行优化。运营改善部牵头进行综合协调；财务部统筹价值管理目标（包括能源价值管理），负责制定并考核全公司及各部门能源价值管理指标；能源环保部为"三流一态"能源价值管理体系建设提供专项支撑，并通过"能耗源"与"能效因子"，使能源管理的边界向岗位（纵向）与相关部门（横向）扩展，实现"纵向到底，横向到边"，明确了所有相关部门与岗位人员的目标与职责，实现有效激励，使能源管理成为全流程、全员参与的自主性活动。并且以"重要能耗源"、"关键能效因子"的判定和相应控制措施的落实为抓手，探寻和发掘降低能源消耗，实现能源价值最大化的潜力点，确定生产、设备、各生产单元等各部门节能和能源价值管理的重点方向。

（二）创建以"三流一态"为对象和核心的能源价值管理模式

1. 创新管理对象与范围，实现从传统"能源流"扩展到"三流一态"

现代企业"三流一态"能源价值管理首先对能源管理的对象和范围进行重新界定，横向由"能源流"管理扩展到"三流一态"；纵向从能源车间和主要用能设备延伸到所有用能设备。通过对管理对象的扩展，实现能源管理的全员、全流程和全方位的覆盖。

制造流包括从铁矿石进厂到钢铁产品销售的各个生产和加工环节（即钢铁生产主流程），主要包括生产组织和铁钢损耗对能源消耗和能源成本的影响。制造流用以协调生产制造主流程各单位的能源管理职责；价值流从能源成本的角度衡量制造流和能源流各个环节对企业经营绩效的影响，为企业价值最大化和能源成本最小化的目标服务。价值流由财务部及运营改善部负责，能源环保部提供专业支持。设备状态包括从设备选型、安装调试、使用过程的效率、维护、能效监管、报废更新的全过程管理。设备状态主要用来协调设备主管部门的能源管理职责。

2. 逐级辨识"能耗源"，实现能源流"纵向到底"的能源价值点管理

"能耗源"是指在活动、产品和服务中产生能源消耗的最基本的用能设备（工艺）或用能过程。能耗源要尽可能体现可单独控制性，例如一组可独立控制的辊道，其中的一个辊道不是一个能耗源，整个一组辊道才是一个能耗源。通过能耗源识别管理"五个步骤和两个结果"的流程和方法，如图 2 所示，辨识具体岗位的用能情况及其节能潜力，并制

定每个岗位具体的节能控制措施，最终实现“用能有责任、管理有标准、节能有措施”。针对每个能耗源和重要能耗源都制定控制措施，进行 PDCA 闭环管理。能耗源和重要能耗源实行动态管理，每年更新一次。

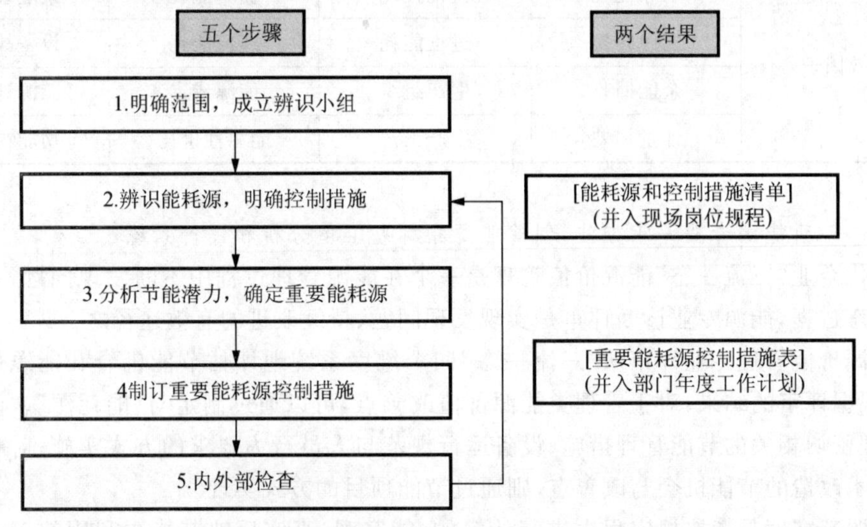

图 2 能耗源识别管理的五个步骤和两个结果

能耗源识别与控制的范围涉及所有的用能点，包括生产、生活、辅助用能，针对消耗能源最基本的设备、工艺和人员的行为规范，现代企业“三流一态”能源价值管理在全厂范围内共辨识了 15902 个能耗源，形成了 96 个重要能耗源及控制措施，通过能源中心 EMS 基于信息通信技术的能源计量、统计管理系统，满足了对能耗源计量数据高精度和可追溯的精细化管理要求，通过基于数据仓库平台对能源管理分析决策系统对重要能耗源的控制实施 PDCA 管理，实现了对“能源流”纵向到底的管理。

3. 全面界定能源价值的影响因素即“能效因子”，做到能源价值管理的“横向到边”

“能效因子”是指对能源利用效率或能源成本有显著影响且能够通过施加影响得到控制的因素。以能效因子为载体，将制造流、能源流、价值流、设备状态相结合，并使各二级部门的关注重点与能源价值管理要求的关注重点保持一致。

在全厂范围内从“三流一态”四个维度 16 个方向（如表 2 所示）共界定 400 个能效因子，每年结合“三流一态”各环节的重点和潜力点，辨识形成年度“关键能效因子”。关键能效因子是指结合宝钢年度节能任务、生产经营情况和上年度实绩，预期有较大改进空间，或根据相关法律法规等要求必须进行改进的各种能效因子，是影响能源价值管理目标完成的“三流一态”关键因素。关键能效因子指标和目标由职能部门联合判定并下发，每年更新一次。以 2010 年为例，基于“三流一态”能源价值管理判定和下发 54 个关键能效因子，其中，“能源流”关键能效因子 22 个，“制造流”关键能效因子 21 个，“价值流”关键能效因子 3 个，“设备状态”关键能效因子 8 个。

表 2 界定能效因子的四个维度 16 个方向

"三流一态"	能源流	制造流	价值流	设备状态
能效因子	工序能耗	铁钢损耗	盈利能耗	余能装置
	能源转换	过程能耗	产值能耗	设备故障
	余能回收	生产组织	能源成本	能源计量
	计量损差	生产工艺	能源性价比	功能精度

(三)创新能源专业评审方法,创建能源指标基准值分析和评价系统

现代企业"三流一态"能源价值管理是一个在能源管理过程中不断发现问题、持续改进的动态过程,能源专业诊断评审是实现发现问题、持续改进的有效途径之一。

能源价值管理专业评审从"三流一态"四个维度系统地评估节能机会和能源价值改善点,根据评审的结果,对于管理类能源价值改善点,可以通过制定与"能耗源"、"能效因子"管理密切相关的节能管理措施、设备运行规范与人员行为要求的方式实施;对于需要实施技术改造的节能机会与改善点,则通过节能项目的方式实现。

能源基准值是指按规定程序进行认定的,能客观、真实反映其能源利用效率和管理水平的某一确定值。能效因子基准值分析与评价系统是能源评审的重点目标和对象,通过设定能源基准值可以将能源管理指标的分析从传统的定性分析变为"三流一态"的定量分析,从而提高能源分析评价的精细化和严肃性。以高炉鼓风电耗基准值分析为例,其主要影响因素包括大气温度、大气湿度、送风压力、高炉定修与临时休风次数等外部不可控的"能源流"、"制造流"和"设备状态"因素,以及风机效率、阀门泄漏、空转时间、吸入阻损、辅助系统等内部可控的"能源流"和"设备状态"因素,各主要因素的影响如表 3 所示。

表 3 高炉鼓风电耗基准值及其影响因素分析表

项目	影响因素水平值	影响因素单位变化量	电耗基准值变化量
大气温度	20℃	温度增减 1℃	电耗增减 0.3%
大气湿度	$12g/m^3$	湿度增减 $1g/m^3$	电耗增减 0.038%
平均送风压力	420kPa	压力增减 10kPa	电耗增减 1.5%
2h 以下休风次数	1 次/月	休风增减 1 次/月	电量增减 7.5 万 kWh
2h 以上休风次数	1 次/月	休风增减 1 次/月	电量增减 6 万 kWh

(四)创立节能项目全生命周期管理流程,提升节能技术的应用价值

1. 创新节能技术应用与节能项目全生命周期管理模式

宝钢开展现代企业"三流一态"能源价值管理,优化节能项目的实施流程,制定《节能项目管理办法》《合同能源项目管理制度》等管理办法。明确节能项目的前期调研、立项、评审、实施、验收、运行效果评价等全生命周期的管理流程和要求。首创技术节能量指

标，即通过投资类节能项目实现的节能量，将技术节能量列入部门能源管理绩效评价，以提升用能单位实施节能项目的积极性。创建由首席工程师、主任工程师和现场专业技术人员组成的专业节能技术团队，从技术上对节能项目从立项到验收的全生命周期负责，为节能项目的挖掘和实施提供技术支持。

通过创新节能技术推广与节能项目管理模式，缩短节能技术从市场到现场的距离，将能源专业评审中挖掘出来的节能潜力快速转变为节能效益。近几年，宝钢先后实施了100多项节能项目，中低温余热回收、太阳能光伏发电、移动供热等一批节能新技术在宝钢得到快速推广和应用。以2013年为例，投运节能项目41项，年节能10.8万吨标煤。

2. 创新高效合同能源管理项目实施流程和管理标准

2010年起，国家鼓励企业通过合同能源管理（以下简称EMC）模式实施节能项目，但在企业内部如何将EMC模式与现有的管理流程进行有机融合，需要大胆的创新。宝钢从能源价值实现的视角出发，在试点的基础上，逐步加快EMC项目的实施规模。EMC模式促使由宝钢总节能指标所产生的压力传导到各分厂和分支机构，促进其想办法征求节能提案，并策划实施。各生产单位和能源环保部的职能权限和自主性得到了部分扩展，形成一定程度的内部竞争，促进节能工作进步。在EMC业务开展前，2009年宝钢共投运的2个节能项目仅为2000吨标煤，EMC业务开展后，2012～2013年共完成节能项目（技改＋EMC）73项，比前两年增加250%；年新增节能量16.25万吨标煤，比前两年增加400%，无论节能项目数还是节能量都实现了快速提升。EMC的促进作用，同样也使得宝钢近年节能技改、维修项目的数量和节奏有了明显的提高，实现了节能技术应用与推广的良性循环。

（五）构建“三流一态”能源价值管理的运行模式

“三流一态”能源价值管理是在宝钢原有的管理体系平台上运行的，在此平台基础上，结合能源管理的专业特性和能源价值管理的要求，开发针对4类不同能源管理相关人员的闭环管理模块，对每个管理模块实行分级PDCA过程控制，从而推进能源价值的不断提升，实现能源价值最大化目标。四个管理模块分别是能耗源、能效因子、节能技术和节能项目、能源价值管理系统。能耗源模块主要针对现场的所有运行和点检人员的用能过程的管理；能效因子模块主要针对相关职能部门的业务管理人员，促进其在管理过程中充分考虑对能源效率和能源价值的影响；节能技术和节能项目模块主要针对技术人员，推进节能技术的快速应用和节能项目效果的持续发挥；能源价值管理系统主要针对专业能源管理人员，提升管理的精细化和显性化。通过不同层次的内外部能源专业审核和过程的检查评价，促进四个模块的持续完善和提升。

三、现代钢铁企业“三流一态”能源价值管理的效果

（一）能源成本大大降低

现代企业“三流一态”能源价值管理融合并发挥能源专业管理和成本管理的优势，将能源管理的范围和深度进一步提升，加快节能技术的应用和节能项目的实施，提高了能源利用效率，降低了能源消耗和能源成本。以“三流一态”能源价值管理实施为抓手，2013年宝钢股份通过管理和技术手段，吨钢能源成本同比下降27元/吨，节约能源成本

3.91亿元。2011年至2013年实施合同能源管理项目53项，引进节能项目投资11.3亿，其中2013年投运节能项目41项，年节能10.8万吨标煤，完成节能效益1.54亿元。宝钢在“十二五”万家企业节能行动中节能量目标为215万吨，截至2013年累计完成节能量243.5万吨，超额完成目标。

(二)环境质量大大改善

通过实施能源价值管理，提高了能源利用效率，降低了能源消耗，从源头上减少了污染物的生成和排放，环境质量大大改善。与2010年比较，2013年宝钢吨钢SO_2排放量由0.75kg下降到0.43kg，总量同比下降48.2%，吨钢烟粉尘排放量由0.52kg下降到0.47kg，总量同比下降18.4%，吨钢废水中COD排放量由0.030kg下降到0.027kg，总量同比下降19.7%。同时，积极承担了国家“金太阳示范工程”在钢铁厂实践的任务，建成了世界最大的屋顶光伏发电项目，每年光伏发电4500万度，CO_2减排3万吨。

(三)受到社会各界广泛认可

宝钢的能源管理实践得到国内外能源管理专家的高度认可，国际非政府组织——工业生产力研究所(IIP)总结编制了《宝钢能源管理体系案例研究——现代企业能源管理探索与实践》供国内外企业学习参考。宝钢能源价值管理创新团队继参与编写《能源管理体系标准》和《能源管理体系实施指南》两个国家标准后，2013年又牵头起草《钢铁行业能源管理体系实施指南》(GB/T 30258－2013)国家标准，2013年12月通过了国家标准委员会评审成为国家标准，并于2014年7月1日开始实施。《冶金自动化》《世界环境》等学术期刊对宝钢在现代企业“三流一态”能源价值管理中的创新实践进行了专题报道。

(成果创造人：桂其林、钱　峰、李　丹、汤晓帆、王　红、蔡震纲、张　帆、顾艳云、姜　峰、陈忠平、于自泳、赵　缨)

中外合资轿车企业零部件的精敏供应链管理

上海大众汽车有限公司

成果主创人:公司总经理陈贤章

上海大众汽车有限公司(以下简称“上海大众”)成立于1985年3月,是中国改革开放后第一家轿车合资企业。目前,上海大众注册资本115亿元,总资产802.5亿元,已经形成以上海安亭为总部,辐射南京、仪征、宁波和乌鲁木齐的五大生产基地,基于大众、斯柯达两大品牌,拥有Passat帕萨特等十大系列产品,覆盖A0级、A级、B级、SUV、MPV等不同细分市场。截至2013年11月,上海大众累计汽车产量突破1000万辆,是国内首家产量突破1000万辆的汽车企业。

一、中外合资轿车企业零部件的精敏供应链管理的背景

(一)应对激烈市场竞争的需要

一方面,当前普通民众购车的需求量越来越大,汽车行业的产品竞争日趋激烈,但轿车行业总体增长将放缓。另一方面,中国轿车行业的迅猛发展吸引了一大批国际汽车品牌拓宽其在华业务。而受土地、劳动力等成本上升以及节能减排压力等制约,未来长三角地区产能增长幅度将大大放缓,上海大众的生产成本也将不断提高。同时,客户对轿车的要求也越发多样化,产品复杂度增加,企业研发成本上升。整个汽车行业在激烈的市场竞争和成本压力下,不得不通过降低销售价格、牺牲利润的方法争夺市场份额。传统的降低材料和劳动力成本的管理方式已不能满足当前的市场特点,高效可行的供应链管理理念和物流体系的建立已成为轿车企业增强竞争力的关键措施。

(二)现有供应链已不适应企业发展要求

目前,柔性化是上海大众整车生产制造的特色之一。多样化车型配置为客户提供多种选择:不同车身和内饰颜色、不同的动力总成、不同档次的安全性、智能性和舒适性配置。复杂的产品需求推动零件供应由传统的依赖库存的推动式逐渐转向拉动式。从企业自身发展来看,高产量、多车型意味着更高的生产节拍,更复杂的生产模式,占用有限的物流资源和大量的企业现金。零件需求的快速变化意味着供应商需要生产更多的零件作为备量,服务商则必须准备额外的仓储面积和运输车辆,形成不良的牛鞭效应。为确保整条供应链能以更低的运作成本、更快的响应速度提供更准确的零件,提高上海大众及其合作伙伴的供应链效率,轿车企业零部件精敏供应链的建立势在必行。

(三)信息技术的发展为零部件精敏供应链建设提供了新的手段

随着经济全球化、信息技术的高速发展,利用IT促进企业内外信息交流,成为轿车企业新的竞争方式。信息化实施水平的高低,成为决定汽车厂商在全球化竞争中成败的重要元素。在信息技术背景下,客户订单通过经销商网络平台传递给轿车企业,再转化为生产控制系统可以理解和操作的生产订单,通过供应商交互的电子数据平台完成零部件要货,通过物流服务商的信息系统对零件进行在途跟踪,最终通过生产控制系统进行排产生产。整个轿车供应链通过信息技术,将企业之间的商业往来文件形成标准化、规范化的文件格式,无须人工介入,无须纸张文件。采用电子化的方式,通过网络在计算机应用系统间直接地进行信息业务的交换与处理。供应链信息集成,能有效缓解牛鞭效应。

二、中外合资轿车企业零部件的精敏供应链管理的内涵与主要做法

上海大众提出零部件供应由推式转向拉式的管理思路,制定全面适应现代供应链管理的战略方案和推进计划,在供应链规划及管理方面设置更专业的组织机构,整合优化业务流程,基于销售订单转换为生产订单以及零件要货和物流过程,建立零部件精敏供应体系。该体系是一整套完整的、系统的、同时面向精益和敏捷两个维度的供应链解决方案,分为实物流和信息流两个板块,具有面向客户订单生产,零件按需供应,以减少库存,缩短产品提前期,实现更低物流成本、更准确及时的零部件精敏供应的特点。主要做法如下:

(一)树立零部件精敏供应链理念

上海大众于2010年引入的新物流概念(NLK:Neues Logistik konzept)是大众集团生产体系(KPS:Konzern Produktions system)的一部分,是德国大众面向2018年全球战略制定的最新发展方向。NLK是涵盖从零部件供应到零部件生产上线的一套完整的物流理论和模型。NLK以客户需求为导向,根据零件线边的实时消耗产生动态需求进行零件拉动,并保证零件在正确的时间以正确的数量备货上线。

上海大众引入德国大众NLK理念,树立本土化的零部件精敏物流体系理念,优化零部件供应链柔性。稳定生产是完整实现零部件精敏供应链的基础。客户提供轿车企业的生产需求,零部件精敏供应链的一个目标就是实物流同步指导生产,将客户需求分配到供应链的各个环节。在一个高效的流程下,供应链内各方的共同协作可以不断提升供应链的精敏性。上海大众在6天的稳定生产"冻结期",有固定的生产预测和排产计划。固定的排产计划决定有约束力的零件需求,传递给零件供应商和配套工厂。通过精确的零件要货信息和与工厂间的信息同步沟通,进行有效生产以减少库存。定时定量的取货,则需要通过轿车企业IT系统来控制。零件经靠近供

上海大众汽车有限公司生产线

应商的转运配送站和(或)靠近上海大众的转运配送站,经收货后进入超市,最终完成上线。在整车生产中,为让正确的零件在正确的时间以正确的数量上线装配,需要序列和产量的稳定。NLK 理念下,工厂附近的中转库需要高频次地向准时制生产方式(JIT,Just in Time)供应商进行拉动。非 JIT 拉动的零件将全部运到外库,生产线以需求为导向进行拉动,最终实现轿车企业零部件供应的同节拍运作,减少牛鞭效应。

(二)以新工厂规划建设为契机,做好零部件精敏供应链建设规划

随着异地工厂项目的全面展开,新工厂建设和新物流方案的实施是上海大众零部件精敏供应链建设的挑战之一。跟传统工厂物流规划相比,新工厂物流方案需有利于提高供应商入厂物流和线边零部件上线操作的效率。

在宁波新工厂,为提高供应商入厂物流效率,宁波新工厂供应商园区与工厂同步规划、模式创新、全面管理。园区总占地 2 百万平方米,共有 21 家供应商及 6 家服务商入驻,是大众集团在中国首次成功实施标准厂房租赁运营模式。由园区入厂的物流流量占总流量的 70%,有效提高了供应商敏捷供货的效率。通过整合园区物流运作,降低物流成本达 17.5%。供应商园区靠近工厂,实现了供应商供货的快捷性。首创核心区加准时供货区管理模式。其中核心区位于供应商园区与主机厂最贴近的地块,核心供应商及服务商采用租赁厂房的方式在核心区进行生产和排序,核心区内的能源供应与主机厂保持同步。核心区的模式降低了物流成本、供货风险,同时又能确保上海大众在供应商选择上的灵活性。

在仪征工厂,选择一河之隔的区块建设供应商园区,以降低物流成本,提高物流效率。仪征新工厂通过创新性的总装物流规划方案和相应技术,提升了零部件上线操作的效率。毗邻总装以及车身车间的物流中心减少了物流环节。物流中心内的编组站对流水线的物料拉动信息进行组合,提高上线效率。卡车道口分配系统能对供应商或服务商的卡车到货时间窗进行有效控制,保证紧急零件的准时到货,更有效地利用道口资源,对供应商和服务商进行供货绩效跟踪。采用 AGV 进行零件的上线,高效、准确和灵活地完成物料的搬运任务,替代铲车工人的高强度劳动,提升劳动生产率。多台 AGV 可以组成柔性的物流搬运系统,搬运路线可随生产工艺流程的调整而及时调整,使一条生产线能制造十几种产品,大大提高生产的柔性和企业的竞争力。

(三)建立矩阵式组织架构,实现新工厂建设与精敏供应链建设同步推进

零部件精敏供应链体系在实际推进过程中,上海大众对组织架构进行必要的完善和优化,建立矩阵式组织架构——包括现场实施层和物流战略层的横向组织机构(见图 1),以小组汇报法来保证跨部门的信息交流,以推动并行工作方法的深入展开。

在现场实施层,建立项目现场管理团队(小组),负责工厂物流运作与执行。为保证新工厂物流项目实现质量、安全、投资和进度等目标,在实施阶段,除原有的工厂物流执行与运作人员外,特别设置项目现场管理团队。该团队由多部门共同组成,提前介入、主动参与、强化协调、加强组织领导、推进工作节奏,全力推进工厂物流规划项目的设计等前期工作。

在物流战略层,以建立零件精敏供应链体系为目标,成立针对具体车型产品的项目

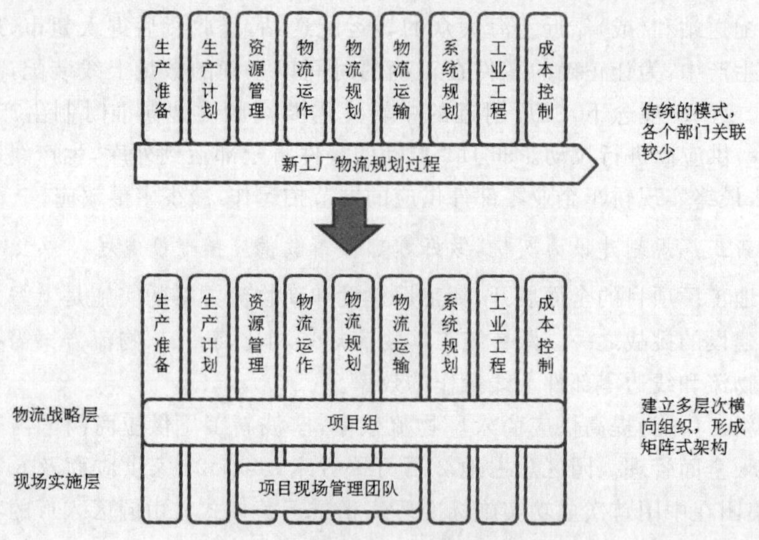

图 1 建立多层次横向组织，形成矩阵式架构

组。项目组协调新车型工厂物流规划的相关过程，商讨完善项目管理制度，细化各部门工作职能。项目组团队中包括生产准备、生产计划、资源管理和成本控制等各部门。生产准备部门为新车型的投产提供准确的零件信息，快速响应新车型投产的物流要求。生产计划部门根据销售订单，制定合理科学的排序生产方案，平衡生产线节拍，最大程度地满足客户需求。资源管理部门对紧缺件和进口零件进行管理跟踪，保证零件的及时供应。各个部门在共同商讨实践的基础上，推进矩阵式框架制度建设，加强项目组内部管理，提升管理水平。

在工作机制方面，针对新工厂项目，上海大众对汇报体制进行一系列的改进，优化各类会议的汇报方式与反应实施，形成专业小组会议、项目例会等制度。改进后的组织机构与汇报机制在项目实施过程中避免出现责任空白区，有效减少责任重叠区，有助于各部门各参与员工发现问题，增强各部门之间的有效沟通，及时应对并解决问题，保证项目整体进度。在项目正式落地前，对项目进行整体效果评估和验收确认。

新的横向组织机构的建立，为新工厂物流规划提供小组化的工作模式，推进并行工作机制，对物流过程中产生的问题能做出快速响应，实现新工厂物流规划与精敏物流体系建设的协同。跨部门的数据共享和信息传递变得可能，跨地区的工作汇报也可以及时完成，降低各个小组信息交流的时间和资金成本。

（四）以 IT 系统为支撑，推动零部件供应从推式转变为拉式

零部件精敏供应体系包含实物流和信息流两个板块。

实物流主要通过稳定计划，平顺生产，不断降低生产波动对供应链和生产成本的影响，将整车计划及预测分解生成零件交货时间表；根据流水线边实时的车辆信息，将零部件要货及时地传递给供应商；进口件和国产件的入厂和厂内物流；控制库存，最终完成准时、准量的零部件上线拉动，降低库存和供应链成本。

信息流包括基于生产计划委员会/产销平衡会的整车和零部件预测，基于 SAP－

MRP的零部件要货，基于供应商电子信息交换系统的供应商交互平台，基于OPCS(Online Parts Call－off System)系统的选装件拉动和基于需求产能管理系统的供应商资源能力管理。通过集合IT系统，上海大众整合了面向订单的生产全过程。

1. 精敏供应链的销售与生产订单管理

零部件精敏供应链的销售与生产订单管理旨在科学合理地进行生产预测、制定平稳可靠的生产计划，将顾客需求根据生产及零件的供应安排到生产计划中的整个过程的各个环节，不断优化，精益求精。为保证客户订单车辆的顺利制造，上海大众建立生产计划委员会/产销平衡会平台，从销售市场预测到生产方，从市场销售总量到产品细分品种，进行全方位的沟通；利用德国大众集成式生产计划制定系统、整车中长期预测系统、集成化整车订单管理系统、日生产计划系统和生产信息与控制系统，建立各部门从预测到实际订单生产数据的共享与控制；通过系统优化，设备改进，全员挖掘能力，各部门通力合作，提升订单及时完成率，并最终有效缩短整车订单交付周期。

为实现订单化生产，上海大众首先建立中长期的市场预测机制，为生产规划、资金准备、零部件配套厂生产能力准备、物流准备提供依据。整车年度生产计划是以市场及客户需求为导向，在销售年度预测计划的基础上，综合考虑各类资源制约因素，制定以公历年为计划时间跨度，以月/周为时间单位的各类整车大类的产品计划曲线。整车中长期细分品种预测根据销售需求，结合项目节点信息、制造产能、物流零部件供货等限制信息，每周在系统内滚动刷新X＋12周的整车细分品种预测。销售订单管理以X＋12周细分品种预测为基础，接收并审核在订单系统中的销售订单，并发送至生产订单管理系统，管理订单数据库。订单数据库X＋2周的订单被冻结，结合生产线节拍，确定每日的生产订单。产销平衡会以市场及客户需求为导向，在整车年度计划框架下，根据销售订单及中长期预测需求，综合考虑项目开始和结束的节点、生产能力、零部件能力等各类资源制约因素，以及当前生产实际超欠产情况，平衡物料、生产和需求，并在每周产销平衡例会上与销售部门进行协商和确认。为使各部门、各零部件配套生产厂共享中长期生产预测数据，共同为满足市场订单化生产需求做好前期准备，上海大众建立计算机共享平台，使用同一个共享数据库进行数据共享。生产计划部门将中长期生产预测数据输入共享平台，各级部门、各级会议都针对平台中的共享生产预测数据进行讨论和研究，使上海大众在接收客户订单后拥有包括设备、资金、人员、零部件供应、物流运输等一系列完成客户订单所需的生产能力，为及时准确地完成客户订单提供全方位的保障。

中长期的预测和订单计划完成后，每周将零件周计划/日需求数据(根据整车生产计划、零件表信息等由系统运算得出的零件需求数据)导入SAP系统，结合零件库存信息及期量参数设置，进行MRP运算，生成零件配套计划交货时间表。该交货时间表的签发由计划员在部门经理和高级经理授权下，通过供应商电子交换平台直接发布给国内供应商。上海大众通过供应商电子交换系统向供应商发布要货计划，供应商客户端登录后可查询要货计划，发送发货通知并打印送货单。MRP对采购周期较长(如进口件)的需求能够发挥直接作用，是上海大众计算按计划交货的零件需求的系统。MRP给出一定生产周期(一般是周或月)内的零部件需求预示，指导实时拉动的零部件供应商组织生产备货。OPCS系统向零部件准时制拉动的供应商传递每次供货的数量、时间和顺序等信息。

OPCS系统根据零件种类和上线类型设计不同的零部件拉动模块，为拉式零部件入厂和厂内物流提供有效的系统解决方案。零件需求信息种类及其对应的发布方式如表1所示。

表1 零件需求信息种类及其发布方式

需求信息种类	发布方式	交货方式	备注
整车生产预测信息	12周的生产计划预测通过供应商电子交换系统发布	推/拉动式	
零部件交货计划（批量）	每周滚动通过供应商电子交换系统发布	推/拉动式	每周发送，特殊情况除外
零部件交货计划（批量前）	通过供应商电子交换系统发布	推/拉动式	按项目进度需要发送
OPCS系统信息	实时发布	拉动式	根据流水线上车型序列拉动零件
特殊要货信息	一旦发生少件、错件、坏件等情况，视需要，上海大众管理人员将通过电话、传真、电子邮件的方式通知供应商现场代表，进行补救	拉动式	

2. 精敏供应链的资源能力平衡管理

资源能力平衡管理是根据生产计划委员会决议的年度生产计划，分析市场需求波动及装车比例变化，根据集团、采购、供应商、工厂物流等信息，对供应链中长期零部件需求能力进行管理。资源能力平衡管理形成完整的资源问题汇报和跟踪的平台。整套体系保证基于市场需求的计划变动和零部件资源瓶颈信息透明及时地反馈到各个层面，以指导各项措施的推进及计划调整决策。同时，上海大众优化并构建一套完整的供应商产能管理机制，从中长期的五年规划到每周的紧缺件管理，从大众集团、欧洲供应商到国内供应商，从日常的能力管理到各种突发事件的应对处理，都有相应的工作机制来进行管理。

资源能力平衡管理是贯穿整个产品生命周期的体系化产能管理，要求对以下几方面内容进行管理：起步能力管理、批量生产能力管理、紧缺件管理和突发事件管理。资源能力平衡管理需及时发现存在问题的零件并联合其他相关部门跟踪处理问题零件，上海大众设计了整车中长期预测和生产计划委员会解读、加强大重零件资源能力平衡管理、组织召开供应链论坛、建立国产供应商风险管理流程四项过程要求指标。

3. 精敏供应链的生产信息实时控制

当客户需要购买车辆时，上海大众销售部门将根据每个客户的具体要求，确定客户订单的订单号、销售商代号、销售国度、交货地点、交货时间、车型系列、车辆的特征描述号、订货形式、订单数量等一系列数据，并将这些数据输入上海大众的集成化整车订单管理系统，形成客户订单。上海大众计划物流部将根据市场订单需求情况、订单最终交货时间、物料准备情况、生产厂生产能力,合理安排每一辆订单车辆生产。客户订单的车辆生产过程中,上海大众使用生产信息及控制系统进行生产全过程的生产监控。生产信息及控制系统是大众集团的标准生产控制系统,对订单接受、排产、过程跟踪、信息采集、生产监控、报交统计等全过程进行控制和管理。基于生产信息及控制系统,上海大众自主开发 OPCS 和 LES(本地扩展生产信息控制系统)系统。OPCS 系统可实时对整车订单进行分解,为排序仓库和供应商提供基于零件号级别的生产排序信息,为即时供货提供强有力的系统支持;LES 系统扩展了生产信息及控制系统的查询功能,提供多样化的数据查询与维护,以及输出标准报表等支持。为实现车辆订单在生产过程中的实时自动跟踪监控,上海大众给每一辆订单车辆提供一个与车辆订单序列号相对应的车辆标识条形码。在生产线的不同地点设置一些条形码自动扫描仪,自动阅读车辆标识条形码,获取车辆订单序列号,完成每一车辆订单的生产跟踪控制。在全厂的各个数据采集点,利用扫描仪自动扫描贴在正在通过本数据采集点车辆上的条形码(识别标签),及时采集车辆标识,并将车辆标识全部实时送到生产信息及控制系统控制室,由控制室的服务器进行数据处理,并向底层的控制系统发出指令是否可以允许车辆通过这个控制点。生产信息及控制系统服务器同时根据收集到的信息,查询这辆车的订单要求,及时向生产车间的其他工位以及配套厂提供生产控制信息,以实现车辆生产的全过程监控。订单车辆生产结束后,订单就转换成符合订单要求的实际车辆,上海大众将按照客户要求的供货时间、供货地点向客户提供满足客户需求的车辆。

上海大众生产计划细分到每一辆整车订单,追求更为柔性、但却更平稳的模式。通过订单管理系统,上海大众在销售领域向用户提供更大的选择自由度并随时接收用户根据自己的需求提出的轿车订单,在生产领域利用先进的信息管理及控制系统通过对生产全过程及时详细的监控,根据用户订单及时组织生产,提高订单的实现水平,满足用户的需求,实现订单的实时监控和透明。

4. 精敏供应链的零件拉动管理

上海大众零件拉动过程可分为入厂物流和厂内物流。零件入厂物流是指从供应商到轿车企业或仓库的零件实体流动。整个流程包括订单下单、零件备料、在途运输、记账收货等环节。入厂物流包含供应商排序供货、准时化供货、按计划交货。零件厂内物流是指从上海大众物流中心或者排序仓库到流水线边的零件实体流动。整个流程包括零件收货、附加值作业(排序、配料、翻包装)、零件投料等环节。

根据零件的不同类型和供应商特点,上海大众逐步提炼出四种拉动模式:JIS 模块排序模式;TWD(Time Window Delivery)模块直供件的系统拉动;PCS(Part Consumption Supply)模块小件的系统拉动;SPS(Set Parts Supply)模块指导配料。零件拉动模式配合 OPCS 系统的支持,最终实现零件精敏拉动管理。

JIS 零件拉动主要针对整车制造过程中存在的一部分价值高、体积大、品种多的零件。这些零件往往是零件拉动的瓶颈,传统要货计划无法有效的解决其带来的“三高”问题:价值高——库存金额高;体积大——仓储面积高;品种多——零件备量高。此外,由于复杂的选装关系,整车订单的批量更新往往会改变中长期的零件计划,造成供应商生产、备料的困难,最终降低整条供应链的精敏性。供应商排序是在供应商工厂范围内将同一类 JIS 零件按流水线车辆序列摆放于同一料架中，直接运往上海大众内库（厂内仓库），由物流人员完成上线，目前已成为上海大众应用范围最广、运行最稳定的零件拉动方式。JIS 供应商与上海大众的距离必须能保证按 SVW 的生产需要及时、有效地完成每一次交货，以及对供货环节中可能发生的问题采取快速响应。供应商排序要求供应商能准确地，并提前获得未来一段时间流水线不同配置的车型所要消耗的零件号。为此，上海大众物流科需要在车辆制造的早期状态（如订单下达、车身焊接、油漆喷涂时）就将整车订单对应的零件信息发送给供应商，指导其安排生产计划。JIS 拉动能有效降低轿车企业的库存，在车型配置多的情况下有效提高流水线工人的取料准确性。JIS 零件种类变化多，对应的车型配置复杂，零件基数庞大，人工拆分零件难以实现。传统的邮件和电话方式难以快速地将拆分到零件层面的准确的流水线车型信息传递给供应商，这是影响 JIS 入厂物流实现的核心因素。OPCS－JIS 模块支持供应商根据预览信息生产，按照排序信息进行供货。流水线边装有订单信息采集点。当车辆经过这些位置时，FIS 系统读取 TPS 标牌，自动采集车辆的过点信息，根据零件装车表，分解出零件的实时需求并推算进入总装车间的大致时间和顺序，发送给供应商帮助其进行备货。当车辆进入装配车间 M100 扫描点时，由于此后流水线保持刚性，OPCS 系统再发出带有序列的稳定不变的要货指令。通过 OPCS 系统实时计算在线车辆零件装配需求，并向供应商和服务商发送指令，可以保证零件上线的顺序与总装车间的车辆顺序严格一致，从而解决此类零件在库存资金、库存面积上存在的问题，最终实现零库存的理想状态。

TWD 零件拉动是上海大众联合供应商积极探索新的零件入厂拉动方式，以期实现供应链运作成本降低及运作效率提升的供应链优化方案。与供应商和承运商约定提货/到货时间窗，TWD 零件供应将零件需求量转化为均衡时间窗拉动，兼顾均衡到货及装载率，实现优化库存及运输成本的目标。上海大众不断尝试将按计划交货的零件供应方式转为 TWD 拉动方式。对于工厂周边建立生产或者仓储基地的供应商进行数据分析，从流量角度筛选有价值零件进行 TWD 推动，降低供应链库存，减少工位器具投入数量，降低供应链运作成本。针对已有 TWD 零件开展库存优化分析工作，通过整合中转库资源，调整零件配载组合提升 TWD 零件拉动频次，降低 TWD 零件库存。TWD 零件拉动式是计算未来某段时间内零件的消耗总量，并将物料需求按时间窗口进行分配，向供应商及第三方物流服务商发送要货指令。TWD 零件拉动无顺序要求，可采用更靠前的车辆信息扫描点，供应商可获得更长的提前期，方便其生产、备料和发货。与传统 SAP 要货计划相比较，OPCS－TWD 模块支持多种零件需求计算、累计方式，基于时间窗进行零件拉动；车辆过状态点，系统自动计算零件累计需求；实现根据现场按灯、看板等拉动信号进行需求累积，实现二次拉动与 WMS 仓库管理系统建立数据接口，实现收货结算流程。轿车企业、供应商及第三方物流服务商通过 OPCS－TWD 模块实现了实时信息沟通与协调，统一安排和调度。OPCS－TWD 模块为零部件供应提供切实有效的物流活动，提高了运作效率，降低了物流成本。

为加强入厂物流管理和监控力度，配套计划员联合预批量要货/实物流运作团队建立 JIS/TWD 供应商管理机制。机制包括供应商 X＋2 日供货预警报表；供应商中转仓库库存监控；JIS 供应商/中转仓库走访；每周例会平台沟通生产计划、技术更改、供货保障、实物流运作等相关问题；开展重点 JIS/TWD 供应商问卷调查及走访工作，建立基础供应商档案，提升零件保障相对于整车订单的响应柔性及响应速度，为产销量及客户满意度的提升打下基础。

传统的厂内零件拉动方式，不能实现零件上线的高效准确。为此，上海大众创新性地将厂内物流划分为 JIS 厂内排序上线和补料上线。JIS 厂内排序是对内库或零件超市内的同一 JIS 零件类进行排序，保证流水线工人在准确的时间能取准确数量的零部件。厂内排序其逻辑与供应商排序一致，只是要货指令不再是发给供应商，而是通过系统传送给内库或零件仓库的工作人员。零件补料拉动上线不需要按顺序排列零件，可分为针对消耗件的 PCS 拉动和零件预装的 SPS 台套上线。

对于消耗件，上海大众目前采用双物流模式，以保证当一箱消耗完新的整箱上线前，线边能有剩余零件满足需求。因此，物流操作需要知道整箱消耗的速度和时间，而零件的消耗直接与流水线车辆信息有关。利用生产信息与控制系统可以获得车辆过点信息，但是由于线边存在缓存区，难以计算精确的零件消耗速度。OPCS－PCS 模块提供车辆位移的精确模拟，通过物料清单产生零件的实时消耗，从而产生零件空箱指令；通过状态点扫描校验，有效消除流水线工段间因为缓存车辆数量不确定而造成的拉动误差，防止缺料和溢库现象的产生。当零件由于各种原因无法获得在每个工位上每个细分车型的精确用量时，OPCS－PCS 支持依据经验设置零部件在每个工位消耗的百分比，从而实现模糊拉动。通过计算逻辑的调整，OPCS－PCS 可以基于一定时间或盘点的剩余库存量，对零件断点进行控制，实现智能化的零件断点切换，保证项目结束时零件不产生呆滞。

由于流水线边位置资源紧缺，对于一些零件可考虑在靠近流水线的其他位置完成预装，最终整体上线。上海大众将此类零件上线拉动方式定义为 SPS 台套上线。以门板线的 SPS 零件拉动为例，利用生产信息与控制系统，门板线预装工人可以提前获得车辆过点信息。工人根据车辆在总装线上的生产序列，将同一辆车对应的门板线零件装在同一 SPS 小车中。亮灯系统（对应取料位置自动亮灯）的物流篮配料方式可保证取料准确性。SPS 小车装载一辆或者两辆整车在一段装配区域内的所有零件，并入流水线后完成门板线的整车安装。OPCS－SPS 模块实现一对多的 SPS 拉动，即物料小车中装载前后两辆车的零部件。

JIS 排序供货、TWD 按时间窗交货、PCS 消耗件上线和 SPS 台套上线，形成上海大众零件供应的四大拉动模式，有效促进零件精益管理和敏捷运作。在整个实物流的运作过程中，上海大众使用 OPCS 系统对零件拉动进行管理和监控，实现系统拉动、系统配套的需求。精敏供应链的零件拉动管理，实现实时库存管理，大部分零件实现真正意义上的零库存，保障物料投放。

（五）建立零部件精敏供应链体系标准，形成一套可复制、可推广的模式

依托各类 IT 系统的零部件精敏供应链规划标准方案，能形成可复制、可推广的模式。标准工厂供应链规划的“标准”体现在标准化的整车生产计划、零件要货、入厂运输、整车生产流程等几个方面。规划方案不但包括实物流的配置方案，也包括规划流程、运行数据、信息系统、管理组织机构和管理办法等文件化和信息流的方案。随着零部件精敏供应链的建立和运用，这些标准化的规划方案和经验都在企业系统中以标准库、资源

库和知识库等形式体现。当新车型制造需要新的供应链规划方案时,利用数字化工具可以直接调出标准化的设计方案。针对新产品进行适当的修改和仿真验证后,就可以直接形成供应链规划方案,加以测试、建造,加快整个工厂的供应链规划和建设进程。标准化的系统解决方案为上海大众和众多供应商节省大量的软件许可、开发和实施费用,同时降低了新项目系统实施的风险,对新工厂的规划和准备有着积极的作用。

零部件精敏供应链的推广是一个分环境、分阶段、分模块、分部门的过程,需建立面向内部用户和供应商用户的一套标准的培训体系。以 PCS 为例,PCS 按照流水线进行分阶段推广,其中每条流水线按照工段和零件类型分步实施,每一项任务设立对应的负责人和里程碑,项目组跟踪任务进度,进行周期性反馈。

三、中外合资轿车企业零部件的精敏供应链管理的效果

(一)实现了零部件供应系统的高效自动运行,企业与零部件供应商共赢发展

轿车企业零部件供应体系下,生产再也不是按照预测计划来每天定额批量生产,而是根据供应链下游客户的需求来拉动整个供应链的生产,生产信息沿着供应链下游向上游逐级移动,有效消除浪费,减少在制品库存,降低生产成本。整个过程高效自动运行,响应快、准确率高。供应商通过与轿车企业和第三方物流服务商的信息共享,可以更快速有效地获得零部件需求信息,按需求制定生产计划,促进了零部件供应商提高生产效率和管理水平,实现了企业与零部件供应商的共赢发展。轿车企业的订单管理、供应商管理、生产制造控制与 OPCS 等相关系统通过信息交互,可以实现控制产量、传递生产信息、合理组织物料搬运、管理在制品库存等。零部件精敏供应链不仅指导供应商的生产和计划,也连接了轿车企业生产制造的各个环节,支撑了整车制造的全过程。

(二)提高了企业的核心竞争力,促进了企业发展

零部件精敏供应链的产销协调及订单管理平台机制,保证了上海大众近几年的迅猛发展,从 2008 年只有安亭一个生产基地,发展到 2013 年包括上海、南京、仪征、宁波、新疆五个生产基地,产品遍布两大品牌十多个车型,产量节节攀升。在物流成本方面,从 2005 年至今,产量提升了 7 倍多,而单车物流成本降低超过 27%;库存周转率是 2005 年的 7.7 倍;库存资金降低 10.3%,全方面有效降低了物流成本。精敏供应链通过稳定生产计划,平顺生产项目试点,使订单排序点至进入车身车间该段的生产序列稳定性指标从 60%上升至 98%,在大众集团内排名前列。上海大众在产销节节攀升的同时,通过对周/日订单完成率的跟踪把控,订单及时完成率显著提升,客户对订单管理的满意度不断提高,上海大众的核心竞争力也得到提高。

(成果创造人:陈贤章、Dr. C. Vollmer、许青桥、钱军华、顾正炯、周辰尔、潘荣胜、张　伟、周　洲、姜军俊、杨海燕、陈　芳)

基于 BOT 模式的境外大型水电站建设与运营管理

华能澜沧江水电有限公司 · 瑞丽江一级水电有限公司

成果主创人：华能澜沧江水电有限公司董事长王永祥

华能集团瑞丽江一级水电站（以下简称“瑞丽江电站”）是中国华能集团公司旗下最大的流域水电开发公司——华能澜沧江水电有限公司（简称澜沧江公司）与缅甸联邦电力部合作以 BOT（建设—运营—移交）方式开发的境外水电项目。中方作为项目的投资方占股 80%，缅方作为电站资源所有方占股 20%，双方组成合资公司——瑞丽江一级水电有限公司（简称瑞丽江公司）。

瑞丽江电站位于缅甸北部掸邦境内紧邻中缅边境的瑞丽江干流上，于 2008 年 9 月投产发电，总装机 6×100 兆瓦，设计年平均发电量 40.33 亿千瓦时，年利用 6722 小时，工程总投资约 32 亿元人民币。该电站是我国大力实施“走出去”战略下，在境外投资建成的第一个也是最大的水电 BOT 项目，是缅甸国内建成投产的第二大水电站。电站部分电力回送我国国内，助力“西电东送”，并直供在缅中资大型镍矿—缅甸达贡山镍矿的用电。

一、基于 BOT 模式的境外大型水电站建设与运营管理的背景

（一）贯彻落实华能集团“走出去”战略、实现企业长远发展的需要

近年来，国家加大了水电开发力度，水电企业要继续做大、做强就必须着眼海外市场，大胆参与境外水电资源的开发。作为中国最大的发电企业，华能集团公司也将“走出去”作为企业未来发展的重要战略之一，澜沧江公司提出了面向东南亚打造一个新的境外水电基地的“走出去”战略构想。

（二）抓住缅甸巨大水电开发潜力和良好机遇的需要

缅甸是东南亚水电资源最丰富的国家，云南省作为边疆大省，有着实施“走出去”的天然优势。近年来云南省已提出建设面向东南亚开放的“桥头堡”战略，并得到国家的认可和大力支持，出台了系列鼓励企业“走出去”的优惠政策。开发缅甸水电资源可就地供应缅甸也可就近回送国内，同时还可享受到优惠政策。澜沧江公司决定抓住历史机遇，大胆“走出去”参与缅甸水电开发。

（三）克服境外大型水电项目开发运营重重挑战的需要

瑞丽江电站建设及运营管理面临以下主要困难及挑战：一是缺乏在缅甸开发水电项目的经验。瑞丽江电站是我国第一个中缅合作的 BOT 水电项目，目前没有现成的经验

可供借鉴。二是缅甸当地完全无力解决项目所需的人员、物资及施工电力供应。如何做好项目所需的各项保障工作，成为影响项目成败的重大挑战。三是缅甸复杂的内部和外部环境给项目建设和运营带来较多风险，外国投资者的合法权益常常得不到保证。外部制裁及汇率波动也带来资金安全风险。四是汇率波动带来的汇兑损失风险较大。为保证项目顺利建成并良好运营，中方投资者不得不大胆创新，构建一整套全新的境外水电项目建设及运营管理方法。

二、基于BOT模式的境外大型水电站建设与运营管理的内涵和主要做法

为成功实施“走出去”，以华能澜沧江公司为主的项目投资方结合缅甸国家的具体国情及项目特点，积极探索和创新，构建和实施从项目建设、安全生产管理、电力市场营销、经营风险规避、境外关系处理等涵盖水电项目建设运营各环节的一整套管理体系。主要做法如下：

（一）根据缅甸政策法规和项目具体状况，认真做好项目科研、谈判和合作开发模式选择等前期工作

1. 抓住机遇，选择合适的投资开发模式

瑞丽江电站项目原项目开发业主为缅甸政府，由某公司以EPC（工程总承包）方式承建。在项目开工建设一年后，由于多方面的原因项目被迫停工。澜沧江公司决定采用BOT（建设—运营—移交）方式，一方面可淡化或消除缅甸政府对资源所有权的顾虑，降低投资风险，同时一个合适的特许经营期也可充分保证中方投资者的利益。在获得华能集团公司和云南省投资及外管有关部门大力支持的情况下，澜沧江公司向缅方提出以BOT模式继续进行项目开发建设的方案。双方于2006年签订以BOT模式进行项目开发的谅解备忘录（MOU），成功地将项目由EPC转变为BOT方式，为华能集团开启水电开发“走出去”的大门。

2. 创新合资方式，完善投资的法律保障依据

澜沧江公司在瑞丽江电站项目的合资方式上进行大胆创新：一是在确保中方绝对控股的前提下，认可缅方对项目的前期投资，并给予合理量化后作为缅方在项目中占有的相应比例股份（10%），同时无偿提供缅方总额定股本10%的股份及电站所发电量的15%作为资源特许费。解决项目从EPC方式转为BOT方式过程中的缅方前期投资处置问题。二是将电站项目施工及项目建成后的运营管理承包给中方股东，确保中方对项目建设和运营的主导权，使中方投资者的权益得到保障。三是由于水电项目投资巨大，项目的股本金投入较大，且不到项目特许经营期结束不能退出。对此中方创造性地引入“股东投入”概念，在协议中将“股本金”转换成“股东投入”，定义为无息贷款，并在20年内通过折旧的方式返还各股东，这一方式对中缅股东的投资回收均有利，获得缅方认可。2006年12月30日中缅双方正式签订瑞丽江电站项

成果主创人：瑞丽江一级水电有限公司董事总经理马立鹏

目合资协议，正式确立中方投资者在瑞丽江电站项目中的合法地位。根据该合资协议，双方顺利成立项目合资公司——瑞丽江一级水电有限公司。

3. 创造性的采取实物投资方法，确保项目建设资金安全

由于缺乏大型电站开发经验，2004年缅甸政府作为瑞丽江电站项目原业主，对该项目的投资估算仅为2.81亿美元。由于项目建设过程及被迫停工的几年时间中美元贬值、原材料价格大幅上涨、现场地质条件变化、建设标准提高等原因，截至2008年6月工程总投资上升至4.75亿美元左右。如果不能采取必要措施说服缅方对总投资进行重新确认和变更，项目将很有可能进入僵持状态很难继续推进。澜沧江公司认为采用实物投资法可以很好地解决这一难题。实物投资法就是对工程建设过程中形成的实物工程量及其对应单价进行确认，量、价相乘即构成总投资的基础部分，再加上其他一些软性费用（如设计、监理费等），便得到项目的总投资。具体操作中瑞丽江公司邀请缅方派人组成中缅联合工作小组，从工程量签认和项目单价确认等基础工作入手逐项落实，使缅方充分了解工程的实际投入情况，对项目的资金使用情况有了更加清晰的认识。同时，向缅方提交大量支撑性材料，经过努力最终获得缅甸内阁会议的批准，确认4.75亿美元项目总投资，为中方股东避免巨额损失，确保项目顺利推进。同时，通过实物投资法，也可避免项目建设时期大额资金跨境流转，避免资金受到冻结的风险。从中方采购物资可直接使用人民币支付，使用人民币支付省去兑换环节，避免汇兑损失。

（二）做好项目物资保障和建设管理工作，确保项目建设顺利推进

1. 优化建设队伍，保证工程建设质量和效率

澜沧江公司与缅方合作接手项目建设工作后，澜沧江公司与瑞丽江公司决定通过公开招标重新选择实力较强的设计商、承包商和供应商。同时，澜沧江公司将公司系统内最优秀的技术人才和管理人才充实到瑞丽江电站项目管理团队中，并将公司在建设和管理多座大型和特大型水电工程中创造的管理模式和经验应用到瑞丽江电站项目的建设管理上，为项目建设优质高效的推进提供坚实保障。

2. 切实解决项目物资通关难问题，保证施工进度

由于工程所需的所有物资都要靠国内供给，物资通关慢成为制约工程进度的一大难题。瑞丽江公司改变以往只针对单批物资通关做工作的报关思路，将工作重点转向了争取整体解决项目物资通关的高度来做工作，并努力争取商务厅、海关、边检等方面的大力支持，实现以瑞丽江电站项目合资协议为基础的“总投资项下”通关手续办理。提高物资的通关速度，为保证工程建设周期肃清一大障碍。

3. 强化项目建设管理，保障质量和施工安全

为保证项目施工的安全和质量，瑞丽江公司优化和加强项目管理工作：一是设置层级少机构精的扁平精简型项目管理机构，以保证建设过程中的信息传递效率和决策效率。二是施工安全和工程质量管控方面，一方面邀请缅方代表共同参与监督管理，同时通过公开招标引入第三方监理严把施工安全质量关，并采取重要工程节点中缅联合多重验收的严格质量管控。另一方面是采取“建管结合，无缝接管”的措施。将一部分技术管

理人员及生产准备人员直接编入建设安装队伍中与建设方人员一起上下班，一起动手完成设备的安装、调试及实验，实现了业主对施工安全质量的全方位掌控，同时使生产准备人员提前熟悉了设备，掌握相关技术和资料。三是切实重视环保和文明施工，严格执行各项环保措施，对现场人员进行当地风俗及文化知识培训，严格约束施工人员的言行保障项目顺利进行。在一系列强有力的保障措施下，瑞丽江电站项目建设快速推进，2008年9月顺利实现首台机组投产发电。

（三）适应境外水电站项目特点，探索新型生产运营管理模式和安全生产工作

1. 构建“运维合一”的生产管理模式

“运维合一”生产管理模式是澜沧江公司针对水电站生产提出的一种全新的水电生产管理模式，要求生产人员既要能胜任运行值班员的工作，也要具备设备检修、维护的技能，且不只是单一的某个专业工种的检修、维护技能，使得生产人员可以做到从设备表面到内部、设备操作到设备维护，从局部设备到全厂设备全方位多工种的掌握，避免人力资源浪费。“运维合一”模式的具体运作方法是：将生产人员分成两个分部，每月上旬一分部上班，二分部休假，下旬一分部休假，二分部上班；上班期间同一分部内部根据该时期内的全厂实际工作量和工作内容，一部分人负责运行值班，一部分人负责检修维护，两部分人可根据工作需求定期或不定期互换。工作交接过程中采取分部与分部，班组与班组工作交接，细化到每一个人手上的工作都要有明确的交接对象，并做详细的交接班记录。“运维合一”生产管理模式实现厂房内无人值班、控制室单人值守的高效管理，达到国际一流水电站标准。

2. 适应中缅两个不同电网特点，确保安全生产工作

一是在技术措施方面。瑞丽江公司采取统一管理但执行差异化运行标准的管理方式。首先是做好中缅两国电网的完全物理隔离及计算机监控系统上的软件隔离措施，对并入中方电网运行的机组完全执行中方电网的调度和相应的操作维护规范；对并入缅方电网运行的机组则接受缅方的调度，针对性地调整运行参数及管理标准，并对机组保护进行改造，使之既能适应缅甸电网的频率特点，又能在电网频率过高或发生电网崩溃事故时迅速与电网解列停机，避免机组发生飞逸事故。

二是在组织措施方面。瑞丽江电站特点补充制定部分规程及制度，所有规程、制度均采用中英双语，并对电站中缅两国员工进行安全培训、考试，使中缅两国员工都能牢固掌握。根据缅甸电网体统特点，总结、编写完善的《缅方电网故障后的处理程序》，将缅方电网事故后的处理程序规范化，使电网事故产生的设备损伤和发电损失降到最低。

3. 以客户需求为中心，科学安排检修期

瑞丽江公司对电站来水情况、生产能力及用户的用电需求进行系统分析，结合瑞丽江电站枯水期电力需求迫切，丰水期中缅电网电力消纳能力不足的实际，调整水电站枯季统一检修机组的惯例。将机组检修科学地分散安排在枯水期、平水期甚至是丰水期，最大限度地满足用户需求，同时也提高机组利用小时数和上网销售电量。

（四）探索多方共赢的售电新模式，确保项目可持续运营

1. 构建科学的承包运营合同价格机制，保证中方股东利益

根据中缅双方签订的瑞丽江电站项目合资协议，电站建成后将以委托运营管理的方

式将电站承包给中方股东运营管理，合资公司向中方股东支付运营管理服务费。在这一模式下，运营管理费成为中方股东一项重要收入。中方提出设立固定基准合同总价，同时引入汇率和价差两个调整因子，每年根据国家发布的汇率及物价指数(CPI)对服务费(合同总价)进行调整的合同价格机制。该方案得到缅方的认可，2008 年合同执行至今随着人民币不断升值及 CPI 的增长，运管服务费也随之同步增长，有效地保证在汇率及物价大幅波动的情况下中方收入不"缩水"。

2. 构建完善的对缅售电商务模式，保证项目的长期利益

瑞丽江公司与缅方经过沟通和调研，将国际购售电协议范本与中国国内购售电合同实践有机结合，构成双方购售电合同蓝本。同时提出中缅双方电量交易价格与瑞丽江电站供中方电网电价一致，并与中方同步联动调整的交易价格机制。该方案获得缅甸各部委的认可，中缅双方成功签订缅甸有史以来第一份 BOT 项目购售电协议。在该协议框架下，几年来双方购售电工作平稳有序，并且在 2014 年 1 月中方电网上网电价调整(提高)后，未经任何繁琐的谈判，中缅双方即顺利实现电价的联动调整。

3. 构建电站与境外大用户直接交易模式，拓宽电力销售市场

为解决丰水期电量销售受阻问题，瑞丽江公司设计"2+3"的跨境直供电解决方案，即架设瑞丽江电站到中资在缅大型矿企——中有色集团达贡山镍矿(简称达贡山镍矿)的专用输电线路，由瑞丽江电站直接向该镍矿供电。同时，以瑞丽江电站与云南电网的连接点作为并网点将达贡山镍矿输电专线并入云南电网，由云南电网向镍矿提供系统稳定服务及枯水期电站供电不足时的补充供电服务。云南电网收取相应的补充供电电费，并从瑞丽江电站与达贡山镍矿的交易电费中提取一部分作为辅助服务费，三方共同签订"三方协议"明确各方角色和权责。这一商务模式将我国"走出去"大型发电企业、大型综合矿企、国内电网系统各自的需求完美的整合到一起，实现了多方共赢。

(五)强化财务和金融工作，规避投资风险

1. 在中国境内开设离岸账户，降低资金划转风险

按照国际惯例合资公司的结算账户应该开设在项目所在国或双方股东所在国以外的第三国，鉴于缅甸受制裁，账户设在缅甸境内资金受冻结风险极大。而在第三国开设离岸账户存在较大的风险。瑞丽江公司认为将公司结算账户开设到中国是相对最为安全和经济的。其主要优点：一是将账户置于中国，规避了资金流向缅甸本土这一重要的受制裁因素；二是随着中国国际影响力的不断增强，相关国家要对流向中国的资金采取强制措施将承担巨大的政治风险，因此账户设在中国将更加安全；三是账户在中国境内，即可受到中国政府和国内金融监管体系的保护，避免或减轻国有资产及企业利益受损；四是瑞丽江公司的主要管理工作由中方股东兼任，账户设在中国方便企业的财务工作，提高工作效率，节约财务工作成本。瑞丽江公司获得缅方的同意和支持，2008 年 8 月在中国上海交通银行开立瑞丽江公司结算账户。

2. 推进人民币跨境结算，消除资金流转风险及汇兑损失

瑞丽江公司使用人民币结算可以解决资金划转风险和汇兑损失，主要优点有：一是

使用人民币进行跨境贸易结算，其清算过程完全在中国国内完成，可完全避免账户资金冻结和汇款退回风险；二是货币无须兑换，可从根本上避免因汇兑而产生的财务成本；三是简化资金流转环节，降低企业财务成本提高资金运作效率；四是对缅方来说，选择币值相对稳定的人民币作结算货币，一定程度上能防范汇率风险。对中方来说，选择本币作为结算货币，企业无须再使用各类汇率避险工具，可避免对外贸易中由于汇率波动造成的损失。2010 年 9 月 14 日瑞丽江公司成功在中国交通银行开通跨境人民币结算业务。2010 年 10 月开始，缅方使用人民币支付瑞丽江公司电费，瑞丽江公司在云南省和国内电力行业率先实现跨境贸易人民币结算，从根本上避免汇款冻结风险和汇兑损失，最大限度地保证国有资产和企业的经营成果不受损失。

3. 合理选择购买保险，分担投资风险

瑞丽江公司经过对项目面临的风险分析和投资成本的综合考虑，为瑞丽江电站项目选择购买了能够为境外项目提供战争、冲突等损失赔偿的海外保险，同时为电站的主要设备购买一定额度的财产损失保险。在投入的成本相对合理的情况下，降低企业面临的风险压力。

（六）谨慎处理各方关系，构建项目建设和运营和谐环境

1. 紧紧依靠强大的祖国，通过外交途径化解风险

在实施“走出去”过程中，为避免政治原因和战乱冲突等对企业的人身财产安全形成较大的潜在威胁，必须随时保持与中国驻缅使领馆及相关商务管理机构的密切联系沟通，紧紧依靠强大的祖国。使领馆及相关外贸管理机构不但可以提供投资建议和意见，且在“走出去”企业利益受到非法损害或是发生威胁到员工人身财产安全的突发事件时可以从政府角度提供保护和帮助。

2. 尊重合作伙伴，强调合作共赢

在缅甸进行投资大周期长的资源开发型项目投资，注重与缅甸政府建立良好的互信关系，以对等及友好协商的态度加强合作沟通，重视互利共赢的合作基础。

3. 主动承担社会责任，与当地建立和谐关系

瑞丽江电站项目建设以来，主动帮助当地修建学校，平整道路，修建医院和寺庙还为周边村寨架设输电线路，免费提供生活用电，使当地百姓千百年来第一次用上清洁高效的电能。尊重当地风俗文化，参加当地节日庆祝活动等友好的举动，赢得当地百姓的认同。

4. 坚持“中立”原则，不介入当地纷争

几年来，瑞丽江公司始终坚守原则，与相关各方保持公开，恰当的接触，交往过程中做到“五不”原则，即不与当地各派系交往过密，不参与任何与当地冲突及军事有关的活动，不支持冲突相关任何一方，不反对和评论任何派别的原则。瑞丽江电站自开发至运营的几年中，一方面因主动承担社会责任为当地百姓做好事赢得地方百姓的信任和支持；另一方面也因坚持原则与相关各方保持恰当的关系及合理的距离赢得缅甸相关各方尊重。

三、基于BOT模式的境外大型水电站建设与运营管理的效果

(一)确保了项目顺利建设和良好运营,积累了大型水电站境外投资经营管理经验

瑞丽江公司接手并重启瑞丽江电站项目建设后,仅用25个月的时间就实现了电站首台机组投产,刷新了同规模电站建设速度,且工程质量荣获国家优质工程(海外工程)银奖;工程造价低于国家发改委核准的投资额度,为国家节约了大量的资金,成为我国在缅投资水电项目中唯一一个在冲突区域内未发生人员安全问题及设备受损的项目。

瑞丽江电站是我国第一个成功"走出去"的BOT水电项目,是目前我国在缅水电项目中管理及经营状况最好的项目。项目建设和运营过程中所构建和应用的各项管理方法和模式经实践证明是有效的,管理措施和方法在全国电力行业中都是首开先河且具有较大的可复制和推广价值。为我国"走出去"企业之间开展合作及处理企业与所在国政府之间的关系树立了典范。瑞丽江公司一系列完整的海外大型水电站建设及运营管理方法和模式,将为中缅水电合作的后续项目提供借鉴。

(二)瑞丽江电站项目取得了显著的经济效益

2008年至2014年人民币兑美元汇率累计升值超过30%,实施人民币结算至少避免了1~1.5亿元的电费收入汇兑损失;自2008年投产至2013年,瑞丽江公司利润连年增长,已累计实现利润10.17亿元。尤其是构建和实施了境外大用户直供电模式,自2014年起,每年可增加利润2~2.5亿元,长达20年的直供电合同将累计产生40~50亿元的利润。

(三)项目赢得了缅甸相关方的高度评价

几年来,电站已累计向中缅两国供电180多亿千瓦时,其中向缅方供电90多亿千瓦时,约占同期缅甸国内用电总量的15%~18%,含免费供缅方使用的电量28亿千瓦时,折合电费约人民币8.75亿元,向缅方纳税人民币2.17亿元,有效地缓解了缅甸国内用电紧张,对缅甸及周边国家的稳定发展做出贡献;向中方累计供电90多亿千瓦时,为国内西电东送,缓解用电紧张做出贡献,几年来相当于减少了700多万吨的标准煤消耗量及1800多万吨的二氧化碳排放,为中缅两国发展清洁能源,保护环境做出贡献。瑞丽江公司坚持资助瑞丽边疆希望小学及电站当地缅方学校,已累计捐资上百万;为电站周边群众解决实际困难,架设线路免费提供生活用电,赢得了边疆各族群众及缅甸当地百姓的赞誉,为和谐社会建设做出贡献。

(成果创造人:王永祥、马立鹏、袁湘华、黄光明、孙　卫、彭詠军、
赵　明、杨立成、陈燕和、陈碧辉、吕绍平、敖兴波)

以至高无上为核心理念的核安全管理

中核建中核燃料元件有限公司

成果主创人：公司总经理丁建波

中核建中核燃料元件有限公司（以下简称“中核建中”）是中国核工业集团公司下属骨干成员单位，是中国最大的压水堆核电燃料组件生产基地。中核建中通过引进国外先进技术和不断的自主创新，具备300MW、600MW、900MW、1000MW及低温核供热堆、试验堆、小堆、快堆转换区组件等系列燃料元件制造能力及全堆芯核燃料元件供应能力。自1986年建成第一条核燃料元件生产线以来，中核建中已为秦山一期、二期核电站、广东大亚湾核电站、岭澳核电站、田湾核电站、宁德核电站、红沿河核电站、阳江核电站等国内多座核电站及国外巴基斯坦恰希玛核电站提供9000多组质量优良的核燃料组件，为各核电站安全、稳定、经济运行做出了重要贡献。

2011年中核建中重组以来，把建设管理科学、装备先进，产品多样、制造柔性，技术领先、质量优良，安全可靠、清洁高效的园林式国际一流核燃料元件制造基地作为公司改革发展的核心目标，大力实施以核安全至高无上为核心理念的核安全管理，为建设国际一流核燃料元件制造基地提供了强有力的支撑。

一、以至高无上为核心理念的核安全管理的背景

（一）保障核工业安全、高效发展的需要

目前全世界已有30多个国家和地区建成并投入运行核电机组500多座，核电总装机容量已达3.5亿千瓦以上，约占世界发电总量的17%。核能作为清洁的能源，其发展已经纳入国家中、长期核能发展规划。到2020年中国核电装机将达到5800万千瓦，在建3000万千瓦，核工业进入新的战略发展机遇期。核燃料元件是核电站反应堆的“核心”，既是核反应堆中的释热元件又是防止放射性裂变产物泄露的第一道安全屏障，直接关系到核电站运行的安全性和经济性。这就要求在核燃料生产设施安全设计、核燃料生产过程安全监管的有效性、预防不可抗力因素、事故应急响应、核安全文化建设等方面进一步提高水平，确保安全生产，提高核燃料元件产品质量。

（二）建设国际一流核燃料元件制造基地的需要

随着核能产业的快速发展，核能与核技术应用中的安全问题日益凸显，保障核安全已成为促进企业可持续发展的首要任务，成为实现建设国际一流核燃料元件制造基地战略目标的基础。企业持续发展、建设国际一流核燃料元件制造基地要求中核建中必须坚

持发展的高标准、高起点，必须坚持核燃料元件制造质量、核安全控制、经济运行成本的高标准，安全、稳定、高效地为用户生产出高质量的核燃料元件产品。

（三）确保员工、公众和环境安全的客观要求

世界核工业发展到今天，发生了三次比较大的事故，这些事故导致了很大的经济损失，不仅给公众和环境造成了严重的影响，同时也引起各国政府和社会公众对核安全问题越来越多的重视，核安全也更突显出其重要性随着科技的进步，核电厂发生重大核事故的可能性已低至百万分之一，核能的安全性不容置疑，但概率再低也不意味着是零，必须着眼长远促进核能事业发展，未雨绸缪消除公众隐忧，高度重视核安全工作，做到万无一失，让社会放心。

二、以至高无上为核心理念的核安全管理的内涵和主要做法

中核建中以“核安全万无一失”为目标，以过程管理为基础，构建环境安全管理、职业健康安全管理、核设施安全运行质量保证管理三位一体的核安全管理体系，将核燃料元件生产的一切活动都置于有效的安全控制监督下，通过强化员工行为安全、核设施本质安全和营造安全管理氛围，促进核安全管理体系有效运行，从而有力保证员工职业健康安全、核燃料生产安全、环境安全。主要做法如下：

（一）确立以至高无上为核心的核安全管理理念

中核建中基于核工业的社会效应、政治效应、事故严重性等特点，发动全体员工提炼确立以“至高无上”为核心的安全管理理念、安全愿景、安全方针、5大核安全工作准则、8大安全观念，形成了较为完整的核安全管理理念体系。

以“至高无上”为核心的核安全管理要求从设计、建造、运行、退役等全过程所有环节都围绕核安全这个核心展开，不回避任何问题，任何时间、任何部门、任何岗位做任何工作都必须将核安全放在首位，一切工作必须首先满足安全要求。“核安全至高无上、核安全万无一失”是中核建中对核安全的不懈追求和庄严承诺，是对待一切工作的核心理念。

（二）构建全员参与的核安全管理组织体系

中核建中建立完善的核安全管理组织机构，总经理对公司环境、职业健康安全管理体系负总体责任，同时任命分管生产的副总经理为环境、职业健康安全管理者代表，负责公司环境、职业健康安全管理体系的建立、实施及持续改进。设立安全环保部，行使安全发展战略规划实施、监督和评价安全生产状况、考核安全业绩等核心职能；其他各职能部门按职责分工和环境、职业健康安全标准的要求负责相关的环境、职业健康安全管理。所有公司级领导分工负责、对口联系相应的职能处室和生产车间，组织全员参与，具体推进实施安全管理。

燃料组件组装生产线

（三）构建“三位一体”核安全管理制度体系

职业健康安全、环境安全是所有生产活动的前提，核设施安全运行为职业健康

安全、环境安全提供基本物质保证，三方面既具有各自的内容和规定，同时又互相联系、互相依存，互相作用。

中核建中采取“多标”整合思路，充分识别企业核安全适用法律、法规、技术性标准及其他要求，分析比较不同标准体系特定要素，确定企业核安全管理所有过程和相互作用，优化配置管理资源，全面充分吸收和广泛应用《环境管理体系——要求及使用指南》《职业健康安全管理体系要求》标准的管理理念、原则和方法，全面贯彻中核建中核安全管理理念，从核安全管理范围和目标、责任及实施所需的资源与书面程序、验证和监测、持续改进的反馈机制等四个关键方面出发，自上而下编写从管理规程，到执行规程，再到具体的技术规程和运行、维修、系统设备改造规程等文件，覆盖核燃料元件生产安全管理各个方面，核燃料元件生产的每一个环节，形成环境安全管理、职业健康安全管理、核设施安全运行质量保证管理“三位一体”的核安全管理制度体系。

“三位一体”的核安全管理制度体系“横向到边、纵向到底”，既能满足多个体系标准的认证要求，又能促进各项管理职能有机融合，形成集合协同优势，充分利用有限资源，提高企业核安全管理的整体效率。体系以核安全管理活动和过程为核心，无论是单一过程还是整个核安全管理过程都有策划、实施、检查、处置等阶段，体现了 PDCA 循环的闭环管理。体系明确了中核建中核安全管理原则和管理方法，并由此形成程序至上的管理制度。中核建中坚持程序化管理，一切按程序办事，有效避免人为的疏忽，用程序规范风险控制，用程序规避人为失误。

1. *构建环境及职业健康安全管理制度体系*

中核建中依据《环境管理体系——要求及使用指南》《职业健康安全管理体系要求》以及与环境、职业健康安全相关的法律、法规等要求，把与核燃料元件制造安全相关的所有工作纳入该体系，引入过程管理与风险管理的先进理念与工具，对环境、职业健康安全管理的整个过程及各单一过程开展 PDCA 循环，进行系统的分析策划、明确职责，建立实施与运行方案，建立监督检查与反馈改进方案，形成了文件化的环境、职业健康安全管理体系，取得了环境管理体系认证证书和职业健康安全管理体系认证证书。

其中，策划类体系文件内容包括：环境因素、危险源辨识与评价；适用法律、法规和其他要求；目标、指标和管理方案进行系统分析与策划，明确目的、职责、管理内容、相关文件。实施与运行类体系文件内容包括：环境、职业健康安全管理的资源、作用、职责、责任和权限；工作人员能力、培训和意识；中核建中内部各层次和职能间、外部相关方的信息交流；文件及文件控制；运行控制；应急准备与响应等方面的目的、职责、管理要求。

检查、处置类体系文件内容包括：对可能具有重大环境、职业健康安全影响和风险有关活动的关键特性进行监测；开展合规性评价，调查事件因果，制定不符合项纠正与预防措施；对体系运行进行内部审核；定期开展核安全管理评审；明确各项活动的目的、职责、管理。

2. *以保证核设施安全运行为中心，构建核燃料制造设施安全运行质量保证制度体系*

核燃料元件制造设施的正常运行是核安全的基础，是切实保障工作人员、公众及环境免遭放射性危害的物质保证。为此，中核建中以保障核设施安全运行为中心，具体实施质量保证活动，把质量保证活动与提高核设施安全运行业绩联系起来，建立核燃料制造设施安全运行质量保证制度体系。

体系明确保障核燃料元件制造设施的安全运行所必需的质量保证活动、验证活动，以及产生客观证据所必需的活动，规定组织机构与职责、员工培训、核燃料元件制造设施运行工作的执行和验证所需的程序。

对保障核燃料元件制造设施运行安全质量的所有工作，包括物料采购（重要安全物项）、生产运行管理、设备管理、环境管理、人员培训、辐射防护、环境监测、放射性废物管理、应急管理、消防、工业安全和实物保护等，按照辐射防护三原则及放射性废物最小化原则，开展质保检查、监督和评价，为核设施安全运行和业绩提升提供保证。

为保证该质量保证制度体系的有效运行，制定工作过程的检查与验证方案、安全管理和质量管理人员在线与离线监督措施，定期开展内部评审和管理评审，不仅检查工作过程是否符合质量保证体系程序的要求，同时也对管理程序的合适性和有效性进行评价，对工作的实际业绩进行评价，检查找出安全管理工作的不足和差距，以提高核设施的安全运行业绩。

“三位一体”核安全管理制度体系的有效运行，保证了核燃料元件制造设施安全、可靠、稳定、经济地运行，杜绝超临界事故发生，杜绝辐射污染事故发生，把放射性废物的产生量控制在最小量，切实保障了工作人员、社会公众及环境免遭放射性危害。

（四）保守决策，防范风险

在中核建中，始终坚持安全第一，提倡风险分析和保守决策，核安全事项始终排在各项工作计划的最前面。在决策处理生产线的技术、设施问题上，首要考虑核安全。核燃料元件生产制造活动及管理、服务的相关活动，凡涉及核设施、辐射装置、放射性物质、危险化学品、特种设备等存在的重要环境因素或重大风险控制的，必须满足国家、地方或行业相关的法律法规标准和其他要求。为此，中核建中确立核安全事项决策控制管理基本规定。

1. 严格遵守辐射防护原则，纵深防御

中核建中规定：在涉及电离辐射或放射性物质照射应用有关的各种活动中，必须严格遵守辐射防护原则。核工程或产品设计、建造、改造等过程中，必须考虑纵深防御原则，尽可能采用工程技术措施来保证核安全，优先考虑采用无源工程控制措施，同时采取完善的行政管理措施。

2. 严格执行安全管理标准、规范，强化危险化学品、特种设备的设计、制造及使用管理

中核建中规定：危险化学品、特种设备的生产、使用、销售等活动以及危险化学品的贮存、运输等活动，满足国家（或行业）主管部门相关审管、许可要求，满足国家或行业相应活动资质、从业资格等要求，执行有关职业健康安全管理标准、规范，制订并严格执行相应的管理制度。

（五）行为标准化、流程规范化，严格考核

中核建中创新强化核安全管理制度体系的执行机制，使核安全法律、法规和制度、程序最终体现在员工的核安全意识和个人工作行为习惯上，有效保证核安全管理制度体系

有效运行，取得良好的安全业绩。

1. 严格考核，推行安全生产标准化

为使管理体系有效运行，核安全行为规范具体落实，生产安全行为标准化，监测和控制安全管理的过程，定量地反映企业安全生产的实际状态和变化趋势，实现安全管理过程可知、可控和受控，考核安全管理活动的效率效果，中核建中在生产线推行安全生产标准化。

根据《中核集团安全生产标准化考核评级标准——第三部分：核燃料》，对照核燃料元件制造安全生产标准化建设的 14 项核心要素（包括目标、组织机构与职责、安全生产投入、法律法规与安全管理制度、教育培训、生产设备设施、作业安全、隐患排查和治理、重大危险源监控及重大风险控制、职业健康、环境保护、应急救援、事故报告、调查和处理、绩效评定和持续改进），49 项二级要素及 924 条考评内容与评分标准，开展对“三位一体”核安全管理体系的对标评价，对现场评审生产安全管理执行情况，安全生产标准化开展情况打分定级考核。

在生产现场全面实施安全可视化管理、6S 管理、物品定置管理，将各要素的抽象概念转换为具体符号，在生产现场实施规范的现场视觉标识，从而建立规范、标准化的生产现场，有助于快速发现生产现场与生产过程中的异常，及时处理，确保生产过程的安全。

通过严格考核，引导和规范员工在整个生产过程中树立良好的生产行为习惯，达到安全、准确、高效、省力的作业效果；变重结果到管过程，变事故后责任追究为规范员工整个生产作业过程的行为，真正将“核安全至高无上”的理念落到实处。

2. 强化安全意识和技能培养，实施职业资格持证上岗制

核安全法律、法规和制度、程序最终要体现在员工的核安全意识和个人工作行为上，成为良好的工作行为习惯，才能取得良好的安全业绩。中核建中依据核安全管理体系的制度、程序，制定一套安全知识、安全行为标准培训教材，建立资质考试题库，工作人员必须通过考试取得职业资格证后才能上岗工作；已取得资格的人员，每年需接受复训考核合格，以维持原有的技能知识水平。

（六）建设监控和核应急系统，确保核安全万无一失

中核建中对于产生、排放污染物的活动、产品和服务，从源头考虑治理污染，实现污染预防，对产品或工程设计、工艺运行、污染物处理及行政管理等全过程，尽可能减少污染物排放，采取必要的工程技术措施、监测及行政管理措施确保污染物排放符合国家、地方（或行业）标准及要求，降低环境事故风险。

对核燃料元件生产线现场、生产一线员工、环境制定严格周密监测方案，针对监测方案的每一项指标，在生产现场、厂区内、厂区外周边定期监测，形成严密的安全监控制度体系。尽管现代核电技术已非常先进，出现事故的概率非常低，但仍然存在“万一”的安全问题，防患于未然在任何时候任何情况下都是必要的，中核建中建立健全危机应对系统，包括风险分析、事故预想、应变预案和应急救援等并定期组织演练。

（七）推进核安全文化建设，营造安全管理氛围

中核建中在坚持制度面前人人平等，有章必循，违章必究的刚性制度化管理的同时，

大力推进以“至高无上”为核心理念的核安全文化建设，编辑《核安全文化手册》，并印发给每位员工。将制度“刚性管理”和文化“柔性管理”有机结合，激发员工的内在动力，挖掘员工内在潜力，引导员工从“要我安全”向“我要安全”转变，形成在生产管理、技术研发、质量控制、设施改造、员工操作等各项工作中坚持“核安全至高无上”的文化自觉。中核建中从企业的生产管理实践过程中把握企业安全文化的发展趋势和规律，确定核安全文化建设的四个方向：严、慎、细、实的文化、风险预控的文化、公开透明的文化、全员参与的文化。

一是严、慎、细、实的文化。员工杜绝任何侥幸或置身事外的心理，审慎应对与安全相关的事项，管理者做出每一项有关工作的决策，都不能基于冒险、尝试、侥幸、无所谓的心理。严格按程序办事，严格遵守各项规章、规程，绝不贪图省事走捷径，对“三违”零容忍；坚持安全至上，保守决策，对不确定性保持审慎、稳健的态度；保持安全上的高标准、严要求，一次把事情做对做好；注重微小而持之以恒的安全改进。

二是风险预控的文化。上至决策层领导，下至基层员工都要对身边的各种风险保持高度敏感，管控一切可能导致事故的风险。所有人均清楚自己的岗位风险和环境风险；控制和规避风险才能遏制事故；寻找潜藏在问题背后的原因，建立系统的预防对策；持续改进工作战胜危险。

三是公开透明的文化。管理过程有效监控，信息高效共享，迅速发现问题，积极主动汇报失误，推动全员参与。实现对社会公众的安全承诺，保障公众对核安全相关信息的知情权；管理者以开放的态度与员工共享安全信息；主动报告，资源分享，积极参与事故/事件的调查和研究；依据准确的信息持续改进安全管理。

四是全员参与的文化。通过参与，激发员工责任感，增强安全行为的自主性和积极性。通过全员参与更快更好地推动安全文化向前发展。制度执行者参与制度的制定；鼓励所有人员研究和应用他们的知识和技能以提高组织的安全性；员工参与对安全问题的改进；鼓励员工的安全行为。

在此基础上，通过电视讲座、报刊、网络、板报、安全知识竞赛、班前会等形式传授安全知识、交流安全经验，营造良好的安全生产氛围，引导员工理解和接受核安全至高无上的核安全理念和核安全观念与原则，知晓由于不遵守核安全行为规范所引发的潜在不利后果，提高员工安全执行意识。

三、以至高无上为核心理念的核安全管理的效果

（一）核安全理念植根员工意识与行为

广大员工安全生产积极性、核安全意识大为提高，员工牢固树立了“每个岗位、每个人都是核安全的一道屏障”的观念，形成了遵守安全规章制度、自觉按照规程操作、严格按照标准作业的浓厚氛围，实现了员工良好的自我约束和自我管理，实现由“要我安全”向“我要安全、我会安全”的转变。近三年以来中核建中实现了无重伤以上生产事故，无二级及以上核安全事件，无较大及以上辐射事故、无重大生产、火灾和设备事故，无重大交通事故、无职业病危害事故、无危险物品被盗和丢失事件、无较大及以上环境事件。

（二）企业整体安全水平得到较大提升

近三年来，中核建中建设项目核安全、职业安全、环保、职业卫生“三同时”执行率

100％、特种作业人员持证率 100％，全面实现安全管理目标。事故应急体系有效运行；核安全运行限值与条件得到良好遵守；核安全重要物项控制有效，主要核品生产车间现场空气中放射性气溶胶浓度平均值和表面污染水平及职业照射个人剂量水平等控制在限值以内；生产现场职业卫生条件基本满足国家法规、标准要求；三废处理设施运行基本正常，放射性三废排放合格率 100％，非放三废排放合格率 100％。

（三）有效提高生产效率，提升了企业市场竞争能力

2010～2013 年，中核建中连续入选四川省工业企业 100 强。2013 年，中核建中实现工业总产值 455682 万元、工业增加值 78833 万元、主营业务收入 343847 万元、利润总额 19205 万元、EVA 值 14363 万元，分别同比增长 18.76％、21.47％、7.38％、89.81％、143.45％，其中，非核民品实现工业总产值 53708 万元，出口创汇 4500 万美元，同比增长 17.33％和 8.17％。完成压水堆燃料组件单位成本起点目标和摸高目标；完成利润摸高指标 19205 万元，超额完成 6000 万元。

（成果创造人：丁建波、肖　林、华月强、孙毓宝、李朝端、李　羽、张　兵、权　泉、周海兵、张国芳、张文庆）

以均衡生产为导向的航空零件制造执行管理

沈阳飞机工业(集团)有限公司

成果主创人:公司副总经理李长强

沈阳飞机工业(集团)有限公司(以下简称"中航工业沈飞")是中国航空工业集团公司的成员单位,是以飞机制造为核心主业,集科研和生产为一体的大型航空制造企业,是中国重型歼击机研制生产基地。近半个多世纪以来,中航工业沈飞共研制生产几十种型号数千架歼击机,为我国航空武器装备事业发展做出重大贡献。

一、以均衡生产为导向的航空零件制造执行管理的背景

(一)适应航空产品多品种、小批量及产品快速迭代的需求

在生产制造项目组织模式上,中航工业沈飞面临军民机混线生产,科研项目和批产项目高度并行交叉,产品线呈现出多品种、小批量、多状态,产品制造流程长,涉及专业多,协作关系复杂,加工难度大,技术状态多变,工艺技术不稳定,生产线的部分设备设施保证不了产品技术要求,资源不能得到充分利用等,这些问题加大了制造执行的管理难度,传统的生产组织模式已经无法实时控制和解决这些问题。

(二)实现航空产品生产组织高效协同、资源高效利用的需求

生产制造资源计划管理缺乏高效的资源计划管理系统支持平台,设计、工艺、生产、制造、采购、物流、生产保障等部门数据源不唯一,造成部门之间信息传递不畅,信息经常不能同步对接,计划组织效率下降;计划编制模式和工具方法落后,厂级批次计划、厂级临时计划、设备床头计划的管理主要依靠相关计划人员手工采用纸面或电子表格等方式进行,每个环节相互独立缺乏流程上的衔接,信息共享方式比较原始,计划管理效率不高且准确性存在严重问题。此外,传统计划管理模式采取大批量提前投入的计划管理方式,使生产制造资源得不到高效利用,严重阻碍企业经济效益的提升。

(三)实现航空产品制造流程显性化、价值流管控的需求

生产制造的物流与信息流管理缺乏基于公司层面的制造执行系统电子库房管理工具,产品图号级别及工序级别的物流管理主要采取相关业务部门科室手工纸面记账的方式物流数据管理,部门或生产单位内部数据的准确性及更改及时性都由相关人员进行手工控制。部门及生产单位之间数据的准确性主要由年终清点来控制,航空产品物流难以管理。物流与信息流数据无法及时共享,依靠人工进行,效率及准确性非常低,计划管理

人员无法得到及时准确的基础数据，导致计划管理粗放、生产状态不清、物料信息不准等诸多问题。

（四）实现航空产品制造流程衔接、质量高效追溯的需求

在生产制造数据信息采集模式上，由于缺乏统一的制造管理系统，公司顶层没有进行统一设计条码应用规划，也没有建立起基于条码的信息采集、处理的工作模式，满足不了航空零件生产经营管理和质量跟踪与追溯的需要。此外，中航工业沈飞零件生产单位众多，相互协作关系复杂，航空零件周转流程依靠纸质档案记录，各工段、部门乃至生产单位间衔接困难，严重制约生产制造执行效率的提升。

二、以均衡生产为导向的航空零件制造执行管理的内涵与主要做法

中航工业沈飞根据零件生产运营特点，重新梳理零件生产计划管理体系，构建集工艺、生产、质量、经营于一体的制造执行管理信息化平台，构建先进的零件生产管控体系，实时采集零件制造全过程数据，使零件生产线稳健高效运行。主要做法如下：

（一）优化计划流程，均衡安排零件生产

中航工业沈飞的零件生产计划体系由经营计划、生产主进度计划、零件配套计划、厂级作业计划、工序（床头）计划共五个层次组成，保证零件生产均衡、有序产出。

由于飞机零件数量庞大、结构复杂，为优化计划体系、提高排产效率，将全机零件按照生产组织特点进行分组、分类、分项处理。其中，分组是按照飞机装配需求顺序划分为1组至5组，分类是按照零件投产批量划分为A类（单件流）、B类（小批量）、C类（大批量），分项是按照零件生产顺序划分为毛料项、协作项、交付项。

优化主进度计划，提升资源能力平衡水平。生产主进度计划包括装配主进度计划和零件主进度计划。零件主进度计划要保证装配主进度计划的执行，而装配主进度计划要依据零件生产线的能力负荷。

优化零件配套计划，提高零件准时交付率。零件配套计划是依据零件主进度计划分解的具体零件需求计划，是当期重点组织的零件生产项目，直接用于对生产单位的月份绩效考核。在该计划中，可以实时采集制造执行过程的工序进度信息和原材料、工装、设备、技术质量等问题信息，使生产管理人员解放出来，在各层面的生产例会上，只需解决关键问题。

成果主创人：公司总工程师袁立

优化厂级作业计划，实现计划精细化管理。厂级作业计划是在满足公司级零件配套计划的基础上，结合生产单位的详细期量标准、设备和人员能力等具体条件而编制的投产计划。在厂级作业计划管理模块中，计划员根据原材料供应情况、生产准备状态、公司级考核目标、剩余能力等多方面因素快速合理地安排投产计划。

优化工序（床头）计划，提升计划执行

力。工序(床头)计划根据厂级作业计划结合产品工艺规程、工序级期量标准、设备排班和产能等基础数据进行自动排产,再通过简便的人工调整后正式派工。计划人员在对工序(床头)计划进行调整时,直观地掌握设备和人员的能力负荷数据。

(二)完善考核体系,确保产品准时交付

确定批次计划完成率、装配站位配套率、计划工时完成率、临时计划完成率四个新考核指标。由这四个指标各占一定权重构成综合完成率,用于对月份生产任务的结算,引导生产单位在计划数量、配套性、工作量、紧急任务这四个维度均衡组织生产。新的考核体系不仅应用于公司级对厂级的生产计划考核,并下移至厂级对工段、班组级的生产计划考核。通过梳理生产计划考核体系,构建基于条码采集数据的生产计划管理看板,实现对生产计划的实时考核,保证产品按计划均衡产出。

(三)应用条码技术,高效管控生产过程

1. 制定统一条码规则标准

制定标准文件,规定中航工业沈飞零件生产单位产品制造记录及合格标签条码的编制及管理要求,规范日常使用行为。

零件生产单位在接收生产计划后,自动生成具有唯一条码的制造记录,记录该生产单位加工过程中加工者、加工工时、检验结果、理化测试结果等生产过程信息和质量控制信息;产品移交时自动生成具有唯一条码的产品合格标签,记录产品在不同生产单位间的流转信息。从此,同一产品在不同生产单位的不同制造记录与合格标签通过条码联系在一起,组成一条完整的生产信息链。通过制造记录条码或者合格证标签条码可以方便地查找产品所有信息,达到产品生产及质量状态实时查看,产品生产及质量信息快速追溯的目的。

2. 实行生产管理看板

为及时展示生产线运行状态,确保准时完成生产任务,通过条码采集现场数据后,以不同角度进行统计分析,构建多个生产管理看板使其发挥最大功效,其中,产品制造节点进度看板用于显示产品关键考核步骤的节点进度,产品加工工序进度看板用于显示加工工序实时状态进度,理化测试进度看板用于显示对产品加工与交付周期影响较大的理化测试进度,超差单审签进度看板用于显示超差单审签手续进度,零件综合状态查询反馈看板用于显示生产现场的缺料、工艺、设备等诸多问题的处理进度。

3. 基于条码采集数据的员工绩效管理

通过扫描产品制造记录条码,自动对各工序的零件信息、加工工时、操作者、合格品数等多种信息进行实时采集、匹配关联,通过对数据信息的汇总统计处理,自动计算出产品的期量标准、产量报告等信息,提高工时采集、期量标准生成、绩效统计等工作的效率,提升数据透明度、准确性。

(四)应用条码技术,提升质量管控能力

制造执行系统应用条码技术采集物料入厂、理化测试、产品加工、热表处理、产品交付等产品全过程制造信息,将产品制造全过程完全透明的展现在管理者面前。同时通过条码有机集成上述生产过程质量信息，生成零件装机前的唯一编码即零件身份证，通过检索该编码实现产品质量的实时追溯、产品技术状态闭环管理，有力提升中航工业沈飞的质量管控能力。

条码将零件加工过程中的各类生产信息与质量信息自动匹配，建立零件电子档案，实现对零件的制造记录主卡、制造记录分卡、合格标签信息等零件加工流程信息与质量信息的追溯，为质量控制提供方便快捷的管控手段。

（五）构建电子库房，精准掌控物流信息

产品移交信息化管理。构建产品厂际移交的网上流程，产品在需要向下一个工序进行交付时，在网上开出产品移交单，接收单位、生产管理部门及财务部门在网上获取交付状态数据，实现生产单位之间零件流转交接控制，对其交付/接收情况进行记录，并通过产品移交单进行传递。

产品出入库信息化管理。构建材料库、毛料库、半成品库、成品库房的出入库流程，将现有纸面产品出入库单、纸面产品移交报表及库房管理账本改为网上电子单据及账本，实现业务流程简化及数据共享。

在制品清点信息化管理。构建实时清点流程，无需开启清点动作，各车间与上游/下游车间随时通过系统新建临时清点单功能提出本车间认为正确的累计批架次，对应车间通过处理临时清点单功能核实有效累计架次正确与否，达到即时清点的目的。

工序级物流信息化管理。构建电子产品制造记录管理流程，厂级计划下达后，调度人员根据产品制造记录开展任务派工，系统集成 CAPP 系统提取电子产品制造记录并附加条码信息，此条码作为库房发料、调度人员控制生产进度、工段长派工、工人采集生产进度数据、检验数据采集的唯一编号，以便于系统识别。电子制造记录管理主要依据现有纸质的管理流程，从制造记录申请到工人对每道工序的加工时间以及相关的机床信息、质量信息、产量报告等信息全部记录下来，记录零件加工的全过程，对零件加工过程进行追溯。

库房可视化管理。为及时展示库房库存、周转状态，杜绝库存积压浪费现象，将电子库房记录的电子数据以不同角度进行统计分析，使其发挥最大功效，其中，油封期管理看板提示每天油封到期零件，库房出入库管理看板显示库房出入库周转明细。

（六）实施 DNC 系统，提升设备运行效率

中航工业沈飞建立网络化设备考核机制，开发设备点检系统，维修室的员工每天根据触摸屏上设备点检系统提示的信息进行点检操作。同时，将制造执行系统与 DNC 系统关联，对设备的工作情况进行监督反馈。

根据反馈的数据生成每台设备、每个部门的设备利用率、故障率、停机率等统计信息，利用可视化看板加以展示，对设备状态进行实时监控，及时对设备问题进行预警，并从多个不同角度对设备利用率进行反映，方便设备维护及生产管理人员及时排除设备故障、了解设备状态及生产使用情况。

（七）在线问题管理，加快问题协调解决

在制造执行管理信息化平台上构建问题管理模块，在产品制造执行过程中产生的材

料、设备、技术、质量、工艺等各种问题,相关人员在生产现场的每一台工控机均可发出问题帮助请求。被提问部门的计算机会接收到声音和图像震动提醒信息,领取问题后至现场解决,问题解决满意后,提问人将问题关闭。设置相关问题的解决时间、响应时间等,对超时未领取和处理超时情况自动上报上级部门领导,对问题的解决过程进行考核,做为对相关辅助业务科室的考核依据。

通过对工艺、调度、工段、经管、库房等各业务部门问题的实时管理,依据各类问题明细进行统计分析,得出生产线状态及各问题对生产进度的影响程度等信息,为提高生产效率、改进生产管理提供数据支持。

(八)建立可视化看板,提升管理透明度

1. 配套看板拉动产品准时配套

零件配套看板是中航工业沈飞第一个可视化生产管理看板,按照每架飞机的分组和装配工作包需求时间建立装配需求与零件供应的拉动管理,实行精确到架份的零件生产配套进度及在制品加工状态实时进度跟踪。同时,该看板关联产品图号级物流信息以确定产品交付进度;关联工序级物流信息即电子产品制造记录中工序进度情况,以确定产品在制品制造进度及工艺、工装、设备、物料、工具等方面存在的问题。零件配套看板以可视化看板的形式反映航空产品实时配套情况,显性化的体现各生产单位零件供应及缺件情况。

2. 物料看板确保物料准时供应

为有效管控物料供应,保障零件计划与物料供应的一致性,构建物料供应看板,根据零件配套计划生成物料需求计划,以指导物料采购计划的合理制定,并对未按计划发放的物料进一步跟踪其库存情况、入场复验情况、采购合同进展情况,将装配需求、零件投产、物料供应统一通过物料供应看板进行可视化集成管理,使供应链得以贯通。

3. 工装看板实现工装及时供应

工装管理看板通过与工装 PLM 系统集成,获取工装的申请、设计、制造、返修等信息,并关联零件计划时间,保证工装的设计与制造计划能够满足零件投产需求,在新机科研阶段为工装的及时供应提供有力保障。

4. 设备看板提升设备运行效率

关键设备管理看板通过对中航工业沈飞的关键设备建立台账,根据维护和故障记录为每台关键设备建立"病历本",并对设备运行状态进行红黄绿灯管控,"红灯"表示设备已经因故障停用,"黄灯"表示设备处于故障可用状态,"绿灯"表示设备处于正常运行状态。

三、以均衡生产为导向的航空零件制造执行管理的效果

(一)优化了生产流程,实现了高效衔接

中航工业沈飞基于信息化的生产制造执行系统以"业务流程化、流程信息化"为导向全面优化、衔接计划、物料、调度、物流、工艺、绩效、质量管理等业务流程,实现各项业务流程的闭环,促进各业务流程的持续改进,数控设备利用率由 10 年前的不到 20%逐步提

升到 51%,生产过程数据信息采集周期由过去的平均 5 天大幅度缩短到 1 个小时。

(二)细化生产过程,产品制造过程实现实时管控

应用条码技术采集物料入厂、理化测试、产品加工、热表处理、产品交付等全过程制造信息,将产品制造全过程完全透明的展现在管理者面前。同时条码技术的应用使产品具有唯一状态标识,产品质量管理实现实时追溯。通过电子化的现场数据采集手段,大大提升了获取进度信息的效率,并增加了进度信息的准确性,为生产调度提供及时、可靠的数据依据,提升管理效率。

(三)提升生产效率,产品准时交付

通过成果的实施,产品制造过程得以高效管控,生产效率得到提升,产品拖期交付风险大大降低,有效协调了科研批产项目间的能力资源配备,生产节拍得到有效控制,适应新机研制的应变能力显著增强。零件平均准时交付率及零件站位配套率提升,保证了飞机装配生产线能够按计划连续开工,有力助推了多项重点型号任务的圆满完成。近年来中航工业沈飞在设备、厂房、员工基本不变的情况下零件生产年劳动量平均提升达 11%,全机零件配套周期缩短 60 天,改善率达 33%。

(四)"两化融合"实现深度应用

中航工业沈飞通过推行以均衡生产为导向的航空零件制造执行管理,实现业务流程化,流程信息化,信息可视化,通过建立资源计划管理系统平台推动生产制造管理过程实现网上计划、网上组织、网上调度、网上考核、网上结算、网上风险预警,最终实现对零件生产制造过程的进度信息实时管控,对零件生产制造过程的质量信息实时追溯,对零件生产制造过程的成本信息实时核算,对零件生产制造过程的员工绩效信息实时反馈,大幅度提高管理效率和效益。

(成果创造人:李长强、袁　立、苗玉华、徐黎明、薛艳会、张绍卓、栾　军、孟宪龙、范荣岭、王洪波、兰　海、陈永阁)

特高压输电线路的运维管理

安徽送变电工程公司

成果主创人:公司总经理兼党委副书记彭发水

安徽送变电工程公司(以下简称“安徽送变电”)是国家电网安徽省电力公司全资子公司,始建于1958年,是国家一级施工总承包企业,具有承装承修承试一级资质,其核心业务是各种电压等级的输电线路施工,变电站、换流站土建施工和电气设备安装调试,以及500千伏及以上超/特高压输电线路运行维护。现有全民职工1175人,资产13.13亿元。截至2013年年底,安徽送变电承建各类电压等级输电线路4万余公里,变电站600余座,足迹遍布全国25个省(直辖市、自治区),施工的特高压工程涵盖国内已投运和在建的所有交直流特高压工程共30余个标段。自2001年起,受国家电网安徽省电力公司委托,相继承担安徽省境内皖电东送东通道线路、三峡送出线路及特高压交直流线路的运行维护工作,运行维护的线路长度共计3884公里,其中特高压输电线路长度达到1666公里,运行维护的特高压输电线路长度为全国同行之最,为我国西电东送、皖电东送以及“奥运会”、“世博会”等重大活动保电做出了贡献。

一、特高压输电线路的运维管理背景

(一)发挥特高压电网重要作用,确保安全稳定运行的需要

特高压电网在整个电网中处于核心地位,安全稳定运行极其重要,出现运行故障,一是将会导致调度方式的改变,影响电网系统安全,造成严重的政治影响;二是经济损失大,造成坑口电站和水电资源浪费,而负荷集中地区缺电,不利于国家经济平衡发展;三是社会影响大,特高压输电线路出现故障会对社会生活造成冲击,影响社会稳定。

(二)适应特高压输电线路技术特点和所处环境,提高运维管理能力的需要

特高压输电线具有如下特点:一是线路输送容量大,一般是超高压输电线路的3倍左右,可靠性要求高,遭遇故障后抢修代价高;二是新设备利用水平高,首次采用了大吨位绝缘子、大截面导线、高强钢管塔等设备,专业运行维护技术复杂,许多专业运行机理还没有完全掌握;三是线路环境复杂,经过长江和淮河两大水系,江淮平原、大别山区及皖南山区,交叉跨越多,跨越500千伏及以下输电线路106条次,跨越高速公路、高铁33次。

(三)落实国家电网公司战略,培育企业新的核心竞争力的需要

为落实国家电网公司战略和“两个一流“(世界一流电网,国际一流企业)的愿景,安

徽送变电提出争当行业“排头兵”战略。为此必须紧紧抓住特高压电网快速发展的机遇，利用自身优势，积极探索特高压输电线路运维管理新模式，培育新的核心竞争力。

二、特高压输电线路的运维管理内涵和主要做法

安徽送变电针对特高压输电线路新特点、新要求，明确特高压输电线路运维管理工作思路，建立健全内部运维组织体系和以专业护线为主导的社会化护线网络，建设一支高素质运维队伍，强化技术支撑和应急保障，采用先进智能化手段，开展全方位巡视，通过隐患排查，开展状态评价和风险评估，实行状态检修，在全新的特高压运维模式下，确保特高压输电线路的运行安全稳定。主要做法如下：

（一）确定特高压输电线路运维管理的总体目标

安徽送变电以卓越绩效为指引，构建全新的特高压运维管理体系，明确总体目标（如图1所示），全面掌握特高压输电线路运维检修关键技术，确保特高压输电线路运行安全稳定。

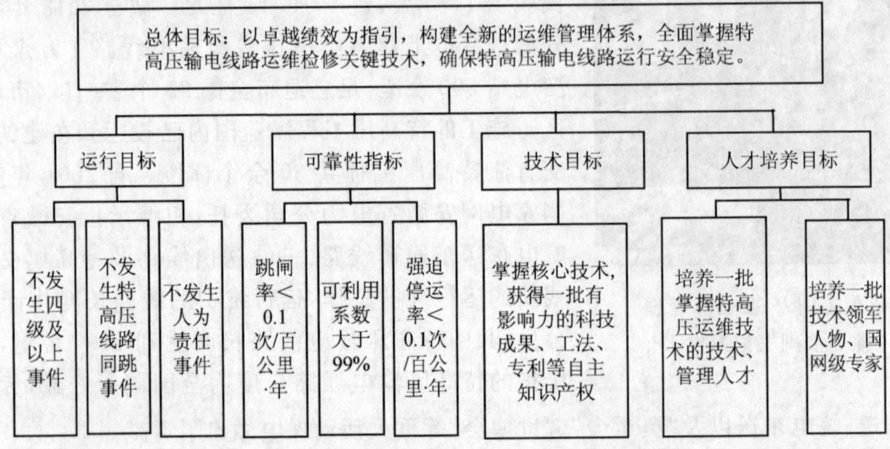

图1 总体目标示意图

在确定目标的基础上，以精益化和专业化管理为抓手，坚持“流程再造，优化配置”的原则，借鉴价值链理论，按照运行维护管理的基础作业管理和支撑作业管理两大类，梳理出八项业务，结合自身实际，开展运维管理。

运维人员在开展特高压输电线路检修作业

（二）生产准备介入工程建设过程，为日常运维打下基础

安徽送变电在特高压输电线路工程建设阶段开展“三全”模式的生产准备工作，即全过程介入工程管理工作，全方位收集工程资料工作，全阶段实施质量监督工作；对于检查出来的缺陷以书面的形式提交给建设方，跟踪处理，闭环管理，并安排专人进行跟踪复查，确保每个缺陷都能得到处理。生产准备工作内容具体如表1所示。

表 1　生产准备工作内容

项目	工作内容
组织机构	生产准备组织机构
	生产准备人员选拔
培训及调研	生产准备工作人员培训
	生产管理人员培训
	运行检修人员培训
工程管理	可研、初涉阶段提出运行建议
	参加设计审查
	与参建单位建立沟通联系机制
	运行代表进入工地现场
	参加工地例会
	参加图纸交底会审，提出运行意见
	材料到货验收
工程质量监督	隐蔽工程验收
	分部工程验收
	竣工预验收(运行全检)
	竣工验收
	缺陷及通道处理跟踪
资料收集	本体资料收集
	通道资料收集
	图纸资料收集
试运行工作	配合系统调试人工接地试验；大负荷试验；通讯调试
	设备台账初步建立
	168 小时试运行特巡、测温、弧垂测量
生产准备费	生产准备费的使用计划编制及上报
	根据下达的生产准备费用规划开展实施

(三)建立“运检合一、快速反应”的运维组织和工作制度

1. 建立特高压输电线路运维机构

安徽送变电按照“运检合一”的模式成立运检分公司，设置相应的业务科室，5 个特高压一般线路运维班组，1 个特高压大跨越线路运维班组(带电作业班)，进行特高压输电线路的巡检工作。运维组织机构如图 2 所示。

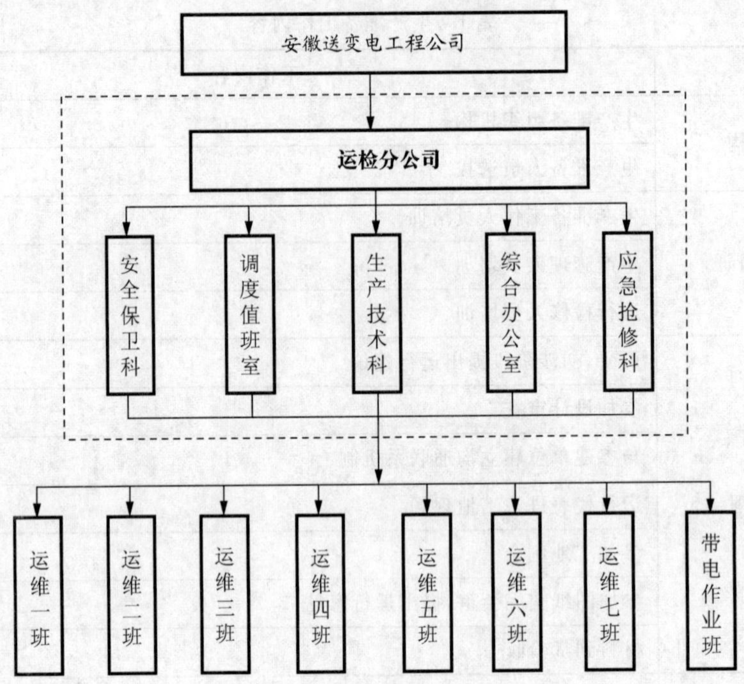

图 2 运维组织机构

2. 运维站设置

按照覆盖半径不大于 50 公里的要求，在特高压输电线路沿线设置专业化运维站，偏远地区按照巡检人员 1 小时到达最远杆位的要求，设置小型运维分站。安徽送变电设置标准运维站 6 座，小型运维分站 4 座，满足运维班组人员长期生产、生活需要，配置工器具库房。

3. 建立特高压运维工作制度

一是建立业务流程，梳理出设备检修、状态评价管理等五大类、20 项管理流程。二是明确工作职责，确定人员的岗位适任条件和工作内容。三是建立工作标准、技术标准和管理标准和相应的作业指导书 86 份，现场运行规程和检修规程 8 份。四是建立适合特高压输电线路运维的规章制度，共建立补充管理制度 18 项。五是建立科学的考核制度，采用安全考核、业绩考核、班组对标考核等方式，将绩效考评“四挂钩”，即与工资挂钩、与教育培训挂钩、与运维指标挂钩、与岗位调整挂钩，充分调动单位与职工个人的积极性。

(四)运用自动化、智能化先进技术，对运行线路 24 小时全方位巡视监测

1. 开展全面巡视

一是开展人工状态巡视。推行人工巡视“44 字巡线口诀”，即“带着问题去巡线，塔上塔下都看遍，通道环境看清楚，缺陷隐患记录准，电力设施保护最重要，还有照片不能少”，加强巡视过程管理。

二是开展直升机全面巡视。直升机上使用可见光及红外等巡视设备，可完成红外测温、紫外探测及可见光检查等工作，特高压输电线路在投运前对全线设备设施与通道环

境全面巡视1次，在投运后每年直升机至少巡视2次以上，通道激光扫描作业1次。

三是开展无人机专项巡视，开展重点部位排查。无人机具备GPS自主线路导航控制、地理匹配自动控制、飞行姿态自动调整等控制功能。无人机采用高空俯瞰视角查勘方式，开展故障巡视、弥补人工线下巡视视角不足的缺陷。

2. 安装在线监测视频设备，打造三维可视化系统

安装全景相机，多角度多方位拍照，组成重要通道立体图景，动态反映输电线路通道状态变化；重点关注输电线路特殊区段的管理。采用三维激光雷达测量技术以及三维逆向建模技术，建立三维立体可视化智能监控平台，实现特高压输电线路走廊立体监控，线路、地物、地表的断面分析，实现通道状态的跟踪管理。

3. 加强监督管理，保证巡视质量

一是安排专人将人工巡视结果和直升机巡视结果进行查对，相互印证，分析差异存在的原因，检查两者的巡视质量。二是开展多层次的督查工作，建立领导人员不定期督查，管理人员定期检查，班组之间交叉互查的督查体系，加强巡视质量的管控工作。三是制定质量奖惩制度，严格奖惩。将巡视计划执行情况和巡视质量纳入到个人绩效和班组绩效考核中，与经济利益挂钩。

（五）以风险预控为核心，实行设备状态检修

1. 实施“11因子”风险评估

将山火、冰害、舞动、风害、地质灾害、污闪、雷击、机械外破、异物、树线放电、鸟害11个因子作为评价技术要素，按照发生故障时会造成通道内线路同时跳闸的可能性大小，由小到大分别赋予四个权重，即权重1、权重2、权重3、权重4，分值分别为1、2、3、4；逐档排查每个因子可能存在的隐患，并用LEC评价法计算隐患的风险程度，从而确定区段的风险状态，实施差异化治理措施。

2. 开展隐患排查

通过鱼刺图分析法，找出技术要素引发通道内线路跳闸的主要因素，并根据主要因素制定排查技术路线。

3. 评估隐患风险程度

采用LEC评价方法，即风险值(R)＝后果(L)×暴露时间(E)×可能性(C)。

其中，后果定义为由于危害造成的事故最大可能的结果，包括受伤和设备故障。根据风险值，确定技术要素的风险程度，按照由轻到重分为四个等级，分别为Ⅰ、Ⅱ、Ⅲ、Ⅳ，风险值在20以下，风险程度Ⅰ级；20至70，风险程度Ⅱ级；70至200，风险程度Ⅲ级；200至以上，风险程度Ⅳ级。通道区段的单项技术要素应扣分值＝权重×对应的风险程度等级基本扣分值。

4. 确定通道区段的风险状态

对通道区段内各技术要素扣分值进行叠加，依据各技术要素合计扣分值相同且连续的原则重新划分通道区段，根据单项扣分值和合计扣分值，确定区段的风险状态。将通道区段风险状态设为四级：正常状态、低风险状态、中风险状态、高风险状态。

5. 落实差异化治理措施

对于高风险状态的通道，制定近期治理措施计划或局部补强措施，立即开展综合治理；对于中风险状态的通道，制定中近期治理措施计划；对于低风险状态的通道，制定长期治理计划，分期治理。

6. 开展设备本体的状态检修工作

状态检修根据评估结果动态调整，按工作性质内容与涉及范围，可将线路检修工作分为5类，如表2所示。

表2 状态检修分类

类别	是否停电	工作内容
A类	停电	线路主要部件进行大量整体性更换、改造等
B类	停电	线路主要部件及其他单元进行少量整体性更换及加装
C类	停电	综合性检修及试验
D类	不停电	地电位上进行的不停电检查、检测、维护或更换
E类	不停电	等电位带电检修、维护或更换

(六)联合攻关，解决运维过程中的技术难题，不断完善特高压技术

开展特高压运行专题技术研究和检修技术研究，特别是开展带电作业技术研究，提高线路可靠性指标，如带电作业项目主要是带电检测、维护和修理等。与中国电科院、国网电科院等科研机构合作，开展特高压模拟带电作业测试工作，开展特高压输电线路带电作业电气间隙放电特性研究分析、进入等电位方式及组合间隙的研究、特高压输电线路带电安全防护措施研究等专项课题，取得了相应的研究成果。

(七)搭建快速反应的应急体系，解决运维过程中的突发事件

1. 建立应急预案和专项现场处置方案体系

按照编制与生成、启动与终止、演练与培训、评估与修订四个部分编制特高压输电线路应急预案，共计编制预案18项。编制现场处置方案22项，现场处置方案着重对现场突发情况的先期应急处置，具有可操作性，适用性强等特点。

2. 建立应急工作机制

根据“三集五大”规划，安徽送变电承担安徽省电力应急抢修职能。应急准备与响应实行三级管理，即省公司、公司、分公司三级管理体系，将应急中心与运检分公司合署办公，加快运维应急反应速度。成立运维应急基干分队和抢修基干分队，抢修基干分队以特高压施工人员组成，主要开展大型抢修抢险工作，如2012年台风“海葵”入皖，导致黄山、安庆局部地区发生地质灾害，造成倒塔断线，安徽送变电及时启动大面积停电应急预案，迅速组织抢修基干分队赶赴现场，及时完成抢修工作，缩短停电时间。此外，建立监控与启动、处置与协调、运行与评价、监督与问责四层次应急机制，强化应急反应速度。

3. 开展应急演练

按照PDCA循环管理理论，从策划、实施、评价、改进四个过程，开展不同层次、多种形式、不同内容的应急演练。演练形式分为桌面推演和野外实战演练。2013年，开展特高压输电线路突发山火、大面积雷暴、异物短路外破、灾害性天气等内容的演练活动15次(场)，参加人数达到200人次，大大提高了应急人员的应急技能。

(八)加强运维队伍建设，为特高压输电线路稳定运行保驾护航

1. 加强运维人员培训，实施考核上岗

一是建立3E培训模型，即估测(Estimation)，了解培训需求，设置培训目标；执行(Execute)，培训的策划和实施；评估(Evaluate)，检查培训结果和设定目标之间的距离。二是推动运维人员和施工技术人员双向流动，直接选拔一批参加特高压施工、具有大中专学历、取得中级以上职称和电工进网证等资格证书的技术人员充实到运维队伍中。运维班组全过程参加生产准备工作，收集现场资料，开展质量监督验收，熟悉设备技术特点。三是加强考核，运维人员均须经过培训考试，合格后方可上岗，并颁发特高压运维上岗资格证。

2. 加强班组自主建设，打造五型班组

安徽送变电着力打造"学习型、安全型、技能型、和谐型和创新型"为内容的五型特高压运维班组，实现班组自主管理，做到班组工作内容指标化，工作要求标准化，工作步骤程序化，工作考核数据化，工作管理系统化。

一是加强技能学习，提升整体素质。积极开展"创建学习型组织、争做知识型职工"活动，促进全班成员素质的全面提升。二是加大管理力度，实现本质安全。以实现"特高压输电线路零事故"为目标，结合实际，开展班组安全治理工作，实现"要我安全"向"我要安全、我会安全、我能安全"的转变。三是夯实基础工作，提高管理水平。强化班组工作基础规范和制度建设，形成"工作有标准、岗位有责任、管理有制度、考核有依据、好坏有奖惩"的班组管理模式。班长每年年初就与每个班组成员签订安全生产责任书，明确每名员工的安全责任。四是培育家园文化，培养团队精神。班组大力开展"我爱我家、我爱家人、共建我家"的"家"文化活动，引导职工牢固确立"企业就是我的家、我家就在班组里"，对班组始终有着"家"的感觉和"爱"的氛围。

(九)以专业护线为主导，建立群防群治的社会化护线网络

建立群防群治的防护网络，按照"运维主体、内部联防、外部联保、政企联动"的原则，建立专业护线、属地护线、群众护线和政府护线的全天候护线网络。

1. 专业护线承担特高压护线主体责任

安徽送变电是特高压输电线路护线的主体，推行设备主人制，明确每基杆塔、每档通道的设备主人和工作内容，责任落实到班组，落实到个人。适当增设法律专责、护线宣传专责等人员，负责与属地供电企业、群众护线员及政府部门建立通道防护数据共享、信息报告、联防联控机制。

2. 建立紧密协作的属地护线网络

安徽送变电与特高压沿线属地单位签署属地合作协议，组成属地护线网络。属地护线网络坚持“市公司统管，县公司分管，乡镇供电所直接负责”的原则，市、县公司落实专人负责线路通道属地化工作，乡镇供电所落实 1 名属地责任人(所长兼职)和 1 名通道巡视专责人，主要职责是开展通道巡视，联系与协助本区域内特高压输电线路的防护工作。

3. 建立政企联动工作机制

一是建立政企联动、警企联动及“检企共建”的工作机制，加强与各级经信委主管的电力设施保护办公室的沟通与协调，加大对危及电力设施安全运行行为的起诉力度。二是建立挂牌督办工作机制，建立特高压输电线路保护区安全隐患排查治理和重大安全隐患挂牌督办长效工作机制。三是积极与政府部门沟通，将电力设施安全保护工作纳入当地社会管理综合治理目标和基层平安创建活动，发挥电力设施保护工作领导小组统筹协调机制，及时协调解决电力设施保护工作中的相关问题。

4. 建立全覆盖的群众护线网络

安徽送变电沿特高压输电线路聘请责任心强、身体素质好、熟悉乡情的人员作为群众护线员，平均 10 公里配置 2 名护线员。群众护线员主要职责是清理巡线便道，开展电力设施保护及通道巡视工作，平原地区 1 天 1 次，丘陵地区 2 天 1 次，高山大岭 3 天 1 次。

三、特高压输电线路的运维管理效果

(一)探索出了特高压运维管理模式，保障了特高压输电线路安全稳定运行

安徽送变电探索出了一套适合特高压输电线路特点的运行维护管理模式，构建了特高压输电线路运维管理工作机制和方法。运维的±800kV 复奉线(2010 年 7 月 26 日投运)、±800kV 锦苏线(2012 年 6 月 27 日投运)、1000kV 淮芜 I/II、湖安 I/II 线(2013 年 9 月 25 日投运)自投运以来，没有发生因人员责任导致的跳闸事件，没有发生故障停运事件。2013 年，在经历长时间的干燥晴雨天气后，没有发生山火等事故，实现特高压输电线路“零跳闸”。国网公司考核的可靠性指标为故障停运率≤0.1 次/百公里·年，跳闸率为≤0.3 次/百公里·年。安徽送变电实际两项指标分别为 0 次/百公里·年和 0.03 次/百公里·年，符合国网公司考核要求。

(二)掌握了一批运维关键技术，建设了一支高素质运维专业队伍

安徽送变电构建了特高压输电线路运维管理模式，填补了我国在特高压输电线路运维方面的空白，完善了特高压输电技术，形成从设计、施工到运维的有效体系，为以后特高压输电线路技术的发展做出了贡献，提升了企业的核心竞争力。

掌握了无人机飞行器巡检技术，并获得安徽省科技进步二等奖。特高压输电线路防雷机理研究取得初步成果，尤其是同走廊交直流输电线路的雷电机理研究取得关键性进展，为特高压未来的发展提供了技术支撑。先后获得中国电力科学技术奖 2 项、安徽省科技成果奖 2 项、安徽省电力科技成果 7 项、省部级工法 3 项、国家专利 10 项，特高压检修工器具及工艺获得行业科技进步一等奖。

安徽送变电运维人才队伍培养也取得了成效。4 人获得国家电网公司技能专家，2

人获得国家电网公司工程技术专家，5 人获得安徽省电力公司首席技师，带电作业班被评为安徽省电力公司“优秀班组”、“青年文明号”。

（三）在重大社会活动和抗灾抢险中做出贡献，获得多种荣誉表彰

由于运维等管理业绩突出，安徽送变电先后荣获“国家电网、华东电网、安徽省电力世博电力保障工作先进集体”、抗冰抢险先进单位、国家电网公司“跨区电网运行管理先进集体”“直流输电线路安全生产先进单位”、青藏交直流联网工程先进集体等荣誉称号。被国家电网公司指定为对口支援西藏电力检修公司技术支持单位、青藏直流线路运维人才专业培训单位。

推行的“三全”生产准备工作法、“避、抗、防”的防山火工作经验被国家电网公司作为典型经验在全国推广，“11 因子”风险评估法也被作为国家电网的工作方案下发。2013 年获得“全国五一劳动奖状”，连续五年获得全国“安康杯”竞赛优胜单位。

（成果创造人：彭发水、潘业斌、曹　俐、操松元、丁光正、段海庭、刘　华、孟　令、林世忠、吴继伟、晏节晋）

基层油气田企业的刚性安全管理

中国石油天然气股份有限公司西南油气田分公司川西北气矿

成果主创人、副矿长徐光田到双流采气作业区检查指导工作

中国石油天然气股份有限公司西南油气田分公司川西北气矿（以下简称“川西北气矿”）成立于2000年，隶属中国石油西南油气田分公司，主要为广元一成都沿线及川西北地区的46个市（县）共3.79万平方公里区域提供油气勘探开发、管道运输、油气产品和天然气化工产品的加工与销售等服务。目前气矿油气资源总量约2.0万亿立方米，已上交探明储量约800亿立方米。迄今先后有7个气田及17个含气构造陆续投入生产，拥有生产井200口、场站240余个、管网1700余千米。

一、基层油气田企业的刚性安全管理背景

（一）油气田行业对安全提出更高要求

石油行业具有原料及产品易燃易爆、有毒有害和易腐蚀等特点，有较高的危险性，安全管理的不到位往往会给社会发展与民生安全带来极大阻碍。近年来，国内油气企业安全事故频频发生，暴露出很多潜在的安全问题和管理漏洞。安全生产成为社会持续关注的焦点，这也给石油行业企业安全管理提出了更高的要求。

（二）企业自身发展的前提要求和基本保障

川西北气矿经过多年发展，已形成一定规模，取得良好效益，但与一流石油企业差距依然很大，特别是安全管理上，必须充分借鉴领先经验，结合气矿自身实际，积极探索安全管理新方式，杜绝安全事故带来的负面影响，树立良好的企业形象。

（三）严峻的安全形势提出的迫切需求

油气田勘探开发业务中包含“城市中的高含硫气田”的开采，具有较高危险性，隐患辨识、风险评价与风险控制难度大。2010年发生的一起甲醇厂安全生产事故，给川西北气矿安全形势带来严重影响。川西北气矿针对发现的问题，提出把安全管理作为全面改进的工作重点，将“刚性”提上安全管理核心位置。强调安全“刚性”管理，是为保证安全的“必须性”，通过严谨的规章制度、更高安全履职能力的干部、更严格的监督执行，实现生产安全。

二、基层油气田企业的刚性安全管理内涵和主要做法

川西北气矿根据气矿生产特点，以严格的制度为基础、监督考核为核心，建立刚性安

全闭环管理体系，紧密联系各个生产环节，对事前、事中、事后不同生产阶段进行预防控制、监督落实、总结评价，形成循环通路，动态调整，以“零违章、零伤害、零事故、零污染”为目标，用绝对的安全要求生产，最终实现生产进步与管理提升。主要做法如下：

（一）牢固树立安全管理的“刚性”理念，明确推进刚性安全管理工作重点

川西北气矿围绕刚性管理要义，结合气矿实际，以人为基本点，以安全为中心，一切照章办事，坚持“安全高于一切，无例外、无特殊”的原则，建立起每一位员工以安全为己任的责任意识。

气矿成立以矿长为主要负责人的安全管理领导小组，重点进行机制的建立和完善，对全矿进行整体控制。赋予气矿原有的 HSE 监督中心新职能，全面监督检查气矿各级领导和员工直线责任的履行情况，负责员工安全再培训工作。质量安全环保科与人事、财务部门一同进行严格的安全监管、落实与绩效考核、奖励奖惩，整个组织体系上体现垂直、快速而有效的传达与执行。

在此基础上，将刚性安全管理工作重点放在：制定严谨科学的刚性制度，严格按制度、规范落实生产过程，加强员工专业技能的培训，巩固安全知识，使他们成为安全刚性管理的参与者、实践者。在日常生产经营中不断总结，利用多样的安全文化建设活动，时刻灌输安全理念，使安全意识深入内心。

（二）执行刚性制度与流程，严格控制生产过程

1. 领导率先垂范，创造良好管理氛围

主要领导定期带头到现场进行安全行为审核，与基层干部、员工面对面互动学习，掌握最真实的生产情况、了解员工队伍，并主持视频会议，在全矿分享安全经验。各级领导干部做到生产指挥、危险作业、事件分析、风险评估、安全培训必须到场，以专业的管理标准和制度规范约束现场管理，真正做到掌握基层安全生产实际情况，了解员工安全思想动态，熟悉辖区范围内重大安全风险，调动员工安全工作积极性和自觉性。严格按照科级以上干部每月一次，基层领导和副股级干部每周一次的要求，对生产现场进行不定期的视察，随时与基层员工进行交流，识别和制止不安全行为，以自身可见的规范操作为员工进行示范和引导，展示对安全的重视和承诺。

2. 严谨操作，科学排查

风险控制与隐患排查是生产过程保障安全最重要的环节之一，为此确立“分级负责，责任落实”的闭合管理原则，建立严格的操作规范，保障风险受控。

川西北气矿平落集气总站

一是坚持“四不开工”与“四个必须”，以严谨操作降低风险概率：工作前安全分析未进行的不开工、风险和安全措施未经过会议审查的不开工、批准人未到现场确认的不开工、作业许可证安全措施未落实的不开工。作业前必须进行安全确认，作

业前必须进行安全技术交底、作业过程必须时刻注意环境、条件的变化、作业后必须规范填写记录。

同时为强化责任风险控制，制定生产场站与基层班组“一机一卡”与“一站一案“制度，“一机一卡”指基层班组制定岗位危害因素及常规风险作业目录，并根据历史事件分析制定风险预防措施。按照设施设备目录清单对单台设备、单项作业流程、单种危害物质等逐一编制风险识别评价卡；“一站一案”即每一个生产井场站必须根据生产特点制定对应的安全生产应急预案，定期开展实景模拟演练和桌面讲解演练，将班站三级应急措施细化到具体设备、环节和过程中，实时对演练效果进行总结和分析评价，提高属地员工对动态风险的控制能力。

二是对122个一线班组的工作任务和工作流程进行全面梳理，结合不同工种，因地制宜建立隐患排查机制。第一，编制工作质量标准，隐患辨识、评价、分类手册与排查备案表；第二，以班组和部门为单位，对设备设施、操作、人员等方面中的各种风险因素进行辨识，根据理论知识、实践经验和有关故障(事故)资料对隐患进行定性定量评价；第三，评价后按照不同的风险等级和产生的原因进行分类，每个班组与部门建立隐患分类目录与隐患排查备案表，总结提出整改建议。

各部门和基层单位记录发现的隐患后，由质量安全环保部门统一汇总备案，在气矿网络平台进行公示。同时根据各部门整改建议制定具体的针对性整改措施和整改期限，以通知形式下发，派专员督促整改。整改后，由主管安全部门统一收集隐患整改情况，上报质量安全环保科，对在规定时间内完成整改的，经复查后进行销项，并以此做为绩效考核与改进评价的重要参考指标。

三是持续开展全员排查“低、老、坏”现象与安全隐患活动，进行隐患识别培训，提升员工科学识别隐患能力。以“人人都是监督员”专题活动为契机，规定基层领导每周不少于一次进行一线安全环保检查。同时制定详细的奖励制度，根据各单位和部门编制上报的“低、老、坏”现象和隐患记录表，经过认定，对发现者予以奖金奖励，并记录安全绩点，激发员工自觉进行安全检查积极性，提升安全生产能力。

3. 全程监控危险作业，进行严格事中控制

结合以往危险作业经验，以完善危险作业运行程序为着手点，制定严格操作规范，进行全程监控，确保生产和施工作业过程全面受控。

一是统一收集，系统安排。从2012年开始，矿两级机关坚持每天召开由气矿在家领导参加、各科室部门负责人参加的生产碰头会，收集全矿前一天危险作业实施情况，安排第二天的危险作业，通过系统的分析部署，确保危险作业受控。

二是领导签发，现场确认。开展作业时，由掌控作业资源的直线领导负责批准作业，由属地负责人按照领导审批的安全措施，在现场一一进行核实，所有措施核实完成后方可作业。各级领导必须取得油气田A类作业批准人资质，操作规范不明确、监管人员不到位、作业安全措施未全部核实或经抽查不过关，一律不准开工。

三是方式灵活，实时监管。采用驻站监督、旁站监督、临时抽查等多种方式，对危险作业现场进行监管，严格禁止不安全行为。做到每项施工作业现场均有技术监督人员和项目负责人，随时掌握作业情况，规范操作与监督员工安全行为。

四是记录总结，完善措施。作业结束后，由项目负责人完成操作记录，识别不安全行为，总结当天危险作业实施情况，提交碰头会审议，并根据实际情况进行第二天作业的安全措施审批。

4."全程同步管理"承包商

川西北气矿大部分业务都会涉及承包商，但由于其相对独立的行为特征，使之更具不稳定的安全因素。为有效管理承包商，保障承包商项目安全，对准入的承包商进行"四个同步"（管理同步、参与同步、培训同步、考核同步）以及"一个主体、一个办法、五个明确、一本账"全过程同步管理。

该模式以规范承包商行为为核心，以川西北气矿为主体，规定承包商在基本管理制度、基本考核制度、安全培训教育等方面都与川西北气矿本部相同。执行安全环保抵押金管理办法，规定除关联交易单位外所有项目承包商在入场前必须缴纳安全环保抵押金，缴纳额度不低于工程造价的20%，如发生安全环保事件以及施工现场违章行为，以此为基础进行处置处罚。明确场站（班组）、属地单位、相关科（部）室对承包商的三级监管责任，明确一系列承包商入场审查、施工过程交接界面与过程监督、HSE作业安排、HSE违规记分档次、安全培训、分值量化考核制度与具体操作办法，参照本部标准，形成管理细则。制定统一的"承包商工程项目HSE管理台账"，涵盖责任人、作业资质、施工过程动态、监理履责情况等承包商施工现场详细管理信息。川西北气矿安全管理领导小组对承包商项目安全负责，HSE监督中心与质量安全环保部门从承包商项目招标到完工验收进行全过程跟踪管理，主动对承包商进行同等强度安全培训，公平公开，严格查处承包商违规行为。

（三）落实奖惩分明的评价考核，确保安全生产"无特殊、无例外"

1. 制定科学合理的考核标准，保障安全制度落实

在绩效考核方面，制定HSE责任书，每年与质量安全环保科签订，作为绩效考核主要方式。责任书规定HSE职责、责任指标与责任追究以及奖励等相关条款。责任指标分杜绝性指标、过程性指标、结果性指标，包括领导履职、组织管理、风险管理、实施运行、检查和改进、HSE绩效等，建立详细分值表，对应生产过程中每一个环节与行为。责任追究制对生产中发生的安全事故进行分级认定，在扣除对应业绩分值的同时进行行政处分。除责任书以外，还针对项目、场站与属地管理，参照集团标准，制定安全控制刚性指标，包括隐患排查率、安全事故率等，将基准线标准较之前提高20%。牢牢把握项目开工"一票否决"，未达到规定作业标准的项目严禁开工。建立与完善《川西北气矿安全管理考核指标与奖惩实施办法》等标准与考核办法，为考核提供详细标准与依据。

2. 进行"领导干部过安全关"考评，提升干部履职能力

对副科级以上领导进行内部"3+1"过关考评与第三方评价结合的综合评价。"3"是指"自我评价+能力评价+组织评价"，依据《领导干部履职能力评估表》，考核HSE领导能力、风险掌控能力、HSE基本能力和应急指挥能力四个方面的能力，采用测试、访谈和查阅资料等方式，对领导干部进行能力评价；"1"是建立考核体系中的"个人信用度评价"，以本年度领导干部业务履约记录为参照。邀请专业咨询公司作为第三方评价机构，

主要从业绩、成果、专业素质方面对每位领导干部做定量分析，提交评价报告，具有独立性和公平性。两方评价最终形成总体评价结果，由人事部门汇总整理。人事部门每年以履职能力评价结果为参考，对副科级以上干部安全管理综合能力进行排名，排名成绩参与个人绩效奖金评定，对评价不合格的管理干部，予以免职学习培训一年，复试合格后方可重新上岗。

3. 开展员工三段式考评，充分掌握员工安全生产能力

通过安全知识测试、逐级能力评估与个人年度安全业绩对员工进行安全生产能力考评。第一，每年由 HSE 监管中心对员工进行不定期 HSE 知识测试与应急演练测试；第二，在日常生产活动中，采取“自上而下，逐级评估”的方式，由员工直线上级结合员工在技能熟练度、安全操作规范、学习能力等方面的表现，对员工进行能力评估，形成能力评估表，并参照详细评分标准进行打分；第三，员工直线上级对员工个人年度安全业绩进行评定，该业绩包括本年度员工在风险隐患排查、安全生产效率、谏言建议等方面是否做出贡献和提升。

4. 全面落实直线责任，严格兑现奖惩办法

以 HSE 管理委员会与人事部门为核心，严格按照指标体系，以直线科室考核为载体，全面落实直线责任。以指标体系为标准，制定指标完成记录表，将各项指标落实到科室，同时根据气矿机关各部门的安全管理职责与 HSE 责任书，开展管理过程和绩效双重考核。

严格按照奖惩实施办法对违规员工进行处理处罚，如有罚款，款项全部计入安全管理提升活动基金，用于员工培训与文化建设，资金流向均在公示平台张贴公布。对全年未发生事故事件、无员工重伤以上意外伤害的进行奖励。

5. 统一考核平台，体现“安全面前人人平等”

考核过程公开透明，领导与员工按相同流程进行，考核结果予以及时公布，凡对考核结果有异议，可通过办公室反映情况，人事部门与领导小组进行审议，情况属实者，审议结果在一个月内予以公布，并重新处理考核结果。

（四）综合评价，动态管理

为及时发现管理活动中的不足、漏洞、亮点、创新，总结经验，查漏补缺，创建刚性安全管理综合评价制度，包括改进评价与整体评价，对整个管理活动进行同步跟踪记录。该制度是刚性制度动态调整的重要依据，也为下一步管理提升提供改进方向。

1. 改进评价，逐步提升刚性管理效果

以部门、班组或承包商为单位，针对一个时期内该单位在风险隐患、违章操作、技术更新、环境污染等方面，接受升级改造或改正问题后的结果进行评价，与前一时期相比，是否已完成改进，达到更好的业绩效果。改进评价过程与结果均在气矿公众平台上即时更新，同时督促各部门严格要求，主动积极改正问题。对在改进过程中有突出表现的部门进行公开表扬，并总结其中好的做法、创新亮点和具有推广性的实践经验，形成交流材料，作为其他部门学习参考，以及员工培训的材料与案例。

2. 整体评价,全面反映刚性管理效果

整体评价即对通过一系列管理措施与改进改善,企业在整体上是否严格践行刚性管理制度,是否达到预期业绩目标,是否降低事故率,是否提高生产效率,是否得到市场与消费者认可,是否实现环保标准等进行评价。川西北气矿聘请相关领域专家和咨询机构对全矿生产状况进行调查梳理,年终由安全管理领导小组组织合议会议,结合专家意见和气矿自我评价,形成较为客观专业的评价结论。评价结果反映刚性安全管理的整体效果与现行的刚性管理制度是否合理可行,是开展动态调整的依据,并为下一步决策提供重要参考。

3. 动态调整,持续改进

刚性管理的动态调整即结合生产实际,通过外部环境的预测、内部数据分析,验证刚性指标的科学性和实现度,对刚性条款不足之处予以完善修正,对漏洞进行弥补,提炼更有效的管理手段与经营策略,最终达到管理活动的提升与生产的持续进步。

以部门为基本单位进行动态管理工作,以基层为核心,利用网络、调查问卷、意见箱以及走访交谈等形式充分收集基层员工在生产活动中发现的问题、意见和建议,围绕怎样使刚性管理制度更合理更有效这个问题,强化部门协作,找出问题,撰写并提交调整提案。同时,人事部门和安全环保部门结合领导和员工考评数据、改进和整体评价结果,提出针对性调整方案。汇总整理提案后,组织专家对问题提案进行审定,可行的方案迅速实施。对涉及刚性制度和考核标准的提案每年举行一次审议会,聘请专家顾问进行分析研讨,通过反复审定验证,在符合生产进步与安全刚性双重要求的基础上实施调整。

(五)开展安全教育与培训,提高全员安全管理能力

1. 实施“六步法”针对性培训,查漏补缺

改革以往笼统的全员安全培训方式,以 HSE 培训为核心,创立“六步法”培训模式。该模式根据每位员工实际情况,对其能力、长处、潜力、缺点等进行科学的分析,由部门进行统一规划安排,定制专业的培训课程,强化专业技能,查补安全漏洞,培养全面的专业性人才。

2. 建立新干部培养与提拔制度,严格甄选“刚性”人才

创建新干部“三阶段”强化培养模式与“安全绩点”提拔制度。“三阶段”是指“岗前培训+岗位培训+提高培训”。根据《川西北气矿新提拔干部 HSE 培训考核实施细则》,对新提拔领导干部,以理论学习和现场实践为主要内容,采用脱产、半脱产与自学相结合的方式进行安全教育培训,并在此期间提交个人安全述职报告及安全监督检查报告。“安全绩点”即在安全操作、隐患排查、风险控制、危害挽救、HSE 能力考核等方面,记录员工排查数、考核分数,同时结合员工安全能力考评结果数据,以部门为单位,编制安全绩点计算表,每一位员工在进行生产活动时,达到规定值都计入安全绩点。安全绩点值是提拔新干部的重要指标,所有公开竞聘岗位,安全绩点高者优先录用或推荐提拔。

三、基层油气田企业的刚性安全管理效果

(一)领导干部履职能力得到显著提升

通过系统进行领导干部履职能力评价,管理层干部增强了责任心和实干精神,下基

层与员工进行沟通的次数增多，专业知识和业务能力加强，员工反映积极向好。7 名处级干部在 2013 年西南油气田公司所属二级单位领导干部履职能力测评中，三名优秀，四名优良，整体名列集团二级单位前茅。

（二）员工安全生产能力明显加强

员工得到更多展现能力的机会，实现加速成长，涌现出一批具有开拓力和学习能力的基层骨干，生产业绩明显提高。2013 年，在西南油气田公司第二届“十佳百优”班组长选拔活动中，气矿推选出的 8 名班组长全部当选“百优”，其中 1 名获“十佳班组长”称号。48 名井站员工制作的安全经验分享课件被气矿评为优秀课件，23 名员工提出的 HSE 改进措施，被川西北气矿评为最佳实践。

（三）隐患减少，安全事故率下降

通过刚性的监督管理与绩效考核，2010 年到 2011 年间川西北气矿安全事件发生率下降 40％，2012 年事件发生率同比下降 25％，2013 年事件发生率继续同比下降 15％。全员参与风险隐患和“低老坏”现象排查，2013 年隐患数较 2012 年下降了 30 个百分点。

（四）安全生产投入出现明显拐点

经过不断探索、实践与改进，川西北气矿建立起完善的安全刚性管理体系，通过严格践行，安全生产效率明显提升，安全成本也出现明显拐点。2012 年安全生产成本占当年总生产成本的 7.6％，实施刚性安全管理模式后，2013 年安全生产成本占当年总生产成本的 3.4％，同比降低了 49.65％，其中用于安全环保隐患治理的费用同比降低了 54％。

（成果创造人：徐光田、赵　军、黄　桢、杜　强、李　建、李清英、赵　俊、康正坤、何　理、张　政）

水电开发企业的多项目物资供应链管理

雅砻江流域水电开发有限公司

成果主创人:公司党委书记、总经理陈云华

1989年,二滩水电开发有限责任公司成立,2010年,国家开发投资公司和四川省投资集团有限责任公司分别出资52%和48%进行股权重组,2012年更名为雅砻江流域水电开发有限公司(以下简称"雅砻江公司"),按照国家授权负责雅砻江干流水能资源开发,全面负责雅砻江流域梯级水电站的建设和管理。2013年,雅砻江公司资产总额为1135亿元,流域发电总装机容量达1050万千瓦,2000年,建成20世纪中国最大的水电站——二滩水电站。经过十几年的发展壮大,雅砻江公司已步入国家大型独立发电企业行列。

一、水电开发企业的多项目物资供应链管理背景

(一)适应流域滚动开发对多项目物资统筹管理的要求

雅砻江流域各梯级电站规模、地形地质条件及工程建设所面临的客观环境,导致开发建设涉及的每个项目复杂程度、管理难度均很大。而对于雅砻江流域各阶段战略开发中将面临的多项目或者项目群管理,其复杂程度、技术难度和管理难度成倍增加,工程物资供应管理需统筹考虑多个项目的建设需求。为有效实现"质量、进度、成本"等工程控制目标,按质、按量、按时、经济的物资供应对于流域梯级水电项目建设的顺利推进举足轻重。

(二)应对长期、多变、复杂的物资供应形势的需要

西南地区工程物资的需求量巨大,优质资源极为紧缺,供需矛盾突出,各水电开发企业之间对工程物资资源的竞争激烈。雅砻江流域梯级电站建设中的工程物资长期稳定供应面临巨大挑战。由于主要对外交通运输路面损毁严重、路基及边坡不稳、部分路段交通管制、冬季冰雪及雨季泥石流灾害等因素,给公路运输保障也带来很大难度。交通状况多变、自然环境恶劣的物流条件成为长期掣肘供应管理体系高效运行的重要因素。总之,物资安全可靠供应面临诸多困难和复杂局面。

(三)探索新型物资供应管理模式的需要

面对水电工程物资需求量大且持续时间长的特点,如果仅着眼于以降低供应链运作成本为目标,将无法对工程建设期间各种供应和需求变化及各类风险事件做出快速反应。传统意义上的流域水电工程物资供应链管理,在机构设置和功能划分上还存在较大的局限性。需要对传统意义上的供应链管理进行适当调整和优化,建立一套能满足流域

水电多项目物资供应管理的新型物资供应链管理体系。

二、水电开发企业的多项目物资供应链管理内涵与主要做法

在流域化水电开发的背景下，着眼于多梯级水电开发工程建设的全局，围绕"供应及时、保障有力、品质可靠、质量稳定、成本可控、效益最优"的总体目标，通过明确物资供应链管理思路、设计组织架构和管理体系，在物资供应战略策划、供应链网络构建、供应链运作控制等方面创新管理措施，形成多项目物资供应链管理，其特点包括动态调整的安全库存水平、可控制的交付周期（必要时增加相应的附加成本）和可灵活调度的供应选择（多项目统筹调配、多供应商互相补充）。主要做法如下：

（一）确定"流域统筹、资源集成、超前谋划、科学决策"的管理思路

1. 流域统筹，促进供应链资源高度集成

一是流域多项目同时在建，必须对各项目物资的需求预测分析和供应规划、协调等进行统筹管理，增强供应链整体抗风险能力，使多个项目共用资源（如中转仓储系统），降低工程投资。

二是着眼于雅砻江全流域水电开发需要，研究各种措施，扩大供应链资源（包括供应商资源、中转仓储系统资源、管理体系资源等）利用的时间跨度，确立流域化的共用资源，有效降低流域物资供应链调整和再构建的成本和风险。

2. 前瞻谋划，强调布局把控和时机选择

一是结合多项目物资供应的内在需求和外部市场形势，超前进行供应链战略策划，完成物资供应整体布局。二是根据工程进展确定物资采购工作，结合潜在供应商调研和市场价格变化分析，前瞻性地开展采购策划，力争把握最佳采购时机，降低采购成本。

3. 科学决策，确保物资供应链高效运转

一是确保站在供应链全局高度进行决策。物资供应链各成员单位主观视角存在局限性，有必要利用供应链成员的集体智慧，减轻各成员主观视角的负面影响。二是确保物资供应链的高效运转。建立可动态调整的短期、中期和长期规划，引入数据分析方法，使科学决策遍及物资计划、发货、运输、中转仓储和现场管理等各环节，涵盖风险管控、质量保证、绩效评价及网络结构优化等各方面。

（二）创建科学高效的组织架构和管理体系，为供应链管理提供有力支撑

1. 建立"两个层面"的物资供应管理组织架构

"两个层面"指公司总部和项目管理局两个层面开展供应链管理，其中公司总部主要负责整个供应链的策划、构建、协调和组织，并具体承担业主统供物资的货源组织（自供应商至交货地点）；各管理局参与整个供应链的组织管理，并具体负责自供应商交货地点起至工程现场的相关

漫水湾转运站全景

管理业务。

2. 构建"三个阶段"的多项目物资供应链管理体系

一是策划阶段。雅砻江公司总部机电物资管理部负责供应链策划期相关工作，包括物资需求分析、确定物资供应模式和范围、制定物资供应方案、中转仓储系统规划设计等，相关项目管理局参与并配合有关工作。

二是构建阶段。雅砻江公司总部综合计划部负责供应商及相关服务采购招标的实施，具体包括物资采购、驻厂监造采购、中转仓储系统运行服务采购、中转运输服务采购等，相关部门和项目管理局参与；机电物资管理部负责上述采购招标实施前的调研、策划等工作，相关部门和项目管理局参与。

三是运行阶段。供应链运行阶段主要包括供应协调、质量与技术管理、风险管理、绩效评价、信息化管理、网络结构优化等工作内容，由雅砻江公司总部机电物资管理部与项目管理局共同负责。职责分工以供应商交货为界面，机电物资管理部对各项管理工作进行统筹监督与指导，全面负责总体计划、组织、协调和控制，并具体负责供应商交货前物资的供应协调、质量、技术、风险、绩效评价及信息化管理等供应链各环节；项目管理局具体负责供应商交货后供应链各环节的工作。

(三)对各电站(群)物资供应链进行超前策划，开展流域化的物资供应战略布局

1. 制定"长期、系统和全面"的战略布局原则

一是资源的整合。对在工程物资实际供应过程中已经形成战略合作伙伴的物资供应商进行资源整合，研究长期合作的可行性。二是资源的扩充。结合流域化进程和后续梯级电站纵深开发，综合考虑经济可选半径、物流条件及外部市场资源变化等情况，寻求新的供应商资源，并在各项目主体工程大规模建设以前有条件地培育。三是资源的衔接。结合电站和外来物资地理位置分布及经济对比分析，对于中转仓储系统的设置，除满足现阶段流域梯级电站(群)工程建设对物资的中转需要以外，还需考虑在后续梯级电站建设中重复利用的可行性。

2. 全面掌握电站物资需求，规划物资供应关键要素

2009年，雅砻江公司从流域统筹的角度，首先对锦屏一级、锦屏二级和官地水电站主体工程高峰期物资需求进行系统梳理和统计分析，并适时组织开展针对关键物资供应商和资源市场的调研工作，明确主体工程期间物资的供应范围和供应模式，同时对外来物资的物流方式、交货地点、中转运输方式等关键要素进行综合策划。

提前确定对各工程部位主要工程物资实施业主统一供应模式，拟定各类物资的"主供、辅供、备供"方式，统筹规划漫水湾转运站中转仓储系统针对三个电站建设期散装物料的罐位分配原则和方案，策划并招标委托中转运输专业单位负责承担三个电站高峰期散装物料的中转运输任务，建立现场不同品牌的更换和应急预案等，高效保障三个电站主体工程集中建设对物资供应高峰期的需求。

3. 应对流域开发需要，统筹布局中转仓储系统资源

一是提高物资调配的灵活性。在锦屏一级、锦屏二级和官地水电站建设期间，综合

考虑三个电站地理位置分布和物资资源来源情况，推进三个项目的物资集中共用漫水湾转运站中转仓储系统，从而实现不同种类的物资在不同项目之间合理调度和配置，充分发挥统筹分配的作用。根据统计，在三个电站建设高峰期，漫水湾转运站储存的物资品牌多达11个，种类达13种。

二是提高物资安全储备能力。由于雅砻江流域大部分电站处于深山峡谷，施工现场场地狭小、仓储条件极其有限，漫水湾转运站显著提高了物资安全储备，增强了供应链应对各种突发事件和抗风险的能力。在2011年锦屏一级、锦屏二级和官地三个电站物资需求最高峰年，经漫水湾转运站中转仓储系统中转和仓储的散装物资高达162万吨，充分满足电站建设需求。

三是拓宽物流选择的机动性及物资供应来源。通过比选和规划铁路和公路不同情况下的物流组合方式，有效增加供应渠道和外来资源的选择半径。在锦屏一级、锦屏二级和官地水电站中热水泥及粉煤灰供应过程中，最远曾经从湖南石门、河南三门峡及甘肃平凉通过铁路进行运输。

(四)以"效益最优"为目标构建供应链网络，为锁定优质资源抢占战略先机

1. 注重供应商调研和初步筛选

建立一套具有自身特点的供应商调研体系。在水电站预可研阶段，在对内部需求、外部市场及宏观经济形势分析的基础上，不仅开展对潜在供应商的调研，同时对存在物资供应竞争的其他大型流域水电开发企业开展调研，即对潜在供应商主要客户或潜在客户的调研。不断充实和完善潜在供应商档案，并开展市场、供应、储备、技术等方面的分析，为水电站建设所需物资的供应链网络构建决策提供依据。建立适应市场形势重大变化的实时补充调研机制，随时做到"知己知彼，百战不殆"。

2. 精心开展供应商采购策划及招标实施

建立针对不同项目特点的采购策划机制，根据工程建设所处的阶段及需求特点，结合供应商调研成果、供应商档案及供应商培育情况及外部市场形势，重点对采购招标范围、潜在供应商的要求、物资采购年限、招标时机选择、物资价格调整机制、激励约束机制等进行综合分析和策划，指导供应商采购的实施。

着眼整个工程建设周期，在物资采购招标中建立一套从价格、质量、供应能力、供应商的整体素质等方面进行综合评价的评标办法。对于不同种类的物资采取不同的供应商选择方案：对于技术要求高、资源紧缺的关键工程物资，超前选择确定供应商，与其签订长期合同，构建战略合作关系；对于技术要求相对不高、市场可选择余地大的一般工程物资，采用周期性采购招标的方式，增强竞争，降低采购成本，提高供应商的服务水平。为有效防范供应风险，在锦屏一级、锦屏二级和官地水电站建设高峰期，对同一种物资选择多家供应商，分别承担主供、辅供或备供任务的模式，提升供应链网络的柔性，降低供应保障风险。

3. 创新供应商培育机制

建立完善的供应商培育机制，培育具有一定潜质的供应商。对生产技术水平尚不能完全达到要求，但具有价格竞争优势的供应商，引导其按照相关要求制定相应的提升方

案，或引进权威的技术咨询单位，为潜在供应商提升生产技术水平提供全方位的技术咨询。根据情况给予一定的经济和技术支持，利用雅砻江水电的品牌优势，引导供应商建立长期战略合作机制。

4. 完善价格调整机制

为体现公平合理、风险共担的原则，减小供应链成员合同执行风险，适应物资市场价格大幅波动的现实情况，在满足国家法律法规并充分维护自身利益的前提下，通过长期实践逐步摸索出一套较为完善的价格调整机制，实现主要物资供应价格随市场价格实时调整，敏捷反映市场的变化，引入成本分析法，实现现实市场与成本相结合，有效减少双方在长期合作中的合同风险，巩固与相关供应商的长期战略合作伙伴关系。

(五)以“保障供应”为核心控制供应链运行，确保各项目建设的资源安全

1. 构建矩阵型沟通平台，实现协同决策

结合物资管理实际需要，以横向和纵向为轴建立并完善多级沟通平台，使相关单位在充分沟通并达成共识的基础上从供应链全局角度协同决策，既能提高决策的科学性和合理性，也可保证决策执行的有效性。

纵向沟通平台着眼于统一雅砻江公司内部各部门物资管理理念，从公司全局角度对物资管理面临的重大问题进行决策。确立公司层面的物资工作年度例会机制，会议由公司“一把手”直接负责，各职能部门和现场管理机构共同参与，对物资管理体系构建与完善、物资供应面临的困难与挑战、相关应对措施等内容进行讨论决策。

横向沟通决策平台着眼于解决雅砻江物资供应链上下游成员之间存在的分歧与矛盾，从供应链全局角度对存在的问题进行决策。以单项目或项目组为单位，确定协调例会机制。在锦屏一级、锦屏二级和官地水电站建设期间，通过建立由雅砻江公司主持，供应商(含运输协作单位)、中转仓储系统管理单位、中转运输单位及驻厂监造等供应链成员单位共同参与的漫水湾转运站月度物资协调会机制，成功经受住漫水湾转运站在锦屏一级、锦屏二级和官地水电站 2010—2011 年工程建设高峰期物资中转量连续突破 200 万吨的巨大考验。

2. 建立流域化物资供应规划动态调整体系，实现供应链的敏捷响应

为确保供应链上下游成员单位对工程物资供应需求提前应对、及时响应，以流域化和动态调整为重点，构建物资供应规划动态调整体系。一是以项目维度划分为两个层次。流域多项目规划为第一层次，以实现流域水电多项目物资供应链绩效最优为目标，统筹考虑流域各在建项目物资需求、供应商资源、仓储运输条件、外部市场形势及主要风险等因素，制定流域多项目物资供应规划。单项目规划为第二层次，以流域多项目物资供应规划为框架，结合项目各标段物资需求、技术指标、仓储配置、中转运输条件、施工组织等因素，制定各项目物资现场供应规划。二是以时间维度划分为三个时段。第一时段以供应链策划阶段和构建阶段工作成果为依据，制定水电项目全建设周期物资供应规划。第二时段对水电项目全建设周期物资供应规划进行动态调整，制定水电项目年度物资供应规划。第三时段对水电项目年度物资供应规划进行动态调整，制定水电项目月度物资供应规划。

3. 以业主单位为核心,推动供应链有效整合

首先,推进企业文化层、管理制度层和业务流程层三个层次的融合。通过对供应链各成员单位的管理,促使其眼于长远利益,树立共创价值、共同发展、共担风险的理念。在管理制度层方面,通过自身的核心企业优势,将管理制度向供应链各成员单位输出,吸收各成员单位先进管理制度,并在物资供应链内借鉴推广,促使供应链管理水平总体提升。在业务流程层方面,联合供应链各成员单位对业务操作流程进行全面系统的梳理分析,保留合理流程、剔除错误流程、增加空缺流程,实现物流、资金流、信息流的高速畅通运转。其次,建立四种机制。一是合同约束机制,利用合同的法律约束力,实现供应链的初步整合。二是沟通信任机制,建立与供应链各成员单位之间的沟通协调方式,为供应链整合提供合作基础。三是信息共享机制,利用雅砻江公司物资管理信息系统的推广和应用,实现供应链业务的高效整合。四是管理移植机制,通过供应链各成员单位对管理思想、方法、制度和技术相互学习和借鉴,科学提升供应链总体绩效。

4. 强化风险管理,确保物资供应链运行安全可靠

建立年度、月度和日常三级风险分析和评估机制;建立涵盖需求、仓储、在途及供应能力的分析评估模型;制定针对性的应急预案;在细化和丰富风险管理手段的同时,逐步创建、完善一套“覆盖广、时效强、分析准、应对快”的供应链风险管理体系,实现有效控制常规风险、从容应对突发风险、严密监控潜在风险,达到确保物资供应链运作安全可靠的风险管理目标。

5. 创新质量与技术管理手段,确保物资品质可靠

逐步固化考核性生产机制,帮助相关水泥供应商提升自身生产技术水平,并建立生产全过程质量管理体系,实现水泥生产的技术保障。创建主要物资供应商驻厂监造制度,确保生产各环节严格满足体系要求,有效控制物资质量。借鉴全国水泥检验大对比经验,结合雅砻江流域开发的特点,形成具有水电工程特色的对比检验机制和全流域统一的检验检测标准体系,提升供应链各环节的试验检测水平,减少质量争议。为解决设计单位对物资技术指标的高要求与外部优质资源紧张之间的矛盾,建立具有自身特色的物资技术指标体系确立和优化制度,紧密结合工程所处阶段确立物资技术指标论证机制。

6. 建立健全供应商绩效评价激励体系,积极培育优质供应资源

一是以服务流域水电开发为目标,建立全周期供应商评价激励体系。针对雅砻江流域多项目滚动开发的特点,雅砻江公司立足整个流域,以全生命周期为设计理念,制定《业主统一供应的工程物资供应商考核管理办法》和《工程物资供应商资信管理办法》。二是定性与定量相结合,建立数据化供应商评价指标体系。设定与定量相结合的方式,确定针对供应商的质量管理、供应管理和组织管理 3 项 1 级评价指标及 14 项 2 级评价指标。三是以“共创品牌”为特色,积极培育优质供应资源。为实现“共创品牌”的目标,每年根据供应商年度评价结果,组织召开优秀供应商授牌仪式。经过供应商绩效评价激励体系多年运行,累计培育出 9 家优秀供应商。

7. 积极推进信息化建设，搭建供应链集成控制平台

为提高物资管理工作的效率和水平，雅砻江公司于 2005 年年末开始酝酿并于次年 5 月正式启动物资信息管理系统的规划、研发和实施工作，一个面向流域梯级水电开发全局的物资供应链集成控制平台成功建立。在锦屏一级、锦屏二级和官地水电站建设过程中，物资供应链集成控制平台的应用，共处理物资信息数据约 21 万条，参与单位 65 个，实现对 29 个供应商共计 324 频次的综合考评，为科学决策和高效管理物资供应工作发挥了良好的技术支撑作用。

8. 不断优化供应链网络结构，持续完善管理体系

一是及时准确收集和分析相关信息和数据，对物资规划方案、调拨策略、罐位分配、仓储分布等进行动态调整，实现供应链网络结构的持续适时优化；二是结合工程项目不同特点、国家政策的调整方向、市场形势的变化趋势等因素，探索新的管理方法，使供应链管理体系在不断变化的物流环境中得到充实和完善。

三、水电开发企业的多项目物资供应链管理效果

高效保障雅砻江流域梯级电站多项目物资供应需求。雅砻江流域各梯级电站共计完成物资供应约 1100 万吨，最大年度及月度水泥、钢筋和粉煤灰供应量超过或接近国内同期建设其他水电工程高峰期供应量。

取得良好经济效益，工程建设总体投资得到有效控制。在锦屏一级、锦屏二级和官地水电站建设中，水泥采购价格明显低于当地水泥的市场价格；粉煤灰采购价格低于供应商向其他单位供应的平均价格；通过铁路转运站中转运输比汽车运输节省了物流成本。以上共计产生直接经济效益 6.7 亿元。目前，锦屏一级、锦屏二级和官地水电站已投产机组累计实现提前发电 62 台月，创造间接经济效益 41 亿元。

社会效益显著，带动行业水平的提高和相关产业的良性发展。通过不断摸索，一套有效适应流域化多项目水电开发的物资供应链管理模式已经建立。相关管理经验和成果已经在其他流域得到推广应用。供应链各成员单位的管理水平得到提升。相关供应商通过与雅砻江公司合作，既促进自身快速发展，又提升在行业内的知名度和自身的品牌价值，如四川峨胜从合作之初的小水泥厂逐步成长为西南地区最大的单体水泥生产企业。通过对本地供应商的培育，带动水电站周边地区供应商的成长，有力促进雅砻江流域所处的少数民族地区的经济发展。

（成果创造人：陈云华、张肇刚、王兆成、钟卫华、马东伟、何胜明、陈　晞、刘振元、宁晓龙、王为华、陈　曦）

民营企业以全方位整车安全为导向的全面安全管理体系建设

浙江吉利控股集团有限公司

成果主创人：吉利集团副总裁、吉利汽车技术中心主任冯擎峰

浙江吉利控股集团有限公司(以下简称“吉利集团”)1997年进入汽车行业，现资产总值超过1100亿元，吉利集团总部设在杭州，在台州、宁波、兰州、湘潭、济南、成都等地建有汽车整车和动力总成制造基地，在澳大利亚拥有DSI自动变速器研发中心和生产厂，现有10多款整车产品及1.0～2.4L全系列发动机及相匹配的手动/自动变速器。现有员工18000余人，其中工程技术人员2300余人。拥有院士3名、外国专家数百名，在册博士50余名、硕士640余名、高级工程师及研究员级高级工程师数百名；有6人入选国家“千人计划”，成为拥有“千人计划”高端人才最多的民营企业。目前，吉利集团拥有各种专利1万余项，其中发明专利1800多项，国际专利40多项，被列为“中国企业知识产权自主创新十大品牌”，是国家级“企业技术中心”“博士后工作站”“高新技术企业”。“吉利战略转型的技术体系创新工程建设”荣获国家科技进步奖二等奖；“吉利轿车安全技术的研发与产业化”荣获中国汽车工业科学技术一等奖。

一、民营企业以全方位整车安全为导向的全面安全管理体系建设背景

(一)适应消费者日益增长的汽车安全性能需求

随着人们对汽车的认识和消费意识日趋成熟，汽车产品的安全性能已经逐渐被消费者视为最重要的购车因素。据美国尼尔森公司近两年对消费者购车影响因素进行调查的结果显示，汽车产品的安全性能在消费者考虑购车的众多因素中已经跃至第一位。满足消费者日益增长的汽车安全性能需求已经成为各大汽车生产制造商当下紧迫的任务。

(二)满足国内外日益严格的安全法规认证要求

美国在1979年提出了USNCAP评价，欧盟、日本在1995年分别提出了相应的新车评价体系(New Car Assessment Program，简称NCAP)。2005年以后，欧美等发达国家的车都能达到NCAP四星以上的安全水平，目前欧美日等发达国家已经构建了一整套成熟完善的汽车安全评价体系，而在我国汽车安全评价体系建设尚属空白。

2006年中国开始实行C－NCAP(中国新车评价体系)，对新上市车型安全性能进行评价。自2006年中国新车评价体系实施至今，碰撞级别逐步从两星走向了五星，但纵观国内车企，获得五星评价的车型基本为合资品牌，自主品牌仅有少数车型达到了五星标

准。因此，对于自主品牌而言，不论是在国内市场抢占先机还是拓展海外市场，满足国内外日益严苛的安全法规都将是各个车企急需钻研和攻克的课题。

(三)企业自身持久发展的深层次需要

汽车行业靠低价取胜已经很难维持，随着市场对汽车产品安全和节能环保的诉求越来越多，要在新的市场环境实现可持续发展，就要从战略上进行彻底改变。2007 年 5 月，吉利集团开始实施战略转型，将企业使命“造老百姓买得起的好车”，转变为“造最安全、最环保、最节能的好车”，把技术领先、品质领先、客户领先、全面领先作为企业在新的历史时期发展战略的核心思想。安全性能的提升是其中重要一环，也是产品竞争力的重要体现。

二、民营企业以全方位整车安全为导向的全面安全管理体系建设内涵与做法

吉利集团于 2007 年提出“安全第一”研发战略，并建立吉利全面安全管理体系(Geely Total Safety Management，简称 GTSM)，从车辆研发初期策划，到高标准的安全技术开发、生产环节的严格控制，最后到售后安全教育；从主动安全到被动安全，实现全方位的整车安全管理，真正实现“造最安全的吉利汽车”。同时，按照吉利集团的整车研发战略，提出“所有新开发的车型，包括经济型轿车，将以 C－NCAP 碰撞成绩‘保四争五’为开发目标，即所有新车型将至少达到 C－NCAP 碰撞四星标准，其中 80％的车型争取达到 C－NCAP 五星标准”的目标；逐步实现从“交通事故的零死亡”到“交通事故的零伤害”、“交通事故零发生”，最终实现“无事故交通社会”的终极目标。主要做法如下：

(一)建立集研发、生产、销售于一体的全生命周期安全管理体系

1. 全方面安全研发管理

一是构建安全开发管理框架。吉利集团成立专门负责安全开发的部门(安全技术开发部)，负责总体策划、目标分解、系统集成、开发管理和目标保证，吉利集团各兄弟单位和研究院各部门全力配合，对分解的目标进行具体开发，并责任落实到每个人。在大项目组的协调配合下，形成以安全技术开发部为安全开发小组组长，下设乘员保护组、结构安全组与主动安全开发组。安全技术开发部将策划的安全目标分解到各小组，各小组根据细化目标分解到各安全零部件与专业部门，同时安全技术开发部根据各零部件性能进行集成仿真分析，确保零部件性能满足安全开发目标要求，而且集成性能满足整车约束系统集成目标要求。在整个项目开发过程中，试验部、工程分析部与标准信息部全程支持。在整车项目组的协调推进中，安全技术开发部对各模块开发进行管控，确保最终达到安全目标。

实验室

在每个安全达标项目完成开发后，形成内部整车安全技术手册和企业标准。到目前为止已经编制 8 大安全技术手册

(约 26 万字),涉及安全带、安全电子、气囊、车身结构、约束系统保护、儿童与 whiplash、行人保护、主动安全技术,涵盖安全开发的所有方面;形成安全企业标准 150 多项,正在编制的安全企业标准也达 20 多项,涉及安全零部件试验及性能评价标准、整车试验标准等,明确安全研发及设计规范。

二是严格而规范的奖罚机制。吉利集团对安全目标达成具有严格而规范的考核与奖励制度,并贯穿于工程开发、目标达成和生产质量控制的全过程。首先,安全系统部门按照研发流程时间段以任务的形式进行管理,对每一个时间节点制定规范的输出物内容和质量要求,按照时间节点对每个阶段的输出物质量进行严格审核把关。其次,在完成各阶段目标的基础上对主动安全、被动安全到最后的整车安全进行目标值考核,该考核结果与各相关部门和个人利益直接挂钩。吉利集团质量部门会根据计划对在产车型进行抽查检验,测试其安全性能,按照质量体系的要求确保整车的生产一致性。

三是超目标的安全开发指标。各车型开发过程中严格遵守"安全第一"的研发战略,在主、被动安全目标细化过程中,各细化指标都高于安全开发目标,新开发的每款车型安全车身都是按欧洲最高标准——E-NCAP 五星车身进行开发,通过增减配置,满足各市场法规与性能要求。

2. 全方位生产质量控制管理

一是供应商选择与管理。在选择零部件供应商时,首选国内知名内资、合资零部件和世界 500 强的外资供应商,实施严格的动态管理,并和关键零部件供应商签订质量保证协议,要求其必须通过 TS16949 认证,从源头上把好产品质量关。在供应商管控方面实行严格的考核与淘汰机制,计划建设以 40 家核心供应商为主体的供应链平台,让一大批国内优秀供应商和跨国零部件巨头在吉利集团这个供应链平台上通力协作。

积极和世界 500 强企业进行广泛合作,依托独创的"1+1+1"(吉利整车研发能力+吉利体系内优秀供应商的成本控制能力+国际零部件巨头的技术和质量保证能力)合作互赢的模式,成功实现供应链体系的转型和变革。全球化采购特别关注于安全系统的零部件,如法雷奥车灯、美国李尔座椅、博世最先进版本的 ABS+EBD、德国西门子的组合仪表、美国天纳克的排气系统、意大利科博莱的安全警示系统、瑞典奥托立夫的安全气囊、荷兰英纳法的天窗等都不断地应用于吉利集团的不同产品中,为安全系统的稳定可靠提供了保证。

二是生产质量控制。为保障吉利汽车的高品质安全性能,生产基地采用汽车超高强度钢板冲压件热成型、激光切割、激光无缝焊接、空腔注蜡等新型先进工艺。同时引进济南二机床厂的 2400 吨的大型自动化冲压线、瑞典 ABB 自动焊接机器人、日本富士模具及夹具、意大利 TORO 三坐标测量机、德国 EFTEC 设计的注蜡系统、德国杜尔大型设备等先进装备,严格控制工艺质量,保证整车生产一致性,将技术方案的内容全部落实。

三是独特的质量管理体系。制定新品达产审核制度,质量管理部在设立专门的新品质量监控室的基础上,对影响安全性能的各环节制定更重要的新品达产审核流程和完整的新品成熟度评价模式,实现质量管理工作的重心向设计开发阶段的前移。

3. 全方位售后安全管理

一是售后安全教育。在随车销售的用户文件中,用清晰的图片示意和易懂的文字描述安全零部件的使用方法，要求销售人员对消费者进行演示说明，定期组织车主参加安全教育，涉及安全驾驶、安全防护和安全救援等方面。

二是售后车辆安全性能追踪。吉利集团制定严格规范的售后车辆追踪机制，定期购买市场上客户的车进行整车安全碰撞试验，确定其安全性能是否满足开发设计要求，一旦发现安全隐患，纳入重大质量事故范畴进行问题处理，问题闭环后才继续投入生产。

(二)建立集主动、被动安全技术于一体的安全体系

汽车安全对于车辆来说分为主动安全和被动安全两大方面，吉利全面安全管理体系强调在被动安全技术和主动安全技术领域都要确保高水平的安全性。在被动安全技术已经实现“与国际水平接轨”的同时，主动安全技术以 BMBS 高速行驶爆胎监控系统为核心，结合各种主动电控及智能化技术，不断升级，最终实现行车安全的全面解决方案。

1. 全方位被动安全集成技术

被动安全的性能设计以降低并消除碰撞带来的伤害为原则，以交通事故为最终出发点与归结点，通过对车身设计、约束系统的开发及其性能的匹配评价最终实现保护事故中车内乘员的目的。目前，吉利集团被动安全集成技术主要涵盖安全车身设计和约束系统集成设计两方面，涵盖乘员保护、儿童保护、行人保护和 whiplash 等安全性能。主要技术包括：

一是高强度吸能车身结构技术。在变形空间方面，利用蓄电池横向布置、蓄电池支架最小化设计以降低对前纵梁压溃变形的影响和对乘员舱的挤压；设定最小化前悬尺寸，保证正面变形吸能空间最大化；采用柱塞式制动主缸设计，大幅度减小真空助力器长度，以降低前围板和制动踏板的后侵；保证前横梁弧度与前保弧度一致性设计，从而实现行人保护空间与正碰吸能空间的最大化。在吸能控制与变形设计方面，大量采用高强度或者超过强度钢板，不同强度钢板的合理分配保证各部分能量充分吸收；“S”形 B 柱变形模式，达到最佳侧面碰撞保护效果；立体框架式正碰承载路径，保证高速碰撞区吸能结构的稳定性和有效性，合理控制能量吸收。根据统计，吉利车型高强度钢板的覆盖率达到50%以上，结合热成型和激光拼焊等关键技术之后，能够保证正面碰撞的变形模式按照机舱前端压溃吸能、中部折弯变形、后部刚性支撑这种行业内公认的理想变形模式进行变形，使乘员舱的变形量远低于行业要求，如 A 柱后移量基本能控制在 20 毫米以下，低于 50 毫米的行业要求。

二是乘员空间设计技术。吉利各车型侧面也具有较为充足的乘员布置空间，通过设计优化，确保在车门侵入过程中，乘员腹部、髋部等不易伤害部位充分吸收碰撞能量，从而有效地保护了乘员的容易受伤部位(如乘员肋骨部位)，提升侧碰及侧面柱撞试验中乘员的保护。

三是集成约束系统开发。大量使用集成约束系统开发技术，各安全零部件大量采用先进开发技术，确保满足整车安全性能目标。利用预紧＋双级限力式安全带，对预紧力和两级限力值针对不同碰撞形式进行优化；设计可压溃式中空型转向管柱，减少管柱向后侵入，有效改善驾驶员胸部的伤害情况，同时达到轻量化的设计要求；开发变形吸能式转向盘轮缘，减轻驾驶员头部撞击方向盘而带来的伤害；采用稳固的座椅设计技术，保证

座椅在高速碰撞过程中,不会出现下潜和前移现象。在座椅造型过程中,充分考虑对乘员的包裹性,一般座椅坐垫及靠背侧翼比较突出,在侧面碰撞时能对乘员的起到一定的保护效果。

四是后碰乘员颈部保护(Whiplash)技术应用。在座椅开发过程中,不但充分考虑头枕的高度,确保头枕顶部与 HRMD 头顶距离不得低于 0mm 以下。头枕前部与 HRMD 脑后距离在 40 毫米以内,保证座椅在 WHIPLASH(鞭打)动态试验过程中,能够对乘员提供颈部保护。此外,通过焊接加固头枕的 X 向强度后,避免碰撞时出现头枕的弯曲变形。

五是儿童保护研发技术。儿童保护方面,吉利车型不仅考虑到在事故中如何对儿童进行保护,对于儿童座椅安装的方便性、车辆描述信息等都有严格的考核。不仅考虑到儿童座椅的强度,同时考虑儿童由于约束过强导致被动伤害的情况。吉利安全体系儿童约束系统和整车的匹配主要是在 CAS 阶段,对车内儿童相关件进行合理布置,达到国家标准和欧盟标准的要求。在工程阶段,基于吉利车型实车基础试验数据、约束系统零部件几何数模以及零部件试验数据等进行约束系统仿真分析,通过试验数据与分析数据的曲线拟合、优化分析,制定约束系统优化目标参数。利用约束系统零部件试验对性能参数目标进行验证,并通过滑台试验对约束系统性能参数进行优化,通过约束系统性能优化匹配使整车性能满足安全要求。

六是行人保护集成技术。行人保护性能开发主要保证行人的头、腿等部分在与车辆碰撞时不产生大的伤害。吉利各车型秉承此设计理念,对涉及与这些部位碰撞的关键领域进行反复的设计优化验证,确保行人的各项保护性能。

2. 全方位主动安全集成技术

一是独创的 BMCS 技术。独创的车辆爆胎监测及控制系统(简称 BMCS)是集高精度传感、微处理智能控制和机械、液压技术于一体,能实时监测汽车轮胎气压、温度变化状态,特别是轮胎爆胎后能够自动实施安全救助,避免爆胎后灾难事故的发生。BMCS 是中国自主创新并拥有完全自主知识产权的一项汽车主动安全技术,目前一代、二代产品已搭载整车实现产业化。二是先进主动安全技术应用。以 BMCS 为核心主动安全技术,在辅助制动、驾驶速度智能控制、安全带未系提醒等方面也取得显著成绩。

(三)建立双重安全开发验证手段

1. CAE 模拟仿真分析手段

吉利集团安全研发最重要的辅助工具就是 CAE 模拟分析,吉利 CAE 目前能够进行整车碰撞仿真以及零部件设计仿真模拟。整车包括正面碰撞、侧面碰撞、柱碰、儿童保护、whiplash、行人保护以及各类低速碰撞等等;零部件包括安全带、安全气囊各类零部件开发约束系统的性能。通过仿真的前期优化,减少试验的次数,有效降低项目开发成本及开发周期。

2. 建设安全技术试验中心

为了提升安全试验研发能力,验证实车碰撞效果,2009 年投入巨资成立汽车安全技术实验室,占地 70 亩,分三期建设。目前实验室一期工程已建设完毕并投入使用,建成了实车碰撞试验室，可以满足整车安全开发的基本要求，拥有进行中国及欧盟体系下所有整车 NCAP 法规碰撞试验的能力。实验室第二阶段也建设完毕并投入使用，拥有翻滚试验能力，能够模拟所有实际道路交通事故，并建成操纵稳定性试验场，还开发完成自动驾驶仪。第三阶段正在建设中。

实验室建成至 2014 年 4 月，汽车安全技术实验室共进行整车试验 567 次，滑台试验 369 次，其余零部件试验 1500 余次，共节省试验经费 5500 余万元。为吉利汽车安全技术研发提供了充足的硬件设备和试验能力保障。目前该实验室已批准成为浙江省汽车安全技术研究省级重点实验室。

三、民营企业以全方位整车安全为导向的全面安全管理体系建设效果

(一)全面提升产品安全性能水平，保护消费者人身和财产安全

2008 年以来，吉利集团对所有新开发车型和市场上在售车型进行了安全技术应用，吉利熊猫、帝豪 EC7、帝豪 EC8、英伦 SC5 先后获得 C－NCAP 五星，2012 年，吉利首款 SUV 全球鹰 GX7 获得 C－NCAP“五星＋”的成绩，成为自主品牌唯一一款 C－NCAP 超五星车型；2011 年帝豪 EC7 以很接近五星的成绩，获得了中国自主品牌第一个 Euro NCAP 四星评价。该技术的成熟应用，已通过中东及欧盟法规安全认证。目前应用该技术的车型正在拉美、东南亚、中东、非洲等区域销售，并已拓展到东欧国家，深受国内外各地消费者欢迎，同时带动企业取得巨大的经济效益，该成果自实施以来，应用安全技术的车型累计销售 630106 辆，实现销售收入 3593289 万元，一定程度上提高了用车环境安全，减少了交通事故损伤，降低了吉利车主在交通事故中的人身和财产损失。

(二)固化体系开发知识成果，打造企业核心竞争力

通过全面汽车安全管理体系，吉利集团形成了一整套安全技术应用开发流程、开发标准和关键技术，同时培养了一批专业的安全技术开发工程师，为后续研发的轿车提供了丰富的理论和经验支持，为后续项目的安全达标开发奠定了坚实的基础，进一步落实了吉利集团“造最安全、最环保、最节能的汽车”的战略。

(三)积极承担社会责任，推动行业安全技术进步

吉利集团积极参与了正面碰撞、侧面碰撞、柱撞、行人保护等多项 C－NCAP 汽车安全法规的修订工作，主导完成 BMCS 国家标准制定工作。同时积极参与碰撞安全技术研发方面的论文专利等工作，将研发成果分享给社会各界，共申请碰撞安全技术方面的专利 414 项，其中发明专利 38 项；对外发表安全技术相关论文 30 篇。吉利集团连续三年进入世界 500 强，连续十一年进入中国企业 500 强，连续九年进入中国汽车行业十强，是国家“创新型企业”和“国家汽车整车出口基地企业”。

（成果创造人：冯擎峰、吴成明、刘卫国、刘　巍、
李宏华、门永新、陈文强、周大永）

自主品牌乘用车企业提高产品质量的现场管理

东风汽车集团股份有限公司乘用车公司

成果主创人：公司副总经理、武汉工厂厂长于占渤

东风汽车集团股份有限公司乘用车公司（以下简称“东风乘用车公司”），是东风汽车公司2007年7月25日全资组建的集研发、生产制造、销售于一体的自主品牌乘用车新兴事业板块，居于东风自主品牌事业的核心地位，生产东风风神S30、H30、H30 CROSS、A60等系列车型。

一、自主品牌乘用车企业提高产品质量的现场管理背景

（一）后发入市的自主品牌，需要卓越高效的现场管理

中国汽车工业正处在飞速发展的时期，合资品牌乘用车生产企业在中国市场经历了较长时间的发展，占据了市场的主动权；而自主品牌乘用车的发展却处于严重滞后的阶段。自主品牌要想在众多合资品牌并存的全球汽车市场竞争中赢得优势，必须尽快建立自主品牌汽车制造企业的管理模式。

汽车企业全价值链涵盖商品企划、研发、制造、采购、销售等环节，制造环节包含工程工艺体系、现场管理体系和供应链体系。当前自主企业与合资企业之间存在较大差距。因此，以现场管理提升为切入点，打造更高效、更精益的管理模式，以此带动全价值链管理的提升则成为东风乘用车当前的首要任务。

（二）优势管理资源的整合为构建卓越高效的现场管理体系奠定了基础

东风乘用车公司成立之初，集合了东风旗下各合资乘用车企业的精英人才，有来自日系的也有来自法系的，他们带来了不同的管理理念、管理方法和工具等，给公司的快速发展奠定了基础，但同时也带来沟通上的障碍，很难形成统一的管理语言。充分整合各方管理经验，扬长避短为我所用，最终形成具有东风乘用车公司特色的现场管理体系和企业文化。

（三）卓越高效的现场管理是实现企业长远战略目标的需要

目前，做为央企的东风汽车公司正全面推进大自主战略，东风乘用车公司作为东风汽车公司乘用车版块的主力军，肩负着推动公司整体能力提升，振兴民族汽车工业的使命。东风风神要敞开胸怀，汇聚力量，共同开创自主乘用车事业发展的新局面，为“百年东风”的事业梦想筑基加力。

二、自主品牌乘用车企业提高产品质量的现场管理内涵和主要做法

东风乘用车公司在实践中提炼“B－GREAT”基本行动，构建现场管理体系，涵盖生产现场的全过程，包含目标管理、成本管理、作业管理、标准化管理、质量管理、安全管理

与设备管理。以质量、成本、生产力为核心，全面展开对标活动，在实践中不断提炼优秀做法，形成标准化资料，快速复制到同类的新工厂。主要做法如下：

(一)明确东风乘用车现场管理体系的基本行动

东风乘用车公司现场管理体系包括 Bench Marking 标杆活动、Green 安全绿色生产、Response 快速反应、Education 人才培养、Andon 有异常就停线组织源头改善、Time & Sequence 时间和顺序遵守，简称“B－GREAT”。这六项基本活动在现场管理中都要得到充分体现，如质量、安全、生产力等各项指标通过标杆活动确认改善方向；质量零缺陷活动、设备管理中要求有异常就停线，在源头进行改善；通过时间和顺序遵守满足客户对交期的要求等。“B－GREAT”英文含义是成就卓越，就是始终坚持以客户为中心，视质量为生命，矢志不渝地追求自主品牌的高质量水平，与东风乘用车公司企业愿景“成为质量卓越服务领先的乘用车企业”相呼应。

(二)设计东风乘用车现场管理体系架构，建立现场管理组织体系

1. 建立东风乘用车现场管理组织体系

根据现代汽车制造业的生产流程，按照精益生产的理念，借鉴国内合资企业的组织架构，东风乘用车公司构建以工厂厂长为领导、IE/GK 推进室组织推进、各职能部门参与、四大车间为管理核心的现场管理团队，进一步完善现场管理组织体系(见图 1)。其主要职责就是提高现场管理水平和生产力水平，在工厂层面建立起东风乘用车现场管理体系的神经中枢，带动制造领域的整体提升。

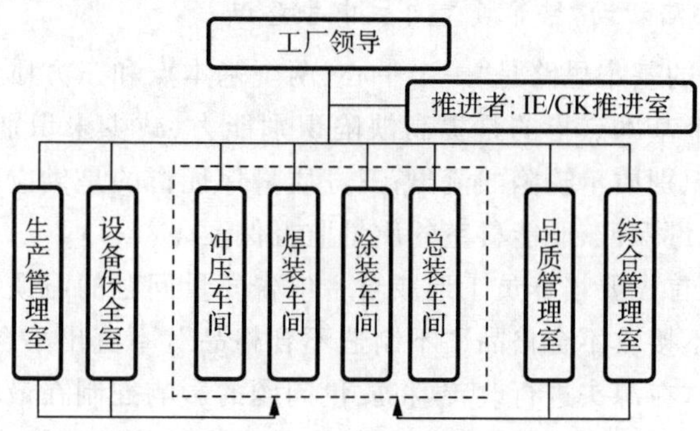

图 1　东风乘用车公司现场管理组织架构图

2. 设计东风乘用车现场管理体系架构

现场管理的基本思想是“以质量为核心、杜绝浪费”，基本内容是明确现场管理者的职责，基本任务是“最大限度地发挥人、料、设备的作用，将质量理念完全融合到作业中、不断地追求改善和效率”。基于以上观点，东风乘用车公司提出现场管理体系的七大版块管理内容：目标管理、成本管理、现场标准化管理、品质管理、设

公司主要工作场所

备管理、作业管理、安全管理。这七项管理内容是东风乘用车公司现场管理体系的核心内容，是实现产品质量零缺陷、制造成本持续降低、劳动生产率提升、安全生产等目标的基础。

(三)全面开展对标活动，实施目标管理

1. 与国内外同行开展对标活动

为了学习各汽车生产企业行之有效的经验，吸收国内外知名汽车生产企业先进的管理经验，从 2009 年开始，东风乘用车公司大力开展行业对标和调研，派出大量的专业人员，奔赴国内制造企业进行广泛的对标，如与东风日产、北京现代、神龙汽车公司、东风裕隆等企业进行全面对标。从质量、成本、交货期等各方面与国际先进水平进行比较，分析并明确自身的真实水平，从而制定具有挑战性且可行的现阶段目标和未来的发展方向。

2. 结合公司战略绩效管理，制定现场管理目标

现场的管理目标与企业战略的四个维度相契合，工厂层面导入战略绩效管理的同时，围绕公司战略编制工厂管理目标，使工厂运营与公司战略实现高度同步。运用目标管理的方法对指标进行层层分解，从公司到个人，实现指标的落实。根据公司战略目标中与工厂相关的部分(如积累人力资本、信息资本、组织资本等)，制定工厂的现场管理目标(实施全员改善、建设高素质人才队伍、完善培训体系等)。

(四)以 QCT 为核心，提升现场管理标准化水平

1. 开展质量零缺陷活动，培养员工自主申告意识

质量零缺陷活动的基本思路是“一个中心、两个基本点和三方质量保证”。一个中心指质量缺陷零化；两个基本点指的是提高缺陷识别能力、减少未识别质量缺陷和提升制程管控能力、减少已识别质量缺陷的流出；三方质量保证指的是供应商的来件质量保证、厂内作业员的自主质量保证、职能科室的质量监督保证。

质量零缺陷活动首先要培养员工形成自主申告质量问题的习惯，有异常就停线并及时马上申告。落实“不接收不合格品”“不制造不合格品”“不流出不合格品”，从而实现质量问题及时得到响应，在源头进行改善，将质量问题的影响控制在最小的范围。其次，开展供应商防火墙活动，实施零部件不合格的供应商做现场管理培训和诊断。对关键件质量缺陷的识别进行培训，并制定管控基准。对已识别的问题在零件上线前就进行管控，确保无可视性外观缺陷的流出。第三，对员工进行上岗培训、技能等级培训、VES 基准培训、岗位专业技能训练等，减少未识别质量缺陷流出。第四，建立质量保证体系，制定异常行动基准、防止缺陷流出管理方法等，消除已识别缺陷的流出。通过组织 QRQC 会议，对已识别缺陷进行快速分析，实施对策。最后，质量相关职能科室针对生产制造过程中的质量问题进行检查、监督和改善。

2. 注重成本目标导向值，开展成本管理活动

成本管理是指工厂生产经营过程中成本核算、成本分析、成本决策、成本控制和成本改善等一系列的科学管理活动。内容包括成本目标、目标成本控制、成本改善以及标准化四个阶段。利用这四个阶段的循环实现成本效益的不断提升。其中，在确定成本目标

阶段，注重目标导向值的设定。目标导向值是通过分析当前成本管理的水平、对标企业的水平等因素设定的成本目标。

在实际管理活动中，东风乘用车公司开展一系列的成本管理活动，如“1元成本活动”通过将现场物品的数量用1元等值表示出来，提升员工的成本意识，促进成本改善的全员推进。

3. 建立精细化要员管理办法

要员管理是基于科学管理的原理，对生产过程中涉及的时间进行量化管理，不断减少生产过程中的浪费损失，提升劳动生产率，实现以最少的人员进行生产的目标。实现要员管理科学化的核心是对作业时间的科学分类，将有效时间与损失时间进行区别，把握损失时间并进行改善。

4. 开展一体化改善活动，保障改善持续推进

一体化改善以提升公司经营绩效为目的，以覆盖全价值链、全过程的经营活动为改善对象，通过统一规划、标准、组织、资源和行动，有组织、有目标、有计划地进行改善。一体化改善分为质量改善、成本改善、管理改善三大类；依据公司、部门、群众性的改善影响度和维持性、突破性的改善程度，分别划分为A、B、C、D、E、F六个级别。

5. 持续推进标准化管理，提升现场管理水平

标准化作业是现场标准化管理的基础，包括业务运营标准化、设备管理标准化、作业标准化、质量管理标准化及其他活动的标准化，目的是排除生产过程中的浪费、不均、不合理，确保安全，稳定质量。现场标准化管理是东风乘用车公司现场管理体系的最重要内容。现场标准化工作中会涉及非常多的表单文件，做好这些表单文件的维护与更新也是现场管理重要的职责。这些数据是分析现场问题，追溯问题根源的依据。

标准化作业是现场标准化管理的基础，目的是排除生产过程中的浪费、不均、不合理，确保安全，稳定质量。标准化作业是现场的班组长确认本班组各工作岗位的最佳作业方法，对作业员进行标准作业的培训，通过作业观察使作业员彻底地遵守标准，使现场标准化水平得到进一步的提高。

(五)加强设备、安全管理，创建绿色安全生产环境

1. 加强设备管理，提升综合能力

全面推行TPM活动、设备初期管理、设备运行的灾害预防管理、设备综合效率(OEE)管理。引入Andon系统，实现生产数据的自动化收集，利于职能部门对问题的快速应对。Andon系统能快速将质量问题、停线问题反映到相关的负责人，加快问题的解决，促进对源流问题的改善，同时现代化的Andon系统能自动收集汇总故障分类、故障发生次数、发生时间等，利于生产性的分析和重点改善方向的明确。

2. 安全生产，营造良好工作环境

安全是一切生产活动的前提，东风乘用车公司坚持把“以人为本、清洁生产”作为公司安全管理的基本理念，通过建立规范化的安全环保管理体系，创建安全、健康、绿色的作业环境。

具体内容包括:安全教育培训、预知危险训练、人机工程管理、事故事件应急处置等。具体安全活动有:厂长 TOP 诊断、多级安全巡视、人机工程改善等。人机工程改善是基于东风乘用车公司武汉工厂现状,运用人机工程评价标准对每个作业岗位的负责等级进行评价,对重负荷的作业岗位采取针对性的改善活动,包括作业方法、作业姿势的改善,安装辅助工具、助理装置的改善,作业环境的改善,以及作业方式的改善。针对近期难以得到改善的重负荷作业岗位,以及作业姿势不均衡可能导致职业伤害发生的岗位,采取轮岗的方法,避免职业伤害。

(六)总结现场管理体系,编制管理手册

东风乘用车公司经过近 5 年的实践、积累、归纳与改善,组建跨部门跨职能课题组,逐渐完善现场管理所运用的管理方法和工具,对现场管理体系进行总结和汇编,形成适用于现场的标准化管理和指导手册——《东风乘用车生产方式》(现场版)。

《东风乘用车生产方式》(现场版)是应用于现场的工作指南和工作手册,采用简明易懂的文字描述、具体的图表、现场案例等,说明现场管理的内容。分为原理篇和操作篇,其原理篇就现场管理体系的内容做了描述,规定在现场管理工作中需要开展哪些活动,阐述做什么。操作篇就各项管理的具体推进方法以及实施步骤做进一步的规范,说明各项管理活动开展过程中所运用到的方法和工具等,解决怎么做。

(七)建立持续改善机制,确保现场管理水平不断提升

1. 结合 TTT 培训与基础技能训练,组建讲师团队

组织各专业管理专家参加培训师培训,组建具有指导能力的讲师团队。每年定期组织车间骨干培训,培训内容涉及现场七大管理、沟通方式等。要求班组长在日常工作中进行全员培训,班组以 QCTSM(质量,成本,交期,安全,士气)为基础让全员参与到现场管理中。通过不断地培训和转训,建设东风乘用车公司学习型的管理团队,使生产方式得到不断发展。

2. 以现场管理诊断活动为载体,促进班组建设

班组建设突出管理与文化两大重点,以现场为中心、以员工为主体、以绩效为目标、以改善为重点,围绕目标管理、现场标准化管理、成本管理、质量管理、作业管理、安全管理、设备管理以及团队文化建设管理八个方面予以展开。结合现场管理诊断,开展导师带徒和班组“微帮”活动,提高现场整体管理水平。依靠“请进来,走出去”的方式,对班组长进行现场管理能力提升培训。

3. 建立持续改善机制,确保现场管理水平不断提升

建立完善的持续改善机制,确保现场管理水平的不断提升。通过月度、年度回顾会实现对工厂生产 QCT 指标的严格监督,及时发现问题,确定改善方向并实施。推行现场管理诊断三级制度——班组月度诊断、车间月度诊断与工厂季度诊断。现场管理诊断由具有丰富现场管理知识和经验的专家,通常是工厂的现场管理负责人,与现场班长一起对班组管理进行分析和评价,找出车间、班组管理中存在的问题及其原因,提出切实可行的改善方案,并帮助指导实施,以促进现场的管理水平提升。现场管理诊断已形成一套

标准化的流程，具有一套全面的评价标准。现场管理诊断的参与人员通常包括工厂厂长、车间主任、主管、班长及相关的人员。

三、自主品牌乘用车企业提高产品质量的现场管理效果

(一)形成一套完善的现场管理体系

东风乘用车公司经过五年的实践、积累、归纳与改善，现场管理所运用的管理方法和工具日趋完善。已经形成一套完善的适用于自主品牌乘用车企业的现场管理体系。2013年，编撰《东风乘用车生产方式》(现场版)，实现现场管理体系的标准化，现场管理模式不断发展与推广。

(二)运营水平显著提升

东风乘用车公司从2009年6月东风风神S30下线到现在实现S30、H30、H30 CROSS、A60四款车型混合单条生产线生产，武汉工厂产能由班产48辆提升到347辆，年生产整车从2万提升到10万辆。

生产性指标全面提升。一是降低设备停线损失，设备代表线焊装主线OEE由60.08%提升并维持在98%以上。二是确保商品车的制造质量，汽车质量评价指标S－AVES等稳步提升，达到国内自主品牌最好水平，与合资品牌相当。三是控制工伤事故，保证零事故发生。四是实现大量的作业改善、物流改善(零件集中配置、AGV自动转运)、解决困难作业、瓶颈作业等问题，提升生产效率。

(三)社会形象显著提升

产品得到市场与用户的一致好评。东风风神A60在J.D.POWER亚太公司2013年中国新车质量研究评测中，名列自主品牌车型第一名。S30位列中级车可靠性(VDS)国家队第一。东风乘用车公司连续获得“湖北省长江质量奖提名奖”和“武汉市市长质量奖”，获得国家安全生产监督管理总局颁发的优秀单位奖。

(成果创造人：于占渤、徐　斌、李宏伟、许建芬、陈尚禹、王俊峰、王润升、石　云、江　林、金成军、阳　念、王智勇)

石油钻探企业以文化为引领的安全生产管理

中国石油集团渤海钻探工程有限公司

成果主创人:公司总经理秦永和

中国石油集团渤海钻探工程有限公司(以下简称“渤海钻探”)是为油气田勘探开发提供石油工程技术服务的专业化公司,现拥有石油钻井工程、井下作业工程、定向井技术服务、泥浆技术服务、测井技术服务、油气合作开发、石油钻采工程技术研究等 15 项业务,员工总数 2.76 万人,施工队伍上千支,主要遍及华北、大港、新疆、青海等十多个国内油气田和印尼、委内瑞拉、伊拉克等八个国际市场。2013 年实现营业收入 263 亿元,完成考核利润 10.4 亿元,资产总额达到 340 亿元。

一、石油钻探企业以文化为引领的安全生产管理背景

(一)适应行业特点、突破安全难点的现实需要

渤海钻探施工作业场所点多、面广、战线长,有近 3 万名员工、1000 多支队伍、1.2 万台(套)主要设备在一线昼夜工作。高含硫井、浅层气井以及高风险井高达 45%。在所属单位多、施工分散、人员流动性强的条件下,组织好安全管理难度很大,需要探索一套以文化为引领,适合石油钻探企业自身实际的安全生产管理模式。

(二)保障战略实施、实现企业发展目标的客观要求

渤海钻探成立之初,即研究制定“16246”发展战略,确立“建设优势突出的国际化石油工程技术服务公司”的战略定位,提出“到 2010 年实现营业收入 140 亿元,到 2015 年实现营业收入 240 亿元”的“两步走”发展目标。要实现此目标,必须以安全工作为依托,切实改进和创新相关管理。

(三)构建长效机制、确保安全生产的必然选择

渤海钻探成立之初的安全井控管理存在基础工作不扎实,设备设施不先进,管理手段不科学,良好习惯未养成、“安全是企业核心价值观”的理念没有在员工中入脑入心等问题,需要建立实施安全工作运行的长效机制。

二、石油钻探企业以文化为引领的安全生产管理内涵和主要做法

渤海钻探以“16246”发展战略为指导,以建立安全工作运行的长效机制为目标,以安全文化为引领、安全制度为保障、标准现场为基础、规范行为为支撑、预警监控为手段,构建并实施具有行业特色的安全生产管理体系,有效增强全员的主动责任意识,固化安全

管理制度，筑牢基层安全根基，促使全员良好行为习惯的养成，进而推进安全管理从“严格监管”向“自主管理”的实质性转变。主要做法如下：

(一)明确安全生产工作思路，构建安全生产管理体系

推进安全文化建设，使“安全成为企业核心价值观”在企业生根，实现全员由“要我安全”向“我要安全”的根本转变。建立安全生产制度，做到制度体系“全覆盖、无漏洞、零缺陷、可操作”，并内化于心、外化于行。优化生产现场管理，打造标准化作业现场，实现“现场无隐患、设备无缺陷、管理无漏洞”。规范安全生产行为，做到安全工作“齐抓共管、人人负责”，促使员工养成遵章守纪、按章操作的良好习惯。实施安全预警监控，做到防患于未然，最大限度地降低由于事故发生对生命造成的侵害、对财产造成的损失。

(二)推进安全文化建设，提升全员安全主动意识

1. 提炼全员认同的安全理念

归纳、提炼和形成具有石油钻探企业特色的九条安全理念：树立“环保优先、安全第一、质量至上、以人为本”的理念，突出安全管理的重要性；树立“一切事故都是可以控制和避免的，追求无职业疾病、无安全事故、无环境污染”的理念，意在从源头上抓好事故防范；树立“不安全的进尺一米不打，不安全的产值一分不要，安全永远比产值和效益重要”的理念，正确处理安全与效益的关系；树立“违章害自己、害家人、害同事、害单位、害社会”的理念，彰显违章的危害性；树立“安全能力和业绩是选人的主要条件，安全培训是给员工最大的福利”的理念，重视安全能力培养；树立“谁主管谁负责、谁主办谁负责，管工作必须管安全”的理念，强化安全管理责任；树立“各级领导干部必须进行安全审核，做到领导带队、专家组团、事先不约、穿戴劳保、深入基层、多用时间、多查隐患、整改闭环”的理念，突出领导作用，注重安全检查实效；树立“我的区域我管理、我的属地我负责，人员无违章、设备无隐患、工艺无缺陷、管理无漏洞”的理念，阐明全方位安全管理；树立“安全环保管理没有最好、只有更好，必须持续改进，对安全环保工作认为没有问题，便是管理者存在的最大问题”的理念，推崇安全问题管理法。

2. 提出集中群智的井控理念

汇集全员智慧，提出六条井控理念：树立“井喷是事故，井喷失控是灾难性事故”的理念，提高井控防范意识；树立“井控是安全环保工作的重中之重，必须做到绝无一失”的理念，突出井控管理在安全工作中的重要地位；树立“井喷可以预防，失控可以避免，井喷和失控都是责任事故”的理念，明确井控管理责任；树立“井控工作重点在基层、关键在班组、要害在岗位”的理念，阐明井控管理的突破口在基层作业现场；树立“提高技能、预防为主、吃透设计、安装到位、及早发现、正确处置、绝无一失”的理念，强调加强井控管理必须建立完整的井控管理链条；树立“发现溢流立即关井、疑似溢流关井检查、确认溢流立即上报”的理念，要求施工作业现场必须把住井控管理重要关口。

3. 强化宣传、贯彻安全井控理念

开展领导干部访谈活动。各级领导干部撰写安全论文 210 多篇，汇编成《平安之路——渤海钻探公司安全文化建设与实践》，将论文加载到渤海钻探网页上，实现安全资

源共享。开展安全小故事、家书和摄影作品征集活动。发动基层员工，征集小故事、家书、摄影作品5000余件，编排成小品、相声、快板等作品，分区域巡回讲演60多场次。推进安全提醒常态化。在办公场所建立“安全文化长廊”“安全知识电子屏幕”和安全文化宣传栏；在基层建立“安全亲情寄语”“安全警示语”“安全全家福”专栏；在公司网站主页建立安全井控宣教平台。做到安全井控理念和安全信息“无缝隙”的传递和落实。

(三)建立安全生产制度，规范安全生产管理

1. 融合五套标准

将GB/T 19001－2008《质量管理体系要求》、GB/T 24001－2004《环境管理体系 要求及使用指南》、OHSAS18001－2007《职业健康安全管理体系要求》、GB/T19022－2003《测量管理体系测量过程和测量设备的要求》和Q/SY1002.1－2007《健康、安全与环境管理体系第一部分规范》等标准进行有机融合。

2. 实行一套体系

渤海钻探建立从机关、所属各二级单位机关直至基层的一整套管理体系，确保从上至下接口顺畅、政令畅通、执行到位。

管理组织层面。编制包含质量、健康、安全、环保、测量以及应急管理在内的QHSE管理体系，共开发1个管理手册、23个管理分手册、39个程序文件、299个作业文件。编制实施委内瑞拉、伊拉克和印度尼西亚国际业务的管理子体系，形成“1＋N”(QHSE管理体系＋管理子体系)的立体式管理架构。

基层现场层面。制定128个基层队种的《基层HSE建设标准》，推行HSE“三标”管理，即“标准化管理”、“标准化现场”和“标准化施工”。明确基层队如何进行规范化管理；明确基层现场应达到的安全条件；明确基层应如何进行标准化施工作业，做到“有现场就有标准、有标准就可操作”。

操作岗位层面。组织机关管理人员、安全井控专家及基层骨干编制《岗位HSE作业指导书》和“岗位HSE巡回检查表”，做到人手一册。进一步明确每个岗位所从事的作业和活动，以及主要操作步骤、安全风险、防范措施及应急处置措施，明确各岗位巡回检查的部位及具体内容，及时消除属地范围内的隐患问题。

3. 推行审核评估

推行四项审核。一是体系综合审核。由安全、生产、技术、劳资等部门成立审核组，对各单位进行定级审核，组织召开年度审核单位通报会，通报问题，分析原因，提出建议，宣讲制度。依据审核结果，对各单位按照得分情况进行A、B、C三级定级排名，在全公司范围内通报，并对C级单位的主要和主管领导实施诫勉谈话。二是推行专项审核。针对管理的薄弱环节、重点领域、重点项目以及新技术、新工艺、新设备等，实施专项审核。三是推行专业路审核。每年由各部门自行组织开展专业路体系审核。生产部门突出基层应急处置预案建立健全、实战演练情况的审核；工程技术部门突出井控管理，以及空气钻井、电代油等工艺技术的审核；劳资部门突出安全组织机构设置、监管人员配备，以及用工、关键岗位使用、培训情况的审核；装备部门突出设备设施完整性的审核。四是推行单位间互审。安排作业性质相近的单位开展年度交叉审核，统一组织研究分析，完善井架

整拖作业规程、二层台逃生装置管理规定等。

实施四个评估。一是评估每个基层。对每个基层单位进行全面评估考核,确立“重点关注基层”,采取调整基层领导班子、对队干部诫勉谈话、经济处罚、集中培训、科室包队帮促等措施。二是评估每个岗位。对基层岗位员工进行全面评价考核,确立“重点关注岗位”,采取建立个人档案、脱产培训、待岗、转岗、处罚、辞退等措施。三是评估每个生产时段。对照现有管理制度、操作规程、控制措施等进行分析、评估,确立“风险较大时段”,采取完善措施、重点管控等措施。四是评估每项工艺技术。全面评估和查找工艺技术(设备设施)上存在的缺陷和薄弱环节,确立“风险较大工艺”,采取停用、淘汰、改进等措施。

开展管理评审。每年年底,组织机关各部门、各单位主要领导及专家,召开公司QHSE管理评审会,专题评审体系审核、四个评估开展情况,研究管理体系在运行过程中存在的问题,并有针对性地讨论制定完善制度、标准及措施。近三年来,通过管理评审会,研究制订和完善相关管理制度92项,解决安全难题25项。

(四)优化生产现场管理,夯实安全管理根基

1. 实行设备设施“三统一”管理

统一作业现场布局:统一规范大门方向、井场场地、主体设备、安全设施、值班房、电路、工器具、材料房等各环节布局、摆放和安装标准,防止设备设施随意摆放。统一设备设施配备:统一安全防护设施配备,配齐井控装备;配备硫化氢、氧气、一氧化碳和天然气四合一检测仪器及消防设施,强化全过程检测;在重点位置配备鼓风机,及时消除井口及出口罐附近气体聚集风险。统一安全技术改造:近三年来,共投入近8亿元资金用于隐患治理,针对现场安全设备设施“不安全”的难题,统一组织开展安全技术改造措施研究应用,实施自动甩钻具装置、防坠落装置等120多项个性化的技改项目。

2. 实行安全目视化管理

统一实施安全目视化管理,根据钻井、井下等各基层队种的不同,制定46个队种的安全目视化管理标准1250项,确立人员、生产区域、设备、工艺、工器具及材料、生活营区等六大类管理目视化,具体明确每类目视化标识的规格、图样、颜色、内容,组织各单位全面组织实施。通过目视化管理,时刻警示安全风险,提示员工自觉做好安全防范工作。

实行人员目视化管理,统一规定施工现场作业人员应穿戴的劳保着装、安全帽,值班干部应佩戴的工作胸签,吊装人员应佩戴的司索背心,以及外来人员应持的现场临时准入证等标准内容。实行生产区域目视化管理,统一规定从井场外围、井场入口、钻台、机房、发电房及柴油罐、循环罐到生活区等现场各区域应配备的安全警示标识、标牌、标线、应急通道及风险提示等标准内容。实行设备设施目视化管理,统一规定钻井现场设备设施润滑示意图、主要操作要领、设备使用状态标识、设备旋转方向标识、控制按钮开关、油品标识、标牌和安全风险提示,以及属地负责人等标准内容。实行工艺目视化管理,统一规定固控设备泥浆管线、高压管线、地面管线、高压立管及固控系统应配备的标识、标牌及其安全风险提示等标准内容。实行工器具及材料目视化管理,统一对现场使用的钻井液材料编制实施MSDS,对日常使用的物资材料实行账卡物管理和标识;对吊索具、接

头、安全带、吊带等实行统一集中管理，明确规格、型号、大小及使用范围等。实行生活营区目视化管理，统一对食堂燃油灶、压面机等，以及员工宿舍用电、防火等进行标识、标牌和安全风险提示。

3. 推行上锁挂签管理

统一实施上锁挂签管理标准，对检维修过程中的机械能、电能等能量进行上锁隔离和屏蔽，并用标签进行提示，防止能量意外释放而导致事故的发生。

推行电源上锁挂签，研制空气开关锁、按钮开关锁、转换开关锁、联锁器、挂锁等锁具装置，在钻井设备设施检维修过程中，对 SCR、MCC 房(电源控制房)内电路控制开关，离心机、加重泵、搅拌机、除砂器等用电设备开关，发电机电源开关以及电源柜等实施上锁和挂签管理。推行气源上锁挂签，研制 ZTMR6 型气控开关锁、23JR6 型气控开关锁、QF501 型气控开关锁和轮阀锁具、球阀锁具、蝶阀锁具等锁具装置；在检维修过程中，对绞车总离合器、转盘离合器、钻杆动力钳移送缸、柴油机启动气源、泥浆泵气源，以及各类气体管线闸门等气控开关，实施上锁和挂签管理。推行高压源上锁挂签，研制固定于高压阀门本体上的上锁设施和锁定高压阀门的钢缆安全锁套，在钻井泥浆泵及高压管汇检维修过程中，对高压闸门实施上锁和挂签管理。

(五)规范安全生产行为，促使全员养成良好安全习惯

1. 建立“两全”安全责任落实机制

建立全覆盖岗位责任机制。组织制定渤海钻探领导，机关各部门，基层各队、站、车间，以及所有岗位员工的安全职责，具体明确各级组织和每名岗位员工在安全工作上应承担的责任，形成层次清晰、分级负责、覆盖全员的安全责任体系，使安全责任从“人人参与”向“人人负责”转变。

建立全员责任督查机制。人事处(组织部)每年牵头组织对所有处职领导人员 HSE 履职情况督查，对履职不到位的领导干部，由渤海钻探领导对其诫勉谈话；纪检监察处牵头组织对所有科、队级干部 HSE 履职情况进行督查，对履职不到位的，进行经济处罚；各单位每半年组织对所有项目部管理人员及基层人员责任制落实情况进行考核，对责任落实不到位的，进行经济处罚。

2. 推行以“十个带头”为主要内容的有感领导

“十个带头”，即带头宣贯 HSE 先进理念和做法，带头学习、掌握和执行体系文件，带头制定并实施个人安全行动计划，带头研究解决安全环保问题，带头进行安全经验分享，带头对下属人员进行 HSE 培训，带头开展安全风险识别，带头开展体系审核和挂点联系检查，带头在各种会议、场所强调安全，带头进行年度安全述职，形成“领导带头示范、部门齐抓共管、全员人人负责”的格局。

3. 实施全员安全提素

强化领导干部任职前后考核锻炼，实行“一考一评一挂”举措。强化全员脱产培训，每年对基层所有员工进行集中安全脱产轮训，培训合格后方能上岗。强化基层自我安全培训，推行以“四统一”为主要内容的基层自我安全培训，即统一培训聘任安全培训师 613

名，统一研制开发基层安全培训课件和影像教材，统一培训师管理考核，统一为基层队配备投影仪、笔记本电脑等教具。强化全员安全考试，实施全员“四考工作法”，每半年对处级干部进行统考，各单位每半年对全员进行一次统考，基层队每月对岗位员工进行一次统考，两级机关每到基层检查时进行抽考。

4. 实施正向激励机制

设立安全风险奖，每年年初提取各单位基础工资的6%做为安全风险奖，实行月考核月兑现。设立安全环保专项奖，各单位将不低于本单位奖金总额的30%用于安全环保奖励。设立事件举报奖，对上报及时，原因分析到位，防范措施制定、落实有效的员工，给予奖励。

5. 实行反违章工作制度

细化违章表现形式。统一组织各级人员识别和细化不同施工场所的具体违章表现形式，并制作成违章图画，在基层会议室、值班室进行张贴和公告。制定吊装、有限空间、高处等12项危险作业“保命条款”，制作成视频和动漫，全面组织员工学习和掌握。

加大违章处罚力度。制定《HSE奖惩管理办法》《HSE责任追究管理办法》及《违章管理办法》，做到“查纠违章有标准、处罚有依据”。开发违章人员管理软件，针对监督检查中发现的违章行为，及时将违章人员的个人信息、违章表现形式、违章类型、违章严重程度、处理结果等情况录入到系统中，并实行违章积分管理，将违章积分与工资晋级、职称评定、先进评比等全面挂钩。

（六）实施安全预警监控，化解安全生产风险

1. 强化现场暗查抽查

总部设立安全监督总站和井控中心，各单位成立分站和分中心，其中，钻井单位实行“驻井监督”，井下单位实行“巡井监督”，其他单位实行“随机监督”，负责对施工现场实施全过程、全方位、全天候监督。出台《开展安全井控暗查抽查规定》，两级机关原则上将日常监督检查改进为暗查夜查，采取不发通知、不打招呼、不听汇报的方式，机关检查部门每月开展两次以上，各单位每周开展，重点检查违章、隐患及员工应知应会情况，大大提升了安全检查工作的有效性。设立安全、井控专家，共选拔、聘任安全和井控专家26名，加强对重点区域、重点项目和关键施工环节的监督指导。

2. 实行远程安全监控

2009年，渤海钻探启动井场视频监控系统建设项目，根据钻井队的设备情况及井场的具体环境，在井场钻台、罐区、泵区、井场设置安装视频监控设备，实现摄像头360°平面转动、180°垂直转动，镜头预置位、多个固定位置的预置拍摄及取证拍摄等功能，通过手动操作摄像机，对井场人员现场操作、坐岗等情况进行近距离、高清晰实时监控。渤海钻探安全监督站专门设立视频监督岗位，24小时对钻井队现场进行监控，实现安全管理由点向面的转变。截至2013年年底，在大港油田施工的所有钻井队，以及在华北油田施工的少量钻井队，实现远程安全监控。

3. 突出安全应急管理

成立应急领导小组，建立公司、分公司、基层单位三级应急管理机构，组织编制完成

公司应急预案，形成1个总体应急预案和17个专项应急预案的应急预案体系。2009年，先后与集团公司冀东海上应急救援响应中心和大港、华北、冀东、塔里木、长庆等油田公司，共同编制完成一系列联合应急管理办法，为突发事件联合处置提供操作依据。每年与天津市气象局续签气象服务协议，做到气象灾害提前预警，形成统一指挥、反应灵敏、协调有序的应急管理机制。建立应急专家库，共有各类、各专业应急专家171名。组建4支专业应急抢险队，相继更新配备了硫化氢气体报警仪、正压呼吸器及防喷器、挖掘机等应急抢险设备、设施约200余台(套)，为应急处置、救援工作提供强有力的技术支撑。每年组织开展形式多样的应急培训、演练工作，组织公司级应急演练10余次，大大提高员工的应急能力。

三、石油钻探企业以文化为引领的安全生产管理效果

(一)建立具有行业特色的安全生产管理模式

推进安全文化建设，解决员工的思想意识问题，使“安全是企业核心价值观”的思想在企业落地生根，实现由“要我安全”向“我要安全”的根本转变。建立安全生产制度，解决制度体系完善与落实的问题，实现制度体系的“全覆盖、无漏洞、零缺陷、可操作”，做到内化于心、外化于行。优化生产现场管理，解决施工作业面貌和环境的问题，形成统一规范的作业现场，实现“现场无隐患、设备无缺陷、管理无漏洞”。规范安全生产行为，建立安全工作“齐抓共管、人人负责”的管理机制，全员养成遵章守纪、按章操作的良好习惯。实施安全预警监控，解决施工作业现场安全生产措施执行和落实问题，做到防风险于未然，最大限度地降低由于事故发生对生命造成的侵害、对财产造成的损失。

(二)安全管理进入行业先进水平

渤海钻探实现连续五年无重伤亡人事故，无一般火灾和交通事故、井喷事故；生产安全事件总起数下降83.1%，百万工时损工时间率下降48%；连续五年获得中国石油安全、环保、节能工作先进企业，安全管理处于同行业先进水平。

(三)保障企业发展战略的推进实施

2013年实现营业收入263亿元，是重组之初的3倍，同比增长13%；考核利润首次突破10亿元大关，达到10.4亿元，是重组之初的3倍，同比增长11%，超额完成中国石油下达的考核指标；资产总额达到340亿元，是重组之初的3倍；净资产收益率4.48%，高于中国石油考核指标0.98个百分点；资产创收能力、增长能力、偿债能力、积累能力等指标均达到同类企业优秀水平。

（成果创造人：秦永和、范先祥、王福国、吴朝明、李连锁、
刘荣军、张庆昌、刘德如、石丰甫、章天文、马　强）

航天电子产品静电防护管理体系的构建与实施

北京东方计量测试研究所

航天电子产品静电防护管理体系成果应用现场

北京东方计量测试研究所隶属于中国航天科技集团公司第五研究院(以下简称“五院”),成立于1985年。做为国防科技工业电学一级计量站,开展电磁学、无线电电子学、时间频率、几何量、热学、力学、真空、卫星应用和电磁干扰等专业计量测试工作,是工信部“工业(静电防护)产品质量控制和技术评价实验室”,具有认监委“国家卫星应用产品质量监督检验中心(筹)”和国家质检总局“国家航天器研制计量测试中心(筹)”等国家级资质。多年来,北京东方计量测试研究所良好地完成了航天器型号研制计量保障工作,积极在计量测试技术领域进行探索创新,努力推动国防军工计量科研技术发展,近20项科研成果获得国防科技进步奖。做为全国静电防护标准化委员会(筹)副秘书长单位,完成了10余个静电研究课题,编制了近20项静电防护标准,出版了1部静电专著,静电防护管理理论和技术能力在全国处于领先水平。

一、航天电子产品静电防护管理体系的构建与实施背景

(一)国际航天业务能力发展对静电防护体系化管理水平提升的普遍需要

随着电子工艺集成技术的发展,在质量和可靠性要求极高的航天领域,静电放电已经引发众多国际航天工程项目的故障和灾难,进而造成重大损失。静电损伤已经成为影响航天电子产品质量和可靠性的重要因素之一,静电放电的危害也越来越受到航天电子产品领域的重视。美国航空航天局(NASA)、欧洲航天局(ESA)等国际航天大型企业集团十分重视航天电子产品静电防护工作,积极推动ANSI和IEC等国际先进学术组织的静电防护标准建设与实施工作,并组织通过ANSI/ESD S20.20—2007静电防护体系认证,航天电子产品静电防护水平达到国际先进。随着全球空间科技的快速发展,我国航天生产企业需要加快实施国际化发展战略,逐步参与国际合作与分工,融入世界航天产业链,但是产品安全认证的保障体系是否完善,静电防护技术标准是否与国际接轨等,将越来越成为国际航天与空间技术机构之间学术交流与商业合作的一种通行证,静电防护管理体系的构建与实施将成为其中一个重要的合作基础,是提升我国空间技术和宇航产品国际竞争力的一种有效手段。

(二)宇航科研生产中电子产品质量控制对静电防护的“技术+管理”需求

随着我国航天和空间科技的不断发展,航天科研型号任务急剧增加,产品的研制进

度越来越紧凑，规模及复杂度不断增加，现有以技术或管理为单一主要控制手段的静电防护措施已经不能满足现阶段型号科研生产对静电防护的需要；同时，以往主要采用单点或多点静电防护控制方法，全过程静电防护控制能力亟待提升。

宇航科研生产对电子产品质量控制水平提出更高要求的同时，也对产品静电防护工作提出更深层次需求：需要划分合理的静电放电敏感元器件防护等级，根据敏感度识别等级建立相应级别的防静电工作区，并在科研生产工作中加强静电防护的管理流程控制等。航天电子产品静电防护管理体系理念的提出，正好契合了宇航产品质量控制工作对静电防护的主旨要求。

(三) 航天器电子产品生产制造能力提高对静电控制水平提升的迫切要求

静电控制是现代电子产品生产品质控制的一个标志性技术，在一定程度上代表了企业生产制造能力水平。为实现以技术风险识别与控制为核心的宇航产品保证能力提升，加强型号精细化质量管理要求和宇航型号技术风险控制，五院已经在宇航系统全面实施产品保证，明确提出做好防静电工作的生产制造要求。

因此，航天器电子产品产业化生产制造能力水平的不断提高，对静电控制水平提升提出了迫切要求：需要高度重视以静电防护为代表等影响生产制造质量的关键技术问题，切实提高静电防护等关键生产制造问题的解决方法的科学性，着力将国际先进的技术、管理并重的静电防护理念转化落实在我国航天器生产制造行业。形成符合实际的静电防护系统工程方法——静电防护管理体系，是确保航天电子产品生产制造能力提高的科学有效途径。

二、航天电子产品静电防护管理体系的构建与实施内涵和主要做法

北京东方计量测试研究所以国际航天业务能力发展的普遍需要为出发点，以宇航产品质量保证工作为着力点，以航天器研制生产制造能力提升的质量控制为落脚点，以航天电子产品生产单位的静电防护需求为基本点，对国外基于 ANSI/ESD S20.20、IEC 61340－5－1 标准的静电防护体系进行适应性改造，充分借鉴 ISO 9000 质量管理体系思想，以国内首套航天电子产品静电防护管理体系标准 Q/W 1300～1303 为依据，形成航天电子产品静电防护管理通用要求，创建航天电子产品静电防护管理体系架构，组建静电防护管理体系建设与认证机构，制定体系认证审核管理规章制度和工作流程，持续开展静电防护管理人员等队伍建设，宇航型号科研生产单位及其重点外协单位均建立基于 PDCA 循环并与质量管理体系相协调的静电防护管理体系，构建成一个不间断的航天电子产品静电防护链条，体现“管理＋技术”并重的国际最新静电防护理念，实现精细化、规范化、系统化的静电防护工作闭环管理，利用技术测评、文件审核、现场审核的三级联动审核方法对静电防护管理体系的硬件符合性、文件合规性、运行有效性进行科学评价，确保航天电子产品静电防护水平的有效提升和体系运行的持续改进。主要做法如下：

(一)融合国际先进经验与国内实际，制定国内首套静电防护管理体系标准

目前，国际较为先进和获得较多认可的静电防护标准主要在美国和欧洲。美国国家标准是 ANSI/ESD S20.20－1999，并于 2007 年进行修订。国际电工委员会(IEC)2007 年，颁布新版 IEC61340－5－1，使其在内容和形式上与 ANSI/ESD S20.20－2007 保持

协调一致。

北京东方计量测试研究所静电技术专家在参考 S20.20、IEC 61340－5－1 等先进静电防护标准基础上，结合五院现有静电防护管理和技术工作基础，编制完成五院静电防护管理系列标准，包括 Q/W 1300－2010《静电防护管理体系要求》、Q/W 1301－2010《静电防护技术要求》、Q/W 1302－2010《防静电系统测试要求》、Q/W 1303－2010《防静电工作区配置要求》，对承担航天电子产品研制、生产、试验、维修任务单位提出静电防护管理体系要求，为实施静电防护管理体系认证提供依据。

该系列标准从组织保证、文件要求、人员意识、硬件配置、技术指标、EPA 管理、监视测量、相关方管理、监督机制、评价机制、持续改进等方面进行研究，提炼出一组适用于电子产品生命全周期防护的技术与管理关键要素，形成航天电子产品静电防护管理体系架构，以航天器静电放电敏感(ESDS)元器件、部组件的采购、研制、生产、试验、维修、使用等关键环节的静电防护控制技术要求为基础，针对性的制定包括组织、文件、策划、人员培训、防静电工作区、包装、标识、采购与外包、监视与测量、改进、审核、管理评审等十二个要素在内的管理和技术要求，为航天电子产品静电防护管理体系实施提供基础性指导。

（二）建立静电防护管理体系管理机构与人员队伍，推进管理体系实施

北京东方计量测试研究所起草完成静电防护体系认证工作策划与认证实施指南，由五院质量技术部于 2010 年 6 月发布《关于开展静电防护管理体系建设与认证工作的通知》，全面启动宇航产品研制生产单位及其外协单位进行静电防护体系化管理的建设与认证工作，并成立五院静电体系管理机构和认证中心，组建较以前更加统一、专门、有效的静电防护工作推进管理组织。

五院静电防护管理体系认证中心（简称认证中心）依托北京东方计量测试研究所进行建设，下设五院静电防护管理体系认证中心委员会和办公室，以及五院静电体系认证审核专家组，做为第三方认证机构对五院静电防护管理体系建设与运行效果进行评价。认证中心主要工作职责包括：一是负责组织静电防护体系认证审核；二是成立静电防护体系认证专家组和审核组；三是组织静电体系相关人员培训与交流；四是编制静电体系认证管理规章制度；五是协调解决五院静电防护体系认证工作中出现的问题；六是跟踪国际先进静电防护技术与标准等。

静电防护管理体系的审核专家组由北京东方计量测试研究所召集五院相关专家构成，由认证中心统一管理，具体负责静电防护体系认证审核、人员培训与教材编写、静电体系建设指导、静电标准制修订等工作。

在航天电子产品静电防护管理体系的建设与推进过程中，由北京东方计量测试研究所提出静电防护体系化管理理念，编制配套适用的静电防护管理体系标准，同时五院要求所属宇航产品科研生产单位建立该体系，并组织进行认证和推广；体系建设单位在开展企业内部的航天电子产品静电防护管理体系建设和试运行时，通过体系建设与认证过程不断改进和完善型号科研生产工作中的静电防护薄弱环节，最终实现航天电子产品静电防护管理体系构建与实施的上下统一，协调部署，稳步推进。

认证中心在参考质量等体系外审工作的基础上，制定静电防护管理体系建设工作步

骤，主要包括启动/策划、人员培训、识别、EPA（Electrostatic discharge Protected Area，防静电工作区）划分与配置、文件编制、运行与测量、内审、管理评审、认证申请、认证审核等十个阶段。

同时，认证中心制定静电体系认证审核工作流程，主要包括从接收认证申请开始，通过组织实施认证、文审/现场审核、上报认证结果、委员会审定等步骤完成对建设单位静电防护管理体系的文件审核、技术测评和现场审核，并出具审核报告和整改材料，经认证中心初步审定后上报认证委员会，给予是否通过体系认证审核的结论。

认证中心根据静电体系建设、审核、认证等工作需要，有针对性地对认证中心静电体系审核人员、体系建设单位单位管理和内审人员、体系建设单位检验检测人员开展持续培训和考核。对于考核通过的静电防护人员颁发外审员、内审员、检验检测人员等资质证书，作为开展静电防护管理体系认证审核、体系内部审核和管理评审、体系运行过程监视与测量等工作的有效资质凭证。建立更加专业和完善的静电防护人员管理机制，形成较为统一和规范的静电审核人员晋级渠道。

认证中心办公室每年度均会定期组织体系审核人员交流会和审核现场问题分析座谈会，并按照计划开展管理人员、内审人员、检验检测人员、外审员等再教育培训，为广泛在五院及其重点外协单位开展静电防护技术和管理知识的实地指导，进一步规范体系建设和运行的人员行为，推动静电防护管理体系建设与推广工作打下了重要基础。

（三）开展企业静电防护管理体系建设与运行，完善静电防护薄弱环节

企业内部开展航天电子产品静电防护管理体系建设，构建基于 PDCA 模式的航天电子产品静电防护管理体系架构，将静电防护技术与管理要求落实到静电敏感电子产品的采购、研制、生产、试验、运输、维修以及使用的全过程。同时在文件审核、现场审核前增加技术测评环节，对静电体系建设的技术应用和效果进行合理评估，有效结合我国国防军工企业的静电防护工作实际特点，弥补 S20.20 体系在静电防护技术确认方面的不足。

根据静电防护管理体系建设工作步骤和管理体系架构，建设单位按阶段开展策划与计划、建设与运行、监视与测量、完善与改进等静电防护体系化管理工作。

认证中心还组织静电专家利用自身对静电体系标准的理解，根据体系认证审核工作要点，对建设单位的静电防护管理体系的质量手册、程序文件等文件编制的全过程进行指导，使得体系文件对建设单位科研生产任务的保障程度最大化，进一步保证静电体系在电子产品处置工作中的合理性和实用性。

静电体系建设单位根据体系运行要求，每年度开展体系的内审和管理评审，通过内审员的审核工作发现不符合项并完成整改，以促进体系建设单位内部的体系运行监督和提升；通过年度管理评审评价静电体系改进的机会和变更的需要，以确保体系持续的适宜性、充分性和有效性。审核报告和不符合项情况作为认证中心组织第三方认证审核工作的一项重要审核输入，不断提高体系建设企业内部静电防护能力。

（四）实施技术测评、文件审核、现场审核三级联动，强化监督与持续改进

北京东方计量测试研究所对以 ANSI/ESD S20.20、IEC 61340－5－1 等标准为代表的静电防护体系的效果评价模式进行研究，提出一套兼顾技术与管理要求的静电防护管

理体系运行效果评价模式，形成技术测评、文件审核、现场审核三级联动审核评价方法。

技术测评主要负责对体系建设单位静电防护技术有效性落实情况进行针对性考核，通过有资质的第三方计量技术机构开展防静电系统测试，并结合静电防护管理体系标准对环境条件、设备状态、EPA 划分、EPA 设置、硬件状态、人员配置等管理要求落实情况进行初步审核，实现静电防护技术指标把关、现场技术咨询指导、检测合格贴牌等目标，不仅实现以往各个单独的接地电阻、人体防静电测试仪、离子风机等静电防护检测项目的科学整合，还将其与静电防护管理的效果评价进行有效结合。技术测评依据的主要标准是 Q/W 1301－2010《静电防护技术要求》和 Q/W 1302－2010《防静电系统测试要求》，强调防静电系统硬件配置技术指标有效性；辅助标准是 Q/W 1300－2010《静电防护管理体系要求》、Q/W 1303－2010《防静电工作区配置要求》。

文件审核主要是对建设单位的质量手册、程序文件和其他三层次文件进行考核，包括规定适宜性、可操作性、要素覆盖性、要求合规性、使用规范性和受控有效性。

现场审核主要是在现场进行体系文件和 EPA 静电放电控制措施有效性考核，包括文件符合、技术符合、运行符合、监测符合、相关符合和改进符合。

认证中心自静电防护管理体系建设启动以来，已经完成五院 14 家单位及其多家重点外协单位的静电体系首次认证、监督审核和再认证工作，技术测评、文件审核和现场审核过程暴露了大量以前并未发现的现场问题以及静电体系运行管理方面的问题，重点集中在管理、识别、人员培训、接地、标识、绝缘物控制、设备设施检测等方面，通过整改验收等一系列工作，开创了航天电子产品领域专项质量控制的静电防护管理体系认证先河，提高了全体体系建设和运行管理人员的意识，为促进建设单位静电体系的持续改进提供了有效途径。

（五）面向外协单位推广静电防护管理体系，构建不间断静电防护链条

北京东方计量测试研究所提出的静电防护管理体系构建具有双层含义，第一层是静电防护控制工作需要通过体系化管理方式融合技术和管理，实施综合评价，第二层是从宇航产品系统级生产过程角度实现航天产品整个产业化链条的体系化静电防护管理。截至目前，已经有近 50 家五院重点外协单位参与建设航天电子产品静电防护管理体系，涉及航天科技集团、中电集团、清华大学、哈工大、中科院、总参谋部等多个型号产品生产企业组织，有效确保了航天器产品上游供应单位的静电防护控制措施符合五院型号生产组织工作中的质量控制要求，并促进了整个行业的静电防护水平提升，构建宇航产品生产全过程的不间断静电防护链。

三、航天电子产品静电防护管理体系的构建与实施效果

（一）提升了产品质量控制水平，静电损伤事故明显下降，电子产品质量迈上新台阶

经过三年的静电防护管理体系的建设和运行，通过建设单位内部审核及认证中心组织的认证与监督，不断发现问题和整改落实，截至目前共整改完成 150 余个不符合项和 400 余个建议整改项，在静电防护管理和技术方面不断实现新的跨越，宇航型号产品的静电防护链条不断巩固、完善，各单位体系运行越发成熟、有效，五院静电防护效果显著提升，整个宇航产品生产链条的综合静电防护能力明显提高，实现了静电防护精细化、规范

化、系统化闭环管理，各单位因静电发生的质量问题逐年下降。2012 年五院质量问题汇总表中未发现因静电损伤而造成的质量问题。

静电防护管理体系为航天型号产品质量与可靠性提供了全方位有效防护，已经成为航天器研制试验不可或缺的一种产品质量控制手段，推动航天电子产品质量迈上了一个新台阶；宇航产品全链条的静电防护体系化管理为航天型号质量稳定性和成功率提供了高效技术保障，正在为载人航天工程、探月工程等国家重大项目的实施提供积极助力。

(二)构建了系统化不间断的静电防护链条，促进航天电子行业竞争力的整体提升

航天电子产品静电防护管理体系推行以来，运行效果十分显著。五院所属 14 家宇航产品生产单位全部完成了体系认证与监督审核工作，10 余家重点外协单位成功完成建设与认证工作，在航天科技集团、中电集团、中科院、总参谋部等国防和社会单位得到广泛推广，得到了体系建设应用单位的高度重视和一致认可。

在航天工业电子产品品牌建设的过程中，静电防护管理体系的构建与实施使得电子产品上下游之间静电防护要求逐步统一，防护方法和评价方式趋于一致；牵引静电防护用品质量普遍提升，有效遏制低劣用品影响航天电子产品静电防护效果；静电防护管理体系认证结果被广泛接受，已作为五院选择合格供应商的重要依据之一。提高了“中国制造”航天产品的民族工业基础水平，大幅提升了航天电子产品的行业竞争力。

(三)引领了我国静电防护标准化建设，助力提高国家电子产品静电防护水平

北京东方计量测试研究所结合航天型号任务需要和体系管理思想，编制国内首套静电防护管理体系标准 Q/W 1300—1303—2010(共 4 本)，并在五院实践总结的基础上不断进行标准提升：编制集团公司静电防护系列标准 Q/QJA 118(123—2013(共 6 本)已于 2014 年年初发布实施，为集团公司各个型号研制生产单位提供技术支持；同时，申请静电防护国家标准《航天电子产品静电防护要求》，于 2013 年年底成功立项，对推动我国航天静电防护标准化建设起到积极作用，将逐步实现我国国家静电标准与国际标准接轨。促进了国防军工和民用电子产业的静电防护水平提升，有助于电子产品生产制造企业乃至行业上下游企业彼此之间构建成不间断静电防护链条，积极助推我国现阶段工业现代化基础水平的提升和以中国制造为代表的民族工业产业振兴。

北京东方计量测试研究所静电专家以航天电子产品静电防护体系化建设管理思想为依托，带动了关键静电放电技术和管理方法研究工作，申请并完成了多项国防、总装等技术基础课题，解决了静电放电试验装置校准、电装过程人员静电接地连续监测、能量法检测防静电屏蔽包装袋、低轨道航天器对接放电等技术难题，为天宫一号和神舟八号的成功对接等国家重大项目实施提供了强有力的技术保障。同时，北京东方计量测试研究所成功组织举办了国内第一届和第二届“静电防护与标准化学术交流会”，与美国国家标准学会 ANSI、美国静电放电协会 ESDA 等国际知名静电标准组织专家进行国际技术交流。

(成果创造人：徐思伟、张书锋、季启政、刘　民、李　虎、王志勇、朱建华、杜国江、刘志宏、马志毅、路润喜、高志良)

化肥企业推拉结合的供应链管理

中化化肥有限公司

北京总部

中化化肥有限公司(以下简称“中化化肥”)是中国中化集团公司的核心控股企业。中化化肥是中国最大的化肥生产商之一,拥有最齐全的大量元素、中微量元素肥料以及专用肥、缓控释肥、生物肥等新型肥料的研发、生产能力,总产能达1130万吨。中化化肥也是中国最大的化肥供应商和分销服务商,涵盖资源、研发、生产、分销、农化服务全产业链。在中国主要的农业省、农业县拥有自己建设的、国内最大的分销服务网络,覆盖了中国95%的耕地面积,市场占有率达18%;2013年实现销量1628万吨。中化化肥于2005年7月成功在香港联合交易所挂牌上市,是中国化肥行业首家在香港上市的企业,市值85.7亿港元。2013年总营业额达347亿元,目前共有员工约7400人。

中化化肥是国际肥料工业协会(IFA)会员单位、国际植物营养研究所(IPNI)全球17家理事单位之一,是中国最大的化肥进口商,拥有逾60年的化肥国际贸易经验和国际贸易关系网络实力,是中国进口化肥的主渠道。

一、化肥企业推拉结合的供应链管理的背景

(一)满足农资市场需求、保证农业健康发展和粮食安全的需要

化肥作为粮食增产的重要保障,是极其重要的农业生产战略物资,在确保农业可持续发展与粮食安全方面起着举足轻重的作用。然而,当前农资市场大、中、小型企业混杂,行业中还没有对化肥供应链规范化的管理模式,产业链上下游企业各自分散,各类资源得不到有效的整合和利用。中化化肥做为中央企业、中国化肥行业的领军者,具有建立有效的供应链管理模式的历史责任,将上下游协同管理,保证市场需求,促进化肥产业健康发展,更好地为农业健康发展和粮食安全服务,为保持社会稳定做出更大贡献。

(二)应对市场竞争的需要

近年来,中化化肥在市场上面临的竞争空前激烈。原本在市场上占有绝对优势地位的钾肥随着国产钾产能的逐步增加以及进口权的开放,优势不再明显;国内几家拥有大型磷矿资源的磷肥企业近年来发展迅速,又极大地降低了国内对进口二铵的依存度,中化化肥的磷肥业务也受到很大冲击;氮肥、复合肥生产企业由于入行门槛相对较低,大大小小的化肥企业数量急剧增加,使得产能过剩的局面更加凸显。单纯依靠进出口贸易赚大钱的局面已经一去不复返,走市场化道路以及全产业链运营成为中化化肥生存和发展的必然选择。

经过十几年的发展，中化化肥在上游已拥有 14 家参控股生产企业，产品跨氮肥、磷肥、钾肥、复合肥等多条传统化肥产线，总产能近 1200 万吨；下游拥有全国最大的化肥分销网络，共有营销网点约 2000 家，年销量可达 1500～1800 万吨。中化化肥如今已初步形成跨研、产、销、服的完整产业链，能否有效整合上下游资源，掌握供应链管理的主动权，已成为公司进一步发展的重要前提。

(三)适应行业特色、探索适宜的供应链管理方式的需要

中化化肥原有的产业链中，分公司和生产企业均为利润中心，两者是部分产销关系，产销之间合作既没有完全的市场化，也达不到协同作战效应。局部的市场冲突和内耗严重损害了公司的整体市场竞争力。库存过高的弊端在行情下跌、给公司带来巨大损失时暴露无遗，对客户需求变化的响应速度过慢也使得中化化肥失去了原有的部分市场。

基于上述原因，中化化肥 2012 年 3 月开始，从管理较薄弱的采购环节出发，逐步向生产、仓储、物流、营销等环节延伸，最终提出了适应行业特点和战略转型需求的推拉结合的供应链管理模式。

二、化肥企业推拉结合的供应链管理的内涵和主要做法

中化化肥充分利用多年的业务关系，建立了从供应商、生产企业到分公司、销售大区、销售网点及核心门店、客户的供应链，总部设立专职管理机构，在上游生产环节以集中采购和规模化生产降低供应链成本，在下游销售环节以市场和客户需求拉动，快速响应市场使公司销售收入提升，通过强化对供应商的考评管理，高度重视客户关系的建设和维护，并以全供应链信息化平台作为管理工具和手段，使供应链高效运作，为公司应对激烈的市场竞争，完成战略转型提供有力的支持。主要做法如下：

(一)统筹管理，明确供应链管理思路

1. 分析中化化肥的供应链构成，明确管理思路

中化化肥在上游有参控股企业共 14 家，年产量超 1200 万吨，内部供货量占总销量 70%以上，除此之外还有各肥种及原材料等其他供应商总数约 150 个；下游销售网络含分公司 17 家、销售大区近 70 个、自有分销网点 600 余家，另外还有合作加盟店 2500 余家，整个网络覆盖全国 30 个省、市、自治区，年销售化肥 1500 万吨以上。

中化化肥在分析识别产业链各个环节的构成和相互关系的基础上，结合对标学习的经验，提出在供应链上游，即采购和生产环节实行推动式管理，通过集中采购实现规模效应，降低供应链的整体成本；在下游，即销售和客户管理环节实行拉动式管理，加大营销力度，从渠道、品牌、服务着手，提高销量表现；在推动式和拉动式管理之间，由总部的专业管理机构统筹，协调推动和拉动的需求关系，促进整体的信息共享、计划衔接、利润合理分

生产企业

配等，实现推拉平衡。

2. 明确供应链管理组织

化肥供应链的核心企业是中化化肥，为加强对供应链的管理，2012 年 6 月中化化肥先成立采购委员会（简称“采委会”），下设采购业务管理、计划管理、物料管理、库存管理、控股企业生产管理等职能，主要负责上游的推动式管理；再设立运营协调委员会，负责上下游之间的业务协调、利润分配、物流发运等职能；下游由氮肥、磷肥、钾肥、复合肥、作物技术、国际业务 6 个产品部负责各产品线的拉动式销售管理。各级管理组织在公司层面共同组成中化化肥的供应链管理体系。

（二）上游推动式运作实施集中采购，提高效率，降低成本

1. 制定规模化采购和生产计划，实施集中采购

采委会依据以往的销售记录，结合控股生产企业的生产能力，提前制定采购计划并组织规模化生产，保障销售订单下达时，产品库存能够及时供应，提高企业的市场反应速度和周转效率。提前组织生产计划也使得采购业务能够稳步有序地进行，有利于采购的集中管理和成本优化。

中化化肥现有的 6 家控股企业中，有 5 家涉及复合肥生产，而复合肥生产所需的氮、磷、钾等主要原料大部分都可以由总部的产品部供货或协助寻找货源。在采委会的统一管理下，总部产品部承担保证控股企业复合肥原料供货的职责，通过全国货源的统一调配和比价，一方面将产品部自有的优质货源提供给控股企业，另一方面规范控股企业自行向外部供应商采购复合肥原料的管理工作，极大地减轻了企业的负担和运营风险，同时确保业务操作符合公司整体利益和业务需求。

在控股企业的生产原料中，硫黄是一种具有贸易属性的特殊物资，虽然仅在两家中化化肥的控股企业生产中使用，但其年采购金额约占所有控股企业原料采购金额的四分之一，是最重要的生产原材料之一。硫黄采购供应商的选择以及采购时点的把握，对最终的采购成本影响非常大。因硫黄国际货源占比较大，国际业务部承担着两家控股企业硫黄供应和外部采购审批的职责，国际业务部利用自身优势，实时对国内外硫黄行情进行研判和把握，帮助控股企业选择合适的采购资源，并代表控股企业与国内大型央企供应商展开谈判，获取更优的采购条件。

分公司及下属的分销网点是中化化肥营销业务的执行层面，适度的自采有利于分公司的灵活经营和对市场变化的快速响应，是公司主营业务的有益补充。采委会定期会对分公司的自采计划进行审批，对出现自采亏损的分公司提出预警，同时对各主要产品进行行情分析和政策指引，规范业务操作。

2. 加强评价和考核，实现供应商有效管理

总部采购委员会建立合格供应商数据库，对各经营单位合格供应商名录进行审批，对各战略供应商的引进和退出进行审批；统一制定供应商维护及评价的统一准则。各个经营单位在公司整体供应商管理框架和授权范围内，组织实施供应商的开发、维护、评价等具体管理工作。

供应商的评价从供应商的资质评估、采购成本、交货周期、产品质量、采购深度等多

方面进行评分，并根据评分结果将供应商分为战略供应商、核心供应商、一般供应商、补充供应商四个等级。不同等级的供应商都对应不同的管理策略和资源配置，包括采购优先级、采购规模、预付款授信额度、交易条件等，根据供应商的周期性评价结果，不同等级的供应商在满足特定条件下可以升级和降级，从而激发供应商的合作积极性。

化肥行业的供应商管理除中化化肥的自有参控股企业外，外部供应商还可以按照企业性质分为贸易型供应商和生产型供应商，中化化肥对外合作的供应商以生产型供应商为主，但贸易型供应商在行情发生较大波动的情况下在低价货源储备、稀缺货源获取等方面也具有一定优势。因此，中化化肥针对不同产品线制定出两类供应商采购占比的指导性原则，以达到最优化配置。

（三）下游拉动式运作，建立全供应链的快速响应机制

中化化肥于 2012 年开始对营销网络进行大幅整改，引入专业咨询机构协助落实营销策略。通过近 2 年的摸索实践，中化化肥初步形成在营销环节的拉动式管理模式。

1. 组建专业营销团队

总部方面建立内部协同管理团队，涵盖市场策划、销售管理、运营管理、人力资源、财务管理、综合管理六大职能；分公司在原有三级管理机构基础上，按照产品线分别组建专业销售及服务团队，业务员一改以往一人多职的状况，专攻一个产品线甚至一个主要产品进行销售活动，同时每个分公司配备至少一个总农艺师，每个分销中心配备一个农化服务团队，为客户提供专业技术服务。

2. 重新制定销售人员的绩效激励制度

新的绩效激励制度将销售人员的实际收入与个人销售业绩紧密挂钩，减少固定工资比重，大幅提高绩效工资比重，各级管理人员的绩效工资与所带团队的整体表现挂钩，使得基层管理人员更加注重团队的培养和凝聚力提升。另外，新的制度在考核指标设置方面不再过分偏重结果考核，也对客户拜访、客户信息收集、农化服务等过程管理指标给予一定权重，使得销售网络在完成当期销售任务的同时也更加注重对渠道和客户的关系维护。

3. 产品品规梳理

根据实际销售情况及市场需求，进行产品品规梳理，逐步建立覆盖全面、有所侧重的产品体系，固化自有品牌的差异化定位，以中化作为主推品牌，其他品牌做为主推品牌的补充，选择优质供应商进行贴牌生产和销售。

4. 加强渠道建设

总部牵头，加强对核心渠道客户的帮扶，帮助客户实现营销转型。在重点市场导入营销转型操作模式，开展经销商会、农民会、农化服务等促销活动。以线下地面推广为主，推拉结合。针对县级客户和零售终端，建立不同的促销推广举措，搭建立体化的促销系统；依托大商大店，开展贴近零售终端的地面推广活动；以农户为中心，开展区域主题活动。

（四）加强客户关系管理，提高客户满意度

1. 完善客户信息管理

规范客户信息管理的流程和标准，统一管理生产、贸易、分销、零售等各类客户，将客

户信息进行标准化管理，总部联合分公司共同对近年发生交易的客户信息进行梳理和归纳，统一录入到信息系统中备查，同时制定《客户信息录入及维护标准》并组织进行抽查，从源头上提高客户信息的准确性、完整性。一线员工在完成销售及客户拜访的同时，第一时间用移动终端系统反馈客户的产品需求及其他要求和建议，各个销售网点整合基层员工收集的反馈信息，传递给分销中心，分销中心再汇总给分公司管理层，最后由各分公司汇报给总部相关产线的产品部进行最终的汇总。

2. 开发客户分级与差异化服务项目

制定客户分级评估标准，通过试点实施，逐渐建立起客户分级评估机制，将客户划分为战略型、核心型、发展型、维持型四种类型，围绕不同类型客户的特点和营销资源，制定差异化服务项目开发的流程及相关标准，组织相关单位和人员制定客户差异化服务计划，并跟踪评估实施效果。

3. 提高客户需求的快速反应能力

总部运营管理团队对客户需求信息进行整合，形成给生产企业的批量订单，针对一些重点客户的个性化需求，以测土配肥、外部定制等方式予以实现，其他零散需求则通过授权分公司进行当地的外部采购满足客户。

4. 搭建规范统一的客户信息管理平台

对系统内客户基本信息进行梳理和完善，形成完整的360度客户基础信息管理，并实现销售活动管理，使得基层业务员可以使用手机对销售下单过程、日常的市场活动等进行计划、录入和查询，同时支持用户使用手机进行业务确认单录入、库存查询、客户拜访信息录入等功能。

5. 开展客户满意度调研工作，促进满意度的提升

在广泛调研的基础上，建立起中化化肥客户满意度测量指标库，形成常态化的满意度测量、反馈与评估机制，为经营管理的持续改善提供客观依据和指导方向，针对满意度调查中客户集中反映的问题，责成有关单位和人员快速响应并实施整改，提高客户满意度。

（五）妥善处理不同诉求，实现供应链的一体化运作

一是规范操作流程，强化生产企业与分公司的沟通，从内部体制变革和流程管理方面提高计划执行率。总部的内部协同管理团队、生产企业的生产管理团队、分公司的销售及服务团队至少每周一次按照区域划分召开工作对接会议，同时总部的骨干人员分批派驻各生产企业、各分公司现场进行无缝对接。各企业的生产计划及各分公司的销售计划必须按照优先内部协同的原则进行制定，并在实施前需通过总部专业部门的审核。

二是加强价格管理，协调内部利润分配。参考市场行情及主要竞争对手的定价，由各产品部制定产品的分类定价以及渠道的三级定价，通过落实《市场窜货管理和处理办法》，签订《区域代理协议》，实行保证金管控，加强价格监管。在严格价格管控的基础上，参照对标公司产品，结合分公司产品营销能力，逐步提高核心产品价格。生产企业对销

售网络的售价由总部统一协调制定，确保整体利益最大的同时，定期对利润进行调配，保证内部考核的公平合理。

三是建立应急处理方案和流程。针对业务运营时出现的客户投诉、商务事件、内部合同纠纷等问题，建立应急处理方案。外部的问题，要求优先解决客户的困难或疑问，不推诿不拖沓，及时纠正错误；内部的问题，以公司整体利益最大化为原则，妥善处理内部单位的不同诉求，消除无信誉、不规范的业务操作，减少内耗。

(六)建立覆盖全供应链的信息化平台

建立覆盖公司总部到分公司及控股企业的包含采购管理、库存管理、销售管理在内的供应链信息管理平台，支持中化化肥现有业务模式及未来业务模式的变化，实现供应商开发、评价、分级、考核及优化的全过程管理，增强供应链管控的力度，并能通过数据分析为供应链管理决策提供更有效的支持。目前在采、销两端的信息系统已经较为完备，其他板块的信息系统也在不断整合和完善中。

1. 采购端：SRM(供应商关系管理系统)系统建设

搭建中化化肥的采购管理平台，实现供应商开发、评价、分级、考核及优化的全过程管理，将采购计划、采购成本、采购结算、采购评价纳入系统管理，实现采购合理化、过程透明化管理，提高计划准确率，降低公司采购成本。具体实施内容：

供应商管理：在系统内建立合格供应商库，设立供应商寻源、准入、评价、分级等模块，通过全过程管理的透明化，规范业务操作。

计划管理：细分采购需求，实现货源分配透明化，提高需求准确率、销售达成率及需求满足率，解决不合理采购造成的超龄库存高的问题。监控采购到货预测和实际情况，提高计划准确率。

采购合同管理：对业务合同实现全过程监管，实施采购合同在线审批，加强合同的可视性、可控性和合规性。建立包含采购价格和市场价格的物料品类价格管理体系，加强对中化化肥采购支出成本的分析，降低采购成本。

价格对比平台：建立同一产品的内外部比价信息平台，将产品实际价格与市场平均价格、内部预算价格进行对比，评估各业务单元采购试点的把握能力，督促各单元提高行情研判能力，降低采购成本。

2. 营销端：CRM(客户关系管理系统)信息系统建设

通过 CRM 系统的开发和应用，对客户信息进行统一管理，及时反馈市场需求，与物流、仓储、生产、采购等其他环节对接，不断改进内部客户管理流程及客户相关管理流程，增强公司内部客户管理能力。

客户信息管理平台：设立基本客户信息、客户分级、分类信息、专业信息等管理板块，不断扩展客户信息，打造完整的信息数据库，同时保证客户信息的真实性、准确性、唯一性。

业务人员日常活动支持：CRM 系统建立了业务员活动跟踪管理平台，协助进行客户拜访、市场调研、农化服务等活动，同时各级管理人员可以根据系统信息对基层人员进行监督、指导，出现问题时可以及时调整。

贯穿售前、售中、售后的销售过程管理：对销售过程进行管理，通过 CRM 系统将从销售线索、意向订单到销售过程、售后服务进行一体化管理，提高系统化管理水平。

随时随地的移动办公支持：CRM 特别设置了移动办公功能，方便业务人员通过手机对客户信息进行查询和维护。保证业务人员能够将客户的第一手信息录入到系统，能够快速查询到客户的相关资料。

3. 采销对接，管理驾驶舱

搭建管理人员专用的管理驾驶舱平台，利用基本信息的共享对接，以业务统计报表、管理图等形式展现，让总部人员及时了解采销两端的业务实时状态，方便进行管理决策。

三、化肥企业推拉结合的供应链管理的效果

（一）加强了供应链整体管理，实现了一体化的协同运作

一是实现规模化采购和生产。通过高度整合全产业链的采购资源，实现不同层级业务单元在行情信息、市场价格、采购寻源、产品质量等方面的全方位沟通交流，改变了各业务单元在采购业务上各自为战的局面。五家控股企业的复合肥原料的供应由总部的对应产品部承担，控股企业及时获取了优质货源，内部供货比例从 50%提升至 84%。两家使用硫黄制酸的控股企业在实行集中采购后，集采比率也从原来的不足 30%提高到 81%，有效抵御了硫黄行情大幅波动对企业生产成本的不利影响，合理采购甚至成了控股企业新的利润点。各业务单元通过内部协同、信息共享、联合谈判等，有效提升了采购寻源能力和议价水平，采购交易条件得到明显改善。2014 年上半年中化化肥各产品线的预付款比例均比上年同期下降 10%～40%，在采购单价变化不大的情况下使用承兑汇票比例提高了 6 个百分点，节约了财务费用。

二是计划管理能力明显加强。公司各级的采购计划、生产计划、销售计划等均在信息系统中管理，对各业务单元的计划执行率进行定期通报和考核评价已成为常态，各业务单元均能主动地提出改善方案，防止问题再次发生。公司整体的计划管理能力发生了质的飞跃，全司月均计划执行率偏差从原来的 40%以上降低到 10%以内，对公司整体运营效率提升和运营成本控制做出了重要贡献。

三是提高了内部协同性，加快了市场反应速度。在完善内部各板块职能的基础上，大幅提高了控股企业的货源需求计划准确率和分公司的交货及时率，分公司从控股企业内部拿货率达到了 84%，同比提升了 10%，生产企业的开工率也有近 10%的提升。特别是内部各经营单元在应对市场竞争时能够一致对外、形成合力。市场反应能力加快，客户满意度也有大幅提升，2014 年商务投诉事件较上年同期下降了 60%，分公司逐渐形成了各自的大客户关系网络，进一步夯实了渠道基础。

（二）降本增效收益显著，支持了企业的稳定发展

通过供应链管理模式创新，中化化肥总存货周转率逐步改善，2014 年上半年周转率为 7.77，较 2013 年同期加快 11.3%，较 2013 全年加快 20.4%。同时库存总量大幅度下降，2014 年上半年库存总量同比下降 36 万吨，下降幅度达 18%，有效改善了以往高额库存带来的大量资金占压。

（三）取得了社会效益，保障了农业发展和粮食安全

中化化肥作为中央企业在化肥行业的主力军，在自身经营发展的同时，以服务三农、测土配方、节能减排等作为履行社会责任的具体举措，获得了社会各方的普遍赞誉。

（成果创造人：陆坊斌、罗启耀、李晨松、李　源）

水务企业提升城镇污水处理效率的运营管理

厦门水务中环污水处理有限公司

成果主创人:公司总经理谢小青

厦门水务中环污水处理有限公司(以下简称“污水公司”)成立于2004年,由中环保水务投资有限公司与厦门水务集团有限公司合资兴办,注册资本6.13亿元,独家拥有厦门市行政辖区内的污水收集系统和污水处理设施的建设、运营、维护的特许经营权。截至2013年年底,拥有固定资产约25亿元,建成并投运污水处理厂(站)10座,处理能力达83.34万吨/日,污水提升泵站96座,污水干管954公里。2013年,处理污水2.5亿吨,占福建省约21%;主营业务收入35266万元,净利润6893万元,EVA值达到2676万元。

一、水务企业提升城镇污水处理效率的运营管理背景

(一)内湾型的水体环境对城市污水处理工作提出更高要求

自改革开放以来,社会经济和城市化加速发展,居住人口快速增长,工业企业大大增加,大量未经处理的工业污水连同生活污水直接排入城市周边自然水体及周边海域,严重破坏了厦门市的自然水体和海域环境的生态平衡,导致厦门海域赤潮频发,厦门市作为内湾型城市,水动力较差,因而对城市的污水处理工作提出了更高的要求。

(二)满足社会经济和城市化快速发展的水环境保障的需要

随着社会经济高速发展,资源能源消耗成倍增长,污水量大幅提升,水污染物产生量直线上升,城市水环境质量直接关系着城市居民的生活质量,与城市的可持续发展密切相关。同时,污水处理厂的地理位置由原来的城市边缘,逐渐发展成为城市的中心,污水处理厂、泵站等污水处理设施毗邻商业区、生活区及旅游区。如何提升城镇污水处理效率的运营与管理水平,顺应城市可持续发展,治理和保护好城市水环境,日渐引人关注,成为世界性命题。

(三)实现企业效益、社会效益和生态效益“三赢”的需求

污水公司独家拥有厦门市城市污水处理特许经营权,在厦门市社会经济和城市发展的水环境保障工作中发挥重要作用。一方面,污水公司负责厦门市行政辖区内的污水收集处理和相关设施的建设、运营及维护,承担着改善和保护厦门市城市水环境质量的重任。另一方面,经过污水处理市场化改革,污水公司作为一家由原国有垄断并全资经营的公用事业企业,转型成为需全部由企业自负盈亏的现代化企业,提高城镇污水处理运

营和管理效率是探索可持续经营，巩固特许经营权，实现企业效益、社会效益和生态效益“三赢”的需求。

二、水务企业提升城镇污水处理效率的运营管理内涵和主要做法

污水公司通过实行产业化改革、创新管理制度，不断优化人力、技术、设备等资源配置，推进标准化、制度化、精细化管理，提高运行管理效率；充分利用特许经营的优势，为企业和行业打造污水处理技术研发平台，运用科技创新和技术改造成果解决污水处理事业发展中的瓶颈问题，促进循环经济建设；应用先进污水处理技术，实施除臭降噪，推进污水处理设施与周边整体环境的协调、和谐，并逐步形成一套完整的污水处理标准化运营管理体系。主要做法如下：

（一）实行产业化改革，优化管理制度

1. 有机整合资源，提升公司核心竞争力

污水公司成立后对所有 6 座污水处理厂机构、人力、技术、设备等资源进行有机整合，设立工艺运行组、设备管理组、排水管理组、水质保障组、技术攻关组，从各污水厂调配一批专业人才集中到公司的核心工作上，研究、开发、应用污水污泥处理处置新技术、新设备、新工艺；同时，将所辖污水管网、泵站以污水厂为单位、按汇水区进行划分，安排到各污水厂管理，实行厂网合一。10 年来，不断提高公司污水污泥处理处置技术和管理水平，有效降低电耗、药耗等运营成本，打造了一批精英人力。

2. 实行污水处理厂和管网的统一管理，提高企业运营管理效率

一是建管一体，通过考虑污水处理的全生命周期，提出污水处理厂最优的建设方案、最佳的处理工艺、合理的设备选型及最佳管理配套设施等，从而实现发挥投资效益的建管模式；二是通过加强管网系统污水的水质监测，对影响污水处理厂的污染源进行有效监管，保证污水处理厂工艺运行和出水水质的稳定达标；三是充分利用泵站与厂网协同运行管理，合理调控污水流量，既降低高峰期用电量及污水处理能耗，又提高了出水的稳定性，并最大可能减少了事故污水排入自然水体所造成的社会经济和环境影响。

3. 推行标准化、精细化管理，提升企业管理水平

污水公司成立之初，一是将“安全生产、达标排放、优质服务”作为公司经营宗旨，形成全体员工的行动指南和努力方向。二是建章立制，先后制定《工艺管理手册》《安全管理手册》《排水管理手册》等一系列管理制度，依制度做事、用制度管人。三是强化水质管理，建立污水处理厂自检、排水监测站每天监督检查、水务集团水质部定期考核的日常水质三级管理机制，严格各污水处理厂工况运行，保证达标排放。四是实施考核机制，制定绩效考核标准体系，将考核结果与职工绩效挂

化验室化验

钩，保证工作计划得以有效执行。同时建立信息快递系统，提高应急管理能力，逐步形成一整套完整的污水处理运营管理体系，并以此为基础，编制涵盖污水处理运行、培训、考核及监管的地方性标准并成为福建省范围内的污水处理运营管理标准。

（二）充分利用特许经营权，搭建污水处理技术研发平台

污水公司充分利用特许经营权，在城市污水收集及处理系统、尤其是污泥处置方面投入大量科研力量，通过科技创新和技术改进，解决污水污泥处理处置瓶颈问题，不断提高城市污水处理效率。

1. 研发并应用污泥深度脱水技术，破解污泥处置难题

污泥臭味重，黏性大，有害物质多，物理支撑性差，难以与后续污泥处置方法衔接，产生了一系列环境和社会问题。污水公司通过分析污泥脱水困难的关键影响因素，筛选不同类型化学药剂和方法对污泥进行调理，研发不同污泥预处理工艺及控制设备，对压滤脱水设备进行优化研制；以典型的脱水污泥处理需求为导向，集成高干度污泥的脱水处理设备与技术，通过示范应用，形成工程技术系列规范，有效解决污泥处置的难题。

2. 研发并应用安全防坠装置，为城市安全增加一道防线

污水公司为避免因污水检查井井盖破损、缺失和被盗等造成人员坠亡，自 2006 年起在所辖管网检查井中安装防坠网，至今安装约 2.45 万个，基本实现污水检查井全覆盖，污水干管实现安全运行和环境安全，连续 8 年零事故。该安全防护装置获得了实用新型专利。在此基础上，编制完成了规定城镇排水管道检查井防坠落安全网的技术要求、安装、测试及验收等内容的地方性标准——《福建省城镇排水管道检查井防坠落安全网标准》，有效规范了全省排水检查井的建设。

3. 研究垃圾焚烧、转运站渗滤液与城市污水合并处理技术，为垃圾渗滤液处理提供新途径

垃圾渗滤液是一种高浓度的有机废水，其中含有大量的难降解有机物和有毒物质，污染性大。渗滤液单独处理的投资和运行费用都较高，已建成的垃圾渗滤液处理厂大多很难达标排放，成为其周边地区地表水及地下水的潜在污染源。为此，污水公司与中国科学研究院城市环境研究所、厦门市市容与环境卫生管理处和厦门市环境能源投资发展有限公司合作，开展相应的科技攻关，合理地利用垃圾渗滤液中的高浓度有机物作为污水处理厂的补充碳源，并最大限度地利用城市污水处理厂的处理能力，完美地解决城市污水处理厂碳源缺乏和垃圾渗滤液达标处理难题。

4.“节能型城镇污水处理厂网运行控制技术研究与应用”成果应用于污水提升泵站

污水公司通过分析我国典型城镇污水处理厂能耗组成与识别关键控制要素，采用活性污泥数学模型（ASM2D）模拟城镇污水处理厂工艺，研究电力、水力高峰低谷综合控制策略等多项节能技术，集成节能型城镇污水处理厂网运行控制技术研究与工程示范应用，并形成相应的技术集成方案和运行管理指南。

污水公司下属泵站共计 96 个，多数建成近 20 年。污水泵站建成运行后，为污水处理发挥了巨大的作用。污水公司根据“节能型城镇污水处理厂网运行控制技术研究与应用”成果对污水提升泵站进行自动化改造，增设了数据收集系统、中控调度控制系统等信

息化系统，实现泵站管理自动化、流程化、信息化。

（三）推进中水回用和污泥资源化利用，发展循环经济

1. 应用先进技术提高中水质量，推进中水回用

污水公司以纳米催化微电解技术为主，结合氧化、固液分离以及过滤消毒加氯等工艺，研发并应用中水回用技术，降低尾水污染物的浊度，提高污水的循环利用率。处理后的中水不仅可作为厂区和周边绿化用水，而且可为市环卫部门提供道路冲洗和公园景观用水，从而充分利用中水中的营养物质，完成生态系统内的物质循环。

2. 推进污泥资源化利用，促进循环经济建设

污水公司通过研发并应用污泥生物干化和污泥深度脱水技术，推进污泥资源化利用，促进循环经济建设。污水公司作为课题承担单位，与同济大学、中国科学院城市环境研究所等七家单位合作开展“城市污水处理厂污泥生物干化与土地利用技术研究”的课题研究和示范工程的建设工作，形成便于产业化推广的技术和运作模式，实现了污泥中有机物、营养物质回归土地，为污泥处置提供了一种资源化利用的技术路线。

（四）优化人力资源优化，提升污水处理运营管理效率

1. 重新优化组合人力资源，推进运营管理标准化

对污水处理运行过程进行标准化和菜单化，形成统一的标准化管理体系，有利于人员的流动；实行差异化用工管理，通过泵站自动化改造，使技术过硬且经验丰富的泵站职工从泵站值守岗位释放出来，将污水处理厂一些技术含量低的职位进行社会化，将这些职工充实到污水处理厂一线，并同污水处理厂运行班组人员进行重新优化组合，形成大运行班组。将技术能力强、素质高的员工组织起来，形成合力，攻克污水处理厂运行过程中的难题，不仅提高了劳动效率，也推进了企业运营管理的标准化。

2. 优化泵站运行管理模式，节约人力资源成本

污水提升泵站都设有高低压控制室等设备，按照原有模式配置，污水提升泵站存在人力浪费、劳动力成本较高等问题。污水公司通过泵站自动化改造，创新泵站运行管理模式。一是对单个污水提升泵站采用2人值守的“两房一厅加一条狗”的看管模式；二是对相隔较近的泵站采用兼管模式，即一个班次的员工兼管两座污水提升泵站；三是对地埋式泵站采用辐射式巡查模式，即由一名巡查人员对3座污水提升泵站进行巡查，发现问题及时上报污水处理厂中控调度，由中控调度统一安排人员进行处理；四是将原经验丰富的泵站职工从泵站值守岗位释放出来充实到污水处理厂一线，降低企业人工成本。

（五）注重环境改善，实现污水设施与周边总体环境的融合

1. 应用先进污水处理技术，建设节地型污水处理厂

污水公司篔筜污水处理厂于2004年年底进行二期扩建时大胆采用新工艺，该厂设计规模30万吨/天，自2006年投入运行以来，已连续稳定运行8年，在我国污水处理行业具有较大的影响力。该工艺占地面积仅为常规污水处理工艺占地面积的30%，既保证污水处理的规模，又降低了征地拆迁费用，每年可节约土地使用税100万元，增加了附近海

湾公园的面积，给市民提供更多的休闲、旅游场所，具有重要的经济、社会和环境效益。

2. 实施除臭降噪措施，建设环境友好型污水处理厂

随着城市规模的逐渐扩大，污水处理厂由原来的城市边缘变成了城市中心。污水公司先后完成筼筜、前埔、集美及海沧污水厂除臭设施建设，对污水处理厂等易散发臭气的设施进行加盖除臭，建设污泥料仓，实现了脱水后污泥不落地且完全密闭式运作（包括装车运输），避免造成异味等二次污染。同时，对噪声较大的设备设施采用隔音或消声材料，较好地解决了污水处理厂臭气和噪声扰民问题，改善了周边环境。

3. 创新泵站建筑设计，建设花园式泵站

一是泵站平面精细化，合理布置管理用房。根据设计规范，泵站应设置机器间，机器间包括主厂房和副厂房。主厂房设置水泵、电机机组及天车等附属设备，立式水泵有时单独设置水泵间及电机间。副厂房一般除设置配电及启动设备外，还设有值班室、控制室。为减少主厂房的建筑面积，主厂房保持地下部分不变，而地面部分则不再建设厂房，改为采用轻型材料（如彩钢板等）将产生臭气的地下构筑物部分封闭，既减少了泵站的总建筑面积，又防止臭气发散影响周边居民生活。

泵站的附属建筑即管理用房，包括生产性附属建筑和生活性附属建筑两项。取消传统泵站设置的储藏间、办公室、会议室、活动室；同时，为方便泵站管理人员的工作和生活，保证泵站电气设备免受气体侵蚀，使管理用房与集水泵坑、控制室和污水泵坑都保持一定距离；管理用房为两层，一层布置有高压室、低压室、值班控制室、工具间、卫生间等生产性附属建筑，二层为厨房、休息室（含应急保障休息室）等生活性附属建筑，总建筑面积仅为 200 平方米。

二是建设泵站除臭系统，改善周边生活环境。污水处理工艺过程中易产生硫化氢等有害气体，对人体健康危害很大，污水提升泵站除臭设施的建设十分必要。污水公司将污水提升过程中产生的臭气集中收集，采用生物过滤床技术，利用微生物的活性，将臭气中的污染物吸收、消耗、分解。目前，新建泵站基本配套除臭系统，已建泵站现也逐步进行除臭加盖。

三是泵站除砂系统建设，保证泵站安全、连续、稳定运行。由于污水中存在大量的各类生活垃圾、泥砂等比重较大的沉积物，容易造成加压泵及相关设备堵塞，严重影响泵站的正常运行。污水公司在泵站原有设备的基础上，因地制宜，设计相适应的拦截、沉降装置，安装砂水提升及分离系统，能连续有效地将沉砂及纤维较短的废弃物提升、分离，操作简单，自动化程度高。该除砂系统的运用，保证了泵站设备的安全、稳定运行，同时降低泵站运行和维护成本。

（六）行业引领，促进福建省污水处理事业的健康发展

近年来，污水公司通过积极参与行业交流，获取行业前沿信息，编制行业标准，开展行业培训，逐步确定在行业中的引领地位，引领厦门市乃至福建省污水处理事业的健康发展。

1. 编制行业标准，规范污水处理设施的建设和运营

一是规范污水处理厂运营和管理，提升污水处理厂运营管理水平。污水公司编制并

修订形成国内首部涵盖污水处理运行、培训、考核及监管的地方性标准——《福建省城镇污水处理厂运行管理标准》(DBJ/T13－88－2010)。该标准的推广应用,有效规范了福建省污水处理运营单位的运营管理,提高了污水处理运行管理效率,污水处理厂的运营不合格单位迅速向运营合格、良好单位转变,并为主管部门进行污水处理厂运营考核提供了依据,得到了国家住房和城乡建设部和国家环保部、外省市及高校的一致肯定。

二是规范和促进城镇污水处理厂污泥处理处置,实现污泥减量化、稳定化、无害化和资源化。污泥是污水处理过程必然形成的产物,随着主要污染物减排工作的深入,污水处理量的大幅增加,污泥产生量也陡增。污水公司自主研发深度脱水和生物制肥等技术,通过深度脱水填埋、制肥、焚烧、制砖、园林绿化等多种途径实现污泥全量安全处理处置,形成厦门特色的污泥处理处置技术路线,并在福建省范围内广泛推广。

三是规范城镇污水处理厂化验室设置和污水污泥检测,提升全省污水化验监测工的检测水平。污水公司十分重视污水污泥的检测工作,设置厦门市排水监测站,对公司所属污水处理厂的水质和污泥进行监测,为污水处理厂工艺调控,确保污水处理厂稳定运行提供强有力的技术和数据保障。受福建省住房和城乡建设厅委托,污水公司编制《福建省城镇污水处理厂污水污泥监测技术规范》,目前已完成技术规范文件初稿编制,正在征求专家意见,待该技术规范实行,将有效规范福建省城镇污水处理厂化验室的设置和污水污泥检测,提升全省污水化验监测工的检测水平,提高检测数据的科学性和准确性,进一步提高福建省城镇污水处理厂的科学运营管理水平。

2. 开展行业培训,提升污水处理从业人员专业素质水平

受福建省住房与城乡建设厅委托,污水公司作为福建省污水处理行业职业技能岗位污水处理工和污水化验检测工的鉴定点,承担福建省污水处理工和污水化验工的培训工作,并根据福建省污水处理实际情况,自主编著《污水处理工》作为授课教材,增设了近些年来污水处理新技术和新设备的内容,培训出数百名合格的污水处理工和污水化验监测工,有效提高了福建省污水行业工作人员的职业技能素质。

三、水务企业提升城镇污水处理效率的运营管理效果

提升城镇污水处理效率的运营与管理体系建立后,从优化管理模式、开展企业技术研发,增强物质循环利用和综合利用、优化人力资源配置、开展行业培训及标准编制等方面提升污水处理运营管理效率,提高了企业管理的执行能力,消除了传统管理模式的弊端,降低了企业运营成本、人力成本和建设成本,实现了企业管理标准化、规范化、信息化、绩效化、流程化和精细化。

(一)为厦门市城市发展提供了良好的水环境保障

污水公司自建立至2013年年底,固定资产投资从10.68亿元增加到25亿元,新增二级生化污水处理能力50.84万吨/日,新建污水提升泵站73座,新建及接管污水管网860多公里,在2006年率先实现每个区县建成一座污水处理厂的国家目标;2009年,在全国36个大中城市率先实现污泥全量安全处置,率先实现每个污水处理厂必须具备除磷脱氮功能的目标,污水处理全部达到《城镇污水处理厂污染物排放标准》(GB18918－2002)中一级B排放要求。

（二）科技创新，为企业可持续发展提供技术保障

污水公司自主研发的专利技术有效解决了传统泵站管理模式中存在的缺乏数据收集、报警装置以及布局分散等问题，精简了泵站管理人员，优化了管理流程，提高了工作效率。泵站在管理上实现集中控制、统筹协调、在线控制的有机结合，达到了企业管理信息整合、信息畅通等目的。采用自主研发的污泥处理处置技术，有效解决了污泥处理处置难题，降低污泥处置不当对污水处理厂正常运行的风险，在全国 36 个大中城市率先实现污泥全量、安全处置。

（三）优化创新管理模式，节约企业运营建设成本

污水公司通过对泵站进行自动化改造，对污水提升泵站管理转为技术含量较低的看管制，分布较为集中的泵站，采用辐射式巡查式，对值守人员的技术水平的要求也随之降低。2010－2012 年度，完成自动化改造的 44 座厂外提升泵站减少了人工成本 2600 多万元，取得了显著的经济效益。

污水提升泵站主厂房作为污水泵站的核心组成部分，一般占地面积较大。经优化改造的污水提升泵站取消了主厂房地面以上的建筑，节约了主厂房四周应预留的相应通道，单座创新型污水提升泵站的建设，可节省造价约 40 万元，缩短污水提升泵站的建设工期。

污水提升泵站自动化管理的实施，使泵站及污水处理管网的协同运行得以实施，形成污水处理厂网控制系统，降低污水提升泵站的运行成本，仅前埔厂可节约泵站运行费用约为 150 万元/年。通过开展污水泵站自动化控制技术的研究，可降低泵站电费，降低后续污水处理的生产运行电费成本。

（四）成果应用成熟，社会效益显著

污水公司坚持以“安全生产、达标排放、优质服务”为宗旨，致力于保护和改善厦门市水环境，被多次授予国家、省、市级“主要污染物减排先进企业”。先后承担国家水专项等国家、省、市级科研项目 10 项，拥有发明专利 2 项、实用新型专利 5 项、软件著作权 1 项，获省部级、市级科技进步奖各 2 次，被评为“国家级高新技术企业”。

（成果创造人：谢小青、胡彦田、黄珍艺、施　君、彭育蓉、戴兰华、吴琪璞、郑琦琳、卢光辉、王鲁闽、张荣清）

分散式接入风电项目的开发建设和运行管理

华能定边新能源发电有限公司

成果主创人:公司总经理张晓朝

华能定边新能源发电有限公司(以下简称“定边公司”)是隶属华能新能源股份有限公司(以下简称“华能新能源”)的全资子公司,负责华能新能源在定边县境内新能源发电项目开发、建设及经营管理工作,同时负责华能新能源在陕西省境内的项目前期开发工作。定边公司是华能新能源重点建设的百万千瓦级风电基地之一,目前已完成资源储备百万千瓦,进入核准计划容量 46 万千瓦。

定边公司自 2010 年初,开始研究并确定实施国内首个分散式接入风电项目——狼尔沟项目的开发建设和运行维护管理,2012 年 9 月完成项目一期建设,2013 年 12 月完成项目二期建设,目前投运装机容量共 1.8 万千瓦,在建装机 24 万千瓦。

一、分散式接入风电项目的开发建设和运行管理的背景

(一)贯彻国家能源政策的要求

风力发电是目前新能源领域技术最为成熟、最具有大规模开发价值和商业化发展前景的发电方式,“十一五”时期,我国陆续出台了《可再生能源法》《可再生能源中长期发展规划》以及《关于风电建设管理有关要求的通知》等一系列法律法规、配套政策和实施细则,号召能源企业不断加强风电产业的发展。目前,我国风力发电总装机规模已跃居世界首位,风电开发已成为我国新能源发展战略的重要组成部分。为确保我国风电产业实现可持续发展,国家相继出台多项政策鼓励分散式接入风电场的开发建设。

(二)科学开发运营风电的客观要求

目前,风电开发模式主要分为集中式和分散式两种。集中式接入风电是指采取集中大面积开发,将电能汇总后升压至 110 千伏(或以上)超高压后,接入骨干电网,长距离输送至远方电力用户的开发模式。分散式接入风电是指电场分布在用户端,电能升压不超过 110 千伏,就近接入电压等级较低的配电网,短距离配送至附近电力用户的风电开发模式。在国外风电项目的开发过程中,分散式开发模式所占比重较大。以西班牙为例,该国风电装机共约 2000 万千瓦,其中分散式项目数量占比近 90%。

目前我国风电项目基本沿用多年以来形成的“建设大电厂,融入大电网”的电源建设思路,风电开发模式以集中式为主。由于风力发电存在能量密度低、供能过程具有随机性和间歇性等特点,集中式风电接入模式对骨干电网稳定运行影响较大,存在调峰难、并

网难、脱网事故频发等相关缺陷。骨干电网为保证自身安全稳定运行，时常对风电场的运行容量进行一定限制，导致风电场时常按一定比例进行“弃风”，既浪费了宝贵的风力资源，又加大了风电场经营压力，严重制约了风电产业的健康发展。

分散式接入风电项目所生产的电能就近消纳使用，能够避免集中式项目在电网安全方面存在的不足。这种“分散资源、分散利用”的分散式接入风电开发模式，为风力资源较为丰富又有一定用电需求的地区，提供了兼顾经济性和安全性的风电开发方案，有助于促进风电开发运营进一步科学合理。

（三）实现华能效益型风电战略的必然选择

根据风电行业的发展现状及特点，华能集团提出了建设“效益型风场”的战略部署，以提高风电场单位千瓦的盈利能力为目标，开展风电项目的开发建设工作。华能新能源公司依据集团的战略部署，提出风电发展要由规模化向效益化转型，由开发资源优先转变为消纳优先；要以科技创新和管理创新引领产业升级。为贯彻集团总体战略部署，落实新能源公司相关要求，大力开发高效益、重消纳的分散式接入风电项目成为定边公司的必然选择。

二、分散式接入风电项目的开发建设和运行管理的内涵和主要做法

定边公司从当前风电开发的实际需要出发，针对自身资源储备特点，确定分散式接入风电发展思路；科学编制发展规划，合理开展项目决策；明确并优化工程建设方案，组织科研攻关，确保项目低成本、高质量、短周期建成投产；针对分散式接入风电特点，设计区域化运维管理方案，顺利开发投运了国内第一个分散式接入风电场，实现了风电电源与电网、负荷的和谐发展。主要做法如下：

（一）针对资源储备特点，制定建设分散式接入风电发展思路

定边县平均风速达到 6.5 米/秒，上网电价为 0.61 元，是寸土必争的优质风资源地区。2009 年，华能新能源股份有限公司进入陕西市场时，定边地区已有其他发电集团先后建设的两个 10 万千瓦的集中式风电场，同时定边县无稳定电源点，已不具备接入集中式风电场的条件，为此，定边公司在“效益优先、消纳优先”的原则下，通过调研论证，确定了分散式接入风电场的建设模式。

由于国内分散式接入风电建设尚处于起步阶段，既无行业技术规范，也没有实践项目可以参考，项目面临着接入方案、通行方案、风机本身是否适应分散式运行环境等诸多难题；对此，定边公司提出了“以技术攻关为基础，通过科技创新和管理创新引领开发模式创新”的工作思路，为逐步解决各项技术难题，优化生产运行管理方案，为成功建设并运营首个分散式示范项目提供了指导方案。

能源局赴现场调研并召开专题研讨会

（二）科学编制规划，合理制定开发方案

1. 以建设“效益型”风电场为目标，设计分布式风电场整体开发规划

分散式接入风电场采用消纳优先的开发思路，要求风电场在配电网“就地消

纳、就地平衡”，即依靠当地或附近电力用户直接消化、吸纳风场产出的电能，保证风场的发电能力和用户的用电能力相平衡，根据消纳能力决定风电场的开发容量。因此，定边风电以建设“效益型”风场为项目开发目标，不盲目追求项目开发规模。一是在分散式接入风电开发过程中，定边公司通过大量实地调研，确定了周边地区当前的配电网系统的现阶段负荷情况和未来三年内的负荷发展预测。二是按照“先规划，后开发”的基本原则，根据分散式接入风电场单体规模小，由负荷决定容量的特点，针对当前和未来配电网的负荷情况，确定分散式接入风电场当前和未来的建设容量。三是将可开发区域划分为若干片区，使一个片区的可开发风资源容量等于一期建设容量，明确开发顺序，形成分散式接入风电场整体开发规划。

2. 合理确定并优化开发方案，实现电网、电源及用户协调发展

在确定开发规划的基础上，定边公司全面考虑施工建设条件，合理研究确定开发方案。结合分散式接入风电升压特点，对传统的针对集中式风电场的开发方案做了改进，优化了由箱式变压器替代升压站及其配套设施的建设方案。在项目选址时，定边公司还充分考虑了风电场周边的交通状况，最大程度利用现有道路条件，减少了项目开发的配套工作量，节省了费用支出。

为确保就地消纳，根据分散式接入风电场直接接入负荷侧配电网的特点，定边公司对所接入配电网的负荷曲线和风电场每季度典型日的发电曲线进行耦合分析，并对负荷类型进行分类比较，得出最佳的接入容量，同时根据线路上负荷分配情况，进行分析计算，最终以线损相对较少、电能质量最优为原则确定了具体的接入方案，实现了电网、电源及用户负荷的协调发展。

3.“打捆”区域项目，提高前期工作效率

分散式接入风电场单个项目开发容量较小，如每个项目单独办理前期手续，则导致项目前期成本过高，时间过长。因此，定边风电采用集约化方式开展前期管理，在完成分散式接入风电规划，确定开发项目开发时序后，将某个区域(一般以县为区域)内的风电项目可行性研究报告以“打捆”方式集中编制，集中办理相关手续，在降低相关成本的同时，大大提高了前期工作效率。

(三)严控工程建设，确保项目低成本、高质量、短周期建成投产

1. 实行施工总承包和设备集中采购，有效降低建设成本

根据分散式接入风电单个风场容量小、设备少的特点，一方面通过施工总承包模式开展土建、电气安装和吊装等工作，避免了多次支付“进场费”等有关费用，节约了施工成本；另一方面，将各个风场所需设备进行集中采购，既通过规模效应节省了当次采购成本，又实现了同类设备由同一厂商供货，降低了投运后的运维难度，降低了运维成本。

2. 组织科研攻关，有效提高建设质量

定边公司在建设分散式接入风电场的过程中遇到了三大技术问题。一是配电网接入电压等级不明确，线径余量不够，风场就近接入配电网线路难度大。二是配电网没有专网通信，通信调度方案实现难度大。三是现有风机设备适应分散式运行环境的能力较差。定边公司及

时向上级公司汇报了有关情况，请求提供专家支持。在上级公司的大力支持下，定边公司联合多家单位，迅速成立了由内外部专家共同组成的专项科研攻关小组，在充分调研当地电网结构和负荷的情况下，共同研究解决相关技术问题，确定了解决方案。

确定风场就近接入配电网线路解决方案。攻关小组通过对项目周边配电网线路的负荷分析，结合风电场出力曲线的耦合性分析，最终提出将风电场以“T”形连接方式接在两条10千伏线路末端的方案，选定的两条线路以居民及工业负荷为主，负荷稳定，满足风电场出力的要求，同时由于这两条线路供电半径均超过20公里，末端的电能质量很差，在线路末端能投入分散式接入风电电源，较大地提高了供电质量，降低线路损耗，真正实现“电网友好型”风电场。

确定通信调度解决方案。目前大多数供电配电网线路无通信网络，且定边公司的分散式风场近临负荷中心，周边建筑物多，无论是在原有配电网线路加装通信线路，还是重新架设专用的通信网络都无法实现。攻关小组因地制宜，确定了“微波＋公网”的无线通信解决方案：首先通过微波无线通信方式将风电场信息传到25公里处的联通公司通信基站，然后通过联通通信网络将信息传到榆林供电分公司调度中心，从而实现通信调度。经过一年多的检验，风电场数据的传输率为100％，数据的误码率仅为1％，并且在雷电、雾霾、沙尘暴等恶劣天气中，无线通信网络依然坚强、高效。

确定现有风机设备适应分散式运行环境解决方案。目前我国风机设备的主要技术大多是从国外引进的，而国外厂家往往设置了很多技术壁垒，导致我国风电装备行业整体的研发能力不强，国内风机基本上都不具备单台独立并网运行能力。定边公司在分散式接入风电场并网运行初期出现了许多集中式风电开发所没有遇到过的技术难题，例如，低电压条件下风机启动、系统电压随风机有功出力升高、高频次谐波抑制、微网振荡等问题，对此攻关小组针对风场出现的各类问题开展了相关研究，对风机的有功和无功控制方式、低电压环境下启动方案、电压调节能力、并网控制策略等方面进行了多次改进，共完成实验和技改项目22项。经过技术改造，定边公司的风机设备已适应了分散式环境下的技术要求，通过了实际运行检验。

3. 有效缩短建设周期

定边公司根据分散式风电只接入低电压配电网，不进行高电压升压的特点，对风电场典型施工方案进行了优化。在施工设计中删除了110千伏及以上升压站及配套送出工程设计，改为配电网接入设计，并将配电网接入工程化整为零，融合到风电场本体工程中，使风电场整体建设周期与风电场本体建设周期相统一。之后，通过进度节点细化、进度实时跟踪、进度落后预警、进度实时抢抓等手段，对风电场本体施工进度进行控制，保证项目按时完工。通过以上手段，定边公司分散式风电项目建设周期较典型集中式风电场工期缩短2/3。

(四)针对分散式接入风电特点，实现区域化运维管理方案

由于分散式接入风电需就近接入低电压等级配电网的特点，风场单个项目的开发容量一般不超过2万千瓦，如按常规集中式风电场运营模式，在每个风场都安排生产人员，将导致运营成本过高，无法形成规模化效益。对此，定边公司深入分析分散式接入风电

生产特点，及时总结相关运维经验，设计了分散式接入风电场区域化运维方案并在实际应用中取得良好效果。

1. 建设监控中心，集中监控区域内所有风场

定边公司结合分散式接入风电特点，采取分散接入、集中管理的运维模式。多个风场从多个分散的接入点接入后，实施集中式调度管理，即在一定开发范围内统一建设一个监控中心（管理半径一般不超过100公里），负责多个分散式接入风电场运行维护管理，利用“微波＋公网”方式在分散式接入风电场与监控中心之间建立稳定的通讯联系，对分散式接入风电场进行远程监控，同时在监控中心与电网调度部门之间建立可靠的调度关系，确保分散式接入风电场安全稳定运行。

2. 充分利用信息化技术，增强远程监控处理能力

由于每个分散式接入风电场现场均实现无人值守，定边公司在每个风场安装了大量视频监控设备，将每个风场的实时状况全方位、多角度采集，并以视频形式上传至集控中心，实现集控中心对各个风场的全方位监控。同时，定边公司建立并充分利用远程故障诊断系统，实现对风机故障的远程集中诊断，提高了对风机设备故障的判断准确性，增强了风机设备故障处理能力。定边公司还开发了风场的通信保护功能，一旦检测到某个风场和集控中心的通信联络处于故障状态，保护功能立即自动启动，使整个风场退出运行，确保各风场的运行处于安全可控状态。

3. 优化人员配置，增强事故应急处理能力

定边公司根据分散式接入风电接入电压等级低、配电设备相对简单的特点，要求检修人员应同时掌握风机设备及配电网设备的检修能力，做到一岗双能。由于集控中心到每个分散式接入风电场的距离较远，在生产中适当增加检修人员配置比例，使每批生产值班班组都能达到“一组运行，一组巡视，一组检修，一组备用”的人员配置，增强对事故的反应速度和应急处理能力。

4. 加强质量监督工作，完善各项管理制度

分散式接入风电场现场无人值守，对设备可靠性要求更高。定边风电通过加强技术监督工作，增强计划性检修的种类及质量，增加预防性试验的种类，有效提高了设备可靠性。结合分散式接入风电特点，编制了针对性较强的运行导则、检修导则及应急预案，制定符合现场实际的生产制度，规范了生产人员的行为，保证了运行维护工作的质量。

三、分散式接入风电项目的开发建设和运行管理的效果

（一）低成本、高质量、短周期地建成并投运了我国第一座分散式接入风电场

定边公司通过实施分散式接入风电场建设和运行管理，顺利建成并投运国内首个分散式接入风电场——华能定边狼尔沟分散式示范风电场。狼尔沟风场分散式示范风电场一期项目于2010年2月完成立项，2010年12月完成核准，2011年3月开工建设，2012年9月正式投产发电。场内共安装6台1500千瓦的风力发电机组，采取风电机组——箱式变压器——配电网线路的电气连接方式直接接入当地两条10千伏配电线路末端，与当地集中式风电场相比，单位千瓦造价节省超过200元，成本优势显著。风场生产的电

量全部在10千伏配电线路进行消纳，年等效可利用小时达到2546.82小时，领先当地集中式风电平均水平近200小时(当地集中式风电场风资源条件优于狼尔沟风场)，年发电量达到2292.14万千瓦时，充分体现了分散式接入风电在新能源开发领域的综合优势。

(二)取得了较大的经济效益和社会效益

定边狼尔沟分散式示范项目年售电收入1173.00万元，实现净利润318.24万元，单位千瓦盈利水平达到353.60元。对比集中式风电平均约180元的单位千瓦盈利水平，盈利优势明显。狼尔沟风场生产的电能直接在配电网进行消纳，风场规模始终与当地负荷水平相匹配，项目投资收益处于相对可控状态，大大降低了投资风险。

狼尔沟风场投运后，风电场接入的配电网线路实现了10千伏直供电的方式，最近的用户负荷距离风电场只有1.2公里，线路综合线损保守估计从17%降低到7%。同时，风场并网接入点位于配电网末端，并网前，接入点的系统电压只能维持在9千伏左右，并网后，系统电压能够长期稳定在10.5千伏，电网的电能质量得到了显著改善。此外，分散式接入风电场接入的配电网线路既承担输电线路的作用，又承担供电线路的作用，线路全年都在有效利用，相当于节省了线路建设投资。狼尔沟风场自投产以来，当地电网对其“只监控、不调管”，从未向该风电场下达过调度计划，而是鼓励风电场多发电，电量全部上网，完全消灭了“弃风”现象，有效解决了传统集中式风电存在的调峰难、并网难、脱网事故频发等缺陷，实现了电网、电源及用户的和谐发展。

(三)为分散式接入风电场的开发建设和运行管理提供了经验和指导

自狼尔沟示范项目投产后，分散式接入风电建设已在全国范围内开展，其中陕西省、贵州省先后完成百万千瓦级分散式接入风电规划，国内主流风电企业均已启动分散式接入风电场的开发工作。

2012年8月，国家能源局组织相关专家对狼尔沟分散式示范风电场进行了现场调研，对定边公司分散式接入风电开发建设模式予以充分肯定。定边公司按国家能源局要求，将有关经验进行了总结，组织编制了分散式管理及电网接入有关管理办法，以国家能源局文件颁布执行。定边公司还受国家能源局新能源司委托，组织开展分散式接入风电场接网系统技术标准、分散式接入风电场规划编制规范等相关技术标准的制定，以及分散式接入风电场基础理论研究、设备选型及开发模式、调度及生产运营管理、检修维护管理等6大课题、20个子课题的研究工作。狼尔沟示范项目也已被国家标准委和中电联列为智能化电网综合标准化体系建设试点单位。这些行业标准和研究成果，将为今后的分散式接入风电项目的开发建设和运行维护提供明确规范和有力指导。

(成果创造人：张晓朝、丁　坤、董宇鹏、石祥宇、
常　英、李洪旭、徐　峰、王　东、董兆民)

供电企业基于 GPS 的车辆集约管理

国网青海省电力公司

国网青海省电力公司(以下简称“国网青海电力”)供电面积 47.2 万平方公里,是我国“西电东送”的重要输出通道之一,其中 110 千伏及以上变电容量 3115 万千伏安,110 千伏及以上输电线路 17248 公里,管辖 7 个州(市)28 个县的供电业务。

一、供电企业基于 GPS 的车辆集约管理的背景

(一)加强车辆基础管理工作的需要

国网青海电力车辆基础管理工作薄弱,对车辆管理工作的重要性认知仍处于传统阶段,与现代企业管理要求存在差距。一是与国网青海电力“三集五大”体系建设不相适应,直接影响后勤管理与保障工作的全面提升。二是与运营模式不适应。多年来,车辆基础管理较为松散、效能低下,凭经验运营管控,没有统一的车辆投入与保障规划,缺少科技技术管控手段支撑。三是与资源集约管理不适应。公司车辆资源分散,存在用车紧张和闲置浪费并存的粗放管理现象,与公司集约化、精益化管理要求不符,难以满足公司发展和电网发展的保障需求。四是人员素质与现代发展不适应。国网青海电力车辆管理和司助人员综合素质参差不齐,业务技能存在差异,保障和服务能力亟待提升。

(二)外部环境变化对后勤车辆管理提出新要求

从外部环境看,一是依法治国、依法治企对公司车辆管理提出新要求。自 2012 年国家实施新的《中华人民共和国道路交通安全法》以来,国家交通安全法律法规不断缜密,社会监管力度不断加强,对国网青海电力后勤车辆管理和服务保障工作提出新挑战。二是中央“八项规定”实施细则进一步明确了公车管理的新要求,对国网青海电力加强车辆管理,实施全过程安全高效管控提出新目标。三是随着社会经济发展和人民生活的改善,社会车辆急剧攀升,车辆行驶路况趋于复杂,国网青海电力车辆安全运行面临新考验。四是随着社会科技信息技术的快速发展,信息化、智能化管理技术不断深化运用,对国网青海电力车辆管理信息化建设提供了科技动力和技术支持,为全面提升车辆管理水平创造了技术条件。

(三)内部环境的变革要求车辆管理模式和发展方式需相应转变

从内部环境看,一是随着电网发展、公司运营服务范围的扩大,交通运输保障和服务要求不断提高,车辆管理的难度随之增加。二是随着建设“一强三优”现代公司、创建“两个一流”工作的加快及深入推进建设“两个转变”和“三集五大”体系,车辆管理模式和发展方式需相应转变。三是现代公司“集约化、精细化”管理要求,亟待通过车辆全过程、一体化管理来提升车辆管理水平,使车辆管理工作必须以公司后勤一体化运作为核心,实现由分散管理向集约管理转变、由粗放管理向精益管理转变,实现车辆整体资源的集约运作和优化配置。四是贯彻以人为本,建设和谐企业,确保员工生命安全和企业财产安

全，亟待通过转变车辆的监管模式，提升安全运行水平。

二、供电企业基于 GPS 的车辆集约管理的内涵和主要做法

国网青海电力车辆管理以优质服务保障交通运输能力为导向，以信息化建设为手段，以交通安全稳定为基础，以集约高效为目标，加快转变车辆管理模式和管控方式，创建“两个一流”，着力推进国网公司“科学规范、集约高效、保障有力、服务优质”的后勤综合保障体系建设，规范有序、监管到位、安全文明，全面提升车辆安全水平和工作效能，为公司发展、电网发展提供坚强保障支撑和优质服务。

总体思路：通过 GPS 车辆动态监控系统建设，建立健全各项规章制度，梳理管理工作流程，提升车辆及交通安全基础管理水平，达到车辆调度指挥、远程定位、运行管控、效能分析“四位一体”的车辆管控新模式，实现运行经济安全、管理集约高效、服务保障有力的后勤一体化车辆管理新格局。

主要目标：GPS 车辆动态监控系统建设，遵循“技术先进、实用高效、安全稳定”的原则，实现国网青海电力车辆管理科学规范、安全运行集约高效、交通运输保障有力、管控手段覆盖到位的车辆管理目标，为构建实施省级后勤保障“一体化”建设与管理奠定基础。主要做法如下：

（一）分析现状，查摆问题

国网青海电力紧密结合青海地域特点、道路交通状况、企业车辆保障服务能力、基础管理水平和工作现状等，查摆存在的主要问题。一是路况复杂。由于地处高原高海拔地区，气候异常，路况复杂，当地经济社会发展相对落后，道路基础设施和社会化交通运输保障滞后，对国网青海电力在电网建设、生产营销、应急抢险等方面的交通运输保障提出挑战。二是用车紧张。国网青海电力各类车辆配置总量偏少，基层各单位车辆始终处于缺口状态，给国网青海电力安全生产和经营管理带来一定影响。三是管理落后。车辆交通运输保障存在人员业务素质偏低，管理手段传统落后，车辆使用效能低等问题，尤其在调派、监控、保障、统计分析等车辆运行管理方面的信息化应用几乎处于空白。四是分布分散。截至 2014 年 6 月 30 日，国网青海电力系统共有各类车辆 1670 辆，分布在全省各单位、工区、站所（中心），车辆运行东西跨越 1200 公里，南北纵贯 800 公里，如西宁至国网海西供电公司所在地路程近千公里，县与县之间距离均在上百公里以上，部分电网线路处于无人区。五是安全难控。外部行车环境日益复杂，内部随着社会化用工的日益扩大，驾驶员技能水平参差不齐，给交通安全稳定带来一定隐患。

针对以上问题，2011 年初，国网青海电力安监部、后勤部共同协作，对车辆管理需求与措施开展了内外部调研、产品选型和项目评估论证工作，最终确定以 GPS 车辆动态监控系统的实施，突破管理瓶颈，满足工作要求。

（二）优化系统，完善功能

1. GPS 车辆动态监控系统功能运用

GPS 动态监控系统即车载设备通过接收来自 GPS 卫星的信号，经数据处理，获得车辆的实时经度、纬度位置数据，该系统主要由六大子系统组成，即通信系统、数据传输网络、车辆数据服务平台、车辆监控中心、车载设备、电子地图。针对系统现有功能，结合国网青海电力车辆运行特点和业务特性，对不符合实际使用条件的部分车载终端及 17 项功能进行了摒弃和屏蔽，如单向监听、休眠功能、模块自检等；对车辆停放、定位、图片回传、统计分析等功能不断完善。

2. GPS 车辆动态监控系统重点实现八大功能

经过近四年来对系统功能的优化和完善，国网青海电力 GPS 车辆动态监控系统重点实现八大功能：

实现车辆实时监控。利用车载设备接收 GPS 卫星信号，获得车辆实时位置（经度、维度），并向车辆监控中心发送位置、行驶速度、方向和状态数据，从而在车辆监控中心获知车辆动态。同时，可通过点名查看、设置静默、单点发送、定时发送、报警发送等多种方式获得静态或动态数据信息，以电子地图为背景显示车辆动态与轨迹，对车辆实施监控与管理。

实现车辆异常报警。目前国网青海电力 GPS 车辆动态监控系统已成熟运用四项报警功能。一是超速报警，根据道路路况，对车辆限速行驶，一旦车辆超速，车载系统自动报警，数据即时返回车辆监控中心。二是疲劳驾驶报警，当车辆连续行驶超过设定时间后，车载系统会发出疲劳驾驶声音提示。三是越界报警，系统可对车辆的行驶范围进行设置，当车辆行驶超出所设定范围，即违规跨区行驶，车载系统发出信号。四是应急报警，司驾人员一旦遇有险情，即可按动应急报警按钮，车辆监控中心即时获得车辆地理位置，可在第一时间组织援助。

实现车辆行驶数据回放。GPS 车辆动态监控系统设置动态和静态信息数据库，具备月数据信息和年数据信息储存能量，满足月、年度监控数据的调用、查询、汇总和分析，大量的数据储存功能，可回放任意时间段任意车辆的行驶数据，这一功能的实现，对车辆交通事故、违规驾驶等责任认定、原因分析，起到较好的辅助作用。

实现车辆行驶分段限速。国网青海电力根据不同路段不同车型在 GPS 车辆监控系统设置分段限速值，即高速公路，轿车、越野车限速 120 公里/小时，7 座以上车辆限速 100 公里/小时；一级公路，所有车辆限速 100 公里/小时；在国（省）道（除道路规定限速外），轿车、越野车限速 100 公里/小时，7 座以上车辆限速 80 公里/小时。通过执行限速规定和有效监控，杜绝超速违规驾驶行为，确保道路交通安全局面稳定。

实现车辆行驶危险点（段）预警提示。针对青海山大沟深、弯急路窄等特殊危险路段，系统可设置路况危险点（段）的语音预警提示，对车辆即将行驶到危险路段时，及时向司驾人员进行危险点（段）的语音预警提示，提前做好相应预防控制措施，保证行车安全。

实现车辆行驶图片回放。系统支持四路摄像，可在第一时间回传抢险、抢修现场现状和道路交通、设施设备状况、驾驶员违章驾驶情况，同时各级车辆监控中心、车管人员可便捷、高效地对车辆实施“路查、夜查”，确保车辆全天候监控到位，避免管理盲区。

实现车辆基本信息维护。系统涵盖了车辆所属单位、牌照证件、驾驶员档案信息、车辆参数、行驶里程、车辆报废等基本信息，实现了对公司所属监控车辆基础数据的全面覆盖、实现任意条件查询功能。

实现车辆基础数据统计分析。实现对监控车辆年（月）度行驶总里程、单车平均行驶里程、工作（节假）日出车率，年（月）度车辆运行费用、单车平均运行费用，车辆油耗、维修费等的统计、汇总、分析。

(三)重建机制,提升管理

1. 建立系统运行管理机制

国网青海电力通过建立三级管理机制,两级监控中心,确保系统运行管理到位。在国网青海电力省公司层面,后勤工作部归口管理系统的运行,负责业务指导、信息发布、监控中心人员培训,协调解决系统运行存在的技术、管理等问题;安监部负责对监控车辆违规情况通报和考核;基层企业层面,负责建立和维护本企业车辆、驾驶员信息档案,确保信息的准确性和及时性。完成本企业车辆运行数据的分析、汇总、考核及相关报表编制上报工作;在车辆使用部门和乘车人员层面,严格执行车辆及交通安全管理相关规定,司乘人员相互监督制约,做到行车系安全带,不超速、不随意变更行驶路线、不跨区行驶等。

2. 完善制度,明确系统各级运行职能职责

国网青海电力逐年修订和完善了《国网青海省电力公司公务与生产服务车辆管理办法》,先后制定了《国网青海省电力公司车辆 GPS 系统运行管理办法》《国网青海省电力公司驾驶员规范驾驶行为 100 条》及各级监控中心“十项”日常工作等相关制度。制度的建立和完善,为系统正常运用和功能的实现,提供了制度上的保证,系统的运用为制度的落实、管理的到位,提供了强有力的技术支撑。

目前,国网青海电力设置两级 GPS 车辆动态监控中心,其中一级监控中心一个,设在省公司本部,二级监控中心 9 个,分别设在 7 个地市供电公司和两个业务支撑机构,对未设置监控平台的企业车辆均纳入一级监控中心管理和监控。其职责分别是:

一级监控中心实行 24 小时监控值班,负责监控车辆运行参数采集,如行车里程、出车率、车辆泊放及车辆违章信息等;每日 8:30 分前发送公司电网辖区内路况、气象等信息;每月在监控系统中开展不少于 2 次的“路查”和“夜查”,抽查单位不少于监控车辆单位的 30%,抽查车辆不少于被抽查单位车辆的 20%;每月汇总、统计、分析和通报系统各单位车辆安全和经济运行状况,为相关部门提供相应决策依据。

二级监控中心除特殊工作要求外,实行工作时段内的值班制,负责本企业上线车辆的实时监控,每月维护车辆及驾驶员信息,开展系统测试维护,修正个别车辆定位漂移、数据误采等现象,保证系统正常工作和数据的准确性;对违章超速、违规跨区、疲劳驾驶、违规泊放等违规驾驶员予以信息警示;及时反馈本辖区的路况变化信息,按照周、月、季、半年、全年为周期,对采集的数据定性、定量进行统计、汇总、分析,编制上报省公司业务主管部门。

(四)实时监控,强化考核

1. 加强车速监控考核

国网青海电力按照国家和地方相关道路限速要求,结合公司车型车况,设定以 7 座以上和以下车型为限速条件,对高速路、一级路、国(省)道、其他道路,制定相应限速标准,并明确车辆在经过村镇、学校等行人较多或地形复杂、特殊天气等路况下,除按照当地路段限速标识规定执行外,以上路段均限制在 40 公里/小时以内行驶。对执行大型活

动时的车辆编队及紧急特殊任务需超速时(超公司限速标准),应向公司安监、后勤部门提前一日汇报,并且车速控制在当地道路限速标准之内。

车辆超速考核规定:对在单次行程内,车辆行驶速度超过路段限速值20%以内,当日行车超速次数在10次以上者,对驾驶员给予违章通报;车辆行驶速度超过路段限速值21%～50%之间,当日行车超速次数在6次以上者除违章通报外,按照超速次数予以100元/次相应经济处罚;当月车辆行驶速度超过路段限速值51%～100%之间,除给予违章通报、经济处罚外,超速次数累计3次以上者,进行下岗培训;连续3个月存在超速违章现象,或单月超速51%以上的次数累计达到10次者,调离车辆驾驶岗位或予以辞退。

2. 加强跨区域行驶监控考核

各企业根据电网所辖范围,设置了车辆运行区域,因工作所需,车辆驶出本企业车辆运行设置区域,必须经本企业车辆主管领导审批,跨省作业,必须报备省公司后勤工作部。如驾驶员或用车部门擅自将车辆违规跨区运行,由二级监控中心发出预警信息,并在当月车辆运行通报中,对车辆使用部门驾驶员或乘车负责人进行通报,并分别给予相应经济处罚。

3. 加强车辆停放监控考核

在执行工作期间,要求车辆停放在交管部门规定的停车区域;工作结束后,车辆停放在本企业规定的场地。一、二级监控中心,依据车辆调派信息和规定行驶区域不定期进行核实,重点对节假日和非工作时段的车辆停放情况进行查验,确保车辆停放定位有序,杜绝乱停乱放现象。在工作期间,将车辆违规停放在交管部门划定区域以外引起的处罚,由驾驶员本人全额承担。工作结束后,未经车管部门同意,将车辆停放在本单位规定场地之外,由二级监控中心对驾驶员发出警示信息,车管部门在当月车辆运行通报中对驾驶员进行通报并给予500元的经济处罚。因违规停放导致的车辆丢失,由驾驶员承担全部责任,并赔偿除保险赔付以外的全部损失。

三、供电企业基于GPS的车辆集约管理的效果

截至2014年6月30日,国网青海电力GPS车辆动态监控系统可监控车辆已达到1509辆(含二级集体企业车辆),与国网青海电力系统现有1670辆车相比,实现车辆监控率90.4%,其中对主业监控车辆达到96.8%。国网青海电力通过对GPS车辆动态监控系统的运行和管理,实现全天候动态监控、即时提醒、综合分析、监督考核,在规范驾驶员文明驾驶行为、提升车辆基础管理水平、强化车辆成本控制,杜绝公车私用,确保交通安全等方面效果明显。

(一)加强科学合理调度,提高车辆使用效能

国网青海电力GPS车辆动态监控系统的运用是实行"集中管控、统一调度"的基础保障。系统的在线实时运行,一是实现了科学合理的车辆调配。系统可平面、直观地反映所属各基层企业用车状况,如出车率、车辆占用时间及用车结构等基本情况,为车管部门准确掌握基层企业日常车辆使用数量、车型结构及合理性等方面的用车状况,以及各单位车辆年度需求计划及综合计划的编制准确性,提供了参考依据。二是提升车辆日常调度水平。公司各车属单位充分利用各级监控中心,实时监控掌握车辆运行动态,为合理

调度车辆、车型,完成日常保障任务提供了技术手段。三是满足特殊调度需求。在完成公司及基层单位大型活动、应急抢险等交通保障任务时,可方便快捷地实现在线车辆直控直调,快速整合车型结构,发挥整体使用效能,如公司抢险物资运输的定位监控。

(二)有效遏制违规行为,提升安全运行水平

系统自 2011 年建成以来,通过坚持不懈地执行车辆限速标准的监督考核和闭环管理,已初显成效。文明驾驶、遵章守规已成为全体司助人员的自觉行为,成为车管人员监督管理的有效手段。各级监控中心通过"路查"、"夜查"等监控方式,对驾驶员驾车期间的违规行为,如:不系安全带、接打电话、疲劳驾驶、违规停放车辆、违规跨区、超速驾驶等,进行有效监控和预警,实时遏制各类违章行为。通过系统投运前后统计对比,各类习惯性违章驾驶总体下降 94%,其中超速违章车辆由 2011 年(前 8 月)平均 63 辆/月,减少到现在每月个位数以下;超速违章次数由 24080 次下降到目前每月不到百次。目前"零"违章单位每月基本保持在 90%以上,使国网青海电力交通安全局面稳定,未发生负同等责任及以上的重、特大交通事故。

自中央"八项规定"实施细则实施以来,在公车管理和使用上,国网青海电力后勤、监察等部门充分利用各级系统平台,重点对节假日期间各旅游景点的车辆停放、非值班车辆的运行、夜间敏感场所车辆的乱停乱放等方面的违规用车行为进行核查,存在的问题及时予以通报,截至 2013 年 12 月底,公司未发生公车私用、乱停乱放等事件。

(三)切实发挥服务功能,确保交通安全平稳

一是气象预警预防行车隐患。青海省属于典型的高原大陆性气候,高海拔地区气象瞬时变化快,严寒冰雪时间长达半年之久,地理环境和气候气象给行车安全带来极大挑战。GPS 车辆动态监控系统实现了对冰雪天气、雷电沙尘、暴雨大风等异常气象的预警,有效指导车辆调派人员科学合理调度车辆和车型。二是路况预警保障行车安全。青海省的峡谷山地、大漠荒原为主要的行车路况,部分路段弯道窄急,坡陡路长,对驾驶员的驾驶技能和安全准确操作要求较高。通过系统对危险路段的语音提示预警设定,驾驶员根据信号指示,提前做好减速慢行等防控措施。三是应急预警防范行车安全。驾驶员在行车中一旦遇到险情,通过预警按钮,车辆监控中心及时向车属单位发出车辆遇险警报,并同期锁定汽车行驶具体地理位置,就近调动、组织力量予以紧急援助和施救。

(四)拓展系统应用功能,满足生产建设需求

近年来,国网青海电力所属各基层企业不断强化车辆监控中心的职能职责,优化中心建设,部分实现了车辆监控中心与生产应急指挥中心同建设、同使用,使车辆监控成为应急指挥的重要组成部分,通过将车载系统摄像实时抓拍功能延伸至生产抢修、抢险现场,第一时间将生产工作现场的实时情况及时返传应急指挥中心和车辆监控中心,为领导指挥决策提供第一手资料。

(五)填补常态监管空白,实现闭环高效管理

GPS 车辆动态监控系统的建设运用,使国网青海电力彻底扫清了车辆全过程运行期间的各个盲点,也为国网青海电力车辆相关规定的落实提供了依据和支撑。

(六)建立单车成本台账,提升经济运行水平

通过系统对运行车辆数据的采集,各级监控中心通过开展日统计、周分析、月通报的方式,对系统各单位在车辆使用、违章、运行费用等方面进行月度统计分析,为横向比对各单位车辆运行经济性、安全的稳定性,纵向比对单车运行指标及驾驶员的考评考核等提供了依据。通过统计分析,国网青海电力车辆平均出车率由投运初期(2011 年 8～12 月)的 66.6%,降低到 2013 年的 57.93%(2013 年 1～9 月),减少近 9 个百分点。随着车辆使用效能的提高,单车运行成本(保险、油耗、维修、过路过桥等费用)相应逐步降低,其中单车运行成本由系统投运前的 2.05 元/公里,降低到 2012 年的 1.97 元/公里、2013 年(前 9 月)的 1.91 元/公里,总体降幅达到 6.8%。扣除油价、车况等因素,按照公司主业 1026 辆、全年平均运行里程 2600 万公里、单车平均运行费用减少 0.1 元/公里计算,车辆总运行费用减少 260 万元(当年全额收回系统投入的 238 万元),使公司车辆运行成本得到进一步合理降低和有效控制。

(成果创造人:祁太元、张智民、徐志峰、李增业、范新科、沈永林、张永进、石英慧、宋小兰)

提高制造水平的节点管理

河南中烟工业有限责任公司漯河卷烟厂

制丝车间

河南中烟工业有限责任公司漯河卷烟厂(以下简称“漯河卷烟厂”)创建于1946年,企业占地面积5.6万平方米,年卷烟生产能力40万大箱,实际年生产卷烟30万大箱。2013年,实现销售收入38.13亿元;实现利税28.87亿元。曾荣获“全国五一劳动奖状”,2002年、2005年蝉联“全国精神文明建设先进单位”,2007年以来,连续七年荣获全国“安康杯”竞赛优胜企业。

一、提高制造水平的节点管理的背景

2006年,河南中烟工业有限责任公司(简称“河南中烟”)进行一体化重组,漯河卷烟厂成为河南中烟的一个生产厂。为适应烟草行业快速发展的新形势,2011年河南中烟提出了黄金叶品牌中原突破和“金叶制造”战略,努力打造具有更大荣耀与尊严的公司。“金叶制造”要求实施“树立精品意识,建立精细标准,实施精准控制,推进精益管理,打造精美现场”的“五精”模式,实现“工作零失误,过程零浪费,质量零风险,产品零缺陷,顾客零抱怨”的“五零”目标。“金叶制造”对生产制造过程和管理水平提出更高要求,而漯河卷烟厂的生产过程必须提升管理水平,实施目标节点管理,才能达到金叶制造“五精”“五零”的管理要求。

(一)优化生产流程的需要

漯河卷烟厂的管理流程是建立在岗位责任制管理和ISO质量管理体系程序的基础上,部分管理缺乏流程,个别流程管理较为粗放,管理存在盲区和漏洞,管控环节存在交叉、重复的现象,致使信息传递不及时、管理责任界定及问题处置出现推诿扯皮等问题,对流程的控制方面没有找出关键点,无法对关键点进行重点管控,只有优化完善管理流程,才能保证生产过程的顺利进行。

(二)精细管理标准的需要

漯河卷烟厂部分工作缺乏标准,例如,没有对车间换牌时间进行管理,造成车间换牌时间长,浪费工时。部分能源、原材料消耗等标准不精细,没有形成集成管理体系,缺乏严格、明确、具体、系统的控制标准,影响过程质量管控和成本控制,如原除尘风压的标准笼统设定为8600～9500pa,漯河卷烟厂现有YJ19和YJ15两种卷接机组,由于不同设备机型风压要求不一样,YJ19卷接机组除尘风压要求为9000～9500pa,YJ15卷接机组要求除尘风压为8600～9000pa,原标准过于笼统,没有分机型制定,造成卷烟机在生产过程中出现问题。

(三)金叶制造要求提升现行管理手段

金叶制造要求打造"优质、高效、低耗"的"五精"管理，形成职责清晰、流程顺畅、科学高效的管理体系。漯河卷烟厂实行的岗位责任制管理模式不能适应金叶制造的要求。岗位责任制管理有助于工作的科学化、制度化，但却容易形成纵向集权，条块分割，部门壁垒，相互之间缺乏协调配合。漯河卷烟厂各项专业如生产管理、质量管理、设备管理、安全管理、能源管理、物料消耗管理就未能做到有机融合，一遇问题就需要召开会议进行综合协调。在组织管理上出现管理层级多，造成上层决策、指令信息传递不到位，执行产生偏差等问题，亟须实施扁平化管理，提高企业效率。

基于如上原因，以提升"金叶制造"水平为目标的节点管理，从 2011 年 11 月份开始酝酿，2012 年 3 月开始试运行，2012 年 6 月正式实施。

二、提高制造水平的节点管理的内涵与主要做法

漯河卷烟厂以流程设计为载体，以过程控制精细化为目标，通过流程梳理，查找影响生产组织管理因素的关键节点，制定节点管理标准，强化节点管控措施，严格奖惩与考核，努力实现生产组织工时精准控制，提升生产组织效率，提高工艺质量控制水平，减少过程浪费，实现"优质、高效、低耗、安全"的生产目标。主要做法如下：

(一)确定生产节点

1. 重新梳理优化管理流程，为节点管理打好基础

流程化管理是企业管理最主要的手段，根据不同时期的目标需要对流程不断优化。"金叶制造"要求对现有工作流程进行梳理、完善、改进和优化。流程是确立节点的依据，只有在设计、优化管理流程的基础上才能实施节点管理。一是对现有工作流程进行梳理、优化。漯河卷烟厂共设计优化出生产计划执行流程、生产能源管理流程、原材料消耗管理流程、工艺质量检验流程、生产过程不合格材料处理流程、生产换牌管理等 50 多个管理流程。二是发现缺失流程。通过梳理，发现责任界定不清，导致推诿、扯皮现象发生的缺失管理的流程。

2. 依据流程设计布局节点

首先确立布局节点的原则。根据设计的流程，在优化完善的基础上，按照以下原则进行节点设置。第一，重点必控原则。一是对工艺流程中比较重要的关键部位设立节点，比如加香加料工序是卷烟烟丝制作的关键部位，直接影响卷烟的吸食口味，非常有必要对此工序进行重点控制，因此在此工序要设置一个节点；二是对管理流程中的重要工作设立节点，确保重要工作得到重点关注，比如对涉及安全的危险作业设置节点，确保该项工作可

卷包车间

控。第二,提升产品质量原则。容易产生产品质量问题的工作和部位,根据经验设置节点,对历年来产生问题的部位进行查找,如换牌时质量控制容易出现用错原辅材料等问题,在此设节点进行重点控制,保证产品质量稳定。再如对动力供应设置节点,对动力供应进行有效管控,确保供应的蒸汽、风压等动力的稳定,避免因蒸汽、风压等不稳定而造成产品质量问题,减少因产品质量不合格而产生的浪费。第三,提高效率原则。对一些进行管控就能够提升效率的工作设置节点,保证工作效率提升,比如对换牌进行工时控制,对换牌过程中的物资材料配送、设备改造、零备件供应的及时性等工作进行管控,减少换牌时间。第四,资源有效利用原则。对设备的开启时间、原材料的利用和主要耗能工序的控制设置节点,提高现有资源的利用效率。确定上述原则后,再进行布局节点,确保节点管理抓住重点,节点设置合理,并具备可控性。

其次对设置节点提出管理目标。第一,控制成本。按照价值链理论,运用鱼骨法对企业运营过程中各个涉及相关费用的环节进行分析,并采取措施减少成本,从而获得更多利润。第二,提高效率。细分每个流程的具体任务,把每一项作业都落实到个人,确保职责明确,同时打破原有部门间的职能壁垒,避免重复工作,提高工作效率。第三,降低风险。在企业管理的各个环节和经营过程中执行风险管理的基本流程,建立健全全面风险管理体系。

根据上述原则和目标,由生产管理部牵头,制丝、卷包、动力、设备、生产、质量等部门组织专人,围绕全厂生产组织流程,认真梳理关键部位、工作难点以及容易产生问题的部位,布局各工序节点,保证生产过程始终处于有效管控状态。从生产管理、工艺质量、成本控制和安全保障四个重点入手,将业务节点划分为生产工时控制节点、质量节点、成本控制节点和安全保障节点进行管理。漯河卷烟厂梳理出生产组织关键工序的核心生产节点 79 个。其中生产组织管理节点 22 个,工艺质量节点 6 个,成本控制节点 51 个。生产组织节点平滑衔接,各管理环节相互协调、相互配合、相互监督,各因素相互匹配。

第一,生产工时控制节点。生产工时控制节点的划分是以生产线连续生产且可单独控制的生产工段为节点,将生产工时控制划分为 18 个节点,其中主生产线 9 个节点,辅助生产线 3 个节点,生产服务 6 个节点。

第二,质量节点。质量节点管理突出对工艺基础保障、关键工序过程和生产特殊时间段进行重点管理的原则,将工艺质量管理划分为 15 个节点,包括技术条件、参数设置、过程控制、过程检验等 8 个基础保障节点,制丝换牌、卷包换牌、交接班、设备维修后、成品检验和质量评级等 7 个关键工序和特殊时间段节点。

第三,成本控制节点。成本控制节点管理分为节能节点管理和物耗节点管理。节能节点的划分以合理安排生产节奏,控制主要耗能工序,减少无效能耗和大功率电机空转时间为原则,将主要耗能工序及大功率电机设备划分为 25 个节点,其中:主生产线 9 个节点,辅助生产线 6 个节点,大功率电机 8 个节点,生产辅助 2 个节点。物耗节点划分是以提高制丝环节出丝率、卷包一次成品率和退出物二次利用率为原则,将原材料消耗划分节点共 26 个。

第四,安全保障节点。安全保障节点管理本着“生产必须安全”和“安全生产第一”的原则,将生产现场的安全部位划分为班前岗位确认、车间作业环境、危险作业、安全检查及隐患整改4个控制节点。

(二)制定节点控制标准

1. 明确节点控制内容

节点确立后,对每个节点所涉及的标准、制度、操作规程、与绩效考核进行整合。一是确定节点的岗位责任,编制节点操作规范,将节点工作标准汇编成指导性文件,将岗位职责落实到人。二是有针对性、多层次开展岗前培训,让员工知道自己在工作中的节点位置,掌握操作规程和操作标准,明确重点管控的内容。

2. 制订节点控制标准

节点控制标准是解决"怎么做"的问题。参照目标管理方法,对各节点制定控制管理标准。

首先由生产管理部提出节点管理总体方案;其次各相关部门根据整体方案,结合部门职能,组织生产、质量、设备、安全等专业人员拟定控制标准初稿;再次对拟定节点控制标准的科学性、可控性和可行性进行研讨,修改、完善节点管理控制标准,最终形成由以下五部分组成的《精细化生产组织节点管理实施细则》。

一是生产节点控制管理标准。对影响生产管理因素的关键节点,进行管理流程再造,对生产各因素结合生产实际制定工时标准,做好生产工时控制,以此加快生产节奏,提升生产组织效率,确保作业程序科学化、系统化。

二是工艺质量节点控制管理标准。对生产技术条件、参数设置、过程控制、过程检验、检测仪器、成品检验等主要过程,以及卷烟换牌、交接班和设备维修后等质量重点监控时间段,明确各节点工作处理流程和应达到的标准要求。

三是成本节点控制管理标准结合季节变化和生产设备、大功率设备的电、汽、气等能源保障,做到在满足工艺技术要求的前提下,确定大功率设备制冷、压缩空气、真空度、生产生活用水等动力供应标准,使能源消耗控制在合理水平。

四是物耗节点管理标准。对原料主要以生产过程退出物控制为要点,规定制丝线筛分物的分类使用方法、卷烟机剔除梗签含丝量和残烟剥后烟纸中含烟丝率,努力提高烟叶出丝率和卷包一次成品率。对材料节点控制流程,主要以材料更换为切入点,强化过程控制,提升工作效率,有效保证材料保供,切实提升设备能效。

五是安全保障节点管理标准。从班前岗位确认、车间作业环境、危险作业、安全检查及隐患整改等四个环节明确职工行为、物的状态、生产现场环境的具体执行标准。

(三)强化节点管控措施

1. 积极营造节点管理的氛围

首先领导高度重视。金叶制造的节点管理,涉及生产成本的研究、预算、控制、考评等诸多方面,这些工作只有在领导层的认可和鼓励下,才能获得人力、物力、财力的支持,最终使提升金叶制造能力的节点管理工作有效地开展。一是成立以厂长为组长的节点管理推进组织,明确责任人,划分职责,制定推进实施方案,积极营造节点管理氛围。二是召开动员大会,强化员工对节点管理的认同感。由厂长主持召开"我为金叶制造做贡献”主题大会，号召、动员全体职工，使全厂员工认清行业发展形势，领会金叶制造、节点管理的宗旨和内涵，进一步强化员工对节点管理的认同感。三是由厂领导多次主持召开部门中层会议，对节点管理进行研讨，确定管理措施；以厂部文件形式下发《精细化生产组织节点管理实施细则》，纳入制度管理，引起各级领导、职工的高度重视。

其次大力开展宣传、培训。利用各种培训资源、宣传手段，对节点管理实施方案分层级组织人员进行学习、培训，并组织干部、职工进行节点管理有关知识的考试，为节点管理稳步推进奠定坚实基础。在全厂开展节点管理大讨论活动，征集节点管理稿件，在局域网上发表，统一干部职工思想，提高认识，改变作风，全身心投入金叶制造中。

2. 根据节点管理整合各项管理制度

首先整合所有管理制度。将设备管理规定、生产组织管理办法、能源管理办法、内在质量管理办法、质量管理实施细则等制度整合到节点管理平台上。生产管理部修订完善生产组织管理办法；质量管理部依据节点管理理念建立以系统分析与改进为基础的自检、自控质量管理新模式；企业管理部出台《全面创新激励机制》和《事故责任追究管理办法》。2013 年年底，漯河卷烟厂将节点管理成果转化为管理标准。其次，强化制度执行。明确了由每个责任部门自主实施、生产管理部监督实施、企业管理部负责考核的三级制度落实机制，企业管理部定期对制度的执行情况进行检查，确保细则能够落实到位，实现全员参与和全程控制。

3. 严格考核并与绩效挂钩

绩效考评是节点管理得到有效实施的保障。首先明确责任和考核依据。制定节点管理考核实施细则，制订考核标准，明确节点管理的责任，对于责任部门为两个或两个以上的条款，根据职责多少划分责任比例，使考核有确定的依据。其次严格考核。第一要由生产管理部对车间节点管理落实情况进行考核。节点管理要求各个生产车间在落实节点管理的各项条款时，对每班次落实情况的自检、自查、自纠和督导工作做好翔实记录，生产管理部进行不定期检查，对检查落实情况进行考核、通报和网上公示，同时将考核结果上报企业管理部，企业管理部将考核结果纳入月度绩效考核。第二要由企业管理部对各相关职能部门节点管理落实情况进行考核。企业管理部负责对各相关职能部门在节点管理中的履责情况每月进行不定期的抽查，对有关投诉进行调查，并提出处理意见，对履职情况进行考核，保证了各相关部门职责履行到位。第三要注重考核结果应用。节点管理考核结果一方面应用于员工月度绩效奖金核算，当月以奖金形式兑现，另一方面进行积分管理，把个人积分作为获得专业技能培训资格、技能与职务晋升的主要依据。

4. 打造信息化管控平台

2013 年，漯河卷烟厂实施生产执行系统（MES）和卷包生产监控与管理系统，使制造系统的计划和进度安排、追踪、监视和控制，物料消耗使用情况，设备运行情况在电脑上清晰可见，与前期已有的制丝线监控与管理系统、能源管理系统、装备信息化系统组成一体，形成全厂生产组织信息化平台，使生产执行、生产跟踪、质量检验、质量分析、材料消耗、设备运行统计等业务活动，实现适时采集生产现场数据，为节点管理数据分析、质量管控、能耗物耗管理、安全和现场及生产全过程监控提供信息化支撑。一方面实现生产活动的自动化控制，关键工艺质量管控指标在中控系统建立预警机制，一旦超标就立即自动报警；另一方面使员工在生产现场终端设备上可以查看每个节点的工艺质量标准、管理标准、管理制度、考核结果等，节点的管控效果也能够在管理终端调出历史趋势，进行查看、对比，分析、考核，同时为识别改进空间、提升管理效率提供有力依据，实现节点管理的"精细化"和"智能化"。

5. 建立节点管理问题反馈机制

为使节点管理有效实施，及时解决在节点管理过程中出现的问题，实施节点管理能效会工作法。定期召开生产节点能效会，由主管厂领导参加，解决节点管理过程中遇到的疑难问题。按照 5W1H 方式建立台账，在 OA 局域网上发布，相关责任部门要在规定时间内，通过 OA 局域网将整改情况反馈给企业管理部和生产部，企业管理部验证整改，并纳入考核，解决生产疑难问题和生产组织管理中的推诿扯皮现象，形成良性的问题解决机制，保证节点管理的有效运行。

(四)持续完善节点管理

1. 建立节点管理完善机制

节点管理是一个动态的管理过程，在实施过程中，根据具体情况变化对节点进行不断完善，及时增加新的节点，删减不必要的节点。一是构建五排查机制，对设备、质量、安全、消耗和现场五方面持续排查、整改，并对排查出的问题点的解决措施持续补充完善到节点管理中，提高节点管理效果。二是构建二级节点管理机制。由生产车间依据厂级节点，细化、分解、制定二级节点管理，将节点管理延伸到生产的每一个环节。生产车间二级节点的主要措施是：对生产现场的 6S 管理纳入节点管理，不断促进现场管理水平提升；实行设备运行参数标准化，针对不同的牌号、不同装潢的最优设备运行参数进行标准化，把设备运行参数标准纳入二级节点管理中；推行设备因素分析法，全面分析因设备因素造成的产品质量问题，把分析出的关键因素纳入节点管理，提升节点管理效果。通过对节点的不断完善，目前已对厂级节点删减 9 个，增添 13 个，达到 83 个厂级节点；车间已经制定出二级节点 1830 个。

2. 用先进企业文化引领节点管理深入开展

企业文化是企业生存和发展的灵魂和支柱，是企业全体员工在长期的工作过程中培育形成并共同遵守的最高目标、价值标准、基本信念及行为规范，这种价值观贯穿于企业生产经营和管理活动始终，成为推动企业健康发展的不竭动力。漯河卷烟厂根据河南中烟的文化理念，结合漯河卷烟厂几十年来的文化沉淀，提炼出"厚学精工，创新超越，担当奉献，感恩共赢"的企业精神，"金质人品、金质产品、金质服务"核心理念等一系列企业文化，企业文化核心理念与金叶制造"五精"模式和"五零"目标达到了有机统一。同时，节点管理工作的开展促进了"金叶制造"水平的提升，进而促进企业文化落地，是企业文化的有力实践，对企业文化起到支撑作用。

三、提高制造水平的节点管理的效果

(一)综合管理水平明显提升

通过强化生产组织流程控制，优化生产组织激励和约束机制，实现"车间自主管理、部门协同管理、生产部监控管理和企业管理部监督管理”的四级管理机制；落实精益管理理念，使各种资源进行有效组合，使人、机、料、法、环、测各种资源得到最佳配置；质量与安全管理水平进一步提高，行业产品质量抽检合格率均为100%，市场反馈质量缺陷为零；企业连续5年荣获全国“安康杯”竞赛优胜企业。

（二）生产过程更加顺畅，生产能效不断提高

生产管理各环节相互协调、相互配合、相互监督，各因素相互匹配，形成独具特色的节点管理模式，为落实“五精”管理模式，实现“五零”目标，持续提升“金叶制造”水平，起到促进作用，有力支撑“金叶制造”。生产综合能效不断提高：单台班产量由实施前2011年的平均53箱左右，提高到2013年平均63箱左右。在产量相同的情况下，有效缩短生产工时。每月平均提前2至4天结束生产，以每天耗能5万元计算，一年节约近百万元。

（三）节能降耗效果显著

能源管理取得较好成效。2013年漯河卷烟厂综合能耗2.63千克/万支，比行业平均值3.26千克/万支低0.63千克/万支，居于行业先进水平。与实施前的2011年3.0千克/万支相比，降低0.37千克/万支，降低12个百分点。

原材料消耗得到有效控制。2013年漯河卷烟厂万支耗烟叶达到6.51千克，在行业处于先进水平，比行业平均值6.786千克/万支低0.26千克/万支；万支耗商标纸500.15张，比行业平均值501.22张低1.07张，与行业最优值500.12张基本持平，位列河南中烟生产厂的第1位；万支耗嘴棒2085.17支，比行业平均值2096支/万支低10.83支/万支，降耗效果明显。

通过生产管理节点的有效实施，各生产环节衔接平滑，关键节点得到有效控制，生产作业参数更加精细、生产流程控制更加精准、生产现场更加精美、产品质量得到提升。金叶制造能力得到稳步提高，有效落实“五精”管理模式，实现优质、低耗、高效和安全的生产目标，为“黄金叶”品牌卷烟“中原突破”提供强有力支撑。

（成果创造人：吕　飞、丁恒杰、牛社民、赵群发、李建勋、孟振伟、周　冰、张国平、徐　铭、谢英杰）

航天企业多型号研制与批产交叉并行的生产管理

湖北三江航天江河化工科技有限公司

成果主创人：公司总经理何宜丰（右）与党委书记韩志远

湖北三江航天江河化工科技有限公司（以下简称“江河公司”），又名“国营八六一〇厂”，隶属于中国航天科工集团公司第六研究院，现有员工1100余人。主要承担航天武器装备的复合固体推进剂配方研制、推进剂装药生产、型号发动机总装测试、地面静止试验和某型号战斗部总装、试验等任务，拥有国内一流大型混合设备及装药生产线，先进的无损检测系统、高空模拟试车台、九分力试车台及较大规模的航天型号火工品生产能力，先后参与完成了50多种型号的研制与生产任务。

一、航天企业多型号研制与批产交叉并行的生产管理背景

（一）保证及时完成航天武器装备任务的需要

近年来，国际形势严峻，军事斗争准备如火如荼，国家对型号研制与批产任务的需求激增，并且用户对产品的性能、科技含量要求高，时间节点紧迫，要求江河公司及时完成与国防武器装备现代化建设相适应的型号武器装备任务。

原有的生产管理与生产能力无法保证及时完成航天武器装备任务，不能满足用户需求。一是现行生产流程不适应新的任务需要。二是生产管控方式和管控能力不够。三是在建的信息系统应用不匹配生产现场变化情况。江河公司必须提高科研生产能力，探索新的生产管理方式，通过实施多型号交叉并行的组织生产与管理，及时完成科研生产任务，满足航天武器装备任务需要。

（二）促进企业战略落地，提升竞争力的需要

江河公司谋求“打造国内一流固体火箭推进剂装药大型一流企业”的发展战略，为促进战略落地，制定了“三个转变”的发展途径，即从计划生产型向研制生产型转变，从计划批产任务型向协外业务拓展型转变，从传统常规型号向“高精尖”型号研制生产转变，改变原有以少量研制为辅、批生产为主的生产规划与组织生产模式，实施多型号研制与批产交叉并行生产管理，提高科研生产能力，以适应市场竞争形势与公司发展战略需要。

（三）实现优化生产资源配置，提高企业生产能力的需要

在资源配置方面，研制产品与批产型号、协作配套型号争夺有限资源现象时有发生；在产品方面，研制产品和协作产品具有按需生产且通用性不强、研制产品工艺离散、产品

种类多、生产批量小、质量要求高、安全风险大、过程不可逆性的特点;在人力资源方面,型号生产线上一线操作人员不足500人,需要集体作业完成的班组在3/4以上,关键工种20余类,65.5%为集体手工作业,且要求操作技能高、劳动强度大;生产设施设备方面,在用的仅一条生产线,技改和研制保障项目正在建设,尚不能形成生产能力;生产管理方面,以人工为主的调度管理每天面对近50个型号的交织生产,在建的ERPⅡ信息管理系统因管理基础薄弱难以全面发挥功能。

针对上述问题,江河公司必须改变现有生产组织方式,开拓创新管理方法,采取在一条生产线上,实现科研新品与批产产品、协外产品交叉并行、多型号并举的生产管理方式,以提高科研生产能力,及时完成科研生产任务,满足用户需求。

二、航天企业多型号研制与批产交叉并行的生产管理内涵与主要做法

江河公司面对航天武器装备的科研与批产任务重、型号品种多、协外产品急、资源条件有限、生产能力不足的复杂状态,及时开展管理诊断,制定总体目标,明确了"多型号研制与批产交叉并行"的生产管理思路,以用户需求和自主研发为导向,优化资源配置,调整生产布局,解决多型号研制、批生产和协作产品交叉并行生产的管理难题,提升了综合实力和核心竞争力。主要做法如下:

(一)制定总体目标,明确交叉并行生产的管理思路

江河公司以化学动力技术研究、固体推进剂配方研制、发动机装药、总装、地面试车、高能原材料合成的核心技术为技术支撑,根据核心技术和型号产品领域的特点和要求,以提高质量、降低成本、准时交付、延伸服务,"打造国内一流固体火箭推进剂装药大型一流企业"为战略目标,以发动机装药为主线、以高能配方研制为核心、以新型号研发为能力拓展、以外协产品加工为延伸渠道、以创新管理为加速器的发展战略,制定了在复合固体推进剂研制生产能力达到国内先进水平、行业动力装置装药量位居前二力争第一、年度生产能力在1000吨以上的生产能力总体目标。明确了"多型号研制与批产交叉并行"的生产管理思路,即通过优化资源配置,调整生产布局,细化工艺流程,强化管理职能,创新管理方法,夯实基础管理,细化生产计划,强化管控措施,实现在一条生产线上、有限资源条件下,效益显著的及时完成航天武器装备任务的经营管理目标。

(二)建立"鱼刺形"生产布局,重置生产流程

1. 梳理生产流程,整合资源,重置生产格局

江河公司在分析40多种具体型号任务、产品结构、工艺特征、生产组织特征的基础上,对类型相同、生产资源相近的任务进行资源整合,在专业车间对各类生产要素按型号任务或产品的工艺路线及生产周期进行布置,在一条生产线上各型号既交叉安排,交叉生产,又任务并行,节点并行,形成鱼刺形生产布局,即多个生产单元交叉并行的生产格局。

江河公司办公楼

2. 优化工艺流程，保障安全质量进度

江河公司成立工艺攻关小组，结合实际对生产转运环节进行了工艺优化，把工艺流程相同的型号安排在一个工序，节省了工艺时间，提高了生产进度；合并工艺流程，对于多个型号的流程合并，提高了流转速度；对操作流程进行优化、操作细化，使之更具科学性和可操作性；将生产计划、工布、任务、操作等分化到具体人员，做到操作有规程、有记录、有追溯性。把安全质量责任落实到每一个操作者，克服交叉重复流程，保障产品质量，保障安全和生产进度，提高生产效率与任务完成率。

（三）强化生产组织指挥与调度，提高生产管控能力

1. 优化机构管理职能，强化生产组织指挥

江河公司对部门职能进行优化和调整，将科研处、生产调度处合并为“科研生产处”，设置负总责总经理、主管科研生产的副总经理、型号总指挥、总调度长、生产计划调度、生产管理调度、生产综合管理等岗位，一线生产车间分设调度岗位，负责研制型号、批产型号、协外型号、外协型号的生产计划与调度，形成自上而下、横向到边、纵向到底的生产组织指挥与调度系统，为提高生产管控能力提供了有力的组织保障。

2. 科学排产

在编排计划以及在实际生产过程中，按照“生产准备提前一步，安排工作紧前一步，掌握信息靠前一步，考虑问题超前一步”的生产管理方法，掌握生产线的每一个环节和生产节奏，充分发挥生产调度的枢纽指挥作用。作为发动机装药生产企业，面临上游的壳体供应，下游的产品交付，生产过程的策划安排，多方配套单位的协调，靶场试验的安排，研制型号生产等复杂情况，通过“四个一步”方法进行统筹兼顾和谋划。在生产计划与过程管控中，按照“任务清，计划到位；节点清，协调到位；短线清，配置到位；措施清，落实到位”的方法，深入分析可能影响生产正常进行的因素，充分预估生产过程的突发情况并做好准备工作，科学合理进行工作策划与计划排产。生产管理部门实施任务按照“外协优先、科研与批产并行”的原则进行计划。根据各类型号任务和生产要素的齐套性，把年度生产计划逐步分解到月生产计划下发到生产车间，生产车间把月生产计划分解为周生产计划、日生产计划，生产班组把日计划分解到完成工时。生产车间根据生产要素准备情况，模拟运算出最大产能信息反馈给生产管理部门，生产管理部门再次对产能和负荷进行预估分析，按照松弛率进行分类计划排产，实现多约束条件下计划与控制，产生可执行的月度生产计划下发到车间，并通过生产日报、月报、季报、生产协调会、现场跟踪等方式及时收集处理生产信息，进行生产能力平衡与计划调整，形成强制计划与实际产能的调整空间，应对在不可抗力情况下保障任务节点的生产调控能力。

3. 综合运用工具管理与项目管理优化生产调度

工具管理方法对任务不饱满、批生产的生产管理来说具有优势，生产效率高，然而在一条生产线上同时完成近50种各类型号的科研、批产、外协的研制任务，交织并行的生产状态下，工具管理方法满足不了多型号的时间节点要求；项目管理方法生产调度难度较小，生产与管理流程畅通，但在多型号交织并行的生产状态下，往往会出现调度人员为尽快完成分管的型号项目而抢占生产资源的现象。江河公司把上述两种管理方法结合

在一起，一方面在资源条件允许情况下，充分发挥工具管理方法的优势，提高紧急任务、批产任务的生产效率和保障节点，同时利用项目管理的系统性和流畅性，合理分配多型号并行生产要素，避免阶段性资源利用率不高的问题，使两种方法优势互补，扬长避短。

4. 建立任务松弛率预警机制，提高计划完成率

根据各型号节点时间、生产周期、工艺工序时间及各生产车间具体生产状态，计算出任务松弛率，把握住生产进度，及时调整计划，提高生产进度可控性，松弛率越大，可控性越强，完成临时紧急任务的可能性也就越高。当发现任务松弛率极小，或者出现影响生产进度和任务节点的问题时，立即启动生产预警机制，发出“红色预警单”或召开紧急协调会，迅速协调相关单位，调整生产计划，实现所有协同部门的快速响应，全力保障计划任务节点。

5. 严格考核，提高执行力

通过建立任务导向的多层级考核体系，突出过程驱动性的考核力度及导向作用。第一层次为考核过程即生产进度考核，考核对象为各生产单位和直接相关的科研生产、工艺技术、质量检验、设备保障、动力保障等单位，设置生产进度奖励；第二层次为考核结果即绩效与责任考核，考核对象为各单位，根据每个月完成生产计划任务为导向设置绩效与责任考核指标和奖惩额度；第三层次为综合考核即年度生产责任令考核，考核对象为各单位，根据下达的年度《厂长责任令》中各类指标完成情况进行年度生产协同管理考核奖惩。

（四）强化安全管理，保障稳定生产

充分发挥技安部门的职能作用的同时，新设置“安全技术研究室”，一方面强化日常安全生产管理，另一方面对新材料、新设备、新工艺、新技术进行安全性研究与实验，为安全生产与安全管理提供科学可靠的依据，全方位严控安全风险，杜绝安全事故发生。

1. 树立安全理念

树立以人为本的安全发展观，秉承“尊重人、爱护人、理解人、关心人”和“依靠人、依靠全员抓安全”的理念，创造安全、健康、舒适的工作环境，用文化的引导力和渗透力来引导员工自觉地参与安全管理，培育职工的安全认同感，激发员工“关注安全、关爱生命”的本能意识，消除和控制各类不安全思想、不安全管理、不安全行为，提高安全管理的有效性，实现企业安全、员工健康、持续发展的本质安全建设目标。

2. 分析与辨识安全风险

针对多型号科研与批产交叉并行的生产方式，充分辨识各种安全风险，做到事先防范，重点监控易发生事故的部位和活动。通过安全技术预先研究，从源头上进行安全管控，特别是对“四新”（新材料、新配方、新技术、新设备）开展安全预测、安全评价，及时预测可能产生的新的危险源和不安全因素，并进行危险性评价和危险性确认，形成安全管理预警体系；通过设施完善、隐患整改、违章检查、应急演练等一系列手段，形成安全管理预控体系。

3. 建立安全行为素养的长效机制

一是建立现场管理机制，把好现场关。积极推进“6S”现场管理，避免意外伤害；加大

厂房、设备色彩化和物品定置管理，避免误操作；工作场所设置爱心安全提示牌，体现对员工的平等和尊重，使员工在无形中感到安全责任。二是建立安全监督检查机制，把好检查关。成立专门的安全检查机构并设立“安全总监”，经常性开展现场巡查，及时发现和纠正违章，发现隐患立即通知责任单位予以整改。强化班组兼职技安员的安全监督职责，实行安全生产控制点“三检制”(自检、互检与专检)，在班组成员之间开展自查、互查，制止违章，形成安全联保责任共同体。三是建立作业标准化机制，把好流程关。成立安全生产标准化达标工作领导小组，全面开展“操作标准化、管理规范化”工作，使各级人员充分理解和完全掌握与本岗位有关的标准、规程、制度，并检查、督促落实。四是建立安全培训机制，把好培训关。积极落实全员培训计划、严格学时，重点围绕岗位达标开展全员培训，侧重非正常情况下应急处理技能培训，新技术、新工艺、新设备、新材料在使用前进行安全教育培训。五是开展安全技术防范，把好现场关。投入 300 余万元完成了“安全传感器工程”建设，通过实时现场温度、湿度、定员、释放静电和操作行为的安全性监控与提醒，发现并纠正现场不安全行为、不安全因素，提高本质安全度。六是建立人文关怀机制，把好情绪关。在班组集体成员之间营造诚信友爱、和谐共事的氛围，创造宽松和谐的人际关系，从细微之处关心员工，解决部分员工困难，通过人文关怀，企业“人本、人权、人性、人情”思想充分得到体现，使职工能够扎根山区，快乐工作，健康生活，为安全生产和完成生产任务奠定良好基础。

(五)建立长效机制，确保产品质量

通过建立质量管理长效机制，保障产品质量及航天武器装备的安全性、可靠性和成功运行。

1. 确立质量核心理念和质量风险观

根据多型号科研与批产交叉并行的生产方式，结合航天火化工产品生产过程高危险性、不可逆性和集体作业的特点，确立了“工作无差错，产品零缺陷”的质量核心理念和“老实做人，照章办事，一次做对”的质量行为准则，树立“一人出错，整体受损，一件报废，一批受阻，一个隐患，酿成灾难”的质量风险观。设置“质量管理专栏”，开展“质量月”、“航天质量日”、质量案例展览等专题活动；利用工作简报、会议、板报、看板、警言警句等进行宣传教育，发动全员讨论；实施环节监督约束机制，设立质量问题曝光台，对典型不良质量行为进行曝光；开展评选“免检工序”“免检操作者”“免军检检验员”活动，以培养人格化的质量，促进质量意识、素质行为逐步规范。推行质量管理“三不法则”，即“不接收不合格产品、不加工不合格产品、不传递不合格产品”；推行“三个确认”，即“确认上道工序的产品质量、确认本工序工艺技术要求和生产质量、确认交付下道工序的产品质量”；执行“三不放过”，即“质量事故原因责任查不清不放过、整改措施不到位不放过、责任人未受到教育处理不放过”，最终达到整改归零状态。

2. 运用先进检测技术保证产品质量

为提高产品质量，保障航天装备的安全可靠性，投入巨资建了具有国内先进水平的“无损检测系统”(工业 CT)，对产品质量合格率进行深层及断层检测，运用“质量质心测试仪”检测战斗部的质量质心合格率，使用“内窥镜技术”检查产品内部的表面表观合格

率，使用“超声波技术”检查发动机绝热层粘贴合格率，辅以国内最先进的计量理化分析设备。通过先进的前沿检测设备与检测技术，一方面对提高产品质量有较大作用，另一方面对操作者提出了更加严苛的要求，对于创新质量管理方法，提高产品质量性能具有重大意义。

3. 开展质量提升活动

一是引导QC小组攻克质量技术“瓶颈”，通过积极引导和政策鼓励，使群众性质量管理活动有声有色，尤其是攻克了一系列质量技术“瓶颈”，其中16项获全国优秀成果，2个QC小组晋级国优，企业获“全国质量管理小组活动优秀企业”称号。二是推进班组质量建设和操作技能培养，开展“质量能手”“质量标兵”“质量过硬班组”“榜样工人”等创先争优活动。重视和不断加强员工的质量管理和操作技能教育培训，发挥生产班组中高技能人才的优势，采取“传、帮、带”、师带徒、培训、轮训、技术练兵及技术交流，选送班组人员参加国际交流和考察，有针对性地对操作技能较差人员进行培训。

(六)建立与生产相匹配的保障体系，综合提升生产保驾能力

1. 物资供应提速增效

加强物质管理部门的职能，形成与现行生产方式相匹配的物资供应链。一是在上年底策划生产任务的同时谋划物资供应需求，由各部门提出原材料、设备等物资采购需求，按照任务节点提前完成采购和供应；二是根据产品总体设计要求和用户合同要求，及时建立《军品物资合格供方目录》，邀请供货商座谈，明确需求和供货时间节点，预测物资供应可能存在的问题并提出解决方案；三是根据生产现场或生产计划调整的需求，特事特办，实施紧急采购流程，以保障供应；四是利用“物资管理信息”平台，物资管理人员和各生产单位可以随时查询物资库存和流转状态，以便及时做出预判和调整计划及采购需求，不因物料供应而影响生产进度。

2. 利用信息系统掌控生产状态

江河公司根据科研生产和保密工作的实际需要，先后投入500余万元建成了涉密信息系统，开发了公文处理、PDM工艺技术文件处理、安全电子邮件、ERP生产物流信息管理、财务管理等应用系统，生产管理部门通过信息管理系统、内部电话等信息通道，向各生产单位发送生产指令，各生产单位每日向生产调度部门报送任务进度和相关数据统计情况，以便生产管理部门及时掌握生产信息，做出任务松弛率判断，及时调整状态，为每月科研生产讲评会、下一步决策和任务考核提供依据。

3. 设置备份动力保障系统

通过改造并建立双线供电系统、应急柴油发电机组等办法，保障科研生产不受动力保障影响，同时建立与地方国家供电部门的长期联系与沟通机制，在大型装药、地面试验的状态下，提前申请用电保障，防止因停电造成生产中断和不可挽回的损失。

4. 建立人力资源应急机制

江河公司注重职工技能培训和提升，实行“一岗多能、一人多证”的激励政策，根据生产任务需要，通过人员借调、换岗、替岗、补岗、增援、突击队等方式解决人力资源短缺的

问题，保障生产连续性和完成节点任务。

三、航天企业多型号研制与批产交叉并行的生产管理效果

（一）保质保量地完成了研制与生产任务

江河公司通过实施多型号研制与批产交叉并行的生产管理，及时全面完成了以国家重点工程和专项工程为代表的武器装备研制与批产任务，保证了国防武器装备和航天产品保质保量按时交付，同时完成了多个自主研制型号和多个协外型号的生产任务，用户合同履行率100%，实现了型号批产及协外任务一次交检合格率100%、交付率100%、地面试验和飞行试验成功率100%、批产型号靶场和交装开箱合格率100%、研制型号靶场开箱合格率100%、用户满意度100%、重复性故障和重大质量事故为零、综合废品率0.5%以下的生产管理目标。

（二）大大提高了企业劳动生产率和市场竞争力

实施多型号研制与批产交叉并行的生产管理以来，江河公司建立起生产指挥系统职能明确、责任清晰、协同应急的组织架构，形成生产流程稳定、计划可控、调度顺畅、保障有力、反应快速、交付及时的生产管理系统，用户需求得到快速响应和保障，赢得良好信誉和美誉度。企业在单位时间内完成各类型号研制与批产以及协外任务的能力较3年前提高了3～5倍，大大缩短了型号产品研制与生产周期，劳动生产率大幅度提高，承担的型号科研和批产任务逐年递增，产值由过去2亿多元增长至4亿元以上，承揽协外型号（市场协作配套产品）由3个增加至15个，产值由过去300余万元攀升至5000万元以上，科研与生产能力在同行业中名列前茅，形成了核心竞争力，提高了市场竞争力。

（三）促进了经济效益和社会效益的显著提升

实施成果以来，江河公司经济效益逐年增长，产值逐年提高，已突破6亿元大关。在安全管理方面取得了“安全级”证书，质量管理方面成绩斐然，每年申报注册的QC成果在20余项，获得的各级质量协会成果在15项以上，有12个班组质量管理活动小组获得市级、集团级和省部级以上奖励，2个班组分别被中华全国总工会和湖北省总工会授予“工人先锋号”荣誉称号。

江河公司连续五次被授予湖北省“最佳文明单位”，荣获“湖北省五一劳动奖”“国家科学技术进步奖特等奖”“湖北省高新技术企业证书”，研制生产的产品满足了航天武器装备现实需要，参加了“国庆阅兵式”，振奋了民族精神，履行了“国家利益高于一切”的庄严承诺，为国防现代化建设做出了积极贡献。

（成果创造人：何宜丰、韩志远、李方朔、陈永钊、何前明、
潘云武、曾楚宁、马良科、喻成山、冉真权）

以“三统一”为核心的港口引航调度管理

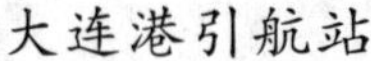
大连港引航站

成果主创人:大连港引航站站长 王健

大连港引航站是大连市唯一从事船舶引航业务的专职机构。负责强制引航进出大连港的外国籍船舶,接受远洋、近海航运公司的引航申请,为世界各地到港船舶提供引航服务;负责大连湾港区、大窑湾港区、旅顺港区、长兴岛港区和庄河港港区等五个港区的引航服务;承担1906公里海岸线上210多个泊位的引航业务。

一、以“三统一”为核心的港口引航调度管理的背景

(一)促进引航业健康发展

引航是船舶在运输过程中的一个重要关键环节,是由专业引航员登上外籍船舶(强制引航)或申请引航的中国籍船舶,为船舶指引航向并运用良好的操纵指挥手段,把船舶安全地引进、带出港口,负责完成船舶在港内移泊、靠离码头等工作。引航员指挥船舶港内操纵的作用,就如同飞机的起降离不开飞行员一样,具有较强的技术专业性、行业风险性、国家强制性等属性。

大连港引航站因其所服务区域的地理位置和专业功能性质,决定了其为世界各国到港船舶提供优质引航服务的同时,也必将在服务东北经济社会发展等方面承担极其重要的社会责任,为东北亚航运中心建设发挥积极的促进作用。为实现“把世界引进中国,把中国引向世界”的行业发展目标,结合“阳光引航 优质服务”的方案实施,创建以引航、生产和指挥“三统一”为核心的引航调度管理体系,对充分发挥资源规模效益,缩短管理链条,提升工作效率,实现业务专业化,增强保障能力,确保引航工作安全,提升引航管理工作和促进行业健康发展能起到关键的保障作用。

(二)港口规模化发展的需要

大连港港口规模不断扩大,引领船舶艘次和引航员数量成几何倍数增长,船型呈现多样化、大型化特点。到港船舶数量逐渐增加,从2000年到2013年,引领船舶艘次由9575艘次增加到15725艘次;引航员数量从23人增加到59人;辅助拖轮数量从20条增加到的48条。船舶与引航员之间的调配,引航员自身资源的科学利用,辅助船舶资源的最佳效能发挥,以及海上引航交通路线的优化等问题的解决,都需要有一个掌控引航全盘工作的调度指挥系统进行科学统筹谋划,以解决现实发展中的凸显问题。

由于传统的引航调度管理为分港区管理,引航资源相对独立,各港区的引航资源只为各港区服务,有时会出现一个港区船舶集中到港引航员数量不足和一个港区引航资源闲置的现象,造成引航资源浪费与引航资源闲置的矛盾。三统一调度模式的创立实现各

港区引航资源统一调度管理，压缩管理层级，整合引航资源，可以预先根据引航计划对引航资源进行合理布局，避免引航资源浪费，优化调度组织程序，提高船舶的运转周期，保证船舶安全及时地靠离码头。

（三）适应航海信息技术发展的需要

随着航海科技的不断发展，电子海图（ECDIS）、AIS、航海雷达与 ARPA 等先进的导航助航设备在航海中广泛应用，传统单一的引航调度方法已经不能满足现代航海高效、快速发展的需要。引航的工作模式应该从单纯地依靠引航员个人技能转变到以科学管理和专业技术为核心依托，以先进的信息化设备为辅助的方法上来。因此，通过整合和改进 AIS、VTS、远程 VHF 等先进的导航、助航仪器资源，加快引航信息化建设，构建引航计划、引航组织、引航监控、引航协调为一体的网络信息服务系统，实现引航调度管理"三统一"管理模式已成为必然。实行"三统一"调度管理模式有助于了解船舶动态和引航资源利用情况，提高港口引航调度管理专业化和智能化水平，能够及时有效地掌控引领船舶周围水域的动态，增加引航安全系数，保障安全并提高效率，更好地服务港航，充分满足港口引航技术装备和信息化水平快速提升的需要。

基于以上原因，2010 年 3 月，大连港引航站成立调度指挥中心，取消大窑湾、旅顺、长兴岛和庄河的现场调度，负责大连口岸内的所有引航调度工作，引航"三统一"调度管理模式开始运行。

二、以"三统一"为核心的港口引航调度管理的内涵与主要做法

"三统一"调度管理模式就是在总结分析多年引航调度经验的基础上，通过创建信息化指挥平台等举措，实现调度指挥系统的"统一受理申请、统一编制计划、统一指派人员"模式。"三统一"模式能够整合优化引航资源，达到"人尽其才，物尽其用"的效果，实现为港航企业增效，最大化满足服务客户需求的目标。主要做法如下：

（一）创新管理理念，促进管理水平提升

为了取得企业整体优化效益，引航站打破陈规，克服旧有思想束缚，改变了引航站多少年来各港区各自为战、无法统一指挥调度的传统局面，树立了全新的管理理念及管理机制，以创新管理理念为先，以信息化建设为翼，以统筹协作为助力，以制度保障为基，以人本服务为魂，对引航站管理决策、管理执行、管理监督等一系列环节均产生了重大影响。

1. 树立"信息化管理"思想

信息化时代，唯有不断更新信息，利用信息技术和软件不断进行突破和创新，才能把握企业的核心理念和正确的思想。

2. 树立"统筹协作"思想

引航工作需要高度统筹、紧密协作。只有创新方法、科学调度、统筹协作、密切

成果主创人：大连港引航站站长王健

配合，才能保证每一引航环节安全无误，高质高效。

3. 树立“制度保障”思想

要综合考虑新的管理理念、组织架构、技术设备及人员配置，不断完善各项管理制度。大连引航站先后修订20项和新增10项管理办法，为引航调度管理的安全高效铺平道路。

4. 树立“人本服务”思想

引航站以维护主权、保障安全、精心引领、服务港航为宗旨，以“为顾客增值是我们的责任，服务领先是我们的标准”为服务理念，认真践行“安全准时高效、公平公正优质”的引航服务承诺，通过国际质量标准化体系ISO9001的实施来规范服务体系，用科技引航，用理念引航，想客户之所想，全面提高引航服务质量。

（二）改革管理机构体制，实现“三统一”调度管理

早期引航企业的管理，由于港口码头众多、点多线长、各港区跨度较大，专业性强，引航站设立多个分站，设立几个职能分工级别等同的调度室，调度室的独立设置也造成了引航员的分散，每个调度室负责本区域的引航员调配和对外联系，各区域的引航员只负责本区域的船舶引领不参与其他区域的引航作业，造成全站引航员无法进行统一的调配，由于港口生产不均衡，经常出现引航资源浪费与引航资源紧缺的矛盾，成为引航效率进一步提升的瓶颈。“三统一”调度管理改变传统的管理链条，实行调度管理扁平化，使传统的多层管理变为垂直管理。

大连引航站取消各分支机构（分站）的调度业务职能，全引航辖区设立一个调度室负责受理引航申请、制定引航计划、统一调度引航员，对引航资源进行合理优化。成立引航班组，委派高级引航员作为值班长负责现场管理以及技术指导，这样不仅使全港引航资源得到统一调度指挥，并且在出现异常情况时，各班组负责人可以第一时间作出应急反应和专业指导。形成业务统一管理、现场技术专人负责的现代化引航特殊管理理念。这种管理模式，确保整个引航工作可以有条不紊、安全及时地进行。

（三）引进信息技术，搭建立体化信息平台

积极引进国际先进的引航管理技术，利用GPS、AIS、VTS等现代航海技术以及电子海图技术（ECDIS）和信息网络平台，积极筹建集引航计划、组织、监控、协调为一体的网络信息服务系统和畅通的信息传递渠道，构建立体化的引航生产信息化指挥功能体系。

1. 建设国内首个引航远程VHF通信系统

VHF（甚高频）是引航调度与船舶在海上联系最直接最有效的通信设备。传统的VHF通信受传输距离的限制，覆盖范围只能局限在某一个港区内，无法与其他港区的船舶、引航员建立实时通话联系，也就无法实现全引航辖区统一调度的功能设想。2012年年底，通过搭借大连海事局船舶交管中心（VTS）VHF系统的基站网络，建立覆盖大连湾、大窑湾、旅顺和长兴岛等引航区的引航调度遥远VHF通信系统，解决大连港引航站与各港区船舶间的VHF引航业务通信联系问题，实现引航调度员通过VHF与船舶、码头、引航员建立三方同步通话联系功能，覆盖99%的引航区。从而可以及时掌握船舶的

状态以及引航员的作业动态，更加科学合理地组织引航生产，加快港口生产效率，每次可为引航工作节省 20 分钟左右时间，年累计 5242 小时，使三统一调度模式的实现有了基础保证。

2. 开发利用 VTS、AIS 引航专用功能模块

通过建立 VTS、AIS 引航专用功能，为引航调度工作带来革命性的进步。早期的引航调度工作主要是凭借多年的引航经验，根据船舶的经纬度来判断船舶的具体位置，通过计算判断每一条船舶引航的大概时间，预判出引航结束时间，然后再安排下一个引航计划。但是，传统经验是一种预判和分析，一般情况下存在一定的误差，有时甚至无法及时找到目标。VTS、AIS 等先进设备的应用，使引航调度足不出户即可全面掌握全引航服务区的船舶动态。引航调度中心在其辅助下，可加速信息交换，了解泊位情况，跟踪船舶，查看船舶的基本信息；调度人员能够监测到引航员、拖轮和到港船舶的准确位置并掌握相关情况，及时下达调度指令，作业效率大幅提高。VTS、AIS 功能在引航工作中的开发利用，经实践检验和各界认可，获评为"大连市信息化应用成果二等奖"和"大连港集团科技进步一等奖"。

（四）建立口岸引航网络申报平台，统一受理引航申请

传统的引航申报管理是一种粗放的管理模式，是由代理或船公司通过传真、电话以及上门申报的形式完成，每天需要专人负责报送，然后引航调度草拟出引航申报，引航申报的记录完全凭借笔录、手写的方式完成，在申报过程中经常出现数据不准、漏填的现象。由于各港区的路上距离较远，使计划的申报不能及时送达和更新，造成引航申报效率低、易丢失、难查阅等弊端。而信息平台的建立为港航企业带来了极大的便利，打破传统的纸面申报模式，只需要在办公室通过网络创建申报表、查看申报结果、了解引航动态，同时调度人员通过网络受理申报，申报回复率达到 100%，申报效率提高 9 倍，传输数据的准确度达到 99%。

（五）合理优化引航资源，统一制定引航工作计划

通过统一引航计划的实施可以解决船舶、引航员、拖轮等相关方的组织协调问题。传统的引航计划受各种条件限制，随机性较强，且无法合理利用资源。因为全港五个服务区各自负责本区域的引航工作计划，引航资源只能应用在本服务区内，由于引航资源为定量，船舶到港多少是一个变量，而没有全局统一调度计划的机制无法处理好定变量之间的协调关系，也就无法实施资源系统的合理分配，所以早期的引航计划处于被动盲从的状况。加上各引航区"各自为战"的计划的随意性，船舶因资源受限而影响船期的现象增多。在统一制定引航计划后，值班调度根据船舶的靠离泊计划时间，可以做到有预判性、针对性地组织生产。比如，当某一港区船舶到港比较集中时，引航调度将会安排其他港区闲置的引航员、拖轮等资源进行及时补充调配，从而极大提高引航资源的利用率，进而加快船舶周转效率。目前，统一引航计划兑现率达到 100%。

（六）缩短调度管理链条，统一指挥调度引航员

传统的调度管理模式属于区域化管理模式，各港区仅负责本区域引航业务及本区域引航员的调配和对外联系。各港区的引航员基本上不会进行资源共享，导致一个港区引航员业务量不足、而另一港区引航船舶集中到港引航员相对不够的情况时有发生；同时，调度系

统各自独立设置，不仅使调度人员重复设置，而且最突出的弊端是使全站引航员有效资源难以得到充分利用，无法进行统一调配，既造成引航资源的浪费又引起引航资源的紧缺。

实行引航调度三统一管理模式后，采取全引航站成立一个调度指挥中心负责全港区的统一调配模式，可由指挥中心统一直接调派引航员，避免各引航服务区自主调配，减少管理层级，缩短管理链条，使信息传递更直接，调配资源更有效，对重点船、受限船等船舶起到100%的保障作用。

(七)根据客户需求，提供个性化的引航服务

引航站的服务对象之一是港口和船东，在港口停泊的时间对他们是"寸时寸金"。实施三统一调度管理模式后，在满足安全的前提下，根据客户需求，提供个性化服务，缩短船舶等待作业时机，是引航站"人本化服务"的重中之重。引航站的个性化服务，既为客户节约大量的时间，又为提高码头生产效率做贡献，受到客户的广泛赞誉。

1. 建立雾季引航管理特殊调配机制

雾是影响船舶靠离泊作业的主要原因。大连地区年均雾日为36天，造成200多艘次的船舶无法正常靠离泊。

大连引航站依据三统一调度管理模式开展管理创新，认真研究雾季特点，专门建立雾季引航管理特殊机制，针对需要重点关注的集装箱干线班轮和其他重点船舶，结合气象预报和现场观察，认真做好雾情的统计和记录，建立全方位的信息沟通渠道，提前安排引航员到船等待。引航调度室充分利用VTS、AIS、视频监控等手段，结合码头公司提供的现场情况，待泊位、航道视线有变好趋势时，第一时间通知引航员立即进行引航作业，利用浓雾期间的好转间隙完成船舶的靠离泊作业，力争做到班轮不拖班。

2. 国内首次实现同一航道、调头区、潮水内两艘满载VLCC船舶同时成功靠泊

30万吨级VLCC船舶的靠离泊作业是港口生产的重中之重，大连港两个30万吨级原油泊位共用一条航道和一个回旋水域。根据引航实践经验和泊位的地理位置及走向，VLCC的靠泊操纵需要在SW流向时进行才能保证靠泊安全。因海事管理部门规定，满载VLCC夜间通常不进行靠泊作业，实际上每天只有一次靠泊作业机会，即白天高潮前后2～3小时的时段。为此，大连港引航站制定了两艘满载VLCC同时靠泊引航作业方案，从作业组织、登轮时间、拖轮配置、应急预案等方面进行组织调度。根据统一计划，提前落实好泊位情况以及周围水域情况，利用测波仪、风速仪及现场观察等手段掌握当时现场水域的气象条件是否满足靠泊要求，为引航员提供准确的现场数据；利用监控设备(AIS及VTS终端)对船舶进行定位，观察船舶的状态以及船舶的坐标；根据船舶的具体位置计算出引航员的派出时间，通知码头做好接船准备。调度组织的精准严密，现场引航措施的按部就班，使两条满载VLCC同时成功靠泊。

三、以"三统一"为核心的港口引航调度管理的效果

(一) 建立"三统一"调度管理新体制，节省人工成本

实施"三统一"调度管理，调度室配备9名调度人员即可实现引航辖区(大连湾、大窑湾、旅顺新港、长兴岛及庄河五个港区)的"三统一"调度指挥。这样就可避免因VHF通

讯传输距离的限制而在各港区建立单独的调度室。在原管理模式下，共需调度员 25～30 人左右，每年约需近 300 万元的工资费用。实现“三统一”调度指挥后，单调度工资一项每年可节省费用约 200 万元，引航员的工资约 100 万元，节省其他费用 40 万，合计 340 余万元。

(二)实施“三统一”调度管理，为客户提供最大增效

成功调配两条 VLCC 同一潮水同时靠泊 60 余次。首先，减少船方(租家)的船期损失。目前航运市场运价指数在 40～50 个点左右，折算后一艘 VLCC 的日租金在 3 万美金上下。其次，减少了船方(租家)的滞期费损失。船期的重要性在于一方面它是有现金衡量标准，另外一方面它还会有受载期(LAYCAN)的限制。因此，对于一些在下一港抢 LAYCAN 的船来说，早一分钟从大连开航，下一港就可能赶得上受载期，否则，可能就面临货主解约的风险，而这个解约的风险对船东来说是损失了一单合同，不是简单多少现金可以衡量的。所以对船东来说，加速船舶周转率，避免船期损失，有着非同寻常的意义。另外，船舶运营还有港口使费(停泊、吨税)/燃油/船员工资等很复杂的费用，而这些都是以平均分摊到每一天计算的。按照草算，一条拥有 25 名船员的 VLCC 日平均支付工资需要在5000 美元上下，日停泊费 1000 美元，日均吨税 3000 美元，所以船期的节省对于船东来说也意味着他们需要支付的日费用的减少。实施调配两条 VLCC 同一潮水同时靠泊，为船公司节省费用累计为 117 万美元。

(三) 为世界各国船舶提供优质的引航服务，获得良好的社会效益和评价

“三统一”调度指挥系统，规范了生产流程、强化了生产组织，提高了服务质量，客户满意度达到 100%，连续两届获得全国“十佳引航机构”荣誉和大连市先进单位称号。

大连引航站通过实施以“三统一”为核心的港口引航调度管理最大限度地提高引航资源利用率，为世界各国到港船舶提供优质引航服务，年均引领 VLCC 船舶 200 多艘次，为中石化(大连)和西太平洋炼油厂 2100 万吨进口原油保驾护航；年均引领超大型集装舶 3000 多艘次，为提升大连市东北亚航运中心核心地位，为东北老工业基地振兴贡献了力量。

(成果创造人：王　健、徐伟成、王晓伟、
薛邦斌、赵英伟、姜　玉、初开元)

中小型仪器仪表企业基于产品细分的流程管理

秦川机床集团宝鸡仪表有限公司

成果主创人:公司董事长陆强

秦川机床集团宝鸡仪表有限公司(以下简称“宝仪”)1965 年由上海自动化仪表四厂部分内迁扩建而成,1998 年通过资产重组,改制为陕西秦川机床工具集团有限公司的全资子公司,2014 年随集团公司整体上市。公司坐落于陕西省宝鸡市,2013 年总资产 8143 万元,营业收入 9032 万元。宝仪业务经营范围主要涉及智能仪器仪表和机床辅机两大领域,是我国压力仪器仪表行业的骨干企业,是国家卫星试验用传感器定点生产单位。

一、中小型仪器仪表企业基于产品细分的流程管理的背景

(一)外部环境变化加剧,竞争日益激烈

当前,工业企业已进入到必须以转型升级促进产业又好又快发展的新阶段。传统的依靠加大生产要素投入的粗放式、经验式生产管理模式,已成为制约企业生存发展的瓶颈。同时,随着各工业领域对自动化需求的加大,仪器仪表行业已经步入高速发展的新阶段,在整个行业内,改制和转制速度决定了企业未来,国内仪器仪表市场的竞争更加激烈。因此,宝仪必须改变经营模式,加快转变发展方式,寻求组织结构、管理流程的调整升级,以信息技术平台为支撑,打造具有宝仪特色的创新型管理模式。

(二)内部业务流程繁杂,管理模式滞后

一是从管理流程层面看,管理的专业性弱化。随着产品结构的逐步升级,技术含量日益丰富,对企业技术、计划、生产、营销、采购等管理水平的专业化、精细化、标准化、高效化管理水平需求明显加大。而在直线职能制组织结构下,管理职能上的大包大揽、主次缠绕,管理决策时信息迟滞,与此要求很难协调一致。二是从业务流程层面看,责任的追溯性弱化。直线职能制下,对市场、用户的责任都集中在“直线”的末端销售部门,其他部门对此“距离遥远”。在产品日益多样化发展的背景下,直线职能制的弊端在直线链条环节被放大,在横向协作环节被无端冷遇淡化,对用户服务、市场开拓、绩效好坏的责任也难以追究到责任部门或责任人。宝仪为适应产品多元化发展、解决企业可持续发展问题,必须重新梳理核心业务流程。

基于如上原因,宝仪于 2012 年 1 月,审议通过“基于产品细分的流程管理创新”项目,并于同年 2 月开始全面启动、付诸实施。

二、中小型仪器仪表企业基于产品细分的流程管理的内涵与主要做法

宝仪基于产品细分，组建五大产品事业部，实现组织扁平化；打造“营销、采购、管理”三大共享平台，克服事业部制管理机构重复的弊端，最大限度的利用管理资源，降低管理成本。纵横联结，责权分明，切实提高市场响应速度，实现业务流程创新。在此基础上实施“高标”管理、管理体系“督导”和“双制”对标，从而实现管理流程创新。最终应用信息化“固化”流程管理创新成果，从制度和手段上保证企业可持续发展。主要做法如下：

（一）业务流程创新

1. 精心梳理核心业务，形成产品细分方案

由于市场需求的差异化发展，为最大限度满足顾客需求，宝仪产品不断扩展扩张，发展形成多系列产品，广泛应用于石油、电力等领域，形成产业多元化和产品多元化的经营格局。宝仪依据企业发展战略目标，在综合考虑业务收入占比及企业核心竞争优势来源后，优选出影响面大、有发展潜力的核心业务，面对石油、电力、民用三大行业，分别是压力表、六氟化硫（SF_6）、流量表三大类产品。为公司长远发展及集中优势力量，将 SF_6 类产品进一步细分为 SF_6 表、SF_6 阀，增加具有发展潜力的数字化产品。至此，由三类核心业务细分为五大类产品，分别是压力表、SF_6 表、SF_6 阀、数字化和流量表类产品，作为构建以独立产品为基本单元的事业部制组织结构的基础。

2. 精细再造业务流程，构建平台共享的产品事业部

一是组建五大产品事业部，实现组织扁平化。以产品细分为基础，在产品均衡发展的原则和基本要求下，为实现产品的全面发展，根据产品生产工艺的差异性、生产成本最小化以及工艺流程创新的需要，在原直线职能制组织机构的基础上，经过分拆、重组成立基于产品细分的五大产品事业部，具体为压力表产品事业部、SF_6 表产品事业部、SF_6 阀产品事业部、数字化产品事业部和流量表产品事业部。实现由原直线职能制到产品事业部制的变革，使公司组织机构扁平化。

二是搭建三大共享平台，保障业务流程高效率。五大事业部成立后，为实现产品业务流程的有效运转，形成面向顾客的服务模式，落实产品生产销售的责任制，宝仪搭建起营销、采购和管理三大共享平台。三大共享平台是以产品事业部为核心，围绕五大产品事业部，提供营销、采购、管理的职能。采购平台职能由新成立的生产保障部承担，营销平台职能由重构后的经营销售部承担，管理平台由经过调整的职能部门构成。三大共享平台的搭建能够实现业务流、信息流和物流的有效传递，降低不同环节间信息传递的损耗，减少传递成本，完成以事业部及订单为中心的流程转变，使组织关系更加密切，大大提高反应速度和产品交付准时率。

SF6 密度控制器装调流水线

为满足事业部制组织机构运行的基

本要求，对职能管理部门进行调整。以简化控制、监督、指挥、协调业务活动为基本原则，成立生产保障部，在物资配套的基础上扩展生产保障职能；撤销生产计划部，将生产计划职能划归各产品事业部。有效确保职能分工的合理性，改变产品计划式生产模式，使产品生产直接面对顾客，及时、准确的满足顾客需求，提高运营效率。

在此基础上，宝仪对技术管理机制进行重建。为实现事业部对产品从设计开发、生产过程、交付顾客使用以及售后服务的全生命周期负责的目标，克服原有技术管理组织架构下的反应速度慢、推诿扯皮等弊端，将产品相关技术人员全部由研究所划归相应的产品事业部，成立各事业部技术组，分别管理和负责事业部新产品开发、常规产品生产及售后技术服务等工作。技术人员直接面对顾客、面对生产，提高宝仪产品开发、生产及售后技术服务等工作效率，反应速度得到提升。

同时对营销管理机制进行重建。为克服区域性产品销售不均衡、团队协同作用得不到发挥的弊端，公司根据业务的发展和区域分布，打破原有的“单兵突击”销售模式，设立八个销售办事处和一个营销服务中心，负责公司产品营销工作。办事处以原有的单兵作战转化为团队协作，充分利用办事处区域所在地的市场资源，对老用户实行统一管理，销售员将营销方向从老用户维护向新用户开发转移，加大对重点用户、战略性用户开发力度，积极寻求新产品推广的突破渠道，为企业进行有重点的集中式市场突破提供保障，提高产品市场占有率。

（二）管理流程创新

1. 勇于突破，创新战略思维

一是优化企业战略规划决策管理流程。宝仪的企业战略规划分为公司级战略发展规划和部门级产品发展规划。制定公司级战略规划的流程，突破由原来自上而下计划式战略目标制定流程，创新为“两上两下”的战略规划制定流程，即企业根据营销部门及产品事业部收集上报的市场和产品相关信息制定企业总体发展定位和方向，下发产品事业部及各相关部门；产品事业部及相关部门根据企业总体发展定位方向制定相关产品及关联项目的发展方向及目标上报公司，公司对各分项进行汇总、分析、协调、提升，形成企业总体发展规划并下发实施。企业长期及短期发展规划的制定均遵循该流程。

二是科学、客观的总体发展定位。依据“两上两下”的战略规划制定流程，形成公司中长期发展战略，明确总体发展定位：

以“提质增效”和“转型升级”为战略目标，立足石油石化行业、电力行业以及智能装备制造业，分阶段实现“智能、控制、系统、集成”的产品发展目标，形成为用户提供从设计到产品、从安装到整套控制技术，从单纯的产品供应到成套服务提供，从生产型制造到服务型制造，以系统集成为特长，以“精密控制、高效节能”为特色的发展战略目标。

产品继续保持“小而精、精而专、专而强”的发展特色，通过核心技术的不断延伸，产品业务的拓展，实现产品的多元化发展，有效规避经营风险，进一步提升产品数字化、智能化、集成化水平，扩大高端市场份额，实现产品的转型升级。

三是明确产品事业部的发展方向和目标。宝仪各产品事业部在企业中长期发展战略的指导下，针对自身产品，联合经营销售部，有计划地通过外部市场调研、走访客户、收集分析与产品发展方向、市场容量、竞争对手等相关的信息和数据，形成各事业部产品市场分析调研报告；内部通过对产品技术、质量、成本、生产能力以及资源调配等进行分析，与产品市场分析调研报告结合进行综合分析，形成各事业部产品经营发展战略。

2. 自我加压，建立"高标"管理体系

第一，重构管理标准体系。宝仪依据 GB/T 15498《企业标准体系管理标准和工作标准体系》并结合企业实际发展需要，对企业标准化领域中需要协调统一的管理事项进行梳理，制定作为企业管理标准及工作标准的"指南"——《公司管理标准和工作标准体系》。建立新的企业管理标准体系框架，将管理标准分为体系评价和考核管理、行政党群工会管理、环境职业健康管理、能源安全管理、经营综合及信息管理、科研项目与创新管理、生产和服务管理、质量管理等 9 大类 42 个小类。

"指南"一是明确了管理标准体系的范围、结构及管理标准包含的内容，二是明确了管理标准制订、修订的程序和审批权限，三是建立了管理标准体系评价和考核准则。"指南"使企业内部经营和管理有了科学、有效的指导依据，各种经营活动更加规范化、标准化。

第二，打造"高标"质量管理体系。为满足顾客和公司发展需要，启动并实施《质量管理体系改进项目实施计划》。通过一系列学习、诊断咨询、改进活动，包括员工质量意识、ISO/TS16949 标准培训及"五大工具"APQP 产品质量先期策划、CP 控制计划、PPAP 生产件批准、测量系统分析(MSA)、统计技术(SPC)的系统培训，以及对市场营销、人力资源、财务、生产计划、采购、技术、质量管理改进等工作进行实际诊断并提出改进计划。通过改进计划的实施，各部门根据标准要求对相应的管理工作流程进行改进，顾客质量信息反馈的处理、培训过程的规范、生产作业计划与交付计划的对接管理、新产品开发中产品质量先期策划(APQP)的实施以及质量成本、质量问题的统计及趋势分析、纠正/预防措施的制定及实施等方面的改进见效明显。

宝仪吸收 TS16949 质量管理体系的精髓，对 ISO9001 质量管理体系、ISO10012 测量管理体系文件进行全面升级换版工作。体系文件和作业文件的内容从原来的条文式全部变成流程式，要求将每一个过程的内容以标准要求的实施流程作为叙述的逻辑关系来编制文件，并由流程内容对应到具体的操作内容、责任人、记录表单，达到"三个明确"，即明确操作内容、明确责任人、明确要保持的记录证据。

3. 立足全局，创新"四大"管理标准

一是创新技术项目管理标准。研究出台《技术创新项目管理办法》，从技术创新机制上保证技术创新和项目管理的职责权限、考核监督和激励机制。突出产品事业部技术创新的主体责任和技术创新的主体地位，充分发挥事业部技术人员在技术创新中的主角作用。《技术创新项目管理办法》明确技术人员技术创新应得的薪酬与新产品项目挂钩，按节点由研究所进行考核，分阶段予以兑现，极大地调动技术人员技术创新、技术服务的积极性，工作效率、反应速度得到提升。

二是创新营销管理标准。研究出台《公司经营销售管理办法》，对经营销售管理机制进行完善和创新，明确销售管理的职责权限、薪酬考核、风险监督和激励机制。特别是细化作为市场开发、产品销售主体的销售办事处的管理细则，分别从办事处性质、机构职能、管理职责权限、主任岗位职责、任务指标分解、薪酬考核、奖励措施等方面进行规范。经营销售部还制定《年度公司产品销售管理办法》《产品价格管理办法》《销售合同签订、执行流程管理办法》《返厂产品处置管理办法》和《现场服务管理办法》等一系列操作层面的配套制度，使内部管理工作更加细化、程序化，工作人员更加有责任心。

三是创新财务管理标准。各产品事业部由原来以部门为核算对象转变为以产品为核算对象，提供的财务信息由原来单一的核算信息变为全面系统的经营决策信息。

在财务核算方式方面，由原来的公司一级核算转变为公司、事业部两级核算，运用K3财务管理系统，经过筹划在原账套继续运行的前提下，重新设置两个新账套。一个账套是本部核算，一个账套是产品事业部核算，新老账套经过并行及数据测试后，新账套独立运行，同时停止使用老账套，事业部核算模式正式运行。

在财务管理模式方面，对原有的库房按事业部重新进行划分和全面盘点，对反映的问题及时处理，在保证账、物、卡一致的基础上，各事业部独立管理自己的库房，财务实施监督。制定《仓库管理程序》《发出商品管理办法》，规范出库及发出商品业务，为存货安全提供保障。制定《资产经营部门资金支付管理办法》，重新明确资金的申请及支付流程，便于公司的资金管理。制定《公司产品成本核算办法》，为事业部的实际成本核算提供计算方法。制定《公司内部结算价格管理规定》，规范公司的内部结算价格，为事业部核算提供保障。制定《公司内部结算管理办法》，实现新账套按事业部独立出具财务报表的功能，使各事业部真正变成相对独立的利润中心。

四是创新绩效考核管理标准。建立以经济责任考核为核心的绩效考核管理体系，形成以岗位绩效为导向的企业文化。以公司整体经营目标为指导，制定《经营计划管理程序》；以部门考核为基础，先后制定《经济责任考核指标管理办法》《经济责任考核指标明细表》《资产经营部门工资总额及工资分配办法》《资产经营部门经营者绩效考核管理办法》《效益工资实施办法》等一系列经营考核管理标准，完善经营计划及绩效考核标准，推进经营计划目标及绩效考核管理工作。各事业部分别建立部门经济责任考核和岗位绩效考核。对公司中层及以上干部实行“双挂钩、双考核”，既考核部门综合经济指标又考核管理指标，指标层层相连互相负责。以质量目标考核为突破口，加强职能管理考核，推进各事业部岗位绩效考核和薪酬制度优化。与各级经营管理者签订《目标责任书》，将经济责任考核指标“横到边、竖到底”，层层分解细化到班组、个人，确保经济责任指标全面落。

4.“双制”对标，汲取经营管理精华

宝仪在仪器仪表行业分别选择国有制和私有制的两家标杆企业，针对销售、技术、采购、生产、检验等分批进行对标学习，并结合宝仪实际，制定50多项改进措施并全部实施，在销售管理、生产管理、过程控制、工艺装备等多方面进行改进提升。特别是学习私有制标杆企业在成本控制、分配制度等方面卓有成效的做法，在利润率不是很高的产品事业部先期进行试点，打破原有的国有制管理模式，进一步降低成本、激发员工的潜能，充分提高劳动生产率，实现利润的最大化，同时提高产品的市场竞争能力。

在对标学习的基础上，对公司各类产品的工艺进行梳理，优化工艺流程，进行技术改造，建成符合产品新的工艺流程、合理布局的生产线，采用先进的自动化设备及工艺装备，淘汰传统、落后工艺，实现更加环保、先进的生产工艺。颠覆宝仪历史上仪表装配调校全工序个人包干式作业流程，实现分工步流水线操作，极大的稳定产品质量，提高产品的一致性和生产效率。同时，根据新的工艺流程对产品工艺文件进行细化和改进，设计精细化、可视化作业指导书，量化和规范操作及检验过程，提高文件的可操作性。为进一步提高产品质量，在仪表生产的关键和特殊过程安装自动化监测设备，对全过程的关键工艺参数实时监控，形成过程曲线记录，降低人为因素对生产过程的影响，有效保证产品质量的可靠性和稳定性。通过生产组织模式创新，生产环境、质量指标、生产能力、生产效率都有大幅度提高。

5. 全面“督导”，消除标准和实施“两张皮”

为防止各项管理标准与实施执行形成“两张皮”，宝仪创新应用“督导”这一有效的行政手段，及时启动管理体系督导工作，成立督导工作组，对产品事业部、职能管理部门进行全方位的检查和指导。督导的原则是以管理体系为主体、管理体系标准文件为主线，全面覆盖管理体系；核心是帮扶、指导各产品事业部及职能管理部门完善内部管理体系构建，通过提高部门管理水平，提高企业整体管理水平。保持体系督导的常态化，消除标准制度实施执行过程存在的疲态及侥幸心理，保证管理标准体系运行的有效性。

督导组首先制定《督导计划》，根据督导计划采取定期检查与随机抽查相结合的方式。督导工作充分发挥内审员的优势，通过对管理体系文件内容的梳理、提炼、提升，编制形成标准、规范、可操作性强的《督导检查表》，对与被督导部门相关的管理标准及管理落实情况进行检查，督导组有针对性地进行辅导，形成被督导部门与督导组的互动。对督导过程发现的不符合项，督导组及时与被督导部门协商召开沟通会，共同分析原因，被督导部门制定整改计划并实施，督导组跟踪验证直至发现的问题得到彻底纠正。

通过全面督导，一方面使员工特别是管理干部强化了“有法必依”、自觉落实执行文件制度的意识；另一方面督导组针对各部门存在的共性问题，通过进一步完善管理标准，使管理标准更实用、实施更高效，最终使管理标准体系更完善；另外，通过长效的督导机制，有效地消除管理标准与实施执行的“两张皮”现象，保证企业管理标准体系的持续有效性。

（三）管理成果固化

宝仪搭建完整、安全、稳定、开放的网络环境与应用平台，建设以产品实现过程为主导的信息化管理系统，将客户、销售、设计、采购、生产、检验、交付、服务等环节集成起来，进行流程化管理和控制，将公司在流程管理创新形成的系统管理标准固化到信息系统。信息化管理系统由客户管理系统、技术管理系统、财务管理系统、供应链管理系统、生产管理系统、人力资源管理系统、OA办公自动化等构成，管理工作由传统的人工模式提升为计算机管理和控制。

信息化管理平台解决公司过去自下而上信息反馈时效差、管理过程难以控制的弊端，为决策者提供更透明的经营状况，为高层管理者提供更有效的控制手段，为中层管理者提供更规范、更优化、更经济的管理方式，为员工提供更便利、更高效的工作手段。实现“五化”即经营信息全面化、生产过程高效化、流程操作规范化、评价考核自动化、企业管理精细化，使公司流程管理创新成果在信息化管理平台上得以固化，实现先进、科学、高效的管理模式，提升企业的综合竞争力，确保企业可持续发展。

三、中小型仪器仪表企业基于产品细分的流程管理的效果

（一）管理水平明显提升，经济效益逐年向好

通过业务流程创新，打造优良的经营环境；通过实施“高标”管理、“督导”措施、“双制”对标，创立起高标准的管理标准体系，实现综合管理水平的整体提升。2013 年，宝仪获得“陕西省质量信用 A 级企业”荣誉称号，2014 年获得“陕西省企业管理创新成果一等奖”。从 2011 年到 2013 年，营业收入持续增长，净利润及利税总额大幅增长，净资产收益率也有所上升，无论是在企业盈利能力上还是在企业发展动力上都步入更高的台阶。

（二）全面实现“五个满意”，社会效益日益凸显

一是用户满意。产品一次交检合格率提高，合同准时交付率提高，顾客抱怨明显减少，顾客满意度指标逐年提升。二是股东满意。业务规模实现较快增长，连续三年超额完成各项经济指标。三是供应商满意。依照“与供方互利的关系”，借鉴战略用户经验，对供应商实施督导和帮扶，提高供应商管理水平及供货能力；提高采购量，培育发展新供应商；应用供应平台，引入公平竞争机制，激发供应商的合作积极性；坚守诚信，用贷款支付货款，切实保障供应商利益，形成与供方互惠双赢的融洽合作关系。四是员工满意。三年来，员工人均工资增加 1000 元，工作、生活环境改善，职工交流沟通渠道顺畅，踊跃参与民主管理，党群、工会服务职能充分发挥。员工满意度由 2011 年的 81%提高到 2013 年的 90%。五是社会满意。行业地位明显提升，参与行业组织的各项活动，主笔起草多项产品国家及行业标准。三年来上缴税金逐年递增。全面提升社区服务水平，保证社区居民生活稳定和谐。

（成果创造人：陆　强、吴征团、谢五一、张　鑫、张桂玲、
郝铭洁、王拴柱、杨亚平、崔建萍、冯　霞、张世杰）

提升效能的生产设备维护管理

江西中烟工业有限责任公司南昌卷烟厂

成果主创人：厂长张胜健

南昌卷烟厂(以下简称“南烟”)始建于1950年，现为江西中烟工业有限责任公司生产中高档卷烟产品，是烟草行业重点卷烟工业企业和江西卷烟工业龙头企业。企业通过实施“十五”易地技改，引入德国、英国、意大利、日本等发达国家的先进烟草设备，实现了从原料入库到成品出库的全自动化生产线。目前，年产量70多万箱中高档卷烟，现有职工2000余人，各类专业技术人员350多人。

一、提升效能的生产设备维护管理的背景

全面规范化生产维护(Total Normalized Productive Maintenance, TnPM)是一种先进的管理理念及设备管理模式，通过导入TnPM管理，可以夯实设备基础管理，提升设备管理水平为创建优秀卷烟工厂服务。

(一)行业发展的需要

为了适应行业发展要求，南烟也加快了推进TnPM管理，倡导“夯实TnPM管理体系，助推创建优秀卷烟工厂”。推进TnPM管理是南烟设备管理的需要，也是工厂对标创优的需要。

(二)工厂设备管理的需要

通过技改，南烟的设备硬件条件有了一定基础，但软件和设备基础管理存在一些问题，员工设备管理的理念和自身能力存在提升空间。这就需要建立一套设备人机精益化管理系统，并持续改善管理机制，调动全员参与的积极性。

(三)工厂对标创优的需要

现代化的卷烟企业，设备的高效运行是企业对标创优的保障，TnPM活动的开展，是提高设备效率的有效手段，只有高效稳定的设备运行，才能保证各项指标的完成。

TnPM管理体系是以提高设备综合效率为目标，以全系统的预防维护为过程，以全员参加为基础的设备维护体系，能够有效地从整体上改善和解决南烟设备管理的现实问题。

基于TnPM管理的上述优势，南烟从2009年4月开始，积极导入TnPM管理体系，开展TnPM管理构建与运作，助推创建优秀卷烟工厂。

二、提升效能的生产设备维护管理的内涵与主要做法

南烟按照TnPM五阶六维评价体系标准，首先确定管理构建与运作目标，即到2012年年底运作到三阶，以及为达此目标从改善生产现场和人机系统现状、设备效率运行状况、提升员工自主参与和维护水平等方面入手开展持续改善活动的总体思路；继而向员

工导入 TnPM 理念，营造开展管理构建与运作氛围，并通过“六源”活动、OPL(单点课)活动等，广泛开展 TnPM 现场全员自主改善运作；以自主维护为主建立现场三闭环维保体系及维修管理机制，同时进一步规范 TnPM 设备管理体系文件，推行具有卷烟企业特色的 TnPM 六维模式，开展内部晋阶评价的验收工作，最后按晋阶评价改善建议实施整改。主要做法如下：

(一)确定 TnPM 目标，制定推进方案

1. 确定 TnPM 管理构建与运作目标

南烟从 2009 年开始导入 TnPM 活动。设备的高效运行是企业对标创优的保障。TnPM 活动的开展是提高设备效率的有效手段，只有高效稳定的设备运行，才能保证各项指标顺利完成。

大型管理方法的推进工作不能寄希望于“立竿见影、一蹴而就”，TnPM 推行是将出错概率降到最低，并且使整个系统具备持续改善纠错的功能。

2009 年下半年，南烟开始自主推行 TPM。2011 年 9 月，南烟 TnPM 第二阶段二星级验收通过。2011 年 12 月，南烟第三阶段三星级验收通过。2012 年 10 月，南烟 TnPM 自主维护三闭环验收通过。2012 年 12 月申请晋阶评价。

根据 TnPM 推进工作开展情况，南烟进行了自我诊断工作，依据 TnPM 晋阶标准，认为在 2011 年已达到二阶水平，在此基础上，南烟确定 2012 年 TnPM 晋阶达到三阶的目标要求。

2. TnPM 管理构建与运作总体思路

为达到三阶的目标值，南烟首先制定了运作计划，全面部署 TnPM 运作工作，各车间、支柱部门就完成推进目标，从改善生产现场和人机系统现状、设备效率运行状况、提升员工自主参与和维护水平等方面入手开展持续改善活动。从五个方面进行运作：

一是广泛开展 TnPM 现场全员自主改善运作，在导入 TnPM 理念、营造氛围的基础上开展六源活动和 OPL(单点课)活动。

二是建立以员工现场自主维护为主、点检维护规范一体的现场三闭环维保体系及维修管理机制。

三是进一步规范和完善 TnPM 设备管理体系文件。

四是推行具有卷烟企业特色的 TnPM 六维模式。

五是内部组织开展晋阶评价验收工作并按晋阶评价改善建议实施整改。

卷包输送线

(二)广泛开展 TnPM 现场全员自主改善运作

1. 导入 TnPM 理念，营造氛围

南烟进行了多种形式的 TnPM 知识的普及和宣传，如发放 TnPM 知识普及读本、六源活动的全厂班组命名、TnPM 自主管理看板以及制定 TnPM 全员工作年

历等。其中:制丝车间乙班的“六源”夺宝奇兵活动、六源活动实施手册等活动的开展营造了发现问题、全员改善问题的氛围。

2. 开展群众性“六源”查找与改善活动

六源是指污染源、清扫困难源、故障源、浪费源、缺陷源、危险源。为进一步推进全员改善管理工作,南烟开展“六源”查找、整治、管理等工作。

一是搭建了六源活动管理机制并制定了相关制度、管理表单工具。根据各车间(部门)实际编制六源查找指引,启发员工发现六源,并从如何查找、如何填表等方面对员工进行培训。

二是通过日常清扫、点检活动,引导员工用“看”“听”“嗅”“触”“尝试”等方法寻找异常,并去分析、改善,利用团队的力量开展六源清除活动。

三是做好统计分析、评估、展示与激励工作。定期分布统计表,分班组、车间(部门)对员工的六源查找表、明细表等进行分析、对比,评出“六源查找之星”。

3. OPL(单点课)活动在一线普遍开展

OPL(单点课)又称“单点教材”。以一个课题只解决一个问题及课题教材无处不在而广泛在员工中普及。

南烟各班组,普通员工、维修技术人员都积极加入了单点课的活动,挖掘 OPL 课题,编写成教材,涌现了大量的精品课程。同时南烟认真组织对员工编写的 OPL 进行评审,组织对员工进行培训,并将培训后的教材登记并公开展示,便于员工参考,最后编辑成册统一管理。

(三)建立现场三闭环维保体系及维修管理机制

1. 员工现场自主维护步骤

在三闭环维保体系方面,南烟的 TnPM 员工自主维护分 4 个步骤进行。

第一步:前期准备和自主维护开展规划。

一是明确各车间自主维护工作负责人和负责小组的人选和职责。设备三闭环自主维护是 TnPM 管理始终贯穿的一条主线,为了深入推进设备三闭环自主维护管理,车间根据三闭环管理要求,成立机构、明确责任,抓好工作落实。

二是在车间内部普及自主维护的理念,了解其意义和目标,全员达成共识,做好前期准备(AM 内部培训课件);车间通过例会、展板、条幅、宣传小报、OA 投稿活动等载体,普及自主维护知识,宣传营造氛围,提升员工士气,引导全员参与。

三是结合车间实际确定明确自主维护的目标,建立跟踪机制,主要工作思路为:设备小故障消除、设备本身的状态管理、员工维护能力的提升。

四是思考和制订自主维护管理办法,将任务目标进行自我分解。不同于以往的自上而下的任务分配机制,南烟采用自我解析模式,即将工作要求下发到各块负责人,由车间对自己负责块进行分析,找出不足之处,提出改善计划,安排实施周期。推进办结合厂里制度,编制《推进办自主维护管理制度》,涵盖自主维护管理流程、自主维护组织架构、自主维护知识共享、自主维护分级管理及对各项工作的检查考核机制。

五是指定车间的自主维护样板机台,明确操作和维修包机人(包机人责任牌可视化)。

六是明确和优化设备故障信息传递机制和表单。每月对设备故障进行统计,录入故障统计表,并在月底按照故障类型及机台汇总,故障统计包括时间、机台号、班次、故障现象、简要原因分析、维修情况及配件更换、维修耗时、维修人员等。

第二步:自主维护基准书编制和技能培训提升。

一是组织编写样板机台的自主维护总基准书(含清扫、点检、维护标准);车间三闭环设备自主维护以编制基准书为切入点,相关人员结合设备三闭环维护要求和岗位工作实际,各车间编制完成样板机台的总基准书,内容涵盖设备点检、保养、操作、润滑四个方面。

二是对样板机台总基准书中具体的清扫点检维保项目明确分工。

三是将分工好的总基准书项目抽出,分别形成操作人员维保工作检查表和维修人员维保工作检查表。

四是汇总研究修改确认样板机台的总基准书和检查表,发布试行版本。

五是编制样板机台自主维护技能培训教材(主要为技能提升教材)。

六是建立自主维护技能分级管理机制,建立自主维护技能展示模型。

七是组织对样板机台人员所需维保技能的专题培训和演练活动(主要工作是开展技能比赛)。

八是根据需要配发必要的维保工具给相应人员(主要工作是开展维保工具发明大赛)。

九是根据需要编制可视化的维保要点张贴在样板机台。

十是组织样板机台操作人员填写日维护检查表内容。

十一是在样板机台按照试行版本持续开展自主维护。

第三步:自主维护样板机台评比和验收。

一是定期汇总意见,对自主维护基准书和运行表明显不合理之处进行修订,再培训提升。

二是样板机台负责人总结提炼自主维护心得体会,形成 OPL(自主维护主题的 OPL 汇编 DV)。

三是车间进一步规范自主维护三闭环管理流程并完善信息流转方式(三闭环流程图和请修工单)。

四是持续跟踪三大目标的每月表现,持续改善(推移图展示)。

五是车间优化自主维护评价考核规定,组织对样板机台自主维护验收(制定验收标准)。

第四步:自主维护成果推广。

一是车间优化自主维护考核和激励措施,发布正式文件(车间级自主维护管理办法)。

二是充实和完善所有文件和基准书、检查表,形成规范化 AM 实施指南(自主维护实施手册)。

三是上述文件报车间/厂级领导审批,正式签发。

四是召开样板机台自主维护成果发布会。

五是样板机台自主维护成果在全车间、全厂推广。

2. 点检维护规范一体

建立点检维护规范一体的维修管理机制即建立 SOON 管理体系，包括：维修策略的制定，故障信息采集、维修方案的制定，维修主体确定原则、规范维修过程并建立维修经验库。

在维修策略制定方面，南烟根据不同工艺采用不同的维修策略（定修模型、轮修模型、操检合一模型）。建立了车间检维修体系组织图，检维修体系图，维修策略图，设备维保流程。进行了设备轮保过程优化，形成了设备保养策略和维护保养策略。

在故障信息采集、维修方案的制定方面，南烟的设备现场运行信息采集主要包括：日常运行检查、点检、设备状态监测。一是日常运行检查方面，由操作发现设备运行出现的问题报维修人员进行处理，并记录处理检查结果。二是建立三位一体的点检（含日常、定期、精密），建立了比较完备的点检体系，并制定了相应的管理流程和技术标准。三是对于设备状态的检测，南烟运用了振动监测、红外技术、油液分析、数据监测等设备状态监测手段，逐步建立了设备状态监测管理制度和标准，通过统计分析监测数据，预先掌握设备运行状态，为设备检维修提供科学依据。

在维修主体确定原则方面，进行了设备维修资源的配置和整合，并形成了相应的组织框架。首先，多技能的操作员工完成设备操作、日常维护。其次，各车间专业维修员工完成日常的设备检维修工作及设备预防维修工作。最后，社会化外协维修队伍完成自主技术力量不能实施、专业化程度高的维修工作。

在规范维修过程并建立维修经验库方面，南烟修订了设备管理、使用、维修作业流程（如设备预防维修流程），建立了维修经验案例库（如设备维修技术标准范例），修订和完善了设备运行、保养、维护标准（如按照设备管理的三个阶段，建立健全了六大类设备操作、保养、润滑、点检、完好、维修管理制度和技术标准）。

（四）进一步规范 TnPM 设备管理体系文件

南烟形成了一套从设备前期管理、设备使用期管理到设备后期管理的规范管理制度。按标准和规范要求，将南烟的资产、设备管理制度整合，形成了有效、可靠、经济的闭环管理体系。同时制定了设备管理制度诊断及优化对策表。

南烟的 TnPM 管理体系具备了规范的管理标准及技术标准、完善的设备管理流程、规范的设备运行分析报告及设备检查考核通报、规范的管理记录。

（五）推行具有卷烟企业特色的 TnPM 六维模式

南烟从现场改善的实际情况出发，根据卷烟设备的复杂程度与 TnPM 六个维度（组织结构、员工士气素养、生产现场、制度规范流程、知识信息、设备 KPI）相结合，建立了具有南烟特色的 TnPM 六维模式，形成有卷烟制造企业特色的管理构建与运作构架。

（六）内部组织开展晋阶评价验收

南烟根据 TnPM 管理体系是否符合《TnPM 五阶六维 1000 分评分标准》的要求，对各部门（车间）进行了内部晋阶评价的验收工作。

1. 晋阶评价验收的组织

为组织好内部晋阶评价工作，南烟成立了以各车间、支柱部门参与的评价组织机构，并根据 TnPM 晋阶评价推进计划按月制定重点工作计划单及落实重点工作计划单内容。

2. 晋阶评价验收内容

主要包括：年初结合设备管理体系文件梳理明确了设备分类、状态监测和维修评价等工作重点。不断通过各类有效方式培养员工的 TnPM 知识，通过“班组擂台赛”、班组 TnPM 知识竞赛、班组自主维护宣传看板等形式调动基层班组的参与积极性。通过在操作工、机电维修人员群体中开展技能竞赛提高自主维护技能。强化设备基础资料管理，目前主要设备均已建立“一机一袋”资料框架；不断完善文件和记录要求。持续完善建立点检、润滑、保养、操作、维修标准，主要设备的相关标准均已评审发布。编制“HT50 大修方法及步骤标准”等 9 类维修技术规范，均已评审发布。进一步完善和优化了车间三级设备保养标准（班组自查，车间抽查），编制了车间 TnPM 自主维护管理手册。对车间设备维修人员的责任区域与设备分类重新划分，明确和掌握目前维修人员所分管的设备数量与设备种类。根据现状梳理和人机状况识别，从自主维护、故障管理、专业维修（外包维修、维修策略、维修计划、点检、状态监测）、润滑管理、备件管理方面构建出车间设备检维修体系模型。积极实践状态监测技术应用，通过仪器发现的早期故障纳入检修计划。以“设备故障分析处理报告单”为基础，完善故障信息的反馈跟踪机制，优化管理流程。强化润滑介质储放场所等基础管理，丰富和完善设备润滑标准等基础文档。完善故障分类和统计分析机制，通过故障数据对比拟订维修解决措施。完善和优化备件管理流程。坚持开好每周设备运行分析会，问题跟踪落实情况形成闭环。将 OPL 和知识案例等手段有效结合，不断丰富和完善维修案例库。坚持一季一考：针对每季员工岗位资格考试，车间安排专人对口报考岗位进行点对点培训，不断跟踪员工技能提升。充分利用每周四的设备停机检修机会，将日常积累的设备隐患集中处置，完善维修管理流程。

（七）按晋阶评价改善建议实施整改

根据验收情况及改善建议，各车间、支柱部门认真总结，按检查发现的问题及提出的改善建议进行认真整改，并作为今后持续改善的方向，不断提升设备人机精细化管理水平。主要改善工作：

TnPM 管理只有起点，没有终点，现场管理不进则退，南烟全厂上下借通过三阶评价的有利时机，进一步夯实了现场人机系统精细化管理基础，下一步要建设与企业发展战略相适应的设备检修体系。

由厂领导主持，推进办组织，针对改善建议点，明确改善责任人及日期，结合南烟的实际，研究可行、有效的改善方案，举一反三，把 TnPM 工作做得更扎实、高效，为早日实现“做全球中式低害卷烟的领跑都”而努力。

南烟以 TnPM 体系推进为载体，从南烟发展战略对以设备为主线的人机系统进行系统性整体思考，并结合南烟实际发展需要对 TnPM 体系推进进行了整体性策划工作，还需在推进中不断完善，使得 TnPM 体系推进能与南烟的发展紧紧结合，能对南烟战略目标的实现提供有力的支撑。

运用 TnPM 内部评价和管理评审工具，在巩固成绩的基础上不断进步，继续实行 PDCA 循环的思路，不断自我检查与改善设备人机系统管理水平。

南烟还需进一步建立完善的基层班组持续改善管理机制，利用好阶段评价和改善发表机制，不断强化班组管理，使全员改善形成一种文化。

继续明确 TnPM 设备管理体系是一个以设备为主线的全系统的管理体系，体系的推进、南烟管理水平的提升，还需要全体员工的共同参与，以体现体系全员化的特征。

南烟需要在已取得成绩的基础上持续改进，将 TnPM 体系不断与企业管理紧密融合，形成具有南烟特色的管理模式，并力争成为 TnPM 四阶、五阶评价的企业，成为全国 TnPM 管理体系示范基地。

三、提升效能的生产设备维护管理的效果

(一)实现了 TnPM 管理构建与运作目标

通过以上 TnPM 管理构建与运作，南烟接受了《全国 TnPM 五阶六维评价委员会》的评价工作，专家组评价总分为 805 分，入阶等级为三阶。南烟成为首家通过 2012 版评价标准的三阶企业。

(二)管理工作取得明显成效

一是设备运行关键指标(制丝故障率、卷包综合效率、动力能耗等)得到优化，保证了在设备产能不足的情况下生产任务的全面完成。

二是员工改善意识和氛围，工作技能提升以及 TnPM 推进骨干队伍培养取得明显成效。

三是设备管理体系在制度、流程、标准、表单执行、绩效管理等方面进一步优化和健全。

四是 6S、“6 源”清除、可视化、定置化管理持续开展，现场改善成效显著。

(三)提升了企业经济效益

企业 2013 年销售(营业)收入 1050308 万元，比 2012 年增加 10.5%，2013 年利润总额 119841 万元，比 2012 年增加 6.3%。

(成果创造人：张胜健、华　刚、涂晓春、邹　炜、邱　宏、梁秀凤)

全国企业管理现代化创新成果申报审定和发布办法

（2014 年 4 月修订）

为了鼓励和引导我国企业强化创新驱动，提高管理现代化水平，并总结和推广管理创新经验，指导做好全国企业管理现代化创新成果审定和发布工作，经中国企业联合会、国务院国资委企业改革局、工业和信息化部产业政策司和中小企业司研究，现制定本办法。

一、企业管理现代化创新成果是指企业运用现代管理思想及理论，借鉴国内外先进管理经验，从各企业实际出发，在管理理念、组织与制度、管理方式、管理方法和手段等方面所进行的成功探索。它必须同时符合创新性、科学性、实践性、效益性和示范性五项要求：一是具有创新性，即在实践中率先发现和总结出某些管理领域的规律，并得到国内外公认；或借鉴国外先进管理理论、方法、手段和经验，在实践中进行创造性应用；或借鉴国内其他企业管理创新经验，在实践中进一步加以改进和发展；或企业针对我国经济改革和发展面临的突出问题所进行的有益探索。二是具有科学性，即管理创新成果内容符合管理学基本原理，具有一定的理论价值，反映企业管理的一般规律。三是具有实践性，即反映企业在管理活动中已进行的成功实践，且必须经过一年以上的实际应用，符合国家法律、法规和政策要求。四是具有效益性，即经过科学评估、测定与计算，证明确实提高了企业管理水平，并取得了显著经济效益、社会效益和生态效益。五是具有示范性，即管理创新经验具有可操作性和推广应用价值，对其他企业改善内部管理有一定借鉴作用。

二、全国企业管理现代化创新成果申报的内容要结合党的十八届三中全会要求，适应经济全球化、信息化和新科技革命的发展趋势，着重反映企业管理面临的重点、难点和突出问题，具有行业一流、国内领先水平。同时，注意比照已审定和发布的成果内容，有针对性地选择成果主题，突出创新点和示范作用。对于选题较好且材料需进一步提炼的成果，也可在正式申报前通过电话或电子邮件与成果承办单位进行沟通。

三、全国企业管理现代化创新成果坚持企业自愿申报、限额推荐、专家审定原则。成果申报单位包括在我国工商行政管理部门注册的各个行业、各种所有制、各种规模的企业。大型企业集团所属的分公司（或相同性质的生产企业）以及企业化管理的事业单位也可作为创造单位申报。

各省、自治区、直辖市、计划单列市国资委、工业和信息化主管部门、中小企业主管部门、企业联合会，全国性行业协会，中央企业和 2013 中国 500 强企业（含制造业 500 强企业、服务业 500 强企业），负责向全国企业管理现代化创新成果审定委员会推荐成果。上述推荐单位未能覆盖的企业可以直接向全国企业管理现代化创新成果审定委员会自行申报。一项成果（同一单位申报的成果限 1 项）只需一个推荐单位，原则上避免重复推荐。中央企业和 500 强企业推荐成果原则上不超过 3 项，其他推荐单位推荐成果原则上不超过 5 项。

推荐单位要对所推荐的成果真实性和可靠性负责。坚决防止弄虚作假、虚报谎报等现象发生，共同维护全国企业管理现代化创新成果推荐申报和审定发布的严肃性。

四、成果内容以主报告形式反映，并按推荐报告书规定表式和要求进行推荐、报送。每项成果需报送书面材料（推荐报告书和主报告）一式一份，同时以光盘形式报送电子文本（将推荐报告书和主报告以 word 格式刻录到一张光盘上）。

申报企业需提供 3～4 张照片，并为每张照片配以简短的文字说明，每张照片所配文字不超过 20 字。申报企业所提供的照片分为两类，一类是成果主创人的工作近照，如果主创人是两位，可提供合影或只提供其中一人照片；另一类是企业生产现场或主要设施、重要活动场面等的照片。照片可以是扩印清晰的 5 寸照片（照片说明不要写或粘贴在照片上），也可以是刻录到光盘上的电子照片，照片长宽比为 5∶7 或 7∶5。

五、企业申报的成果必须实施满一年以上（截至 2014 年 6 月 30 日）。成果所创造的效益计算及阐述，需要根据全国企业管理现代化创新成果审定委员会制定的计算方法执行（见附件 5）。所取得的经济效益数据必须经过本企业财务部门和推荐单位审核认可，并盖公章；所提高的工作效率和产生的社会效益，经过科学测定后，可在成果报告实施效果部分概述，也可另附表述材料或证明。

六、申报的成果属于集体创造的，可填写主要创造人 1～2 人，参与创造人不超过 10 人。两个以上企业共同创造一项成果的，主创人和参创人也以 12 人为限。超过上述限额的人员由本企业自行表彰。成果参与创造人必须是实际参与本成果的创造实践并确有贡献的本企业人员，企业外人员均不可列为创造人。

七、全国企业管理现代化创新成果审定委员会负责组织有关方面的专家对企业申报的各项成果进行审定，必要时可以进行论证。在初审、预审和终审过程中，将根据实际需要，要求成果创造人（单位领导人或项目主要负责人）进行必要的说明和答辩。行业特点较突出的成果，还需征求有关行业主管部门或行业协会的意见。审定结果由主办单位负责发布。

八、全国企业管理现代化创新成果分为一等、二等两个等级。对成果的创造单位和创造人，将在全国企业管理创新大会上颁发单位证牌和个人证书，在有关新闻媒体上公布，并组织交流和推广。对成果创造人的表彰、奖励可比照《国家科学技术奖励条例》及实施细则和地区、行业有关规定执行，也可按企业内部规定执行。

编辑说明

一、本书是根据第二十一届国家级企业管理现代化创新成果创造单位报送的资料编辑而成的。有些成果资料因篇幅太长,我们作了删节,对一些不必要的图表也作了省略。

二、本书是供宣传推广这些成果使用的,有些成果内容丰富,但因本书篇幅限制而表述得不够充分,在推广运用时如确有必要,可商请成果创造单位提供某些详细材料,以补本书的不足。

三、在本书编入的全国企业管理现代化创新成果审定委员会《关于发布和推广第二十一届国家级企业管理现代化创新成果的通知》中,已按成果等级列出名单,编辑本书时未再分等级排序。

四、本书目录分类标题及成果相应归类,是按各成果主要内容编排的。为了便于阅读、学习,本书编排时,分成10篇,包括:技术能力建设与协同创新、工业化与信息化融合管理、组织变革与混合所有制探索、集团管控与转型升级、市场营销与服务创新、风险控制与财务管理、人力资源与企业绩效管理、企业文化建设与社会责任管理、企业内部诊断与精益管理、生产运营与供应链管理。

五、本书由全国企业管理现代化创新成果审定委员会和中国企业联合会管理现代化工作委员会合编。本书在编辑过程中得到了中国企联人力资源部、会员部的支持,特此感谢。

六、由于时间仓促,加之编辑水平有限,难免有疏漏和不当之处,欢迎读者指正。

编 辑 部

二〇一五年三月